Herausgegeben
von
Christian Freiherr
von Stenglin
und der
Deutschen Reiterlichen
Vereinigung

Deutsche Pferdezucht

Geschichte
Zuchtziele

FN-Verlag • Warendorf

Herausgeber
Dr. Christian Freiherr von Stenglin und die Deutsche Reiterliche Vereingung, Bereich Zucht

Lektorat
Dr. Catharina Veltjens-Otto-Erley

Titelfoto
Werner Ernst, Ganderkesee

Umschlaggestaltung
Rudolf Strecker, Sassenberg

Satz und Litho
D&L Reichenberg GmbH
Bocholt

Druck und Verarbeitung
PDC Paderborner Druck Centrum

ISBN 3-88542-261-1

Bildnachweis
Air-Foto
Archive der Zuchtverbände
Bellmann
Jürgen Bernhagen, Uetze
Waltraut E. Bischof, Mecklenburg-Vorpommern
Braun
Herbert Brozio, Itzehoe
Jean Christen
Hugo M. Czerny, München
Deutsches Pferdemuseum, Verden
Dieck
Gräfin Dohna, Bispingen
Werner Ernst, Ganderkesee
Foto Escher, Anwalting
Feihner & Mohaupt, Oldenburg
Feldmann
Irina Filsinger, Buchen
FN-Archiv, Warendorf
Dr. Ekkehard Frielinghaus
Gerlach
Göhler
Gramatzki
Haaring-Saage
Hilde Hoppe, Dresden
Hättig
Heribert Herbertz, Langenfeld
Foto Huck, Lübeck
Thorsten Jakubik, Fredersdorf
Foto Janz, Lübtheen
Karwarth
Otto Kasch, Timmendorfer Strand
Rolf D. Keller, Medingen
Monika Kirschner, Seesbach
Knittel
Margot Kornhaas, Senzig
Paul Koschate
Hubertus Kuhne, Halle/Saale
Landesbauernschaft Rheinland
Beate Langels, Emmerthal
Ma We Bilderdienst, Swisstal-Heimertsheim
Hannelore und Werner Menzendorf, Berlin
Foto Mitschke, Hohenstein-Breithardt
H. Mutschler, Kirchheim-Teck
Niebergall
Paulsen
Peyer
Profoto Team, Delmenhorst
Rehor
Helmut Reiff
Wulf Rohwedder, Hamburg
Nicole Sachs, Wedel
Helge Sangmeister, Warendorf
Schamper
Schürkamp
Rainer Schuhmann, Dresden
Schwartz
H. Sting
Stöhr
Felizitas Tank, Plön
Foto Thiedemann
Jaques Toffi, Hamburg
Klaus-Jörg Tuchel, Solingen
Piet vander Poorten, NL-Roosendaal
Wagner
Zuborg
Landgestüt Zweibrücken

Abkürzungen und Symbole

A	Araber, ebenso wie die frühere Bezeichnung *AR Araberrasse* ein reingezogenes arabisches Halbblut, seit 1977 *Shagya araber (Sh.A)* genannt.
AA	Angloaraber, Sammelbezeichnung für Angloarabisches Vollblut (x bzw. AAV) *und Angloarabisches Halbblut* (AAH)
a.d.	aus der
AV	Vollblutaraber
AZ	Aufzüchter
B	Brauner
B.	Besitzer
Bsch	Braunschimmel
Db	Dunkelbrauner
db	(desert bred) Wüstenaraber
Dfsch	Dunkelfuchsschimmel
F	Fuchs
Fsch	Fuchsschimmel
geb.	geboren
H.	Hengst
Hlbsch	Hellbraunschimmel
HL Pr.	Hengstleistungsprüfung
Hlf	Hellfuchs
Hlfsch	Hellfuchsschimmel
Ldb	Landbeschäler
LN	Lebensnummer
M.	Mutter
Or.Ar.	traditionelle Bezeichnung für Originalaraber, jedoch nicht immer identisch mit db
ox	Vollblutaraber
PrH	Privathengst
R	Rappe
Rsch	Rappschimmel
Sch	Schimmel
Schb	Schwarzbrauner
St.	Stute
Stpr.	Staatsprämie
Trak.	Trakehner
V.	Vater
TVPr	Verbandsprämie
xx	englisches Vollblut
	Hauptgestüt
	Landgestüt
	Hof- oder Privatgestüt
Z.	Züchter

Zum Geleit

Für viele Pferdefreunde ist es in Anbetracht der heutigen Situation kaum vorstellbar, daß noch vor gut einem Vierteljahrhundert Befürchtungen laut wurden, das Pferd könne seine jahrtausendalte Rolle als Begleiter des Menschen verlieren. Die konsequente Umorientierung der Züchter hin zu einem modernen Sportpferd hat diese pessimistische Sicht Lügen gestraft: Seit über 20 Jahren steigt der Pferdebestand ebenso wie die Zahl der Menschen, die sich diesem wunderbaren Lebewesen verbunden fühlen, kontinuierlich an.

Der Einzug neuer Techniken und modernster wissenschaftlicher Methoden haben gerade in den letzten Jahren wiederum zu einer weitergehenden Neuorientierung in der Zucht geführt. Darüber darf jedoch nicht vergessen werden, daß es gerade die persönliche, weder meßbare noch quantifizierbare Erfahrung großer Züchterpersönlichkeiten war und ist, die maßgeblich den Erfolg der deutschen Pferdezucht bestimmt hat. Viele dieser Menschen haben ihr Wissen für dieses Buch zur Verfügung gestellt und somit allen pferdeinteressierten Menschen dauerhaft erhalten.

Die konsequente Erhaltung von Pferderassen, die ihre ursprüngliche Bedeutung vermeintlich schon verloren hatten, hat dazu beigetragen, die scheinbar schon gefährdete Vielfalt der Deutschen Pferdezucht zu sichern. Das Bewußtsein für die historische Verantwortung und das Erkennen wichtiger genetischer Reserven, nicht zuletzt auch das aus der reinen Freude an diesen Tieren entstandenen Engagement für ihre Erhaltung haben ihnen dauerhaft die Zukunft gesichert - die folgenden Züchtergenerationen werden dafür dankbar sein. Auch und gerade diesen Pferderassen wurde in dem vorliegenden Werk ein adäquates Forum geschaffen.

Es freut mich besonders, daß durch die Neuauflage dieses einmaligen Standardwerks erstmals die Landespferdezuchten der neuen Bundesländer ebenfalls in angemessener Weise Berücksichtigung finden. Auf diese Weise wird das Engagement aller derer gewürdigt, die die spezifischen Qualitäten ihrer Zuchtgebiete in schweren Zeiten erhalten und fortentwickelt haben.

Seit seiner ersten Auflage gilt die "Deutsche Pferdezucht" als Standardwerk zu diesem Thema. Die vorliegende, überarbeitete Version wird diesem hohen Anspruch wieder mehr als gerecht. Als einmaliges Kompendium wird es für Züchter wie für alle anderen Pferdefreunde eine wichtige Orientierungshilfe auf dem Weg in das nächste Jahrtausend sein.

Dieter Graf Landsberg-Velen
Präsident der Deutschen
Reiterlichen Vereinigung

Horst Ense
Vorsitzender FN - Bereich Zucht

1. Vorwort

Eine bemerkenswert große Zahl von Pferdebüchern ist in den letzten Jahren erschienen, darunter auch solche von Rang, die sich mit einzelnen deutschen Zuchten beschäftigen

Eine Darstellung aller deutschen Pferdezuchten in einem Buch ist meines Wissens noch niemals in Angriff genommen worden. Zu erwähnen wäre in dieser Hinsicht allerdings das Sammelwerk von Groscurth „Die Preußische Gestütverwaltung", erschienen in Hannover 1927. Hier sind u.a. durch die jeweils zuständigen Landstallmeister der 18 preußischen Haupt- und Landgestüte die Geschichte und das aktuelle Wirken dieser staatlichen Einrichtungen im Hinblick auf die verschiedenen Zuchtgebiete behandelt worden.

Die Initiative, die die Deutsche Reiterliche Vereinigung (FN) in Warendorf mit der Planung des Buches „Deutsche Pferdezucht" und seiner Herausgabe 1982 in dieser Richtung ergriffen hat, muß daher einhellig begrüßt werden.

35 Jahre nach einem Kriege, der die Länder und Provinzen Ost- und Mitteldeutschlands unter Herrschaftsverhältnisse gebracht hat, die unserer Lebensauffassung in Westdeutschland konträr entgegengesetzt sind, erscheint eine solche Gesamt- und Rückschau sogar als dringend notwendig.

Der Beginn der Vorarbeiten im Jahre 1980 lag vielleicht schon reichlich spät, um noch von den Erfahrungen aller in den ost- und mitteldeutschen Zuchten tätig gewesenen Experten profilieren zu können.

Die Herausgeber haben die Behandlung der deutschen Pferdezuchten auf die Gebiete beschränkt, die 1937 zum Deutschen Reich gehörten.

Für die ostdeutschen Provinzen Ostpreußen, Pommern und Schlesien Autoren zu finden, die noch aus eigener Anschauung und Erfahrung über diese Zuchtgebiete zu schreiben in der Lage waren, erwies sich schon als recht schwierig. Für das ostpreußische Warmblut Trakehner Abstammung konnte noch der 80jährige Dr. Fritz Schilke gewonnen werden. Kurz vor seinem am 1.9.1981 erfolgten Tode brachte er seinen Bericht zum Abschluß. Für die Kaltblutzucht in Ostpreußen mußte zurückgegriffen werden auf eine 1967 erschienenen Artikel des kurz danach verstorbenen langjährigen Kaltblutgeschäftsführes Friedrich Vogel.

Für Pommern konnte schon niemand mehr gefunden werden, der aus eigenem Erleben über das Zuchtgebiet berichtet hätte. Für Schlesien wäre das Gleiche vor sich gegangen, wenn nicht Herr Paul Koschate, der letzte Büroleiter des in Breslau residierenden Schlesischen Pferdestammbuchs - in diesem Jahr konnte er das 81. Lebensjahr vollenden- eine Unmenge Material und

2. Vorwort

Fakten höchst verdienstvoll zusammengetragen hätte. Die in der DDR liegende Zuchtgebiete Mecklenburg, Brandenburg, Provinz Sachsen, Freistaat Sachsen und Thüringen konnten ebenso wie Pommern und Schlesien nur bis 1945 behandelt werden. Die Heausgeber sind angesichts der sehr distanzierten Haltung der DDR-Behörden der Ansicht, daß es keinem Zuchtleiter in der DDR zugemutet werden kann, an einem in der Bundesrebublik Deutschland erscheinenden Buch mit zuarbeiten.

Für die in Westdeutschland etablierten Pferdezuchtverbände gab es die o.a. Schwierigkeiten naturgemäß nicht .

Die Mehrzahl der Autoren rekrutiert sich aus kompetenten Fachleuten, die im Ruhestand leben. Aktive Zuchtbeamte sind in der Minderzahl, wobei die schmerzliche Erfahrung nicht verschwiegen sei, daß angesichts des gelegentlich weltweit ausgerichteten Geschäftsbetriebes einzelner Zuchtverbände die zugesagten Beiträge zu diesem Buch nur zögernd vorangebracht wurden.

Die Mitarbeit der einzelnen Autoren war sehr sachlich, rege und erfreulich. Im Namen der Herausgeber sei ihnen allen Dank dafür gesagt.

Die in den einzelne Beiträgen enthaltenen Fotos sind in der Mehrzahl von den Autoren ausgesucht und auch placiert worden. Dagegen ist eine kleine Anzahl von fotografischen Pferdeportraits aus verschiedenen Rassen, die auf der Zentralen Pferde-Ausstellung 1890 in Berlin aufgenommen sind, den jeweiligen Beiträgen an geeigneter Stelle von den Herausgebern hinzugefügt worden. Diese fast 100jährigen Fotografien aus dem Archiv der Deutschen Reiterlichen Vereinigung sind heute als besondere Kostbarkeiten anzusehen.

Die Anordnung der Beiträge wurde so gestaltet, daß gemäß der geographischen Lage vom Nordosten des Deutschlands von 1937 bis zu dessen Südwesten vorgegangen wurde.

Die länderübergreifenden Zuchten, wie die des Vollbluts, der Traber, Araber sowie die der Ponies und Kleinpferde beschließen die Reihe.

Die Gegenwart ruht auf den Schultern der Vergangenheit. Deren Kenntnis unterscheidet u.a. den Menschen von den anderen Lebewesen.

Ein wesentlicher Teil der einzelnen Beiträge befaßt sich mit Historie und Zuchtgeschichte der jeweiligen Gebiete, da die Pferdezucht von Urzeiten her bis in die 40er Jahre des 20. Jahrhunderts einen Teil der Wehrfähigkeit, ein Stück Militärpolitik in Deutschland darstellte. Im Gegensatz zu den anderen großen Haustierarten ist das Pferd jahrtausendelang ein Teil der militärischen Potenz gewesen.

In einer Zeit, in der die Wissenschaft vielleicht eben noch den Großeltern eines Tieres Einfluß auf Gestalt und Leistungsanlage zugestehen will, legt der wesentliche Teil der Pferdezüchter Wert auf die Kenntnis auch auf die weiter zurückliegenden Vorfahren seiner Zuchttiere.

Über berühmte Ahnen in den deutschen Hochzuchten, die zum Teil über Stämme verfügen, die sich über hundert und mehr Jahre nachweisen lassen, wird heute noch gesprochen und über eventuelle Ähnlichkeiten mit heutigen Exemplaren diskutiert.

Die Vererbungsgesetze bei Pferden sind sicherlich nicht anders als bei den übrigen Tieren.

Der engagierte Pferdezüchter jedoch, zumal der bäuerliche, denkt in größeren Zeitintervallen und verbindet darin das Pferd mit dem Ablauf der Geschichte, ähnlich jenen Engländern, die sich die Vergangenheit nicht an einer nüchternen Kette von Jahreszahlen, sondern an den Namen der Sieger des Epsom-Derbys merkten.

Es wäre schön, wenn dieses Buch dazu beitragen könnte, neben der gegenwärtigen Geltung der deutschen Pferdezuchten auch deren Verflechtung mit der Historie im Gedächtnis lebendig zu erhalten.

Celle, im September 1982
Christian Frhr. von Stenglin

Mit der Herausgabe des Buches „Die Deutsche Pferdezucht" wurden 1982 erstmalig alle deutschen Pferdezuchten in einem Werk zusammenfassend dargestellt.

Auf Grund des Erfolges dieser 1. Auflage haben Christian Frhr. von Stenglin und die Deutsche Reiterliche Vereinigung sich entschlossen, eine komplett überarbeitete 2. Auflage herauszugeben, die der rasanten Entwicklung der Pferdezucht in der Bundesrepublik Deutschland im letzten Jahrzehnt soweit es geht gerecht werden soll.

In der vorliegende Auflage sind zum einen die weltweiten Erfolge der deutschen Pferde im Reit- und Fahrsport aktualisiert worden.Zum anderen gilt ein besonderes Augenmerk der Entwicklung der ostdeutschen Landesverbände, vor und nach der Wende.

Wert wird auch auf die Darstellung der Vielfalt der deutschen Pferdezucht gelegt, die nicht nur Reitpferde, sondern auch Kleinpferde, Ponies, Kaltblüter und Araber, sowie Traber und Galopper hervorbringt.

Möglich wurde diese Überarbeitung nur durch intensive Zusammenarbeit mit Frhr. von Stenglin, den Fachautoren und den Zuchtverbänden, denen an dieser Stelle dafür gedankt sei.

Einige Kapitel mußten komplett neu bearbeitet werden, während bei anderen eine Überarbeitung der bisherigen Texte ausreichte.

Die Entwicklung der Zuchtgebiete des ehemaligen Deutschen Reiches in den Grenzen von 1937, die im Bundesgebiet im Gefolge des 2. Weltkrieges nicht mehr zu finden sind, kann in der Nachkriegszeit nicht weiter verfolgt werden.

Das z. T. 100 Jahre-alte Bildmaterial wurde aktualisiert und ergänzt, wodurch sich die 2. Auflage auch etwas farbiger präsentiert.

So ist ein Buch entstanden, das umfassend, aber komprimiert, den langen und mühevollen Weg der Deutschen Pferdezucht mit seinen Höhen und Tiefen bis zum heutigen züchterischen Erfolg nachzeichnet.

(Ergänzungen und genauere statistische Informationen liefern die Jahrbücher und der Jahresbericht der FN.)

Viele Pferdezucht- und Pferdesportinteressierte werden dieses Nachschlagewerk in ihrem Bücherschrank nicht missen wollen.

Warendorf, im August 1994
Deutsche Reiterliche Vereinigung
Bereich Zucht

Inhaltsverzeichnis

Die Pferdezucht in Schlesien

Die Pferdezucht in Berlin-Brandenburg

Die Pferdezucht in Sachsen-Anhalt

Die Pferdezucht in Sachsen

Inhaltsverzeichnis

Thüringer Pferdezucht

Das Holsteiner Warmblutpferd

Das Schleswiger-Kaltblutpferd

Die Zucht des rheinisch-deutschen Kaltblutpferdes in Schleswig-Holstein

Das Hannoversche Warmblutpferd

Die Kaltblutzucht in Niedersachsen

Geschichte des Oldenburger Pferdes

Die ostfriesische Warmblutzucht

Geschichte der westfälischen Pferdezucht

Inhaltsverzeichnis

Geschichte der Pferdezucht im Gebiet des Rheinischen Pferdestammbuches

Geschichte der hessischen Pferdezucht

Die Pferdezucht in den Bundesländern Rheinland-Pfalz und Saarland

Die organisatorische Entwicklung der Pferdezucht

Dr. Hanfried Haring
Klaus Miesner

Die Pferdezucht in Deutschland hat eine lange Geschichte, die durch verschiedene äußere Anlässe, insbesondere kriegerische Auseinandersetzungen, beeinflußt wurde. Die Organisation der Pferdezucht war im Prinzip sehr früh zweigleisig angelegt, nämlich zum einen vom Staate gelenkt über die Gestüte, die in Preußen später in der Preußischen Gestütsverwaltung zusammengefaßt waren, und zum anderen wurde sie durch die Privatinitiative der Zuchtverbände vorangetrieben, die später im Reichsverband als Dachorganisation zusammengefaßt waren. Abhängig von vielen Umständen verlief diese Zweigleisigkeit mehr oder weniger harmonisch, in jedem Falle jedoch befruchtend. Die Entwicklung in den einzelnen Zuchtgebieten ist in den Einzelbeiträgen ausführlich dargestellt. Im folgenden soll deshalb auf die Entwicklung der zentralen Organisation eingegangen werden.

Die Motive zur Gründung von Gestüten waren sehr unterschiedlicher Art. Groscurth schreibt im Jahre 1927 hierzu folgendes:

„Der Entwicklungsgang fast aller Gestüte ist der gleiche. Ursprünglich gegründet, um die Marställe der Hofhaltung mit geeigneten Pferden zu versorgen, wurden sie bald vor die große Aufgabe gestellt, den zur Wehrhaftigkeit des Landes erforderlichen Bedarf an Armeeremonten, welcher in früheren Jahren nur durch umfangreichen Ankauf im Ausland gedeckt werden konnte, im eigenen Lande sicherzustellen. Nachdem diese Aufgabe nach dem Weltkriege durch die Entwaffnung Deutschlands hinfällig geworden ist, sind die Gestüte Lebenszellen der rein wirtschaftlichen Pferdezucht geworden, aus denen sich die Landespferdezucht stets wieder ergänzt. Diesen Entwicklungsgang sind alle alten preußischen Hauptgestüte (Zuchtgestüte) und Landgestüte (Hengstdepots) gegangen, ebenso die, die erst später in die preußische Verwaltung aus dem Besitz einverleibter Staaten übernommen wurden. Eine einzige Ausnahme bildet das Gestüt Celle, das von vornherein zum Zwecke der Hebung der wirtschaftlichen Landespferdezucht gegründet wurde. Bis zum Ausbruch des Krieges lag also die Hauptaufgabe der Gestütsverwaltung auf dem Gebiet der Remontenzucht. Daß sie auch gleichzeitig in den nicht für den Remontebedarf züchtenden Provinzen durch die Gestellung von Vatertieren, welche den jeweiligen verschiedenen Wirtschaftsverhältnissen entsprachen, die Pferdezucht in weitestem Maße zu beeinflussen vermochte, sei in diesem Zusammenhang nur nebenbei erwähnt. Die Hauptaufgabe der Gestütsverwaltung lag in der Begünstigung und Förderung der Remontezucht."

Die Entwicklung der einzelnen Gestüte und vor allem die Koordination des Gestütswesens war somit zahlreichen Einflüssen unterworfen. Eine große Rolle spielte hierbei auch die Einstellung der Herrscherhäuser, die zum Teil von Generation zu Generation drastisch wechselte, wodurch nicht selten die Arbeit einer ganzen Generation von Pferdezüchtern in Frage gestellt wurde. Eine konstante Linie in der Pferdezucht kam durch die Gründung der Preußischen Gestütsverwaltung durch Karl Graf v. Lindenau, Oberstallmeister 1789-1806. Selbstverständlich hatte auch die Gestütsverwaltung unter den geschilderten Einflüssen, vor allem unter den Kriegswirren, insbesondere derjenigen der Kriege 1806-1815 zu leiden. Dennoch hat es diese Organisation in enger Zusammenarbeit mit erfahrenen Offizieren und hochverdienten Züchtern verstanden, durch geeignete Maßnahmen die Führung in der Pferdezucht zu übernehmen. Als Maßnahmen wurden dabei konsequent die Zurverfügungstellung geeigneter Vatertiere und später flankierend auch die Vergabe von finanziellen Mitteln vor allem an die sich dann gründenden Zuchtgenossenschaften angesehen. Ziel war stets, zu führen, um „endlose Versuche unnötig zu machen, Schwankungen zu vermeiden und die Beständigkeit der Zucht sicherzustellen, die in der Pferdezucht notwendiger ist als bei jeder anderen Tierart." (Groscurth 1927).

Gegen Ende des vorigen Jahrhunderts und nicht früher, wie heute allgemein angenommen, tauchte dann das Problem einer zielbewußten Zucht verschiedener Rassen in bestimmten Gebieten auf, was gleichbedeutend war mit dem Begriff der Landespferdezucht, d.h. der Zucht einer Rasse in großen geschlossenen Zuchtgebieten. Vorher war die Situation durch ein Tasten nach Erkenntnissen gekennzeichnet sowie durch einen mit Heftigkeit, Emotion und Passion geführten Kampf um Zuchtziele. Erst Anfang des 20. Jahrhunderts kann die Aussage getroffen werden, daß „das große, die Züchterwelt beherrschende Problem gelöst ist; die Erkenntnis, daß eine Landespferdezucht nur dann gedeihen kann, wenn in großen Zuchtgebieten dasselbe Pferd gezüchtet wird" (Groscurth 1927).

Folgerichtig erfolgte die Organisation der Pferdezüchter in Stutbüchern, Pferdestammbüchern, Züchtervereinigungen und -verbänden in dieser Zeit. Abgesehen vom alten Stutbuch für den Vollblüter erschien im Jahre 1886 als erstes das Stutbuch für das Holsteinische Marschpferd, 1890 das Ostpreußische Stutbuch. Die Zuchtverbände schlossen sich nach dem 1. Weltkrieg wiederum zu zwei Spitzenverbänden zusammen, nämlich einerseits dem Reichsverband für die Zucht und Prüfung deutschen Warmblutes, und andererseits dem Reichsverband der Kaltblutzüchter Deutschlands. Die Züchter der damaligen beiden Sportpferderassen, des Englischen Vollblutpferdes und des Vollblut-Traber-Pferdes waren ebenso organisiert und hatten ihre Spitzenorganisation in der Obersten Behörde für Vollblutzucht und -Rennen und der Obersten Behörde für Traberzucht und -Rennen.

Die Entstehung des Reichsverbandes war jedoch ebenso wie die der Gestütsverwaltung nur unter heftigen Geburtswehen zustande gekommen. Oskar v. Funke begann, nachdem den Kaltblutzüchtern bereits die Gründung eines Zentralverbandes gelungen war, im Jahre 1904 mit seinen Bemühungen zur Gründung einer Dachorganisation für die Zucht von Warmblutpferden. Sein Hauptmotiv war die Förderung deutscher Zuchtprodukte durch die Veranstaltung sportlicher Wettbewerbe. Diese deutschen Zuchtprodukte standen in ständiger Konkurrenz zu ausländischen Pferden, vor allem aus Ungarn und England. Die ständig wiederholte These von v. Funke war „ohne Betätigung keine Nachfrage, ohne Nachfrage kein Absatz, ohne Absatz keine blühende Zucht". Nach vielen vergeblichen Versuchen wurde am 15. Februar 1905 im Saal des Restaurants „Zum Heidelberger" in der Berliner Friedrichstraße der „Verband der Halbblutzüchter" gegründet, aus dem später der Reichsverband für Zucht und Prüfung deutschen Warmblutes und 1968 die Deutsche Reiterliche Vereinigung hervorgingen. 1. Vorsitzender wurde der Vorsitzende des damaligen Mecklenburgischen Pferdezuchtverbandes, Dr. Schröder-Poggelow, 1. Geschäftsführer Oskar v. Funke. Im Jahre 1909 übernahm Edwin Graf Henkel v. Donnersmarck den Vorsitz. Der Verband nahm nunmehr den Namen Reichsverband für Deutsches Halbblut an. Hierbei setzte v. Funke auch seinen Vorschlag zur sofortigen Einrichtung eines „Wettbewerbes deutscher Pferde" durch. Dieser erste Wettbewerb mit Pferden ausschließlich aus deutscher Zucht fand im Mai 1910 im Berliner Luisen-Tattersall statt. Der Erfolg dieser Veranstaltung ließ eine Reihe von Veranstaltungen im Berliner Sportpalast und schließlich auch außerhalb Berlins folgen, unterstützt durch die kaiserliche Familie. Durch diese Veranstaltungen wurde der Ruf des deutschen Pferdes in einem kaum glaublichen Maße gesteigert.

Oskar v. Funke war es auch, der forderte, daß jedes Pferd aus deutscher Zucht mit dem Brandzeichen der Züchtervereinigung versehen werden sollte. Er wollte damit verhindern, daß deutsche Pferde als Engländer oder Iren gehandelt wurden und so für diese Zuchten durch ihre Erfolge Werbung machten.

Parallel zu den Bestrebungen des Reichsverbandes für deutsches Halbblut liefen die Bemühungen, eine Zentralstelle für den Pferdesport in Deutschland zu schaffen, die besonders von August Andreae unterstützt wurden. So wurde am 10. Februar 1910 in Berlin das *Kartell für Reit- und Fahrsport* gegründet. Bereits 1914 hatte das Kartell 2 229 persönliche Mitglieder, als kooperative Mitglieder 187 Offizierscorps und 72 Vereine. Der Kalender und das Jahrbuch für die Turnierprüfungen sowie die allgemeinen Bestimmungen für das Veranstalten von Reit- und Fahrturnieren, die spätere Turnierordnung (TO) wurde geschaffen. Dem Turniersport wurde damit ein festes Reglement gegeben, was sich sehr fördernd auswirkte. Ab 1911 führte das Kartell eigene Turniere durch.

In der Folgezeit bekam der Reitsport einen außerordentlich starken Aufschwung, nicht zuletzt durch die 1912 erstmalig durchgeführten Olympischen Reiterspiele in Stockholm.

Sämtliche Hoffnungen wurden jedoch durch den 1. Weltkrieg zerstört. In den 4 Kriegsjahren hatte das Heer einen Durchschnittsbestand von 1 236 000 Pferden. Rund eine Million Pferde gingen in diesem Krieg zugrunde, zusätzlich schwerwiegende Aderlässe verzeichnen die deutschen Zuchten durch Reparationsleistungen an die Sieger unmittelbar nach dem Krieg. Deutschlands Warmblutzucht stand ebenso vor einem Chaos wie der Reit- und Fahrsport. Schlagartig war der Armeebedarf von Pferden entfallen, und auch für den Reitsport schien es wenig Hoffnung zu geben.

Trotzdem führte der Reichsverband für deutsches Halbblut schon Anfang 1919 wieder ein erstes Turnier durch. Am 25.6.1919 fusionierten dann der Reichsverband und das Kartell für den Reit- und Fahrsport. Der neue Verband erhielt den Namen *„Reichsverband für Zucht und Prüfung deutschen Halbblutes"*. Im Reichsverband übernahm Gustav Rau die Abteilung Zucht, August Andreae die Abteilung Leistungsprüfungen. Hierbei muß betont werden, daß die Abteilung Zucht lediglich von Einzelmitgliedern, keineswegs jedoch von den Zuchtverbänden im Reich kooperativ getragen wurde. Erst am 19.2.1923 traten sämtliche 24 Verbände des deutschen Reiches dem Reichsverband bei, der mit gleichem Akt das Wort „Halbblut" in seinem Namen durch die Bezeichnung „Warmblut" ersetzte. Mit diesem Tag bekam die Abteilung Zucht die endgültige und bis heute beibehaltene Organisationsform.

Erwähnung bedarf weiterhin die Gründung des späteren *Deutschen Olympiade-Komitees für Reiterei* am 3. Januar 1913 im Kronprinzenpalais in Berlin. Auch die Arbeit dieses Gremiums wurde durch den Krieg nachhaltig unterbrochen. Bereits im Jahre 1919 entwickelten Reichsverband und Komitee ein umfassendes Programm, das die Entwicklung in den nachfolgenden Jahren durch gezielte Maßnahmen weitgehend bestimmte. Die maßgebend von Rau formulierten Thesen des Programmes zielten darauf ab, die deutsche Warmblutzucht vor eine umfassende neue Aufgabe zu stellen und dem Reitsport das ebenso anspruchsvolle Ziel zu setzen, Eignung und Leistung des deutschen Pferdes national und international zu einem Standardbegriff von höchstem Niveau zu machen. Zudem strebte man danach, sowohl der Zucht als auch dem Sport ganz neue Interessenten- und Anhängerkreise zu gewinnen. Ein Höhepunkt dieser Aktivitäten war zweifelsohne das erste 14tägige Turnier des Reichsverbandes im Berliner Sportpalast des Jahres 1924.

Die Tatsache, daß 110 Kavallerie-Regimenter und ebenso viele Artillerie-Regimenter nun nicht mehr zur Verfügung standen, die Pferdeleute auszubilden, führte zur Gründung der ländlichen Reitervereine, für die sich insbesondere Gustav Rau einsetzte: „Deshalb muß heute jeder Züchter eines Warmblutpferdes zum guten Reiter und zum guten Fahrer ausgebildet werden. Dann ist jeder eine Säule für die Warmblutzucht. Soviele Warmblutzüchter, soviele Reiter. Soviele Züchter, soviele Teilnehmer an Turnieren mit selbst gezüchteten und selbst ausgebildeten Pferden."

Diese Basis war es, die gemeinsam mit dem Dreiklang von Reichsverband, Olympiade-Komitee und Kavallerieschule eine hohe Blütezeit des Turniersportes in Deutschland einläutete. Die fruchtbare Verbindung von Zucht und Sport in einem Dachverband, um die das Ausland Deutschland jetzt beneidete, trug wesentlich zu den Erfolgen bei. Auch jetzt war es wieder ein Weltkrieg, der die Hoffnungen der Reiter und Pferdezüchter zerstörte.

Im 2. Weltkrieg waren auf deutscher Seite insgesamt 2 750 000 Pferde eingesetzt . 90% aller Landstreitkräfte wurden durch Pferdekraft bewegt. Allein vom Oktober 1941 bis März 1942 gingen über 179 000 Pferde zugrunde. Der große Treck in den Westen und die ersten Nachkriegsjahre mit großem Mangel an Fahrzeugen und Brennstoffen taten ein übriges, das Verhältnis der Bevökerung zum Pferde zu prägen und zu vertiefen.

Der Wiederbeginn nach dem 2. Weltkrieg war gekennzeichnet durch eine Vielfalt von Neuansätzen, die alle das Ziel hatten, einen Weg aus der totalen Misere des Kriegsendes zu finden. Bis etwa 1951/52 entstand so ein heute recht verwirrendes Gebilde mit vielfachen Organisationen und unterschiedlichen Strukturen, wie es aufgrund der damaligen Bedingungen - Deutschland stand politisch unter dem Besatzungsstatut und wurde von vier Siegermächten in vier Zonen verwaltet - gar nicht anders sein konnte.

Nach Kriegsende hatten sämtliche Vereine und Organisationen ihre Tätigkeit einzustellen. Bereits am 11.6.1945 erhielt Graf Schmettow vom damaligen Magistrat von Groß-Berlin, Abt. Ernährung, in dessen Eigenschaft als Funktionsnachfolger des Reichsbauernführers für das Gebiet von Groß-Berlin den Auftrag, die Geschäfte des früheren Reichsverbandes für Zucht und Prüfung deutschen Warmblutes vorläufig weiterzuführen. Die Hauptgeschäftsstelle des Reichsverbandes war bereits im Februar 1944 nach Wermsdorf bei Leipzig verlegt worden, von wo aus der Hauptgeschäftsführer, General Adam, schon damals Graf Schmettow mit der Wahrnehmung der Geschäfte der Berliner Geschäftsstelle beauftragt hatte. Zu erwähnen ist, daß am 1.10.1943 Hans Langenohl zum Vorsitzenden bestellt worden war. Graf Schmettow jedoch war es, der die Lizensierung des Verbandes betrieb, und zwar in Berlin unter dem Namen *Zentralverband für Zucht und Prüfung deutscher Warmblutpferde*. Im Jahre 1949 wurde W. Baresel Nachfolger des Grafen Schmettow.

In Celle schlossen sich die Zuchtverbände unter dem Vorsitz des Kaltblutzüchters Egon Cremer, Baringhof, später von Wilhelm Hansen, Rosenthal, unter der Geschäftsführung von Eduard Meyer zum *Zentralverband für Zucht und Prüfung deutscher Warmblutpferde* zusammen. Etwa gleichzeitig, am 23.9.1946, wurde in Elmshorn ein weiterer *Zentralverband für Zucht und Prüfung deutscher Warmblutpferde* gegründet; Vorsitzender wurde Hans Langenohl, Geschäftsführer Dr.Rodewald. Ende 1949 übernahm Fritz v. d. Decken den Vorsitz dieses Verbandes, der 1948 nach Celle übersiedelte, wo zunächst Eduard Meyer, dann ab 1950 Landstallmeister a.D. H.W. v. Warburg die Geschäfte führte. In einem vom Graf Schmettow und Hans Langenohl gemeinsam unterzeichneten Schreiben vom September 1947 wurde vereinbart, daß der Zentralverband Berlin die Mitglieder des alten Reichsverbandes betreut, die ihren Wohnsitz in Berlin und in der russischen

Zone haben, der Zentralverband Elmshorn diejenigen, die in der britischen und amerikanischen, später auch der französischen Zone wohnen. Im Jahre 1949 erfolgte die Zusammenlegung des Zentralverbandes für Zucht und Prüfung deutscher Warmblutpferde (Sitz Celle) mit dem Zentralverband für Zucht und Prüfung deutscher Kaltblutpferde. Egon Cremer, der Kaltblutvertreter, wurde Vorsitzender, Fritz v. d. Decken, der Warmblutvertreter, stellvertr. Vorsitzender. Die Organisation erhielt den Namen *Zentralverband für Zucht und Prüfung deutscher Pferde.* Im Jahre 1950 übernahm Wilhelm Hansen den Vorsitz.

Im August 1948 entstand im Süden eine Arbeitsgemeinschaft deutscher Pferdezüchter.

Parallel hierzu lief die Entwicklung im Sport. Gustav Rau, damals noch mit Sitz in Dillenburg, gründete mit Hilfe von zahlreichen Persönlichkeiten aus der ländlichen Reiterei den Gesamtausschuß der ländlichen Reit- und Fahrvereine, aus dem 1954 in Einbeziehung der neu entstandenen städtischen Reitervereine der Verband der Reit- und Fahrvereine im Bundesgebiet unter Vorsitz von Fritz Sümmermann und der Geschäftsführung von Landstallmeister Alfons Schulze Dieckhoff hervorging. Dieser Bundesverband wurde schließlich Mitglied des Deutschen Sportbundes.

Im April 1948 gelang es Gustav Rau, die *Zentralkommission für Pferdeleistungsprüfungen von Warmblut- und Kaltblutpferden* zu gründen, deren Vorsitz er übernahm. Die frühere „Turnierordnung" wurde in eine „Leistungsprüfungsordnung" umgearbeitet, um deutlich zu machen, daß die Leistungsprüfung aller Pferde für die Zucht von unentbehrlicher Bedeutung ist. Gleichzeitig wurde der Begriff „Pferdeleistungsschauen" eingeführt. Auf dieser Grundlage beriefen die einzelnen Länder auf offizielle Anregung die *„Kommission für die Leistungsprüfungen von Warmblut- und Kaltblutpferden"*, die einheitlich so zusammengesetzt wurden, daß alle Beteiligten, nämlich Züchter, Pferdebesitzer, Reiter, Fahrer, Vereine und staatliche Stellen zu Wort kommen konnten.

Damit war die Bahn geebnet für eine schnell einsetzende Entwicklung des deutschen Turniersportes, wofür die Länderkommissionen, die Vereine und Veranstalter unter der obersten Regie von Gustav Rau größte Initiative entfalteten.

Am 5. April 1949 erfolgte in Dillenburg die Wiedergründung des *Deutschen Olympiade-Komitees für Reiterei* mit dem Ziel, den deutschen Reitsport wieder olympiareif zu machen. Gustav Rau übernahm Vorsitz und Geschäftsführung. Nach der Genehmigung durch die Länderregierungen der

damaligen Bi-Zone hatten sich die Zentralkommission, die Kommissionen für die Leistungsprüfungen von Warmblut- und Kaltblutpferden, der Zentralverband Warmblut und seine Landesverbände, die Vertreter von Vollblut- und Traberzucht sowie die Verwaltung für Landwirtschaft, Ernährung und Forsten zur personellen Wiederbesetzung des Komitees bereitgefunden.

Aus dem Zusammenschluß der Arbeitsgemeinschaft der Züchter und des Zentralverbandes entstand die *Arbeitsgemeinschaft für Zucht und Prüfung deutscher Pferde (ADP).* Im August 1952 wurde die Zentralkommission als „Abteilung für Leistungsprüfungen" in die ADP übernommen. Das deutsche Olympiade-Komitee für Reiterei, der Verband der Reit- und Fahrvereine im Bundesgebiet, der Deutsche Reiter- und Fahrerverband und die Deutsche Richtervereinigung für Pferdeleistungsprüfungen schlossen sich der ADP an. Sitz der ADP unter der Hauptgeschäftsführung von Dr. Kurt Volkmann wurde Bonn, Warendorf dagegen Sitz der Abteilung für Leistungsprüfungen und des Olympiade-Komitees für Reiterei, beide unter dem Vorsitz von Gustav Rau und der Geschäftsführung von Landstallmeister Alfons Schulze Dieckhoff. Mit diesen Maßnahmen war es gelungen, eine funktionsfähige Organisation für die Bundesrepublik aufzubauen, in der Pferdezucht und Reitsport voll integriert waren. Diese „Ehe" hat bis heute in vielfacher Hinsicht befruchtend auf den Reitsport und die Pferdezucht gewirkt, so daß ein Teil der heutigen Erfolge in Zucht und Sport auf diese Gemeinschaft zurückzuführen ist. Diese Maßnahmen setzten jedoch gleichzeitig einen Schlußstrich unter die zahlreichen intensiven, aber erfolglosen Bemühungen, im Landwirtschaftsministerium des Bundes eine der Preußischen Gestütsverwaltung vergleichbare Institution zu schaffen. Bei Kriegsende verfügte die Preußische Gestütsverwaltung über 3 Hauptgestüte: *Trakehnen, Neustadt (Dosse)* und *Graditz b. Torgau a.d. Elbe* und 15 Landgestüte: in Ostpreußen *Georgenburg, Rastenburg, Braunsberg* und *Marienwerder;* in Pommern *Labes;* in Schlesien *Fürstenstein* und *Cosel;* in Brandenburg *Neustadt (Dosse);* in Sachsen *Kreuz;* in Hannover *Celle* und *Osnabrück;* in Schleswig-Holstein *Traventhal;* in Westfalen *Warendorf;* in der Rheinprovinz *Wickrath;* in Hessen *Dillenburg.* Nach dem 2. Weltkrieg ging die Verantwortung für die verbliebenen Landgestüte an die zuständigen Bundesländer über. Heute gibt es nach der Wiedervereinigung Deutschlands folgende Staatsgestüte: Haupt- und Landgestüte in Marbach a. d. Lauter/Baden-Württemberg, Schwaiganger/Bayern und Neustadt (Dosse)/Berlin-Brandenburg, Landgestüte in Dillenburg/Hessen, Redefin/Mecklenburg-

Vorpommern, Celle/Niedersachsen, Warendorf/Nordrhein-Westfalen, Zweibrücken/Rheinland-Pfalz, Moritzburg/Sachsen und Radegast/Sachsen-Anhalt sowie das Hauptgestüt Graditz/Sachsen.

Bereits zu Beginn der 50er Jahre war nicht zu übersehen, daß sich die allmählich konsolidierende Organisation von Zucht und Sport in der Bundesrepublik an der Schwelle einer totalen Wende bei der Verwendung der Pferde befand. Zwar taten noch über 1 000 000 Pferde ihre Dienste im Verkehr und in der Land- und Forstwirtschaft, jedoch zeigte sich deutlich, daß sich Mechanisierung und Motorisierung im Alltag durchsetzten.

Die folgenden Jahre waren gekennzeichnet durch einen außerordentlich starken Rückgang des Pferdebestandes und heftige Diskussionen über die Verwendung des Pferdes in der Zukunft und damit über das Zuchtziel in der Pferdezucht. Gustav Rau setzte zusammen mit den verantwortlichen Männern der Arbeitsgemeinschaft für Zucht und Prüfung deutscher Pferde und des Olympiade-Komitees auf ein neues Konzept: auf den Sport. Hierbei half es, daß ein Jahr nach der Wiederaufnahme der deutschen Reiterei in die Internationale Reiterliche Vereinigung (FEI) eine Olympiamannschaft zu den Spielen nach Helsinki gesandt werden konnte und dort 1952 eine Silber- und 3 Bronzemedaillen errang und damit auf Anhieb in die Weltspitze des Reitsports zurückfand. Die Richtigkeit des Konzeptes Sport für die Pferdezucht zeigt die Tatsache, daß trotz des nahezu vollständigen Verschwindens des Pferdes aus dem Arbeitsalltag, mit dem ein dramatisches Pferdesterben einsetzte, das im Jahre 1970 mit 250 000 Pferden in der Bundesrepublik seinen Tiefpunkt fand. Heute ist im wiedervereinten Deutschland mit über 530 000 Pferden, die zu einem sehr großen Teil im Reitsport Verwendung finden, wieder eine sehr feste Basis für züchterische Arbeit entstanden. Motor dieser Entwicklung war der Leistungssport, an dessen Entwicklung und vor allen Dingen der Berittenmachung der Nationalmannschaft Gustav Rau mit der Devise „Deutsche Reiter auf deutschen Pferden" zu Beginn der 50er Jahre unermüdlich arbeitete.

Am 5. Dezember 1954 starb Gustav Rau. 1955 übernahm Wilhelm Hansen, der als bewährter Züchter schon seit 1948 die Arbeitsgemeinschaft für Zucht und Prüfung deutscher Pferde (ADP) führte, auch den Vorsitz beim Olymiade-Komitee. Jan Noordendorp rückte an die Spitze der Abteilung für Leistungsprüfungen.

Im April 1957 wurde in der Bundesrepublik die Arbeitsgemeinschaft in den *„Hauptverband für Zucht und Prüfung deutscher Pferde" (HDP)* umgebildet. Ge-

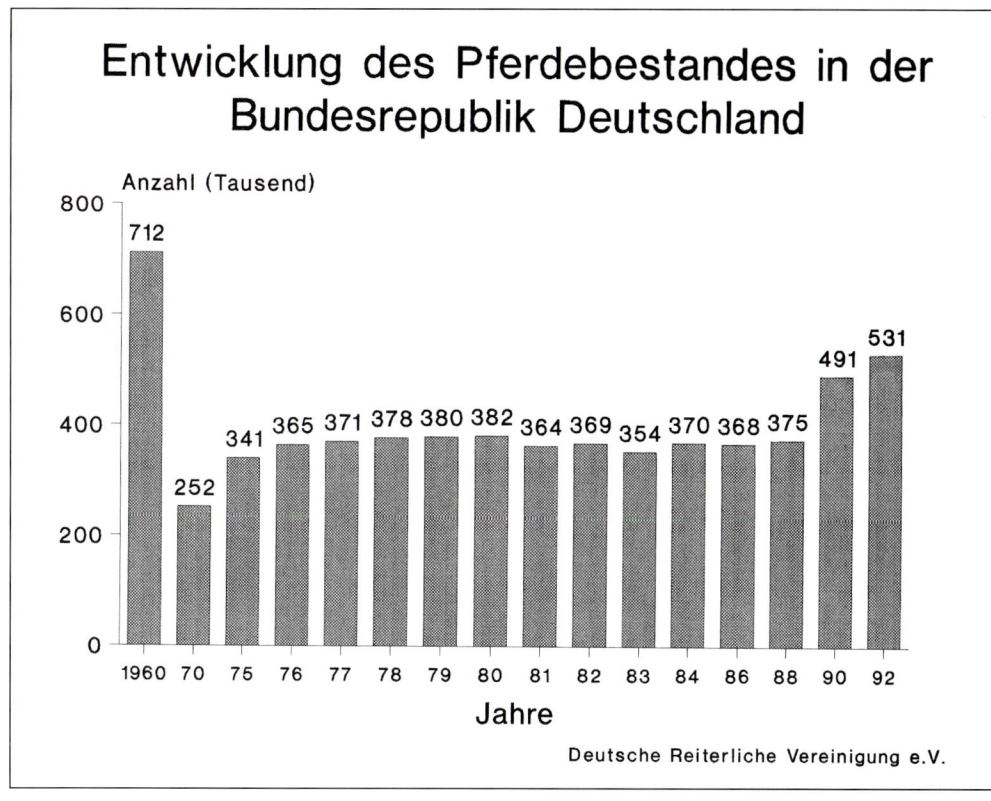

Entwicklung des Pferdebestandes in der Bundesrepublik Deutschland

Anzahl (Tausend)

Jahre

Deutsche Reiterliche Vereinigung e.V.

sche Pferdezucht lebt ganz im Gegenteil von der großen Variationsbreite im Angebot - allerdings hervorgehend aus konsolidierten und vererbungssicheren Linien. Zudem trägt die Konkurrenz unter den Zuchtverbänden erheblich zur Qualität der Pferde bei, wobei der Begriff „Deutsches Reitpferd" die Voraussetzung für die gemeinsame Nutzung knapper Kapazitäten, z.B. Leistungsprüfungsplätze und eines möglichst wenig eingeschränkten Einsatzes von Vater- und Muttertieren schafft.

Die Entwicklung der deutschen Pferdezucht auf dem Gebiet der russischen Besatzungszone und der sich daraus entwickelten Deutschen Demokratischen Republik wird nachfolgend nur recht kurz dargestellt. Ausführlicher geben die einzelnen Kapitel zu den Zuchtverbänden Mecklenburg-Vorpommern, Berlin-Brandenburg, Sachsen-Anhalt, Sachsen und Thüringen Auskunft.

Nach dem 2. Weltkrieg verlief die deutsche Pferdezucht in Ostdeutschland sehr schwankend. Zunächst wurden die Tierzuchtverbände und damit auch die Pferdezuchtverbände verstaatlicht und bis zum Jahr 1952 aufgelöst. 1951 erfolgte die Auflösung der staatlichen Hengsthaltung in den Landgestüten. Die Pferdezucht fand fast nur noch in Landwirtschaftlichen Produktionsgenossenschaften bzw. Volkseigenen Gütern statt und wurde der neu geschaffenen *Zentralstelle für Tierzucht* unterstellt. Erst die nachhaltig negativen Auswirkungen dieser Maßnahmen auf die Pferdezucht führten dazu, daß Mitte der 50er Jahre wieder eine staatliche Hengsthaltung in der ehemaligen Deutschen Demokratischen Republik eingerichtet wurde. Ähnlich wie in der Bundesrepublik wurde dann in den Folgejahren versucht Pferdezucht und Pferdesport in der Deutschen Demokratischen Republik durch den Aufbau von Betriebssportgemeinschaften gegenseitig zu befruchten. Basis dafür ist die 1951 gegründete *Sektion Pferdesport* der Deutschen Demokratischen Republik, als Organisation der Reiter und des Reitsports. Hieraus wuchs der am 27.4.1961 gegründete *Deutsche Pferdesport-Verband* der Deutschen Demokratischen Republik, der in den Folgejahren eine stürmische Entwicklung der Mitgliederzahl erlebte.

Ende der 60er Jahre erfolgte dann eine Neuorganisation der Reitpferdezucht, die aus der übrigen Tierzuchtorganisation der Deutschen Demokratischen Republik herausgelöst wurde, indem die Zentralstelle für Pferdezucht mit den 3 *Pferdezuchtdirektionen Nord (Redefin)*, *Mitte (Neustadt/Dosse)* und *Süd (Moritzburg)* geschaffen wurde. Diese Pferdezuchtdirektionen wurden mit der Zuchtleitung sowie der Verantwortung für die jeweiligen Gestüte betraut.

schäftsführer des Olympiade-Komitees und des Verbandes der 1954 gegründeten Reit- und Fahrvereine im Bundesgebiet wurde Landstallmeister Alfons Schulze Dieckhoff. Die folgenden Jahre waren durch ein ständiges Wachstum des Reitsportes gekennzeichnet, wobei sich jedoch die Schwierigkeiten von zum Teil nebeneinander her arbeitenden Organisationen zeigte. 1968 wurde zum Jahr der Reorganisation des Sport- und Zuchtgefüges. Aus dem Hauptverband für Zucht und Prüfung deutscher Pferde entstand dabei die *„Deutsche Reiterliche Vereinigung" (FN)*. Im Untertitel behielt sie den Namen des Hauptverbandes bei. Der Verband der Reit- und Fahrvereine löste sich auf und ging in der neuen FN-Abteilung Sport auf. Auch das Deutsche Olympiade-Komitee für Reiterei gab seine seit 1913 bewahrte Selbständigkeit auf und unterstellte sich der neuen Vereinigung. Hinzu kam die Deutsche Richtervereinigung und der Deutsche Reiter- und Fahrerverband.

Die Deutsche Reiterliche Vereinigung wurde in drei Abteilungen gegliedert: Sport, Zucht und Persönliche Mitglieder. Präsident des neuen Großverbundes wurde Dieter Graf Landsberg-Velen.

Die folgende Zeit ist durch einen Aufschwung in Pferdezucht und Pferdesport gekennzeichnet. In den „goldenen 70er Jahren" wuchs die Mitgliederzahl der, der Deutschen Reiterlichen Vereinigung angeschlossenen, Mitgliedsverbände bis heute auf über 645 000 an. Diese Entwicklung

hatte selbstverständlich einen starken Einfluß auf die Entwicklung der Pferdezucht, die in Zahl und Qualität nach Jahren des Niederganges einen nicht für möglich gehaltenen Stand erreicht hat.

Der Reitsport formte schließlich auch das Zuchtziel in allen Zuchtgebieten der Bundesrepublik. Der mit Hilfe des Vollblüters und des Trakehners - in nicht so starkem Maße auch des Arabers - durchgeführte Umzüchtungsprozeß war in der Folgezeit von einem starken Zuchttieraustausch, vornehmlich in Nord-Südrichtung verlaufend, gekennzeichnet. Am Ende dieses Prozesses stand eine Konsolidierung des Zuchtmaterials, wie sie in keinem anderen Land anzutreffen ist. Diese Konsolidierung führte folgerichtig zur Proklamation eines gemeinsamen Zuchtziels, welches am 22.4.1975 in Stuttgart von allen Zuchtverbänden der Bundesrepublik beschlossen wurde, und zwar unter der Bezeichnung „Zuchtziel des Deutschen Reitpferdes":

„Gezüchtet wird ein edles, großliniges und korrektes Reitpferd mit schwungvollen, raumgreifenden, elastischen Bewegungen, das aufgrund seines Temperamentes, seines Charakters und seiner Rittigkeit für Reitzwecke jeder Art geeignet ist."

Selbstverständlich bedeutet dieses Zuchtziel sowie der Begriff „Deutsches Reitpferd" weder den Versuch, ein „Einheitspferd" zu züchten, noch die Beschneidung der traditionellen Pflichten, Aufgaben und Rechte der alten Zuchtgebiete. Die deut-

Zur Auflösung der bis dahin getrennt arbeitenden Zuchtgebiete führte das 1971 von der Zentralstelle für Pferdezucht einheitlich festgelegte Zuchtziel des Edlen Warmblutpferdes der Deutschen Demokratischen Republik. Verbunden hiermit war auch die Vereinheitlichung der Brandzeichen in der Zucht des Edlen Warmblutpferdes. Zur weiteren Forcierung des Leistungsgedankens in der Zucht wurde 1978 die bis dahin durchgeführte zentrale Hauptkörung für Hengste abgeschafft und durch eine Hengstleistungsprüfung ersetzt. Die Zentralstelle für Pferdezucht wurde schließlich mit Beginn des Jahres 1988 aufgelöst und die zugehörigen Pferdezuchtdirektionen wurde in die regionalen Tierzuchtstrukturen integriert.

Die politischen Entwicklungen führten im Laufe des Jahres 1990 dazu, daß sich auf dem Gebiet der Deutschen Demokratischen Republik neue Landesverbände für Pferdesport und Pferdezucht gründeten. Am 22./23.1.1990 kam es in Warendorf zu einem ersten Treffen zwischen Vertretern des Deutschen Pferdesport-Verbandes und Vertretern der Deutschen Reiterlichen Vereinigung. Anläßlich der Hauptausschußsitzung der Deutschen Reiterlichen Vereinigung am 27.4.1990 in Hamburg sicherte Dieter Graf Landsberg-Velen den Vertretern des Deutschen Pferdesport-Verbandes die Unterstützung des Haupt- und Ehrenamtes der FN sowie deren Mitgliedsorganisationen beim Aufbau einer neuen Struktur von Pferdesport und Pferdezucht auf dem Gebiet der Deutschen Demokratischen Republik zu.

Am 3.10.1990 fand mit einem Staatsakt in Berlin die Wiedervereinigung Deutschlands statt. Kurze Zeit darauf wurde am 5.12.1990 im Parkhotel Kronsberg in Hannover im Rahmen einer außerordentlichen Mitgliederversammlung der Deutschen Reiterlichen Vereinigung die Wiedervereinigung der deutschen Reiterei und Pferdezucht vollzogen, nachdem sich am 1.12.1990 der Deutsche Pferdesport-Verband aufgelöst hatte.

Den heutigen Rahmen für alle der Deutschen Reiterlichen Vereinigung angeschlossenen Zuchtverbände stellt die am 6.12.1989 von der Delegiertenversammlung der FN-Abteilung Zucht verabschiedete *Zuchtverbandsordnung (ZVO)* dar. Aufgrund der bevorstehenden Novellierung des Tierzuchtgesetzes und im Hinblick auf die Europäische Gemeinschaft wurde es notwendig einheitliche Mindestanforderungen hinsichtlich des Zuchtprogrammes und der Zuchtbuchordnung für eine abgestimmte Arbeitsweise der Zuchtverbände sicherzustellen. Im Laufe des Jahres 1990 wurde die Zuchtverbandsordnung in die Satzungen und Zuchtbuchordnungen der Zuchtverbände eingearbeitet.

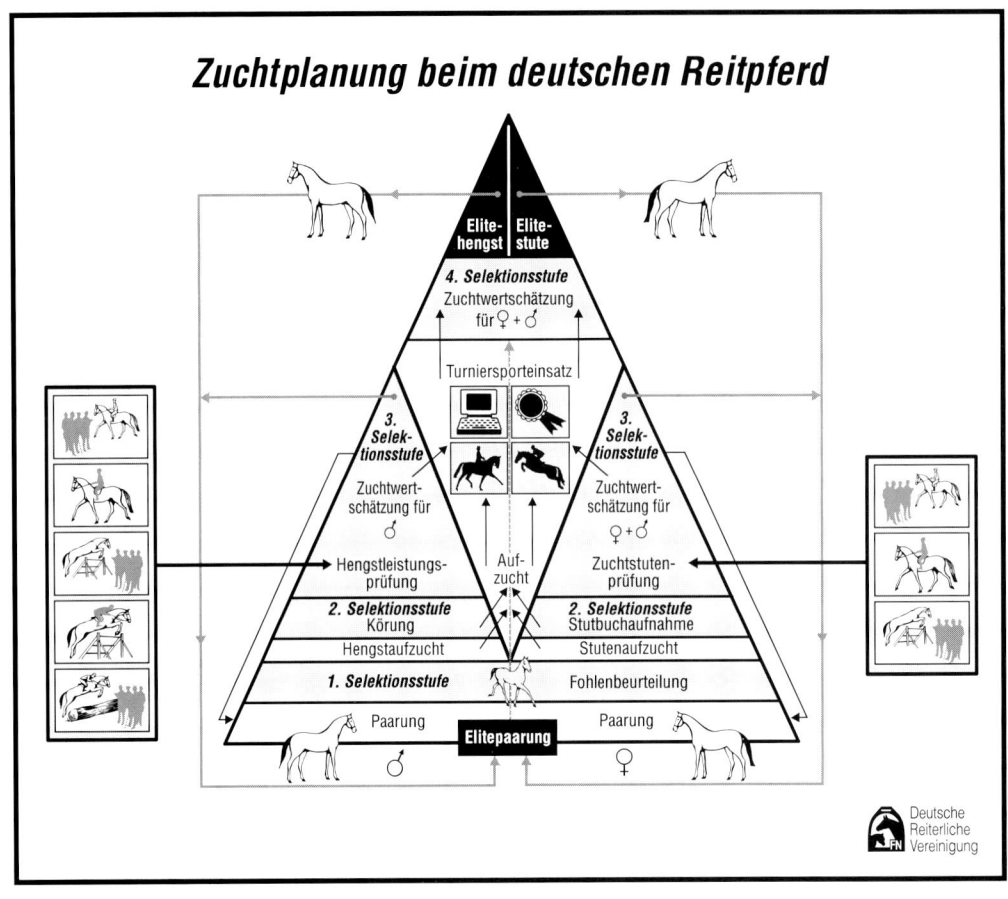

Zuchtplanung beim deutschen Reitpferd

Zur Zeit werden in 19 Zuchtgebieten Deutsche Reitpferde (Warmblüter) gezüchtet. Im Jahre 1993 standen 3 938, davon 717 Landbeschäler und 3 221 Privatbeschäler für 80 903 eingetragene Zuchtstuten zur Verfügung. Die Zucht erfolgt prinzipiell in jedem Zuchtverband nach Bestimmungen der ZVO und demselben Zuchtprogramm, selbstverständlich mit unterschiedlicher Betonung der einzelnen Selektionsschritte, wie in Satzung und Zuchtbuchordnung der Zuchtverbände festgelegt. Die Grafik „Zuchtplanung beim Deutschen Reitpferd" zeigt die Selektionsstufen beim Deutschen Reitpferd:

Selektionsstufe 1:
Hier erfolgt die Beurteilung des Fohlens bei Fuß der Mutter nach den Kriterien Abstammung und Merkmale der äußeren Erscheinung.

Selektionsstufe 2:
Hier erfolgt die Beurteilung nach den gleichen Merkmalen wie bei der Selektionsstufe 1 sowie unter Einbeziehung der Veranlagung in den gewünschten Leistungsmerkmalen im Alter von 2 1/2 Jahren bei der Körung bzw. 3 Jahren bei der Stutbucheintragung.

Selektionsstufe 3:
Hengstleistungsprüfung auf Station bzw. Zuchtstutenprüfung auf Station oder im Feld und daraus resultierend Zuchtwertschätzung für Hengste und Stuten.

Selektionsstufe 4:
Zuchtwertschätzung für Hengste und Stuten anhand der Nachkommen- bzw. Eigenleistung im Turniersport.

Leistungsprüfungsstationen für Hengste des Deutschen Reitpferdes gibt es derzeit in Adelheidsdorf, Marbach, Medingen, München-Riem, Münster-Handorf, Neustadt (Dosse), Redefin und Warendorf.

Grundsätzlich wird in der Pony- und Kleinpferdezucht - früher als Konkurrenz zum Warmblüter, heute als willkommenen Ergänzung angesehen - das gleiche Zuchtprogramm verfolgt. Insgesamt stehen heute 36 300 Zuchtstuten der verschiedenen Pony- und Kleinpferderassen zur Verfügung. Die Verteilung der Rassen zeigt nachfolgende Grafik.

Lange Zeit hat es so ausgesehen, als ob die Erhaltung des Kaltblüters nicht gesichert sei. Gerade diese Pferde haben in den letzten Jahren jedoch eine kaum für möglich gehaltene Renaissance erfahren, und zwar aufgrund einer ständig anwachsenden Nachfrage aus den Forstbetrieben und aus dem Hobby- und Schaubereich. Heute kann man hoffen, daß die Kaltblutrassen auch ohne intensive Förderung erhalten bleiben. Gezüchtet wird derzeit mit 40 005 eingetragenen Zuchtstuten der Rassen Süddeutsches Kaltblut, Rheinisch-Westfälisches Kaltblut, Schleswiger Kaltblut, Altmärkisches Kaltblut, Mecklenburger Kaltblut, Sächsisch-Thüringisches Kaltblut, Schwarzwälder Fuchs sowie Pfalz-Ardenner Kaltblut.

Zu erwähnen ist weiterhin, daß sich aufgrund von besonders gelagerten Einzelinteressen eine Reihe von ausländischen Spezialrassen hier in Deutschland etabliert haben, so die Quarter Horses, Appaloosas, Saddle Horses aus Nordamerika, die Pasos aus Südamerika, die Achal-Tekkiner aus Aserbaidschan (UdSSR), die Friesen aus Holland, die Shires aus England und viele andere mehr. Auch diese Rassen runden das Bild ab und tragen viel dazu bei, die Volkstümlichkeiten der Pferde in Zucht und Sport zu unterstreichen.

Allen Pferden und deren Züchtern und Reitern steht heute als vorläufiges Ende der geschilderten Entwicklung eine Organisation zur Verfügung, die bemüht ist, allen Interessen „rund um das Pferd" gerecht zu werden.

Ziel der Darstellung der Entwicklung der Organisation der Pferdezucht in Deutschland war es, aufzuzeigen, daß die für die Zucht Verantwortlichen sich zu jeder Zeit ohne Einfluß der politischen Situation von der Maxime - was nützt der Zucht - haben leiten lassen. Die gegenwärtige Organisation ist sich dieser Verantwortung und dieses Auftrages voll bewußt und bietet die Voraussetzung für die Befolgung dieses Auftrages auch in der Zukunft.

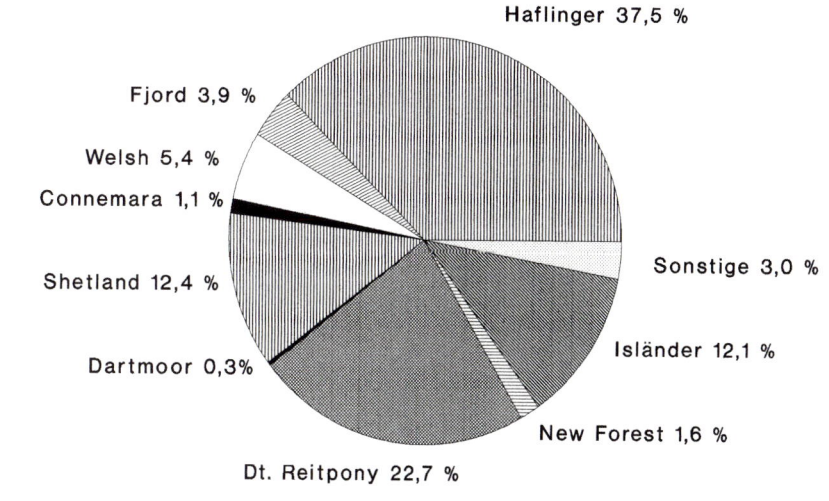

Folgende Anmerkungen erscheinen zur Darstellung der Situation der Gesetzgebung notwendig, auf deren Einfluß ein erheblicher Teil des Zuchtfortschrittes in der Deutschen Pferdezucht zurückzuführen ist:
Im Jahre 1936 wurde das Reichstierzuchtgesetz erlassen, im Jahre 1949 das Tierzuchtgesetz. Die Novellierung des Tierzuchtgesetzes im Jahre 1976 regelte die Körung von Vatertieren, stellte Anforderungen an die Zuchtverbände und lenkte die künstliche Besamung in die richtigen Bahnen. Im Hinblick auf die Einarbeitung der Vorschriften der Europäischen Gemeinschaft wurde das Tierzuchtgesetz am 22.12.1989 erneut novelliert. Der gesetzliche Körzwang für Vatertiere wurde abgeschafft und ging auf die Zuchtverbände über. Der Gesetzgeber behielt sich aber den Bereich der Leistungsprüfungen sowie der Zuchtwertfeststellung vor. Dies ist bis heute so geblieben. Aufgrund der verwaltungstechnischen Harmonisierung der Richtlinien und Verordnungen der Europäischen Union wurde eine Novellierung des Tierzuchtgesetzes erneut am 22.3.1994 notwendig.

Vorangegangen waren intensive Abstimmungen auf europäischer Ebene. So finden bereits seit Mitte der 80er Jahre regelmäßige Treffen im Forum der Arbeitsgruppe Pferde der COPA (europäischer Zusammenschluß der Bauernverbände) in Brüssel statt. Ebenso treten auf ministerieller Ebene die Tierzuchtreferenten der verschiedenen Mitgliedsländer der Europäischen Union zu regelmäßigen Beratungen zusammen. Bisher sind drei grundlegende Richtlinie der EU im Hinblick auf die tierzüchterischen und genealogischen Bestimmungen, die tierseuchenrechtlichen Vorschriften sowie die Bedingungen für den Handel mit Sportpferden und für die Teilnahme an pferdesportlichen Veranstaltungen ratifiziert worden. Weitere Richtlinien, Entscheidungen oder Verordnungen werden noch anstehen. Die ersten Schritte im Zusammenwachsen von Pferdezucht und Pferdesport in der Europäischen Union sind erfolgreich umgesetzt worden. Weitere werden folgen, wobei eine Auflösung der bestehenden Strukturen von Pferdezucht und Pferdesport in Europa für die Zukunft nicht zu erwarten ist.

Literatur

Burandt, E. (1950): Die Organisation von Pferdezucht und -sport in Taschenbuch für Vereine, Bereiter und Reitlehrer, 3. Aufl., FN-Verlag, Warendorf

Eckholt, Th. (1979): Rückblick auf die Entwicklung der Verbandsorganisation. Jahresbericht der Deutschen Reiterlichen Vereinigung 1979

Gatermann (1927): Rückblick auf die Preußische Gestütsverwaltung in Die Preußische Gestütsverwaltung, Verlag M. u. H. Schaper, Hannover

Groscurth (1927): Geleitwort in Die Preußische Gestütsverwaltung, Verlag M. u. H. Schaper, Hannover

Unterlagen der Deutschen Reiterlichen Vereinigung und ihrer Vorgängerorganisationen aus den Jahren 1929-1993.

Trakehner

10 Zuchtgebiete Deutschlands

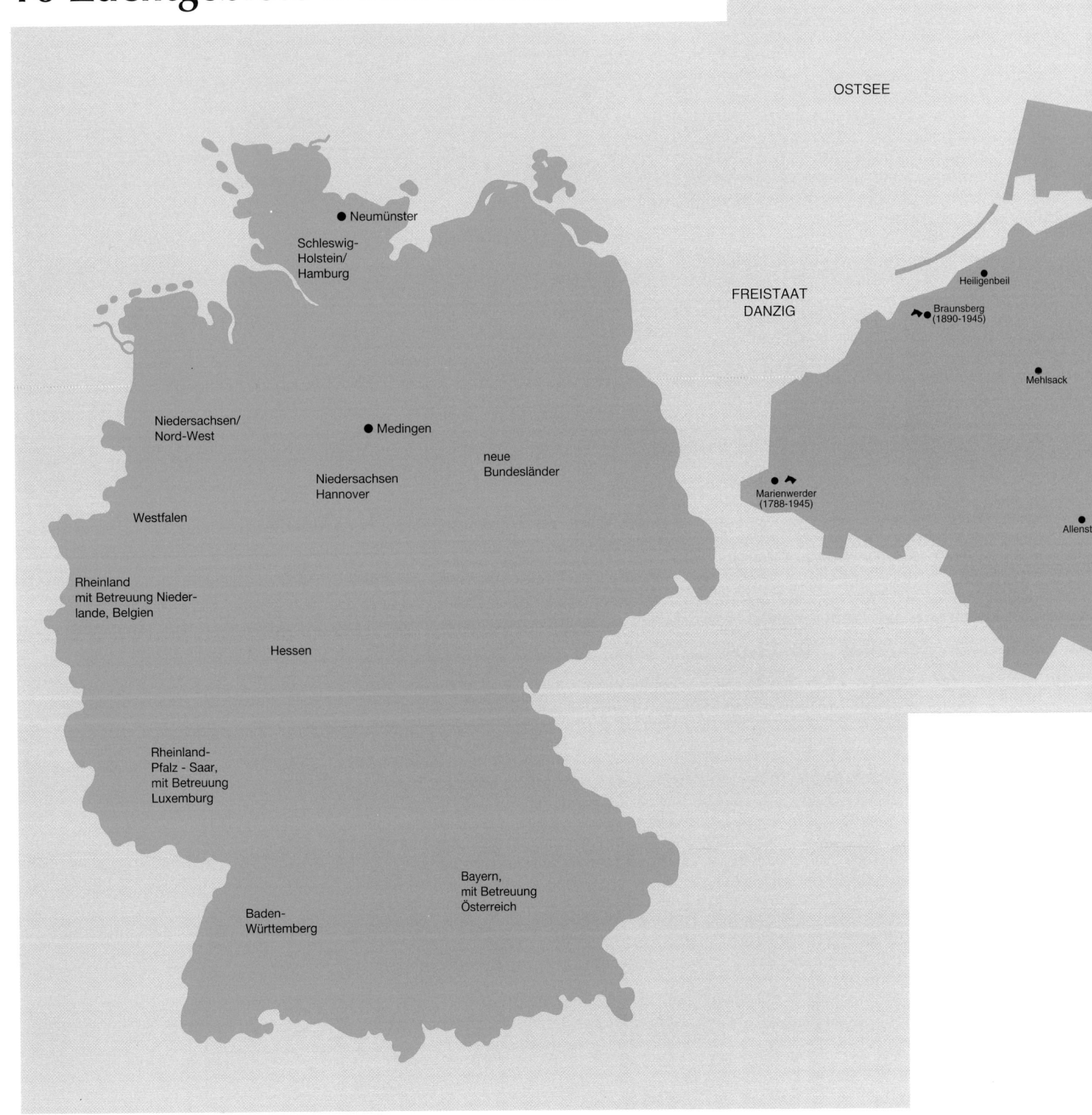

OSTSEE

● Neumünster

Schleswig-
Holstein/
Hamburg

FREISTAAT
DANZIG

Heiligenbeil

Braunsberg
(1890-1945)

Mehlsack

Niedersachsen/
Nord-West

● Medingen

neue
Bundesländer

Niedersachsen
Hannover

Marienwerder
(1788-1945)

Allenstein

Westfalen

Rheinland
mit Betreuung Nieder-
lande, Belgien

Hessen

Rheinland-
Pfalz - Saar,
mit Betreuung
Luxemburg

Bayern,
mit Betreuung
Österreich

Baden-
Württemberg

Dr. Fritz Schilke †

Lars Gehrmann

Dr. Fritz Schilke †
Geb. 17. 10. 1899 in Diebowen, Krs. Sensburg/Ostpr.
Schulabgang mit Reifezeugnis 1917 in Eberswalde. 1. Juli 1917 Eintritt in das 1. Feldartillerieregiment als Fahnenjunker. 1918 Rückkehr von der Westfront nach Königsberg. Januar 1919 Ausrücken mit der 1. Freiwilligenbatterie in das Baltikum - April 1919 als Lt. a. D.
Ostern 1919 bis August 1921 Studium der Landwirtschaft in Königsberg/Pr., 15. Juni 1921 Diplomexamen. November 1921 Examen als Tierzuchtinspektor, dann zur praktischen Ausbildung als Volontär im Hauptgestüt Trakehnen.
Dezember 1922 Doktorexamen.
1. 1. 1923 bis 19. 7. 1923 Assistent bei dem Landwirtschaftlichen Zentralverein in Insterburg. 20. 7. bis Ende Juli 1924 Leiter des Stutbuchamtes in Königsberg/Pr.
1. 9. 1924 bis 31. 3. 1928 Tierzuchtinspektor bei der Ostpr. Züchtervereinigung in Königsberg/Pr., dann Tierzuchtinspektor bei der Ostpr. Stutbuchgesellschaft in Königsberg/Pr. bis zur Vertreibung im Jahre 1945.
Sogleich Beginn der Registrierung der mit den Trecks in den Westen gelangten Stuten. Oktober 1947 Geschäftsführer des neugegründeten „Verband der Züchter des Ostpreußischen Warmblutpferdes Trakehner Abstammung", kurz „Trakehner Verband", bis 1965. 1965 Vorsitzender des Trakehner Verbandes bis 1975.
3. März 1975 Ehrenvorsitzender.
1. 9. 1981 †

Überarbeitet von Lars Gehrmann
Dipl.Agr. Ing., gegoren 1959 in Lübeck.
Nach dem Abitur legte er eine landwirtschaftliche Lehre auf den Trakehner Zuchtstätten Hans Eberhard Schneider, Staatsdomäne Mechthildshausen bei Wiesbaden, und Otto Langels, Rittergut Hämelschenburg bei Hameln ab. Danach folgte eine zweijährige journalischtische Ausbildung im Redaktionsbüro Holger Heck in Stuttgart mit mehreren Fachbuchpublikationen. 1984 Studium der Agrarwissenschaften mit Schwerpunkt Tierzucht in Kiel. 1990/91 Mitarbeiter des Oldenburger Pferdezuchtverbandes im Bereich Auktionswesen. Seit Oktober 1991 Vize-Zuchtleiter des Trakehner-Verbandes in Neumünster. Zuchtleiter und Geschäftsführer seit November 1993.

Unter Mitarbeit von Joachim Gusovius.
Geb. 9.2.1933 in Ostpreußen.
Langjähriger Leiter des Gestütes Prieros bei Königs-Wusterhausen.
Seit 1990 Vorsitzender der Trakehner Züchter innerhalb der neuen Bundesländer.

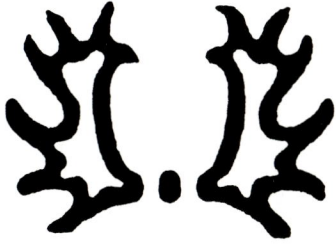

Die ostpreußische Warmblutzucht Trakehner Abstammung

1. Natürliche Gegebenheiten

Die ehemals preußische Provinz Ostpreußen umfaßte eine Fläche von 36.992 km² mit 2,5 Millionen Einwohnern (1939). Sie stellte den nordöstlichen Teil des Deutschen Reiches dar und rechnete zur Norddeutschen Tiefebene.
Nach Nordwesten durch die Ostseeküste mit der Frischen Nehrung, der Halbinselküste des Samlandes und der Kurischen Nehrung begrenzt, stieß die Provinz im Norden an die litauische, im Osten und Süden an die polnische Grenze und endete im Westen an der Weichsel und deren Mündungsarm Nogat. Der Nordteil ist ausgesprochenes Flachland, den Südteil nimmt der außerordentlich seenreiche Baltische Landrücken mit eiszeitlichen Moränenformationen ein, die an einzelnen Stellen eine Höhe von rund 300 m über dem Meeresspiegel erreichen. Die Memel als nördlicher Grenzfluß, unter dem Namen Njemen in Weißrußland entspringend, ergießt sich in das Kurische Haff, der Pregel mit seinen Nebenflüssen Alle, Angerapp, Pissa und Rominte sowie die Passarge leiten die Wasser der ostpreußischen Seenplatte in das Frische Haff.

Ostpreußen verfügt in seiner Oberfläche zur Hälfte über sandig-lehmige Ackerböden, 16% Lehm- und Tonböden und 23% Sandböden, die vorwiegend im Südteil liegen. Der Rest besteht aus einem erheblichen Teil Wasserfläche und Moorgebieten am Kurischen Haff. Größere Waldgebiete gibt es vor allem längs der Südgrenze, im Bereich der Landschaft Masuren und im Nordostteil.

Das Klima ist bis auf den Küstenstreifen als kontinental zu bezeichnen. Die Niederschläge liegen bei 600 mm im Jahresdurchschnitt bei erheblichen lokalen Unterschieden. Die größte Regenmenge fällt im Nordostteil. Im Binnenland sind charakteristisch lange, oft sehr kalte Winter und kurze warme und trockene Sommer. Die mittlere Jahrestemperatur von 5,5 Grad Celsius in den östlichen Kreisen war die niedrigste des Deutschen Reiches. Temperaturunterschiede von 60 Grad zwischen Sommer und Winter waren keine Seltenheit.

Mittel- und großbäuerlicher Besitz dominierten vorwiegend im Ermland, im Gebiet um Elbing und in Masuren. Großgrundbesitz kam in allen Teil der Provinz vor, am stärksten im Norden und Osten. Größere Städte waren die Landeshauptstadt Königsberg mit Universität, größerem Hafen und Werftindustrie, Elbing mit Metallindustrie und Schiffsbau, Allenstein, Insterburg, Tilsit und Gumbinnen. Verwaltungseinheiten waren die Regierungsbezirke Königsberg, Allenstein und Gumbinnen. Bis auf geringe Braunkohlenvorkommen und etwas Bernsteingewinnung im Tagebau an der Samlandküste gibt es keine Bodenschätze.

2. Geschichte

Der in den Kreuzzügen entstandene Deutsche Ritterorden unterwarf und christianisierte auf Veranlassung des polnischen Herzogs zwischen 1225 und 1280 das Gebiet des Volksstammes der Pruzzen und erhielt dafür die vollen Souveränitätsrechte durch Kaiser und Papst. Der straff verwaltete Deutschordensstaat vereinigte in der Zeit seiner Hochblüte alle Ostseeländer von Pommerellen über Danzig, die Lande an der unteren Weichsel, Preußen (das spätere Ostpreußen) und die baltischen Länder, außer Litauen, bis Narwa.
Im 14. Jahrhundert erfolgten starke Besiedlungen durch Westdeutsche mit Stadt-, Kloster- und Dorfgründungen. Nach Niederlagen des Ordensheeres durch das erstarkte Polen im 15. Jahrhundert verlor der Deutsche Ritterorden große Landesteile an der Weichsel und im Baltikum. Der Ordensstaat in Preußen kam unter polnische Lehnshoheit und schied aus dem Verband des Deutschen Reiches aus.
Der letzte Ordenshochmeister, Albrecht von Hohenzollern, erklärte 1525 den Ordensstaat zum weltlichen Herzogtum. Dieses fiel 1610 durch Erbschaft an die brandenburgischen Hohenzollern. Der Name Preußen ging nach 1701 (Königskrönung des brandenburgischen Kurfürsten in Königsberg) auf den Gesamtstaat über.

Im Jahr 1772 kam das bis dahin polnische Ermland hinzu. Zwischen 1810 und 1813 wurde Ostpreußen zur Keimzelle des Widerstandes und der Befreiungskriege gegen die napoleonischen Eroberungen. 1914/15 wurde die Provinz zu einem Drittel von der russischen Armee besetzt (Tannenberg-Schlacht).
1919 Verlust des Memellandes im äußersten Nordosten an Litauen und des Kreises Soldau im Südwesten an Polen. Gleichzeitig wurde die Provinz Ostpreußen durch die Neubildung des unter Völkerbundes Mandat stehenden Freistaates Danzig und des an Polen abgetretenen „polnischen Korridors", vordem zu Westpreußen gehörend, vom Zusammenhang mit dem übrigen Deutschen Reich abgeschnitten.

Nach dem Zusammenbruch des Deutschen Reiches und dem Ende des Landes Preußen wurde die Provinz nach Flucht und Vertreibung der deutschen Bevölkerung durch eine Demarkationslinie, die von Braunsberg am Frischen Haff in gerader Linie nach Osten verläuft, in eine sowjetisch verwaltete Nord- und eine polnisch verwaltete Südhälfte geteilt.

Trakehnen. Landstallmeisterhaus mit Tempelhüter-Denkmal.

3. Zuchtgeschichte

Es gibt in der landwirtschaftlichen Tierzucht keinen Zweig, der durch kriegerische Ereignisse so oft und nachhaltig in Mitleidenschaft gezogen worden ist, wie die Zucht des Trakehner Pferdes.
Im Dezember 1806 mußte das Gestüt vor den Franzosen flüchten und kam mit allen Pferden und Vieh in die Gegend von Szawlen (Litauen). 1807 wurden alle Pferde wieder nach Trakehnen zurückgebracht, aber die Gestütsverwaltung wurde erheblich eingeschränkt.
Im Dezember 1812 wurde das Gestüt nochmals für kurze Zeit verlegt und alle Pferde wurden nach Schlesien geschafft, von wo sie im Oktober 1813 wieder nach Trakehnen zurückkehrten.
Zu Beginn des 1. Weltkrieges 1914/18 wurden entsprechend dem Mobil–machungsplan die Gestütspferde an verschiedene hierfür vorgesehene Orte in Westdeutschland in Sicherheit gebracht. Erst gegen Ende des Jahres 1919 kehrten die letzten ausgelagerten Jahrgänge aus Schlesien wieder in die Heimatgestüte zurück. Es bedurfte natürlich mehrerer Jahre, bis auch die materiellen Schäden an

Gebäuden und die mindere Ertragsfähigkeit von Acker und Grünland voll ausgeglichen werden konnten. - Erhebliche Verluste an bestem Stutenmaterial hatte aber die Privatzucht in den ersten Kriegsjahren 1914/15 zu beklagen.

Gegen Ende des 2. Weltkrieges ging dann ganz Ostpreußen verloren, und von den Gestütspferden konnten nur 2 Beschäler und 27 Mutterstuten - letztere mit einigen Fohlen - vom Remonteamt Perlin (Mecklenburg) durch das Entgegenkommen des englischen Generals Bolton nach Schleswig-Holstein - also in die westlichen Besatzungszonen - überführt werden.
Im September 1944 wurden von Trakehnen etwa 60 Hengste des Jahrganges 1943 nach Hunnesrück (Niedersachsen) geschickt. Nach der Kapitulation wurde ein Teil dieser Junghengste an die polnische Gestütsverwaltung abgegeben. Trotz dieser großen Verluste an Gestütspferden wurde in den westlichen Besatzungszonen der Bundesrepublik der Versuch unternommen, mit den 28 geretteten Stuten des Hauptgestüts Trakehnen und den in den Westen überführten Landbeschälern, die größtenteils zum

Landgestüt Georgenburg bei Insterburg gehört hatten, an der Erhaltung dieses Restes und einem neuen Wiederaufbau zu arbeiten. Die züchterische Grundlage hierfür war durch die zahlreichen ostpreußischen Stuten Trakehner Abstammung, die mit den Flüchtlingswagen der vertriebenen Züchter den Westen erreicht hatten, gegeben. - Es wird später noch im einzelnen darauf zurückzukommen sein.

3.1 1732 bis 1922

Für das Verständnis der heutigen Trakehner Zucht in der Bundesrepublik Deutschland müssen die geschichtlichen Entwicklungen der Zucht in Trakehnen seit dem Gründungsjahr 1732 als wichtig eintaxiert werden.
In dem genannten Jahr erfolgte eine Zusammenlegung der zerstreut liegenden Stuterien - etwa 7 an der Zahl - zum „Königlichen Stutamt Trakehnen"; 1.101 Pferde, darunter 513 Mutterstuten, wurden auf Befehl Friedrich Wilhelm I. vereinigt. Das Material muß sehr unterschiedlich gewesen sein.

Die Landespferdezucht hatte zunächst von der Gründung des Gestüts nur wenig Nutzen. Es sollte in erster Linie als Einnahmequelle dienen und Pferde für den Königlichen Marstall liefern. Es wurden infolgedessen keine Mittel angewendet, um die Qualität auszugleichen und zu verbessern. Hengste aus aller Herren Länder wurden benutzt, ohne daß man ein bestimmtes Ziel vor Augen hatte.

Landstallmeister v. Burgsdorf sagte später, man hätte in diesem Zeitabschnitt nicht immer die besten Pferde zurückbehalten, sondern auch gute an In- und Ausländer verkauft, um Einnahmen zu schaffen.

Eine planvolle und einheitliche Handhabung der Zucht setzte erst mit dem Jahre 1787 ein, als eine strenge Musterung des vorhandenen Pferdebestandes auf Veranlassung von Graf Lindenau vorgenommen wurde. Von 38 Hengsten wurden 25 ausgemustert und von 381 Mutterstuten 144 ausgeschieden und verkauft.

Bezüglich der Hengste forderte Graf Lindenau, daß „nur lauteres Gold an Vaterpferden fortan in Trakehnen benutzt werden sollte". Das Gestüt sollte von nun an nicht mehr wie bisher allein für den Obermarstall in Berlin züchten, sondern ihm wurde die Aufgabe zugewiesen, Landbeschäler herauszubringen, nachdem auf Veranlassung des Kriegsrates Wlömer zunächst heimlich vorgenommene Versuche, Trakehner Hengste zur Paarung mit den Landstuten der Bauern zu verwenden, günstig ausgefallen waren. Das gute Resultat dieses Zuchtversuchs hatte den Beschluß zur Folge, ein Landgestüt mit den Gestütshöfen in Trakehnen, Ragnit, Insterburg und Oletzko (vor dem 2. Weltkrieg in Treuburg umbenannt) zu gründen. Durch diese Einrichtung wurden die Voraussetzungen für den planvollen Aufstieg der Ostpreußischen Landespferdezucht geschaffen. Da der Andrang zu den staatlichen Hengsten sehr groß war, wurde sofort eine „Konsignierung" der Stuten (Eintragung in Listen und Kennzeichnung durch Brand) vorgenommen und nur die auf diese Weise erfaßten Stuten der besseren Qualität durften den königlichen Hengsten zugeführt werden.

Bei der Durchführung der Aufgabe, Beschäler zur Verbesserung der Landespferdezucht zu liefern, wurden englische und arabische Vaterpferde zur Aufwertung und Veredlung der Rasse angekauft. Es hat später wiederholt einen Meinungsstreit darüber gegeben, ob das englische oder das orientalische Vollblut den Vorzug für die Verwendung in Ostpreußen verdiene. Trotz einer zeitweiligen stärkeren Benutzung von Orientalen durch Landstallmeister v. Burgsdorf (1814 - 1842) ist im ganzen gesehen dem englischen Vollblut ein bedeutend größerer Einfluß eingeräumt worden. Es dürfte auch wegen seiner besseren Körpergröße und wegen seiner langen Linie und größeren Rahmens für die Formung des Pferdes eher am Platz gewesen sein als der Araber. Von letzteren hatten eine nachhaltige Bedeutung nur Nedjed, Bagdadly und Turcmainatti.

Mit der Zuführung englischen Blutes hat man - von der ersten Entwicklungsperiode Trakehnens abgesehen - nie gespart. Nach einer Aufstellung von Landstallmeister v. Oettingen wurden in Trakehnen folgende Anteile des Stutenbestandes mit Vollbluthengsten gedeckt:

1860	64,8%	1890	52,0%
1870	47,1%	1900	34,6%
1880	47,4%	1913	84,0%

Die ostpreußische Landespferdezucht war bis zum 1. Weltkrieg vorwiegend nach militärischen Bedürfnissen ausgerichtet und geleitet worden. In dem Verkauf der Nachzucht als Remonten, vorwiegend für die preußische Armee, aber auch für die sächsische und bayrische Kavallerie, hatten die Züchter einen weitgehend stabilen Absatz für ihre Produkte zu lohnenden Preisen.

In dem amtlichen Kriegsveterinärbericht des deutschen Heeres 1914/18 sind den ostpreußischen Pferden sehr gute Zeugnisse ausgestellt; insbesondere werden die Ausdauer bei Gewaltmärschen und die Widerstandsfähigkeit bei Erkrankungen jeglicher Art, das seltene Auftreten von Lahmheit und in erster Linie das seltene Vorkommen von Sehnenerkrankungen hervorgehoben. Wörtlich heißt es an einer Stelle: „Der regelmäßige bis leicht eng geformte Huf aus festgefügtem feinfaserigen Horn, wie ihn der Ostpreuße besitzt, befähigt diesen in hervorragender Weise, ohne Schaden jede Bodenbeschaffenheit auf längere Dauer zu ertragen, und gewährleistet überall einen sicheren Gang." Weiter liest man, „das ostpreußische Pferd sei unermüdlich in seiner Gehlust, ein anhänglicher und dankbarer Kamerad seinem liebevollen, fürsorglichen Reiter".

Auf fast allen Gebieten der wirtschaftlichen und praktischen Entwicklungen kann man fast immer beobachten, daß die größten Fortschritte durch einzelne überragende Persönlichkeiten erreicht worden sind. Innerhalb der ostpreußischen Pferdezucht sind dem Landstallmeister v. Burgsdorf, der die Leitung von Trakehnen von 1814 bis 1842 innehatte, Verdienste, die über das eigentliche Gebiet des Pferdesektors hinausgingen, zuzuschreiben. Er hat nicht nur die Zucht qualitativ und nachhaltig gefördert, sondern auch den Absatz organisiert, indem er die Anregungen für die Gründung der Remontedepots gab, deren Direktor er bis 1839 blieb. Insofern wurde er der Schöpfer der Remontezucht, die sich zu einem sicheren Zweig vieler landwirtschaftlicher Betriebe entwickelte. Er führte aber auch die ersten englischen Bullen, Schafe und Schweine ein, gründete den „Landwirtschaftlichen Zentralverein" in Insterburg und rief die ersten landwirtschaftlichen Ausstellungen und Prämierungen ins Leben. Er hielt Vorträge in landwirtschaftlichen Vereinen und unternahm zum

Typenparade dreier der bedeutendsten Vererber des Hauptgestüts Trakehnens. (S.22 u. 23)
Tempelhüter, Db., geb. i. Trak. 1905 v. Perfectionist xx a. d. Teichrose v. Jennissei, gest. Trak. 1933. Er deckte in Trakehnen von 1916 bis 1931 rund 500 Stuten und lieferte davon 56 Beschäler, 60 Mutterstuten und über 100 Auktionspferde.

Ankauf von Hengsten Reisen nach England und Arabien und entwickelte eine allgemein segenbringende Tätigkeit für die Landwirtschaft seiner Heimat. Führend war er auf vielen Gebieten und bewirtschaftete noch sein Gut Amalienhof. Ferner vergrößerte er das Areal von Trakehnen durch Hinzunahme der Vorwerke Danzkehmen und Taukenischken. Der Bestand an Mutterstuten konnte bald auf 300 Köpfe angehoben werden, und das Gestüt war in der Lage, die jungen Pferde bis zum vierten Jahr zu halten. Sehr viel Arbeit und Geld kosteten immer wieder die Regulierung der kleinen Flüsse Pissa und Rodupp und die Offenhaltung des Graben- und Entwässerungssystems.

Nur dank des Riesenaufwandes an Kräften und Geldmitteln im Laufe der Jahrhunderte wurde Trakehnen zu einem Musterbetrieb der ganzen Provinz und darüber hinaus.

Am 3. August 1832 feierte das Gestüt sein 100jähriges Bestehen. Sämtliche Einwohner Trakehnens wurden auf Kosten der Gestütskasse bewirtet, wofür rd. 500 Reichstaler bewilligt waren. Eine besonders erfolgreiche und glückliche Entwicklung hatte Trakehnen auch unter Landstallmeister v. Schwichow (1847 - 1864). Er legte auf eine starke Konsolidierung im Erbgefüge der Stutenherden großes Gewicht.
Im Jahre 1849 wurde die Gestütsverwaltung als eine eigene Abteilung beim preußischen Landwirtschaftsministerium in Berlin eingerichtet. Trakehnen blieb weiter in der Pflicht, jährlich ca. 40 Pferde für den Marstall in Berlin zu stellen. Im Jahre 1870 erfolgte die Trennung der Landgestüte von der Verwaltung der Hauptgestüte; beide wurden fortan dem Oberlandstallmeister unterstellt.
Von 1864 bis 1888 hatte Landstallmeister v. Dassel die Leitung von Trakehnen. In dieser Zeit wurden bedeutende Vererber, wie Flügel, Tunnel, Fürstenberg, Apis und Orcus gezogen.
Auf der ersten deutschen Pferdeausstellung in Berlin 1890 war Trakehnen mit 4 dreijährigen Hengsten und 4 vierjährigen Stuten vertreten.

Große Verdienste auch um die äußerliche Neugestaltung des Hauptgestüts hat sich Landstallmeister v. Oettingen (1895 - 1912) erworben. Unter anderem hat er die Hengstpaddocks errichten lassen; besonders schnell und großzügig hat er nach dem I. Weltkrieg den Wiederaufbau Trakehnens als Oberlandstallmeister veranlaßt. Sein züchterisches Wirken war zum Teil umstritten. Er hatte eine systematische Verstärkung mit Hilfe von Beberbecker Hengsten - vor allem mit Optimus - angestrebt und dann viel mit englischen Vollbluthengsten gearbeitet, um ein ideales Jagd- und Militärpferd zu erhalten. In dieser Zeit (1904) kam auch Perfectionist xx

Dampfroß, F., geb. Ostpr. 1916 v. Dingo a. d. Laura v. Passvan, gest. Trak. 1937, Hauptbeschäler in Trakehnen ab 1923. „Die Paarung von Dampfroß- mit Tempelhüter-Blut ist fast immer geglückt." (Ldstm. Graf S. v. Lehndorff).

Pythagoras, Db., geb. i. Trak. 1927 v. Dampfroß a. d. Pechmarie v. Tempelhüter, Anf. 1945 verschollen. Hinsichtlich der Lieferung von Vererbern und Mutterstuten der wahrscheinlich erfolgreichste Vererber, der je in Trakehnen gestanden hat.

nach Trakehnen. Obgleich dieser Hengst nur knapp drei Deckperioden benutzt werden konnte, weil er dann durch Beckenbruch ausschied, wurde er der Vater der berühmten Beschäler Tempelhüter, Jagdheld und Irrlehrer. Als v. Oettingen 1912 zum Oberlandstallmeister in Berlin ernannt wurde, folgte ihm in Trakehnen Graf

Sponeck, der dort bis 1922 tätig war. Sein Hauptverdienst liegt in dem Ausbau und in der Förderung des Trakehner Jagdstalles und der Prüfung der dreijährigen Pferde hinter den Hunden im Gelände. Er war ein Freund des englischen Vollbluts und hatte diesem eine überragende Wirkungsmöglichkeit im Hauptgestüt eingeräumt.

Trakehnen war ein Paradies der Pferde und der Gärten, für die die Anlage rund um den Hauptbeschälerstall als beispielhaft galt. Diese baulichen Maßnahmen sind der Zeit des Landstallmeisters v. Oettingen um die Jahrhundertwende zu verdanken.

3.2 1922 bis zur Flucht aus Ostpreußen 1944/45

Da nach dem 1. Weltkrieg der Ankauf von Remonten für das Heer bis auf ein Minimum zurückgeschraubt wurde, mußte sich dieses naturgemäß auf die züchterischen Maßnahmen des Hauptgestüts Trakehnen auswirken. Mit der Aufgabe, das neue Zuchtziel in Angriff zu nehmen, kam Siegfried Graf v. Lehndorff 1922 nach Trakehnen, wo er bis 1931 im Sinne der „Verstärkung" tätig war. Ihm folgte Dr. Ehlert bis zur Vertreibung des Gestüts aus Ostpreußen. In der kurzen Zeit seines Wirkens war es ihm in glänzender Weise gelungen, gewisse Grobheiten aus der vorausgehenden Zeit der Verstärkung bei Beibehaltung des Gesamtvolumens wieder zu beseitigen und damit den Typ zu schaffen, der auch heute noch in weiten Kreisen als Idealbild des kräftigen, in allen Partien ausgeglichenen Reitpferdes mit schwingenden, taktmäßigen Bewegungen gilt. Wenn in den vorausgehenden Ausführungen fast ausschließlich die Geschichte und Entwicklung des Hauptgestüts Trakehnen dargestellt wurde, so findet dieses dadurch eine Berechtigung, daß das Hauptgestüt zu allen Zeiten gewissermaßen als richtungsweisend angesehen wurde. Die breite Landespferdezucht erhielt ihre ausschlaggebende Förderung durch die Aufstellung von Beschälern durch die Landgestüte.

Im Jahre 1787 wurde in Insterburg ein Landgestüt, d.h. ein Depot von Hengsten, errichtet. Zur Deckzeit, etwa von Februar bis Juli eines jeden Jahres, wurden diese Hengste auf verschiedene Stationen der Bezirke geschickt.

Im Jahre 1899 wurden die Hengste des Landgestüts von Insterburg nach Georgenburg, dem bisherigen Besitz des Herrn v. Simpson, verlegt.

Um die Versorgung der Zucht mit Zuchthengsten der steigenden Nachfrage besser anzupassen, wurden weitere Landgestüte errichtet, und zwar 1877 in Rastenburg, 1890 in Braunsberg; sie blieben bis zur Räumung Ostpreußens gegen Kriegsende 1944/45 bestehen.

Als nach dem 1. Weltkrieg die Provinz Westpreußen durch den polnischen Korridor aufgeteilt wurde, kamen vier östliche Kreise zu der Provinz Ostpreußen, mit ihnen auch das Landgestüt Marienwerder, das außerdem noch drei Kreise Südostpreußens mit Hengsten zu versorgen hatte. Aus dieser knappen Darstellung läßt sich leicht erkennen, daß die ostpreußische Warmblutzucht von Anbeginn ihrer systematischen Entwicklung ausschlaggebend durch die helfenden Maßnahmen des preußischen Staates - vornehmlich eben durch die Einrichtung des Hauptgestüts Trakehnen und der Landgestüte - gefördert wurde. Bis in die heutige Zeit hinein mußte in der Anschaffung und Haltung der Vatertiere für die Landespferdezucht die größte und wirksamste Hilfe gesehen werden, und alle Landespferdezuchten, in denen es noch Landgestüte gibt, können sich glücklich schätzen.

Nachzuholen ist noch ein Hinweis auf die Einrichtung der ersten staatlichen Hengstprüfungsanstalt Zwion bei Georgenburg im Jahre 1926. Die Notwendigkeit dieser Maßnahme hat seinerzeit Dr. Uppenborn wie folgt begründet: „Die nach dem Kriege völlig veränderten Absatzbedingungen erfordern Pferde, die stark genug und völlig einwandfrei im Temperament sind - damit sie, wenn sie keinen Absatz als Remonte finden, im landwirtschaftlichen Betrieb benutzt werden können. Neben der Selektion

Trakehnens Stutenherden waren nach Farben geteilt. Die wohl qualitätvollste Fuchsherde stand sozusagen als erste Repräsentanz auf dem Alten Hof im Hauptgestüt unter Leitung von Oberstutmeister August Kniephoff.

starker Eltern müssen die jungen Tiere zur Erzielung der notwendigen Knochenstärke stärker und eiweißreicher gefüttert werden, dabei müssen natürlich die Eigenschaften - die den Ostpreußen zum besten Soldatenpferd der Welt gemacht haben - erhalten bleiben."

Im großen und ganzen gelten diese Ansprüche auch heute noch mit der Einschränkung, daß Pferde im Heeresdienst nicht mehr geführt werden, und auch für den Zugdienst in Stadt und Land spielen sie infolge der allgemeinen Motorisierung keine wesentliche Rolle mehr.

Im Sinne des aufgezeigten Rahmens entwickelte sich die warmblütige Pferdezucht in Ostpreußen bis zur Vertreibung in den Jahren 1944/45 kontinuierlich weiter und nahm an Umfang - und man darf wohl auch sagen an Qualität - zu. Der Absatz der Pferde bereitete keine Sorge, die Nachfrage stieg so hektisch, daß ein kontrolliertes System von Höchstpreisen für Gebrauchspferde aller Art eingeführt wurde. Auf den ostpreußischen Hengstmärkten in Königsberg steigerte sich die Zahl der jährlich vorgestellten Anwärter immer mehr und schwoll bis zu 161 zweieinhalbjährigen Hengsten im Jahre 1941 an, von denen 80 die Gestütsverwaltung ankaufte und 8 nach Rumänien gingen. Auf der Hauptkörung für Warmbluthengste im Januar eines jeden Jahres in Königsberg wurden 1941 170 dreijährige und ältere Hengste vorgeführt.

Die Zahl der Mitglieder der Ostpreußischen Stutbuchgesellschaft war bis 1944 auf rd. 15.000 Personen angewachsen. Im Stutbuch waren rd. 14.000 lebende Stuten und 750 anerkannte Hengste registriert, darunter 165 im Privatbesitz.

In der allgemeinen Leistungsbereitschaft und Leistungsfähigkeit der edlen Pferde der ostpreußischen Zucht ragen einige Höhepunkte leuchtend heraus: Die Pardubitzer Steeple Chase (Tschechoslowakei) gilt allgemein als das schwerste Hindernisrennen des Kontinents und wurde in dem Zeitraum von 1923 bis 1936 neunmal von Pferden Trakehner Abstammung gewonnen. Je zweimal waren erfolgreich der Fuchs Landgraf II v. Irrwisch II (1923 und 1925), Remus v. Wolkenflug (1932 und 1933), der Schimmel Herold v. Cernelius (1935 und 1936) und je einmal erfolgreich die Trakehner Herero v. Shilfa xx (1924) und Vogler v. Christian de Wet xx (1928), Ben Hur v. Benjamin xx (1929).

Der bekannte ostpreußische Züchter Heyser - Degimmen schickte im Vertrauen auf die allgemeine Leistungsfähigkeit der edlen ostpreußischen Pferde 1928 seine Stuten Beate und Johanniterin nach Pardubitz in die Große Steeple Chase. Sie kamen hinter Vogler auf dem 2. bzw. 4. Platz durchs Ziel.

Trakehner-Typ unverwechselbar über Generationen: Dieses Foto aus dem Jahre 1938 zeigt die vierjährige Stute Tapferkeit (v. Gauss) der Gemischtfarbenen Herde, Abt. schwer, des Vorwerks Jonasthal. Ihre im selben Jahr geborene Pythagoras-Tochter Tapete gründete in Westdeutschland einen bedeutenden Mutterstamm, aus dem unter anderem der Hauptvererber Tenor hervorgegangen ist.

Geritten wurden die teilnehmenden ostpreußischen Pferde durch die ländlichen Reiter Hans Schmidt auf Vogler, Dr. v. Kummer (den späteren Landstallmeister) auf Beate und Paulat auf Johanniterin. Im Jahre 1929 riskierte Otto Heyser es noch einmal, die beiden Stuten Beate und Johanniterin in dieser schweren Prüfung in Pardubitz starten zu lassen. Johanniterin schied leider durch Sturz aus, wobei sie sich abzäumte und nicht eingefangen werden konnte. Dazu ist anzumerken, daß von 12 Startern überhaupt nur vier das Ziel erreichten. Beate bewährte sich von neuem und kam unter dem ländlichen Reiter Dannenberg als 4. gesund nach Hause.

Ohne eine breite und opferwillige Züchterschaft und ohne die seinerzeit von Gustav Rau initiierten ländlichen Reitervereine wären die erfolgreichen Unternehmungen aus Ostpreußen zur Beteiligung an der großen Pardubitzer Steeple Chase nie zustande gekommen.

Welterfolge hatte die ostpreußische Zucht auch bei den Olympischen Spielen im Jahre 1936 in Berlin zu verzeichnen. In der Dressurprüfung kamen die Rappen Kronos und Absinth zur Gold- bzw. Silbermedaille und zusammen mit dem Ostpreußen Gimpel v. Wandersmann xx zur Goldmedaille in der Mannschaftswertung. Alle drei Pferde haben die ersten Jahre ihrer Grundausbildung bei ihren Züchtern im Rahmen der ländlichen Reiterei erhalten. Ebenso der Merkur-Sohn Nurmi, der unter Oblt. Stub-

bendorf die Goldmedaille in der Olympischen Vielseitigkeit errang. In diesem Zusammenhang schrieb seiner Zeit der bekannte Hippologe Gustav Rau:

„Nurmi müßte zeitlebens vor den ländlichen Reitervereinen einhermarschieren, denn er ist ein Kronzeuge mehr, wie wichtig und richtig die Gründung der ländlichen Reitervereine gleich nach dem Krieg 1914/18 gewesen ist, was es genützt hat, den Bauern immer wieder zu sagen, geht in die Reitervereine, bringt eure jungen Pferde mit und reitet diese in den Vereinen zu."

Züchter des Wallachs Nurmi, geb. 1925 (v. Merkur) ist Hans Paul - Rudwangen, Krs. Sensburg (Ostpr.), auf dessen Hof er auch die erste Ausbildung bis zur Abgabe - etwa 7- oder 8jährig - an Frau W. Glahn erhielt, deren Pferde Axel Holst auf den großen Turnieren mit stetigem Erfolg herausbrachte. In seiner Heimat wurde Nurmi von seinem Züchter und später von dem ländlichen Reiter Karl Knorr bis zu erfolgreichen Teilnahmen in S-Jagdspringen gefördert. Sein Sohn Hans Werner Paul betreibt heute eine erfolgreiche Trakehner-Zucht auf seinem Hof in Rethwisch b. Preetz (Schleswig-Holstein) mit z. Z. 6 eingetragenen Stuten. - Die ostpreußischen Rappen Kronos und Absinth kommen aus der Zucht von Karl Rothe - Samonien, Krs. Goldap (Ostpr.).

Wenn die Züchter dieser Pferde mit den Medaillengewinnen in Dressur und Vielseitigkeit nicht zugleich auch Reiter und

Ausbilder ihrer Pferde in den Grundlagen für einige Jahre hätten sein können, wären sie sicher unentdeckt geblieben, und niemand hätte sie vom Heimatstall auf ihren später so großen Erfolgsweg bringen können. Kronos und Absinth wurden von Herrn Karl Rothe unter Beratung und Vermittlung des großen Dressurmeisters Otto Lörke durch Frl. Irmgard Brauns - Berlin angekauft und erst einige Jahre danach in den Besitz der Kavallerieschule überführt.

3.3 Flucht nach Westen

Nach dem Überschreiten der Ostgrenzen der Provinz Ostpreußen durch die russischen Truppen - beginnend im letzten Vierteljahr 1944 - setzte die große Flucht der Bevölkerung aus den Städten und vom Land vom Osten nach Westen ein.
Das Hauptgestüt Trakehnen, im Kreis Ebenrode gelegen, mit einigen Vorwerken in den Kreis Gumbinnen hineinreichend, hatte strengstes Räumungsverbot. Dem persönlichen Geschick von Landstallmeister Dr. Ehlert war es erst im September 1944 gelungen, die Hauptbeschäler und 140 Mutterstuten nach Graditz und Neustadt a.d. Dosse sowie 60 Hengste des Geburtsjahrganges 1943 nach Hunnesrück, Krs. Einbeck, zum Versand zu bringen. Über 800 Gestütspferde und die Bewohner von Trakehnen sowie die des ganzen Kreises Gumbinnen mußten jedoch trotz der Nähe der Front weiter an Ort und Stelle verbleiben. Am 17. Oktober 1944 um 5 Uhr morgens aber kam dann plötzlich vom Landratsamt die Weisung, Trakehnen mit allen Menschen, Tieren und möglichst auch mit Inventar innerhalb drei Stunden zu räumen.

Der Fußmarsch der 800 Pferde von Trakehnen nach Insterburg wurde nach einer Einteilung in Herden von je etwa 80 Köpfen vorgenommen, und es war befohlen, die ca. 60 - 70 km lange Strecke - es mußten vielfach Umwege gemacht werden - im kurzen Trab ohne Halten zurückzulegen. Es verlief alles ohne Schwierigkeiten und bis auf eine junge Stute, die sich unterwegs schwer verletzt hatte, trafen alle Pferde wohlbehalten in Georgenburg ein. Da dieses Landgestüt nun stark überbelegt war, wurde vom Landwirtschaftsministerium in Berlin der Abtransport der Pferde an zugewiesene Evakuierungsorte angeordnet. Evakuierungsorte waren die Hauptgestüte Graditz und Neustadt a. d. Dosse sowie die Landgestüte Fürstenstein in Schlesien und Labes in Pommern und ferner sechs große schlesische Güter. Im Dezember 1944 wurden aus Schlesien 290 Stuten und Absatzfohlen im Remonteamt Perlin bei Schwerin (Mecklenburg) zusammengezogen. Dort nahm auch Landstallmeister Dr. Ehlert seinen Wohnsitz, „und zwar in

der Hoffnung, das gesamte unersetzliche Trakehner Zuchtmaterial aus dem Bereich der Sowjetarmee gerettet zu haben". Diese Hoffnung erfüllte sich leider nicht, da sowohl Graditz, Neustadt a. d. Dosse als auch Perlin b. Schwerin Orte innerhalb der russischen Besatzungszone wurden. Die Stuten waren somit für uns verloren.
Am 30. Juni 1945, als Dr. Ehlert schon ein selbständiges Abrücken mit den Pferden gen Westen erwog, untersagte der zuständige englische General dieses Vorhaben im Namen seiner Regierung. Nur willigte er schließlich ein, für den auch weiterhin in der britischen Zone verbleibenden Kreis Ratzeburg für 30 Pferde (2 Beschäler und 28 Stuten) nebst dem nötigen Begleitpersonal einen Passierschein auszustellen.
Die Privatzüchter suchten naturgemäß mit ihren Pferden, die vor die Treckwagen gespannt waren, den Russen zu entkommen.

Einer der bekanntesten ostpreußischen Warmblutzüchter, Franz Scharffetter aus Hengstenberg, Krs. Insterburg, berichtete seiner Zeit dem Verfasser dieser Abhandlung folgendes:
„Über die Treckleistungen meiner Stuten möchte ich sagen, daß mich meine herrlichen ostpreußischen Stuten vor der russischen Gefangenschaft nur allein gerettet haben. Am 18. 1. 1945 rief ich noch die Kreisbauernschaft in Insterburg an und fragte, ob wir trecken müßten, darauf wurde mir gesagt, ich soll nur ruhig schlafen, denn in zwei Tagen sind die Russen aus Ostpreußen rausgehauen. Am 19. 1. 1945 wurde ich dann von der Wehrmacht in aller Frühe geweckt, und es wurde mir gesagt, daß die Russen durchgebrochen sind und auf Grünheide und Aulenbach marschieren. Ich habe dann sofort meine Kriegsgefangenen geweckt, denn meine deutschen Leute mußten ja alle zum Volkssturm, und so haben wir noch gefüttert und alles gepackt und sind um 17.00 Uhr von meinem schönen Hengstenberg abgefahren. Die Russen waren bereits in Aulenbach, also 3 km vor meinem Hof. Ich bin mit 21 Stuten getreckt, die fast alle hochtragend waren. In den ersten 24 Stunden bin ich Nacht und Tag gefahren, ohne zu füttern und zu tränken: Ich fuhr ca. 40 Zentner schwere Wagen mit je zwei tragenden Stuten. Ging dann nach Aufenthalt in Bartenstein bei Braunsberg (Altpassarge) über das Haff und machte einen Marsch von Braunsberg nach Danzig. Ich denke, es waren ca. 120 km; dieses war die höchste Tagesleistung. Leider mußte ich später drei Stuten, weil sie lahm wurden, in Mecklenburg lassen. Sehr oft mußten die tragenden Stuten Tag und Nacht bei furchtbarem Schneetreiben draußen bleiben, aber auf dem Treck hat nur eine Stute verfohlt. Im Durchschnitt bin ich ca. 50 - 60 km täglich marschiert, und viele

von meinen Stuten sind bis Mecklenburg ohne Eisen gegangen. Die Futterration für die Stuten war wohl pro Tag und Stute 6 Pfund Hafer und etwas Heu. Meine Stuten haben erst in meinem Standquartier verfohlt, als sie 8 Tage Ruhe hatten. Der Grund war wohl der, daß sie hier zuerst kein Futter bekamen, sondern nur etwas Roggenstroh."

Hans Schlemminger, früher Hauptmannsdorf, Krs. Schloßberg, später bei seinem Schwiegersohn in Grabau, Krs. Stormarn, wohnend, gab folgende Schilderung:
„Abmarsch ab Schloßberg Oktober 1944 bis Tapiau. - Abmarsch ab Tapiau Januar 1945 bis Eutin/Holstein. - Wegverhältnisse zum großen Teil schlecht, sehr bergig. Umwege auf Seitenstraßen, über das Haff vom 28. 1. bis 2. 3. 1945 bei Stiemwetter (Schneetreiben; Anm. d. Verfassers) und 23 Grad Frost; dann kaltes Regenwetter ohne Unterkünfte. Futterrationen ca. 3 Pfund Hafer pro Pferd und Tag, meist kein Heu oder Stroh, die Hälfte der ganzen Reise ohne Nachtunterkunft, ohne einen Ruhetag, außer einer Unterbringung von drei Wochen in Mecklenburg, wo die Pferde sofort Ackerarbeiten verrichten mußten. Meist durfte erst nach Eintritt der Dunkelheit untergezogen werden, und bei Hellwerden mußte man weiter. Abschirren und Putzen meist nicht möglich. Bei Übergang über die Oder bei naßkaltem Sturmregen 2 1/2 Tage auf zugigem Damm gestanden. Dabei 4 Pferde an Erkältungskolik erkrankt; sie mußten wegen vollständiger Erschlaffung stehenbleiben. Höchste Tagesleistung ca. 50 km, durchschnittlich 20 - 25 km. Gewicht der Fahrzeuge einschließlich dieser (lange Erntewagen) zweispännig bespannt, ca. 50 Zentner. Drei edle Stuten (tragend) voll durchgehalten, jedoch alle verfohlt (eine sogar ein Pärchen) nach Ankunft hier, Fohlen tot geboren. Von 15 Pferden zu Beginn des Trecks 4 Mischblüter stehengelassen wegen Ermattung (Herzschwäche), alles vierjährige Pferde, da Wagen überladen infolge Requirierung (ohne jede Entschädigung) von 4 Wagen und 10 Pferden durch Wehrmacht und Volkssturm auf dem Treck bei Königsberg/Pr. Von neun tragenden Stuten haben alle neun tote Fohlen geboren. Die Wagen wurden von ausländischen Männern und Frauen gefahren, da die eigenen Leute eingezogen waren. Nach Kapitulation mußte ich 6 Pferde zu Schleuderpreisen verkaufen, da keine Unterbringungsmöglichkeit bestand. Die Pferde mußten auch hier sofort nach der Ankunft ins Ackergeschirr."

Bericht von Emil Eder, früher Grenzhöhe, Kr. Schloßberg, später in Darrel bei Essen in Oldenburg wohnend:
„Emmi und Lindenwirtin fielen mit einem beladenen Wagen eine 10 - 15 m hohe Böschung auf die Nehrung hinunter, und

nach 6 Tagen verfohlte Emmi. Ich besitze noch drei Stuten und zwei Wallache. Bin mit 11 Pferden von Wehlau fortgefahren, mit fünf Wagen (vier lange Wagen und ein Sechssitzer). Wir fuhren am 31. 1. 1945 von Wehlau ab und waren am 2. 4. 1945 hier. Am 29. 2. 1945 mußten wir die Fahrt bei Heiligenbeil 10 Tage aussetzen, dann ging's übers Haff, und die Fahrt auf der Nehrung dauerte vier Tage. Das Fahren war fast unmöglich und dabei nichts zu füttern. Am 26. 3. 1945 waren wir in Sottrum zwischen Bremen und Hamburg und durften zunächst nicht weiterfahren. Am 2. 4. 1945 ging es doch weiter, und wir kamen am nächsten Tag in Darrel an. Das waren 120 km in zwei Tagen. Sonst sind wir 25 - 45 km pro Tag gefahren. Die Wagen waren anfangs mit ca. 25 Ztr. beladen und zuletzt noch mit ca. 20 Ztr. - Die Pferde haben oft bei 15 Grad Frost draußen gestanden. Die Einwohner hier konnten es gar nicht fassen, daß die Pferde von Ostpreußen bis hierher gezogen haben."

Ähnlich - wenn auch mit mannigfachen Abweichungen und Erlebnissen - ist die Flucht mit Pferd und Wagen aus Ostpreußen in den rettenden Westen verlaufen. Vielfach wurden die Trecks durch feindliche Bombenangriffe zerstört.

4. Wiederaufbau in der Bundesrepublik

Es war sicher eine glückliche Fügung, daß sowohl der Vorsitzende der Ostpr. Stutbuchgesellschaft - Königsberg, Siegfried Frhr. v. Schrötter, als auch der Geschäftsführer Dr. Schilke nach Kriegsende sich in Schleswig-Holstein wiederfanden. Dadurch war - auch juristisch gesehen - eine offizielle Tätigkeit für die vertriebenen Züchter aus Ostpreußen und für den Schutz ihrer mitgebrachten Zuchtstuten gegeben; zumal in den ersten Jahren nach Kriegsende die Hoffnung nicht aufgegeben wurde, in die angestammte Heimat Ostpreußen zurückkehren zu können. Durch diese Überzeugung wurden auch die in den Westen geretteten Mutterstuten nicht gedeckt; es sollten ihnen durch bestehende Trächtigkeit die Strapazen und Anstrengungen des langen Marsches nicht zusätzlich erschwert werden, wie das bei dem Weg von Ost nach West der Fall gewesen war.

Da nun die Aussichten zur Rückkehr in das Heimatgebiet in kalkulierbarer Zeit geringer wurden und andererseits auch westdeutsche Freunde diese Zucht aufnehmen wollten, wurde, um der neuen Situation Rechnung tragen zu können, am 23.10.1947 der noch heute bestehende "Verband der Züchter und Freunde des Warmblutpferdes Trakehner Abstammung e.V." als Rechtsnachfolger der Ostpr. Stutbuchgesellschaft für Warmblut Trakehner Abstammung geschlossen. Auch die zuständigen Gremien des Bundestages und des Bundesrates in Bonn faßten bereits 1950 Entschließungen des Inhalts, die Erhaltung der Warmblutzucht Trakehner Abstammung sei eine Gemeinschaftsaufgabe des Bundes und der Länder. Zum Jahreswechsel 1962/63 sagte der Vorsitzende des Trakehner Verbandes, Frhr. v. Schrötter: "Wir haben uns die Aufgabe gestellt, das züchterische Erbgut des Trakehner Pfer-

Gestüt Rantzau (Herde vor dem Schloß). Das Gestüt Rantzau bei Plön in Ostholstein war nach dem Krieg eine der wesentlichsten Hauptzuchtstätten für die geretteten Stuten aus Trakehnen und auch zum Teil aus ostpreußischer Privatzucht. Bekannte Hengste, wie Donauwind, der Siegerhengst Schiwago oder der Veredler Polargeist, wurden hier geboren.

Zwei beeindruckende Gründerstuten der Trakehner Zucht in Deutschland waren die 1937 geborene Schimmelstute Kassette und die 1940 geborene Rappstute Polarfahrt, beide aus dem Hauptgestüt Trakehnen, und hier vereint auf den Weiden des Gestüts Rantzau. Die Familie der Kassette ist zwischenzeitlich die größte in der Trakehner Zucht.

Zu den bedeutendsten Hengsten aus dem Hauptgestüt Trakehnen gehörte in den Jahren des Wiederaufbaus der Pythagoras-Sohn Totilas, 1938 geboren und 1965 gestorben bei Franz Lage in Wetterade/Ostholstein. Er hinterließ 6 gekörte Söhne und 85 eingetragene Stuten mit zum Teil überragender Vererbungsleistung, wie etwa Schwalbe, Toga, Herbstgold, Tip Top, Memel, Herbstsonne, Barbara, Flugpost, Bergfee oder Amsel.

des, soweit es aus Ostpreußen gerettet werden konnte, zu erhalten und nach Möglichkeit zu neuer aufstrebender Entwicklung zu bringen. Wenn der rückliegende Zeitraum von etwa 15 Jahren für eine systematische Arbeit kaum gerechnet werden kann, so darf man doch mit Befriedigung sagen, daß es gelungen ist, die wertvollen Stämme vor dem Untergang zu bewahren. Die Übersichten, die in diesen und in den vorangegangenen Heften unserer Mitteilungen über die Entwicklungen einiger Linien aus dem Hauptgestüt Trakehnen stammender Stuten gebracht worden sind, lassen dieses deutlich erkennen, und für die Mehrzahl der Stuten ist es gelungen, die Basis von einem Einzeltier auf eine größere Zahl zu verbreitern. Die besten Erfolge in dieser Beziehung sind in den größeren Gestütsplätzen zu verzeichnen, und man muß diese Gestütseinrichtungen gerade in der Situation unserer heutigen Zucht als wichtigste Kraftquelle für die Fortsetzung und Entwicklung des Gesamtbestandes bezeichnen."

Schon 1957 hatte der Vorsitzende folgenden Leitsatz ausgesprochen: "Über die ganze Bundesrepublik verteilt stehen unsere Pferde außerhalb der Landespferdezuchten, die wir nicht stören, sondern, wenn möglich, ihnen dienen wollen." Im Geschäftsbericht für 1955 des Trakehner Verbandes steht am Schluß die Grundsatzforderung: "Alles für die Zucht, nichts für den einzelnen, wenn nicht durch den einzelnen zugleich das Ganze gefördert werden kann."

Diese Zitate erklären wohl am besten die Grundeinstellung für die Aufgaben der Zucht des Trakehner Pferdes im eigenen und darüber hinaus im allgemeinen Interesse aller Reitpferdezuchten.

Eine eigentliche Mitgliederwerbung hat niemals stattgefunden, und Gewinnerwartungen wurden niemals erweckt. Schon in den ersten Jahres gab es einige wichtige Ereignisse, die die Qualität des Zuchtmaterials bereicherten sowie Fortschritt und Stabilität absicherten:

1. Im Juli 1945 kamen 26 Stuten und 2 Hengste aus dem Remonteamt Perlin, wohin ein Teil der Trakehner Hauptgestütsstuten verlagert war, mit Unterstützung der englischen Armee nach Schleswig-Holstein in den Kreis Lauenburg. Sie erhielten hier sofort einen Schutz vor Liquidation oder Schlachtung und wurden zum Teil wertvoller Ausgangspunkt für die systematische Neuentwicklung der vertriebenen Zucht.

2. Der Preußischen Staatlichen Gestütsverwaltung - vornehmlich den Landstallmeistern Dr. Ehlert/Trakehnen, Dr. Heling/Georgenburg und Dr. v. Warburg/Braunsberg - war es gelungen, 83 ostpreußische

Warmblutbeschäler aus dem ehemaligen Landgestüt Georgenburg nach dem Niedersächsischen Landgestüt Celle zu retten. Außerdem waren 65 Junghengste, geboren in Trakehnen, 1943 vom Hauptgestüt vorsorglich nach Hunnesrück im niedersächsischen Kreis Einbeck gebracht worden.

Wenn aus verschiedenen Gründen die Zahl dieser geretteten Landbeschäler und Trakehner Junghengste stark reduziert werden mußte, so war durch die Übriggebliebenen die notwendige männliche Partnerschaft gesichert, und im ersten Hengstverteilungsplan des Trakehner Verbandes, erschienen 1947, fand man die Namen von 69 anerkannten Beschälern!

3. 1946 gelang die Gründung geschlossener Zuchtstätten auf dem Besitz der Kurhessischen Hausstiftung Schmoel mit 20 Stuten und 2 Hengsten sowie in Rantzau, Besitzer Graf v. Baudissin, und Zinzendorf, mit 25 Stuten und 2 Hengsten und außerdem die Einrichtung des Ostpreußengestüts Hunnesrück, Krs. Einbeck, mit Unterstützung der Landesregierung von Niedersachsen mit 50 Stuten und 4 Hengsten.

Diese für die Qualitätszucht und Beständigkeit wichtigen Einrichtungen sind fördernden und wohlwollenden Maßnahmen der zuständigen Landesregierungen, aber auch der positiven Grundeinstellung der Bundesregierung zu verdanken.

4. Der Trakehner Verband übernahm 1947 käuflich aus dem Besitz des Landes Schleswig-Holstein, der hier als Rechtsnachfolger des Staates Preußen auftrat, die beiden Trakehner Hengste und 26 Hauptgestütsstuten aus Trakehnen. Die Mittel hierzu waren aus erbetenen Spenden - vorwiegend westdeutscher Kreise - aufgebracht worden.

Gerade im Rückblick auf die in jeder Weise sehr schwierigen Anfänge bei der Aufwendung und sicheren Erhaltung sowie dem nutzbringendem Zuchteinsatz des geretteten Materials werden heute die Gefühle der Dankbarkeit gegenüber allen helfenden staatlichen und privaten Einrichtungen, aber auch gegenüber der nicht nachlassenden Passion vieler einzelner Personen mit Recht neu belebt. Auch die 1960 erfolgte Einrichtung des Trakehner Gestüts Birkhausen b. Zweibrücken wäre ohne bereitwillige und helfende Vorbedingungen der zuständigen Regierungsstellen des Landes Rheinland-Pfalz nicht möglich gewesen.

Der Wiederaufbau einer Trakehner Zucht blieb trotz positiver Einstellung für die einzelnen Züchter und den Verband insbesondere auch deswegen schwierig, weil das Vermögen der Ostpreußischen Stutbuchgesellschaft - Königsberg durch die zuständige Bank auf eine Ausweichfiliale in Halle verlagert worden war und dort verlorenging.

5. 45 Jahre Trakehner Zuchtgeschichte in Ostdeutschland

Der Zuchttierbestand des Ostpreußischen Warmblutpferdes Trakehner Abstammung in der ehemaligen DDR ist ausnahmslos auf Originalstuten und -hengste zurückzuführen.

Nach dem 2. Weltkrieg waren laut Hartwig (1953) auf dem Gebiet der heutigen fünf neuen Bundesländer 117 Stuten und 45 Hengste mit belegbarer Abstammung sowie 489 Stuten und 4 Hengste ohne Papiere, aber mit Trakehner bzw. ostpreußischem Fohlenbrand erfaßt.

Weitsichtige Pferdezüchter hatten bereits Anfang der 50er Jahre die große Bedeutung dieser Pferderasse für die Züchtung eines modernen Reitpferdes in der damaligen DDR erkannt und wertvolles Trakehner sowie ostpreußisches Stutenmaterial zu kleinen staatlichen wie privaten Zuchtinseln mit der Zielstellung der Fortführung der Reinzucht zusammengeführt, um diese mit Originalhengsten anzupaaren. Erheblichen Anteil daran hatte das Institut für Tierzuchtforschung Dummerstorf, Kreis Rostock. Seit 1953 wurde dort mit 16 - 18 Originalstuten und den beiden Hauptbeschälern Albatros, F., 1935, v. Alaskafuchs a.d. Flitze v. Farrenberg, Siegerhengst der Körung 1938, und dem 1936 in Trakehnen gezogenen

Fuchshengst Ingwer v. Kupferhammer a.d. Ingolstadt v. Dampfroß, eine sehr erfolgreiche Zuchtstätte aufgebaut, die u. a. der Landespferdezucht 7 gekörte Junghengste und für die damalige Olympiamannschaft der DDR 4 hochveranlagte Militarypferde zur Verfügung stellen konnte.

Weitere bedeutende Zuchtbetriebe in Mecklenburg mit 2 bis 10 Stuten waren im gleichen Zeitraum die der Herren Fuhrmann, Jörnstorf, und Brombach, Feldhusen, sowie die beiden Tierzuchtgüter Gustävel und Vorderbollhagen. In den Jahren 1961 bis 1964 wurden diese Zuchtstätten auf staatliche Weisung aufgelöst und die gesamten Stutenbestände als züchterisches Ausgangsmaterial an das neugegründete mecklenburgische Hauptgestüt Ganschow überstellt.

Nachhaltige züchterische Bedeutung erlangten auch zwei Anfang der fünfziger Jahre in Sachsen-Anhalt entstandene Trakehner Zuchtbestände: das Tierzuchtgut Isenschnibbe, Kreis Gardelegen, mit etwa 20 Stuten und den beiden in Trakehnen gezogenen Hauptbeschälern Insgeheim, Sch., 1938, v. Pythagoras a.d. Inschrift v. Cancara, und Tertzky, F., 1938, v. Hyperion a.d. Technik v. Tempelhüter, sowie das Lehr- und Versuchsgut Iden-Rohrbeck, Kreis Osterburg, mit etwa 12 Mutterstuten und den beiden ostpreußischen Landbeschälern Stürmer, B., 1940, v. Sandgraf

Im Juni 1992 fand die erste Landesschau Trakehner Zuchtpferde in den neuen Bundesländern statt. Schauplatz war das Gelände des traditionsreichen Gestütes Graditz b. Torgau/Elbe, wo die Trakehner Freunde der ehem. DDR ein eindrucksvolles Bild ihrer züchterischen Arbeit präsentierten. Hier die Humbert-Tochter Eris IV mit ihren Töchtern Eika (v. Alarm III) und Ease (v. Sonnenstrahl) aus der Zucht und dem Besitz der Familie Bell, Pappritz/Sachsen.

a.d. Stella v. Exminister, und Cortes, B., 1939, v. Coriander a.d. Zierde v. Nachtrabe. Der Bestand von Isenschnibbe wurde später zum Hauptgestüt Graditz und der Bestand von Iden-Rohrbeck zum Tierzuchtgut Bretsch, Kreis Osterburg, übergeführt.

Einen erheblichen Anteil an der Erhaltung des Trakehner Pferdes in Ostdeutschland hatte und hat heute noch das sächsische Hauptgestüt Graditz, Kreis Torgau, in dem bereits seit 1957 neben dem Englischen Vollblut eine kleine Trakehner Stutenherde gehalten wird. Als Deckhengste standen dem Hauptgestüt zunächst die Originalbeschäler Klingsor, F., 1935, v. Hirtensang a.d. Konduiramur v. Fahnenträger, und Altgesell, Sch., 1941, v. Altsilber a.d. Ira v. Eispalast, zur Verfügung. Weit über die Grenzen Sachsens hinaus war auch die kleine Trakehner Zuchtstätte von Herrn Philipp in Strölla mit seiner Stammstute Lindenblüte und dem Hauptbeschäler Markwart (fr. Begas), Vater vieler hervorragender Sportpferde, v. Pythagoras a.d. Bebra v. Pilger, bekannt. Der wertvolle Stutenstamm der Lindenblüte v. Julfest wurde bis heute von Frau Dr. R. Köhler, Noschkowitz, Kreis Döbeln, züchterisch weitererhalten.

In einer im Archiv für Tierzucht (Band 11, 1968, Heft 5) veröffentlichten Trakehner Bestandsaufnahme von Schwark und Scheiber wurde folgende Aufgabenstellung für das „Ostpreußische Warmblutpferd Trakehner Abstammung" zur Verbesserung der Reitpferdezucht der ehemaligen DDR formuliert:

1. Züchtung von Spezialhengsten für die Erzeugung von hochveranlagten Reitpferden in Anpaarung an unsere Warmblutschläge.
2. Bereitstellung von Vaterpferden, die die Typumstellung und Modellvervollkommnung bei unseren Warmblutschlägen vorantreiben.
3. Erzeugung reingezogener Trakehner Turnierpferde, insbesondere für die Dressur und Military.

Eine Aufgabenstellung, die erfolgreich verwirklicht werden konnte. Aus einer späteren Veröffentlichung der beiden Autoren wurde der Trakehner Stuten- (131) und Hengstbestand (28) per 1. 1. 1969, geordnet nach Ländern, wie folgt angegeben:

Länder	Anzahl Stuten	Staatsbetriebe	Privatbetriebe
Mecklenburg-Vorpommern	50	2	3
Brandenburg	36	3	1
Sachsen	23	1	1
Sachsen-Anhalt	21	1	1
Thüringen	1	1	-
gesamt	131	8	6

Die Zuordnung der 131 Stuten nach männlichen Blutlinien ergab folgende Übersicht:

Linie	über	Anz. Stuten abs.	rel.
Dingo	Dampfroß	39	29,8
	Diebitsch	2	1,5
Master Magpie xx	Cancara	20	15,1
Perfectionist xx	Tempelhüter	14	10,7
Obelisk	Albatros	12	9,2
Parsival	Hirtensang	10	7,6
	Kupferhammer	5	3,8
	Parsenn	2	1,5
Astor	Polarstern	4	3,0
Anarch xx	Neander	4	3,0
Hirtenknabe	Waldjunker	3	2,3
	Visitator	1	0,8
Ilderim or.ar.	Fetysz ox	3	2,3
Dark Ronald xx	Herold xx	2	1,5
Fervor xx	Angeber xx	2	1,5
Padorus	Schloßherr	1	0,8
Marsworth xx	Peer Gynt	1	0,8
Landgraf xx	Ticino xx	1	0,8
Teddy xx	Airolo xx	1	0,8
Emir	Eremit	1	0,8
Kuhailan Afas or.ar.	Abu Afas ox	1	0,8
Amurath Weil 1881 ox	Dan Sahib ox	1	0,8
unbek. ox-Linie	Turmfalke ox	1	0,8
gesamt		131	100,0

Die 28 Hengste konnten folgenden Blutlinien zugeordnet werden:

Linie	über	Anz. abs.	rel.
Dingo	Dampfroß	8	28,6
Perfectionist xx	Tempelhüter	6	21,4
	Jagdheld	1	3,6
Parsival	Hirtensang	4	14,2
	Kupferhammer	1	3,6
Obelisk	Albatros	2	7,1
Master Magpie xx	Cancara	2	7,1
Astor	Polarstern	1	3,6
Hirtenknabe	Eiserner Fleiß	1	3,6
Anarch xx	Coriander	1	3,6
Dark Ronald xx	Trojnat xx	1	3,6
gesamt		28	100,0

Die 28 Hengste befanden sich ausschließlich im Besitz der drei Landgestüte:

Redefin (Meckl.-Vorp.)	15 Hengste
Neustadt/Dosse (Brandenb.)	7 Hengste
Moritzburg (Sachsen)	6 Hengste
gesamt	28 Hengste

Zu einer der bedeutendsten Trakehner Zuchtstätten entwickelte sich unter der umsichtigen und von großer Sachkenntnis getragenen Leitung seines Direktors, Herrn Klaus Roericht, ab 1966 das bekannte Tierzuchtgut Kölsa, Kreis Herberg, in Brandenburg.

Neben dem Gestüt Ganschow, das mit 65 Mutterstuten eine Hochburg der Trakehner Zucht in Mecklenburg bildete, entstand in Kölsa mit bis zu 45 Zuchtstuten ein gleiches Trakehner Zuchtzentrum für den Raum Brandenburg und Sachsen. Parallel zu den Trakehner Zuchtstätten in dem Gestüt Ganschow und den Tierzuchtgütern Kölsa und Bretsch, besonders aber auch durch deren erfolgreiches züchterisches Wirken angeregt, entstand in den Jahren ab 1970 eine ganze Anzahl weiterer gutgeführter staatlicher, genossenschaftlicher und privater Trakehner Zuchtstätten in der DDR, deren anfängliches Stutenmaterial vorwiegend aus Ganschow, Kölsa und Bretsch entstammte. Zu ihnen gehörten u. a. die Agrargenossenschaften Großwaltersdorf, Dixförda und Eckstedt, die Tierzuchtgüter Stockhausen und Jürgenstorf sowie die Privatzüchter F. Engelbrecht in Sanitz, W. Grigoleit in Grimma und Familie Wagner in Machern.

Der Trakehner Junghengstnachwuchs für die Landgestüte rekrutierte sich bis 1990 nahezu ausschließlich aus den vererbungsstarken Stutenherden folgender Betriebe:

Gestüt Ganschow	33
Tierzuchtgut Kölsa	29
Tierzuchtgut Bretsch	11
Gestüt Graditz	7
Agrargenossenschaft Großwaltersdorf	5
Agrargenossenschaft Dixförda	3

Einen nicht unerheblichen Einfluß auf die qualitative Weiterentwicklung des Trakehner Pferdes in Ostdeutschland hatte eine größere Anzahl guter Leih- und Importhengste. Aus Polen kamen 13, aus der UdSSR 5, aus der BRD 5 Hengste, davon Karneol und Faharadscha über die CSSR (Gestüt Albertovec). In der Reinzucht wirkten folgende Beschäler besonders nachhaltig:

1. Aus Polen:
   Tower, R., 1957, v. Flower a. d. Tanganika v. Erfinder
   Wespazjan, B., 1959, v. Hunnenkönig a.d. Welnica v. Sandor

Aspirant, R., 1976, v. Poprad a.d. Abisynia v. Hunnenkönig
Depozyt, Db., 1961, v. Trojnat xx a.d. Depozytorka v. Polarstern
Labirynt, F., 1961, v. Belizar a.d. Dechawa v. Pyrrhus
Ciecieruk, Sch., 1964, v. Byszcz a.d. Cma v. Termit
Kondor, Db., 1982, v. Aspirant a.d. Kordyliere
2. Aus der UdSSR:
   Trafaret, Db., 1974, v. 69 Almanach 1

a.d. 273 Tichonja 27 v. A 105 Topol ox
3. Aus der BRD:
   Almanach, F., 1953, v. Abendstern a.d. Almschöne v. Purpur
   Polarkreis, F., 1955, v. Totilas a.d. Polarlicht v. Wilder Jäger
und über die CSSR aus der BRD:
   Karneol, R., 1967, v. Impuls a.d. Kassandra v. Sporn
   Faharadscha, Sch., 1970, v. Maharadscha a.d. Fabiola v. Reichsfürst

Zum Zeitpunkt der Zusammenführung der beiden Trakehner Teilpopulationen aus Ost- und Westdeutschland waren in den künftigen neuen Bundesländern per 1. 5. 1990 folgende Zuchtbetriebe und Stutenbestände registriert:

Betrieb	Stutenanzahl	davon Staatsprämien
Gestüt Ganschow, Krs. Günstrow	67	24
Tierzuchtgut Kölsa, Krs. Herzberg	44	16
Tierzuchtgut Stockhausen, Krs. Döbeln	21	4
Agrargenossenschaft Dixförda, Krs. Jessen	18	9
Agrargenossenschaft Eckstedt, Krs. Erfurt	17	3
Agrargenossenschaft Großwaltersdorf, Krs. Flöha	15	4
Tierzuchtgut Bretsch, Krs. Osterburg	11	7
Herr Peter Kunath, Niederlommatzsch, Krs. Riesa	9	3
Agrargenossenschaft Meßdorf, Krs. Kalbe	6	-
Hauptgestüt Graditz, Krs. Torgau	5	-
Tierzuchtgut Jürgenstorf, Krs. Malchin	5	4
Herr F. Engelbrecht, Sanitz, Krs. Rostock	5	1
- weitere Privatzüchter	79	10
- weitere Agrargenossenschaften	37	7
- weitere Tierzüchter	32	7
- weitere Gestüte	4	1
gesamt	375	100

Zum gleichen Stichtag standen den Trakehner Zuchtbetrieben aus den drei Landgestüten folgende Beschäler zur Verfügung:

Redefin (Meckl.-Vorp.)	6 Hengste
Neustadt/Dosse (Brandenb.)	11 Hengste
Moritzburg (Sachsen)	15 Hengste
gesamt	32 Hengste

Auch für die Trakehner Züchter der ehem. DDR war und ist die Grundlage für den züchterischen Erfolg der über Generationen kontinuierlich durchgezogene und leistungsstarke Stutenstamm. Mit insgesamt 46 Stutenfamilien (Stämmen), davon 4 direkt auf das Hauptgestüt Trakehnen zurückgehend, sowie 4 Englischen Vollblutstuten, und dem gezielten Einsatz gutgezogener Import- und Vollbluthengste war, trotz der relativ kleinen Population, die dringend notwendige genealogische Vielfalt stets gegeben.

Unter der weitsichtigen züchterischen Betreuung, Bearbeitung und ständigen Schirmherrschaft von Prof. Dr. Dr. h.c. Schwark ist es gelungen, dem Trakehner Pferd auch in der ehemaligen DDR wieder einen festen Platz in der Pferdezucht zu sichern. 1962 erhielt diese Zuchtrichtung ihre offizielle Anerkennung. Künftig als „Edles Warmblutpferd Trakehner Abstammung" geführt, erhielten sie ein eigenständiges Zuchtbuch und bis 1990 als linken Schenkelbrand das Symbol von Pfeil und Schlange mit dem Buchstaben „T" darunter.

An dem von Herrn Prof. Schwark geleiteten Tierzuchtinstitut der Universität Jena und Leipzig wurde durch die Mitarbeiter der Forschungsabteilung „Pferd" 1969 und 1990 jeweils das Stutbuch für die Rasse „Ostpreußisches Warmblutpferd Trakehner Abstammung" zusammengestellt und herausgegeben. Somit besteht für den Zeitabschnitt von 1945 bis 1990 ein lückenloser Nachweis über Herkunft, Abstammung und Zuchtergebnisse sowie Tafeln mit Stutenstämmen und Hengstlinien für das Trakehner Pferd der ehem. DDR.

Gesamtsiegerstute der Trakehner Landesschau 1992 in Graditz wurde die bedeutende Trafaret-Tochter Gretchen IV aus der Zucht und dem Besitz des Gestütes Ganschow in Mecklenburg. Ganschow gilt als eine der tragenden Säulen der Trakehner Zucht in den neuen Bundesländern.

6. Der gegenwärtige Stand der Trakehner Zucht in Deutschland

Nach dem Jahresbericht 1993 zählte der Trakehner Verband 4.873 Mitglieder, davon jedoch nur 3.084 Züchter. Die anderen 1.789 Personen sind Freunde und Förderer des Trakehner Pferdes, die nicht (mehr) aktiv züchten, sich aber der Sache und ihrer Ziele sehr verbunden fühlen. Eine derart große Zahl sogenannter außerordentlicher Mitglieder ist eine Ausnahme innerhalb der deutschen Pferdezuchtverbände und dokumentiert den Freundeskreis des Trakehner Pferdes über die eigentliche Zuchtbasis hinaus.

Durch den Zusammenschluß der Trakehner Populationen aus Ost- und Westdeutschland bestehen seit 1990 neue züchterische Kombinationsmöglichkeiten, die es vorher nicht gab. Die Zuwachszahlen von 1980 auf 1993 sind vorwiegend in diesem Zusammenschluß begründet. Erfreulicherweise verzeichnen die Trakehner seit der Wende in den neuen Bundesländern jährlich steigende Zahlen. Das gilt auch für die Fohlen, von denen bundesweit 1993 insgesamt 2.001 den Elchschaufelbrand erhielten.

Wie in allen anderen Zuchten auch, konnte seit Ende der 80er Jahre eine rasante Entwicklung der instrumentellen Samenübertragung verzeichnet werden, die 1993 einen Anteil von 43 Prozent der 3.357 Bedeckungen einnahm.

Bei einem Stutenbestand von 4.764 Stuten gab es 1993 eine Remontierung von fast 15 Prozent, denn 708 Stuten wurden neu in die Zucht aufgenommen.

Entwicklungsdaten der Trakehner Zucht

	1960	1970	1980	1993
Mitglieder	692	1816	3935	4873
Stuten	762	1907	4480	4764
Hengste	47	185	305	266
Fohlen	k.A.	1080	1827	2001

6.1 Verbandsorganisation und Zuchtprogramm

Der Verband der Züchter und Freunde des Ostpreußischen Warmblutpferdes Trakehner Abstammung e.V. hat folgende Organe:

a) Mitgliederversammlung
b) Delegiertenversammlung
c) Geschäftsführender Vorstand
d) Gesamtvorstand (Zuchtausschuß)
e) Bezirksversammlungen
f) Bewertungskommissionen
g) Schiedsausschuß u. Rechnungsprüfer
Die Mitgliederversammlung wird einmal im Jahr abgehalten, meistens im Frühjahr (April o. Mai), da das Geschäftsjahr vom 1. Januar bis 31. Dezember definiert ist. Die Mitglieder entscheiden vor allem über Änderungen der Satzung. Zur Satzung des Trakehner Verbandes gehören
I. Die Verfassung
II. Das Zuchtprogramm
III. Die Zuchtbuchordnung.
Dem Trakehner Verband stehen voran der Geschäftsführende Vorstand mit fünf Personen unter Leitung des 1. Vorsitzenden. Das Zuchtgebiet Deutschland ist unterteilt in 10 sogenannte Zuchtbezirke, meist angelehnt an die Bundesländer:
1. Schleswig-Holstein/Hamburg
2. Niedersachsen/Hannover
3. Niedersachsen Nord-West/Bremen
4. Westfalen
5. Rheinland
6. Rheinland-Pfalz/Saar
7. Hessen
8. Baden-Württemberg
9. Bayern
10. Neue Bundesländer.

In jedem Zuchtbezirk tagt jährlich die Bezirksversammlung, die unter anderem aus ihrem Kreis eine Anzahl Delegierter und den Bezirksvorsitzenden wählt.
Die Bezirksvorsitzenden vertreten ihre Züchter im Gesamtvorstand, der aus den Mitgliedern des Geschäftsführenden Vorstands und den Bezirksvorsitzenden besteht.
Als Bundeszucht hat die Trakehner Zucht in der praktischen Arbeit eine große Zahl von organisatorischen und finanziellen Nachteilen zu bewältigen. Schon in früheren Jahren wies darauf der heutige Ehrenvorsitzende des Trakehner Verbandes, Dietrich v. Lenski, hin: "Da nach den bestehenden Gesetzen die Tierzucht eine Angelegenheit der einzelnen Bundesländer ist, die Bundesregierung keine Förderungsmöglichkeiten besitzt, fühlt sich kein Bundesland für die Erhaltung der ostpreußischen Warmblutzucht Trakehner Abstammung verantwortlich. Es gibt für diese Zucht kein eigenes Landgestüt, keine eigene Landwirtschaftskammer, kein eigenes Tierzuchtamt etc., was anderen Landespferdezuchten zur Verfügung steht."

Die Zuchtleitung, in Personalunion mit der Geschäftsführung, legt jedes Jahr über 100.000 Kilometer zurück, um zwischen Passau und Flensburg bzw. Aachen und Frankfurt/Oder die Züchter zu beraten, ihre Pferde zu mustern, Versammlungen abzuhalten, Richtertätigkeiten wahrzunehmen, an Arbeitssitzungen teilzunehmen, Einladungen zu folgen oder wichtige Veranstaltungen zu besuchen. Alle Maßnahmen, die im Sinne der Zucht auf zentrale Musterungen zur besseren Vergleichbarkeit abzielen, werden durch die großen Entfernungen zum Teil erheblich erschwert. Auch der Kontakt zwischen den Züchtern ist sehr viel geringer als in den Landeszuchten, und dies betrifft natürlich auch die Kenntnis der Züchter untereinander. Viele sehen sich nur einmal im Jahr zur Hauptveranstaltung des Trakehner Hengstmarktes in Neumünster. In Neumünster ist auch die Geschäftsstelle des Verbandes angesiedelt, bis Anfang der achtziger Jahre war sie in Hamburg.

Aus den obengenannten Gründen ist die erfolgreiche Verbandsarbeit angewiesen auf die aktive Unterstützung der Züchterschaft. Dieser Unterstützung dient das Delegiertensystem. Die gewählten Delegierten organisieren Schauen und Veranstaltungen auf Bezirksebene ebenso wie das Fohlenbrennen bis hin zur Vermittlung von Pferden aus dem Züchterstall.

Wie aus der Tabelle "Stutenbestand 1993" hervorgeht, unterscheiden sich die Zuchtbezirke nicht nur nach geographischer Ausdehnung, sondern auch nach Anzahl eingetragener Stuten und damit nach Größe des zu betreuenden Zuchtpferdebestandes.

Es war vor allem die nicht mögliche finanzielle Unterstützung der Behörden, die dazu führte, daß sich neben dem Trakehner Verband zwei weitere Organisationen bildeten, die sich zum Ziel gesetzt haben, die Förderung des Trakehner Pferdes mit Geldmitteln zu unterstützen. Der TRAKEHNER FÖRDERVEREIN e.V. versucht als gemeinnütziger Verein den Mangel einer fehlenden ländlichen Reiterei in der Trakehner Zucht auszugleichen, indem talentierten oder schon erfolgreichen Sportpferden und -reitern finanzielle Mittel zukommen, die vorwiegend aus Spenden rekrutiert werden. Dieser Verein ist untrennbar verbunden mit dem Namen seines Gründers und 1. Vorsitzenden, Dietrich v. Lenski. Er war es auch, der Ende der achtziger Jahre die STIFTUNG TRAKEHNER PFERD ins Leben rief, die mit ähnlicher Zielsetzung zu Stiftungszwecken kleinere Mittel des Bundes freisetzen konnte.

Schließlich muß in diesem Zusammenhang noch der ebenfalls gemeinnützige VEREIN DER FREUNDE UND FÖRDERER DES EHEMALIGEN HAUPTGESTÜTES TRAKEHNEN e.V. erwähnt werden, der vor dem Hintergrund einer historischen Verantwortung seit 1993 bemüht ist, die Anlagen der Geburtsstätte des Trakehner Pferdes vor einem Mißbrauch zu schützen und kulturell zu erhalten. Der 1. Vorsitzende, Klaus Hagen, betont die Notwendigkeit einer gemeinsamen Hilfe für Menschen, Leben und Kultur im jetzt zu Rußland gehörenden Gebiet des ehemaligen Hauptgestüts Trakehnen.

Das Trakehner Pferd repräsentiert die älteste und edelste deutsche Reitpferderasse und darüber hinaus die einzige, die in Reinzucht betrieben wird. Die Definition der Trakehner Reinzucht erlaubt nur die Hereinnahme von Genen englischen und arabischen Vollblutes sowie von Shagya-Arabern.

Damit nehmen die Trakehner innerhalb der deutschen Pferdezuchten eine Ausnahmestellung ein. Die Reinzucht ist historisch begründet und hat ihre Wurzeln in der züchterischen Planung des Hauptgestüts Trakehnen. Damit wird der Gefahr heterogener Aufspaltungen und unkonsolidierter Linienzucht vorgebeugt. Vor allem die über zum Teil viele Jahrzehnte gewachsenen Stutenstämme profitieren davon. Andererseits erschwert die Methode der Reinzucht kurzfristige Umzüchtungsprozesse, wie sie zum Beispiel in den Landespferdezuchten der fünfziger und sechziger Jahre notwendig waren. Aber gerade da bewährte sich der Trakehner als Veredler, der so lange wie keine andere Zucht vorher auf die Kriterien eines Reit- und damals Soldatenpferdes selektiert wurde.

Trakehner Verband

Verbandsvorsitzende	und	Zuchtleiter bzw. Geschäftsführer
Siegfried Frhr. v. Schrötter-Wohnsdorf (1932-1965)		Dr. Fritz Schilke (1946-1965)
		Dr. Otto Saenger (1966-1968)
Dr. Fritz Schilke (1965-1975)		Dr. Eberhard von Velsen (1969-1985)
Dietrich v. Lenski (1975-1979)		
Werner Tyrell (1979-1981)		
Gottfried Hoogen (1981-1991)		Hans-L. Britze (komm.) (1985-1986)
		Dr. Eberhard Senckenberg (1986-1993)
Klaus Wittlich (seit 1991)		Lars Gehrmann (seit 1993)

Stutenbestand 1993

Stuten/ Zuchtbezirk	Hstb. Trak.	xx	Arab.	Stb.	Vb.	gesamt
Schl.-Holstein/ Hamburg	700	8	3	24	2	737
Nieders.-Hann.	572	13	3	24	1	613
Nieders.-Nordw./ Bremen	201	-	-	6	-	207
Westfalen	303	6	-	10	-	319
Rheinland	625	13	3	13	-	654
Rheinl.-Pfalz/ Saar	352	10	4	23	1	390
Hessen	505	9	3	9	-	526
Baden-Württemberg	380	14	2	17	1	414
Bayern	528	19	3	8	1	559
Neue Bundesländer	258	6	4	43	2	313
Ausland	30	2	-	-	-	32
gesamt	4.454	100	25	177	8	4.764

Hstb. = Hauptstutbuch; Stb. = Stutbuch; Vb. = Vorbuch

Trakehner

Die Fohlenbeurteilung gibt erste Hinweise auf die Vererbung der Hengste. Zwei imposante Bewegungsstudien von Trakehner Fohlen: Im Trab ein Hengstfohlen von Maestro (oben), im Galopp ein Hengstfohlen von Schwadroneur (unten).

Das heutige Zuchtziel ist im Zuchtprogramm wie folgt definiert:
"Das Zuchtziel ist ein gesundes, im Trakehner Typ stehendes, großrahmiges und korrektes, in seinen Formen harmonisches, vielseitig verwendbares Reit- und Sportpferd mit schwungvollen, raumgreifenden und elastischen Bewegungen. Guter Charakter, ausgeglichenes Temperament, Intelligenz, Leistungsbereitschaft sowie Ausdauer und Härte in der Leistung sollen besonders hervorstechende Eigenschaften der inneren Veranlagung sein." Maßnahmen zur Erreichung dieses Zuchtziels bestehen neben den Stutbuch-Voraussetzungen der Abstammung vor allem in der Selektion.
Die wichtigsten Selektionsschritte sind
a) Fohlenbeurteilung
b) Stuteneintragung
c) Hengstkörung
d) Nachzuchtbewertungen.

Die Fohlenbeurteilung hat als erste Selektionsstufe zunächst den Sinn der Lieferung von Informationen über die Vererbung von jungen Hengsten. Eine Selektion im eigentlichen Sinne findet nicht statt, denn die Praxis zeigt immer wieder die unterschiedlichsten Entwicklungsmöglichkeiten der Fohlen in der Aufzucht bis zum dreijährigen Pferd, so daß die Ergebnisse der Fohlenbeurteilung nur als eine vorsichtige erste Information gewertet werden können. Seit 1988 werden die Ergebnisse in Form einer Zuchtwertschätzung in Zusammenarbeit mit dem Institut für Tierzucht und Tierhaltung der Universität Kiel ausgewertet, um mit statistischen Methoden zu versuchen, gewisse externe Effekte, wie zum Beispiel das Alter zum Zeitpunkt der Beurteilung, den Beurteiler selbst oder das Anpaarungsniveau, zu relativieren. Ein weiterer Vorteil der Fohlenbeurteilung in der Trakehner Zucht liegt auch darin, daß es sich dabei nicht um vorselektierte Fohlen handelt, so daß das Ergebnis für die Nachzuchtbewertung eines Hengstes als repräsentativ angesehen werden kann.
Erste selektive Entscheidungen fallen anläßlich der Stuteneintragung, wo die jungen (meist dreijährigen) Stuten zur Aufnahme ins Stutbuch vorgestellt werden. Diese Vorstellung findet meist auf zentralen Terminen statt, um somit eine möglichst große Vergleichbarkeit zu erzielen. In jedem Zuchtbezirk gibt es ein bis zwei zentrale Stuteneintragungen im Jahr. Bewertet werden die Kriterien

1. Typ (Rasse und Geschlechtstyp)
2. Körper (Kopf, Hals, Rumpf, Oberlinie, Kruppe)
3. Fundament (Korrektheit der Gliedmaßen)
4. Schritt
5. Trab
6. Galopp
7. Gesamteindruck.

Hier entscheidet sich, ob eine vorgestellte Stute aufgenommen wird ins Hauptstutbuch (vielleicht sogar mit Möglichkeit der Verbandsprämie), ins Stutbuch oder gar nur ins Vorbuch. Die Aufnahmekriterien sind in der Zuchtbuchordnung des Verbandes festgeschrieben.

Die Hengstkörung stellt die strengste Selektionsmaßnahme in der Zuchtplanung dar, weil die männlichen Vertreter als mehrfach mögliche Multiplikatoren den größten Einfluß auf eine Zucht ausüben können. Aus einer Anzahl von rund 250 gemeldeten zweieinhalbjährigen Junghengsten werden jedes Jahr anläßlich einer Musterungsreise durch ganz Deutschland die exterieur- und bewegungsmäßig besten Anwärter (rund 80) für die zentrale Hengstkörung im Oktober in Neumünster ausgesucht. Die Anwärter passieren eine fachtierärztliche Untersuchung mit Interpretation von 10 Röntgenbildern pro Pferd und werden in Neumünster beurteilt nach den Hauptkriterien Typ, Gebäude, Bewegung und Freispringen. Rund 15 Hengste erreichen jedes Jahr das Prädikat "gekört", was nicht einmal fünf Prozent aller in einem Jahr geborenen Hengstfohlen entspricht. Der Körung schließt sich ein Jahr später die Leistungsprüfung unter dem Sattel an als weiterer Bestandteil dieser Selektionsstufe.
Die wichtigste Aussage über die Vererbungsqualität eines Vatertieres treffen immer noch seine Kinder. Informationen über die Exterieurvererbung fließen zurück zur Zuchtleitung und zur Züchterschaft auf dem Weg der Ergebnisse der Zuchtwertschätzungen. Noch wichtiger aber sind die Ergebnisse der Leistungen im Turniersport, die seit einigen Jahren ebenfalls über die Methode der Zuchtwertschätzung nach Meinardus veröffentlicht werden. Aber auch die Zuchtwertschätzergebnisse sind nur interpretierbar unter der Voraussetzung bestimmter Informationen, deren Einfluß diese Ergebnisse zum Teil auch verfälschen können. Die vielfach unergründlichen Wege der Vererbung sind eben auch durch noch so ausgelotete statistische Methoden nicht endgültig offenzulegen.

Ergebnisse des züchterischen Standards und des züchterischen Potentials bringen die im Abstand von rund sieben Jahren durchgeführten Landes- und Bundesschauen der Trakehner Zucht. Jeder Zuchtbezirk präsentiert seine besten Trakehner Stuten, die dann in unterschiedlichen Altersklassen gerichtet und kommentiert werden.

6.2 Stutenfamilien

Die Trakehner Zucht würdigt die Bedeutung und Herkunft der mütterlichen Abstammung mit dem traditionellen Ritual, daß der Name eines Pferdes mit dem Anfangsbuchstaben des Mutternamens beginnen soll. Das war auch in Trakehnen schon so. Das Schicksal dieser Namensgebung teilen die Trakehner nur noch mit den Vollblütern, die ebenfalls besonderen Wert legen auf den Stutenstamm als hochgeachtete Quelle von Geist und Körper. So ist es nicht verwunderlich, daß die Familienzucht von jeher eine besondere Rolle gespielt hat.
Es war durchaus nicht sicher, ob sich aus der verhältnismäßig kleinen Zahl der in die Bundesrepublik gelangten Stuten wieder bestimmte Stämme mit überdurchschnittlicher Qualifikation bilden würden. Am ehesten war dieses aus den Reihen der 26 Stuten zu erwarten, die aus dem Hauptgestüt Trakehnen stammten und nach Westdeutschland gerettet werden konnten. Ihnen wurde daher von der Zuchtleitung besondere Aufmerksamkeit zugewandt, und sie wurden in den schon genannten Gestüten Schmoel und Rantzau (Krs. Plön/Holst.) sowie Hunnesrück (Krs. Einbeck/Niedersachsen) untergebracht.
Zu den großen und bedeutenden Familien, die ihren Ursprung im Hauptgestüt Trakehnen haben, gehören in den neunziger Jahren die der Kassette, Polarfahrt, Herbstzeit, Tapete, Donna, Peraea, Corrida, Pelargonie, Isola longa und Halensee. Zu den kleineren, aber züchterisch dennoch besonders wertvollen Stutenfamilien aus dem Hauptgestüt zählen die der Blitzrot, Goldelse, Handschelle, Handschrift und der Kokette. Die Verteilung der 1993 im Zuchteinsatz stehenden Stuten auf ihre Stämme zeigt die enorme Bedeutung des Hauptgestüts Trakehnen, in dem 8 der 14 größten Stutenfamilien beheimatet waren. An der Spitze steht dabei die Familie der Kassette.

Anzahl 1993 aktiver Zuchtstuten nach den größten Familien

Kassette	175
Kordel	107
Polarfahrt	95
Herbstzeit	93
Saaleck	92
Schwindlerin	86
Tapete	75
Donna	65
Bergfriede	63
Flamme	61
Peraea	61
Bea	58
Corrida	58
Pelargonie	54

Zu den wichtigsten und erfolgreichsten Trakehner Stutenfamilien gehört die der Treckstute Marke, die sofort nach dem Krieg ihre Ausbreitung vom Vogelsangshof am Niederrhein nahm. Zwei wesentliche Vertreterinnen dieses Stammes auf der rheinischen Landesschau 1981: Links Maharani (Mutter von Marlon, Mahagoni und Mackensen) und rechts Maritza (Mutter von Matador), beide mehrfach hochdekorierte Spitzenstuten. Dazwischen Landstallmeister Dr. Uppenborn und Züchter bzw. Besitzer Gottfried Hoogen.

Familie der Kassette (Hauptgestüt Trakehnen):
Die amtierende Siegerstute der letzten Bundesschau 1989 in Verden: Prämienstute Kalinka XV, geb. 1979 v. Mahagoni a.d. Kathinka III v. Frohsinn. Z.: Dr. W. Rumpf, Gestüt Biebertal/Hessen, Bes.: U. Wöhrl, Geddelsbach/Baden-Württemberg.

Die Schimmelstute Kassette (v. Harun al Raschid ox a.d. Kasematte v. Flieder) wurde 1937 in Trakehnen geboren. Ihr Stamm läßt sich zurückverfolgen bis ins Jahr 1780. Wie die meisten der geretteten Stuten war sie für heutige Verhältnisse nicht groß (158, 184, 19), aber genügsam, fruchtbar und bedeutend in ihrer Vererbung. Mit sechs Töchtern und 22 Enkeltöchtern kam dieser Stutenstamm zur Entfaltung, der zwischenzeitlich bereits in der zehnten Generation nach ihrer Gründerstute steht. Kassette starb 1966 im Alter von 29 Jahren. Zu den bekanntesten Vertretern dieser Familie gehören das Olympiapferd Kassim, die Spitzenstuten Kassiopeia, Karawane, Kalinka oder Kleeblatt sowie die bekannten Vererber Kassius, Kassio, Kastilio, Kassiber, Karon und Kostolany.

Es bedarf nun einer Erläuterung, woran es liegt, daß auf die Entwicklung und Darstellung wertvoll erscheinender Stutenfamilien im Hauptgestüt Trakehnen von jeher großer Wert gelegt worden ist, während solche Untersuchungen über die Stuten im Privatbesitz Ostpreußens - von einzelnen Ausnahmen und besonderen Anlässen abgesehen - erst nach der Vertreibung in Westdeutschland vorgenommen worden sind. Die Erklärung liegt einfach darin, daß das in Trakehnen zu bearbeitende Material nach der Kopfzahl begrenzt und dadurch überschaubar blieb, während die Menge der Privatstuten in Ostpreußen im Durchschnitt mindestens das 10- bis 20fache ausmachte. Es hätte zuviel Zeit und Kostenaufwand gefordert, nach denselben Prinzipien, wie in Trakehnen, für die privaten Stuten Linien zu entwickeln und darzustellen. Es war aber sicher richtig und notwendig, in die systematische Darstellung und Beurteilung der eingetragenen Zuchtstuten in Deutschland auch die aus der privaten Zucht einzubeziehen.

In dem 1985 von Erhard Schulte und Erdmuthe Frese bearbeiteten Stutbuch der Trakehner Zucht, das inzwischen auf dem Sammlermarkt hoch gehandelt wird, erscheinen über 3.000 Stuten aus rund 300 Familien. Die Ursprünge dieser Familien sind unterschiedlich: 26 kommen aus Trakehnen, einige gehen auf neu in die Trakehner Zucht getretene Vollblut- oder Araberstuten zurück, wieder andere basieren auf Treckstuten, deren Papiere auf der Flucht verlorengingen, deren Reinblütigkeit aber durch den Stutbuchbrand garantiert war. Gesondert ausgewiesen werden 32 Privatzuchtstätten, die bereits in Ostpreußen mit diesen Stämmen züchteten und in Fortführung heimatlicher Familientradition mit Vertreterinnen dieser Blutlinien die Zucht in der damaligen Bundesrepublik weiterführten.

Allein zehn Stutenfamilien kommen aus der Zucht des Fürsten zu Dohna in Schlobitten und Prökelwitz, darunter drei, die

die berühmten Dohnaschen K-Familien bilden. Unter diesen ist die Familie der Kordel die bedeutendste. Aber auch die Familien der Bea oder der Saaleck, aus dem der bekannte Schwalben-Zweig entspringt, kommen aus Dohnascher Zucht.

Von den erwähnten 32 ostpreußischen Züchterfamilien führen Anfang der neunziger Jahre folgende Betriebe folgende Stutenstämme weiter:

- Gräfin Dohna: Familie d. Kordel
- Elxnat, Hohenkirchen: Fam. d. Schwindlerin
- Hassler, Alpen: Fam. d. Wolga
- Igor-Meyhöffer: Fam. d. Rita
- Jaeschke, Fresendorf: Fam. d. Libelle
- Lask, Borstel: Fam. d. Feldrose
- v. Lenski, Kattenau: Fam. d. Elfe
- Poll, Hörem: Fam. d. Gundula
- Scharffetter, Kallwischken: Fam. d. Italia
- Steinbrück, Gilde: Fam. d. Dankeschön III
- v. Zitzewitz, Weedern: Fam. d. Velegu und d. Monika.

Zum Glück haben die Trakehner Pferde nach dem Krieg neue Freunde gefunden, die sich der historischen Verantwortung bewußt für die Fortführung der ostpreußischen Stutenfamilien eingesetzt haben. Inzwischen sind auch viele gerettete Stutenstämme erloschen, und heute ist es weniger eine Herausforderung der Tradition als der Leistung, die die Qualität eines Stutenstammes bestimmt.

Dohnasche K-Familie:
Beste dreijährige Stute des Geburtsjahrgangs 1989 wurde die Rappstute Klassik Rock v. Rockefeller a.d. Kormah v. Mahagoni. Z.: P. Koslowski, Ladbergen/Westfalen, Bes.: M. u. U. Stanschewski, Viersen/Rheinland. Sie war Jahressiegerstute 1982 in Neumünster und im selben Jahr Preisspitze der Zuchtstutenauktion.

6.3 Hengstbestand und Hengstlinien

Die Hengstbücher haben im Trakehner Verband auch bereits aus ostpreußischer Zeit eine lange Tradition. Das erste Hengstbuch, das nach dem Krieg im Jahre 1958 erschien, war sehr viel umfangreicher als früher.

Das von Dr. Schilke entworfene Muster wurde auch bei den später erscheinenden Hengstbüchern berücksichtigt und zum Teil noch ausgebaut:
- Hengstbuch 1967
- Hengstbuch 1975
- Ringbuch mit Zugängen 1968 - 73 (1. u. 2. Nachtrag)
- Hengstbuch 1976 mit Zugängen 1974 - 76 (3. Nachtrag)
- Hengstbuch 1982 (Zugänge 1976 - 81)
- Ringbuch mit dem aktiven Hengstbestand 1990
- Ringbuch-Nachtrag mit Zugängen 1991/92
- Ringbuch-Nachtrag mit Zugängen 1992/93.

In Planung ist ein gebundenes Hengstbuch 1945 - 1990, sozusagen als lückenloser Vorgänger des Ringbuches 1990.

Familie der Corrida (Hauptgestüt Trakehnen):
Corna, geb. 1981 v. Illuster u.d. Cornau v. Lothar (Halbschwester zu Consul) bei Familie Landwehrmann/Westfalen. 1985 Siegerin im Bundeschampionat des Deutschen Reitpferdes und inzwischen erfolgreiches S-Dressurpferd mit ihrer jetzigen Besitzerin Julia Westphal.

Trakehner

Habicht, mit Martin Plewa u. a. Sieger der internationalen Military in Achselschwang 1977, war ein Sohn des anglo-arabischen Halbblüters Burnus. Auch Habicht lieferte der Trakehner Zucht 11 gekörte Söhne und über 100 eingetragene Töchter.

Caprimond vertritt die Hengstlinie des Fetysz ox über Flaneur. Der 1985 geborene Hengst erntete bereits früh sowohl züchterische wie auch sportliche Lorbeeren. Hier unter seinem Ausbilder Dolf D. Keller.

Der Hengstbestand in der deutschen Trakehner Zucht entwickelte sich verhältnismäßig langsam: 1949 wurden 59 Vererber gezählt, 1961 waren es auch nur 83, wobei ein Großteil der Hengste anerkannte Vollblüter aus dem Besitz der Landgestüte waren. 1970 erhielt der Hengstverteilungsplan bereits 185 Hengste und 1980 wurden erstmals über 300 Hengste (305) gezählt. Da ein zu großer Hengstbestand aber auch hemmend auf den Zuchtfortschritt wirkt, wurde die Körquote ab Anfang der achtziger Jahre deutlich verschärft, und Anfang der neunziger Jahre hat sich der Hengstbestand auf eine Zahl um 270 eingependelt.

In den fünfziger und sechziger Jahren befand sich der weitaus größte Teil der Trakehner Hengste im Besitz der Landgestüte. Vor allem Marbach, Dillenburg, Celle und Zweibrücken, aber auch Schwaiganger (Achselschwang) und Warendorf (Wülfrath) setzten verstärkt auf das Trakehner Blut zur Veredlung im Rahmen einer er-folgreichen Reitpferdeproduktion. In den siebziger Jah-

ren wendete sich das Bild. Der Veredlungsprozeß, der in manchen Gebieten bis zur Verdrängungszucht betrieben wurde, war weitgehend abgeschlossen, und gleichzeitig traten immer mehr private Trakehner Hengsthalter in den Vordergrund. Vor der politischen Wende in Deutschland betrug der Anteil an Trakehner Landbeschälern keine 5 Prozent mehr. Inzwischen liegt er bei etwas über 10 Prozent, da die ostdeutschen Landgestüte, vor allem Moritzburg, weiterhin den erfolgreichen Einsatz von Trakehner Hengsten in der Landespferdezucht betreiben.

Bezüglich der Einteilung der Hengste nach Linien vertrat Dr. Schilke die Auffassung, daß diese zeitnah bleiben müßten, da sie sonst einerseits zu unübersichtlich werden und andererseits oft durch die Entwicklung der Zucht in ihrer Bedeutung überholt werden. Aus diesen Erkenntnissen wurden schon 1937 in Ostpreußen die alten von Axel de Chapeaurouge ausgearbeiteten 14 Hengstlinien ersetzt und von Dr. Schilke

neu auf die wichtigsten Blutlinien der ostpreußischen Warmbluthengste nach dem Stand von 1937 verteilt (Schilke, "Das Ostpreußische Warmblutpferd", 1938). Aber inzwischen ist wiederum eine Fortentwicklung eingetreten, die eine Neubearbeitung und eine Neugliederung des Hengstbestandes erforderlich macht. Die entsprechenden Arbeiten sind zwar eingeleitet, aber noch nicht abgeschlossen.

Die Hengstlinien-Tabelle zeigt die Verteilung des Trakehner Hengstbestandes auf jene Linien, deren größter Teil noch auf die Ausgangshengste von 1937 zurückgeht. Hier wird deutlich, daß zum Beispiel eine so große Linie wie die des Dampfroß inzwischen so unübersichtlich geworden ist, daß Unterteilungen notwendig sind, wie aus der Tabelle ersichtlich wird. Andere Linien, wie die von Stern xx, Padourus (über Julmond), Waldjunker (über Hansakapitän), Hirtenknabe (über Ernest) oder Pilger (über Carajan), sind inzwischen von den züchterischen Ereignissen überholt

Trakehner Hengstbestand 1994	
Verteilung der Hengstlinien	
1. Waldjunker (über Hansakapitän)	2
2. Parsival (über Hirtensang)	6
3. Obelisk (über Albatros)	2
4. Pilger	7
a) davon über Carajan	6
5. Hirtenknabe (über Ernest)	1
6. Padourus (über Julmond)	2
7. Dampfroß	61
a) davon über Termit	18
-davon über Abglanz	4
-davon über Pregel	14
b) davon über Neumond	9
c) davon über Pythagoras	34
-davon über Komet	21
-davon über Gabriel	9
-davon über Totilas	2
8. Major	2
9. Ciecieruk	3
10. Fetysz ox	21
a) davon über Flaneur	18
11. Ramses AA Hlb. (über Condus)	2
12. Burnus AA Hlb. (über Habicht)	5
13. Gazal VII Sh. Ar.	3
14. Pancho II AA	4
15. Gharib Or. Ar.	1
16. Bajar Ar.	2
17. Perfectionist xx	30
a) davon über Patron	8
b) davon über Humboldt	19
18. Prince Rouge xx (über Prince Condé)	3
19. Stern xx	5
20. Pindar xx (über Ibikus)	9
21. Patricius xx	4
22. Sir Shostakovich xx	3
23. Pasteur xx	18
24. Swazi xx (über Consul)	9
25. Sonstige, (noch) ohne direkte Linienzugehörigkeit:	17

Mahagoni, geb. 1974 v. Pasteur xx a.d. Maharani II v. Flaneur, eingegangen 1985. Z. u. Az. Gottfried Hoogen, Vogelsangshof/Rheinland. Vater von 11 gekörten Söhnen und über 100 eingetragenen Töchtern.

worden und haben im Gegensatz zu früheren Jahren erheblich an Bedeutung verloren.

Derzeit besonders aktuell und weit verbreitet sind die Linien von Fetysz ox (über Flaneur), Pasteur xx und Perfectionist xx (über Humboldt) und besonders über dessen Urenkel Tenor.
Flaneur (v. Maharadscha, Z.: Gutsverwaltung Schwaighof b. Augsburg) hinterließ der Trakehner Zucht während seiner Schaffenszeit von 1968 bis 1988 insgesamt 15 gekörte Söhne, von denen der noch aktive Arogno (Z.: I.I. Wenzel, Hückeswagen) der bedeutendste ist (bisher 10 Söhne).

Über seinen Sohn Karon (5 Söhne) und dessen Sohn Caprimond (bisher 3 Söhne) steht dieser Zweig in voller Blüte und bestimmt weite Teile des züchterischen Geschehens, vor allem in Niedersachsen.

Tenor, derzeit wichtigster Vertreter der Hengstlinie des Perfectionist xx über Humboldt. Langjähriger Stempelhengst im Gestüt Webelsgrund und seit 1994 im Gestüt Birkenstein - Eifel aufgestellt.

Pasteur xx (7 Söhne) war ein Vollblüter von herausragender Bedeutung, der von 1972 bis 1985 auf dem Vogelsangshof bei Gottfried Hoogen wirkte. Sein bisher wichtigster Sohn war Mahagoni, der leider 1985 im Alter von erst elf Jahren einging, der Zucht aber 10 Söhne hinterließ, von denen Ravel, Chronos, Radom und Inspekteur auch Erfolge im Dressursport bis zur Klasse S zu verzeichnen haben. Großen Einfluß scheint auch der Mahagoni-Enkel Kostolany aus dem Gestüt Langels/Hämelschenburg auszuüben, von dem in den ersten beiden Jahren bereits fünf Söhne gekört wurden.

Tenor (v. Tümmler, Z.: Gutsverwaltung Panker/Ostsee) aus der Humboldt-Linie stand elf Jahre im Gestüt Webelsgrund/Deister, bevor er als Vererber ins Gestüt Birkenstein/Eifel wechselte. Mit sieben Söhnen und sechs väterlichen Enkeln hat sich dieser Zweig des Humboldt-Stammes als echte Hengstquelle erwiesen.

Den Einfluß der Väter auf den Stutenbestand 1993 in der Trakehner Zucht dokumentiert die Tabelle der Verteilung aktiver Zuchtstuten. Hier wird nochmals die besondere Bedeutung der Hengstlinien über Flaneur, Pasteur xx und Humboldt klar herausgestellt.

Anzahl 1993 aktiver Zuchtstuten nach Vätern mit 35 und mehr Töchtern:

Mahagoni (Pasteur xx)	71
Patron	46
Consul (Swazi xx)	70
Memelruf (Humboldt)	44
Matador (Pregel)	68
Flaneur	39
Arogno (Flaneur)	58
Bartholdy (Pasteur xx)	39
Ibikus (Pindar xx)	55
Mackensen (Patron)	39
Schwalbenflug (Humboldt)	50
Marduc (Gabriel)	38
Tenor (Humboldt)	50
Arthus (Perfectionist xx)	35
Habicht (Burnus AA)	49
Insterruf (Humboldt)	35

(in Klammern die entsprechenden Hengstlinien)

7. Absatzveranstaltungen

Seit 1963 ist die Holstenhalle in Neumünster jedes Jahr im Oktober Schauplatz für Trakehner Zuchtgeschichte. Vom langjährigen Geschäftsführer und Vorsitzenden Dr. Fritz Schilke ins Leben gerufen, gehört der Trakehner Hengstmarkt heute zu den bedeutendsten hippologischen Veranstaltungen in Europa. Als revolutionär galt die Idee, die Hengste nach der Körung zu versteigern. Seit 1977 bereichern aber auch ausgewählte Zuchtstuten und Fohlen den Auktionsring, und eine immer neu inszenierte Galaschau zeigt absolute Höhepunkte. Der Hengstmarkt in Neumünster ist längst zum jährlichen Mekka der Trakehner Züchter, Reiter und Freunde aus aller Welt geworden. Spitzenpferde des Jahrgangs wechseln in der baustilistisch zwar unromantischen, aber atmosphärisch beeindruckenden Holstenhalle den Besitzer. Und gerade diese Verbindung aus exzellenten Pferden und einem frenetischen Publikum macht diese Veranstaltung zu einem immer wieder eindrucksvollen Erlebnis.

In 30 Jahren ist diese Veranstaltung zum zentralen Dreh- und Angelpunkt des inzwischen weltweit verbreiteten Edelpferdes geworden. Der Zentralität entsprechend groß ist auch die magnetische Anziehungskraft dieses hippologischen Marktes, der einen eigenen Nimbus aufbaute, dem sich nur der entziehen kann, dem in Neumünster die Trakehner noch nicht begegnet sind.

Dreieinhalb Tage in Neumünster bieten:
- Körung der Trakehner Junghengste
- Auktion der nicht gekörten Hengste
- Trakehner Gala-Abend
- Präsentation vierjähriger Hengste
- Auktion der gekörten Trakehner Hengste
- Auktion ausgesuchter Zuchtstuten und Fohlen
- Auswahl der Jahres-Siegerstute.

In diesen Tagen geben sich die Trakehner Freunde aus aller Welt ein Stelldichein in der Holstenhalle. Die männliche Elite des Jahrgangs debütiert an der Hand, im Freilaufen und über dem Sprung. Die einen finden den Weg in die Zucht, die anderen werden von fachkundigen Reitern ersteigert.

Es ist schon lange kein Geheimtip mehr, in Neumünster auf Talentsuche zu gehen.

Trakehner Eliteauktion

Die Trakehner Reitpferdeauktionen haben die längste Tradition in der deutschen Pferdezuchtgeschichte. Vor dem Zweiten Weltkrieg war das Hauptgestüt Trakehnen Treffpunkt der Elite, und nach dem Zweiten Weltkrieg begannen die Reitpferdeauktionen 1952 in Wülfrath mit wechselnden Auktionsorten. Ab 1983 übernahm die Eugen Wahler KG die Organisation und Leitung der Trakehner Reitpferdeauktionen, zunächst in Darmstadt-Kranichstein und ab 1990 auf dem Klosterhof Medingen bei Bad Bevensen im neuen Auktionszentrum.

Eine sorgsam ausgewählte Kollektion von rund 40 Reitelten kommt fortan Anfang April zur Versteigerung. Junge Talente im Alter von drei bis sieben Jahren stehen im Spring-, Dressur- und Vielseitigkeits-Training. Unzählige Spitzenpferde fanden in über 40 Jahren ihren Weg in eine erfolgreiche Turnierlaufbahn im In- und Ausland.

Zwei Michelangelo-Söhne aus dem Gestüt Heinen-Bönninghardt gehörten zur Prämiengarnitur des Trakehner Hengstmarktes 1991: Guy Laroche (66), inzwischen gefragter Vererber in Rheinland-Pfalz, und Kennedy (65), der triumphale Siegerhengst, der nur vier Jahre alt geworden ist.

Mit dem neuen Auktionszentrum wurde ab 1990 auch das Veranstaltungsangebot erweitert um eine Herbstauslese mit rund 20 Reitpferden und speziell ausgesuchten Zuchtstuten und Trakehner Fohlen.

Neben den zentral organisierten Absatzveranstaltungen haben sich in den vergangenen Jahren aber immer mehr Fohlen- und Pferdemärkte auf regionaler Basis etabliert. Ein Gestüt zum Beispiel stellt die Rahmenbedingungen zur Verfügung, und die Züchter bieten ihre nicht vorselektierten Pferde im freien Verkauf an. Die Idee begann schon 1980 mit dem Rieper Fohlenmarkt, nach dem es auch einen Fohlenmarkt auf dem Vogelsangshof bei Familie Hoogen gab, einen Verkaufstag im Gestüt Birkenstein/Eifel, ein Pferdefest in München, eine Verkaufsschau für Baden-Württemberg in Kesselfeld, und die Franken treffen sich zum Reitpferdeverkauf im Gestüt Burgstall, Eckersdorf.

8. Sportliche Betrachtungen

Der Trakehner bzw. Ostpreuße war nicht nur „das beste Soldatenpferd der Welt", sondern auch sportlich die erfolgreichste Zucht vor dem Zweiten Weltkrieg. Seit 1912 in Kopenhagen waren Trakehnerpferde bei Olympischen Spielen vertreten und stellten vor allem in den Disziplinen Dressur und Military mehrere Goldmedaillenpferde, wie Piccolomini, Absinth, Kronos, Gimpel, King of Heart, Fasan oder Nurmi.

Auch die Siegerlisten der schweren Jagd- und Hindernisrennen vor dem Zweiten Weltkrieg wurden von ostpreußischen Pferden bestimmt. Das „von-der-Goltz-Rennen" in Trakehnen (6.400 m, 33 Hindernisse) war nach der „Pardubitzer Steeple-Chase" (Tschechoslowakei) das schwerste Jagdrennen des Kontinents und gehörte mit der „Grand National Steeple-Chase" in Liverpool zu den drei schwersten Hindernisrennen der Welt. Seit 1911 kam es neunzehnmal zur Entscheidung und wurde sechzehnmal von Trakehner Pferden gewonnen. Auch in Pardubitz siegten zwischen 1923 und 1936 neunmal Trakehner Pferde.

Nach dem Krieg erlitt die Trakehner Pferdezucht neben ihrer beispiellosen Dezimierung vor allem auch den Verlust der ländlichen Reiterei als Grundlage vieler sportlicher Erfolge. Die Trakehner waren überall im Westen „zu Gast", nirgendwo gewachsen, und folglich fehlten die Züchterkinder, um die Pferde im größer werdenden Turniergeschehen vorzustellen. Außerdem standen noch bis Anfang der siebziger Jahre andere Ziele als der sportliche Erfolg im Vordergrund. Es galt, die Population in ihrer Reduzierung als eigen-

Die erfolgreichsten Zuchtstätten in Neumünster 1963 - 1993
(mit mehr als 5 gekörten Hengsten)

Zuchtstätten	Hengste aus eigener Zucht	dazu aufgezogene Hengste	Hengste gesamt in Neumünster
Trakehner Gestüt Rantzau b. Plön	20	32	52
Trak. Gestüt Birkhausen b. Zweibrücken	26	15	41
O. Langels, Hämelschenburg b. Hameln	20	12	32
Gestüt Webelsgrund b. Springe	28	2	30
Gestüte Schmoel & Panker b. Lütjenbg.	27	1	28
G. Hoogen, Vogelsangshof b. Kevelaer	15	9	24
Trak. Gestüt Hunnesrück b. Einbeck	18	2	20
V.v. Schöning, Neversfelde b. Malente	12	6	18
Fam. Poll, Hörem b. Schwarmstedt	7	9	16
Dr. G. Baronin v. Lotzbeck, Nannhofen	11	3	14
P. Elxnat, Hohenkirchen/Friesland	10	3	13
Gestüt Hohenschmark b. Malente	11	1	12
Gestüt Heinen-Bönninghardt b. Issum	8	3	11
Gestüt Hörstein b. Aschaffenburg	3	7	10
Fam. Wahler, Klosterhof Medingen	8	1	9
K. Hagen, Borstel b. Soltau	7	2	9
H. Steinbrück, Gilde b. Gifhorn	7	2	9
Trak. Gestüt Grumbach b. Saarbrück.	7	2	9
H.J. Scharffetter, Brundorf	8	-	8
H.-C. Först, Sören b. Bordesholm	6	2	8
I.u.E. Schlegel, Detmold-Jerxen	5	2	7
I.I. Wenzel, Hückeswagen	3	4	7
Fürstlich Dohnasche Zuchtstätten	6	-	6
H. Probandt, Jesteburg v. Hamburg	6	-	6
E. Voigt, jetzt Walsrode	6	-	6
Gutsverwaltung Schwaighof, Nordendorf	5	1	6
K.u.R. Rosenau, Northeim-Brunstein	5	1	6
H.E. Schneider, jetzt Alzey-Framersheim	3	3	6

Zu den vielen Erfolgspferden, die ihren Weg über die Trakehner Eliteauktionen gefunden haben, gehört auch der Tipperary-Sohn Souverän, hier am Vorabend der Auktion 1992 vorgestellt von Katrin Beckmann. Für seinen neuen Ausbildungsstall Keller gewann Souverän 1993 seine ersten S-Dressuren (Z.: K. Rosdorff, Klingenhagen/Harz).

ständige Pferdezucht zu sichern, und im Zuge dieser Absatzstrategie hatte der Trakehner vor allem die Aufgabe, die anderen Landeszuchten zu veredeln. Ebenfalls wirkte es sich hemmend auf die Trakehner Sporterfolge aus, daß viele Ausbilder nur mit Vorurteilen diesen Pferden begegneten, denn der Ostpreuße als blutgeprägtes Reitpferd ist manchem Trainer auch heute noch zu anspruchsvoll. Inzwischen aber beginnen immer mehr Reiter die Intelligenz und positive Sensibilität eines Edelpferdes zu schätzen, weil gerade diese inneren Faktoren die Grundlage des sportlichen Erfolges ausmachen. Gefragt sind Pferde, die in der Lage sind, mitzudenken.

Dressur

Zunächst sind es ausländische Nationen, die mit Trakehner Pferden große Erfolge erzielen. Der Original-Trakehner Bill Bidle (v. Airolo xx), Halbbruder zum Beschäler Apfelkern, ist zweifaches Olympiapferd für die USA. Auf den Olympischen Spielen 1948, 1952 und 1956 sind Trumpf und Knaust für Schweden erfolgreich.

Unvergessen ist der große Fanal (v. Hausfreund), ehemaliges Auktionspferd aus Trakehnen, Leibreitpferd des Dressurkünstlers Otto Lörke, das noch über 20jährig S-Erfolge verbuchen konnte. Die Trebonius-xx-Tochter Thyra, geritten von Willi Schultheis und Rosemarie Springer, gewann dreimal das Deutsche Dressurderby, und Hannelore Weygands Perkunos war Mitglied der Silber-Mannschaft 1956 in Stockholm. Auch die Fuchsstute Heraldik und der Wallach Forstrat gehörten zu den besten Dressurpferden jener Zeit. Harry Boldt erzielte eine Reihe von Siegen mit der von E. Schlegel gezogenen Illusion (v. Flug-sand), heutige Großmutter des Championatssiegers Induc. Der Impuls-Sohn Immanuel (fr. Kassim) vertrat die olympischen Farben für die damalige DDR in München 1972. Dort, wo der in Rußland gezogene Trakehner Hengst Pe-

pel Einzel-Silber und Mannschafts-Gold gewann.

Die besten Trakehner Dressurpferde der siebziger und Anfang der achtziger Jahre waren Ultimo (Gabriela Grillo), Hirtentraum (Uwe Sauer) und Kleopatra (George Theodorescu). Ultimo gewann Mannschafts-Gold in Montreal 1976, war in der Weltmeister-Mannschaft von Goodwood 1978 und zweimal Mannschafts-Europameister. Der Heros-Sohn aus der Zucht von A. Nörenberg wurde Kür-Weltmeister 1982 und war zur damaligen Zeit das gewinnreichste Dressurpferd der Welt. Auch Hirtentraum war auf allen Welt- und Europachampionaten jener Zeit immer im vorderen Feld plaziert, und die großartige Kleopatra gewann mehrere internationale Grand-Prix-Prüfungen. Weitere Trakehner Dressurpferde mit internationalen Erfolgen waren dann Ombre, Fabian, Tango oder in jüngster Zeit der Vererber Heuriger, u.a. bestes Pferd im Deutschen Dressurderby 1992.

Einer, der immer mitdachte: Ultimo mit seiner Reiterin Gabriela Grillo nach dem Sieg im Deutschen Dressurderby 1977.

Große Anerkennung fand das Trakehner Pas de trois der Spitzenpferde: (v.lks.) Ultimo (Gabriela Grillo), Fabian (Dr. Reiner Klimke) und Kleopatra (George Theodorescu).

Springen

Der Springpferdevererber Carajan machte schnell auf sich aufmerksam, vor allem durch einige von Hugo Simon vorgestellte Nachkommen, wie z. B. Procat, Czardas oder die Fuchsstute Biene, die 1972 bei der Olympiade in München für Mexiko an den Start ging. Der Schimmel-Wallach Spritzer (v. Famulus) gehörte mit Karl-Heinz Giebmanns zur ersten Garnitur deutscher Springpferde in den sechziger Jahren. International von sich reden machte auch der Kobalt-Sohn Hanko mit Wolfgang Knorren. Ein typisches Blutpferd war Feuervogel (v. Prince Rouge xx) unter Peter Sünkel, gezogen, genau wie Biene, im Gestüt Grumbach bei Saarbrücken. Elmar Gundel hatte seine ersten großen Erfolge mit dem Schimmel Hyppi (v. Himalaja), der über Jahre das gewinnreichste Trakehner Springpferd war.

Der von Dr. Wittmaack bei Bad Oldesloe gezogene Habicht-Sohn Livius ging 1973 über den Hengstmarkt und gewann 1981 sein erstes Weltcup-Springen. Im selben Jahr war er unter Emil Hendrix Vierter bei der Europameisterschaft in München und gewann die Bronzemedaille in der Mannschaft. Nach seinem Wechsel in die USA gewann er 1982 die Panamerikanischen Spiele und nahm zweimal am Weltcup-Finale teil.

Trakehner Geschichte schreibt Abdullah (v. Donauwind), 1969 im Mutterleib nach Kanada exportiert, errang er 1984 für die USA Einzel-Silber in Los Angeles und Mannschafts-Gold. Er gewann das Weltcup-Finale 1985 in Berlin und war bestes Pferd der Weltmeisterschaft 1986 in Aachen. 1994 steht er 25jährig noch als Vererber im internationalen Deckeinsatz. Sein Trakehner Nachfolger im Großen Sport ist der in Kirow gezogene Almox Prints J, der für den Stall Moksel Anfang der neunziger Jahre zu den besten Springpferden der Welt gehört. Er nahm zweimal an Olympischen Spielen teil, gewann mehrere Große Preise und steht seit 1993 über Frischsameneinsatz auch den Züchtern zur Verfügung.

Vielseitigkeit

Die Vielseitigkeit ist eine Domäne des Trakehner Pferdes; nicht zuletzt hervorgerufen durch die weltbekannte Ausbildung der jungen Remonten im Jagdstall zu Trakehnen. Der als Beutepferd in die Tschechoslowakei gelangte Vitez hat von 1946 bis 1954 die Pardubitzer Steeple-Chase einmal gewonnen und war zweimal Zweiter und zweimal Dritter - eine ungeheure Leistung.

Der auf der Flucht von Peter Elxnat, heute Hohenkirchen/Friesland, 1946 gezogene Hengst Polarstern war eines der ersten Pferde, die nach dem Krieg zu großen Hoffnungen Anlaß gaben. Er war Ersatzpferd auf der Olympiade in Helsinki 1952, kam aber wegen seiner Jugend noch nicht zum Olym-

In Deutschland geboren und entdeckt, in den Niederlanden groß herausgebracht und schließlich Seriensieger in den USA und auch auf internationaler Bühne: der Habicht-Sohn Livius.

pia-Einsatz. Polarstern blieb dann als Deckhengst im schwedischen Staatsgestüt Flyinge, wo er sehr beliebt war.

Ein anderer Deckhengst, der im Sport große Lorbeeren erntete, war der Livius-Vater Habicht, der 1977 mit dem heutigen Bundestrainer der Vielseitigkeitsreiter, Martin Plewa, die internationale Military in Achselschwang gewann.

Zwei Jahre zuvor war Horst Karsten mit Hadrian Dritter bei den Deutschen Meisterschaften. Der von H.C. Först gezogene Akzent (v. Helianthus) war 1977 unter Hanna Huppelsberg-Zwöck bei der Europameisterschaft in Burghley im Silberteam. Burkhard Wahler, Leiter der Trakehner Reitpferdeauktionen, gewann 1986 die Deutsche Vielseitigkeitsmeisterschaft mit dem selbst ausgebildeten und von seinem Vater gezogenen Prätorius (v. Brandy xx).

Anfang der neunziger Jahre gehören Grand Prix (Ingrid Klimke), Please Me (Klaus Erhorn) und White Girl (Peter Thomsen) zur führenden Elite der deutschen Vielseitigkeitspferde. White Girl war bestes deutsches Pferd bei der Europameisterschaft 1993 in Achselschwang, Grand Prix ist seit Jahren konstant erfolgreich im internationalen Wettbewerb und der Bundeschampionats-Sieger Please Me berechtigt zu großen Hoffnungen für kommende Championate.

Auf dem Sektor der Vielseitigkeit steht 1994 ein großes Lot an erwartungsvollen Nachwuchspferden in den Ställen des Deutschen Olympiade-Komitees und bei mehreren Spitzenreitern. Gerade die Erfolge des Bundeschampionats von 1993, bei dem die Trakehner das mit Abstand erfolgreichste Zuchtgebiet waren, lassen für die Zukunft in dieser Disziplin einiges erwarten.

Auf der Ehrenrunde nach dem Gewinn der Deutschen Vielseitigkeits-Meisterschaft 1986: Burkhard Wahler und Prätorius.

Im russischen Trakehner Gestüt Kirow wurde Prints gezogen, der von Anatoli Timschenko und Elmar Gundel international herausgebracht wird. Seit 1993 ist er auch als Deckhengst sehr gefragt.

Der in Deutschland gezogene und in Kanada geborene Abdullah gewann u.a. in Berlin den Weltcup für die USA mit seinem Reiter Conrad Homfeld. Er war außerdem Olympiasieger in Los Angeles und bestes Pferd der Weltmeisterschaft in Aachen.

Der in Deutschland gekörte Hengst Kronjuwel kam über die Niederlande nach Kanada und gewann 1991 bei den Panamerikanischen Spielen in Havanna/Kuba Mannschafts-Gold und Einzel-Silber.

9. Trakehner weltweit

Der Wiederaufbau der Trakehner Zucht in Westdeutschland erfolgte zunächst sehr mühsam, da viele Flüchtlinge hofften, irgendwann mit ihren Pferden nach Ostpreußen zurückkehren zu können. Hinzu kam die Verdrängung des Pferdes durch die Motorisierung.

Der Zuchtpferdebestand hatte 1956 mit 602 Stuten und 45 Hengsten den tiefsten Punkt erreicht. Doch dann folgte ein steter Aufstieg. Im Jahre 1993 gehört der Trakehner Verband mit 4.500 Stuten und 300 Hengsten zu den prägenden deutschen Reitpferdezuchten.

Doch das Zuchtgebiet des Trakehner Pferdes ist nicht mehr Ostpreußen, sondern die ganze Welt. Es begann mit bescheidenen Exporten von Hengsten und Stuten gleich nach dem 2. Weltkrieg, und heute werden die edlen Reitpferde in über 30 Ländern der Erde gezüchtet!

Im Mittelpunkt steht weiterhin die deutsche Trakehnerzucht, doch haben sich inzwischen sechs Töchter-Verbände mit eigenem Brandzeichen im Ausland etabliert. Weitere sehr qualitätsvolle Zuchten befinden sich in den Niederlanden, Belgien und Luxemburg, Rußland und Polen, Frankreich, Österreich und Italien.

Literatur

Hippos-Verlag, München, TRAKEHNER HEFTE (Jahrgänge 1981-1987)

Jahr-Verlag, Hamburg, TRAKEHNER HEFTE (Jahrgäne 1988-1993)

Schilke F. , München, BLV, (bearb. Schulte, E. 1982) „Trakehner Pferde einst und jetzt"

Schilke F., (1978), Hamburg, Trakehner Verband „Trakehner Pferdezucht in der Bundesrepublik Deutschland"

Velsen, E.v., (1979) Bad Homburg, Limpert Verlag, „Trakehner Heute"

Verband der Züchter und Freunde des Ostpreußischen Warmblutpferdes Trakehner Abstammung e.v., Neumünster:

- Trakehner Mitteilungsblätter (Jahrgänge 1962-1980)
- Körkataloge Neumünster 1963-1991

- Hengstbücher 1958; 1967; 1975; 1990

- Hengstbuchnachträge 1972/73; 1976

- Stutbuch der Trakehner Zucht, 1985

- Festschrift: „ 100 Jahre Ostpreußische Stutbuchgesellschaft, 1989"

Der Trakehner Verband und seine internationalen Töchter-Vereinigungen

Frankreich

Polen

USA/Kanada

Dänemark

Schweiz

Kroatien/Slowenien

Australien/Neuseeland

Großbritannien

Abriß aus dem Werdegang der ostpreußischen Kaltblutzucht

Von Tierzucht-Direktor Friedrich Vogel †

F. Vogel war von 1914 bis 1945 Hauptgeschäftsführer des „Ostpreußischen Stutbuchs für schwere Arbeitspferde" in Königsberg.
Dieser 1968 verfaßte Aufsatz ist mit Genehmigung der Ostpr. Herdbuchgesellschaft, Geschäftsstelle Dr. H. Bloech, Wartebergstraße 1, 3430 Witzenhausen 1, aus einem umfangreichen Werk über „Ostpreußens Rinder und ihre Zuchtstätten" entnommen.

Die Kaltblut-Pferdezucht in Ostpreußen beginnt in ihren Uranfängen vor etwa 700 Jahren, als der Hochmeister Hermann von Salza das gewaltige Kolonisationswerk im Pruzzenland durch den Landmeister des Deutschen Ordens, Hermann Balk, mit seinen Ordensrittern 1938 in Angriff nehmen ließ und deutsche Kultur in das unwirtliche Pruzzenland brachte. Der Befehl des Papstes an den deutschen Ritterorden, die heidnischen, kriegerischen Pruzzen zur christlichen Religion zu bekehren und damit ein völlig neues Wirtschaftsgebiet zu begründen, brachte deutsche Siedler sowie unter anderem Kaltblutpferde aus Mitteldeutschland ins Pruzzenland. In neugeschaffenen Stutereien wurde vornehmlich das genügend schwere, ruhige Kampfroß gezüchtet, welches der gepanzerte Ritter im Kampf gegen die sich wehrenden Ureinwohner benötigte. Neben der leichten Landrasse wurde in diesen vom Orden geschaffenen Stutereien das schwere kaltblütige Ritterpferd über fast drei Jahrhunderte für das Ordensheer gezüchtet.

Im Ermland wurde dieses Kaltblutpferd nach der Umbildung des Ordensstaates in ein Herzogtum durch die katholischen Kirchenfürsten zu einem Bauernpferd weiter gezüchtet, vornehmlich aus wirtschaftlichen Gründen für die Landwirtschaft. So ist aus dem Kaltblutkampfroß das Kaltblutbauernpferd im Ermland durch die folgenden Jahrhunderte trotz wirtschaftlicher Unbilden entstanden und gerettet. Im übrigen Ostpreußen konnte das Kaltblutpferd - weil eine stützende und planende Zuchtorganisation fehlte - durch die Jahrhunderte hindurch nicht durch wissenschaftliche Maßnahmen durchgehalten werden. Dafür setzte ein planloses Durcheinander durch Kaltbluthengste aller Rassen, auch Oldenburger Warmblut-Hengste, durch die Jahrhunderte ein.

Der Neubeginn einer ostpreußischen Kaltblutpferdezucht fußte in der zweiten Hälfte des vorigen Jahrhunderts auf Selbsthilfemaßnahmen der Landwirtschaft. Schon nach den Befreiungskriegen kamen in die Provinz Ostpreußen die französischen Kaltblutrassen Percheron und Boulonnais; dazu dänische Kaltbluthengste. Später durch Romanowski-Mehlsack englische Kaltblüter: Shires u. Clydesdaler. Der Bauer versuchte, über diese Hengstrassen das ruhige, schwere Arbeitspferd zu züchten. Die schweren landwirtschaftlichen Maschinen und die Intensivierung des Ackerbaues besonders auch auf den guten und schweren Böden erforderten ein schweres Kaltblutpferd. Wenn auch diese Misch- und Kreuzungsarbeitspferde ruhige, geduldige Tiere waren, mit denen auch Kinder und alte Menschen umgehen konnten, so war in dem Züchterland Ostpreußen der Wunsch vorhanden, nicht nur für den ei-

genen Gebrauch ein Kaltblutpferd auf diese Art zu erstellen, sondern man wollte auch ein Kaltblutpferd züchten, das der Markt bevorzugte und das jederzeit gute Preise beim Verkauf erlöste. Bauern und erst recht der größere Besitz meldeten diese Forderungen bei den landwirtschaftlichen Zentralvereinen in Allenstein und Königsberg immer energischer an.

Im Ermland wurde 1897 unter Führung von Regenbrecht-Sonnenwalde, gestützt von ihren aus den ermländischen Bauernhöfen stammenden katholischen Pfarrern, die selbst Pfarrland und Höfe bewirtschafteten, eine Züchtervereinigung ins Leben gerufen, um das englische Shirepferd zu züchten. Eine planvolle Züchterorganisation mit Hilfe einer ersten staatlichen Hengstkörordnung, die die landwirtschaftlichen Zentralvereine Allenstein und Königsberg im ersten Jahrzehnt dieses Jahrhunderts beschlossen, wäre die angestrebte Züchterordnung in der ostpreußischen Kaltblutzucht in allen landrätlichen Kreisen der beiden Regierungsbezirke gewesen. Mit Kampf, der Bitternis schaffte, waren ab 1911 die Hengstkörordnungen zunächst nur auf Kreisebene möglich.
Die Rufer im Kampf bei den nötigen Abstimmungen in den landrätlichen Kreisen der Regierungsbezirke Königsberg und Allenstein waren Dietrich Born, Dommelkeim, und Max Möller, Holtkamp in Jungerkern, auf der Kaltblutseite für eine gemischte Hengstkörordnung, d. h. für das edle Pferd Trakehner Abstammung und ein Kaltblutpferd belgischen Typs.
Durch die staatliche Hengstkörordnung wurden alle anderen Kaltblutrassen ausgemerzt und in beiden Regierungsbezirken sollten ab 1911 nur noch Hengste dieser beiden Pferderassen, edle Pferde Trakehner Richtung und Kaltblut belgischen Typs, angekört und somit das fast ein Jahrhundert herrschende Durcheinander vieler Kaltblutrassen schnellstens beendet werden. Die Federführung hatten die beiden Pferdezuchtausschüsse der erwähnten landwirtschaft– lichen Zentralvereine in Königsberg mit Fr. Vogel und in Allenstein mit dem Generalsekretär Dr. Trunz.
Jedoch nur mit einer umfassenden Züchterorganisation mit einem Zuchtziel konnte der Betriebszweig „Pferdezucht" in der ostpreußischen Kaltblutzucht neben der Lieferung starker, ruhiger Kaltblutpferde für alle Zugarbeiten der eigenen Landwirtschaft rentabel und wirtschaftlich für den Markt gestaltet werden, um jederzeit Fohlen und volljährige Kaltblüter veräußern zu können und die dringend benötigten Einnahmen für den Züchter zu erzielen, also mit „dem Zusammenschluß der Kaltblutzüchter in einem vom Vertrauen getragenen Stutbuch."

Der mitteldeutsche Pferdemarkt holte jährlich tausende Kaltblutarbeitspferde aus

Belgien, den Niederlanden und aus dem Ermland. - Der Verfasser dieser Zeilen bekam um die Weihnachtszeit 1912 die Anfrage und das Angebot vom Landwirtschaftlichen Zentralverein Königsberg, zu dieser Zeit war er in der Referendarausbildung in der Landwirtschaftskammer des Fürstentums Waldeck, Pyrmont - ob er bereit sei, zunächst zur Probe auf ein Jahr und nach Bewährung ab 1.4.1913 in einer neu vom preußischen Landwirtschaftsministerium geschaffenen Etatstellung als Tierzuchtinstruktor-Assistent einzutreten, um die ostpreußische Kaltblut-Arbeitspferdezucht durch züchterische Maßnahmen in geordnete Bahnen zu führen und auf der wirtschaftlichen Seite durch einen dauernden und lohnenden Absatz der nach einem Zuchtziel erstellten Gebrauchspferde den Züchtern zu Einnahmen zu verhelfen. Staatliche Geldhilfen - neben einem Zuschuß von einem Gehalt - etwa durch Aufstellung von Kaltbluthengsten im Landgetüt Braunsberg, wurden abgelehnt. Die ostpreußische moderne Kaltblutzucht sollte allein im Wege der Selbsthilfe die benötigten Hengste aus eigenen Geldmitteln anschaffen. Alle Förderungsmaßnahmen der Zucht einschließlich des neu zu begründenden Stutbuchs sollte sie selbst finanzieren und alle sonstigen Maßnahmen gleichfalls allein tragen.

Als Auflage war mir gemacht, eine moderne ostpreußische Kaltblutpferdezucht dürfe keineswegs die edle ostpreußische Pferdezucht behindern, da diese zur Remontierung der Armee den besonderen Schutz der Regierung hatte.

Im Frühjahr 1913 trat ich in die Dienste des Landw. Zentralvereins in Königsberg in der Langen Reihe ein. Ich half beim Aufbau der Landw. Jahrhundert-Ausstellung im Carolinenhof-Königsberg. Als Preisrichter war Professor am Landw. Institut der Universität Halle/Saale, Dr. Simon v. Nathusius, für die Kaltblutpferde gewonnen. Diese Kaltblutausstellung enthielt im Hauptanteil Shire-Stuten von A. Romanowski-Mehlsack von besonders hoher Klasse. Diese Zuchtstätte in Mehlsack war mir von einer früheren DLG-Ausstellung 1911 in Leipzig bekannt. - Sie war eine Spitzenzucht dieser Kaltblutrasse im Deutschen Reich.

Am 3. April 1914 begründeten 30 Kaltblutzüchter im Hotel „Berliner Hof" in Königsberg das „Ostpreußische Stutbuch für schwere Arbeitspferde" und wählten zu seinem Vorsitzenden Dietrich Born, Dommelkeim, und mich zum Geschäftsführer. Von diesem Nullpunkt an haben wir (D. Born und Vogel) bis zur Heimatvertreibung 1945 in Freud und Leid am Aufbau einer bodenständigen, reinblütigen ostpreußischen Kaltblutzucht vertrauensvoll zusammengearbeitet, nachdem die beiden „feindlichen" Zuchtverbände, Shirerichtung im Ermland und die des belgischen

Desiré, geb. 1922 von Laboureur d'Isaar B 310 u. d. Dorine. B.: A. Romanowski-Mehlsack. Z.: J. Weyul te Spui-Axel

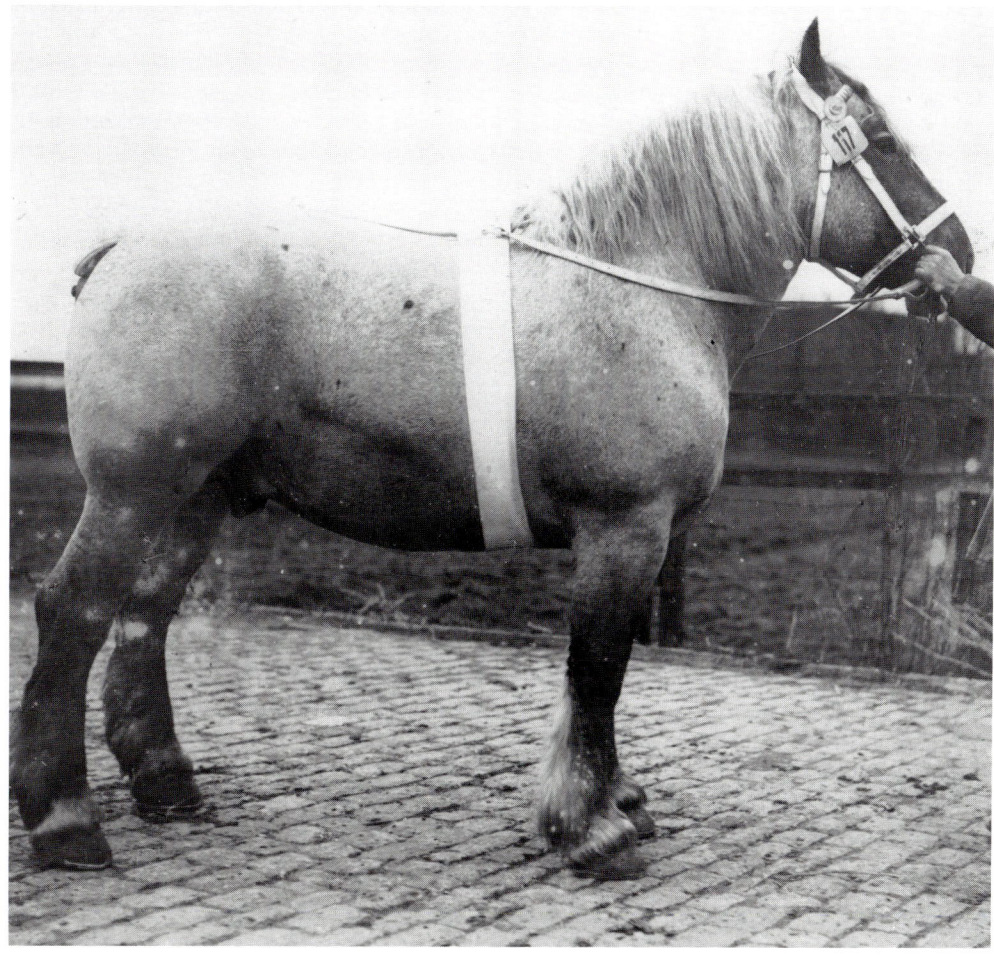

Barbarossa 491 vk, geb. 1921 von Werder a. d. Lehnin. B.: D. Born-Dommelkeim. Z.: W. Peters-Leuthold (Rheinland)

Kaltblüters, durch eigenen Beschluß aufgelöst waren. Bis zum Beginn des 1. Weltkrieges August 1914 waren organisatorische Aufgaben, Festlegung der Eintragungsbestimmungen für die recht verschiedenartigen Stuten, Fohlenbrände und erste Lösungen der Beschaffung von Hengsten und vor allem die künftige Art des Absatzes aller erzeugten Kaltblüter als wichtigste Förderungsmaßnahme, beschlossen durch die Züchter im begründeten Stutbuch.

1919 kehrte ich, noch schwer durch eine Kriegsverwundung behindert, in die Lange Reihe, den Sitz des Stutbuches in den Landwirtschaftlichen Zentralverein, zurück, um daneben als Stellvertreter des erkrankten Generalsekretärs Dr. Hillmann alle betreuten Tierzuchtzweige und das landwirtschaftliche Vereinswesen im Regierungsbezirk Königsberg kennenzulernen. Diese Arbeiten, zu denen auch die Fohlenprämiierungen der Warmblutzucht mit staatlichen Geldmitteln gehörten, trugen dazu bei, bei den Züchtern aller Tierzuchtzweige des Regierungsbezirks Königsberg, auch der Rinder-Herdbuchbestände, die unfreundliche Stimmung aus der Kampfzeit - hier Warmblut, dort Kaltblut - aufzulockern und abzutragen.

Nach dem Tod von Dr. Hillmann wünschte der Hauptvorsteher Balduhn, Rodmannshöfen, daß ich nun Generalsekretär des Landw. Zentralvereins unter Aufgabe der Geschäftsleitung im Stutbuch werden sollte. Ich blieb dem Stutbuch treu und wir zogen 1924 aus dem Zentralvereinshaus wegen Platzmangels in ein eigenes, neuerbautes Stutbuchhaus, Schuberstraße 15, um. Mit uns der neubegründete Züchterverband des edlen Pferdes unter Vorsitz von Zitzewitz-Weedern. Selbst das preußische landw. Ministerium hatte sich über diese Entwicklung, Warm- und Kaltblut unter einem Dach im Kaltblutstutbuchhaus, sehr gefreut, aber Geldmittel zum Hauskauf des Stutbuchhauses gab es nicht. So blieben wir in dem ostpreußischen Stutbuch frei und nur die Züchter im Stutbuch bestimmten den weiteren steilen Aufstieg dieser ostpreußischen Kaltblutzucht, zumal das Stutbuch sich als Zuchtgebiet unterdessen über die Provinz Ostpreußen, den Danziger Freistaat und den Regierungsbezirk Marienwerder, auf Wunsch der landw. Zentralvereine und der ostpreußischen Landwirtschaftskammer, ausgedehnt hatte.

Nach dem verlorenen Krieg 1914/18 mit der Abtrennung der Provinz Ostpreußen durch den polnischen Korridor vom übrigen Reich mußten wir für die alten, benachbarten Gebiete neue Absatzmärkte durch besonders reelle Bedienung der Pferdekäufer gewinnen und das Mißtrauen der Pferdekäufer beim Selbsteinkauf abbauen. Unsere erste Absatzwerbung als Ausstellungsauktion wurde schon 1919 in

Rosenau mit 139 zum Verkauf herausgebrachten Arbeitspferden mit einem vollen Erfolg gestartet. Durch unsere Maßnahme „Absatz aller erzeugten Fohlen und volljährigen Pferde" über Ausstellungsauktionen gewannen wir alljährlich steigende Zahlen von Züchtern, und es befanden sich 1939 zum 25jährigen Stutbuchjubiläum über 7.000 Mitglieder - ohne die Danziger Züchter - im Stutbuch.

Auf 176 Absatzveranstaltungen, einschließlich der an die Wehrmacht gelieferten, fast 5.000 volljährigen Kaltblüter, hatte das Stutbuch im Jahre 1939 rund 25.600 Kaltblüter den Züchtern zu lohnenden Preisen verkaufen können. Schließlich hatte das Stutbuch bei den landw. Zentralvereinen erreicht, daß alle aufgestellten Privat- und Genossenschaftshengste zu den Hengstparaden in Königsberg in die gemieteten früheren Kürassierställe und in das Schlageterhaus der Messe zur Körung, Prämiierung und Versteigerung kamen. Dadurch gewannen die Kaltblutzüchter einen jährlichen Überblick über die zur Zucht aufgestellten Kaltbluthengste, und nur hier kauften die Hengststationen einschließlich der Preußischen Gestütsverwaltung den gekörten, im Stutbuchhengstregister eingetragenen Zuchthengst. Jährlich kamen 2.000 Jung- und Althengste in der letzten Januarwoche nach Königsberg, dazu die Preußische Gestütsverwaltung aus Berlin und die ostpreußischen Landgestüte und Züchter und Käufer aus dem Reich, um die gewaltigen züchterischen Erfolge der ostpreußischen Kaltblutzucht zu verfolgen und Ankäufe von Zuchthengsten durchzuführen; ferner aber auch Züchter aus den Nachbargebieten.

Die letzten Hengstkörungen des Junghengstjahrganges 1942, die nicht mehr in den durch Bomben zerstörten Messehallen und Ställen in Königsberg durchzuführen waren, sondern in neun Körplätzen in der Provinz, brachten rund 500 Kaltblutjunghengste und alles reinblütige, bodenstände Hengstmaterial von ostpreußischen Züchtern zur Vorstellung. Dieser züchterische Erfolg war von 1919 bis 1944 gelungen; die angekörten Junghengste dienten dazu, die 1.600 angekörten Kaltblut-, Privat- und Genossenschaftshengste zu ergänzen, denn im Jahr 1944 hatten die 1.600 Kaltbluthengste (ohne die staatlichen Kaltbluthengste in den drei ostpreußischen Landgestüten, denn diese ostpreußischen Landgestüte hatten seit 1935 auf ihren Deckstationen durchweg Kaltbluthengste auch aufgestellt) rund 83.000 Stuten belegt. 1945 hatten sich im Stutbuch und im Hengsthalterverband über 16.000 Kaltblutzüchter als Mitglieder aufnehmen lassen.

Für die Absatzwerbung im „Reich" (so nannten wir das übrige Deutschland, wenn wir über den polnischen Korridor

hinweg gen Westen fuhren) hatten wir in Halle/Saale eine Auskunftstelle für das ostpreußische Kaltblutpferd eingerichtet; durch den Berater wurden in der Provinz Sachsen-Anhalt und in Baden schriftlich und durch häufigeren Besuch die großen Zuckerrübenbetriebe angesprochen. So gelang es uns, Aufträge aus Mitteldeutschland, Franken, Baden und dem Elsaß zur Lieferung von Ermländischen Kaltblütern zu erhalten. Diese wurden von der Zuchtleitung angekauft und den Freunden unseres Ermländer Pferdes zugeschickt. Auch absatzfördernd waren die Reichsnährstandschauen, die mit Zucht- und Gebrauchspferden in Erfurt, Hamburg, Frankfurt, München und Sonderausstellungen in Leipzig und Berlin beschickt wurden.

Die Wehrmacht hatte nach unseren Besuchen im Kriegsministerium zur Erprobung der benötigten Kaltblutpferderassen auch in dem Artillerielehrregiment eine „Ermländerbatterie" in Jüterborg eingerichtet. Nach dem erfolgreichen Abschneiden dieser Ermländer war jährlich für das Heer ein Großteil der benötigten Zugpferde auf besonderen Ankaufsmärkten durch Ankaufskommissionen vom Stutbuch zu beschaffen. Dieser wertvolle Freund des Ermländer Pferdes hat die Mitgliederzahl gewaltig durch seine jährlichen Ankäufe ansteigen lassen. Die Wehrmacht schätzte an unserem Ermländer seine Härte, Gesundheit, seine harten Hufe und sein Trabvermögen über größere Strecken und seinen guten Charakter, kurz zusammengefaßt einen „Naturburschen", der im harten Ostpreußenklima auf seinen Weiden groß geworden war.

Ostpreußen war seit 1919 zum größten deutschen Kaltblutzuchtgebiet geworden im Wege der Selbsthilfe-Maßnahmen der Züchter durch ihr Stutbuch, und übertraf alle südlich des Mains gelegenen Kaltblutzuchtgebiete zusammen an Zahl der jährlich gezüchteten Fohlen. Auf 252 Absatzauktionen des Stutbuches waren völlig neue Abnehmer bis 1945 gewonnen. Schließlich ist dabei keine Schädigung der ostpreußischen edlen Pferdezucht durch diese ostpreußische Kaltblutzucht eingetreten, und was ich 1913 im preußischen landw. Ministerium in Berlin versprochen und gelobt habe, niemals durch unsere Zuchtmaßnahmen die ostpreußische Warmblutzucht zu schädigen, ist wortgetreu in Schrift und Tat gehalten worden.
Nach Westdeutschland waren Tausende ostpreußischer Kaltblüter, vor die Treckwagen gespannt, mit den Züchterfamilien nach der Vertreibung aus Ostpreußen gekommen. Diese haben wir zu sammeln versucht und auf geeigneten Bauernhöfen zur Zucht und Arbeit möglichst mit den Züchterfamilien vermittelt. Davon sind heute nach 23 Jahren (1968) kleine Reste besonders in Nachzuchten noch vorhanden.

*Großfürst 1252 geb. 1931 v. Central 988 a. d. Ceto 3372 auf der 4. Reichsnährstandsschau in München 1937. I. Preis und Siegerehrenpreis
B.: A. Valentini-Henriettenhof, Kr. Pr. Eylau.*

Pommern

OSTSEE

Rügen

Stralsund

Velgast

Voigtsdorf

Greifswald

Demmin

Brook

Ferdinandshof
(1945–1949)

MECKLENBURG

Hans

Köslin

Kolberg

POMMERN

Labes
(1876–1945)

POSEN

Stettin

BRANDENBURG

Stolp

TPREUSSEN

1. März 1914 geboren in Spiegelberg bei Neustadt/Dosse (Vater Preußischer Landstallmeister in Wickrath, Braunsberg und Cosel).
1920-1923 Volksschule Wickrath, 1923 bis 1933 Hum. Gymnasium Mönchengladbach mit Abitur.
1933-1935 landwirtschaftliche Lehre Bez. Köln und Uckermark mit landwirtschaftlicher Gehilfenprüfung.
1935 bis 1936 Studium der Landwirtschaft, Universität Königsberg (Pr.), Vordiplom.
1936 bis 1938 Technische Hochschule München, landw. Diplom-Examen.
1938-1939 landwirtschaftlicher Referendar Tierzuchtamt Kaufbeuren und Schlesisches Pferdestammbuch Breslau.
1940 im April Tierzuchtleiter - Examen Berlin.
1939 bis 1945 Soldat (Leutnant).
1945 von Mai bis Juli Kriegsgefangenschaft.
1945 Oktober bis 1947 Feldgemüsebauer in Thedinghausen.
1948-1949 Geschäftsführer Deutsche Berkshire-Gesellschaft.
1945-1951 Immatrikulation Universität Bonn mit Promotion.
1951-1954 Gestütsassistent Landgestüt Warendorf.
1954-1958 Gestütsassistent Landgestüt Celle.
1958-1979 Landstallmeister Landgestüt Celle.
1. März 1979 Ruhestand.

Dr. Christian Frhr. v. Stenglin

Die Pferdezucht Pommerns

1. Natürliche Gegebenheiten

Die ehemalige preußische Provinz Pommern mit einer Fläche von über 30.000 km² erstreckte sich von der mecklenburgischen Grenze im Westen bis fast an die Danziger Bucht im Osten. Südlich begrenzt durch die brandenburgische Ucker- und Neumark sowie die Provinz Westpreußen stieß Pommern im Norden mit einer Küstenlinie von knapp 400 km an die Ostsee. Der Provinzteil Vorpommern im Westen hat eine besonders lebhafte gegliederte Seeküste mit der großen und buchtenreichen Insel Rügen und den der Odermündungen vorgelagerten Inseln Usedom und Wollin. Der größere Teil östlich der Oder hatte den Namen Hinter- oder Ostpommern.

Auf landwirtschaftlich genutzte Flächen entfallen 2.167.000 ha, davon 504.000 ha Wiesen und Weiden (1898). Der Rest ist Forst, Dünengebiet, Unland, Wasser und bebaute Flächen.

Bis auf flache eiszeitliche Moränenzüge fehlen Bodenerhebungen. Der Unterlauf der Oder, deren Mündungsdelta sich zu einem ausgedehnten Haff erweitert, trennt auf etwa 150 km Länge die beiden Provinzteile. An diesem Fluß liegt die Provinzhauptstadt Stettin mit bedeutendem Hafen und stärkerer Industrie. Weitere Städte sind von West nach Ost: Stralsund mit größerem Hafen, Greifswald mit alter Universität, Kolberg, Stolp und Neustettin. Einige kleinere Flüsse wie die Persante und Rega in Ostpommern ergießen sich in die Ostsee. Eine locker gefügte Seenplatte erstreckt sich sowohl längs der Küstenlinie als auch im Inneren der Provinz im Zuge der eiszeitlichen Moränen. Bodenschätze fehlen ganz.

Das Klima ist gemäßigt maritim in Vorpommern mit Jahresniederschlägen um 600 mm, in Ostpommern mit bis zu 750 mm neigt es schon dem kontinentalen zu.

Vorpommern hat bis auf einige moorige Niederungen vorwiegend Ackerböden hoher Bonität, jedoch keine reinen Sand- und Heideböden. In Hinterpommern machen die sandigen Lehmböden, wo erfolgreich geackert werden kann, etwa 2/3 der landwirtschaftlichen Nutzfläche aus.

Natürliches Grünland gibt es vorwiegend in Vorpommern, am Mündungsgebiet der Oder und längs der ostpommerschen Ostseeküste.

In der ganzen Provinz hatte der Großgrundbesitz eine dominierende Stellung (1925). 70,5% der Gesamtfläche wurde von Betrieben über 100 ha bewirtschaftet, wobei die Besitze über 300 ha im Regierungsbezirk Stralsund 60%, in den Regierungsbezirken Stettin und Köslin 40% ausmachten.

Als reines Agrarland war Pommern das wichtigste Überschußgebiet Deutschlands im Getreidebau und insbesondere im Anbau von Kartoffeln, deren Zuchtstätten sich einen großen Ruf erworben hatten.

2. Geschichte

Vom 11. Jahrhundert an selbständiges Herzogtum im Verband des alten Deutschen Reiches, rief es während des 13. und 14. Jahrhunderts Westdeutsche zur Siedlung, Kloster- und Stadtgründung ins Land. Nach Ende des 30jährigen Krieges fiel Hinterpommern durch Erbschaft an Brandenburg. Vorpommern war von 1658 bis 1720 schwedisch, ein Teil davon sogar bis 1815. Beide Provinzteile gelangten nach der Schwedenzeit an Brandenburg bzw. Preußen. Es wurden die drei Regierungsbezirke Stralsund im Westen, Stettin in der Mitte und Köslin im Osten als mittlere Verwaltungsinstanzen eingerichtet. Im Jahre 1938 wurden die dem Deutschen Reich verbliebenen Restkreise der Provinzen Westpreußen und Posen, deren Hauptteile nach dem Ersten Weltkrieg zu Polen gekommen waren, der Provinz Pommern zugeschlagen.

Die Aufteilung Deutschlands nach dem Zweiten Weltkrieg hatte zur Folge, daß Stettin mit ganz Ostpommern sowie einem Streifen von Vorpommern längs des linken Oderufers unter polnische Verwaltung kam.

3. Warmblut

3.1 Frühe Zuchtgeschichte

Chroniken aus dem 16. Jahrhundert berichten von Wildgestüten u. a. in der ückermündischen Heide, wo Falben mit Aalstrich gehalten wurden. Die ersten Förderungsmaßnahmen fallen in das 17. Jahrhundert nach Übernahme der Regierungsgewalt durch die brandenburgischen Hohenzollern. In Treptow a. d. Rega wurde ein kurprinzliches Gestüt angelegt, das Anfang des 18. Jahrhunderts mit arabischen, spanischen, neapolitanischen, dänischen und friesischen Hengsten besetzt war. In erster Linie zur Erzeugung für den Bedarf der Hofhaltung gegründet, wurden die Beschäler auch Bauern und größeren Besitzern zur Bedeckung ihrer Stuten zur Verfügung gestellt.

Die an Mecklenburg angrenzenden vorpommerschen Kreise mit stark verbreitetem Großgrundbesitz und sehr günstigen Boden-, Grünland- und Klimaverhältnissen wiesen eine der mecklenburgischen Zucht sehr ähnliche Entwicklung während des 18. und 19. Jahrhunderts auf.

Schon vor dem Erscheinen des englischen Vollbluts in Norddeutschland entstand hier auf den Großgütern mit Hilfe spanisch-orientalischer Vatertiere, die zum Teil aus Holstein kamen, ein Pferdeschlag, der durch seine Statur und vielseitige Gebrauchsmöglichkeit als Reit- und Kutschpferd sowie auch als landwirtschaftliches

Zugpferd dem in Europa berühmten alten Mecklenburger kaum nachstand.

Auf den größeren Märkten erschienen sie vielfach unter der Marke „Mecklenburger", sicherlich nicht zur Freude der westlichen Nachbarzüchter.

Während Hinterpommern als Getreideerzeugungsgebiet vorwiegend ein Pferdeverbrauchsland und mit seinen großen Hutungen auch Schafzuchtland war, wurde Vorpommern mit den Produkten seiner großen Gestüte schon frühzeitig ein Überschußgebiet. Wie in Mecklenburg bemühten sich ab 1800 auch in Vorpommern Großgrundbesitzer um den Erwerb und die Zuchtbenutzung von englischem Vollblut. Auch hier sieht man auf einigen großen Privatgestüten gute Resultate mit den Produkten der neuen englischen Galopprennrasse und einheimischen Stuten. Namhafte Halbblutzuchten entstanden so in der ersten Hälfte des 19. Jahrhunderts in den vorpommerschen Kreisen in Zarrentin, Spantekow, Tützpatz, Mühlenhagen und Brook. Letzteres ist besonders erwähnenswert durch die Lieferung einer größeren Anzahl von Halbbluthengsten für die hannoversche Zucht. Unter den etwa 20 Hengsten, die dieses Gestüt um die Mitte des Jahrhunderts dem Landgestüt Celle geliefert hatte, ragten heraus die Beschäler Jellachich (1844-1866) v. Defensive xx und Zerneborg (1845-1871) v. Jupiter xx, die zu den Stammvätern der Hannoveranerzucht zu rechnen sind.

Im westlichen Teil von Pommern mit seinen günstigen Aufzuchtverhältnissen auf großen Gutsweiden begannen auch einige Besitzer mit der Zucht reinen Vollbluts. Um das Jahr 1820 hatten sich die Pferdezüchter um Stralsund und Anklam zu Vereinen zusammengeschlossen, die neben Schauen auch Rennen zur Erprobung des Zuchtmaterials auf der später in Stralsund eingerichteten Rennbahn abhielten. Rund 20 Vollbluthengste und 60 Vollblutstuten standen um die Mitte der 30er Jahre in Vorpommern, wo man sich u. a. auch der guten Hengste im bekannten mecklenburgischen Gestüt Invenack bediente, das dicht an der pommerschen Grenze lag.

Der langgestreckte Teil Pommerns östlich der Oder hatte sich ebenfalls, soweit es einige größere Güter betraf, um Vollblut bemüht. So standen dort um 1840 etwa 100 Vollblut- und 150 Halbblutstuten der ersten Kreuzungsgeneration. Auch standen auf einigen Gütern Ostpommerns edle Hengste aus dem vorpommerschen Brook. Die pommerschen Bauern züchteten dagegen um die Mitte des Jahrhunderts vielfach mit Landbeschälern, die aus Brandenburg und Westpreußen kamen und einer Vielzahl von Rassen angehörten.

Die Qualitätszuchten edler Pferde besonders in Vorpommern nahmen zum größten Teil nach der Jahrhundertmitte ein Ende, vornehmlich aus den gleichen Gründen

Frhr. v. Maltzahn-Cummerow, Kr. Demmin auf Wildrose im Hamburg-Wandsbecker Wettrennen am 30. Juli 1845 (Holzschnitt nach einer alten Zeichnung).

wie in Mecklenburg: Die großen Gestüte hatten nach dem Tode ihrer sachkundigen Besitzer keine Erben, die die Zucht entsprechend weiterführen konnte. Minderwertige Vollbluthengste wurden stark benutzt in der Hoffnung, die legendäre Kraft des „Blutes" würde sich schon durchsetzen. Hinzu trat die Verstärkungswelle mit vielerlei Kaltblutrassen wie Dänen, Schleswigern, Clydedales, Suffolks und Shires, die den zu leicht gewordenen Produkten das notwendige Kaliber verleihen sollten. Der Qualitätsabfall in Pommern war vielleicht nicht ganz so eklatant, wie er sich in Mecklenburg ereignet hatte, doch lag er etwa auf der gleichen Linie.

Um 1850 ist für Ostpommern zu vermerken, daß mit Regierungsbeihilfe zur Belebung der Pferdezucht Mutterstuten und Fohlen aus Hannover, Mecklenburg und Ostpreußen angekauft wurden.

Die preußische und auch die sächsische Armee setzten um die gleiche Zeit an verschiedenen Plätzen Märkte für Kavallerieremonten an, die Preise zwischen 100 und 150 Reichstalern brachten.

3.2. Die Zucht nach Gründung des Landgestüts

3.2.1. Das Landgestüt Labes

Im Jahre 1876 wurde in der Nachbarschaft der Kleinstadt Labes, Kreis Regenwalde, rechts der Oder ein Landgestüt errichtet auf Grund und Boden, den die genannte Stadt unentgeltlich zur Verfügung stellte. Seine großzügige Anlage ist vielen Pommern noch bekannt.

Die erste Ausstattung erfolgte mit 130 Hengsten des brandenburgischen Landgestüts Lindenau und des westpreußischen Landgestüts Pr. Stargard. Drei Vollblüter, 118 Hengste der verschiedensten Warmblutschläge und 9 Kaltblüter bildeten den ersten Besatz.

Ende der 80er Jahre zählte man im Landgestüt 55% Hannoveraner, 34% Ostpreußen und Graditzer, 6% Oldenburger und 5% Kaltblüter bei insgesamt 180 Landbeschälern.

1906 hatte Labes insgesamt 160 Hengste, davon 40% Oldenburger, 12% Kaltblüter, je 23% Hannoveraner und Ostpreußen und 2% andere Schläge.

Auf Betreiben einer Anzahl von Züchtern, die über die Landwirtschaftskammer eine positiv beschiedene Eingabe an das preußische Landwirtschaftsministerium machten, wurden ab 1909 keine Kaltblüter mehr aufgestellt, der Ankauf von Oldenburgern und Ostfriesen eingestellt und die staatliche Hengstremontierung auf Landbeschäler hannoverschen Blutes beschränkt. So setzte sich 1925 der Hengstbestand zusammen aus 7 Graditzern, Ost- und Westpreußen, 184 Hengsten hannoverschen Blutes, davon 160 aus Hannover, 20 aus Pommern und 4 aus Mecklenburg sowie den letzten 13 Oldenburgern und Ostfriesen.

Infolge der allgemein herrschenden Wirtschaftskrise war der Bestand in Labes im Jahre 1932 auf insgesamt 144 Hengste gesunken; von ihnen waren ca. 10% ost- und westpreußischer Herkunft, die übrigen hannoverschen Blutes aus dem Hauptzuchtgebiet und aus Pommern.

Landgestüt Labes. Landstallmeisterhaus.

Für das Jahr 1938 war die Zahl der Landbeschäler wieder erheblich angestiegen: 216 Staatshengste gingen im Jahr vor Ausbruch des Zweiten Weltkrieges auf die Deckstellen in der Provinz. Außer einem Anteil von 5% Ost- und Westpreußen waren alle anderen hannoverschen Blutes. Gedeckt wurden in diesem Jahre 16.525 Stuten.

Während der Kriegsjahre vermehrte sich der Staatshengstbestand und dessen Stutenbedeckungen jährlich um etwa 5-10%. Die Leitung des Landgestüts Labes lag in folgenden Händen:

1876 - 1884
Landstallmeister v. Schlütter
1884 - 1902
Landstallmeister v. Massenbach
1902 - 1914
Landstallmeister v. Seydlitz
1914 - 1921
Die Gestütsdirektoren v. Lüderitz, v. Rochow und v. Reinersdorf
1921 - 1929
Landstallmeister Dr. Ehlert
1929 - 1931
Landstallmeister Burow
1931 - 1945
Landstallmeister Althaus

Bei der Evakuierung des Landgestüts im Februar 1945 wurde der letzte Labeser Landstallmeister von nachrückenden Sowjettruppen erschossen.

Nach Kriegsende und dem Verlust von Hinterpommern sowie des östlichen Streifens von Vorpommern wurde auf dem ehemaligen Remonteamt Ferdinandshof, Kreis Ückermünde, nach den notwendigen Vorbereitungen ein staatliches Hengstdepot unter der Leitung von Hans Joachim Köhler, Sohn des Landstallmeisters in Redefin/Mecklenburg, eingerichtet. Bei der Einweihung im Dezember 1946 waren in Ferdinandshof insgesamt 74 Warmblutschäler vorhanden, davon 72 Hannoveraner und in Pommern gezogene Hengste hannoverscher Abstammung sowie 2 Ostpreußen. Auch 13 Kaltbluthengste gehörten zum Bestand, der sich Ende 1947 auf 90 Warmblüter und 20 Kaltblüter vermehrt hatte.

Im Laufe des Jahres 1948 wurde Ferdinandshof aufgelöst, Personal- und Hengstbestand vom staatlichen Hengstdepot Redefin übernommen, das von diesem Jahr an das Gebiet des ehemaligen Landes Mecklenburg und den Rest von Vorpommern mit Staatshengsten versorgte.

3.2.2 Organisation der Züchterschaft

Die um die Mitte der 90er Jahre gegründete Landwirtschaftskammer für die Provinz Pommern hat in der ganzen Zeit ihres Bestehens der Pferdezucht besondere Beachtung gewidmet. Durch ihren Ausschuß für Pferdezucht, in den die wichtigsten Persönlichkeiten beider Zuchtrichtungen berufen wurden, hat sie wesentlich dazu beigetragen - dabei den Wünschen der praktischen Landwirte weitgehend folgend -, in Pommern die Zucht eines Wirtschaftspferdes durchzusetzen.

Die Landwirtschaftskammer sorgte für die Einrichtung von Stutbüchern, die sie von 1903 an in eigene Hand nahm. Beihilfen für lokale Tierschauen und Vergabe von Freideckscheinen regten insbesondere die bäuerliche Zucht an. Mit der Durchführung der Hengstkörungen aufgrund der ersten Körordnung vom Jahre 1880 hatte sie das wichtigste Steuerungsinstrument in der Hand. Aufgrund einer Ergänzungsverordnung aus dem Jahre 1908 wurde der Kammervorstand ermächtigt, in bestimmten Gebieten Pommerns durch Förderung der jeweils für richtig befundenen Zuchtrichtung lenkend auf die Zucht einzuwirken.

So wurden nach jahrelangen Verhandlungen in den vorpommerschen Kreisen Franzburg, Demmin, Anklam, Grimmen sowie in den ostpommerschen Kreisen Cammin, Greifenberg, Regenwalde, Schivelbein, Belgard, Bublitz, Naugard und Schlawe nur die Warmblutzucht mit Förderungsmitteln versehen.

Auch die Anstellung eines hauptamtlichen Pferdezuchtleiters, der dann u. a. die Geschäftsführung der jeweiligen Zuchtverbände übernahm, gehörte zu den erwähnenswerten Förderungsmaßnahmen. Nachdem sich in den 80er Jahren je ein Pferdezuchtverein für Vor- und Hinterpommern gebildet hatte, schlossen sich diese beiden Vereine im Jahre 1906 zum „Verband pommerscher Halbblutzüchter" mit Sitz in Stettin zusammen.

Der Verband, dessen erster Vorsitzender Graf v. Schwerin-Löwitz wurde, übernahm von der Landwirtschaftskammer die Führung des Stutbuches und entschied sich noch vor Ausbruch des ersten Weltkriegs für das anzustrebende Zuchtziel eines „starken, praktischen, kurzbeinigen Warmblutpferdes auf hannoverscher Grundlage".

Die Jahre des ersten Weltkrieges mit den Pferdeaushebungen, die darauf folgende Überschwemmung der Provinz nach Kriegsende mit abgemusterten Truppenpferden aller Rassen sowie die oft planlose Pferdevermehrung in der Zeit der Geldentwertung warfen die guten Ansätze zum Aufbau einer einheitlichen Warmblutzucht merklich zurück. Im Jahre 1922 nahm der Zuchtverband den Namen „Verband pommerscher Warmblutzüchter e. V." an. Der begabteste und späterhin erfolgreichste Züchter Heinrich Plate, Voigtsdorf, Kreis Grimmen/Vorpommern, übernahm den Vorsitz. Es wurde folgende Formulierung des Zuchtziels festgelegt: „Ein schweres, tiefes, starkknochiges Warmblutpferd mit räumenden Gängen im Typ des starken Hannoveraners".

Neben dem pommerschen Stutbuch, dessen erster gedruckter Band im Jahre 1906 erschien mit einer Neuauflage im Jahre 1925 - das erste pommersche Hengstbuch wurde ein Jahr später herausgegeben - führte der Zuchtverband ab 1931 auch ein Leistungsbuch, in das Zuchtstuten nach freiwillig abgelegter Dauerleistung vor Wagen und Pflug eingetragen werden konnten.

Dem Verband oblag die Durchführung der jährlichen Hengstmärkte, der Stutbuchaufnahmen, sowie der lokalen und überregionalen Zuchtschauen. In Zusammenarbeit mit dem Reichsverband für Zucht und Prüfung deutschen Warmbluts wurden ab 1923 an jährlich wechselnden Schauplätzen Reichsverbands-Prämierungen für Zuchtstuten angesetzt. Nach den Worten des Reichsverbandsgeschäftführers, Gustav Rau, sollten hierdurch insbesondere die kleineren Besitzer zur Warmblutzucht ermuntert und von deren Vorteilen überzeugt werden.

Die Eintragungs- und Fohlenbrände des Verbandes pommerscher Warmblutzüchter sahen wie folgt aus:

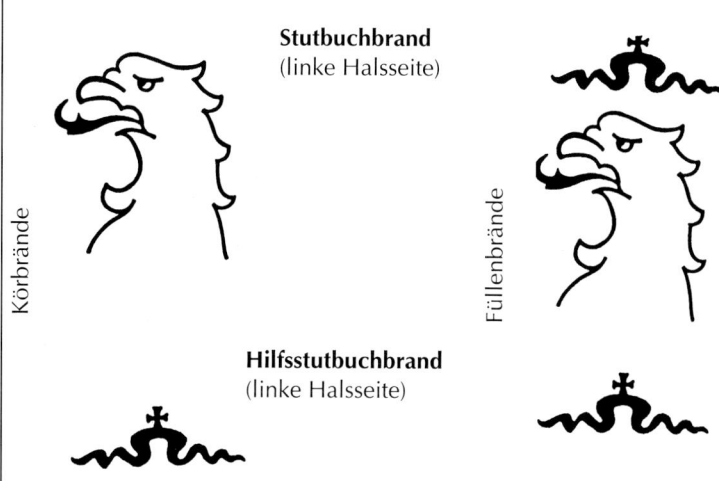

Körbrände

Stutbuchbrand
(linke Halsseite)

Hilfsstutbuchbrand
(linke Halsseite)

Füllenbrände

Füllenbrand
für Nachzuchten von anerkannten Warmbluthengsten und von Stutbuchstuten sowie von Hilfsstutbuchstuten, deren Vater dem Zuchtziel entspricht (linker Hinterschenkel)

Füllenbrand
für alle übrigen Nachzuchten von anerkannten Warmbluthengsten und Hilfsstutbuchstuten (linker Hinterschenkel)

Der Verband pommerscher Warmblutzüchter konnte nach 1934 ein ständiges Anwachsen seiner Mitglieder und Stutenzahlen verzeichnen. 1936 besaßen 3.647 Mitglieder 5.700 eingetragene Stuten.

1938 waren es 3.881 Mitglieder mit rund 11.000 Stuten. Die vorpommerschen Kreise Demmin und Grimmen wiesen die größte Anzahl von eingetragenen Stuten auf, auch lag hier der Schwerpunkt der Qualität. Im Hinterpommern waren es die Landkreise Regenwalde, Greifenberg und Belgard, die den dichtesten Bestand eingetragener Stuten aufwiesen.

Pferdezuchtleiter der Landwirtschaftskammer und gleichzeitig Geschäftsführer des Warmblutverbandes waren Ökonomierat Schumann bis 1922, danach bis 1931 Rittmeister a. D. v. Rochow, von 1931 bis 1942 Dr. Henninges, und von 1942 bis 1945 Dr. Thurau.

3.2.3 Blutaufbau der pommerschen Warmblutzucht

In der Zeit der beginnenden Konsolidierung im Jahrzehnt vor dem Ersten Weltkrieg, die in die Richtung des starken, vollrippigen Hannoveraners zielte, waren es vor allem Hengste der Norfolklinie, die in Pommern Verwendung fanden. Diese Linie war in Hannover zu dieser Zeit am stärksten verbreitet. Im Hauptzuchtgebiet war man zu der Einsicht gelangt, das Norfolk-Blut nicht noch weiter zu vermehren, um die Schwächen, die diese Linie auch mit sich brachte, nicht weiter zu potenzieren. So war die Chance für Nachzuchtregionen wie Pommern groß genug, um auch bessere Angehörige der Norfolknachzucht zu erwerben.

Als besonders erfolgreich sind hier zu erwähnen die Hannoveraner Notar und Nordenfeld, welch letzterer vor allem durch seine Söhne Nordewin, Jemand, Isthmus und Nordlandfahrer viel dazu beitrug, die pommersche Zucht auf den gewünschten Typ des kurzbeinigen, praktischen und gängigen Wirtschaftswarmblüters hinzudirigieren.

In der Folgezeit wurden richtungsweisend hannoversche Hengste der Adeptus xx - Alnok - Alderman I - sowie solche der Schwabenstreich-Linie, die sich durch praktische Formen, Robustheit und Gangvermögen auszeichnete. An erster Stelle ist hier zu nennen der hannoversche Sherius v. Sheridan, der Anfang der 20er Jahre nach Labes kam, trocken, gängig, rippig und gut aufgesetzt war und in einer langen Reihe von Deckjahren stark benutzt wurde. Wegen seiner hervorragenden Nachzucht wurde er der bekannteste Beschäler in der Provinz. Allein 50 seiner Söhne wurden in Pommern entweder Land- oder Privatbeschäler.

Die in Hannover zeitweise stark verbreitete Blutlinie des Nelusko war in Labes auch durch einige Vertreter präsent, konnte jedoch für die Gesamtzucht kaum Bedeutung gewinnen.

Dagegen machten sich vor allem in den letzten 2 Jahrzehnten vor 1945 Vertreter der hannoverschen Flingarth-Linie einen sehr guten Namen. Der für die Zucht bedeutendste war Flimmergold v. Flimmer I - Alkoven I. Er wirkte, wie fast alle erfolgreichen Vererber, in Vorpommern. Schöne Linien, Stärke, Masse und große Mechanik zeichnete seine Nachzucht aus, zu der 25 gekörte Söhne gehörten, davon 16 Labeser Landbeschäler. Zu seinen bekanntesten Söhnen zählte Fernost, Fernspruch, Federball und Flimmerstahl, welch letzterer das Chaos des Kriegsendes überstand und für

die vorpommersch-mecklenburger Zucht nach 1945 von Bedeutung wurde.

Ostpreußische und Trakehner Hengste wurden begrenzt eingesetzt und fanden vorwiegend Verwendung in den östlichen Kreisen der Provinz. Züchterisch hervorgetreten ist der Trakehner Alibi v. Parsival-Dampfroß, der in seiner Wirkungsstätte Voigtsdorf/Vorpommern mit Sherius-Stuten eine Reihe guter Söhne wie Apoll und Amoll für das Landgestüt liefern konnte.

Ab Mitte der 30er Jahre stellte die Preußische Gestütsverwaltung zwei namhafte Vollbluthengste, den Waldfrieder Aurelius v. Pergolese und den Graditzer Viadukt v. Nuage in Labes auf, nachdem sich im weiten Umkreis des Landgestüts einige Besitzer Vollblutstuten auf Empfehlung des letzten pommerschen Landstallmeisters angeschafft hatten.

3.2.4 Hengstkörungen und -märkte

Aufgrund der Körordnung von 1880 und deren Nachträgen aus der Zeit vor dem Ersten Weltkrieg wurden die Körungen bis Kriegsende kreisweise abgehalten. Ab 1919 wurde in Demmin/Vorpommern zum ersten Mal eine Zentralkörung mit Hengstmarkt veranstaltet. Dieser Ort war gewählt worden, weil die Mehrzahl der körfähigen Warmbluthengste aus dem pommerschen Gebiet westlich der Oder stammten, wo die Masse der Hengstaufzüchter ansässig war, die in Hannover geborene Hengstfohlen aufzog. Dort waren vornehmlich auch die Züchter zu Hause, die die besten Stutenstämme besaßen, aus denen sie selbstgezogene Junghengste vorstellten. Im Jahre 1931 wurde die Zentralkörung mit Hengstmarkt nach Stettin verlegt.

Auf den pommerschen Hengstmärkten in Demmin und später in Stettin trat regelmäßig die Preußische Gestütsverwaltung als Käufer auf, einmal um den Labeser Bestand zu ergänzen, aber auch, um den einen oder anderen hannoverschen Junghengst für Celle oder andere Landgestüte zu erwerben.

Die Bedeutung der pommerschen Hengstmärkte stieg ab der zweiten Hälfte der 30er Jahre bis zum Jahre 1944 in beachtlichem Maße.

1931 stellten die Züchter und Aufzüchter der Kör- und Prämierungskommission 22 Junghengste vor. Von diesen erwarb das Landgestüt Labes 9, davon 6 in Pommern gezogene. 2 Hengste wurden an das Württembergische Haupt- und Landgestüt Marbach verkauft und einer in Privathand.

Im Jahre 1937 wurden auf dem Stettiner Hengstmarkt 47 gekörte Junghengste vorgestellt, davon gingen 20 an das Landgestüt Labes, 27 wurden privat verkauft.

Im Jahre 1941 waren es bereits 85 gekörte Junghengste, die angeboten wurden. 23 Hengstremonten gingen an das Landgestüt Labes, 8 an Landgestüte im Warthegau, 12

an solche im polnischen Generalgouvernement und 6 an andere deutsche Landgestüte.

In den drei letzten Kriegsjahren stiegen diese Zahlen noch erheblich an aufgrund verstärkten Ankaufs hannoverscher Hengstfohlen in den Jahren vorher.

3.2.5. Privathengsthaltung

Nach Einführung der staatlichen Körordnung 1880 und Gründung des Landgestütes Labes war die Haltung privater Beschäler stark zurückgegangen. Die private Hengsthaltung hatte sich vornehmlich auf den Großbesitz konzentriert.

Im Jahre 1898 waren nach einer Erhebung der Deutschen Landwirtschaftsgesellschaft 208 Hengste insgesamt zur Körung vorgestellt worden, von denen 86 warmblütige und 55 kaltblütige angekört wurden. Gedeckt wurden von diesen 141 Hengsten 3.948 Stuten oder 28 Stuten pro Hengst. Die 170 Staatshengste wiesen im gleichen Jahr eine Bedeckungsziffer von 6.768 oder 41,3 Stuten pro Hengst auf.

Im Jahre 1899 gab es in der Provinz 17 Hengsthaltungsgenossenschaften mit 6 Warmblütern und 18 Kaltblütern, die 1.128 oder 47 Stuten pro Hengst bedeckten. Die Genossenschaftshengste unterlagen zwar dem Zwang einer einmaligen Körung, waren aber von weiteren Körungen befreit, falls sie nur Stuten der Genossenschaftsmitglieder deckten. In der Folgezeit vermehrten sich die kaltblütigen Privatbeschäler nach dem Ausscheiden des Kaltblutes aus dem Landgestüt erheblich, am Ende des ersten Weltkriegs und in den Nachkriegsjahren auch die privaten Warmbluthengste. So verdoppelte sich deren Zahl zwischen 1914 und 1918 von 60 auf 119. Unter den Warmbluthengsten befanden sich sogar 5, die ohne Abstammungsnachweis angekört waren, eine Maßnahme, die sich aus kriegsbedingtem Pferdemangel vorübergehend ergeben hatte. Für das Jahr 1923 waren 126 gekörte Warmbluthengste privat aufgestellt.

Die Liberalisierung des Pferdeimports seit 1925 und die Weltwirtschaftskrise von 1929 hatten in ihrem Gefolge einen starken Verfall der Pferdepreise und damit einen wesentlichen Rückgang der Privathengsthaltung eingeleitet. Im Jahre 1931 gab es demzufolge neben 150 Warmblutlandbeschälern nur noch 19 private Warmbluthengste in der Provinz!

Jonathan F., geb. 1920 in Pommern, v. Josua a. d. Optimistin v. Oheim-Notar. (oben)

Flimmergold v. Flimmer I - Alkoven I. Ldb. Labes brachte 25 gekörte Söhne, davon 16 Labeser Landbeschäler. (Mitte)

Flimmerstahl geb. 1933 v. Flimmergold wurde für die vorpommerisch-mecklenburger Zucht nach 1945 von Bedeutung. (unten)

Sherius, Ldb. Labes, kam Anfang der 20er Jahre nach Labes.
Wegen seiner hervorragenden Nachzucht der bekannteste Beschäler der Provinz.
Hier mit einer Siegersammlung seiner Töchter.

Die Erholung der Pferdepreise ab Mitte der 30er Jahre veranlaßte ein zunehmendes Anwachsen des Gesamthengstbestandes. Das Jahr 1940 verzeichnet insgesamt 252 gekörte Privat-Warmbluthengste, davon 137 A-gekört und 115 B-gekört (für eigene Stuten). Bis 1944 sollten diese Zahlen noch weiter steigen.

3.2.6 Überregionale Zuchtschauen

Im Jahre 1924, nachdem der Verband pommerscher Warmblutzüchter die offizielle Anerkennung durch die DLG erhalten hatte, wurden zum ersten Male pommersche Warmblüter auf einer DLG-Wanderausstellung in Berlin gezeigt. Sie erhielten im Kreise der jüngeren Zuchtgebiete recht achtbare Preise und Anerkennungen.
1927 fand eine Pommern-Schau in Stralsund statt, wo nach einer Art Apartheids-System Stuten des Großbesitzes getrennt von denen der Kleinbesitzer gerichtet wurden. Der Zahl und Qualität ihrer Stuten nach dominierten hier die Züchter aus Vorpommern.
Auf der DLG-Schau 1933 in Berlin konnten die pommerschen Warmblutzüchter durch bemerkenswerte Erfolge ihrer 12 ausgestellten Pferde Aufsehen erregen. Auf zwei Stutenfamilien, eine Nachzuchtsammlung und eine Einzelzüchtersammlung fielen jeweils Ia-Preise. 3/4 der Ausstellungspferde stammten aus dem Besitz von H. Plate, Voigtsdorf, Kreis Demmin.
Bei etwa die gleichen Besitzverhältnissen brachten die 14 Ausstellungspferde auf der Reichsnährstands-Schau 1935 in Hamburg der pommerschen Warmblutzucht 14 I. Preise für Einzelpferde und Sammlungen.

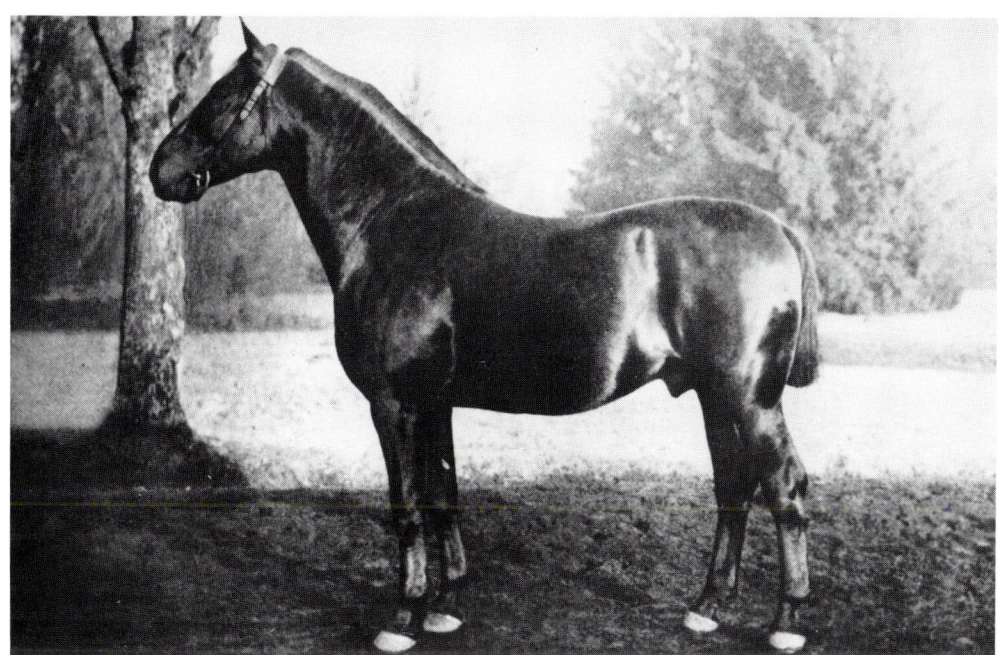

Colibri db., geb. 1920 in Pommern v. Columbus a. d. Virtula v. Vispero-Ortolo.

November, F., geb. 1920 in Hannover, aufgezogen in Pommern, v. Nodom a. d. Spinola v. Schwabenstreich-Oheim.

Flügel, Schb. H., Ldb. Ferdinandshof, geb. 1943. Flügelmann I a. d. Jagdbeschützerin v. Jägersmann: Ldb. Ferdinandshof.

Auch die 1937 abgehaltene Pommern-Schau in Stettin zeigte wiederum das qualitative Übergewicht der Privatgestüte Plate-Voigtsdorf, Langenohl-Velgast und weiterer kleiner Züchter aus Vorpommern, obwohl auch die hinterpommersche Warmblutzucht mit einer Reihe bester Typstuten vertreten war.

Zum letzten Mal in ihrer Geschichte trat die pommersche Warmblutzucht auf der Reichsnährstandsschau 1939 in Leipzig mit hoch achtbaren Resultaten an die Öffentlichkeit, vertreten durch 4 Hengste und 10 Stuten. Von pommerschen Pferden wurden dabei 3 Hengstklassen und 2 Zuchtverbandssammlungen gewonnen. Dieser Triumph im Kranze der jüngeren deutschen Zuchtgebiete war wiederum vor allen den hochstehenden Zuchten des ehemaligen Verbandsvorsitzenden Plate, Voigtsdorf und seines Nachfolgers Langenohl, Velgast zu verdanken.

3.2.7 Reit- und Fahrwesen, Leistungsprüfungen, Absatz

Nach dem ersten Weltkrieg entstanden in Pommern, unterstützt durch die Initiativen des Reichsverbandes Warmblut, eine Reihe ländlicher Reit- und Fahrvereine. Die Dichte und Aktivität war infolge der pommerschen Agrarstruktur nicht so groß, wie in anderen, mehr bäuerlich besiedelten Regionen. 1925 wurde beim Reichswettkampf der ländlichen Reitervereine in Berlin ein Pommer auf pommerschem Pferd Sieger im Geländeritt.

1926 hatten pommersche Reiter, an der Spitze der spätere Olympia-Dressursieger Frhr. v. Langen - Parow, aber auch Plate - Voigtsdorf, Holtz - Wojenthin, Camincci - Zetthun u. a. beachtliche Siege und Plazierungen auf dem internationalen Frühjahrsturnier in Berlin. Es etablierten sich Reitställe unter Leitung ehemaliger Kavallerie-Offiziere, wie Oberst a. D. v. Heydebreck, dem bekannten Dressurreiter, in Demmin, Belgard, Kolberg, Stolp und Stettin.

Mit 22 Turnieren und 3 Kolberger Renntagen ist für 1926 das provinziale Leistungsprüfungswesen für die Reiter angegeben. Die auch mit Zugleistungsprüfungen ausgeschriebenen Turniere vermehrten sich ab Mitte der 30er Jahre noch erheblich.

Im Jahre 1927 schrieb der Warmblutverband Gespannprüfungen aus, bei denen mit einer Last des 3-fachen Gespanngewichts 54 Straßenkilometer in einer Mindestzeit von 9 Stunden bewältigt werden mußten. 1930 trat der Warmblutverband mit einer Vielanspannungs-Vorführung hervor, auf der demonstriert werden sollte, daß die Pferdeanspannung auch bei erhöhtem Zugwiderstand dem Motor nicht zu weichen brauche.

Im Landgestüt Labes, dem seit 1930 eine Reit- und Fahrschule angegliedert war, wurde 1931 eine 4-tägige Veranstaltung abgehalten, auf der sowohl der Wettkampf der ländlichen Reiter um die Landesstandarte durchgeführt wurde, als auch Leistungsprüfungen im Pflug und schweren Zug sowie im Distanzfahren für Gespanne, wo die Grundlagen für die Eintragungen in das neugegründete Leistungsstutbuch gelegt wurden.

Die seit 1930 in Labes abgehaltenen Hengstparaden waren verbunden mit Turnieren und Gespannprüfungen.

Mit Beginn des Zweiten Weltkrieges wurde das Leistungsprüfungswesen stark eingeschränkt bzw. ganz aufgegeben.

Die bekanntesten Absatzveranstaltungen waren die Hengstmärkte in Demmin und Stettin, wo ein Teil der Junghengste auch

3.2.8 Erfolgreiche pommersche Warmblutzuchten

Die älteste Zucht in Pommern, die auf Stuten zurückging, die im Jahre 1834 angekauft wurden, war bei der Familie Witt auf ihrem 85 ha-Hof in Zarnekow, Kreis Greifswald.

Wodarg-Zarrentin, 550 ha, Kreis Grimmen, betrieb seit 1887 hannoversche Pferdezucht mit 15 - 20 Stuten. Eine beachtliche Zahl selbstgezogener und in Hannover geborener Hengste ging von hier aus nach Labes.

Graf von Schwerin-Löwitz, Kreis Anklam, 575 ha, betrieb hannoversche Zucht mit 20 - 45 Stuten seit 1890 und Hengstaufzucht. Er lieferte rund 50 Hengste für Labes.

Plate - Voigtsdorf, Kreis Grimmen, 542 ha, seit 1900 hannoversche Zucht mit etwa 35 Stuten. Erfolgreichster Züchter und Aufzüchter Pommerns mit bestem Stutenstamm und über 100 an Labes gelieferten Hengsten.

Stuth - Langenfelde, Kreis Grimmen, 707 ha, hannoversche Zucht seit 191 und Hengstaufzucht. Lieferte über 40 Hengste an das pommersche Landgestüt.

Langenohl - Velgast, Kreis Franzburg, 504 ha, Zucht auf hannoverscher Grundlage seit 1919. Große Erfolge mit Stuten auf regionalen und überregionalen Schauen.

V. Xylander - Hanshagen, Kreis Schlawe, 447 ha. Seit 1909 Zucht mit 20 Mutterstuten auf ostpreußisch-hannoverscher Grundlage und Vollblütern.

Alsdann, Ldb. Labes, geb. Hannover 1923 v. Alkoven I - Koran. Langjähriger Beschäler auf der Deckstelle Altentreptow.

Staatsprämienstute Asta, db., dreijährig, geb. Pommern 1933, v. Alsdann u. Nordlanda v. Nordlandfahrer - Trappist. Bes.: H. Hecht, Sanzkow. Z.: Höft. Kreistierschau 1935 und Pommernschau 1937 I. Preis, Silberne Münze der Landesbauernschaft.

4. Kaltblut

4.1 Die Zeit vor Gründung des Zuchtverbandes

Wie allenthalben in Deutschland wurde auch in Pommern spätestens ab 1850 der Ruf nach schweren Arbeitspferden unüberhörbar. Wie im Nachbarland Mecklenburg kamen die ersten Kaltbluthengste aus England. Sie sollten aus den stark mit Vollblut veredelten Landstuten Produkte für den intensiveren Ackerbau liefern.

Seit etwa 1870 sind Kaltbluthengste in Pommern nachgewiesen. Die englischen Shires, Clydesdales und Suffolks machten den Anfang, konnten sich jedoch einmal wegen der Unzulänglichkeit ihrer Reinzucht- und Kreuzungsprodukte zum anderen infolge von Beschaffungsschwierigkeiten nicht halten. Die zweite Kaltblutimportwelle stützte sich insbesondere auf Dänen und Schleswiger, die immerhin 3-4 Jahrzehnte lang, bis in die Zeit des Ersten Weltkrieges, durch ihre Produkte an vielen Stellen Pommerns die Grundlage für die spätere Verdrängungszucht mit belgischen und rheinischen Kaltbluthengsten legten.

an Staatsgestüte und Privatzüchter außerhalb der Provinz verkauft wurden.

Als Ackerbauprovinz war Pommern vorwiegend Pferdeverbraucher, so daß auf den besonders in Vorpommern angesetzten Fohlenmärkten die Produkte meist nach dem östlichen Pommern gingen. Das Gleiche gilt für einige Gebrauchspferdemärkte wie zum Beispiel in Stettin.

Der Absatz von Armeeremonten war vor dem Ersten Weltkrieg so beschaffen, daß jährlich etwa 300 Stück durch die Remontekommission angekauft wurden.

Zwischen 1920 und 1935 ging diese Absatzmöglichkeit stark zurück, so daß z. B. um 1920 nur 3 Remontemärkte in der Provinz angesetzt wurden. Diese steigerten sich ab 1936 wieder erheblich. Es wurden im Jahre 1939 wieder auf 13 Plätzen Remonten angekauft, dazu kam noch eine Reihe von Aushebungsplätzen für fertige Truppenpferde.

Siegerstute Natur H 473 geb. 1929 v. Gernot P. H. St. 35 a. d. Nachtigall II P. H. St. 156. Züchter und Bes.: v. Oertzen, Urlow. Mehrere I. Preise mit Nachzucht und in Einzelklasse.

Sieghardt, 2jähriger Hengst v. Siegfried VIII 48 a. d. Nachtigall II. Stettin 1934 angekört.

4.2 Die organisierte Zucht

Seit 1897 machten sich die ersten Anfänge einer gelenkten Kaltblutzucht bemerkbar. Insbesondere waren es Hengstgenossenschaften, wie die in Anklam, Belgard-Labehn und Pyritz, die mit Unterstützung der Landwirtschaftskammer bahnbrechend wirkten. Letztere eröffnete ebenso wie beim Warmblut im Jahre 1903 ein Stutbuch für kaltblütige Pferde in Stettin, in das bis Ende 1906 33 Stuten eingetragen wurden.

Um ihre Interessen angesichts des Übergewichts des Warmbluts vertreten zu können, schlossen sich im Jahre 1907 die genannten Genossenschaften und eine Reihe Einzelzüchter zum „Verband pommerscher Kaltblutzüchter-Stettin" zusammen. Ein Versuch namhafter Warmblutzüchter, Pommern zur Remonteprovinz erklären zu lassen, scheiterte nach heftigen Meinungskämpfen. Die Landwirtschaftskammer entschloß sich jedoch, bestimmte Gebiete für die alleinige Förderung der Warmblutzucht vorzusehen (siehe auch Kapitel Warmblut).

In diesen Landkreisen durften keine privaten Kaltbluthengste zur öffentlichen Deckbenutzung aufgestellt werden. Hengsthaltungsgenossenschaften mit Kaltblutbeschälern waren von dieser Regelung nicht berührt.

Auf diese Weise konnten sich beispielsweise in Vorpommern, wo von altersher die besten Warmblutzuchten zu Hause waren, auch leistungsstarke Reinzuchten des Kaltblutes mit Hilfe von Genossenschaften entwickeln.

In den Jahren vor dem Ersten Weltkrieg war das erklärte Zuchtziel des neugegründeten Provinzialverbandes „ein kräftiges Pferd kaltblütigen Schlages mit starken Knochen und freien Bewegungen". Immermehr setzte sich in Pommern der Import von Zuchtmaterial aus Belgien und deutschen Zuchtgebieten belgischer Richtung durch.

Das Schleswiger und jütländische Kaltblut war noch bis Ende des Ersten Weltkrieges in schwindender Anzahl präsent: Hengste dieses Schlages gab es aber seit Anfang der 20er Jahre nicht mehr. Der Mitglieder- und Stutenbestand des Kaltblutverbandes stieg bis zum Ersten Weltkrieg nur recht langsam. Das Jahr 1912 verzeichnet: 18 Einzelmitglieder, darunter 5 bäuerliche, und 5 Genossenschaften mit ca. 400 Genossen. Im gleichen Jahr waren 66 private und genossenschaftliche Kaltbluthengste in Pommern tätig, die insgesamt 2.178 Stuten deckten. Die Zahl der eingetragenen kaltblütigen Stuten betrug zu dieser Zeit nur etwa 1/10 davon. So ist anzunehmen, daß die Haupttätigkeit der Kaltblutbeschäler in der Erzeugung von Kreuzungsprodukten bestanden haben muß.

Die Landwirtschaftskammer hatte schon in der Vorkriegszeit die Aktivitäten des Verbandes, insbesondere die Importe von Stutfohlen und Zuchthengsten mit finanziellen Beihilfen unterstützt. Während des Ersten Weltkrieges stagnierten sowohl die Ver-

Das 1876 errichtete Landgestüt Labes hatte bereits 8% vor allem englische Kaltblüter in seiner Gründungsausstattung. In dem Jahrzehnt zwischen 1897 und 1906 waren unter den insgesamt 35 neu angeschafften Landbeschälern 20 Schleswiger, 12 Dänen, 2 Belgier und 1 Rheinländer. Der Höhepunkt des Kaltblutanteils im Landgestüt Labes war das Jahr 1902 mit 27%. Nach vielerlei Richtungskämpfen setzte

der Pferdezuchtausschuß der 1896 gegründeten Landwirtschaftskammer bei der Preußischen Gestütsverwaltung durch, daß ab 1909 die Kaltbluthengsthaltung im Landgestüt auslief, so daß 1917 der letzte staatliche Kaltblüter ausschied.

Nach der Viehzählung vom 1. 12. 1897 wurden in Pommern 81% des Pferdebestandes den warmblütigen Schlägen und 16% dem Kaltblut zugezählt.

bandstätigkeit als auch die Hilfe der Landwirtschaftskammer. Durch Aushebungen von Stuten wurde die schmale Zuchtbasis verkleinert.

Die Zeit nach dem Ersten Weltkrieg ist gekennzeichnet durch eine starke Pferdevermehrung. Nach dem Ende der Inflation 1923 setzten neue Bestrebungen zur Festigung der Kaltblut-Reinzucht in Pommern ein. 1924 wurde das bisher von der Landwirtschaftskammer geführte Kaltblut-Stutbuch dem Zuchtverband übergeben, der ab 1925 erstmals einen Geschäftsführer anstellte, Major a. D. P. Buhle, ein weithin bekannter Experte für Zugleistungsprüfungen. Nach dem Tode des langjährigen Vorsitzenden Rabbas - Johannistal, Kreis Lauenburg, wurde v. Oertzen - Strehlow, Kreis Demmin, zum Vorsitzenden gewählt. Nach rheinischem Vorbild wurden anfangs der 20er Jahre das bisherige Stutbuch in Hauptstammbuch und das bisherige Hilfsstutbuch in Stammbuch umbenannt. Verbandsbrände in Form eines P im Wappenschild mit Krone für das Hauptstammbuch und eines P im Wappenschild ohne Krone für das Stammbuch wurden eingeführt.

Als offizielles Zuchtziel wurde „ein kräftiges, gängiges Pferd rheinisch-deutschen kaltblütigen Schlages mit starken Knochen und freien Bewegungen" festgesetzt.
Die Landwirtschaftskammer, in deren Pferdezuchtausschuß die wenigen Vertreter des Kaltblutes sich gegen eine große Zahl von Persönlichkeiten, die dem Warmblut anhingen, durchsetzen mußten, vergab wieder ihre Beihilfen für die Importe von Reinzuchtprodukten und Prämien für Privathengste. Sie betrieb auch die Einrichtung von Hufbeschlag-Lehrschmieden, die Anstellung eines Wanderhufschmiedes und die Durchführung von Schauen.
Eine strengere Handhabung der Hengstkörungen setzte Anfang der 20er Jahre ein, wodurch die wilde Hengsthaltung sowie die Freizügigkeit der gekörten Kaltbluthengste in der Provinz bekämpft werden sollte. Die bisher kreisweise Körung wurde für drei Gebiete, für den Westen in Stralsund, für die Mitte in Stargard und für den Osten in Stolp konzentriert. 1926 erschien der erste gedruckte Stammbuchband des Verbandes pommerscher Kaltblutzüchter.
Im Jahre 1928 gab es im Verbande 63 Einzelmitglieder und 6 Genossenschaften mit etwa 300 Genossen. Eingetragen waren rund 550 Stuten. Bei den Einzelmitgliedern dominierte der Großgrundbesitz, in den Genossenschaften der klein- und mittelbäuerliche Züchter.
Auf den größeren Zuchtschauen, die zwischen 1925 und 1934 in Stralsund in Form von Bezirks- und Provinzialveranstaltungen stattfanden, herrschten anfänglich eindeutig die aus Belgien und dem Rheinland eingeführten Zuchtexemplare vor. Im Laufe dieser

10 Jahre machte sich jedoch fortschreitend in der Beschickung ein Zug zur Bodenständigkeit bemerkbar, der in der zweiten Hälfte der 30er Jahre dazu führte, daß überwiegend in Pommern aus importierten Eltern gezogene Kaltblüter gezeigt werden konnten.
Die Teilnahme an DLG-Schauen für pommersche Kaltblüter ist nicht überliefert, vermutlich deshalb, weil sie als Angehörige einer Gebrauchszucht die von den DLG-Richtern geforderten Kriterien in Hinsicht auf Kaliber und Röhrbeinstärke im allgemeinen nicht erreichten.

In der zweiten Hälfte der 30er Jahre nahm die Anzahl der eingetragenen Stuten und Hengste ständig zu. So gab es 1938 bereits 138 Beschäler mit öffentlicher Deckerlaubnis und 130 mit Deckerlaubnis für die Stuten des Besitzers. Jährlich wurden zwischen 100 und 150 Stuten neu in die Zuchtbücher eingetragen. Im Kriege erhöhten sich die Zahlen noch erheblich: Es deckten 1943 über 400 gekörte Kaltbluthengste in Pommern, von denen ein gutes Viertel im Lande gezogen war. Die günstige Absatzsituation in den Kriegsjahren führte dazu, daß 1942 ein Kaltbluthengstmarkt in Stettin eingerichtet wurde, auf dem 65 Junghengste vorgestellt und alle 48 verfügbaren auf der Versteigerung zugeschlagen werden konnten.
Die Blutführung des in Pommern benutzen vorwiegend belgisch-rheinischen Zuchtmaterials konzentrierte sich in den ersten zwei Jahrzehnten organisierter Zucht an erster Stelle auf die Gerfaut II-Prince de Condé-Samuel-Linie sowie auf Nachkommen des Indigène du Fosteau, des Mont d'or und Rêve d'or. Das letzte Jahrzehnt des Bestehens der Pommerschen Kaltblutzucht stand vornehmlich im Zeichen der Benutzung von rheinischem Zuchtmaterial aus der Linie Lothar III - Lotos über Don Lothario und Uranus von Neulohoff.
Die erfolgreichsten Kaltblutzuchten Pommerns waren zu finden sowohl in Vorpommern in den Kreisen Demmin, Anklam, Greifswald, Rügen und Franzburg, aber auch in den Kreisen Pyritz-Mittelpommern sowie Neustettin und Lauenburg in Ostpommern.
Führend war der Mittel- und Großgrundbesitz, so züchteten beispielsweise v. Herzberg - Lottin, Kreis Neustettin, 1.500 ha, mit 30 eingetragenen Stuten und die Graf v. Bismarcksche Güterdirektion Carlsburg, Kreis Greifswald, mit wohl der gleichen Anzahl. Beide Betriebe hatten sich schon um 1900 auf Kaltblutzucht eingestellt.

5. Rückblick

Die Pferdezucht in der preußischen Provinz Pommern hat, soweit es den Teil Vorpommern angeht, in etwa die gleiche Entwicklung gezeigt wie die im benachbarten Mecklenburg. Im 18. und der ersten Hälfte des 19. Jahrhunderts waren einzelne

Großgrundbesitzer mit ihren Produkten eines zuerst mit spanisch-neapolitanischem Blut, später auch mit englischem Vollblut veredelten, vielseitig verwendbaren Pferdeschlages dem europäischen Rang des in gleicher Weise entstandenen mecklenburgischen Pferdes gleichgezogen. Es folgte ein Niedergang in der zweiten Hälfte des 19. Jahrhunderts durch wahllose Kreuzungen mit den verschiedensten Kaltblutrassen, ein Rückschritt, der vielleicht nicht ganz so kraß wie in Mecklenburg war. Mit Beginn des 20. Jahrhunderts folgte dann ein stetiger Aufstieg eines starken praktischen Warmblüters im Typ des Hannoveraners, der zahlenmäßig immer dominierend blieb. Die starke Warmblutzucht machte den zu gleicher Zeit mit zähem Behauptungswillen entstandenen Einzelzuchten des belgisch-rheinischen Kaltblüters die Existenz schwer.
Die Warmblutzucht Vorpommerns erreichte in den 30er Jahren Spitzenpositionen innerhalb der jüngeren Zuchtgebiete Deutschlands. Maßgebend dafür waren die nahezu idealen Aufzuchtverhältnisse in Großbetrieben mit sachverständigen Besitzern, die insbesondere nach dem Ersten Weltkrieg von verständnisvollen Landgestütsleitern und auch durch die tatkräftige Unterstützung von Landwirtschaftskammer und Zuchtverband Hilfe erhielten.

Das östliche Pommern hatte es mit einigen Ausnahmen schwieriger aufgrund seiner nicht so günstigen Böden. Doch profitierte auch dieser Landesteil in der Zwischenkriegszeit durch die schon vor 1918 gefaßten Beschlüsse der Landwirtschaftskammer und der Gestütsverwaltung, die in Richtung des für die Landwirtschaft geeigneten Warmblüters und eines mittelschweren, den Landesverhältnissen angepaßten Kaltblüters zielten.

Literatur

Die Verbreitung der Pferdeschläge in Deutschland, Parey, Berlin 1900

Froelich-Schwarznecker, Lehrbuch der Pferdezucht, Parey, Berlin 1926

W. Zorn, Pferdezucht, Ulmer, Stuttgart 1942

V. Oertzen/Hering, Tierzucht in Pommern, Holzner, Würzburg 1969

G. Würkert, Entwicklung und Stand der pommerschen Kaltblutzucht, Berlin 1929

Expertise des pommerschen Züchters H. Hecht (früher Sanzkow Kreis Demmin) aus dem Bestand des deutschen Pferdemuseums, Verden/Aller (Maschinenschrift)

Deutsches Kaltblut, Zeitschrift des Reichsverbandes deutscher Kaltblutzüchter, Berlin, verschiedene Jahrgänge.

Mecklenburg-

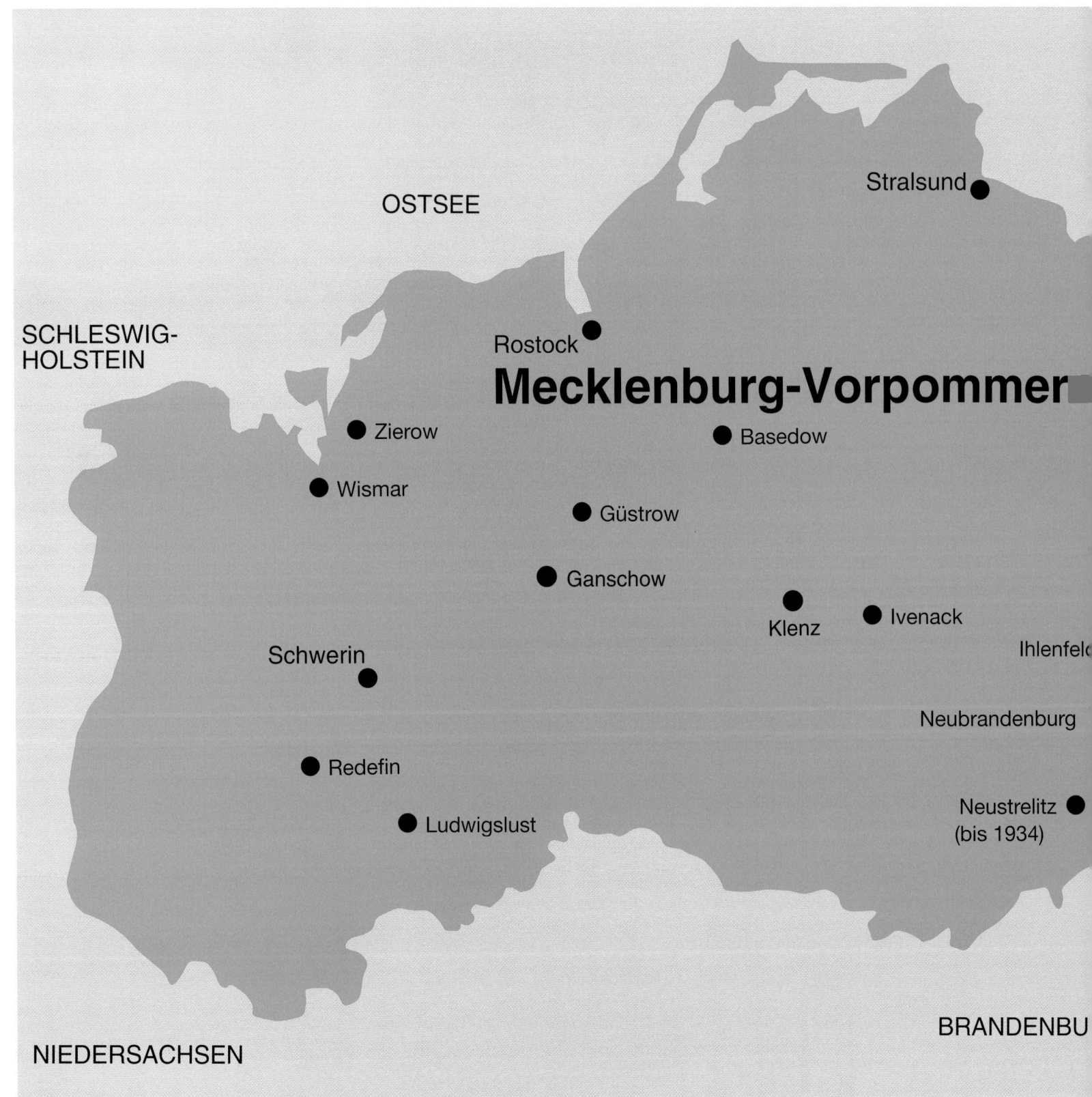

OSTSEE

Stralsund •

SCHLESWIG-
HOLSTEIN

Rostock •

Mecklenburg-Vorpommer

• Zierow

• Basedow

• Wismar

• Güstrow

• Ganschow

• Klenz

• Ivenack

Schwerin
•

Ihlenfeld

Neubrandenburg

• Redefin

Neustrelitz •
(bis 1934)

• Ludwigslust

BRANDENBU

NIEDERSACHSEN

Vorpommern

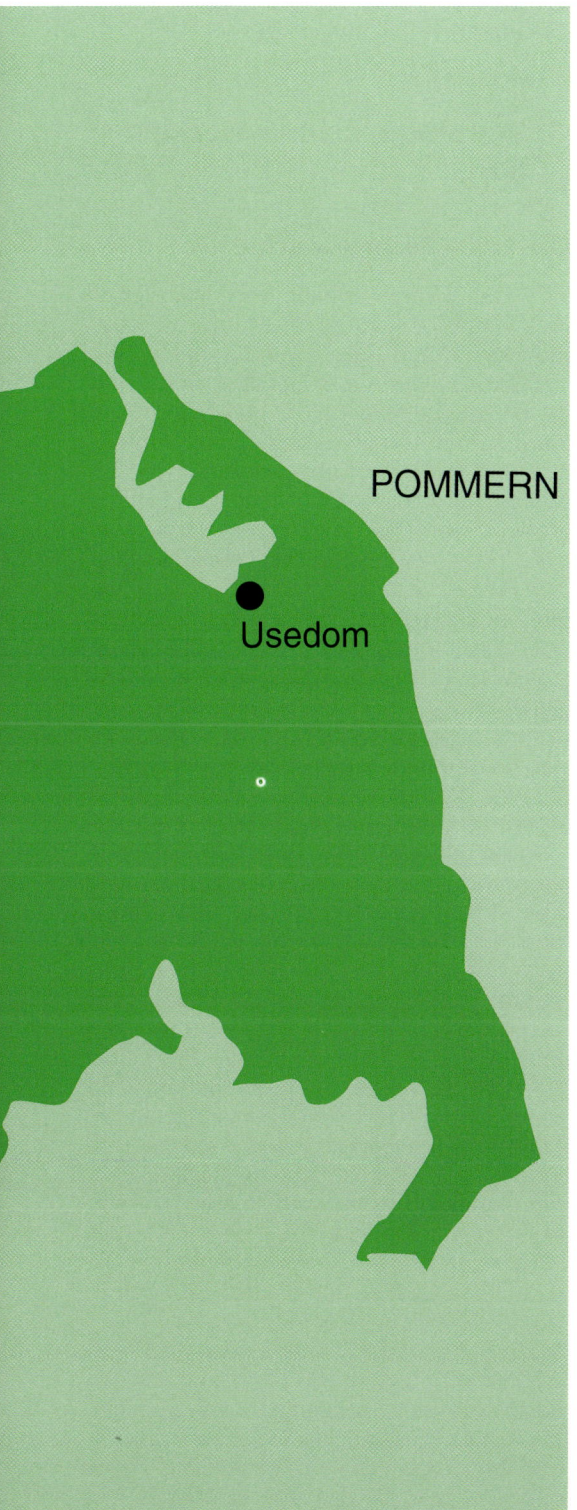

POMMERN

Usedom

Dr. Christian Frhr. v. Stenglin

Jürgen Hellerung

Kap. 5 neubearbeitet von Jürgen Hellerung Jahrgang 1925. Seit frühester Jugend enge Verbindung zum Landgestüt Redefin. Dortselbst Wahrnehmung einer Ausbildung in der Pferdezucht und Reiterei. Besuch mehrerer Reitschulen und einer Heeresremonteschule.

Nach dem Abitur 1944 Einstellung als Volontär im Landgestüt Redefin.

1947 Einstellung als Assistent für Gestütwesen beim Verband Meckl. Pferdezüchter, dessen Geschäftsführer in Personalunion das Landgestüt leitete.

1950 Zuchtleiter und ab 1951 Geschäftsführer Meckl. Pferdezüchter.

Nach Auflösung des Verbandes auf staatliche Weisung 1952, Zuchtleiter der Zentralstelle für Tierzucht Mecklenburg-Vorpommern.

Nach externem Studium 1958 landwirtschaftliches Staatsexamen und 1964 Staatsprüfung für Tierzüchter.

1969 bis 1988 Zuchtleiter der Pferdezuchtdirektion Mecklenburg-Vorpommern, Redefin.

1988 Eintritt in den Vorruhestand.

Die Pferdezucht in Mecklenburg-Vorpommern

1. Natürliche Gegebenheiten in Mecklenburg

Das Land Mecklenburg, bestehend aus den ehemaligen Großherzogtümern Mecklenburg-Schwerin und Mecklenburg-Strelitz, umfaßt eine Fläche von 15.391 km². Das Land wird im Norden durch die reich gegliederte Ostseeküste zwischen der Travemündung und dem Ribnitzer Bodden begrenzt, im Osten durch Vorpommern, im Süden durch die brandenburgischen Landschaften Prignitz und Uckermark sowie im Westen durch Schleswig-Holstein und den Elbabschnitt zwischen Lauenburg und Dömitz.

Vorwiegend Flachland mit einigen von der letzten Eiszeit herrührenden kupierten Teilen und einer von West nach Ost zum Teil breit hingelagerten Seenplatte bestimmen den Oberflächencharakter.

Die Bodenqualität reicht vom hochbonitierten Nordwest- und Nordostteil mit Weizen-, Raps- und Zuckerrübenbau über die am weitesten ausgedehnten lehmigen Sandböden mit häufigem eiszeitlichen Steingeröll bis zu besonders im Südwesten vorkommenden armen Sand- und Moorböden. Von rund 1.100.000 ha landwirtschaftlich genutzter Fläche sind rund 20 % Wiesen und Weisen. Waldgebiete, bei denen auf den besseren Böden die Buche vorherrscht, kommen vor allem innerhalb der Seenplatte im Südosten, im nordöstlichen Küstenteil und auf den leichten Böden zwischen der Landeshauptstadt Schwerin und der Elbe vor. Mecklenburg war das klassische Land des Großgrundbesitzes, mittel- und kleinbäuerliche Betriebe haben sich in größerem Maße erst im 20. Jahrhundert gebildet.

Ein sehr ausgeglichenes, eher maritimes Klima mit ca. 600 mm Regen im Jahresdurchschnitt ergibt weitere Voraussetzungen für einen rentablen Ackerbau mit Grünlandschaft.

Bodenschätze sind so gut wie nicht vorhanden, Industrie hat sich bis auf einige Werften an der Küste kaum gebildet. Größere Städte sind Rostock, die Landeshauptstadt Schwerin, Wismar, Güstrow und Neubrandenburg.

2. Geschichte Mecklenburgs

Im Hochmittelalter war das heutige Mecklenburg durch Wendenstämme besiedelt. Die Sachsenherzöge, vornehmlich die Billunger- und Welfenfürsten (Heinrich der Löwe) kolonisierten das Land mit Hilfe von deutschen Siedlern und Klostergründungen. Im Jahre 1170 wurde Pribislaw, Fürst des wendischen Obotritenstammes, Reichsfürst und Stammvater des mecklenburgischen Herzogshauses. Nach verschiedenen Erbteilungen innerhalb der Dynastie bestanden ab 1701 zwei Herzogtümer,

Mecklenburg-Schwerin und Mecklenburg-Strelitz, die 1815 zu Großherzogtümern erhoben wurden. Eine parlamentarische Verfassung erhielten die beiden Länder erst, nachdem sie 1918 zu Freistaaten wurden. Vorher wurden die Mitglieder der jeweiligen ständischen Landtage von den Landesherren ernannt. Im Jahre 1934 erfolgte die Vereinigung beider Teile zum Lande Mecklenburg.

Unter der DDR-Regierung wurde Mecklenburg mit Vorpommern zusammengelegt und in die Bezirke Rostock, Schwerin und Neubrandenburg aufgeteilt.

3. Warmblutzucht in Mecklenburg

3.1 Frühe Zuchtgeschichte

Das kleine einheimische Landpferd des Mittelalters wurde im 14. und 15. Jahrhundert durch den Einfluß schwererer, größerer Hengste aus Flandern und Friesland, welche von den Landesherren und dem höheren Adel zur Erzeugung von Ritter- und sonstigen Kriegspferden importiert wurden, stärker und kräftiger. Der Herzog Johann Albrecht von Mecklenburg-Schwerin (1547 - 76), ein bedeutender Förderer der Pferdezucht, richtete ein Gestüt in Settin bei Crivitz ein, das seiner Bedeutung und Ausdehnung wegen von großem Nutzen war. Er kaufte gutes Zuchtmaterial in ganz Europa ein, insbesondere solches des spanisch-neapolitanischen Schlages. Im 16. Jahrhundert ist das Entstehen einer Reihe von florierenden fürstlichen Gestüten überliefert, deren Hengste auch zum Bedecken bäuerlicher Stuten freigegeben wurden.

Der 30jährige Krieg brachte dem Lande und der Pferdezucht riesige Verluste. Die wenigen Jahre der Wallensteinschen Herrschaft (1628 - 34), die sich der Pferdezucht besonders annahm, konnten den Schaden letzten Endes kaum mindern. Besonders stark litt in Mecklenburg der Bauernstand unter dem Krieg und seinen Folgejahren. Durch die Verelendung verlor der größere Teil seine wirtschaftliche Selbständigkeit, ein Zustand, der bis weit in das 19. Jahrhundert hineinreichte. Seit dem Ende des 30jährigen Krieges waren vornehmlich die fürstlichen Gestüte und die des Großgrundbesitzes die Träger der Pferdezucht.

Vom Ende des 17. Jahrhunderts an entwickelten sich etwa 100 Jahre lang aus den verschiedensten Herkünften - wie Spanien, Dänemark, Holstein, Italien, Friesland, Oldenburg, Türkei u. a. - Zuchten auf vielen Großbesitzen, die dem mecklenburgischen Pferd einen guten Ruf in Mitteleuropa verschafften. Die günstigen Aufzuchtverhältnisse in weiten Teilen des Landes, die wirtschaftlichen Möglichkeiten des Großgrundbesitzes zur Anlage und Pflege von

Basedower Koppeln mit Fohlenstall im 18. Jahrhundert

Weideland für die Fohlenaufzucht ermöglichten es, aus dem heterogenen Material auf den Gütern Pferde zu produzieren, die korrekt, praktisch und leistungsfähig sowohl für den Reit- und Wagendienst als auch in ihren derberen Exemplaren für die landwirtschaftliche Arbeit geeignet waren. Bemerkenswert ist, daß in diesem 18. Jahrhundert kaum wesentliche Zuchtpferdeimporte nach Mecklenburg mehr stattgefunden haben. Besonders hervorzuheben aus dieser Zeit sind folgende Zuchtstätten: Graf von Plessen - Invenack, Graf von Hahn - Basedow, Graf von Bassewitz - Prebberede, Baron von Biel - Zierow und Weitendorf und viele andere. Hinzu kamen noch die Gestüte auf den landesherrlichen Besitzungen wie Ribnitz, Dargun, Redefin, Güstrow u. a..

Eine wachsende Beliebtheit mecklenburgischer Zucht- und Gebrauchspferde datiert ab Ende des 18. Jahrhunderts. Insbesondere die großen Privatgestüte wie Ivenack, Ihlenfeld, Basedow, um nur die bedeutendsten zu nennen, waren das Ziel vieler Ankaufskommissionen aus den deutschen Nachbarländern, aber auch aus West-, Ost- und Südeuropa.

Nach der vorliegenden Literatur handelte es sich bei dem im 18. Jahrhundert entstandenen „alten Mecklenburger" im wesentlichen um ein mit orientalischem Blut veredeltes Landpferd, das sowohl für die Ansprüche der Landwirtschaft als auch für den Reit- und Kutschendienst geeignet war. Sachgemäße Auswahl geeigneter Hengste sowie gute Aufzucht- und Hal-

tungsbedingungen auf größeren Besitzen taten ein übriges für den europäischen Ruf dieses Schlages.

3.2 Die Zucht nach 1800

Die Herzöge der verschiedenen mecklenburgischen Landesteile waren Gründer einer Reihe von kleineren Hofgestüten, die den Pferdebedarf der Hofhaltungen zu decken hatten. Den Beschälern dieser herzoglichen Gestüte wurden auch Stuten aus der privaten Landwirtschaft zugeführt.

Von 1795 bis zur französischen Besetzung 1806 bestand ein kleines Landgestüt in Ludwigslust. Es wurde mit herzoglichen Marstallhengsten betrieben.

Im Jahre 1810 wurde in Redefin ein herzogliches Hauptgestüt errichtet, das mit einer Anzahl von durchschnittlich 30 Mutterstuten und einer Reihe sehr guter Hengste 37 Jahre lang bestand und dem 1812 ebenfalls in Redefin gegründeten Landgestüt in dem Zeitraum seines Bestehens 140 Beschäler lieferte, das sind 42 % der bis 1847 überhaupt eingestellten 334 Landbeschäler.

Allein 84 der dem Landgestüt gelieferten Hengste stammten von den vier englischen Vollbluthengsten Wildfire v. Waxy, Oracle v. Sorcerer, Morisco v. Muley und Y. Muley v. Muley. Diese vier Vollblüter hatten in England herausragende Rennleistungen gezeigt, stammten von in England überdurchschnittlichen Rennpferden ab und

waren nach dem Urteil von Zeitgenossen Hengste mit großen Vorzügen, die sie auch ihren Nachkommen aus den Redefiner Hauptgestütsstuten in vielen Fällen mitgaben.

Schon im letzten Jahrzehnt des 18. Jahrhunderts waren die ersten Beschäler der in England entstandenen „Wettläuferrasse" in eine Reihe von großen Privatgestüten und auch in die herzoglichen Zuchtstätten gekommen. Initiatorin des Vollblutimports und der Zucht von Vollblut- und Halbblutpferden war vor allem die Familie von Biel mit ihren Gestüten Zierow und Weitendorf bei Wismar. Eine regelrechte Begeisterungswelle ergriff die größeren Landbesitzer der Herzogtümer, die auch durch warnende Stimmen, welche an Produktion von Zugkraft für den Ackerbau dachten, nicht zum Stillstand gebracht werden konnte.

1822 wurde in Doberan unter dem Protektorat des Großherzogs eine Rennbahn nach englischem Muster eingerichtet, die erste in Deutschland. Die großen Grundbesitzer gingen hierbei von dem Gedanken aus, daß die neue Pferderasse, die in England durch die Wettrennen entstanden war, auch in ihrem neuen Wirkungsbereich auf Schnelligkeit geprüft werden müsse, damit sie nicht degeneriere. Das Vollblut traf in Mecklenburg auf eine Zuchtbasis von konsolidierten, auf vielseitige Verwendbarkeit gezogenen und mit orientalischem Blut veredelten Landpferden. Die erste Veredelungswelle hatte das

Glück, mit ihren Kreuzungsprodukten allenthalben insoweit Aufsehen zu erregen, als der schon bis dahin gute Ruf des „Mecklenburgers" eine weitere Steigerung erfuhr. In der ersten Hälfte des 19. Jahrhunderts traten von den größeren mecklenburgischen Privatgestüten folgende besonders in den Vordergrund:

I v e n a c k bei Stavenhagen. In seiner Blütezeit wurden dort 100 - 150 Mutterstuten gehalten. Der englische Hengst Morwick Ball und sein in Ivenack geborener Sohn Herodort, der wegen seiner Qualität von der französischen Besatzung requiriert, aber nach den Befreiungskriegen wieder zurückgegeben worden war, hatten züchterische Erfolge, die in ganz Europa bekannt wurden. Eine große Anzahl Ivenacker Hengste kaufte das Landgestüt Redefin, eine noch größere das Landgestüt Celle.

I h l e n f e l d bei Neubrandenburg, dessen Zucht auf arabisch-englischer Grundlage sich am längsten bis in die 40er Jahre des 20. Jahrhunderts gehalten hat. Es war Lieferant vieler Beschäler für die Landgestüte Redefin und Celle. Herausragend in Ihlenfeld war der Grosvenor.

B a s e d o w bei Malchin betrieb vor allem Vollblutzucht bis 1910 und war der größte Beschicker der Doberaner Rennen. Der englische Pferdeschriftsteller Ch. J. Apperley schreibt in seinem Reisebericht „Nimrods Tagebuch" 1829 über den Besitz: „Basedow im einzelnen zu beschreiben, übersteigt die Gewandtheit meiner Feder. Ich muß es der Phantasie des Lesers überlassen, sich den Herrensitz eines deutschen Edelmannes auszumalen, der jährlich 18.000 Pfund (300.000 Goldmark) zu verzehren hat."

W e i t e n d o r f und Z i e r o w bei Wismar waren fast reine Vollblutgestüte mit guten, sachverständig ausgewählten Zuchttieren. Vor allem der Hengst Robin Hood xx von Muley stach durch gute Vererbung hervor. Etwa ein Dutzend seiner Söhne fand einen Platz im hannoverschen Landgestüt C e l l e.

Von diesen vier Zuchtstätten zusammen mit dem herzoglichen Hauptgestüt in Redefin gingen die meisten züchterischen Impulse aus, die mit einer Reihe anderer kleinerer Gestüte dazu beitrugen, daß Mecklenburg in der ersten Hälfte des 19. Jahrhunderts eine reich sprudelnde Quelle gesuchter edler Pferde für eine große Zahl von Interessenten aus halb Europa wurde.

Drei Vertreter des englischen Vollbluts, die im Landgestüt Redefin wirkten und ihren zahlreichen Nachkommen ihre hervorragenden Eigenschaften mitgaben:
Wildfire xx v. Waxy, 1816 geb. Engl. (oben)
Morisco xx v. Muley, 1818 geb. Engl. (mitte)
Y Muley xx v. Muley xx, 1828 geb. Engl. (unten)

So stammten zum Beispiel von den im Durchschnitt 150 im Landgestüt Celle zwischen 1815 und 1840 aufgestellten Hengsten rund 80 % aus Mecklenburg. Ein berühmter Repräsentant der Mecklenburger Zucht war der in dem v. Engelschen Gestüt Eichhorst bei Neubrandenburg 1843 geborene Hengst Norfolk, der von 1848 bis 1871 im Landgestüt Celle wirkte und durch seine Nachkommen einen enormen Einfluß auf die hannoversche Warmblutzucht nahm. Mit dem Vollbluthengst Y. Seymour als Vater, aus einem veredelten mecklenburgischen Mutterstamm gezogen war Norfolk nach dem damals gängigen Rezept gezüchtet.

Die Blütezeit des mecklenburgischen edlen Pferdes ging um 1850 einem auffallend schnellen Ende entgegen. Die Auflösung des Hauptgestütes in Redefin 1848 und das Ende des altrenommierten Gestüts Ivenack um die gleiche Zeit waren die sichtbaren Symptome eines allgemeinen Niederganges. Die Aufhebung der Leibeigenschaft nach den napoleonischen Kriegen brachte besonders den Bauern auf den landesherrlichen Gütern freiverfügbaren Grundbesitz, aber auch die Auflösung der großen Gemeinschaftsweiden.
Der äußerst rege und gewinnbringende Pferdehandel in den vier Jahrzehnten nach 1815 hatte durch den Verkauf von gutem weiblichen Zuchtmaterial die einheimische Zuchtbasis stark geschwächt. Gravierend jedoch war die nach der ersten erfolgreichen Veredelungswelle mit englischem Vollblut einsetzende „Anglomanie". Die Zuchtstätten, fast ausschließlich in der Hand von Großgrundbesitzern, stellten Vatertiere in größerem Umfang ein, die im Exterieur sehr oft unzureichend, jedoch englische Vollblüter waren, von denen man erwartete, daß sie per se sich positiv vererbten. In diesem Zusammenhang soll darauf hingewiesen werden, daß in England um 1820 damit angefangen wurde, die Distanzen für die Rennen zu kürzen und die Gewichte der Reiter zu beschränken. Diese Maßnahmen gaben den leichten Modellen mehr Gewinnchancen und bewirkten, daß Vollblüter in die Zucht kamen, die nicht mehr die Substanz und Korrektheit aufwiesen, wie sie zum Beispiel die Hengste der ersten Veredelungswelle gezeigt hatten.
A. de Chapeaurouge faßt die Situation jener Zeit in seinem Buch „Hengstlinien der 1922 in der Provinz Hannover vorhandenen Hengste" folgendermaßen zusammen: „Der schwungvolle Handel entfernte nicht nur viel Brauchbares aus dem Lande, sondern verleitete immer mehr zu einem Raubbau mit der Grundlage von Pferden, ohne welche das Nützliche nicht zu liefern war. Bei dem Einfluß zu starker und namentlich unsachgemäß wahlloser Verwendung von minderwertigem Vollblut (Vollblutspinnen) kam es in verhältnismäßig

sehr kurzer Zeit schon dahin, daß Mecklenburg ärmer an brauchbaren Pferden wurde als seine Nachbarn."

Die Intensivierung der Landwirtschaft, der neuentstandene Hackfruchtbau verlangten wie allerorts ein starkes, ruhiges Pferd. Dieses war in Mecklenburg, nach den vier Jahrzehnten starker Vollblutbenutzung, schließlich zu einer Rarität geworden. Das Landgestüt Redefin, zuständig für das Großherzogtum Mecklenburg-Schwerin, war im Jahre 1840 auf 134 Hengste angewachsen, die auf 26 Stationen 6.768 Stuten deckten. Der Bestand des Gestüts blieb bis 1895 etwa der gleiche.
1825 wurde für das Großherzogtum Mecklenburg-Strelitz ein kleines Landgestüt in der Residenzstadt Neustrelitz eingerichtet, welches bis 1911 bestand und relativ wenig Einfluß auf die Zucht nehmen konnte.
Von den 134 Redefiner Hengsten im Jahre 1840 waren 15 Vollblüter und 70 Halb- oder Dreiviertelblut-Beschäler. Der Rest bestand aus Hengsten, die erst ab der 3. Generation Vollblut aufwiesen. 1847 war der Anteil der letztgenannten Gruppe auf nur 16 % gesunken, das heißt, daß Vollblut- und hoch im Blut stehende Hengste einen Anteil von über 80 % darstellten. Daneben erscheinen zum ersten Male vier Hengste des schweren Arbeitsschlages in Redefin, und zwar Clydesdales und Suffolks.

Die Aufstellung von Hengsten der schweren Wirtschaftsrassen im Landgestüt ist für den heutigen Betrachter das erste Alarmzeichen, daß etwas mit der Edelzucht nicht in Ordnung war. Inzwischen befaßten sich mit der Pferdezucht neben den großen Privatgestüten auch bäuerliche Züchter, denen die vorhandenen, mehrmals mit Vollblut gezogenen Pferde für die Landwirtschaft nicht genügten. Sowohl die selbständig gewordenen Bauern als auch der Großbesitz schafften sich Kaltbluthengste an, die mit den zu leicht gewordenen Stuten gepaart wurden, um auf diese Weise wieder ein für die Landwirtschaft geeignetes Pferd zu erhalten. Das Landgestüt sah sich gezwungen, die Zahl der Kaltblutbeschäler zu vergrößern, so daß beispielsweise im Jahr 1867 von insgesamt 129 Staatshengsten 39 Kaltblüter oder deren Kreuzungsprodukte waren.
Allenthalben machten sich Zeichen eines Niedergangs bemerkbar. Trotz einer im Jahre 1839 erlassenen Landgestütordnung, die in ihren Bestimmungen von dem Willen getragen war, vor allem der bäuerlichen Züchterschaft die Pferdezucht zu einem rentablen Betriebszweig zu gestalten, ging es durch die von der Regierung nicht bekämpfte oder bekämpfbare Neigung zur Kreuzungszucht immer mehr bergab. Der lukrative Absatz von Zuchtpferden in die Nachbarländer, vor allem Hannover, ging stark zurück. Große, altberühmte Privatge-

stüte gaben ihre Zucht auf, andere - wie Basedow und Zierow/Weitendorf - verschrieben sich ganz der Vollblutzucht.
Eine große Anzahl konsolidierter Stutenstämme schwand durch den weitverbreiteten Hang zur Kreuzungszucht dahin. Dieser Entwicklung wurde noch dadurch Vorschub geleistet, daß eine Körordnung für Hengste nicht vorhanden war. Ohne auf Qualität zu achten, wurden schwere Hengste der Wirtschaftsrassen sowohl von den größeren Gütern als auch von bäuerlichen Züchtern eingesetzt.
Das Landgestüt Redefin war in diesen Jahrzehnten zwar ein gewisser Fels der Stetigkeit in der Brandung der Kreuzungsmanie, mußte jedoch eine empfindliche Reduzierung der Deckziffern hinnehmen.

Ab 1873 war in Mecklenburg der Beginn einer Wende zu erkennen. Das Landgestüt erwarb in diesem Jahre eine Anzahl von Hengsten in Hannover, wo sich in den letzten 25 Jahren auf mecklenburgischer Grundlage Warmblutstämme gebildet hatten. Sie waren in Hinsicht auf Kaliber, Rahmen und vielseitige Verwendbarkeit geeignet, die Kaltblutbeschäler sowie deren Kreuzungsprodukte im Gestüt zu ersetzen. In der Folgezeit wurde diese Bevorzugung der hannoverschen Hengste fortgesetzt, denen auch Hengste aus Oldenburg und Ostfriesland zur Seite traten. Mit Konsequenz betrieb die Gestütleitung die Abschaffung der Kaltbluthengste, deren letzter Vertreter 1886 das Landgestüt verließ. Nur das Mecklenburg-Strelitzsche Landgestüt behielt noch länger einige Kaltbluthengste (1898: von insgesamt 26 Beschälern waren 24 Warmblüter und zwei Kaltblüter).
Die großherzogliche Verwaltung hatte hiermit eine neue Entwicklung eingeleitet, die für die Warmblutzucht zwar langsam, aber letztlich doch wirksam, eine ruhigere und gedeihlichere Zuchtphase eröffnete.

3.3 Die Zucht nach 1895

3.3.1 Die ersten Lenkungsmaßnahmen

Nach vielerlei Diskussionen erließ das Ministerium des Inneren in Schwerin im Jahre 1885 eine Verordnung zur Beförderung der Landespferdezucht, deren drei wesentliche Bestimmungen folgendermaßen lauteten: „Zur Beförderung der Pferdezucht Unseres Landes soll...
1. ein Gestütbuch für edle mecklenburgische Pferde angelegt werden,
2. eine Gewährung von Prämien an kleinere Besitzer ausgezeichneter Zuchtstuten und evtl. der Ankauf geeigneten Stutenmaterials erfolgen,
3. eine Prüfung der Tauglichkeit der im Privatbesitz befindlichen Zuchthengste stattfinden."

Eine Folge dieser Verordnungen war die Festlegung auf ein Zuchtziel im Sinne eines starken, edlen, vielseitigen Warmblutpferdes im Typ des Hannoveraners. In den 20 Jahren danach wurden wiederholt Anträge aus verschiedenen Landesteilen auf Anschaffung von staatlichen Kaltbluthengsten gestellt. Sie wurden von der Staatsverwaltung auf Empfehlung der Gestütleitung hin abgelehnt. Nur eine reinblütige Zucht habe Aussicht auf gute Erfolge und Rentabilität. Wie aus der Vergangenheit zu ersehen sei, habe Mecklenburgs Zucht schwerste Schäden durch die Kreuzungen erfahren. Die Aufstellung kaltblütiger Hengste müsse daher den Privatinteressenten überlassen bleiben. Im Jahre 1898 war die Verteilung der Pferdeschläge in den beiden mecklenburgischen Großherzogtümern nach einer Erhebung der Deutschen Landwirtschaftsgesellschaft so beschaffen: 74,7 % Warmblut, 20,5 % Kaltblut und 4,8 % Ponys, insgesamt 110.966 Pferde.

Beim Warmblut dominierten die reinen Hannoveraner und die Nachkommen von hannoverschen Vätern aus mecklenburgischen Stuten. Ein geringerer Teil Holsteiner und Oldenburger folgten ihnen vor einem kleinen Anteil ostpreußischer Pferde und Vollblut. Der weitaus größte Teil aber wurde gestellt von den mit „Landschlag" bezeichneten Pferden, vermutlich Kreuzungsprodukte ohne feststellbare Herkunft.

In das neu angelegte Gestütbuch für edle Pferde waren in dieser Zeit 438 Stuten eingetragen, zur Zucht benutzt wurden jedoch ca. 16.000 Muttertiere oder 17 % des gesamten Warmblutbestandes. Das Landgestüt Redefin verfügte über 140 Hengste (3 Vollblüter, 137 Warmblüter) auf 38 Stationen, die 5.725 Stuten bedeckten. An

Privathengsten waren im Jahre 1898 55 Warm- und 39 Kaltblüter aufgrund der Körordnung von 1895 angekört.

3.3.2 Das Landgestüt

Das Landgestüt Redefin hatte mit seinem ab Mitte der 90er Jahre homogenisierten Hengstbestand die Aufgabe, zusammen mit den verschiedenen Verordnungen zur Förderung der Pferdezucht, die darniederliegende Warmblutzucht zu regenerieren.

In den 80er Jahren begonnene Kreuzungsversuche mit einigen Oldenburgern, Ostfriesen und Holsteinern endeten noch vor Ausbruch des I. Weltkrieges.

Die Hinwendung der staatlichen Gestütverwaltung zum Hannoveraner hatte zur Folge, daß zwischen 1895 und 1945 70 % der in diesem Zeitraum benutzten Hengste aus Hannover stammten, 20 % aus Mecklenburg mit vorwiegend hannoverscher Blutführung. Der Rest stammte aus Pommern, Braunschweig, Holstein, Oldenburg/Ostfriesland und der Vollblutzucht. Bei den Importen aus Oldenburg wurden überwiegend unmittelbare und mittelbare Nachkommen der auf hannoverscher Grundlage gezogenen Hengste Agamemnon v. Jellachich - Zernebog und Emigrant v. Y. Nord bevorzugt. Was die benutzten männlichen Linien angeht, hielt man sich an diejenigen, die auch in Hannover am verbreitetsten waren.

Rangiert nach dem Grad ihrer Benutzung waren das: Die Schlütter-Linie mit ihren Zweigen Julius und Schlucker, die Norfolk-Linie sowie die des Adeptus xx, des Flick-Flingarth und des Nelusko.

Viergutz schreibt 1937 über diese Entwicklungsphase: „Mecklenburg bediente sich dabei des Zuchtgebietes, zu dem es einst selbst die Bausteine geliefert hatte, und sicherte sich in den Nachfahren früherer mecklenburgischer Hengste bestes, bodenständiges Erbgut. Andererseits stellte es selbst seine für die Aufzucht von Edelpferden so hervorragende Scholle und die Passion und Sachkenntnis seiner Züchter und Aufzüchter dem Nachbarlande zur Verfügung und lieferte ihm aus seiner unversiegbaren Kraft in Hannover geborene, als Füllen nach Mecklenburg eingeführte, hier aufgewachsene, nach Form und Zuchtleistung bedeutende Hengste wieder. Bis zur Jahrhundertwende wanderten so etwa 350, seitdem weitere über 500 Hengste in das Landgestüt Celle. Unter ihnen befinden sich die Begründer der heutigen großen hannoverschen Hengstzweige: Alderman I (Aufzüchter: Bade, Gr. Voigtshagen), Flingarth (Aufzüchter: Strömer, Göldenitz), Julius (Aufzüchter: Steinkopff, Zahren), Schlucker (Aufzüchter: Steffen, Medow), Schwabenstreich (Aufzüchter: Keding, Gr. Walmsdorf). Daneben sind besonders in den Jahren 1895 - 1911 zahlreiche Stutfüllen aus Hannover nach Mecklenburg eingeführt und haben hier die Grundlage der Warmblutzucht in großem Umfange verbreitern helfen."

Die Jahre bis zum Beginn des I. Weltkrieges waren gekennzeichnet von einer ruhigen, steten Entwicklung des Landgestüts. Ab 1915 find die Benutzung der Hengste und demnach auch ihre Anzahl stärker zu steigen an: In diesem Jahre standen 142 Beschäler auf 39 Stationen und deckten 6.861 Stuten. Die höchsten Zahlen wurden wie fast allerorts in Deutschland im Jahre 1920 mit 176 Hengsten auf 41 Stationen und 10.084 gedeckten Stuten erreicht.

Landgestüt Redefin. Darstellung des Gestütshofes von Prof. Schlöpke, Aquarell 1841

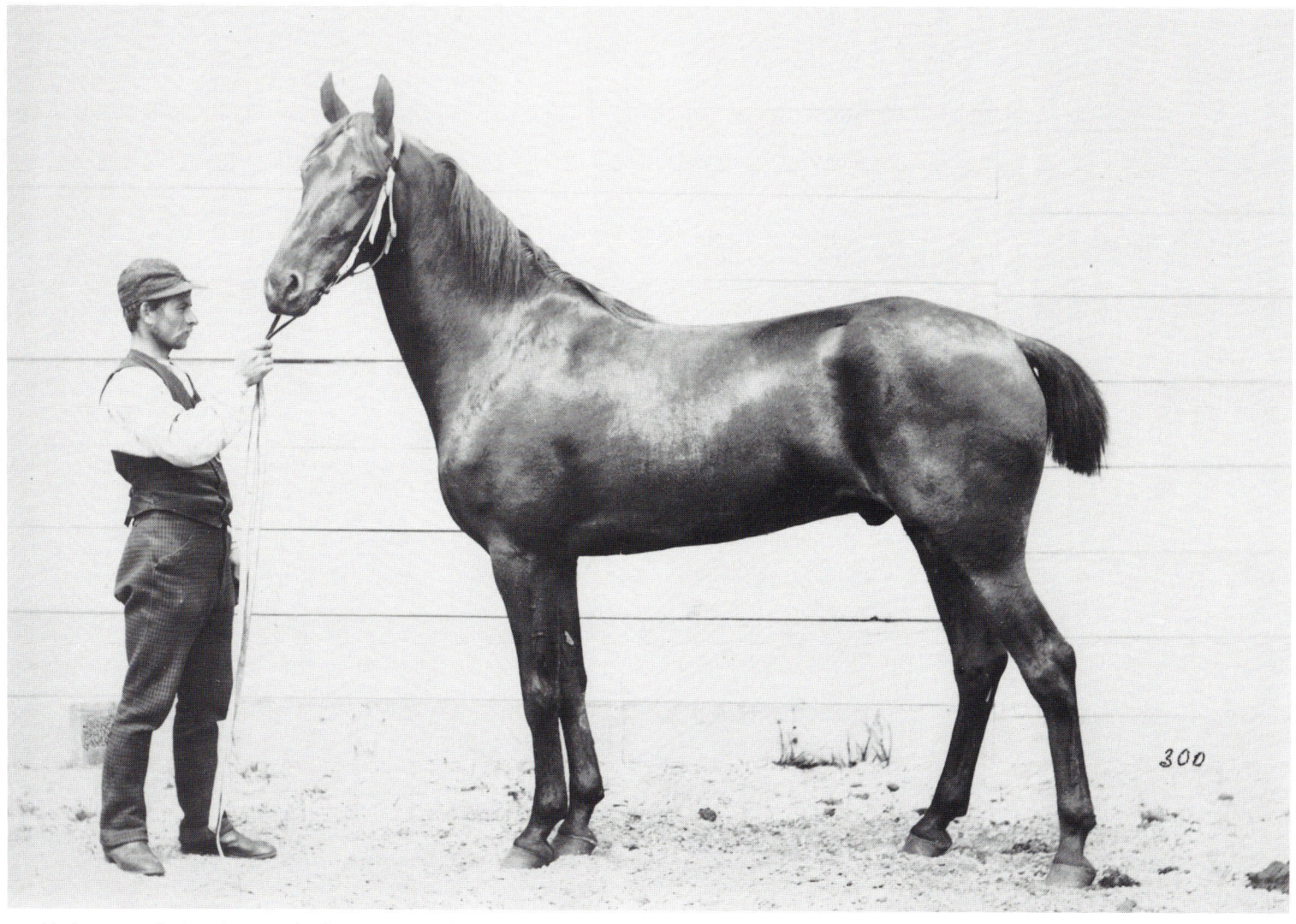

Mecklenburger Wallach, geb. 1885, der den 1. Preis auf der 4. DLG-Wanderausstellung 1890 in Straßburg erhalten hat.

Ab 1925 geht es dann rapide abwärts mit 142 Hengsten auf 37 Stationen und 3.745 Bedeckungen. 1932 wurde der Tiefpunkt mit 72 Hengsten, 29 Stationen und 2.528 Bedeckungen erreicht.

Die zweite Hälfte der 20er Jahre war gekennzeichnet durch Bestrebungen, das Landgestüt aufzulösen. Die Bedeckungszahlen waren um 70 - 75 % gesunken, die Weltwirtschaftskrise 1929 erfaßte auch die Landwirtschaft und äußerte sich in Mecklenburg besonders kraß unter anderem in Zwangsverkäufen von hochverschuldeten Gütern und Höfen.

In wohl keinem anderen Landgestüt Deutschlands hat die Machtübernahme des Nationalsozialismus 1933 einen solchen Wandel geschaffen wie in Redefin. Sozusagen über Nacht wurden Ankaufssummen für den Hengstersatz bereitgestellt, von deren Höhe andere Landgestütleiter nur träumen konnten. Es wurden ansehnliche Mittel für neue Personaleinstellungen, für Ausrüstungsgegenstände und Meliorierungen ohne Schwierigkeiten bewilligt. Innerhalb von 5 Jahren wurde der Hengstbestand von 72 auf 120 aufgestockt und entsprechend verjüngt. Die Zahl der Deckstationen wurde von 29 auf

41 erhöht. Dem allgemeinen Trend folgend stiegen die Bedeckungen zwischen 1933 und 1937 um faßt 100 % (1937 = 7.080 Stuten).

Hier ist zu vermerken, daß das Landgestüt in Neustrelitz 1934 mit dem Zusammenschluß der beiden Länder M.-Schwerin und M.-Strelitz aufgelöst wurde und die dort vorhandenen 7 Warmbluthengste mit Personal nach Redefin kamen.

Die Aufwertung des Landgestüts wurde äußerlich durch gute Instandhaltung der Anlagen und der vielfach aus dem Beginn des 19. Jahrhunderts stammenden klassizistischen Gestütgebäude unterstrichen. Im Jahre 1929 war dem Landgestüt eine Reit- und Fahrschule angegliedert worden für die Ausbildung der ländlichen Jugend. Das Jahr 1935 brachte die Einführung von jährlichen Hengstparaden nach Celler Muster.

Das Landgestüt Redefin unterstand bis 1865 dem Leiter des Gestütdirektoriums in Schwerin.

1810 - 1840
Oberstallmeister v. Bülow

1840 - 1841
Oberstallmeister General v. Brandenstein

1841 - 1847
keine Oberleitung

1847 - 1865
Oberstallmeister v. Maltzahn

1865 - 1875
Oberlandstallmeister C. v. Bülow

1875 - 1892
Oberlandstallmeister v. Wickede

1892 - 1920
Oberlandstallmeister Frhr. v. Stenglin

1921 - 1933
Oberlandstallmeister v. Wenckstern

1933 - 1945
Landstallmeister Hans Köhler

Der Leiter des Landgestüts Redefin von 1892 - 1920, Oberlandstallmeister Major a.D. Frhr. v. Stenglin.

3.3.3 Stutbuch und Verbandswesen

Während des 19. Jahrhunderts war bereits eine Reihe von Maßnahmen erfolgt wie Stuten- und Fohlenprämiierungen, Tierschauen, Konsignierungen von Stuten mit dem Zweck, sie nur von Hengsten ihres Schlages decken zu lassen. Die Einrichtung des Gestütbuches für edle mecklenburgische Pferde auf Anregung des „Mecklenburgischen Patriotischen Vereins" in den 90er Jahren war ein Schritt, der zu einer Dauereinrichtung wurde. 1912 kam das erste Hengstregister aller in Redefin seit 1812 aufgestellten edlen Hengste heraus. Eine Neuauflage erschien 1936 und enthielt alle Warmbluthengste, die seit 1895 in Redefin und Neustrelitz sowie als gekörte Beschäler in Privatbesitz gewirkt hatten.

Das Gestütbuch hatte die beiden Abteilungen A und B, wovon erstere die Stuten mit mindestens drei Generationen anerkannter Abstammung sowie gut in Typ, Form und Gang enthielt, Abteilung B die Abstammungs- und qualitätsmäßig geringeren Zuchtstuten. Zwischen 1895 und 1933 waren etwa 7.000 Stuten in die Ab-

teilung A, ca. 5.000 in die Abteilung B eingetragen worden. Nach 1933 nahmen die Aufnahmen in das Gestütbuch stark zu. Ab 1934 wurde eine Gliederung des Zuchtverbandes in Kreis- und Ortsvereine in die Wege geleitet. Nach dem Beispiel Hannovers konnte auf diese Weise ein Resonanzboden für die Tätigkeit der staatlichen Deckstellen aktiviert werden. 1913 wurde eine Verordnung erlassen, nach der alle in das Gestütbuch eingetragenen Stuten sowie ihre ebenbürtigen Nachkommen einen Kontrollbrand erhielten.

Ein Zusammenschluß der Warmblutzüchter der beiden Großherzogtümer erfolgte im Jahre 1913 zum „Verband mecklenburgischer Warmblutzüchter".

Der Zuchtverband übernahm 1936 die Aufgaben des Ausschusses für die Landespferdezucht, der sich nach 40jähriger Tätigkeit auflöste.

Die Führung des Gestütbuches, die Abhaltung der Staatsprämienschauen, Aufnahme und Registrierung der Stuten, Ausstellung der Abstammungsnachweise, Vergabe der Brände sowie die Definierung des Zuchtzieles gehörten zu den Aufgaben des Verbandes ebenso wie die Einrichtung eines Leistungsstutbuches.

So wie das Landgestüt ab 1933 eine ungewöhnlich intensive Förderung erfuhr, wurden die Mittel für die Fesselung der Stuten und Stutfohlen wesentlich erhöht. So erhielten zum Beispiel 1934 nur 119 Pferde auf 30 Schauplätzen den Betrag von insgesamt 4.325 RM, im Jahre 1937 dagegen 324 Pferde auf 40 Plätzen 10.000 RM.

Diese die Zucht ermunternden Maßnahmen hatten zur Folge, daß 1937 2.541 Verbandmitglieder 4.007 eingetragene Stuten besaßen, während es 1934 nur 1.049 Mitglieder mit 1.500 Stuten waren.

In den folgenden Jahren, ganz besonders im II. Weltkrieg, erhöhten sich die Bedeckungen und Abfohlzahlen noch ganz bedeutend, auch erfuhr der Hengstmarkt in Güstrow eine noch stärkere Belebung durch die zusätzlichen Ankäufe der Reichsgestütverwaltung zur Remontierung der Landgestüte in den von der Wehrmacht besetzten Ostgebieten. Dieser bedeutende Kör- und Verkaufsplatz sah z.B. im Jahre 1942 nahezu 400 Warmbluthengste versammelt, die größtenteils in Hannover geboren waren. Rund 2.000 Fohlen wurde in dieser Zeit jährlich in Hannover zugekauft, um in Mecklenburg als Mutterstuten, Hengste oder Militärremonten aufgezogen zu werden. So waren z.B. von den in den 30er Jahren in Mecklenburg angekauften Heeresremonten 2/3 in Hannover geboren, der Rest in Mecklenburg.

3.3.4 Hengstkörungen

Durch Verordnungen von 1895 und 1899 wurde erstmalig eine Körung aller privat- oder genossenschaftlich aufgestellten Hengste verlangt. Die Körungen fanden bis 1921 an mehreren Orten des Landes statt, ab 1922 zentral in Güstrow. Die Körungen hier waren mit Hengstmärkten verbunden. Als Käufer traten neben dem mecklenburgischen Landgestüt die Preußische Gestütverwaltung auf, die einen wesentlichen Teil der in Mecklenburg aufgezogenen, aus Hannover stammenden Junghengst erwarb.

Auch die Privathengste nahmen ab Mitte der 30er Jahre an dem Aufwärtstrend teil. 1934 deckten 48 private Warmbluthengste 1.288 Stuten, 1937 waren es 80, denen 2.493 Stuten zugeführt wurden.

Justinus, F., geb. 1901 in Mecklenburg-Schwerin v. Justizrat-Pinie, Ldb. in Redefin.

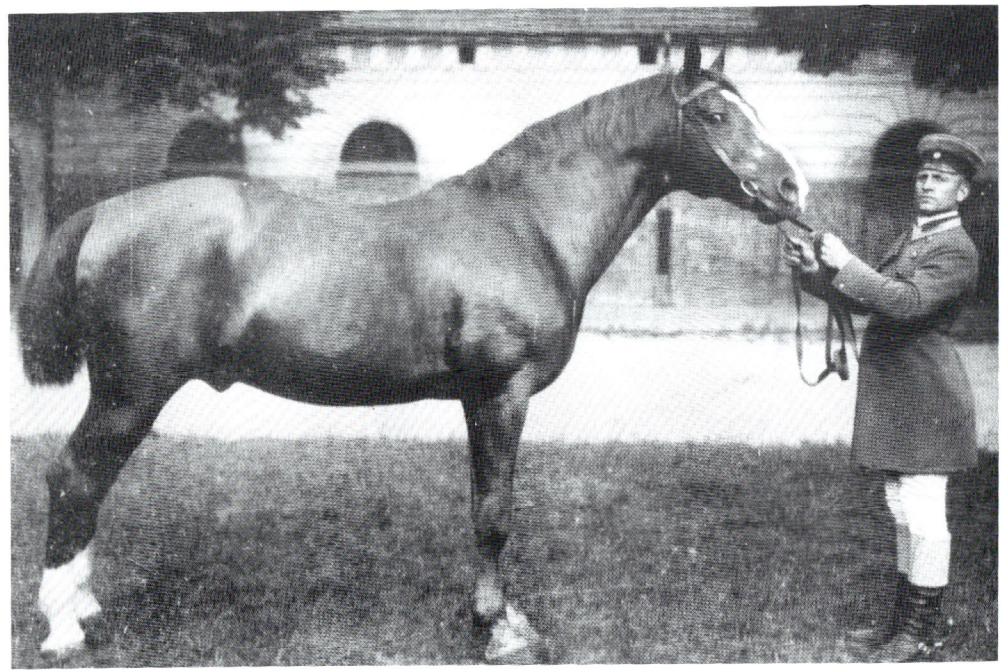

3.3.5 Leistungsprüfungen

In den Jahren von 1903 bis 1913 wurden die vierjährigen Landbeschäler anläßlich der Rennen in Ludwigslust zuerst über eine Distanz von 1.000 m, später von 800 m in sogenannten Hengstprüfungsrennen geritten. Die Beschäler wurden im Landgestüt trainiert und im Rennen von Offizieren geritten. Im Durchschnitt der Jahre nahmen an den Rennen 9 Hengste teil.

Ab 1936 mußte sich jeder Hengst im Herbst nach der ersten Deckzeit einer Prüfung unter dem Reiter auf verschiedenen Distanzen in den drei Grundgangarten mit Höchstzeit und einem Geländeritt von 4 km über Hindernisse unterziehen. Hinzu kam eine Prüfung im Wagen über eine Kurzstrecke zur Feststellung der Zugwilligkeit bei größeren Lasten sowie eine Dauerzugleistungsprüfung.

Auf freiwilliger Basis erfolgte die Prüfung in ähnlicher Weise für Warmblutstuten, die nach erfolgreicher Ablegung in das 1936 errichtete Leistungsstutbuch eingetragen wurden.

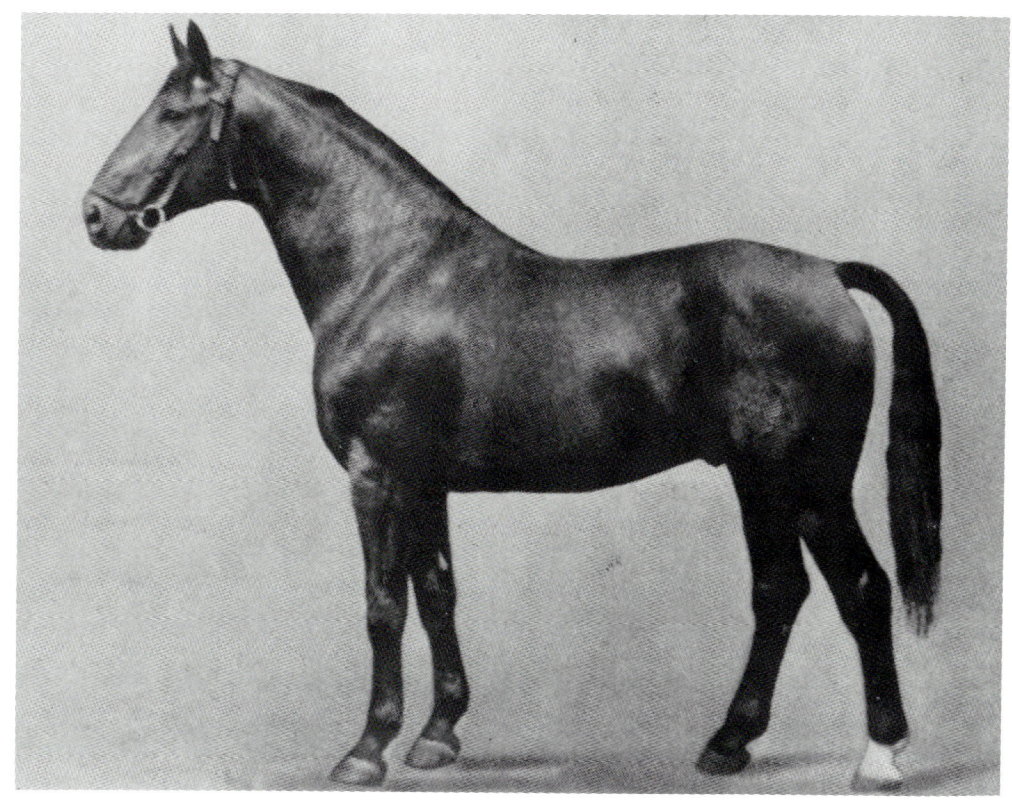

Schwertfeger, B., geb. 1932 v. Schwabenkönig I., a.d. Amra v. Altenstein II., Ldb. Redefin.

Landgestüt Redefin, um 1925 vor der Reithalle

4. Kaltblut bis 1945 in Mecklenburg

Schon in den 40er Jahren des 19. Jahrhunderts entstand in der mecklenburgischen Landwirtschaft ein lebhaftes Interesse für schwere Wirtschaftspferde. Das Landgestüt Redefin sah sich veranlaßt, im Jahre 1845 zwei Clydesdale-Hengste und ein Jahr später einen Suffolkbeschäler aus England anzukaufen. Größere Besitzer gingen zur gleichen Zeit dazu über, sich ebenfalls Kaltbluthengste zur Erzeugung von Nachwuchs für ihre Ackergespanne anzuschaffen. Mangels einer Kontrolle und einer Körordnung wurde in den Folgejahren eine größere Zahl minderwertiger Hengste der Wirtschaftsrassen, einschließlich einer Anzahl heterogen gezogener Produkte aus der Paarung des Kaltblüters mit der veredelten Stute, zur Zucht benutzt.

Insbesondere die Domanialbauern, d. h. die Pächter auf den herzoglichen Besitzungen, denen es an ausreichendem Weideland für die Aufzucht von Warmblut mangelte, waren an Kaltblut und dessen Kreuzungsprodukten interessiert.

1872 hatte das Landgestüt Redefin neben 89 Voll- und Warmbluthengsten 19 Suffolk- und 8 Clydesdale-Beschäler in seinem Wirkungsbereich aufgestellt, nachdem die Höchstzahl von 39 Kaltbluthengsten im Jahre 1867 überschritten worden war. Aufgrund der äußerst negativen Ergebnisse für die Gesamtzucht entschloß sich die Gestütverwaltung in den 80er Jahren, sich gänzlich von der Kaltbluthengsthaltung zu lösen. Der letzte staatliche Kaltbluthengst in Mecklenburg-Schwerin schied 1886 aus. In rund vier Jahrzehnten

hatten im Landgestüt gewirkt: 29 Suffolks, 10 Clydesdales und 17 Kreuzungsprodukte der beiden genannten Rassen mit mecklenburgischen Warmblutstuten.

Die Zahl der privaten Kaltblut- und Kreuzungshengste ist nicht zu ermitteln und wird ein Vielfaches gegenüber den staatlichen Beschälern betragen haben.

In Mecklenburg-Strelitz waren staatliche Kaltbluthengste in geringer Anzahl noch bis 1934, dem Jahr der Auflösung des dortigen kleinen Landgestüts, aufgestellt.

Mit der Einführung einer Körordnung im Jahr 1895 ging in Mecklenburg-Schwerin die Zeit der heterogenen Kreuzungshengste langsam zu Ende. Die privaten und genossenschaftlichen Kaltbluthengsthalter bedienten sich zunehmend der günstiger zu beschaffenden Dänen und Schleswiger. Eine Erhebung der DLG aus dem Jahre 1898 verzeichnet an Kaltblutpferden etwa 20 % des Gesamtbestandes beider Großherzogtümer, wovon der größere Teil aus Dänen und Schleswigern bestand. Ein geringer Anteil von Ardennern und Belgiern ist bereits vorhanden, während die Schläge des englischen Kaltblutes ganz verschwunden sind. Der erste nachgewiesene belgische Hengst ist bei einer Mecklenburg-Strelitzer Hengsthaltungsgenossenschaft 1898 aufgestellt.

Noch vor den Warmblutzüchtern schlossen sich im Jahre 1910 die mecklenburgischen Kaltblutzüchter zu einem Gesamtverband mit dem Sitz in Güstrow zusammen. Das Zuchtziel war ein mittelschweres, gängiges Wirtschaftspferd. Der Siegeszug des belgischen Brabanters, später des rheinisch-deutschen Kaltblutes machte auch vor Mecklenburg nicht halt und verdrängte nach und nach die vorherr-

schenden Dänen und Schleswiger. Erst 1934 schieden die letzten Schleswiger Hengste aus der Zucht.

Die Kaltblutzucht lag in Mecklenburg fast ausschließlich in bäuerlicher Hand und war bis zuletzt ein Nachzuchtgebiet der rheinischen, zum Teil auch westfälischen und nach 1945 der provinzialsächsischen Kaltblutzucht. Sie hatte nie den Ehrgeiz, mit den älteren Zuchtgebieten zu konkurrieren, auch sind erwähnenswerte Erfolge auf überregionalen Kaltblutschauen nicht bekannt. Für den Aufbau der mecklenburgischen Zucht haben sich vor allem Vatertiere aus der belgischen Albion d'Hor-Linie am besten bewährt. Um die Zucht dem Typ des mittelschweren rheinisch-deutschen Kaltblutes anzunähern, wurden jährlich Hengste, Stuten und Fohlen aus den Hauptzuchtgebieten importiert.

Seit der Gründung des Zuchtverbandes hatte die Kaltblutzucht zahlenmäßig gegenüber dem Warmblut stark aufgeholt. So gab es im Jahre 1938 in Mecklenburg 228 deckberechtigte Kaltbluthengste und 278 Warmbluthengste mit der gleichen Berechtigung. Im Jahre 1937 wurden 7.135 Stuten von Kaltbluthengsten bedeckt und 10.306 von Warmbluthengsten.

Der Verband hatte 1940 die Zahl von 1636 lebenden Stuten in seinen Zuchtbüchern, die sich in den Kriegsjahren naturgemäß erhöhte und 1944 rund 4000 betrug. Die Hauptzuchtgebiete des Kaltbluts lagen nördlich der mecklenburgischen Seenplatte, vor allem um Güstrow, Rostock und Mecklenburg-Strelitz.

5. Die Zucht nach 1945 in Mecklenburg-Vorpommern

5.1 Gesamtentwicklung

Der II. Weltkrieg und seine Folgen hatten der Pferdezucht in Mecklenburg/Vorpommern äußerst empfindliche Verluste zugefügt. Nahezu 70 % des wertvollen Zuchtmaterials und ein großer Teil der tierischen Zugkräfte waren vernichtet. Als besonders schmerzlich mußte die Räumung des Landgestütes Redefin empfunden werden. Als Reparationen nach Rußland wurden am 1. 9. 1945, 80, von ihren Deckstationen zurückgekehrte Redefiner Landbeschäler und 50 Hengste aus den Landgestüten Braunsberg und Rastenburg, die in Redefin gegen Kriegsende einquartiert wurden, verladen. Zur selben Zeit ging ein Transport von 290 Trakehner-Hauptgestütspferden, die im Heeresremonteamt Perlin eine Zuflucht gefunden hatten, gen Osten.

Die Erfassung aller zuchttauglichen Pferde landesweit war die erste Maßnahme und damit der Beginn des Wiederaufbaus der Landespferdezucht.

Raubritter, geb. 1930 v. Räuber 93 Rhl. a.d. Gorte. Meckl. Privathengst

Landgestütsleitung und der Verband Meckl. Pferdezüchter, der in Schwerin und mit seiner Nebenstelle in Greifwald seine Tätigkeit im Januar 1946 wieder aufgenommen hatte, arbeiteten in unermüdlicher Kleinarbeit an der Identifizierung geeigneten Hengst- und Stutenmaterials für den Neubeginn.

Zur Decksaison 1946 standen auf 49 Stationen 112 Warmblut- und 8 Kaltbluthengste und deckten 7.807 Stuten.

Der Hengstbestand remontierte sich u. a. aus den Junghengstbeständen der alten Aufzuchtstätten, den Gütern. Das Gros stellten die in Hannover als Fohlen angekauften Geburtsjahrgänge 1943/1944. 13 alte Redefiner und 9 Celler Hengste, die östlich der Elbe stationiert waren, wurden in den Bestand eingereiht. Ende 1946 waren 167 Warmblut- und 9 Kaltbluthengste gekört. Als vorpommersches Landgestüt wurde 1946 das ehemalige Heeresremontedepot Ferdinandshof eingerichtet und mit der ersten Hengstparade nach dem Kriege eingeweiht. Die Belegschaft setzte sich vorwiegend aus besten Pferdeleuten der preußischen Gestüte ihrer östlichen Heimat zusammen. Ende 1947 standen in Ferdinandshof 90 Warmblut- und 20 Kaltbluthengste in den Ställen.

Genius geb. 1958, Z.: Fischer, Stiepelsee, v. Gruß v. Gmunden Han. - Dobrock Han.
Zuchtzielhengst der Zeit des Wiederaufbaus der Mecklenburgischen Zucht.

Zur selben Zeit erreichte die Privat- und Genossenschaftshengsthaltung zahlenmäßig den gleichen Stand wie die beiden Landgestüte. Als bedeutendes züchterisches Ereignis des Jahres 1946 konnte die Wiedereinrichtung des traditionellen Güstrower Hengstmarktes gefeiert werden, auf dem bis zu 400 Warmbluthengste vorgestellt wurden. Erste Hengstankäufe erfolgten 1946 aus den Ländern Niedersachsen, Westfalen und dem Rheinland, insgesamt 23 zukünftige Beschäler.

Noch im Jahre 1946 erfolgten die großen Stutbuchaufnahmen. In den Monaten Mai, Juni, Juli wurden mehrere 1.000 Stuten gesichtet und bei Eignung in das Stutbuch mit seinen drei Abteilungen - Hauptstutbuch, Stutbuch und Vorregister - aufgenommen, wobei ein strenger Qualitätsmaßstab angelegt wurde, so daß in das Hauptstutbuch nur Stuten mit mindestens drei Generationen anerkannter Abstammung aufgenommen wurden.

Als geschlossenes Hochzuchtgebiet östlich der Elbe wurde das Amt Neuhaus mit seinen drei Celler Deckstationen und 600 Hannoveraner Stuten übernommen, das somit als Kraftquell für die Warmblutzucht dem Wiederaufbau im ganzen Lande diente. Nicht uninteressant war die Aufnahme von 700 Ostpreußenstuten in die Meckl. Stutbücher. Dieses Stutenmaterial wurde zunächst nur eingegliedert, später als Genreserve für besondere Einsatzmöglichkeiten gefördert.

Das Zuchtziel verlangte in der Warmblutzucht neben speziellen rassetypischen Merkmalen ein den wirtschaftlichen Verhältnissen angepaßtes Pferd mit besonders guten Charakter- und Temperamentseigenschaften, Widerristhöhe nur bis 1,60 m Stockmaß. Fördernde Bewegungsabläufe fanden besondere Beachtung. Oldenburger und Holsteiner wurden abgelehnt, Ostpreußen voll anerkannt. Der Hannoveraner bildete die Grundlage der Züchtung.

Das Kaltblutzuchtziel sah ein äußerst leichtfuttriges, sehr geschlossenes, dabei aber gängiges Pferd bis 1,57 m WH vor, geeignet besonders in der Hand ungelernter Gespannführer für jeden Arbeitseinsatz. Ab 1951 wurde die Gesamtleitung für beide Landgestüte von Redefin, und damit verantwortlich für die Hengsthaltung in Mecklenburg-Vorpommern, übernommen. Die von der Zentralen Tierzuchtleitung angewiesene Zwangsbedeckung aller zuchttauglichen Stuten bewirkte, daß 1949 auf 51 Stationen 182 Warmblut- und 39 Kaltbluthengste 13.479 Stuten deckten. 1950 wurde der Höchststand in der Redefiner Zuchtgeschichte mit 19.936 Bedeckungen erreicht. Nach dieser der Zucht absolut nicht dienlichen Maßnahme und der damit verbundenen Massenproduktion folgte der Übergang zur Zucht nach den dem Zuchtziel entsprechenden Qualitätsparametern.

Die Traditionsbrände, das M mit Krone für Mecklenburg und der Greifenkopf für Vorpommern wurden beibehalten, ebenfalls der Hannoveraner Brand im übernommenen Elbgebiet.

Aus wirtschaftspolitischen Gründen erfolgte die Auflösung aller Landgestüte in der ehemaligen DDR Ende 1951. Die Hengste wurden je nach Lage der Stationen an die Landesgüter abgegeben und dieselben waren für die ordnungsmäßige Haltung und Besetzung der Stationen verantwortlich; das Gestütspersonal zog auf die Güter. Die Lenkung des züchterischen Einsatzes der Hengste lag ausschließlich in den Händen des schon von staatlicher Hand beaufsichtigten Verbandes Meckl. Pferdezüchter, zu dessen Auflösung und Umbildung in die Zuchtleitungen für Pferde innerhalb der drei Bezirkstierzuchtinspektionen Schwerin, Rostock und Neubrandenburg es 1952 kam. Zu diesem Zeitpunkt erfolgte die Angliederung der Westprignitz an den Bezirk Schwerin; ein weiteres Gebiet im Osten des Landes Brandenburg an den Bezirk Neubrandenburg. Die Stationshengste wurden ebenfalls übernommen. Die Einrichtung einer Hengstprüfungsanstalt durch die Bezirkszuchtleitungen mit 11 Monaten Trainingszeit in Redefin 1952 entsprach der Forderung nach einer Leistungszucht über die Vatertiere neben einer Feldprüfung für Stuten.

Ferner diente die Einrichtung der Erhaltung des wertvollen Kulturerbes Redefin und der Verhinderung einer zweckentfremdenden Nutzung. Die Wiedereinrichtung der Landgestüte erfolgte am 1. 1. 1956 als Staatl. Hengstdepots, die dem Landwirtschaftsministerium Berlin unterstellt wurden. Der Hengstbestand belief sich auf 300 Tiere, die auf 111 Stationen deckten.

Das Landgestüt Ferdinandshof wurde nicht wieder eingerichtet, die Aufgaben wurden mit allen Konsequenzen von Redefin übernommen.

Nach einer bedarfsdeckenden Pferdeproduktion erfolgte, trotz zurückgehender Gesamtpferdebestände, eine allmähliche Konzentration der Zucht auf bestimmte Gebiete des Landes. Eine besondere Stellung nahm das Zuchtgebiet Neuhaus/Elbe ein. Durch Verkauf guter Zuchtstuten und Fohlen in andere altmecklenburgische Gebiete und durch Aufstockung der eigenen Zuchten waren überall Ansätze zur Qualitätszucht gegeben. Schon bald spielten Zuchten der Kreise Güstrow, Doberan, Rostock, Schönberg, Bützow, Malchin und Kambs/Röbel sowie in Vorpommern Voigtsdorf, Velgast, Altentreptow, Demmin eine gewichtige Rolle im Zuchtgeschehen.

Einige auserwählte Landesgüter, wie Voigtsdorf, Velgast, Gr. Voigtshagen, Vorderbollhagen, Karow, Klenz und Wittenburg, übernahmen die Warmbluthengstaufzucht getreu einer Tradition unter früheren Besitzern. In der Kaltblutzucht waren es die Güter Güttin, Boldevitz, Wieschendorf und Vogelsang, die den Bedarf an Beschälern, in der Mehrzahl als Fohlen in Sachsen-Anhalt angekauft, zahlenmäßig deckten. Als Hauptzuchtgebiete des Kaltbluts galten die Insel Rügen und die Kreise Gadebusch und Schönberg.
Mit zunehmender Technisierung und Umwandlung der gesunden Bauernhöfe in z.

T. weniger gut florierende Produktionsgenossenschaften in den fünfziger Jahren erfolgte bei unvermeidlicher Einbuße an Zuchtstuten die Umstellung auf ein Vielseitigkeitspferd als Ergänzungszugkraft zum Motor, so daß dem Warmblutpferd eine weit größere Nutzung als Sport- und Freizeitpferd als bisher zukam. Hengste arabischer Blutführung und Trakehner Abstammung wurden der Zucht zugeführt. Die Reinzucht der Ostpreußen nahm ihren Anfang, indem ein Teil der Stuten mit nachgewiesener reinblütiger Abstammung in den Gütern Gustävel, Vorderbollhagen und im Institut für Tierzuchtforschung Dummerstorf von 1953 bis 1956 gesammelt wurden. Aus dem vorhandenen Zuchtmaterial eine Genreserve aufzubauen, war zu damaliger Zeit nur schwer vorstellbar.

Der Übergang zur umfassenden Großraumwirtschaft hatte den allseitigen Einsatz der Technik und der motorischen Zugkraft zur Folge. Der dadurch entstandene gewaltige Überhang an Nutzpferden machte es nur schwer möglich, der eingetragenen Zucht eine Perspektive zu geben. Um die Zuchtbetriebe von der aufgezogenen Nachzucht zu entlasten, wurden erstmalig 1959 dreijährige und vierjährige angehende Reitpferde im Hengstdepot Redefin aufgestallt und für den Verkauf ausgebildet. Da der Außenhandel ebenfalls am Angebot interessiert war, entwickelte sich aus dieser Maßnahme ein langfristiger Reitpferdeexport. Aus

gleicher Sicht wurde am 1. 1. 62 der Fohlenhof Ganschow, Kr. Güstrow, als Betriebsteil von Redefin mit einer Weidefläche von 450 ha eingerichtet. Die jährliche Aufnahme sah 150 Fohlen aus der Landeszucht vor. Erste Reitpferdeexporte gingen in die Länder: Holland, Belgien, Luxemburg, die Schweiz und Ägypten. Zuchthengste und Stuten wurden von den osteuropäischen Ländern bevorzugt abgenommen.

Die Entwicklung des Inlandssports ließ die Nachfrage nach Pferden aus Mecklenburg ständig wachsen, da zu damaliger Zeit die gewinnreichsten Pferde im Meckl. Zuchtgebiet gezüchtet und aufgezogen wurden. Dieser Situation entsprechend forderte das Zuchtziel ein großrahmiges Langrechteckmodell mit viel Adel und gut proportioniertem Leistungsexterieur. Ein hervorragender Bewegungsablauf in allen Gangarten sollte besondere Beachtung finden. Beste Charakter- und Temperamentseigenschaften für vielseitige Nutzung sollten vorhanden sein.

Nach Jahrzehnten der Unterbrechung hielt 1960 erstmalig wieder ein Engl.-Vollblüter - Tannenhäher xx - Einzug in Redefin. Das 150jährige Bestehen des Landgestütes wurde 1962 mit einem Bestand von 125 Warmbluthengsten, darunter 13 % Veredlerhengste, und 58 Kaltbluthengsten begangen. Bezüglich seiner Qualität zeigte der Warmblutbestand eine bedeutende Verbesserung in Richtung Reitpferd durch die Ankäufe von hannoverschen Junghengsten in der Zeit von 1954 bis 1959, so daß 25 % des Bestandes aus hannoverschen Ankäufen und deren Nachkommen zu verzeichnen waren.
Im Verlaufe der 60er Jahre wurde das Pferd - der Bestand belief sich auf 70.000 in Mecklenburg-Vorpommern - als Arbeitskraft weiter aus dem landwirtschaftlichen Betriebsablauf verdrängt.
In den meisten Staatsgütern und in den gut wirtschaftenden Genossenschaften sowie in kleinen Privatzuchten entwickelten sich ausgesprochene Sportpferdezuchten mit einem relativ hohen Stutenbestand.
1969 wurde die Landespferdezucht aus dem Bereich der Gesamttierzucht herausgelöst und einschl. Vollblutzucht und Traber dem Landwirtschaftsministerium Berlin unterstellt. 1970 kam es zur Bildung der Pferdezuchtdirektion Nord Redefin, der die beiden Zuchtleitungen Schwerin und Rostock zugeordnet wurden. Neubrandenburg war inzwischen Schwerin und Rostock angeschlossen. Sitz der Pferdezuchtleitung Mecklenburg war ab 1970 Redefin mit einem Direktor und zwei Zuchtleitern in ihren bisherigen Arbeitsbereichen.

Tibet geb. 1970, v. Tannenhäher xx - Gruß v. Gmunden
Edelblut führende Hengste arbeiten an der Modernisierung der Mecklemburgischen Warmblutzucht.

Der eingetragene Stutenbestand setzte sich wie folgt zusammen: Gesamtpferdebestand Meckl.-Vorp.: 33.500 Stück
In den Hengst- und Stutbüchern eingetragen:
Veredlerrassen: 27 Hengste, 50 Stuten
Warmblut: 55 Hengste, 2.590 Stuten
Kaltblut: 5 Hengste, 680 Stuten
Haflinger: 2 Hengste, 7 Stuten
Ponys: 47 Hengste, 202 Stuten
Von den Warmblut-, Kaltblut- und Veredlerhengsten wurden 1970 2.545 Stuten gedeckt.

Für noch notwendige Gespanndienste in den Großbetrieben war die Zeit des Haflingers gekommen. Er wurde zum Konkurrenten des Kaltblutpferdes.
Die zentralistische Entscheidungsgewalt der Zentralstelle für Pferdezucht und die damit übernommene Oberleitung aller Zuchtgebiete hatte zur Folge, daß 1975 21 Ostpreußische Hengste, z. T. von sehr umstrittener Qualität, im Einsatz waren. Das waren 24,3 % des Warmblutbestandes, gegenüber 6 Vollblütern = 6,8 %. Der Reitpferdeexport erfolgte zur gleichen Zeit nur noch zentral von Neustadt/Dosse aus, alle anderen Ausbildungsstätten waren nur noch Zulieferbetriebe.
1978, nach Einrichtung einer zentralen Hengstprüfungsanstalt in Neustadt/Dosse, hielt der erste Junghengstjahrgang dortselbst Einzug. Da die Verteilung der geprüften und gekörten Beschäler nunmehr auch zentral erfolgte, hatte Mecklenburg nur noch geringen Einfluß auf den Zuchteinsatz seiner Hengste.
Eine spezielle Zuchtberatung ergab sich aus der Anerkennung von ca. 150 Warmblutzuchtbetrieben, die entsprechende Parameter zu erfüllen hatten, als „Betriebe mit staatlich anerkannter Pferdezucht" (BaP). Die Anzahl der gehaltenen Stuten bewegte sich zwischen 10 und 40 Hauptstutbuch-stuten pro Betrieb. Ziel war es, in diesen Betrieben das Gros der Elitestuten, die Hengstanwärter und Qualitätsreitpferde zu erzeugen; dazu wurden die geeignetsten Beschäler zur Verfügung gestellt. Das Meckl. Warmblut nahm zu dieser Zeit wiederum großen Einfluß auf die Vervollkommnung der Reitpferdezuchten anderer Zuchtgebiete.
1972 wurden die Traditionsbrände durch Ministerbeschluß verboten und durch Einheitsbrände ersetzt. Als Lehrbetriebe für Pferdezucht und Reiten bemühten sich besonders die Gestüte Redefin und Ganschow um die Nachwuchsfrage.
Im 175. Jahr seines Bestehens, 1987, wurden auf 16 Haupt- und 23 Nebenstationen 3.221 Stuten gedeckt.
Der Beschälerbestand setzte sich aus 1 Araber, 1 Anglo-Araber, 6 Englischen Vollblütern, 6 Ostpreußischen Hengsten und 65 Warmbluthengsten verschiedener Genkonstruktionen zusammen. Ferner standen 11 Kaltblüter und 10 Haflingerhengste in den Ställen.

Der Pferdebestand im Lande umfaßte 1987 einen Bestand von 25.500 Tieren. In den Zuchtbüchern der Pferdezuchtdirektion Mecklenburg waren 2.500 Warmblut-, 200 Kaltblut-, 330 Haflinger- und 800 Ponystuten eingetragen. 570 Stuten, davon 350 Warmblüter, wurden neu aufgenommen. Das Abfohlergebnis betrug 60 % des eingetragenen Stutenbestandes. Die 1890ste Staatsprämie konnte vergeben werden. 1989, ein Jahr vor der Verbandsneugründung, zählte der eingetragene Zuchtbestand 141 Hengste und 4.228 Stuten. Davon entfallen auf das Warmblut 2.645 Stuten mit 14,5 % Staatsprämienstuten und 77 Hengsten.

38 Jahre nach Auflösung des Verbandes Meckl. Pferdezüchter wurde im September 1990 der Verband der Pferdezüchter Mecklenburg-Vorpommern e.V., mit seinem Sitz in Güstrow, ab März 1991 gegründet. Ende desselben Jahres gehörten dem Verband 1.628 Züchter mit 3.262 Stuten und 148 Hengsten aller Rassen an. Fast 40 % der Hengste und 57 % der Stuten sind Meckl. Warmblüter, 5,4 % der Hengste und 2,1 % der Stuten gehören

der Kaltblutrasse an. Araber, Haflinger und Ponyrassen ergänzen den Bestand. Die alten Brände, das M mit der Krone und der Greifenkopf, werden u. a. für Mecklenburg-Vorpommern wieder eingeführt. Nach relativ langer Verwaltung durch die Treuhand wird Redefin 1993 als Landgestüt durch das Land Mecklenburg-Vorpommern übernommen und ab 1. 10. 1993 ein Landstallmeister eingesetzt.

Der Gesamtpferdebestand belief sich Ende 1992 auf 15.545 Tiere. Am Ende des Jahres 1993 betreute der Verband 2.103 Züchter mit 4.171 Stuten und 210 Hengsten. Zum gleichen Zeitpunkt waren folgende Populationen mit über 100 Stuten beim Verband erfaßt:
Meckl. Warmblut: 2.487
Kaltblut: 109
Haflinger: 527
Deutsches Reitpony: 693 sowie
Shetlandponys: 273 Stuten.
Der Bestand an gekörten Hengsten und der Bedeckungen 1993 kann den nachfolgenden Tabellen entnommen werden:

Gekörte Hengste zur Deckperiode 1993 in Mecklenburg-Vorpommern

	Landgestüt	Private Hengsthalter
Araber	1	9
Engl. Vollblut	8	2
Warmblut	41	45
Kaltblut	2	4
Haflinger	8	11
Deutsch. Reitpony	3	34
Versch. Rassen	-	42
insgesamt	63	147

Bedeckungen 1993:

	Landgestüt	Private Hengsthalter
Araber i.d. W-Zucht	6	22
Engl. Vollblut	210 dv. 54 Besamung	18 alle besamt
Warmblut	1258 dv. 314 Besamung	620 dv. 202 Besamung
Kaltblut	18	27
Haflinger	214	141
Deutsch. Reitpony	91	285
Versch. Rassen	-	778 Stuten

Trotz Rückgang des Gesamtpferdebestandes weisen die beim Verband eingetragenen Populationen ein weit größeres Spektrum und eine steigende Tendenz auf. Es ist die Gewähr gegeben, den sich für den Pferdesport und die Pferdehaltung in-teressierenden Menschen, je nach Neigung, ein allen Vorstellungen entsprechendes Pferd zur Verfügung zu stellen. Der Züchter in Mecklenburg-Vorpommern stellt sich dem Neuen: Freiheit bedeutet Qualität der Arbeit.

5.2 Genealogische Betrachtungen der Warmblutzucht

Die genealogische Einordnung der Beschäler in der Wiederaufbauphase läßt deutlich die Überlegenheit der bewährten Hannoveraner Hauptlinien erkennen. Nach zehn Jahren selektiver Zucht nach Typ und Exterieur zeigt sich 1957 folgende Entwicklung:

Flingarth-Linie: 60 Hengste = 33,3 % des Bestandes.
Flimmerstahl, Pom. '33, v. Flimmergold - November mit 10 Söhnen
Flügel, Han. '43, v. Flügelmann I - Jägersmann mit 12 Söhnen bestimmten den Entwicklungstrend dieser Linie.
Im Verlauf von 10 Jahren gingen 57 gekörte Hengste und 577 Prämien- und Hauptstutbuchstuten aus der F-Linie hervor.

Adeptus- xx-Linie: 39 Hengste = 21,0 % des Bestandes.
Abendstern, Han. '42, v. Abendsport - Feiner Kerl mit 6 Söhnen
Arrest, Han. '44, v. Astral - Feiner Kerl mit 6 Söhnen wurde zum Stempelhengst dieser Linie, aus der 46 gek. Hengste und 389 Prämien-Hauptstutbuchstuten hervorgingen.
Detektiv-Linie: 23 Hengste = 18,3 % des Bestandes.
Dobrock, Han. '38, v. Dolman - Foliant mit 7 Söhnen
Dollarprinz, Han. '45, v. Dollart - Falko III mit 4 Söhnen legten den Grundstein für den steilen Anstieg der Linie.
31 gekörte Hengste und 227 Prämien-Hauptstutbuchstuten sind nach 10 Jahren in den Zuchtbüchern verzeichnet.

Die Nebenlinien sind wie folgt vertreten:

Goldschläger-I-Linie: 18 Hengste = 10,0 % des Bestandes.
18 gek. Hengste, 92 Prämien-Hauptstutbuchstuten.
Jasperding-Linie: 5 Hengste = 2,8 % des Bestandes.
8 gek. Hengste, 103 Prämien-Hauptstutbuchstuten.
Schwabenstreich-Linie: 11 Hengste = 6,2 % des Bestandes.
8 gek. Hengste, 60 Prämien-Hauptstutbuchstuten.

Hengste Trakehner-Abstammung machen 5 % des Bestandes aus.

Zu bemerken wäre, daß kein Hengst der alten Hannoveraner oder Meckl. Linien über Edelblut in den ersten drei Generationen verfügte. Der Einsatz Ostpreußischer Hengste hatte sich in der Remontierung noch nicht bemerkbar gemacht. Ihre Qualität war der genetischen Mauer der Meckl. Stuten nicht gewachsen.

Zwei Mecklenburger Elitestuten:

Marginale geb. Voigtsdorf 1971, führt 56,25 % Trak. Blutanteile, v. Markus Trak., Semper v. Senator Han., Flügel.

Die Blüte geb. Voigtsdorf 1976, führt 37,5 % Trak. Blutanteile, v. Disponent, Labirynt Trak. , Atreus Trak.

Nach Wandlung des Zuchtzieles zum vielseitig verwendbaren Reit- und Wagenpferd ergibt sich 1970 eine stark veränderte Genealogie.

Edelblut führende Hengste: 40 = 54,8 %, ohne Edelblut in den ersten drei Generationen: 33 = 45,2 % des Bestandes.

Die Genkonstruktionen:

Vollblüter: 6 = 8,2 %
Vollblutsöhne: 4 = 5,5 %
Vollblutenkel: 5 = 6,8 %
Ostpr. Reinzucht: 15 = 20,5 %
Ostpr. Söhne u. Enkel: 4 = 5,5 %

Flingarth: 10 = 13,7 %
Adeptus xx: 6 = 8,2 %
Detektiv: 10 = 13,7 %
Großinquisitor xx: 6 = 8,2 %
Goldschläger I: 1 = 1,3 %
Senator: 6 = 8,2 %

Zu diesem Zeitpunkt ist bereits der starke Rückgang der F-, A- und G-Linien aufgrund fehlender Leistungsträger abzusehen.

Einzelne Importe der A- und F-Linie aus Hannover konnten diese Entwicklung nicht aufhalten.

Zu absoluten Hauptbeschälern und Spitzenvererbern der Nachkriegszeit entwickelten sich die Beschäler:

1. Gruß, Han. '52, v. Gmunden - Friesenkönig (1956 - 1963), 15 gek. Söhne und 60 Prämien-Hauptstutbuchstuten
2. Dornat II, Han. '57, v. Dömitz I - Almjäger I (1961 - 1971), 8 gek. Söhne und 49 Prämien-Hauptstutbuchstuten
3. Duell II, Han. '59, v. Duellant - Folgsam (1962 - 1981 in Neustadt und Redefin), 19 gek. Söhne und 183 Prämien-Hauptstutbuchstuten

Zwei Hengste Trakehner Abstammung verdienen erwähnt zu werden, sie beeinflußten besonders positiv den Veredelungsprozeß:

1. Almanach, Nieders. '53, v. Abendstern - Purpur, 5 gek. Söhne
2. Albatsohn, Meckl. '55, v. Albatros - Diskont, 7 gek. Söhne.

Die Vollblüter Modus xx '60 und Grollus xx '66 haben sowohl in der Lieferung von Zuchtpferden als auch als Erzeuger talentierter Reitpferde auf sich aufmerksam gemacht. Abu-Afas ox, Import aus Polen, gab seinen Nachkommen bedeutendes Springvermögen mit, besonders wirksam aber wurde er als Mutter-Vater.

Das Zuchtziel, das nunmehr ein vielseitig verwendbares Sportpferd mit allen speziellen diesbezüglichen Eigenschaften sowohl für den Hochleistungssport als auch für touristisches Reiten verlangte, galt es, durch weiteren sinnvollen Einsatz der Veredelungsrassen zu verwirklichen. Betonte Reitpferdpoints, Gesamtelastizität und Bewegungsablauf waren die vordringlichsten Selektionskriterien.

Redefiner Ldb. Duros geb. 1985, v. Duralin III Mtr. v. Modus xx, Senatus v. Senator Han., Drusus Trak. HLP: 138,85/2./35. Besonders erfolgreicher Dressurhengst.

Redefiner Ldb. Melder geb. 1984, v. Modus xx, Dominik v. Dornat II, Sultan Senator-Linie. Bestes Leistungsblut angepaart an bewährte Mutterstämme zeichnen diesen Halbblüter aus.

Genetische Entwicklung des Hengstbestandes in Meckl.-Vorpommern

Genealogische Gruppen	1980 Ldb.	1990 Ldb.	1993 Ldb.	Priv.
Engl. Vollblut	6 = 7,1 %	12 = 19,0 %	9 = 16,6 %	1 = 3,4 %
Ostpr. Reinzucht	16 = 19,0 %	7 = 11,1 %	7 = 12,9 %	3 = 10,3 %
Neue Vollblut-Linien	10 = 11,9 %	11 = 17,4 %	12 = 22,1 %	2 = 6,9 %
Neue Ostpr.-Linien	28 = 33,3 %	16 = 25,3 %	8 = 14,8 %	7 = 24,1 %
Alte Han./Meckl.-Linien	24 = 28,3 %	27 = 42,8 %	18 = 33,3 %	16 = 55,1 %

Redefiner Ldb. Adriano geb. 1976, v. Adept v. Archimedes Han., Alciglide xx, Assuan II Meckl. Hauptbeschäler im Gestüt Ganschow. Zuchtspitzen und Pferde mit hoher Dressurveranlagung sind seine Nachkommen.

Die genetische Entwicklung des Hengstbestandes zeigt einen kontinuierlichen Einfluß des Englischen Vollblutes.
Julius Cäsar xx: Han. über Julier - Jupiter, Der Löwe xx: Han. über Lugano I und II - Leuchtfeuer, Modus xx: Meckl. über Mistral II und Monsun x haben neue Hengstlinien gebildet, die Zucht und Sport gleichermaßen positive Impulse geben. Grollus xx verdient Erwähnung als Sportpferdelieferant, er zeugt Pferde von enormer Härte. Hengste ostpreußischer Abstammung sind zahlenmäßig deutlich zurückgegangen, nur beste Qualität wird gezielt eingesetzt; ca. 40 % des Stutenbestandes weisen ostpreußische Genanteile auf. Die klassischen Han./Meckl. A-, F-, und S-Linien sind erloschen. Nur die Detektiv-Linie steht aufgrund ihrer seit Generationen modernen Stempelhengste mit an führender Stelle, heute besonders in den mütterlichen Stämmen.
Die alte Meckl. Goldschaum- xx/Goldschläger-I-Linie greift über Grande Han. mit bestem Leistungsblut durch noch sehr junge Beschäler in das Zuchtgeschehen ein.
Über den im großen Sport bewährten Hengst Komet wird die Kingdom- xx/King-Linie weitergeführt. Vielseitige Leistungsveranlagung wird den Nachkommen, gerade auch im Hochleistungssport, nachgesagt. Der ganz große Durchbruch gelang auch in Mecklenburg den Abglanz-T.-

Nachkommen. Adriano, Neust. '76, v. Adept - Alciglide xx ist der Stempelhengst, der in Ganschow zum Hauptbeschäler avancierte. Ganz moderne Zukunftshengste stellen sich mit den Hengsten Apollo v. Adept und Detektiv - Mutterbasis sowie Admiral v. Adriano und bester Trakehner-Stutengrundlage vor.
Der Semper-idem-T./Senator-Linie, nur noch durch einen Hengst vertreten, sollte mehr Aufmerksamkeit geschenkt werden.
Semper, Han. '57, v. Senator - Dömitz I wirkte verbessernd in bezug auf Typ und Bewegungsablauf. Sein Sohn Santos, Meckl. '73, aus einer Dornat-I-Tochter, war bei dem Ankaufsjahrgang 1993 für Redefin, bestehend aus sechs Hengsten, fünfmal im Pedigree vorhanden.
Ab 1990 wird auch „Blut von außen" - Holsteiner und Oldenburger - anerkannt. Die Forderung nach höchster Leistung steht im Vordergrund. Der Stutenbestand zeigt ebenfalls ein durch Edelblutanteile stark verändertes Bild:

Han./Meckl. - Reinzucht:	36,5 %
25 % und mehr Edelblutanteile:	60,5 %
Ostpr. Reinzucht:	3,0 %

Von 1962 - 1986 wurden auf DDR-Sieger-Eliteschauen 12 Hengste und 246 Stuten mit Sieger- und I. Preisen ausgezeichnet, das sind zu über 50 % in Mecklenburg gezüchtete Pferde.
Als einmalige Erfolge sind zu vermerken:
- Dotterblume '48 v. Dobrock Han. wurde viermal DDR-Siegerstute, Züchter: H. Fischer, Stiepelse/Elbe
- Genius '58 v. Gruss a.d. Dotterblume wurde zweimal DDR-Sieger, Züchter H. Fischer
- Nachzuchtsammlung des Hengstes Gruss v. Gmunden Han., bestehend aus dem Sohn Genius und vier Töchtern des Hengstes, erhielt den nur einmal an Pferde vergebenen „Großen Staatsehrenpreis".

Anpaaren und Selektieren nach Exterieur, Eigenleistung und Nachkommenschaftsleistung, als Einheit geprüft, wobei Hengst und Stute gleichermaßen einzubeziehen sind, lassen berechtigte Hoffnungen auf beste Erfolge des Meckl. Warmbluts zu.

5.3 Leistungsprüfungen

Ab 1951 wurde begonnen, Leistungsprüfungen für Stuten als Feldprüfung durchzuführen. Verlangt wurde ein einspänniger Zug vor der Schleppe in Form einer Erfüllungsprüfung zur Ermittlung der Minusvarianten. Zugwilligkeit, Schrittlänge, Charakter und Temperament unterlagen der Beurteilung.

1952 folgte die Einrichtung einer Hengst-prüfungsanstalt mit 11monatigem Training in Redefin. Die Prüfungsbedingungen entsprachen der Forderung nach einem Viel-seitigkeitspferd mit betonter Wirtschaftlich-keit. Beurteilt wurden die drei Grundgang-arten unter dem Reiter, die Springanlage im Gelände, der Zug vor der Schleppe und zwei Distanzfahrten, zweispännig, als Last- und Leerfahrt. Verfassungsprüfungen wurden nach jeder Teilprüfung durchge-führt. Ab 1961 wurde unter Berücksichti-gung erhöhter Anforderungen im Pferdes-port das Reglement für Hengste unter Bei-behaltung der bisherigen Kriterien in den Mindestforderungen angehoben. Kaltblut-hengste wurden ihrem Rasseverwendungs-zweck entsprechend im schweren Zuge, aber auch im Trabe, über längere Strecken geprüft.

Der Vorteil der Leistungsprüfung am neu-tralen Ort wurde mit der Einrichtung einer zentralen Hengstprüfungsanstalt 1978 in Neustadt/Dosse realisiert. Vierzig Proban-den aller Warmblutzuchtbetriebe der ehem. DDR konnten jährlich zu einer 11monatigen Testzeit mit anschließender zweitägigen Prüfung eingestallt werden. Die relative ökonomische Wichtung der Leistungsmerkmale geschah nach folgen-den Prüfungskriterien:

Vier Töchter des Hengstes Gruß v. Gmunden, Großinquisitor xx Linie

Merkmalskomplexe	Prüfungskriterien	Gewichte
Interieur	Temperament/Charakter Leistungsbereitschaft Allge. Leistungsfähigkeit Zugwilligkeit (Schleppe)	30
Reiteignung	Fremdreitertest Rittigkeit Gangmechanik	45
Springanlage	Freispringen Parcourspringen Geländehindernisse	20
Geländeeignung	Galoppmanier Jagdgaloppzeit	5

Das Ergebnis der Leistungsprüfung und die Exterieurbeurteilung ergaben die Körklasse. Untersuchungen haben ergeben, daß redu-zierte Ausbildungszeiten sich nicht nach-teilig auf die Beurteilungsgenauigkeit der im Trainingsprotokoll ausgewiesenen Merkmale auswirken, sondern einen posi-tiven Effekt erzielen. Je länger die Trai-ningsdauer, je mehr nehmen die Merk-malsvariabilität und die Korrelation zwi-schen Ergebnissen des Trainingsprotokolls ab. Eine hohe Beurteilungsgenauigkeit hängt von der Prüfmethodik ab.

Unter Berücksichtigung der Zuchtzielum-stellung veränderte sich auch die Feldprü-fung der Stuten. Beurteilt wurden die Grundgangarten unter dem Reiter mit einer Ermittlung der Zeit und der Gangmaße so-wie einer Stilnote. Eine nicht bestandene Prüfung führte zur Streichung aus dem Hauptstutbuch.

Ab 1991 erfolgt die Prüfung der Warmblut-tuten sowohl als Feld- als auch als Stations-prüfung. Geprüft wird gem. Richtlinie für Meckl. Warmblutstuten. Je Prüfungsort wird die Teilnahme von mindestens 15 Proban-den der Vergleichbarkeit wegen verlangt. Die Vorstellung der Stuten erfolgt unter dem Reiter und freilaufend auf Weisung der Richter. Beurteilt werden die Grundgangar-ten, die Rittigkeit und das Freispringen. Die Gewichtung der Teilkriterien erfolgt im Verhältnis 1 : 1 : 1. Maßgebend für die Be-urteilung sind die Eignung als Zuchtstute zur Verbesserung der Reitpferdpoints in der Warmblutzucht sowie die Anerkennung als Hengstmutter.

Turniersportprüfungen werden bei folgen-den Ergebnissen als bestandene Leistungs-prüfung anerkannt.

1. Dressur- und Springprüfungen:
   5 Plaz. Kl.M oder S, 1.-3. Platz
2. Vielseitigkeitsprüfungen:
   3 Plaz. Kl.M oder S, 1.-3. Platz

Den neuen Erkenntnissen im Prüfungswe-sen und den veränderten wirtschaftlichen Verhältnissen angepaßt, werden die jun-gen Beschäler in einer Hengstleistungsprü-fung mit 100-Tage-Vorprüfung und ab-schließendem Leistungstest geprüft.

Die Erfüllung der Leistungsprüfung mit ständig steigender Tendenz, wobei Eigen-schaften des Interieurs größte Beachtung finden, wird den Wert und damit die Nachfrage des Meckl. Warmbluts für jegli-che sportliche Verwendung ausmachen. Nur sehr gutes, streng selektiertes Zucht-material wird für die Qualität des Meck-lenburgers bestimmend sein.

Lamarc Trak. geb. 1988 in Ganschow, v. Altan, Monsun x v. Modus xx,
Typ des modernen Ganschower Pferdes, Trak. Prägung mit Engl.- und Arab.-Vollblutanteilen.

5.4 Gestüt Ganschow und die Ost-
preußenzucht

Nachdem von 1946 bis 1949 eine größere Anzahl Stuten aus den östlichen Zuchtgebieten eingetragen wurde, konnte man rund 700 Stuten ost- und westpreußischer Abstammung registrieren. Nur ein geringer Teil dieser Stuten, vorwiegend in Händen ihrer Züchter, wurde der Reinzucht zugeführt. Mangel an ostpreußischen Hengsten war der Hauptgrund. In Erkenntnis der Bedeutung dieses Pferdes wurden ca. 100 Stuten in drei Staatsbetrieben gesammelt und nach Auswahl geeigneter Hengste, u. a. durch Einfuhr aus Westdeutschland, mit der Reinzucht begonnen. Am Erhalt der Rasse hatte das Institut für Tierzuchtforschung Dummerstorf den Hauptanteil. Zu den 29 gehaltenen Stuten wurden die Hengste Albatros '35 v. Alaskafuchs, Faschingszauber '39 v. Hirtensang und Ingwer '36 v. Kupferhammer gestellt.
Der 1962 eingerichtete Fohlenaufzuchthof Ganschow wurde 1965 selbständiges Gestüt mit der Aufgabe, die Zucht des Pferdes Trakehner Abstammung fortzusetzen und

auf 60 Stuten zu erweitern. Der Gesamtstutenbestand sollte bis auf 140 Stuten mit Mecklenburgern aufgestockt werden. Begonnen wurde mit 35 Ostpreußen- und 11 Meckl. Stuten, der Gesamtpferdebestand, einschließlich Fohlenaufzucht betrug 324 Tiere. Zwanzig Jahre später, nachdem Ganschow ab 1972 zentrale Aufzuchtstätte für alle in Mecklenburg geborenen Warmbluthengstanwärter geworden war (es wurden pro Jahrgang 60 Anwärter, davon 40 durch Zukauf, aufgezogen), belief sich der Pferdebestand auf 630 Tiere, davon 60 Stuten Trakehner Abstammung und 80 Meckl. Stuten. Für beide Rassen standen je zwei Hauptbeschäler der jeweiligen Population sowie für beide Rassen ein Englischer Vollblüter und der sich überdurchschnittlich vererbende Anglo-Araber Monsun x, geb. Ganschow 1971 v. Modus xx - Abu-Afas ox, zur Verfügung. Von den Importhengsten - 4 aus Polen, 2 aus UdSSR - hat sich Trafaret '74, Kirow v. Almanach I - Topol ox, besonders bewährt.
Im besagten Zeitraum wurden im Gestüt 63 Ostpr. und 116 Meckl. gekörte Hengste aufgezogen. 82 Staatsprämienstuten ostpreußischer Abstammung und 102 Staats-

prämienstuten mecklenburgischer Abstammung gingen aus den Stutenpopulationen hervor. Auf den Republiksiegerschauen stellte Ganschow viermal die Siegerstute bei den Pferden Trakehner Abstammung und fünfmal die Siegerin bei den Mecklenburgern.
Im größten Deutschen Gestüt standen 1989 59 Ostpr. Stuten und 81 Meckl. Stuten bei einem Gesamtbestand von 624 Pferden. 1993 stehen in dem, in Privatbesitz übergehenden Gestüt 344 Pferde, davon 39 Ostpr. Stuten und 69 Meckl. Stuten. Die zum Gestüt gehörige landwirtschaftliche Nutzfläche beträgt 320 ha.

5.5 Kaltblut und Haflinger

Mecklenburg, als klassisches Land der Warmblutzucht, galt stets in der Kaltblutzucht als Nachzucht- oder Vermehrungsgebiet. Vatertiere wurden fast ausschließlich aus dem Rheinland, Westfalen und Schweden (Ardenner), nach 1960 aus Sachsen-Anhalt eingeführt.
Wirtschaftsbedingte Nachfragen, abhängig von landwirtschaftlichen Veränderungen und Gespannführerfragen, ließen es zu einem Wechsel zwischen Zuspruch und Ablehnung dieser Rasse kommen. Verlangt wurde stets ein nur knapp mittelschweres Pferd, sehr geschlossen, Größe bis 1,57 m Stockmaß, wenig Beinbehang und viel Trabvermögen. Die Hengsthaltung war ursprünglich in der Privatzucht angesiedelt, wurde dann aber vom Staat übernommen. Der Stutenbestand lag natürlicherweise zahlenmäßig weit unter dem der Warmblutzucht. Seit 1994 hält Redefin keine Kaltbluthengste mehr. Die Leistungsprüfungen waren zu allen Zeiten dem Verwendungszweck dieses Pferdes angepaßt. Die Bestandsentwicklung der Kaltblutzucht ist aus dem entwicklungsgeschichtlichen Teil zu entnehmen. Die züchterische Bearbeitung des Kaltbluts - z. Zt. 6 gek. Hengste und 109 eingetragene Stuten - dient ausschl. der Erhaltung der Rasse von einst wirtschaftlicher Bedeutung.

Nach Import des Haflingers in die südlichen Gebiete der ehem. DDR trat er auch seinen wahren Siegeszug in den Norden an. 1970 stellte Redefin den ersten Haflingerhengst ein. Seine relative Anspruchslosigkeit, aber besonders seine besten Temperaments- und Charaktereigenschaften haben ihn für alle Gespanndienste in der Hand von „Nurpferdeliebhabern" zum bevorzugten Arbeits- und Freizeitpferd werden lassen. Ein kontinuierlicher Anstieg des Zuchtbestandes - 19 Hengste und 527 Stuten - unterstreicht diese Entwicklung.
Seine ihm angepaßte Leistungsprüfung absolviert der Haflinger als ausgesprochen vielseitig einsetzbares Zug- und Tragtier mit besonderem Status für die Touristik.

Amarin I geb. 1958 in Gr. Lüsewitz.
Hervorragender Vertreter des Zuchtzieles in der Mecklenburgischen Kaltblutzucht.

5.6 Mecklenburgisches Warmblut im Sport

Die ländlichen Reitervereine im Sinne Gustav Raus spielten auch in Mecklenburg eine wesentliche Rolle im Hinblick auf die Festigung der Warmblutzucht als Familientradition im bäuerlichen Betrieb. Der Krieg mit seinen Begleiterscheinungen brachte alle diesbezüglichen Aktivitäten zum Erliegen. In den ersten Nachkriegsjahren waren jegliche Ansätze einer Reiterei untersagt. Mit Beginn einer organisierten Warmblutzucht und dem Wiederaufbau entwickelte sich auch der Pferdesport an der Basis. Schon in den 50er Jahren wurden Pferdeleistungsprüfungen mit Ermittlung der Deutschen Meister (DDR) veranstaltet. Vorwiegend Meckl. Pferde standen am rechten Flügel bei der Siegerehrung. Als Spitzenpferde der damaligen Zeit seien genannt:
Bianka v. Falkenhayn, D. Schulz, Meisterschaftspferd 1957/58, Res.-Pferd der Olympia-Springmannschaft Rom 1960
Hradschin v. Harry T., O. Fiege, Springmeister 1960
Hannibal v. Faschingszauber T., F. Kasten, Olympiapferd Rom 1960
Mohamed v. Albatsohn T., H. Fuhrmann, Militarypferd Olympia Tokio 1964
Herzjunge v. Ferdinand, H. Köhler, Dressurpferd Olympia Mexiko 1968
Mit der Gründung des Deutschen Pferdesportverbandes verbesserte sich zwar die Sportorganisation, jedoch ließen die, für die Zucht so wünschenswerten Ermittlungen, auswertbare Ergebnisse offen.
In den drei Spitzenclubs mit Leistungsaufträgen dominierten eindeutig Meckl. Pferde. 1962 war der Anteil folgender:

Armeesportclub, Potsdam, Schwerpunkt Dressur, 44 % Meckl.
Polizeisportclub, Dynamo-Hoppegarten, Schwerpunkt Springsport, 50 % Meckl.
Deutscher Turn- und Sportbund, Halle, 59 % Meckl.

1965 waren in 80 sog. Sektionen 2.000 Mitglieder in Mecklenburg organisiert. Aus politischen Gründen war es den Sportlern nicht gestattet, regelmäßig an westeuropäischen Turnieren teilzunehmen, weshalb es den Reitern an Erfahrung mit weit stärkeren Konkurrenten fehlte. Im Zusammenhang damit stand auch die Auflösung der Spitzenclubs nach den olympischen Spielen 1972 auf NOK-Beschluß. Der Pferdesport wurde nur noch als Breitensport geführt.
In der Folgezeit griffen die Landgestüte (Hengstdepots) in das sportliche Geschehen ein. Die ihnen angeschlossenen Ausbildungs- und Exportställe mit einem Jahresdurchgang von 250 Pferden gestatteten eine breite Auswahlmöglichkeit.
Als Exportländer galten Holland, Belgien, Luxemburg, die BRD und einige osteuropäische Länder. Die Bundesrepublik Deutschland wurde später zum fast alleinigen Käufer.
In jüngster Zeit machten einige Vollblüter durch ihre Nachkommen im Spitzensport auf sich aufmerksam.
Modus xx mit den Söhnen Markolf, Modigliani (Buchlohe) und Morgenglanz waren bei internationalen Nationenpreiseinsätzen sehr erfolgreich. Daker II v. Daban xx, W. Wego, zweimaliger Militarymeister.
Grollus xx mit den Nachkommen Grolle Dich, F. Sieglind, Springmeister, Golf, U. Elsholz, mehrere Nationenpreissiege und

Gallus, Chr. Zehe, als Vielseitigkeitspferd 1988 und 89 DDR-Meister und Ungarische Meisterschaft Platz 2, 1990 Achselschwang 7. Platz, 1991 E. M. Punchestown 7. Platz, 1992 Luhmühlen 11. Platz, Pferd der Nationalmannschaft.
Gallus 1991 „Pferd des Jahres" vor Grandeur und Walzerkönig. Missouri v. Mistral II - Modus xx, H. Wulschner, aufgenommen in den A-Springkader. Einige Nachwuchspferde der Meckl. Zucht konnten erfolgreich an Bundeschampionaten teilnehmen.

Bis 1989 waren 9.000 Mitglieder in 230 Vereinigungen organisiert, hinzu kamen ca. 1.000 nicht organisierte Freizeitreiter. 1990 bis 1993, nach Gründung des Landesverbandes Mecklenburg-Vorpommern für Reiten, Fahren und Voltigieren e.V. im Mai 1990, zählen 4.000 Mitglieder in 140 Reitervereinen und Ende 1993 5.000 Mitglieder in 160 Vereinen und ca. 5.000 Freizeitreiter zu den aktiven Pferdesportlern in Mecklenburg-Vorpommern.
Außerdem existieren ca. 70 hervorragend arbeitende Reiterhöfe. Der bei der FN eingetragene Turnierpferdbestand umfaßt 1.400 Pferde.
Landesweit werden pro Jahr über 50 Turnierveranstaltungen durchgeführt.

5.7 Verband und Landgestüt

Mit der Einrichtung der Pferdezuchtdirektion Redefin 1970 erfolgte die Vereinigung züchterischer Aufgaben mit den Dienstleistungen des Hengstdepots in einer Institution unter staatlicher Leitung mit einem beratenden Zuchtbeirat. Mit der Gründung des Verbandes der Pferdezüchter Mecklenburg-Vorpommern 1990 und der Einrichtung der Kreispferdezuchtvereine erfolgte die Auflösung der Zuchtdirektion Redefin. Das Landgestüt konnte sich seinen ursprünglichen Aufgaben wieder voll widmen. Der Zweck des Verbandes, die Pferdezucht des Landes insgesamt zu fördern, wird durch komplexe Aufgaben verdeutlicht.
1. Zusammenschluß der Züchter innerhalb und außerhalb des Verbandsgebietes.
2. Anwendung neuester Erkenntnisse und Beratung der Züchter in allen Fragen der Zucht, Haltung, Fütterung, Ausbildung und Verhütung von Krankheiten.
3. Führung des Hengst- und Stutbuches gemäß Zuchtbuchordnung.
4. Gestaltung und Anleitung in der Durchführung des Zuchtprogramms.
5. Durchführung von Stuten- und Fohlenschauen, Prämienschauen, Ausstellungen und Leistungsprüfungen auf landesweit über 100 Terminen.
6. Organisation des Absatzes von Zucht- und Sportpferden aller Kategorien.
7. Spezielle Beratung der privaten Hengsthalter.

Military-Spitzenpferd Gallus v. Grollus xx unter Christian Zehe, Gr. Lüsewitz

Holger Wulschner - A Kader BRD, Hier mit Missouri v. Mistral II v. Modus xx

Neben dem Verbandsvorstand arbeiten gewählte Züchter in Ausschüssen und Kommissionen.
Als Verbandszeichen gelten:

Für die Warmblutzucht:
der Fohlenbrand M mit Krone,
für die Kaltblutzucht:
ein achtzackiger Stern mit einem M darin,
für sonst. Großpferde:
der Pommersche Greifenkopf mit Krone,
für Ponys und Kleinpferde:
ein sechskerbiges Eichenblatt mit stilisierter Eichel.

Dem Landgestüt obliegen vorwiegend Dienstleistungen für die Züchterschaft, und es ist eine vom Land gestützte Einrichtung zur „Be"-Förderung der Landespferdezucht, wie schon 1885 geschrieben.

1. Bereitstellung von Landbeschälern auf Deck- und Besamungsstationen. Zur Durchsetzung des züchterischen Fortschritts werden, unter Ausnutzung der wertvollsten Beschäler, verstärkt Möglichkeiten geschaffen, ohne hohen Kostenaufwand sowohl Frischsperma als auch Tiefgefriersperma den Stutenhaltern zugänglich zu machen.

2. Unterhaltung einer Hengstprüfanstalt und Durchführung des 100-Tage-Tests.

3. Berufsausbildung zum Pferdewirt Zucht und Haltung bzw. Reiten.

4. Durchführung von Lehrgängen an der dem Landgestüt angeschlossenen Landes-Reit- und Fahrschule, anerkannt von der Deutschen Reiterlichen Vereinigung.

5. Gestaltung der traditionellen Redefiner Hengstparaden als eindrucksvollstes Zuchtschauereignis in der Meckl. Pferdewelt.

6. Nutzung der historischen Gestütsanlage und seiner Hengste für Repräsentationszwecke des Landes und für den Fremdenverkehr.

Der Landstallmeister ist in verschiedenen Kommissionen des Verbandes vertreten. Verband und Landgestüt gelten in Mecklenburg-Vorpommern als Einheit züchterischen Wirkens.

6. Rückblick

Mecklenburg, ein klassisches Land des Warmblutpferdes, kann auf eine wechselvolle Zuchtgeschichte zurückblicken. Von Anbeginn gingen starke Impulse aufgrund seiner günstigen geographischen und klimatischen Verhältnisse und der Einstellung der Menschen zum Pferde von diesem Land aus, wovon in verschiedenen Epochen andere Zuchten auch profitierten. Hippologische Fehlentscheidungen - Kaltblutkreuzungen - und wirtschaftspolitische Veränderungen mit negativen Begleiterscheinungen konnten nicht verhindern, dem modernisierten Warmblut, ganz im

Redefiner Ldb. Diskret geb. 1982, v. Diskaro, Leonardo, 25% Trak. Genanteile, HLP: 124,41/3/38. Besonders profilierter Dressurhengst - auch bzgl. seiner Vererbung.

Reitpferdtyp, einen ihm gebührenden vorderen Platz im Deutschen Zuchtgeschehen einzuräumen.

Zuchtziel und Zuchtorganisation gehen, unter Berücksichtigung eigener Strukturen, mit den führenden Zuchtgebieten konform. Im sportlichen Geschehen werden Initiativen ergriffen, um dem an Tradition gebundenen Pferd breiten Raum für eine vielseitige Entfaltung zu schaffen. Die Devise lautet: Leistung und Ausdauer, Charakter und Anstand - Nordischer Adel. Auch in Zukunft wird das Warmblutpferd das Rückgrat züchterischen Geschehens in Mecklenburg-Vorpommern bilden.

Die Förderung der Kaltblutzucht dient der Erhaltung dieser Rasse. Haflinger, Deutsches Reitpony und weitere Kleinpferderassen erweitern das Spektrum der züchterisch betreuten Rassen zu vielseitiger Nutzung.

Literatur

Burandt, E., Ein Beitrag zur Lösung des Problems der Leistungsprüfung von Wirtschaftspferden an Hand einer Methode und deren Auswertung innerhalb der Meckl. Landespferdezucht., Diss. Halle/Saale, 1951, S. 34-47.

Froelich-Schwarznecker, Lehrbuch der Pferdezucht, Parey-Berlin 1926.

Hellerung, J., Entwicklung der Meckl. Warmblutzucht nach 1945 und Maßnahmen zur Zucht nach Leistung, Tierzucht Berlin, 1953/2, S. 57-60.

Hellerung, J.,Typ und Bodenständigkeit der Meckl. Warmblutzucht, Tierzucht Berlin, 1956/4, S. 121-127 Hellerung, J., Hengstleistungsprüfung in der HPA Redefin, Tierzucht Berlin, 1954/1, S. 28-31, Tierzucht Berlin, 1962/9, S. 387-389.

Hellerung, J., Zuchtmethoden und Zielsetzung in der Sportpferdezucht, Deutscher Landw.-Verlag, Berlin, Sonderdruck 1970.

Hellerung, J., Reitpferdezucht - ein Rückblick auf 25 Jahre, Sonderdruck 1987, Pferdezucht Redefin 1812 - 1987.

Henschler H. und Hellerung, J., Staatl. Hengstdepot Redefin und die Meckl. Pferdezucht, Festschrift: 150 Jahre Redefin, Volksdruckerei, Ludwigslust, 1962.

Henschler-Hellerung, Staatliches Hengstdepot Redefin und die mecklenburgische Pferdezucht, Ludwigslust 1962.

A. v. Lengerke, Die mecklenburgische Pferdezucht, Berlin 1828.

O. Schmedemann, Die Geschichte und Entwicklung der mecklenburgischen Warmblut-Pferdezucht, Diss. Hannover 1937.

Schwark, H. J., Pferdezucht, Deutscher Landw.-Verlag, Berlin, 1984, S. 254-260.

W. v. Unger, Die Ahnen des Hannoveraners, Schaper-Hannover 1928.

Viergutz, Das mecklenburgische Landgestüt und die Landespferdezucht 1812 - 1937, Schwerin 1937.

Witt, U. Landestierzuchtamt Meckl.-Vorp., 1. Zuchtreport 1991, Das Meckl. Pferd 1992/3, S. 9-12; 2. Die Pferdezucht in Meckl.-Vorp., D M P 1993/5, S. 5-7; 3. Zuchtreport 1993, D M P 1994/5; 4. Richtlinien zur Meckl. Stutenprüfung, D M P 1993/4, S. 20-21; 5. Prüfungsrichtlinie für Junghengste, D M P 1993/8, S. 29 - 31.

Schlesien

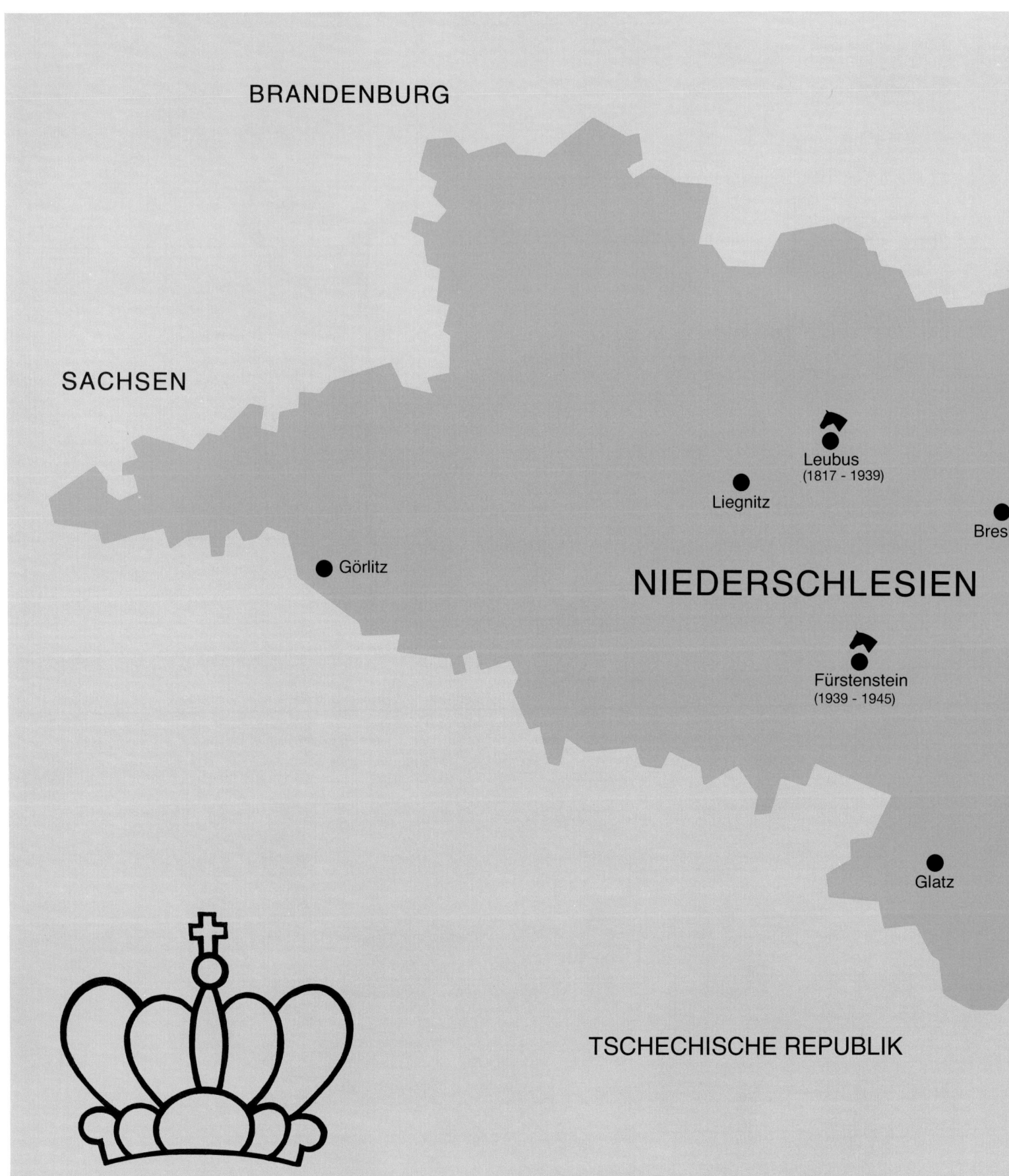

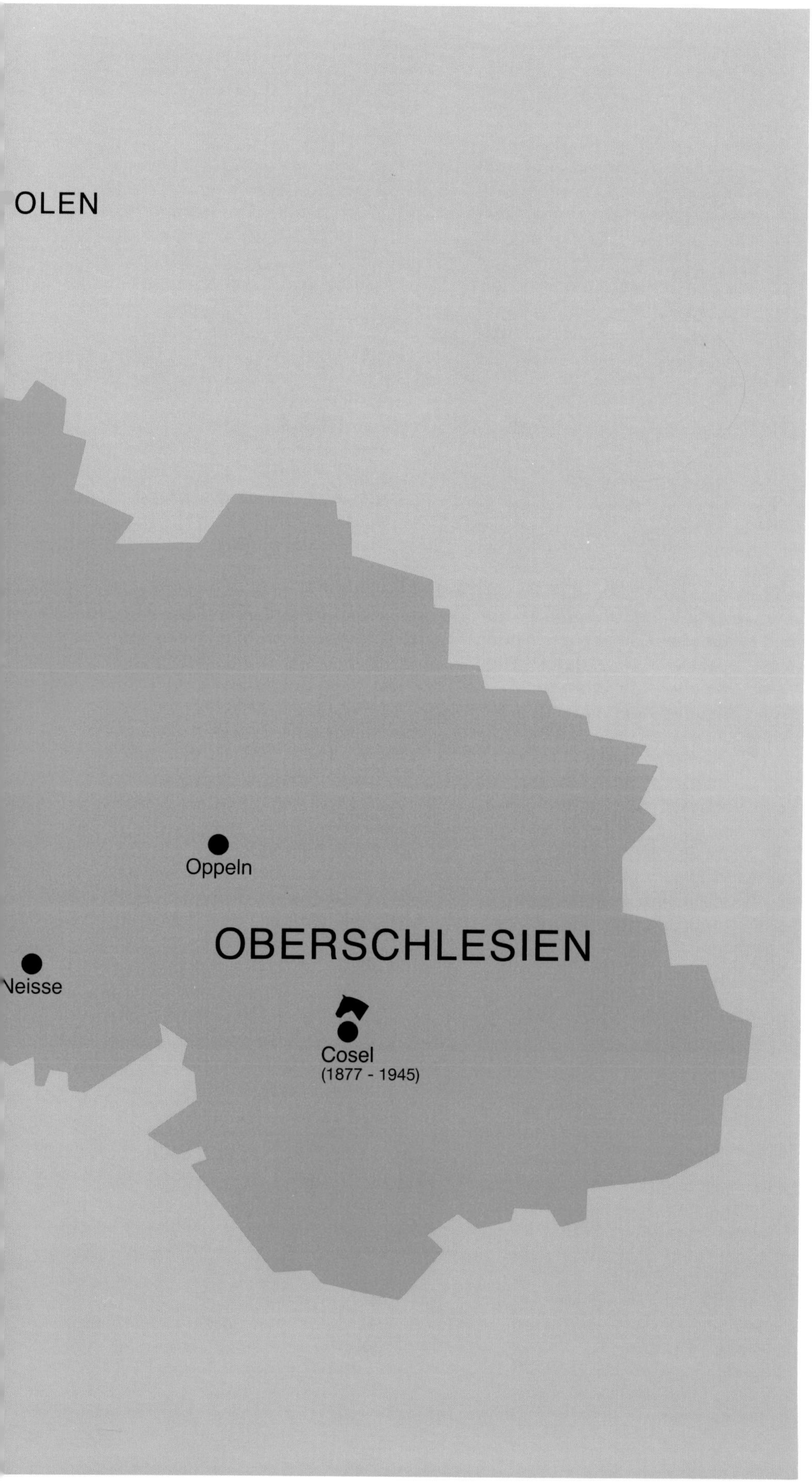

OLEN

OBERSCHLESIEN

Oppeln

Neisse

Cosel
(1877 - 1945)

Paul Koschate †

Geboren am 1. Juli 1901 in Breslau.
1915 - 1922 Postdienst mit freiwilligem Ausscheiden.
1923 Provinzial-Verband schles. landw. Genossenschaften und Breslauer Bankverein, Breslau.
1924 - 1945 Landwirtschaftskammer und Landesbauernschaft Schlesien-Breslau, Stutbuchführer, dann Bürovorsteher der Pferdezucht-Abt. und des Schlesischen Pferdestammbuchs e.V.
1928 - 1930 sechs Semester Verwalt.-Akademie der Universität Breslau.
Im Juni 1939 Anstellungsvertrag mit dem Reichsverband Kaltblut, Berlin, zum September 1939; wegen Kriegsausbruch verschoben.
Im Zweiten Weltkrieg im Rahmen der Pferdebewirtschaftung „u.K." gestellt, vor dem Ende aber noch beim Volkssturm in der „Festung" Breslau. Am 6.5.1945 Kapitulation, in russische Gefangenschaft, entlassen Ende August 1945.
1945, am 1. 10., Dienstanfang in Celle, lt. Vertrag von 1939 beim dorthin verlagerten Kaltblut-Reichsverband als Verbandssekretär, dann bei den Nachkriegsorganisationen für Pferdezucht und -sport, 1952 nach Bonn verlegt, zuletzt bei der Deutschen Reiterlichen Vereinigung e.V., der deutschen FN.
Ende 1966 altersmäßig ausgeschieden. Januar 1967 den Wohnsitz nach Hannover verlegt.

Die Pferdezucht in Schlesien

1. Natürliche Gegebenheiten

Schlesien war das südöstliche Grenzland des Deutschen Reiches und mit rund 40.000 km² die größte Provinz Preußens. Die Oder durchfließt das Land in seiner ganzen Länge von Südosten nach Nordwesten auf einer Strecke von ca. 350 km. Die südwestliche Grenze. bilden die Sudeten mit ihren Hauptteilen Isergebirge, Riesengebirge, Glatzer Bergland und Altvatergebirge, deren Kämme die Grenze markieren. Südöstlich begrenzt durch die oberschlesische Platte (oberschl. Hochfläche), verläuft die lange Grenze im Nordosten im wesentlichen auf der Wasserscheide zwischen Oder einerseits und Werthe und Weichsel andererseits. Im Nordwesten stößt Schlesien größtenteils an die preußische Provinz Brandenburg bzw. mit einer kürzeren Strecke an den Freistaat Sachsen. Die wichtigsten Nebenflüsse der Oder sind die Glatzer Neisse, Bober, Katzbach und Lausitzer Neisse, die alle in den Sudeten entspringen.

Etwa 85% der Oberfläche ist Flachland, der Rest Mittelgebirge oder Gebirgsvorland.

Von allen damaligen Teilen Deutschlands hatte Schlesien das am meisten kontinentale Klima mit Jahresniederschlägen zwischen 500 und 600 mm im Flachland sowie zwischen 700 und 1.500 mm im Gebirge. Zwischen der Nordostgrenze und dem rechten Oderufer herrschen Böden mit geringer Qualität vor. Von den Sudeten mit ihrem ausgedehnten Waldbestand bis zum linken Oderufer findet man mit wenigen Ausnahmen Ackerböden hoher Qualität vor, die in einem größeren Gebiet südlich der ehemaligen Landeshauptstadt Breslau den Vergleich mit den ertragreichsten Böden der Magdeburger Börde aushalten. Das schmale Odertal ist durch alluviale Tonböden gekennzeichnet, die vorwiegend als Grünland genutzt werden. Sonst fehlen ausgesprochene Grünlandgebiete. Der schlesische Landwirt war vor allem Ackerbauer. Die Forstwirtschaft hat ihren Schwerpunkt im Gebirge, auf den armen Böden der Niederlausitz und den Landstrichen zwischen Oder und der Nordostgrenze.

Die Besitzverhältnisse vor 1945 lassen sich auf die vereinfachende Formel bringen, daß die Waldgebiete im Gebirge und auf den geringeren Böden des Flachlandes, soweit nicht im Staatsbesitz, vielfach zum Großgrundbesitz gehörten. Die übrigen Teile waren mit den ackerfähigen bis zu den hochbonitierten Böden zu etwa 50% im mittel- und großbäuerlichen, zu 50% im Großgrundbesitz.

Das vielgestaltige Land verfügt über größere Steinkohlenlager, deren Abbau bereits in der zweiten Hälfte des 18. Jahrhunderts begann. Die oberschlesischen Gebiete um Gleiwitz, Kattowitz, Königshütte, Pless und Rybnik sind gekennzeichnet durch Steinkohlengruben und Hüttenwerke als Schwerindustrie ebenso wie das Waldenburger Bergland südöstlich des Riesengebirges. Braunkohlen im Tagebau werden in der Niederlausitz gefördert. Namhafte Heilbäder liegen im schlesischen Gebirgsraum.

2. Geschichte

Aus römischen Aufzeichnungen ist bekannt, daß um die Zeitenwende germanische Stämme die Ureinwohner waren, vor allem wohl ein Stamm der Vandalen, die Silinger. Den Zobtenberg nannten sie Siling. In die im 5. Jahrhundert von der germanischen Urbevölkerung überwiegend verlassenen Gebiete strömten von Osten her Westslawen ein. Diese nannten den Zobten Slens, das Land um ihn Slensane und Silesi. Hieraus wird der Name Schlesien entstanden sein.

Das zwischen Polen und Böhmen lange strittige Land wurde im 10. Jahrhundert von Polen erobert, aber 1163 durch den Staufenkaiser Friedrich I. in drei neue Piasten-Herzogtümer abgetrennt. Die Piasten-Herzöge lehnten später eine Abhängigkeit von Polen ab. Sie riefen Siedler ins Land, besonders aus Franken und Schwaben und auch aus den verschiedensten Gebieten Westeuropas. Der Mongoleneinfall brachte starke Verwüstungen. In der Schlacht von Wahlstatt am 9.4.1241 wurden die Mongolenheere vernichtend geschlagen.

1335 verzichtete der Polenkönig Kasimir III. auf alle Ansprüche an Schlesien. 1346 ging die Lehnsherrschaft über Schlesien an Böhmen und mit diesem 1526 an die Habsburger, an Österreich. Bis zur Mitte des 14. Jahrhunderts etwa waren rund 1.200 Dörfer entstanden und ca. 120 Städte gegründet worden.

Der Dreißigjährige Krieg mit den Durchzügen und Stationierungen der verschiedensten Kriegsheere brachte dem Land außerordentliche Verluste an Menschen und Wirtschaftsgütern. Die von Friedrich dem Großen zur Durchsetzung preußischer Ansprüche aus dem Liegnitzer Erbschaftsvertrag von 1537 geführten drei Schlesischen Kriege (1740/42, 1744/45 und 1756/63) brachten Schlesien zu Preußen.

Die Provinzhauptstadt Schlesiens wurde Breslau. In den Jahren 1919 bis 1934 war Schlesien in die Provinzen Ober- und Niederschlesien aufgeteilt mit den Verwaltungssitzen Oppeln und Breslau. Für die Jahre 1934 bis 1941 wurde diese Gebietsreform wieder rückgängig gemacht. Von 1941 bis 1945 gab es wiederum zwei schlesische Provinzen, diesmal mit dem oberschlesischen Verwaltungssitz in Kattowitz.

Nach dem Versailler Friedensvertrag fand im März 1921 eine Volksabstimmung in Oberschlesien statt, bei der 60% der Bevölkerung für das Verbleiben beim Deutschen Reich stimmten. Trotz dieses Ergebnisses mußten wertvolle industrielle Teile um Kattowitz, Königshütte, Rybnik und Pless an Polen abgetreten werden. Gleichzeitig gingen auch kleinere Gebiete der Provinz am Altvatergebirge an die Tschechoslowakei und im Nordosten Niederschlesiens an Polen.

3. Pferdezucht vor 1817

Die Zeit der deutschen Besiedlung durch die Piasten-Herzöge im 13. und 14. Jahrhundert brachte den Einfluß des schweren westdeutschen Ritterpferdes auf die meist kleinen, zähen schlesischen Pferdeschläge, die zudem noch geprägt waren durch die aus den Hunnen- und Mongoleneinfällen zurückgebliebenen Steppentypen.

Der Dreißigjährige Krieg, unter dem Schlesien kaum weniger litt als andere deutsche Landschaften, hinterließ tiefe Wunden, die erst nach vielen Jahrzehnten zu heilen begannen. Die habsburgische Verwaltung bemühte sich zwischen 1650 und 1740 mit einigem Erfolg um die Vermehrung und Verbesserung des Pferdebestandes.

Die drei Schlesischen Kriege zwischen 1740 und 1763 brachten für Landwirtschaft und Pferdezucht wieder schwerste Verluste mit sich.

Der bereits im Laufe des Siebenjährigen Krieges von Friedrich dem Großen an die Spitze der Provinz gestellte Minister von Schlabrendorff sah die Förderung der durch den Krieg heruntergekommenen Pferdezucht als eine wesentliche Aufgabe an. Als wirksamstes Mittel versuchte er die Anschaffung „tüchtiger Beschäler von reiner und guter Rasse". Sie sollten größer und besser sein als der in dem betreffenden Kreis vorhandene Pferdeschlag. Es ergingen Vorschriften über die Stutenbedeckungen, über deren Kontrolle durch die Gendarmen, über Nachweisungen an die Landräte und über die Ausfuhr von Stuten durch den Handel. Es kam jedoch nicht zu dem erwarteten schnellen Aufstieg.

Die napoleonischen Kriege zwischen 1803 und 1815 hatten für Schlesien zwar nicht die schweren, direkten Kriegsschäden wie diejenigen im 17. und 18. Jahrhundert, doch war Preußen kriegführende Macht, und die Provinz Schlesien erlitt sehr spürbare Schäden durch Menschenverluste und Pferdeaushebungen.

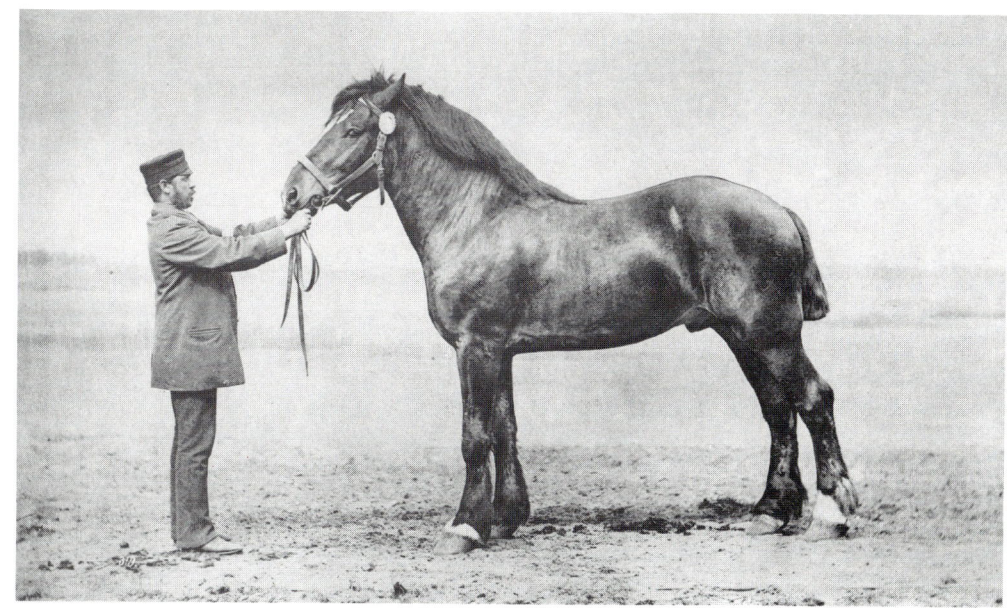

Adjuster, b. H., geb. 1887 in Mains, West Linton, eingeführt am 17. Oktober 1888. 2. Preis Berlin 1890 1. Allgem. Dt. Pferde-Ausstellung.

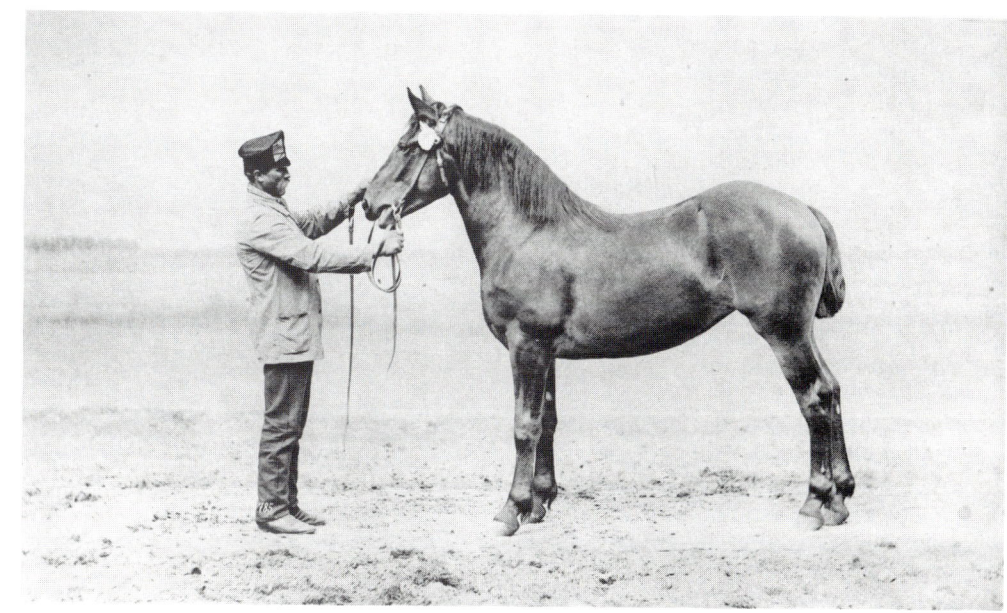

Blanka, b. St., geb. 1889 in Grunau. 2. Preis Berlin 1890 1. Allgem. Dt. Pferde-Ausstellung.

Playfellow, b. H., geb. 1887 in Hall Torbane, eingeführt am 17. Oktober 1888. 1. Preis Berlin 1890 1. Allgem. Dt. Pferde-Ausstellung.

4. Die Zeit zwischen 1817 und 1914 mit den Anfängen der organisierten Zucht

Bereits 1817 hatte die Provinzialverwaltung die Errichtung eines Landgestüts für Schlesien beschlossen. Im Frühjahr 1818 wurden vom Friedrich-Wilhelm-Gestüt Neustadt /Dosse zunächst 30 Hengste, denen bald neun weitere folgten, auf elf Stationen des Landgestüts Leubus verteilt. Inzwischen waren dort die Stallungen des ehemaligen Zisterzienser-Klosters, eines gewaltigen und weithin sichtbaren Barockbaus am rechten Oderufer, so weit hergerichtet, daß nach Beendigung der Deckperiode die Beschäler aufgenommen werden konnten. Der Hengstbestand wurde in der Folgezeit größer und dadurch auch der Einfluß auf die Zucht immer stärker.

Da bei der Gründung von staatlichen Hengstdepots auch der Wunsch der Staatsverwaltung nach der Erzeugung von Militärremonten Pate gestanden hat, sind es vornehmlich Beschäler des edlen Reitschlages -in Kombination mit einigen stärkeren Hengsten zur Erzeugung von Kutschpferden- gewesen, die als Landbeschäler nach Leubus überwiesen wurden. Mecklenburger und Ostpreußen mit hohem Vollblutanteil werden es vornehmlich gewesen sein.

Wie stark der Pferdebestand in Schlesien seit der ersten preußischen Pferdezählung im Jahre 1747 (92.453) gestiegen war, zeigt das Zählungsergebnis der Jahre 1804 (179.306) und 1840 (186.502). Das Landgestüt in Leubus verfügte im Jahre 1832 bereits über 100 Hengste, 1858 waren es 147, und 1876 war eine Zahl von 187 erreicht.

Im Jahre 1939 wurde das Landgestüt nach Fürstenstein im Waldenburger Bergland verlegt.

Durch den Zusammenschluß einer Reihe landwirtschaftlicher Vereine im Jahr 1842 zum Landwirtschaftlichen Zentralverein für Schlesien war ein außeramtliches Organ geschaffen worden, das einheitlich die Förderung der Pferdezucht in der ganzen Provinz betreiben konnte.

Eine der Maßnahmen zur Hebung der Zucht sollte die Einrichtung von Stutenvereinen sein. Es kam zur Gründung solcher Vereine in Beuthen (1850), Schweidnitz (1851), Winzig, Kostenblut und Leobschütz (1852), Oels (1853), Cosel (1865) und Trebnitz (1869), außerdem in den Kreisen Nimptsch, Neumarkt, Neustadt und Tost-Gleiwitz. Das wichtigste Ziel, gleichmäßige, konstante Stutenstämme zu bilden, wurde nur im geringen Maße erreicht. Die in den 60er Jahren einsetzenden Kreuzungen mit Kaltbluthengsten der verschiedensten Rassen machten ihre weitere Tätigkeit illusorisch, so daß 1870 nur noch sieben Vereine bestanden. Der Zentralverein sollte auch das Landgestüt Leubus bei der Auswahl seiner Deckstationen beraten sowie Kreispferdeschauen und Provinzialtierschauen veranstalten. Zuchtviehmärkte - auch für die Pferdezucht - wurden eingerichtet und bestanden bis etwa 1900.

Eine der ersten Förderungsmaßnahmen zur Hebung der Pferdezucht war 1828 die Einführung von Freideckscheinen, welche bewirkten, daß den Landbeschälern eine genügend große Anzahl von Stuten zugeführt wurde.

In der Decksaison 1818, dem ersten Jahr der Landgestütstätigkeit, wurden von den 39 Staatshengsten 1.023 Stuten gedeckt, 1832 waren es bei hundert Hengsten bereits 6.740 und 1850 bei 130 Landbeschälern 7.989 Stuten.

Preußisches Landgestüt Leubus, im Hintergrund die Oder. (Luftbildaufnahme).

Preußisches Landgestüt Cosel OS, auf der Oderinsel gelegen (Luftbildaufnahme)

Für das gleiche Jahr ist erstmalig mit 149 die Zahl der schlesischen Privathengste nachgewiesen, für die 7.280 gedeckte Stuten registriert wurden.

Im Jahre 1877 wurde ein zweites schlesisches Landgestüt in Cosel/Oder im späteren Oberschlesien gegründet. Die Lage auf einer Oderinsel, die vordem zu den Festungswerken der Kreisstadt gehörte, war landschaftlich von großem Reiz. Zur Gründungsausstattung von Cosel steuerte Leubus einen nicht unerheblichen Teil der Hengste bei. Das Jahr 1898 weist einen Hengstbestand von 123 Warm- und 29 Kaltblütern nach. Während die Leiter des Landgestüts Leubus im Durchschnitt schon nach relativ kurzer Zeit wechselten, hatte Cosel das Glück, von 1894 bis 1922 in H. Roenckendorff einen Gestütdirektor zu haben, der in den 28 Jahren seiner erfolgreichen Wirksamkeit für die Konsolidierung der oberschlesischen Pferdezucht höchst segensreich tätig sein konnte.

Der Bedarf an Pferden stieg in der Provinz Schlesien nach der Mitte des 19. Jahrhunderts durch die Intensivierung des Ackerbaus stark an. Nachdem 1876 durch die in Leubus stationierten 187 Landbeschäler 7.880 Stuten und durch 123 Privathengste 4.698 Stuten bedeckt worden waren, wurden im Jahre 1896 den 286 Hengsten der beiden Landgestüte Leubus und Cosel 17.303 Stuten, den 105 Privathengsten 3.544 Stuten zugeführt.

Aus diesen Zahlen ist u. a. zu ersehen, daß die Inanspruchnahme der Landbeschäler bemerkenswert angewachsen war, im Gegensatz zu derjenigen der Privathengste.

Im Jahre 1832 trat ein Ausschuß zusammen, der sich die Gründung eines Vereins mit dem Zweck der Förderung der landwirtschaftlichen Tierzucht im allgemeinen und der Pferde im besonderen - speziell der Vollblutzucht - zur Aufgabe machte. Dieser „Provinzialverein für Pferderennen und Tierschau" war wohl der erste organisierte Zusammenschluß in der schlesischen Pferdezucht. Am 31. Mai 1833 arrangierte der erwähnte Ausschuß das erste schlesische Pferderennen in Breslau, dem am nächsten Tage die erste Tierschau folgte. Ab 1845 nannte sich der Provinzialverein „Schlesischer Verein für Pferdezucht und Pferderennen".

An die Stelle der schon erwähnten Stutenvereine traten dann Pferdezuchtvereine, zunächst für Orte und Bezirke, schließlich die Kreispferdezuchtvereine. Der älteste Zusammenschluß dieser Art soll der 1870 entstandene Kaltblut-Pferdezuchtverein Trebnitz gewesen sein, gefolgt von Vereinen in Kanth und Groß-Wartenberg. Warmblutpferdezuchtvereine sollen zuerst in Oberstradam und in Waldenburg errichtet worden sein.

Die Gründung der „Schlesischen Clydesdale-Stutbuchgesellschaft" im Jahre 1889 durch Käufer solcher Fohlen ist erwähnenswert, weil sie der erste Züchterverband in Schlesien war. Ein Erfolg blieb ihr versagt, die Gesellschaft löste sich 1901 auf. Ohne wesentliches Resultat blieb auch die Errichtung eines „Schlesischen Stutbuchs" seitens der Landwirtschaftskammer mit finanzieller Unterstützung des erwähnten „Schlesischen Vereins für Pferdezucht und Pferderennen". Das Schlesische Stutbuch brachte 1902 den ersten Stutbuchband heraus, der die Angaben über 110 eingetragene Warm- und 41 Kaltblutstuten enthielt. Ein weiterer Band wurde nicht mehr gedruckt und das Stutbuch 1913 aufgelöst.

Durch die Anschaffung von Kaltbluthengsten aus England, Dänemark und Belgien seit etwa 1860 war das Problem der Kreuzungspferde in Schlesien entstanden. Um deren weiterer Vermehrung entgegenzuwirken, wurden ab 1888 Stutenmusterungstermine angesetzt, auf welchen bäuerliche Stuten unter Vergabe von Deckbeihilfen bestimmten, zu ihrer Zuchtrichtung passenden Hengsten zugeteilt wurden. Für die Feststellung der Zuchtrichtung galten folgende Gesichtspunkte:

1. für gebirgige Gegenden ein gängiges, mittelstarkes Pferd mit gutem Temperament und Schritt, auch im leichten Trab zu gebrauchen, im wirklichen Gebirge nicht zu groß, in den Vorbergen größere Ardenner, Pinzgauer, Percherons;
2. für Gegenden mit schwerem Boden ein mittelstarkes Ackerpferd, auch zum Kutschpferd geeignet, nicht frei von kaltem Blut oder ein Kaltblut;
3. für den mittleren und leichten Boden ohne Remontezucht ein mittelstarkes Ackerpferd, auch zum Kutschpferd geeignet, ohne jede Beimischung von kaltem Blut;
4. für den mittleren und leichten Boden mit Remontezucht ein Soldatenpferd ohne jede Beimischung von kaltem Blut, jedoch möglichst mit Beimischung von Vollblut, aber auch als Acker- oder Kutschpferd verwendbar. Wo Neigung nach starkem Material vorhanden ist, gilt als Zuchtziel das Artilleriezugpferd.

Die erste Körordnung für Hengste wurde durch den Provinziallandtag 1830 für ganz Schlesien erlassen, nachdem mehrere Landräte schon seit 1816 der Regierung neben der Aufstellung staatlicher Hengste die Kastration aller zuchtuntauglichen Privathengste und ein Verbot des Hengstreitergewerbes empfohlen hatten. Vollständig hat die Körordnung ihren Zweck nicht erfüllen können; es gelang nicht, alle zuchtuntauglichen Hengste vom Decken auszuschließen. Die Provinziallandstände haben daher 1836 die Hengstreiterei gänzlich verboten.

Nach der ministeriellen Aufhebung der Körordnung von 1830 konnten im Dezember 1856 die drei Regierungspräsidenten je eine gleiche Körordnung erlassen, die aber weiterhin Kreiskörungen vorsah.

Im Jahre 1896 wurde in Breslau die Landwirtschaftskammer für die Provinz Schlesien als Nachfolgerin des bis dahin bestandenen Landwirtschaftlichen Zentralvereins gegründet.

Die Gestütverwaltung sah sich in der zweiten Hälfte des 19. Jahrhunderts genötigt, schwerere Hengste, also auch Kaltblut, den Landgestüten zuzuteilen. Percherons, Dänen, Clydesdales, Belgier und deutsche Kaltblüter aus dem Rheinland trafen auf leichtere, nicht konsolidierte Stuten des Landschlags. Warmbluthengste aus Ostpreußen, Hannover, Mecklenburg, Holstein, Oldenburg und Ostfriesland stellten nach 1860 die Mehrheit. Lange Jahrzehnte hindurch fehlte ein festes Zuchtziel.

Eine Pferdezählung im Jahre 1897 hatte für die Provinz Schlesien nachfolgendes Ergebnis:

Warmblut	203.331 Pferde oder	70,83%
Kaltblut	80.580 Pferde oder	28,07%
Ponys	3.167 Pferde oder	1,10%
Insgesamt	287.078 Pferde.	

Nach den folgenden, schätzungsweise ermittelten Zahlen setzte sich zusammen:
Das Warmblut aus 0,29% Vollblut, 0,35% edlem Halbblut, 2,10% Halbblut, 4,85% Halbblut x Landschlag, 0,48% Galiziern, 0,41% Galiziern und Polen, 1,57% Hannoveranern, 0,74% Hannoveranern x Oldenburgern, 0,19% Hannoveranern x Ostpreußen, 0,12% Österreichern, 2,79% Oldenburgern, 7,12% Ostpreußen, 0,09% Russen, 0,09% Ungarn, 13,72% Warmblut allgemein, 35,45 % Landschlag und 0,47% Kreuzungen;

Das Kaltblut aus 0,38% Ardennern, 0,52% Ardenner-Belgiern, 7,91% Belgiern, 0,85% Clydesdales, 0,09% Shires, 1,98% Dänen, 0,03% Percherons, 0,09% Schleswigern, 0,6% Steiermärkern, 4,53% Kaltblut allgemein, 8,73% Kreuzungen und 2,36% Landschlag. Die Übersicht zeigt, wie stark am Ende des vorherigen Jahrhunderts die Zersplitterung der Pferderasse noch gewesen ist.

Erst in den 90er Jahren wurde eine Entwicklung eingeleitet, die auf dem Gebiet des Warmbluts den starken Oldenburger und Ostfriesen, auf dem des schweren Zugpferdes den Belgier bzw. das rheinisch-deutsche Kaltblut mehr und mehr in den Vordergrund stellte.

Die Zuchtrichtung, die während des 19. Jahrhunderts in Schlesien von anerkannt hohem Niveau und über die Provinzgrenzen hinaus deutschen und sogar kontinentalen Ruf hatte, war die des englischen Vollblutes (siehe auch Karte auf S.415).

Eine Reihe namhafter Großgrundbesitzer widmete sich schon frühzeitig ab 1830 der Vollblutzucht und dem Rennsport.

Die schlesische Vollblutzucht war bis etwa 1870, als im Rheinland die ersten erfolgreichen Zuchten entstanden, der tragende Eckpfeiler des deutschen Rennsports. Naturgemäß war der schlesische Bauer weder am Vollblut noch an den edlen Warmblut–rassen interessiert. Schon der geringe Grünlandanteil, der an der schlesischen Gesamtfläche nur etwa 10% ausmachte (Erhebung aus dem Jahr 1897), stand der Zucht eines edlen Pferdes entgegen. Eine Statistik über die vom Landwirtschaftlichen Zentralverein abgehaltenen Kreispferdeschauen in der Zeit zwischen 1877 und 1888 macht das zahlenmäßige Übergewicht der bäuerlichen Züchter bei diesen Veranstaltungen deutlich (siehe oben rechts).

5. Die organisierte Zucht nach Beginn des 20. Jahrhunderts

Die beiden schlesischen Landgestüte hatten mit der Anzahl ihrer Beschäler und Stutenbedeckungen den weitaus größten Einfluß auf die Zucht im Lande, wo bei Fehlen einer organisierten Gesamtzüchterschaft die Gestütverwaltung im Verein mit dem Pferdezuchtausschuß der neugegründeten Landwirtschaftskammer bestimmend für den Weg des züchterischen Geschehens war.

Nach einer Aufstellung von G. Rau aus dem Jahr 1906 wies das Gestüt Leubus 43 Hengste der Gruppe Vollblut und edles Warmblut auf, 64 schwere Warmblüter und 65 Kaltblüter, das Gestüt Cosel 78 Vollblüter und edle Warmblüter, 67 schwere Warmblüter und 54 Kaltblüter. Für die ganze Provinz gesehen, nahm das schwere Warmblut bereits den ersten Platz ein, die Gruppe Vollblut und edles Warmblut, sehr heterogen zusammengesetzt unter Vorherrschaft der Ostpreußen und Trakehner, den zweiten Platz und das Kaltblut, etwa gleich mit dem schweren Warmblut, den dritten Platz

Die obenstehenden Hengste deckten 1906 für Leubus 9.229 und für Cosel 12.575 Stuten. Da die rund 100 privaten Hengste der Provinz in dem Jahrzehnt 1896/1906 nur jeweils ca. 4.000 Stuten deckten, liegt die Dominanz der Staatshengste auf der Hand.

Kreispferdeschauen von 1877 – 1888

Jahr	Kreise	Aussteller	Kleingrund-besitzer	Großgrund-besitzer	Pferde-anzahl
1877	18	907	841	66	1.920
1882	16	811	726	85	1.605
1884	16	795	733	62	1.565
1888	16	591	496	95	1.371

Schles. 5j. Warmbluthengst Bacchus, Ldb. Leubus v. Nord, Ldb. Leubus a.d. Dora H 928. Z. und AZ. M. Bunzel, Pläswitz, Krs. Striegau, DLG-Ausstellung Breslau 1926 und Leipzig 1928 2. Preis.

Schles. 9j Warmblutstute Quitte H 882 v. Roland H 27 und Mücke H 480. Z. und Bes. Graf Schack von Wittenau Nettschütz-Döringau, Krs. Freystadt. DLG-Ausstellung 1926 1. Preis, Leipzig 1928 1a-Preis und Berlin 1933 1b-Preis.

Die Leiter der schlesischen Landgestüte waren:

Leubus (ab 1939 Fürstenstein):

1817 - 1831
Stallmeister Meyer
1831 - 1866
Landstallmeister v. Knobelsdorff
1866 - 1883
Landstallmeister Graf Stillfried
1883 - 1898
Landstallmeister Dreßler
1898 - 1913
Landstallmeister Graf Suminsky
1913 - 1924
Landstallmeister Graf v. Seydlitz-Kurzbach
1924 - 1930
Landstallmeister Burow
1931 - 1934
Landstallmeister Dr. H. Seyffert
Mai/Dez. 1934
Landstallmeister H. W. v. Warburg
1935 - 1945
Landstallmeister Dr. U. v. Kummer

Cosel:

1877 - 1886
Gestütdirektor v. Knobelsdorff
1886 - 1894
Gestütdirektor Rauschning
1894 - 1922
Landstallmeister Roenckendorff
1922 - 1935
Landstallmeister H. v. Prittwitz und Gaffron
1935 - 1937
Landstallmeister H. W. v. Warburg
1937 - 1945
Landstallmeister O. Frhr. v. Stenglin

5.1 Der Rasseneinteilungsplan

Die wohl wichtigste, aber auch einschneidendste Maßnahme der Landwirtschaftskammer Schlesien war die Erstellung eines Rasseneinteilungsplans für die Pferdezucht. Der Plan sollte eine bessere Bekämpfung der Kreuzungszucht und die Schaffung größerer Reinzuchtgebiete ermöglichen. Er wurde maßgebend für die Besetzung der staatlichen Deckstellen und für die Ankörung und Aufstellung von Privathengsten.
So wurden ab 1912 in den Kreisen Freystadt, Grünberg, Jauer, Striegau, Waldenburg, Schweidnitz, Groß-Wartenberg, Militsch, Brieg, Cosel und anderen nur noch schwere Warmbluthengste des oldenburg-ostfriesischen Schlages zugelassen. Die Kaltblutzucht wurde insbesondere in den Gebirgs- und Vorgebirgskreisen durch Ausschluß der Warmbluthengste gefördert. Das edle Warmblut konzentrierte sich nur auf wenige Zuchtinseln, unter anderem auf den leichten Böden rechts der Oder in Oberschlesien bzw. in einigen anderen zerstreut liegenden Spezialzuchten.
Die Jahre vor dem Ersten Weltkrieg erbrachten u. a. durch den Rasseneinteilungsplan und seine sehr langsam wachsende Realisierung auf den Gebieten Schweres Warmblut und Kaltblut die Bildung einer ersten Plattform, auf der sich eine organisierte Zucht einrichten konnte.

5.2 Die Zuchtverbände

Im Jahre 1914 wurde durch den Zusammenschluß von 13 Kaltblutzuchtvereinen der „Verband Schlesischer Kaltblutzüchter e.V. - Breslau" errichtet. Seine volle Tätigkeit konnte er infolge Kriegsausbruchs erst nach 1918 aufnehmen. Auch dem 1917 von 17 Warmblutzuchtvereinen geschaffenen „Verband Schlesischer Warmblutzüchter e.V. - Breslau" war ein volles Wirken erst nach Kriegsende möglich.
Die Kalt- und Warmblutzüchter schlossen sich 1934 zum „Schlesischen Pferdestammbuch" zusammen, welches je eine Abteilung Warm- und Kaltblut führte. Ende 1944 hatte die Abteilung Warmblut rund 14.500 eingetragene lebende Pferde mit ca. 9.000 Mitgliedern der angeschlossenen 46 Kreispferdezuchtvereine und die Abteilung Kaltblut ca. 7.500 eingetragene lebende Pferde von 4.117 Vereinsmitgliedern.
Wesentliche Hilfe hatten die Züchterverbände durch die Tierzuchtämter, deren Leiter zuletzt die Geschäftsführer der Pferdezuchtvereine waren.
Über die Arbeit der schlesischen Zuchtverbände berichteten auch 2 Lehrfilme. Ab 1924 wurde eine Abteilung „Edles Warmblut" eingerichtet, wobei von der Vatertierseite aus nur Trakehner, Ostpreußen und Vollblüter zugelassen waren. In der Folgezeit entwickelten sich scharfe Kontroversen zwischen der Pferdezuchtabteilung der Landwirtschaftskammer und einer Richtung unter den größeren Grundbesitzern, die den Hannoveraner zur Erzeugung von starken, leistungsfähigen Reit- und Wagenpferden wünschte.
Aufschlußreich für die damalige Situation ist ein Artikel von Gustav Rau, Geschäftsführer des Reichsverbandes Warmblut, in der Zeitschrift St. Georg vom Juli 1923, aus dem hier ein Absatz zitiert wird:
„In den letzten Jahren hat in Schlesien eine Bewegung eingesetzt, die, soweit die Warmblutzucht in Betracht kommt, dem hannoverschen Hengste einen Anteil an der schlesischen Warmblutzucht sichern will. Man verweist auf die Erfolge des hannoverschen Hengstes in den meisten anderen deutschen Zuchtgebieten. Die Landwirtschaftskammer glaubt dieser Strömung zunächst die Luft abgedreht zu haben, indem sie den hannoverschen Hengst von der Ankörung ausschließt. Aber damit kommt sie dem Problem nicht bei; der Großgrundbesitz hat vielfach hannoversche Stuten und Hengste eingeführt und verwendet die Hengste, da sie nicht angekört werden dürfen, für die eigene private Zucht. Den Hannoveraner wird man auf die Dauer nicht von der schlesischen Zucht ausschließen können; die Maßnahmen der Kammer verraten nicht ein volles Erfassen der Verhältnisse. Der Hannoveraner meldet sich stets im Gefolge des Oldenburgers. Wenn der Oldenburger die Grundlage eines strammen, kräftigen, derben Arbeitspferdes gelegt hat, so finden sich immer Züchter, die durch den Oldenburger den Geschmack an einem etwas edleren noch gängigeren und schnelleren Pferde finden. Der Oldenburger war immer eine gute Grundlage für eine Verwendung des Hannoveraners. Der Großgrundbesitz braucht mit seinen Gütern, deren Wirtschaftsbetrieb weite Entfernungen umschließt, ein sehr zähes Pferd, und er will vor allem ein Pferd, das auch den höheren Anforderungen an ein Wagenpferd entspricht. Wir betrachten es daher als keine endgültige Lösung, wenn die Landwirtschaftskammer den Hannoveraner von Schlesien fernhalten will. Damit wollen wir nicht etwa sagen, daß der Oldenburger für Schlesien ausgespielt haben soll, im Gegenteil hat er in vielen Gegenden der Provinz seine Mission, ein brauchbares Ackerpferd zu schaffen, vollkommen erfüllt, und er muß bleiben... Freilich einen richtigen Hannoveraner wird der kleine Grundbesitz in Schlesien noch nicht züchten können, da er größtenteils ohne Weide ist... Wer in Schlesien keine Weide hat, soll beim Oldenburger oder beim Kaltblüter bleiben... Der Großgrundbesitz wird mehr und mehr zur Zucht des Hannoveraners übergehen. Er hat die Mission, dem Kleinbesitz die Grundlagen einer rationellen Pferdezucht vor Augen zu führen, und die künftige Stellung des Hannoveraners in Schlesien wird davon abhängen, was er dem Großgrundbesitz leistet".

5.3 Zuchtziele

Der Verband Schlesischer Warmblutzüchter erklärte zum Zuchtziel ein warmblütiges, kräftiges, gängiges Gebrauchspferd unter besonderer Berücksichtigung der Leichtfuttrigkeit und des guten Temperaments.
Der 1914 geschaffene Verband Schlesischer Kaltblutzüchter erstrebte als Zuchtziel „ein mittelschweres, kurzbeinig-tiefes, knochenstarkes und gängiges Arbeitspferd im Typ des rheinisch-deutschen Kaltbluts unter besonderer Berücksichtigung der Leichtfuttrigkeit und des guten Temperaments".
Bei der Landwirtschaftskammer wurde 1921 die Stelle eines Referenten für Pferdezucht eingerichtet. Dem jeweiligen In-

haber wurde auch die Geschäftsführung der schlesischen Pferdezuchtverbände übertragen.
Es waren dies für die Kammer in Breslau:
1921 - 1929
Tierzuchtdirektor Eduard Meyer
1929 - 1937
Landwirtschaftsrat Ernst Bilke
1937 - 1945
Landwirtschaftsrat E. G. Clashen

Für die Kammer in Oppeln:
1928 - 1934
Tierzuchtdirektor F. Figulla

Führende Züchter in den Pferdezucht-Gremien von Landwirtschaftskammer bzw. Landesbauernschaft waren Oek.-Rat Mettenheimer - Urbanowitz, Kr. Cosel O/S und der letzte Vorsitzende des Schlesischen Pferdestammbuchs, H. v. Poser u. Groß-Naedlitz, Zedlitz, Kr. Trebnitz.

Schles. 4j. Kaltblutstute Mücke von Guhlau H 1558 v. Adler H 96 Ldb. Leubus a.d. Hoffnung H 993.
Z. und Bes. M. Peukert, Guhlau, Kr. Lüben.
Reichsverb.-Stutenprämie 1928, Siegerplakette des Reichsministeriums für Ernährung und Landwirtschaft DLG-Austellung Leipzig 1928 1. Preis, Hannover 1931 1b-Preis und Berlin 1933 3. Preis.

Schles. 4j. Kaltbluthengst Robinson Ldb. Leubus, v. Monaco Ldb. L. a.d. Olympia H 1124.
Z. und AZ. L. Stein, Kochern, Kr. Ohlau.
1. Preis auf der DLG-Austellung Breslau 1926, Leipzig 1928, Hannover 1931 und Berlin 1933.

5.4 Eintragungen und Brände

Die Eintragungen von Stuten in das Stutbuch erfolgten bis 1924 je nach Qualität und Abstammung in die Körklassen I bis III. Ab 1925 wurden geführt das Hauptstammbuch, das Stammbuch und bei den Kreispferdezuchtvereinen ein Vorregister.
Deckberechtigte Privathengste und die Landbeschäler wurden in das Hauptstammbuch eingetragen, in das Stammbuch lediglich erstmalig gekörte dreijährige Hengste.
Die Kennzeichnung der im Stutbuch (außer im Vorregister) eingetragenen Stuten und Hengste erfolgte mit dem Brandzeichen der schlesischen Herzogskrone, sowohl Warmblut wie auch Kaltblut, jedoch an verschiedenen Stellen, auch nach Geschlecht und Eintragung.

Fohlen von Hauptstammbuchstuten und Landbeschälern oder eingetragenen Privathengsten wurden auf der rechten Hinterkeule wie folgt gebrannt:

Warmblutfohlen mit dem Brustband des schlesischen Adlers und eisernem Kreuz.
Kaltblutfohlen mit dem Brustband des schlesischen Adlers mit der verkleinerten schlesischen Herzogskrone.

Vorregisterstuten wurden auf der rechten Halsseite durch ein W bzw. K (Warmblut bzw. Kaltblut) gekennzeichnet.

Die von 1928 bis 1934 bestehenden beiden oberschlesischen Pferdezuchtverbände führten die Brandzeichen

5.5 Hengstkörungen

Eine neue Körordnung trat ab 1912 in Kraft, die im Herbst 1921 eine wichtige Änderung erfuhr, indem anstelle der Kreiskörungen nun Bezirkskörungen traten.
Schließlich war die Einführung der Zentralhengstkörungen ab Herbst 1924 eine bedeutsame Neuerung.
Für Niederschlesien wurden die Zentralkörungen in Breslau durchgeführt. Die oberschlesischen Veranstaltungen wurden abgehalten von 1924 bis 1927 in Cosel, 1928 und 1929 in Neisse und ab 1930 in Oppeln. Nach Auflösung der Landwirtschaftskammer Oberschlesien 1934 gab es nur noch die Zentralkörung in Breslau. Ab 1922 waren die Hengstkörungen mit Prämiierungen, ab 1924 auch mit der Vorgabe von Staatspreisen verbunden. Von 1926 an fanden bei den Zentralkörungen auch Hufbeschlag-Prämiierungen statt. Auf Betreiben des Reichsverbandes Kaltblut wurden solche auch in anderen Zuchtgebieten eingeführt.

5.6 Schwerpunkte der Zucht

Im Jahre 1925 schrieb der Leiter des Landgestüts Leubus, Landstallmeister Burow, im Sammelwerk „Die Preußische Gestütverwaltung" folgende Zeilen: „Bis vor etwa 30 Jahren war von einer Pferdezucht in Schlesien kaum die Rede. Man kaufte hauptsächlich billige Posener und polnische Pferde und züchtete im übrigen nach der berühmten Ausgleichstheorie, indem man zu leichte, edle Stuten mit dem Kaltblüter, die schweren Stuten mit dem edlen Hengst paarte."
Die Förderungsmaßnahmen von Staat, Landwirtschaftskammer und Pferdestammbuch fingen in Schlesien erst relativ spät an, eine positive Wirkung zu zeigen.
Mit der hochstehenden Landwirtschaft auf Qualitätsboden entwickelte sich etwa ab Mitte der zwanziger Jahre eine beachtliche Reihe namhafter Warm- und Kaltblutzuchten. Sie waren teils zwar noch auf Hengstimporte angewiesen, von schwerem Warmblut aus Oldenburg und Ostfriesland, von Kaltblut aus dem Rheinland sowie aus Sachsen-Anhalt, vereinzelt noch aus Belgien. Immerhin brachten diese Zuchten es fertig, in Schlesien gezogene Vatertiere zur Verbesserung des Zuchtniveaus zur Verfügung zu stellen. Auch qualifizierte Mutterstuten, die auf überregionalen Veranstaltungen in guter Gesellschaft prämiiert wurden, waren durchaus keine Seltenheit.
Oberschlesien mit seiner weniger günstig situierten Landwirtschaft und dem Handicap der Abtretung von fünf Landkreisen partizipierte ebenfalls an dem geschilderten Fortschritt.
Die Schwerpunkte der Zucht sowohl beim schweren Warmblut als auch beim Kaltblut lagen vor allem in Niederschlesien unter erheblicher Beteiligung des Großgrundbesitzes.

Oberschl. 2j. Kaltbluthengst Pallas von Korkwitz v. Condor Ldb. Cosel a.d. Lalla von Korkwitz OS H 240. Z. u. AZ. G. Moecke, Korkwitz (Moeckendorf) Kr. Neisse OS.

Oberschlesien war hinsichtlich der Warmblutzucht besonders im Landkreis Cosel führend, beim Kaltblut in den Kreisen Neustadt und Neisse.

5.7 Die Privathengsthaltung

Um die Mitte des 19. Jahrhunderts war die private Hengsthaltung der staatlichen noch zahlenmäßig überlegen gewesen. Die nächsten Jahrzehnte brachten durch schärfere Körmaßnahmen, vermehrte Aufstellung von schweren Wirtschaftswarmblütern und Kaltbluthengsten in den Landgestüten ein starkes Dahinschwinden der privaten Hengsthaltung, so daß im Jahre 1911 nur 101 Privatbeschäler einer Anzahl von 393 Staatshengsten gegenüberstanden.

1932, auf dem Höhepunkt der allgemein herrschenden Wirtschaftskrise, die für die schlesische Pferdezucht aufgrund der Liberalisierung von Pferdeimporten bereits ab 1928 empfindlich spürbar war, sah das Verhältnis wie folgt aus:

1932	Warmblut	Kaltblut	Insgesamt
Staatshengste	166	126	292
Privathengste	79	129	208
Gesamtzahl	245	255	500

In den zwei Jahrzehnten hatte die Bedeutung der privaten Hengsthaltung gegenüber der staatlichen beachtlich aufgeholt, insbesondere auf dem Sektor der Kaltblutzucht. Diese Tendenz sollte sich in den Jahren vor und während des Zweiten Weltkrieges noch stärker fortsetzen, wie die folgende Tabelle für 1941 ausweist:

1941	Warmblut	Kaltblut	Insgesamt
Staatshengste	262	130	392
Privathengste	158	165	323
Gesamtzahl	420	295	715

Die Tabelle zeigt eine Vermehrung des Warmbluthengstbestandes um etwa 80%, wobei die privaten Warmbluthengste sich um 100% vermehrt haben. Die Zahl der Landbeschäler des Kaltbluts ist etwa auf dem Stand von 1932 verblieben, während die privaten Kaltbluthengste stark aufgeholt haben.

Der zahlen- und qualitätsmäßige Schwerpunkt der schlesischen Kaltblutzucht lag vor allem in den Ackerbaugebieten links der Oder. Die Förderung der Eigenhengsthaltung erfolgte durch Gewährung zinsfreier Darlehen aus Staatsmitteln an Hengsthaltungsgenossenschaften.

Die Namen der in den Jahren von 1817 - 1838 in Schlesien aufgestellten staatlichen und privaten Hengste sind in dem 1939 herausgegebenen „Schlesischen Hengstverzeichnis" enthalten.

Die Privathengsthalter waren ab 1922 Mitglieder des „Vereins Schlesischer Eigenhengsthalter" - Breslau. Von 1928 - 1934 bestand auch der „Verein Oberschles. Eigenhengsthalter" - Oppeln.

5.8 Schauen und Ausstellungen

Während des 19. Jahrhunderts veranstaltete eine Anzahl landwirtschaftlicher Kreisvereine Stuten- und Fohlenschauen, die dann nach 1900, insbesondere aber nach Gründung der provinzumspannenden Zuchtverbände, zu breitgestreuten Förderungseinrichtungen wurden.

Eine gewisse Berühmtheit hatten die ab 1909 in Cosel O/S abgehaltenen Fohlenschauen erlangt, wo Warmblutfohlen auf oldenburg-ostfriesischer Grundlage aus dem Landkreis Cosel prämiert wurden, einem Gebiet, das durch das Wirken des Gestütdirektors Roenckendorff und einer Reihe passionierter Landwirte eine relativ hochstehende Stutengrundlage dieser Zuchtrichtung aufweisen konnte. In allen Pferdezuchtvereinen Nieder- und Oberschlesiens fanden dann alljährlich solche Fohlenschauen statt, jeweils verbunden mit Stutbuchaufnahmen und Brennterminen.

Welchen Stand die schlesische Pferdezucht erreicht hatte, zeigte die im Juli 1925 in Breslau abgehaltene „1. Schlesische Provinzial-Pferdeschau" der Landwirtschaftskammer. Mit insgesamt 500 Pferden, über 250 Kaltblut- und fast 250 Warmblutpferden, stellte sich Schlesiens Pferdezucht erstmalig in so großem Ausmaß vor und fand besondere Anerkennung auch auswärtiger Sachkenner. Durch die Notlage der damaligen Zeit bedingt, wurde erst im Mai 1933 eine Provinzial-Stutenschau für Niederschlesien in Breslau veranstaltet. Nach der Wiedervereinigung von Nieder- und Oberschlesien 1934 fand im gleichen Jahr die 2. Provinzial-Stutenschau im Rahmen der jährlichen Süd-Ost-Messe statt, um in den folgenden Jahren zu einer ständigen Veranstaltung zu werden.

Die zweite Wanderausstellung der Deutschen Landwirtschaftsgesellschaft wurde 1888 nach Breslau vergeben. Von 338 dort aufgetriebenen Pferden stammten zwei Drittel aus Schlesien. So waren von 99 in der Klasse „Zuchtpferde edler warmblütiger Schläge" vorgestellten Tieren 58 in schlesischem Besitz, von 121 „Zuchtpferden schwerer, kaltblütiger Schläge" die erstaunliche Anzahl von 110. Unter den 118 Gebrauchspferden (Reit- und Wagenpferde) stammten 37 aus der Provinz.

Erst nach 38 Jahren war Breslau wieder Austragungsort einer DLG-Ausstellung im Jahre 1926, wo jeder der beiden schlesischen Verbände für je 18 vorgestellte Pferde je 22 Auszeichnungen erringen konnte. Schlesische Pferde waren weiterhin beteiligt an den DLG-Ausstellungen 1928 in Leipzig, 1931 in Hannover und 1933 in Berlin. Seinen größten und wertvollsten Erfolg hatte der Verband Schlesischer Kaltblutzüchter 1928 in Leipzig. Für seine Große Verbands-Sammlung erhielt er den Siegerpreis des Reichsministers für Ernährung und Landwirtschaft und den I. Sammlungspreis, auch den Siegerpreis in der alten Stutenklasse. Der Verband Schlesischer Warmblutzüchter erhielt für 10 Pferde 17 Auszeichnungen. Beide Zuchtverbände stellten nur bodenständige Pferde aus.

Auch in Schlesien war in der Zeit nach dem Ersten Weltkrieg die in allen deutschen Ländern begonnene Vergabe von Zuchterhaltungs- oder Staatsprämien eingeführt worden.

Erwähnt werden kann hier nur, daß 1943 noch für 372 Warm- und für 70 Kaltbluttuten solche Fesselungsprämien aus öffentlichen Mitteln vergeben wurden.

Des schlesischen Pferde- und Tiermalers W. Üeberrück sei hier noch ehrend gedacht. Er schuf vielseitig Gemälde als Ehrenpreise für Veranstaltungen; sein Wirken, auch über Schlesien hinaus, war verdienstvoll.

4. Schles. Provinzial-Stutenschau Breslau 1936 im Rahmen der Süd/Ost-Messe, im Hintergrund die Jahrhunderthalle. Richten der Abt. Warmblut.

Große Verbandssammlung - sämtlich bodenständ. Kaltblutpferde - ausgestellt vom Verband Schles. Kaltblutzüchter (später Schles. Pferdestammbuch) auf der DLG-Aus-stellung Leipzig 1928. 1. Sammlungspreis und Siegerpreis des Reichsministeriums für Ernährung und Landwirtschaft.

5.9 Remontekäufe, Absatzveranstaltungen

In Schlesien fanden die ersten Remon-te-Ankäufe 1821, 1823 und 1824 statt. Mit den Ergebnissen war man nicht zufrieden. Die Remontekommission war der Meinung, die vorgeführten Pferde wären meist zwar kräftig genug gewesen, sie hätten aber mehr oder weniger Spuren eines früh-zeitigen Gebrauchs gezeigt. Andererseits klagten die Züchter über die Preise und die zu strengen Beurteilungen. Ein paar Zahlen sollen den Umfang der Remontevorstellun-gen und -verkäufe verdeutlichen. 1827 wurden in der Provinz 70 Remonten ange-kauft, 1859 von 487 vorgestellten 80, 1900 von 450 vorgestellten 105 und 1910 von 196 vorgestellten 75. Die Ankäufe er-folgten überwiegend in oberschlesischen Kreisen. Von den niederschlesischen Märkten konnte sich nur der in Wehrse, Kr. Guhrau, halten. Dort wurde 1874 auch das einzige schlesische Remontedepot er-richtet, über dessen Ende nichts bekannt ist.

Zusammenfassend kann gesagt werden, daß in den letzten Jahrhunderten zu keiner Zeit die Remonte-Ankäufe in Schlesien, weder für die Militärverwaltung noch für die Züchterschaft, von Belang gewesen sind.

Der erste Versuch, gute Verkaufsmöglichkeiten zu schaffen, war die Einrichtung von Zuchtviehmärkten in Breslau, die ab 1864 auch mit Pferden beschickt wurden. Auftrieb und Handel hielten sich in bescheidenen Grenzen, so daß die Landwirtschaftskammer 1902 von einer weiteren Beschickung mit Pferden Abstand nehmen ließ. Auch einige bereits 1898 eingerichtete Fohlenmärkte hatten keinen längeren Bestand.

Die erste Fohlen-Auktion fand 1923 im Landgestüt Cosel statt. Sie war stets gut besucht und hat sich von allen Fohlen-Versteigerungsplätzen bis zuletzt der größten Beliebtheit erfreut.

Von den zahlreichen anderen Versteigerungsorten seien nur Breslau-Hartlieb und Liegnitz genannt.

1943 wurden auf schlesischen Absatz-Veranstaltungen 1.307 Warm- und 432 Kaltblutfohlen verkauft.

Im Anschluß an die Zentralhengst-Körungen fanden der Hengstankauf der Preußischen Gestütverwaltung und die Zuchthengstversteigerungen statt.

5.10 Leistungsprüfungen, Reit- und Fahrwesen

Zur Feststellung und Erhaltung des Erbwertes, auch zur Förderung der Bodenständigkeit, wurden ab 1923 Hengst- und Stutennachzuchtprämiierungen durchgeführt.

Auch die sogenannten Reichsverbands-Stutenprämiierungen waren eine wertvolle Förderung der Zucht.

Mit dem Reichstierzucht-Gesetz von 1936 wurden für staatliche und private 3 1/2jährige Zuchthengste obligatorische Zugleistungsprüfungen eingeführt.

Zusätzlich wurden die Landbeschäler, soweit sie den Reitpferdeschlägen angehörten, bei Reitjagden eingesetzt und hierbei auf ihre Qualifikation im Gelände geprüft. Die Kommission für Pferdeleistungsprüfungen bei der Landwirtschaftskammer in Breslau veranstaltete zusammen mit dem Schlesischen Pferdestammbuch freiwillige Zugleistungsprüfungen für Warm- und Kaltblutpferde.

Eine besondere Prüfung ist erwähnenswert: vom 22. - 24. Mai 1930 wurde die „Erste deutsche 150-km-Streckenprüfung für Kaltblutpferde" auf der Landstraße Breslau-Neumarkt durchgeführt; am 1. und 3. Tag je 60 km hin und zurück, am 2. Tag die halbe Strecke hin und zurück. Das Siegergespann, die 5jährige schlesische Stute Cajüte von Illnisch und die im Rheinland gezogene 9jährige Calais, beide im Besitz des namhaften Züchters R. v. Wallenberg - Pachaly, Illnisch, Kr. Neumarkt, bewegten die 110 Ztr. Last in einer Zeit von 9 Min. und 1 Sek. je Kilometer. Am amerikanischen Zugkraftmeßwagen wurden in den Jahren 1928, 1929 und 1930 Höchstzugkraft-Leistungsprüfungen für Kaltblüter veranstaltet. Einen

deutschen Rekord hierbei im Jahre 1928 stellten die 8jährige Stute Stolze und die 7jährige Stafette auf, beide im Besitz von Graf von Ballestrem, Mittel-Oberau, Kr. Lüben.

Nach dem Ersten Weltkrieg entstand in Schlesien eine erhebliche Anzahl von ländlichen Reit- und Fahrvereinen als Stütze für die Warmblutzucht. Allein in Niederschlesien gab es 1941 die beträchtliche Anzahl von 141 solcher Vereine. Im Breslauer Bürgerwerder wurde Anfang der 20er Jahre die Schlesische Reit- und Fahrschule eingerichtet, die bis 1930 tätig war. Von diesem Jahre ab wurden durch Entgegenkommen der Preußischen Gestütverwaltung den beiden Landgestüten Reit- und Fahrschulen mit Sechswochen-Kursen angegliedert.

Von schlesischen Sportpferden, die über die Provinz hinaus durch Erfolge bekannt wurden, ist so gut wie nichts auszumachen. Eine Ausnahme bildete um 1930 das berühmte Springpferd Wotan von dem französischen Vollblüter Chatou, das im Besitz der Kavallerie-Schule Hannover unter seinem Reiter Frhr. v. Nagel so viele nationale und internationale S-Prüfungen gewann, daß es später den Ehrentitel „Pferd der Nation" erhielt. Gezogen war Wotan im niederschlesischen Pläswitz von M. Frhr. v. Buddenbrock, eine der größeren Zuchtstätten, die vielfach auf Vollblutbasis mit eigenen Hengsten züchteten.

5.11 Das Hufbeschlagwesen

In Breslau wurde 1867 eine „Lehrschmiede für rationellen Hufbeschlag" gegründet, die spätere „Zentral-Hufbeschlaglehranstalt der Landwirtschaftskammer Schlesien." Ein Hufbeschlagmuseum wurde 1928 errichtet.

Ab 1939 war nach Weisung des Reichsnährstandes auch ein „Wanderhufbeschlagschmied" tätig. Er hatte besondere Kenntnisse im orthopädischen Beschlag und führte auch Lehrgänge durch. In Oberschlesien bestand eine staatliche Lehranstalt für Hufbeschlag in Neisse-Neuland.

5.12 Die Kriegsjahre und das Ende

Der Ausbruch des II. Weltkrieges brachte zwangsläufig Einschränkungen in Zucht und Haltung. Viele Lücken entstanden durch die Aushebungen. Die verschiedenen Förderungsmaßnahmen fanden z. T. ihr Ende.

Die Hengstkörungen fanden wie in alten Zeiten wieder bezirksweise statt; Fohlen- und Pferdeversteigerungen bekamen vor allem für den Kaufinteressenten mehr Gewicht.

Einschneidende Bestimmungen, insbesondere für den Handel, brachte die Reichsnährstands-Anordnung vom 20.2.1940 über den Verkauf von Nutzpferden. Sie wurde durch eine Neuregelung der gesamten Pferdeveräußerung vom 20.2.1943 ersetzt.

Von seiten der Wehrmacht wurden aus den Heimatpferdeparks und -lazaretten truppenuntaugliche Pferde der Landesbauernschaft Niederschlesien zur Weitergabe an die Landwirtschaft und anteilmäßig an die gewerbliche Pferdehaltung abgegeben. Im Oktober 1944 wurden über die Landesbauernschaften 1.200 ostpreußische Pferde nach Schlesien zur Verteilung durch die dortigen Kreisbauernschaften evakuiert.

Hart wurden dann die letzten Kriegsmonate für Schlesiens Züchter und die beiden Landgestüte, bitter die Flucht vor den vordringenden sowjetischen Truppen und später die Ausweisungen durch die Polen. Mit der Kapitulation von Breslau am 6. Mai 1945 ging neben unschätzbaren anderen Werten all das verloren, was es an Original-Unterlagen über die schlesische Pferdezucht gab.

6. Rückblick

Im Konzert der deutschen Pferdezuchten kann Schlesien einen Höhepunkt aufweisen: die in Deutschland führende Rolle der von einigen schlesischen Großgrundbesitzern auf internationalen Standard gebrachten Vollblutzucht während einer langen Zeit im 19. Jahrhundert. Als Ackerbauprovinz mangelte es dem Lande von jeher an breitgestreutem Grünland, so daß sachgemäße Aufzucht von Jungpferden insbesondere beim bäuerlichen Züchter relativ selten zu verzeichnen war.

Schlesien war zu allen Zeiten ein Pferdeverbrauchs- und -importland, das durch diesen Umstand für die älteren deutschen Zuchtgebiete als Abnehmer von hohem Nutzen war.
Eine einheitliche Linie der Zucht, für die der bäuerliche Züchter als am wenigsten konjunktur- und krisenanfällig das Hauptgewicht hatte, ist erst recht spät in der Mitte der 20er Jahre entstanden.

Die staatliche Gestütverwaltung und die Landwirtschaftskammer haben, vornehmlich nach Ende des Ersten Weltkrieges, durch die verschiedensten Förderungsmaßnahmen wesentlich dazu beigetragen, dem schlesischen Landwirt, der von Haus aus weniger Pferdezüchter als -verbraucher war, die Grundbegriffe einer sachgemäßen und rentablen Zucht nahezubringen.

Literatur

Die Verbreitung der Pferdeschläge in Deutschland. Arbeiten der DLG, Heft 49, Berlin 1900

G. Rau, Die Not der deutschen Pferdezucht, Stuttgart 1907

Max Meyer, Die Pferdezucht in der Provinz Schlesien, Hannover 1913

Groscurth, die Preussische Gestütverwaltung, Hannover 1927

E. Bilke, Die Pferdezucht Niederschlesiens, Breslau 1930

K. Bruhnke, Entwicklung, Stand und Hengststämme der schlesischen Kaltblutzucht, Diss. Breslau 1934

F. Hellwig, Der Einfluß der Lothar III 651-Linie auf die schlesische Kaltblutzucht, Diss. Berlin 1942

Zeitschrift St. Georg

Zeitschrift Deutsche Landwirtschaftliche Tierzucht

Zeitschrift Deutsches Kaltblut

Berlin-Brandenburg

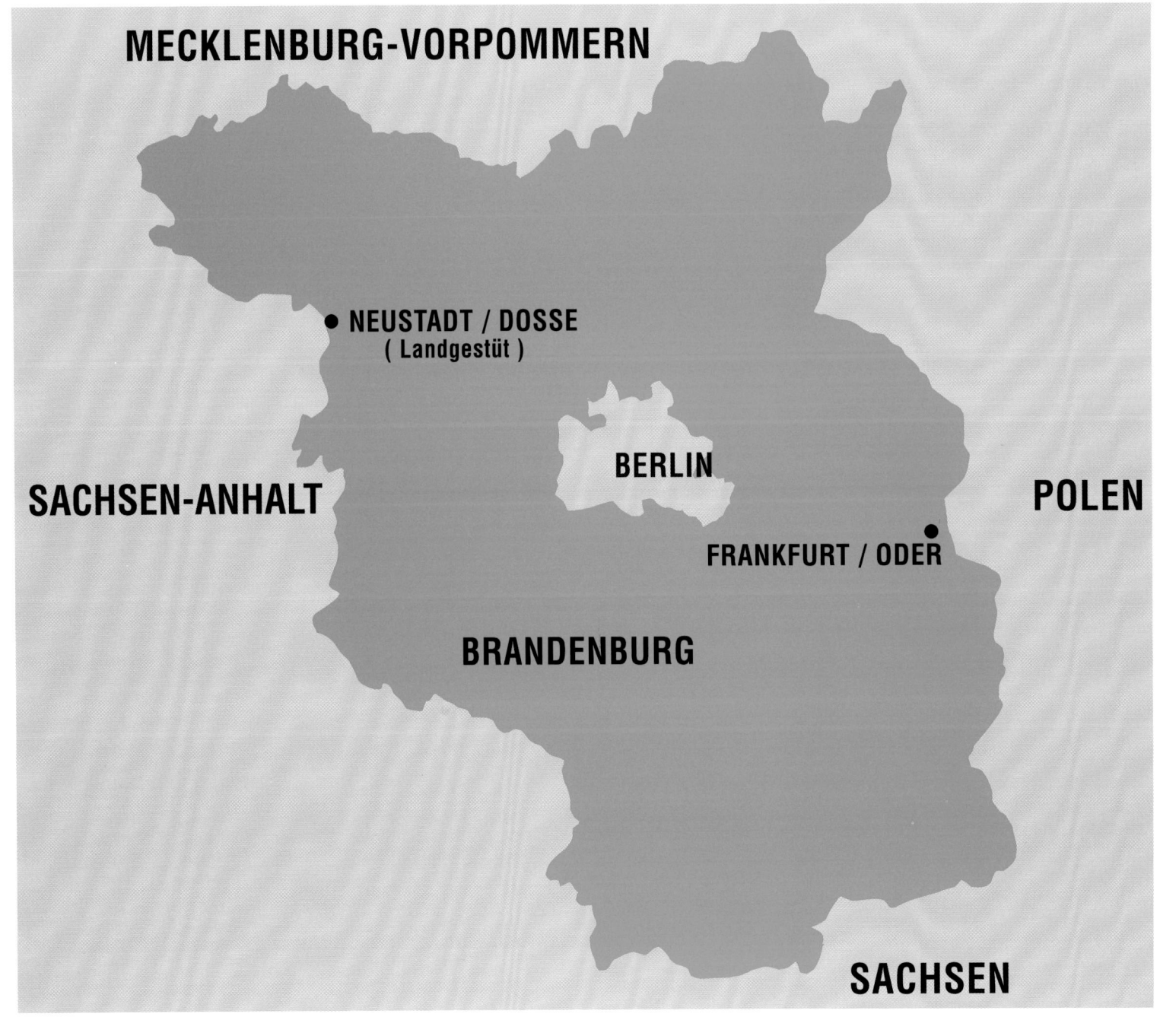

MECKLENBURG-VORPOMMERN

● NEUSTADT / DOSSE
(Landgestüt)

BERLIN

SACHSEN-ANHALT

POLEN

FRANKFURT / ODER

BRANDENBURG

SACHSEN

Am 14. Januar 1908 geboren in Winde-
hausen bei Nordhausen
Schulbesuch bis 1929 - Abitur in Oels.
Landwirtschaftslehre in Groß - Peter-
witz/Schlesien mit Gehilfenprüfung und
weitere Tätigkeit in der Landwirtschaft.
Wintersemester 1932 bis Sommersemester
1935 Friedrich-Wilhelm-Universität Breslau - Diplom-Examen.
1936-1937 Landw. Referent Landw.-Kam-
mer Breslau. 1937 II. Staatsexamen als
Tierzuchtleiter Berlin.
1937 (Herbst) bis 1941 Landesbauernschaft Kurmark, Referent für Pferdezucht.
1941-1945 Soldat, später Kriegsverwal-
tungsrat.
1945-1946 Tschechische Gefangenschaft.
Nach Rückkehr Tätigkeit in der Landwirtschaft.
1948-1973 Landwirtschaftskammer Hannover - Geschäftsführer der Landeskommission und des Landesreiterverbandes,
Referent für Pferdezucht, Landw. Oberrat.
1. Februar 1973 Ruhestand.
Weitere Tätigkeit in der Pferdezucht, im
Reitsport und in der Ausbildung.
Anerkannt und öffentlich bestellt von der
LWK Hannover als Sachverständiger für
Pferdezucht und -haltung.

Georg Wilfried Pabst

überarbeitet von Horst v. Langermann
Geb. 1. Februar 1960 in Röbel/Müritz.
Schulbesuch bis 1976.
Lehre als Facharbeiter für Pferdezucht und
Leistungsprüfung im Gestüt Ganschow
1978 abgeschlossen.
1978-1982 als Bereiter in der Hengstprüfungsanstalt Neustadt/Dosse tätig.
Von 1982-1986 Fernstudium an der Agra-
ringenieurschule in Zierow mit der Fachrichtung Pferdezucht und Sport.
1982-1991 Stellvertretender Leiter der
Hengstprüfungsanstalt sowie reiterliche Erfolge in der Dressur bis Kl. M im Springen
bis Kl. S.
Seit Dezember 1991 Geschäftsführer des
Pferdezuchtverbandes Berlin-Brandenburg.

Horst v. Langermann

Die Pferdezucht in Berlin-Bran-denburg (ehema-lige Provinz Brandenburg)

1. Zur geschichtlichen Grundlage

Die Pferdezucht in der Mark-Brandenburg wurde im 15. Jahrhundert erstmals ohne Angaben zu der Art der gezüchteten Pferde erwähnt. Um das 17. Jahrhundert herum haben verschiedene Hofgestüte bestanden mit unterschiedlicher Rassenzusammensetzung, es konnte noch nicht von einer einheitlichen Zucht gesprochen werden.

Grundlegende Maßnahmen zur Verbesserung der Pferdezucht und Viehwirtschaft allgemein ergaben sich aus der unter dem Großen Kurfürsten (1620-1688) begonnenen, unter Friedrich-Wilhelm dem I. (1688-1740) und Friedrich dem Großen (1712-1786) weitergeführten Urbarmachung von Moor und Brachland zur Gewinnung von fruchtbaren Weiden und Wiesen. Spezielle Maßnahmen zur Verbesserung der Pferdezucht erfolgten durch Friedrich-Wilhelm II. (1744-1797). Er gründete unter anderem das Haupt- und Landgestüt Neustadt/Dosse (1788), das heute noch in seiner Ursprungsform erhalten ist. Es wurde auch organisatorisch auf die Landeszucht eingewirkt, so z. B. 1789 mit dem „Landgestütsreglement für die Churmark", wonach u. a. Privatbeschäler nur nach einer Körung genutzt werden durften.

Außerdem erhielt die Pferdezucht mehr Bedeutung durch die vermehrte Verwendung in der Kavallerie, die sich aus inländischen Pferden remontieren sollte.

Große Rückschläge in der Pferdezucht gab es durch den napoleonischen Krieg und später durch den ersten Weltkrieg, aber auch durch gegensätzliche Zuchtzielvorstellungen der Landwirtschaft und des Militärs. Dies führte etwa Mitte des 19. Jahrhunderts zu unterschiedlichen Forderungen an die Preußische Gestütsverwaltung, da die Landwirtschaft ihre Interessen nach einem stabileren Pferd nicht mehr wahrgenommen sah.

Unter diesem Druck kam es 1876 zur Auflösung des Stutenbestandes im Hauptgestüt, dessen Bestand sich aus Halbblutstuten, unter weiterem Einfluß von Trakehner Hengsten zusammensetzten.

In der Landeszucht wurden im Bestreben nach einem Wirtschaftspferd schweres Warmblut und Kaltblut eingekreuzt, wodurch als Ergebnis ein völlig typloses und unharmonisches Pferd entstand.

Auf Grund der leichten Bodenverhältnisse ergab es sich, daß nur wenige Gebiete in Brandenburg für die Kaltblutzucht in Frage kamen. Somit dezimierte sich der Kaltblutbestand auch im Landgestüt. In Bezug auf die Remontierung des Hengstbestandes gab es Probleme, da der Ankauf von Junghengsten aus der Landeszucht kaum noch möglich war.

Landwirtschaftliche und militärische Aufgaben führten 1896 zur Wiedereinrichtung des Hauptgestütes, wo Stuten arabischer, ostpreußischer und hannoverscher Herkunft eingestallt wurden, die wiederum im beachtlichen Umfang mit Vollbuthengsten zur Anpaarung kamen.

Nach dem I. Weltkrieg

nahm der Bedarf an Remonten erheblich ab, so daß wiederum ein Pferd im Wirtschaftstyp gefragt war. Über den Zukauf von Hengsten aus dem hannoverschen Zuchtgebiet wurde die geforderte Verstärkung erreicht, so befanden sich 1925 insgesamt 185 Hannoveraner oder Brandenburger hannoverscher Abstammung, 4 Ostpreußen und 43 Oldenburger im Bestand des Landgestütes Neustadt/Dosse.

Der Verband der Brandenburger Pferdezüchter gründete sich im Jahr 1922 und konnte einen Stutenbestand von rund 6.300 eingetragenen Stuten aufweisen, die dem damaligen Zuchtziel weitestgehend entsprachen.

Die straffen organisatorischen Maßnahmen des Zuchtverbandes wie Körungen für Stuten, Prämierungen, Schauen und später Leistungsprüfungen und Fohlenauktionen, konnten sich fördernd auf die Zucht auswirken.

Durch gute Zusammenarbeit von Züchtern, Verband und Landwirtschaftskammer war auch eine Förderung, wie z. B. Zuchterhaltungsprämie, Deckbeihilfen, Gründung von Reit- und Fahrschulen sowie einer Hufbeschlagslehrschmiede möglich.

Diese Maßnahmen waren Anreiz zur Zucht eines modernen Warmblutpferdes, das auch die Interessen der Preußischen Armee auf sich lenkte und den Ankauf von Remonten aus der Brandenburger Zucht belebte, was den Züchtern nur entgegenkam.

2. Entwicklung nach dem II. Weltkrieg

2.1 Allgemeine Grundlagen

Der II. Weltkrieg ergab einen besonderen Rückschlag in der Pferdezucht. Der Bestand war über die Hälfte dezimiert und somit auch wertvolle Stutenstämme. Glücklicherweise konnten die Verluste in der Westprignitz, einem Hauptzuchtgebiet Brandenburgs (früher wie heute) geringer gehalten werden. Alle Hengste des Landgestütes Neustadt mußten als Reparationszahlung an die Sowjetunion abgegeben werden. Trotz der unsagbar schwierigen Situation konnte 1945/46 mit dem Wiederaufbau des Haupt- und Landgestütes und des Pferdezuchtverbandes begonnen werden.

Die Gestüte wurden später in Volkseigentum überführt und unter einer zentralen Leitung beim Ministerium für Land- und Forstwirtschaft eingeordnet, wie auch die

Luftaufnahme Hauptgestüt Neustadt/Dosse

Zuchtverbände die Eigenständigkeit ablegen mußten. Nach kurzzeitiger Auflösung
der Landgestüte 1951 und Verteilung der
Hengste auf volkseigene Güter wurden auf
Grund der negativen Auswirkungen die
Landgestüte Redefin (Mecklenburg), Neu-
stadt/D. (Brandenburg), Halle-Kreuz (Sachsen-Anhalt), Moritzburg (Sachsen) als
volkseigene Hengstdepots wiederbelebt.
In Folge deutlicher Abnahme des Pferdebestandes und im Zuge von Konzentrations-
bestrebungen kam es 1961 zur Auflösung
des Hengstdepots Halle-Kreuz. Mit der
Überführung der Hengste war die staatliche
Hengsthaltung für Sachsen-Anhalt und
Brandenburg in Neustadt/Dosse beheimatet, wie es bereits vor 1881 der Fall war.
Durch den Wegfall der Ländergrenzen und
die Bildung von Bezirken wurde der Landkreis Perleberg (Westprignitz), ein bran-
denburgisches Hochzuchtgebiet, mit den
dort stationierten Hengsten dem Bezirk
Schwerin und damit dem Landgestüt Redefin zugeordnet.
Dieses Zuchtgebiet, wie auch im Süden
von Brandenburg der Bezirk Cottbus, mit
dessen Zuordnung zum Landgestüt Moritzburg, war so aus dem Zuchtleitungsbereich
Neustadt ausgegliedert.
Mit der Mechanisierung der Landwirtschaft
ging einerseits ein Rückgang des Pferdebestandes, andererseits eine zunehmende
Änderung des Nutzungszweckes einher, so
daß die sportlichen Aspekte ausschließlich
das Zuchtziel bestimmten.

Venus geb. 1887 v. Botschafter xx 3. Preis Berlin 1890 1. Allgem. Dt. Pferdeausstellung
Aussteller: Reuter, Lentzki

Mit der Bildung der Zentralstelle für Pferdezucht 1969 und der Zuordnung aller Gestüte, Hengstdepots, Rennbahnen und Pferdezuchtleitungen, ging die Reorganisation der Pferdezucht in der DDR einher. In dieser staatlichen Stelle wurden alle züchterischen Maßnahmen in Bezug auf Pferdezucht (auch ehemalige Verbandsaufgaben) administrativ festgelegt und durchgesetzt. So wurde die Vereinheitlichung der in der DDR existierenden Zuchtgebiete und die spätere Einführung eines einheitlichen Brandzeichens durchgesetzt.

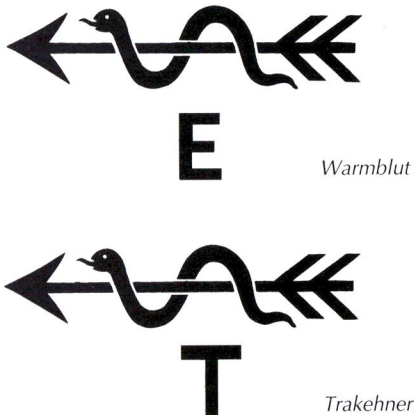

Warmblut

Trakehner

Die genossenschaftlichen Betriebe und Staatsgüter, in denen Stutenbestände von mehr als 10 Zuchtstuten vorhanden waren, wurden als staatlich-anerkannte Zuchtbetriebe gefördert, da sich der Export von Reitpferden als Devisenquelle nutzen ließ. Aber trotz dieser Förderung ist es überwiegend dem Engagement von Einzelpersonen zu verdanken, daß der wenig lukrative Betriebszweig Pferdezucht innerhalb der Landwirtschaftsbetriebe züchterisch vorangetrieben werden konnte.

Durch diese relativ großen Stutenbestände konnten sich in vielen Betrieben solide Stutenstämme herausbilden, die züchterisch eine hohe Vererbungssicherheit verkörperten. Die Fohlenaufzucht in größeren Gruppen gestaltete sich wirtschaftlicher und hatte durch die artgerechte Haltungsweise positive Auswirkungen auf Interieur und Charakter des Pferdes.

2.2 Züchterische Entwicklung

In Folge der verheerenden Kriegseinwirkungen gab es 1950 im Warmblutbereich in Brandenburg ca. 4.800 eingetragene Stuten. Nach einem weiteren Bestandsrückgang bis 1971 auf ca. 800 Stuten, erfolgte ein Aufwärtstrend mit 1.100 Stuten 1990 und ca. 1.800 Warmblutstuten im Jahre 1993.
Die Hauptbeschäler im Hauptgestüt, wie Hexenschuß v. Dampfroß (Trak.) und der Hannoveraner Fernab v. Fermor III aus der Flingarth-Linie, haben über ihre männlichen Nachkommen nicht unwesentlichen Einfluß auf die Zucht in Brandenburg genommen.

Scharfe Maßnahmen der staatlichen Kommissionen führten zu einem starkem Rückgang des Privathengstbestandes, aber auch zu einer qualitativen Verbesserung des gesamten Hengstbestandes.

Bestandsentwicklung der Warmbluthengste in Brandenburg:

	Landgestüts-hengste	Privat-hengste
1947/48	166	k.A.
1971	63	k.A.
1990	80	9
1993	56	39

Wie ersichtlich, setzte sich der Hengstbestand der Brandenburger Zuchtgebiete fast ausschließlich aus Hengsten des Hengstdepots Neustadt/Dosse zusammen.
Die Kaltblutzucht ist bis in jüngster Zeit stark rückläufig, wurde allerdings fast ausschließlich über das Landgestüt mit Hengsten versorgt.
Die Pony- und Kleinpferdezucht entwickelte sich gänzlich auf privater Basis, so wurden auch Beschäler über das übliche Körsystem zugelassen, so daß sich nachstehender Bestand ergibt:

Bestandsentwicklung der Pony- und Kleinpferdehengste in Brandenburg

	Kleinpf.-hengste	Shetlandpony-hengste	Haflinger-hengste
1947	k.A.		
1971	12	25	2
1990	10	13	10
1993	39	19	7

In Bezug auf die Hengstlinien wurde an die guten Vorkriegserfahrungen mit hannoverschen Hengstlinien angeknüpft, die z. B. über Sheridan v. Sheridan II - Thorward, oder Mailand v. Maikäfer - Don Carlos, der bereits bodenständig gezogen wurde, dessen Mutter-Vater hannoverschen Ursprungs war, großen Einfluß auf die brandenburgische Zucht nahmen.

So wurden auch durch die zentrale Leitung zur Blutauffrischung regelmäßig in geringem Umfang Hengste aus überwiegend hannoverschen Zuchtgebieten zugeführt.
Durch die Zusammenfassung der DDR zu einem Zuchtgebiet ist die Einflußnahme und Entwicklung der Hengstlinien nicht nur auf das brandenburgische Zuchtgebiet zurückzuführen, da ein Hengstaustausch innerhalb der gesamten DDR stattgefunden hat.
Auf Grund dessen sind teilweise heute verschiedene Zweige von z. B. hannoverschen Hengstlinien im Brandenburgischen bedeutungsvoll, die ihre Entwicklung über den damaligen Zuchtleitungsbereich Redefin genommen haben oder auch umgekehrt.
So konnte die Detektiv-Linie überwiegend durch den Hengst Duell II v. Duellant - Folgsam mit seinen 8 Söhnen und 11 Enkelsöhnen - einen großen Einfluß nehmen.

Hengst Mailand v. Maikäfer - Don Carlos

Komet Hengst, Schi. H., geb. 1959 v. Körling a.d. Fabuhild v. Fabulist

Der Kometenkel Kolibri v. Kobold I, a.d. Lorelei v. Lapis, geb. 1979

**Nachkommen der
Kingdom xx - King - Linie**

Folklore v. Kolibri a.d. Feine Form v. Furioso geb. 1986

Kai v. Kolibri, a.d. Flora v. Fedor, geb. 1986

Goldschatz v. Gotland a.d. Umkehr v. Komet, geb. 1985

ten Leistungsvererber in Brandenburg zur Verfügung stehen.

2.3 Die Leistungsprüfung

Die Leistungsprüfung der Zuchtpferde wurde ähnlich wie in anderen Zuchtgebieten Deutschlands entwickelt; in Anlehnung an das Selektionsverfahren der preußischen Landgestüte und der niedersächsischen Hengstprüfungsanstalt Westercelle/Adelheidsdorf. So kam es 1978 zur Einrichtung der zentralen Hengstprüfungsanstalt in Neustadt/Dosse, in der 40 Hengste einem elfmonatigen Leistungstest unterzogen wurden. Diese wurden aus ca. 160 in zentralen Aufzuchtstationen (Gestüten) zusammengefaßten Hengstanwärtern ausgewählt und nach der bestandenen Prüfung zur Körung vorgestellt, so daß ca. 20 Vatertiere für den gesamten Zuchtbereich der DDR gekört wurden.

Die Stutenleistungsprüfung war anfangs eine Schwellenwertprüfung in Form einer Feldprüfung. Mit wachsenden sportlichen Anforderungen entwickelte sich 1988 eine Stationsprüfung über 3 Wochen, in der die Gangmechanik, das Freispringen, der Fremdreitertest und das Trainingsprotokoll nach modernen Prüfungsgesichtspunkten in das Prüfungsergebnis einflossen.

Durch die stark eingeschränkten Möglichkeiten der internationalen sportlichen Entwicklung war der positive Einfluß der Vergleichsmöglichkeit von Pferden auf großen Turnieren kaum gegeben.

Somit blieb der Zucht nur die Orientierung an dem größtmöglichen Absatz in die westlichen Länder, was letzlich ausschlaggebend für die Wertung der einzelnen Vatertiere war.

So hatte Neustadt/Dosse auch als zentraler Verkaufsstall Bedeutung. Hier wurden aus der gesamten DDR jährlich ca. 500 Reitpferde in westliche Länder verkauft, die im Durchschnitt dem Niveau bis Klasse L entsprachen. Aber auch Hochleistungspferde, wie die Stute Sorry v. Duell II, die u. a. mit Hugo Simon 1984 im Hamburger Springderby erfolgreich war, oder der Wallach Andy v. Adpet - Direx, der in Spanien in der Vielseitigkeit hoch erfolgreich ist, zeigen außerhalb der Brandenburger Grenzen das Vermögen bodenständiger Pferde.

Zur rationelleren Nutzung leistungsstarker Hengste über die Einsatzgrenzen aller drei Landgestüte der DDR hinaus, wurden in den sechziger Jahren bereits Versuche zur künstlichen Besamung mit Frischsperma durchgeführt. Ab 1975 kam es zum Einsatz von Tiefgefriersperma, welches von einer zentralen Besamungsstation zu beziehen war.

Die Besamung wurde bis 1986, danach nur vereinzelt durchgeführt, brachte aber, u. a. auf Grund mangelnder Gefriertechnik und qualitativ ungenügender Verdünnermedien, nicht den erhofften Befruchtungs-

Desweiteren ist diese Linie über den im damaligen Zuchtleitungsbereich Redefin wirkenden Dollarprinz v. Dollart - Falko II, in der Stutengrundlage Brandenburgs heute über den Hengst Dispondeus v. Direx - Tannenhäher xx mit leistungsstarken Pferden vertreten.

Gleiches gilt für die Goldschaum xx - Goldammer II - Linie über Gotland v. Goldstein - Pik König, die derzeit über die Hengste Goldschatz v. Gotland - Komet und Good Dream v. Gotland - Sekurit weiter vertreten ist. Sehr großen Einfluß konnte der Hengst Adept v. Archimedes - Lavendel nehmen. Dieser Hengst, der im Hannoverschen gezogen ist, aber auf die Trakehner Dampfroß-Linie zurückging, war äußerst typprägend für das gesamte Zuchtgebiet der DDR. Er konnte mit insgesamt über 20 gekörten Söhnen wirken, wobei diese Linie heute im Brandenburgischen durch die Hengste Abendwind v. Adept - Furioso, Achat v. Abendwind - Drusus, Abendsturm v. Abendwind - Senatus, Akzento v. Arzano - Guano überwiegend vertreten wird. Stark leistungsbetont konnte sich der im Hauptgestüt Neustadt gezogene und in der Zuchtleitung Redefin zum Einsatz kommende Hengst Adriano v. Adept - Alciglide xx durchsetzen.

Die im Hannoverschen auf der Vaterseite erloschene Kingdom xx - King Linie konnte durch konsequentes Verhalten der Direktoren der Neustädter Gestüte, H. Neuschulz und H. Hoppe, wieder

zum Leben erweckt werden. Trotz des damaligen Kastrationszwangs nichtgekörter Hengste, wurde der im Mecklenburgischen geborene Hengst Komet v. Körling - Fabuhild im Springsport im Dresdner Raum eingesetzt. Seine Leistungen, auch die der anderen Körlingnachkommen, die weniger vom Typ, als durch die Springveranlagung überzeugten, veranlaßten die Gestütsdirektoren, trotz Problemen durch die staatliche Leitung, diesen im Sport geprüften Hengst im Hauptgestüt einzusetzen. Durch die Anpaarung mit trakehnerblutführen-den Stuten konnte die Typausprägung bei Erhalt des Leistungsspotentials verbessert werden, so daß heute diese Linie wieder mit an der Spitze der deutschen Pferdezucht stehen kann, wofür die Hengste Kolibri v. Kobold I - Lapis oder Kogani I v. Kobold I - Mahagoni xx, im Springen erfolgreich bis zur Klasse S, oder der Landbeschäler Kogani II v. Kobold I - Mahagoni xx, Leistungsprüfungszweiter bei 123 Indexpunkten sprechen. Ebenso machen der international erfolgreiche Landbeschäler Kai v. Kolibri - Fedor und die Stute Folklore v. Kolibri - Furioso, das Potential dieser Linie deutlich. Die Rekonsolidierung dieser wertvollen Hengstlinie fand ihren Ausgangspunkt im Hauptgestüt Neustadt/Dosse durch den Hengst Kobold I v. Komet - Drusus und konnte sich im Redefiner Zuchtleitungsbereich weiter entwickeln, so daß heute die vorgenann-

erfolg. Im Gestüt Neustadt erfolgte die Besamung in den Jahren 1977 - 1986 jeweils bei 20 Stuten mit einer Trächtigkeitsrate zwischen 50 und 75%. An diese Erfahrungen anknüpfend, errichtete das Haupt- und Landgestüt Neustadt/Dosse 1992 eine Besamungsstation zur Frisch- und Tiefgefrierspermabesamung und kann heute unter modernen Bedingungen mit Außenstationen und Vertragstierärzten im Land Brandenburg arbeiten. 1993 wurden 353 Stuten besamt bei einer Trächtigkeitsrate von rund 81%.

2.4 Entwicklung seit 1990

1990 wurde der Zuchtverband neu gegründet. 1993 gehörten ihm 1.600 Züchter mit 2.700 eingetragenen Pferden an. Es werden alle Rassen über diesen Zuchtverband betreut, so daß neben der Warmblutzucht, die Ponys, Haflinger und sonstige Rassen in Brandenburg heimisch sind.

So entwickelten sich aus dem im überwiegend Randberliner Raum bestehenden Pony- und Kleinpferdebestand, der über Jahrzehnte mit durchgezüchteten Beständen arbeitete, Arbeitsgemeinschaften, die sich der IG-Shetland bzw. IG-Welsh angeschlossen haben. Hieraus ist auch ein größeres Engagement für die Reitponyzucht entstanden, welches sich in zunehmenden Bestandszahlen ausdrückt. In diesem Bereich sind nur wenige auf arabischer Blutbasis gezogene Grundlagen vorhanden gewesen.

In der Haflingerzucht erfolgt die Orientierung, entsprechend den Festlegungen der bundesweiten Arbeitsgemeinschaft. Der Haflingerbestand im Land Brandenburg kann von einer sehr guten Typausprägung profitieren, die ganz konsequent weitergeführt wird, so daß 1993 bereits Teilnahmen an Bundesschauen mit guten Placierungen honoriert wurden.

Im Vatertierbestand aller Rassen hat eine große Blutauffrischung stattgefunden, die in den kommenden Jahren zur weiteren Konsolidierung der bodenständigen Werte der Pferde mit dem Leistungspotential namhafter Linien führen wird. Im Warmblutbereich sind überwiegend Holsteiner, Hannoversche und Westfälische Hengste zum Einsatz gekommen. Hier werden also z. B. Frühlingsball-, Pilot-, Landgraf- und Contender - Enkel aus Brandenburger Stuten - in den zukünftigen Prüfungen nach vorn galoppieren.

Nicht nur im Landgestütsbestand, auch auf der Ebene der Privathengsthaltung wird der Wettbewerb um ein leistungsstarkes Pferd, welches umgänglich und marktbeständig ist, den Ausschlag geben.

Die Stutenbasis ist nach 1989 weitgehend in Privatbesitz übergegangen, leider sind durch den Bestandsabbau auch einige starke Stutenfamilien zersplittert oder verlorengegangen.

Glitzer v. Galdos ben Mors ox a.d. Gaudeila v. Graude ben Afas II ox, geb. 1989

Sowohl über die Basis des Hauptgestütes, als auch der ehemaligen Genossenschaften aus Zäckericker-Loose (Oderbruch), Pritzhagen (Märkisch-Buchholz) und der Prignitz konnten wichtige Stammstuten oder deren Nachkommen in Privatzuchtbetrieben erhalten bleiben. Durch die Wiedereinführung der Ländergrenzen wurde das heute noch starke Zuchtgebiet der Westprignitz und auch des Cottbusser Raums wieder dem brandenburgischem Zuchtgebiet zugeordnet.

Diese Stutenfamilien bilden somit eine bodenständige Basis auf durchgezüchteter Grundlage, die sich teilweise bis 1914 über 11 Generationen zurückverfolgen lassen.

So konnte sich z. B. Ilka v. Frühlingsbote - Adept bereits auf dem Bundeschampionat in Mannheim gut in Szene setzen und ihre sportliche Laufbahn im Parcours fortsetzen. Gleiches gilt für die Stute Desiree v. Debüt - Guano, die bereits in Verden 1992 im Parcours auf sich aufmerksam machte.

Die Stammütter der wichtigsten Familien sind bis auf wenige Ausnahmen Produkte privater Züchter.

Wie auch in anderen Verbänden werden Eliteschauen und Fohlenchampionate sowie Körungen durchgeführt, wobei der Berlin-Brandenburgische und der Sachsen-Anhaltinische Verband eng zusammenarbeiten, um über eine größere Selektionsbasis zu verfügen.

Die Vermarktung der Fohlen wird über Vereinsaktivitäten geregelt. Fohlenverkaufstage oder allgemeine Verkaufstage für Pferde in Anlehnung an andere Veranstaltungen bürgern sich ein. Für den Verkauf der Reitpferde werden über den Verband zweimal jährlich Verkaufsschauen über 5 Tage organisiert, die regen Zuspruch unter namhaften Reitern finden.

Desweiteren werden über die Verbandsgeschäftsstelle Kaufinteressenten direkt an die Züchter weitervermittelt. Somit entwickelt sich sowohl durch das schier grenzenlose Engagement der Züchter, als auch durch die weiter zunehmenden sportlichen Aktivitäten im Land Brandenburg eine Pferdezucht, die auch mit geringer Bestandsgröße leistungsstarke, umgängliche und noble Pferde hervorbringt.

Literatur

Gerhard Gellermann: Entwicklung der Reitpferdezucht in Brandenburg unf Sachsen Anhalt von 1945 - 1990

Anke Garmhausen: Studienprojekt - Untersuchung von Stutenfamilien und deren züchterische Bedeutung für Brandenburg

Unterlagen der Pferdezuchtdirektion Mitte Neustadt/D.

Unterlagen des Pferdezuchtverbandes Berlin-Brandenburg

Sachsen-

NIEDERSACHSEN

● Salzwedel

● Osterburg

● Goldbeck

● Berkau

● Stendal

● Estedt

● Gardelegen

BRANDENBURG

● Ringfurth

Magdeburg
●

● Wanzleben

Sachsen-

Anhalt

● ● Graditz

Dessau ● Löbnitz

● Kreuz

Halle ●

● Merseburg

● Schladebach

HESSEN

SACHSEN

THÜRINGEN

Anhalt

Regierungsdirektor a.D.
Geboren 25.10.1903 als Sohn des Rittergutbesitzers B. Löwe in Alt-Berkow, Kr. Osterburg (Altmark), Prov. Sachsen.
25.2.1921 Abitur am Humanistischen Gymnasium Stendal.
1.3.1921 bis 25.4.1924 Ausbildung in der praktischen Landwirtschaft.
Anschließend Studium der Landwirtschaft an der Universität Halle/Wittenberg.
1.12.1926 landwirtschaftliches Diplomexamen in Halle.
1.3. bis 15.8.1927 Tierzuchtleiter auf den Gütern von R. Preiss Niederöschwitz, Kr. Steinau (Niederschlesien).
10.7.1929 Promotion zum Dr. sc. nat. von der naturwissenschaftlichen Fakultät der Universität Halle/Wittenberg.
1.8.1929 Volontärassistent am Institut für Tierzucht und Molkereiwesen der Universität daselbst.
1.4.1931 planmäßiger und ab 1.11.1933 Oberassistent am gleichen Institut.
9.10.1931 preußische Tierzuchtleiterprüfung in Berlin.
22.10.1938 Ernennung zum Dr. sc. nat. habil seitens der naturwissenschaftlichen Fakultät der Universität Halle.
24.1.1939 Dozentur für das Fach Tierzucht und Fütterung.

1.4.1940 Abteilungsleiter für das Fach Pferdezucht am Kaiser-Wilhelm-Institut für Tierzuchtforschung in Rostock-Dummersdorf.
14.5.1943 als Dozent an die neu gegründete landwirtschaftliche Fakultät der Universität Rostock überwiesen.
1.1.1945 Ernennung zum ordentlichen Professor unter Berufung als Ordinarius für Tierzucht- und Fütterungslehre an die Landwirtschaftliche Hochschule Tetschen-Liebwert (Sudetenland).
1.5.1945 Flucht in die Westzone Deutschlands.
15.9.1945 Geschäftsführer des Stammbuches für Kaltblutpferde Niedersachsen.
1947 bis 30.11.1954 Geschäftsführer des Verbandes der Pony- und Kleinpferdezüchter in Hannover, ferner Geschäftsführer der Arbeitsgemeinschaft der deutschen Pony- und Kleinpferdezüchter.
1.12.1954 Oberregierungs- und Landwirtschaftsrat beim Niedersächsischen Minister für Ernährung, Landwirtschaft und Forsten als Referent für Tierzucht.
14.6.1960 Regierungsdirektor daselbst.
23.11.1953 bis 31.3.1972 Lehrauftrag für das Fachgebiet Pferdezucht seitens der Universität Göttingen.

Prof. Dr. sc. nat. habil. Hans Löwe †

neubearbeitet von
Prof. Dr. Gerhard v. Lengerken
Geb. 18.11.1935 in Berlin
1954-1960 Studium der Landwirtschaftswissenschaften an der Martin-Luther-Universität Halle-Wittenberg mit dem Abschluß Diplomlandwirt.
1960-1961 Zootechniker im Kreis Tangerhütte.
1966 Promotion zum Dr. agr. zum

Thema „Untersuchungen über den Einfluß der zur Veredlung der deutschen Warmblutzucht verwendeten Spezialhengste".
1961-1968 Wissenschaftlicher Assistent am Institut für Tierzucht der Martin-Luther-Universität Halle-Wittenberg.
1968 Qualifikation „Staatlich anerkannter Tierzuchtleiter".
1969 Assistent am Wissenschaftsbereich Schweinezucht der Universität Leipzig.
1977 Habilitation
1982 Dozent für das Lehrgebiet „Rohstoffkunde" (Tierische Produkte).
1989 Berufung zum ordentlichen Professor für Tierzucht an die Friedrich-Schiller-Universität Jena (Abteilung Agrarwissenschaft).
1990 Berufung zum ordentlichen Professor für Tierzucht und Tierhaltung an die landwirtschaftliche Fakultät der Martin-Luther-Universität Halle-Wittenberg. Beauftragt mit der Wiedereinrichtung dieses Lehr- und Forschungsgebietes.

Prof. Dr. Gerhard v. Lengerken

Die Pferdezucht in Sachsen-Anhalt

1. Kurzer historischer Überblick und natürliche Gegebenheiten

Gebildet wurde die Provinz Sachsen 1816 aus ehemals sächsischen, preußischen und mainzischen Gebieten: Altmark, Erzstift Magdeburg, Hochstift Halberstadt, Grafschaften Hohenstein, Wernigerode, Stollberg, Querfurt und Mansfeld, Stift Quedlinburg, ehemalige Reichsstädte Mühlhausen, Nordhausen, Erfurt und Eichsfeld, Herzogtum Wittenberg (Kurkreis) mit der Grafschaft Brehna, Hochstifte Merseburg und Naumburg, Grafschaft Barby und die Thüringischen Kreise sowie als Enklaven Teile der Grafschaft Henneberg und des Neustädter Kreises (Ziegenrück). 1944 fiel der Regierungsbezirk Erfurt an Thüringen, die Regierungsbezirke Magdeburg und Halle-Merseburg wurden selbständige Provinzen. 1945 wurden beide mit Anhalt zur Provinz Sachsen-Anhalt vereinigt.

Die Provinz Sachsen umfaßte ursprünglich 25.528 Quadratkilometer mit 3,8 Millionen Einwohnern und hatte den Rang eines Herzogtums mit herzöglich sächsischem Wappen. Heute umfaßt das Bundesland Sachsen-Anhalt, das nach dem Beitritt der ehemaligen DDR zum Gebiet der Bundesrepublik Deutschland aus den Bezirken Magdeburg und Halle gebildet worden ist, 20445 Quadratkilometer (Bevölkerungszahl von 2,8 Millionen), das entspricht etwa 6 % der Gesamtfläche Deutschlands. Landeshauptstadt und Regierungssitz ist Magdeburg. Sachsen-Anhalt hat eine sehr vielseitige Landschaft und besaß reiche Bodenschätze. Kali, Steinsalze, Kupferschiefer und Braunkohle prägten seine Wirtschaftsgeschichte.
Die Altmark, ehemals Teil der Mark Brandenburg, wurde bei der Neueinteilung Preußens 1815 der Provinz Sachsen zugeordnet. Die Wische im Osten und der Drömling im Südwesten der Altmark waren führer große Sumpflandschaften. Die Colbitz-Letzlinger Heide im Süden des welligen Altmärkischen Flachlandes ist ein großes Forstgebiet mit Kiefern-, Eichen- und Lindenwäldern.

In den letzten Jahrhunderten veränderten umfangreiche Deichbauten und Flußregulierungen das Antlitz der Elbaue. Die Magdeburger Börde, ein durch seine Fruchtbarkeit bekanntes Landesgebiet westlich der Elbe zwischen Bode und Ohre, ist mit seinen fruchtbaren Schwarzerden besonders gut geeignet für den Anbau von Zuckerrüben, aber auch von Getreide. Der Oberharz ist dicht bewaldet. Der höchste Harzgipfel ist der Brocken mit 1142 m. Südöstlich des Harzes liegt die „Goldene Aue". Nördlich von Halle finden wir fruchtbaren Lößboden. Dort ist der höchste Gipfel auf dem Breitengrad zwischen Harz und Ural, der Petersberg mit 250 Metern.
Auf ihrem letzten sächsich-anhaltinischen Abschnitt ist die Unstrut größtenteils von Fels, Muschelkalk und Buntsandstein umfaßt. Es sind schöne und an geschichtlichen Erinnerungen reiche Gegenden: die einstige Kaiserpfalz Memleben, Freyburg mit der Neuenburg sowie die alte Domstadt Naumburg. Die Berghöhen an den Ufern der Saale tragen mehrfach die Ruinen alter Burgen. Besonders reizvoll ist das Saaletal bei Bad Kösen und Naumburg. Die Rudelsburg und Saaleck, das Solbad Kösen und die Domstadt Naumburg liegen in anmutiger Umgebung zwischen günen Wäldern und Weinbergen.

Östlich der Elbe war der Fiener Bruch früher ein weites Sumpfland zwischen Genthin und Ziesar. Unter Friedrich II. wurde die Entwässerung begonnen. So entstanden Wiesen, Weiden und Äcker, auch neue Dörfer. Der Fläming, ein dünn besiedelter eiszeitlicher Höhenrücken nördlich der mittleren Elbe, hat seinen Namen nach den im 12. Jahrhundert unter flämischem Recht angesiedelten Kolonisten.

2. Entwicklung und Stand der Kaltblutzucht

Unklarheiten und Uneinheitlichkeit in den Auffassungen zur Rassenfrage sowie unzureichende staatliche Unterstützung der Pferdezucht kennzeichnen den Werdegang der Kaltblutzucht von Beginn bis zum Ersten Weltkrieg. Die zielstrebige Arbeit der Züchter und Zuchtvereine, gelenkt durch bedeutende Persönlichkeiten, brachte der Kaltblutzucht der Provinz Sachsen im Zeitraum vom Ersten Weltkrieg bis zum Ende des Zweiten Weltkrieges einen gewaltigen Aufschwung, bedingt durch den erheblichen Zugkraftbedarf von Landwirtschaft und Gewerbe. Diese Entwicklung hielt bis 1951 an. Dann trat eine von Jahr zu Jahr stärker werdende Umfangverminderung der Kaltblutbestände ein. Heute wird das Kaltblut in Sachsen-Anhalt nur noch als „Genreserve" züchterisch bearbeitet mit einem vorwiegenden Absatz in der Forstwirtschaft. Die Geschichte der Kaltblutzucht kann in mehrere Epochen unterteilt werden.

2.1 Beginn der Kaltblutzucht bis 1898

Im Mittelalter war im mitteldeutschen Raum die Zucht eines kräftigen Pferdeschlages, wie er für die Kreuzzüge benötigt wurde, beheimatet. Später entstanden in Deutschland unter dem Einfluß von Vollbluthengsten Pferde zur Nutzung für

Kriegszwecke. Dieser Zuchtzweig hat aber im Gebiet der Provinz Sachsen nie eine große Bedeutung erlangt.

Eine erste Einflußnahme auf das pferdezüchterische Geschehen erfolgte durch den 1842 gegründeten Landwirtschaftlichen Zentralverein der Provinz Sachsen, der Herzogtümer Anhalt und Gotha, der Fürstentümer Schwarzburg, Sondershausen und Rudolstadt. In dieser Zeit schwebte den Züchtern als Zuchtziel ein „schweres Halbblutpferd" vor, das für den allgemeinen Gebrauch und insbesondere für die landwirtschaftlichen Arbeiten Verwendung finden sollte. Von dem damaligen „Altmärker Halbblutpferd" gibt es allerdings keine exakten Beschreibungen.

Das Jahr 1846 ist für die Pferdezucht durch die Zusammenfassung der Gestüte in die Gestütsverwaltung des Ministeriums für landwirtschaftliche Angelegenheiten von grundlegender Bedeutung. Im Jahre 1847 wurde das Prämierungswesen auf Schauen zur Förderung der Pferdezucht dahingehend ausgebaut, daß nur Pferdezüchter bäuerlichen Standes Staatsprämien empfangen und nur trächtige oder Stuten mit Fohlen ausgezeichnet werden durften. Die erste Hengstkörung wurde am 16. Januar 1854 durchgeführt. Im Jahre 1855 wurde durch Amtsrat Franz erstmals die Zucht eines schweren Zugpferdes für die Verwendung in der Landwirtschaft für die Provinz Sachsen gefordert.

Albion d'Hor B23/1892. v. Conquerant de Terhaegen B69900 a.d. Fanie de Bass B49515. Einsatzzeit: 1916 - 1923

Eine beachtliche Bedeutung hatte auch das Jahr 1863, in dem der Mitteldeutsche Pferdezucht-Verein gegründet worden ist, der besonders die Zucht von belgischen Kaltblutpferden förderte. 1888 wurde auf einer gemeinsamen Sitzung der Gestütsverwaltungen und Zentralvereine in Berlin beschlossen, daß die Provinz Sachsen für die Züchtung von Militärpferden nicht vorgesehen ist und ihr die Wahl der Zuchtrichtung demgemäß freigestellt wird. Im Jahre 1891 wurde das Landgestüt Kreuz bei Halle gegründet.

Nach Auflösung des Landwirtschaftlichen Zentralvereins übernahm 1893 die neugebildete Landwirtschaftskammer die Lenkung der Pferdezucht und die Durchführung der züchterischen und staatlichen Maßnahmen. Diese Epoche ist durch die Einführung einer neuen Körordnung am 24. Juni 1896 gekennzeichnet, die wesentlich zur Verbesserung des Vatertiermaterials beigetragen hat. Wichtigen Einfluß hatte in diesem Zeitraum die erweiterte Einfuhr von Kaltblütern englischer Herkunft besonders deshalb, weil neben den Clydesdales auch Stuten und Fohlen der Rasse Shire angekauft wurden. So kamen 1896 35 Shire und 29 Belgier, 1897 105 Shire und 21 Belgier in die Provinz Sachsen. Der verstärkte Import von Shire, der besonders durch Gutsbesitzer gefördert wurde, verhinderte zu dieser Zeit eine endgültige Klärung der Rassenfrage. Positiv zu werten

in dieser Epoche ist die Einführung von „Kreisstutenmusterungen" und die eindeutige Festlegung der „Anhaltinischen Pferdezucht" auf die Belgische Zuchtrichtung. In den Jahren 1897 bis 1898 kommt es erstmalig zur Zusammenfassung der vereinzelt geführten Zuchtregister in einem „Stutbuch für die Provinz Sachsen" mit den ersten Anfängen einer ordentlichen Zuchtbuchführung.

2.2 Kaltblutzucht in den Jahren 1899 bis 1924

Als im Jahre 1899 bekannt wurde, daß die DLG die Durchführung einer Wanderausstellung in Halle/Saale beabsichtigt, entschloß sich die Landwirtschaftskammer zur Gründung des „Verbandes für die Zucht des schweren Arbeitspferdes in der Provinz Sachsen". Erster Vorsitzender wurde Herr v. Jagow-Calberwisch (Krs. Osterburg), erster Geschäftsführer Zuchtdirektor v. Drahten, ein Anhänger des Shire-Pferdes. Damit trat die Rassenfrage wieder in den Vordergrund. Während im südlichen Bereich der Provinz das Belgische Kaltblut schon einen dominierenden Einfluß ausübte, hatte man sich im „Altmärkischen Zuchtgebiet" noch nicht zu einer Einheitlichkeit in der Rassenfrage durchgerungen. Die Rassenzusammensetzung auf der Provinzialpferdeschau in Magdeburg 1904 spiegelt das Bild eines uneinheitlichen

Zuchtgeschehens wider. Aufgetrieben wurden hier: 95 Belgier, 68 Shire, 20 Clydesdales, 30 Kreuzungsstuten, 9 Halbblüter. Meilensteine in der Geschichte der Altmärkischen Kaltblutzucht waren die Gründung der Pferdezuchtgenossenschaften Goldbeck und Berkau im Jahre 1906, die den ersten Durchbruch der Belgischen Zuchtrichtung in der Altmark brachte. Aus dieser Zeit berichtet Mommsen (1924), daß viele Züchter den starken Behang der englischen Kaltblüter ablehnten. Außerdem wurden die Schwerfuttrigkeit und ungenügende Härte dieser Pferde bemängelt. Eine Rassenbereinigung in Richtung des Belgiers begann sich nun, ausgehend von den genannten Genossenschaften, immer mehr durchzusetzen (Tabelle 1).

Mit der Umstellung auf die Belgische Zuchtrichtung hat sich aber auch der Anteil an Kreuzungsstuten stark erhöht. 1924 hatten fast 60% dieser Stuten einen Shire-Genanteil von 50 Prozent.

Wie aus Untersuchungen von Arnold (1970) gefolgert werden kann, ist der Einfluß durch Töchter und Enkelinnen englischer Hengste bis in das dritte Jahrzehnt unseres Jahrhunderts wirksam geblieben.

1907 wechselte die Leitung des Zuchtverbandes, Vorsitzender wurde Ökonomierat Felix Hoesch, ein starker Verfechter des belgischen Kaltblutes, Geschäftsführer wurde Christian Mommsen.

Tabelle 1: Entwicklung des Pferdezuchtverbandes der Provinz Sachsen

Ge-schäfts-jahr	Anzahl der		Gesamt-mitglie-derzahl	Hengste		Stuten			Sa. der einge-trag. Tiere
						Belgier			
	Pferde-genos-sen-schaften	Einzel-züchter		Bel-gier	Shire	Hpt-stb.	Stb.	Shire	
1899	-	400	400	-	-	210	126	446	852
1905	-	494	494	-	-	-	-	-	709
1910	17	88	924	51	11	696	931	111	1800
1915	32	46	1074	70	4	955	967	25	2021
1920	69	81	2466	196	1	3567	2087	7	5858
1925	95	92	2527	222	-	3661	2218	-	6101

Zu den Persönlichkeiten, die die Kaltblut-zucht in Sachsen-Anhalt gefördert haben, gehört auch Simon von Nathusius, der von 1902 Professor in Jena und von 1910 bis 1913 Professor für Tierzucht in Halle war. Ihm zu Ehren wurde der „Simon von Na-thusius Preis" für jährlich eigens in Sach-sen-Anhalt gezogene Kaltbluthengste ge-stiftet. Das Jahr 1912 brachte neben der Änderung des Verbandsnamens in „Pferde-zuchtverband der Provinz Sachsen" noch eine andere wichtige Entscheidung. Durch Polizeiverordnung vom 30.01.1912 wurde die Hengstkörung für alle Privathengste, vorgenommen durch eine Körkommission, angeordnet. 1918 wurde in Naumburg der letzte Shire-Hengst gekört. 1919 gab auch die letzte Genossenschaft (Groß Apenburg) endgültig die Shire-Zucht auf, nachdem 1911 der letzte Import von Shires erfolgt war.

Das Genossenschaftswesen wurde mehr und mehr ausgebaut, der Ankauf von Hengsten unterstützt. 1912 wurde die Ver-kaufs- und Ausstellungshalle in Stendal er-richtet, 1922 eine weitere in Magdeburg. In diese stark aufstrebende Entwicklung griff hemmend der Erste Weltkrieg 1914 ein. 1920 bekam der Verband zur Züch-tung des Kaltblutes auf belgischer Grundla-ge seine Rechtsfähigkeit.

Staatliche Hengsthaltung

Vorab muß angemerkt werden, daß die Landgestüte nicht in allen Phasen der Ent-wicklung der provinzialsächsischen Pfer-dezucht Standpunkte eingenommen ha-ben, die von der Züchterschaft voll akzep-tiert worden sind. Erst allmählich konnten sich die staatlichen Organe, bei denen ver-ständlicherweise die Sorge um eine erfolg-versprechende Militärpferdezucht im Vor-dergrund der Erwägungen stand, zu der Er-kenntnis durchringen, daß in der Provinz Sachsen im Hinblick auf die herrschenden natürlichen und wirtschaftlichen Bedin-gungen (Zuckerrübenbau verbunden mit Tiefkultur) die Wirtschaftspferdezucht Vor-rang einzunehmen hat. Nachdem aber das Rasseproblem geklärt war, hat sich die Zu-sammenarbeit zwischen Zuchtverband, Landwirtschaftskammer und Landgestüt für die Förderung der Zucht als außerordent-lich fruchtbar erwiesen.

Zunächst wurde das Zuchtgebiet vom Ge-stüt Graditz betreut. 1877 wurde dieses dann nach Lindenau bei Neustadt an der Dosse verlegt, eine Maßnahme, die bei den Züchtern der Provinz Sachsen auf we-nig Gegenliebe stieß. Am 01.04.1898 wurde Major a.D. von Branconi mit der Leitung des Gestütes betraut. Dieser sie-delte dann im Mai 1891 nach dem für die-sen Zweck vorgesehenen Landgestüt Kreuz bei Halle/Saale mit allen Hengsten über. In Kreuz hat von Branconi 20 Jahre lang gewirkt und die Auseinandersetzun-gen um die Klärung der Rassenfrage an verantwortlicher Stelle mitgetragen.
Die Nachfolge von Branconi traten dann zunächst in ziehmlich kurzer Reihenfolge an: 1911 bis 1912 Graf Meinhard Lehn-dorff, 1912 bis 1913 Burggraf und Graf zu Dohna-Schlodien, 1913 bis 1921 Rittmei-ster a.D. von Henninges. Letzterer wurde nach auftretenden Diskrepanzen mit dem Verband nach Neustadt a. d. Dosse ver-setzt. Danach gab es zunächst ein kurzes Interregnum. Von 1921 bis 1922 wurde

Gaulois du Monceau 888 geb. 1922. v. Albion d'Hor B23/1892 a.d. Aimeé du Monceau B23/2279 v. Orange de Castre 87056. Einsatzorte: Deckstelle von Halle/Kreuz in Osterburg; Wollenhagen, Wanzleben, Ringfurth 1930 - 1940

mit Amtsrat Kühne (Wanzleben) einer der herausragenden Pferdezüchter seiner Zeit beauftragt, die Verwaltung des Gestütes zu übernehmen. Seiner Initiative ist es dann mit Unterstützung von Herrn Löwe zu verdanken, daß 1922 mit Hasso Schwechten ein Sohn der Provinz das Amt des Landstallmeisters antrat. Damit war eine Entscheidung getroffen worden, die sich besonders segensreich auf die Pferdezucht der Provinz auswirken sollte. Die Zusammensetzung des Landbeschälerbestandes, den Landstallmeister Schwechten bei seinem Antritt vorfand, ist nachfolgender Tabelle zu entnehmen (Tabelle 2).

Unter den deutschen Zuchtgebieten war erwartungsgemäß das Rheinland Hauptlieferant von Hengsten. Der Anteil der Kaltbluthengste im Gestüt betrug 1900 92 %, 1910 91 % und 1920 74,4 %.

Tabelle 2: Nachweis des Bestandes an Beschälern der Preußisch-Sächsischen Landgestüte in den Jahren 1855 bis 1925

Jahr	Beschäler-zahl	Zahl der Warmblut-hengste	davon Vollblut-hengste	Einteilung nach Rasse bzw. Geburtsland									
				Percheron	Suffolk	Clydesdale	Ardenner/Belgier	Shire	franz. Ackerschl.	Rheinländer	Prov. Sachsen	Holländer	Westfalen
1855	110	-	-	-	-	-	-	-	-	-	-	-	-
1865	84	78	3	2	4	-	-	-	-	-	-	-	-
1870	7	58	1	4	5	-	-	-	-	-	-	-	-
1875	7	71	1	8	2	6	-	-	-	-	-	-	-
1880	88	61	3	6	-	4	16	-	-	-	-	-	-
1885	92	61	1	-	-	3	28	-	-	-	-	-	-
1890	90	44	-	-	-	8	30	8	-	-	-	-	-
1895	95	20	-	-	-	14	19	35	7	-	-	-	-
1900	127	10	-	-	-	12	34	67	4	-	-	-	-
1905	136	13	-	-	-	10	51	62	-	-	-	-	-
1910	147	13	-	-	-	5	100	29	-	-	-	-	-
1915	131	11	-	-	-	-	117	3	-	-	-	-	-
1920	203	52	2	-	-	-	62	-	-	47	29	10	3
1925	211	45	3	-	-	-	45	-	-	43	36	41	1

2.3 Kaltblutzucht zwischen den Weltkriegen

Die endgültige Umstellung auf die belgische Zuchtrichtung erfolgte nach dem Ersten Weltkrieg, nicht zuletzt durch günstige Importmöglichkeiten. Wegen des großen Bedarfes an schweren Zugpferden wurde in den Jahren nach dem Ersten Weltkrieg die Einfuhr von Arbeitspferden aus Holland, Belgien und Dänemark zu einer ernsten Konkurrenz für die deutsche Kaltblutzucht. Die Bestrebungen des Pferdezuchtverbandes gingen aber dahin, durch züchterische und umweltbeeinflussende Maßnahmen dem Typ der in Belgien gezüchteten Kaltblutpferde so nahe wie möglich zu kommen. Die Einfuhr von Zuchtmaterial, vor allem von hochwertigen Hengsten aus den belgischen Hochzuchten, führte zu einer schnellen Konsolidierung der Zuchtrichtung. Besonders trifft dies für die Altmark zu, die von Schwechten 1925 als das Hochzuchtgebiet der Provinzialsächsischen Kaltblutzucht bezeichnet wurde. Wie aus statistischen Erhebungen hervorgeht (Tabelle 3), wurden im Jahre 1925 von insgesamt 202 Kaltblutlandbeschälern des Landesgestütes Kreuz alleine 76 Hengste auf die 27 Deckstellen der Kreise Gardelegen, Osterburg, Salzwedel und Stendal stationiert, während 126 Hengste sich auf 21 weitere Kreise des Kreuzer Einzugsbereiches verteilten. Ein ähnliches Verhältnis ergibt sich auch für die private und genossenschaftliche Hengsthaltung.

Wie die Aufstellung zeigt, nahm die Privat- und Genossenschaftshengsthaltung in dieser Zuchtepoche einen so großen Umfang ein, daß sie zahlenmäßig die staatliche Hengsthaltung bei weitem übertraf.

Tabelle 3: Kaltbluthengstbestand 1925 im Einzugsbereich des Hengstdepots Kreuz

Reg.Bez.	Anzahl der Landkreise	Genossenschaftshengste	Privathengste	Landbeschäler	Hengste insges	v.H. aller Hengste
Erfurt	10	21	8	21	50	9,75
Merseburg	16	25	73	80	178	34,69
Magdeburg	15	83	101	101	285	55,56
insgesamt:	41	129	182	202	513	100,00
dar. Altmarkkreise						
Gardelegen		16	4	23	43	8,38
Osterburg		10	20	23	53	10,33
Salzwedel		13	3	16	32	6,24
Stendal		6	12	14	32	6,24

So lag der Anteil der nicht staatlichen Hengste bei 60,6 % aller Beschäler, im Bezirk Magdeburg sogar bei 64,56 %. In den vier Altmarkkreisen betrug dieser Anteil nur 52,5 %. Diese Tatsache ist bemerkenswert und deutet darauf hin, daß dem Altmärkischen Zuchtgebiet von Seiten des Landgestütes die größere Bedeutung hinsichtlich der Besetzung mit Landbeschälern zugebilligt wurde. Die außerstaatliche Hengsthaltung hat aber stets ein sehr gutes Verhältnis zum Landgestüt gehabt. Nach Schwechten und Aschenbach (1939) ergänzten sich die Hengsthaltungsgenossenschaften und das Landgestüt in vorbildlicher Weise durch gemeinsame Absprache des Hengsteinsatzes und der Remontierung. Die Duldung einer starken und qualitätsvollen Genossenschaftshaltung durch den Staat dürfte in erster Linie darauf zurückzuführen sein, daß der Etat des Landgestütes dem Ankauf hochwertiger und damit teurer Hengste Grenzen setzte. Die Söhne dieser Hengste wurden jedoch zum großen Teil durch die Gestütsverwaltung erworben, wo sie nicht unerheblich zur Qualitätsverbesserung des Hengstbestandes beigetragen haben. Als bedeutende Genossenschaftshengste, die die Landeszucht in dieser Periode positiv beeinflußt haben, seinen erwähnt:

- Albion II d'Haubrouge 1100, Deckstation Estedt mit 60 Söhnen, 179 Töchtern, 144 Enkeln
- Naif 651, Deckstation Estedt mit 10 Söhnen, 182 Töchtern
- Castar de Merchtem 948, Deckstation Apenburg mit 35 Söhnen, 270 Töchtern, 40 Enkeln.

Die nachhaltigste Einwirkung auf die Entwicklung der Kaltblutzucht in dieser Zeit hatten jedoch die Landbeschäler:
Gaulois du Monceau 888, mit 97 Söhnen, 314 Enkeln, 157 Töchtern und
Beau Fils de Naast 806, mit 56 Söhnen, 73 Enkeln, 217 Töchtern.

Die größere Produktivität der Landbeschäler in der Hengst- und Stutenerzeugung gegenüber den Genossenschaftshengsten resultiert aus der Tatsache, daß die ersteren durch den Einsatz in verschiedenen Deckstationsbereichen eine größere Anzahl wertvoller Stuten zugeführt bekamen, während das Einsatzgebiet der Genossenschaftshengste begrenzt war. So hat Gaulois du Monceau von 1930-1940 in Wanzleben, Wollenhagen, Osterburg und Ringfurth gewirkt. Beau Fils de Naast war in Schora, Leitzkau, Globig sowie für kürzere Zeit auch in Mahlwinkel, Löbnitz, Berkau und Jerichow sowie Wanzleben in den Jahren von 1926 bis 1940 stationiert. Die relativ einheitliche Vererbungstendenz dieser beiden Hengste, ihre „Durchschlagskraft", die sie zu „Blutlinienbegründern" werden ließ, ist sicher aus der Tatsache erklärbar, daß sie mehr oder weniger stark ingezüchtet waren. Dies trifft besonders auf Beau Fils de Naast zu, der aus einer Vater-Tochter-Paarung hervorgegangen ist und außerdem in der IV. Ahnenreihe auf Joubert de Bruyere ingezüchtet ist. Auch bei Gaulois du Monceau tritt im Pedigrée in der IV. Ahnenreihe dreimal der altbelgische Linienbegründer Gerfaut II in Erscheinung.

Die Tierschauen der DLG in den Jahren 1931-37 festigten den guten Ruf der beiden Vererber Gaulois de Monceau und

Uta v. Wanzleben 8956 geb. 1921. v. Bloc 287 a.d. Post v. Wanzleben. Z.: E. Kühne, Wanzleben. (oben)

Goliath v. Wanzleben 1091 geb. 1931. v. Gaulois du Monceau 888 a.d. Ameise v. Wanzleben 9995 v. Cicero R.S. 375. Z.: E. Kühne, Wanzleben. Einsatzorte: Leitzkau, Schladebach, Weißenfels, Goldbeck 1934 - 1946 (unten)

Beau Fils de Naast, die dazu beitrugen, das Altmärkische Zuchtgebiet an die erste Stelle in den Wettbewerben mit den beiden anderen Hochzuchtgebieten Rheinland und Westfalen zu bringen. Über diese Hengste wurde insbesondere eine Kaliberverstärkung erreicht.

Innerhalb des Deutschen Reiches (1938) stand die Kaltblutzucht in Sachsen-Anhalt nach der absoluten Anzahl der Hengste mit Deckerlaubnis an 5. Stelle hinter Ostpreußen, Bayern, Westfalen und dem Rheinland. Nach dem rassenmäßigen Anteil der Kaltbluthengste am Gesamthengstbestand nahm Sachsen-Anhalt (88,5 %) hinter dem Rheinland (93,5 %) sogar den 2. Platz ein. Das gleiche Verhältnis ergab sich bei dem Anteil der von Kaltbluthengsten gedeckten Stuten im Jahre 1937: Rheinland 96,6 %, Provinz Sachsen 96,4 %, Bayern 89,8 %, Westfalen 80 % und Ostpreußen 62,9 % (Meyer 1940).

In der Provinz Sachsen hatte die Auswahl der Namen der Zuchttiere keinen Bezug zum Namen von Vater oder Mutter. Vielmehr bekamen die Jahrgänge regelmäßig Namen mit dem gleichen Anfangsbuchstaben nach dem Alphabet. Somit war der Anfangsbuchstabe des Namens immer ein eindeutiger Hinweis auf den Geburtsjahrgang. Außerdem wurde, wie allgemein in der Kaltblutzucht auf belgischer Grundlage üblich, zu den Namen des Pferdes noch der Name der Genossenschaft oder der des Einzelzüchters hinzugesetzt.

2.4 Kaltblutzucht in den Jahren von 1945 bis 1968

Im Allgemeinen waren die Verluste durch Kriegseinwirkungen mit Ausnahme in den Kreisen Burg, Genthin und eines Teils des Anhalter Gebietes, nicht erheblich.

Die schon kurz vor dem Zweiten Weltkrieg beginnende verstärkte Motorisierung der Landwirtschaft brachte noch keine Abkehr von der Betonung des schweren Kalibers, zumal während des Krieges einsetzender Traktoren- und Brennstoffmangel den Bedarf an tierischer Zugkraft wieder wesentlich erhöhte. Besonders stieg dieser Bedarf in den Nachkriegsjahren sprunghaft an. Durch staatliche Anordnung mußte jede Stute einem Hengst zugeführt werden. Als Folgeerscheinung war ein erhebliches Anwachsen des Zuchtstutenbestandes zu verzeichnen. Eine Überproduktion an Kaltblutpferden war aber erst in den Jahren 1951/52 zu registrieren. Im Jahre 1951 wurde der absolute Höchststand in Sachsen-Anhalt mit 19255 eingetragenen Stuten und 11700 Zuchtbetrieben registriert (Tabelle 4). Das Verhältnis von 1,65 Stuten je Zuchtbetrieb kennzeichnet die nach 1945 erfolgte Strukturveränderung der Landwirtschaft durch die Bodenreform. Der erhebliche Zuwachs an Kleinbetrieben und die Verminderung der Anzahl der Gü-

Fels v. Lindau 1041 geb. 1930. v. Beau Fils de Naast 806. a.d. Berta v. Nienhagen 12671 .v. Ezau N.B. 470. Z.: H. Kleberg, Lindau, Ldk. Zerbst. B.: HHV Anhalt, 1933 - 1939

Tabelle 4: Stutenbestandsentwicklung in den Bezirken Halle und Magdeburg (1951 bis 1968)

Jahr	Anzahl eingetragener Stuten aller Rassen	davon Kaltblutstuten	
		absolut	v.H.
1951	24437	19255	78,8
1956	14320	10522	73,5
1960	7314	4916	68,6
1964	5675	3725	65,6
1968	3843	1958	50,9

ter und Großbetriebe förderten die Nachfrage nach einem mittelschweren Kaltblutpferd unter starker Betonung von Fruchtbarkeit und Langlebigkeit. Im Oktober 1952 wurde die Zentralstelle für Tierzucht, als nachgeordnete Dienststelle des Ministeriums für Land- und Forstwirtschaft, mit den Außenstellen, den Bezirkstierzuchtinspektionen, gebildet. Von diesen wurden die Funktionen der Tierzuchtverbände übernommen, damit hörte auch das Bestehen des Pferdezuchtverbandes Sachsen-Anhalt auf. Bedeutende Zuchtförderungsmaßnahmen in dieser Zeit sind:

- Durchführung jährlicher Stuten- und Fohlenschauen,
- Vergabe von Staatsprämien an 2- und 3jährige Stuten,
- Durchführung von Zugleistungsprüfungen,
- Hengstnachzuchtprämierungen,
- Einführung des Zuchtpferdeleistungsbuches

Die Farbverteilung sah beim Kaltblut im Jahre 1954 wie folgt aus: 48% Braunschimmel, 32,5% Braune, 14,5% Füchse und 5% sonstige Farben. Wie aus Untersu-

chungen von Henning (1958) hervorgeht, wurden in der Verkleinerung des Rahmens der Kaltblutpferde bis 1958 keine wesentlichen Fortschritte erzielt.

Im November 1965 wurden im Fachbereichsstandard Viehwirtschaft die Zuchtziele der in der DDR gezüchteten Pferderassen neu formuliert und ab 01.03.1966 für verbindlich erklärt. Darin wird für die Kaltblutzucht gefordert: ein deutsches Kaltblut belgischer Abstammung, sehr frühreif, langlebig, beste Futterverwertung, schnelle Regenerationsfähigkeit, gutartiger Charakter, beste Eignung für alle Zugleistungen, kurzzeitig stark belastbar, korrekter räumiger Gang in Schritt und Trab. Im Exterieur wird verlangt: ein mittelrahmiges, breites Wirtschaftspferd mit nicht zu großem Kopf, genügend langem und gut angesetztem Hals, fester Oberlinie, bei bester Brust- und Flankentiefe, langer geneigter voll bemuskelter Kruppe, kräftigem trockenem Fundament mit wenig Behang und breiten klaren Gelenken sowie gut ausgebildeten gesunden Hufen.

Lebendmasse: 650 bis 750 kg
Widerristhöhe: 154 bis 162 cm
Röhrbeinumfang: 24 bis 27 cm

Tabelle 5: Anzahl der verwendeten Hengste im Zuchtgebiet Sachsen-Anhalt in den Jahren von 1944 bis 1968

Jahr	Kaltblut		Schweres Warmblut		Edles Warmblut		insgesamt
	absolut	v.H.	absolut	v.H.	absolut	v.H.	
1944	412	91,8	37	8,2	-	-	449
1951	383	65,0	129	21,9	77	13,1	589
1956	181	59,5	80	26,3	43	14,2	304
1960	124	55,6	71	31,8	28	12,6	223
1964	86	57,3	39	26,0	25	16,7	150
1968	45	45,9	8	8,2	45	45,9	98

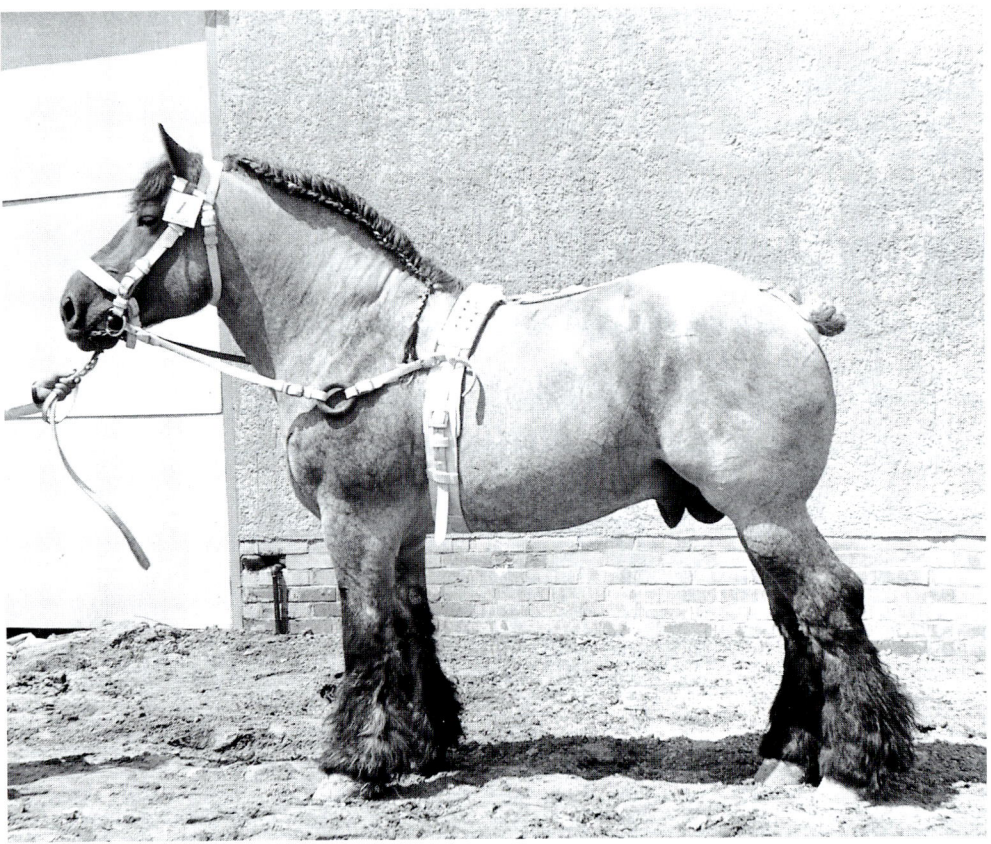

Entwicklung und Einfluß des Hengstbestandes

Der Kaltbluthengstbestand im Zuchtgebiet Sachsen-Anhalt entwickelte sich analog der Gesamtbestandsreduzierung rückläufig (Tabelle 5).

Der Bestand an Kaltbluthengsten ging besonders ab 1952 sehr stark zurück. Er betrug 1951 noch 75 % des Gesamtbestandes, im Jahre 1969 jedoch nur noch 32,8 %. Noch deutlicher ist die erfolgte Rassenverschiebung aus der Bedeckungsstatistik zu ersehen. Betrug 1951 der Anteil der Bedeckung durch Kaltbluthengste fast 61 %, so ging diese Quote bis 1968 auf 38 % zurück, während im gleichen Zeitraum die Bedeckung durch Warmbluthengste von 39 auf 62 % anstieg. Die durchschnittliche Anzahl der bedeckten Kaltblutstuten in den Zuchtjahren 1960-1968 betrug 2012, davon aus dem Bezirk Magdeburg durchschnittlich 1515 und aus dem Bezirk Halle 497. Die Zucht des Kaltblutes hat sich also in dieser Zeit besonders in das Territorium der Altmark verlagert.

Die züchterische Entwicklung einer Population wird wesentlich durch den Einfluß der Vatertiere bestimmt, die über eine überdurchschnittliche Vererbungskraft verfügen. Vom praktischen Züchter werden diese als „Stempelhengste" bezeichnet.

Die wichtigen Hengstlinien der Kaltblutzucht, berechnet nach den 1953 deckenden Hengsten, waren nach Neuschulz (1956) folgende:
- Gaulois du Monceau 888 = 36,5%
- Beau Fils de Naast 806 = 22,4%
- Halifax de Vielle Cour 1638 = 19,8% mit
  Laureat d'Hondzocht 1848
  Advokat v. Schinne 2930
  Zufall v. Hansjochenwinkel 2789
- Albion II d'Haubrouge 1100 = 7,9%
- Avenir d'Herse B 25/412 = 6,3% mit Matador d'Buvrinnes 3392, Espoir de Lorette 3276, Reve d' Annecroix 2377
- Crésus de Witterzee 1747 = 3,1%

Zuchtbestimmende Hengste in den Jahren von 1945 bis 1968 waren:
Halifax de Vielle Cour 1638, in 22 Jahrgängen 19 Hengste,
Laureat d'Hondzocht 1848, in 7 Jahrgängen 34 Hengste,

Advokat 2930 v. Schinne geb. 1947. v. Tambour v. Mahlwinkel 2128. a.d. Tulpe v. Gr. Apenburg 28178.v. César de Marchovelette 982. Z.: Fritz Bittkau, Ldk. Stendal. Einsatzort: Pferdezuchtgenossenschaft Gohre, Ldkr. Stendal. (oben)

Wacholder 2704 v. Estedt geb. 1945. v. Opal v. Gr. Rossau 1627. a.d. Rosel v. Estedt H 24741. v. Indien de Bievéné. Z.: Herrmann Schulze, Kl. Engersen. Einsatzort: Hengsthaltungs- und Pferdezuchtgenossenschaft Kossebau, Ldk. Osterburg (unten)

Zufall v.Hansjochenwinkel 2789, in 6 Jahrgängen 18 Hengste
Advokat v. Schinne 2930, in 9 Jahrgängen 43 Hengste,
Matador du Buvrinnes 3392, in 2 Jahrgängen 8 Hengste,
Espoir de Lorette 3276, in 7 Jahrgängen 26 Hengste.
Einen überaus bedeutungsvollen Einfluß übten Advokat von Schinne 2930 und Birkhahn von Estedt 3048 auf die Kaltblutzucht Sachsen-Anhalts aus. Von den 43 gekörten Söhnen des „Advokat von Schinne" wurden 26, von 23 gekörten Enkeln 13 und von 5 gekörten Urenkeln 3 im Zuchtgebiet eingesetzt. Advokat lieferte 80 Hauptstammbuchstuten, davon 37 Prämienstuten.

Die durchschnittliche Widerristhöhe der Kaltbluthengste hat sich in den Jahren 1944-1968 von 162,75 cm auf 154,75 cm verringert, die Röhrbeinmaße verringerten sich von 26,27 cm auf 25,25 cm. Bei den Spitzenhengsten der Körjahrgänge von 1944-1968 sank die Widerristhöhe von 163 cm auf 156 cm, der Röhrbeinumfang von 28 auf 25 cm.
Bedeutende Persönlichkeiten der Kaltblutzucht in den Jahren von 1945-1968 waren: Fritz Bollmann, Lindau; Fritz Glille, Engersen; Richard Pflaumbaum, Wollenhagen; Fritz Schulze I, Estedt (Züchter von Birkhahn); Fritz Bittkau, Schinne (Züchter von Advokat); Christian Güldenpfennig, Gohre und Fritz Borchert, Nahrstedt.

2.5 Kaltblutzucht in den Jahren 1969 bis 1989

Diese Etappe ist gekennzeichnet durch tiefgreifende Veränderungen der ökonomischen und gesellschaftlichen Struktur auf dem Lande. Mit der verstärkten Technisierung ging der Bedarf an tierischer Zugkraft auf ein Minimum zurück. Der Einsatz von Kaltblütern begrenzte sich zunächst noch auf innerbetriebliche Transporte sowie spezielle Einsatzgebiete in der Forstwirtschaft. Gleichzeitig entstand ein ständig wachsendes Bedürfnis bestimmter Kreise von Menschen nach pferdesportlicher Betätigung und vielfältiger Freizeitbeschäftigung mit Pferden. Diese Entwicklungstendenzen verdeutlicht Tabelle 6.

Besonders gravierend war die Bestandsreduzierung in den Jahren 1969 und 1970 im Stutenbestand.
Der absolute Tiefstand wurde mit 10 Hengsten im Jahre 1979 bzw. für die Stuten im Jahre 1978 mit 151 eingetragenen Stuten erreicht. Ab diesem Zeitpunkt setzte im Hengst- und Stutenbestand eine gewisse Konsolidierung ein. Der Hengstbestand blieb mit ca. 14 Hengsten relativ konstant. Im Stutenbestand hingegen gab es größere Schwankungen bei Bestandsgrößen zwi-

Dankbare 37121 v. Estedt geb. 1949. v. Cresus de Witterzée H1747. a.d. Wilderbe H33059 v. Estedt. v. Opal v. Gr. Rossau 1627. Z.: Joachim Kunze, Kl. Engersen.

schen 200 und 400 Tieren. Gleichlaufend war die Entwicklung bei den jährlich gekörten Hengsten, den eingetragenen Stuten und den Bedeckungen.

Tabelle 6: Anzahl der zur Bedeckung eingesetzten Hengste und der vorhandenen Stuten des Zuchtgebietes.

Rasse	Jahr	Hengste abs.	Stuten abs.
Kaltblut	1969	22	1474
	1979	10	171
	1989	14	438
Warmblut	1969	45	1505
	1979	41	1785
	1989	41	1818

Ein besonderes Anliegen der Zuchtleitung in Stendal (Leiter Dr. Ernst-Hermann Arnold) bestand darin, einen qualitativ hochwertigen Mindestbestand an Kaltblutstuten zu sichern. Im Gegensatz zur Hengstaufzucht in der Warmblutzucht, die an wenige zentral geleiteten Stationen gebunden war, durften die züchtenden Betriebe der Kaltblutzucht aller Eigentumsformen ihre Kaltbluthengstanwärter selbst aufziehen und zur Körung vorstellen.
Dies geschah vorrangig aus Gründen der relativ geringen Bedeutung der Kaltblut-

zucht. Diese Regelung wirkte aber motivierend auf die wenigen verbliebenen Züchter. Der Reproduktion des Zuchtbuchstutenbestandes wurde auch in dieser Periode große Aufmerksamkeit gewidmet. Eine Besonderheit ist in separaten Stutbuchaufnahmen, getrennt von den sehr populären Fohlenschauen, zu sehen. Historische Entwicklung, hohe fachliche Kompetenz und Passion waren die Gründe, daß Sachsen-Anhalt ab dem Jahr 1967 die Aufgabe zugeteilt bekam, Vatertiere und weibliches Zuchtmaterial sowie Nutztiere für die übrigen Bezirke bereitzustellen. Dabei orientierte sich das Zuchtprogramm auf die Erzeugung von großrahmigen, robusten, frühreifen Kaltblutpferden mit sehr guter Futterverwertung und besonderer Eignung für Zugarbeiten. Besonderer Wert wurde auf korrekte und raumgreifende Tritte im Schritt und Trab sowie gesunde Hufe gelegt.
WH 158 - 165 cm
RL 160 - 170 cm
RöU 24 - 29 cm
Gewicht 720 - 850 kg
Die Schwerpunkte der züchterischen Arbeit orientierten sich auf die Verjüngung des Bestandes, die Erhöhung der Leistungsfähigkeit und den Einsatz „fremdblütiger" Hengste.
Große Verdienste bei der Zucht des Kaltblutpferdes erwarben sich in diesen Jahren Egon Sommerfeld, Pretzier; Herbert Otto Schulz, Pretzier; Fritz Templin Klein Schwechten; Martin Kunze, Engersen.

Einfluß von Hengstlinien

Den stärksten Einfluß auf die Kaltblutzucht in Sachsen-Anhalt in dieser Zeit übten Hengste aus, die den Linien Gaulois du Monceau, Avenir d'Herse und Birkhahn zuzuordnen sind. Dabei nimmt die Avenir d'Herse-Linie über Advokat von Schinne, Espoir de Lorette und Reve d'Annecroix eine besondere Stellung ein.

Zur Veränderung der genealogischen Struktur waren weitere Importe von Vatertieren erforderlich. Im Jahre 1988 erfolgte der Ankauf des Ardenner Hengstes Vainqueur des Seigneur 3618, der 5 gekörte Söhne hinterließ.

2.6 Kaltblutzucht in den Jahren 1990 bis 1993

Nach der Wiedervereinigung Deutschlands kam es in der Kaltblutzucht Sachsen-Anhalts zu einer weiteren erheblichen Bestandsreduzierung. Es gibt eine große Variation bei den Bedeckungen der eingetragenen Stuten, wobei ab dem Jahr 1991 Privatbeschäler zum Einsatz gekommen sind, deren Anteil sich an den Gesamtbedeckungen in den folgenden zwei Jahren sehr stark erhöht hat (Tabelle 7). Während im Jahr 1990 ausschließlich Beschäler aus dem Landgestüt Neustadt a.d. Dosse in Sachsen-Anhalt deckten, fanden von den 1993 eingesetzten 12 Hengsten jeweils 6 Beschäler aus beiden Eigentumsformen in der Zucht Verwendung. Der gegenwärtige Bestand an Kaltblutstuten dient der Erhaltung der Rasse (Genreserve). Die Zucht des „Altmärker Kaltblutpferdes" wird vom Land Sachsen-Anhalt finanziell unterstützt.

2.7 Leistungsprüfungen in der Kaltblutzucht

Hengste

Der obligatorische stationäre Leistungstest für die Hengste Sachsen-Anhalts erfolgte bis zum Jahr 1956 im Landgestüt Halle/Kreuz und danach bis zum gegen-

wärtigen Zeitpunkt (1993) im Brandenburgischen Landgestüt Neustadt/Dosse. Neben der Erfassung der benötigten Zeit für Schritt und Trab über eine bestimmte Strecke wird die Zugwilligkeit ermittelt. Dabei kommt es nicht auf die maximale Zugleistungsfähigkeit an, da dieser Test vordergründig auf die Überprüfung von Charaktereigenschaften der Hengste gerichtet ist.

Das Trainings- und Prüfreglement wurde im Jahr 1985 modifiziert. Änderungen bezogen sich sowohl auf die Leistungsanforderungen als auch auf deren Bewertung einschließlich vorgegebener Mindest- und Höchstpunktzahl in der Trab-, Schritt- und Zugwilligkeitsprüfung. Trab- und Schrittstrecke betrugen jeweils 1000 m, wobei die Zahl der bewerteten Tritte zwischen 62 und 70 sowie die der Schritte zwischen 106 und 114 in die Wertung mit je einem Punkt je Tritt und Schritt einbezogen wurde. Die Zugwilligkeitsprüfung erfolgte auf einer Strecke von 200 m mit einem Zugwiderstand von 200 kp. Beim dreimaligen Anhalten und Wiederanziehen im Anschluß an die Prüfstrecke war ein Zugwiderstand von 250 kp zu überwinden. Für den Stil im Zug, die Bereitschaft und den Gehorsam erfolgte je Bewertungsteil die Vergabe von maximal 10 Punkten. Die Gespannprüfung (Lastfahrt) über eine Strecke von 2000 m im Schritt mit einer Gesamtlast, die der 3fachen Masse der Hengste entsprach, bei einer Höchstzeit von 17 Minuten, bildete den Abschluß dieser Eigenleistungsprüfung. In den Jahren 1986 - 1988 absolvierten insgesamt 9 Hengste diese Prüfung.

Ab dem Jahr 1994 sollen die dem Land Sachsen-Anhalt gehörenden Hengste sowie die Privathengste im eigenen Landgestüt Radegast geprüft werden.

Stuten

Den Hengstmüttern und Staatsprämienstuten wurden bis zur Vollendung des vierten Lebensjahres Erfüllungsprüfungen abverlangt. Zu bewertende Kriterien bis zum Jahr 1984 waren:
- einspänniges Ziehen vor der Schleppe über eine Strecke von 200 m bei einem

Zugwiderstand von 150 kp bei 3maligem Anziehen. Bewertet wurden die Leistungsbereitschaft, Kontinuität des Zuges sowie die Ruhe im Anzug mit jeweils 0-10 Punkten je Wertungsteil,
- Trabprüfung über 1000 m im leichten Wagen in maximal 4 min. Erfaßt wurden die Trittzahl auf 100 m, Anritt, Taktmäßigkeit und Gehorsam mit je 0 - 10 Punkten.

Seit 1984 kommt ein überarbeitetes Leistungsprüfsystem zur Anwendung. Dabei wird eine Schleppeprüfung in einspännigem Zug über 2 x 100 m bei einem Zugwiderstand von 200 kp durchgeführt. Es erfolgt eine Bewertung von Ruhe und Bereitschaft, Stil im Anzug und Kontinuität mit je 1-10 Punkten.

Die zu den Terminen der Stutbuchaufnahmen abgelegten Prüfungen (Feldprüfungen) ergaben, daß in die Leistungsklasse I 62 % und in die Leistungsklasse II 37,5 % der geprüften Stuten eingestuft werden konnten. Nur 0,5 % der vorgestellten Stuten haben die Leistungsprüfung nicht bestanden.

3. Die Entwicklung der Warmblutzucht

3.1 Warmblutzucht von Beginn bis 1925

In Mitteldeutschland ist um die Wende des 18. Jahrhunderts ein Warmblutpferd teils leichteren, teils schwereren Schlages, aber ohne einheitlichen Typ, heimisch gewesen. Ein bestimmtes Zuchtziel wurde nicht verfolgt. Soweit vielleicht Ansätze zu einer Vereinheitlichung und Verbesserung der Pferdezucht vorhanden waren, konnten diese, bedingt durch die Auswirkungen der Napoleonischen Kriege, nicht wirksam werden. Die im mitteldeutschen Raum liegenden Elb- und Saaleübergänge wurden häufig für Durchmärsche genutzt bzw. erfuhren eine starke Besetzung durch fremde Truppen. Infolge dessen wurden Pferde in großem Umfang rekrutiert. Somit war das Gesamtbild des Pferdebestandes wenig befriedigend. Soweit Zucht betrieben wurde, hatte sie hauptsächlich den Ersatz für die eigene Wirtschaft zum Ziel.

Seit etwa 1820 machte sich der Einfluß fürstlicher Höfe auf die Pferdezucht vermehrt geltend. Der Bedarf an Pferden für die Marställe führte zur Einrichtung kleinerer Gestüte. Die Beschäler dieser Gestüte wurden den Landwirten zum Bedecken ihrer Stuten zur Verfügung gestellt. Es handelte sich hierbei meist um edles Vatertiermaterial, original Araberhengste und sehr viel englische Vollblüter.

Nach Beendigung des Ersten Weltkrieges hat die Landwirtschaftskammer neben dem

Tabelle 7: Bestandsentwicklung in der Kaltblutzucht von 1990 bis 1993

Jahr	Hengste			Stuten		Bedeckungen eingetragener Stuten	
	LB	PB	ge-kört	insges.	eingetragen in Stutbuch	LB	PB
1990	13	-	2	250	54	44	-
1991	8	2	3	191	15	133	12
1992	7	4	3	182	40	89	61
1993	6	6	4	183	19	61	73

LB: Landbeschäler; PB: Privatbeschäler

Kaltblutverband auch den „Verband für die Zucht des Schweren Warmblutpferdes" offiziell anerkannt und ihr Personal für die Geschäftsführung zur Verfügung gestellt. Das war im wesentlichen der Verdienst von Ernst Schernbeck, Fischbeck/Krs. Jerichow II. Dieser setzte sich mit allem Nachdruck für die Zucht eines schweren Warmblutpferdes der Oldenburger Zuchtrichtung ein. Vom Landgestüt wurde dieses Anliegen unterstützt. Über den Erwerb besonders qualitätsvoller Beschäler der bewährten Linien des Mutterlandes versuchte man die Zucht zu verbessern.

Zusätzlich zu diesem Verband wurde noch 1923 ein Verband für die Zucht eines provinzialsächsischen Warmblutpferdes auf hannoverscher Grundlage gegründet, dessen Vorsitz Major a.D. von Gaza aus dem Kreis Jerichow I übernahm. Die Ausdehnung des Hannoveraners blieb aber bis Ende des Zweiten Weltkrieges ziemlich gering. Die in der Provinz im Jahr 1925 stationierten 69 Warmbluthengste hatten am Gesamthengstbestand einen Anteil von 11,8 %. Die staatliche Hengsthaltung dominierte mit einem Anteil der warmblütigen Landbeschäler von 21,3 %. Unter den 45 Landbeschälern waren 36 Oldenburger = 80 %. Die Aufteilung nach Regierungsbezirken und Landkreisen zeigt für die Warmblutzucht das zahlenmäßige Übergewicht des Regierungsbezirkes Magdeburg. Interessanterweise ist der Kreis Osterburg, genau wie in der Kaltblutzucht, der am stärksten mit Warmbluthengsten besetzte Kreis.

Für alle Rassen betrachtet hat sich die Warmblutzucht der Provinz bis zum Zweiten Weltkrieg nicht ausdehnen können. Die von E. Meyer veröffentlichten Zahlen über die Höhe der Stutenbedeckungen 1938 zeigen, daß in der Provinz Sachsen 1917 Stuten von Warmbluthengsten belegt worden sind. Das entspricht einem Anteil von 9,1 % an der Gesamtzahl der in diesem Gebiet gedeckten Stuten.

Diese Verteilung hat sich nach Beendigung des Zweiten Weltkrieges infolge der Technisierung der Landwirtschaft wesentlich geändert. In dem für 1955 vorliegenden Verzeichnis der Hengststationen sind enthalten: 200 Kaltbluthengste, 88 Schwere Warmbluthengste (Oldenburger Ostfriesen) und 43 Hengste des Edlen Warmblutes (16 Hannoveraner, 16 Ostpreußen, 8 Brandenburger, 3 Mecklenburger und 3 Araber).

3.2 Entwicklung des Schweren Warmblutes

Nachdem 1888 die Zuchtrichtung für Sachsen-Anhalt freigestellt und das Gebiet als ungeeignet für die Zucht von Remonten erklärt worden war, entschieden sich die Züchter in den Gegenden um Torgau,

Herzberg, Stendal und Genthin sowohl für die Zucht von Warm- als auch Kaltblutpferden, wobei der schwere Wagenschlag im Kaliber des Oldenburgers und Hannoveraners überwog (Mendelsteinfels, 1893). Zunächst kam es zu keiner einheitlichen Organisation der Zuchtarbeit. Erst 1912 erfolgte in Stendal bei einer Zusammenkunft des Vereins die Formulierung eines einheitlichen Zuchtzieles: „Der Verband erstrebt die Zucht eines schweren, gängigen Halbblutpferdes. Besonders wird Gewicht darauf gelegt, elegante Pferde mit festem geradem Rücken, fester Niere, starker Bemuskelung, gut gestellten trockenen Beinen und geräumigen, korrekten sowie flotten Schritt und Trabbewegungen zu züchten."

Der Warmblutzuchtverband bildete sich damals aus der „Vereinigung der Züchter des Schweren Halbblutpferdes" im Kreis Osterburg, mit Sitz in Seehausen und der „Zuchtgenossenschaft für Zucht des Oldenburger Pferdes in Kalehne und Umgebung", nach der Gründung kam noch die „Zuchtgenossenschaft Fischbeck" hinzu. Aus der Zuchtgenossenschaft Fischbeck wurde der Bauer Ernst Schernbeck zum Vorsitzenden des Verbandes gewählt und blieb 30 Jahre in diesem Amt. Ein für den Warmblutzuchtverband recht wichtiges Ereignis fiel in die Kriegszeit. Die Genossenschaft Fischbeck gab 1916 durch den Verkauf des Hengstes „Nimbus 11" die Holsteiner Zuchtrichtung auf und wandte sich der Oldenburger Zuchtrichtung zu. In den ersten Jahren des Bestehens hatte der Verband mit großen Schwierigkeiten zu kämpfen, da Sachsen-Anhalt das Hochzuchtgebiet des Kaltblutes war, der Warmblutzuchtverband somit nicht staatlich gefördert wurde. Die Auswirkungen des Ersten Weltkrieges und die Gründung eines Warmblutzuchtverbandes auf Hannoverscher Grundlage brachten den Verein fast völlig zum Erliegen. Die starke Nachfrage der Landwirtschaft nach schweren kalibrigen Zugpferden und die zu dieser Zeit einsetzende allgemeine Verstärkungsperiode in der deutschen Pferdezucht bedingten aber bald auch für das Schwere Warmblut

einen Aufschwung (Mommsen, 1924). 1925 erfolgte die Anerkennung des Warmblutzuchtverbandes auf Oldenburger Grundlage. Nun konnten durch die Landwirtschaftskammer über staatliche Förderungsmittel geeignete Hengste zur Verfügung gestellt werden. Die Existenz des Verbandes schien gesichert, als ab 1937 nur noch Hengste der Oldenburger Zuchtrichtung die Deckerlaubnis A bekommen konnten. In der Zeit des Zweiten Weltkrieges mußten verstärkt Pferde für die Versorgung des Heeres und der Landwirtschaft bereitgestellt werden.

Der zahlenmäßig größte Aufschwung der Schweren Warmblutzucht in der Provinz Sachsen erfolgte in den Jahren von 1948 bis 1952 (Tabelle 8). In erster Linie ist das auf die Strukturveränderungen in der Landwirtschaft und auf eine erhebliche Anzahl zugewanderter schlesischer Umsiedler zurückzuführen. Eine andere Tatsache von wesentlicher Bedeutung in dieser Zeit war die erlassene allgemeine Bedeckungspflicht.

Aufgrund des ständigen Importes von Hengsten aus dem Hochzuchtgebiet gestaltete sich der genealogische Aufbau des Hengstbestandes ähnlich wie in Oldenburg. Eine „blutlinienmäßige" Analyse des Hengstbestandes von 1951 durch Wussow (1952) beweist dies (Tabelle 9).

Die Aufstellung zeigt, daß die Normann-Linie mit ca. 90 % Anteil am Bestand weit an der Spitze liegt. Die Gefahr der Inzucht war aber nicht gegeben, da verschieden große Zweige der Normann-Linie vorhanden waren. In Tabelle 10 sind die Importhengste aufgeführt, die für das Gebiet Sachsen-Anhalt durch ihre Nachzucht große Bedeutung erlangt haben.

Mit dem ereignisreichen Jahr 1945 trat auch innerhalb der Warmblutzucht Sachsen-Anhalts eine bemerkenswerte Änderung ein. Während bis zum Kriegsende 1375 Mitglieder mit 1413 eingetragenen Stuten des Schweren Warmblutes dem Verband angehört hatten, zählte er 1948 bereits 3196 Mitglieder mit insgesamt

Tabelle 8: Entwicklungsstand der Warmblutzucht (Oldenburger)

Jahr	Züchter	Hengste			Stuten		insges.
		privat u. genossenschaftlich	staatlich	insges.	Hauptstb.	Stammb	
1913	108	8	8	16	-	160	-
1931	75	4	17	21	77	23	100
1940	497	7	22	29	405	287	692
1950	4582	75	63	138	1472	1842	3314
1954	1387	15	73	88	1269	719	1988

Tabelle 9: Genealogie des Hengstbestandes im Jahr 1951

Normann-Wittelsbacher-Linie	77 Hengste	59,23 %
davon Girello-Gido-Stamm	18 Hengste	13,8 %
Girello-Gambo-Gruson-Stamm	58 Hengste	44,7 %
Girello-Gerwin-Stamm	1 Hengst	0,7 %
Normann-Ruthardt-Linie	39 Hengste	30,0 %
davon Ehrenberg-Stamm	13 Hengste	10,0 %
Rudolf-Stamm	26 Hengste	20,0 %
Emigrant-Linie	12 Hengste	9,23 %
Lupus xx-Linie	2 Hengste	1,54 %

Tabelle 10: Importhengste aus dem Zuchtgebiet Oldenburg (Neuschulz, 1956)

Name	eingetragene Töchter			gekörte Söhne
	Haupt-stamm-buch	Stamm-buch	Staats-prämie	
Raufboldt v. Rheinfürst	150	22	45	8
Gausieger v. Gauherr	108	25	17	9
Germane v. Germandus	98	59	10	1
Goldadler v. Goldengel	24	4	7	7
Goldtaler v. Goldengel	49	3	6	6

Tabelle 11: Veränderungen des Bestandes an eingetragenen Zuchtstuten in den Bezirken Magdeburg und Halle (Sachsen-Anhalt)

Jahr	Edles Warmblut	Schweres Warmblut	Kaltblut
1960	590	1703	4916
1963	515	1371	3894
1965	491	1255	3412
1968	706	935	1958
1970	851	481	973
1973	1254	335	418
1975	1582	213	156
1978	1720	-	155

2476 eingetragenen Stuten, von denen 595 Edle Warmblutpferde waren. Bis zum Jahre 1958 oblag die Organisation der Zucht der Tierzuchtinspektion Halle. Danach erfolgte eine Teilung des Stutbuches für die Bezirke Magdeburg und Halle bis zum Jahre 1963. Von diesem Zeitpunkt an wurde die Zucht für beide Bezirke von Stendal aus geleitet. Ab 1964 wurde die Leitung der Zucht der Pferdezuchtdirektion (PZD) Mitte übertragen.
1960 wurden im Zuchtgebiet Sachsen-Anhalt noch 810 Stuten des Schweren Warmblutes bedeckt. Am Gesamtbestand war das Schwere Warmblut in diesem Jahr mit 31,8 % beteiligt.
Kritisch hinzuweisen ist darauf, daß nach dem Zweiten Weltkrieg durch die verminderte Hengstzufuhr aus dem Originalzuchtgebiet Typveränderungen immer deutlicher in Erscheinung traten. Das Zuchtmaterial wurde hoch und schmal, hatte wenig Brust- und Flankentiefe, oft einen weichen Rücken und einen schweren, ausdruckslosen Kopf (Wussow, 1952). Dies waren alles Folgen einer unzureichenden Akklimatisationsfähigkeit. Deshalb beschlossen die verantwortlichen Gremien die Zucht des Schweren Warmblutes umzustellen.
Dies erfolgte durch den Einsatz von Englischen Vollblütern und Trakehner Hengsten. Besonders stark eingesetzt wurden der Trakehner Hengst Depozyt EW/T 2484 von Trojnat xx a. d. Depozytorka 6761 v. Polarstern 3624 Ostpr. Hbstb., der aus dem polnischen Gestüt Liski importiert worden war. Als Vollbluthengste mit vorübergehendem Einfluß kamen Perseus xx und Pfalzwein xx (Gestüt Görlsdorf) in der Schweren Warmblutzucht, vor allem in den Hochzuchtgebieten des Schweren Warmblutes, Osterburg und Ahrendsee, zum Einsatz. Die Nachzucht der Veredlerhengste fand zwar als Reitpferd Absatz, als Zuchtstuten waren diese Pferde jedoch nicht gefragt. Aus diesem Grunde erfolgte in den folgenden Jahren der Ersatz von Schweren Warmblutstuten bzw. der Kreuzungsprodukte durch Zukäufe von weiblichem Zuchtmaterial der Rassen des Edlen Warmblutes aus den Zuchtgebieten Schwerin (vorrangig Stuten), Rostock (vorrangig Fohlen) und Potsdam (vorrangig Stuten). Mit der Gründung und dem Aufbau einer Hannoveraner Zucht im Lehr- und Versuchsgut Radegast der Martin-Luther-Universität Halle-Wittenberg durch Prof. Wussow und Dr. Hartwig wurde der Beweis erbracht, daß Pferde dieser Zuchtrichtung auch für das Zuchtgebiet Sachsen-Anhalt geeignet sind. Aufgrund der guten Ergebnisse der Zucht mit Edlen Warmblutpferden und der zunehmenden Nachfrage nach vielseitigen Reit- und Sportpferden kamen nach 1968 keine Schweren Warmbluthengste mehr auf die Deckstation. Schon 1976 wurden alle Stuten des Schweren Warmblutes (ca. 200 Stuten = 1,5 % des gesamten Zuchtpferdebestandes) aus dem Stutbuch gestrichen (Tabelle 11).

Wichtige Zuchtstätten für das schwere Warmblut der Altmark waren die Zuchtgenossenschaften Osterburg, Döbbelin, Sanne und Arendsee.

3.3 Entwicklung des Edlen Warmblutes

In der Provinz Sachsen spielte bis Ende des Zweiten Weltkrieges die Zucht des Edlen Warmblutpferdes nur eine untergeordnete Rolle. Nachdem 1888 die Zucht von Pferden zu Remontezwecken für die Provinz Sachsen staatlicherseits nicht mehr zwingend war (Freigabe der Zuchtrichtung) standen im Mittelpunkt der Zuchtarbeit das Kaltblut und zeitweilig das Schwere Warmblutpferd auf Oldenburger/Ostfriesischer Grundlage. 1923 wurde zwar ein Verband für die Zucht eines provinzialsächsischen Warmblutpferdes auf hannoverscher Grundlage gegründet, die Ausdehnung des Hannoveraners blieb aber bis zum Ende des 2. Weltkrieges gering.
Gleiches trifft für die Zucht von Pferden der Holsteiner Zuchtrichtung (Genossenschaft Fischbeck) zu. Eine Ausnahme bildete die Zuchtinsel Calvörde, die als Braunschweigische Enklave bis 1945 zum Einzugsbereich des Landgestütes Harzburg gehörte.

Die Entwicklung der Pferdezucht in Sachsen-Anhalt nach dem Zweiten Weltkrieg wurde maßgeblich durch die politischen Verhältnisse und die damit verbundene, vom Staat rigoros vorangetriebene „Kollektivierung der Landwirtschaft" geprägt.

Der Anstieg der Zuchtbestände des Edlen Warmblutes nach dem Zweiten Weltkrieg hatte als Ursache, daß viele Züchter aus Ostpreußen, Pommern und anderen Ostprovinzen mit überwiegend wertvollem Zuchtmaterial nach Sachsen-Anhalt gekommen waren. Hinzu kam die Bildung der Neubauernhöfe durch die Bodenreform, auf denen man ein leichteres Pferd bevorzugte. Auf Grund der beachtlichen Entwicklung innerhalb der Warmblutzucht in Sachsen-Anhalt sah sich die Verbandsleitung dazu veranlaßt, eine Trennung zwischen Schwerem Warmblut (auf Oldenburger Grundlage) und Edlem Warmblut (auf Ostpreußischer-Hannoverscher Grundlage) vorzunehmen und richtete 1947 ein Stutbuch für Edle Pferde ein.

Mit der Gründung der DDR im Jahre 1949 wurden die Pferdezuchtverbände, wie alle Tierzuchtverbände, der staatlich geführten Vereinigung der gegenseitigen Bauernhilfe (VdgB) angegliedert und anschließend von dieser aufgelöst. Eine Ausnahme stellte der Pferdezuchtverband Sachsen-Anhalt dar, der bis 1952 selbständig blieb (Vorsitzender Fritz Bollmann, Lindau/Krs. Zerbst).

Im Oktober 1952 wurde, als eine dem Ministerium für Land- und Forstwirtschaft nachgeordnete Behörde, die Zentralstelle für Tierzucht eingerichtet. Die Aufgaben der Tierzuchtverbände wurden von der Zentralstelle für Tierzucht unterstellten Tierzuchtinspektionen mit den entsprechenden Zuchtleitungen für die einzelnen Tierarten übernommen. Spätestens 1952 bestanden damit in der gesamten DDR keine privaten Pferdezuchtorganisationen mehr (Neuschulz, 1956). Als Teil der Landwirtschaft wurde auch die bäuerliche Pferdezucht in Landwirtschaftliche Produktionsgenossenschaften (LPG) bzw. Volkseigene Güter (VEG) überführt.

Das für die Hengsthaltung in Sachsen-Anhalt zuständige Landgestüt Kreuz wurde 1951 wie alle anderen Landgestüte der damaligen DDR aufgelöst. Aufgrund der damit verbundenen organisatorisch und züchterisch negativen Folgen wurde 1956 aber wieder eine Staatliche Hengsthaltung im Volkseigenen Hengstdepot Kreuz eingerichtet. Bedingt durch Sparmaßnahmen wurden Hengstbestand und Personal im Jahre 1961 vom Hengstdepot Neustadt/ Dosse übernommen. 1945 bis 1960 wurden auf dem Territorium Sachsen-Anhalts bzw. den späteren Bezirken Halle und Magdeburg ca. 200 Stuten des Edlen Warmblutes züchterisch genutzt. Der Bestand an Edlen Warmbluthengsten betrug 1960 25 Hengste, das entspricht einem Anteil am Gesamthengstbestand von 16 % (Tabelle 12).

In den folgenden Jahren nahm die Edle Warmblutzucht einen stärkeren Aufschwung, verbunden mit einer deutlichen Rassenverschiebung, wie aus den Zahlen der Tabelle 13 zu ersehen ist.

Schwerpunkt der Zuchtorganisation der im Jahre 1966 gegründeten Zuchtkommission war die Konzentration der Stutenhaltung in Betrieben mit staatlichem bzw. genossenschaftlichem Eigentum. Dies bedeutete die Konzentration von 15 - 20 Stuten in speziell ausgewählten Betrieben der sogenannten „sozialistischen Landwirtschaft". Über den Aufbau von Betriebssportgemeinschaften sollte dabei eine enge Verbindung zwischen Zucht und Sport hergestellt werden.

In den Jahren 1969 - 1971 erfolgte eine grundlegende Reorganisation der Reitpferdezucht in der DDR. Die Pferdezucht wurde aus der allgemeinen Tierzucht ausgegliedert. Als Leitungsorgan wurde beim Ministerium für Land-, Forst- und Nahrungsgüterwirtschaft die „Zentralstelle für Pferdezucht" eingerichtet. Der Zentralstelle wurden die drei neugeschaffenen Pferdezuchtdirektionen Nord (Redefin), Mitte (Neustadt/Dosse) und Süd (Moritzburg), die Hauptgestüte bzw. Volkseigenen Gestüte, Neustadt/Dosse, Ganschow, Zöthen und das ehemalige Lehr- und Versuchsgut Radegast sowie die Vollblut- und Trabergestüte der DDR zugeordnet. Den Pferdezuchtdirektionen waren jeweils das Hengstdepot und die Zuchtleitung unterstellt.

Die Pferdezuchtdirektion Mitte (PZD Mitte) umfaßte die Bezirke Magdeburg, Halle, Potsdam und Frankfurt/O. Die Aufgaben der Zuchtleitung für Pferde bestanden in der Durchsetzung der Planfestlegung, z.B. Umfang der Stutenhaltung und Bereitstellung von Exportpferden, der Koordination des Einsatzes der Deckhengste, der Beratung der Zuchtbetriebe über den Einsatz der Hengste, der Festlegung der Preise für die zu verkaufenden Pferde, der Führung des Stutbuchs und der Organisation von Körungen und Stutenschauen.

Die Zentralstelle für Pferdezucht legte 1971 das einheitliche Zuchtziel des Edlen Warmblutpferdes der DDR fest. Dieses Zuchtziel orientierte sich auf ein Pferd mit harter Konstitution, hoher Fruchtbarkeit und lebhaftem Temperament. Es sollte für alle Arten des Reit- und Fahrsports sowie der Touristik einsetzbar sein.

Ein ausdrucksvoller Kopf, langer hochaufgesetzter Hals, ausgeprägter Widerrist, schwingender Rücken, eine lange und schräge Schulter, eine lange geneigte Kruppe sowie korrekte Gliedmaßen sollten u.a. die gewünschten Leistungen unterstützen. Angestrebt wurden eine Widerristhöhe von 160 -170cm sowie ein Röhrbeinumfang von 19 - 22 cm.

Die zentralisierte Leitung der Warmblutzucht in der DDR hatte dahingehende Folgen, daß die traditionellen Brandzeichen ab 1972 nicht mehr genutzt und durch einen auf den linken Hinterschenkel des Fohlens zu brennenden, nach links gerichteten Pfeil mit einer sich darumwindenden Schlange ersetzt wurden.

Ein weiterer Schritt zur Konzentration der Zuchtarbeit wurde mit der Einrichtung von „Betrieben mit staatlich anerkannter Pferdezucht" (BaP) getan. Voraussetzung für

Tabelle 12: Entwicklung des Hengstbestandes für die Bedeckung des Edlen Warmbluts in den ehemaligen Bezirken Halle und Magdeburg (Sachsen-Anhalt)

| Jahr | Hengstbestand | | | | | gekörte Junghengste |
| | | | Vollblut | | | |
	Warmblut	Trakehner	ox	xx	insg.	
1945	2	1	1	-	4	-
1950	79	21	3	2	105	1
1955	23	15	3	-	41	-
1960	17	8	-	-	25	4
1965	27	3	-	-	30	2
1970	31	7	-	2	40	1
1975	35	7	-	2	44	3
1980	37	4	1	2	44	7
1985	41	3	1	1	46	5
1988	34	5	1	4	44	2
1993	PB 41	-	-	3	44	-
	LB 26	-	1	3	30	9

LB: Landbeschäler; PB: Privatbeschäler

Tabelle 13: Entwicklung des Warmblutstutenbestandes in den ehemaligen Bezirken Halle/Magdeburg (Sachsen-Anhalt)

Jahr	Bestand				Stutbuchaufnahmen			Bedeckungen eingetragener Stuten				
	insges.	Warmblut	Trak.	ox	insges.	Warmblut	Trakehner	insges.	Warmblut	Trak.	ox	xx
1965	466	455	10	-	61	61	-	471	385	86	-	-
1970	776	754	22	-	188	188	-	846	665	92	-	89
1975	1582	1556	26	-	256	251	5	1773	1436	273	-	64
1980	1924	1887	36	1	269	263	6	1749	1542	168	-	39
1985	1873	1850	19	4	241	240	1	1606	1480	104	15	7
1988	1835	1818	17	-	312	307	5	1461	1036	201	54	170
1993	2210	2212	-*	-	371	371	-	1642	1597	--	2	43

* wird nicht mehr vom Zuchtverband Sachsen-Anhalt e.V. erfaßt

die Anerkennung und damit staatliche Unterstützung waren besondere betriebliche und organisatorische Voraussetzungen für die Haltung von Pferden von mindestens 10 Tieren einer Rasse. Im Jahr 1972 erfolgte in den Bezirken Halle und Magdeburg die Anerkennung von 41 Zuchtbetrieben, von denen etwa 2/3 der Eigentumsform Landwirtschaftliche Produktionsgenossenschaft angehörten.

Der Anteil an Betrieben mit anerkannter Pferdezucht erhöhte sich zu Beginn der 90er Jahre auf über 60, die insgesamt etwa 1000 Zuchtstuten betreuten. An die „BaP-Betriebe" bezahlte der Staat produktgebundene Preisstützungen, um die Erzeugung von exportfähigen Reitpferden zu fördern.

Verkaufsveranstaltungen mit Pferden aus dem Zuchtgebiet erfolgten in Bismark und Salzwedel sowie über den zentralen Exportstall Neustadt/Dosse. Desweiteren bestand für die BaP-Betriebe die Möglichkeit, über die Serumgewinnung für die Prolosanerzeugung zusätzliche Erlöse zu erzielen.

Die I. Zentrale Eliteschau für Pferde fand 1973 in Magdeburg statt. Das Zuchtgebiet Halle/Magdeburg war an dieser Eliteschau mit 14 Tieren vertreten, wobei private Pferdebesitzer bei der Auswahl nicht berücksichtigt worden waren.

In dieser Zeit erfolgte im Akademiegut Iden-Rohrbeck (AdL), Krs. Osterburg der Aufbau einer Trakehnerzucht mit dem Ziel, vereinzelt im Zuchtgebiet vorhandene Stuten Trakehner Abstammung für eine zielgerichtete züchterische Nutzung zu konzentrieren.

Der Anteil an Herdbuchstuten lag im Jahre 1976 bei 98 %. Im Jahre 1977 entschlossen sich vier BaP-Betriebe zur Anwendung der künstlichen Besamung mit Tiefgefriersperma bei allerdings nur geringem Erfolg in den erzielten Trächtigkeitsraten. Diese lagen in den Jahren 1977-1980 zwischen 16 und 37 %. Von 1981 bis 1984 ging deshalb die Anzahl der Betriebe mit Anwendung der künstlicher Besamung auf zwei zurück. Nach 1984 erfolgten keine Besamungen mehr mit Tiefgefriersperma. Günstig auf die Fruchtbarkeit und damit die Ökonomie der Pferdezuchtbetriebe

wirkte sich die Errichtung eines Pferdegesundheitsdienstes aus, der sich insbesondere um die zuchthygienische Überwachung der Stutenbestände sowie um eine geregelte Parasitenbekämpfung kümmerte.

Die ab 1966 durchgeführten „Zentralen Hauptkörungen für Hengste" fanden ab 1978 nicht mehr statt. An ihre Stelle trat eine 11 Monate dauernde Prüfung der ausgewählten Hengste der Hengstprüfanstalt (HPA) Neustadt/Dosse mit anschließender Körung. Erfolgte die Selektion der Hengste bis dahin vorrangig nach dem Exterieur, den Bewegungseigenschaften an der Hand und der Ablegung einer Erfüllungsprüfung, so wurde nun der Leistungsveranlagung ein höherer Stellenwert beigemessen. Im Jahre 1988 hatten 73 % aller in den Hengstdepots der VE Pferdezuchtdirektion eingesetzten Deckhengste eine Hengstleistungsprüfung absolviert.

Die Beschickung der HPA mit Hengstanwärtern für die Bezirke Magdeburg und Halle erfolgte überwiegend aus dem Gestüt Radegast, die sich aus dem eigenen Bestand sowie Hengstfohlen aus der Landespferdezucht rekrutierten.

Außer von den Gestüten bzw. den zentral- oder bezirksgeleiteten VEG konnten auch von den pferdezuchtbetreibenden LPG Hengstanwärter für die Aufzucht bereitgestellt werden. Genannt sei hier die LPG Tierproduktion Kläden, Krs. Stendal, die vom Beginn der Warmblutzucht im Jahre 1971 bis zum Jahr 1984 unter Leitung von Otto Hartmann Züchter vieler gekörter Hengste war.

Der Betrieb konnte im Jahre 1981/82 aus einem Bestand von 12 Mutterstuten 5 gekörte Hengste liefern.

1983 wurde von der Zentralstelle für Pferdezucht festgelegt, daß 3jährige Stuten zur Eintragung ins Stutbuch mindestens 162 cm Stockmaß erreichen mußten. Mit Wirkung vom 1.5.89 wurde das Zuchtziel für das Edle Warmblut und für das Edle Warmblut Trakehner Abstammung neu formuliert. Beim Edlen Warmblut wurde besonderer Wert gelegt auf eine hohe Reitveranlagung

für alle Disziplinen des Pferdesports und den Einsatz in der Reit- und Fahrtouristik. Beim Trakehner Pferd wurde die vielseitige Verwendbarkeit in allen Disziplinen des Reitsports und die besondere Eignung für Dressur und Vielseitigkeit hervorgehoben.

Mit Wirkung vom 1.1.1988 wurde die Zentralstelle für Pferdezucht aufgelöst und die Pferdezuchtdirektion dem Volkseigenen Kombinat für Tierzucht in Paretz wieder zugeordnet.

Wichtige Anhaltspunkte über die Vererbungsleistung der Zuchthengste gaben die jährlich durchgeführten Hengstnachzuchtbewertungen, die Stutbuchaufnahmen und die anschließenden Feldprüfungen.

Ein Wandel vollzog sich in den Zuchtbetrieben dahingehend, daß aus Gründen des Pferdeexportes in den folgenden Jahren konsequent eine individuelle Anpaarung und schärfere Selektion in allen Alters- und Nutzungsklassen vorgenommen wurde.

Auch die im Jahr 1984 wirksam gewordene Agrarpreisreform hatte weitreichende Auswirkungen auf die Pferdezucht. Der Preis für Exportpferde stieg durchschnittlich um 271 % gegenüber dem Jahre 1983, für Warmblutstuten um 155 %. Im Hinblick auf die zunehmenden Anforderungen an Reitpferde erfolgte in der Warmblutzucht ein verstärkter Einsatz von Veredlerhengsten (Arabisches Vollblut, Englisches Vollblut und Pferde Trakehner Abstammung). Diese erreichten im Jahr 1988 einen Anteil von 30 %.

Mit dem Beitritt der DDR zum Gebiet der Bundesrepublik kam es auch innerhalb der Pferdezucht zu großen Veränderungen. Im Februar des Jahres 1990 wurde unter Initiative von Dr. E.-H. Arnold der Pferdezuchtverband Sachsen-Anhalt mit Sitz der Geschäftsstelle in Stendal gegründet. Zum ersten Vorsitzenden des Verbandes wurde Günter Jänisch aus Mahlsdorf im Kreis Salzwedel gewählt. Dem Verband wurde dabei große Unterstützung durch Dr. Hartwig, dem ehemaligen Ltd. Landwirtschaftsdirektor Hannover bzw. Geschäftsführer

Griff I 764 Krz. geb. 1955 v. Glimmer 3279 Han. a.d. Flanke H31419 v. Fix 3052. Z.: Herbert Quast, Hamburg-Nincop 86. Deckstelle Radegast, Ldk. Köthen.

und Zuchtleiter des Verbandes Hannoverscher Warmblutzüchter, gegeben.

Bedingt durch Änderungen in den Eigentumsverhältnissen in der Landwirtschaft ging der Pferdebestand vorerst weiter zurück. Die Großbetriebe verkauften meistens ihre gesamten Pferde. Einzelzüchter und Pferdeliebhaber nutzen vermehrt wertvolles Stutenmaterial. Der Bestand an Edlen Warmblutstuten betrug zu Beginn des Jahres 1994 wieder über 2200 eingetragene Stuten.

Zur Zeit werden in Sachsen-Anhalt 80 Hengste des Edlen Warmblutes zur Bedeckung eingesetzt. Die bedeutungsvollste Hengstlinie ist heute die des Kolibri 2705 v. Kobold I-Lapis mit seinen Söhnen Kai, Kosar, Kolibris As. Drei weitere aus Hannover stammende Linien sind ebenfalls mit Hengsten stärker vertreten:

- Der Löwe xx über Leuchtfeuer 2603 v. Lugano I-Donatus mit seinen Söhnen Lenz, Leopard, Leuchtpfeil, Leumund;
- Julius Cäsar xx über Julier 804 mit seinen Söhnen Julianus II, Junior, Jupiter, Jupiter I und II, Jerome I und II und Enkeln Jura, Juan I und II, Jever, Jirko, Jordan und Juwelier;
- Archimedes über Adept 2603 mit seinen Söhnen Adular, Adamit I und II, Achmed und Adamo I und II.

Die Herkunftsgebiete der in der Warmblutzucht eingesetzten Hengste sowie die Stutenbedeckungen sind den Tabellen 14 und 15 zu entnehmen.

3.4 Die Zucht des hannoverschen Pferdes in Radegast

Radegast ist eine Stadt mit etwa 2000 Einwohnern, 25 km von Halle/Saale entfernt, an der Fernverkehrsstraße 183 Dessau-Köthen-Bitterfeld. Die ursprüngliche Domäne wurde 1929 an die Universität Halle verpachtet und 1945-1969 dem Institut für Tierzucht als Lehr- und Versuchsgut zugeordnet. Früher wurden auf dem Gut Radegast Kaltblutpferde gehalten.

Die Umstellung auf das Edle Warmblutpferd begann 1951. Die Entwicklung der Edlen Warmblutzucht in Radegast erfolgte in mehreren Etappen.

Die Zucht des Hannoveraners im Lehr- und Versuchsgut Radegast

In einem ersten Schritt erfolgte unter Leitung von Prof. Wussow und seinem Mitarbeiter Dr. Hartwig im Rahmen eines Forschungsauftrages zur Prüfung der Akklimatisationsfähigkeit des Hannoverschen

Pferdes in Sachsen-Anhalt - ausgelöst durch diesbezügliche Probleme beim Schweren Warmblutpferd auf Oldenburgisch-Ostfriesischer Grundlage - der Ankauf von Stuten und Fohlen aus dem ehemaligen Hannoverschen Zuchtgebiet Neuhaus/Krs. Hagenow. Bedeutsamer war jedoch der anschließende Import von 11 original Hannoverschen Stuten in den Jahren 1954-1956. Beim Ankauf der Stuten wurde besonders auf deren Eignung für den Einsatz als Zugpferd in der Landwirtschaft geachtet.

Unter den vier von dem Hengst Abendsport abstammenden Stuten brachte Abendrune den späteren Hengst Doboj im Mutterleib mit, der über seinen Einsatz im VE Gestüt Neustadt/Dosse in der Edlen Warmblutzucht stark wirksam werden konnte. Gemessen an zuchtaktiven Hengsten und Stuten, hat die Familie der Ferntenne, insbesondere über ihre im Mutterleib importierte Tochter Fügung, die größte Bedeutung erlangt.

Diese von dem Hengst Frühsport abstammende Stute verkörperte bereits ein edles Vielzweckpferd. Sie brachte sechs gekörte Söhne, von denen Feierzug v. Feierabend und die Vollbrüder Jupiter I und Jupiter II v. Julier-Julius Cäsar xx, große Bedeutung

Tabelle 14: Herkunftsgebiete des in der Warmblutzucht zur Bedeckung eingesetzten Hengstbestandes 1993

Land bzw. Verband	Landbeschäler aus Neustadt/D.	Privathengste	Sa.
Mecklenburg	4	1	5
Sa-Anhalt	9	4	13
Westfalen	1	2	3
Holstein	1	8	9
xx	3	3	6
Hannoveraner	10	17	27
Brandenburg	2	-	2
Oldenburg	-	6	6
Bayern	-	1	1
Rheinland	-	2	2
gesamt	30	44	74

Tabelle 15: Stutenbedeckungen 1993 in Sachsen-Anhalt

	Privatbeschäler	Landbeschäler	Gesamt
Natursprung:			
Warmblut	722	366	1088
Englisches Vollblut	19	17	36
Anglo-Araber	-	1	1
Araber	-	1	1
Gesamt	741	385	1126
Frischspermabesamung:			
Warmblut	183	326	509
Englisches Vollblut	-	7	7
Gesamt	183	333	516
Summe	924	718	1642

für die Edle Warmblutzucht der DDR erlangen konnten.

Züchterisch haben auch die drei aus Hannover eingeführten Stuten Almenlady mit ihrer ebenfalls im Mutterleib importierten Tochter Demut sowie Firnmärchen und Abendnixe Bedeutung erlangt. Almenlady hat sechs gekörte Söhne und drei Staatsprämienstuten in 14 Zuchtjahren geliefert. Wesentliche Bedeutung für Radegast hatten auch die Stuten Abendstille über ihre Tochter Juno sowie die aus Mecklenburg als Fohlen zugekaufte Amorelle. Letztere hat besonders über gekörte Hengste züchterischen Einfluß erlangt. Sie selbst stellte drei, ihre Tochter Karin ebenfalls drei und ihre Enkelin Samara weitere drei gekörte Hengste. Darüber hinaus wurden weitere fünf Töchter ins Stutbuch eingetragen. Ihre Enkelin Provinz v. Feierglanz war im Gestüt Neustadt/Dosse als Hengstmutter erfolgreich (Alexander und Adishan). Amorelle stammt aus der gleichen bewährten Mecklenburger Familie wie der bedeutende Vererber Disponent 3310.

Ebenfalls aus Mecklenburg stammte die Stute Flinga, die 17 Fohlen brachte und besonders über ihre Tochter Jutta v. Julier züchterische Bedeutung hatte. Von der Stute Jutta gibt es besonders gute Töchter vom Hengst Kurfürst, von denen Kalla die Stammmutter des Hengstes Jever und Kostbarkeit die Mutter der Hengste Don Carlos und Lysander wurde. Eine Sonderstellung unter den aus Hannover importierten Stuten nimmt Jasonsfriede ein durch ihre Abstammung von dem arabischen Vollblüter Jason ox, der im Gestüt Weil von dem Originalaraber Jasir ox gezogen wurde, der großen Einfluß auf die Zucht des Schweren Warmblutpferdes in Ostfriesland hatte. Sie brachte erstmalig die Schimmelfarbe in die Radegaster Zucht.

Ausgesprochen im Wirtschaftstyp standen die beiden Scholwin Töchter Schramme und Schollengräfin, deren Söhne in der DDR (Furioso) und im Ausland (Faust - UdSSR; Feiertraum - VR Polen) sehr erfolgreich in der Zucht eingesetzt worden sind. Aus der Familie der

Schramme stammen so bedeutende Hengste wie Julianus I und II, Lenz, Livius und Silvester.

Die verwendeten Vatertiere im Lehr- und Versuchsgut Radegast

Der erste im Jahr 1952 in Radegast aufgestellte Zuchthengst war Adjunkt 759, der 1944 bei dem Züchter Friedrich Krull in Siemersdorf/Krs. Grimmen geboren und vom Volksgut Voigtsdorf aufgezogen worden war. Adjunkt war ein mittelrahmiger derber Hengst, ein reines Wirtschaftsmodell. Er hatte nur wenige Nachkommen und wurde 1953 durch den ehemaligen Celler Landbeschäler Griff I abgelöst. Griff I war ein Vertreter der jüngeren Goldschläger I-Linie. Fast alle seine Nachkommen bestachen durch ihre gefälligen Linien und Formen, durch Tiefe, Breite und der daraus folgenden Leichtfuttrigkeit. Er erhielt 1954 in Bismarck als einziger von vier vorgestellten Hannoveranern den Ia-Preis und wurde 1955 außerdem in der Klasse der 11jährigen und älteren Hengste bester Hengst der Schau beim Edlen Warmblut. In den Jahren 1954-1957 hat er außer den Stuten des Gestütes noch durchschnittlich 65 Stuten jährlich aus Betrieben der Umgebung gedeckt und damit eine zweckdienliche Verdrängungskreuzung eingeleitet. Zu erwähnen sind seine gekörten Söhne, von denen Grinzing I und Grenzgänger 1957 in Bismarck in die Körklassen Ib bzw. IIa eingestuft wurden und je einen ersten Preis bekamen. Weitere Söhne waren Griffhorn, Gnom und Griesgram. Zu Beginn des Jahres 1958 wurde Griff I an das Staatliche Hengstdepot Kreuz abgegeben und dort auf Lebenszeit Ia gekört.

Ende 1956 bezog ein weiterer Importhengst die Beschälerbox in Radegast, es war Fridolin 781, dieser Hengst geht über Frio-Friesenkönig auf Feiner Kerl zurück. Auf der Junghengstekörung 1956 in Verden an der Aller erhielt er die Silberne Medaille der Landwirtschaftskammer Hannover. Der folgende Hengst war Dornkaat I 785, später in Dornat I umbenannt, ein Sohn des bekannten Hengstes Dömitz I aus der Staatsprämienstute Almenklause von Almjäger I-Feiner Kerl, der Siegerhengst des Jahrganges 1955 auf der Junghengstkörung 1957 in Verden an der Aller. Sein Züchter und Aufzüchter, Herr Kamps, Altenbruch/Krs. Hadeln, erhielt für ihn die Goldene Medaille der Landwirtschaftskammer Hannover. Er war ein sehr großrahmiger, harmonischer Hengst mit guter Halsung, starkem Fundament und langer Mittelhand.

Mit dem Ankauf des dunkelbraunen Hengstes Feierabend 797 von Feiertag III aus der bedeutsamen Feiner Kerl-Linie, sollte infolge des zunehmenden Bedarfs an edleren Pferden, eine züchterische Korrektur zu

Pferden mit stärker ausgeprägten Reitpferdemerkmalen eingeleitet werden. Dieses Ziel, verbunden mit einem stärkeren Zurückdrängen der Fuchsfarbe, konnte über diesen Hengst erreicht werden.

Nach den Erhalterhengsten kam 1961 erstmalig ein englischer Vollblutsohn, der Hengst Julier v. Julius Cäsar xx zum Einsatz, der mit 14 gekörten Söhnen und 30 eingetragenen Stuten wichtige Impulse für die Umzüchtung zu einem edleren, für die Reitsportzwecke besser geeigneten Pferd, gab. Bei 17 % der 1988 zuchtaktiven Stuten tritt er als Muttervater auf. Durch seinen Enkel, den Schimmelhengst Jerome II, beeinflußt er auch heute noch in erheblichem Maße die Zucht. Ihm folgte 1965 der Hengst Kurfürst (später in Kurort umbenannt) von Kurier, dessen Abstammung vom Anglo-Araber Kurde x äußerlich bei ihm und seinen Nachkommen, insbesondere bei Ausformung von Hals und Kopf, erkennbar war. Viele seiner Töchter waren sichtbar arabisch geprägt. Von 98 im Jahre 1985 vorhandenen Stuten ist er bei 18 % Muttervater.

Das Ziel von Prof. Wussow und seinem Mitarbeiter Dr. Hartwig bzw. nach 1961 Dr. v. Lengerken sowie der Gestütsleitung, vertreten durch den Direktor Friedrich Hannig und den Zuchtleiter Wolfgang Bickrodt, in Radegast eine Hannoveranerzucht (mit Hannoverschem Brand) in höchster Qualität zu betreiben, um für die Edle Warmblutzucht entsprechende qualitativ hochwertige Hengste und Stuten bereitzustellen, wurde voll erreicht. Bei der Arbeit auf dieses Ziel hin wurde die Radegaster Zucht durch den Hannoverschen Verband, vertreten durch den Geschäftsführer Dr. Schlie, sehr unterstützt, insbesondere beim Ankauf wertvoller Hengste.

Die Pferdezucht des Gestütes Radegast

1969 wurde das Lehr- und Versuchsgut in ein Volkseigenes Gestüt mit der Zielstellung umgewandelt, zukünftig für die Erzeugung von Reit- und Sportpferden ca. 100 Mutterstuten zu halten.

Eine Betreuung der Zucht des neugebildeten Gestüts durch das Tierzuchtinstitut der Universität Halle erfolgte in dieser Zeit nicht mehr, da, bedingt durch die Maßnahmen der III. Hochschulreform der DDR, die Landwirtschaftliche Fakultät in Halle in eine Sektion Pflanzenproduktion umgewandelt wurde. Mitarbeiter, Bibliothek, Lehr- und Forschungsmaterial des Tierzuchtinstitutes wurden an die Sektion Tierproduktion und Veterinärmedizin der Universität Leipzig übergeben.

Zwischen 1968 und 1978 wurden 25 Stuten aus dem Zuchtgebiet der Pferdezuchtdirektion Mitte zugekauft, davon acht aus dem VE Gestüt Neustadt/Dosse.

Dornat I 785 Krz. (fr. Dornkaat) geb. 1955. v. Dömitz I 3574 Han. a.d. Almklause H48319. v. Almjäger I 192. Z.: H. Kamps, Altenbruch, Ldk. Hadeln. Ein-satzort: Lehr- und Versuchsgut Radegast 1958 - 1960.

Feierabend 797 Krz. geb. 1957. v. Feiertag III 3263 Han. a.d. Ankergrenze H55593. v. Andorra I 3551. Z.: Ernst Kofahl, Küsten, Ldk. Lüchow. Einsatzort: Lehr- und Versuchsgut Radegast 1960 - 1963.

Leuchtfeuer 2602 Neu. geb. 1971. v. Lugano I 3963 Han. a.d. Donaugilde H 63015. v. Donatus 3911. Z.: Bajo Meyer, Marschhausen, Ldk. Friesland. Einsatzort: Gestüt Radegast ab 1974.

Jerome II 3389 Re. geb. 1975. v. Jupiter II 2591 Neu. a.d. Melodie H6900. v. Minnelohn 761 Krz. Z.: Dr. Bachmann, Warsleben, Ldk. Oschersleben. Einsatzort: Gestüt Radegast 1980 - 1987.

Aus züchterischer Sicht erwähnenswerte Stuten sind die vom Trakehner Hengst Atreus abstammende Arnika und die aus der bekannten Zucht von G. Theek, Lütjenheide/Krs. Perleberg, stammende Zarendohle. Diese Stuten begründeten bedeutende Familien in Radegast. 1985 verfügte das Gestüt über 98 Zuchtstuten, die 18 Familien zugeordnet werden können.

Die Tabelle 16 enthält die Zuchtleistungen der wichtigsten Familien.
Seit 1970 wurden im Gestüt Radegast auch Hengste aus Neustadt/Dosse zur Zucht eingesetzt. Sekundant 2546 v. Senatus,

Duktus 2510 v. Duell II und Draufgänger 2562 v. Drusus haben bedeutenden Einfluß hinterlassen. 14 % der vorhandenen Stuten haben Sekundant zum Muttervater. Mit sechs gekörten Söhnen und 35 eingestellten Töchtern ist Duktus hervorzuheben. Sowohl er als auch Sekundant wiesen erstmalig einen Trakehner-Anteil (Sekundant 37,5 %, Duktus 25 %) im Pedigree auf. Seit 1974 ist der Hengst Leuchtfeuer 2602 v. Lugano I im Deckeinsatz, in dessen Pedigree die bedeutenden Vererber Der Löwe xx und Abendsport sowie Almjäger I und Feiner Kerl vereinigt sind. Leuchtfeuer hat großen Einfluß auf die Stutengrundlage ausgeübt.

Er brachte in 20 Jahren 18 gekörte Söhne und 108 eingetragene Zuchtstuten.
Ab 1977 kamen über die künstliche Besamung weitere Hengste zum Einsatz. Der Hengst Feierrausch 2552 v. Feierheld wurde von 1980 - 1983 eingesetzt. Der Hengst Jerome II 3389 v. Julier wurde seit dem Jahr 1980 als Hauptbeschäler wirksam. Ursprünglich in Radegast aufgezogen, kam er 1978 und 1979 auf der Deckstation Schwinkendorf zum Einsatz. Die dort erzeugte Nachzucht veranlaßte das Gestüt, ihn zurückzuholen. Seine 83 in das Stutbuch eingetragenen Töchter zeichnen sich durch Großrahmigkeit und ausgeglichenes Temperament aus. 50 % seiner Nachkommen sind Schimmel. Sechs Söhne konnten als Hengstanwärter an die HPA geliefert werden.
Hengste Trakehner Abstammung, wie z.B. Gard 8342 und Orator 1342 (Deckeinsatz 1978 - 1980) haben im Radegaster Gestüt wenig Bedeutung erlangt. Auch reine englische Vollblüter wurden in Radegast nur wenig eingesetzt. Von 1968 - 1971 kamen die Vollblüter Gisbert xx und Perseus xx zum Einsatz. Nur dem Vollbluthengst Ambro xx, 1982 in Graditz gezogen, wurde in den letzten Jahren mehr Beachtung beigemessen.

Die größte Bedeutung für die Pferdezucht in Radegast, gemessen an den Zuchtleistungen, hatte der Hengst Leuchtfeuer, gefolgt von Julier. Stärker hervorzuheben sind auch die Hengste Duktus und Feierabend. Tabelle 17 gibt einen Überblick der in Radegast eingesetzten zuchtbestimmenden Hengste.

Tabelle 16: Bedeutende Stutenfamilien in Radegast

Familie	ein- getr. Stuten	davon Staatsprämienstuten	gekörte, u. aufgezogene Hengste
Ferntenne H 5532	40	18	12
Almenlady H 5445	33	15	9
Firnmärchen H 5637	34	13	6
Abendflur H 5530	21	10	8
Amorelle H 5447	18	8	9
Jasonsfriede H 5638	30	12	5
Abendstille H 5438	26	11	5
Flinga H 5435	20	11	6
Abendnixe H 5529	26	12	4
Schramme H 5444	9	8	6
Schollengräfin 5443	10	9	9
Arnika H 6515	9	3	2
Zarendohle H 6134	7	5	1
Udette H 6616	9	1	-

Das Landgestüt Radegast

Am 9.12.91 beschloß der Landtag von Sachsen-Anhalt einstimmig, das Gestüt Radegast als Landeseinrichtung weiter zu betreiben. Am 3.11.92 faßte daraufhin die Landesregierung den Beschluß, Radegast als Landgestüt einzurichten. Hauptaufgabe des Landgestütes Radegast wird die Hengsthaltung sein. Die Konzeption sieht vor, als Endbestand 25 Warmbluthengste, vier bis sechs Kaltblüter, zwei Haflinger sowie zwei Reitponyhengste als staatlichen Vatertierbestand zu halten. Darüber hinaus wird eine Besamungsstation mit dezentralen Besamungsstellen aufgebaut. Der gegenwärtige Beschälerbestand des Warmblutes beträgt 15 Hengste.

Der Ankauf und die Aufzucht von Hengstkandidaten aus dem sachsen-anhaltinischen und anderen Zuchtgebieten soll dazu beitragen, die bodenständige Zucht zu fördern und den Erhalt wertvoller Genealogien auszubauen. Jährlich sind 15 bis 20 Fohlen für die Aufzucht vorgesehen, die zur Eigenremontierung des Deckhengstbestandes zur Verfügung stehen sollen. Das Land Sachsen-Anhalt hatte bisher keine öffentliche Einrichtung, in der Breitensportler, Reiter, Fahrer und Richter ausgebildet und qualifiziert werden können. Durch die Einrichtung der Landesreit- und -fahrschule soll die Wettbewerbsfähigkeit in dieser Hinsicht gewährleistet werden. Die Abteilung Prussendorf des Landgestütes Radegast bietet mit ihren Anlagen hierfür gute Voraussetzungen. Als Leiter des Landgestütes wurde Frau Dr. Petra Petzold bestellt.

3.5 Zuchtinsel Calvörde

Im Nordteil des Kreises Haldensleben liegt die Großgemeinde Calvörde. Sie hat 1781 Einwohner und ist etwa 15 Kilometer von der Kreisstadt entfernt. Calvörde kann, im Dreieck der Städte Haldensleben, Oebisfelde und Gardelegen liegend, als Kernpunkt einer kleinen Zuchtinsel des edlen Warmblutes auf hannoverscher Grundlage angesehen werden. Calvörde gehörte als Enklave bis 1945 zum Herzogtum Braunschweig und damit zum Einzugsbereich des Landgestütes Harzburg. Erst nach dem Zweiten Weltkrieg wurde Calvörde dem Sachsen-Anhaltinischen Pferdezuchtverband angegliedert. 1827 kamen erstmals nach Calvörde Hengste des Landgestütes Harzburg und dann in ununterbrochener Reihenfolge bis 1945. Von 1827 bis 1945 haben insgesamt 151 Hengste im Deckstellenbereich Calvörde gedeckt. Davon entfallen allerdings fast 50 % auf Kaltbluthengste.

Bis zur Jahrhundertwende deckten die folgenden Warmbluthengste länger als drei Jahre auf der Deckstelle Calvörde:

Tabelle 17: In Radegast eingesetzte zuchtbestimmende Hengste

Name des Hengstes	Vater des Hengstes	Farbe	Geb.-Jahr	Einsatzjahre	WH	eingestellte Töchter in Radegast	x̄ WH der Töchter
I. Im Lehr- und Versuchsgut eingesetzte Hannoveraner Hengste							
Griff I	Glimmer	Sbr.	1943	1954-57	163	4	159,5
Dornkaat I	Dömitz I	B	1955	1958-60	165	4	161,5
Fridolin	Friesenkönig	F	1954	1957-59	163	2	157,0
Feierabend	Feiertag III	DB	1957	1960-63	164	11	159,9
Julier	Julius Cäsar xx	B	1958	1961-69	167	30	161,8
Kurfürst	Kurier	R	1962	1965-69/73	165	18	162,6
II. Im Gestüt Radegast eingesetzte Hannoveraner Hengste							
Sekundant	Senatus	R	1967	1970-75	165	25	164,3
4 Sonstige						11	163,8
Duktus	Duell II	F	1964	1973-77	164,5	35	165,0
6 Sonstige						31	166,2
III. Gegenwärtig eingesetzte Hannoveraner Hengste							
Leuchtfeuer	Lugano I	F	1971	1974-94	160	44	165,8
Jerome II	Jupiter II	S	1975	1980-87	166	15	165,1
4 Sonstige						27	165,2

Julier 804 Krz. geb. 1958. v. Julius Cäsar xx 3868 Han. a.d. Falkenbrücke H59284. v. Faruk 3261 Han. Z.: W. Koldehofe, Ahnebergen, Ldk. Verden. Einsatzort: Lehr- und Versuchsgut Radegast 1961 - 1961.

Die Harzburger Crodo und Abbas Mirza, der Englische Halbblüter Burggreif, die Hannoveraner Jason, Mars, Danderlo, der Braunschweiger Flamingo, die Oldenburger Matador und Burgmeister, die Mecklenburger Patron und Erin.

Abbas Mirza deckte von 1834-1839, mit Ausnahme des Jahres 1838, in Calvörde. Er stammte vom orientalischen Vollblüter Abbas Mirza ox, der zu den besten Hengsten des Schah von Persien gehörte und der 1820 dem Englischen König geschenkt wurde. Mirza ox hatte 23 Söhne.

In der Zeit von 1900 bis 1945 deckten länger als zwei Jahre im Deckstellenbereich Calvörde die Hannoveraner Schill, Silvester, Schwabenstreiter, Altmeister, Allemagne, Schwabenfürst und Dincklage. Der Hannoveraner Hengst Schill erregte 1922 mit seiner Nachzucht anläßlich einer Reitsportveranstaltung in Berlin besondere Aufmerksamkeit. Es wurden 22 Nachkommen von ihm, alles Füchse, vorgestellt, die den sechsten Platz in der Nachzuchtbewertung erringen konnten.

Calvörde war nach Ende des Zweiten Weltkrieges anfänglich von den Engländern besetzt. Durch die Aufteilung des damaligen Deutschen Reiches in Besatzungszonen kamen am 1.7.1945 die sowjetischen Truppen nach Calvörde. Der damalige Gestütswart aus Harzburg hatte den Befehl bekommen, mit den fünf Hengsten Calvörde zu verlassen. Er nahm allerdings nur die beiden Kaltbluthengste Gauherr und Adrian mit. Die Warmbluthengste Don Juan, Funkenflug und Jagdfalke wurden in die Nachbarschaft gebracht und von den Bauern heimlich verwahrt. So gelang es aufgrund der Initiative weitsichtiger Bauern, die den Wiederaufbau der Pferdezucht im Auge hatten, diese wertvollen Hengste der Zucht zu erhalten.
Jagdfalke 539 v. Jucker-Journalist produzierte besonders Wirtschaftspferde. Funkenflug 538 v. Flugwind-Flugfeuer II war auf der Stutenschau im Jahre 1950 mit besonders vielen Nachkommen (79 Stuten) vertreten.

Die wichtigsten auf der Deckstelle Calvörde nach 1950 zur Bedeckung eingesetzten Hengste werden nachfolgend kurz beschrieben:
Funkenflug 538 mit insgesamt 662 Bedeckungen seit 1946 hat bei sehr hoher Fruchtbarkeit konstitutionsharte aber nicht immer genügend großrahmige Pferde mit Wirtschaftseignung gebracht.
Demokrat 2693 v. Droysen-Don wurde als rahmiger, derber, großer Hengst gezielt zur Kaliberverstärkung eingesetzt.
Anschluß 775 v. Anio-Aufrechter war ein Spitzenbeschäler großen Formates, der seinen Stempel hinsichtlich Reiteignung, Schwung, Mechanik und Rahmen in Calvörde hinterließ. Bei 27 eingetragenen Töchtern brachte er 10 Prämienstuten und stellte zur „agra" Leipzig 1964 eine wertvolle Nachzuchtsammlung.
Die Hannoveraner Griff I v. Glimmer und Firn 2371 v. Firnis waren harte, bedeutende Erhalterhengste.
Der aus Polen (Gestüt Liski) stammende Trakehner Hengst Diadoch wurde als erster Hengst mit „Veredelerfunktion" in Calvörde eingesetzt. Seine Schönheit, Harmonie, Markanz, die langen Linien, Reithals und klare Gelenke übertrug er im wesentlichen auf alle seine Nachkommen, unter

Jupiter II 2591 Neu. geb. 1970. v. Julier 804 Krz. a.d. Fügung H5765. v. Frühsport 3327 Han. Z.: Gestüt Radegast, Ldk. Köthen. Einsatzort: Deckstelle von Neustadt/Dosse in Calvörde, Ldk. Haldensleben von 1973 - 1975.

denen der Hengst Diamant eine glanzvolle Hengstkarriere machte. Dornprinz mit sehr viel Bewegung, sonst überwiegend wirtschaftlichen Merkmalen, und Senar I 2496 v. Senatus als Spitzenhengst seines Jahrgangs gaben den Nachkommen Kaliber und Rahmen mit.
Jupiter II v. Julius-Julius-Cäsar xx und Ataman v. Ataturk xx hatten die Aufgabe, den von „Diadoch" eingeleiteten Veredelungsprozeß fortzuführen.
Druse, ein Hengst Trakehner Abstammung, brachte danach die größten Erfolge für Calvörde, soweit Exterieurmerkmale zur Bewertung anstanden. Zeugnis dafür legen die Klassensieger der DDR-Elite-schauen der Jahre 1975 und 1976 ab. Jupiter II v. Julier als größte „Vererberhoffnung" mußte nach 3 Zuchtjahren als Hauptbeschäler in das VE Gestüt Ganschow abgegeben werden.
Furioso 810 als absoluter Erhaltertyp hatte in Ergänzung zu den hoch im Blut stehenden Veredelerhengsten ebenfalls Bedeutung für Calvörde.

Die hier charakterisierten Hengste haben ein sicheres Fundament für die Zucht geschaffen. Auf dieser Basis sind Pferde hoher Qualität erzeugt worden, die durch ihre Leistungen weit über die Kreis- und Bezirksgrenzen im Sport der DDR und sogar auf internationaler Ebene bekannt waren.

3.6. Leistungsprüfungen in der Warmblutzucht

Hengste

In den Nachkriegsjahren wurden in den einzelnen Landgestüten Ostdeutschlands die Leistungsprüfungen für Zuchtpferde nach jeweils eigenen Vorstellungen durchgeführt. Aber schon am 17.4.1951 wurde vom „Zentralverband Deutscher Pferdezüchter" eine Leistungsprüfungsordnung (LPO) für Warm- und Kaltblutpferde in Kraft gesetzt, die maßgebend vom Tierzuchtinstitut der Universität Halle ausgearbeitet worden war. Angestrebt wurden darin Zentrale Hengstprüfanstalten nach dem Modell Wester-Celle. Ein im Jahr 1952 durchgeführter Probedurchgang von Junghengsten aus staatlichen Betrieben Sachsen-Anhalts auf dem Fohlenhof Esak (Altmark) bestätigte die Notwendigkeit und Richtigkeit dieser Maßnahme (Hartwig, 1952). Ab 1953 wurden erstmalig in der HPA (Redefin, Neustadt/Dosse und Moritzburg) Junghengste einem 11monatigen Training unterzogen. Eine positive Abschlußprüfung war von nun an Voraussetzung für den Einsatz als Deckhengst. Es wurden vornehmlich die Grundgangarten und die Gespanneignung geprüft.

Im Juli 1963 wurden die in den folgenden Jahren geltenden Anforderungen der Hengstleistungsprüfung sowie deren Bewertung neu definiert.

Entsprechend der erreichten Leistungsmerkmale wurden für jeden Hengst Leistungsnoten vergeben.

Zusammen mit der Note für das Exterieur ergaben diese die Zuchtwertklasse. Der Schwerpunkt der Prüfung lag in der Bewertung der Zugleistung.

Die zunehmende Umstellung vom Wirtschafts- zum vielseitigen Reit- und Sportpferd erforderte auch Veränderungen in den Leistungsprüfanforderungen.

Von 1971 an mußten die 2 1/2jährigen, nur nach dem Exterieur vorselektierten Junghengste mehrere Teilprüfungen bewältigen.

Nach einem 2monatigen Training mußte eine Eigenleistungsprüfung abgelegt werden, indem die Grundgangarten unter dem Reiter anhand einer Schwellenwertprüfung beurteilt wurden. Konnten Mindestanforderungen nicht realisiert werden, kam es zum Ausschluß des betreffenden Hengstes von der weiteren Prüfung. In einem weiteren Schritt mußten sich die Junghengste nach mindestens 5monatigem Training einer 2tägigen Vielseitigkeitsprüfung unterziehen. Dabei sind neben der Gelände- und Fahrprüfung die Prüfungen in den Disziplinen Dressur und Springen besonders hervorzuheben.

Ab 1978 wurde die Prüfung für alle Warmbluthengste zentral in der Hengstprüfanstalt Neustadt/Dosse durchgeführt. Die Prüfung setzte sich zusammen aus einer

- Eigenleistungsprüfung: 1500 m Galopp, 2000 m Trab, 1000 m Schritt bei Einhaltung von Mindestzeiten und einer Bewertung des Springens in der Halle;
- drei Zwischenprüfungen mit unterschiedlichen Anforderungen hinsichtlich der Leistungen in Dressur, Springen, der Fahrprüfung, dem Rittigkeitstest und der Abschlußprüfung in den Disziplinen Dressur, Springen, Fahren, Geländeritt (6000 m) mit 18 Hindernissen.

Außerdem wurde ein Trainingsprotokoll geführt, das in die Endabrechnung einging. In diesem wurden das Interieur, wie Temperament, Charakter, Leistungsbereitschaft, aber auch die Gangarten bewertet. Die Punktzahl (100 Punkt-System) wird aus den sieben Einzelprüfungen, die mit unterschiedlichen Faktoren gewichtet werden, für die Vergabe der Körklasse errechnet (Ia 90-100 Pkt.; Ib 80-89 Pkt.; IIa 70-79 Pkt.; IIb 60-69 Pkt.). Im Ergebnis der ersten Prüfjahrgänge wurde ab 10.10.1983 ein verändertes Reglement durchgeführt. Die Beurteilung anhand von Schwellenwerten wurde durch eine Wertungsskala ersetzt, das Trainingsprotokoll stärker gewichtet.

Seit 1984 erfolgte dann eine Prüfung über fünf Abschnitte:

Erste Prüfung: (an 2 Tagen Mitte Februar) mit Beurteilung der Gangmechanik in den drei Grundgangarten unter dem Reiter und der Bewertung des Freispringens in der Halle.

Zweite Prüfung: (an 3 Tagen Ende April) mit Wiederholung der Anforderungen der ersten Prüfung sowie der Prüfung der Zugwilligkeit vor der Schleppe, einer Trab-, Schritt- und Galopp-Prüfung.

Dritte Prüfung: (an 2 Tagen Ende Juni) als Dressur-, Spring- und Galopp-Prüfung.

Vierte Prüfung: (Mitte Juli) als Rittigkeitstest mit 3 Reitern über 5 Tage.

Fünfte Prüfung: Hauptprüfung an drei Tagen Ende September als Dressur-, Spring- und Geländeprüfung.

Die Prüfungsrichtlinien haben sich seit dem Jahr 1991 grundlegend geändert. Seit dieser Zeit wird die bisherige 11monatige Prüfung durch einen Leistungstest, der von den Junghengsten in 100 Tagen zu absolvieren ist, ersetzt. Ökonomische Gründe zwangen zu dieser Regelung, die in den alten Bundesländern seit mehreren Jahren üblich ist.

Stuten

Zunächst wurden in den einzelnen Ländern Ostdeutschlands unterschiedliche Prüfungsverfahren durchgeführt. Die Feldprüfungen hatten zum Ziel, die Zugwilligkeit und Zugfertigkeit der Suten in Form von Schwellenwerten zu testen. Ab 1963 wurden für die gesamte DDR einheitliche Anforderungen auch für die Leistungsprüfung der Stuten festgelegt. Vierjährige und ältere Stuten mußten über eine Distanz von 200 m einen Zugwiderstand von 150 kp und 3 x über 5 m ein Gewicht von 300 kp ziehen. Für jüngere Stuten verringerten sich diese Zugwiderstände auf 125 kg bzw. auf 250 kg.

Ab 1971 wurde die Eigenleistungsprüfung für Stuten nach neuen Gütevorschriften durchgeführt. Hauptstammbuchstuten hatten dennoch eine Feldprüfung mit bestimmten Mindestanforderungen zu erfüllen. Diese Mindestanforderungen in einer Prüfung der Grundgangarten unter dem Reiter waren 2000 m Galopp in 4 min, 1000 m Trab in 4 min und 300 m Schritt in 3 min. Ab 1988 war neben der Feldprüfung für 3jährige Stuten auch eine Stationsprüfung vorgesehen. Die 3wöchige Ausbildung der Stuten auf der Station erfolgte nach einem festgelegten Trainingsplan. In der vierten Woche wurde dann über zwei Tage die Prüfung abgelegt. Die Stuten wurden jeweils von drei Fremdreitern, vier Richtern und vom Trainingsleiter beurteilt. Der Trainingsleiter führte diese Beurteilung anhand eines Trainingsprotokolls, das mit 55 % in der Endbeurteilung gewichtet wurde, durch.

1993 wurden in Sachsen-Anhalt insgesamt 357 Stuten einer Leistungsprüfung unterzogen, davon entfielen auf die Stationsprüfung 15 = 4,2 %, auf die Feldprüfung 80 = 22,4 % und auf die Mindestleistungsprüfung (Grundgangartentest) 262 = 73,4 %.

Von der Zuchtleitung Stendal wird seit mehr als 20 Jahren die Grundgangartenprüfung auf freiwilliger Basis von den zur Stutbuchaufnahme vorgestellten Tieren abgenommen. Nachdem die zu absolvierenden Strecken mehrmals gekürzt wurden, erfolgt diese Prüfung gegenwärtig ohne Zeitnahme im Schritt auf einer Strecke von 300 m, im Trab und Galopp auf 500 m. Schritte, Tritte und Galoppsprünge der jeweils letzten 100 m werden gezählt.

Die Eigenleistungsprüfung der potentiellen Hengstmütter und die Feldprüfungen an zentralen Orten, nach dem gleichen Reglement durchgeführt, sind wichtige Bausteine im System der Nachzuchtbewertung.

Literatur

Arnold, E.-H.: Untersuchungen über die Entwicklung der Kaltblutzucht im altmärkischen Zuchtgebiet im Hinblick auf die Erhaltung einer leistungsfähigen Restpopulation, Diss. Leipzig, 1970.

Hartwig, W.: Aus dem Zuchtgeschehen. 1. Zentrale Leistungsprüfung von Junghengsten. In: Tierzucht 6, 425-431, 1952.

Hennig, S.: Die wichtigsten Stutenfamilien der Kaltblutzucht Sachsen-Anhalts, ihr züchterischer Wert und ihre Bedeutung innerhalb der modernen Leistungszucht. Diss. Halle, 1958.

Mendel-Steinfels: Fünfzig Jahre der Landwirtschaft der Provinz Sachsen. Halle/Saale 1893, nach Greifelt 1961.

Meyer, E.: Das Deutsche Kaltblutpferdeleistungsbuch und seine Anwendung im Prüfungswesen für Kaltblutpferde. In: Deutsches Kaltblut 12, 1939, 281, 290, 300.

Meyer, E.: Die Deutsche Kaltblutzucht. Küster u. Co. Verlag, Essen, 1940.

Mommsen, C.: Entwicklung der Pferdezucht und des Pferdezuchtverbandes der Provinz Sachsen. Festschrift zum 25 jährigen Bestehen. Halle 1924.

Neuschulz, H.: Pferdezucht, Haltung und Sport. Deutscher Bauernverlag, 1956.

Schwechten, H.: Landgestüt Kreuz – Dei preußische Gestüsverwaltung. Verlag Schaper, Hannover, 1925.

Schwechten, H.;Aschenbach, P.: Pferdezuchtverband Sachsen-Anhalt, Halle/Saale, 1939.

Stöve, H.: Das Landgestüt Kreuz, seine Entwicklung und seine züchterische Bedeutung für die provinzialsächsische Pferdezucht. Diss. Jena, 1934.

Textdorf, W.: Die Bedeutung des Hengstes „Advokat v. Schinne" für die Kaltblutzucht Sachsen-Anhalts. Dipl.-Arbeit, Halle 1959.

Wussow, W.: Die Warmblutzucht Sachsen-Anhalts. In: Tierzucht 6, 1952, 380-385.

Wussow, W.: Maßnahmen zur planmäßigen Reproduktion und qualitativen Verbesserung des Pferdebestandes. In: Tierzucht 18, 1964, 199-202.

Sachsen

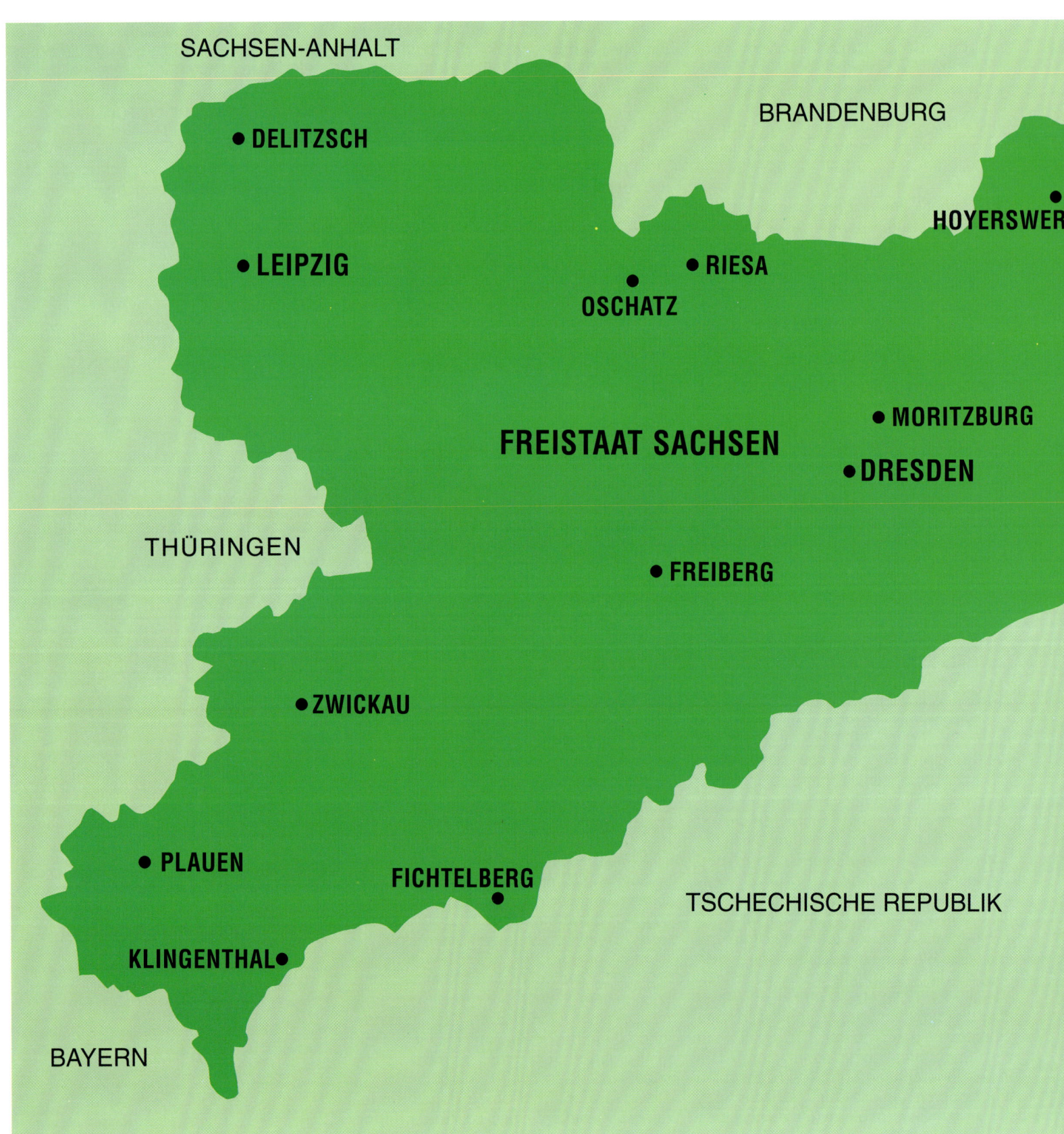

SACHSEN-ANHALT

BRANDENBURG

● DELITZSCH

HOYERSWER

● LEIPZIG

● RIESA

OSCHATZ

● MORITZBURG

FREISTAAT SACHSEN

●DRESDEN

THÜRINGEN

● FREIBERG

●ZWICKAU

● PLAUEN

FICHTELBERG

TSCHECHISCHE REPUBLIK

KLINGENTHAL●

BAYERN

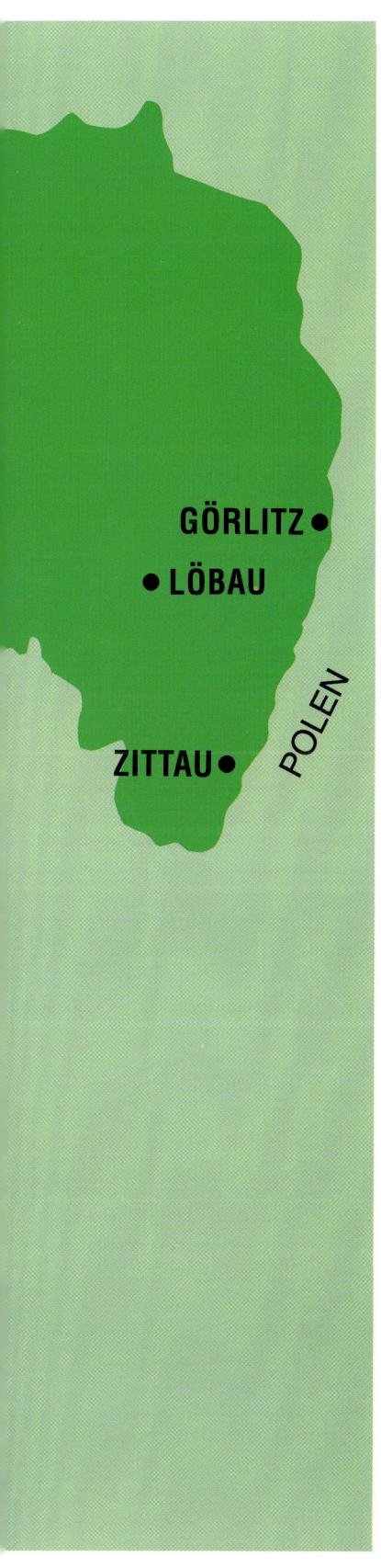

GÖRLITZ ●

● LÖBAU

POLEN

ZITTAU ●

Dr. Christian Frhr. v. Stenglin

neubearbeitet von
Dr. Herta Steiner

Dr. Herta Steiner
20. August 1925 geb. in Ober-Mohren/Sudetengau jetzt Tschechische Republik.
1931-1935 Volkschule.
1935-1942 Realgymnasium Trautenau.
1943-1945 Landwirtschaftslehre in Taubnitz/Mähren.
1946 Aussiedlung nach Nesow/Mecklenburg.
1946-1947 Oberstufe der Fachschule für Landwirtschaft Mischütz/Sachsen.
1947-1950 Studium der Landwirtschaft, Unversität Leipzig, Abschluß Dipl. Landwirt.
1950-1952 Assistentin, Tierzuchthauptgut für Warmblutpferde Gr. Voigtshagen/Mecklenburg.
1953-1957 Betriebsleiter VE Gut Redefin, nach Änderung der Betriebsstruktur ab 1.10.1955 Direktor des Staatl. Hengstdepots Redefin.
1958-1959 Betriebassistentin im Staatl. Hengstdepot Moritzburg.
März 1959 Promotion an der Universität Rostock.
1959-1961 Nebenbetriebsleiter des Staatl Hengstdepots Kreuz, Abteilung Stotterheim/Thüringen.
1961-1968 Stellv. Direktor, ab 1962 Direktor des VE Hengstdepot Moritzburg.
Dez. 1962 Prüfung zum Staatl. anerkannten Tierzuchtleiter.
1968-1985 Direktor der VE Pferdezuchtdirektion Süd mit dem Staatl. Hengstdepot Moritzburg und den Zuchtleitungen Dresden für Sachsen sowie Weimar für Thüringen.
Okt. 1985 Pensionierung

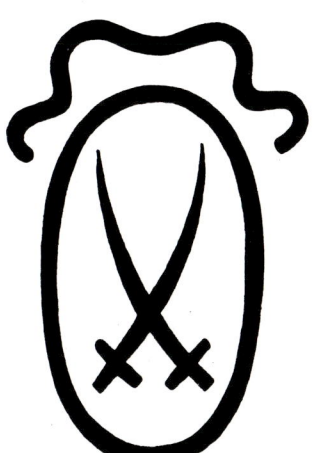

Die Pferdezucht in Sachsen

1. Natürliche Gegebenheiten

Der Freistaat Sachsen bildet ein ungleichmäßiges Dreieck mit der Großstadt Leipzig an der Nordspitze und der Grundlinie zwischen den Städten Plauen/Vogtland im Westen und Zittau an der Lausitzer Neiße im Osten, etwa entlang dem Kamm des Erz- und Elbsandsteingebirges. Zwei Drittel des Landes bestehen aus Mittelgebirge und Gebirgsvorland, ein Drittel aus Flachland. Die Elbe durchfließt Sachsen in einer Länge von etwa 100 km, als kleinere Flüsse - ebenfalls von Süden nach Norden fließend - die Mulde und die Weiße Elster. Das Klima ist kontinental mit jährlichen Regenmengen, die in der Nähe der Gebirgskämme 800 bis 1000 m, im nördlichen Flachland um 550 bis 600 mm liegen. Der geologische Aufbau des Landes umfaßt sämtliche Bodenarten, wobei die ackerbaulich wertvollsten Lößböden vorwiegend im flachen, regenarmen Norden liegen. Der weitaus größte Teil besteht aus steinigen Gebirgs- und Vorgebirgsböden.

Die Agrarstruktur war bis zur Bodenreform 1946 gemischt vom kleinbäuerlichen Betrieb über mittel- und großbäuerliche Besitzungen bis zum Großgrundbesitz.

Von 1952 bis Frühjahr 1960 wurden die meisten bäuerlichen Betriebe in landwirtschaftliche Produktionsgenossenschaften zusammengefaßt. Diese Entwicklung und der Staatsgüteranteil in der ehemaligen DDR führte zur Form der Großraumbewirtschaftung. In Sachsen entstanden hierfür jedoch öfters natürliche Begrenzungen durch die sehr unterschiedlichen Bodenprofile.

Nach der politischen Wende 1990 vollzog sich der Strukturwandel im Agrarsektor vielseitig. Der größte Teil der landwirtschaftlichen Nutzfläche wird von Nachfolgebetrieben der ehemaligen LPG'n bewirtschaftet.

2. Geschichte

Das Kernland Sachsens war die 929 gegründete Mark Meißen, wenig später zur Markgrafschaft unter dem Fürstenhaus der Wettiner erhoben. Im Jahre 1423 wurde das Geschlecht nach Erwerb von Sachsen-Wittenberg mit der Kurwürde belehnt. 1485 erfolgte eine Teilung des Landes in die Albertinische (Markgrafschaft Meißen und nördliches Thüringen) und die Ernestinische Linie (Wittenberger Land mit Kurwürde und dem größten Teil Thüringens). Durch Erbfälle wurden die Thüringischen Teile stark zersplittert.

Im 30jährigen Krieg erwarb Kursachsen als Vormacht des Protestantismus die Lausitz. Kurfürst Friedrich-August - August der Starke - trat zum Katholizismus über und wurde zum König von Polen gewählt (Personalunion Sachsen-Polen 1697-1764). Dresden wurde als Hauptstadt durch ihn zu einer der schönsten Städte Mittel- und Norddeutschlands.

Durch Napoleon I. wurde Sachsen 1806 Königreich, mußte aber nach dem Wiener Kongreß die ganze nördliche Landeshälfte, das Wittenberger und Torgauer Land, die Niederlausitz und Teile der Oberlausitz an Preußen abtreten. Von 1918 - 1945 war Sachsen Freistaat.

Folge des zweiten Weltkrieges war die Aufgliederung Deutschlands und damit verbunden die Gründung der DDR am 7. Oktober 1949, den Teil der ehemaligen sowjetischen Besatzungszone umfassend.

Dem Land Sachsen wurden 1945 die Gebiete um Görlitz und Niesky zugeordnet, und es behielt den Status als Land im Südteil der DDR bis zur Verwaltungsneugliederung im Jahr 1952. Danach umfaßte es im wesentlichen die neu entstandenen Bezirke Dresden, Leipzig und Karl-Marx-Stadt/Chemnitz. Nach der Wiedervereinigung am 3. Oktober 1990 - dem Tag der Einheit Deutschlands - wurde Sachsen wieder Freistaat.

3. Warmblutzucht

3.1 Zuchtgeschichte vor 1828

Für das Mittelalter liegen hinsichtlich der hier behandelten sächsischen Lande so gut wie keine Hinweise dafür vor, daß in irgendeinem Teile eine über die Grenzen des Landes hinaus bekannte Pferdezucht bestanden hätte. Erst ab 1500, als der kurfürstlich-sächsische Hof an Bedeutung gewann und Hofgestüte einrichtete, um einen Teil des Bedarfs an Marstall- und Kriegspferden zu sichern, werden die Nachrichten konkreter.

Die nachweislich ältesten Gestüte befanden sich in den thüringischen Landesteilen von Kursachsen. Georgenthal bei Ohrdruf, Kalkreuth bei Großenhain, Allstedt bei Sangerhausen, Merseburg, Wendelstein bei Roßleben werden als Hofgestüte erwähnt und dienten der Remontierung des kurfürstlichen Marstalls. Wie für fast alle Hofgestüte in Deutschland wurden Beschäler aus Friesland, Oldenburg, Holstein, Dänemark, Mecklenburg und Spanien benutzt; der allgemeinen Mode und Neigung folgend, bevorzugte man die spanisch-neapolitanische Richtung.

Der Schmalkaldische Krieg in der ersten Hälfte des 16. Jahrhunderts und die Schrecknisse des 30jährigen Krieges, in dem Sachsen als Aufmarsch- und Durchzugsgebiet aller kriegführenden Parteien herhalten mußte, ruinierten nicht nur die Pferdehaltung auf dem Lande, sondern auch in den Hofgestüten. Besonderer Erwähnung bedürfen hier die sogenannten Torgauer Gestüte mit den Gestütsvorwerken Graditz, Döhlen, Repitz und Neu-Bleesern. Größtenteils in den fruchtbaren

Elbauen bei Torgau gelegen, boten sie aufgrund des reichlich vorhandenen Grünlandes Vorbedingungen für die Pferdezucht, wie sie sonst kaum in Sachsen zu finden waren. Im Jahre 1722 ordnete August der Starke an, daß auf dem Kammergut Graditz neue Gestütsgebäude errichtet werden sollten. Den Auftrag zum Bau erhielt der berühmte sächsische Oberlandbaumeister D. Pöppelmann, Erbauer sowohl des Dresdner Zwingers als auch des Jagdschlosses Moritzburg nördlich der Hauptstadt. Die Torgauer Gestüte mit den oben angegebenen 5 Vorwerken züchteten für den kurfürstlichen Marstall in Dresden. Von einer einheitlichen Zuchtrichtung kann auch hier nicht gesprochen werden.

Im Jahre 1815 schwer mitgenommen durch die französische, preußische und russische Besetzung des Landes, nachdem noch der Siebenjährige Krieg (1756 - 63) üble Schäden angerichtet hatte, wurden die Torgauer Gestüte an Preußen abgetreten, wo sie später unter dem Namen „Preußisches Hauptgestüt Graditz" im 19. und 20. Jahrhundert eine große Bedeutung für die deutsche Pferdezucht erhalten sollten. 1766 wurde der Versuch gemacht, eine staatliche Landesbeschälung einzuführen, indem verfügbare Hengste aus dem Marstall in Dresden den Stutenbesitzern kostenlos und ohne weitere Auflagen zum Decken zur Verfügung gestellt wurden. Erfolge und Wachstum waren diesem Beginn nur in geringem Maße beschieden, eine ausgedehnte Hengstreiterei, die zum Teil von außerhalb der Landesgrenzen kam und vielfach minderwertige Beschäler anbot, blieb lange Zeit die Hauptquelle des Nachwuchses für den pferdezüchtenden Landmann.

Eine sogenannte Landfohlen-Erziehungsanstalt in Annaburg bei Wittenberg, gegründet um 1790, sollte ausgewählten bäuerlichen Fohlen als staatliche Aufzuchtstätte dienen zum Zwecke der Erzielung von Armeeremonten und Zuchtmaterial. Auch dieser staatlichen Stützungseinrichtung, die in den turbulenten Jahren der napoleonischen Feldzüge ihr Ende fand, blieb der erhoffte Erfolg versagt.

3.2 1828 bis 1945

Eine günstigere Bedeutung für den Fortgang der Landespferdezucht und staatlichen Einflußnahme erhielt das Jahr 1828 durch den königlichen Erlaß, welcher die durchgreifende Reorganisation der schon bestehenden Landesbeschälanstalt beinhaltete. Entsprechend erfolgte im gleichen Jahr die Gründung eines Landgestütes in Moritzburg, weiterhin durch ein kgl. Reskript am 12. März 1828 die Anstellung des ersten Landstallmeisters, des Majors a. D. Rudolph Wilhelm v. Schönberg-Pötting. Nach Fertigstellung der Landgestütanlagen

Gemälde von Wolff, das den um 1750 am Dresdener Marstall gehaltenen Pferdetyp wiedergibt

im Jahr 1830, in der Nähe des berühmten Jagdschlosses Moritzburg gelegen, konnten erstmals nach Ablauf der Deckzeit die Landbeschäler in die ausgedehnten Pferdestallungen gebracht werden. Zunächst waren es 38 Hengste der verschiedensten Herkunft. Unter steter Zunahme wurde bis zu dem Jahr 1857 die Zahl von 71 Landbeschälern erreicht, welche 5.326 Stutenbedeckungen aufweisen konnten.

In diese Zeit fällt auch der Versuch einer Klassifikation der Deckhengste. Sie schlug sich in der Festlegung von Kategorien der Hengstklassen I - III und dementsprechend gestaffelten Deckgeldsätzen von 3, 2 bzw. 1 Thlr. nieder.

Die ersten Hengstankäufe in Oldenburg erfolgten im Jahr 1871 und dieses Land sowie Ostfriesland waren in den nächsten Jahren als Hauptbezugsquellen der sächsischen Landbeschäler anzusehen. 1873 wurde erstmals ein Zuchtziel festgelegt:

ein kurzbeiniges, stämmiges, dabei gängiges Durchschnittspferd mit runden Rippen, breitem Becken, guten, regelmäßigem Stand und Gängen, ohne Erbfehler und von nicht zu gemeiner Abstammung, für den Dienst im Wagen und im Pfluge gleich geeignet.

Wenn auch beabsichtigt war, daß dieses Pferd dem Typ eines im mittleren Rahmen stehenden Oldenburgers nahekommen sollte, schloß man bei dem für Sachsen aufgestellten Zuchtziel absichtlich keine Angabe der Rasse ein.

Von der Pferdezuchtkommission des Landeskulturrates, unter Vorsitz des ab 1. August 1877 beamteten Landstallmeisters Georg Graf zu Münster, wurde dieses Zuchtziel im Jahr 1879 erneut als für Sachsen zweckmäßig bestätigt. 1885 wurde von ihm der erste Versuch einer bodenständig gezogenen Hengstbereitstellung unternommen.

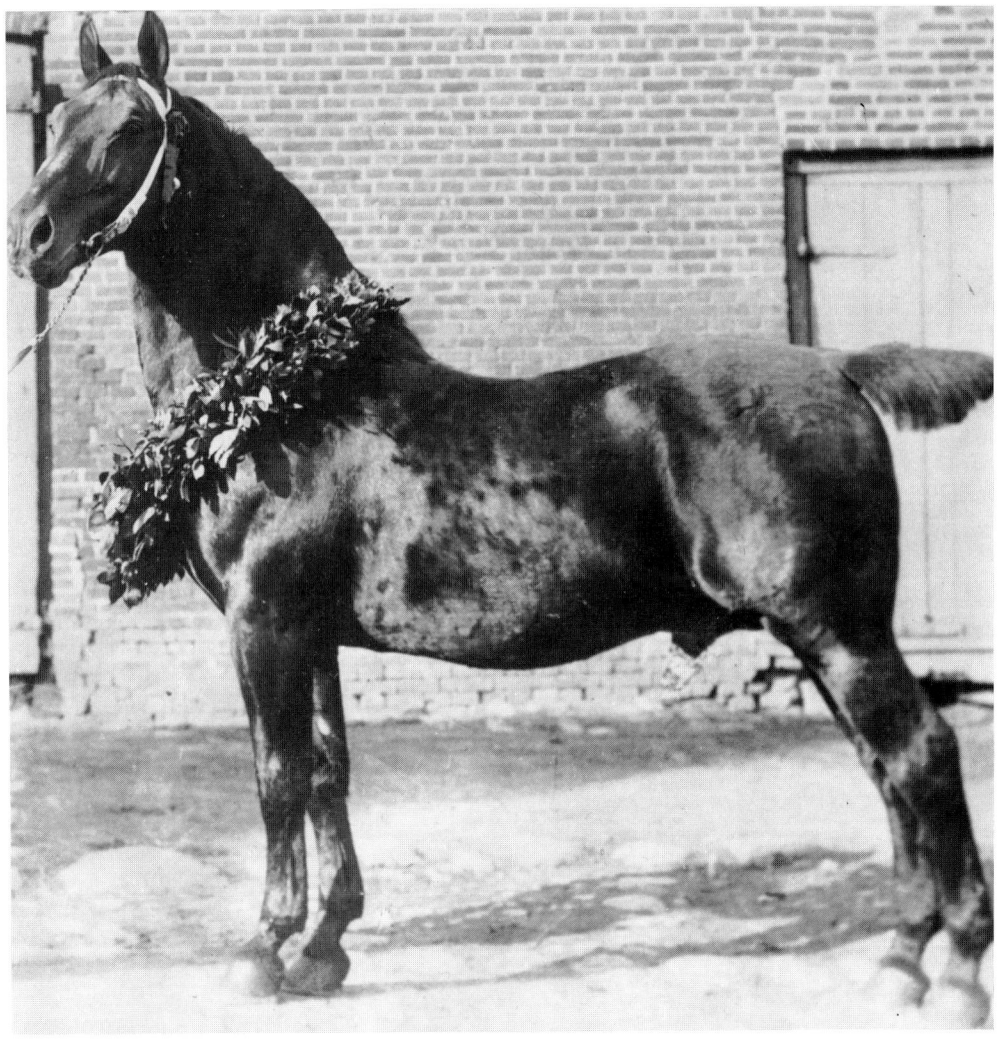

Oldenburger Hengst Ruthard 1255 geb. 1890 v. Rubico. Die Ruthard-Linie spielte in Sachsen eine wichtige Rolle

Rotbart, Nr. 1456, geb. 1899, V.: Ruthard, M.: Johila, Nr. 4937. III. Staatspreis. Wurde 1906 an das königlich sächsische Landstallamt Moritzburg verkauft.

Entsprechend seinem auch durch das K. Ministerium genehmigten Antrag sollten von geeigneten sächsischen Beschälern aus sächsischen Stuten gefallene Hengstfohlen angekauft und durch eigene Finanzierung aufgezogen werden. Aus einem Bericht des Landstallmeisters geht hervor, daß von den ersten derartigen Hengstfohlen die Landbeschäler „Kurfürst II" und „Ibikus II" zum Einsatz kamen.

Die Landstallmeister Grafen zu Münster übten insgesamt in drei Folgen (1877 - 1890, 1890 - 1910 und 1910 - 1921) durch ihre sachgemäße und zielbewußte Tätigkeit einen günstigen Einfluß auf die Entwicklung der sächsischen Pferdezucht aus.

Zwischen 1890 und 1910 wurden auch ostpreußische und hannoversche Hengste in Moritzburg eingestellt. Dies hörte nach dem 1. Weltkrieg auf, der Hauptanteil bestand nun wieder aus Oldenburgern und Ostfriesen.

Die Gründung des sächsischen Pferdestammbuches, hervorgegangen aus dem 1920 entstandenen „Landesverein sächsischer Pferdezüchter" erfolgte im Jahr 1935. Das Streben nach Bodenständigkeit hatte trotz immer noch sehr unausgeglichenen Stutenmaterials zur Folge, daß z. B. bei der Hengstkörung 1942/43 in Dresden von 37 vorgestellten Warmbluthengsten 11 in Sachsen gezogen waren, die restlichen 26 waren Oldenburger. Die in Sachsen benutzten Oldenburg-ostfriesischen Hengste gehörten vornehmlich der Normann-Linie und deren Ruthard- und Wittelsbacher Zweigen, aber auch zum Teil der Emigrant- und Lupus xx-Linie an. Qualitätsvolle in Sachsen gezogene Hengste während des 2. Weltkrieges waren Enzian und Elfenkönig von dem Ostfriesen Egoist, gezogen in dem Kammergut Pillnitz, sowie Luxus und Lenz von dem Ostfriesen Lord I, gezogen von Graf Rechtern, Döberkitz bzw. Schulze, Laucha. Nach Angaben des Moritzburger Landstallmeisters Ernst Bilke (1935 - 1945) wiesen folgende Stationsbezirke qualitätsvolle Warmblutbestände auf: Löbau, Penig, Wildenfels, Ottendorf, Dippoldiswalde, Freiberg, Zwickau und Riesa.

3.3 Seit 1945

3.3.1 Schweres Warmblut

Die Weiterführung züchterischer Arbeit erfolgte nach Beendigung des zweiten Weltkrieges im Juli 1945 mit einem Fragebogen, herausgegeben an alle Pferdezuchtvereinigungen sowie Hengsthalter durch das damalige Pferdestammbuch r. V. Landesverwaltung Sachsen.

Zwei Zielstellungen waren damit verbunden:

- Theoretische Erfassung des erhalten gebliebenen Pferdezuchtbestandes, um dessen Besichtigung und Einstufung durch eine Fachkommission vorzubereiten;

- Neuaufbau einer zentralen Zuchtdokumentation auf der Grundlage von Stallbüchern sowie Abstammungsnachweisen aus Züchterkreisen.

Infolge der Bombenangriffe auf Dresden waren die gesamten Zuchtunterlagen des Sächs. Pferdestammbuches vernichtet, und im Innenhof des Landgestütes Moritzburg hatten militärische Besatzer das Material des Gestütsarchivs vollständig verbrannt. In mühevoller Kleinarbeit gelang die Wiedererstellung einer umfassenden vollständigen Zuchtdokumentation, und es müssen für diese Zeit drei Namen Erwähnung finden. Für vorgenanntes Gertraude Rietschel und Helmut Schubert in der Abteilung Stutbuchführung sowie Dr. Walter Kolbe, welcher zuerst als Geschäftsführer und nach Umorganisation in eine Bezirkstierzuchtinspektion mit Abteilungen für alle Landwirtschaftlichen Nutztierarten als Zuchtleiter Pferde, die Geschicke der sächsischen Landespferdezucht von 1946 bis 1966 weitgehendst mitbestimmte.

Die Grundeinstufung des noch vorhandenen Warmblutstutenbestandes war bis 1948 mit folgender Klassifizierung erreicht: Gesamt 5.020, davon: 397 HStb.-/ 2.039 Stb.-/ 2.584 VR-Stuten.

Aus dieser Verteilung ist ersichtlich, daß die Kriegseinwirkungen auf den Stutenbestand einen negativen Einfluß bezüglich ihrer Qualität genommen hatten. Daß zunächst nur die Wirtschaftspferdeproduktion im Vordergrund stand, zeigte sich in der Zwangsbedeckung aller zuchtfähigen Stuten, die im Jahr 1947 sogar auf SMA-Befehl (Sowjetische Militär-Administration) eine Verlängerung der Deckzeit bis Ende August zur Folge hatte. Außerdem wurde das allgemeine Kastrationsverbot für alle Hengstfohlen erst im Juli 1951 wieder aufgehoben. Ab dieser Zeit begann langsam, aber stetig die Umkehrung von der Quantität zur Qualität. Es wurden strengere Maßstäbe bei der Vorauswahl der Hengstfohlen für den im Kreis Bautzen gelegenen Hengstfohlenaufzuchthof Oberrennersdorf gesetzt, ebenfalls bei den folgenden Hauptkörungen für Junghengste. Für den Althengstbestand galt die Forderung, Hengste mit niedrigen Körklassen vorzeitig abzuschaffen und dafür qualitativ besser gekörte Junghengste in staatlichem und privatem Besitz zu halten. Gleichzeitig erfolgte eine Verschärfung der Eintragungsbedingungen bei den Zuchtstuten.

Die Auswahlkriterien bezogen sich nun insgesamt auf das neu formulierte Zuchtziel: „Die Züchtung eines schweren, leichtfuttrigen, fruchtbaren und leistungsfähigen Warmblut-Wirtschaftspferdes im Typ der oldenburgisch-ostfriesischen Zuchtrichtung, mit trockenen klaren Gelenken sowie räumender Schritt- und Trabbewegung."

Schwere Warmblutstute Hella v. Elkan mit Hengstfohlen v. Epos - Eros. Z.: Frank Lotze, Schullwitz

Als Entwicklungsetappe des Schweren Warmbluts während dieser angestrebten qualitativen Verbesserung kann das Jahr 1958 angesehen werden. Der eingetragene Herdbuchstutenbestand setzte sich nun aus gesamt 5.086 zusammen, davon: 938 HStb. / 2.805 Stb. / 1.343 VR. Bei fast gleichem Gesamtbestand wie im Ausgangsjahr 1948 war es ein Zuwachs von 541 HStb.-Stuten und eine Verringerung um 1.241 Vorregisterstuten.

Zu diesem Zeitpunkt waren 104 schwere Warmbluthengste in Sachsen im züchterischen Einsatz, davon 93 Landbeschäler und 11 Privathengste. Von ersteren stammten noch 20 aus den Hochzuchtgebieten Oldenburgs und Ostfrieslands, bei den im Privatbesitz ausschließlich um das Herkunftsland Ostfriesland. Die Blutlinienzugehörigkeit dieser 104 gekörten Zuchthengste fiel mit einer Anzahl von 90 = 86,5% auf die Linie Normann sowie ihre Zweige und mit nur 13 = 12,6% auf die Emigrant-Linie, 1 Hengst = sonstige Linie, das entspricht 0,9%.

In den 60er Jahren erfolgte ein Rückgang der Gesamtpferdehaltung und Anfang der 70er Jahre war das Pferd fast völlig aus dem landwirtschaftlichen Arbeitsprozeß ausgegliedert.

Parallel dazu wurde in den Pferdezuchtbetrieben eine Bestandsbereinigung vorgenommen. Unter fachlicher Beratung durch die Zuchtleitung Dresden erfolgte eine Überprüfung der Warmblutzuchtstuten, um die typvollsten jedoch schon eleganteren und leistungsfähigsten davon für die Weiterzucht auszuwählen. Ausselektiert wurden vor allem die zu knapprahmigen Stuten unter 158 cm WH. Im Hengstbestand fand diese Veredelungstendenz durch Aufstellung von im moderneren Rahmen stehenden Schweren Warmblütern und edelblutführenden Importhengsten wie Cabinett v. Condor und Ventus v. Velten xx Berücksichtigung. Die dann folgende Zeit mit fast ausschließlicher Sportnutzung setzte für die sächsische Warmblutzucht gegenüber den Zuchtgebieten des „Edlen Warmbluts" zusätzliche Akzente und neue Maßstäbe, die jedoch dem Kapitel Reitpferdezüchtung vorbehalten bleiben.

Im Jahr 1973 sollte auf Beschluß der Zentralstelle für Pferdezucht Berlin die Reinzucht des bisherigen Schweren Warmbluts unterbunden werden. Die Zuchthengste wurden im gleichen Jahr bis auf 4 Verwahrhengste ohne Deckerlaubnis abgekört. Unter diesen 4 Hengsten war der in sächsischen, aber auch thüringischen Züchterkreisen zu Lebzeiten schon zur Legende gewordene importierte Rapphengst

Eros v. Condor; er bestach vor allem im Ausdruck und in seinem insgesamt imposanten Erscheinungsbild. Sein Typ und die Farbe des Glanzrappen werden von seinen Söhnen, besonders über Elton und Epos, sowie seine Enkel Esprit und Episkop im heutigen Zuchthengstbestand vertreten. Sie vermögen am deutlichsten, die in der neuen Zuchtzielbeschreibung der sächs. Zuchtverbandsordnung im Jahr 1992 genannte vielseitige Einsatzmöglichkeit als Kutsch-, Wagen- und Reitpferde für die Freizeit und Repräsentation zu erfüllen. Im Bewegungsablauf zeigen sie die von jeher dieser Rasse eigene Mechanik des taktmäßigen, energischen, raumgreifenden Trittes mit leichter Aktion im Trab. Daß diese Rasse, jetzt als „Schweres Warmblut auf sächsisch-thüringischer Grundlage mit Herkunft Oldenburg und Ostfriesland" bezeichnet, trotz damaligen strikten Verbots noch besteht und sich darüber hinaus auch internationaler Beliebtheit erfreuen kann, hat verschiedene Ursachen. Der dafür erforderlich gehaltene Hengstbestand wurde nach der zwangsweisen Abkörung als „Bedarf an Pferden für die Reit-, Fahrtouristik und Durchführung von Fahrlehrgängen" deklariert im Hengstdepot Moritzburg weiter gehalten, sozusagen ebenfalls verwahrt. Folgende Gedanken waren dafür ausschlaggebend:

- Züchterische Überlegungen betreffs Absicherung eines Vatertierbestandes für den möglichen späteren Aufbau einer vom Umfang her bedarfsgerechten und konstanten Population;
- Achtung vor einer über viele Züchtergenerationen hinweg entstandenen, konsolidierten Pferderasse mit bedeutendem Leistungsvermögen, welche nicht durch einen Federstrich ausgelöscht werden durfte.

Der Ort Moritzburg selbst, mit seiner traditionellen Vergangenheit, hatte wohl auch einen gewissen Einfluß auf leicht konservatives Denken.
Viele sächsische Pferdezüchter, besonders in den alten Stationsbereichen des Bezirkes Chemnitz, besaßen ebenfalls ein Faible für ihre bodenständig gezogenen Schweren Warmblutstuten, und ihrer Passion ist es zu verdanken, daß trotz Trend zum modernen Sportpferd ein gewisser Bestand an diesem Stutenmaterial erhalten bleiben konnte.
Der damalige langjährige Zuchtleiter der Zuchtleitung Dresden, Heinz Hofmann, unterstützte dieses Bemühen um den Erhalt erprobter und bewährter Mutterstuten für die Zucht, wenn er auch den Anforderungen entsprechend bestrebt war, im Gesamtbestand eine Veredlung der Warmbluterdbuchstuten zu erreichen.
Aus biologischer Sicht war es ein Glücksumstand, daß Ende der 70er Jahre die Forderung nach einem temperamentsmäßig geeigneten, etwas schwereren Kutschpferd, besonders für die Ausflugsgebiete der Vorgebirgs- und Ge-

birgslagen mit Schneesicherheit für Schlittenfahrten, immer lauter wurde. Dieser konnte sich auf Dauer auch die Zentralstelle in Berlin nicht länger verschließen bzw. sie nicht ignorieren. Die züchterische Reaktivierung der nun doch schon älteren Beschäler sowie Zuchtstuten war zu diesem Zeitpunkt noch möglich, und sie bewiesen mit einer Fruchtbarkeitsrate von 73,3% die dem Oldenburger Pferd schon früher bestätigte langjährige Fruchtbarkeitsdauer. Eine mentale Aufwertung erfuhren die Bemühungen um das Schwere Warmblutpferd im Jahr 1987, in welchem eine britische Ankaufskommission für die hauseigene Kavallerie der englischen Königin 14 Rappen erwarb. Damit erreichten auch die inländischen Wünsche eine gewisse Bestätigung.

Genealogie und Typausprägung werden den Fortbestand dieser relativ kleinen Population des Schweren Warmblutpferdes bestimmen. Vom Umfang her ist es günstig, daß Sachsen und Thüringen weiterhin als züchterische Einheit betracht werden kann. Nachfolgender Bestand aus dem Jahr 1990 wird in etwa für die nächste Zeit als konstante Größe anzusehen sein:

Stutenbestand	
gesamt:	520
davon:	
Sachsen	363
Thüringen	157
Zuchthengste	
in Moritzburg	20

Schwerer Warmbluthengst Elton, Ldb. Moritzburg, geb. 1983 v. Eros a.d. Oranie v. Flugwind. Z.: Günter Johne, Schwosdorf. (Vor dem Moritzburger Schloß).

Zur besseren Übersicht ist für die zukünftige Zuchtarbeit eine Gliederung nach neueren Linienbegründern entsprechend der

Rückführung des derzeitigen Hengstbestandes auf folgende Importhengste vorgesehen:

	zur Zucht 1992
Lord I (Ostfriese) v. Lord-Lützow angekauft 1937	1 Hengst 5. Generation
Gralsritter (Oldb.) v. Grant-Grusus angekauft 1943	2 Hengste 5. bzw. 6. Generation
Edelfalk (Oldb.) v. Edler-Edelknabe II angekauft 1963	6 Hengste 1. und 2. Generation
Eros (Oldb.) v. Condor (Angl. Norm)- Fondrojant xx angekauft 1960	4 Hengste 2. und 3. Generation
Ventus (Oldb.) v. Velten xx-Ticino xx angekauft 1963	4 Hengste 2. und 3. Generation

Um die genealogische Breite zu erhalten, werden zunächst die Nachkommen der Hengste Lord I und Gralsritter Beachtung finden. Eine Bereicherung ist auch der im Jahr 1994 zum Einsatz kommende Pachthengst Urban v. Urprinz a. d. Aleksia v. Aleksander-Oberst der Familie Rasmussen aus Dänemark, welcher für Sachsen und Thüringen anerkannt wurde. Damit zeigt sich die derzeitige Möglichkeit der Zuchtarbeit über Ländergrenzen hinweg. Dieses Bestreben fand weiteren Ausdruck in Konferenzen der europäischen Zuchtverbände im Jahr 1992 im Polnischen Landgestüt Ksiaz und im April des gleichen Jahres in Jahnsdorf und Moritzburg. Teilnehmer waren die Pferdezuchtverbände Hollands, Dänemarks, Polens, Thüringens, Sachsens und der Verband des Ostfriesischen und Altoldenburger Pferdes.

3.3.2 Reitpferdezüchtung

Die in den 60er Jahren beginnende Reitpferdezüchtung im sächsischen Raum war in der Anfangsphase noch stark mit dem Schweren Warmblut auf oldb.-ostfr. Grundlage verbunden. Eine Änderung der Rassenstruktur durch Neuankäufe war begrenzt gegeben, da zu diesem Zeitpunkt entsprechend der politischen Lage nur die Zuchtgebiete der jetzigen neuen Bundesländer Brandenburg und Mecklenburg-Vorpommern dafür zur Verfügung standen. Demzufolge wurde noch ein zweiter Weg eingeschlagen: die Umzüchtung aus dem vorhandenen geeigneten Stutenbestand über speziellen Hengsteinsatz, um das weitere Bestehen der Warmblutzucht in Sachsen abzusichern. Überlegungen zu einer für die Zuchtbetriebe kostengünstigen Variante, die außerdem der biologischen Schwerfälligkeit - dem langen Generationsintervall des Pferdes - gerecht werden konnte, führten zu dem Zuchtmodell einer Kombinations- und anschließenden Verdrängungskreuzung.

Günstige Umstände beeinflußten dieses züchterische Vorhaben. Die vorausgegangene Selektion in den Zuchtbetrieben aus Gründen der Bestandsverringerung hatte dazu geführt, daß in den Warmblutzuchtgebieten der ehemaligen Bezirke Dresden, Chemnitz und Leipzig ein Mutterstutenstamm im moderneren, größeren Rahmen als Ausgangsbasis zur Verfügung stand. Konzentrierte Bestände von mindestens 10 Hauptstutbuchstuten, in den entsprechend einer Richtlinie des damaligen Landwirtschaftsministeriums im Jahr 1971 gebildeten Staatl. anerkannten Pferdezuchtbetrieben ermöglichten eine höhere Auslastung der Spezialhengste, günstigere Selektionsbreite und eine verstärkte Einflußnahme auf das Zuchtgeschehen durch die Zuchtleitung und das Hengstdepot.

Die Stufen des Umzüchtungsprozesses hatten drei bestimmende Phasen:

Ina Saalbach-Müller auf der sächs. Zuchtstute Dorena v. Golf, MV Harnisch xx, erfolgreiche Dressurreiterin des Freistaates Sachsen aus Löbnitz.

Englischer Vollbluthengst Tatzeuge xx, geb. 1963 v. Atatürk a.d. Tatkraft Nebelwerfer. Z.: Gestüt Görlsdorf Zuchteinsatz über den Zeitraum 1968 bis 1979 auf Deckstationen des Hengstdepots Moritzburg.

- Die Erzeugung einer Halbblutpopulation durch Verpaarung von SW-Stuten mit englischen Vollbluthengsten.
- Die daraus entstandene F1-Generation, Halbblüter im Stutenbestand, wurde mit vorwiegend großrahmigen Trakehner Hengsten angepaart.
- Eine weiterführende Verdrängungskreuzung mittels Zuchthengsten Hannoveraner und Trakehner Blutführung.

Dieses komplexe System begann in der züchterischen Praxis durch erste Veredlungsversuche über den Arabischen Vollblüter, konkret den Hengst Wesir ox, geb. 1954, v. Wisznu ox und seine Söhne Wildfang, Winzer, Wotan, Wulf und Wunsch. Der Umzüchtungsprozeß für eine gezielte Reitpferdezüchtung erfolgte jedoch erst über den Englischen Vollblüter im Hengstbestand der Pferdezuchtdirektion Süd - Hengstdepot Moritzburg. Die ersten Beschäler, welche diese Phase einleiteten und bestimmten, waren:

Marlin xx, geb. 1959, v. Filou
Tatzeuge xx, geb. 1959, v. Atatürk
Harnisch xx, geb. 1962, v. Niederländer
Züchter: Gestüt Görlsdorf
Mio xx, geb. 1951, v. Orator, Z.: Vollblutgestüt Röttgen
Frank xx, geb. 1963, v. Grande, Z.: Hauptgestüt Graditz.
Diese Hengste fanden bis zu dem Jahr

Hürdenrennen „Preis der Stadt Weimar" (2400m) im Jahr 1971 auf der Galopprennbahn Boxberg - Gotha. Sieger: Halbbluthengst Carlo v. Carolus xx a.d. Corona v. Gambo. B.: Hengstdepot Moritzburg

1973 mit 15 Englischen Vollbluthengsten einen erweiterten Einsatz im gesamten Einzugsbereich.

Daß von den Zuchtbetrieben die hohe Vollbutzuführung akzeptiert wurde, war der Tatsache zu verdanken, daß die ersten 3- und 4jährigen Nachkommen eine gute Veranlagung im Dressur- sowie Springsport erkennen ließen.

Im weiteren Verlauf ihres sportlichen Einsatzes bestätigten sie ihr Leistungsvermögen mit Siegen und guten Plazierungen bei den DDR-Meisterschaften und größeren Turnieren in Löbnitz und Gera-Nilbitz mit internationaler Beteiligung in den Disziplinen Springen und Military. Es seien hier nur Mikado sowie Miander von Mio xx und Markant, Marquis, Melit von Marlin xx genannt. Die drei Marlin-Söhne konnten entsprechend ihren sportlichen Ergebnissen in das damals noch olympische Trainingszentrum, in den ehemaligen Sportclub Dynamo überwechseln.

Zur Demonstration der Vielseitigkeit der Halbblüter wurden in den Jahren 1970/71 an offiziellen Renntagen spezielle Flach- und Hürden-Halbblutrennen auf den Galopprennbahnen Dresden, Leipzig, Magdeburg und Boxberg unter Einbeziehung in das Wettgeschehen gelaufen. Hier waren die Nachkommen der Engl. Vollblüter Marlin xx und Carolus xx am erfolgreichsten.

Zwischenzeitlich wurde in der Zucht die Phase der Halbblüter schon von der nächsten abgelöst, dem Genotyp mit nur noch 25% SW-Anteil. In ihren besten Produkten können sie sich auch heute noch behaupten, dies bewies die Stute „Lupine H

057015389" v. Remolus xx a. d. Loni v. Infant. Ihr wurde bei der 15. Sächs. Elitestutenschau im Jahr 1992 in Burgstädt der Siegertitel im Ring „Deutsches Reitpferd" zuerkannt. Bei dem Leistungstest der stationären Stutenprüfung im Landgestüt setzte sie sich an die Spitze des Prüfungslots von 25 Stuten und erreichte bei der Materialprüfung des Bundeschampionats im Jahr 1992 mit der 7. Stelle eine gute Plazierung.

Nur durch fließende und schnelle Übergänge im gesamten Hengstbestand wurde dieser Zuchtfortschritt über das Vatertier in der Warmblutzucht des sächsischen Bereichs bestimmt. Diese auch finanziell sehr aufwendige Hengstrotation für die Reitpferdezüchtung spiegelt sich in dem Bestand des Hengstdepots Moritzburg im Jahr 1978 deutlich wider. Von den 83 Zuchthengsten waren nur noch 3 Arab. und 12 Engl. Vollbluthengste, aber 24 Trakehner und 45 Hengste Hannoveraner und Trakehner Blutführung. Zu den ersten Trakehner Zuchthengsten aus diesem Zeitraum gehörten Ralf v. Markwart, Polarkreis v. Totilas und Neujahr v. Neumond. Namen, die heute noch Klang auch in Sportlerkreisen haben, darunter besonders der des Hengstes Ralf. Er ist für die Sportpferdezucht im sächsischen Raum, aber auch für die Reinzucht innerhalb der Trakehner Population eine nicht wegzudenkende Größe an Leistungsvererbung und eigener Vitalität. Letztere konnte er beim sehr hohen Einsatz in der KB-Frischspermaversamung auf der KB-Außenstelle Wittmannsdorf des Hengstdepots Moritzburg und mit seinem züchterischen Einsatz bis zum 28. Lebensjahr unter Beweis stellen.

Hauptsächlich rekrutierte sich der größte Teil des Trakehner Hengstbestandes aus zwei Zuchtbetrieben. Als erster muß das Tierzuchthauptgut Kölsa genannt werden, in welchem vor der politischen Wende 42 Hauptstutbuchstuten der besten Trakehner Blutführung standen. Ihre Zuchtbasis wurde vor etwa 30 Jahren durch „Sammeln" der wenigen noch vorhandenen Stuten Trakehner Abstammung von dem passionierten Züchter Klaus Röhricht geschaffen. Aus diesem Genmaterial sollen nur einige Hengste davon vorgestellt werden:

Opal, geb. 1969, v. Polarkreis a. d. Ostmaid H 141/60 v. Sorbet
Freier, geb. 1970, v. Neujahr a. d. Freifahrt H 172 v. Polarkreis
Asket, geb. 1973, v. Karneol a. d. Astaria H 3542 v. Klingsor
und der sehr elegante, mit bester Linienführung ausgestattete Altan, geb. 1977, v. Vers I a. d. Altea H 255 v. Ralf.

Als zweiter Betrieb ist das Hauptgestüt Graditz zu nennen, bekannter als bedeutende Vollblutstätte. In dem Buch „Preussische Gestütsverwaltung" (1927) wird jedoch schon unter dem Kapitel Hauptgestüt Graditz, von dem Landstallmeister Althaus (1922) angeführt, daß sich in dem I. Band des Graditzer Halbblutgestütsbuches insgesamt 78 Pferde auf Stuten des Trakehner Gestütsbuches in weiblicher Linie zurückführen lassen. Als Aufgabe wird außerdem noch „Reproduktoren für die Landespferdezucht zu stellen" genannt. Diese Traditionen sind, mit Unterbrechungen durchsetzt, bis heute feststellbar. In den 70er Jahren war neben der Vollblutzucht auch ein kleiner, aber sehr wertvoller Bestand an Trakehner Stuten in Graditz. Aus diesem stammt der Hengst Vers I, geb. 1971, v. Neujahr a. d. Version H 3733 v. Polarkreis, einer der bedeutendsten Vererber für die Modellumgestaltung des sächsischen Warmbluts. Nach der Wiedervereinigung war das Schicksal von Graditz zunächst sehr ungewiß und klärte sich erst durch die Übernahme als Gestüt in Landeshoheit des Freistaates Sachsen im Jahr 1992. Eine leistungsstarke Vollblutzucht wird über einen Pachtvertrag privat weitergeführt, während die Aufgaben des Landes an die Ausführungen des ehemaligen Landstallmeisters Althaus anknüpfen.

Darunter fallen die Bereitstellung von Zuchthengsten für das Landgestüt Moritzburg aus eigener Zucht, wofür eine Mutterstutenherde mit ausgewählter Genealogie gehalten wird. Durch Ankauf und Aufzucht von geeigneten Hengstfohlen aus der Landespferdezucht erfolgt eine Erweiterung des Hengstanwärterbestandes. Als Hauptbeschäler nur für die Graditzer Stuten steht zur Zeit der Zuchthengst Pierot II, geb. 1988 v. Pilot und der für Trakehner anerkannte Pachthengst Guter Stern, geb. 1986 v. Schwarzdorf-Impuls aus der bekannten und erfolgreichen Zuchtstätte

Poll-Hörem, bereit. Aus diesen Anpaarungen ist eine Bereicherung zukünftiger Landbeschäler zu erwarten.

Schon diese beiden Hengstnamen zeigen auf, welche neuen Perspektiven sich für das sächsische Zuchtgebiet nach der Wende bei der Auswahl von interessanten Zuchthengsten aus den alten Bundesländern eröffnet haben. Auswahlkriterium wird jedoch der Erhalt des biologischen Verwandtschaftsgrades an das vorhandene weibliche Zuchtmaterial sein. Ohne Wichtung und Wertung des Herkunftslandes sollen einige der schon kurz nach der Wende im Einsatz befindlichen Beschäler aus den alten Bundesländern herausgegriffen werden. Bei dem Sächsischen Fohlenchampionat in Burgstädt im Juli 1993 präsentierten sich die ersten Fohlen der beiden Hengste aus Westfalen Pius v. Pilot und Pittsburg v. Pitt mit einer größeren Anzahl von je 18 und 17. Der Standort des ersteren, für gezielte Anpaarungen günstig, war die Besamungsstation Moritzburg des Landgestütes und Pittsburg bezieht diesen, versehen mit dem Anerkennungsprädikat „für alle süddeutschen Verbände" ab 1994. Erfolgreich schnitten auch die Fohlen des Hannoveraners Fly on v. Wanderer und des Trakehner Inster Graditz v. Bonito xx ab. Insgesamt zeigten die Fohlen aus vorgenannten Hengsten ein gutes Gangvermögen sowie Aufrichtung in der Bewegung.

Erfreulich war, daß sich in diesem Feld von modernen Fohlen ebenfalls die bereits zuchtbewährten älteren Hengste aus dem sächsischen Bereich mit guten Plazierungen ihrer Fohlen behaupten konnten. Beachtenswert ist vor allem die Nachzucht des Hengstes Duralin I v. Duran, mütterlicherseits Modus xx im Pedigree führend, welcher durch den damaligen Sportpferdeexport auch in den alten Bundesländern geschätzt wurde.

In der Stutenbasis der zur Vorstellung gebrachten Fohlen wiesen die heute noch im Zuchteinsatz stehenden Vatertiere Osterbote, Sonnenstrahl, Grossist, Friedbert und Donator ihre erfolgreich konsolidierte Vererbungsleistung nach.

Die Neuerwerbungen aus den alten Bundesländern mußten jedoch auch ihre Eigenleistung bei dem 100-Tage-Test für Junghengste in der Hengstprüfanstalt des Brandb. Haupt- und Landgestütes Neustadt/D. beweisen. Ein sehr positives Ergebnis zeigte dabei der Hannoveraner Werenfels v. Werther-Wendekreis, welcher im Jahr 1992 aus einer Prüfgruppe von 39 Junghengsten als Reservesieger hervorgehen konnte. Im Jahr 1993 wurde der braune Hengst Wackerbarth v. Weinberg-Weinhang, aus Westfalen stammend, in einer Prüfgruppe von 36 Gesamtsieger. Für die Zucht und den Sport war es wichtig zu wissen, daß von dem neuen Nachwuchs des Moritzburger Beschälerbestandes diese Selektionsstufe gut absolviert werden konnte.

Trakehner Zuchthengst Altan, Ldb. Moritzburg, geb. 1977 v. Vers I a.d. Altea v. Ralf. Z.: Tierzuchthauptgut Kölsa.

Werenfels, Ldb. Moritzburg, geb. 1989 v. Werther, a.d. Espri v. Egerländer. Z.: Heinrich Giesselmann, Barver. Reservesieger der Hengstleistungsprüfung 1992 in Neustadt/Dosse.

Besonders wertvoll für die Beurteilung des Zuchtfortschritts ist jedoch die Zuchtwertschätzung und hier ist es angebracht, nochmals auf die bereits bewährten älteren Landbeschäler einzugehen. Entsprechend den Ergebnissen aus der Zuchtwertschätzung des Jahres 1993 durch die Deutsche Reiterliche Vereinigung Warendorf, sind in der Altersklasse I die in Sachsen und Thüringen zum Einsatz kommenden Hengste Lesoto v. Lenz, Dozent v. Don Carlos, Grundsatz v. Grund und Juwelier v. Jerome II als Leistungsträger für den Pferdesport anzusehen. In der Altersklasse II sind, neben einigen bereits beim Fohlenchampionat erwähnten, die Vatertiere Donator, Duralin I, Grossist, Friedbert, Nerv und Sonnenstrahl zu nennen.

Bis 1990 lag die Haltung von Großpferdehengsten sowie solcher der Rasse Haflinger nur in staatlicher Hand. Nach der Wende gilt auch für die neuen Bundesländer, daß die Privathengsthaltung in guter Zusammenarbeit mit dem Pferdezuchtverband sowie mit dem Landgestüt eine wertvolle züchterische Bereicherung darstellt. Seit 1990 hat sich in relativ kurzer Zeit der Privathengstbestand für den sächsischen Zuchtbereich auf einen Gesamtbestand von 16 Zuchthengsten (1994) erhöht, davon 10 Deutsches Reitpferd, 2 Trakehner,

*Engl. Vollbluthengst Remolus xx, Ldb. Moritzburg, geb 1983 v. Tiron, a.d. Resel v. Zigeunersohn.
Z.: Hauptgestüt Graditz*

*Donator, Ldb. Moritzburg, geb. 1977 v. Diabas I a.d. Szene v. Sekundant.
Im Deckeinsatz ab 1981.*

2 Angloaraber, 1 Engl. und 1 Arab. Vollblüter. Erster Privathengsthalter der Rasse Deutsches Reitpferd in Sachsen nach der Wende war Hans-Heinrich Wittig, Alt-Mittweida im Kreis Hainichen.

Wenn auch im Gesamtbestand der Herdbuchstuten infolge des Vollbluteinsatzes während der Umzüchtungsperiode das englische Vollblut vorhanden ist, wird ebenfalls in der sächsischen Reitpferdezucht der Veredlungskontinuität Rechnung getragen. Die Anzahl 8 der zur Zeit im Deckeinsatz stehenden Engl. Vollbluthengste des Landgestütes Moritzburg entspricht

diesem Anliegen. Aus diesem Lot der Veredler sollen die beiden im Gestüt Graditz gezogenen Landbeschäler Fierant xx v. Zigeunersohn-Grande und Remolus xx v. Tiron-Ivory Tower stellvertretend genannt werden. Der Selektionsschwerpunkt wird jedoch weiterhin auf die Eigenschaften des Interieurs, wie die in den Zuchtzielen geforderten besonderen Merkmale „guter umgänglicher Charakter und Temperament, Leistungswille" gerichtet sein. Diese Eigenschaften waren bisher gleichsam als Gütesiegel des sächsischen Warmblutpferdes zu betrachten und erhielten ihm die breite Palette des Einsatzes auch im Freizeitbereich.

4. Kaltblutzucht

Die Bemühung, im Königreich Sachsen, vor allem in den Gebieten mit Ackerbau auf schweren Böden, ein Pferd kaltblütigen Schlages zu züchten, beginnt in der 2. Hälfte des 19. Jahrhunderts. Es gibt Berichte, die vom Import von Noriker-Hengsten um 1850 sprechen. Auch waren in den 60er Jahren einige Percherons aus Nordfrankreich eingeführt worden. Das Landgestüt Moritzburg kaufte in den folgenden 10 Jahren zwischen 1878 und 1887 nur noch einen Percheron-Hengst an.

Es kann vermutet werden, daß schon in den letzten beiden Jahrzehnten des 19. Jahrhunderts die ersten Kaltbluthengste aus den belgischen Provinzen Brabant und Westflandern Privatbeschäler in Sachsen wurden.

Auch das Landgestüt konnte sich auf die Dauer der Aufstellung von belgischen Kaltblütern nicht mehr verschließen. Im Jahr 1911 waren 14 Beschäler Vertreter des belgischen Kaltbluts.

Zunehmend wurden die notwendigen Kaltbluthengste sowohl für das Landgestüt als auch für die Privathengsthaltung nicht mehr aus Belgien, sondern aus den inzwischen selbständig gewordenen Zuchten des Rheinlandes, Westfalens und der Provinz Sachsen angekauft. Die sächsischen Kaltblutzüchter waren ab 1937, nachdem 1919 die Gründung der „Sächsischen Zuchtgenossenschaft für das rheinisch-deutsche Kaltblutpferd" erfolgt war, in der entsprechenden Abteilung des Sächsischen Pferdestammbuches Dresden organisiert. 1938 waren etwa 2.600 Kaltblutstuten eingetragen.

Diese Zahl hatte sich 1945 auf ca. 1.900 vermindert und reduzierte sich in der Folgezeit noch erheblich.

Die Zugleistungsprüfung fand wie beim Warmblut im Jahr 1937 ihren Anfang und entwickelte sich besonders bei den Anforderungen für Kaltblutzuchthengste sehr unterschiedlich. Während die anspruchsvollsten in den Jahren nach 1965 durchgeführt wurden, fielen sie von 1972 an - im Alter von 3 1/2 Jahren an einem Tag zu absolvieren - zu einer reinen Erfüllungsprüfung in Form einer Trab- und Schritt- sowie Zugwilligkeitsprüfung ab. In den nach 1965 genannten Prüfungen war noch ein zweiter Tag vorgesehen, an dem eine Lastfahrt über 12 km - Bruttoleistung 3faches Eigengewicht des Hengstes, Zeitlimit zwischen 105 bis 115 Min. - und einer sofort anschließenden Leerfahrt im Trab über 4 km - Zeitlimit 15 bis 18 Min. 20 Sek. - gefordert wurde. Zwischenzeitlich betrug die Leerfahrt sogar 12 km, davon 10 in der Gangart Trab und 2 km im Schritt.

Die männlichen Blutlinien wurden von Nachkommen des belgischen Superhengstes Albion d'Hor über die Hengste Gaulois du Monceau und Avenir de Salmonsart beherrscht. Über Hengstzukäufe nach 1945 aus dem anerkannt bedeutenden Zuchtgebiet Sachsen-Anhalts (Provinz Sachsen) sind die dort vorherrschenden Linien und Stämme auch im derzeitigen Pedigree des Stuten- und Hengstbestandes in Sachsen weit verbreitet. Das betrifft besonders den Albion d'Hor Stamm Avenir d'Herse B 25/412 über Advokat, Espoir, Carlo und Reve. Avenir d'Herse soll größer, tiefer und massiger als sein Vater gewesen sein, dabei eleganter in der Linienführung und im Rücken länger. Die relativ junge Birkahnlinie hat in Sachsen über Smaragd und seine typvollen Söhne Smart I und II sowie Säumer in letzter Zeit züchterische Bedeutung erreicht.

Während vor 1945 viele einzelne Kaltblutzüchter und -zuchten als sehr erfolgreich anzusehen waren, beschränkte sich die Kaltblutzucht ungefähr ab 1968 auf einige Zuchtinseln. Sie befanden sich in den drei sächsischen Bezirken einschließlich Cottbus, dem Einzugsbereich der ehemaligen Zuchtleitung Dresden, und es gelang in den Kreisen Jessen, Luckau, Meißen, Grimma, Leipzig und Geithain Stutenkonzentrationen aufzubauen.

Zielstellung dabei war, auch während der zwangsweisen genossenschaftlichen Entwicklung des Landwirtschaftssektors einen leistungsfähigen Stutenbestand in erforderlichem Umfang zur Erzeugung eines Wirtschaftspferdes für Fuhrbetriebe und vor allem die Forstwirtschaft zu erhalten. Eine stabile Größenordnung in der Kaltblutzucht entwickelte sich dabei aus der gegebenen Absatzsicherheit, die vor allem durch dreiseitige Vertragsbeziehungen - Zuchtbetrieb, Staatlicher Forstwirtschaftsbetrieb und VE Pferdezuchtdirektion Süd Moritzburg/Zuchtleitung Dresden - garantiert war. Der eingetragene Kaltblutstutenbestand kann dafür mit 211 ab dem Jahr 1972 als real und aussagefähig eingeschätzt werden.

Im Laufe der Zeit ergaben sich jedoch für die Rasse Kaltblut verschiedene Qualitätsanforderungen, aber auch Einsatzänderungen, die in folgenden Zuchtzielen ihren Ausdruck finden. Entsprechend der Lage und der Bodenverhältnisse in Sachsen sah das Zuchtziel zunächst ein mittelschweres, typisches Kaltblutpferd mit großer Tiefe und entsprechender Breite vor. Im Jahr 1971, bei der Neufestlegung der Zuchtziele für alle Rassen in der ehemaligen DDR, erhielt die Rasse Kaltblut, den Wünschen der Forstwirtschaft entsprechend, eine für den Wintereinsatz des Pferdes günstigere Festsetzung der Widerristhöhe auf 158 - 165 cm, vorher 154/160 cm. Die Zuchtzielbeschreibung, Stand per 15. 2. 1992, entspricht den heutigen Gegebenheiten durch die Erweiterung für Eignung als land- und nicht nur forstwirtschaftliches

Moritzburger Kaltbluthengste bei der Hengstparade im Jahr 1993. Als Vorderpferd der Landbeschäler Smart II.

Sächsische Kaltblutstuten der Agrargenossenschaft Okrilla; im Hintergrund die Silhouette des Meißener Doms.

Sächsische Kaltblüter

5. Haflingerzucht ab 1956 in Sachsen

Ein Zuchthengst, 7 Haflinger Stuten und 1 Fohlen, im Jahr 1956 auf Initiative von Professor F. Hofmann der Friedrich-Schiller-Universität Jena aus Tirol importiert, bildeten den Anfang einer auf weitere Importe gestützten Entwicklung dieser Rasse in Sachsen.

Es wurden zunächst in Thüringen und Sachsen Zuchtinseln ausgewählt, die dem Biotop dieses Kleinpferdes entsprachen. Territorial lagen sie hauptsächlich in den Gebirgs- und Vorgebirgslagen des Thüringer Waldes sowie in den Erzgebirgskreisen Marienberg, Annaberg, Schwarzenberg und Zschopau. Ausnahmen bildeten das Lehr- und Versuchsgut Tierzucht Jena und der Kreis Görlitz, speziell das VEG Obstproduktion Kunnerwitz.

Bis in die Jahre 1970/71 kam der Haflinger ausschießlich als Zugtier in dem damaligen Wirtschaftsbereich Landwirtschaft, aber auch Forstwirtschaft - durch seine Trittsicherheit für Rückearbeiten prädestiniert - zum Einsatz. Ab dem Jahr 1971 mußte sich auch der Haflinger dem insgesamt neuen Nutzungsspektrum für das Pferd stellen. Es kam ihm hierbei seine neue Heimat in den Urlaubsgebieten des Erzgebirges sehr entgegen, und es entwickelte sich eine für die Zuchtbetriebe relativ günstige Dienstleistung, die Reit- und Fahrtouristik.

Parallel dazu änderte sich das Zuchtziel für den Haflinger und lautet in den heute noch gültigen Merkmalen im Fachbereichsstandard vom Juni 1971 wie folgt:

- Eignung für Reit- und Fahrtouristik
- korrekte, schwungvolle Bewegungen im Schritt und Trab
- gut aufgesetzter, langer Hals, markierter Widerrist
- Widerristhöhe Stm. in cm: 136 bis 147 (vorher 136/142)
- Rumpflänge in cm: 135 bis 150 (vorher 135/148)

Damit wurde eine zentrale Überprüfung des besten aktiven Zuchtmaterials erforderlich, um festzustellen, welche Familien in ihrer Vererbungsleistung schon den Habitus eines eleganteren Standardhaflingers aufweisen können.

Dieser Überlegung folgend entstand die zur Tradition gewordene „Haflinger Schau" in Lengefeld/Erzgebirge. Sie erstreckte sich über zwei Tage, mit einem rein züchterischen Teil und einem weiteren mit Schaucharakter, einschließlich Modelldemonstration. Der zweijährige Turnus, im Jahr 1971 beginnend, fand in dieser Form 1989 seinen Abschluß.

Zur Jubiläumsschau im Juli 1977 fanden sich die bedeutendsten Haflingerbetriebe aus Lengefeld, Schlettau, Mulda, Wolken-

Arbeitspferd und deklariert die Rasse als Sächsisch-Thüringisches Kaltblut mit Herkunft Belgien. Beibehalten wurde „mittelschwer" und die Größe bis 165 cm. Neben anderen Merkmalen werden ein trockenes Fundament, korrekte, feste Hufe und beim Bewegungsablauf raumgreifende Gänge und unter besondere Merkmale Leichtfuttrigkeit, guter Charakter sowie Temperament, Arbeitswilligkeit gefordert.

Der Herdbuchstutenbestand war von 1972 bis 1989 annähernd konstant und betrug im letzteren Jahr insgesamt 253, davon 151 Hauptstutbuch- und 102 Stutbuchstuten. Das Ende dieser Stabilität zeigte sich in dem fast auf die Hälfte reduzierten Bestand im Jahr 1992 mit 140 eingetragenen Stuten, davon 83 Hstb.-, 53 Stb.- und erstmals 2 Vorbuchstuten. Die stattgefundene Umstrukturierung der Land- aber auch Forstwirtschaft nach der Wende sowie die damit zunächst verbundene Problematik beim gesellschaftlichen und wirtschaftlichen Neubeginn hatten sich mit dem fast sturzartigen Bestandsrückgang bei der Rasse Kaltblut am gravierendsten bemerkbar gemacht.

stein, Breitenfeld, Ansprung, Neuhausen, Marienberg und Kunnerwitz ein. Es begann eine Bestandsaufnahme des in reichlich 20jähriger Zuchtarbeit in Sachsen geformten Haflingers, wobei nicht nur die Blutführung sondern auch das Kriterium des Phänotyps im Blickpunkt des Interesses standen. Von den 6 Hengstnachzucht- sammlungen konnte die des Hengstes Stachus 13, der 1074 Student Linie angehörend, mit 15 vorgestellten und prämiierten Töchtern den Ia-Preis erringen. Die Klasse 7 - Stuten F1 von Galib ben Afas ox erstmalig zur Vorstellung gebracht, zeigte den erwarteten, günstigen Einfluß der gezielten Edelblutzufuhr mit einer WH zwischen 145 und 147 cm, aber leider auch das für die Haflinger negative rote Langhaar.

Dieselbe Blutführung, jedoch nur mit 25% arabischem Vollblutanteil, wies der nach Niederösterreich exportierte Haflinger Hengst Galant 16 auf. Neben seinem züchterischen Einsatz war seine Turnierbilanz (1979 - 1985) mit dem Höhepunkt der Teilnahme an den Kleinpferde-Europameisterschaften 1980 in Belgien erfolgreich.

Anläßlich der VI. Haflingerschau im Jahr 1981 fand gleichzeitig das 1. Kleinpferdeturnier für Haflinger entsprechend der Leistungsprüfungsordnung des DPV (DDR) statt. Nach 25jähriger Zuchtarbeit verfügten die Betriebe über Haflingerpferde, die durch konsequente Selektion in der Reinzucht und mäßiger Einkreuzung von arabischem Vollblut wesentlich verbesserte Reiteigenschaften aufwiesen. 55 Pferde aus den damaligen Bezirken Suhl, Erfurt, Dresden und Chemnitz starteten in den Dressur-, Springprüfungen und Fahrprüfungen für Zwei- und Vierspänner.

Als Obmann der gesamten Haflingerschau fungierte H. J. Schwark, Professor und Direktor der Sektion Tierproduktion und Veterinärwesen an der Universität Leipzig. Er kann mit Recht auch insgesamt als Nestor für die Entwicklung dieser Rasse in der ehemaligen DDR angesehen werden.

Den speziellen Bedingungen in Sachsen Rechnung tragend, wurden von 1979 bis 1981 erstmals stationäre Leistungsprüfungen für Stuten im erzgebirgischen Börnchen durchgeführt. Da vor allem einer hohen Vielseitigkeit der Haflingerpopulation entsprochen werden mußte, stand auch diese im Mittelpunkt der Anforderungen. Prüfungen der 3 Grundgangarten unter dem Reiter, eine Dressureignungs- sowie Geländeprüfung, Fahrprüfungen im Sulky sowie Zugwilligkeitsprüfung vor der Schleppe waren im Sinne dieses Anliegens.

Fortsetzung fanden sie erst wieder im Juli 1992. Eine reguläre Prüfstation für Haflingerstuten wurde von der sächsischen Gestütsverwaltung im Jahr 1993 im Hauptgestüt Graditz als unterstützende Maßnahme eingerichtet. Die Rahmenbedingungen des

Im Vordergrund Staatsprämienstute Carry v. Stöber, a.d. Carman v. Sevlik geb. 07. Mai 1989. Siegerstute der stationären Stutenleistungsprüfung in Sachsen 1992. B.: Frieder Kahl, Zwönitz, Krs. Aue/Erzgeb.

Haflinger Zuchthengste in der Koppel. Hengstparade Moritzburg 1993.

derzeitigen Prüfreglement beruhen auf der Grundlage des in dem Lehr- und Versuchsgut Börnchen der Universität Leipzig erprobten und auf vielseitige Leistung orientierten Prüfsystems.

Neue Gegebenheiten bestimmten jedoch in der Nachwendezeit die Art der Besitzverhältnisse. Erfahrene Haflinger Züchter aus den ehemaligen LPG's schlugen den jetzt möglichen Weg des Privatzüchters ein. Insgesamt ging die Privatisierung des Zuchtstutenbestandes beim Haflinger am schnellsten vor sich, und momentan nennen fast 387 Züchter 597 Zuchtstuten ihr Eigentum. Diese Umorganisation des ge-

samten Zuchtgeschehens - vom konzentrierten größeren Bestand zur Vielzahl des Einzelbesitzers - findet Unterstützung durch die im Dezember 1992 gegründete „Interessengemeinschaft der Haflingerzüchter in Sachsen" und deren Beitritt zur zentralen Arbeitsgemeinschaft der Haflingerzüchter und -halter der BRD.

Als Abschluß soll der Einstand des sächsischen Landgestütes Moritzburg bei der gesamtdeutschen Haflinger Bundes-Hengstschau im August 1993 in der Hessenhalle in Alsfeld Erwähnung finden. Die Zuchthengste Wilmar, Sigg, Stator, Stegmann

Dressurabteilung Moritzburger Landbeschäler Deutsches Reitpferd

Schwere Warmbluthengste im Traberwagen

und Arcello vertraten die Zuchtgebiete Sachsen sowie Thüringen, und alle erreichten in ihrer jeweiligen Altersklasse gute Plazierungen. Dem Hengst Sigg v. Status, MV Achilles, gelang das beste Ergebnis und er konnte als Reservesieger seiner Klasse hervorgehen. Weitgehendst entsprachen diese Hengste in ihrem Pedigree und Exterieur der neuen Zuchtzielbeschreibung des Pferdezuchtverbandes Sachsen. Bei den Merkmalen der festgelegten Größe, WH bis 148 cm, hellem Langhaar, der Halsausformung mit leichtem Genick und den korrekten raumgreifenden Gängen mit gutem Schub aus der Hinterhand wurde dies besonders sichtbar.

6. Hengstparaden

Anläßlich des 100jährigen Bestehens des Landstallamtes Moritzburg fand am 15. September 1928 die erste Hengstparade statt. Erstaunlich war, daß die Oldenburger Hengste einschließlich der Remonten, vornehmlich unter dem Reiter zur Vorstellung kamen und dabei einen absoluten Höhepunkt im Abschlußbild - 32 Oldenburger Hengste in der Quadrille - erreichten. Den reinen Fahrvorführungen waren nur wenige vorbehalten, wie Oldenburger im Traberkarren und in Viererzügen, auch Kaltblüter im Traberkarren und in Zweispännern. Im Laufe der Zeit änderten sich die Programme und folgten der jeweiligen Nutzungsrichtung des Pferdes insgesamt und parallel dazu spiegelte sich die Entwicklung der Zucht in der Vielfalt der attraktiven Schaubilder wider.
In den 60er Jahren, wo sich hauptsächlich der Wandel vom Wirtschafts- zum Sporteinsatz des Warmblutpferdes vollzog, standen die Demonstration der Dressur- und Springveranlagung des Hengstbestandes, einschließlich geeigneter Nummern für die Entwicklung der Reittouristik und des Freizeitreitens, im Vordergrund.
Dagegen können die Fahrpräsentationen, verschiedene Anspannungen, Geschicklichkeitsfahren mit Viererzügen, große Mehrspänner bis zum Sechzehnerzug vor der Postkutsche als fester Bestandteil der jährlichen Hengstparaden angesehen werden. Dabei wird gleichzeitig die Zuchtbasis für die Population des Schweren Warmbluts und desssen Fahrsporteignung zur Vorstellung gebracht.
Besonderer Beliebtheit erfreuen sich die Haflinger, wenn sie nach der Vorführung in einer typmäßig sehr ausgeglichenen Zehnerhengstkoppel im freien Lauf mit wehenden Mähnen ihr übermütiges Temperament, aber auch beim Einfangen ihre fast sprichwörtliche Gutmütigkeit beweisen.
Historische Schaubilder, wie die traditionelle Dressurquadrille in Rokoko-Kostümen, nachgestellte höfische Jagdszenen einschließlich Falknerei erhalten in Mo-

ritzburg ihr eigenes Flair durch das Barockschloß im Hintergrund.

Das Besucherinteresse ist Jahr für Jahr bedeutend und erreichte 1982 in drei Veranstaltungstagen mit 56.849 seine Rekordzahl.

Da sich auch internationales Publikum von den Moritzburger Hengstparaden angezogen fühlt, erfolgt gleichzeitig eine Popularisierung der Leistungsfähigkeit sächsischer Pferdezucht insgesamt.

Daß ein Fortgang der Hengstparaden auch nach den Änderungen durch die Wiedervereinigung als gegeben anzusehen ist, kam in dem Geleitwort von Herrn Dr. Rolf Jähnichen - Sächsischer Staatsminister für Landwirtschaft, Ernährung und Forsten - in dem Programmheft 1992 wie folgt zum Ausdruck: „Vor einem Jahr, anläßlich der Eröffnungsveranstaltung der Moritzburger Hengstparaden am 1. September 1991, hatte ich die große Freude, der Öffentlichkeit die Entscheidung der Sächsischen Staatsregierung mitteilen zu können, daß das Landgestüt Moritzburg und das Hauptgestüt Graditz in die Obhut des Freistaats Sachsen übernommen und traditionsgemäß als Staatsbetrieb weitergeführt wird."

7. Zuchtorganisation und Schauwesen

Unverkennbar ist eine konsequente Grundlinie in der Zuchtorganisation sowie dem Schauwesen im Bereich der sächsischen Pferdezucht schon ab 1875 ersichtlich, jedoch abhängig von den vielschichtigen Änderungen staatspolitischer und landwirtschaftlicher Strukturen. Letztere führten zu Abweichungen, aber auch spezifischen Schwerpunkten, besonders in den Zeitabläufen nach dem Ende des 2. Weltkrieges und seit der politischen Wende in Deutschland im Jahr 1990.

Gleichheiten mit derzeitig fast chronologisch ablaufenden züchterischen Ereignissen und Höhepunkten im Jahresverlauf zeigt dagegen der Protokollauszug über die XIII. Session des Landeskulturrates im Juni 1879, die Organisation der Landespferdezucht im Königreich Sachsen betreffend. Bildung von Zuchtgebieten um die Beschälstationen ohne politische Begrenzung mit alljährlich wiederkehrenden Stuten- und Fohlenmusterungen, dabei Prämierung der Fohlen sowie „Aufbrennung" des Landes-Gestütsbrandes. Bei Vorstellung der Stuten zur Eintragung in ein Zuchtregister sollte eine Dreiklasseneinteilung vorgenommen und mangelhafte Stuten ausgesondert werden. Eine staatliche Förderung der besten wurde durch die Verordnung vom Dezember 1886 mit der Anlage eines Stammzuchtregisters fortgesetzt. Die erste zentrale Pferde-Ausstellung fand schon im Mai 1875 auf dem Zentralviehhof Dresden mit einer Beschickung von 489 Pferden statt.

Ebenfalls nicht fremd sind die dabei verfolgten Ideen des Komitees der Dresdner Pferdeausstellung, wie Hebung der sächsischen „Hauspferdezucht" insgesamt, einschließlich Ankauf guter Zuchtstuten oder Abgabe derselben an einheimische Züchter. Weiterhin sollte eine Förderung des Handels, Verkauf von Pferdematerial an österreichisch-ungarische Händler erreicht werden, sehr an unsere Bemühungen bei modernen Pferdeauktionen erinnernd.

Vorläufer heutiger Hengstkörungen und Anerkennung von Zuchthengsten war die zunächst nur für Privathengste festgelegte Verordnung der Körung im Juli 1916 in Sachsen, um die ungeordnete sogenannte „Hengstreiterei" einzuschränken. Das Gesetz über die Hengstkörung mit Ausführungsbestimmungen wurde erst durch den Landtag am 25. Juni 1923 beschlossen. Die Körung selbst erfolgte durch einen für das gesamte Staatsgebiet bestellten Körausschuß. Dieser bestand aus dem Landstallmeister, drei erfahrenen Pferdezüchtern und einem Regierungsveterinärrat, ähnlich heutiger Zusammensetzung.

Nach dem zweiten Weltkrieg waren gleichzeitig alle Gemeinsamkeiten züchterischer Arbeit beendet, und es erfolgte jetzt auch in dieser Beziehung eine Trennung der Wege in dem nun zweigeteilten Deutschland. Die Pferdezucht Sachsens sowie die Organisation derselben mußten sich nun den Gegebenheiten der beginnenden Planwirtschaft in der ehemaligen DDR stellen und sich in die Entwicklung der verändernden Besitzverhältnisse einordnen. Die theoretischen Richtlinien für dieses Geschehen wurden in Fachbereichstandards erfaßt, und es sollen daraus einige Sachgebiete, die neue Organisationsformen bewirkten, angeführt werden. Die Reproduktion des Zuchthengstbestandes bei der Rasse Edles Warmblut einschl. Trakehner enthielt die Bestimmung, daß entsprechend den Standards „Aufzucht und Training von Hengstanwärtern" sowie „Körordnung" die hierfür ausgewählten Hengstfohlen aus der Landespferdezucht vom Absatzalter an zentral aufzuziehen sind und vor der Körung die Leistungsprüfung in der zentralen Hengstprüfungsanstalt Neustadt/Dosse - zuständig für alle Zuchtbereiche der ehemaligen DDR - bestanden haben müssen. Erst dann durften sie einer Kommission bei der Hauptkörung für Junghengste mit bestandener Eigenleistungsprüfung zur endgültigen Exerieurbeurteilung vorgestellt werden.

Eine ähnlich wichtige Bedeutung in züchterischer Hinsicht bekam der Standard „Anerkennung von Zuchtbetrieben" und die gesonderte Verfügung über Bildung von Staatl. anerkannten Pferdezuchtbetrieben (BaP) des Ministers für Land-, Forst- und Nahrungsgüterwirtschaft der DDR im

Februar 1978. Grundlage solcher Betriebe waren größtenteils die von den früheren erfolgreichen Pferdezüchtern in die Genossenschaften eingebrachten wertvollen Stutenfamilien. Daß die BaP den züchterischen Fortschritt in dieser Zeit mitbestimmen konnten, war auf vorgenannte Tatsache und Erfüllung festgelegter Parameter zurückzuführen. Mindestens 10 Hauptstutbuchstuten, erreicht wurden Konzentrationen von 11 bis 42, sowie mindestens jährlich 50% Absatzfohlen ergaben eine qualitätssteigernde Selektionsbreite und -intensität.

Wesentlichen Anteil am züchterischen Erfolg dieser Betriebe hatten die ehemaligen Einzelzüchter, welche öfters die Leitung innehatten oder zumindest die Betreuung der Zuchtbestände aus alter Passion für ihre Pferde und mit großem Sachverständnis übernahmen. Aus heutiger Sicht kann es sogar unbeabsichtigt eine die Privatinitiative, den Gedanken des Eigentums fördernde Maßnahme gewesen sein.

Als wirtschaftsleitendes Organ für die gesamte Pferdezucht in der DDR wurde im Jahr 1968 die Zentralstelle für Pferdezucht, Sitz Berlin, ab 1987 das Kombinat Tierzucht Paretz berufen und gleichzeitig erfolgte die Neuordnung der Landespferdezucht mit der Bildung von Pferdezuchtdirektionen. Für Sachsen und Thüringen war dies die PZD Süd, zu welcher das Hengstdepot Moritzburg sowie die Zuchtleitungen Dresden und Weimar mit einem Einzugsbereich der damaligen Bezirke Dresden, Karl-Marx-Stadt (Chemnitz), Leipzig, Cottbus, Erfurt, Gera und Suhl gehörten. Unter den Verhältnissen in der ehemaligen DDR schuf diese Maßnahme brauchbare Voraussetzungen für koordinierte züchterische Arbeit, besonders in dem Zeitraum des Beginns der Reitpferdezüchtung in Sachsen.

Auftretende Probleme, ob beim Hengsteinsatz oder Zuchtstutenbestand, konnten gemeinsam beraten und zuchtorganisatorische Maßgaben zügiger in die Praxis umgesetzt werden als es vorher die getrennten Dachorganisationen erlaubten.

Die ersten öffentlichen Erfahrungsaustausche nach 1945 für Züchter der nun bestehenden Pferdezuchtkollektive fielen auf das Jahr 1957 und fanden in jedem größeren Deckstellenbereich statt.

Mit Bildung der Bezirksaktive Pferde sowie des Beirat der PZD Süd auf ehrenamtlicher Basis und des im Jahr 1972 gegründeten Zweckverband für Pferdezucht, -sport und Touristik Bezirk Karl-Marx-Stadt wurde das Interessenspektrum breiter. Dies führte zu den großen Züchtertagungen, Anfang jeden Jahres 4 Veranstaltungen, mit einer Gesamtbesucherzahl von etwa 1.700. Die ersten hatten ihr Positivum in der gewährten Individualität, die späteren gestatteten spezifische Referate von Fachexperten und einem umfassenden mit Spannung erwarteten Bericht der Zuchtleitung über das gesamte züchterische sowie ökonomische Vorjahresgeschehen.

Damit fanden die speziellen Entwicklungen bis zur Wende ihre Berücksichtigung ohne Erwähnung der kontinuierlichen Zuchtorganisation durch die Pferdezuchtdirektion mit dem Hengstdepot und den Zuchtleitungen. Dasselbe trifft für die Schauen auf regionaler oder zentraler Ebene zu, welche als reine Pferdeveranstaltungen oder bei allgemeinen Bezirkstierschauen bis zur „agra" in Leipzig-Markkleeberg im regelmäßigen Zyklus durchgeführt und mit ausgewählten Stuten- sowie Hengstkollektionen aus dem sächsischen Bereich erfolgreich beschickt wurden. Erwähnung finden müssen jedoch noch die jährlich durchgeführten großen und publikumswirksamen Ponyschauen in Röhrsdorf bei Chemnitz. Die Ponyrasse in der ehemaligen DDR war einschließlich Hengsthaltung im Gegensatz zu den anderen Rassen fast ausschließlich in Privathand und die Ponyzüchter stellten ungefähr die Hälfte des gesamten Züchterpotentials.

Ganz andere Schwerpunkte und Strukturen bestimmten ab 1990 das pferdezüchterische Geschehen in Sachsen. Nach 22jähriger gemeinsamer Arbeit war es vorrangige Aufgabe, eine Verselbständigung der Zuchtleitungen und Rücküberführung des Hengstdepots in Landeshoheit des Freistaates Sachsen als Landgestüt zu erreichen. Letzteres erfolgte im Jahr 1992 und wurde in dem Kapitel Hengstparaden im Wortlaut zitiert. Demzufolge übernahm der Freistaat Sachsen sehr zeitig seinen An-

teil der Verantwortung betreffs Reorganisation der Pferdezucht und diese fand konkreten Ausdruck in dem Organisationsplan für die Sächsische Gestütsverwaltung mit dem Hauptgestüt Graditz und Landgestüt Moritzburg. Die Aufgaben für Graditz wurden schon im Abschnitt Reitpferdezüchtung erwähnt.

Bei der Vertreterversammlung des Pferdezuchtverbandes Sachsen e. v. im Februar 1994 wurde die Wiederverwendung des alten Graditzer Hauptgestütsbrandes bestätigt.

Festgelegte Aufgaben für das Landgestüt Moritzburg sind:

- Bereitstellung von Landbeschälern weiterhin für den züchterischen Einzugsbereich Sachsen und Thüringen, letzteres auf Vertragsbasis zwischen beiden Ländern. Diese Entscheidung verbessert wesentlich den Rotationseinsatz leistungsgeprüfter und vererbungssicherer Zuchthengste
- Reit- und Fahrschule entsprechend der Ausbildungs- und Prüfungsordnung der FN
- Berufsausbildung Pferdewirt, einmal mit dem Schwerpunkt Zucht und Haltung, zum anderen Reiten; damit setzt sich eine gute alte Moritzburger Tradition fort.

Die Durchführung der Leistungsprüfung von Stuten und Hengsten wurde als landeshoheitliche Aufgabe der sächsischen Gestütsverwaltung übertragen und wird in Moritzburg oder Graditz vorgenommen. Die erste bundesweit offene Prüfung, ein 50-Tage-Test fand für Haflinger Zuchtheng-

ste im Herbst 1993 in Moritzburg statt und wurde von den Ländern Brandenburg, Thüringen, Bayern und Sachsen in Anspruch genommen.

Die Verbandsgründung fand ihren Ausgang im 1. Halbjahr 1990 mit der Bildung von Pferdezuchtvereinen in den Deckstellenbereichen. Auf der Gründerversammlung im Juli 1990 wurde der „Pferdezuchtverband Sachsen e. V." mit Geschäftsstelle in Dresden gebildet und nahezu 200 stimmberechtigte Delegierte aller Pferdezuchtvereine bestätigten die erste Satzung und Zuchtverbandsordnung.

Große Selbständigkeit sowie Konsequenz bei der züchterischen Umstrukturierung erwartete nun die Mitarbeiter des Pferdezuchtverbandes. Die sächsischen Pferdezüchter wurden fast über Nacht mit den ihnen ungewohnten Fragen der Marktwirtschaft konfrontiert. Allen wurde neue Privatinitiative, Mitbestimmung und Verantwortung abverlangt, aber wiederum auch die Angleichung an bestehende Zuchtorganisationen der alten Bundesländer. Eine wertvolle Hilfe bei diesen erforderlichen Übergängen war die Bildung einer Arbeitsgemeinschaft „Süddeutsche Pferdezuchtverbände" im Juli 1992. Darin sind die Pferdezuchtverbände Baden-Württemberg, Bayern, Hessen, Rheinland-Pfalz-Saar, Thüringen und Sachsen integriert.

Das Herkunftsland eines Pferdes wird durch den Fohlenbrand am linken Hinterschenkel und die Qualität des Zuchtpferdes mit dem Eintragungsbrand auf der linken Halsseite dokumentiert. Die sächsischen Pferde erkennt man an nachfolgend abgebildeten Brandzeichen:

Brandzeichen:

Fohlenbrand bis 1990
Rasse Warmblut
Buchstabe E - Edles Warmblut
           Deutsches Reitpferd
         T - Trakehner
         S - Schweres Warmblut

Fohlenbrand ab 1994 nur für das Hauptgestüt Graditz. Wiederverwendung des alten Graditzer Hauptgestütsbrandes

Fohlenbrand ab 1990
Alle Rassen außer Haflinger

Eintragungsbrand:

Hauptstutbuch

Stutbuch

Vorbuch

Fohlenbrand ab 1990
Haflinger

Mutterstuten im Sächsischen Hauptgestüt Graditz

Literatur

Groscurth, Die Preussische Gestütsverwaltung.
Verlag M. u. H. Schaper, Hannover 1927

Grundmann, Sächsisches Gesetz über die Hengstkörung vom 25. Juni 1923/2. Auflage.
Verlag der Landwirtschaftskammer Sachsen, Dresden
1927.

Johne, Albert, Geschichte der Sächsischen Pferdezucht.
Verlag F. Volckmar, Leipzig 1888

Schwark, H.-J., Hengstdepot Moritzburg - 130 Jahre
im Dienst der sächsischen Pferdezucht.
Dresdner Druckerei und Verlagsanstalt i. V., 1959

Schwark, H.-J., Petzold, Petra, Das Haflinger Pferd.
Verlag A Ziemsen - DDR Wittenberg Luthertadt -
1986

Wacker, Hans, Entwicklung und gegenwärtiger Stand
der sächsischen Warmblutzucht im Oldenburger Typ.
Buchdruckerei Konrad Triltsch, Würzburg 1933

Akten der VE Pferdezuchtdirektion Süd -Moritzburg
-Hengstdepot Moritzburg, Zuchtleitung Pferde Dres-
den- des Landgestütes Moritzburg, des Pferdezuchtverbandes Sachsen e.V., Sitz Dresden.

Fachmagazin für Zucht und Sport - Sachsen Pferde -
1. - 3. Jahrgang von April 1992 bis Februar 1994

Thüringen

Niedersachsen

Thüringen

Nordhausen

Worbis

Sondershausen   Artern

Heilbad
Heiligenstadt

Sachsen-Anhalt

Mühlhausen

Sömmerda

Bad Langensalza

Apolda

Altenburg

Eisenach

Erfurt   Weimar

Gotha

Jena

Eisenberg

Schmölln

Hessen

Gera

Arnstadt

Stadtroda

Bad Salzungen

Kurort
Schmalkalden

Ilmenau

Rudolstadt

Pößneck

Zeulenroda   Greiz

Saalfeld/Saale

Meiningen

Schleiz

Sachse

Neuhaus
am Rennweg

Moorbad
Lobenstein

Hildburghausen

Sonneberg

Freistaat Bayern

Tierzuchtdirektor a. D.
Hermann Obée †

4. 2. 1905 geboren in Mauchenheim/
Rheinpfalz.
1911 bis 1915 Volksschule.
1915-1922 Realgymnasium Alzey.
1922-1923 landw. Praxis.
1923-1924 Studium Hohenheim (Vor-
examen).
1924-1926 Weihenstephan Diplomprüfung.
1926-1928 Volontärverwalter.
1928-1930 Kontrollbeamter.
1930-1933 Refendar am Tierzuchtamt
Weimar.
1933-1935 Geschäftsführer Landeskon-
trollverband.
1935-1946 Referent für Rinderzucht und
Geschäftsführer der Rinderzuchtverbände.
1946-1948 Verwalter eines 200 ha Betriebes.
1. 4. 1948 bis 31. 12. 1970 Geschäftsführer der DLG-Tierzuchtabteilung.

Dr. Ulrich Jacobi †

23.November 1902 geboren in Apolda/
Thüringen.
1909-1912 Vorschule Apolda.
1912-1921 Reform-Realgymnasium
Apolda mit Abitur.
1921-1923 landw. Lehre.
Ab 1923 Studium der Landwirtschaft, Universität Jena/Thür.
1926 landw. Diplom-Examen und Saat-
zuchtinspektor-Prüfung.
1930 Promotion mit Dissertation über
„Kaltblutpferdezucht in Thüringen".
1930-1932 Assistent bei der Tierzuchtinspektion in Weimar/Thür.
1932-1933 Tätigkeit in landwirtschaftli-
chem Tierzuchtbetrieb.
31. 5. 1933 Tierzuchtleiter-Prüfung
in Weimar.
1933-1936 Kreistierzuchtinspektor und
Lehrer an der Landwirtschaftsschule
in Weimar.
1936-1939 Sachbearbeiter für Pferdezucht, Landesbauernschaft Thüringen,
Weimar.
1939-1941 Leiter des Tierzuchtamtes
Weimar.
1941-1943 Sachbearbeiter für Pferdezucht, Landesbauernschaft Bayer,
Ostmark, Bayreuth.
1943-1945 Soldat (Leutnant) und Kriegsgefangenschaft.
1945- 1946 Tierzuchtbeamter bei der
Abwicklungsstelle der Landesbauernschaft Bayreuth.

neubearbeitet von
Eberhard Walther

5.4.1936 geboren in Dielsdorf/Thüringen.
1942-1950 Volksschule.
1950-1953 landw. Lehre.
1953-1960 landw. Praxis.
1960-1963 Fachschulstudium.
1963-1967 Vorsitzender einer LPG.
1967-1972 Assistent der Friedrich Schiller
Universität Jena
1967-1972 Hochschulstudium Universität
Jena mit Abschluß Diplom Agraringenieur.
1972-1990 Zuchtleiter der Pferdezuchtdirektion Süd.
ab 1991 Referent der Pferdezucht beim
Thüringer Ministerium für Landwirtschft
und Forst.

Thüringer Pferdezucht

1. Natürliche Gegebenheiten

Thüringen gehört dem mitteldeutschen Gebirgsland an, es wird im Norden vom Harz, im Süden vom Frankenwald und im Osten vom Erzgebirge begrenzt und geht im Westen ins Rhöngebirge über und schließt das Eichsfeld ein.

Für die Landwirtschaft Thüringens ist das sogenannte Thüringer Becken, mit teilweise besten Ackerböden, von Bedeutung.

Aufgrund seiner umfassenden Waldgebiete Thüringer Wald, Harz, Schmücke, Finne, Hainleite, Hainich, Rhön und Eichsfeld, ist Thüringen heute noch als das Grüne Herz Deutschlands zu bezeichnen. Durchflossen wird Thüringen von der Saale mit ihren Nebenflüssen Ilm und Unstrut. Nach Westen bildet die Werra die Grenze, während im Osten die Elster Thüringen in einigen Teilen durchfließt.

2. Geschichte Thüringens

In politischer Beziehung wurde Thüringen, abgesehen von einigen preußischen Landesteilen, von den sogenannten Thüringer Staaten gebildet. Das Volk der Thüringer fand zuerst zu Anfang des 5. Jahrhunderts bei Vegetius Renatus Erwähnung. Der Name Thüringens ist von den alten Hermunduren abzuleiten. Sie sind jedoch nicht Nachkommen derselben sondern Reste der Semnonen, der Angeln und der Warnen. Sie alle haben sich zu einem neuen Stamm der Thüringer vereint.

Einst erstreckte sich ihr Reich von der Niedersächsischen Tiefebene südwärts bis gegen die Donau hin.

In den Jahren von 500 bis 1815 wurde Thüringen von unzähligen Herrscherhäusern regiert, die durch Erbschaft und Heirat ständig geteilt wurden.

8 Herrscherhäuser regierten bzw. verwalteten in der Zeit von 1815 bis 1921 Thüringen. Durch die Verfassung vom 11. 02. 1921 erhielt Thüringen den Status eines Freistaates mit der Hauptstadt Weimar. Mit der Gründung der DDR im Jahre 1949 verlor Thüringen die politische und wirtschaftliche Einheit, die über die Nazizeit und über die Jahre 1945 bis 1952 erhalten werden konnte. Es kam zur Bildung der Bezirke Erfurt, Gera und Suhl.

Erst durch die Einheit Deutschlands war es möglich, Thüringen als Ganzes wieder zusammenzuführen. Ende 1993 erhielt Thüringen den Status eines Freistaates zurück.

3. Die Geschichte der Pferdezucht

3.1 Die Pferdezucht bis Mitte des 19. Jahrhunderts

Die ersten Angaben über die Thüringer Pferdezucht finden wir in dem Brief des Ostgoten Königs Theoderich (493 - 526) an den Thüringer König Irminfried, der Amalaberga, eine Nichte Theoderichs, freite und ihr als Hochzeitsgeschenk u. a. „silberfarbene" Thüringer Rosse schenkte, die in dem genannten Brief noch näher beschrieben und gerühmt wurden.

Im frühen Mittelalter war die Pferdezucht ein Vorrecht der überall in Thüringen ansässigen Ritter und der Klosterhöfe. Die „Thüringer Rosse" haben stets in gutem Rufe gestanden und waren weit verbreitet und beliebt.

Die Landesfürsten waren von jeher bemüht, für ihren Bedarf Militärpferde heranzuziehen. So entstanden in Thüringen die Gestüte Allstedt (Krs. Artern), Marksuhl (Krs. Eisenach), Geisa (Krs. Meiningen), Possen (Krs. Sondershausen).

Eine nach heutigen Gesichtspunkten bestimmte Rasse wurde zu jener Zeit jedoch nicht gezüchtet bzw. gehalten. Es wurden z. T. Araber, Senner, Percherons, Normänner und Ardenner gehalten. Durch Kreuzung mit vorhandenen Landrassen läßt sich das Pferd in diesen Jahren als Rasse nicht definieren.

3.2 Die Zucht von 1850 bis 1920

Aufgrund der vielen Kleinstaaten in Thüringen nahm die Pferdezucht in jedem dieser Staaten ihre eigene Entwicklung. Sie läßt sich jedoch in ihrer Gesamtheit wie folgt zusammenfassen:

In Thüringen hat von jeher ein Mangel an Arbeitspferden bestanden. Dies zwang die Thüringer Herzöge dazu, bestimmte Zuchtziele zu erarbeiten, um die bäuerliche Pferdezucht zu fördern. Es kam im Regierungsbezirk Gotha zur Bildung des mitteldeutschen Pferdezuchtvereins und im Regierungsbezirk Weimar zur Gründung des Weimarer Pferdezuchtvereins. Andere Regierungsbezirke schlossen sich diesen Pferdezuchtvereinen an.

Das Zuchtziel war ein kräftiges, gut gebautes tiefes Pferd belgischen Schlages, das auch als mittelschweres Kaltblutpferd anzusprechen war. In einigen Teilen Thüringens wurden entsprechend der Schwere der Bearbeitbarkeit der Böden schwerere Pferde (Kaltblut) bevorzugt gezüchtet und gehalten, während in anderen Teilen leichtere Pferde bevorzugt wurden. Über die Pferdezuchtvereine wurde die Einfuhr von Oldenburger Pferden, Rheinischen Pferden sowie Dänen gesteuert. Über die ständige Zufuhr von Oldenburgern und die Aufstellung von Hengsten faßte jedoch das Oldenburger Pferd immer mehr Fuß in Thüringen. Fast zu gleichen Anteilen war jedoch das Kaltblutpferd, rheinisch-belgischer Abstammung, in Thüringen vertreten. Letztlich sind die Bemühungen um eine geordnete Zuchtarbeit als erste Erfolge in den Jahren zwischen 1900 und 1920 zu sehen.

3.3 Die Zucht von 1920 bis 1945

Mit der Anlegung des ersten Stutbuches im Jahre 1903 im Herzogtum Gotha waren zwar die Weichen für eine geordnete Zuchtarbeit gestellt, von einer planmäßigen Zuchtarbeit kann man jedoch erst mit dem Erlaß des Körgesetzes im Jahre 1922 bzw. mit der Gründung des Verbandes Thüringer Pferdezüchter im Jahre 1921 sprechen.

In den einzelnen Kreisen wurden Kreispferdezuchtvereine gebildet, die sich dem Landesverband als Dachorganisation anschlossen.

Im Jahre 1926 wurde die Thüringer Hauptlandwirtschaftskammer ins Leben gerufen. Im Jahre 1928 trennten sich zweckmäßigkeitshalber der Landesverband Thüringer Pferdezüchter in den Landesverband Thüringer Kaltblutzüchter und in den Landesverband Thüringer Warmblutzüchter. Beide Verbände standen jedoch unter einer Geschäftsleitung. Gemäß der Satzung oblagen den Landesverbänden folgende Aufgaben:

1. Körung und Revision der männlichen und weiblichen Zuchttiere,
2. geordnete Zuchtbuchführung, zusammengefaßt im Landesstutbuch,
3. Kennzeichnung der angekörten Tiere,
4. Einführung von gutem Zuchtmaterial,
5. Schaffung von Fohlenweiden,
6. Belehrung der Mitglieder über Aufzucht und Haltung,
7. Vermittlung von Zuchttieren im An- und Verkauf,
8. Veranstaltung und Beschickung von Schauen, Ausstellungen und Auktionen.

Daß in Thüringen ein einheitliches Stutbuch eingerichtet wurde, war ein großer Fortschritt für die damalige Zeit und hat sich hervorragend auf die Pferdezucht ausgewirkt.

Ab dem Jahr 1992 wirkten eine ganze Reihe staatlicher Maßnahmen zur Förderung der Pferdezucht, zu denen der Körzwang, die Durchsetzung der Reinzucht für die zwei Hauptpopulationen Kaltblut und Schweres Warmblut sowie andere Fördermaßnahmen, besonders die finanzielle Unterstützung, zu zählen sind. Damit die Reinzucht auch praxiswirksam wurde, verfügte die damalige Landwirtschaftskammer Thüringens ab dem 15. Januar 1935 eine Verordnung, nach der jeder Hengsthalter verpflichtet war, nur noch Stuten der gleichen Rasse decken zu lassen, die damals schon mit einem Brand gekennzeichnet waren.

Verschärfte Eintragungsbedingungen führten in der Zeit von 1935 bis 1945 zu einer bestimmten Ordnung und bedeuteten Qualitätsverbessserung der Zucht der beiden in Thüringen gehaltenen Rassen Kaltblut und Schweres Warmblut. In dieser Zeit war der Pferdebestand im Jahr 1938 auf 93.796 Pferde angestiegen. Vergleicht

Die Thüringer Landesverbands-Sammlung stand auf der DLG-Ausstellung in Mannheim 1932 mit dem 1. Preis an der Spitze.

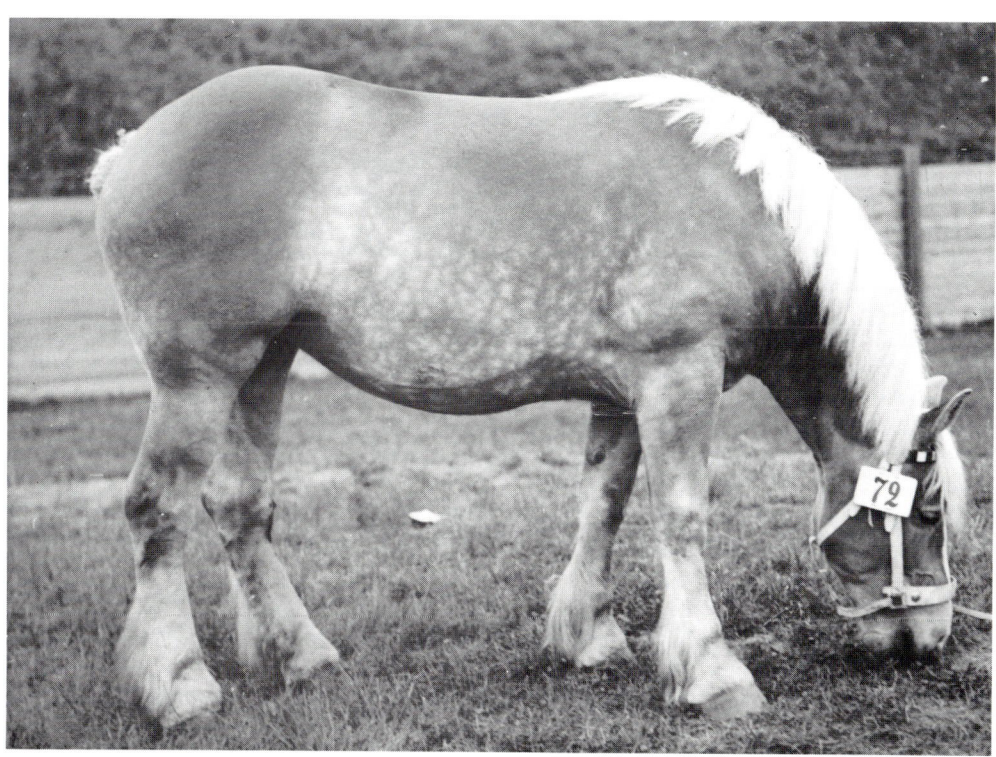

Puppe v. Lachstedt ThH 1240, geb. 23. 3. 1929, Z. u. Bes.: Max Pfeiffer, Lachstedt, Kr. Camburg, war auf den DLG-Ausstellungen in Hannover 1931 und in Mannheim 1932 Spitzenstute ihrer Klasse.

man diesen Pferdebestand mit den heutigen Pferdebeständen, so ist das eine absolute Rekordhöhe.

Besonders zu erwähnen ist die gute Zusammenarbeit zwischen den Landespferdezuchtverbänden, der Thüringer Hauptlandwirtschaftskammer, der Landesbauernschaft und dem Staatsministerium. Das hängt natürlich von einer engagierten und begeisterungsfähigen Züchterschaft ab, die in den 30er Jahren in Thüringen ausreichend vorhanden war.

3.3.1 Die Kaltblutzucht

Die natürlichen Verhältnisse in Thüringen sind ähnlich denen der Ursprungsländer Belgien und dem Rheinland, so daß die Kaltblüter in Thüringen unter fast gleichen Bedingungen aufwachsen konnten. Nach Angaben verschiedener Autoren haben die in Thüringen gezogenen Kaltblüter jedoch über mehrere Generationen an Tiefe und Substanz verloren. Die Einfuhr von Kaltblütern zur Auffrischung der erwähnten äußeren Erscheinung, war deshalb ständig notwendig und wurde über viele Jahre erfolgreich getätigt. Dabei wurden neben Hengsten auch Stuten und Fohlen eingeführt. Mit dem nötigen Abstand betrachtet, kann man in Thüringen in dem Zeitraum von 1921 bis 1945 von einer erfolgreichen Kaltblutzucht sprechen, was auch durch viele Erfolge auf nationalen Schauen bewiesen werden konnte. Sehr erfolgreich haben in den Jahren bis 1949 die Thüringer Kreishengsthaltungsgenossenschaften gearbeitet, denen sowohl der Einkauf bester Hengste als auch die vorzügliche Haltung von Hengsten zu verdanken ist.

3.3.2 Die Schwere Warmblutzucht

Entsprechend der natürlichen Verhältnisse, der Eigentumsverhältnisse bzw. der Größe der damaligen Landwirtschaftsbetriebe, konnte sich das Schwere Warmblutpferd als Arbeitspferd und Fahrpferd immer mehr beliebt machen. Die Vertreibung der Schweren Warmblüter hing nicht nur von den natürlichen Verhältnissen, sondern auch von der Zuneigung der Bauern zu dieser Rasse ab. Ein bestimmter negativer Einfluß auf die Tiefe und Substanz der Schweren Warmblüter war gleich dem der Kaltblüter auch hier zum Teil gegeben. Autoren zufolge haben die Schweren Warmblüter in Thüringen ständig an Tiefe verloren bzw. die Beinlänge hat ständig zugenommen. Daß damit auch Typverluste einhergehen, ist folgerichtig. Es fehlten aber auch andererseits große Warmblutzuchtbetriebe mit den notwendigen natürlichen Aufzuchtbedingungen, die genügend bodenständige Warmblüter, insbesondere Hengste, aufziehen konnten. Der Landesverband Thüringer Warmblutzüchter war deshalb ständig auf die Zufuhr von Blut aus Oldenburg angewiesen, was auch entsprechend den finanziellen Möglichkeiten getan wurde. In dieser Zeit erfolgte zunehmend der Einfluß von Hengsten aus Ostfriesland und Oldenburg. Andererseits wurde die Schwere Warmblutzucht in Thüringen immer mehr bodenständig. Beachtenswerte Erfolge erreichten die Thüringer Züchter bzw. Pferdesportler mit ihren Pferden bei Gespannprüfungen. Einer der bekanntesten und erfolgreichsten Fahrsportler war Hugo Kürbs, der besonders mit der zur damaligen Zeit sehr bekannten Stute Heimchen fast alle Einzelfahrprüfungen gewann sowie bei Vierspännerprüfungen erfolgreich war.

4. Die Pferdezucht nach 1945

Nach dem 2. Weltkrieg, als noch niemand über die Mechanisierung der Landwirtschaft nachdachte, war das Pferd die Zugkraft Nummer eins in der Landwirtschaft. Deshalb hielten sich auch die Pferde und die Zuchttierbestände in großen Zahlen. So wurden im Jahr 1945 bis einschließlich des Jahres 1960 noch immer über 50.000 Pferde in Thüringen gehalten. Das gleiche trifft auch für die Zucht und Haltung eingetragener Stuten zu, die in nachfolgender Tabelle dargestellt werden sollen.

Entwicklung der Stutenbestände, gegliedert nach Rassen und Jahren

Jahr	Edles Warmbl./ Deut. Reitpf.	Schw. Warmbl.	Kaltblut	Haflinger	Kleinpferd/ Deut. Reitpf.	Shetlandp.	Gesamt-stutenbest.
1945	50	1.443	6.266	-	-	-	7.759
1950	114	2.801	8.045	-	-	-	10.960
1955	138	2.046	5.247	-	-	21	7.452
1960	116	1.287	2.320	8	-	15	3.746
1965	51	860	1.173	50	-	28	2.162
1970	77	431	277	107	-	138	1.029
1975	361	302	130	243	-	409	1.445
1980	827	182	124	398	339	691	2.555
1985	1.002	176	179	585	546	704	3.192
1989	999	175	196	655	525	502	3.062
1990	894	179	150	740	548	484	2.995
1993	941	193	124	682	566	388	2.894

Die im Einspänner mehrfach hoch prämierte Thüringer Stute Heimchen, Z. u. Bes.: Hugo Kürbs, Altengönna, zeigte auch auf der RNSt-Ausstellung in Erfurt 1934 ihre gute Aktion.

Wie in vielen anderen Ländern Deutschlands war mit dem Rückgang der Stutenbestände auf 1.001 Stuten in Thüringen im Jahre 1972 die kritische Grenze erreicht. Ein Bestandszuwachs erfolgte erwartungsgemäß ab 1972 bei den Rassen Deutsches Reitpferd, Haflinger sowie Kleinpferde bzw. Deutsches Reitpony.

4.1 Die Reitpferdezucht

Wie aus der vorgenannten Tabelle zu entnehmen ist, wurden in Thüringen schon immer Edle Warmblüter oder Reitpferde gezüchtet. Die wenigen, die sich in den Jahren bis 1970 mit der Zucht von Reitpferden befaßten, waren meist Pferdesportler oder Betriebe mit Pferdesport, die bestrebt waren, Sportpferde für den eigenen Bedarf zu produzieren.

Dabei spielte der Pferdesport in Thüringen in den Jahren von 1945 bis in die Mitte der 60er Jahre eine untergeordnete Rolle. Dementsprechend sind auch der Bedarf und das Bedürfnis Reitpferde zu züchten, einzuordnen. Erst mit der endgültigen Motorisierung und Mechanisierung der Landwirtschaft stieg das Bedürfnis, Reitpferde zu halten und als natürliche Folge, Reitpferde im eigenen Land zu züchten. Ende der 60er Jahre, in die sowohl die Gründung des Gestütes Zöthen (1969) als auch die Entstehung der ersten staatlich anerkannten Pferdezuchtbetriebe (Pferdezuchtbetriebe mit Gestütscharakter) fällt, änderte sich die Situation in der Pferdezucht erheblich. Viele der Betriebe, die bisher Schwere Warmblüter gezüchtet hatten, stellten sich auf die Zucht von Reitpferden um.

Die wenigen, nach 1945 gehaltenen Reitpferdestuten, führten zu 80% Hannoveraner und zu 20% ostpreußisches Blut. Diese Stuten wurden sowohl im Sport als auch zu Zugleistungen eingesetzt. Dies änderte sich sprunghaft mit der Zwangskollektivierung im Jahre 1960.

Der eigentliche Ausganspunkt der Umzüchtung zum Reitpferd ist in Thüringen mit dem Einzatz des Englischen Vollblüters Mio xx im Jahre 1967 zu sehen. Die Basis wurde zu der Zeit von 400 eingetragenen Schweren Warmblut- und 50 eingetragenen Edlen Warmblutstuten gebildet. Die Hengsthaltung lag zu dieser Zeit grundsätzlich in den Händen der Pferdezuchtdirektion Süd, dem heutigen Sächsischen Landgestüt Moritzburg. Über die staatliche Hengsthaltung war ein planmäßiger und gelenkter Einsatz von Hengsten möglich. In Thüringen wirkten in der Zeit von 1967 bis in das Jahr 1978 und z. T. darüber hinaus eine Reihe von bekannten und bedeutenden Englischen Vollbluthengsten.

Zu den ersten zum Einsatz kommenden Vollbluthengsten sind zu zählen

- Mio xx	geb. 1951 V.: Orator
MV: Wallenstein	Z.: Gestüt Röttgen
- Marlin xx	geb. 1959 V.: Filou
MV: Agaman	Z.: Gestüt Görlsdorf
- Main xx	geb. 1960 V.: Baal
MV: Organdi	Z.: Gestüt Lehn
- Goldhamster xx	geb. 1964 V.: Atatürk
MV: Magnat	Z.: Gestüt Görlsdorf

In den weiteren Jahren kamen in Thüringen ständig 5 bis 6 Englische Vollbluthengste, das sind z. T. bis zu 50% des Beschälerbestandes in der Reitpferdezucht, zum Einsatz.

Besonders Mio xx-Nachkommen waren im Sport in dieser Zeit bekannt und beliebt, die auch im großen Springsport als Halbblüter beachtliche Erfolge nachweisen konnten. Mio xx selbst war einer der erfolgreichsten Galopper seiner Zeit. Für die Reitpferdezucht hinterließ er in Thüringen 83 eingetragene Töchter, davon 11 Staatsprämien- und 54 Hauptstutbuchstuten.

Die aus der Anpaarung entstandenen F1, bzw. Halbblutstuten wurden in der weiteren Zuchtfolge zu 70% mit Hengsten Trakehner Abstammung bzw. zu 30% mit den zur Verdrängungskreuzung im Einsatz befindlichen Hengsten Hannoveraner-Blutführung angepaart. Da der Anteil von Halbblutstuten aus der Anpaarung mit Schweren Warmblütern in Thüringen nie höher als 19,4% lag, spielte speziell in Thüringen der Einsatz von Hengsten Trakehner Abstammung eine untergeordnete Rolle.

Durch die weitere Verdrängungskreuzung mit Reitpferdehengsten nahm der Anteil an Halbblutstuten ständig ab, so daß bis zum heutigen Zeitpunkt nur ganz wenige von diesen Stuten züchterisch genutzt werden.

Der zweite Weg der Umstrukturierung war der Zukauf von Stuten mit Hannoveraner Blutführung aus den Zuchtgebieten Mecklenburg und Brandenburg. Dieser finanziell sehr aufwendige Weg war aber nur über finanziell gut gestellte landwirtschaftliche Betriebe möglich.

Blaustern geb. 1988, V.: Blaubart xx, MV: Disponent, Z.: Gestüt Zöthen, Teilnehmer am Bundeschampionat 1993 in Mannheim.

Der eine Teil konnte über das Gestüt Zöthen durch Zukauf von 100 Stuten und der andere Teil über die staatlich anerkannten Betriebe erfolgen. Bereits nach 10 Jahren der Umzüchtung zum Reitpferd lag der Anteil von Reitpferden mit Hannoveraner Blutführung mit 65,5% relativ hoch.

Die Errichtung des Gestütes Zöthen mit der Aufgabe der Haltung von 100 Mutterstuten und der Hengstaufzucht begünstigte diese Entwicklung in Thüringen erheblich. Mit der Existenz des Gestütes Zöthen war die züchterische Basis und eine gewisse Ausstrahlung auf das gesamte Zuchtgebiet in Thüringen gegeben. Aus eigener Zucht sowie durch Zukauf aus dem sächsischen und thüringischen Zuchtgebiet standen in Zöthen in jedem Jahrgang ständig zwischen 60 und 70 Hengstanwärter in der Aufzucht.

Um einen schnellen Anschluß an die führenden Zuchtgebiete Mecklenburg und Brandenburg zu finden, war eine schnell fließende Hengstrotation im Hengstbestand des Hengstdepots Moritzburg von essentieller Bedeutung. Während im Jahr 1970 Schwere Warmblut- und 13 Englische Vollbluthengste die bestimmenden Hengste in Moritzburg waren, prägten 1978 bereits 24 Hengste Trakehner Abstammung und 45 Hengste Hannoveraner Abstammung das Bild in Moritzburg.

Auch die im Gestüt Zöthen stehenden Hauptbeschäler befanden sich im Besitz des Hengstdepots Moritzburg, von denen nachstehend die bedeutendsten genannt werden.

Neben der Bereitstellung von Hengsten für die Landespferdezucht haben auch Stuten aus dem Gestüt Zöthen den Weg in die Landespferdezucht genommen. Eine der bekanntesten Stuten im Gestüt Zöthen war die Stute Distanz geb. 30. 12. 1969, V.: Direx, MV: Semper, sie wurde 1974 eingetragen, brachte insgesamt 16 Fohlen und führte 1993 das letzte Fohlen. Sie ist Mutter der Hengste Doron, Dozent und Lesoto.

Die bedeutendste Stutenfamilie ist jedoch die der Nixe geb. 1962, V.: Cordes, MV: Hellseher, im fallenden Stamm auf Dollarprinz zurückgehend. Alle weiblichen Nachkommen, zu denen die Stuten Naphrodite I bis III, Navinia I und II, Nora I und II, Nymphe, Nadin, um nur einige zu nennen, zu zählen sind, erhielten alle in Thüringen die höchste Eintragungsstufe, eine Staatsprämie. Aus dieser Stutenfamilie gingen die Henste Lars, Legato und Glissando hervor.

Über die staatlich anerkannten Pferdezuchtbetriebe waren den zuchtleitenden Organen weitere Möglichkeiten gegeben, lenkend und leitend in die Zucht des Landes einzugreifen. Besonders in Thüringen hatten sich wenige aber sehr große Pferdezuchtbetriebe mit Gestütscharakter, mit besten Stutenfamilien bzw. Stutenstämmen gebildet. Diese Betriebe waren auch aus finanzieller Sicht in der Lage, Stuten aus den Hauptzuchtgebieten der Reitpferdezucht einzukaufen. Insofern war Thüringen in der Lage, so auch aus der vorgenannten Tabelle hervorgehend, in einem relativ kurzen Zeitraum die Reitpferdezucht aufzubauen. Bereits Ende 1982 umfaßte der Reitpferdestutenbestand in Thüringen 967 eingetragene Stuten. Als Aufzucht- und Nachzuchtgebiet der Reitpferderasse war es den Thüringer Züchtern möglich, bereits nach wenigen Jahren erste Erfolge auf Zentralen Hengstkörungen bzw. Elitestutenschauen zu erreichen. Im Jahr 1977 konnten die Hengste Direcus und Doron auf den Zentralen Hengstkörungen der damaligen DDR den 2. und 3. Platz belegen.

- 1969 - 1974				
Goldhamster xx	geb. 1964	V.: Atatürk	MV: Magnat	Z.: Gestüt Görlsdorf
Greif (Trak. Abst.)	geb. 1967	V.: Drusus	MV: Terzky	Z.: Gestüt Neustadt/D
- 1975 - 1980				
Ferro	geb. 1966	V.: Feierabend	MV: Gruß	Z.: K. Sevecke, Neu Wendischthun
- 1977 - 1984				
Disponent	geb. 1968	V.: Dingo II	MV: Friesenstolz	Z.: Forschungsz. Dummerstorf
- 1977 - 1981				
Granat (Trak. Abst.)	geb. 1969	V.: Polarkreis	MV: Klingsor	Z.: VEG Tierzucht Köln
- 1981 - 1984				
Don Carlos	geb. 1974	V.: Duktus	MV: Kurort	Z.: Gestüt Radegast
- 1982 - 1985				
Lenz	geb. 1975	V.: Leuchtfeuer	MV: Sekundant	Z.: Gestüt Radegast
- 1985 - 1988				
Blaubart xx	geb. 1967	V.: Bürgermeister xx	MV: Goody	Z.: Gestüt Graditz
- 1986 - 1990				
Lesoto	geb. 1983	V.: Lenz	MV: Direx	Z.: Gestüt Zöthen
- 1987 - 1990				
Glistan	geb. 1983	V.: Glimmer	MV: Direx	Z.: Gestüt Neustadt/D
- 1988 - 1990				
Vers I (Trak. Abst.)	geb. 1971	V.: Neujahr	MV: Polarkreis	Z.: Gestüt Graditz

In den Jahren 1969 bis 1990 gingen aus dem Gestüt Zöthen eine Vielzahl gekörter Hengste hervor.

- Doron	geb. 1975	V.: Disponent	MV: Direx (im Mutterleib mit nach Zöthen gekommen)
- Gardo	geb. 1980	V.: Granat	MV: Tibet
- Dedo	geb. 1982	V.: Disponent	MV: Optimist
- Dozent	geb. 1982	V.: Don Carlos	MV: Direx
- Lesoto	geb. 1983	V.: Lenz	MV: Direx
- Lars	geb. 1984	V.: Lenz	MV: Falstaff
- Legato	geb. 1987	V.: Lesoto	MV: Disponent
- Glissando	geb. 1987	V.: Glistan	MV: Lenz

Im Jahre 1978 nahm mit der Erstbelegung die Zentrale Hengstprüfungsanstalt in Neustadt/Dosse ihre Arbeit auf. Für die Beschickung der HPA waren zu damaliger Zeit die 4 in der DDR vorhandenen Hauptgestüte verantwortlich, denen die Aufzucht aller im Angebot stehenden Hengstanwärter befohlen war. Hengste aus Thüringen machten seit Bestehen der Hengstprüfungsanstalt durch sehr gute Leistungsprüfungsergebnisse auf sich aufmerksam.

Nachfolgende Hengste, gezogen in Thüringen, gingen als Leistungssieger bzw. Gesamtsieger entsprechend dem damaligen Prüfungsreglement in den einzelnen Jahrgängen hervor.

Das gleiche Ergebnis erreichten Thüringer Reitpferdestuten auf Landes- bzw. DDR-Schauen. So war es u. a. möglich, auf den alljährlich stattfindenden Zentralen Elitestutenschauen (für dreijährige Stuten) vordere Plätze zu belegen.

Eine sehr gute Tradition haben auch die Thüringer Elitestutenschauen, zu denen jährlich ca. 20 bis 25 Staatsprämienanwärterinnen dieser Rasse zur Vorstellung kommen. Mit dem Wegfall der Zentralen Elitestutenschau hat diese Veranstaltung seit 1990 an Bedeutung und Beliebtheit gewonnen.

Zu den vergangenen 13 Thüringer Elitestutenschauen waren es meist Stuten aus dem Gestüt Zöthen, der LPG Teistungen und der LPG Arnstadt, die die Spitzenstuten stellten.

Die Auflösung des Gestütes Zöthen und der Verkauf des gesamten Pferdebestandes ist für die Pferdezucht Thüringens sehr schmerzlich, war jedoch unvermeidbar. Dem Verband Thüringer Pferdezüchter ist es zu verdanken, daß sowohl das gesamte Stutenmaterial als auch die gesamten Fohlenjahrgänge zu 98% an Thüringer Züchter verkauft werden konnten. Es bleibt somit der wertvollste in Thüringen gehaltene Reitpferdebestand in seiner Gesamtheit erhalten. Den Einzelzüchtern ist zu wünschen, daß sie dieses wertvolle Blut weiterhin zum Wohle und zum Erfolg der Thüringer Pferdezucht erhalten können.

Neben der Hengstleistungsprüfung wurde bereits im Jahre 1973 mit der Stutenleistungsprüfung als Feldprüfung begonnen, an der sich jährlich ca. 60% der eingetragenen Stuten beteiligen. Aus dieser Feldprüfung entwickelte sich im Jahr 1988 die Hengstmutterprüfung, die ihre Fortführung im Jahre 1990 mit der Stutenleistungsprüfung auf Station fand. Es werden seit 1988 jährlich 50 Stuten und davon 90% der Hengstmutteranwärterinnen und 100% der Staatsprämienanwärterinnen erfolgreich in den Thüringer Stutenleistungsprüfungseinrichtungen geprüft.

Mit der Wende öffneten sich für die Reitpferdezucht neue Perspektiven. Der züchterische Einsatz von Hengsten interessanter und bekannter Blutlinien war über Nacht Wirklichkeit geworden. Es war aber andererseits auch nicht zu erwarten, daß sofort Spitzenvererber aus den Altbundesländern im großen Umfang zur Verfügung standen. Mit der neuen Zeit sind unseren Züchtern vielfältige Möglichkeiten des Einsatzes von Hengsten aus den führenden Zuchtgebieten Deutschlands gegeben.

Auch das Sächsische Landgestüt Moritzburg stand kurzfristig ein weiteres Mal vor der Frage der Umstellung des Reitpferdehengstbestandes mit Hengsten aus westdeutschen Zuchtgebieten. Diese Möglichkeit wurde durch den Landstallmeister, Dr.

In Thüringen gezogene Sieger der Hengstleistungsprüfungen in Neustadt/Dosse

1983 Gardo	geb. 1980	V.: Granat	MV: Tibet	Z.: Gestüt Zöthen
1985 Dedo	geb. 1982	V.: Disponent	MV: Optimist	Z.: Gestüt Zöthen
1987 Duzbruder*)	geb. 1984	V.: Duralin I	MV: Direx	Z.: ZGE Gommla
1988 Adiso	geb. 1985	V.: Adishan	MV: Doron	Z.: LPG Bad Tennst.
1990 Legato	geb. 1987	V.: Lesoto	MV: Disponent	Z.: Gestüt Zöthen

*) jetzt unter dem Namen „Duval" als Dressurhengst des Brandenburgischen Hauptgestütes Neustadt/D. im Einsatz

Doron geb. 1975, V.: Disponent, MV: Direx, Z.: VEG Voigtsdorf Aufzüchter: Gestüt Zöthen. Doron war von 1978 bis 1990 in Thüringen im Deckeinsatz und hat die Reitpferdezucht Thüringens entscheidend geprägt.

Legato geb. 1987, V.: Lesoto.

Reitpferdstute Sambalita geb. 1989, V.: Grundsatz, MV: Veston, Z. u. B.: Tierproduktion und Handels GmbH Burgtonna. Typvolle Thüringer Reitpferdestute

Görbert, gemeinsam mit dem Verband Thüringer Pferdezüchter e. V. und dem Pferdezuchtverband Sachsen e. V. zielgerichtet genutzt, so daß für die Decksaison 1994 bereits 58% Hengste mit den neuen bekannten Abstammungen dem Züchter zur Verfügung stehen. Das hat andererseits den Vorteil, daß die im Landgestüt verbleibenden Hengste aus der Zeit vor der Wende generell als zuchtwertgeprüfte Vererber anzusehen sind. Aufgrund der Ergebnisse aus der Zuchtwertschätzung aus dem Jahre 1993 der Deutschen Reiterlichen Vereinigung e. V. in Warendorf haben sich die Hengste Dozent v. Don Carlos; Grundsatz v. Grund; Adishan v. Adept und Lesoto v. Lenz als Leistungsträger hervorgetan.

Eine weitere Möglichkeit stand ab sofort den Thüringer Züchtern als Privathengsthalter durch Zukauf oder Pacht offen. Unsere Züchter nutzen dieses Angebot, so daß ab 1994 15 Reitpferdehengste in Privathand zur Verfügung stehen. Welchen Hengsten bzw. Genealogien der Hengste aus den alten Bundesländern der Vorzug gegeben werden sollte, ließ sich und läßt sich nach zwei Fohlenjahrgängen nicht bestimmen. Dominierend beim I. Thüringer Fohlenchampionat waren die Nachkommen der Hengste Cardiff v. Capitol - Capitano und Lucarlo v. Luxus - Landgraf sowie beim II. Thüringer Fohlencham-

pionat die Nachkommen der Hengste Paquirri v. Pik Bube und Pius v. Pilot.
Bei diesen Fohlen war - bei Schönheit und Eleganz der Mütter - der Einfluß der angepaarten Väter hinsichtlich Aufrichtung und Bewegungsablauf besonders augenfällig.
Erste für die Reitpferdezucht Thüringens bedeutende Erfolge erreichten die Thüringer Züchter durch das Siegerfohlen beim Fohlenchampionat für Deutschland in Ansbach im Jahr 1990.
Das Glistan Stutfohlen „Alaska" aus einer Blaubart xx-Mutter setzte sich gegen eine große Konkurrenz von über 30 Fohlen im Finale durch.
In den weiteren Jahren erreichten Thüringer Fohlen zu Fohlenchampionaten in Katzenellenbogen weitere vordere Plätze.
Thüringer Reitpferde im großen Sport haben sehr lange gebraucht, um nachhaltig von sich reden zu machen. Dieses Vorhaben ist erst mit dem Wallach Safran, ein Nachkomme des Hengstes Sextant, gezogen in Arnstadt-Angelhausen, dem heutigen Gestüt Käfernburg, gelungen. Safran erreichte mit seinem Moritzburger Reiter, Ralf Blankenburg, über die Qualifikation 1990 das Finale des in Dortmund ausgetragenen Weltcups. Besonders wertvoll hat sich dabei die mütterliche Linie über den Trakehner Greif und den Vollblüter Main xx ausgewirkt. Sein Vollbruder Safran II wurde als Auktionspferd für 40.000 DM, wie auch Safran I, an den Sportstall Moksel verkauft.
Außerhalb Thüringens sind Adishan-Nachkommen besonders beliebt. Einige von ihnen waren in den letzten Jahren ständig beim Bundeschampionat der Reitpferde vertreten. Einer der bedeutendsten Adishan-Nachkommen ist der Wallach Brilliant, mit dem seine Reiterin Cora Jacobs Mannschafts-Europameisterin der Juniorinnen in der Dressur wurde.

Reitpferdestutfohlen Amineh geb. 1992, V.: Cardiff, MV: Blaubart xx, Z.: Gestüt Zöthen. Siegerstutfohlen I. Thüringer Fohlenchampionat 1992

Brilliant geb. 1985, V.: Adishan, M.: Askana, MV: Doron unter seiner Reiterin Cora Jacobs

Der in den 60er Jahren eingeleitete Rückgang der Pferdebestände hielt wie bei allen anderen Rassen bis Ende der 70er Jahre an und dezimierte die Schweren Warmblut-Stutbuchbestände in Thüringen so stark, daß Ende 1970 nur noch 200 Stuten züchterisch zu nutzen waren. In der Zwischenzeit waren auf Beschluß der damaligen Zentralstelle für Pferdezucht in Berlin alle in Moritzburg stationierten Schweren Warmbluthengste aus dem Deckeinsatz genommen worden. Bereits 1965 faßte, so lt. Baumgarten, die Zuchtkommission den Beschluß, eine Genreserve von mindestens 100 Schweren Warmblutstuten in Thüringen zu halten. Dieser Beschluß konnte erst viel später in die Tat umgesetzt werden, als noch rechtzeitig genug, Ende der 70er Jahre, die Nachfrage nach Kutsch- und Wagenpferden sprunghaft anstieg. Die für die Erhaltung dieser Rasse so wichtige Entwicklung veranlaßte das Hengstdepot Moritzburg, in Übereinstimmung mit den Zuchtleitern und Züchtern, die in Verwahrung stehenden Schweren Warmbluthengste neu zu aktivieren. Dem Weitblick und sicher auch der Zuneigung zu dieser Rasse von Frau Dr. Steiner, Direktor des Hengstdepots Moritzburg, ist es zu verdanken, daß die besten Schweren Warmbluthengste für die Zucht Thüringens und Sachsens erhalten geblieben sind. 1977 konnten somit die Vererber Eros, Edelfalk, Canton und Vasall erneut in den Deckeinsatz gestellt werden. Besonders erwähnt sei der bereits zu Lebzeiten zur Legende gewordene Oldenburger Glanzrappe Eros, der die Schwere Warmblutzucht Sachsens und Thüringens entscheidend beeinflußt hat.

4.2 Die Schwere Warmblutzucht

Das in vielen Teilen Thüringens verbreitete und in das Profil des in Thüringen heimischen, mittleren Landwirtschaftsbetriebes passende Schwere Warmblut entwickelte sich bis in das Jahr 1950 gegenüber 1945 um das Doppelte. Die im Verband eingetragenen Stuten hatten sich Ende 1949 auf 2.859 Stuten erhöht. Besonders die Mehrfachnutzung als Arbeits-, Wagen- und Fahrpferd war einer der wesentlichen Gründe für die starke Verbreitung. Über fast 20 Jahre war in Thüringen ein Schwerer Warmblutstutenbestand und somit eine breite züchterische Basis vorhanden, die den Züchtern und zuchtleitenden Organen vielfältige Möglichkeiten der Zucht dieser Rasse gaben. In diesem Zeitraum waren in Thüringen ständig 50 bis 80 Hengste im Einsatz. Die Zeit von 1945 bis 1960 ist als die Blütezeit der Schweren Warmblutzucht zu bezeichnen. Für die Zuchtarbeit und die Ausprägung von Typ und Modell hatten sich die Züchter, so lt. Oppermann, folgende Zuchtzielforderungen gestellt:

„Die Züchtung eines schweren, kurzbeinigen, mittelgroßen und tiefen Warmblutpferdes mit starkem Fundament, guten, räumenden Gängen und ruhigem Temperament. Der Typ ist auf Ostfriesischer und Oldenburger Grundlage zu festigen. Dabei ist größtes Augenmerk auf wirtschaftliche Typen mit hoher Futterdankbarkeit und Fruchtbarkeit zu legen."

Der Schwere Warmbluthengst Eike, gezogen in Oldenburg und im Besitz des Hengstdepots Moritzburg, sowie die Stute Ramona v. Ottstedt, v. Edelmann, sind Zeugnisse der in dieser Zeit in Thüringen gezogenen Schweren Warmblüter.

Schwerer Warmbluthengst Eike geb. 1957, V.: Edler, MV: Der Oldenburger, Z.: Wilhelm Heerßen, Morgenland/Oldenb.

Schwere Warmblutstute Ramona v. Ottstedt geb. 1960, V.: Edelmann, Z.: Max Kögler, Ottstedt a. B., Siegerstute Schweres Warmblut anläßlich der 11. Landwirtschaftsausstellung in Leipzig-Markkleeberg 1963.

Centimo geb. 1980, V.: Canton, MV: Eros, Z.: LPG Aue. Typischer Vertreter des Thüringer Schweren Warmbluthengstes

blickend genug, die kleineren kurzbeinigen, mehr im ostfriesischen Typ liegenden Stuten abzustoßen. Als Folge davon hat sich die durchschnittliche Widerristhöhe der jährlich aufgenommenen Schweren Warmblutstuten in den letzten Jahren auf durchschnittlich 162,8 cm erhöht. Die erhalten gebliebene Restpopulation ist in ihrer Gesamtheit weitaus eleganter und rahmiger bei Erhaltung des Rassetypes entsprechend den neuen Anforderungen des Nutzungsspektrums.

Der Hengst Centimo vom Canton, MV: Eros soll dafür ein lebendiger Beweis sein. Bei aller Zuneigung zu den soliden reingezogenen alten Thüringer Typen muß dem heute bodenständig gewordenen sächsisch-thüringischen Schweren Warmblut, diese Bezeichnung kann diese Rasse in Anspruch nehmen, auch künftig der Vorrang gegeben werden. Aus der Erkenntnis der letzten Auktionen bzw. Verkaufswoche ist der Käufer für die nächsten Jahre im Bereich des Fahr- und Freizeitsportes zu suchen, der den modernen Schweren Warmblüter bevorzugen wird. Wie einsetzbar die Thüringer und sächsischen Schweren Warmblüter sind, zeigen sie in den Schaunummern der jährlich stattfindenden Moritzburger Hengstparaden.

Mit Unterstützung und im Auftrage des Thüringer Ministeriums für Landwirtschaft und Forsten führt der Verband seit 1992 die Stutenleistungsprüfung in der Disziplin Fahren für Schwere Warmblutstuten erfolgreich durch. Entsprechend der Größe der Population werden jährlich 12 bis 15 Stuten geprüft.

4.3 Kaltblutzucht

Durch die politisch sowie wirtschaftlich sehr schwierigen Verhältnisse am Ende und nach dem 2. Weltkrieg stieg die Nachfrage nach schweren Arbeitspferden erwartungsgemäß ständig an. Bedingt dadurch konnte sich die Anzahl der Kaltblutstuten sowie der gesamte Kaltblutpferdebestand ständig erhöhen. Dieser Anstieg bis 1950 ist aus der Tabelle, Seite 150, ersichtlich. Die Zeit von 1940 bis einschließlich 1955 ist zweifellos als die Blütezeit der Thüringer Kaltblutzucht anzusehen. Von allen in Thüringen je gezüchteten Rassen ist das Kaltblut mit maximal 8.343 eingetragenen Stuten die bedeutendste Rasse. Die gesamte Zucht basierte auf rheinisch-deutscher bzw. belgischer Blutgrundlage.

Die Mehrzahl der gekörten Hengste und eingetragenen Stuten waren hervorragende mittelrahmige bis kleinere Kaltblutpferde, obwohl die Diskussionen über Typ und Rahmen zum Teil kontrovers verliefen. Besonders in den Jahren um 1950 wurde den kleineren, futterdankbaren Hengsten und Stuten bei der Körung und Eintragung der

Den Thüringer Züchtern war es nach Neubeginn der Schweren Warmblutzucht vergönnt, 1980 die ersten Schweren Warmblutjunghenste Varus und Vagant vorzustellen und gekört zu bekommen. Zu den bedeutendsten Schweren Warmblutstuten dieser Zeit zählten die Stuten Erika vom Eros und ihre Mutter Uta vom Feldweg - Mütter der beiden oben angeführten Hengste. Die Stute Erika brachte in den folgenden Jahren noch 3 gekörte Söhne, die Hengte Centimo geb. 1980, Lord I geb.

1983 und Lord II geb. 1984, der heute in Ostfriesland wirkt. In den Pedigrees dieser Hengste ist als Züchter die LPG Aue genannt, tatsächlich hat jedoch die Familie Paul Buchner in Utenbach immer die schützende Hand auf den Erhalt der Schweren Warmblutzucht in diesem Betrieb gelegt.

Mit der Bestandsreduzierung waren alle Möglichkeiten einer vernünftigen Selektion gegeben. Die wenigen verbliebenen Schweren Warmblutzüchter waren weit-

Vorzug gegeben. Bei ca. 8.000 Stutbuchstuten ist immer eine große Differenziertheit gegeben. Die Mehrzahl der in Thüringen vorhandenen Kaltblutstuten war jedoch in Typ und Modell ähnlich der durch
die Bilder (S.149) gezeigten Hengstkoppel
und der Stute Puppe einzuordnen.

Mit Abstand betrachtet, hatten die Thüringer Züchter enorm viel Arbeit, Zeit und
Geld in die Kaltblutzucht investiert. Umso
schmerzlicher war es miterleben zu müssen, wie über wenige Jahre eine Pferderasse ausgerottet wurde. Aus dieser Massen-
schlachtung blieb am Ende ein ganz be-
scheidener Kaltblutbestand erhalten.
Nur über langfristige dreiseitige Verträge
zwischen den Kaltblutzuchtbetrieben, den
Staatlichen Forstwirtschaftsbetrieben und
der Zuchtleitung war es möglich, die Kaltblutzucht in Thüringen in einem bestimm-

ten Umfang zu erhalten. Als man in anderen Ländern die Kaltblutbestände noch
drastischer abbaute, wurde in Thüringen
bereits ein stabiler, qualitativ hochwertiger
Stutenbestand aufgebaut.
Mit dem Zukauf von Spitzenstuten aus einem der bekanntesten Kaltblutzuchtbetrie-
be Deutschlands, der Altmark, war es
möglich, durch die Zufuhr besten Blutes
die Kaltblutzucht entscheidend zu stabili-
sieren. Entsprechend den Käuferwünschen
mußte ständig ein breites Spektrum an
Kaltblutpferden zur Verfügung stehen. Die
Zuchtzielformulierung ging deshalb von
einem mittelrahmigen bis mittelschweren
Kaltblutpferd mit genügend Tiefe, trockenem Fundament, korrekten Hufen, bester
Bewegung, allerbesten Charakter sowie
Temperament aus. Die Widerristhöhe
konnte von 158 cm bis 165 cm und darüber hinaus variieren. Durch die Bindung

an die Pferdezuchtdirektion Süd bzw. an
das Hengstdepot Moritzburg bzw. an
Sachsen kam eine ständige Hengstrotation
mit Sachsen zustande.
Genealogisch ist der Kaltblutbestand, sowohl der Hengst- als auch der Stutenbestand, mit unterschiedlichen Anteilen den
Blutlinien Gaulois du Monceau, Advokat,
Espoir de Lorette und Birkhahn zuzuordnen.

Die gesamte Kaltblutzucht Thüringens lag
in der Zeit von 1970 bis 1989 im wesentlichen in den Händen von drei großen
Zuchtbetrieben mit einem durchschnittli-
chen Bestand von 25 Stuten. Diese Betriebe waren und sind die Kaltblutzuchtbetrie-
be, ehemals LPG heute Agrargenossenschaften, Bockelnhagen, Frohndorf,
Großenlupnitz und in letzter Zeit Neuenhof. Aus der LPG Bockelnhagen ist der
Kaltblutzuchtbetrieb GbR Konrad und Die-

Kaltbluthengst Doppelgänger v. Niederdorla geb. 1948, V.: Zelot, MV: Morland v. Erstedt, Z.: Erich Müller, Niederdorla

Elias geb. 1980, V.: Elbrus, MV: Uwe I, Z.: LPG Bockelnhagen, Reservesieger der II. Bundeskaltblutschau zur Grünen Woche in Berlin 1993

seiner Umgänglichkeit in kurzer Zeit viele Bereiche, besonders jedoch den Freizeitbereich, erobert hatte.

Die züchterische Grundlage ging zunächst von o. g. einem Hengst und 7 Stuten aus, die bis 1960 durch Zukauf aus Tirol und Bayern auf 4 Hengste und 47 Stuten erweitert wurde. Die ersten Haflinger fanden in Jena, im dortigen Tierzuchtbetrieb, ihre erste Heimat.

Zu den ersten Haflingerbetrieben, deren Standort möglichst im Mittelgebirge liegen sollte, zählten, neben Jena, die Betriebe Allmenhausen, Deubachsdorf, Brotterode, Roßdorf, Schmalkalden, Wallrabs, Hildburghausen, Bad Sulza und Pößneck. In Durchsetzung einer zentralen Weisung beschränkte sich zunächst der Besitz von Haflingerstuten nur auf die o. a. ausgewählten Betriebe in Thüringen und Sachsen. Erst viel später gelang es, diese Weisung aufzuweichen und die Haflingerzucht in privater Hand heimisch zu machen. Damit entwickelte sich der Stutenbestand in Thüringen, ersichtlich aus Tabelle Seite 150, auf durchschnittlich 700 Stuten mit Nachzucht, so daß in Thüringen ständig ca. 2.500 Haflingerpferde im Bestand waren.

ter Handt, Bockelnhagen hervorgegangen. Seit Bestehen, dem Jahre 1978, gingen aus dem Kaltblutzuchtbetrieb Großenlupnitz 26 gekörte Hengste hervor. Die Agrargenossenschaft Großenlupnitz, mit einem Stutenbestand von annähernd 20 Stuten, zählt heute noch zu den bedeutendsten Kaltblutzuchtbetrieben Deutschlands.

Mit der erstmaligen Teilnahme am Bundeschampionat für Kaltblüter im Januar 1993 in Berlin konnten die Kaltblutzüchter Thüringens mit der Vorstellung von 2 Hengsten und 6 Stuten die Qualität der Thüringer Kaltblutzucht eindeutig unter Beweis stellen. Sie erreichten in der Klasse Rheinisch-Deutsches Kaltblut mit dem Hengst Elias, gezogen in Bockelnhagen und im Besitz des Sächsischen Landgestütes Moritzburg, den 2. Platz und somit den Reservesieger und mit dem Hengst Pesedo, gezogen in Großenlupnitz, einen 3. Platz. Die beste Thüringer Stute plazierte sich unter allen vorgestellten Rheinisch-Deutschen Kaltblütern an 3. Stelle. Alle weiteren vorgestellten Kaltblutstuten erreichten in ihren Klassen 2. und 3. Plätze. Vertreten war die Thüringer Kaltblutzucht mit den Kaltblutzuchtbetrieben Großenlupnitz und Neuenhof.

4.4 Die Haflingerzucht

Die Geburtsstunde der Haflingerzucht in Thüringen begann mit dem Import eines Hengstes und 7 Stuten im Jahre 1956.

Das eigentliche Ziel bestand darin, einen Ersatz für die zu futteraufwendigen Kaltblüter, die ohnehin schon aus den landwirtschaftlichen Betrieben durch Traktoren verdrängt waren, zu finden. Die Pferdezüchter Thüringens besaßen mit dem Haflinger ein vielseitig verwendbares Kleinpferd, das aufgrund seines Charakters und

In den ersten Jahren des Bestehens der Haflingerzucht lehnten sich die Haflingerzüchter Thüringens und Sachsens an das Zuchtziel Tirols an. Mit der Verabschiedung des Fachbereichstandards „Zuchtziele" im Jahre 1971 waren für die Haflingerzüchter der ehemaligen DDR die Zuchtzielanforderungen klar und deutlich formuliert. Die Betonung lag dabei auf einem vielseitig verwendbaren Kleinpferd mit Eignung für die Reit- und Fahrtouristik. Vergleicht man das Zuchtziel des Haflingers aus dem Jahr 1971 mit dem heutigen,

Haflingerhengst Wilmar geb. 1981
V.: Wildfang
MV: Stepper
Z.: Tierzucht Jena
Großrahmiger, typvoller Haflingerhengst, erfolgreichster Althengst Thüringens auf der Bundesschau in Alsfeld

so ist es in den wesentlichen Punkten bestehen geblieben. Nur die Anforderungen bezüglich der Widerristhöhe haben sich von 135 cm bis 142 cm auf 136 bis 147 cm geändert. Desgleichen hat sich die Auffassung über den Hauptverwendungszweck seit dem Jahr 1990 geändert.

Während in den Jahren von 1956 bis 1965 die Nutzung in der Landwirtschaft im Vordergrund stand, ging die Hauptnutzung von 1965 bis 1989 in die Forstwirtschaft sowie in die Touristik und ab 1990 ausschließlich in den Freizeitbereich über. Parallel dazu änderte sich auch das Zuchtziel bezüglich Eleganz, Rahmen, Bewegungsablauf und Reitveranlagung.

Der Bestandsaufbau, so aus der Tabelle S. 150 ersichtlich, hielt nicht zuletzt durch die sprichtwörtliche Umgänglichkeit und Intelligenz des Haflingers bis in das Jahr 1987 an. Durch seine natürlichen Gegebenheiten ist fast der gesamte Thüringer Raum ideal für diese Rasse geeignet. Es haben sich neben dem Ursprungsbetrieb, dem VEG Tierzucht Jena, der über viele Jahre 25 Stuten hielt, die Betriebe VEG Allmenhausen, ZGE Clausberg, LPG Wolfersdorf, VEG Meura, das heutige Haflingergestüt Meura, herausgebildet. In der Blütezeit der Jenaer Haflingerzucht zählte dieser Stutenbestand in seiner Gesamtheit, besonders in der Typausprägung, zu den bedeutendsten Stutenbeständen in der damaligen DDR. Neben dem Jenenser Haflingerbestand ist besonders auf die Haflingerzucht im Gestüt Meura aufmerksam zu machen.

In der Zeit zwischen 1977 und 1987 waren bis zu 650 Haflinger in Meura stationiert, das somit zu den größten Haflingerzuchtbetrieben Europas zu zählen ist.

Beide Haflingerzuchtbetriebe nehmen für die Haflingerzucht Thüringens eine Schlüsselposition ein. Mit dem Verkauf von Stuten aus beiden Zuchtbetrieben konnte zielgerichtet Einfluß auf die Haflingerzucht des Landes genommen werden. Es ist nachweisbar, daß von den in der damaligen DDR gekörten Haflingerhensten 59 in den Betrieben VEG Tierzucht Jena und Haflingergestüt Meura gezogen wurden.

Zu den bedeutendsten Hengsten, die in Thüringen bzw. Sachsen im Zuchteinsatz standen, zählen erstens Stachus mit 16 gekörten Söhnen.

Vom Alter her folgt Stepper, der jedoch über seine Söhne und Enkel, insbesondere Stern und Stesator, sowie über die weiblichen Nachkommen der bedeutendere von beiden war.

Als nächster ist Albanus zu nennen, der in der Anpaarung mit Stuten aus Jena eine ganze Reihe hervorragender Hengste brachte, insbesondere den 1982 geborenen Albertus.

Als weiteres ist Montanus zu nennen, der über seinen Sohn Modell, welcher besonders in der jüngsten Vergangenheit eine

Haflingerhengst Arcello geb. 1990, V.: Aurel, MV: Achilles, Z.: LPG Wolfersdorf Körsieger 1992 der Länder Thüringen und Sachsen 2. Reservesieger der Bundeshaflingerschau in Alsfeld 1993

Haflingerstute Usala geb. 1989, V.: Albertus, MV: Ibn Galal ox, Z.: Gestüt Meura Elitestute 1992, Leistungssiegerin aller bisher in Meura stationsgeprüften Haflingerstuten, Gewinnerin des „Blauen Bandes" von Bad Oynhausen, beste Jungstute der Schau und Mutter des Siegerfohlens(V.: Modell) in Bad Oynhausen 1993

Reihe von gekörten Söhnen und Elitestuten gebracht hat, in der Bedeutung gestiegen ist. Nicht unerwähnt darf auch der Halbbluthengst Gamet bleiben, der immerhin drei gekörte Söhne sowie sieben Elitestutenschausiegerinnen brachte.

Aufgrund des sehr kleinen Ausgangsmaterials an Stuten im Jahr 1956 haben sich einige Stutenfamilien herausgebildet, von denen besonders die Stuten Beta mit ca.

150 Nachkommen, Salerna mit ebenfalls 150 Nachkommen und Helga mit über 200 Nachkommen zu nennen sind. Eine Zuordnung der Hengste und Stuten zu den bekannten Blutlinien zu erarbeiten und zu beschreiben ist nicht notwendig, da die Zuordnung nur über die väterliche Abstammung erfolgt welche in bestimmten Zeitabschnitten ständig Schwankungen unterworfen ist.

Shetlandponystute Unesca geb. 1989, V.: Aldono, MV: Normann, Z.: Werner Seidel, Pausa, Siegerstute der Thüringer Elitestutenschau 1992 der Rasse Shetlandpony, Siegerstute ihrer Klasse der I. Thüringer Shetland-ponyschau 1993. Der Besitzer Werner Seidel züchtet seit über 50 Jahren Shetlandponys

Eine der Stuten aus der jüngsten Zeit, die von sich Reden gemacht hat, ist die Stute Usala, Vater: Albertus, MV: Ibn Galal ox, gezogen im Gestüt Meura. Sie war Siegerin der Thüringer Elitestutenschau 1992, Siegerin um das „Blaue Band" von Bad Oynhausen. Aus ihr gezogen ist das Siegerfohlen des Fohlenchampionates von Bad Oynhausen und sie ist Leistungssiegerin aller in Thüringen bisher geprüften Stuten.

Eines der Rezepte des Erfolges der Haflingerzucht Thüringens und Sachsens liegt in der gemeinsamen züchterischen Arbeit mit dem Sächsischen Landgestüt Moritzburg und seiner konsequenten Zuchtpolitik, sowie der Schaffung einer bestimmten Vorlaufzüchtung auf wissenschaftlicher Grundlage durch die KMU Leipzig unter Federführung von Prof. Schwark.

Ein Ausdruck dafür ist das Abschneiden beim Bundes-Haflingerchampionat in Alsfeld mit den Hengsten Wilmar, Sigg, Stator, Stegmann und Arcello, die alle vordere Plazierungen erreichten. Der Hengst Sigg, V.: Status aus einer Achilles-Mutter, gezogen in der LPG Wolfersdorf, wurde in seiner Klasse Reservesieger.

Leistungsdenken war schon immer die Devise der Haflingerzüchter, das zeigt sich in der Durchführung von Schauen aber auch in der konsequenten Durchführung von Stutenleistungsprüfungen. Entsprechend der damaligen Möglichkeiten beteiligten sich alle großen Haflingerzuchtbetriebe mit den gesamten Jungstutenjährigen an der Feldprüfung, bei denen die Stuten unter dem Reiter und in der Schleppeprüfung vorgestellt wurden.

Einer der konsequentesten Verfechter der Stutenleistungsprüfung war schon von je-

her das Gestüt Meura. Meura ließ seit dem Jahr 1980 den gesamten Jungstutenjahrgang prüfen. Im Ergebnis einer zehnjährigen Erfahrung entschied sich Dr. Sendig, der Leiter und jetzige Besitzer des Gestütes Meura, eine Station für Stutenleistungsprüfungen aufzubauen und 1991 bereits den ersten Durchgang durchzuführen. Seither werden jährlich 150 Stuten für Thüringen und Bayern und ab 1993 für weitere Züchter aus den meisten Verbänden Deutschlands in einem 30-Tage-Test geprüft.

Die Haflingerzüchter Sachsens führten seit 1970 im zweijährigen Rhythmus sehr erfolgreich Haflingerschauen, z. T. mit Beteiligung Thüringer Haflingerzüchter, durch. Thüringen war vorbehalten, Haflingerschauen in Verbindung mit den 20- und 30jährigen Bestehen der Haflingerzucht in Thüringen durchzuführen. Die letzte Veranstaltung „30 Jahre Haflingerzucht" gestaltete sich zu einem wahren Volksfest, denn 12.000 bis 15.000 Zuschauer besuchten diese Veranstaltung in Meura.

4.5 Shetlandponyzucht

Die Shetlandponyzucht gehört seit 1970 zum festen Bestandteil der Pferdezucht und läßt sich in Thüringen nicht mehr wegdenken. Die Shetlandponys zählen neben den Kaltblütern und Schweren Warmblütern zu den am längsten züchterisch bearbeiteten Rassen. Einige Züchterfamilien befassen sich bereits seit 40 und mehr Jahren mit der Zucht dieser Ponyrasse und haben trotz Konjunkturschwankungen stets an der Shetlandponyzucht festgehalten. Der Herdbuchbestand umfaßte im Durchschnitt der letzten 20

Jahre 500 Stuten, wobei das Jahr 1985 mit 700 eingetragenen Stuten und 52 gekörten Hengsten herausragt. Ausgehend vom Umfang der im Stutbuch geführten Stuten weist die Shetlandponyzucht in Thüringen neben den Reitpferden und Haflingern im langjährigen Mittel die drittgrößte Stutenpopulation auf. Über gezielten Hengstankauf bzw. Hengstaustausch gelang es den Thüringer Züchtern, den Gesamtbestand genealogisch offen zu halten. Vorteilhaft für die Shetlandponyzucht wirkte sich der Zukauf bzw. der Einsatz der über das Gestüt Zöthen in die Zucht gelenkten Hengste Kämpfer und Normann aus. Es darf jedoch nicht verschwiegen werden, daß mit dem Einsatz der beiden Hengste Typverluste und erhebliche Probleme bezüglich der Widerristhöhe auftraten.

95% aller in Thüringen gehaltenen Shetlandponyhengste und -stuten sind dem Originaltyp zuzuordnen. Über relativ strenge, jedoch für die Shetlandponyzucht entscheidende Selektionsmöglichkeiten, konnte die Qualität sowohl im Hengst- als auch im Stutenbestand ständig verbessert werden.

Es fanden im Zweijahresrhytmus Althengstnachkörungen statt, bei denen unter Vorlagen der Nachkommenleistungen der Hengste und der Überprüfung des Phänotyps über die Verlängerung der Deckerlaubnis entschieden wurde. Darüber hinaus fand im Alter von 8 Jahren eine Qualitätsprüfung der eingetragenen Stuten statt. Entscheidungsgrundlage der Selektion war auch hier die Nachkommenleistung und die Beurteilung des Phänotyps. Diese Maßnahmen waren nicht immer besitzerfreundlich, sie haben aber entscheidend auf die Qualitätsverbesserung der Shetlandponyzucht gewirkt.

Die Shetlandponyzüchter fanden auch immer die notwendige Unterstützung von der Zuchtleitung sowie ab 1990 vom Verband Thüringer Pferdezüchter e. V. Das ergibt sich auch aus der annähernd paritätischen Zusammensetzung von Zuchtbeirat und Vertreterversammlung entsprechend der Stutenbestände der einzelnen Rassen in Thüringen. Bei der Beurteilung der Qualität des Hengst- und Stutenbestandes kann man davon ausgehen, daß der Shetlandponybestand Thüringens in der Konkurrenz mit anderen Ländern Deutschlands bestehen kann. Auf einer kürzlich durchgeführten Verbandsschau konnte die Gesamtqualität der Shetlandponyzucht sowohl in den Siegerhengsten und Siegerstuten der einzelnen Klassen als auch in der Breite demonstriert werden.

Seit 1990 hat auch die Minishetlandponyzucht in Thüringen ihre Anhänger gefunden. Der Bestand an Minishetlandponys umfaßt z. Zt. in Thüringen 3 gekörte Hengste und 7 eingetragene Stuten, die alle im Besitz des Gestütes Tanneck in Eisenberg sind.

4.6 Kleinpferde-/Reitponyzucht

Eines der jüngsten Kinder der Thüringer Pferdezucht ist die Kleinpferde- bzw. Reitponyzucht. Erste Anfänge datieren aus dem Jahr 1976 mit 43 eingetragenen Stuten. In den folgenden Jahren stieg der Stutbuchbestand relativ schnell an, so daß bereits 1980 339 und 1985 546 Stuten in Thüringen eingetragen waren. Da die Kleinpferde- oder Reitponyzucht in Thüringen aus qualitativer Sicht noch in den Kinderschuhen steckt, soll sie auch in diesem Buch nur abschließend Erwähnung finden. Das Ausgangsmaterial für die Thüringer Kleinpferdezucht läßt sich im Prinzip in drei Kategorien unterteilen:

1. Kleinpferde, die aus den vorhandenen Ponys in Anpaarung mit Arabischen Vollblütern entstanden sind (WH 137 - 145 cm).
2. Die aus der Shetlandponyzucht über das Maß hinaus gewachsenen Kleinpferde im Bereich der Widerristhöhe zwischen 107 bis 137 cm, wobei der Hauptanteil dieser Stuten im WH Bereich zwischen 115 und 130 cm lag.
3. Kreuzungsprodukte aus unterschiedlichem Ausgangsmaterial (Haflinger, Edles Warmblut, Trakehner Abstammung und Arabisches Vollblut).

Aufgrund des unterschiedlichen Ausgangsmaterials hatte man die Kleinpferdezucht der ehemaligen DDR in die Kategorien B 1 bis B 4 unterteilt (siehe Kap. „Pony - und Kleinpferdezucht"). Diese Unterteilung in Kategorien stellte ein reines Ordnungsprinzip dar und sollte helfen, die Kleinpferdezucht in Richtung Reitpony zu beeinflussen. 96% der 1976 vorhandenen und eingetragenen Stuten sind der Kategorie B 1 zuzuordnen. Über den Einsatz von Englischen und Arabischen Vollblütern konnte dieser Anteil systematisch verringert werden, so daß 1989 nur noch 48% der eingetragenen Stuten dieser Kategorie zuzuordnen waren.

Erst nach der Wende hat die Reitpony- und Welshponyzucht sowie die Zucht anderer Kleinpferderassen durch Zukauf von Hengsten und Stuten, besonders aus den Zuchtverbänden Westfalen, Weser-Ems und Niedersachsen, an Zuspruch gewonnen. Per 31. 12. 1993 waren im Verband Thüringer Pferdezüchter e. V. 20 Reitpony, 12 Welsh-, 1 New- Forest-, 1 Island- und 1 Huzulenhengst gekört bzw. anerkannt und im Deckeinsatz. Dazu waren zum gleichen Zeitpunkt 538 Reitpony-, 18 Welsh-, 6 Island- und 4 Huzulenstuten im Stutbuch eingetragen. Durch Zukauf bzw. Pachtung stehen den Züchtern der vorgenannten Rassen bereits eine ganze Reihe sehr guter Vatertiere mit besten Abstammungen zur Verfügung. Damit sollte eine der Voraussetzungen für eine schnelle Entwicklung der Rasse Deutsches Reitpony, Welsh und andere in Thüringen gegeben sein.

5. Kurzer geschichtlicher Abriß der organisierten Thüringer Pferdezucht

Von einer gezielten Organisation und Lenkung der Pferdezucht kann man in Thüringen etwa ab dem Jahr 1900 ausgehen. Erste Niederschriften aus den Jahren um 1850 belegen jedoch die Bildung von kleinen Zuchtvereinen. Im nachfolgenden sollen die Marksteine und die dazugehörigen Jahreszahlen dargestellt werden.

um 1850
Erste Niederschriften zur Bildung kleiner Zuchtvereine

1857 Gründung des Landeshauptvereins, der die Interessen der Pferdezüchter wahrnahm.

1875 Gründung des Weimarer Pferdezuchtvereins

1886 Das erste Körgesetz für das Großherzogtum Sachsen - Weimar - Eisenach tritt in Kraft

1901 Gründung der Zuchtvereinigung für die Zucht schwerer Arbeitspferde

1903 Anlegung des ersten Stutbuches im Herzogtum Gotha

1916 Gründung des Pferdezuchtvereins Camburg für schwere Arbeitspferde

1921 Gründung des Landesverbandes Thüringer Pferdezüchter

1922 Am 20. Dezember 1922 beschloß der Thüringer Landtag das Gesetz über die Körung von Hengsten

1925 Beschluß über staatliche Ankaufhilfen

1926 Gründung der Thüringer Hauptlandwirtschaftskammer

1928 Gründung der Landesverbände Thüringer Kaltblut- und Warmblutzüchter

1952 Auflösung des Landesverbandes Thüringer Kaltblut- und Warmblutzüchter

1957 Schaffung des Hengstdepots Stotternheim als Teil des Hengstdepots Kreuz

1959 Bildung der Bezirkstierzuchtinspektion Weimar, Unterstellung und weitere züchterische Bearbeitung der Pferde für die Bezirke Erfurt, Gera und Suhl

1961 Angliederung des Hengstdepots Stotternheim an das Hengstdepot Moritzburg als Außenstelle

1962 Zwangsweise Auflösung des Hengstdepots Stotternheim als Außenstelle des Hengstdepots Moritzburg

1969 Bildung der Zentralstelle für Pferdezucht in Berlin, Auflösung der Abteilung Pferdezucht in den Bezirkstierzuchtinspektionen und Angliederung an die VE Pferdezuchtdirektion Süd, Moritzburg

1987 Auflösung der Zentralstelle für Pferdezucht und Zuordnung des gesamten Bereiches Pferdezucht zum Kombinat Tierzucht Paretz

13. Juli 1990
Gründung des Verbandes Thüringer Pferdezüchter e. V., als Nachfolgeorganisation des Landesverbandes Thüringer Pferdezüchter

Literatur

Baumgarten, M., unveröffentlichte Zuarbeit
Deutsche Pferdezucht, Geschichte, Zuchtziele (Das Land Thüringen)

Jahresberichte der Zuchtleitung Weimar

FN-Jahresberichte

Fachbereichsstandard - Pferdezucht, Zuchtziele, TGL 26900 vom Juni 1971, Druckhaus Leipzig
Petzold, P., Dissertation Mai 1982

Schleswig-Hol

DÄNEMARK

OSTSEE

Husum

NORDSEE

Heide

Burg

Kiel

Neumünster

SCHLESWIG-HOLSTEIN

Itzehoe

Krempe

Traventhal
(1866−1960)

Siethwende

Elmshorn

Seestermühe

Lübeck

NIEDERSACHSEN

Haselau

Haseldorf

MECKLENBURG

HAMBURG

stein Warmblut

Geb. 5. Mai 1925 in Wien.
Aufgewachsen auf Besitzungen der Familie in Böhmen un Rumänien.
Ab 1943 Soldat , Kavallerist i. d. 1. Kosa-ken-Division.
Kriegsgefangenschaft.
1945 - 1946 englischer Regt.-Rennstall in Österreich. Sattelte als Trainer 16 Sieger.
Ab 1947 in Holstein. - Jagdreiten, Turnier-reiten.
S-Richterqualifikation für alle drei Diszipli-nen.
Ständiges Mitglied der Rennleitungen bei den Rennen in Norddeutschland.
Audgedehnte Studienreisen in die Voll-blutzucht der Länder England, Frankreich, Italien, Ungarn, Dänemark, Schweden, Norwegen, Nord- und Südamerika.
2 mal Richter auf der Dublin Horse Show.
Einmal Richter auf der Royal Windsor Hor-se Show.
Vorstandsmitglied des Hamburger Renn-Clubs, Union-Klubs, Deutsche Richterver-einigung.
Autor von „Das Holsteiner Pferd", Ahnert-Verlag, Herausgeber und Mitarbeiter von „Wild und Jagd" (Hoffmann und Campe).

Romedio Johannes Evgl. Reichsgraf von Thun und Hohenstein †

Überarbeitet von Dr. Thomas Nissen (geb. 1955), Zuchtleiter im Verband der Züchter des Holsteiner Pferdes.

Das Holsteiner Warmblutpferd

1. Natürliche Gegebenheiten

Schleswig-Holstein umfaßt 15677,78 qkm mit ca. 2.584.000 Einwohnern. Mit seinen 164,8 Einwohnern je qkm steht es an dritter Stelle. Nur Bayern und Niedersachsen weisen eine um 7% geringere Bevölkerungsdichte auf.

Zusammen mit Jütland und den dänischen Inseln bildet Schleswig-Holstein eine Landbrücke zwischen Mitteleuropa und Skandinavien einerseits, andererseits wiederum die große Barriere zwischen Nord- und Ostsee. Drei große Landschaftstypen, die dicht aneinanderrücken, verleihen dem Land seinen besonderen Reiz. Der an der Nordsee-Ebene, von Meeresablagerungen gebildete Marschensaum, durchzogen von Wasserläufen und Gräben, gegen das Meer durch Deiche geschützt. An der Ostsee eine hügelige, teilweise seenreiche Moränenlandschaft. Dazwischen der sandige Mittelrücken, die Geest.

Das Pferd ist ein Produkt der Scholle. Zumindest die warm- und kaltblütigen Rassen, im Gegensatz zum englischen Vollblüter und dem standard-bred, die bei sachgemäßer Aufzucht und Haltung von Umweltfaktoren relativ unabhängig sind, vorausgesetzt, Zucht, Aufzucht und Haltung erfolgen nach den gleichen Prinzipien.

Eine kurze Übersicht über diesen so wichtigen Umweltfaktor im Zusammenhang mit der Zucht des Holsteiners ist deshalb notwendig.

Das alte Kerngebiet der Zucht umfaßt die heutigen Körbezirke Pinneberg, Steinburg mit den traditionellen Hauptorten Krempe und Wilster, Ditmarschen-Süd und -Nord. Als Zuchtgebiet neu hinzugekommen ist der Körbezirk Nordfriesland, wo infolge des Rückgangs der Schleswiger Kaltblutzucht der Holsteiner mehr und mehr an Boden gewinnt.

Es sind zumeist schwere Böden mit Sand durchsetzt und einem reichen natürlichem Kalkgehalt. Infolgedessen fehlen beim Holsteiner die bei Niederungspferden so häufig gerügten weichen Hufe. Es ist eben kein weicher Moorboden, im Gegenteil, im Sommer wird der durch Wind und Sonne ausgetrocknete Boden der Weiden steinhart und fördert Härte und Festigkeit der Hufe.

Für den Kundigen stellen die Marschen durchaus kein einheitliches Gebilde dar. Man muß sehr wohl unterscheiden zwischen den Elbmarschen von Haseldorf und Seestermühe, wo Obstanbau eine große Rolle spielt, der Kremper Marsch zwischen Stör und Krückau, der tief gelegenen Wilstermarsch zwischen Stör und Nord-Ostsee-Kanal, den reichen Böden von Dithmarschen, der hohen schweren Marsch von Eiderstedt, früher Ackerland, seit Mitte des vorigen Jahrhunderts ausnahmslos Weide-

gebiet, und dem Grasland der Nordfriesischen Marsch.

Der Mittelrücken, die Geest, das niederdeutsche Wort für trocken, unfruchtbar, verfügt über vorwiegend magere Böden. Das Schmelzwasser der jüngsten Vereisung ließ vorwiegend Quarzsand zurück mit nur geringen tonigen und kalkhaltigen Bestandteilen. Jedoch ist die Produktivkraft durch Düngung und Bodenbearbeitung im Laufe der letzten 100 Jahre stark gestiegen. Größere Aufforstungen der Heideböden sind u.a. ein Charakteristikum der Landschaft.

Das östliche Hügelland stellt eine kuppige Grundmoränenlandschaft dar, deren Hauptbestandteil Mergel bildet mit starkem Kalk- und Tongehalt. Der Boden ist lehmig, schwer und fruchtbar. Die zahlreichen kleineren Seen entstanden durch das zurückschmelzende, dann wieder vorstoßende Inlandeis. Die größeren Seen sowie die für die Ostseeküste so typischen Förden liegen in ehemaligen Eiszungenbecken bzw. in einstigen subglazialen Schmelzwassertälern. Durch die Förden wird das östliche Hügelland, im Gegensatz zum Marschensaum, in einzelne Landschaften geteilt. Angeln, Schwansen, der Dänische Wohld, Wagrien und Lauenburg sind deutlich voneinander zu unterscheiden. Lauenburg mit seinen Kieferwäldern wirkt bereits in gewissem Sinne ostelbisch. Die Niederschlagsmenge nimmt ab, das Klima wird kontinental.

Es soll nicht vergessen werden, daß zu Beginn der historischen Zeit Schleswig-Holstein vorwiegend Waldland gewesen ist. Im Osten herrschte die Buche vor, auf dem Mittelrücken die Eiche, nur die Marsch war immer schon Grasland. Selten findet man auf so engem Raum eine derartige Musterkollektion unterschiedlicher Agrarstrukturen. Ihre Herausbildung hat geographische und historische Gründe.

An der Nordseeküste, in den Marschen, waren freie Bauern auf eigenem Grund und Boden mit freier Verfügungsgewalt über ihren Besitz. Die klare Aufteilung der Ländereien durch Priele und Gräben ermöglichte schon früh die völlig individuelle Bewirtschaftung. Lediglich das noch heute für die Pferdezucht bedeutsame Außendeichland verblieb bis lange in die Neuzeit in Gemeinbesitz.

Im großen und ganzen hat die freibäuerliche Agrarstruktur die Jahrhunderte überdauert. Die jahrhundertelange Individual-Wirtschaft ermöglichte schon sehr früh, Viehzucht-Produkte und Getreide für den Markt in bester Qualität zu erzeugen. Dazu gehörte als teure und wertvolle Export-Ware in erster Linie das Pferd.

Das östliche Hügelland stellt den Gegentyp zur freibäuerlichen Marsch dar. Die hügelige Jungmoränenlandschaft mit ihren schweren Lehmböden, den wertvollen Buchenwäldern, den vielen Seen und zahlreichen Senken , die sich für Fischteiche hervorragend eigneten, bot sich als Gutslandschaft praktisch von selbst an. Hinzu kam die historische Entwicklung, beginnend mit der Kolonisation der im 7. und 8. Jahrhundert von slawischen Stämmen besetzten Gebiete. Das großbäuerliche Element fehlt in den Güterdistrikten, während es auf dem Gebiet der ehemals geistlichen Grundherrschaft wie um Eutin oder in der Probstei (eine Landschaft im Kreise Plön) durchaus vorhanden ist. Der Pferdezucht gereichten diese Verhältnisse nicht unbedingt zum Nachteil. Einerseits unterhielten damals die Güter selbst ausgedehnte Zuchten, andererseits waren die erbuntertänigen Bauern gezwungen, zahlreiche Pferde zu halten, um ihren Hand- und Spanndienst-Verpflichtungen nachzukommen.

Auf der mageren Geest hat sich die dörflich-bäuerliche Struktur ziemlich klar erhalten. Der Adel war an dem zwar leicht zu bearbeitenden, aber im Vergleich wenig fruchtbaren Boden nicht interessiert. Es gab freie Bauern und auf den verhältnismäßig zahlreichen landesherrlichen Besitzungen Erbpächter, sog. Amtsbauern. Die Pachtstellen wurden später den Besitzern in Eigentum übergeben. Die Wirtschaft war hier weitgehend autark, die Besitzanteile stark zersplittert und die Allmende, der gemeinsame Besitz, spielte bis weit ins 18. Jahrhundert eine große Rolle.

2. Die Frühgeschichte bis zum Beginn des 19. Jahrhunderts

Das Pferd hat hier immer eine große Rolle gespielt. Der Hinweis auf die Brüder Hengist und Horsa, Häuptlinge der Angeln und Sachsen, die um 450 n. Chr. von der Westküste Schleswig-Holsteins nach Brittannien übersetzten, soll genügen.
Bereits im Frühmittelalter setzte die erste Blütezeit der bodenständigen Pferdezucht ein. Vier starke Kräfte haben die Zucht beeinflußt und gefördert. Die Klöster, der Adel, die dänische Krone und das freie Bauerntum. In den Händen des letzteren liegt ihr Schicksal noch heute. Die drei anderen traten in den geschichtlichen Raum zurück.

Die ersten schriftlichen Überlieferungen reichen relativ weit zurück. 1225 verlieh der Schauenburger Gerhard I., Graf von Holstein und Stormarn, Begründer der Itzehoer Linie dieses Hauses, das fast 350 Jahre lang nördlich der Elbe herrschte, dem Kloster Uetersen das Recht, seine Pferde „in der ganzen Wüsteney" zu weiden. Gemeint war wohl die gesamte Wildbrache der Grafschaft Pinneberg.
Das Nonnenkloster Uetersen, 1235 gestiftet von Ritter Heinrich von Barenstedt in der Haseldorfer Marsch, war ein Haus des Zisterzienser Ordens, jenes 1098 vom Hl. Robert von Molesmes in Burgund begründeten benediktinischen Reformordens, der in der deutschen Ostkolonisation eine führende Rolle spielen sollte. Das Stammhaus Citeaux in der Cote d'Or schenkte der Menschheit eines der berühmtesten Weingüter der Welt, den Clos Vougeot, dessen Erwähnung jeden Kenner andachtsvoll verstummen läßt. Inwieweit bereits damals ein Austausch von Zuchtmaterial stattgefunden hat, läßt sich zwar nicht mehr beweisen, ist aber mit ziemlicher Sicherheit anzunehmen. Die Cote d'Or verfügt nicht nur über Weinbaugebiete. Die Niederungswiesen in den Tälern der Saone, Seine, Ource, Ouche, Amancon sowie die Hochplateaus der Cote d'Or selbst und des Morvan sind alte Zuchtgebiete. Der 5. Kreuzzug hatte sechs Jahre vor der Stiftung von Uetersen mit der Krönung Kaiser Friedrich II. zum König von Jerusalem eben seinen triumphalen Abschluß gefunden. Der damit verbundene Import orientalischer Hengste nach Süd-West-Europa war im vollen Gange. Es wäre unwahrscheinlich, wenn bei dem engen Kontakt der Klöster nicht schon damals edles orientalisches Blut seinen Weg in die Marschen gefunden hätte. Allerdings konnte damals noch niemand ahnen, daß fast 750 Jahre später auf einem ehemaligen Flurgrundstück der Zisterzienserinnen aus Uetersen, dem Klostersande in Elmshorn, sich immer noch Herz und Hirn der holsteinischen Pferdezucht befinden würde.

Die Herzöge als Landesherren förderten gleichfalls die Pferdezucht nach Kräften. Die Bedeutung einer leistungsfähigen Landespferdezucht als politisch-militärisches Instrument wurde frühzeitig erkannt. Unter König Christian I. (1460-1481) gab es bereits das Amt eines Landesstallmeisters in Holstein. Das spätere adelige Gut Bramstedt soll bis zu seiner Zerstörung im Lübecker Krieg 1534 landesherrliches Gestüt gewesen sein. Es wurde als solches allerdings nicht wieder errichtet.

Inzwischen hatte die Reformation die Einziehung der Klöster bzw. deren Umwandlung in Stiftungen zur Folge gehabt. Die Gestüte und das Zuchtmaterial fielen an die Krone, die sich nunmehr mit großem Eifer und Sachkenntnis einer systematischen Zucht widmete. Man konnte allerdings auch auf einen gewissen Grundstock zurückgreifen. Die Augustiner von Neumünster und Segeberg, die Benediktiner von Cismar, die Karthäuser von Ahrensböck, die Zisterzienserinnen von Reinfeld, Uetersen, Reinbek, Itzehoe und Harvestehude, die Franziskaner von Bordesholm, um nur die wichtigsten zu nennen, hatten gute Vorarbeit geleistet.
In kurzer Zeit erwarb sich der Holsteiner europäischen Ruf. Die Ausfuhr von Pferden gewann immer größere Bedeutung. Entsprechende Verordnungen in den Ländern der gemeinsamen Krone sowie Schenkungen im richtigen Augenblick taten das ihre. Gezüchtet und ausgeführt wurde das große, kräftige, veredelte Reit- und Wagenpferd.

König Philip II. von Spanien (1527-1598) soll dem Zeugnis des Herzogs Christian August von Schleswig-Holstein-Sonderburg-Augustenburg zufolge ausschließlich holsteinische Hengste für sein Hofgestüt in Cordoba benützt haben. Betrachtet man die Portraits von Velasquez (1599-1660) im Prado-Museum, so erscheint dies durchaus möglich.
Die moderne spanische Hippologie, vertreten u. a. durch Carloss Kirkpatrick O'Donnel, will diese „germanische" Periode bereits Mitte des 18. Jahrhunderts überwunden wissen, sie bleibt aber dennoch ein hippologisches Faktum. Auf jeden Fall war der Holsteiner ein begehrtes Geschenk. Der große Statthalter von Holstein, Heinrich Rantzau, sandte im gleichen Jahr Präsent-Pferde nach Antwerpen, an den Herzog von Parma und übers Meer an den schottischen Königshof.

Die dänischen Könige Christian IV., Friedrich III. und Christian V. förderten in den Jahren zwischen 1648 und 1699 in verstärktem Maße die Pferdezucht. Durch Gesetze von 1680 und 1681 ordnete Chistian V. die Haltung von Deckhengsten an und bestimmte, daß jeder Pfarrer, Beamte oder Pächter zwei große Stuten halten müßte. 1686 erfolgte eine Verordnung über die Errichtung von „Stutereien", die jedem großen Gutsbesitzer auferlegte, ein im Verhältnis zum Gut entsprechendes Gestüt zu unterhalten und gute Hengste für die Bauernstuten zu liefern. Derselbe König gründete 1672 in Esserom das Gestüt für die seinerzeit berühmten dänischen Weißgeborenen. Diese erwiesen sich, sehr im Gegensatz zu der Parallel-Zucht in Hannover (Memsen-Neuhaus-Herrenhausen) als überaus lebenskräftig und produzierten starke, dauerhafte Pferde. Noch 1841 wurde zur Blutauffrischung ein weißgeborener Hengst nach Hannover verkauft, der dem Hofgestüt drei Hengste und zwölf Stuten lieferte, allerdings das allmähliche Verlöschen dieser noblen Zucht um nur wenige Generationen herausschieben konnte. Hatte die Zucht der Weißgeborenen in Hannover keine oder nur sehr geringe Kontakte mit der Landespferdezucht, so soll dies im Falle der dänischen Schimmel völlig anders gewesen sein. Besonders ein im Kreis Plön geborener Hengst namens Mignon soll um 1710 großen Einfluß sowohl über seine Söhne wie auch seine Töchter erlangt haben. Im 18. Jahrhundert blühte die Zucht immer mehr.

1719, unter Friedrich IV., wurden Prämien für die Beschäler in bäuerlicher Hand ausgesetzt. Sie mußten allerdings gewisse Auflagen erfüllen, durften nicht unter vier und über fünfzehn Jahre alt sein. Als Mindestgröße war 157,5 cm Stockmaß, ohne Eisen, vorgeschrieben. Um die Fruchtbarkeit einigermaßen sicherzustellen, mußte der betreffende Hengst im Jahre davor mindestens 15 Fohlen gezeugt haben.

Eine jährliche Besichtigung war vorgeschrieben und die den Vorschriften entsprechenden Hengste wurden gebrannt. Ohne Zustimmung der Kommission durften sie nicht verkauft werden. Andere Hengste durften zur Zucht nicht verwendet werden.

Frankreich hatte schon unter Ludwig XIV. begonnen, seine schweren Kavallerie-Remonten in Holstein zu kaufen. Besonders die maison du roi - die königlichen Haustruppen - hatten einen großen Bedarf an statiösen, dabei aber harten und kräftigen, ausdauernden Gewichtsträgern, Rappen und Schimmel in erster Linie. Der jährliche Import aus Holstein wurde von Zeitgenossen auf 2000 Stück geschätzt. Auch der kurbrandenburgische, später preußische Marstall und die Berliner Hofgesellschaft kauften Holsteiner, wobei sie sich der Hilfe des Pferdehändlers Assmus Meissner bedienten.

Wie hoch der Holsteiner nicht nur als Gebrauchs-, sondern auch als Zuchtpferd geschätzt wurde, zeigt schon allein die Gründung des Landgestüts Celle im Jahre 1735 mit insgesamt 13 Holsteiner Hengsten. Diese 13 Hengste waren vom Oberjäger Gabriel Roger Brown von der Celler Parforce-Jagd auf Befehl König Georgs II von England, Kurfürst von Hannover, auf drei Reisen ausgesucht und gekauft worden. Brown, ein Praktiker durch und durch, hatte weniger Geld gebraucht als ursprünglich bewilligt, deshalb wurden zu den 11 vorgesehenen Hengsten noch zwei dazugekauft. Alles Rappen, bis auf den „großen goldbraunen Güllenstein", der übrigens auch der teuerste war. 190 Taler betrug der Preis für den Dreijährigen. Der Durchschnittspreis für die 13 Holsteiner betrug 153 Taler. Brown hatte mit den Bauern der Ämter Hoya, Stolzenau und Nienburg eine Decktaxe von einem Himten Hafer nach dem Sprung und einem Taler nach der Geburt des Fohlens vereinbart.

Die Hengste trugen teils die Namen ihrer Züchter, im Falle der beiden „Güllensteins"- es gab noch einen kleinen Schwarzen dieses Namens - die Bezeichnung ihres Zuchtortes. Der holsteinische Adel war mit Reventlow, Blome, Thienen und Alefeldt würdig vertreten. In den folgenden 14 Jahren, die der Oberjäger Brown dem Celler Gestüt vorstand, reiste er fast jährlich nach Holstein, um Hengste zu kaufen.

Unter König Christian VII. wurden 1782 die Verordnungen für approbierte, also angekörte Hengste weiter verschärft, was aber ein sprunghaftes Hochschnellen der

Deckgelder, verbunden mit einem sofortigen zahlenmäßigen Rückgang der Pferdezucht zur Folge hatte. Um bei dem wertvollen Export-Artikel Pferd jedoch die nötige Quantität zu erhalten, wurde bereits vier Jahre später, 1786, der Zwang, nur prämierte Deckhengste zu verwenden, aufgehoben. Statt dessen wurden goldene und silberne Medaillen in zwei Größen geprägt, jeweils 100 oder 50, bzw. 20 oder 10 Rtlr. im Wert, die auf den Pferdemärkten - zunächst nur in Flensburg und Itzehoe - und nur an Hengste aus bäuerlicher Zucht vergeben wurden. 1798 wurde die Zahl der Pferdemärkte, auf der diese königlichen Prämien verliehen wurden, auf sechs erhöht. Es waren jetzt Lügumkloster, Bredstedt, Schleswig, Cliplef, Itzehoe und Ploen. Auf Wunsch konnte man sich den erwähnten Wert der Medaille auch in bar auszahlen lassen.

Das 18. Jahrhundert klang aus, für die Pferdezucht des kleinen Holstein in einem Triumph ohnegleichen. Die kaiserlich schwere Kavallerie hatte, ähnlich Frankreich, ihre Remontierung ausschließlich nach Holstein verlegt. Die jährliche Export-Quote stieg auf 100.000 Pferde. 100 Taler wurden im Schnitt bezahlt. Der züchterische Einfluß reichte weit. Hannover wurde bereits erwähnt. Mecklenburg gehörte dazu. Seit 1767 förderte die fürst-bischöflich Münsterische Regierung unter dem Kölner Kurfürsten Max Friedrich von Königsegg-Rothenfels die Verbesserung des einheimischen westfälischen „Klei-Pferdes" durch holsteinische Hengste,. Diese autochthone Rasse, schon etymologisch treffend definiert - „Klei" bedeutet auf niederdeutsch Schlamm, Lehm, feuchte Erde - konnte den Holsteiner zur „Pferdwerdung" gut gebrauchen.

3. Das 19. Jahrhundert

Das 19. Jahrhundert brachte die erste große Zäsur in der Zuchtgeschichte dieser bei alle äußeren Masse einmalig flexiblen Rasse. Die schwere Kavallerie verschwand allmählich von den Schlachtfeldern. Die Verbesserung der Feuerwaffen, die schnellere Schußfolge und die allgemeine Steigerung der Feuerkraft erwiesen sich den relativ schwer beweglichen, an offenes Gelände gebundenen Massen von Panzerreitern auf großen Pferden überlegen. Zur gleichen Zeit gewann das allgemeine Verkehrsnetz immer mehr an Ausdehnung. Straßen wurden ausgebaut - der große Schotte McAdam begann sein System der festen Straßendecke im großen Stil einzusetzen. Der Personenverkehr in bequemen und schnellen Luxusfahrzeugen gewann immer mehr an Bedeutung. Wer jedoch schnell fahren wollte, benötigte entsprechende Pferde. Diese mußten hart und ausdauernd

sein, über genügend Masse und Kaliber verfügen, um die immer noch sehr schweren Kutschen fortzubewegen und schließlich mußten sie über ausreichend hohe und räumende Gänge verfügen, um auf den zum großen Teil immer noch grundlosen Wegen vorwärts zu kommen. Der neue Absatzmarkt für den Holsteiner war geboren. Mit jener charakteristischen Anpassungsfähigkeit an das Gebot des Marktes, die die Marschbauern seit jeher auszeichnete, erfolgte nunmehr die Umstellung der Zucht. Eine Reihe verschiedener Faktoren förderten bzw. beeinflußten diesen Wechsel. Die Landwirtschaft, unterstützt von den Verkoppelungs-Verordnungen von 1766 und 1770 für Schleswig und 1771 für Holstein, hatte mittlerweile große Fortschritte gemacht. Die Allmende wurde aufgeteilt, die Domänen zum großen Teil parzelliert. Die Aufhebung der Leibeigenschaft im Jahre 1805 betraf rund ein Sechstel der Bevölkerung. Ihre unmittelbare Folge war, daß die großen Gestüte der Gutsbetriebe bis auf Ausnahmen eingingen und die Zucht nunmehr fast ausschließlich in bäuerlicher Hand lag. Da Hamburg von 1806 bis 1814 in französischer Hand war, wurde von Napoleon u.a. eine spanische Division nach dem Norden verlegt. Die Division lag mehrere Jahre im holsteinisch-dänischen Raum und verhalf so der Zucht zur letzten Infusion spanischen Blutes. In Dänemark hinterließ sie durch das Erbgut einer einzigen Stute den alten Circus-Freunden einen wohlbekannten Knapstruper. Diese Tigerschecken, beliebt als Panneau-Pferde oder in Freiheitsdressuren, sind ein letzter lebender Gruß aus dem prunkfreudigen grand siècle.

Eingerahmt wurde das 19. Jahrhundert durch drei geniale Hippologen. Am Beginn stand der Herzog Christian August von Schleswig-Holstein-Sonderburg-Augustenburg, am Ende und noch bis weit in unser Säkulum hinein der Ökonomierat Georg Ahsbahs, Sommerlander Riep, und Klaus Hell senior, Kurzenmoor, zwei Hofbesitzer aus der Kremper bzw. Seestermüher Marsch. Dazwischen wirkten namhafte Praktiker wie die Pferdehändler Jürgen Vahlert, Neuenbrook, Kreis Steinburg, und dessen Schwiegersohn Jakob Olde in Neuenkirchen. Wie ja überhaupt der Einfluß der Agenten - so wurden die großen Händler damals genannt - für die Zucht ausschlaggebende Bedeutung erhalten sollte.

Der Augustenburger Herzog war bereits in jungen Jahren vom englischen Vollblut stark beeindruckt. Bereits im Jahre 1820 importierte er nach einer Reise nach England die 3-jährigen Vollbluthengste Potos und Haphazard, dazu einige Vollblutstuten und 13 schwere Halbblutstuten. Der Grundstein zum Augustenburger Gestüt war gelegt. Zwei Jahre später standen die Vollbluthengste den Landstuten zur Verfügung. In den ersten 6 - 8 Jahren belief sich

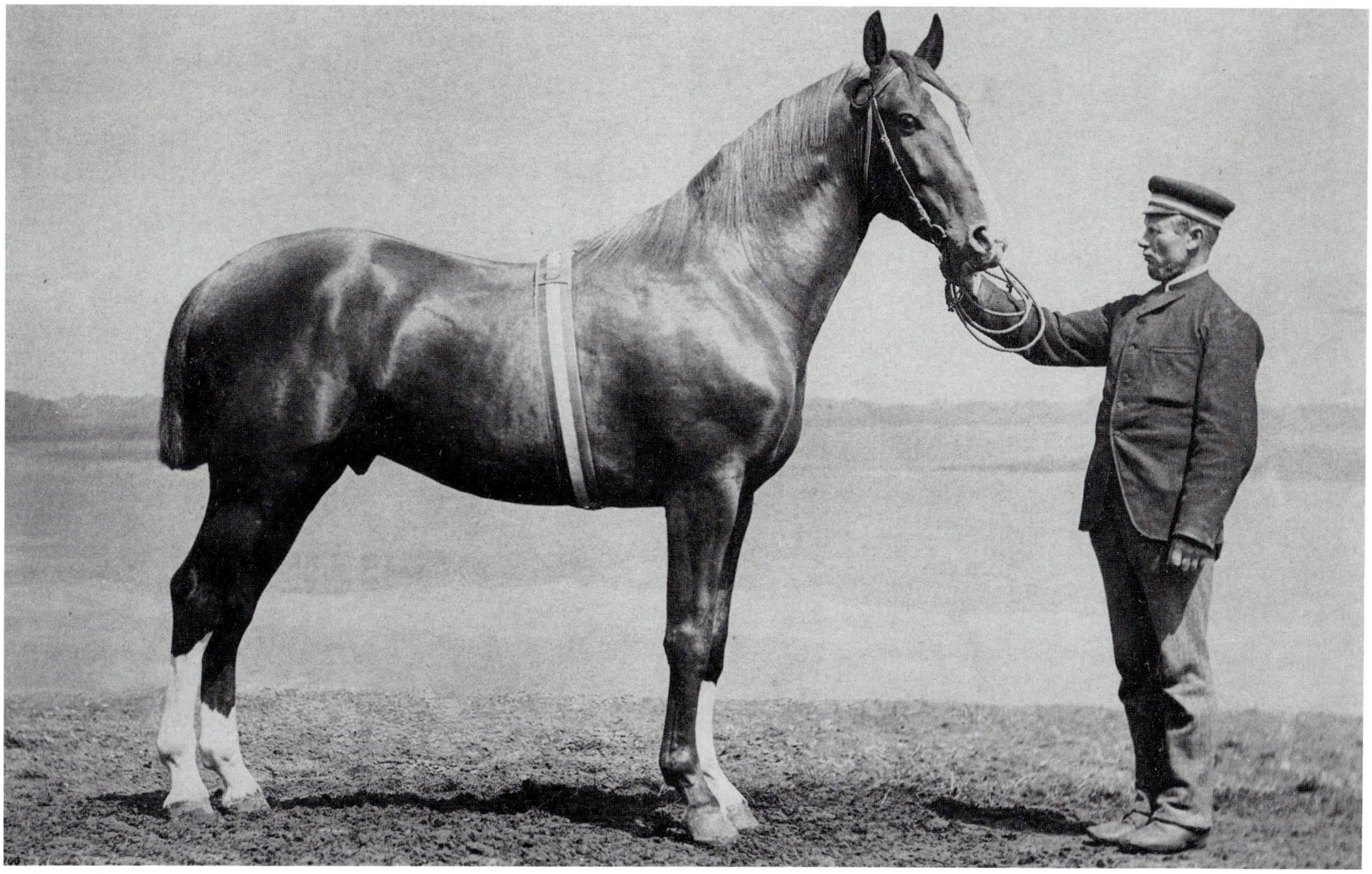

Adler I, geb. 1887 in Sommerlander-Riep. Vater: Y Julius v. Julius a.e. hannoverschen Stute v. Cardinal. Mutter: v. Fuchs v. Y Turk III a.e. Kremper Marsch-Stute v.Y. Protokoll II. Aussteller: G. Ahsbahs. 1. Preis Berlin 1890 1. Allgem. Dt. Pferdeausstellung.

Acer, St., geb. 1879 in Seestermühe v. Y Bredlant IV a.d. Akalypse. Aussteller: M. Detjens, 1. Preis Berlin 1890 1. Allgem. Dt. Pferdeausstellung.

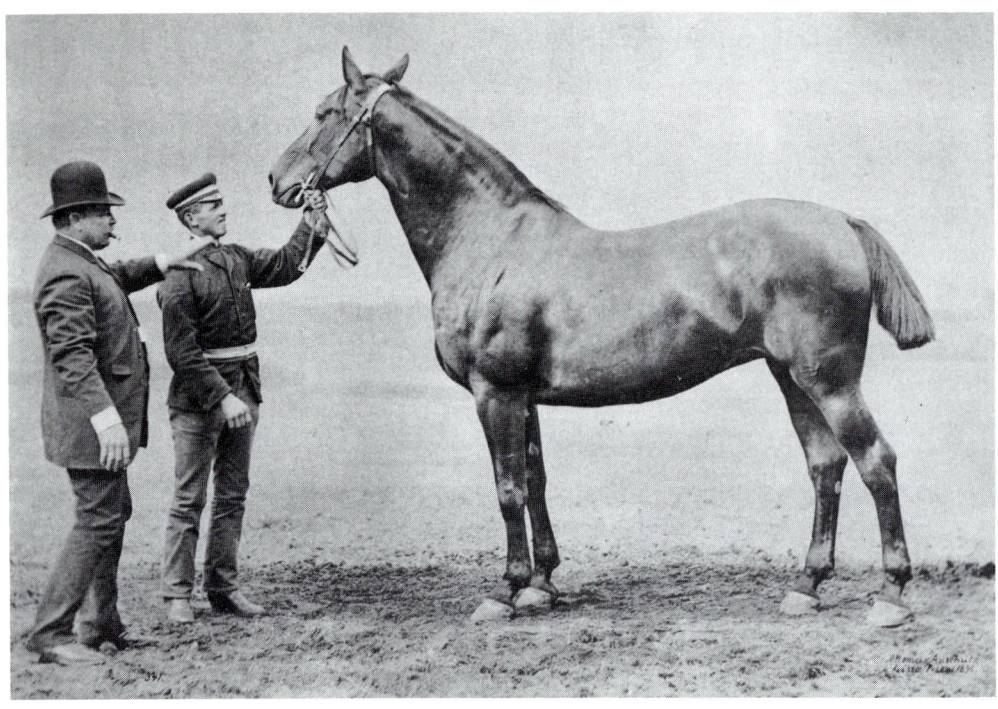

Aniketta, B. St., geb. in Nordlicht, v. Brillant IV, a.e. M. v. Adjutant.

die Zahl der Landstuten zunächst auf 60 - 70, steigerte sich aber laufend. 1840 wurden 5 - 6000 Stuten in bäuerlicher Hand gedeckt. Um 1836 standen schon 10 Vollbluthengste in Augustenburg. Die Vollblutzucht selbst wurde mit 21 Mutterstuten betrieben. Beide, Potos in direkter väterlicher Abstammung und Haphazard mütterlicherseits, waren Urenkel des großen Eclipse. Der Herzog ließ sich alljährlich die Absetzer vorführen und machte auch hin und wieder von seinem Vorkaufsrecht Gebrauch, das mit der äußerst geringen Decktaxe - in den ersten Jahren deckten die Vollbluthengste umsonst - gekoppelt war.

Daneben lief eine eifrige Förderung des Rennsports, der einzigen bekannten Form von Leistungsprüfungen. 1827 fand der erste öffentliche Renntag auf Augustenburg statt. Es folgten 1830 Schleswig, Itzehoe mit einem dreitägigen und Bad Oldesloe mit einem zweitägigen Meeting. 1831 Hadersleben, 1832 Neustaadt und 1835 das damals noch holsteinische Wandsbek. Wandten sich die Rennen bewußt an veredelte Produkte der Landespferdezucht - z.B. waren auf dem Augustenburger Meeting 1833 von elf Rennen sieben den Halbblutpferden vorbehalten - erwies sich schon bald, daß über den Weg der Rennprüfung eine Beeinflußung der Landespferdezucht nicht möglich war.

Bereits 1841 hatte der berühmte „Itzehoer Verein zur Verbesserung der Pferdezucht" sein letztes Rennmeeting abgehalten. Die Vollblutzucht selbst hatte mit dem Herzog als treibende Kraft in Dänemark und den Herzogtümern einen gewaltigen Aufschwung genommen. Befanden sich 1831 in den genannten Ländern insgesamt 33 Vollblutpferde, so waren es 1836 bereits 104: 47 Beschäler und 57 Mutterstuten.

Die im Verhältnis zur Anzahl der Mutterstuten unwahrscheinlich große Zahl an Beschälern zeigt deutlich, daß man es mit der Veredlung ernst meinte. Es ist bezeichnend für die agrarwirtschaftliche Entwicklung, daß von den erwähnten 12 Beschälern allein 10 in den beiden ostholsteinischen Güterdistrikten Plön und Oldenburg standen. Durch die Aufgabe der großen extensiven Pferdezuchten auf den Gütern war in der wirtschaftlich relativ ruhigen Epoche Platz, Geld und Zeit für die arbeitsintensive Haltung von Vollblutpferden. Zur gleichen Zeit hatte das Hauptzuchtgebiet an der Westküste noch stark unter den Nachwehen der Sturmflut von 1825 zu leiden sowie ganz generell unter einer landwirtschaftlichen Krise. Ein Auktions-Protokoll aus der Kremper Marsch, datiert vom 2. Mai 1826, ergibt unter 11 verkauften Pferden einen Durchschnittspreis von 42 Talern Court. Zum Glück änderten sich dort die Verhältnisse wieder. Natürlich konnte sich auch eine Vollblutzucht auf solch winziger Plattform nicht halten, im Gegensatz zu Dänemark, das heute über eine gesunde Basis von mehreren hundert Mutterstuten verfügt. In Holstein hat sich die Zahl gegenüber 1836 kaum verdoppelt.

Die Verdienste Herzog Christian Augusts um Landespferdezucht und Vollblutzucht ausführlich zu würdigen, bedarf es eines eigenen Buches. Erwähnt sei nur noch die Tatsache, daß der erste englische Derby-Sieger auf deutschem Boden durch ihn importiert worden war. Moses br. H. v. Whalebone a.d. Seymour - Stute v. Gohanna

etc. gewann das Epsom - Derby 1822 in den Farben des Herzogs von York und ehemaligen Bischofs von Osnabrück, eines Onkels des Augustenburgers. Moses Spuren verlieren sich 1836 bei den berühmt berüchtigten Gebrüdern Lichtwald.

Die geschichtliche Entwicklung kam dem auf hippologischem Gebiet so weitsichtigen, auf dem Felde der Politik aber starr konservativen, auf dem Erbrecht seines Hauses in den Herzogtümern eisern beharrenden Pferdemann nicht entgegen. Seine Güter in Schleswig wurden vom dänischen Staat konfisziert, später mit 2.666.000 Talern entschädigt. Er erwarb dafür die niederschlesische Standesherrschaft Primkerau im Kreise Spottau. Das Vollblut-Imperium auf Augustenburg war dahin. Von den von ihm gegründeten Rennbahnen blieb direkt nur Hamburg-Horn erhalten, wohin die Wandsbeker Rennen 1855 auf dem Umweg über Lokstaedt und nach Begründung des Hamburger Renn-Clubs drei Jahre zuvor gezogen waren. Heute wird hier die wichtigste und wertvollste deutsche Zuchtprüfung, das Deutsche Derby entschieden. Als Christian August 1869 im Alter von 71 Jahren starb, war seine Heimat preußische Provinz geworden. Von den sieben aus England importierten Vollbluthengsten, die er der Zucht seines geliebten Holsteiner Pferdes zur Verfügung gestellt hatte, hinterließ der mit viel Weiß gezeichnete Blauschimmel Protokoll, gez. 1828 in England v. Partisan - Stute v. Hambletonian - Marcia v. Coriander etc. großen Einfluß, u.a. auf die Ethelbert-Linie.

Stellt die züchterische Konzeption und Tätigkeit des Augustenburgers quasi einen genialen Vorgriff auf die Zukunft dar, so gebührt in der ersten Hälfte des 19. Jahrhunderts das Hauptverdienst drei ausgesprochenen Praktikern, den Pferdehändlern und kgl. dänischen Agenten Jürgen Vahlert sen. und jun. und Jakob Olde, Schwiegersohn des letzteren, die in dem Kirchdorf Neuenbrook im Kreise Steinfurt ca. 50 Jahre lang fast sämtliche züchterische Fäden in der Hand hielten. Der 1803 verstorbene Jürgen Vahlert sen. erhielt für seine Hengste 1788 bis 1793 sechsmal die große königliche Prämie. Überhaupt fanden Hengste aus Neuenbrook stets Gnade vor den Augen der Kommission. 1789 - 1799 wurde den Hofbesitzern Dohrn, Claus Strüwen und Hein insgesamt elfmal diese Ehre zuteil, Claus Strüven mit einem Hengst allein dreimal. Mit diesem Hintergrund und wohlversehen mit einem großen praktischen Erfahrungsschatz importierte die Firma, denn als solche kann man das Familien-Unternehmen wohl betrachten, zwischen 1825 und 1840, dem Todesjahr Jakob Oldes, 17 Hengste aus England, darunter nur einen einzigen Vollblüter, Brother to Tarrare. Es handelt sich um den ein Jahr älteren Vollbruder von Tarrare, gez. 1825 v. Catton - Henrietta v.

Sir Salomon, gez. und im Besitz von Lord Scarborough, für den er 1826 das 50. Doncaster St. Leger gewann, das letzte klassische Rennender Dreijährigen. Wie schon im Fall des Derby-Siegers Moses ein Beweis, wie leicht es damals nicht war, erstklassiges Leistungsblut zu importieren, heutzutage im Zeitalter der Syndikate mit 7- bis 8stelligen DM-Ziffern ein Ding der Unmöglichkeit.

Brother to Tarrare stand nach Oldes Tod bei dessen Schwiegersohn, dem Kapitän und Jägermeister Völckers in Lehmkuhlen bei Preetz. Immerhin hinterließ Brother to Tarrare vier eingetragene Söhne im II. Band des Gestütbuches der Holsteinischen Elbmarschen.

Liste der von Jacob Olde aus England importierten Halbbluthengste. Die Nummer entspricht der Eintragungsnummer im schon erwähnten II. Brand des holsteinisches Gestütbuches.

7. Catrick, dbr. geb. 1819
9. Wellely, Sch. geb. 1819
12. Severin, rehbr. geb. 1820
13. Sultan, rotbr. geb. 1819
22. Cheer, hbr. geb. 1825
24. Nelson, rbr. geb. 1825
26. Burlington Turk, hbr., geb. 1826
29. Fortunatus I., hbr., geb. 1826
32. Y. Turk der Hunter, rbr. geb. 1826
33. Hassan, hbr. geb. 1826
34. Der Flinke, hbr. geb. 1827
42. Y. Ruler, hbr. geb. 1828
44. Y. Coloss, rbr., geb. 1828
45. Herkules, hbr. geb. 1828 (?)
46. Robert, rbr. geb. 1833
57. Mustapha, dbr., geb. 1831

Die Hengste gehörten wohl ohne Ausnahme der alten Nobel-Rasse der Cleveland Bays und dem aus ihnen herausgezüchteten Schlag des Yorkshire Coach Horse an. Es waren große Pferde, 164 - 167 cm Stock, relativ lang im Rücken mit Neigung zur vollen Niere sowie einer langen Kruppe, die Köpfe groß, aber nicht gemein. Pferde mit viel Ausdruck, Kraft und Energie, der Gang raumgreifend aber nicht besonders hoch, Farbe hell bis kastanienbraun, mit schwarzen Beinen, die gerne gesehen wurden. Entstanden war die Rasse durch Veredlungskreuzung bei der wie so oft der Vollblüter ausschlaggebend war. Den größten Einfluß hatte der Vollblüter Jalap, der selbst ein gutes Rennpferd war und über 20 Jahre lang in der Zucht wirkte. Um seine Vaterschaft streiten sich Regulus und der große Godolphin Arabian, mütterlicherseits geht er auf Childers, vermutlich Bartlett's Ch. zurück, reicht also noch weit in das 18. Jahrhundert hinein. Dann ist aber auch Schluß und Graf Wrangel bemerkt bitter: „Als Stütze für die Konstanzlehre läßt sich der Cleveland Bay somit nicht verwenden".

Klassisches Gespann vor der Abfahrt. Die schützenden Nierendecken werden erst im letzten Moment abgenommen.

Das aus dem Cleveland Bay entstandenen Yorkshire Coach Horse war die Folge besserer Straßen, die eine schnellere Beförderung von Personen und Post ermöglichten. Die Anforderungen an die Coach-Pferde waren hoch. Verlangt wurden viel Gang, glasklare Beine und stahlharte Hufe, breite und große Sprunggelenke, besonders für die Stangenpferde, die die gewaltige Last der vollbesetzten Coach auf langen Bergabstrecken auffangen und durchhalten mußten, keinerlei Atmungsdefekte und schließlich genügend Masse und Kaliber. Aus der richtigen Erkenntnis, daß konstante Zugleistung nicht allein durch Muskelkraft ermöglicht wird.

Man rechnete pro Meile der zu befahrenden Route ein Pferd. In jede Richtung. Eine 150-Meilen Route benötigte demnach 300 Pferde, Reserven nicht eingerechnet. Der tägliche Dienst betrug nur eine Etappe, aber wie bereits erwähnt in weniger als einer Stunde und Tag um Tag. Ohne lösende Vorbereitung wurde in Windeseile angespannt und losgefahren. Am nächsten Tag zog das Gespann die Gegen-Coach zurück. Die Pferde erhielten soviel Hafer, wie sie fraßen, und entwickelten sich im Laufe der Zeit zu wahren Muskel-Paketen. Die Dienstzeit eines Coach-Horse dauerte im Schnitt 4 Jahre, auf den langsameren Strecken bis zu 7 Jahre. Allerdings wurden die Pferde erst im Alter von 5-6 Jahren voll eingesetzt. Vor diesem Leistungs-Hintergrund muß man das Yorkshire Coach-Horse sehen, dessen Zucht sich ca. 1790 vom Cleveland Bay deutlich zu unterscheiden begann und das noch bis zum Ende des 19.Jahrhunderts im Londener Stadtbild als Luxus-Wagenpferd eine große Rolle spielte.

Olde, der viel in den englischen Zuchtgebieten herumreiste, lernte diese Pferde gründlich kennen und schätzen. Sehr viel genialer als sein bajuwarischer Zeitgenosse und Berufskollege Xaver Krenkl, beschränkte er sich eben nicht nur auf den sterilen Import von Nur-Gebrauchspferden.

Er begann mit dem bereits vorhandenen Stuten-Material zielbewußt zu züchten. Bereits 1830, dem Jahr, als Olde im Itzehoer Wochenblatt 16 Deck-Hengste annoncierte, waren davon 10 selbst gezogen. Übrigens alles Söhne von Catrik. Die Oldesche Hengsthaltung weitete sich immer mehr aus. Zur Zeit ihres Höhepunktes umfaßte sie ca. 150 Hengste. Reithaus und Stallungen in Neuenbrook waren berühmt. Der Handel blühte und erstreckte sich bis Istanbul.

Olde fand bald Nachahmer. 1932 wurden insgesamt 38 Hengste angezeigt. 4 Jahre später 81. 1840 war die Zahl auf 112 Hengste angestiegen. Im gleichen Jahr starb der königliche Agent Jakob Olde erst 55jährig. Diese Dickenssche Figur, sie könnte den Pickwick-Papers entstiegen sein, hat unendlich viel für die Pferdezucht seiner Heimat getan. Nach dem Tode Oldes, wie so oft in der Pferdzucht und -sport, löste sich die großzügige Hengsthaltung in Neuenbrook bald auf. Neuenbrook, das seiner Pferde wegen noch in den 30er Jahren den Besuch König Friedrichs VI. von Dänemark erlebt hatte, und wo alljährlich jeweils im Januar und Juli halb Norddeutschland zu den Pferdemärkten zusammenkam, verfiel wieder in das beschauliche Dasein eines reichen Marsch-Dorfes.

Das Tor in die neue Zeit war aber nun endgültig aufgestoßen. Zunächst sank zwar die Hengsthaltung nach dem Tode Oldes ein wenig. 1844 waren 90 Hengste angezeigt und im Kriegsjahr 1848 waren es 85. Diese Zahl stieg aber bis 1859 auf 132 Beschäler und pendelte sich schließlich auf 150 ein.

Von jetzt an ging es steil aufwärts. Zucht und Handel blühten wie eh und je. Abgesehen vom Direktverkauf spielte zunächst der Hamburger Markt noch immer eine große Rolle. 1838 wurden von 2200 angebotenen Pferden 1800 verkauft, davon allein 335 nach Frankreich. 1845 gingen von 1550 verkauften Pferden allein 460 nach Italien, Frankreich, Belgien und der Schweiz, 250 nach Berlin. Entsprechend stiegen auch die Preise. Luxuswallache brachten leicht mehrere tausend Taler. Fohlen bis zu 270 Taler. Zweijährige Hengste konnten 1000 Taler erzielen. Einen großen und günstigen Einfluß gewannen zur gleichen Zeit die zahlreichen Tierschauen, mit denen Plön 1831, gleich als Landes-Tierschau, den Anfang gemacht hatte. Es folgten solche in Süderbrarup, Schleswig, Hadersleben, Itzehoe, Elmshorn, Glückstadt, Krempe, Ütersen, Wilster, Preetz, eine sehr bedeutende in Kiel und 1859 erstmalig auch in Rendsburg, dem Sitz der gegenwärtigen LTS, verbunden mit einer Gewerbeschau.

Der blühende Handel, der steigende Bedarf an Luxus-Wagenpferden in ganz Europa, besonders in Italien und Frankreich, vermehrte zwar den Ruhm des Holsteiners, brachte aber die Zucht sehr bald abermals in Gefahr. Die hohen Preise auf dem Wallach-Markt behinderten die Hengstaufzucht. Der ungeheure Bedarf, abgesehen von den Wagenpferden, die der Weltmarkt forderte, wurde seit 1864 durch den Preußischen Staat mit seinen Remonte-Ansprüchen vergrößert. Das Landgestüt Traventhal wurde eingerichtet und zunächst mit ostpreußischen, später hannoverschen Beschälern besetzt, die sowohl Kaliberschwund, als auch Knochenfehler einbrachten und auch den berühmten und begehrten hohen Gang des Holsteiners ruinierten. In den 70er Jahren verstärkte sich die Nachfrage nach besonderer Knochenstärke, was wiederum viele Privat-Hengsthalter dazu bewog, Oldenburger einzuführen. Es soll damals Stationen gegeben haben, wo ostpreußische, hannoversche, oldenburgische und eventuell auch noch ein Holsteiner Hengst zusammen gestanden und gewirkt haben. Hier setzten Weitblick und züchterisches Fingerspitzengefühl von Georg Ahsbahs (1851 bis 1918) und Claus Hell sen. (1856 bis 1930) ein.

4. Der Verband

Pferdezuchtvereine gab es zwar schon seit 1930: z.B. Itzehoe, es fehlte aber die Zusammenfassung und einheitliche Führung. Ahsbahs hatte als 32jähriger am 15. März 1883 den Pferdezuchtverein Kremper Marsch gegründet und übernahm selbst die Schriftführung. Vorsitzender wurde Hinrich Gravert, Elskop, früher Gemeindevorsteher. Bereits im Mai und Juni des gleichen Jahres wurden in der Kremper Marsch die ersten Stutenkörungen durchgeführt. Die allerersten in Deutschland überhaupt. Claus Hell, Kurzenmoor (1856-1930), mit Ahsbahs befreundet, gründete dessen Beispiel folgend, am 12. März 1885 den Pferdezuchtverein der Seestermüher-Haseldorfer Marsch und übernahm gleichfalls selbst die Schriftführung. Vorsitzender wurde David Markmann in Kamperrege (b. Haseldorf).
Zweck und Ziel der beiden Vereine waren die gleichen: Durch alljährliche Prüfung der Mutterstuten und deren Nachzucht sowie Eintragung in ein Stuten-Stammregister die Pferdezucht im Vereinsgebiet zu heben. Das Zuchtziel aber sollte sein: „Ein edles, kräftiges Wagenpferd, mit starken Knochen und hohen räumenden Gängen, welches möglichst gleichzeitig die Eigenschaften eines schweren Reitpferdes besitzt".
Im Mai 1885 fand die erste Stutenkörung des Seestermüher-Haseldorfer Vereins statt. 1896 erschien der erste Gestütsbuchband der holsteiner Marschen, bearbeitet von Georg Ahsbahs. Er enthielt vorerst nur die Pferde des Vereins der Kremper Marsch.
Um den bereits erwähnten Gefahren, wie Fremdblut-Einkreuzung und forcierter Verkauf von Luxus-Wallachen, vorzubeugen, gründete Ahsbahs im gleichen Jahr den Hengstaufzuchtverein Holsatia. Aufgabe des Vereins war, aus den noch wenigen rein gebliebenen Stutenstämmen Hengstfohlen anzukaufen, sachgemäß aufzuziehen und erst als Dreijährige auf der Hengstkörung vorzustellen.
Georg Ahsbahs begründete den Pferdezuchtverband für die Kremper Marsch. Später vereinigte er sämtliche Pferdezuchtvereine der Marschen zum Verband. Ebenso förderte er den Gedanken der gezielten Hengstaufzucht und leitete die Geschicke des Verbandes trotz mannigfaltiger interner Kämpfe und Schwierigkeiten. Mit der Gründung der Reit- und Fahrschule Elmshorn 1894, die für die damalige Zeit etwas völlig Neues darstellte, rundete er sein Lebenswerk ab. Wegen seiner Verdienste um die Hebung der Pferdezucht mit dem Titel Ökonomierat ausgezeichnet, stand er dem Verband bis zu seinem Tode 1918 in ungebeugter Schaffenskraft und Frische vor. Er verfaßte den 1. Band des Holsteiner Gestütbuches sowie eine

Geschichte der Pferdezucht in der Kremper Marsch, die sich beide lückenlos ergänzten.
1888 stationierte der Verein Holsatia seine ersten Deckhengste in der Kremper Marsch, ab Februar 1895 auch in der Süder-Dithmarschen. Am 8. Januar 1887 schlossen sich die Vereine der Kremper- und der Haseldorfer-Seestermüher Marschen zu dem „Verband der Pferdezuchtvereine in den Holsteinischen Elbmarschen" zusammen. Am 28. Mai 1891 schlossen sich die Pferdezuchtvereine von Norder-Dithmarschen und Süder-Dithmarschen sowie Wilster an, und bildeten nunmehr den „Verband der Pferdezuchtvereine in den Holsteiner Marschen".

1896 folgte der „Pferdezuchtverein der Grafschaft Rantzau" und am 2. Februar 1897 erfolgte die endgültige Konsolidierung als „Verband der Pferdezüchter in den holsteinischen Marschen e.G.m.b.H.". Aufsehenerregende Erfolge der Verbandsarbeit hatten sich schon früh eingestellt. Die ersten beiden Wander-Ausstellungen der 1885 von Max v. Eyth gegründeten Deutschen Landwirtschaftsgesellschaft (DLG), 1887 Frankfurt und 1888 Breslau, wurden mit jeweils acht dreijährigen Stuten beschickt, die, wie es im zeitgenössischen Bericht heißt, „viele und hohe Preise" errangen.
1889 folgte die DLG-Ausstellung in Magdeburg. 1890 die große Pferdeschau in Berlin. Beide mit größtem Erfolg. 1893 kam der Höhepunkt.
Auf der Weltausstellung in Chicago erzielte der Hengst Moltke 1502 den Siegerpreis als „das beste Kutschpferd der Welt". Diese Ausstellung war mit 14 Zuchtpferden des Verbandes beschickt worden. Das Jahr 1894 wurde ein weiterer Markstein in der Geschichte des Verbandes. Die große Pferdeschau in Berlin wurde mit 78 Pferden beschickt. Die Holsteiner errangen die meisten Preise. 1900 stellte der Verband auf der Weltausstellung in Paris 12 Pferde aus und gewann mit diesen vier erste, zwei zweite, drei dritte Preise und eine Anerkennung. 1904, Weltausstellung St. Louis, sämtliche holsteinischen Hengste preisgekrönt. 1910, DLG Wander-Ausstellung in Hamburg: Die 68 ausgestellten Holsteiner gewannen 32 Prämien, davon 14 in den Klassen I-III. Im gleichen Jahr auf der Weltausstellung in Buenos Aires gewannen die Holsteiner insgesamt 19 Preise, darunter ein Championat, drei erste, vier zweite und einen dritten Preis. Der Eindruck, den die Holsteiner in Süd-Amerika machten, muß sehr groß gewesen sein, denn mehrere bekannte argentinische Züchter ließen sich Stuten-Transporte kommen. Bereits 1889 hatte die Hengstausfuhr des Verbandes nach Nord-Amerika eingesetzt. Am 29. Juli 1892 wurde das Gestütbuch der holsteinischen Marschen von der Regierung der Vereinigten Staaten anerkannt. Das

war die Bedingung für zollfreie Einfuhr von Zuchtmaterial mit lückenloser Ahnentafel bis zur 5. Generation. Der Export in die neue Welt begann zu blühen. Hauptabnehmer bis 1914 war die Firma A.B. Holbert, Greenly, Iowa, die auch viel nach Canada weiterlieferte.

Der erste Weltkrieg zerschlug dann die Verbindungen nach Amerika. Immerhin waren von 1889-1914 neunundneunzig Hengste nach Nordamerika und 15 nach Süd-Amerika exportiert worden. Zu diesem Zeitpunkt verfügte der Verband über ca. 80 Hengste auf 34 Stationen, die sich folgendermaßen verteilten:
Kremper Marsch: 7
Seestermühe-Haseldorfer Marsch: 5
Norder-Dithmarschen: 7
Süder-Dithmarschen: 11
Wilster Marsch: 4

Der Preußische Staat, der seit 1864 für die Herzogtümer zuständig war, hatte einen großen und vielseitigen Remontebedarf. Um diesen zu decken, glaubte man ohne ein Landgestüt nicht auszukommen.

Nach längerem Hin und Her entschloß sich die Preußische Regierung, ein Landgestüt in Traventhal, 6 km von Bad Segeberg, zu errichten. Die Einweihung erfolgte im Sommer 1874. Der Bestand des Landgestüts, der in kurzer Zeit auf über 100 Hengste angewachsen war, zeigte ein buntes Gemisch von Hannoveranern, Oldenburgern und Schleswigern. Das hannoversche Blut wurde in erster Linie in der Gegend von Bodesholm und Neumünster verwendet. Der Kreis Plön wiederum hatte gemischte Bestände, da die großen Güter dieses Kreises zur Bespannung sich auf Kaltblut umgestellt hatten. In den Kreisen Oldenburg und Eutin wurden reinblütige Oldenburger gezogen, wohingegen die Kreise Segeberg, Stormarn und Lauenburg wiederum den Hannoveraner bevorzugten. Die Zusammensetzung der einzelnen Rassen innerhalb des Bestandes schwankte demgemäß. Um die Jahrhundertwende beispielsweise waren von ungefähr 120 Hengsten noch 60 Oldenburger. Seit 1910 jedoch wurden neue Oldenburger Hengste nicht mehr angekauft, da diese sich auf der Holsteiner Geest nicht bewährten. Die letzten in Holstein stationierten Oldenburger wurden 1912/13 an das schlesische Landgestüt Leubus abgegeben. Lediglich ein Ruthart-Sohn Renatus verblieb im Bestand und wurde erst 1924 getötet. 1925 war das Landgestüt fast ganz auf hannoversches Blut eingestellt. Der Bestand betrug damals 145 Landbeschäler. Die Zahl der Landbeschäler stieg laufend und erreichte im Jahr 1948 ihren Höhepunkt mit 227 Hengsten. 1926/27 zwangen die schwierigen Zeiten nach dem 1. Weltkrieg den Verband der Pferdezüchter der Holsteinischen Marschen, seinen gesamten Hengst-

Hertha, B. St., geb. 1887 in Moorhusen v. Y Ethelbert I a.d. Ella. 3. Preis Berlin 1890 1. Allgem. Pferdeausstellung. Aussteller: M. Thormählen, Moorhusen.

Viola, R.St., geb. 1901. V.: Ali 1661 v. Adjutant 1500 a.d. Dampfschiff 1230. M.: Rike 1907 v. Weißenfels 1460 a.d. Voß H3496. 2b Preis DLG-Ausstellung Danzig 1904. Z.: J. Karp, Altendeich. Aussteller: Verband der Pferdezüchter in den holsteinischen Marschen.

bestand an das Landgestüt abzugeben. Ein Vorgang, der sich 1960 in umgekehrter Richtung wiederholen sollte. Die Zahl der verbandseigenen Hengste war 1924 auf 125 gestiegen, so daß nach der Übernahme dieses Beschäler-Bestandes Traventhal wenigstens zu 3/4 wieder mit holsteinischen Hengsten belegt war. Der Rest bestand aus Hannoveranern. 1934 betrug

der Bestand des Landgestüts: 140 Hengste. Davon 3 Vollblüter: Theoderich xx, Trebonius xx und Feuergeist xx, 75 reine Holsteiner, die übrigen waren Hannoveraner. Damals war es, besonders auf der Geest, noch sehr schwierig, eine klare Typentrennung zu vollziehen. Anläßlich der Hengstparade 1934 in Traventhal hieß es noch: „Auch für einen gewiegten Fachmann ist es schwierig, bei den jüngeren Jahrgängen ohne weiteres zu sehen, das ist ein Hannoveraner, das ist ein Holsteiner."

Inzwischen hatte sich der 1896 gegründete Verband der Pferdezuchtvereine der Schleswig-Holsteinischen Geestlande in einer Arbeitsgemeinschaft dem Marschenverband genähert. Am 1. Januar 1935 wurden beide Verbände auf Anordnung des damaligen Reichsnährstandes zusammengeschlossen unter dem Namen „Verband der Züchter des Holsteinischen Pferdes". Am gleichen Tag legte Martin Thormählen, Moorhusen, sein Amt nieder, bzw. übergab es an Jakob Hellmann, Grevenkoper Riep. Die Geschichte des ehemaligen Geestverbandes sei hier noch einmal kurz gestreift. Er hatte seinen Sitz in Eutin. 1924 umfaßte er 14 Vereine mit ungefähr 2000 Mitgliedern und ca. 2200 Stuten. 1923 wurde der Brand dieses Verbandes für Stuten und Fohlen eingeführt. 1924 erschien erstmalig das Schleswig-Holsteinische Stutbuch. Es enthielt neben 5147 Stuten 883 Hengste des Landgestüts Traven-thal, 405 Privathengste und 15 Oldenburger. Die Zuchtgebiete des Geestverbandes und sein reichlich zusammengewürfeltes Zuchtmaterial wurden bereits im Zusammenhang mit dem Landgestüt Traventhal erwähnt.

Die Produkte konnten naturgemäß nicht voll befriedigen und Dr. Gustav Rau schrieb 1925 anläßlich einer Stutenprämierung in Rohlstorf folgende Worte: „Es enthielt (das Material) manche gute Individualität; zeigt aber noch nicht die notwendige absolute Ausgeglichenheit, die sich erst dann einstellen kann, wenn an dem Stamm- und Grundblut zäh festgehalten wird. Eine Anzahl der Pferde ist noch zu groß, noch zu schmal und nicht genügend gewölbt".

Es ist klar, daß das im Kernzuchtgebiet beheimatete Marschpferd dem von Rau geforderten Zuchtziel in weit höherem Maße entsprach. Nach dem Zusammenschluß des Marsch- und Geestverbandes wurden Marschhengste auch im Geestgebiet aufgestellt. Diese Paarungen erwiesen sich auf die Dauer gesehen als äußerst glücklich und korrigierten den Typ zusehends. 1944 wurde der noch heute benützte Brand eingeführt. Der Marschverband hatte bis dahin den bekannten nach links sprengenden Dithmarscher Reiter als Brandzeichen geführt. Das Jahr 1948 brachte zahlenmäßig, bedingt durch die Folgeerscheinung des Zweiten Weltkrieges, den Höhepunkt der Schleswig-Holsteinischen Warmblutzucht. Auf 62 Stationen deckten 204 Holsteiner und 2 Hannoveraner zusammen 10061 Stuten. Hinzu kamen 11 Ostpreußenhengste, denen 359 Stuten zugeteilt wurden.

Diese Entwicklung konnte naturgemäß nicht anhalten. Die zunehmende Motorisierung der Landwirtschaft ließ die Pferdebestände dahinschmelzen wie Schnee in der Sonne. Die beim schleswig-holsteinischen Bauern ganz besonders ausgeprägte Nüchternheit in der Einschätzung landwirtschaftlicher Entwicklungen, verbunden mit einem nicht alltäglichen Mut zur Konsequenz, ließ die Stutenbestände von 9969 im Jahre 1950 bis auf 1311 im Jahre 1960 herabsinken. Leider kostete dieser unsentimentale Weg zur Rationalisierung in der Wirtschaft viel kostbares, zum Teil auch unersetzliches Blut. Als der zahlenmäßige Tiefstand erreicht war, entschloß sich am 3.6.1960 der Schleswig-Holsteinische Landtag mit großer Mehrheit für die Auflösung des Landgestüts. Der Hengstbestand des Landgestüts war mittlerweile auf 61 Hengste gesunken.

Die vom Verband übernommenen Hengste im einzelnen:

Geb.	Name	Farbe	Vater
1957	Albaner	Braun	Alabaster xx
	Hector	Braun	Herrscher
1956	Allasch	Dunkelbr.	Alabaster xx
	Grillparzer	Braun	Gambrinus
	Mandarin	Rappe	Marder
1955	Domino	Braun	Dorilas
	Farman	Fuchs	Fangball
1955	Findling	Braun	Fangball
1954	Fax	Braun	Fanatiker
1953	Fähnrich	Braun	Fachmann
	General	Braun	Gaugraf
	Helios	Braun	Heidelberg
1952	Galapeter II	Braun	Gaugraf
	Grant II	Braun	Gaugraf
	Heidfreund II	Braun	Heidekrug
1951	Kadett	Schimmel	Kalif
1950	Galvani	Braun	Gaugraf
1949	Fachmann	Braun	Fanatiker
	Heimleiter	Schimmel	Heimatdichter
	Marder	Braun	Makler I
1948	Matador	Schimmel	Makler I
1947	Fandango	Fuchs	Fanal
1946	Fangball	Fuchs	Fanal
	Ganeff	Braun	Lopshorn
1945	Gambrinus	Braun	Lotos
1944	Faßbinder	Fuchs	Fanatiker
	Garant	Braun	Logarithmus
1943	Ludwig	Braun	Lothringer
1940	Heidkrug	Braun	Heintze
1938	Lohengrin	Braun	Loretto
Außerdem			
1946	Frivol xx	Braun	Patrizier xx
1942	Wanderfalk	Dunkelbr.	Alchimist xx
1938	Anblick xx	Braun	Ferro XX

Der Landtag hatte einen gewissen Etat für die gesamte Privathengsthaltung gleichzeitig mit dem Auflösungsbeschluß zur Verfügung gestellt. Hinzu kamen Ankaufsbeihilfen und einmalige Einrichtungsbeihilfen für den Holsteiner Verband. Am 29.8.1960 erfolget die endgültige Auflösung. 52 Hengste des Bestandes wurden zur weiteren Zuchtverwendung bestimmt. Davon gingen 30 Holsteiner Hengste und 3 Vollblüter geschlossen in das Eigentum des Verbandes der Züchter des Holsteiner Pferdes über. Die Einsatzpreise waren vorher festgelegt, und da sich die Züchter einmütig hinter die Leiter ihrer Verbände stellten, erfolgte auch der Zuschlag in gleicher Höhe.

Damit war nicht nur der Schlußpunkt unter eine parallele Entwicklung der Pferdezucht in Schleswig-Holstein gesetzt, es war auch zahlenmäßig beinahe der absolute Tiefstand, den die Zucht des Holsteiner Pferdes je gehabt hatte, erreicht. 1964-1965 sank die Zahl der eingetragenen Stuten noch weiter bis auf 1280 bzw. 1285 ab.

Ab 1966 begann sich mit einigen Rückschlägen ein langsamer aber doch relativ stetiger Aufstieg abzuzeichnen. Der Hengstbestand hielt damit Schritt. 1976 betrug der Stutenbestand bereits wieder ungefähr 3000. Der Hengstbestand im Besitz des Verbandes war auf 47 gestiegen. Beide Zahlen, verglichen mit denen des

Jahres 1960, entsprechen einem Zuwachs von mehr als 100%. 1976 verteilten sich die 47 Hengste des Verbandes sowie 23 Privathengste auf 11 Körbezirke: Ostholstein-Plön-Steinburg-Segeberg-Rendsburg-Eckernförde-Störmann-Lauenburg-Schleswig-Flensburg-Dithmarschen-Pinneberg-Nordfriesland-Bordesholm.

Verband der Pferdezuchtvereine in den Schleswig-Holsteinischen Geestlanden
Vorsitzender

1897 bis 1921
Karl Graf Platen zu Hallermund
1921 bis 1922
Gustav Sinjen, Krokau
1922
Frh. v. Heintze-Weißenrode

Verband der Pferdezuchtvereine in den Holsteinischen Marschen
Vorsitzender

1883 bis 1918
Georg Ahsbahs
1918 bis 1924
Johs. Clüver
1924 bis 1935
Martin Thormählen

Verband der Züchter des Holsteiner Verbandes
Vorsitzender

1935 bis 1960
Jakob Hellmann, Grevenkoper Riep
1960 bis 1980
Friedrich Christian Graf von Kielmannsegg, Seestermühe
1980 bis 1986
Richard Eggers, Helserdeich
ab 1986
Breido Graf zu Rantzau, Breitenburg

Schleswig-Holsteinische Landstallmeister von Traventhal

1867 bis 1879
Gestütsinspektor Beck
1879 bis 1912
Rittmeister Brigleb
1912 bis 1919
Landstallmeister Wachs
1919 bis 1942
Landstallmeister Reuter
1942 bis 1960
Dr. Grote

Achill B.H., geb. 1877 v. Herkules 1163 a.d. Liesel A 1162 v. Achill 582 - Burlington Turk 81.

5. Die Zucht heute – Planung und Programm

Das Hauptzuchtziel des Holsteiner Verbandes, festgelegt im §22 der Satzung, lautet:
„Erwünscht ist ein rittiges, vielseitig veranlagtes, leistungsbereites und leistungsfähiges Reitpferd, welches vornehmlich für den Springsport geeignet ist, aber auch für die Disziplinen Dressur und Vielseitigkeit ein hohes Maß an Veranlagung besitzt."
(Gesamtzuchtziel siehe S.183)
Die zur Erreichung dieses Zuchtziels notwendigen selektiven Maßnahmen werden konsequent durchgeführt. Bei der relativ schmalen Stutenbasis ist eine straffe Zuchtplanung auch leichter durchführbar. Andererseits wirken sich Fehler der Zuchtleitung wesentlich folgenschwerer aus. Aufgrund des langen Generations-Intervalls und der relativ geringen Zahl der Nachkommenschaft stellt die Hengsthaltung in der Pferdezucht das wichtigste aber auch empfindlichste Steuerungsinstrument dar.
Nun ist die Ermittlung des Zuchtwerts eines Hengstes in der Warmblutzucht wesentlich mühsamer und weniger exakt als in anderen Tierzuchten, wo meßbare Daten zur Verfügung stehen, oder in den reinen Leistungszuchten wie beim englischen Vollblut oder Traber.

Bis 1989 wurde die Selektion der Hengste durch das Deutsche Tierzuchtgesetz und dessen Verordnungen geregelt. Die Körung der Vatertiere war bis zu diesem Zeitpunkt ein Verwaltungsakt und wurde von den zuständigen staatlichen Behörden organisiert. Diese Regelung, die ihren Ursprung in der Einrichtung staatlicher Land- und Hauptgestüte hatte, war durch die sich ausweitende Privathengsthaltung und Zuchtverantwortung der Verbände längst überfällig geworden. Ab 1990 übernahm der Holsteiner Verband nach Schaffung der entsprechenden Satzungsvoraussetzungen die Hengstkörung eigenverantwortlich. Die bei der Selektion zu berücksichtigenden Zuchtwertteile Exterieur, Bewegungsablauf und Leistungsveranlagung sind konkret im 1994 neu konzipierten Zuchtziel festgehalten. Die Selektion beinhaltet die Bewertung von Abstammung, Exterieur, Eigenleistung und Nachkommen- bzw. Verwandschaftsleistung. Das Schema sieht vor:
1. Bewertung der Abstammung eines Hengstes
2. Beurteilung der äußeren Erscheinung
a) Prämierung der Hengstsaugfohlen
b) Vorbesichtigung der 1 1/2jährigen Junghengste
c) Vorauswahl der 2jährigen Hengstanwärter
d) Körveranstaltung

Marlon xx, geb. 1958 in Irland v. Tamerlane xx a.d. Maralinni v. Fairlord.

e) Bonitierung der Hengste im Anschluß an den Wintertest und Hengstbucheintragung
3. Prüfung der Reitleistung
a) Wintertest der 2-3j. gekörten Hengste
b) Eigenleistungsprüfung auf anerkannten Stationen (z. Zt. Adelheidsdorf oder Medingen)
c) Eigenleistungsprüfung im Sport
4. Nachkommen- und Verwandschaftsbeurteilung
a) Fohlenprämiierung mit Notenvergabe für jedes vorgestellte Fohlen
b) Prämiierung der zweijährigen Stuten
c) Eintragung der 3jährigen und ggf. älteren Stuten mit Bonitierung
d) Eliteschau der 2- und 3jährigen mit Vergabe der Zuchterhaltungsprämie
e) Ergebnisse der Stutenleistungsprüfungen (Feld- und Station)
f) Hengstkörung
g) Ergebnis aus dem Sport unter Berücksichtigung des Jahrbuchs Zucht der FN
h) Einbeziehung von Leistungsergebnissen der direkten Verwandten.

Wie man sieht, ein Selektions-Maßstab, der an das Zuchtpferd (Hengst) vom Fohlenalter bis zur endgültigen Ausrangierung pratisch laufend angelegt wird. Der Informationswert dieses Maßstabes übertrifft natürlich bei weitem die gesetzlichen Mindestanforderungen, die sich auf die Prüfung der Reitleistung zur Feststellung des Gesamtzuchtwertes beschränken. Die Hengsthaltung des Verbandes umfaßt ca. 100 Vatertiere, von denen ca. 60 aktiv im Zuchteinsatz stehen und 40 im Sport oder verpachtet sind. Seit 8 Jahren hat die Frischspermaübertragung in Holstein Einzug gehalten. Heute werden gut 80% aller Stuten über dieses Verfahren bedient. Ne-

ben hygienischen Vorteilen ermöglicht dieses Verfahren auch den gemeinsamen Zucht- und Turniersporteinsatz der Hengste. Der Einsatz der Hengste im Turniersport, zur objektiven Einschätzung der Eigenleistung, ist in Holstein heute ein unverzichtbarer Maßstab geworden.

Ebenso sorgfältig wird mit den künftigen Mutterstuten verfahren. Bereits Band I des Gestütbuch, herausgegeben im Februar 1886 vom Ökonomierat Ahsbahs und mehr oder weniger noch auf die Zucht in der Kremper Marsch beschränkt, enthält genaue Vorschriften in bezug auf die zu fordernde Qualität der Stuten. Schon damals erfolgte eine Bonitierung der Stuten durch die Benotung von 6 Merkmalen mit einer Punkteskala von 0-8. Entsprechend dem Zuchtziel jener Zeit „Ein edles, kräftiges Wagenpferd mit starken Knochen und hohen, räumenden Gängen, welches möglichst gleichzeitig die Eigenschaften eines starken Reitpferdes besitzt". Für die Aufnahme in das Stammregister mußte eine Stute mindestens 36 Punkte bringen. Das bedeutete für die 6 Merkmale: Abstammung, Größe, Farbe, Eleganz, Gang und Knochenbau eine hohe Durchschnittsnote. Mindestens je 6 Punkte wurden für Gang und Knochenbau verlangt. Diese Noten waren durch kein anderes Merkmal kompensierbar. Die Skala wurde damals etwas anders gehandhabt. 2 war mäßig, 4 gut, 6 sehr gut, 8 vorzüglich. Die ungeraden Zahlen bildeten die Übergangsstufen der Werte. Eine Mindestgröße, so wie heute, war zwar expressis nicht vorgesehen, doch konnte die gemessene Größe (Stock und Brand) über Aufnahme oder Ablehnung entscheiden. Stuten, deren Nachzucht dem

damaligen Zuchtziel nicht entsprach, mußten samt derselben aus dem Stammregister gestrichen werden. Eine für die Zeit sehr konsequente und nach klaren Grundsätzen ausgerichtete Zucht-Konzeption.
Ca. 100 Jahre später präsentiert sich die Methode wesentlich verfeinert. Das Zuchtbuch umfaßt 3 Abteilungen. Hauptstutbuch, Stutbuch, Vorbuch. Die Punkteskala für die Bonitierung umfaßt nunmehr 10 Punkte. Die Merkmale sind: Typ, Kopf, Hals, Schulter, Rücken, Kruppe, Breite/Tiefe, Vorderfuß, Hinterfuß, Korrektheit des Ganges, Schub und Schwung in der Bewegung. Die Eintragungsbedingungen sind verschärft.
Die Mindestgröße für Hauptstammbuchstuten beträgt 160 cm Stock, die Mindestpunktzahl 42, davon mindestens 6 für Typ. Staatsprämienstuten müssen den Nachweis von 5 im Stutbuch erfaßten Generationen erbringen. Äußeres Zeichen für den Erhalt einer Staatsprämie ist ein Brand auf der linken Halsseite in Form eines Dreiecks.

Die Leistungsinformationen der Stuten sind heute, in einem modern geführten Zuchtprogramm, ebenso wichtig wie die der Hengste. Ab 1983 wurde ein Modell einer praxisorientierten Stutenleistungsprüfung auf Station mit Hilfe der Wissenschaft erarbeitet. Dr. Thomas Nissen, der heutige Zuchtleiter des Verbandes, entwickelte im Rahmen der Promotion einen 14tägigen Test für 3jährige Stuten, bei dem Herbert Blöcker seit nunmehr über 10 Jahren als Trainingsleiter fungiert. Neben dem Stationstest, bei dem derzeit ca. 150 Stuten jährlich beurteilt werden, hat sich ein aussagefähiger 1tägiger sog. Feldtest entwickelt. Aufgrund dieser Erfahrungen wurden von der FN Richtlinien zur Durchführung von Zuchtstutenprüfungen herausgegeben. In der Prüfung werden vorrangig die Rittigkeit, das Freispringen und die Grundgangarten durch Trainingsleitung, Fremdreiter und Richter beurteilt. Zur Vergabe des Titels Staatsprämienstute ist die erfolgreiche Teilnahme an einer Stutenprüfung Voraussetzung.

1972 wurde die elektronische Datenverarbeitung im Holsteiner Verband eingeführt. Im Bundesgebiet der erste Pferdezuchtverband, der diesen Weg beschritt. Die nicht einfache Umstellung ging selbstredend nicht ohne Geburtswehen vor sich. Doch bereits Mitte 1973 lag das endgültige Programm vor. Bis 1994 wurden die Daten von mehr als 50.000 Holsteiner Pferden erfaßt. Eine gewaltige Arbeit, die zwischenzeitlich auch der wissenschaftlichen Forschungsarbeit zunutze gekommen ist. Mit Hilfe der EDV konnten die Registrierungund das Brennen der Fohlen zusammen mit der Einstellung der Abstammungsnachweise in ein nahezu perfektes, gegenüber Fälschungen oder Verwechselungen narrensicheres System gebracht werden. Ganz abgesehen von dem hohen Informationswert der Abstammungsnachweise.

6. Die Hengsthaltung

Für die heute ca. 6200 eingetragenen Stuten des Holsteiner Verbandes standen zu Beginn der Decksaison 1994 60 Verbandshengste auf 21 Verbandsstationen und über 100 Privathengste zur Verfügung. In der Frequentierung erhalten die Verbandshengste ca. 75% und die Privathengste ca. 25% der zu bedeckenden Stuten.
In der Holsteiner Zucht spielen heute vier Hengstlinien eine dominierende Rolle. Diese lassen sich auf die folgenden Linienbegründer zurückführen: Ladykiller xx, Cor de la Bryère, Cottage Son xx und Almé. Aus der Ladykiller xx-Linie haben Landgraf I und Lord großen Einfluß genommen.

Cor de la Bryère

Als Cor de la Bryère vor 20 Jahren aus der Normandie nach Holstein kam, hatten die Züchter noch Schwierigkeiten, seinen Namen zu behalten. Heute ist er in nahezu 70% aller Holsteiner Pedigrees enthalten. Neben dem Vollblüter Ladykiller xx hat Cor de la Bryère die Sportpferdezucht in dem Land zwischen den Meeren am stärksten beeinflußt.

1971 reisten einige Verbandsvertreter nach Frankreich, um einen Vererber der berühmten und international im Sport so erfolgreichen Furioso xx-Linie nach Holstein zu holen. Durch einen Zufall entdeckte man damals auch einen wenig entwickelten, aber viel Qualität ausstrahlenden 3jährigen Hengst. Es war dies der Rantzau xx-Sohn Cor de la Bryère. Der angepachtete Furioso xx-Sohn Urioso verschwand sehr schnell aus Holstein, der günstig erworbene „Corde", wie ihn die Züchter liebevoll in Holstein nennen, entwickelte sich zu einem Vererber von Weltruf. Sein Pedigree weist so bewährte Vollblutnamen wie Furioso xx, Hurry on xx oder Son in Law xx auf. Über diese Blüter findet er dann auch in Holstein Anschluß an das hier stark vertretene Ladykiller xx- und Cottage Son xx-Blut. Cor de la Bryère wurde in Holstein vorsichtig aufgebaut, er absolvierte zunächst 1971 die Hengstleistungsprüfung, die damals noch verbandsintern in Elmshorn durchgeführt wurde. Anläßlich dieser züchterisch wichtigen Veranstaltung zeigte sich schon, zu welch großer Eigenleistung dieser Hengst fähig war. Er ging damals eindeutig als Sieger dieser Prüfung hervor. Seinen Zuchteinsatz fand er dann auf der Renommierstation des Verbandes in Siethwende beim Stationshalter Bruno Grigat. Die beiden bildeten dort über 14 Jahre in der Hochburg der Holsteiner Zucht eine unzertrennliche Einheit.

Cor de la Bryère AN. Db. H. geb. 1968 v. Rantzau xx - Lurioso. Z.: Madame Essayess, Yure de Polaiss. B.: Holsteiner Verband, Elmshorn.

Corlandus B.W. geb. 1976 v. Cor de la Bryère - Landgraf I. Z.: H. Kruse, Heede, B.: M. Otto-Crepin, Frankreich. World Cup Sieger, Weltmeister und Europameister unter Margit Otto-Crepin.

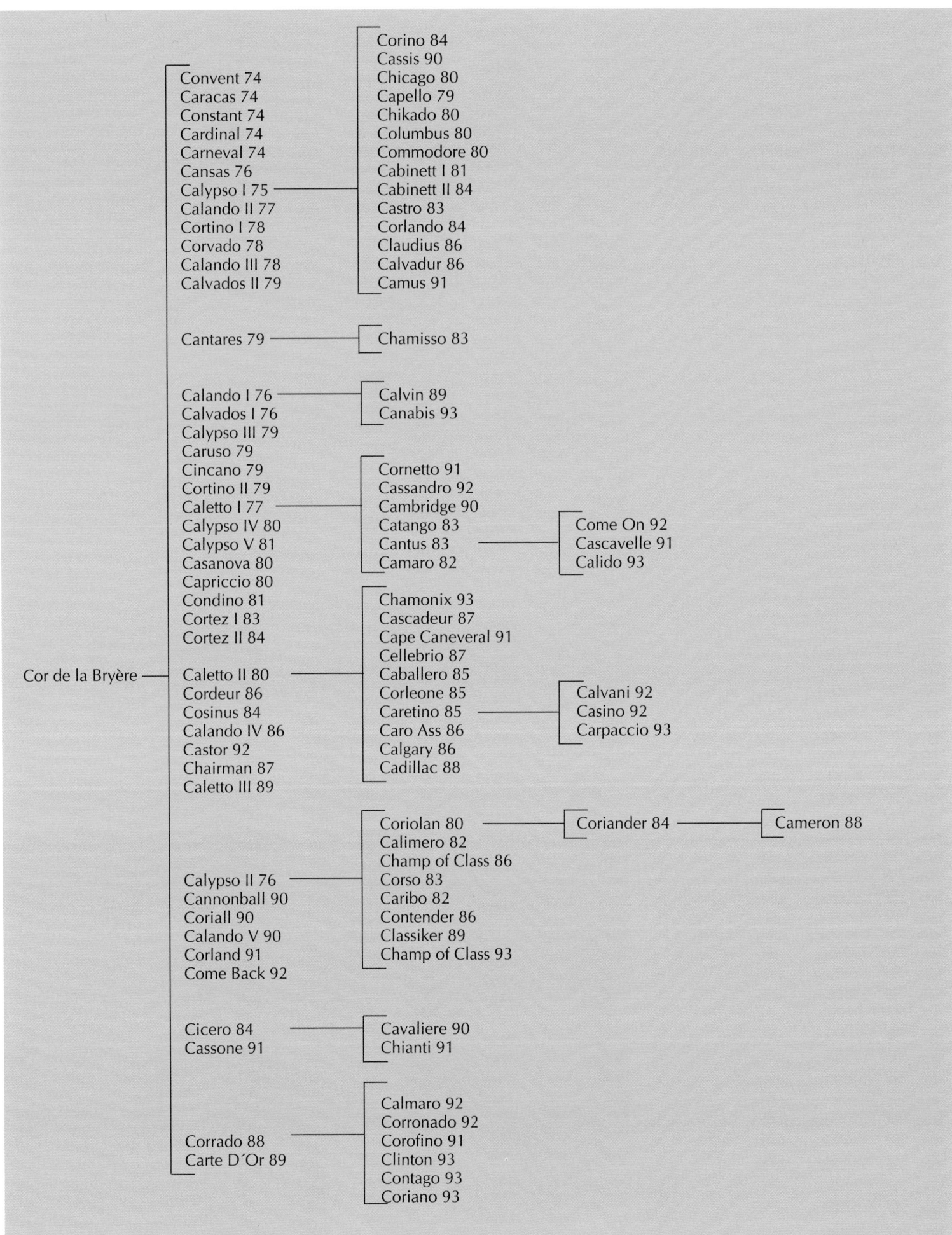

Cor de la Bryère —

Convent 74
Caracas 74
Constant 74
Cardinal 74
Carneval 74
Cansas 76
Calypso I 75 ————
Calando II 77
Cortino I 78
Corvado 78
Calando III 78
Calvados II 79

Corino 84
Cassis 90
Chicago 80
Capello 79
Chikado 80
Columbus 80
Commodore 80
Cabinett I 81
Cabinett II 84
Castro 83
Corlando 84
Claudius 86
Calvadur 86
Camus 91

Cantares 79 ———————— Chamisso 83

Calando I 76 ————
Calvados I 76
Calypso III 79
Caruso 79
Cincano 79
Cortino II 79
Caletto I 77 ————
Calypso IV 80
Calypso V 81
Casanova 80
Capriccio 80
Condino 81
Cortez I 83
Cortez II 84

Calvin 89
Canabis 93

Cornetto 91
Cassandro 92
Cambridge 90
Catango 83
Cantus 83 ———————
Camaro 82

Come On 92
Cascavelle 91
Calido 93

Caletto II 80 ————
Cordeur 86
Cosinus 84
Calando IV 86
Castor 92
Chairman 87
Caletto III 89

Chamonix 93
Cascadeur 87
Cape Caneveral 91
Cellebrio 87
Caballero 85
Corleone 85
Caretino 85 ————
Caro Ass 86
Calgary 86
Cadillac 88

Calvani 92
Casino 92
Carpaccio 93

Calypso II 76 ————
Cannonball 90
Coriall 90
Calando V 90
Corland 91
Come Back 92

Coriolan 80 ————— Coriander 84 ————— Cameron 88
Calimero 82
Champ of Class 86
Corso 83
Caribo 82
Contender 86
Classiker 89
Champ of Class 93

Cicero 84 ————
Cassone 91

Cavaliere 90
Chianti 91

Corrado 88 ————
Carte D´Or 89

Calmaro 92
Corronado 92
Corofino 91
Clinton 93
Contago 93
Coriano 93

Als 1974 seine ersten Söhne zur Körung erschienen und diese wenig später ihr Talent am Sprung zeigen durften, war der Fachwelt klar, hier entwickelte sich eine neue Richtung in Holstein. Sprichwörtlich ist für Cor de la Bryère selbst und für seine Nachkommen neben dem Vermögen die überragende Beintechnik und Geschicklichkeit am Sprung. Gerade die letzteren Eigenschaften waren Points, die den Holsteiner früher nicht immer mit in die Wiege gelegt wurden. Aus diesen Gründen hatte man sich in Holstein zum Einsatz französischer Hengste entschieden. Es sollten in den nächsten Jahren neben Cor de la Bryère noch einige Hengste dieser Rasse zum Einsatz kommen, doch keinem gelang dieser stempelnde Erfolg. In seinem ersten Jahrgang wurden vier Söhne gekört. Von ihnen ist heute noch Constant in der Zucht. Constant verfügt über eine hohe Eigenleistung, er war siegreich bis zur Klasse S. Diese bemerkenswerten Eigenschaften vermag er auch zu vererben, sein erfolgreichster Sohn Chin Chin war Olympiateilnehmer in Seoul und erreichte dort unter mexikanischem Beritt den hervorragenden 8. Platz.

Caletto II Db. H., geb. 1978 v. Cor de la Bryère a.d. Deka H4066 - Consul-Cottage Son xx. Z.: K. M. Both, Obendeich. Aufz. u. Bes.: Holsteinischer Verband Elmshorn. Siegerhengst Körung Neumünster 1980.

Es entwickelten sich für Cor de la Bryère mit bestimmten Stuten sogar die sogenannten Passerpaarungen, die in der gesamten Zuchtgeschichte als einmalig zu bezeichnen sind. Die Stute Tabelle v. Heißsporn lieferte in Serie 5 gekörte Söhne, von denen jeder ein Spitzenprodukt ist. Davon haben bereits Calypso I und II großen Einfluß auf die Holsteiner Population genommen. Besonders Calypso I wird seinem Mutterstamm gerecht, der das Ausnahme-Dressurpferd Granat von Christine Stückelberger lieferte, als Dressurvererber.

Die Colombo-Tochter Furgund wurde 16 mal an Cor de la Bryère angepaart mit dem Erfolg, Ausnahmehengste wie z.B. Calando I entstehen zu lassen. Aber neben Calando I gibt es noch vier weitere gekörte Vollbrüder, die Extraklasse verkörpern. Calando I verfügt über eine gewaltige Eigenleistung, unter Karsten Huck gelang es ihm 1984 den Titel des Deutschen Meisters zu gewinnen. Calando I stellt aber auch schon internationale Nachkommen, wie z.B. Careful unter Evelyn Blaton (Stall Schockemöhle).
Wenn man von Calypso und Calando spricht, muß auch Caletto erwähnt werden. Die drei gekörten Vollbrüder von Ausnahmequalität bestätigen auch hier die ungewöhnliche Passerpaarung und Erbkraft dieses Hengstes. 1977 wurde Caletto I gekört, er stammt aus der Deka v. Consul. Caletto I hatte vor seinem sportlichen Einsatz bereits bei Baron von Nagel in Westfalen und später in Dithmarschen Zuchtverwendung gefunden. Unter Dr. Michael Rüping entwickelte sich der Hengst zum international sehr erfolgreichen Spring-

pferd. Der wohl bedeutendste Cor de la Bryère-Sohn war Caletto II. Ein ganz im Bluttyp stehender Vererber, der unangefochten zum Siegerhengst der Körung seines Jahrgangs in Neumünster ernannt wurde. Nach vier Jahren Zuchteinsatz verunglückte dieser Ausnahmehengst auf der Landestierschau tödlich. Heute weiß man, daß dieser Verlust Holstein um einen Spitzenvererber gebracht hat, der Landgraf noch übertoffen hätte. Seit Jahren steht Caletto II schon auf Bundesebenee an der Spitze der Gewinnsummenstatistik seiner Nachkommen. Einige gekörte hoffnungsvolle Söhne werden für den Fortbestand seiner Gene in Holstein sorgen können.
Neben den hier beispielhaft erwähnten Hengstlinien hat Cor de la Bryère noch viele andere hervorragende Zweige aufgebaut. Züchterisch hat dieser Vererber in Holstein Einfluß genommen wie bisher kein zweiter Hengst. Auch im großen Sport hat „Corde" neben den bereits genannten erfolgreichen gekörten Hengsten großartiges über seine Nachkommen vollbracht. Cordeka, Contrast, Cinzano, Calypso III, Costa, Chanel, Chica und Corrado sowie der Dressurchampion Corlandus sind nur einige Namen, die Holstein und Cor de la Bryère in aller Welt berühmt und erfolgreich machen. Diese Erfolge seiner Nachkommen sorgen schon seit Jahren dafür, daß er neben Landgraf und Lord auch zu den Spitzenreitern im Jahrbuch Zucht gehört. Die Lebensgewinnsumme seiner Kinder im Sport beträgt heute fast 2,5 Millionen DM. Seine züchterische Bilanz weist bisher 44 gekörte Söhne und 65 Töchter mit Staatsprämie auf.

Landgraf I

Schon zu Lebzeiten gilt dieser Hengst als Legende der Zuchtgeschichte Holsteiner Pferdezucht. Sein Gewinnsummenkonto der im Turniersport erfolgreichen Nachkommen erhöhte sich 1994 um weit über 500.000,– DM auf eine Lebensgewinnsumme von insgesamt über 5 Millionen DM. Diese Zahlen bzw. die Erfolge der Landgraf-Nachkommen sind in der gesamten Zuchtgeschichte des Warmblutes weltweit als einmalig zu bezeichnen.

Seit Jahren stellt Landgraf den höchsten Anteil vorgestellter und gekörter Söhne in Holstein, und auch bei den Stuten reihen sich seine Töchter in die Liste der Siegerinnen ein. Den Züchter interessieren natürlich die genetischen Hintergründe dieses Pferdes, das so dominierend seiner Nachzucht den Qualitätsstempel mitgibt. Daß diese Botschaft nicht von ungefähr kommt, wird bei genauer Studie des Pedigrees deutlich. Landgrafs Vater ist der in Holstein ebenso populäre wie segensreiche Vollblüter Ladykiller xx. Ladykiller xx wirkte von 1965-1979 vorwiegend in der holsteinischen Elbmarsch auf der Station in Haselau. Hier stieß er auf sehr durchgezüchtete und konsolidierte Stutenstämme, die in ihrem Pedigree das Blut von Heidelberg, Loretto, Fangball, First und Mirza oder aber bereits Veredler wie Anblick xx, dessen Sohn Aldato und weiter zurück den bewährten Trebonius xx führen. Auf dieser hervorragenden Stutengrundlage, die zu der bestem im ganzen Zuchtgebiet gehört, konnte sich der mit gerade 80 kg

Landgraf I, B.H. geb. 1966 v. Ladykiller xx - Aldato. Z.: F. Ch. Graf v. Kielmannsegg, Seestermühe, B.: Holsteiner Verband, Elmshorn.

Bis zu seinem Durchbruch war seine Entwicklung wechselvoll.

1972 hatte man ihn noch auf der DLG in Hannover an die letzte Stelle seiner Klasse gesetzt, um der Zuchtleitung in Holstein deutlich zu machen, daß dieser Hengst wenig Gefallen finden kann. Dem Glauben an dieses Pferd und dem Mut mit Exterieurfehlern bei hohen inneren Werten leben zu können, hat die Holsteiner Zucht schon so manchen Erfolg zu verdanken gehabt.

Über einen Kurzaufenthalt von 3 Jahren in Baden-Württemberg kehrte Landgraf zurück nach Holstein. 1973 kam er nach Siethwende und 1982 nach Bredenbekshorst, seit 1986 wirkt er über die Frischspermaübertragung in Elmshorn.

Bisher wurden von ihm 51 Söhne gekört. Der Marlon xx-Ramzes-Enkel Landego kristallisiert sich als bisher erfolgreichster Sohn in der Vererbung heraus, leider steht dieser der Zucht nicht mehr zur Verfügung. In jüngerer Zeit wurden etliche interessante Söhne gekört, die für die Verbreitung dieser wertvollen Anlagen sorgen werden.

Im Sport hat Landgraf das Millionenvermögen durch zahllose Hochleistungspferde erkämpft. Stellvertretend seien hier Landvogt, Lavendel, Lanciano, Landwind, Lovely Boy, Lasall, Lausbub, Lacross, Landlord, Lucky Luke, Landega, London und Libero genannt. Pferde, die die internationale Springszene beherrschen oder beherrscht haben und ihrem Vater zu einer Legende Holsteins verhalfen.

GAG im Rennen geprüfte, aber über großartige Partien und Reitpferdeeigenschaften verfügende Ladykiller xx durchsetzen.

Sein ungemein ausdrucksvolles Gesicht ist in Holstein als „Ladykiller-Kopf" zu einem Fachbegriff geworden. In den 14 Jahren seines Zuchteinsatzes lieferte er 35 gekörte Söhne und ebensoviele Staatsprämienstuten. Besonders gute Produkte zeugte Ladykiller xx beim Blutanschluß an die Hengste Cottage Son xx, Anblick xx und Ramzes AA. Seine Ausnahmequalität als Springpferdevererber bewies Ladykiller xx mit international erfolgreichen Pferden, wie z. B. Boy a.d. Zala v. Aldato, Lucky a.d. Virole v. Marder, Landgräfin a.d. Warthburg v. Aldato und Lord a.d. Viola v. Cottage Son xx. Von den 35 gekörten Söhnen sind es vor allem der hier beschriebene Landgraf I, aber auch die Halbgeschwister Lord, Lorenz, Lepanto, Ladalco, Lagos und Liostro, die Zuchtgeschichte geschrieben haben oder noch schreiben.

Landgrafs Erbkraft beruht sicherlich nicht nur auf der qualitätsvollen Vaterseite, seine Mutter Warthburg führt über den Stutenstamm 275 die besten Blutströme vergangener Zeiten aus Holstein. Über den bereits erwähnten Anblick xx-Sohn Aldato und über die Hengste Fangball, Loretto, First und Kürassier kommt es im Pedigree der Warthburg zu einer Leistungsverdich-

tung durch Inzucht auf die Linienbegründer und Leistungsträger Ethelbert, Achill und den speziell springblutführenden Cicero wie selten anderswo.

Ladykiller xx, B. H., geb. 1961 v. Sailing Light xx a.d. Lonebeek xx v. Loaningdale.

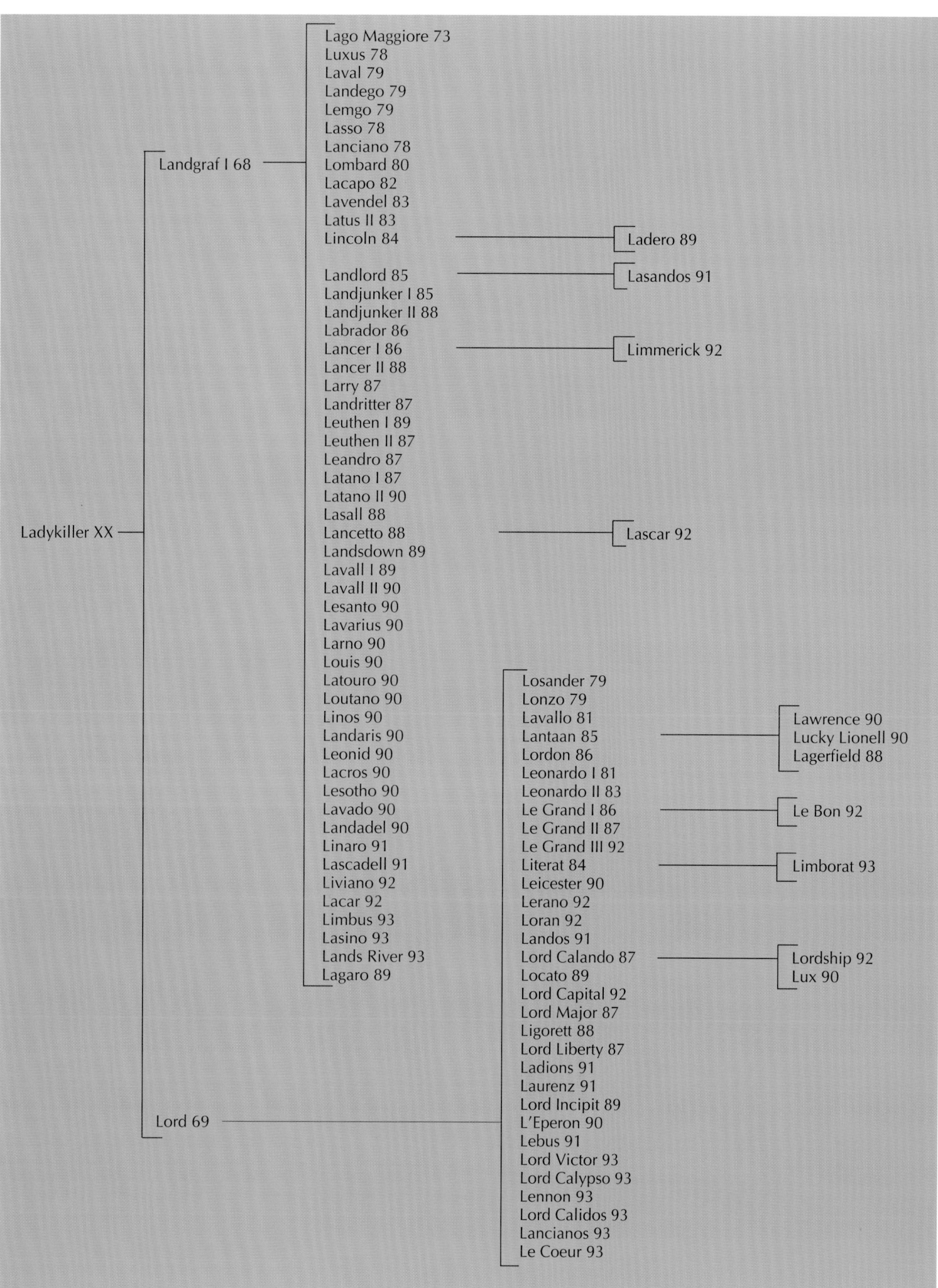

Ladykiller XX

Landgraf I 68
- Lago Maggiore 73
- Luxus 78
- Laval 79
- Landego 79
- Lemgo 79
- Lasso 78
- Lanciano 78
- Lombard 80
- Lacapo 82
- Lavendel 83
- Latus II 83
- Lincoln 84 — Ladero 89
- Landlord 85 — Lasandos 91
- Landjunker I 85
- Landjunker II 88
- Labrador 86
- Lancer I 86 — Limmerick 92
- Lancer II 88
- Larry 87
- Landritter 87
- Leuthen I 89
- Leuthen II 87
- Leandro 87
- Latano I 87
- Latano II 90
- Lasall 88
- Lancetto 88 — Lascar 92
- Landsdown 89
- Lavall I 89
- Lavall II 90
- Lesanto 90
- Lavarius 90
- Larno 90
- Louis 90
- Latouro 90
- Loutano 90
- Linos 90
- Landaris 90
- Leonid 90
- Lacros 90
- Lesotho 90
- Lavado 90
- Landadel 90
- Linaro 91
- Lascadell 91
- Liviano 92
- Lacar 92
- Limbus 93
- Lasino 93
- Lands River 93
- Lagaro 89

Lord 69
- Losander 79
- Lonzo 79
- Lavallo 81
- Lantaan 85 — Lawrence 90 / Lucky Lionell 90 / Lagerfield 88
- Lordon 86
- Leonardo I 81
- Leonardo II 83
- Le Grand I 86 — Le Bon 92
- Le Grand II 87
- Le Grand III 92
- Literat 84 — Limborat 93
- Leicester 90
- Lerano 92
- Loran 92
- Landos 91
- Lord Calando 87 — Lordship 92 / Lux 90
- Locato 89
- Lord Capital 92
- Lord Major 87
- Ligorett 88
- Lord Liberty 87
- Ladions 91
- Laurenz 91
- Lord Incipit 89
- L'Eperon 90
- Lebus 91
- Lord Victor 93
- Lord Calypso 93
- Lennon 93
- Lord Calidos 93
- Lancianos 93
- Le Coeur 93

Lord B.H., geb. 1967 v. Ladykiller xx - Cottage Son xx. Z.: H. Schuldt, Hohenhorst, B.: Holsteiner Verband, Elmshorn

Lord

Wer in Holstein von Ladykiller xx spricht, tut dieses fast immer in Verbindung mit seinen beiden Söhnen Lord und Landgraf, die beide Ausnahmequalität verkörpern. Lord, der im Land zwischen den Meeren seine festen Anhänger besitzt, hat seine Beschälertätigkeit häufig im Schatten von Landgraf durchgeführt, obwohl er schon sehr viel früher hochwertiges Zuchtmaterial stellt.

Lord kam 1969 aus der Zucht von Heinrich Schuldt, Hohenhorst, nach Elmshorn. Schon damals erkannte die Kommission die wertvolle Blutverbindung der heute in Holstein einflußreichsten Vollbluthengste aller Zeiten Cottage Son xx und Ladykiller xx. Verankert war diese Veredlerkombination im durchgezüchteten Stutenstamm 1298. Trotz einiger Exterieurschwächen, der Kopf ist nicht übermäßig durch den Vater geprägt worden, beeindruckte die Kommission seine Ausstrahlung als Dreiviertel-Blüter. Seine hervorragend gelagerte Schulter und die großangelegten Linien bestachen ebenso wie sein Bewegungsablauf. Hätte es damals schon eine Galoppbeurteilung gegeben, so hätte Lord mit Sicherheit die Note 10 verdient gehabt. Die Körkommission konnte ihm diese Note nicht geben, dafür erklärten sie ihn zum Siegerhengst des Jahrganges.

Nach dem Deckeinsatz in Wilster und Blunk ging Lord in die Ausbildung und konnte sich zu einem der talentiertesten und erfolgreichsten Vielseitigkeitspferde bei Herbert Blöcker entwickeln. Zahllose Siege und Plazierungen erreichte dieses Paar bis hin zur internationalen schweren Klasse. Lord ging ebenfalls wie sein Halbbruder Landgraf beim Barrierenspringen mehrfach über 2 m. 1976 war der Ruf aus der Züchterschaft nach diesem Vererber aufgrund der Qualität seiner ersten Jahrgänge so groß, daß er zunächst auf die Station Siethwende ging. Von 1977-1987 war Lord in Dithmarschen auf den Stationen in Wöhrden und Wellinghusen zu Hause, bevor er 1988 in die Frischsamenübertragung nach Elmshorn kam.

Über die Stellung des Lord-Vaters Ladykiller xx innerhalb der Holsteiner Zucht ist im Zusammenhang mit Landgraf berichtet worden. An dieser Stelle soll das Pedigree der Lord-Mutter Viola näher betrachtet werden. Diese Cottage-Son xx-Tochter aus dem Stutenstamm 1298 vereinte bereits die positiven Eigenschaften einer durchgezüchteten Mutterlinie, bedingt durch die starke Inzucht auf die Linienbegründer Ethelbert, Cicero und Achill, mit der Komponente hochkarätigen Vollblüters. In der Anpaarung an Ladykiller xx hat sich die alte Züchterweisheit „Blut zu Blut" voll bestätigt. Die Mutter der Stute Viola ist Ricarda v. Lohgerber; sie lieferte in Verbindung mit Ronald den gekörten Hengst Ri-

Lugana B.S., geb. 1982 v. Lord - Raimond. Z.: R. Martens, Quickborn, B.: St. Lauber, Schweiz. Unter Stefan Lauber gehörte sie zu den weltbesten Springpferden der Worldcup-Wertung 1993. Mannschaftsbronce bei der WM 1994 in Den Haag.

cardo, der in Baden-Württemberg und Holstein eingesetzt wird. Ferner ist Ricarda Mutter des Weltklassespringpferdes Marlon v. Marlon xx, das unter Markus Fuchs (CH) siegreich in WM-Prüfungen ging und in Verbindung mit Corporal lieferte sie die Raimondo-Mutter Eike. Der Stamm 1298 lieferte in weiteren Zweigen hochklassige Zucht- und Sportpferde, so daß man ihn zu den bedeutendsten in Holstein zählen kann.

Lord selbst machte frühzeitig durch Zuchterfolge auf sich aufmerksam. Ein Volltreffer gelang ihm bereits im ersten Deckeinsatzjahr mit einem Hengstfohlen, das später unter dem Namen Livius als weltbestes Springpferd mit Peter Luther Sportgeschichte schrieb. Aber auch Lugana unter Karsten Huck oder Pedro unter Thomas Frühmann machten die Fachwelt auf die Ausnahmequalität dieses Vererbers aufmerksam. Heute sind es Tovia unter Achaz von Buchwald, Lyra unter Hauke Luther und Lugana unter Stephan Lauber, die im internationalen Sport dem Vater alle Ehre machen.

Der Zucht lieferte Lord bisher 32 gekörte Söhne und 51 Staatsprämienstuten. Mit Lavallo gelang es ihm bereits 1981, einen Körungssieger zu stellen. Diesen Erfolg setzte Lord 1984 mit Literat fort. Aber auch Lantaan, der 1990 mit dem Sieger Lucky Lionell bereits des wertvolle Lord-Blut in die zweite Generation getragen hat, zählt zu den hoffnungsvollen Nachwuchsvererbern in Holstein. Hoffnungsvoll sind auch die Lord-Söhne Lord-Calando, Locato, Loran, Lord Calidos und Lord Calypso.

Livius, B.W., geb. 1971 v. Lord a. d. Borna v. Atlas unter Peter Luther

7. Der Weg zum modernen Holsteiner

1961 bezogen 54 Hengste 39 Stationen. Der Bestand an eingetragenen Stuten war auf 1322 gesunken. 11 Jahre davor, 1955, waren es noch 9969. Das war kein gesunder Schrumpfungsprozeß mehr, das war eine echte Katastrophe. Der Verband verwaltete praktisch eine Konkursmasse, die sichtbar dahinschmolz. Abgesehen von der immer schmaler werdenden Basis hatte die Periode hemmungsloser Verstärkung, die Überbetonung des Wirtschaftstyps ihre nachhaltigen Spuren am Erscheinungsbild der Zucht hinterlassen. Inzwischen hatte auf der ganzen Welt der Turniersport wieder voll Tritt gefaßt, auch in der Bundesrepublik. Er strebte mit Riesenschritten einer Entwicklung entgegen, die 1945 niemand voraussagen konnte. In der Verpackung der letzten 30 Jahre paßte der Holsteiner allenfalls in die Landwirtschaft, in den modernen Sport erst in zweiter Linie. Die großen Springpferde der Vorkriegszeit und der ersten Nachkriegsjahre stellten

schließlich nur einen Prozentsatz der Produktion einer bis fünfstelligen Mutterstutenzahl dar. Die Landwirtschaft hatte aber mittlerweile weder Platz noch Verwendung für das Pferd. Seine Rolle als Arbeitskraft war ausgespielt, geblieben war nur der Sport.

Hier setzt die bewundernswerte Entschlußkraft des Verbandes ein. Anstatt resigniert die Flinte ins Korn zu werfen und die Zucht allmählich als beweintes Opfer der Entwicklung aussickern zu lassen, beschloß der dynamische Vorstand, das ihm anvertraute Pferd umzuformen. Arbeitskluft und Habitus des ländlichen Schwerarbeiters sollten gegen Maßanzug und elegante Manier des internationalen Athleten eingetauscht werden, ohne aber auf die unersetzlichen physischen und psychischen Kräfte und Anlagen des robusten Landbewohners zu verzichten. Die Zuchtleitung des Verbandes, in klarer Erkenntnis der züchterischen Zusammenhänge und der notwendigen biologischen Zeiträume, wählte den einzig richtigen Weg.
1. Die Umformung konnte nur über das englische Vollblut erfolgen.
2. Es erschien sinnlos, jahrzehntelang auf den richtigen Vollblutvererber zu warten,

ein Vorgang der eingetreten wäre, hätte man sich auf die Verwendung von ein bis zwei Hengsten beschränkt. Anstatt zu kleckern, beschloß man zu klotzen, in der richtigen Annahme, daß grob gesehen eben unter 25 Vollblütern die Möglichkeit, zwei bis drei gute Vollblüter herauszufinden, größer ist.

Die Wahl des englischen Vollblutes als Veredlungsfaktor bot sich von selbst an. Die Erfahrung hatte gelehrt, daß der Holsteiner dank seines Blutaufbaues auf Anpaarungen mit englischem Vollblut am besten anspricht. Versuche mit fremden Blutströmen wie z.B. Amurath oder dem Anglo-Araber Delarmé hatten nichts gebracht bzw. lange nicht das gehalten, was man sich davon versprochen hatte. Hinzu kam, daß in der Zucht des Holsteiner Pferdes der Leistungsgedanke stets im Vordergrund gestanden hat, vor allen anderen Erwägungen. So war es nur logisch, diesen Leistungsbegriff mit Hilfe der einzigen Rasse, deren Zucht seit fast 300 Jahren ausschließlich auf Höchstleistung und unter getragenem Gewicht basiert, zu verankern. Der Gedanke war nicht ganz neu. Schon der letzte Landstallmeister von Traventhal, Dr. Grote, hatte in dieser Richtung zu wirken begonnen. Fast alle Vollblüter, die in

Classic Touch B.S., geb. 1984 v. Caletto II - Landgraf I.
Z.: H.W. Ritters, Krumstedt, B.: ALMOX-Sportpferde GmbH, Buchlohe.
Olympiasiegerin der Springreiter 1992 in Barcelona unter Luthger Beer-
baum.

Corrado Sch. H., geb. 1985 v. Cor de la Bryère - Capitol. Z.: E. Struwe, Satrup, B.: Holstei-
ner Verband, Elmshorn. Erfolgreich in Zucht und Sport. Mit Franke Sloothaak Sieger im
Worldcup-Springen.

Holstein von 1942 bis 1960 deckten, taten dies auf seine Veranlassung. Diese ab 1960 planmäßig durchgeführte Veredlung - vielleicht etwas forciert vorgetragen, da sie aber überlebensnotwendig geworden war, blieb keine andere Wahl - mußte naturgemäß früher oder später eine Konsolidierungsphase notwendig erscheinen lassen. Nicht auf dem Leistungs-Sektor, denn hier hat sie dem Holsteiner Pferd das Tor zur Welt aufgestoßen und ihm Triumphe auf reiterlichem Gebiet beschieden (Military, Dressur), an die man früher nicht zu denken gewagt hätte.

Die Zuchtleitung, traditionell entschlußfreudig und aufgeschlossen, entschied sich für Blut der Anglo-Normänner, in erster Linie für Cor de la Bryère und Almé. Diese nicht gerade zaghaft durchgeführte Maßnahme, seit Beginn der 70er Jahre, hat exterieurmäßig gute bis sehr gute Resultate gezeigt, ohne dabei die Leistungsfähigkeit zu beeinflussen. Für den Springsport wichtige Kriterien, wie z.B. Vorderbeintechnik und Geschicklichkeit wurden mit dem vorhandenen Vermögen und dem Kampfgeist hervorragend kombiniert. Mit dem Olym-

piasieg der Caletto II v. Cor de la Bryère-Tochter Classic Touch wurde diese genetisch richtige Kombination 1992 in Barcelona gekrönt.

Ab 1985 erkannte die Zuchtleitung, daß nach der Konsolidierungsphase wieder ein Veredlungsschub erforderlich wurde, um den am Markt gewünschten modernen Typ züchten zu können. Eine Reihe von englischen Vollblütern wurden importiert, wobei die Suche nach einem Stempelhengst zum Aufbau einer neuen Linie noch anhält. Auch das arabische Element kommt über den Bajar-Sohn Bachus und über den polnischen Anglo-Araber Arystokrat X dosiert zum Einsatz. Die Akzeptanz der Veredler durch den Züchter ist heute wesentlich kritischer geworden, da die Vollblüter mit dem Druck der leistungstarken und sehr gefragten Warmblüter zu konkurrieren haben. Hier muß von Seiten der Zuchtleitung Überzeugungsarbeit geleistet werden.

Neben der Veredlung muß der Leistungsgedanke in der Zucht Vorrang behalten, damit das Holsteiner Zuchtgebiet auch weiterhin seine vielfach bewiesene, ihm zustehende Rolle in der internationalen Zucht von Leistungs-Reitpferden fortführen kann.

8. Meteor 1943-1966

Kein Pferd wurde in Deutschland jemals so geliebt wie er. Kein Reiter so bewundert und geachtet wie seiner. In keinem deutschen Land schlugen die Herzen schneller, verfolg-ten die Menschen die Zeitungsberichte mit größerem Interesse, stieg die Spannung höher, als wenn Meteor mit Fritz Tiedemann irgendwo in Deutschland, Europa oder in Nordamerika an den Start gingen, als in Schleswig-Holstein. Die Zuneigung, die diesem Paar aus allen Schichten der Bevölkerung entgegenschlug, war echt, frei von jeglichem Sportsnobismus oder Stammtisch-Patriotismus. Über ein Jahrzehnt repräsentierte der mächtige Hellbraune, gezeichnet mit Stern und Schnippe und den drei weißen Füßen, im Springsport der Welt den Begriff „Holsteiner". Er und sein Reiter vertraten die Scholle, von der beide stammten, in seltener Vollkommenheit. 150 Siege in M + S, drei Olympiaden mit Medaillengewinn waren die Ausbeute eines gewaltigen, fast ununterbrochenen Siegeszuges auf unzähligen nationalen und internationalen Plätzen und Arenen jener Epoche.

Stil und Manier der beiden, klassisch und charakteristisch zugleich, sorgten für eine Ausstrahlung, der sich weder Kundige noch Unkundige entziehen konnten. Wenn das mächtige 13 Zentner schwere Muskelpaket, durchgymnastiziert wie eine antike Athletengestalt, über den Parcours schnellte und federte, geschmeidig und auf den Punkt gehorsam, dann wirkte sein drahtiger Reiter wie der Beherrscher unermeßlicher, zusammengeballter Energien, die er von einem unsichtbaren Schaltpult aus milimetergenau und je nach Bedarf, vom geregelten Rhytmus bis zur explosionsartigen, grenzenlosen Entfaltung zünden konnte.

Niemals aber gewann man den Eindruck vergewaltigter Natur. In Meteors Springen und Galoppieren spiegelte sich stets die Natur selbst. Nur wirkte eben die Kraft immer gebändigt, und die Verhältnismäßig-

Meteor

keit im Einsatz der Mittel wurde stets gewahrt. Die Symbiose Fritz Tiedemann und Meteor wurde gleichsam zu einem nationalen Symbol, das all die Eigenschaften wiederzuspiegeln schien, die Menschen und Tiere des Nordens auszeichnen. Beherrschte Kraft besonnen eingesetzt, unerschütterliche Treue und Ausdauer, unbedingte Zuverlässigkeit und der völlige Verzicht auf spektakuläre Theatralik, der eben nur bei souveräner Beherrschung aller Mittel, gleich auf welchem Gebiet, möglich ist.

Mit Meteor trat 1961 der bis dahin größte Held des Holsteiner Pferdes ab. Ein Denkmal in Bronze vor dem Landwirtschaftsministerium in Kiel und ein schlichter Gedenkstein auf seiner letzten Ruhestätte in Elmshorn halten die Erinnerungen an eines der berühmtesten Pferde unserer Zucht – an einen Inbegriff von Kraft, Tapferkeit, Treue – wach.

Zuchtziel
Rasse: Holsteiner Warmblutpferde

I. Äußere Erscheinung
Farbe:
vorrangig Braune,
ausgeschlossen Schecken

Größe (Stm.):
Stuten
- Eintragung Hauptstammbuch mind. 160 cm
- Eintragung Stutbuch mind. 158 cm
Hengste
- zur Körung als Junghengst mind. 162 cm
- zur Körung im Alter von mind. 36 Monaten mind. 164 cm
- zur Hengstbucheintragung Anforderungen wie zur Körung

Typ:
Das typische Holsteiner Pferd ist ein athletisches, großliniges und ausdrucksvolles Reitpferd mit der Anlage zu sportlichen Leistungen, vornehmlich im Springen. Die Prägung durch Vollblut soll in einem trockenem und ausdrucksvollen Kopf, einem großen Auge, gut geformter Halsung und einer passenden plastischer Bemuskelung zum Ausdruck kommen. Zuchthengste und Zuchtstuten sollen über einen typischen Geschlechtsausdruck verfügen.
Unerwünscht sind insbesondere ein derbes, plumpes oder unsportliches Erscheinungsbild, ein grober Kopf und verschwommene Konturen sowie bei Zuchtpferden fehlender Geschlechtsausdruck.

Körperbau:
Erwünscht ist ein harmonischer, für Reizwecke - insbesondere den Springsport - geeigneter Körperbau.
Dazu gehören:
eine lange, sich zum Kopf hin verjüngende Halsung, gute Ganaschenfreiheit, eine große, schräg gelagerte Schulter, ein markanter, weit in den Rücken hineinreichender Widerrist, ein funktionsfähiger Rücken, der die Anforderungen an ein athletisches Sportpferd erfüllt und in der Bewegung Schwingung, Tragkraft und Gleichgewicht vereint, eine lange, kräftig bemuskelte Kruppe, eine harmonische Rumpfaufteilung in Vor-, Mittel- und Hinterhand.
Erwünscht ist weiterhin ein zum Körperbau passendes, trockenes Fundament mit korrekten, großen Gelenken, mittellangen Fesseln und wohlgeformten Hufen, das eine lange Gebrauchsfähigkeit erwarten läßt. Außerdem eine korrekte d.h. von hinten gesehen gerade Gliedmaßenstellung, ein von der Seite gesehen geradegestelltes Vorderbein und ein Hinterbein mit einem gut eingeschienten Sprunggelenk.
Unerwünscht sind:
ein insgesamt unharmonischer Körperbau, insbesondere eine kurze, schwere oder tief angesetzte Halsung, eine kleine, steile Schulter, ein wenig markanter Widerrist, ein in seiner Funktionsfähigkeit beeinträchtigter Rücken, der nicht die Anforderungen an ein athletisches Sportpferd erfüllt, eine zu gerade Kruppe mit hohem Schweifansatz, geringe Brusttiefe und hochgezogenen Flanken mit kurzer Hinterrippe, unerwünscht sind weiterhin unkorrekte Gliedmaßen:
hierzu gehören: kleine, schmale oder eingeschnürte Gelenke, schwache Röhrbeine und kurze, steile oder überlange weiche Fesseln sowie zu kleine Hufe, insbesondere mit nach innen gerichteten Trachten.
Unerwünscht sind weiterhin Fehlstellungen, insbesondere zehenweite, zehenenge, bodenweite, bodenenge, rückbiegige, steile oder säbelbeinige, kuhhessige oder faßbeinige Gliedmaßenstellungen.

II. Bewegungsablauf

Grundgangarten:
Erwünscht sind fleißige, taktmäßige und raumgreifende Grundgangarten (Schritt 4-Takt, Trab 2-Takt, Galopp 3-Takt).
Der Bewegungsablauf im Schritt soll losgelassen, energisch und erhaben sein bei klarem Ab- und Auffußen.
Der Bewegungsablauf im Trab soll mit der für den Holsteiner typischen Knieabtion ausgestattet sein. Trab und Galopp sollen elastisch, schwungvoll, leichtfüßig, getragen und mit natürlicher Aufrichtung und Balance ausgestattet sein. Der aus aktiv arbeitender, deutlich abfußender Hinterhand entwickelte Schub soll über einen locker schwingenden Rücken auf die frei aus der Schulter vorgreifende Vorhand übertragen werden. Insbesondere der Galopp soll einen deutlich vorwärts/aufwärts gesprungenen Ablauf aufweisen. Die Überprüfung erfolgt an der Hand sowie im Freilaufen.
Unerwünscht sind insbesondere kurze, flache, unelastische und in der Schulter gebundene Bewegungen bei festgehaltenem Rücken sowie schwerfällige, auf die Vorhand fallende oder untaktmäßige Bewegungen.

Springen:
Erwünscht ist ein vermögendes, elastisches und überlegtes Springen, welches Gelassenheit und Intelligenz erkennen läßt.
Im Ablauf sind deutliches Sich-Aufnehmen, ein kraftvolles und schnelles Abfußen beim Absprung, ein ausgeprägt schnelles Anwinkeln der Gliedmaßen (möglichst waagerechte Haltung des Unterarmes über dem Sprung), ein aufgewölbter Rücken bei deutlich hervortretendem Widerrist und abwärts gebogener Halsung mit sich öffnender Hinterhand (Bascule) erwünscht.
Beim Gesamtablauf soll der Fluß der Bewegung und der Rythmus des Galopps erhalten bleiben. Die Überprüfung bei den Hengsten erfolgt anläßlich der Körung im Freispringen sowie bei der Hengstbucheintragung.
Unerwünscht ist insbesondere ein unkontrolliertes oder auch unentschlossenes Springen mit hängenden Beinen, hoher Nase über dem Sprung, verbunden mit einem festen oder weggedrückten Rücken, bei dem der Fluß der Bewegung und der Rythmus des Galopps verlorengeht.

III. Innere Eigenschaften/Leistungsveranlagung/Gesundheit
Erwünscht ist ein unkompliziertes, umgängliches, gleichzeitig einsatzfreudiges, nervenstarkes und verläßliches Pferd, das einen wachen, intelligenten Eindruck macht und durch sein Auftreten und Verhalten gute Charaktereigenschaften sowie ein gelassenes, ausgeglichenes Temperament erkennen läßt.
Erwünscht ist weiterhin: Gesundheit (Anforderung s. §30 Ziff. 2.2), gute physische und psychische Belastbarkeit, natürliche Fruchtbarkeit sowie das Freisein von Erbfehlern.

IV. Zusammenfassung
Erwünscht ist ein rittiges, vielseitig veranlagtes, leistungsbereites und leistungsfähiges Reitpferd, welches vornehmlich für den Springsport geeignet ist, aber auch für die Disziplinen Dressur und Vielseitigkeit ein hohes Maß an Veranlagung besitzt.
Zur Erkennung der Leistungsveranlagung werden bei den Hengsten grundsätzlich im Alter von drei Jahren oder vor der Zuchtbucheintragung folgende Merkmale überprüft:
- Charakter und Temperament
- Rittigkeit
- Grundgangarten
- Springen
Bei den Stuten sollte die Überprüfung der Leistungsveranlagung im Alter von drei Jahren erfolgen.
Die Abwägung der Zuchtzielmerkmale obliegt den Entscheidungsgremien (Kommissionen) des Verbandes.

Schleswig-Ho

DÄNEMARK

OSTSEE

NORDSEE

Kiel

Neumünster

SCHLESWIG-HOLSTEIN

NIEDERSACHSEN

Lübeck

MECKLENBURG

HAMBURG

stein Kaltblut

Dr. Hermann Tedsen †

Hans Heinrich Willers†

22. April 1911 geboren auf Nordseeinsel Pellworm (Nordfriesland).
1917-1924 Volksschule auf Pellworm.
1924-1930 Deutsche Oberschule in Niebüll mit Abitur.
1930-1933 landwirtschaftliche Lehre und anschl. Gutsverwalter.
1933-1935 Studium der Landwirtschaft in Bonn-Poppelsdorf.
1935-1936 Studium an der Martin-Luther-Universität Halle (Saale) mit Diplomexamen.
1937 Promotion Dr. sc. nat.
1936-1938 wissenschaftl. Assistent Universität Halle (Saale).
1938-1939 Leiter der betriebsw. Abteilung der Treuhand- und Wirtschaftsberatungsstelle Schleswig-Holstein.
1939-1945 Wehrdienst, Reserveoffizier und Abteilungsführer (Kavallerie-Division).
1945-1948 landw. Tätigkeit auf dem elterlichen Hof.
1948-1968 Geschäftsführer und Zuchtleiter des Verbandes Schleswiger Pferdezuchtvereine.
1956 bis 1976 Leiter der staatlich anerkannten Mastprüfungsanstalt Achterwehr.
1976 Ruhestand.
1950-1980 ehrenamtliche Tätigkeiten u. a. als Preisrichter bei Pferden und Schweinen und als Turnierrichter.
1985 verstorben.

17. September 1915 geboren in Altona als Sohn des Kaufmanns Heinrich Jungblut, der 1921 tödlich verunglückte. 1950 adoptiert von Senatspräsident Ludwig H. C. Willers, Hamburg-Altona.
1922-1926 Volksschule in Altona-Ottensen. 1926-1935 Oberrealschule Altona mit Abitur.
1935-1936 ein Jahr freiwillig gedient im Heer (A. R. 2 in Stettin-Altdamm).
1936-1938 landwirtschaftliche Lehre mit Gehilfenprüfung im Kreis Plön, Ostholstein.
1938 bis Juli 1939 Studium der Landwirtschaft an der Universität Bonn. Vordiplom.
1. 8. 1939 bis 6. 6. 1942 Soldat.
6. 6. 1942 bis 8. 1. 1950 russische Kriegsgefangenschaft.
8. 8. 1950 bis 8. 8. 1951 Studium Universität Kiel mit Abschluß Diplom-Landwirt.
1. 8. 1951 bis 15. 10. 1952 Verwalter auf dem Versuchsgut Grabau bei Bad Oldesloe, Schleswig-Holstein.
17. 10. 1952 bis 16. 11. 1954 landwirtschaftl. Referendar, Fachrichtung Tierzucht, des MELF Kiel, Abschluß Assessor.
1. 12. 1954 bis 30. 6. 1972 Landwirtschaftskammer Schleswig-Holstein in Kiel, zunächst als Sachbearbeiter, seit 1. 6. 1959 als Beamter, seit 1964 Landwirt-

schaftsdirektor und Leiter der Tierzucht-Abteilung.
Von 1956 bis 1966 nebenamtlicher Geschäftsführer des Stammbuches für rheinisch-deutsche Kaltblutpferde in Holstein e. V. und des Landesverbandes der Pony- und Kleinpferdezüchter Schleswig-Holstein/Hamburg e. V.
1. 7. 1972 Übernahme in den Landesdienst zunächst als stellvertretender Leiter, dann als Leiter des neugebildeten Landesamtes für Tierzucht Schleswig-Holstein.
30. 9. 1980 Versetzung in den Ruhestand.
1989 verstorben.

Überarbeitet von
Gerhard Gramann

V.S.P.

Das Schleswiger-Kaltblutpferd

1. Natürliche Gegebenheiten

Das Gebiet des früheren Verbandes Schleswiger Pferdezuchtvereine umfaßt das alte Herzogtum Schleswig. Es wird im Norden von Jütland (Königsau), im Süden von der Eider, im Osten vom kleinen Belt und der Ostsee und im Westen von der Nordsee begrenzt. Die ursprüngliche Einteilung in Harden (Ämter, seltener Landschaften und Vogteien) wurde seit der Zugehörigkeit zu Preußen im Jahre 1864 in Gemeinden, Ämter und Kreise als Verwaltungsbezirke neugegliedert. Mit 8860 qkm und knapp einer halben Million Einwohner gegenüber 19004 qkm für ganz Schleswig-Holstein mit 1.621.004 Einwohnern im Jahre 1919 ist das Herzogtum Schleswig der kleinere und auch wirtschaftlich schwächere Teil.

Schleswig ist im Zeitraum des Diluviums und des Alluviums entstanden. Eiszeit und Nacheiszeit haben eine leicht wellige oder horizontale Oberflächengestaltung geschaffen. Die Bodenqualität ist oft auf kleinstem Raum sehr wechselhaft. Im großen und ganzen zerfällt das Herzogtum Schleswig in drei parallel nebeneinander laufende Landstriche.

Das Gebiet an der Ostsee, ist durch tiefe Förden gegliedert und besteht aus fruchtbaren Lehmböden, aber auch aus schweren Tonböden. Es wird auf Grund der guten Bodenqualität vielfach als Ackerland genutzt.

Der Mittelrücken, als Geest bezeichnet, besteht größtenteils aus humusarmen Sand- und Moorböden. Durch Urbarmachung, durch Mergelung und Entwässerung sind große Flächen Unland und Moor im vorigen Jahrhundert in Kulturlandschaft verwandelt worden.

Der dritte Landstrich sind die Marschen. Man bezeichnet sie ihrer Entstehung nach als Seemarschen. Es handelt sich meistens um schwere bis schwerste Tonböden. Ihr Nährstoffreichtum wurde früher für die Pflanzenproduktion als unerschöpflich angesehen.

Die klimatischen Verhältnisse im Herzogtum Schleswig sind maritim. Die Niederschläge liegen um 700 mm im Jahresmittel. Das Klima ist gekennzeichnet durch milde Winter und kühlere Sommer. Hoher Feuchtigkeitsgehalt der Luft während der meisten Zeit des Jahres, viel Bewölkung, heftige Winde und zeitweise Stürme sind typisch. Es ist ein Klima, das den Graswuchs der Wiesen und Weiden fördert, jedoch die Ackerlandwirtschaft durch starke Verunkrautung und Graswuchs benachteiligt.

Der Landesteil Schleswig war das waldärmste Gebiet Preußens. Dreiviertel seiner Oberfläche bedeckte natürliches Grünland, den Rest Ackerland.

Nach Betriebsgrößen aufgegliedert gab es fast 2/3 mittel- und großbäuerliche Betriebe und nur 1,3% Gutsbetriebe mit 100 ha und mehr. Seit 1949 hat sich das Schwergewicht noch stärker zu den großbäuerlichen Betrieben hin verschoben.

Damit bestimmte der bäuerliche Einfluß die Entwicklung des Schleswiger Pferdes.

2. Frühgeschichte

Dem Aufbau einer organisierten Schleswiger Kaltblutzucht war eine jahrhundertwährende züchterische Arbeit vorausgegangen. Aus der Literatur sei Graf Wrangel erwähnt, der in seinem Buch „Vom Pferde" über das jütisch-schleswiger Pferd schreibt: „Was zunächst den Ursprung der auch in Deutschland geschätzten und vielfach benützten jütländischen Rasse betrifft, ist es bekannt, daß die tiefgelegenen, fruchtbaren Nordseegestade schon seit unendlichen Zeiten die Heimat eines schweren Pferdeschlages gewesen... Größere Verbreitung fand dieser Schlag während der Völkerwanderung; zum höchsten Ansehen gelangte es in der Ritterzeit, als vom Pferd gefordert wurde, von einem schweren Panzerreiter getummelt zu werden."

In den Jahren um 1820, als es in Deutschland Mode war, eine ungezügelte Veredelung durchzuführen, kam es auch in Jütland und Schleswig zu Einkreuzungsphasen. Zu nennen wäre hier der Yorkshire-Hengst Bay Beckingham, der rund 500 Nachkommen erzeugt haben soll.

Im Zuge der Rückbesinnung wurde in den folgenden Jahren wieder mehr auf Masse gezüchtet. Im Jahre 1862 übte der von dem Pferdehändler Louis Oppenheim importierte Hengst Oppenheim - wahrscheinlich ein Suffolk Punch - einen sensationellen Einfluß auf die jütisch-schleswiger Zucht aus. Trotz seines wegen akuter Hufrehe frühen Ausscheidens im Jahre 1869 hat der Hengst über seine Nachkommen eine dominierende Stellung eingenommen, da im überwiegenden Teil der Population Oppenheim-Blut nachzuweisen war.

Der bedeutendste Nachkomme aus dem Oppenheim-Stamm war dann im Jahre 1893 der Hengst Aldrup Munkedal, der als eigentlicher Begründer der modernen Schleswiger und jütischen Pferdezucht zu gelten hat. Über seine Söhne Hövding und Prins af Jylland hat der Hengst Aldrup Munkedal den größten Einfluß auf die Schleswiger Zucht gehabt.

Zur Charakteristik des Schleswiger Pferdes schreibt Graf Wrangel: „Der Schleswiger ist genügsam, von großer Härte und sehr guter Lungenkraft, die ihn auch befähigt, längere Strecken im Trab zu gehen, was für die Landwirtschaft nicht zu unterschätzen ist."

Cäsar, F.H., geb. 1886 in Kr. Tondern, v. Caesar a.d. Mela. 1. Preis Berlin 1890 1. Allgem. Dt. Pferdeausstellung. Aussteller: Detlefsen, Treesmark.

Fritz, F.H., geb. 1882 in Kr. Tondern v. Hansa.d. Liesel

Aldrup Munkedal 839, geb. 1893. Stammvater der jütischen und Schleswiger Kaltblutzucht.

3. Werdegang des Verbandes Schleswiger Pferdezuchtvereine

Hans Kurth, Geschäftsführer des Verbandes Schleswiger Pferdezuchtvereine e. V., schreibt 1947 in seinem Buch „Das Schleswiger Pferd" über den Aufbau der Schleswiger Pferdezucht: „Die Zuchtrichtung des Schleswigers wurde erst im Jahre 1888 anerkannt. Eine größere Einheitlichkeit in der Zuchtrichtung wurde durch den damaligen landwirtschaftlichen Generalverein aufgrund der Maßnahmen zur Förderung der Landespferdezucht in der Provinz Schleswig-Holstein gegeben. An zwei Zuchtrichtungen, einer warmblütigen und einer kaltblütigen, sollte für die ganze Provinz festgehalten werden. Eine scharfe Abgrenzung der Kaltblutzucht wurde geschaffen und dadurch eine zielbewußtere Arbeit

in der Schleswiger Zucht angebahnt. Man hatte schon erkannt, daß die Vereinstätigkeit sich als nützlich erweist und daß die einzelnen Pferdezüchter Ersprießliches kaum zu leisten vermögen. Von besonderer Bedeutung für die Schleswiger Pferdezucht ist die am 14. 3. 1891 erfolgte Gründung des Verbandes Schleswiger Pferdezuchtvereine gewesen, der zuerst den Namen führte „Schleswiger Pferdezuchtverein für den Gesamtumfang der Zucht des kaltblütigen Pferdes im Herzogtum Schleswig". Die endgültige Gründung des Verbandes erfolgte dann unter dem Namen „Verband Schleswiger Pferdezuchtvereine" am 21. Dezember 1891 und mit der konstituierenden Versammlung am 25. Dezember 1891 im Bahnhofshotel in Flensburg. Diese Daten werden von dem ersten Geschäftsführer des Verbandes Dreesen, der am 1. August 1900 angestellt wurde, mitgeteilt.

In den ersten Jahren nach der Gründung wurden in großem Umfange die DLG-Ausstellungen, aber auch die Weltausstellung in Paris oder die Brauerei-Ausstellung in Berlin, mit starken Kontingenten beschickt. Dieses Interesse, Pferde auf Ausstellungen zu zeigen, hatte in Schleswig-Holstein eine alte Tradition, die insbesondere auf der Initiative des Herzogs Christian August von Sonderburg-Augustenburg beruhte.

Zur schleswig-holsteinischen Provinzial-Tierschau vom 25. bis 27. Juni 1886 wurden 53 Stuten und Hengste des sogenannten Ackerschlages ausgestellt. Stellvertretend für die vielen Züchter, die damals ausgestellt hatten und die zum größten Teil aus dem Nordschleswiger Raum kamen, seien die Gebrüder Dethlefsen aus Fresmark genannt, die auch später in der Schleswiger Zucht noch einen bekannten Namen hatten. Diese im Jahre 1886 veranstaltete Provinzial-Tierschau war Vorläuferin der späteren Landestierschau.

Aus der im Jahre 1916 verfaßten Denkschrift des damaligen Geschäftsführers Dreesen zur Gründung des Verbandes Schleswiger Pferdezuchtvereine geht hervor, daß die Beschickung von großen Tierschauen stets einen besonderen Platz in der Tätigkeit des Verbandes eingenommen hatte. Es ist der DLG zu verdanken, daß durch die Wanderausstellungen eine Förderung der Rassenzuchten einherging. Bereits im Jahre 1895 hatten sich 11 Vereine dem Verband angeschlossen.

Dreesen schreibt hierzu: „Von Anfang an befand sich die Zucht des Schleswiger Pferdes in Händen von Kleinbesitzern und die Hengsthaltung in Privatbesitz. Es war schwierig, gute Hengste zu beschaffen, und als eine kleine angenehme Beihilfe muß es betrachtet werden, wenn das Ministerium für Landwirtschaft, Domänen und Forsten auf eine Eingabe des Verbandes vom 28. November 1893 den Züchtern des Schleswiger Pferdes 3.300,- DM als zinsfreies Darlehen zur Beschaffung eines Hengstes bewilligte, wie es schon in anderen Provinzen geschehen war. Außerdem waren Hengste vom Landgestüt Traventhal im Zuchtgebiet zum Decken fremder Stuten aufgestellt. Diese haben meistens den Anforderungen der heimischen Züchter nicht Rechnung tragen können."

Durch die intensive Beschickung der überregionalen Tierschauen wurde das Schleswiger Pferd bald in ganz Deutschland bekannt.

Die Schleswiger wurden dem kaltblütigen Schlage zugeordnet und als sehr geeignete Ackerpferde gehalten.

Am 1. August 1900 wurde Herr Dreesen als Gestütbuchführer und Geschäftsführer angestellt. Der Verband wurde 1901 in das Vereinsregister in Flensburg eingetragen und im gleichen Jahre konnte der erste Band des Gestütbuches in Druck gegeben werden. Im ersten Band sind 1.117 Hengste und 1.860 Stuten verzeichnet. Diese Hengste und Stuten verteilten sich auf 20 angeschlossene Vereine. Im Jahre 1907 folgten der zweite und 1911 der dritte Band des Gestütbuches. 1913 wurde von Herrn Becker aus Kiel, dem Geschäftsführer für Pferdezucht an der Landwirtschaftskammer für die Provinz Schleswig-Holstein, eine Schrift über das Schleswiger Pferd herausgegeben.

Bis zum Jahre 1910 hatten sich 40 Pferdezuchtvereine mit 3.349 Mitgliedern und 1.657 Hengsten sowie 10.313 Stuten angeschlossen. Diese Pferdezuchtvereine umfaßten den gesamten Raum des ehemaligen Herzogtums Schleswig von Rendsburg bis zur Königsau.

Hierzu schreibt Dreesen im Jahre 1916: „In dem Zuchtgebiet des Schleswiger Pferdes, dem früheren Herzogtum Schleswig, liegt die Aufzucht hauptsächlich in Händen von kleinen und mittleren Besitzern."

Durch den Weidegang ist das Pferd früh entwickelt und abgehärtet, so daß es schon in der Jugend ein wertvolles Verkaufsobjekt bietet. In volljährigem Alter findet es besonders in der Landwirtschaft, aber auch in der Industrie und der Armee, ausgebreiteste Verwendung. Letztere hat namentlich durch die Verbesserung der Schritt- und Trabbewegung des Pferdes bedeutend zugenommen. Hierzu haben die erlassenen Körperbestimmungen für Hengste und Stuten beigetragen. Aber auch eine Belehrung durch Wort und Schrift, die seit Gründung des Verbandes einsetzte, ist nicht ohne Erfolg geblieben. Gleichzeitig haben Versammlungen, Tierschauen und Ausstellungen Anregung gegeben zur immer lohnender werdenden Aufzucht des Schleswiger Pferdes."

4. Die Zeit von 1920 bis 1945

Einen großen Rückschlag für die Schleswiger Pferdezucht gab es im Jahre 1920, als aufgrund der Volksabstimmung ein großer Teil Schleswigs an Dänemark ging. Die bedeutenden Zuchten im nördlichen Herzogtum Schleswig fielen an Dänemark und führten zu einer Verbesserung der jütischen Pferdezucht. Da ein großer Teil des Zuchtpotentials durch diese Trennung verlorenging, dehnte sich die Schleswiger Pferdezucht weiter nach Süden aus und konnte bald auch im holsteinischen Landesteil immer mehr Vereine dazugewinnen. In der sehr streng gefaßten Körordnung vom 1. August 1936 wurden die Gebiete des Landes Schleswig-Holstein für die einzelnen Rassen aufgeteilt. Danach konnte für Hengste der Rassen Holsteiner Warmblut, Trakehner, Vollblut, Traber und Schleswiger Kaltblut im Gesamtgebiet der damaligen Provinz Schleswig-Holstein die sogenannte Deckerlaubnis A erteilt werden. Das rheinisch-deutsche Kaltblut war auf die südlichen Landesteile begrenzt, ebenso wie die Oldenburger, die nur in den Altkreisen Eutin und Oldenburg eingesetzt werden durften. Damit wurden auch von staatlicher Seite die Weichen für eine weitere Entwicklung der Schleswiger Pferdezucht gestellt, so daß in den folgenden Jahren im Gesamtgebiet von Schleswig-Holstein Zuchtvereine für das Schleswiger Kaltblutpferd gegründet werden konnten.

Die Geschäftsstelle wurde von Flensburg nach Husum verlegt. Von der Landwirtschaftskammer wurde ein Geschäftsführer zur Verfügung gestellt. Es war dies Landwirtschaftsrat Kurth mit der Verbandsgeschäftsstelle in Husum. Prof. Zorn schreibt in seinem Buch „Die Pferdezucht" im Jahre 1952: „Leider führte die Abtretung Nordschleswigs, welches die wertvollsten Zuchtbestände sein eigen nannte, fast zum Zusammenbruch der gesamten Schleswi-

ger Kaltblutzucht - im Jahre 1931 zählte der Verband Schleswiger Pferdezuchtvereine nur noch 1.751 Mitglieder mit 1.836 eingetragenen Stuten." Eine gewisse Änderung des Zuchtzieles und die Passion der Schleswiger Züchter halfen die Krise zu überwinden. Die Zucht war in dieser Zeit auf ein leichtfuttriges, robustes und gängiges Kaltblutpferd im mittleren Rahmen gerichtet. Bis zum Jahre 1938 wurde mit wenigen Unterbrechungen bestes Zuchtmaterial aus dem Nachbarland Dänemark eingeführt. Durch diese Entwicklung mit zunehmender Röhrbeinstärke bei Verringerung der Größe und wachsender Tiefe und Breite wurde ein Pferd geformt und gezüchtet, wie es sich heute im Schleswiger zeigt. Zorn schreibt weiter: „Der Erfolg blieb nicht aus. Der Verband Schleswiger Pferdezuchtvereine erholte sich soweit, daß er bereits zu Beginn des 2. Weltkrieges mit an führender Stelle unter den deutschen Kaltblutzuchtverbänden stand.

Auch war bereits seit Beendigung des 1. Weltkrieges eine Erweiterung des Zuchtgebietes bis in die südlichen Teile Holsteins und über die Landesgrenzen hinaus erfolgt. Der Mitgliederbestand der inzwischen 56 Vereine wuchs bis zum Jahre 1949 auf rd. 15.000 Mitglieder mit etwa 25.000 eingetragenen Zuchtstuten und 450 eingetragenen Zuchthengsten an. Das Zuchtgebiet des Schleswigers erstreckt sich heute über 17 Kreise Schleswig-Holsteins mit dem Schwerpunkt im Norden."

Im Blutaufbau der jütischen und Schleswiger Kaltblutzucht dominierten die Söhne des Stammvaters Aldrup Munkedal 839 - Prins af Jylland und Hövding. Aus der Prins af Jylland-Linie setzte sich in den 30er Jahren die Nachkommenschaft der Hengste Massa und seines Sohnes Fjandbo besonders durch. Es wurden selbständige Blutlinien entwickelt über die Hengste Isegrim, Leuthold, Odysseus, Präsident, Preußer, Regent und Achilles. Daneben behaupteten sich die temperamentvollen Vertreter der Markgraf-Taucher- und Sperber-Linie. Der überragende Vererber der Hövding-Linie war der Hengst Dux 1489, der über seine Nachkommen Ibikus, Sattler, Resultat, Waldemar und Zöllner zum wichtigen Blutlinienbegründer wurde.

Aufgrund der wachsenden Bedeutung der Schleswiger Zucht in den holsteinischen Gebieten wurde nach dem Kriege die Verbandsgeschäftsstelle von Husum nach Rendsburg verlegt. Neuer Geschäftsführer wurde Dr. Hermann Tedsen, der als Pellwormer die Probleme der Schleswiger Zucht von Jugend auf kannte. Vor der Einführung des Motors in die Landwirtschaft war der Schleswiger das dominierende Arbeitspferd in Schleswig-Holstein, speziell in den Ackerbaugebieten an der Ostküste und in den Kögen an der Nordsee.

Durch den Einsatz des Ackerschleppers in der Landwirtschaft wurde auch die Kaltblutzucht in Schleswig-Holstein stark getroffen. Züchterische Höhepunkte neben den Stuten- und Fohlenschauen waren die Hengstkörungen in Husum, dem herausragenden Ereignis des Züchterjahres. Mit

200 Hengsten und mehr, die zu diesen Körveranstaltungen erschienen, stand die Stadt Husum in der ersten Dezemberwoche stets im Zeichen des Schleswiger Pferdes. Züchter, Freunde, Interessenten und Käufer von nah und fern besuchten in dieser Woche die Stadt, um sich am Fort-

schritt der Schleswiger Kaltblutzucht zu erfreuen und die Vatertiere für die eigene Zucht zu erwerben. Doch diese Blütezeit hielt leider nicht lange an. Der Motor setzte sich immer weiter durch, was dazu führte, daß Arbeitspferde in großen Mengen abgeschafft wurden.

Schleswiger Stutengespann um 1925 mit Schleswiger Stuteneintragungskommission.

5. Die Zeit ab 1950

Der weitere Rückgang der Kaltblutzucht zum Ende der 50er Jahre, und vor allem ab 1960, führte zu Überlegungen der Zuchtleitung, ob es sinnvoll sei, die Schleswiger Zucht durch Fremdblutzufuhr zu modernisieren und zu veredeln. Mit Unterstützung des Landwirtschaftsministeriums Schleswig-Holsteins wurden Informationsfahrten nach Frankreich durchgeführt, um die dortigen Kaltblutrassen zu studieren. Der Verbandsvorstand entschloß sich schließlich, zwei französische Kaltbluthengste einzuführen, um sie der Kaltblutzucht in

Schleswig-Holstein nutzbar zu machen. Während der Breton Postier, Hasta Breton keinen nachhaltigen Einfluß erzielen konnte, zumal die Nachkommen Charaktermängel aufwiesen, konnte sich der Boulonnais-Hengst Faust aufgrund seiner Größe und Trockenheit schnell durchsetzen. Auf verschiedenen Stationen wurde er stark frequentiert und lieferte der Schleswiger Zucht eine große Zahl von Hengsten, aber auch von Zuchtstuten. Aufgrund seiner wenig beliebten Schimmelfarbe gab es jedoch auch ernsthafte Gegner dieses Zuchtversuchs. Vor allem in den Marschgebieten Nordfrieslands - und hier speziell auf der Insel Nordstrand - hatte sich ein Kernzuchtgebiet des

alten Schleswigers weiter erhalten können. Im Laufe der folgenden Jahre ging die Zahl der Kaltblutpferde immer weiter zurück. Bereits 1965 wurde in der gemeinsamen Geschäftsführung mit dem Landesverband der Pony- und Kleinpferdezüchter ein sehr enger Kontakt geschaffen. Als die Zahl der eingetragenen Zuchtstuten nur noch 60 betrug, war eine eigene Geschäftsführung nicht mehr aufrechtzuerhalten. Die Verbandsmitglieder beschlossen 1976, den Verband aufzulösen und sich geschlossen dem Landesverband der Ponyzüchter anzuschließen unter dem neuen Verbandsnamen „Pferdestammbuch Schleswig-Holstein/Hamburg e. V.".

Der damalige Vorsitzende Hans Hagen Treuholz und sein Geschäftsführer Gerhard Gramann hatten diesen sicher nicht leichten Entschluß gefaßt, um in einer größeren Organisation die Belange der Schleswiger Kaltblutzucht weiter vertreten zu können. Mit Hilfe einiger passionierter Züchter war es gelungen, die Schleswiger Kaltblutzucht zu retten. An erster Stelle sei hier der Name Jürgen Isenberg, Gut Kamp, erwähnt, der aufgrund seiner guten Kontakte und seiner großen Öffentlichkeitsarbeit eine Vermarktung von eingefahrenen, geschirrfrommen Kaltblutpferden aufrecht erhalten konnte. Verbindungen zu Brauereien in Berlin und Hamburg, zur Forstwirtschaft und zum Freizeitbereich eröffneten neue Märkte. Durch diese Arbeit und durch den Einsatz des Restvermögens des Verbandes Schleswiger Pferdezuchtvereine gelang es in der Folgezeit, das Schleswiger Kaltblutpferd wieder zu einem interessanten Faktor zu machen. Viele Züchter und Freunde fanden sich schon bald im Freundeskreis des Schleswiger Kaltblutpferdes zusammen, so daß der Kontakt Gleichgesinnter aufrechterhalten werden konnte.

Auf vielen Spezialveranstaltungen für Forstwirte oder für alternative Landwirte wurde auf die Bedeutung der tierischen Zugkraft in Land- und Forstwirtschaft hingewiesen. Auch die Holstenbrauerei in Hamburg blieb treuer Kunde, wenn auch nur vereinzelt in den Jahren Pferde zugekauft werden mußten. Eine weitere Domäne der Schleswiger Kaltblutzucht wurde im nördlichen Niedersachsen eröffnet, da der dortige Zuchtverband sich entschloß, eine Abteilung Schleswiger innerhalb des Stutbuches einzurichten.

Aufgrund der gemeinsamen Ursprünge wurde gleichzeitig eine Anlehnung an den jütischen Verband in Dänemark gesucht. In den letzten Jahren wurden von Jürgen Isenberg Hengste aus Dänemark nach Schleswig-Holstein gebracht, um die eng gewordene Zucht aufzulockern. Bedeutendster Vertreter dieser neu erworbenen Hengste war zweifellos Odin, der zu Beginn der 80er Jahre den größten Einfluß auf die heutige Schleswiger Zucht ausgeübt hat. Ähnlich verhält es sich mit seinem Nachfolger Upsala, dessen Söhne und Töchter die heutige Zucht beeinflussen. Ein weiterer Versuch mit einem Boulonnais-Hengst, der sowohl in Niedersachsen als auch in Schleswig-Holstein zum Einsatz kam, hatte jedoch nur begrenzten Erfolg. Heute umfaßt die Schleswiger Zucht etwa 90 Stuten und 12 eingetragene Zuchthengste. Das schleswig-holsteinische Landwirtschaftsministerium trägt zur Arterhaltung dieser Pferde bei und stellt jedes Jahr hierfür finanzielle Mittel zur Verfügung, die über den zuständigen Zuchtverband verwaltet werden und der Zucht zugute kommen.

Baldur 3206 geb. 1962. Ein mittelschwerer, trockener Faust Boulonnais Enkel mit raumgreifenden Bewegungen und viel Schub aus der Hinterhand.

Trotz 3176 geb. 1956. Ein mittelschwerer Faust Boulonnais Sohn.

Fünfjährige Faust Boulonnais-Tochter Ungarin. Siegerstute auf der DLG-Schau in Frankfurt 1959. Z.: u. B.: Heinrich Schoof, Hedwigen Koog.

Ostseeanrainern geknüpft. Die gemeinsame Grundlage der Pferde aus Jütland und Schleswig führte seit Jahrzehnten zu einer engen Zusammenarbeit. Aber auch die alten Verbindungen zwischen Schleswig-Holstein und Mecklenburg-Vorpommern konnten nach 1990 wieder aufgenommen werden. Der Wunsch zur Stationierung gängiger, mittelgroßer Kaltbluthengste in der beliebten Fuchsfarbe für die mecklenburgischen Züchter konnte erfüllt werden, zumal vom Pferdezuchtverband Mecklenburg-Vorpommern 1992 zwei Schleswiger Hengste anerkannt wurden und anschließend dort zum Einsatz kamen. Im Jahre 1993 gelang es auch, einen Schleswiger Junghengst dank öffentlicher Unterstützung und durch Spenden von Privatzüchtern nach Estland, zur Verbesserung der dortigen Wirtschaftspferdezucht, zu liefern.

Was würde demnach näher liegen, als eine enge Zusammenarbeit der Kaltblutzüchter rund um die Ostsee zur Verbreitung der züchterischen Basis anzustreben.

Literatur

Becker, C. „Das Schleswiger Kaltblutpferd" (1914)

Graf Wrangel „Vom Pferde"

Hans Kurth „Das Schleswiger Pferd"

Dreesen, Denkschrift

Prof. Zorn „Die Pferdezucht" (1952)

Gleichzeitig stellte die Forstabteilung des Landwirtschaftsministeriums Mittel für das Holzrücken mit Pferden zur Verfügung.

Aus dem ursprünglich bäuerlichen Arbeitspferd ist im Laufe der letzten Jahre auch ein sogenanntes Freizeitpferd geworden, das viele Freunde - nicht nur aus dem landwirtschaftlichen Bereich, sondern auch aus dem großen Umfeld - gefunden hat.
Schwerpunkte seiner Einsatzmöglichkeiten liegen vor allem in der Forstwirtschaft und in den Planwagenfahrten, die z. B. in der Heide durchgeführt werden. Nach wie vor sehr beliebt sind die Schleswiger Pferde bei den großen Schauen auf Landes- und Bundesebene und vor allem bei der alljährlich stattfindenden Stuten- und Fohlenschau auf Gut Kamp mit einem riesigen Besucherkreis. So gelang es den Schleswiger Züchtern bei der Bundeskaltblutschau im Jahre 1989 anläßlich der Grünen Woche in Berlin, mit großen Kollektionen aus Schleswig-Holstein und Niedersachsen, umfassend für das Schleswiger Pferd zu werben. Durch die Herausstellung des Bundessiegerhengstes aller Kaltblutrassen -Varus (aus der Zucht von Uwe Weitkamp, Schleswig, und im Besitz von Klaus zum Berge, Fallingbostel, dem Vorsitzenden des Niedersächsischen Kaltblutverbandes) gelang es, die herausragende Bedeutung des Schleswigers als modernes, gängiges Kaltblutpferd besonders zu würdigen.

6. Ausblick

Durch intensive Werbung, vor allem durch die jährlichen Hengstschauen des Pferdestammbuchs Schleswig-Holstein/ Hamburg e. V. seit 1989 in Neumünster, konnte die Schleswiger Kaltblutzucht in den letzten Jahren neue Freunde gewinnen. Anläßlich der 100-Jahrfeier der organisierten Schleswiger Zucht in den Jahren 1991/92 konnte bei der Landestierschau in Rendsburg im Mai 1991 und bei der Hengstschau in der Holstenhalle 1992 ein großes Publikum auf das moderne Schleswiger Pferd hingewiesen werden. Die Zuchtleitung des Pferdestammbuchs hat bei den Körveranstaltungen der Hengste und bei den Stutbucheintragungen stets die Gängigkeit und die ausdauernde Trabbewegung in den Vordergrund gestellt. Auch die Betonung von Größe, Rahmen und Bemuskelung gehört zu den wichtigen Selektionskriterien.

So konnte sich in den letzten Jahren die Population auf 120 Stuten und 15 Hengste erweitern. Auch bei der Teilnahme an überregionalen Schauen, wie der Bundeskaltblutschau 1993 in Berlin, konnten die Schleswiger Züchter aus Schleswig-Holstein und Niedersachsen mit einer qualitätsvollen Kollektion auf sich aufmerksam machen.
Inzwischen wurden von den Züchtern aus Schleswig-Holstein weitere Kontakte zu

Überragend in der Bewegung: Der Schleswiger Junghengst Fabius von Waldkauz. Aus der Zucht und im Besitz von Jürgen Isenberg, Gut Kamp.

Der Einsatz von Schleswiger Kaltblutpferden in der Forstwirtschaft zählt heute zu den wichtigsten Verwendungsmöglichkeiten.

Die Zucht des rheinisch-deutschen Kaltblutpferdes in Schleswig-Holstein

Infolge der politischen und wirtschaftlichen Verbindungen von Schleswig-Holstein mit dem Königreich Dänemark waren Zucht und Haltung von Kaltblutpferden in Schleswig-Holstein zunächst auf das Schleswiger Kaltblut beschränkt, das weitgehend auf dänischer Grundlage gezogen wurde. Erst während des 1. Weltkrieges lernten viele unserer Landwirte das rheinisch-deutsche bzw. das belgische Kaltblutpferd kennen und auch schätzen, so daß sich bei vielen Gutsbesitzern in Ostholstein immer stärker der Wunsch manifestierte, dieses Pferd auf ihren Höfen als Wirtschaftspferd einzusetzen. Aus diesem Grund wurden von 1920 bis 1924 vier Hengste aus dem Rheinland eingeführt, die auf größeren Betrieben in Ostholstein und in einem großen Fuhrgeschäft in Lübeck auf Station standen. Das Interesse für das kräftige rheinisch-deutsche Kaltblutpferd wuchs schnell, so daß auch Stuten mit Abstammungsnachweisen aus dem Rheinland eingeführt wurden und sich Zuchtvereine für das rheinisch-deutsche Kaltblutpferd in Ostholstein bildeten.

Bis zum Jahre 1938 wurden 73 Hengste gekört und in das Stammbuch eingetragen. Davon stammten 45 Hengste aus dem Rheinland, 10 Hengste aus Belgien, 2 aus Sachsen-Anhalt und 16 Hengste waren in Schleswig-Holstein auf rheinisch-deutscher Grundlage gezogen. Die 73 Hengste waren überwiegend Füchse, zwar erheblich schwerer als das Schleswiger Kaltblut, standen aber als rheinisch-deutsche Kaltblüter nur im knapp mittleren Rahmen. Leider ist nur bei der Hälfte der Hengste das Stockmaß festgehalten:
22 Hengste hatten ein Stockmaß von 158-164 cm, nur 14 Hengste maßen 165-168 cm. Wenn auch Stuten aus dem Rheinland importiert wurden, so führten jedoch die meisten der 863 im Stutbuch eingetragenen Stuten ihre Abstammung auf diese 73 Hengste zurück.

1938 wurden vom damaligen Reichsnährstand die Zuchtvereine in Ostholstein zum „Verband des rheinisch-deutschen Kaltblutpferdes Lübeck e. V." zusammengefaßt. Das Zuchtziel war ein mittelrahmiges kräftiges Kaltblutpferd. Zur Zucht wurden weiterhin sowohl im Lande selbst gezogene Hengste eingesetzt als auch Importe aus dem Rheinland, Belgien, Mecklenburg (1), Pommern (2) und Sachsen-Anhalt (3). Das Zuchtgebiet erstreckte sich auf den südlichen Teil der damaligen Provinz. Es war, begrenzt durch die Linie Hamburg-Kiel sowie die Kreise Pinneberg und Steinburg. Schwerpunkte waren Ostholstein und die Kremper Marsch, wo sich die Kaltblüter beim Pflügen der schweren Lehm- bzw. Marschböden besonders bewährten. Während in Ostholstein überwiegend Privathengste standen, waren in der Kremper Marsch hauptsächlich Landbeschäler aufgestellt. Abnehmer der Pferde waren neben der Wehrmacht und den hiesigen Landwirten auch städtische Fuhrunternehmen und Gutsbesitzer in Mecklenburg und Pommern.

Rheinisch-deutscher Kaltbluthengst Ratheim (H) 144, Bsch., geb. 11.4.1943. Z.: Joseph Deckers, Rhld. 1946-1950 in Schleswig-Holstein (Fehmarn u. Lauenburg) stationiert. Großrahmigere Hengst (165 cm Stockmaß) mit viel Ausdruck und energischen Gängen.

Nach der Kapitulation wurde 1946 der Verband umbenannt in „Stammbuch für rheinisch-deutsche Kaltblutpferde in Holstein e. V." mit dem Sitz in Lübeck. Vorsitzender wurde Friedrich Hardt, Mönkhagen und Geschäftsführer der ehemalige schlesische Pferdezuchtleiter Landwirtschaftsrat Clahsen. Infolge der Flucht in die Sachwerte nahm die Zucht des rheinisch-deutschen Kaltblutpferdes in Holstein einen kräftigen Aufschwung. 1946 und 1947 wurden je 20 Hengste bester rheinisch-deutscher Blutführung - Albion d'Hor-Blut stand damals besonders hoch im Ansehen - aus Westfalen zur Verstärkung der Zuchtgrundlage eingeführt. Ein damals schwieriges Unternehmen, das sowohl Fingerspitzengefühl im Umgang mit der britischen Besatzungsmacht als auch im kaufmännischen Bereich erforderte, wurden doch alle Käufe mit Holsteiner Warmblutpferden kompensiert.

Außer den Hengsten gelangten so auch Stuten nach Holstein, so daß sich das Zuchtgebiet hinsichtlich der Qualität seines Zuchtmaterials mit bester rheinischer bzw. belgischer Abstammung sehen lassen konnte. Das Zuchtgebiet wurde ausgedehnt auf den Kreis Süderdithmarschen; der Absatz erfolgte auch in andere Bundesländer, unter anderem auch nach Hannover-Braunschweig.

1948 zählte das Stammbuch 1.170 Mitglieder mit 103 eingetragenen Hengsten und 2.970 eingetragenen Stuten. In diesem Jahr deckten 96 Hengste 4.753 Stuten. Ein nicht mehr zu übersehender Pferdezucht-Verband mit blühendem Absatz seiner Zuchtprodukte.

Die Währungsreform 1948 leitete die fortschreitende Motorisierung der Landwirtschaft ein; besonders schnell stellten sich die größeren Betriebe Ostholsteins auf motorisierte Zugkräfte um; dasselbe galt für die Fuhrgeschäfte. Die freigesetzten Kaltblüter waren nur noch als Schlachtpferde - vornehmlich nach Paris und Brüssel - abzusetzen. Die schleswig-holsteinischen Landwirte waren nicht gewillt, für den Schlachtpferdemarkt zu produzieren und gaben nach und nach die Zucht des rheinisch-deutschen Kaltblutpferdes auf oder stellten sich auf die Zucht von Reitpferden um. In den Marschen wurde die Zucht des Holsteiner Warmblutes forciert, in Ostholstein fand auf vielen Höfen die aus Ostpreußen verdrängte Zucht des Trakehner Warmblutpferdes eine neue Heimat.

Für das schwere rheinisch-deutsche Kaltblutpferd bestand nach und nach keine Wirtschaftsgrundlage mehr, so daß der Vorsitzende Friedrich Hardt mit den letzten 55 Mitgliedern zum 31. 12. 1966 das Stammbuch für rheinisch-deutsche Kaltblutpferde mit den letzten 2 Hengsten und 39 eingetragenen Stuten auflöste. Das war das Ende einer 46jährigen erfolgreichen Zuchtgeschichte.

Nach der Wiedervereinigung im Jahre 1990 wurde ein kleiner Zuchtbestand rheinisch- deutscher Kaltblutpferde aus Mecklenburg-Vorpommerschen Herkünften im Pferdestammbuch Schleswig-Holstein/Hamburg e.V. aufgenommen.

Literatur

Stutbuchunterlagen des „Stammbuchs für rheinisch-deutsche Kaltblutpferde in Holstein e.V."

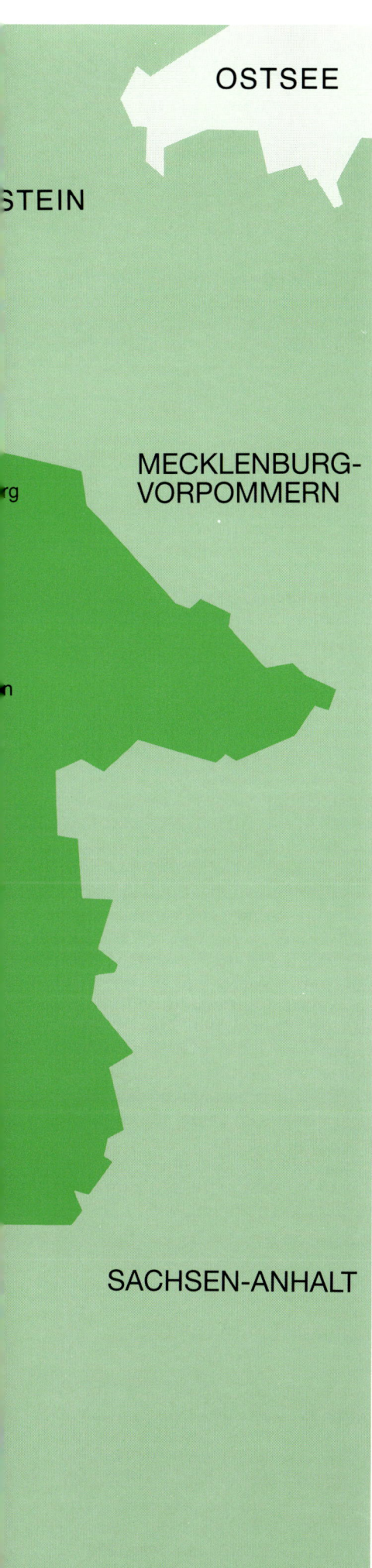

OSTSEE

STEIN

MECKLENBURG-
VORPOMMERN

rg

n

SACHSEN-ANHALT

Nieder-
sachsen

Hannoversches
Warmblut

Dr. Christian Frhr. v. Stenglin

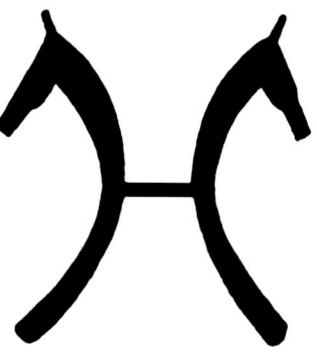

Das hannoversche Warmblutpferd

1. Natürliche Gegebenheiten

Die Zucht des hannoverschen Warmblutpferdes ist in bestimmten Teilen des heutigen Bundeslandes Niedersachsen entstanden. Sie erstreckt sich heute - organisiert im Verband hannoverscher Warmblutzüchter - auf das gesamte Land, einschließlich des Hamburger und Bremer Gebietes. Ausgenommen sind die Kreise des ehemaligen Landes Oldenburg.

Grob gerechnet sind die Grenzen des hannoverschen Zuchtgebietes im Norden die Nordsee mit dem linken Ufer der Niederelbe, im Osten Mecklenburg-Vorpommern, Sachsen-Anhalt und Thüringen, im Süden und Südwesten die Länder Hessen und Nordrhein-Westfalen, im Westen die Niederlande.

Den größten Teil bildet die norddeutsche Tiefebene nördlich des Mittellandkanals, bestehend aus den Alluvialböden der Seemarschen, den Marschen und Niederungsgebieten der Flüsse Elbe, Oste, Aller, Leine, Weser und Ems sowie den Moor- und Geestgebieten, auch einzelnen Lößregionen, die sich zwischen den Flußläufen erstrecken. Ein Viertel des Landes südlich der Linie Osnabrück - Hannover - Braunschweig besteht aus Mittelgebirge, wie Harz, Solling, Weser- und Leinebergland.

Das vorherrschende atlantische Seeklima nimmt von Nordwesten nach Südosten in seiner Intensität ab, wobei bemerkt werden muß, daß in den Tal-Landschaften des Mittelgebirges noch besondere Klein-Klimazonen zu verzeichnen sind.

Die landwirtschaftliche Betriebsstruktur ist gekennzeichnet durch das Vorherrschen des mittelbäuerlichen Hofes. Großgrundbesitz kommt nur vereinzelt vor und hat in der Pferdezucht im Gegensatz zu den bäuerlichen Familienbetrieben nur eine geringe Rolle gespielt. Ausgangspunkte für die Zucht des edlen Warmblutpferdes waren zumeist mittlere Höfe in den Marschen von Weser, Elbe, Aller und Leine, wo der Grünlandanteil mindestens ein Drittel der Fläche betrug. Geest- und Moorgebiete in den Regierungsbezirken Stade, Lüneburg, Hannover und Osnabrück sind relativ spät nach umfassender Meliorierung und Anwendung von künstlicher Düngung zu einer nennenswerten Pferdezucht gekommen. Die Regionen mit reichen Ackerböden an der mittleren Leine, im Schaumburgischen, um Hildesheim, Braunschweig, Wolfenbüttel und Göttingen waren vor der Motorisierung Pferdeverbraucher und befassen sich erst in neuester Zeit mit Warmblutzucht, nachdem eine etwa achtzigjährige Periode erfolgreicher Kaltblutzucht ihr Ende gefunden hatte.

Das hannoversche Warmblut stammt daher aus einem Lande, dessen größter und züchterisch wichtigster Teil aus einer reichgegliederten Tiefebene mit graswüchsigem Seeklima, etwa einem Fünftel Seeund Flußmarschen und vier Fünfteln kultivierter Geestflächen und Niederungsmooren besteht.

2. Geschichte

Das heutige Land Niedersachsen deckt sich im wesentlichen mit dem Ostteil des mittelalterlichen Stammesherzogtums Sachsen, das seine größte Ausdehnung und politische Bedeutung zur Zeit Heinrich des Löwen hatte. Nach dem Zerfall Sachsens als Folge der Auseinandersetzung zwischen Staufern und Welfen verblieben diesem Herrschergeschlecht die Herzogtümer Lüneburg, Braunschweig, Calenberg (Hannover) und Anteile im oberen Leinegebiet und im Harz. Es herrschten dort während mehrerer Jahrhunderte verschiedene Zweige des Welfenhauses. Durch Erbschaft und sonstigen Hinzugewinn entstand Ende des 17. Jahrhundert das Kurfürstentum Hannover, das im Laufe des 18. Jahrhunderts das Erzbistum Bremen, die Bistümer Verden und Osnabrück sowie aus dem Besitz des Fürstbistums Münster Gebiete an der mittleren Ems erwarb. Das Erzbistum Bremen war nach dem Dreißigjährigen Krieg bis 1715 an Schweden gefallen. Durch die Wahl des Kurfürsten Georg Ludwig von Hannover zum König Georg I. von Großbritannien im Jahre 1714 waren Hannover und England bis 1837 in Personal-Union verbunden. In der Zeit der napoleonischen Kriege war das Kurfürstentum Hannover drei Jahre lang preußisch und gehörte sechs Jahre großenteils zum Königreich Westfalen. Nach dem Wiener Kongreß wurde Hannover Königreich. Es waren ihm zu dem alten Besitzstand noch Ostfriesland und einzelne geistliche Besitztümer zugeschlagen worden. Mit der Annexion durch Preußen 1866 wurde das Königreich preußische Provinz. Als solche bestand sie bis 1946. Mit der Auflösung Preußens und Neubildung der Länder wurden die Provinz Hannover, die Länder Oldenburg, Braunschweig und Schaumburg-Lippe zum Bundesland Niedersachsen vereinigt.

3. Zuchtgeschichte

3.1 Zuchtverhältnisse vor 1735

Das springende Pferd auf rotem Grund, das Wappen des Landes Niedersachsen, ist dem Schild des Welfenhauses entnommen, das es seit 1361 als Hoheitszeichen führte. Die welfischen Herzöge unterhielten in verschiedenen Teilen ihres Gebietes schon frühzeitig Hofgestüte mit der Aufgabe, die fürstlichen Marställe zu beliefern. Auch wurden Beschäler aus den fürstlichen Gestüten zum Bedecken bäuerlicher Stuten zur Verfügung gestellt. Die Grafen von Hoya, deren Hoheitsgebiet Ende des 16. Jahrhunderts an die Welfen fiel, hatten in der Nähe von Bücken bei Hoya ein beachtliches Gestüt, das 1665 nach Memsen verlegt und für die Anfänge des hannoverschen Pferdes von Bedeutung wurde. In Radbruch bei Lüneburg, in Nienover und Neuhaus/Solling, gab es Hofgestüte. Der Schwedenkönig Karl XII. remontierte Ende des 17. Jahrhunderts einen Teil seiner gefürchteten Kavallerie aus seinem Herrschaftsgebiet an Unterelbe und Unterweser. Die Welfenherzöge sandten im 30jährigen Krieg und danach berittene Hilfstruppen an verschiedene Potentaten.

Aus all dem kann geschlossen werden, daß in den welfischen Landesteilen durch die Wirksamkeit der den bäuerlichen Züchtern zur Verfügung gestellten spanischen und neapolitanischen Hengste, aus den Hofgestüten stammend, recht ansprechende Reit- und Wagenpferde für die Remontierungen und den Export in größerer Zahl vorhanden waren. Die im 18. Jahrhundert in fast allen Ländern Europas aufkommende Wirtschaftsanschauung des Merkantilismus, derzufolge möglichst viele Konsumgüter in den Grenzen des jeweiligen Hoheitsgebietes produziert werden sollten, veranlaßte im Jahre 1735 den hannoverschen Kurfürsten und britischen König Georg II. zu einem für die Pferdezucht seiner Stammlande bedeutsamen Entschluß.

3.2 1735 bis 1815

In einem Erlaß vom 27. 7. 1735 ordnete er die Gründung eines Landgestüts in der ehemaligen Residenzstadt Celle an: "Zum Besten Unserer Unterthanen und zur Erhaltung einer guten Pferdezucht in Unseren Teutschen Landen, absonderlich aber im Herzogthum Bremen und der Grafschaft Hoya".

Als erste Beschälerausstattung zogen im Frühjahr 1736 dreizehn in Holstein angekaufte Hengste auf die "Bedeckungsörter" in Kehdingen, im Alten Land und in den Ämtern Nienburg, Stolzenau und Hoya.

Das Holsteiner Pferd hatte in dieser Zeit aufgrund seiner mit Hilfe von andalusisch-neapolitanischen Hengsten erzielten Großrahmigkeit, seiner auffallenden Erscheinung und seiner guten Gänge einen europäischen Ruf. Der Siebenjährige Krieg 1756 - 63 brachte der Entwicklung des Staatsgestütes, das bis 1772 aus der kurfürstlichen Privatschatulle unterhalten wurde, einige Rückschläge.

Zur Remontierung des Gestüts trugen weiterhin Hengste aus Dänemark, Holstein und den hannoverschen Hofgestüten Memsen und Neuhaus/Solling bei. Auch der kurfürstliche Marstall in Hannover stellte ab 1765 Hengste zur Verfügung. So war das Gestüt im Jahre 1750 auf 50, 1774

auf 80 und 1800 auf 100 Hengste, die auf vierzig Deckstellen wirkten, angewachsen. Diese hatten sich inzwischen auf die für Pferdezucht begünstigten Grünlandgebiete in den Marschen und Niederungen von Elbe und Weser, Aller und Leine verbreitet.

Die napoleonischen Kriege mit ihren politischen und militärischen Turbulenzen brachten Flucht des Hengstbestandes nach Mecklenburg sowie Reduzierung der Beschälerzahlen und der Gestütaktivitäten mit sich.

Die ersten achtzig Jahre des Landgestüts, dessen Hengstzahl im Jahre 1800 etwa ein Viertel des Gesamtbestandes an Beschälern ausmachte, waren für die spätere Pferdezucht in folgender Beziehung bedeutungsvoll: Es wurden Gestütlisten der bedeckten Stuten angelegt und seit 1790 auch Füllenscheine ausgestellt und damit die ersten Grundsteine für eine organisierte Zucht gelegt. Man kann davon ausgehen, daß die etwa 300 privaten Beschäler im Lande vornehmlich für den Ersatz von Wirtschaftspferden gesorgt haben, die Gestüthengste dagegen auch für das Militär- und Verkaufspferd für Reiter und Kutsche.

3.3 1815 bis 1890

Es begann nach 1815 eine Zeit des Wiederaufbaus. Die Lücken im Beschälerbestand waren nach einigen Jahren wieder aufgefüllt, jedoch kaum noch aus Holstein und Dänemark. Die in England entstandene Galopprennrasse, das Vollblutpferd und seine Kreuzungsprodukte, hatten sich in den zurückliegenden Feldzügen einen fast

legendären Ruhm als ausdauerndes und leistungsfähiges Soldatenpferd erworben. Die ersten Beschäler dieser neuen Rasse kamen aus England auf den Kontinent und fanden u. a. über einzelne größere Privatgestüte Mecklenburgs Eingang in das Landgestüt Celle. Die nach 1815 folgenden fünf Jahrzehnte, in denen die beiden Brüder August (1816 - 1839) und Friedrich v. Spörcken (1839 - 1866) Leiter des Landgestüts Celle waren, können als die Entstehungszeit des hannoverschen Warmblutpferdes angesehen werden. Auf Anregung von August von Spörcken entstand ein Verein zur Förderung der inländischen Pferdezucht, der u. a. in Celle einen Rennplatz mit Trainieranstalt (1834 - 1863) schuf und dort auch zentrale Stutenschauen mit staatlich unterstützten Geldpreisen abhielt. 1844 wurde für alle privaten Hengste im Königreich eine Körordnung geschaffen, die 1860 eine Verschärfung ihrer Bestimmungen erfuhr. Die hannoversche Domänenkammer, der das Landgestüt unterstand, ermunterte die Domänenpächter, sich der Hengstaufzucht anzunehmen. 1840 hatte sich die Zahl der Hengste im Landgestüt verdoppelt, verglichen mit dem Stand von 1800. Jeder dritte Beschäler war um diese Zeit ein englischer Vollbluthengst, die übrigen waren im Hofgestüt Memsen und Neuhaus/Solling gezogen oder vom königlichen Marstall in Hannover dem Landgestüt übereignet worden, das mehr und mehr Zuspruch - besonders bei den passionierten Züchtern in den Grünlandgebieten - gewann. Mecklenburg, vor allem mit den Privatgestüten Ivenack und Ihlenfeld, und Vorpommern

F.St., geb. 1886 in Neddernhude, v. Pathfinder xx, Mutter v. Juli-Weissenburg.2. Preis Berlin 1980 1. Allgem. Dt. Pferdeausstellung.Aussteller: S. Niebuhr, Neddernhude.

Adeptus xx, F. H., Ldb. Celle, geb. 1880 v. Adonis a.d. Liane v. Blenheim. AZ.: Gestüt Herrenhausen.

King, Ldb. Celle, geb. 1890 v. Kingdom xx - Norfolkstute. Hauptträger des Kingdom-Blutes, besonders noch in den hannoverschen Stutenstämmen verbreitet.

Hengsten des leichten Reitschlages. Zwischen 1830 und 1889 wurden aus England insgesamt 50 Hengste der dort entstandenen Kutschenpferderassen wie Yorkshires, Clevelands und Norfolks nach Celle geholt und glücklicherweise nicht, wie in den ostwärts gelegenen Nachbargebieten, Kaltblüter wie Clydesdales, Shires, Suffolks und Dänen. Die englischen Hengste der Kutschpferderassen fanden durch ihren Vollblutanteil Blutanschluß in Hannover, und ein erheblicher Teil von ihnen wurde von den Züchtern mit Freuden akzeptiert und stark benutzt (Champion, Holderness, Alliwal, Nabocklish u. a.).

Vereinzelte Hengste, in Hannover gezogen, waren schon in früheren Jahren ins Landgestüt gekommen, wenn man von den Beschälern absieht, die aus den hannoverschen Hofgestüten stammten. Ab Mitte des Jahrhunderts wurden Jahr für Jahr mehr Hengste, die im hannoverschen Zuchtgebiet gezogen waren, in das Landgestüt eingestellt; ein Zeichen dafür, daß inzwischen eine Stutenbasis herangezogen war, die in der Vererbung sicher genug war, sowohl mit dem Vollbluthengst als auch mit starken Warmblütern überdurchschnittliche Produkte zu bringen. Besonders die Nachzucht der aus Mecklenburg und Pommern stammenden Halbbluthengste Norfolk, Zernebog und Jellachich stellte sich in der Zucht so stark in den Vordergrund, daß die ersten bedeutenden Hengstlinien entstanden. Starken Einfluß auf Zucht und sachgemäße Aufzucht guter Beschäler für Celle hatte das 1840 als Ersatz für Memsen und Neuhaus eingerichtete Hofgestüt Herrenhausen bei Hannover, das jahrzehntelang einen hervorragenden Stutenbestand unterhielt und auf seinen Leinemarschweiden mit Sachverstand eingekaufte Hengstfohlen mustergültig aufzog. In der fast neunzigjährigen Zeit seines Bestehens lieferte es eine bemerkenswerte Zahl hochklassiger Beschäler an das Landgestüt.

Die Entwicklung im Gestütsbereich Celle ging weiter in Richtung auf eine bodenständige Zucht mit Hengstremontierung zunehmend aus eigenem Bestand. Während um 1850 etwa 10 % der Celler Gestüthengste im Lande gezogen waren und 90 % aus anderen Gebieten stammten, veränderte sich die Zucht im Laufe der nächsten Jahrzehnte so günstig im Sinne der erstrebten Bodenständigkeit, daß sich am Ende des Jahrhunderts das Verhältnis umgekehrt hatte.

Die Einrichtung von Stuten- und Füllenschauen auf Initiative und unter Leitung des Landgestüts wurde nach 1850 intensiviert. Die Schauen trugen wesentlich dazu bei, das erstrebte Zuchtziel unter der Züchterschaft populär zu machen, die besten Stuten im Lande zu behalten und eine Übersicht über die Nachzucht der Hengste zu bekommen. Die Übernahme des Landgestüts Celle in die Preußische Gestütsver-

mit dem Privatgestüt Brook steuerten einen wesentlichen Teil des Gestütersatzes bei.

Der starke Vollblutanteil unter den Celler Hengsten hatte zur Folge, daß die Klagen über die für die Landwirtschaft zu leicht gewordene Nachzucht nicht mehr überhört werden konnten.

Das ganze 19. Jahrhundert hindurch standen die Leiter des Landgestüts vor dem Problem, gleichzeitig die Wünsche der Armee nach einem leistungsfähigen Truppenpferd als auch die Interessen der Landwirtschaft, die ein starkes, ruhiges Kaliberpferd immer dringlicher nötig hatte, zu berücksichtigen.

Die Privathengste, von denen um 1850 in Hannover noch 75 % der jährlich rund 20.000 Fohlen stammten, begannen nach Einführung der Körung merklich abzunehmen und damit auch die Erzeugung des Wirtschaftspferdes.

Das Landgestüt reagierte in dieser Situation mit der fortdauernden Verminderung seines Bestandes an Vollblütern und anderen

waltung 1866 brachte dieser den stärksten Zugewinn ihrer Geschichte, gleichzeitig bedeutete sie personell aber auch das Ende der so glanzvollen Ära Sporcken.

Eine erste Formulierung des Zuchtziels finden wir im Jahre 1867 durch den "Verein zur Förderung der hannoverschen Landespferdezucht": "Die Erzielung eines kräftigen, großen, starken Pferdes, eines kräftigen Kutschschlages und daneben eines brauchbaren Militärpferdes".

Weiteren großen Einfluß auf die hannoversche Zucht gewannen nach Ende dieser Periode folgende Beschäler: Schlütter v. Nabocklish, Jason v. Sheridan xx, Adeptus xx v. Adonis, Devils own xx v. Robert the devil und Kingdom xx v. Kingcraft. Vor allem der schon genannte Norfolk, aber auch Schlütter und King v. Kingdom xx hatten in den Hauptzuchtgebieten mit ihren Nachkommen beiderlei Geschlechts eine derartig hohe Verbreitung, daß durch Verwandtschaftszucht eine beachtliche Konzentration von Eigenschaften dieser Blutlinienbegründer eintrat.

Im Jahre 1879 gab das Landgestüt die Verantwortung für die Schauen und die Verteilung der Prämienmittel an die jeweiligen landwirtschaftlichen Hauptvereine ab.

Im Jahre 1888 wurde die Hannoversche Stutbuchgesellschaft gegründet, die 1893 den ersten Band des hannoverschen Stutbuchs herausgab, das bis 1929 in unregelmäßigen Abständen, danach jährlich erscheint. Basierend auf den Registern des Landgestüts enthielt es Stuten, die zum Teil bis zu 10 nachgewiesene Generationen im weiblichen Stamm aufwiesen.

3.4 1890 bis 1922

Dieser Zuchtabschnitt stand weitgehend unter dem für das Ansehen des Hannoveraners günstigen Einfluß des Celler Landstallmeisters Dr. Grabensee (1893 - 1915). Verstärkte Heeresankäufe, Ausbreitung der Celler Deckstellen auf die Geestgebiete, starker Rückgang der Privatbeschäler erhöhten den Staatshengstbestand zwischen 1895 (220) und 1922 um über das Doppelte.

Das Zuchtziel um 1900 wurde offiziell so festgesetzt: „Ein Pferd, geeignet für die Truppe, Kürassiere und Artilleriestangenpferde auch mittlerer Karossier mit guten regelmäßigen und schaffenden Gängen sowohl in der Trabbewegung als auch im Galopp. Ein gutes Temperament, ein guter Magen. Blut muß mit Masse in richtiger Verbindung stehen. Die zu vorstehenden Zwecken weniger geeigneten Pferde müssen in der Landwirtschaft zu verwenden sein und eine Furche von 30 cm Tiefe ziehen können. Das Pferd muß bei gefälligen Formen, gutem Hals- und Schweifansatz eine schräge Schulter, gutgestellte Beine mit ausdrucksvollen Sehnen und Gelenken, dabei gute Hufe mit gutentwickeltem,

Flingarth, B. H., Ldb. Celle, geb. 1906 v. Flenheim a.d. Kimbale, v. King. Z.: F. Siebrand, Ahnebergen

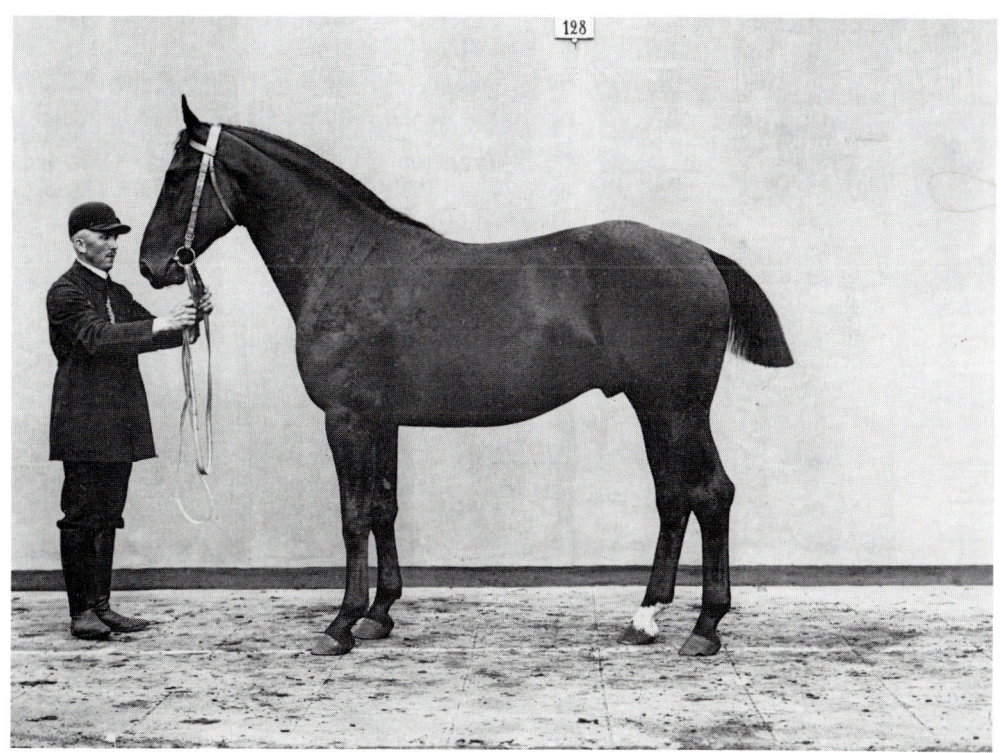

Fling, Db. H., geb. 1911, Vater: Flingarth v. Flenheim a. d. Kimbale (v. King). Mutter: Kilbe v. King a. Seenelke (v. Seeräuber II). 1. Preis DLG-Ausstellung Hannover 1914. Züchter: W. Otto, Dörverden. Aussteller: Gestüt Herrenhausen.

gesundem Strahl haben. In der Schritt- und Trabbewegung müssen die gleichseitigen Füße auf Linie gehen. Pferde mit breiten Hüften sind nicht beliebt, weil sie schwer zu ernähren sind." Wenn auch diese Formulierung verrät, daß der Vorsitzende der Stutbuchgesellschaft ein ehemaliger General war, so gelang es doch, die maßgebenden Teile der Zucht auf dem schwierigen

und schmalen Pfade „Adel und Masse" zu halten und für den wesentlichen Anteil des Zuchtgebietes die Ausbreitung des Kaltblutpferdes zu verhindern.

Das Landgestüt konnte 90 % seines Hengstbedarfs aus hannoverschen Stutenbeständen decken, der Anteil des Vollblutes schwankte zwischen 3 und 6 %. Zur Erweiterung der Blutgrundlage wurden ein-

Feiner Kerl, Ldb. Celle, geb. 1919 v. Fling a.d. Kebansa, v. Kirkland. Züchter: H. True, Geestefeld. AZ.: Gestüt Herrenhausen.

zelne Ostpreußen, wie Neckar, Sport, Morgenstern, Erlkönig, Dünaburg, aus dem Hauptgestüt Beberbeck, Lorbeer, Orinocco und Colorado aus dem Hauptgestüt Graditz, Camoens und aus dem österreichisch-ungarischen Hauptgestüt Radautz der Araber Amurath I mit nachhaltigem Einfluß auf die Zucht in Celle eingesetzt.

Durch die Schaffung der Celler Hengstparaden Anfang des Jahrhunderts, durch Teilnahme hannoverscher Zuchtpferde an großen nationalen und internationalen Schauen und Weltausstellungen gelang es der Zuchtleitung, das hannoversche Pferd einer breiten Öffentlichkeit eindrucksvoll zu präsentieren.

3.5 1922 bis 1945

Erst relativ spät im Jahre 1922 erfolgte der Zusammenschluß der Stutenbesitzer im „Verband Hannoverscher Warmblutzüchter". In dieser Zeit waren bereits 500 Züchter in lokalen Pferdezuchtvereinen organisiert, deren Gründung teilweise schon in der Mitte des 19. Jahrhunderts erfolgt war. Der Verband übernahm das Hannoversche Stutbuch, welches seit seiner Gründung 1888 durch die Königliche Landwirtschaftsgesellschaft, später Landwirtschaftskammer Hannover, geführt worden war. Er hatte weiterhin die Aufgabe, die züchterischen Vorgänge zu koordinieren, für den Absatz zu sorgen und die Interessen der Mitglieder zu vertreten. Bemerkenswert hierbei war und ist die dezentralisierte Arbeitsweise. Die angeschlossenen Pferdezuchtvereine führen im Auftrage des Verbandes Vorbereitung und Durchführung aller züchterischen Arbeiten und Veranstaltungen durch. Zur Hand gehen den Vereinen da-

bei die Bezirksverbände, die als Mittelinstanzen für den Bereich der politischen Regierungsbezirke gebildet wurden. Eine enge Zusammenarbeit mit dem Landgestüt als dem ursprünglichen Initiator der Zucht ergibt sich aus natürlichen Gründen.

Die Anzahl der Hengste war in den inflationären Nachkriegsjahren durch die sehr stark vermehrten Stutenbedeckungen - 1924 waren es über 30.000 - auf 500 gestiegen. Es wurde 1925 ein zweites Landgestüt in Osnabrück - Eversburg mit 114 Landbeschälern gegründet, dessen Wirkungsbereich auf die Regierungsbezirke Hannover, Osnabrück und Hildesheim festgelegt wurde, während die Bezirke Stade und Lüneburg den Bereich des Landgestüts Celle ausmachten.

Mit der Verbandsgründung wurde 1922 auch das Zuchtziel neu festgelegt: „Ein möglichst starkes Warmblutpferd, das jede Arbeit in der Landwirtschaft verrichten kann, aber auch soviel Blut, Nerv und Gang besitzt, um als starkes Reit- und Wagenpferd Verwendung zu finden." Bis zum Ende der Benutzung des Pferdes als Zugkraft um 1960 hat diese Formulierung als Leitsatz gedient und dem Hannoveraner als große geschlossene Warmblutzucht über schwierige Zeitläufe den Weg in die Periode der reinen Reitpferdezucht offengehalten. Das starke Vordringen des Kaltblutes veranlaßte schließlich die Gestütverwaltung, ab 1930 auch 10 kaltblütige Landbeschäler im Landgestüt Osnabrück aufzustellen, die sich in der Folgezeit schnell auf ca. 40 % des dortigen gesamten Bestandes vermehrten. Den alten Hauptzuchtgebieten im Regierungsbezirk Stade und in den Marschen des Bezirks Lüneburg kam zur Abwehr des Kaltbluts eine Verordnung zu Hilfe, die bestimmte, daß

in den besagten Gebieten keine Kaltblutbeschäler aufgestellt werden durften.

Die nach dem Ersten Weltkrieg allgemein auch in Hannover forcierte Verstärkung des Warmblutes sowie die erhebliche Reduzierung des Ankaufs von Armeeremonten veranlaßte 1927 den Grafen Kalnein (1915 - 1927 Landstallmeister in Celle) zur Abfassung folgender für die Zuchtperiode programmatischer Sätze in dem Band „Die Preußische Gestütverwaltung", von dieser 1927 herausgegeben: „An dem von dem Verband hannoverscher Warmblutzüchter aufgestellten Zuchtziel muß unter allen Umständen für die Zukunft festgehalten werden. Die weitere Verstärkung hat auch ihre Grenzen, denn es besteht die Gefahr, daß dabei Typ und Adel und damit auch die Leistungsfähigkeit verlorengehen. Diese Eigenschaften dem hannoverschen Pferde zu erhalten, muß das ernsteste Bestreben der Gestütleitung und der Züchter sein. Ganz ohne Vollblut kann sich aber dieses Ziel nie erreichen lassen, und auch die hannoversche Zucht wird eine geringe Menge von Vollblut nicht entbehren können. In der glücklichen Vereinigung von Kaliber und Adel liegen der Vorzug und zugleich die Schwierigkeit der Halbblutzucht. Übertriebene Ansprüche nach der einen wie nach der anderen Seite sind gefährlich und von Schaden für die Zucht. Die Gestütverwaltung ist berufen, in dieser Beziehung ausgleichend zu wirken und dementsprechend die Auswahl der Hengste zu treffen. Es müssen in Celle stehen:

1. ganz schwere Hengste von konsolidiertem hannoverschen Blut, die das Kaliber der Zucht erhalten;
2. etwas edlere Hengste von Durchschnittskaliber für die Herstellung des Gebrauchspferdes, darunter auch einige Vollbluthengste, die - mit Verständnis verwendet - der Zucht als härtendes Moment dienen können und die außerdem das edle, nervige, hoch im Blut stehende, erstklassige Leistungspferd liefern. Es wird genügen, wenn 2 bis 3 % des Beschälerbestandes Vollbluthengste sind.

Der mangelnde Widerrist, steile Schultern, ausdruckslose Sprunggelenke, geschliffene Knie und zehenenger Gang sind die unausbleiblichen Folgen andauernder Verstärkung. Ferner muß weiter darauf geachtet werden, daß die Pferde nicht zu groß werden. Die Gestütleitung ist seit Jahren bestrebt, nur mittelgroße Hengste einzustellen."

In der Zeit zwischen den Weltkriegen wurden folgende Hengste von prägender Wirkung für die Gesamtzucht:
Abendsport v. Alkoven - Sportsmann, Alkoven v. Aldermann I - Commandeur, Alter Dessauer v. Althof - Desmond, Detektiv v. Desmond - Khedive, Flavius v. Fling -Athanas, Feiner Kerl v. Fling - Kirkland, Flugfeuer II v. Fling -

Feuerstein, Flintenstein III v. Fling - Feuerstein, Goldammer II v. Goldschläger II - Alderman I, Journalist v. Jasperding - Altist, Schwabenkönig I v. Schwabenstreich - Khedive.

Die männlichen Nachkommen des Herrenhäuser Vollblüters Adeptus xx erreichten die stärkste Verbreitung unter den Beschälern und ersetzten die Angehörigen der Blutlinien des Norfolk und des Nelusko v. Neckar (Ostpr.), die nach sehr starker Ausbreitung auch relativ schnell wieder von der züchterischen Bühne verschwanden. Die starke Verbreitung der meist fuchsfarbenen Adeptus- und Nelusko-Abkömmlinge bewirkte eine beachtliche Zunahme dieser Farbe in der Gesamtzucht.

Es hatte sich seit dem Ende des 19. Jahrhunderts ergeben, daß größere Besitzer in Mecklenburg und Pommern Hengstfohlen in Hannover in erheblicher Zahl kauften, sie aufzogen und bei Eignung als Junghengste an das Landgestüt Celle und andere Interessenten verkauften. Die Geldentwertung nach dem Ersten Weltkrieg hatte zur Folge, daß ausländische Käufer, vor allem aus den nordischen Ländern, mit harter Währung gute Hengste von den mecklenburgischen und pommerschen Aufzüchtern erwerben konnten, die der staatlichen Ankaufskommission für Hannover, die mit den gezahlten Preisen nicht konkurrieren konnte, verlorengingen.

So wurde im Jahre 1921 das ehemalige Armeeremonte-Depot Hunnesrück am Solling als Hengstaufzuchtgestüt dem Landgestüt Celle angegliedert, um die Remontierung des Hengstbestandes unabhängiger von der Privataufzucht zu gestalten.

Der Gedanke, für die deutschen Haustierzuchten Leistungsprüfungen einzurichten, nahm in den zwanziger Jahren erste Gestaltung an. So wurde im Jahre 1927 im nahegelegenen Westercelle dem Landgestüt eine Hengstprüfungsanstalt angegliedert, nachdem zwei Jahre zuvor eine solche in Zwion bei Georgenburg/Insterburg für die ostpreußische Warmblutzucht entstanden war. Der Zweck war, sämtliche für die hannoverschen Staatsgestüte angekauften Junghengste vor der Zuchtbenutzung ein Jahr lang auf ihre Reit- und Zugveranlagung, auf Temperament, Charakter und Handlichkeit zu prüfen, um dann nach einem entsprechenden Abschlußexamen darüber zu entscheiden, welchen Hengsten aufgrund von festgestellten Mängeln oder unterdurchschnittlicher Leistungsveranlagung der Einstieg in die Zuchtwirksamkeit verwehrt werden müsse.

Seit den 30er Jahren wurde auch die Warmblutzucht des Landes Braunschweig dem Verband Hannoverscher Warmblutzüchter angegliedert. Hier bestand das braunschweigische Landgestüt Harzburg-Bündheim, das sich nach mehrmaligem Ortswechsel aus einem herzoglichen Privatgestüt entwickelt hatte und seit 1825 braunschweigische Deckstellen besetzte. Es wurden neben anderen edlen Rassen auch hannoversche Hengste benutzt. In der zweiten Hälfte des 19. Jahrhunderts wurden englische und belgische Kaltblüter eingeführt und planlos mit den vorhandenen edlen Stuten gekreuzt. Es gab nur wenige Züchter, die am Warmblut festhielten, wie diejenigen der braunschweigischen Exklave des Amtes Thedinghausen in der Nähe von Verden/Aller. Am Ende des 19. Jahrhunderts entschied man sich für das belgische Kaltblut bei Unterbindung der Kreuzung von Warm- und Kaltblut. Es standen 1900 im Landgestüt Harzburg 20 Kaltblüter, 1 Vollblüter und 18 Warmbluthengste, darunter 10 Hannoveraner. 1930 waren es 40 Kaltblüter und 10 Hannoveraner sowie 1960, dem Jahr der Angliederung an das Landgestüt Celle, 12 Kaltblüter, 7 Hannoveraner und 2 Ostpreußen. Nach einem fast neunzigjährigen segensreichen Bestehen wurde 1928 das Hofgestüt Herrenhausen auf Anordnung des preußischen Finanzministers aufgelöst. Dem Landgestüt Celle hatte es in diesem Zeitraum 195 Landbeschäler, großenteils hoher Qualität, geliefert. Kurz vor Ausbruch des Zweiten Weltkrieges wurde von der Gestütverwaltung ernsthaft geplant, in der hannoverschen Wesermarsch ein Hauptgestüt zu errichten. Der Kriegsausbruch verhinderte dann die Ausführung. Hätte Herrenhausen noch bestanden, wäre es ein leichtes gewesen, die dort vorhandenen Anlagen zu erweitern.

Nachdem bereits seit Mitte des 19. Jahrhunderts in den Hauptzuchtgebieten Stuten- und Füllenschauen in zunehmender Anzahl stattgefunden hatten und 1888 eine erste Prämiierungsordnung durch die Hannoversche Stutbuchgesellschaft herausgegeben worden war, verbreitete sich das Schau- und Prämiierungswesen in der Folgezeit auch auf die Geest- und Moorgebiete.

So gab es bis 1939 Schauen I. und II. Ordnung. Auf den ersteren durften nur Stuten von staatlichen Beschälern erscheinen, die anderen waren den Nachkommen der Privatbeschäler vorbehalten. Es ist bemerkenswert, daß schon frühzeitig bei Beginn des hannoverschen Schauwesens Geldmittel zur Fesselung guter Stuten an das Zuchtgebiet ausgezahlt wurden. Schon in den Jahren vor dem Ersten Weltkrieg entstand für diese Elitestuten der Titel „Staatsprämienstute", der ebenso wie das Grundsystem der Schauordnung heute noch gilt.

Die Privathengsthaltung, die während der zweiten Hälfte des 19. Jahrhunderts von der staatlichen auf die Geest- und Moorgebiete zurückgedrängt worden war und vor allem für die Produktion landwirtschaftlicher Arbeitspferde sorgte, war um 1930 auf verschwindende Reste zurückgegangen, die im Zweiten Weltkrieg ganz ausliefen.

Die Verbreitung hannoverschen Zuchtmaterials in Regionen außerhalb des Zuchtgebietes war schon nach der Konsolidierung ab 1850 in gewissem Ausmaße begonnen worden. Mecklenburg, welches in den ersten Jahrzehnten des 19. Jahrhunderts Hannover außer mit einigen Vollbluthengsten vor allem mit Kreuzungsprodukten Vollblut mal Landschlag versorgt hatte, verfügte in keiner Weise über eine allgemeine Landespferdezucht. Exportiert wurden Zuchtprodukte einiger größerer Grundbesitzer, die schon frühzeitig sich mit englischem Vollblut versehen hatten.

Nach der Jahrhundertmitte gingen hannoversche Stuten und Hengste nach Mecklenburg, mit denen versucht wurde, die Schäden, die durch sehr starke Vollblutbenutzung entstanden waren, zu verringern. Hannoversche Hengste wurden außerdem in Pommern, Westfalen, Rheinland, Ostfriesland, Oldenburg, Brandenburg, Westpreußen, Posen und Schlesien benutzt. Eine Aufstellung hannoverscher Landbeschäler in den deutschen Landgestüten aus dem Jahre 1906 mag die Situation beleuchten:

Landgestüte	Hann.
Braunsberg	2
Marienwerder	10
Pr. Stargard	10
Lindenau	29
Zirke	21
Gnesen	23
Leubus	6
Labes	40
Dillenburg	8
Kreuz	6
Traventhal	46
Warendorf	20
Moritzburg	21
Redefin	92
Braunschweig	9
Straßburg	7

Nach den Trakehnern und ostpreußischen Landbeschälern standen die hannoverschen, gefolgt von denen aus Oldenburg, an zweiter Stelle.

Etwa im Jahre der Gründung des Verbandes Hannoverscher Warmblutzüchter hatte das westfälische Pferdestammbuch den Beschluß gefaßt, in Zukunft die Warmblutzucht nur noch auf hannoverscher Grundlage zu betreiben. Um die gleiche Zeit erklärte auch der pommersche Warmblutverband, der ebenso wie der westfälische eine lange Periode des Hin- und Herprobierens hinter sich hatte, sein Zuchtziel im Sinne des starken, gängigen Hannoveraners. Vorher schon waren zwei Drittel der Provinz staatlicherseits zum Reinzuchtgebiet für Warmblut bestimmt worden.

Hannoversche Stuten vor dem Selbstbinder um 1950.

3.6 1945 bis 1980

Nach dem Zusammenbruch Deutschlands 1945 wurden in den inflationären Notjahren bis 1948 in gleicher Weise wie in den Folgejahren des ersten Weltkrieges Pferde in verstärktem Maße erzeugt. Nicht der Zwangsbewirtschaftung unterworfen, war das Pferd ein vielbenutztes Tauschobjekt. Die Zahl der eingetragenen und gedeckten Stuten war 1947 auf über 30.000 angestiegen, und die drei jetzt niedersächsischen Landgestüte Celle, Osnabrück und Harzburg auf über 500 Warmblutlandbeschäler gewachsen. Wesentliche Verluste oder Schäden hatte auch der Zweite Weltkrieg dem Zuchtbestand nicht zufügen können.

In den ersten Nachkriegsjahren glaubte niemand im Lande, daß das Pferd außer als landwirtschaftliches Zugtier noch irgendwo anders Verwendung finden könne.

Es machte sich bald in Hannover, dessen ganze züchterische Struktur auf den Absatz von Fohlen angelegt war, schmerzlich bemerkbar, daß die Beziehungen zu den Gebieten östlich der Elbe mit dem intensiven Fohlenexport so gut wie tot waren. So begann 1948 zögernd, dann immer rapider eine Verringerung der Zuchtbestände, vornehmlich durch Schlachtung, die letzten Endes erst Anfang der 60er Jahre zum Stillstand kam und rund 80 % des Ausgangsbestandes von 1947 hinwegraffte.

Die Anzahl der eingetragenen Stuten war

auf diese Weise innerhalb von 15 Jahren auf rund 6.500 zurückgegangen, die der warmblütigen Landbeschäler von 539 im Jahre 1948 auf 149!

Ein Reduktionsschnitt solchen Ausmaßes, wie er für alle deutschen Pferdezuchten noch nie dagewesen war, brachte züchterisch ein Positivum: Es wurde hart auf Qualität selektiert mit dem Ergebnis, daß insbesondere in den grünlandreichen Hauptzuchtgebieten einige alte Zuchtstätten einen Teil ihrer durchgezüchteten Stutenstämme behielten, die dann Ausgangsbasis für eine neue Zuchtrichtung wurden.

Ein gewisser Lichtblick in dieser Misere war 1948 der Beginn eines Absatzes von Militärremonten an die eidgenössische Militärpferdeanstalt in Bern. Die Schweiz hatte bereits zwischen 1875 und 1913 jährlich 470 Armeeremonten in Hannover gekauft. Sie knüpfte 1948 wieder an diese Importe an, die in den ersten 10 Jahren etwa in der gleichen Höhe lagen, dann aber langsam bis 1973 ausliefen. Die Schweizer Ankäufe bildeten in dieser Zeit als fast einziges Absatzventil ein Regulativ für das Zuchtziel eines praktischen, nicht zu feinen Pferdes mit korrektem Fundament, guten Bewegungen und Hufen und einem Mindestmaß an Reiteignung. Eine weitere Absatzeinrichtung schuf sich der Zuchtverband ab 1949 durch die Reitpferdeauktion in Verden. Als weiteres Novum wurde in dieser Stadt zur gleichen Zeit eine Verbands-Reit- und Fahrschule eingerichtet, deren Hauptanliegen die Wiederbelebung

der ländlichen Reiterei durch Ausbildung von Schülern und Pferden sowie die allgemeine Absatzförderung war. Durch Fortfall der privaten Hengstaufzucht auf mecklenburgischen, pommerschen, brandenburgischen und provinzialsächsischen Gütern mußte sich jene zwangsläufig in das hannoversche Gebiet verlagern, wo vor dem Weltkrieg außer dem Hengstaufzuchtsgestüt Hunnesrück und dem Gestüt Herrenhausen nur ganz vereinzelte Landwirte sich mit diesem Erwerbszweig befaßten. Nach bescheidenen Anfängen in Bremervörde und auf dem Dobrock/Niederelbe entschloß sich eine Reihe von Züchtern aufgrund der Erfahrung in der Remonteaufzucht und des Vorhandenseins zweckentsprechender Weiden und Stallungen zur Aufzucht von selbstgezogenen bzw. gekauften Hengstfohlen. Ab 1950 wurde durch den Zuchtverband die Niedersachsenhalle in Verden/Aller zum zentralen Hengstkör- und Marktplatz bestimmt.

Die Zuchtkonzeption der ersten Nachkriegsjahre nach dem Fortfall aller Ankäufe durch Armee und Sport lag vor allem im ersten Teil des 1922 formulieren Zuchtziels: „Ein tiefes, starkes, kurzbeiniges, praktisches und leichtfütteriges Wirtschaftspferd für Landwirtschaft und Gewerbe" sollte der Hannoveraner sein. Die vom hannoverschen Stutbuch anerkannten Spezialrassen englische Vollblüter, Trakehner und Araber hatten in dieser Zeit als Landbeschäler nur ein geringes Betätigungsfeld.

1945 war eine größere Anzahl Trakehner und ostpreußischer Landbeschäler auf der Flucht aus dem Osten nach Hannover gekommen. 26 von ihnen wurden anerkannt und den 3 Landgestüten zugeteilt. Ihre Benutzung durch die Züchter war den Umständen entsprechend nur gering, so daß sich ihre Anzahl bald verminderte. Einigen wenigen unter ihnen gelang es mit der Zeit, sich züchterisch durchzusetzen, ihre Erbmasse in guten Töchtern und gekörten Hengsten zu verankern und auch männliche Blutlinien zu begründen. Es waren dies die Trakehner Abglanz v. Termit - Poseidon, Semper idem v. Dampfroß - Parsival, Cyclon v. Helikon - Landgraf und Lateran v. Helikon - Fetysz ox. Diese Hengste waren durchaus keine Neuerscheinungen in der hannoverschen Zucht, wenn man bedenkt, daß etwa seit 1870 rund 50 Hengste ostpreußischen Blutes in Hannover gewirkt haben, einige von ihnen, wie Neckar, Sport, Erlkönig, Morgenstern u.a., mit größerem Einfluß. Auch einzelne Vollbluthengste waren nach dem Krieg in der Lage, in der hannoverschen Zucht durch männliche Blutlinien Fuß zu fassen:

der Mydlinghovener Pik As xx v. Abendfrieden - Mirza II, der Waldfrieder Marcio xx v. Aventin - Janus, der Schlenderhaner Jonkheer xx v. Magnat - Indus, die Graditzer Adlerschild xx v. Ferro - Alchimist und Poet xx v. Janitor - Herold sowie der Röttgener Der Löwe xx v. Wahnfried-Herold. Sie alle begannen in Zeiten des Niedergangs ihre Tätigkeit, wurden von den Züchtern erst mit Mißtrauen und Vorbehalten nur mäßig benutzt und hatten ihren Durchbruch erst nach sportlichen Erfolgen ihrer Nachkommen zu verzeichnen.

Von den älteren hannoverschen Blutlinien gingen in den Nachkriegsjahren zu Ende die des Nelusko, Norfolk, King, Amurath, Hogarth und Sport. Bestehen blieben die Adeptus-, Flingarth-, Goldschaum- und Devils-own-Linien.

Hauptvertreter der Adeptus-Linie: Abendsport v. Alkoven - Sportsmann, Almjäger v. Alpenflug II - Goldschläger I, Astral v. Ast - Alpenflug II, Athos v. Allerhand - Amos.

Hauptvertreter der Flingarth-Linie: Futurist v. Flak - Christian de Wet xx, Ferdinand v. Ferrara - Helgoland, Flügeladjudant v. Flügelmann I - Albeck.

Hauptvertreter der Goldschaum-Linie: Goldfisch II v. Goldammer I - Flugfeuer II.

Hauptvertreter der Devils-own-Linie: Dolman v. Detektiv - Alderman I mit seinen Söhnen Dollart aus einer Florett-, Dominant und Duellant je aus einer Foliant-Stute.

Die drei letztgenannten sollten sich ab Mitte der 60er Jahre gegenüber den anderen althannoverschen Linien stark in den Vordergrund schieben.

Im Hinblick auf die starke Verringerung der Bestände in Pferdezucht und Haltung sah sich die niedersächsische Landesregierung veranlaßt, die Landgestüte Harzburg 1960 und Osnabrück 1961 aufzulösen sowie deren Hengstbestand mit Teilen des Gestütpersonals dem Landgestüt Celle einzugliedern. Dessen Arbeitsbereich erstreckte sich nunmehr auf ganz Niedersachsen mit dem Hamburger und Bremer Gebiet, jedoch ohne den Verwaltungsbezirk Oldenburg.

Bedeckungs- und Eintragungszahlen hielten sich bis 1965 auf etwa gleich niedrigem Stand. Die besorgte Zuchtleitung be-

Gotthard, Ldb. Celle, geb. 1949 v. Goldfisch II a.d. Ampa H 40287 v. Amateur I. Lieferte bisher für die hannoversche Warmblutzucht 11 Beschäler und mehr als 200 Stutbuchstuten. Seine Nachkommen erzielten bis 1981 die höchste deutsche Gewinnsumme mit DM 1.353.407,—.

Der Löwe xx, geb. 1944, Vollblut-Gestüt Röttgen v. Wahnfried - Herold. Deckte von 1951 - 1973 in Celle.

fand sich im starken Zweifel, ob nach der gänzlichen Verdrängung der tierischen Zugkraft durch den Motor eine große Landespferdezucht auf warmblütiger Grundlage, deren Lebensnerv der Absatz junger Pferde war, in Zukunft allein durch Reitpferdeverkauf aufrechtzuerhalten sei. Innerhalb der nächsten 10 Jahre sollten sich diese Sorgen behoben haben. Der wachsende Lebensstandard in der Bundesrepublik Deutschland hatte u. a. auch den Reitsport erfaßt. Bisher eine Domäne wohlhabender Schichten und der ländlichen Reiter, wurde der Pferdesport zunehmend breiteren Volksschichten zugänglich, auch solchen aus den Städten. Die

Reitervereine nahmen seit Ende der 60er Jahre ständig zu, nicht so sehr auf dem Lande als in den Ballungsgebieten. Trotz des Rückganges der Schweizer Ankäufe und der Polizei-Remontierungen, trotz der fast vollständigen Abkapselung der mittel- und ostdeutschen Zuchtgebiete war es möglich, nicht nur den erreichten niedrigen Zuchtbestand zu erhalten, sondern auch durch die einsetzende Nachfrage nach Reitpferden ihn wieder zunehmend von Jahr zu Jahr zu erhöhen. Die Bedeckungszahlen des Celler Landgestüts, das sich im Jahr 1968 von dem letzten Beschäler der reinen Wirtschaftsrassen gelöst hatte, boten von 1961 bis 1980 folgendes Bild:

Jahr	Ldb. inges.	davon xx	ged. Stuten insges.	von xx	Ø pro	Zahl der Deckstellen
1961	174	12	6900	593	70	80
1965	164	11	7372	634	45	72
1970	155	15	8278	935	53	61
1975	208	23	12368	1466	60	69
1980	207	21	12669	693	59	64

Anzahl der neu eingetragenen Stuten und Eintragungsbestand (1960 - 1980):

Jahr	Anzahl neu eingetr. Stuten	Bestand an eingetr. Stuten
1960	788	7409
1965	1237	7366
1970	1605	7873
1975	2164	13651
1980	2813	16808

Für 1961 stammen die Angaben aus den Unterlagen der beiden Landgestüte Celle und Osnabrück. Die Übernahme der ostfriesischen Privathengste in das Landgestüt machte sich u. a. 1975 in der stark gestiegenen Landbeschälerzahl bemerkbar. Der Anteil der Vollbluthengste am Bestand hat in den Jahren zwischen 1972 und 1976 den Höchststand. Die Benutzung der staatlichen Vollbluthengste durch die Züchter lag schon seit Ende der 50er Jahre anteilmäßig höher als die der Warmbluthengste, stieg aber bis 1977 zunehmend an, um ab 1978 in auffallender Weise zu fallen. 1980 haben die Vollbluthengste 39 Stuten im Durchschnitt pro Hengst gedeckt, die Warmblüter dagegen 61.

Das erhebliche Anwachsen der eingetragenen Stuten zwischen 1970 und 1975 ergibt sich zum Teil aus dem Anteil der durch den Anschluß des Ostfriesischen Stutbuchs übernommenen Stuten (siehe unten links).

Die Rekrutierungen des Hengstbestandes durch das Landgestüt Celle erfolgten vor dem Ersten Weltkrieg vornehmlich bei größeren Aufzüchtern hannoverscher Fohlen in Mecklenburg und Pommern, zu einem kleineren Teil in Holstein, der Provinz Sachsen und auch Hannover (Herrenhausen). In der Zwischenkriegszeit wurden in Güstrow/Mecklenburg und in Demmin/Pommern zentrale Hengstmärkte eingerichtet, wo die hannoverschen Landgestüte als Hauptkäufer auftraten. Ab 1923 bildeten die im Hengstaufzuchtgestüt Hunnesrück aufgezogenen Junghengste den Hauptanteil (70 bis 90 %) des jährlichen Hengstersatzes.

Nach 1945, mit dem Fortfall der ostwärts der Elbe gelegenen Aufzuchtstätten, entwickelte sich in Niedersachsen ein zentraler Körplatz für hannoversche Junghengste, der ab 1950 in Verden/Aller seinen festen Ort erhielt. Mit zunehmender Erfahrung der hannoverschen Aufzüchter wurde bald die Regelung eingeführt, daß 50 % der Remontierung aus dem Hengstaufzuchtgestüt Hunnesrück, 50 % aus der privaten Aufzucht erfolgte. Etwa ab 1968 - die Basis der Hengstaufzüchter Niedersachsens hatte sich stärker vergrößert - wurde das Ankaufsverhältnis auf ca. 2/3 Privataufzucht und 1/3 Hunnesrücker festgelegt. Eine stark zunehmende Nachfrage nach hannoverschen Vatertieren aus den deutschen Bundesländern und aus dem Ausland, die mit den 70er Jahren einsetzte, hatte zur Folge, daß der Ruf nach einer Versteigerung der gekörten Junghengste laut wurde. Aus zuchtpolitischen Erwägungen konnte die Zuchtleitung die Einführung einer Junghengstauktion verhindern und den Hengstverkauf auf dem Verdener Markt weiterhin durch die freihändige Vermittlung von seiten der Geschäftsführung steuern. Die Anpassung der staatlichen Ankaufsmittel an die gegenwärtig relativ günstige Absatzkonjunktur und die vor den allgemeinen

Verkaufsverhandlungen erfolgende Fesselung einer Mindestzahl guter Junghengste
zum Ankauf durch das Landgestüt haben
zum Resultat, daß eine genügend große
Anzahl guter Vatertiere jährlich für das
hannoversche Zuchtgebiet gesichert werden kann.

In dem Zeitraum zwischen 1946 und 1980
sind in andere deutsche Zuchtgebiete 315
Hengste verkauft worden. Hier stehen
Westfalen, Bayern, Hessen, Rheinland,
Rheinland-Pfalz und die DDR an der Spitze. In der gleichen Zeit gingen ins Ausland
212 Hengste, in der Mehrzahl nach Belgi-
en, Dänemark, Schweden, Österreich,
England und Kanada.

3.7. Die Zeit nach 1980

Die Zucht des Hannoverschen Warmbluts ist nach 1980 in dem Bestreben weitergeführt worden, ein Pferd im Sinne eines 1978 festgelegten Zuchtzieles zu erzeugen. In dem genannten Jahr haben sich
alle der FN angeschlossenen deutschen
Warmblutzuchtverbände auf ein gemeinsames Zuchtziel geeinigt.

Mit Inkrafttreten des neuen Tierzuchtgesetzes zum 1. Januar 1990 mußte die Zuchtbuchordnung in Anlehnung an die auf FN-
Ebene für alle Warmblutzuchtverbände
entwickelte Zuchtverbandsordnung grundlegend überarbeitet werden. Zwei wesentliche Änderungen betreffen die Eintragung
von Hengsten:

Auch nach dem Wegfall des staatlichen
Körzwanges wurde die Körung von Hengsten erhalten, allerdings in die Verantwort-
lichkeit der Pferdezuchtverbände gelegt.

-Das Hengstbuch wurde geteilt in ein
Hengstbuch I für Hengste mit voller Abstammung, Körung und bestandener Leistungsprüfung und ein Hengstbuch II für
Hengste, die die Bedingungen für die Eintragung in das Hengstbuch I nicht erfüllen.
Abstammungsnachweise werden nur für
die Nachkommern von Hengsten ausgestellt, die im Hengstbuch I eingetragen
sind. Nachkommen von Hengsten des
Hengstbuches II erhalten eine Geburtsbe-
scheinigung und keinen Fohlenbrand.

Auch das Zuchtziel wurde überarbeitet
und hebt sich in wichtigen Nuancen von
der FN-Formulierung ab:

„Das Zuchtziel ist der Hannoveraner, ein
rittiges, edles, großliniges und korrektes
Warmblutpferd, das aufgrund seiner Veranlagung, seines Temperamentes und seines Charakters als Leistungs- und Freizeitpferd besonders geeignet ist.

Auf dieser Grundlage wird die Zucht hoch-
veranlagter Sportpferde für die Disziplinen

-Dressur
-Springen
-Vielseitigkeit
-Fahren
angestrebt."

Argentan, Ldb. Celle, geb. 1967 v. Absatz a. d. Worms v. Wohlan.

Mit diesem Zuchtziel wird ausdrücklich
betont, daß ein Pferd für den Turniersport
gezüchtet wird.

Die Pflege von Spezialveranlagungen für
die eine oder andere Disziplin ist ausdrücklich erwünscht.

Entwicklung der Pferdezucht in Hannover nach 1980

	1982	1990	1993
Eingetr. lebende Stuten	15745	15820	18763
Ldb	198	175	115
- davon xx	14	18	15
Privatbeschäler	107	189	253
- davon xx	-	-	24
Bedeckungen durch Ldb	10655	9718	8535
Bedeckungen durch Pb.	2563	3676	4676

*Aragonia v. Argentan - Der Löwe xx, Siegerstute DLG-Ausstellung 1978, Siegerstute 1. Bundes-Stutenschau
1979 in Handorf.*

4. Institutionen in der hannoverschen Zucht

4.1 Organisation des Zuchtverbandes und Schauwesen

Der im Jahre 1922 relativ spät gegründete Verband hannoverscher Warmblutzüchter war das zusammenfassende Schlußglied von Aktivitäten, die in Gestalt des Landgestüts Celle und der Hannoverschen Stutbuchgesellschaft die kompletten Grundlagen einer Zuchtorganisation in einzigartiger Weise vorweggenommen hatten.

Die Organe des Verbandes sind der Vorstand, an dessen Spitze der geschäftsführende Vorstand mit dem ersten Vorsitzenden und zwei Stellvertretern, der Zuchtbuchausschuß, die jährliche Mitgliederversammlung mit gewählten Delegierten sowie die Geschäftsführung.

Eine von Anfang an dezentrale Wirksamkeit verlegt die eigentliche züchterische Arbeit großenteils in die ehrenamtlich geführten Pferdezuchtvereine, die sich im Laufe der Zeit um die staatlichen Deckstellen herum gebildet haben, gegenwärtig 52 an der Zahl.

Zwischen Zuchtverband und Pferdezuchtvereinen bestehen als Mittelinstanz die Bezirksverbände, in denen die Vereine der bestehenden oder ehemaligen Regierungsbezirke zusammengeschlossen sind. Derzeit sind es die Bezirksverbände Stade, Lüneburg, Hannover, Osnabrück-Emsland, Ostfriesland, Braunschweig-Hildesheim-Northeim und Hamburg/Schleswig-Holstein. Die zentrale Verbandsgeschäftsstelle hatte ihren Sitz lange Jahre in Hannover. Im Dezember 1985 erfolgte dann der Umzug in einen Neubau auf dem Gelände des Ausbildungs- und Absatzzentrums nach Verden, das im Jahr 1972 errichtet war. Angegliedert ist die hannoversche Reit- und Fahrschule in Verden.

Die Organisation der jährlich durchgeführten Stutbuchaufnahmetermine und der Stutenschauen liegt in den Händen der örtlichen Pferdezuchtvereine zusammen mit den Leitern der jeweiligen staatlichen Deckstellen. Die Zusammensetzung der Aufnahme- und Schaukommission ist so gestaltet, daß nach Möglichkeit neben einem aktiven Züchter der Landstallmeister und ein hauptamtlicher Vertreter des Zuchtverbandes fungieren. Im Jahre 1980 wurden an 58 Plätzen Aufnahmetermine für 2.813 Stuten und an 57 Plätzen Stutenschauen (3.092 Stuten) durchgeführt.

Im Wechsel der Jahre werden für die Bereiche der einzelnen Bezirksverbände Repräsentativ-Schauen abgehalten, die nach einem hochverdienten Züchter „Louis-Wiegels-Schauen" genannt werden. Seit 1979 wird in Verden/Aller im mehrjährigen Abstand regelmäßig eine zentrale Verbands-stutenschau durchgeführt, die Ratje-Niebuhr-Schau.

Seit 1979 organisiert die Deutsche Reiterliche Vereinigung regelmäßig eine Elite-Stutenschau für alle bundesdeutschen Zuchten. Hier, wie auch auf den Zuchtpferdewettbewerben der Deutschen Landwirtschaftsgesellschaft, die mittlerweile allerdings nicht mehr ausgetragen werden, konnten Hannoveraner regelmäßig bedeutende Erfolge erzielen.

Die Register für die Aufnahme in das hannoversche Zuchtbuch sind folgende: 1. Hauptstutbuch, 2. Stutbuch, 3. Vorbuch I und Vorbuch II. Sie unterscheiden sich nach den jeweiligen Forderungen hinsichtlich der nachgewiesenen Abstammungen. Die Aufnahmebrände werden auf die linke Halsseite gegeben und sind wie folgt gestaltet:

Hauptstutbuch und Stutbuch

Vorbuch I und Vorbuch II

Die aus eingetragenen Stuten von anerkannten Hengsten gefallenen Fohlen erhalten den Brand, den die Mutter am Hals trägt, auf den linken Hinterschenkel. Die Vergabe von Staatsprämien auf den Stutenschauen erfolgt an drei- und vierjährige Hauptstutbuchstuten überdurchschnittlicher Qualität, deren Mütter ebenfalls im Hauptstutbuch eingetragen sind.

Mit der Annahme der Staatsprämie verpflichtet sich der Besitzer, die Stute drei Jahre lang zur Zucht zu benutzen und die vorgeschriebene Leistungsprüfung ablegen zu lassen.

Außerdem muß nachgewiesen werden, daß eine Staatsprämienanwärterin frei von dem Hauptmangel Kehlkopfpfeifen ist.

Für die Anerkennung von Hengsten müssen sechs Generationen anerkannter Abstammung nachgewiesen werden.

Abstammungsnachweise in Form von Fohlenscheinen wurden von der Gestütverwaltung ab 1781 ausgegeben. Die von dem damaligen Celler Gestütleiter Elderhorst entworfenen Scheine, die sowohl eine Deck- als auch eine Geburtsbe-scheinigung mit Pedigree enthalten, sind im Prinzip bis heute die gleichen geblieben. Heute werden Zuchtbescheinigungen über das Rechenzentrum Verden erstellt. Abstammungsnachweise (roter Schein) werden ausgegeben für Pferde, deren beide Elternteile in einer Zuchtbuchabteilung des Verbandes eingetragen sind. War ein Elternteil spätestens zum Zeitpunkt der Geburt nicht eingetragen, so erhält das Fohlen eine Geburtsbescheinigung (weißer Schein).

4.2 Hengstaufzuchtgestüt Hunnesrück

Bis 1803 bischöflich-Hildesheimer Besitz, danach hannoversche bzw. preußische Staatsdomäne und Remonteamt, wurde das heutige Hengstaufzuchtgestüt Hunnesrück 1921 vom Preußischen Gestütfiskus als Aufzuchtstätte für hannoversche Hengstfohlen übernommen. Die Gründe dafür sind an anderer Stelle angeführt worden. Schon vor dem Ersten Weltkrieg hatte die Preußische Gestütverwaltung ohne wesentliche Erfolge versucht, hannoversche Hengstfohlen in den Hauptgestüten Neustadt und Graditz aufzuziehen.

Hunnesrück mit heute rund 520 ha landwirtschaftlicher Nutzfläche ist dem Landgestüt Celle angegliedert. Kalklößweiden in Höhenlage und geräumige Laufställe aus der Zeit des Remonteamtes bieten günstige Haltungsmöglichkeiten. In den Anfangsjahren wurden durch den Celler Landstallmeister 100 bis 150 Absatzfohlen jährlich angekauft, 1929 sank die Zahl auf 40, um ab 1938 auf ca. 80 anzusteigen. Während der starken Pferdeverminderung nach 1950 sank der jährliche Fohlenankauf zeitweise bis auf nur 20, um seit 1980 wieder auf einen Stand von ca. 45 anzuwachsen.

Das gemeinsame Aufwachsen in großen Jahrgangsverbänden mit Weidegang ohne Zufutter in Gemeinschaft mit Rindern von Ende April bis in den Oktober hinein läßt den einzelnen Junghengst im Herbst des dritten Lebensjahres weniger fertig und marktreif erscheinen als den Durchschnitt der privat aufgezogenen Hengste. Die natürlichere, sozusagen extensive Aufzucht im Herdenverband hat zum mindesten den Vorteil einer gleichmäßig durchlaufenden, durch keine Mastperiode beeinträchtigten Jugendentwicklung. Die Hengstfohlen werden Anfang September ihres ersten Lebensjahres in Hunnesrück eingestellt und verlassen es im November des dritten Lebensjahres, um in einer Auswahl in der Hengstprüfungsanstalt Adelheidsdorf für die bald darauf dort erfolgende Körung vorbereitet zu werden. Im großen Durchschnitt wird von den angekauften Fohlen rund ein Drittel als Zuchthengst angekört. Die nicht gekörten werden als Wallache verkauft.

4.3 Hengstprüfungsanstalt Westercelle-Adelheidsdorf

Im Jahre 1927 richtete das Landgestüt etwa 3 km südlich der Stadt Celle in einem kurz vorher erworbenen ehemaligen Pferdeausbildungsetablissement eine Leistungsprüfungsanstalt für die Junghengste ein, die für die hannoverschen Landgestüte als zukünftige Beschäler erworben wurden. Ein ganzes Jahr Training in allen Disziplinen, in denen das Warmblutpferd Verwendung fand, mit einer eingehenden Beobachtung von Leistungsfähigkeit, Willigkeit, Wirtschaftlichkeit, Temperament und Charakter sowie einem dem Trainingsprogramm entsprechenden Abschlußexamen hatten den Zweck, die Minusvarianten zu erkennen und von der Zuchtverwendung auszuschließen. Der Sinn dieses für die Gestütverwaltung kostspieligen Jahres, in dem auf eine ganze Decksaison verzichtet wurde, ist bis heute der gleiche geblieben.

In den Jahren bis zum 2. Weltkrieg wurde dem Verwendungszweck des Warmblutpferdes entsprechend in Training und Abschlußprüfung Wert gelegt auf Reiten, leichten und schweren Zug, auch über längere Distanzen. Das Schlußexamen sah so aus:

1. 70 km Distanzritt in sieben Stunden
2. 1.000 m Schritt im Traberwagen in neun Minuten
3. 3.000 m Trab im Traberwagen in neun Minuten
4. 3.000 m Jagdgalopp mit 7 Hindernissen in sieben Minuten
5. ca. 1.000 m schwerer Zug zweispännig im Ackerwagen, beladen mit 2 cbm Sand mit wiederholtem Anziehen.

Die Prüfungen erfolgten an 5 Tagen, zwischen denen Ruhetage lagen. Während der Kriegs- und ersten Nachkriegsjahre wurde vom ganzjährigen Training abgesehen und nur vor und nach der Deckzeit trainiert. Mit dem ganzjährigen Training wurde 1951 wieder begonnen nach einem den veränderten Verhältnissen angepaßten Prüfungsziel:

1. Tag:
6.000 m Geländeritt mit 12 festen Hindernissen nach einer Richtzeit von 12 Minuten. Dann ohne Pause 2.000 m Jagdgalopp ausgeritten, Höchstzeit 4 Minuten, bewertet in beiden Prüfungen; Springmanier, Stil und Zeit im Jagdgalopp, Länge des Galoppsprunges.

2. Tag:
2.000 m Trab im Traberwagen, 7 Minuten. 1.000 m Schritt im Traberwagen, 5 Minuten. 1.550 m Schritt einspännig im Zugschlitten mit einem 20 dz rollender Last entsprechenden Widerstand. Bewertet wurden die erzielten Zeiten, Schritt- und Trittlängen sowie die Zugmanier.
Die Anforderungen und ihre Bewertungen wurden in den folgenden Jahrzehnten

mehrmals geändert und schließlich dem rein reiterlichen Verwendungszweck der Pferde angeglichen.

Die Vorprüfungsnote aufgrund der Beobachtungen des Trainingsleiters während der Trainingszeit für die Bereiche Charakter und Temperament, Rittigkeit, Leistungsbereitschaft, allgemeine Leistungsfähigkeit und Springanlage hat gegenüber der Gesamtheit aller durch die Richter gegebenen Noten an den Prüfungstagen 50 % Gewicht in der Endnote.
1975 wurde die Hengstprüfungsanstalt von Westercelle auf ein vom Landgestüt 1908 erworbenes Heidegelände von 40 ha in der Gemarkung Adelheidsdorf verlegt.
Die Neuanlage mit 130 Boxen verfügt über 3 Reithallen und das große Trainingsgelände mit Sand- und Grasbahnen, festen Hindernissen und mehreren Außenplätzen.
Schon seit 1962 hatten einzelne Gasthengste verschiedener deutscher Pferdezuchtverbände nach der Deckzeit von August bis November ein 100-Tage-Training mit Abschlußprüfung unter erleichterten Bedingungen absolviert. Seit 1975 konnte eine größere Anzahl von Fremdhengsten (ca. 65 - 70) für diese Zeit zu Training und Prüfung aufgenommen werden.

Der seit 1977 durch Gesetz verordnete Leistungstest, konzipiert nach den in Westercelle-Adelheidsdorf gemachten Erfahrungen, wurde ein obligatorischer Teil der Körung.
Zur Zeit wird die in ihrer Kapazität und Ausstattung in Deutschland einzigartige Institution von den Pferdezuchtverbänden Holstein, Oldenburg, Hessen, Rheinland-Pfalz und dem Trakehner Verband beschickt.

4.4 Hengstparaden

Hervorgegangen aus Hengstvorführungen des Landgestüts Celle, die schon im 19. Jahrhundert für interessierte Züchter veranstaltet wurden, entwickelten sich kurz nach 1900 diese Vorführungen zu spektakulären Präsentationen auch für das allgemeine Publikum.
Gegenwärtig werden Ende September/Anfang Oktober die Celler Hengstparaden in einer bunten, farbenprächtigen Schau mit Volksfestcharakter an 6 Tagen vor ca. 30.000 Zuschauern veranstaltet. Sie bilden, durch die festliche Darstellung der Landbeschäler in einem abwechslungsreichen Programm von 3 Stunden Dauer, einen bemerkenswerten Aktivposten an Publizität für das Landgestüt.

Weltmeyer Ldb-Celle v. World Cup I-Absatz geb. 1984, Z. u. Az.: H. Meyer Allword. Sieger HL Pr. Adelheidsdorf 1987 und Körung 1986, Bundeschampionat 3-jährige Hengste 1987 vielverprechender Vererber. Dem Idealbild des Reitpferdeerzeugers sehr nahe.

Gigolo FRH v. Graditz-Busoni xx, Z.: H. Klusmann-Parsen. Unter Isabell Werth (Rheinberg) Mannschaftsgold und Einzelsilber Olymp. Reiterspiele Barcelona 1992, Doppelweltmeisterin 1994 in Den Haag.

4.5 Verein hannoversche Privathengsthalter

Die allgemeine Tendenz zur Liberalisierung im Verbund mit steigenden Fohlen- und Pferdepreisen hat bewirkt, daß die Anzahl der Privatbeschäler innerhalb des Gestütbereichs Celle im letzten Jahrzehnt sich wesentlich erhöht hat.
Im Jahr 1982 standen 198 Landbeschäler einer Zahl von 107 Privatbeschälern gegenüber, 1993 war das Verhältnis 156 : 253.
Dies führte dazu, daß 1990 der Verein hannoverscher Privathengsthalter gegründet wurde, der seit 1991 alljährlich eine große Hengstschau in der Niedersachsenhalle Verden durchführt.

4.6 Jungzüchterarbeit

Seit dem Jahr 1987 erfolgt in Hannover eine intensive Förderung des Züchternachwuchses. Damit soll das bei Jugendlichen bestehende natürliche Interesse am Pferd zu züchterischen Fragestellungen hingeleitet und damit die Zukunft der hannoverschen Zucht langfristig gesichert werden.
In allen Pferdezuchtvereinen gibt es Jugendsprecher, die u.a. Jungzüchterwettbewerbe durchführen. Die besten hiervon kommen dann zu dem alljährlich durchgeführten Jungzüchtertag in Verden.

4.7 Förderverein

Ebenfalls eine Förderung - allerdings in anderer Hinsicht - betreibt der „Verein zur Förderung des deutschen Reitsports auf hannoverschen Pferden" (FRH). Mit Hilfe von Sponsorengeldern werden veranlagte Pferde geeigneten Reitern zur Verfügung gestellt, die diese im Spitzensport herausbringen. Zu den geförderten Pferden gehören so herausragende Athleten wie Sherry FRH, Mannschaftsolympiasieger in der Vielseitigkeit 1988 oder Gigolo FRH, unter Isabell Werth, Seriensieger in der Dressur auf Grand-Prix-Niveau, sowie Deutscher Meister, Europameister und Olympiasieger und Weltmeister.

5. Aspekte der Zuchtarbeit in Hannover

5.1 Selektion

Die letzten Jahre sind für die hannoversche Zucht gekennzeichnet durch ständige Verstärkung des Bemühens um Intensivierung der Leistungsprüfung für Hengste und Stuten.
Für die staatlichen Junghengste in der Hengstprüfungsanstalt Adelheidsdorf wuchs innerhalb von 10 Jahren die Intensität der Selektion vor dem Zuchteinsatz auf höchst eindrucksvolle Weise. Im Herbst 1982 traten zur Hengstleistungsprü-

fung 39 Prüflinge an nach elfmonatigem Training. 36 von ihnen erfüllten die Mindestanforderungen. 17 Junghengste oder 47 % stellte das Landgestüt Celle ein. Die Abschlußprüfung für die 47 Adelheidsdorfer Prüflinge im Herbst 1992 hatte zum Resultat, daß 13 Junghengste aus den Leistungsklassen I und II eine Beschälerbox in Celle beziehen konnten. Das macht im Vergleich zur Selektion 1982 27 % aus.
Im letzten Jahrzehnt sind die Stutenleistungsprüfungen unter dem Reiter angefangen worden und ständig zahlenmäßig gewachsen. Sie werden als Stationsprüfung (19 Tage, Reit- und Fahrschule Verden sowie Reitanlage auf dem Kehr, Göttingen) wie auch als eintägige Feldprüfungen unter Organisation der einzelnen Bezirksverbände bzw. Pferdezuchtvereine durchgeführt. Geprüft werden die einzelnen Grundgangarten, die Rittigkeit - jede Stute wird dabei von einem Fremdreiter getestet - und das Freispringen nach Manier und Vermögen. In die Endnote gehen Grundgangarten, Rittigkeit und Springen zu jeweils einem Drittel ein. In der Stationsprüfung kommen als Bewertungskriterien Interieurmerkmale wie Temperament, Charakter und Leistungsbereitschaft dazu.
Im Jahre 1985 waren es insgesamt 365 hannoversche Stuten, die die reiterliche Prüfung bestanden hatten. 1988 waren es bereits 602 Stuten. Für das Jahr 1993 hat sich die Anzahl erfolgreich geprüfter Stuten mit 1.434 bereits mehr als verdoppelt, ein Zeichen dafür, daß sich diese freiwilligen Prüfungen des eigenen Zuchtmaterials unter den hannoverschen Züchtern einer breiten Zustimmung erfreut.

5.2 Einführung der Besamung mit Frischsperma

Nachdem seit dem Jahre 1972 in Zusammenarbeit mit der Tierärztlichen Hochschule Hannover im Landgestüt Celle die künstliche Besamung durch Tiefgefriersperma bei Stuten sich für die Praxis als nur begrenzt brauchbar erwiesen hatte, wurde ab Anfang der 80er Jahre auf einer großen Deckstelle des Landgestüts ein Versuch mit Frischsamenübertragung durchgeführt. Nach einigen Jahren stellte es sich heraus, daß die Übertragung frischen Spermas für die Praxis sogar gegenüber dem Natursprung gewisse Vorteile bot, auf die eine fortschrittliche Zuchtleitung nicht verzichten sollte. Der Ansturm der Stuten zu den sogenannten modernen Hengsten und solchen, die tatsächlich Plusvererber waren, konnte durch Aufteilung der einzelnen Spermaportionen auf mehrere Inseminationen gemildert werden. Auf diese Weise konnte der einzelne Hengst während der Hauptdeckzeit weitgehend geschont werden. Des weiteren stellte sich heraus, daß die Übertragung von Geschlechtskrankheiten durch den Gebrauch von Frischsperma gegenüber dem Natursprung wesentlich eingeschränkt werden konnte. Zudem wurde in der Zeit der Fortentwicklung der Frischsamenanwendung eine Erkenntnis von hohem wirtschaftlichen Nutzen gemacht: In den Zeiten des ausschließlichen Natursprungs bewegte sich die jährliche Befruchtungsrate der Landbeschäler in einem Bereich zwischen 55 und 60 % der gedeckten Stuten. Im Jahre 1992, in dem im Landgestütsbereich rd. 92 % aller zur Zucht benutzten Stuten mit Frischsperma besamt wurden, erhöhte sich die Befruchtungsrate auf 68 %.

So konnte die Züchterschaft fortschreitend von den Vorteilen der Frischsamenhandhabung überzeugt werden. Sie nahm sogar finanzielle Lasten bei der Umrüstung der alten Deckstationen in Kauf. Auf diese Weise konnte das Landgestüt schrittweise die Frischsamenstationen vermehren und mit Beginn der Deckzeit 1993 den Gestütbereich mit einem geschlossenen Netz von Frischsamenstationen überziehen.

11 Besamungszentralen im Gestütbereich werden mit durchschnittlich je 6 - 10 Hengsten nur im Frischsamendienst betrieben. Daneben bleiben 36 Nebenstellen bestehen, besetzt mit 1 - 2 Hengsten für Natursprünge. Auf diesen Nebenstellen kann Frischsamen von der nächstgelegenen Besamungszentrale angefordert werden.

5.3 Vollblutbenutzung

In den 70er Jahren setzte im hannoverschen Zuchtgebiet eine stärkere Nachfrage nach Vollblutbeschälern ein, die schon in den 80er Jahren auffallend plötzlich nachließ. Der Grund lag einmal in der öfters ungenügenden Qualität der erreichbaren vollblütigen Landbeschäler, vor allem aber in dem Umstand, daß der durchschnittliche hannoversche Warmblutzüchter erst lernen mußte, daß Fohlen mit Vollblutabstammung in der Aufzucht vermehrter Sorgfalt und Fütterung bedurften, um eine gute oder auch nur zufriedenstellende Entwicklung nehmen zu können. Erst am Ende der 80er Jahre gelang es dem Landgestüt Celle, Vollbluthengste höherer Güte zu erwerben, die dann von den Züchtern, die inzwischen ihre kostspieligen Erfahrungen in der Aufzucht von Blutfohlen gemacht hatten, angemessen benutzt wurden. So lag im Jahre 1993 der Anteil Stuten, die mit Vollbluthengsten angepaart wurden, bei erfreulichen 12%.

5.4 Springpferde

Die hannoversche Zuchtleitung ist gegenwärtig bemüht, den Ruf des Hannoveraners als Springpferd zu verbessern. Das hannoversche Zuchtgebiet mit seinem durchschnittlich relativ geringen Weideanteil auf den flächenmäßig knappen bis mittelgroßen Zuchthöfen war von Anfang an

ein Landstrich, der seine Fohlen vornehmlich als Absetzer verkaufen mußte, da der geringe Weideanteil der Höfe bei der Mehrzahl eine Aufzucht nicht ertrug. Seit der Umstellung auf die Reitpferdezucht hat es sich ergeben, daß die Fohlen sich am günstigsten verkaufen ließen, die Adel, Trockenheit, große Linien und auffallende Gänge zeigten. Mit der Errichtung des „Programmes Hannoveraner Springpferdezucht" wird den Züchtern empfohlen, diejenigen Stuten, die dem Pedigree nach mit Springblut ausgestattet sind und diese Veranlagung entweder selbst im Sport oder in der Zuchtstutenprüfung oder aber durch eine erfolgreiche Springpferdevererbung bewiesen haben, zu Hengsten zu schicken, die eine ähnliche Abstammung und Veranlagung zeigen. Im Vordergrund darf dabei nicht nur die weitere Verankerung der Springveranlagung stehen, sondern auch eine Verbesserung des Typs.

5.5 Absatz

Während vor dem Ersten Weltkrieg die Remonteverkäufe rund 1.200 pro Jahr im Zuchtgebiet betrugen, wozu noch einmal etwa die gleiche Anzahl hannoverscher Remonten kam, die in Gebieten östlich der Elbe aufgezogen waren, halbierte sich diese Ankaufszahl in der Zwischenkriegszeit; stieg jedoch in den Jahren der Wiederaufrüstung seit 1936 etwa auf die alte Höhe. In kleinerem Umfang kauften auch andere europäische Länder Armeedienstpferde in Hannover.

Nach dem Fortfall der deutschen Remonteverkäufe ab 1945 war es seit 1948 die Schweizer Armee, die bis 1973 jährlich bis zu 800 und zuletzt ca. 100 ihrer für die Miliz notwendigen „Eidgenossen" in Hannover kauften.

Reitpferde konnten naturgemäß in den ersten Nachkriegsjahren nur sehr spärlich gekauft werden. Der Entschluß des Zuchtverbandes, ab 1949 in Verden/Aller zwei jährliche Elitereitpferdeauktionen unter Federführung von H.J. Köhler einzurichten, hatte zur Folge, daß diese sich nach Anlaufschwierigkeiten zunehmend zu den heute ältesten, größten und meistbeachteten Versteigerungen für Reitpferde in Deutschland entwickelten. Eine bemerkenswerte Reihe von Pferden des großen Sports mit Olympia-, Weltmeister- oder sonstigen internationalen Lorbeeren, die über diese Auktionen gegangen sind, hat den Ruf des hannoverschen Leistungspferdes in die ganze pferdesportliche Welt getragen.

Die letzten Jahre standen im Zeichen der Erweiterung des Auktionsangebotes. Zunehmender Beliebtheit erfreuen sich die sogenannten Zwischenauktionen, auf denen Pferde zum Preisdurchschnitt um DM 15.000,- erworben werden können. Die

Einführung dieser Auktionen hat dazu geführt, daß die Zahl der über die Eliteauktionen verkauften Pferde reduziert wurde und auf echte Spitzenqualitäten begrenzt werden konnte. So konnten auf der Frühjahrsauktion 1994 mit einem Höchstpreis von DM 400.00,- und einem Durchschnittspreis von DM 52.000,- ganz neue Dimensionen erreicht werden.

Im folgenden eine Übersicht über die Preisentwicklung auf den Eliteauktionen von 1949 bis 1993:

Jahr	verkaufte Pferde	Durchschnittspreis
1949	18	DM 1.900
1950	54	DM 1.947
1960	122	DM 4.840
1970	173	DM 11.740
1980	337	DM 15.730
1985	256	DM 24.021
1990	196	DM 25.553
1993	151	DM 33.496

Im Jahr 1994 stellt sich das Auktionsangebot wie folgt dar:

Zwei Eliteauktionen im April und Oktober (jeweils ca. 70 Pferde)

Zwei Reitpferdeauktionen im Januar und Juli (jeweils ca. 110 Pferde)

Zwei kombinierte Auktionen im Mai und November (Reitpferde und Jährlinge bzw. tragende Stuten und zweijährige Hengste, jeweils ca. 100 Pferde)

Die Fohlen- und Zuchtstutenauktionen Ende August (ca. 170 Pferde)

Die Hengstkörung mit Verkauf bzw. Auktion gekörter und nicht gekörter Hengste (ca. 100 Pferde)

Insgesamt werden mit diesen Veranstaltungen rund 750 Pferde jedes Jahr über Verden vermarktet.

Zusätzlich zu der zentralen Vermarktung über die AAZ in Verden sind die Pferdezuchtvereine zunehmend aktiv geworden. In vielen Vereinen werden Pferdeverkaufstage und sogar Auktionen für Fohlen oder Reitpferde durchgeführt.

5.6 Die Verbreitung des Hannoveraners

Nach dem letzten Weltkrieg und der enormen Schrumpfung der Pferdebestände waren es vor allem die Bundesländer Nordrhein-Westfalen, Hessen und Bayern, in geringem Maße auch Rheinland-Pfalz und die DDR, die mit dem Import von hannoverschen Hengsten und Stuten den Weg zum Aufbau einer Sportpferdezucht beschritten.

In den außerdeutschen Ländern waren es in erster Linie Belgien und Dänemark, die sich hannoverscher Zuchtpferde zur Gründung einer Zucht von leistungsfähigen Sportpferden bedienten. Der Export umfaßt

▲ Genius v. Genever-Don Carlos Z.:J. Haverbusch, Berge. Unter Th. Frühmann, Österreich, Silbermedaille olymp. Springmannschaft Österreichs, Barcelona 1992, Worldcup-Sieger Finale 1992.

▲ Grunox v. Grunewald-Absatz Z.: B. Lehmkuhl, Ganderkesee. Unter Monica Theodorescu, Olymp. Reiterspiele Barcelona 1992 Mannschaftsgold, viele Siege in S-Dressurprüfungen.

◄ Kibah Tic Toc v. Domherr u. australischer Vollblutstute. Mit der austral. Mannschaft bei den olymp. Reiterspielen Barcelona 1992 Einzel- und Mannschaftsgoldmedaille unter Matthew Ryan.

▲ Sundance Kid v. Smaragd-Eisenherz, Z.: Uwe Ropers, Drechterson. Unter Marina Loheit, Radbruch, Deutscher Meister in der Vielseitigkeit 1993.

beinahe die ganze zivilisierte Welt, zumindest die Gebiete, in denen Sportpferdezucht und Reiterei nach europäisch-amerikanischem Muster betrieben werden. Mittlerweile wurden in Großbritannien, USA, Australien und Neuseeland eigenständige Hannoveranerverbände gegründet, die per Vertrag mit dem deutschen Mutterverband verbunden sind.

6. Der Hannoveraner im Wettbewerb

6.1 Im Halbblutrennsport

Der Halbblutrennsport in Deutschland ist fast so alt wie der Vollblutsport und hat seine züchterische und sportliche Basis großenteils in Hannover.
Der 1834 gegründete „Hannover-Braunschweig-Oldenburgische Verein zur Verbesserung inländischer Pferdezucht" richtete zwischen 1837 und 1863 in Celle, wo ein Rennplatz entstand, Renntage aus, an denen neben Vollblut- auch Halbblutrennen für Offiziere wie auch Rennen für Pferde im Eigentum eines inländischen Bauernhofes, von Landbeschälern abstammend, stattfanden. Durch den starken Anteil von staatlichen Vollbluthengsten wurde vor allem in den Landkreisen Verden und Hoya auf einer Anzahl bäuerlicher Höfe der Grund zu einer ländlichen Halbblutzucht gelegt. Es fand eine Verdrängungskreuzung statt, bei der ein nicht vollblütiger Stutenstamm immer wieder mit Vollbluthengsten weitergezogen wurde.
Der eigentliche Zweck, Jagdpferde mit Kaliber für schwere Gewichte zu züchten, wurde damit jedoch nicht erreicht. Im Gegenteil, das mit hohem Vollblutanteil auf dem Bauernhof extensiv aufgezogene Pferd hatte erst dreijährig die körperliche Entwicklung aufzuweisen, die der Vollblüter bei sachgemäßer Aufzucht schon zweijährig zeigt.
Die Blütezeit der Halbblutrennzucht in Hannover lag etwa zwischen 1880 und 1914, als ein großer Teil der für die Offiziers-Flach- und Jagdrennen gebrauchten Halbblüter in Hannover gekauft wurde.

Die bedeutendste deutsche Halbblutkonkurrenz, das „Deutsche Halbblutjagdrennen", das von 1931 bis 1940 in Berlin-Karlshorst, ab 1942 in Hannover gelaufen wurde, sah in den ersten elf Jahren seines Bestehens 8 Hannoveraner als Sieger einkommen. Nach 1945, mit dem Fortfall der Offiziersrennen, ist die Halbblutzucht auf wenige sehr passionierte bäuerliche Zuchtstätten und noch weniger weibliche Blutlinien zusammengeschrumpft.

Nach wie vor werden die Stuten im hannoverschen Stutbuch geführt und als Vatertiere vollblütige Landbeschäler und private Vollbluthengste mit guter Rennleistung benutzt.
Herausragend unter den hannoverschen Halbblutrennpferden war der 1957 geborene Jonkheer xx-Sohn Doornkaat, der in seiner langen Rennkarriere ca. DM 200.000,- auch gegen gute Vollblüter gewonnen hat.
Halbblutrennen werden u.a. abgehalten in Hannover, Bremen, Harzburg und Verden. Erwähnt werden müssen hier auch die alljährlichen Halbblutrennen auf dem Duhner Watt bei Cuxhaven. Von 1902 bis 1955 waren während der Ebbe auf dem sandig-schlickigen Meeresboden Rennen gelaufen worden, die, erst seit 1975 wieder aufgenommen, den sommerlichen Kurgästen eine populäre Attraktion bieten.

6.2 Im Turniersport

In den Anfängen des deutschen Turniersportes vor dem 1. Weltkrieg, als die Zahl der Veranstaltungen und auch die Geldpreise nur einen Bruchteil der heutigen ausmachten, ragt eine Ausnahmeerscheinung weit aus der Zahl der Mitkonkurrenten hervor: Die hannoversche Stute Pepita v. Colani - Julianus gewann allein im Jahre 1913 in Dressur-, Spring- und Gebrauchsprüfungen unter Major von Oesterley 9.315,- Goldmark, nach heutigem Geldwert etwa DM 100.000,-. Nachdem sie in den folgenden vier Jahren als Dienstpferd den Krieg mitgemacht hatte, brachte sie anschließend noch herausragende Turniererfolge.
Auch in der Zeit zwischen den letzten Kriegen war der Hannoveraner durchaus nicht nur ein Wirtschaftspferd. Große nationale und internationale Spitzenleistungen in den drei Reitsportdisziplinen stehen auf dem Erfolgskonto hannoverscher Pferde. Auf der Olympiade 1928 in Amsterdam gewann Draufgänger v. Aldech - Nordgraf unter Frhr. v. Langen die Goldmedaille in der Olympischen Dressurprüfung. Militarypferde wie Kirklandsenkel v. Kiliar - Obotrit und Leopard v. Butcher-Bird xx - Feuerkönig taten sich als Sieger in international besetzten Vielseitigkeitsprüfungen hervor. Unter Käthe Franke wurde Hammer v. Hammerschlag xx - Alderman I 1938 das gewinnreichste deutsche Turnierpferd.
Besonders auffallend waren die Erfolge in Springprüfungen. Zwischen 1928 und 1940 gewann die deutsche Equipe, vorwiegend aus Angehörigen der Kavallerieschule Hannover bestehend, 25mal den Preis der Nationen auf internationalen Turnieren in der Welt. Bei 100 Pferdeeinsätzen wurden dabei 41mal hannoversche Springpferde gesattelt. Während der internationalen Turniere 1938 in Aachen und

1940 in Rom waren die siegreichen deutschen Reiter sogar ausnahmslos auf Hannoveranern beritten.
Unter so bekannten Springreitern wie Brinckmann, E. und K. Hasse, Momm, v. Nagel, Weidemann u. a. ragten besonders hervor Derby v. Island - Graciös, Olaf v. Schwalk - Köster, Alchimist v. Amalfi - Colonus, Oberst v. Detektiv - Schumann und Aland v. Amalfi - Kedes xx.
Nach 1945 war fürs erste an die Wiederaufnahme des Reitsports nicht zu denken. Der erste Schritt zum Wiederaufbau erfolgte 1947 durch den Verband hannoverscher Warmblutzüchter mit der Bildung eines verbandsinternen „Vorläufigen Ausschusses für Pferdeleistungsprüfungen" - Vorgänger der später ins Leben gerufenen „Kommission für Leistungsprüfungen für Warm- und Kaltblut in Niedersachsen". Diese und der dann gegründete „Landesreiterverband Niedersachsen Zuchtgebiet Hannover" nahmen sich der Förderung der wiederaufblühenden ländlichen Reiterei an. Bald machten auch internationale Erfolge hannoverscher Pferde von sich reden. 1950 gewann Zigeunerbaron v. Grunelius - Hartguss xx unter Oberst a. D. Bürkner die Große Dressurprüfung in London. Die Stute Doublette v. Duellant - Allerhand unter Frau U. Springer und W. Schultheis war in den 50er Jahren durch viele Siege in S-Dressur-Prüfungen das deutsche Turnierpferd mit der weitaus höchsten Gewinnsumme. Dauererfolge in Form von Medaillengewinnen auf Olympischen Spielen seit 1952 sind herausragende Spitzenleistungen von Sportpferden hannoverscher Zucht, die aus einer breiten Basis von Pferden mit Eignung für den großen Sport kommen:

Olympiade 1952 Helsinki: Die deutsche Vielseitigkeitsmannschaft gewinnt auf 3 hannoverschen Pferden die Silbermedaille - Hubertus v. Goldfisch I (Dr. Büsing), Trux von Kamax v. Falkner III (Otto Rothe), Dachs v. Freddy II (Klaus Wagner).

Olympiade 1956 Stockholm: Silbermedaille für die Deutsche Vielseitigkeitsmannschaft mit Trux von Kamax v. Falkner III (A. Lütke-Westhues), auch Silbermedaille in der Einzelwertung, Princess v. Jubel I (Klaus Wagner), Sissy v. Fokker (Otto Rothe).

Olympiade 1960 Rom: Bronzemedaille in der Dressurprüfung für Asbach v. Anilin (J. Neckermann), Goldmedaille für die Deutsche Springmannschaft mit Ferdi v. Ferdinand (A. Schockemöhle).

Olympiade 1964 Tokio: Goldmedaille für die deutsche Springmannschaft mit Dozent v. Deputant (H. Schridde) und Fidelitas v. Dömitz I (H. G. Winkler),Goldmedaille für die Deutsche Dressurmannschaft mit Dux v. Duellant (R. Klimke). Bronzemedaille in der Einzelwertung der Military-Konkurrenz für Donkosack v. Dreikampf xx (F. Ligges).

Olympiade 1968 Mexiko: Goldmedaille für die deutsche Dressur-Mannschaft mit Dux v. Duellant (R. Klimke), auch Einzel-Bronze, Bronzemedaille für die deutsche Springmannschaft mit den hannoverschen Pferden Enigk v. Endspurt xx (H. G. Winkler), Donald Rex v. Durban (A. Schockemöhle), Dozent v. Deputant (H. Schridde) und Simona v. Weingeist (H. Steenken).

Olympiade 1972 München: Goldmedaille für die deutsche Springmannschaft mit Simona v. Weingeist (H. Steenken),Askan v. Almhügel III (P. Schockemöhle). Goldmedaille für die Deutsche Dressurmannschaft mit Mehmed v. Ferdinand (R. Klimke) und Liostro v. der Löwe xx (Karin Schlüter).

Olympiade 1976 Montreal: Goldmedaille für die deutsche Dressurmannschaft mit Woyczek v. Wunsch II (H. Boldt), auch Einzel-Silber, und Mehmed v. Ferdinand (R. Klimke), auch Einzel-Bronze. Silbermedaille für die deutsche Springmannschaft mit Warwick Rex v. Wortschwall (A. Schockemöhle), auch Einzel-Gold, und Agent v. Agram (P. Schockemöhle).
Die obengenannten Pferde Simona und Mehmed gewannen 1975 mit ihren Reitern die Weltmeisterschaft im Springen und in der Dressur. In Montreal gewann die belgische Springmannschaft auf Hannoveranern bzw. in Belgien aus hannoverschen Vorfahren gezogenen Pferden die Bronzemedaille. Von den insgesamt 25 auf der Olympiade in Montreal in olympischen Konkurrenzen gestarteten Pferden aus deutschen Zuchten stammen 17 aus der hannoverschen Zucht und gehörten zu den Equipen von 10 Nationen. Damit dürften die Pferde mit dem Herkunftsgebiet Hannover die größte Zuchtgruppe unter den olympischen Spitzenpferden 1976 dargestellt haben.

Olympische reiterspiele Seoul 1988: In der deutschen Vielseitigkeitsmannschaft gewannen je eine Goldmedaille Sherry v. Sudan xx unter Thies Kaspareit und Shamrock v. Shogun xx unter Mathias Baumann. Eine bronzene Mannschaftsmedaille fiel an Walzerkönig v. Watzmann unter Franke Sloothaak im Springen. In der kanadischen Dressurmannschaft brachte Dynasty v. Darling unter Cynthia Ishoy eine Mannschafts-Bronzemedaille nach Hause.

Draufgänger v. Aldech - Nordgraf gewann 1928 auf der Olympiade in Amsterdam unter Frhr. v. Langen die Goldmedaille in der Olympischen Dressurprüfung. (oben)

Warwick Rex v. Wortschwall mit A. Schockemöhle. Sieger im Olympischen Einzelspringen Montreal 1976. (unten)

Olympische Reiterspiele 1992 in Barcelona:
Außerordentlich erfolgreich war wieder das deutsche Dressurteam. An der Mannschaftsgoldmedaille waren beteiligt Gigolo FRH v. Graditz, auch Einzel-Silber unter Isabelle Werth und Grunox v. Grunewald unter Monica Theodorescu. Für die niederländische Dressurmannschaft konnte der hannoversche Wallach Montreux v. Monaco unter Annemarie Sanders-Kejser eine Silbermedaille gewinnen. Eine weitere Silbermedaille ging an die hannoversche Stute Ratina Z v. Ramiro unter Piet Raymakers für die niederländische Springmannschaft. Für die gleiche Mannschaft gewann Top Gun v. Grannus unter Jan Tops die Goldmedaille. Nicht übergangen werden sollte auch Egano v. Lugano, auf hannoverscher Basis in Belgien gezogen, der mit Jos Lansink für die niederländische Mannschaft eine Goldmedaille gewann. Die österreichische Springmannschaft umfaßte die Hannoveraner Genius v. Genever unter Thomas Frühmann und Graf Grande v. Gralsritter unter Jörg Münzner, beide erhielten die silberne Mannschaftsmedaille. Für die australische Vielseitigkeitsmannschaft holte der in Australien gezogene Hannoveraner Kibah Tic Toc v. Domherr unter dem Reiter Matthew Ryan je eine Goldmedaille im Einzel- und Mannschaftswettbewerb. Die beiden Hannoveraner Gifted v. Garibaldi II unter Carol Lavell und Graf George v. Graphit unter Michael Poulin erhielten je eine Bronzemedaille für die US-Dressurmannschaft.
26 hannoversche Sportpferde nahmen 1992 an den Olympischen Reiterspielen in Barcelona teil, 10 von ihnen erhielten eine Medaille.

Im Jahre 1992 wurde erstmals die Zuchtweltmeisterschaft für Sportpferde, eine von der FEI geschafene Stutbuchwertung, ins Leben gerufen, bei der die Sportpferde nach ihrer züchterischen Herkunft gewertet werden. In den ersten beiden Jahren 1992 und 1993 holte das Zuchtgebiet Hannover jeweils den Titel bei den Springpferden. Bei der 1993 erstmals durchgeführten Dressurwertung kam Hannover auf den zweiten Platz, hatte mit den Pferden Grunox v. Grunewald/Absatz, Reiterin Monica Theodorescu, und Gigolo FRH v. Graditz/Busoni xx, Reiterin Isabell Werth, allerdings die beiden höchstbewerteten Pferde in der Weltrangliste.

Sportliche Lorbeeren holten sich u. a. im Finale des Spring-Worldcups folgende vier Hannoveraner: 1979 Gladstone v. Götz unter Hugo Simon, Österreich, 1984 Aramis v. Argentan unter Mario des Lauriers, Kanada, 1987 The Natural v. Diskus unter Katherine Burdsall, USA, 1992 Genius v. Genever mit Thomas Frühmann, Österreich, 1993 Ratina Z v. Ramiro unter Ludger Beerbaum, Buchloe.

1994 wurde Ludger Beerbaum mit Ratina Z Mannschaftsweltmeister und die Stute war bestes Pferd im Einzelfinale in Den Haag. Es ist weiter anzumerken, daß auf den großen europäischen Reitturnieren im Berichtsabschnitt zunehmend hannoversche Sportpferde unter den Gewinnern bei Grand-Prix-Prüfungen waren.

6.3 Auf Europastutenschauen

Die erste Europa-Schau dreijähriger Reitpferdestuten im Februar 1990 in Brüssel gewann die Hannoveranerin Baccarole v. Bolero, Züchter E. Crome, Lutter. Gleichzeitig siegte in der Sammlungskonkurrenz die hannoversche Gruppe. Auch 1992 und 1994 gewann in Brüssel das Zuchtgebiet Hannover den Sammlungspreis. In der Einzelwertung stellte Hannover 1992 die Reserve-Siegerin Windrose v. Weltmeyer aus der Zucht von W. Lochte Höfer und 1994 die Europasiegerin mit Galaxy v. Galvano/Derneburg aus der Zucht von Heinrich Böing, Landolfshausen und ausgestellt von Werner Schmichels, Oetzen.

7. Rückblick

Die Zucht des hannoverschen Warmblutpferdes, begonnen mit der Gründung des Landgestüts Celle 1735 und herausgehoben als konsolidierte Landeszucht seit etwa 120 Jahren, ist zu allen Zeiten eine Angelegenheit der nicht immer konfliktfreien, letzten Endes aber positiven Zusammenarbeit zwischen einer vorwiegend mittelbäuerlichen Züchterschaft und einer für deren Möglichkeiten und Bedürfnisse höchst verständnisvollen Zuchtleitung gewesen.
Der in allen Landeszuchten bis zum Ersten Weltkrieg auftretende Gegensatz zwischen staatlichem Drängen nach einem Militärpferd auf der einen Seite und dem Wunsch der Landwirtschaft nach einem soliden Wirtschaftspferd andererseits hat in Hannover niemals zu extremen Zuchtexperimenten größeren Stils geführt. Obwohl im Zuchtziel immer auch das Soldaten- bzw. Reitpferd eingeschlossen war, konnte durch ein erfolgreiches Streben nach Adel und Kaliber in den entscheidenden Jahren zwischen 1850 und 1950 ein Einbruch des Kaltbluts vornehmlich in den Hauptzuchtgebieten, verhindert werden.

Die in den 50er Jahren dieses Jahrhunderts erfolgte Schrumpfung der Zuchtbestände hinterließ in Hannover genügend Reserven, aus denen bei der Umstellung auf eine reine Reitpferdezucht mit Nutzen selektiert und ohne übermäßige Zuführung von Veredlerblut ein bruchloser Übergang für die neue Zuchtrichtung bewirkt werden konnte.

Literatur

Froehlich-Schwarznecker, Lehrbuch der Pferdezucht, 6. Auflage, Verlag Paul Parey, Berlin, 1926.

Gramatzki G. (Herausgeber), Handbuch Pferde, Verlag H. Kamlage, Osnabrück, 1977.

Köhler H. J., Hannoversche Pferde, Reich-Verlag, Luzern 1977.

Derselbe, Hannovers edles Warmblut, H. Siep Verlag, Hamburg-München-Neuhaus/Oste, 1949.

Rau G., Die Not der deutschen Pferdezucht, Verlag Schickhardt & Ebner, Stuttgart 1907.

Derselbe, Die deutschen Pferdezuchten, Verlag Schickhardt & Ebner, Stuttgart 1911.

Schlie-Löwe, Der Hannoveraner, Bayerischer Landwirtschaftsverlag München 1967/1977.

Schöttler F., Das hannoversche Pferd, Verlag M & H Schaper, Hannover 1925.

Stegen H., Die Zucht des hannoverschen Pferdes, Verlag M & H Schaper, Hannover 1934.

Stenglin, Frhr. v., Das Landgestüt Celle und die hannoversche Zucht, Ströher Verlag, Celle 1959.

Unger W. v., Die Ahnen des Hannoveraners, Verlag M & H Schaper, Hannover 1928.

Verband hannoverscher Warmblutzüchter Hannover: Verbandszeitschrift „Hannoversches Pferd", Akten.

Niedersächsisches Landgestüt Celle: Akten.

Jahresbericht der FN, Warendorf 1993.

NORDSEE

SCHLESW[

Hambu[

HOLLAND

Leer

Bremen

Meppen

NIEDERSACHSEN

Lingen

Celle

Hannover

Pein[

E[

Osnabrück

Hildesheim

WESTFALEN

Northeim

Göttingen

HESSEN

OSTSEE

STEIN

MECKLENBURG-
VORPOMMERN

urg

zen

ngen

g

SACHSEN-ANHALT

Nieder-
sachsen
Kaltblut

Prof. Dr. Hans Löwe †
bearbeitet u. ergänzt von Dr. Otto Saenger

Die Kaltblutzucht in Niedersachsen

1. Geschichtliche und organisatorische Entwicklung

Es erscheint zweckmäßig, von vornherein die alte Provinz Hannover und das frühere Land Braunschweig gemeinsam in den Kreis der Erörterungen einzubeziehen, wenn die beiden Landesteile ursprünglich auch organisatorisch völlig getrennt voneinander ihre Kaltblutzuchten entwickelten. Erst später erfolgte ein züchterischer Zusammenschluß.

Die Pferdezucht im hannoverschen Gebiet wurde im 18. und 19. Jahrhundert wesentlich beeinflußt durch das staatliche Gestüt in Celle und sicherlich auch durch die Hofgestüte (Herrenhausen, Neuhaus). Dabei hatte das edlere Pferd zweifellos den Vorrang, zumal der Staat für die militärischen Belange ein besonderes Interesse an derartigen Pferden hatte. In der Landwirtschaft änderten sich aber in der zweiten Hälfte des vorigen Jahrhunderts die wirtschaftlichen Probleme grundlegend, vor allen Dingen in den Gebieten mit schwereren Böden und überwiegendem Ackerbau. Die Einführung der Zuckerrübe bedingte einen starken Wandel in der Art der Bodennutzung. Die Bodentiefkultur hielt ihren Einzug und verursachte in der Landwirtschaft erheblich gesteigerte Ansprüche an die zu mobilisierenden Arbeitskräfte. Da das Pferd damals als das Hauptbetriebsmittel anzusehen war, wuchs somit auch das Bedürfnis, nur noch solche Pferde für die Landwirtschaft und gleichzeitig auch für die gewerbliche Wirtschaft bereitzustellen, die den entstehenden höheren Leistungsansprüchen möglichst gerecht werden konnten. Diese wirtschaftliche Lage betraf vor allem den Süden der Prov. Hannover (Reg. Bez. Hildesheim), in dem bis dahin der edlere Hannoveraner als bodenständig galt.

Die Folge war hier wie in anderen deutschen Regionen mit ähnlich gelagerten wirtschaftlichen Voraussetzungen, die vorhandenen einheimischen Pferde mit anderen Rassen zu kreuzen, um sie den wirtschaftlichen Erfordernissen anzupassen. Im Hinblick auf die bisherige Zuchtgrundlage war es durchaus begreiflich, daß man zunächst versuchte, mit einem schwereren Warmblüter, dem Oldenburger, die bestehenden Wünsche zu realisieren. Dieses Bemühen löste aber schon nach verhältnismäßig kurzer Zeit wenig Befriedigung aus, so daß man mehr und mehr dazu überging, sich nach anderen geeigneteren Schlägen umzusehen. Die bereits gegebenen Beispiele in einigen Nachbarländern lenkten dann allmählich in immer stärkerem Maße die Aufmerksamkeit auf ein schwereres Pferd im Kaltblutcharakter.

In diesem Zusammenhange muß besonders Braunschweig erwähnt werden, in dem die pferdezüchterischen Belange maßgeblich durch das 1824 in Harzburg errichtete Landgestüt gesteuert wurden.

Schon 1875 war hier ein englischer Suffolk-Hengst aufgestellt worden, der aber ohne nennenswerte Nachwirkungen geblieben war. Im Jahre 1880 beantragten dann einige Züchter die Beschaffung eines englischen Shire-Hengstes. Das gleichgerichtete Vorgehen in der Nachbarprovinz Sachsen hatte offenbar die Anregung dazu gegeben. 1882 stellte sich die staatliche Hengsthaltung auf diese Wünsche um, so daß das zuständige Landgestüt Harzburg bereits 1883 über einen Bestand von 7 Shire-Hengsten verfügte, der bis 1887 schon auf 13 erhöht wurde. Aber auch die Verwendung von Hengsten dieser englischen Kaltblutrasse führte nicht zu dem gewünschten Erfolge. Man machte mit deren Nachzucht ähnliche Erfahrungen wie in der Prov. Sachsen. Flachrippigkeit und damit verbundene Schwerfuttrigkeit, außerdem die Neigung zu starker Maukebildung infolge des langen Beinbehanges, besonders in nassen Herbsten, ließen schließlich auch hier das Interesse am belgischen Pferd immer mehr in den Vordergrund treten.

Die Vorteile dieser Rasse wurden im Vergleich zum Shire dank der besseren Geschlossenheit im Oberkörper in einer größeren Leichtfuttrigkeit, seinem gutartigen Charakter und seiner ausgezeichneten Arbeitskraft gesehen.

Im Jahre 1896 beschlossen dann auf Anregung des Gutsbesitzers Mackensen v. Astfeld die Züchter des Kreises Gandersheim, die Zucht künftig auf das belgische Zugpferd (Le cheval de Trait Belge) einzustellen. Der Zusammenschluß dieser Züchter führte bereits 1899 zur Bildung des Pferdezuchtvereins Braunschweig, nachdem man schon 2 Jahre vorher 4 Hengste dieser Rasse neben einigem weiblichen Zuchtmaterial in Belgien und dem Rheinlande angekauft hatte.

Ähnlich wie in Braunschweig war man auch in den angrenzenden Gegenden der Prov. Hannover, zunächst südlich der Provinzhauptstadt, bestrebt, die allerseits blühende Kreuzungszucht nach und nach in züchterisch geordnete Verhältnisse umzuwandeln. Wie so häufig in der Geschichte der Tierzucht brachte die Initiative weitsichtiger Persönlichkeiten die beabsichtigte Umschichtung. Aus eigenen Mitteln, ohne Unterstützung staatlicher Stellen, ging man zielbewußt an den Aufbau von Zuchten des schweren belgischen Kaltblutpferdes. Als Schrittmacher muß der Landwirtschaftliche Verein Göttingen mit seinem Generalsekretär Herr angesehen werden, auf dessen Betreiben im Jahre 1904 die Gründung der „Pferdezuchtgenossenschaft für Göttingen" erfolgte. Damit war ganz im Süden der Provinz ein erster, sehr wichtiger Meilenstein für die Entwicklung der Kaltblutzucht gesetzt worden.

Die Impulse, die von dieser Maßnahme ausgingen, sollten dazu beitragen, den bestehenden Wirrwarr zu beenden und der Zucht ein einheitliches Gepräge zu geben. Dieses Beispiel fand sehr bald Nachahmer. So wurde bereits 1906 im Bezirk Hildesheim ein „Verein zur Züchtung des rheinisch-belgischen Kaltblutpferdes" und im Bezirk Hannover ein „Zuchtverein für Hameln-Springe und Hannover" gebildet. Mit diesen 3 Vereinen war nunmehr in Hannover die organisatorische Grundlage für die Förderung der Kaltblutzucht gelegt.

Jeder der genannten Vereine hatte zunächst eine eigene Satzung. Um aber die züchterische Linie stärker zu vereinheitlichen, wurden diese 3 Vereine dann 1912 zusammengeschlossen zum „Verein zur Zucht des rheinisch-belgischen Pferdes in Südhannover". Da das züchterische Ergebnis bisher noch nicht voll befriedigte, wurden die Vereine angehalten, für eine Verbesserung der Qualität von Hengsten und Stuten sowie der Fohlenaufzucht Sorge zu tragen. Der Schwerpunkt der hannoverschen Kaltblutzucht lag somit in den beiden ersten Jahrzehnten in den beiden Regierungsbezirken Hildesheim und Hannover.

Als eine gewisse Störung der Vereinheitlichungsbestrebungen wurde es empfunden, daß staatlicherseits zur Befriedigung des Bedarfes an Bespannungsmaterial zusätzlich die Maultierzucht gefördert wurde. Zu dem Zwecke wurde seitens des Landgestütes Celle 1909 in Edemissen, Kr. Peine, der Eselhengst Bileam aufgestellt, dem etwa 60 Stuten in einigen Jahren zugeführt wurden, denn Maultierfohlen wurden verhältnismäßig gut bezahlt (400–500 M.). Letzten Endes stellte sich aber doch heraus, daß auch dieses Experiment der aufstrebenden Kaltblutzucht keine nennenswerten Einbußen gebracht hat.

Organisatorisch ist weiterhin zu erwähnen, daß der 1912 gebildete südhannoversche Verein im Jahre 1918 umbenannt wurde in „Kaltblutzuchtverband Hannover". Dieser blieb aber nicht auf die bisherige Region beschränkt, sondern dehnte sich in den folgenden Jahren immer weiter aus. So schlossen sich 1921 dem Verbande auch die „Vereine zur Zucht des rheinisch-belgischen Pferdes in Uelzen und Wittingen" (Reg. Bez. Lüneburg) an. Nachdem der Vorstand im gleichen Jahr dem neu gegründeten „Reichsverband der Kaltblutzüchter Deutschlands" beigetreten war, wurde am 9. 1. 1923 der entscheidende Beschluß gefaßt, für die gesamte Provinz Hannover ein einheitliches Pferdestammbuch zu errichten unter der Bezeichnung „Hannoversches Stammbuch für kaltblütige Pferde". Damit war endlich die wesentliche Institution für eine möglichst einheitliche Ausrichtung der Kaltblutzucht geschaffen.

Sch. St., geb. 1888 in Nordsteimcke.V.: Ikleford Prince a. e. Ardenner Stute.
2. Preis Berlin 1890 1. Allgem. Dt. Pferdeausstellung.Aussteller: C. Cordemann, Nordsteimcke.

Schon 1921 war man ferner bestrebt gewesen, für die in das Zuchtbuch eingetragenen Pferde nach dem Muster anderer Zuchtgebiete einen eigenen Brand einzuführen. Zunächst hatte man dabei an die mit einem Ring umgebenen gekreuzten Pferdeköpfe gedacht. Dieses Vorhaben stieß begreiflicherweise auf den Widerspruch des hannoverschen Warmblutzuchtverbandes wegen der nicht zu leugnenden Verwechslungsgefahr. Daraufhin entschloß man sich zu einem, von einem gestrichelten Hufeisen umgebenen, stilisierten H.

Inzwischen regte sich auch im Nordwesten des Landes das Interesse für die Kaltblutzucht. 1930 trat der im Jahre zuvor gegründete Kaltblutzuchtverein Arnsberg-Meppen dem Stammbuch als „Kaltblutzuchtverein Emsland" bei. Diesem folgte 1932 der „Kaltblutzuchtverein für den Kreis Bersenbrück" aus dem Reg. Bez. Osnabrück. Das Jahr 1938 brachte dann insofern für den Verband eine sehr bedeutsame Entscheidung, als in diesem Jahr die beiden Landesbauernschaften Hannover und Braunschweig zusammengelegt wurden mit der Folge, daß sich nunmehr auch der bereits 1899 gegründete Landespferdezuchtverein Braunschweig dem Stammbuch anschloß. Ferner trat dem Stammbuch 1940 noch der Kaltblutzuchtverein Osnabrück bei. Den organisatorischen Abschluß bildete nach Beendigung des 2. Weltkrieges der Beitritt des

Rheiderlandes, Kr. Leer (Ostfriesland), in dem die Kaltblutzucht nach früheren vergeblichen Versuchen im Jahr 1947 zugelassen wurde.

Die Schaffung des Landes Niedersachsen nach Beendigung des 2. Weltkrieges führte dann zu einer abermaligen Umbenennung des Verbandes in „Stammbuch für Kaltblutpferde Niedersachsen e. V.".

Schließlich hat das Jahr 1947 für das Stammbuch insofern eine beachtliche Erweiterungsmöglichkeit gebracht, als durch ministerielle Verordnung vom 1. 9. 47 fast die gesamten Reg.-Bezirke Hannover und Lüneburg für die Kaltblutzucht zugelassen wurden.

Dadurch hat der Kaltblutzuchtverein Hannover durch das Hinzutreten der Kreise Neustadt, Nienburg und Grfsch. Diepholz an Ausdehnung gewonnen.

Das Stammbuch bestand infolgedessen aus folgenden Kaltblutzuchtvereinen:

1. Hannover
2. Südhannover (Kreis Duderstatt, Einbeck, Göttingen, Hann.-Münden, Northeim, Osterode)
3. Hildesheim (Kreis Alfeld, Hildesheim-Marienburg, Peine)
4. Lüneburg
5. Braunschweig
6. Emsland (Kreis Aschendorf-Hümmling, Grfsch. Bentheim, Lingen, Meppen)
7. Osnabrück (Kreis Bersenbrück, Melle, Osnabrück, Wittlage)
8. Rheiderland.

Somit wurden alle Kaltblutzüchter aus dem Bereich der Landwirtschaftskammern Hannover und Weser/Ems betreut.

Damit hatte die Kaltblutzucht neben den alten renommierten Warmblutzuchten des Landes (Hannover, Oldenburg, Ostfriesland) einen sehr weiträumigen Rahmen erhalten, der unter Beachtung der recht unterschiedlichen Boden- und Betriebsstrukturen einen guten Spielraum für die Intensivierung aller züchterischen Bemühungen bot.

Hinzuweisen bleibt abschließend zu diesem Abschnitt noch darauf, daß die Eingliederung des Pferdezuchtvereins Braunschweig neben der qualitativen Bereicherung der hannoverschen Kaltblutzucht außerdem eine andere bedeutsame Neuregelung bescherte. Diese bezieht sich auf den Brand der Zuchttiere. Braunschweig hatte als Brandsymbol die Wolfsangel verwandt. Diese wurde nunmehr für den ganzen Verband übernommen und ist in folgender Weise zur Anwendung gelangt:

Gültig für alle Pferde bis zum Geburtsjahr 1963:

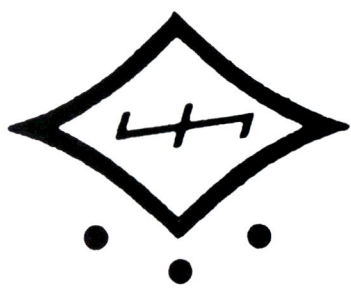

Gekörte Hengste und Hauptstammbuchstuten linker Hinterschenkel

Stammbuchstuten linker Hinterschenkel, ab 1985 Fohlenbrand linker Hinterschenkel, Eintragungsbrand linke Halsseite

Vorbuchstuten linker Hinterschenkel

Fohlenbrand für Fohlen aus Hauptstammbuchstuten und Stammbuchstuten (ab 1964 auch aus Vorbuchstuten) linke Halsseite, ab 1964 linker Hinterschenkel

2. Die Formen der Hengsthaltung

Wie vorher schon einmal angedeutet wurde, hat in der Provinz Hannover, etwa im Gegensatz zu Braunschweig, ausschließlich die Privatinitiative den Aufbau der Kaltblutzucht bewerkstelligt. Es waren vorwiegend die Besitzer größerer Güter und Domänenpächter, die sozusagen als Vorreiter auftraten. Ihr maßgeblicher Einfluß auf die Zucht wurde häufig auch dadurch sichergestellt, daß sie die Hengsthaltung selbst und auf eigenes Risiko übernahmen. Sie bestimmten somit weitgehend den Typ in der Zuchtrichtung. Zu den Persönlichkeiten, die sich in den beiden ersten Jahrzehnten bemühten, durch Bereitstellung wertvoller Vatertiere die Zucht vorwärts zu treiben, gehörten u. a. M. Uibeleisen, Fredelsloh, Kr. Northeim (später Reinshof, Kr. Göttingen) - H. Piepmeyer, Uessinghausen, Kr. Northeim - K. Dörhage, Varlosen, Kr. Hannov. Münden - H. Hille, Beienrode, Kr. Göttingen - G. Bartels, Dolgen, Kr. Burgdorf -, um nur einige Namen zu nennen. Neben diesen Privathengsthaltungen wurden in einigen rein bäuerlichen Gegenden auch Hengsthaltungsgenossenschaften gebildet, die sich gleichfalls sehr bewährten.

Diese Vorherrschaft der privaten und genossenschaftlichen Hengsthaltung in der hannoverschen Kaltblutzucht fand schließlich staatlicherseits eine Ergänzung durch das im Osnabrücker Raum 1925 gegründete Landgestüt Osnabrück. Hier wurden ab 1930 auch Kaltbluthengste aufgestellt.

Schwicheldt, Kr. Peine, Gr. Düngen, Kr. Hildesheim-Marienburg, Hoyerhagen, Kr. Hoya, Freren, Kr. Lingen, Drantum, Kr. Melle, und Isterberg, Kr. Bentheim, waren die für die Kaltblutzucht herausragenden Deckstellen, die als einzige hier aus Platzgründen Erwähnung finden sollen.

In Ergänzung hierzu die entsprechenden Angaben für das Landgestüt Harzburg:

Die aus diesem Gestütbereich für die Kaltblutzucht besonders zu erwähnenden Deckstellen waren sicherlich Sandkrug und Ahnebeck, Kr. Helmstedt, sowie Greene, Lutter a. Bbg. und K. Rhüden, Kr. Gandersheim. Das 1824 gegründete Landgestüt Harzburg, das 1831 nach Burg Dankwarderode, 1889 auf die Klosterdomäne St. Leonhardt und 1934 wieder nach Harzburg zurückverlegt wurde, hat 136 Jahre bestanden und wurde infolge des erheblichen Rückganges der Pferdezucht infolge der Technisierung der Landwirtschaft im Jahre 1960 aufgelöst. Ihm folgte 1961 das Landgestüt Osnabrück aus den gleichen Gründen, das somit nur 36 Jahre überdauerte.

Die Funktion der staatlichen Hengsthaltung übernahm anschließend auch für die Haltung von kaltblütigen Landbeschälern das Landgestüt Celle. Hier waren bereits 1947 für den Bereich des Reg. Bez. Lüneburg 9 Kaltbluthengste eingestellt worden. Diese Anzahl erhöhte sich nach Auflösung von Harzburg und Osnabrück zunächst etwas, bis 1967 auch hier die letzten 3 kaltblütigen Landbeschäler ausrangiert wurden.

Im einzelnen mag die unten abgebildete Übersicht die Entwicklung und den Umfang der Kaltblut-Hengsthaltung beleuchten.

1967 endete die staatliche Kaltbluthengsthaltung. Von 1968 ab werden Kaltbluthengste nur noch privat gehalten. 1991 waren es noch 25 Privathengste. Zu einem besonderen Verfechter der Kaltblutzucht wurde J. Rathjen, Uesen Bez. Bremen, der

		Landbeschäler			
Jahr	Privat hengste	Osnabrück	Celle	Harzburg	insgesamt
1923	119			47	166
1930	49	10		30	89
1935	60	33		35	128
1940	115	47		42	204
1945	242	60		50	352
1948	285	77	9	54	425
1950	207	68	8	39	322
1955	76	31	7	17	131
1960	44	21	4	12	81
1965	33	-	8	-	41
1970	12	-	-	-	12
1991	25	-	-	-	25

den 1958 in Belgien geborenen Avant, den Siegerhengst der Körung 1962, hielt.

Da man annehmen darf, daß die Anzahl der zur Zucht aufgestellten Hengste jeweils dem sich abzeichnenden Bedarf angepaßt wurde, läßt die Tabelle durchaus Rückschlüsse auf den schwankenden Umfang der Zucht zu. Danach hatte die Pferdezucht vor dem 2. Weltkrieg ihren größten Tiefstand in den Jahren 1925-1934. Sie läßt dann aber auch den ständigen Rückgang seit 1949 klar erkennen.

Weiterhin vermittelt die Übersicht deutlich das zahlenmäßige Übergewicht der Privathengsthaltung. Es bestand aber eine durchaus harmonische Zusammenarbeit zwischen der Privathengsthaltung und den staatlichen Gestüten. Um Interessenkonflikte zu vermeiden, war vereinbart worden, im Umkreis von 10 km einer bereits bestehenden Deckstelle keine andere neu zu errichten. Das wurde auch in den Zeiten der Hochkonjunktur nach dem 2. Weltkriege strikt eingehalten.

Hinzuweisen ist hier noch darauf, daß innerhalb der Privathengsthaltung auch Hengsthaltungsvereine und -genossenschaften eine bedeutsame Rolle spielten. Das Schwergewicht lag im Zuge der Entwicklung der Kaltblutzucht aber bei der Initiative von Einzelhengsthaltern. Diese haben nicht nur den Anfang der Zucht maßgeblich beeinflußt, sondern waren auch in den Zeiten der Hochkonjunktur nach dem 2. Weltkrieg dominierend. Auf die hervorragenden Erfolge einzelner Hengsthalter in der hannoversch-niedersächsischen Kaltblutzucht ist noch in dem folgenden Kapitel näher einzugehen.

3. Die Züchtung (bis 1969)

Die Entwicklung der deutschen Pferdezuchten hat wie bei anderen Tierzuchtzweigen bewiesen, daß der Fortschritt in der Züchtung auf möglichst breiter Ebene maßgeblich durch einen planvollen züchterischen Einsatz qualitätsvoller Vatertiere sichergestellt werden kann. Um das zu erreichen, hat man die Auswahl der einem gesteckten Zuchtziel entsprechenden männlichen Vertreter schon ziemlich frühzeitig systematisch zu regeln versucht und bestimmte Fachkommissionen dafür eingesetzt. Das für diesen Zweck entwickelte Körwesen wurde im hannoverschen Raum für die Kaltblutzucht zunächst in der Weise gehandhabt, daß jeder bestehende Kaltblutzuchtverein selbst für die Körung zuständig war. Die Richtlinien für diese Maßnahme waren allerdings einheitlich, Orte und Zeitpunkt der Körungen mußten mit der Landwirtschaftskammer in Hannover abgestimmt werden. Bis 1927 erfolgten die Körungen somit in Hameln, Hildesheim, Northeim, Springe und Uelzen. Regelmäßig wurde eine Deckerlaubnis erteilt für den Bereich der Provinz, des Kreises oder des Standortes. Dieses Vorgehen bedeutete

gleichzeitig meist auch eine Qualitätsabstufung, denn nur die dem Zuchtziel gerecht werdenden Hengste wurden für die Provinz gekört.

1927 wurden dann die Körbestimmungen der Vereine durch eine Polizeiverordnung einheitlich geregelt. Nur die von einer für das ganze Zuchtgebiet tätigen Körkommission anerkannten Hengste durften fremde Stuten decken. Von der Körung befreit waren die staatlichen Landbeschäler, die mit zinsfreien Darlehen beschafften Vereins- und Genossenschaftshengste und die im alleinigen Besitz eines einzelnen stehenden Hengste, die nur zum Belegen eigener Stuten benutzt werden sollten. Die Hengstkörung, die bis dahin immer im Juli, einem sehr ungünstigen Zeitpunkt stattfand, wurde nunmehr im Herbst und nur noch in Northeim durchgeführt.

Die in Hannover erlassenen Körbestimmungen wurden dann 1936 durch das neu geschaffene Reichstierzuchtgesetz abgelöst, das nach dem 2. Weltkriege eine Neufassung erhielt. Einzelheiten für die Körung der Vatertiere wurden im Anschluß daran durch eine besondere Niedersächsische Verordnung zur Durchführung des Tierzuchtgesetzes vom 24. Mai 1951 ergänzt. In neuerer Zeit wurden die getroffenen Bestimmungen nochmals abgeändert und den derzeitigen züchterischen Bedürfnissen angepaßt, ohne daß hier im einzelnen darauf eingegangen zu werden braucht. Für Hannover blieb ausschlaggebend, daß Northeim bis zur Beendigung des 2. Weltkrieges der entscheidende Körplatz und damit der züchterische Mittelpunkt für die Lenkung der Zucht gewesen ist. Hier wurden vielfach die erforderlichen Weichen gestellt. Das änderte sich erst ab 1946. Von diesem Jahre an wurden zentrale Körungen für das neu geschaffene Land Niedersachsen in Lehrte, in der dort vorhandenen Viehverkaufshalle durchgeführt. In einigen Jahren fanden aus Kostengründen allerdings für die älteren Hengste auch noch regionale Körungen in Northeim, Moringen und Lingen (Emsland) statt. Die jungen Hengste mußten jedoch grundsätz-

lich ausnahmslos in Lehrte, infolge besserer Vergleichsmöglichkeiten und eines zentral gesteuerten Absatzes, vorgestellt werden.

Der Umfang, den die hannoversche Kaltblutzucht im Laufe der Zeit genommen hat, mag durch folgende Übersicht veranschaulicht werden:

Jahr	Anzahl der Mitglieder	Anzahl der eingetr. Stuten
1913	300	1000
1931	600	1194
1935	949	1416
1940	2586	4050
1946	5497	8956
1948	6628	10053
1950	4989	6055
1954	2845	3279
1960	1300	1125
1964	990	640
1968	416	217
1970	233	70
1988	145	154
1991	170	160
1993	175	175

Die Blütezeit beginnt demnach etwa im Jahre 1935 und erreicht ihren Höhepunkt nach rapide angestiegenen Mitglieder- und Stutenzahlen in den Jahren 1947/48. Eine gewisse Flucht in die Sachwerte hat nach Beendigung des Krieges zweifellos diese steigende Tendenz unterstützt, bis durch die Währungsreform 1948 die wirtschaftlichen Voraussetzungen sich wieder änderten und die beginnende Motorisierung für die Verwendung von Wirtschaftspferden nach und nach zu einer immer ernster werdenden Konkurrenz wurde. Heute sind nur noch einige Restbestände vorhanden. Wie stark die Zucht sich in den einzelnen Kaltblutzuchtvereinen entwickelt hatte, kann den folgenden Zahlen über die Verteilung der eingetragenen Stuten im Jahre 1947, dem Jahre mit der höchsten Bestandszahl, entnommen werden.

Zahl der eingetragenen Stuten und Mitglieder per 31. 12. 47										
Kaltblut-zuchtverein	H-Stuten	%	S-Stuten	%	V-Stuten	%	Ges.Z. der Stuten	Ges.Z. der Mitgl.	Stuten je Mitgl.	pers. Mit-glieder
Braunschw.	685	28,5	1286	53,5	435	18,1	2406	1142	2,1	72
Emsland	304	16,8	1504	83,1	2	0,1	1810	1265	1,4	202
Südhannover	591	36,4	912	56,2	121	7,5	1624	916	1,8	69
Hannover	292	20,6	758	53,4	369	27,0	1419	772	1,8	69
Lüneburg	308	27,0	610	53,5	223	19,5	1141	603	1,9	76
Osnabrück	96	8,5	669	59,2	365	32,3	1130	815	1,4	80
Hildesheim	242	36,6	332	50,2	88	13,3	662	265	2,4	42
Rheiderland	-	-	39	86,7	6	13,3	45	26	1,7	-
zusammen	2518	24,6	6110	59,7	1609	15,7	10237	5804	1,8	610

Da die Anzahl der belegten Stuten als ein gutes Barometer für das Funktionieren einer Zucht gelten kann, schließt sich nunmehr zweckmäßigerweise ein Hinweis auf die Deckziffern an.

Jahr	gedeckte Stuten
1938	10750
1946	19111
1948	21323
1950	9393
1954	4381
1958	3918
1962	1784
1966	789
1970	517
1974	263
1978	95
1986	146
1991	179

Zu beobachten ist zunächst eine enorme Steigerung der Zahlen bis 1948 und dann - nach der Währungsreform und der einsetzenden Motorisierung - der rapide Abfall seit 1949. Innerhalb des Zuchtgebietes wies der Reg. Bez. Osnabrück immer die höchste Deckziffernquote auf.

Für den Absatz von Fohlen sowie älteren Zucht- und Gebrauchspferden wurden mit gutem Erfolge regelmäßige Auktionen in Lehrte, Lingen (Bez. Osnabrück) und Northeim (Südhannover) aufgezogen. Diese Aufteilung erfolgte aus regionalen Rücksichten.

Nach dem 2. Weltkrieg fanden bei den Züchtern die vielfach veranstalteten Beurteilungslehrgänge in Verbindung mit Unterrichtungen über Hufbehandlung und Hufpflege durch den Lehrschmiedemeister der Landwirtschaftskammer Weser/Ems großen Anklang.

Als wichtigstes Förderungsmittel der Zucht wurden in allen Kaltblutzuchtvereinen jährlich Stutenschauen für alle Altersklassen mit Ausnahme der Jährlinge durchgeführt, die immer auch eine Bewertung der Saugfohlen als erstes Kennzeichen für die Vererbung der eingesetzten Zuchthengste enthielten. Aus Anlaß des 25jährigen Bestehens des Verbandes fand am 30. 6. 1948 unmittelbar nach der Währungsreform trotz der dadurch entstehenden wirtschaftlichen Schwierigkeiten in Lehrte eine zentrale Jubiläumsschau für dreijährige Stuten statt, an der 64 Stuten aus allen angeschlossenen Kaltblutzuchtvereinen beteiligt waren. Siegerin der schwereren Klasse wurde Kata 5579, eine sehr geschmackvolle und mit gutem Fundament ausgestattete Goldfink-Tochter aus dem Gaulois-Blut (s. Sachsen-Anhalt), Züchter: G. Bartels, Dolgen Kr. Burgdorf.

Darüber hinaus mußten im Hinblick auf die ausgedehnte Privathengsthaltung die mit der Hengstkörung verbundenen Hengstprämiierungen als ein recht bedeutsames Mittel zur Steuerung der Zucht angesehen werden. Vor dem 2. Weltkrieg war Northeim der Austragungsort und danach in der Regel Lehrte, sofern eine zentrale Körung aller Altersklassen angeordnet war. Auf dem Höhepunkt der Zucht wurde 1950 auch einmal eine derartige Veranstaltung auf dem Messegelände in Hannover arrangiert. Im Katalog dafür waren 244 Hengste verzeichnet. Siegerhengst dieser imponierenden Veranstaltung wurde der Espoir de Quaregnon-Sohn Patriot, ein Original-Belgier im Besitze von G. Bartels, Dolgen. Leider fiel dieser recht großrahmige, aber sehr typvolle Hengst 2 Jahre später einer Botulismus-Infektion (verursacht durch eine tote Katze) zum Opfer.

Um den, durch die unterschiedlichen Bodenverhältnisse bedingten, verschieden gelagerten Ansprüchen an die Schwere der Hengste etwas gerecht zu werden, wurden auf den Körungen die Hengste nach der Größe bei 158 cm Widerristhöhe in 2 Abteilungen aufgeteilt, eine Maßnahme, die sich absolut bewährt hat.
Eine Aufstellung über die Siegerhengste in den Jahren 1927-1960 der jährlichen Hengstkörungen gibt nicht nur Aufschluß über die erfolgreichsten Hengsthalter, unter denen verschiedene Namen wiederholt auftauchen, sondern auch über die Herkunft der Hengste. Dabei spielen Hengste aus dem Mutterlande Belgien die Hauptrolle, ein Kennzeichen dafür, daß man immer bemüht gewesen ist, durch besonders qualitätvolle Vatertiere ständig das Niveau der Zucht weiter zu heben. Darunter waren auch der ehemalige belgische Champion Fiat, ein Nachkomme des in Sachsen/Anhalt herausragenden Vererbers Albion II d'Haubrouge, der 1951-1955 in Hofspiegelberg stationiert war und dann nach Belgien zurückging, da man inzwischen nur noch dem Ardenner Typ züchterisch den Vorzug gab und sich von den schweren Hengsten des Brabanter Types mehr und mehr abwandte. So nahm auch Ideal de Jemeppe, der Champion der Ardenner Hengste 1953, seinen Weg nach Niedersachsen zu G. Bartels, Dolgen.

Staatspr.-Stute Kata H 5579 v. Goldfink H 590. Siegerstute der Jubiläumsschau 1948. Z. u. Bes.: Gustav Bartels, Dolgen.

Verzeichnis der Siegerhengste

1927:
Hendrik de Lombeck 255
V.: Gascon de Montigny B 23/3810. M.: Rosine de Lombeck B 71085. Bes.: M. Uibeleisen, Fredelsloh, Krs. Northeim
1928:
derselbe
1929:
derselbe
1930:
Wallmeister 257
V.: Sultan des Hesbaye Sa 254. M.: Kunigunde Sa 1471. Bes.: Hannoversches Stammbuch für kaltblütige Pferde

Fiat H 1168, geb. 2. 5. 1943 v. Guerrier de Dieu Seul B 43/1740 a. d. Pierette de Marais B 41/8851. Z.: Pierre Buys, Nivelles (Belg.)., B.: G. Koch, Hofspiegelburg Kr. Hameln. Niedersächsischer Siegerhengst 1951.

1931:
Weißdorn 287
V.: Lothar III R. 651. M.: Opiate R (S) 730. Bes.: Hannoversches Stammbuch für kaltblütige Pferde
1932:
Avenir de Don 283
V.: Avenir d'Herse B 25/412. M.: Grenadière de Don B 23/20463. Bes.: G. Koch, Hofspiegelberg, Krs. Hameln
1933:
derselbe
1934:
Bolkohart v. Grotewenkelshof 294
V.: Volkhart R 945. M.: Rocca v. Grotewenkelshof R (H) 19945. Bes.: M. Uibeleisen, Reinshof, Krs. Göttingen
1935:
Laureat 290
V.: Avenir d'Herse B 25/412. M.: Jauvette d'Herse B 28/1479. Bes.: Hch. Menne, Pattensen, Krs. Springe
1936:
Bloc de Chaussée 332
V.: Albion d'Hor B 23/1892. M.: Lisa de Vaas B 23/6231. Bes.: Hch. Hille, Beienrode Krs. Göttingen

1937:
Rêve de Promelles 326
V.: Brilliant II d Promelles B 32/5464. M.: Duchesse III de Promelles B 28/14293. Bes.: Hch. Menne, Pattensen, Krs. Springe
1938:
Bloc de Chaussée 332
V.: Albion d'Hor B 23/1892. M.: Lisa de Vaas B 23/6231. Bes.: Hch. Hille, Beienrode, Krs. Göttingen
1939:
bis 1949: kein Siegerhengst bestimmt
1950:
Patriot 1088
V.: Espoir de Quaregnon B 30/1988. M.: Caline de St. Symphorien B 35/2899. Bes.: Gustav Bartels, Dolgen, Krs. Burgdorf.
1951:
Fiat 1168
V.: Guerrier de Dieu Seul B 43/1740. M.: Pierette du Marais B 41/8851. Bes.: G. Koch, Hofspiegelberg, Kr. Hameln
1952:
Clamart 1161
V.: Azur II de Knokke B 47/5692. M.: Bella d'Oudenburg B 48/4159. Bes.: Wilh. Hansen, Rosenthal, Krs. Peine

1953:
Castar 1187
V.: Ravisseur du Chàteau B 43/3598. M.: Lida du Quesnoy B 41/10787. Bes.: Ernst Ellermeyer sen., Allershausen, Krs. Northeim.
1954:
Coloß 1224
V.: Archiduc d'Ossogne B 50/5292. M.: Mina de Rognée B 42/363. Bes.: Ernst Ellermeyer sen., Allershausen, Krs. Northeim
1955:
Carlo 1082
V.: Envié du Sart B 41/1496. M.: Bella d'Oetinghen B 42/1553. Bes.: Hengsth.-Verein Wittingen, Krs. Gifhorn
1956:
Patriarch 1235 (DLG-Siegerhengst)
V.: Patriot 1088. M.: Mazette H 6722. Bes.: Klostergut Reinshof, Krs. Göttingen
1957:
Klinger 1272
V.: Klinker 1203. M.: Adele H 7007. Bes.: F. W. Wille, Immensen, Krs. Einbeck

Ideal de Jemeppe H 1289 v. Hercule d'Hargi B 46/1550 a. d. Carmen de Jemeppe B 43/3213.
Ardenner Champion 1953, Niedersächsischer Siegerhengst 1958. Bes.: Gustav Bartels, Dolgen Kr. Burgdorf.

DLG-Schauen mit den beiden alten deutschen Kaltblutzuchtgebieten Rheinland und Westfalen in der gleichen Gruppe zu konkurrieren hatte. Es bedeutete zweifellos ein schönes Zeugnis für die verständnisvoll gesteuerte Zucht, daß auch die späteren Wettbewerbe zu großartigen Erfolgen führten. Niedersachsen hatte sich durch richtige züchterische Selektion zu einem durchaus ebenbürtigen Kaltblutzuchtgebiet entwickelt.

Das Zuchtgebiet war dann noch viermal auf DLG-Ausstellungen vertreten und zwar 1956 in Hannover, 1959 in Frankfurt, 1960 in Köln und 1964 wieder in Hannover. In Hannover 1956 konnten niedersächsische Stuten zwar nicht den ersten, aber jeweils den zweiten und dritten Platz belegen mit den besonders typvollen Gambert- und Fiat-Töchtern. Der größte Erfolg war aber der Siegerpreis der Hengste auf den großrahmigen Patriot-Sohn Patriarch, der von O. Dreyer, Rodenberg aus einer eingeführten Stute mit Gaulois-Blut gezüchtet worden war. Ferner siegte die niedersächsische Verbandssammlung.

1959 und 1960 war Niedersachsen leider der einzig ausstellende Kaltblutzuchtverband. 1959 siegte unter den Stuten die durch ihren guten weiblichen Typ besonders herausragende Johanna v. Fiat, Züchter O. Dreyer, Rodenberg, und 1960 die Lohengrin-Tochter Jutta, die im Jahre zuvor hinter Johanna gestanden hatte, sich diesmal in hochtragendem Zustande aber hervorragend präsentierte, so daß der anwe-

1958:
Ideal de Jemeppe 1289
V.: Hercule d'Hargi B 46/2550. M.: Carmen de Jemeppe B 43/3213. Bes.: Gust. Bartels, Dolgen, Krs. Burgdorf
1959:
Caruso 1231 (DLG-Siegerhengst)
V.: Carlo 1028. M.: Pinie H 6384. Bes.: Frdr. Graaf, Marienrode, Krs. Marienburg
1960:
Klas 1051 Ldb. Osn. (DLG-Siegerhengst)
V.: Klabautermann 516. M.: Navigation H 4469. Bes.: Landgestüt Osnabrück

nochmals in der Abtlg. „Jüngere Zuchtgebiete" in Wettbewerb. Die bei dieser Gelegenheit gezeigte Qualität der niedersächsischen Pferde führte dann zu dem Beschluß, daß Niedersachsen künftig auf den

Der Erfolg dieser Methode, in Ergänzung zu den einheimisch gezogenen Hengsten auch immer wieder beste Hengste aus anderen Zuchtgebieten, vor allem dem Mutterlande Belgien, einzusetzen, zeichnete sich dann schließlich auch auf den Reichsnährstands- und später den DLG-Ausstellungen ab. So konnte das Zuchtgebiet 1939 auf der Reichsnährstandsschau in Leipzig in Konkurrenz mit Thüringen auf 8 ausgestellte Pferde 7 I. Preise, in 4 Klassen sogar Ia-Preise erreichen. Die beiden Spitzenhengste Gauherr und Hofmeister Ldb. Osnabrück entstammten dem Gaulois-Blut und 2 der guten Stuten vom Avenir de Don (Hofspiegelberg). Gauherr v. Gaugraf II wurde Siegerhengst. Eine von ihm angefertigte Statuette wurde in den folgenden Jahren häufig als Ehrenpreis vergeben.

Nach dem 2. Weltkrieg trat die niedersächsische Kaltblutzucht 1951 in Hamburg

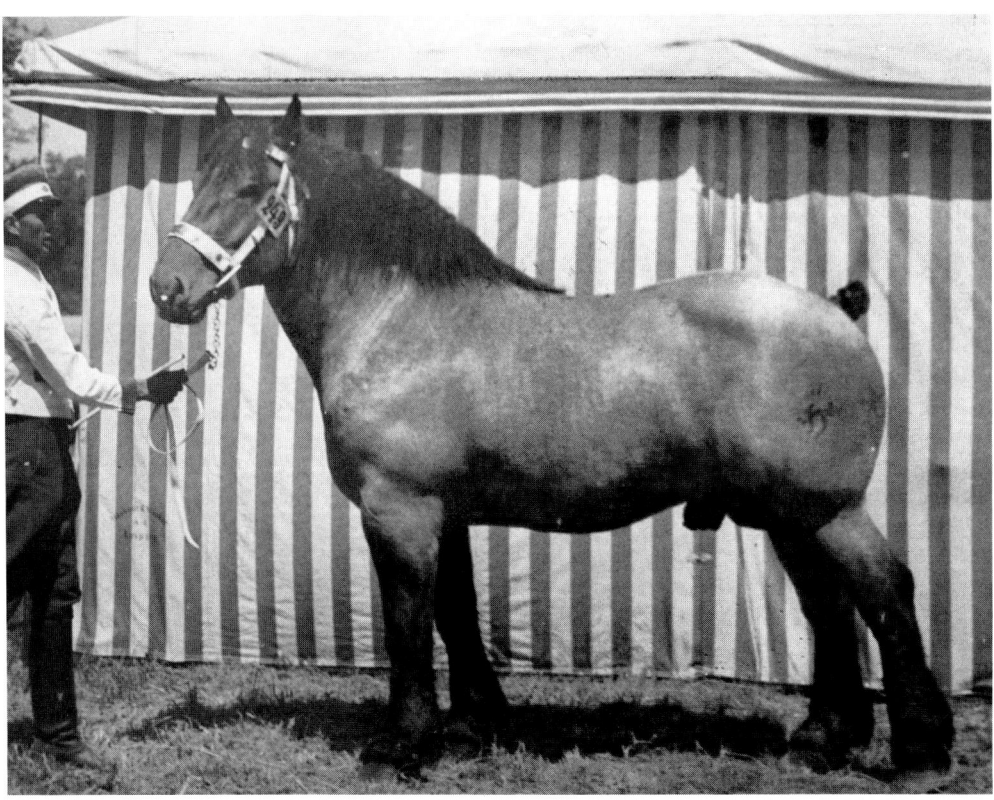

Gauherr H 349, geb. 24. 4. 1934, v. Gaugraf Ii II 286. Ldb. a. d. Burgfräulein H 1108. Z.: Fr. O. Ewers, Uessinghausen Kr. Northeim. B.: E. Ellermeyer, Allershausen Kr. Northeim. Siegerhengst Reichsn.-Ausst. 1939.

sende Vorsitzende des belgischen Stutbuches erklärte: „Diese Stute könnte sofort nach Belgien verladen werden," eine hohe Anerkennung für ihre Qualität. In ihrer Abstammung führte sie vorwiegend provinzialsächsisches Blut (Gaulois, Albion II, Kaiser und auch die DLG-Siegerstute Uta v. Wanzleben). Die höchste Anerkennung und die einzige vom BML vergebene Goldmedaille erhielt aber die Nachzuchtsammlung des Hengstes Gambert, Stuten, die sich durch besonders ausdrucksvolle Köpfe auszeichneten.
Sie zeigten sich als typische Vertreterinnen der belgischen Albion-Linie (s. auch Sachsen-Anhalt). - Siegerhengste dieser beiden Schauen wurden Caruso v. Carlo und Klas v. Klabautermann.

1964 gab es dann eine Konkurrenz mit Westfalen und der Pfalz. In der alten Stutenklasse standen 3 Stuten aus Niedersachsen vorn und bei den Vierjährigen auf dem 2. und 3. Platz. Ingolf v. Ideal de Jemeppe führte die 3jähr. Hengste an und die Nach-

zucht des Osnabrücker Ldb. Matador, einem auf Espoir de Quaregnon ingezüchteten Originalbelgier, gewann den Ia-Nachzuchtpreis dank der sehr geschmackvollen Töchter, die den mittleren Rahmen repräsentierten wie die vorher erwähnten beiden Siegerstuten. Die Siegespalme unter den Stuten holte sich diesmal Jalta, eine Matador-Tochter, die von O. Dreyer, Rodenberg, aus der früheren Siegerstute Johanna gezüchtet war.

Es muß in diesem Zusammenhang aber auch eine personelle Seite herausgestellt werden, die die Führung des Verbandes betrifft. 1935 übernahm mit Ernst Ellermeyer, Allershausen, eine Persönlichkeit mit besonderer züchterischer Begabung, als Nachfolger von H. Salomon, Marienrode, den Vorsitz. Er war im Hinblick auf die großen Fortschritte der provinzialsächsischen Zucht bemüht, dort für das eigene Zuchtgebiet möglichst hochwertige Hengste aus dem Gaulois- und Beau Fils-Blut zu erwerben und wurde dabei von seinem

Geschäftsführer Dr. H. Wöhler nachhaltig unterstützt. Ihm ist es mit zu verdanken, daß die Qualität der hannoverschen Kaltblutzucht wesentlich gehoben werden konnte.

Leider mußten die beiden genannten Herren nach Kriegsende ihre Ämter zur Verfügung stellen. Zum Vorsitzenden wurde 1945 H. Pfingsten, Pohle, gewählt, der diesen Posten bis zu seinem Tode 1954 bekleidete. Sein Nachfolger wurde abermals E. Ellermeyer, der dann 1974 aus Altersgründen ausschied. Seine Nachfolge trat J. Schrader, Bledeln, an. Die Geschäftsführung übernahm 1945 der Verfasser bis zum Jahre 1954 und anschließend Dr. O. Saenger bis 1964. Von da ab verwaltet Dr. W. Hartwig dieses Amt mit, danach H.-J. Bernhagen. Vorsitzender ist seit 1980 Klaus zum Berge, Fallingbostel, Geschäftsführer ab 1993 Dr. Heine. Dem fruchtbaren Zusammenwirken aller genannten Herren ist der züchterische Lohn nicht versagt geblieben.

Johanna H8134, geb. 28.2.1960 v. Fiat H1168 a.d. Java H6721. Z. u. B.: O. Dreyer, Rodenburg Kr. Grfsch. Schaumburg.
Siegerstute der DLG-Ausstellung 1959 Frankfurt.

Patriarch H1235 geb. 5.3.1952 v. Patriot H1088 a.d. Mazette H6722

Zum Abschluß soll noch ein Hinweis auf eine Reihe züchterisch bedeutend gewordener Hengste erfolgen. Da ist aus der Zeit vor dem 2. Weltkriege besonders Brabancon de Dick zu nennen, der zunächst im Rheinland sich einen guten Namen unter den dort vorhandenen Vererbern gemacht hatte. Er ging dann in den Besitz von G. Bartels, Dolgen, über als einer der Beachtung verdienenden Vertreter des belgischen Tiburce-Blutes.

Den Haupteinfluß auf die hannoversche Kaltblutzucht bekam aber der Jupiter-Brin d'Or-Stamm, der auch das belgische Zuchtgebiet weitgehend beherrscht hat. In direkter männlicher Linie gehört zu diesem Stamm der 1937 in Belgien geborene Klabautermann (Bes. Hengsth.-Verein Wittingen, Kr. Gifhorn), dessen Mutter die berühmten Albion-Söhne Avenir d'Herse und Gaulois du Monceau zu Großvätern hatte. Nicht nur diese hervorragende Abstammung, sondern auch sein mit hohem Adel verbundener Typ stempelten diesen mittelrahmigen Vertreter zu einem der interessantesten Vatertiere der niedersächsischen Kaltblutzucht, zumal er sein edles

Gepräge auch auf seine Nachkommen zu übertragen pflegte. Er hat zahlreiche gute Söhne und Töchter hinterlassen. Sein nobler Sohn Klas, mütterlicherseits abermals mit Avenir- und Gaulois-Blut, wurde 1960 DLG-Siegerhengst und sein Enkel Klinger 1957 niedersächsischer Sieger.

Der genannte Hengsthaltungsverein hat gerade durch Klabautermann größten Einfluß auf die niedersächsische Kaltblutzucht gewonnen.
Wie im Mutterlande Belgien gewann ab 1930 auch für Hannover und später Niedersachsen Albion d'Hor, ein Urenkel des Brin d'Or, überragende Bedeutung (s. Sachsen-Anhalt). Den modernen Albion-Typ der belgischen Zucht verkörperte auch Bloc de Chaussee, der als einziger Albion-Sohn in Hannover bei dem passionierten Züchter und Hengsthalter H. Hille in Beienrode, Kr. Göttingen, seine züchterische Verwendung fand, nachdem er zuvor in der Prov. Sachsen in der Wanzlebener Zucht eingesetzt worden war.

In Anlehnung an die guten Erfahrungen, die man in der Prov. Sachsen mit dem Al-

bion-Sohn Gaulois du Monceau gemacht hatte, war man seitens der Zuchtleitung bemüht, diesem Blut auch in der hannoverschen Kaltblutzucht genügend Geltung zu verschaffen. Aus diesem Grunde schickte H. Hille, Beienrode, eine aus Belgien erworbene Albion-Enkelin zur Bedeckung durch Gaulois nach Sachsen/Anhalt. Das Produkt war der somit auf Albion ingezogene Gregor, der ganz dem Typ seines Vaters entsprach und infolge seiner hohen züchterischen Qualität nacheinander auf verschiedenen Privatstationen, 1947/47 auch bei E. Ellermeyer, Allershausen, durchaus typvolle Nachzucht hinterlassen hat. Er galt auf Grund der mit ihm in der Arbeit gemachten Erfahrungen konstitutionell als einer der härtesten Hengste des Zuchtgebietes.

Drei Gambert-Töchter mit lebhaften, ausdrucksvollen Köpfen. Siegerpreis DLG-Ausstellung 1956 Hannover.

Jutta H 7369 geb. 17. 5. 1950 v. Lohengrin H 579 a. d. Jury H 3184.
Z.: W. Hente, Förste Kr. Osterode/Harz.
B.: A. Heinemann, Gelliehausen Kr. Göttingen.
Siegerstute der DLG-Ausstellung 1960 Köln.

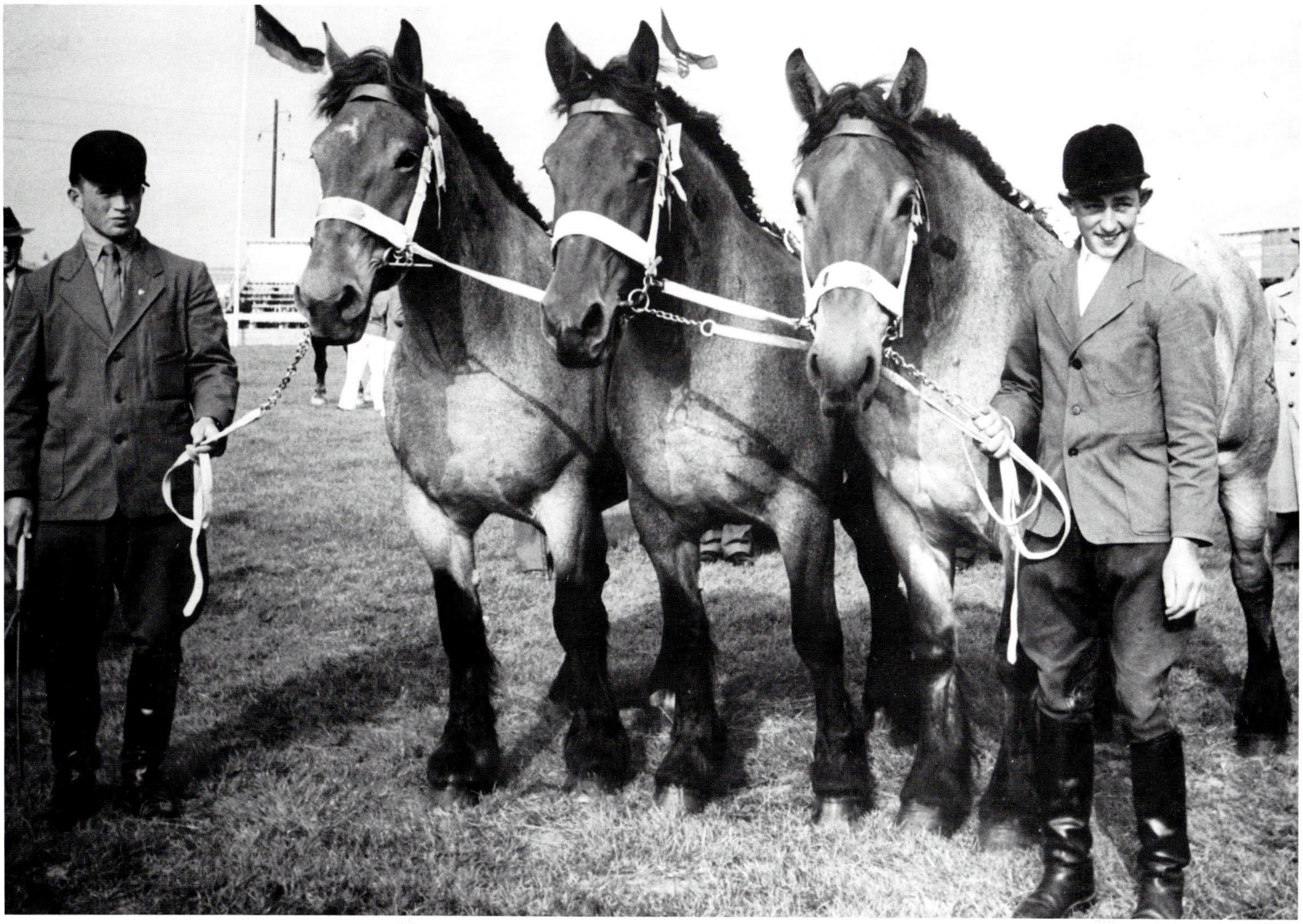

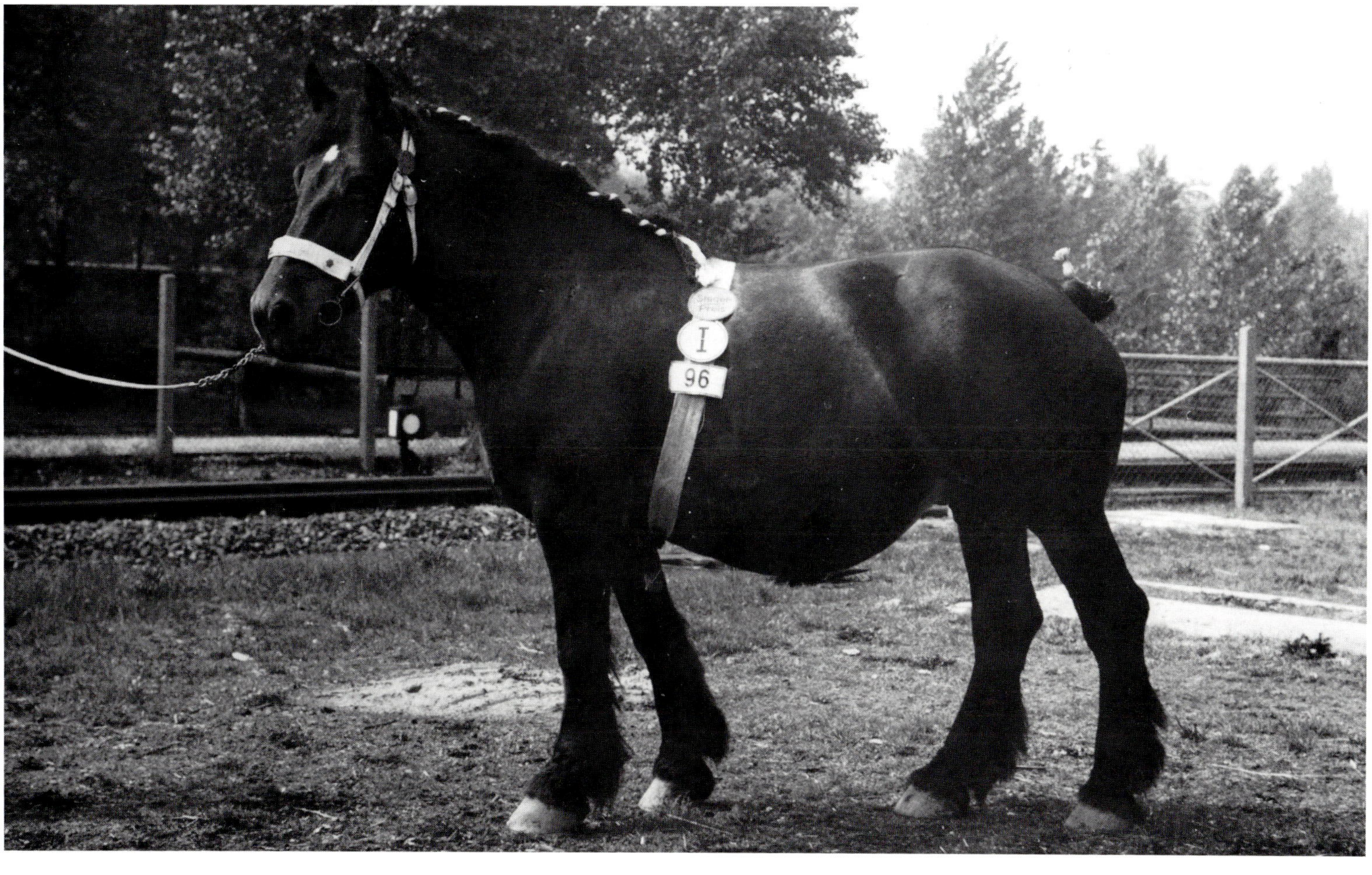
I
96

*Gambert H 928, geb. 26. 4. 1944, v. Gamin du Onze R (S) 362 a. d. Freia v. Hogeforsterhof R (H) 24666.
Z.: H. Hogeforster, Kapellen Kr. Moers/Rhld. B.: E. Ellermeyer, Allershausen Kr. Northeim
Hervorragender Vererber in Niedersachsen, Töchter DLG-Ausstellung 1956 und 1959 Siegerpreis.*

Unter den verschiedenen anderen Gaulois-Söhnen des Zuchtgebietes ist vor allem auf Gaugraf II. (Bes. W. Hansen, Rosenthal) hinzuweisen, der beispielsweise 1947 auf der Körung in Lehrte die alte Hengstklasse anführte. Gaugraf war 1928 in Belgien geboren und wurde in Hannover u. a. Vater des schon erwähnten Gauherr, des Siegers der Reichsnährstandsschau 1939. Dieser sorgte züchterisch für ausreichende Verbreitung des Stammes.

Hinzuweisen ist in diesem Zusammenhang aber auch noch auf den aus Sachsen/Anhalt eingeführten Lohengrin (Bes. Hengsth.-Verein Jühnde), den Vater der ausgezeichneten DLG-Siegerstute Jutta. Sein Großvater war Goliath v. Wanzleben, der Gaulois-Sohn, der vor dem 2. Weltkriege als der beste in Deutschland gezogene Kaltbluthengst auf rheinisch-deutscher Zuchtgrundlage bewertet worden war.

Noch größeren Einfluß als Gaulois hat für die hannoversch-niedersächsische Kaltblutzucht aber Avenir d'Herse gewonnen, der in Belgien als der beste aller Albion-Söhne angesehen wurde. Avenir besaß noch mehr Rahmen als Gaulois und brachte bei üppiger Kondition 1300 kg auf die Waage. Trotzdem verfügte er über einen recht schwungvollen Gang. Abstammungsmäßig ist interessant, daß Avenir ähnlich wie andere bedeutende Vererber in Belgien aus einer Halbgeschwisterpaarung hervorgegangen war. Conquérant de Terhaegen, der Vater des Albion, war auch der

Vater seiner Mutter. Seine bedeutendsten Söhne für Hannover waren Avenir de Don (Bes.: G. Koch, Hofspiegelberg), der Siegerhengst der Jahre 1932 und 1933, ein guter Vererber, und Laureat (Bes.: H. Men-

ne, Pattensen), der weniger Einfluß gewonnen hat, aber 1935 Siegerhengst gewesen ist Die Nachfolgeschaft von Avenir trat in Belgien sein Sohn Espoir de Quaregnon an, ein selten harmonischer Hengst mit viel Ausdruck, der seinerzeit als am höchsten bezahlter Hengst aller Zeiten galt, das aber durch eine ausgezeichnete Vererbung wettmachte, so daß er jahrelang Vererbungssieger in Belgien wurde. Sein Blut führte der größte Teil der nach dem 2. Weltkriege zur Verbesserung des züchterischen Niveaus aus Belgien eingeführten Hengste, z. B. sein Sohn Patriot, der Sieger des Jahres 1950 mit seinem Sohn Patriarch, dem DLG-Sieger 1956, und die beiden Osnabrücker Ldb. Matador und Albion. Die Matador-Nachzucht war auf der DLG-Ausstellung 1964 mit einem Ia-Nachzuchtpreis ausgezeichnet worden.

Zu einem der besten Vererber des Zuchtgebietes muß aber vor allem der Espoir-Enkel Gambert (Bes.: E. Ellermeyer, Allershausen) gerechnet werden. Gambert war als Garmin du Onze-Sohn im Rheinland aus einer Stute mit Lothar III-Blut gezogen. In seinem dritten Lebensjahr hatte er sich zu einem kapitalen Beschäler entwickelt mit einem überragenden Gangvermögen. Auf die hohen Auszeichnungen seiner Töchter anläßlich der DLG-Schauen 1956 und 1959 wurde bereits kurz eingegangen. Sie standen in hervorragendem Albion-Typ. Castar, der aus Belgien geholte Nachfolger für Gambert, ging in direkter

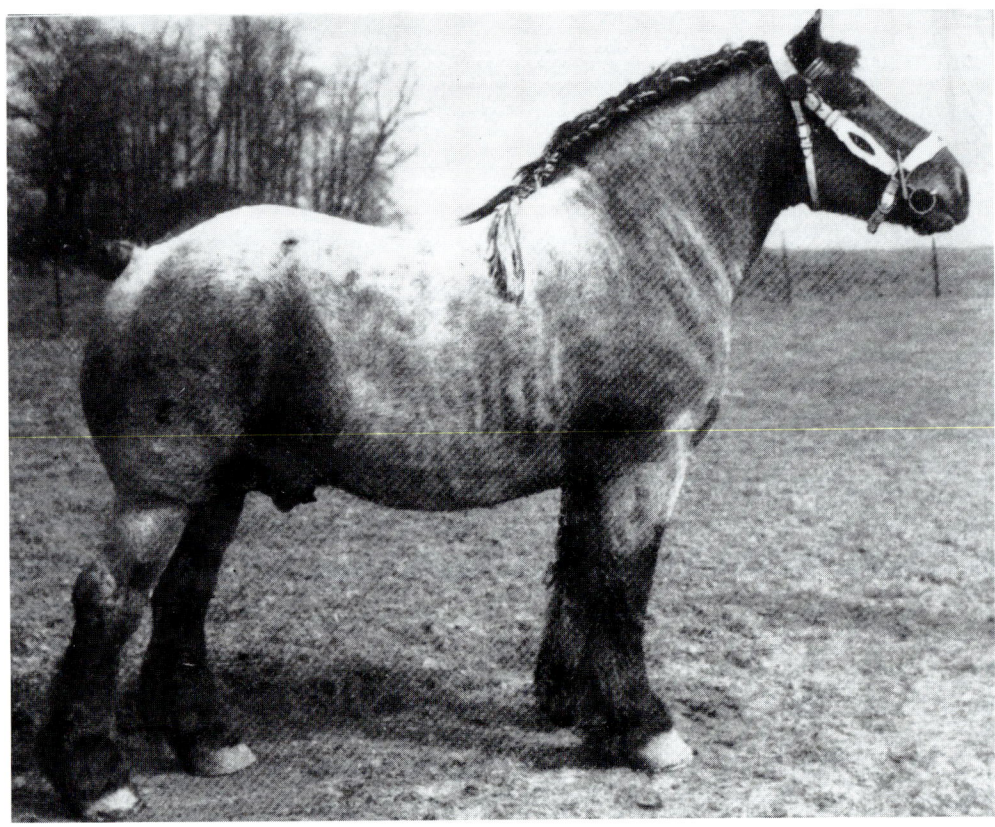

Espoir de Quaregnon B30. v. Avenir d'Herse B25/412 a.d. Comtesse de Quaregnon B23/7297, 1929 belgischer Champion und mehrmaliger belgischer Vererbungssiger.

männlicher Linie auf Avenir d'Herse und auf der mütterlichen Seite auf Espoir de Quaregnon zurück. Er wirkte mit gutem Erfolg 1951-1954 in Allershausen und war 1953 Siegerhengst.

Der letzte von E. Ellermeyer benutzte originalbelgische Hengst war Avant, geb. 1958 und Sieger 1962. Er hatte denselben Vater wie Matador, in dessen Ahnentafel auf der männlichen Seite Espoir de Quaregnon zweimal steht. Es handelt sich um den typvollen und ursprünglich recht gängigen Hengst, der später von J. Rathjen, Uesen, sozusagen als traditionelles Denkmal gehalten wurde.

Verwiesen sei ferner noch einmal auf Fiat (Bes.: G. Koch, Hofspiegelberg), den Vertreter eines anderen Albion-Zweiges über Albion II d'Haubrouge. Neben den Vertretern des Albion-Blutes haben auch einige sehr gute Nachkommen des in Sachsen/Anhalt besonders bewährten Beau Fils de Naast die hannoversche Kaltblutzucht recht vorteilhaft gefördert. Es seien hier nur namentlich aufgeführt Nenner, Nordstern und Narr, die zunächst von E. Ellermeyer, Allershausen, P. Kremer, Ebershausen, und W. Hansen, Rosenthal, benutzt wurden.

Abschließend muß nunmehr nochmals Ideal de Jemeppe erwähnt werden. Dieser ehemalige Ardenner Champion war 1957 von G. Bartels in Dolgen erworben worden. Nach dem Verlust des Patriot war in dieser hervorragenden Zuchtstätte einige Jahre der aus einer Klabautermann-Tochter gezogene mittelrahmige Caruso, der DLG-Sieger 1959, verwendet worden. Dieser Hengst wurde durch den züchterisch viel versprechenden Ideal d. J. abgelöst, der die Erwartungen auch nicht enttäuschte. Zu bemerken ist dabei noch, daß Ideal, obwohl er Champion der Ardenner war, aus einer Urenkelin des Avenir d'Herse gezogen worden war, ein Hinweis darauf, daß auch in der Ardenner Zucht bewährtes belgisches Blut benutzt wurde und lediglich das Format der Hengste die Einreihung in die Ardenner Zucht bestimmte. Es muß hier noch besonders anerkennend hervorgehoben werden, daß der Ankauf so zahlreicher wirklich guter Hengste in Belgien nur durch die sehr vertrauensvolle Zusammenarbeit mit Herrn Albert Reintjens, Brucom bei Brüssel, ermöglicht wurde.

Der starke Rückgriff auf das Albion-Blut hat dann auch in Niedersachsen dazu geführt, daß weit über die Hälfte der Zuchthengste die Schimmelfarbe trugen, wobei die Braun- und Rappschimmel sich wesentlich größerer Beliebtheit erfreuten als die Fuchsschimmel.

Erfreulicherweise hatten es die Kaltblutzüchter dieses Zuchtgebietes auch verstanden, sich wertvolle Stutenfamilien als sichere Grundlage für die Züchtung aufzubauen, auf die allerdings hier nicht weiter eingegangen werden kann. Ilse Hagena

geb. Hansen (Rosenthal) hat sich ihnen 1949 in ihrer Dissertation gewidmet. Es ist nur zu bedauern, daß dieser durch große Erfolge und mit hohem Opfersinn gekennzeichneten züchterischen Arbeit durch die Technisierung ein jähes Ende bereitet wurde.

4. Die Entwicklung ab 1970

Gegen Ende der 60er Jahre ging der Zuchtpferdebestand beim Niedersächsischen Kaltblut immer weiter zurück. In der landwirtschaftlichen Praxis war man praktisch zur Vollmotorisierung übergegangen bei ständiger Zunahme der Technisierung. Hinzu kam, die sich immer mehr entwickelnde Strukturveränderung in der Landwirtschaft. Zunehmend wurden kleinere Betriebe aufgegeben und verpachtet.

So verringerte sich zu Beginn der 70er Jahre die Kaltblutpferdezucht praktisch bis zur Bedeutungslosigkeit. Auch die Gewerbebetriebe, Brauereien, Speditionen, Kohlenhandlungen, Arbeiten in der Forst usw. benötigten praktisch keine Pferde mehr zum schweren Zug. So ergab sich ein weitgehender Zerfall der einstmals blühenden und erfolgreichen Niedersächsischen Kaltblutpferdezucht.

Es erschien naheliegend, den Zuchtverband aufzulösen.

Der Vorstand unter dem Vorsitz von J. Schrader, Bledeln, entschloß sich jedoch, an der überlieferten Tradition festzuhalten. Die Zahl der persönlichen Mitglieder war in Anbetracht dieser Verhältnisse immer noch erstaunlich hoch.

Schließlich wurde der Tiefstand der Entwicklung 1980 erreicht. Nur 7 Hengste und 12 Stuten waren noch in den Zuchtbüchern eingetragen, aber der Verband hatte noch 74 Mitglieder.

Nachdem Herr Klaus zum Berge aus Fallingbostel den Vorsitz übernommen hatte, ging er mit dem nunmehrigen Geschäftsführer H.-J. Bernhagen und einigen wenigen passionierten Züchtern daran, die Kaltblutpferdezucht neu zu beleben. Allerdings war nun die Weiterentwicklung vollkommen abhängig von der individuellen Situation und Einstellung der einzelnen Züchter, die sich Pferde nach ihrem persönlichen Geschmack hielten. Bereits 1981 war eine Wiederbelebung des Zuchtgeschehens festzustellen. Neue Mitglieder mit Pferden anderer Rassenzugehörigkeit meldeten sich. Ein Aufbau ausschließlich mit den Resten des alten Zuchtpferdebestandes war nicht möglich. Deshalb mußten neue Lösungen gefunden werden. Nach vorgenommener Satzungsänderung wurde es nunmehr möglich gemacht, daß auch Kaltblutpferde anderer Blutführung in den Zuchtbüchern eingetragen werden. Seit 1983 werden 4 Stutbuchabteilungen geführt und 1987 kam eine weitere hinzu:

A - Pferde mit rheinisch-deutscher (und/oder belgischer) Blutführung
B - Pferde mit schleswiger Blutführung
C - Pferde mit süddeutscher Blutführung
D - Pferde, die aus Kreuzung obiger Rassen entstanden sind
E - andere Kaltblutpferderassen in Reinzucht

Mit dieser Maßnahme war ein wesentliches Hindernis für die Weiterentwicklung der Zucht beseitigt, denn bis dahin konnten nur Pferde eingetragen werden, die auf der Basis rheinisch-deutscher und belgischer Blutführung gezüchtet waren.

Die Zahl der Kaltblutpferdehalter, die sowohl in der Forst als auch im Fuhrgewerbe wieder Pferde einsetzten, hat in den letzten Jahren beachtlich zugenommen. Der Hobbysektor hat seine Liebe zum „Gemütlichen Dicken" entdeckt, und nicht wenige Nebenerwerbsbetriebe arbeiten auch wieder mit dem Pferd. Im Naturschutzgebiet am Wilseder Berg und in anderen Erholungsgebieten - vornehmlich in der Lüneburger Heide - sind die zugkräftigen und verkehrssicheren Kaltblutpferde im Kutschgespann und vor dem „Pferdebus" beliebt und gefragt. So erreichte der Verband in wenigen Jahren einen erheblichen Zuwachs an eingetragenen Stuten und Hengsten.

Im Emsland, wo auch früher schon der Absatz von Gebrauchspferden über den Lingener Markt nach Süddeutschland eine bedeutende Rolle spielte, war und ist die Fuchsfarbe bei den dort besonders leichten und gängigen Kaltblutpferden beliebt und vorherrschend. Ein gewisser Bestand hatte sich hier auch erhalten, weil der Absatz von Schlachtfohlen hier immer gute Preise brachte. So ergab es sich, daß der Bestand bis zum Jahre 1991 wieder angestiegen ist auf 160 eingetragene Stuten und 25 Hengste im Besitz von 170 Mitgliedern.

Günstig wirkte es sich auch aus, daß die Kaltblutpferdezucht seit einigen Jahren auch finanziell wieder gefördert wird mit staatlichen Mitteln, weil die Kaltblutpferderassen zu den vom Aussterben bedrohten Haustierrassen gezählt werden. Die hier gezahlten Geldprämien sind jedoch gering im Verhältnis zu den Haltungskosten.

Im Jahre 1983 wurde erstmalig wieder eine Verbandsschau in Uelzen durchgeführt, welche den Wiederaufbau in den 10 Jahren seit dem Tiefpunkt dokumentierte. Hier wurden Sammlungen sowohl aus dem alten Niedersächsischen Kaltblutzuchtbestand als auch von Schleswiger Blutführung ausgestellt.

Im Jahre 1985 wurde dann eine neue Zuchtbuchordnung beschlossen. Seitdem werden regelmäßig zentrale Hengstschauen, Stutbucheintragungs- und Fohlenbrenntermine durchgeführt, die der positiven Entwicklung der Zucht dienen.

„Begrüßung der Siegerinnen". Stpr. St. Queen, Rheinisch-Deutsches-Kaltblut und Stpr. St. Nora, Schleswiger Kaltblut, vom Stammbuch für Kaltblutpferde Niedersachsen e.V. auf der 2. Bundesschau Kaltblut Berlin 1993

Der erfolgreichste Hengst des Schleswiger Kaltbluts in den letzten 10 Jahren Varus v. Odin, Z.: Uwe Weitkamp, Schleswig, Bes.: Klaus zum Berge, Fallingbostel. Sieger auf DLG-Ausstellung 1986 in Hannover und Bundessiegerhengst auf der 1. Bundesschau Kaltblut 1989 in Berlin. Außerdem machte sich dieser Ausnahmehengst einen Namen als durchschlagender Vererber

Erfolge konnten die Züchter des Verbandes auf der DLG-Schau 1986 in Hannover und auf der 1. Bundeskaltblutschau bei der Internationalen Grünen Woche in Berlin 1989 erzielen:

Der Schleswiger-Hengst Varus von Odin im Besitz von Klaus zum Berge, dem Vorsitzenden des Verbandes, war Siegerhengst der Schleswiger in Hannover und Bundessieger in Konkurrenz mit anderen Rassen in Berlin. 10 Stuten, darunter 2 Stutenfamilien, zeugten von dem inzwischen wieder angewachsenen Qualitätsstand der Niedersächsischen Kaltblutzucht.

Obwohl das Stammbuch für Kaltblutpferde Niedersachsen e. V. immer noch einer der kleinsten Pferdezuchtverbände Deutschlands ist, wurde die positive Weiterentwicklung der Qualitätszucht auch auf der 2. Bundesschau der Kaltblutpferde anläßlich der Grünen Woche 1993 in Berlin dokumentiert. Von den dort ausgestellten 5 Rheinisch-Deutschen Kaltblutstuten aus Niedersachsen konnten 2 ihre Klasse gewinnen, von denen dann die Staatsprämienstute Queen im Besitz von Fred

Moorkötter Siegerstute wurde. Die ebenfalls in Berlin ausgestellten 7 Schleswiger Stuten konnten dreimal in ihrer Klasse gewinnen. Sie stellten die Siegerstute für diese Rasse aus der Zucht von Klaus zum Berge.

Die Emsland-Schau fand im Juni 1993 in Meppen statt und war mit 20 Stuten gut beschickt. Auch hier konnte die Stute Queen von Atom ihren Erfolg aus Berlin als Siegerstute wiederholen und mit dem Siegerpreis bei den Stutenfamilien erweitern.

Auf den zentralen Schauterminen in Fallingbostel und Uelsen wurden 1993 60 Fohlen vorgestellt und 30 Stuten zur Neueintragung. Sowohl bei den Stuten als auch bei den Fohlen dominierte wieder die Rasse Rheinisch-Deutsches Kaltblut gefolgt von den Schleswigern. In jüngster Zeit ist daneben ein Anwachsen der Bestände an Schwarzwälder Kaltblütern und Freibergern zu beobachten. Diese Kaltblutschläge aus Süddeutschland und der Schweiz bringen eine Bereicherung des Rassenspektrums innerhalb des Verbandes. Von der alten Qualitätszucht eines trocke-

nen, mittelrahmigen und gängigen Kaltblutpferdes mit edlem Ausdruck und Typ ist in Niedersachsen nur noch ein zahlenmäßig geringer Bestand in die neue Entwicklung hinein gerettet worden. Dieses Blut sollte gehegt und erhalten werden.

Zu den besten Fohlen des Jahrganges 1993 gehörten auch Nachkommen des Hengstes Avant. Dieser von dem früheren Verbandsvorsitzenden Ernst Ellermeyer, Allershausen, aus Belgien in den 60er Jahren importierte Hengst ist also einer der wenigen guten Vererber und Träger der alten in Niedersachsen bewährten Blutlinien, dessen Nachzucht die Chance hat, in Niedersachsen den hier bewährten Kaltbluttyp in der Zukunft zu erhalten.

Das mittelschwere, trockene und gängige Kaltblutpferd ist nach wie vor das Zuchtziel des Verbandes.

Das Brandzeichen ist auch weiterhin die Wolfsangel im Rhombus.

Die Fohlen erhalten den Brand ab 1985 im Jahr der Geburt auf dem linken Hinterschenkel, Stuten und Hengste bei der Eintragung in das Zuchtbuch auf die linke Halsseite.

5 Stuten des Rheinisch-Deutschen-Kaltblutpferdes, die auf der 1. Bundesschau Kaltblut 1989 in Berlin die niedersächsischen Farben vertraten.

Niedersachsen

Oldenburger Warmblut

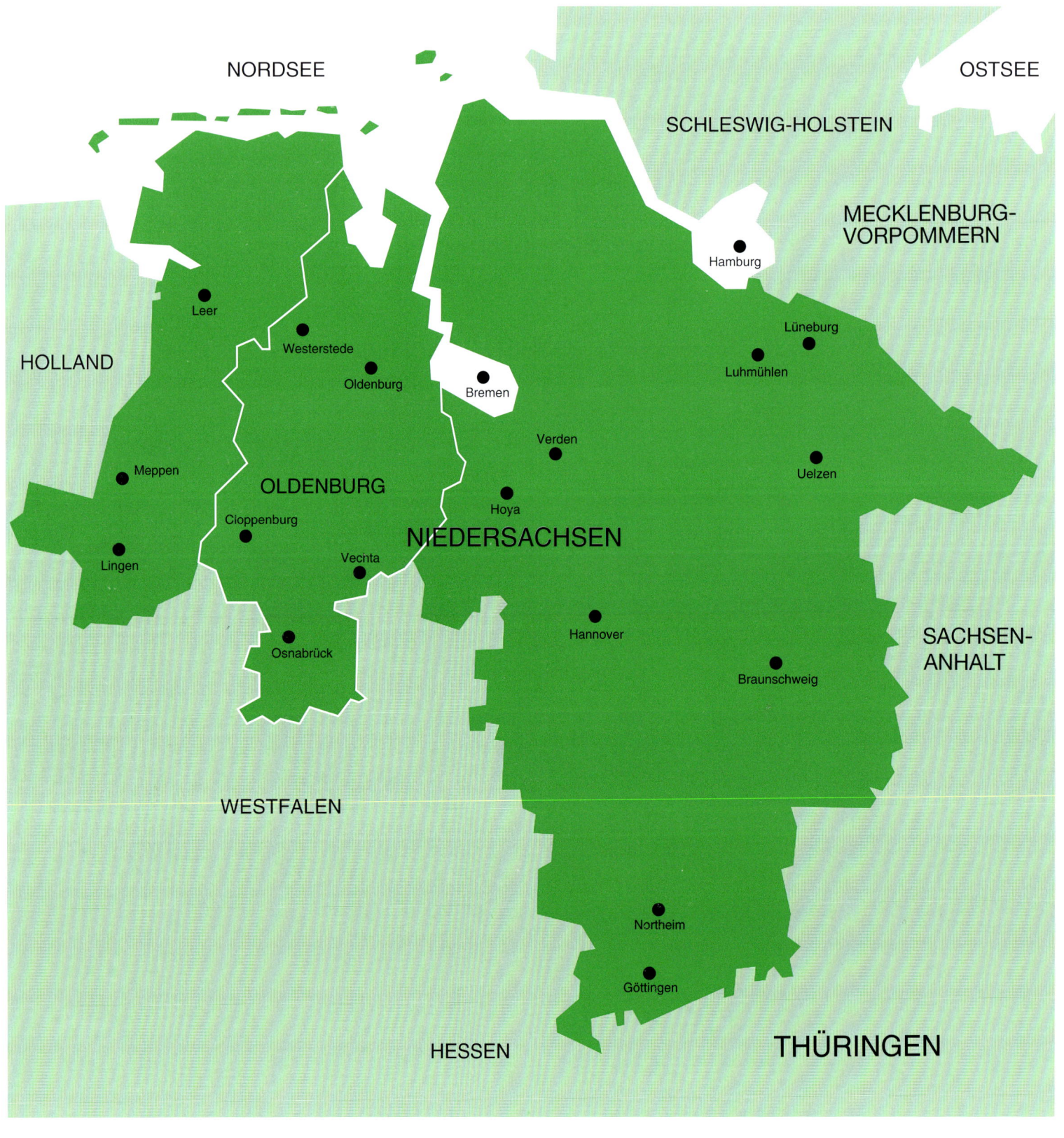

NORDSEE

OSTSEE

SCHLESWIG-HOLSTEIN

MECKLENBURG-VORPOMMERN

Hamburg

Leer

Lüneburg

HOLLAND

Westerstede

Luhmühlen

Oldenburg

Bremen

Verden

Meppen

Uelzen

OLDENBURG

Hoya

Cloppenburg

NIEDERSACHSEN

Vecnta

Lingen

Hannover

SACHSEN-ANHALT

Osnabrück

Braunschweig

WESTFALEN

Northeim

Göttingen

HESSEN

THÜRINGEN

Dr. Roland Ramsauer

Dr. Heiko Meinardus

Am 21. Juli 1943 in Leipzig geboren
1950 - 1954 Volksschule in Witten/Ruhr
1954 - 1963 Gymnasium (Abitur).
1963 - 1965 Landwirtschaftliche Lehre
1965 - 1967 Studium der Landwirtschaft
an der Universität Hohenheim
1967 - 1969 Studium der Landwirtschaft -
Hauptfach Tierproduktion - an der Georg-
August-Universität Göttingen (Diplom).
1969 - 1971 Referendarausbildung für den
höheren landwirtschaftlichen Dienst im
Lande Niedersachsen; Fachgebiet Tierproduktion (Assessor der Landwirtschaft).
1973 - 1977 Dissertation an der landwirtschaftlichen Fakultät der Georg-August-
Universität Göttingen.
1.4.71 - 31.3.72 Angestellter der Herdbuchgesellschaft Oldenburg, Oldenburg i. O.
vom 1.4.72 bis 1988 Geschäftsführer und
Zuchtleiter des Verbandes der Züchter des
Oldenburger Pferdes, Oldenburg i. O.

Überarbeitet von Dr. Heiko Meinardus
Am 5. Juli 1957 in Schweieraußendeich
geboren.
1976-1982 Studium der Agrarwissnschaf-
ten in Kiel und Göttingen.
1983-1985 Referendarausbildung für den
höheren landw. Dienst an der Bezirksre-
gierung Weser-Ems.
1985-1987 Promotion in Göttingen über
„Züchterische Nutzung der Turniersportprüfung für Reitpferde".
1987-1988 Assistent der Geschäftsführung
der Abteilung Zucht in der FN Warendorf.
Seit Ende 1988 bewirtschaftung des elterlichen Grünlandbetriebes (Milchvieh und
Pferde) in Schweieraußendeich, Wesermarsch.
Seit Ende 1991 Präsident des Verbandes
der Züchter des Oldenburger Pferdes, Oldenburg.

Geschichte des Oldenburger Pferdes

1. Natürliche Gegebenheiten

Oldenburg, ein altes Züchterland mit großer Tradition und Passion, liegt im Norden Deutschlands. Bedingt durch Klima, Boden und Wirtschaftsverhältnisse steht die Tierproduktion im Mittelpunkt vieler landwirtschaftlicher Betriebe. So ist es nicht verwunderlich, daß auch die Pferdezucht seit vielen Jahrhunderten eine bedeutende Rolle spielt.

Das Kernzuchtgebiet des Oldenburger Pferdes, der ehemalige Verwaltungsbezirk Oldenburg, umfaßt die ehemaligen Kreise Friesland, Ammerland, Wesermarsch, Oldenburg, Cloppenburg und Vechta; seit 1992 auch Ostfriesland. Im Norden und Osten wird es durch die Nordsee und den Unterlauf der Weser, im Süden und Westen durch den ehemaligen Regierungsbezirk Osnabrück und die holländische Grenze begrenzt. Nach dem Pferdezuchtgesetz von 1923 gehört ebenfalls der ehemalige Landesteil Lübeck, eine frühere Enklave des Großherzogtums Oldenburg, zum Zuchtgebiet.

Die Standorte zeigen in wechselnder Folge in ihrer Bodenart und Oberflächengestaltung schwere Tonböden, leichtgewellte Sandebenen und weite Moorflächen. Die fast mit dem Meeresspiegel auf gleicher Höhe liegenden und durch Deiche geschützten Marschen entlang der Nordseeküste, am Rande des Jadebusens und an der Weser, nehmen in den Kreisen Friesland und Wesermarsch den größten Raum ein. Diese fruchtbaren Böden, fast ausschließlich als Dauergrünland genutzt, bieten für die Pferdezucht besonders gute Voraussetzungen. Den Übergang vom Marsch- zum Geestboden bilden gewöhnlich Niederungsmoore, die der Fruchtbarkeit der Marschen ein wenig nachstehen. Die höhergelegenen Moorflächen dienen meist dem Ackerbau und vereinzelt noch der Torfgewinnung. In den sich südlich anschließenden Kreisen Ammerland, Oldenburg, Cloppenburg und Vechta herrschen die Sandböden vor, ab und zu durch anmoorige Flächen unterbrochen. Sie werden vornehmlich zum Hackfrucht- und Getreidebau benutzt.

Klimatisch steht das Gebiet ganz unter dem Einfluß der nahen See und des vorbeifließenden Golfstromes. Die maritime Einwirkung läßt kaum stärkere Gegensätze der Witterung aufkommen und wirkt sich auf die jahreszeitlichen Temperaturschwankungen ausgleichend aus: Die mittlere Jahrestemperatur bewegt sich um 8 bis 9 Grad Celsius. Bezüglich der Niederschläge bestehen insofern feinere Unterschiede, als in den nördlichen Kreisen 700 - 800 mm pro Jahr und in den südlichen Kreisen nur 600 - 700 mm pro Jahr erreicht werden.

Da man in Oldenburg Großbetriebe im eigentlichen Sinne nicht kennt, sind die klein- und mittelbäuerlichen Betriebe an der Besitzgrößenverteilung maßgeblich beteiligt. Die Betriebe zwischen 10 und 20 ha sind im Norden und Süden annähernd gleich stark vertreten, während die Höfe von 50 - 100 ha und darüber hinaus in den Kreisen Oldenburg und Cloppenburg anteilmäßig eine größere Bedeutung haben. Somit liegt die wirtschaftliche Nutzfläche vorwiegend in den Händen eines gesunden Bauernstandes, dem im Hinblick auf die Pferdezucht besondere Bedeutung beizumessen ist. Nicht selten war früher die Zuchtstute auch das alleinige Wirtschaftspferd des Betriebes. Wenn auch der Traktor inzwischen das Pferd als „Arbeitspartner" verdrängt hat, so ist die Liebe des Oldenburger Bauern zu seinem Pferd doch geblieben.

2. Die geschichtliche Entwicklung der Oldenburger Pferdezucht

Die Entwicklungsgeschichte des Oldenburger Pferdes kann man in 4 Epochen einteilen:
1. Die Altoldenburger Zucht von 1580 bis 1785
2. Beginn und Aufbau der systematischen Zucht des Oldenburger Pferdes als elegantes, schweres Kutschpferd durch Gesetze des Herzogtums Oldenburg von 1820 bis 1920
3. Zusammenschluß des südlichen und nördlichen Zuchtgebietes und Herausstellung des vielseitigen Wirtschaftspferdes als Zuchtziel von 1920 - 1960
4. Die Umzüchtung des Oldenburger Pferdes vom Wirtschaftspferd zum modernen Sportpferd von 1960 bis heute.

Während in der ersten Epoche die Zucht des Oldenburger Pferdes fast ausschließlich durch die Grafen von Oldenburg bestimmt wurde, sind in der zweiten Epoche ein größerer Einfluß und ein Mitspracherecht der Züchter bei der Abfassung der zahlreichen Gesetze zum Wohle der Pferdezucht festzustellen. Dieser bäuerlich-private Einfluß gewinnt auch in der Zeit von 1920 bis 1960 zusehends an Bedeutung, um bei der Umstellung auf das moderne Oldenburger Sportpferd in der vierten Epoche zur tragenden Säule zu werden.

Züchterhof in Oldenburg. Die Stuten werden mit ihren Fohlen zur Weide geführt.

2.1 Die Zeit von 1580 bis 1820

Drei Namen sind untrennbar mit der altoldenburgischen Pferdezucht des sechzehnten, siebzehnten und achtzehnten Jahrhunderts verbunden: Graf Johann XVI. von Oldenburg (regiert von 1573 - 1603), Graf Anton Günther von Oldenburg (regiert von 1603 - 1667) und König Christian V. von Dänemark (regiert von 1670 - 1699). Während dieser Jahrhunderte wurde die Zucht des Oldenburger Pferdes fast ausschließlich auf gräflich-oldenburgischen Gestüten, später auf königlich-dänischen Gestüten betrieben.

Während mit Johann XVI. die Anfangsphase bis 1620 beginnt, erreicht die Altoldenburger Zucht unter Anton Günther ihre eigentliche Blüte. Nach seinem Tod verliert die Zucht auf heimischem Boden viel an Bedeutung, diese Nachzuchtepoche dauerte bis 1785.

Erste Nachrichten über das Oldenburger Pferd reichen bis in das fünfzehnte Jahrhundert zurück, wenn sie auch keine bestimmten Vorstellungen über Typ und die Leistung dieses Pferdes enthalten. So berichtet der Chronist Hamelmann in einem Brief von „Oldenburgs fetten Ochsen und schönen Pferden".

Gewöhnlich wird angenommen, daß Graf Anton Günther von Oldenburg der Gründer der Altoldenburger Pferdezucht ist. Dies ist nicht ganz richtig, wenn er auch der große Züchter und Pferdekenner seiner Zeit gewesen ist und den größten Einfluß auf die Veredelung der oldenburgischen Hengste und deren Ruf in Europa als besondere Rasse gehabt hat. Aber schon Graf Johann XVI. hat eine ausgedehnte Zucht mit edlen Pferden auf seinen verschiedenen Vorwerken betrieben, wie ein Verzeichnis, das von seinem Stallmeister Albert Jüchter geführt wurde, bestätigt. So hat Johann XVI. in den Jahren 1583 - 1598 „an hohe Herrschaften und hochgestellte Kriegsleute" Oldenburger Pferde verschenkt, deren Zahl mit insgesamt 133 angegeben wird. Von seinen Untertanen wurde die einheimische Rasse, das friesische Pferd, „ein großes starkes Pferd", gezüchtet. Bis zur Regierung Anton Günthers war in den oldenburgischen Marschen das friesische Pferd heimisch, während Johann XVI. in seinen Vorwerken fremde Rassen einführte, namentlich türkische, neapolitanische, andalusische und veredelte dänische Hengste. Diese blieben aber ohne wesentlichen Einfluß auf die Landespferdezucht.

Als im Jahre 1603 Anton Günther nach dem Tod seines Vaters Johann XVI. an die Regierung kam, fand er eine bedeutende, veredelte Pferdezucht auf vielen Vorwerken und eine gefüllte Kasse als Erbschaft vor. Er war also in der Lage, seinen Liebhabereien für Reitkunst und schöne Pferde freien Lauf zu lassen.

Berühmt ist das Gemälde, das den Grafen Anton Günther von Oldenburg (geboren 1. November 1583 - gestorben 19. Juni 1667) auf seinem Lieblingshengst Kranich zeigt. Der Schimmelhengst Kranich ist besonders durch seine sieben Ellen lange Mähne und seinen neun Ellen langen Schweif bekannt geworden.

Nachdem Anton Günther auf seinen großen Reisen durch Europa in den Jahren 1606 und 1609 Erfahrungen gesammelt und namentlich in England bei seinem Verwandten, Jacob I. von England, ausgezeichnete Pferde gefunden hatte, ließ er aus „Neapel, Spanien, Polen, England, der Tarterei und Barberei edle Hengste zur Verbesserung seiner Gestüte kommen und bemühte sich auch später, die Pferdezucht seiner Landsleute zu verbessern". So gelangte im siebzehnten Jahrhundert die Pferdezucht unter seiner Regierung zur höchsten Blüte und Vollkommenheit. Auf seinen Gestüten wurden jährlich mehrere hundert sehr edle Schul- und Reitpferde, aber auch viele große und starke Kutschpferde von verschiedenen Farben gezüchtet, die wegen ihrer Schönheit in Europa berühmt wurden. Auch die Pferdezucht der Landleute, besonders in den Marschen, wurde veredelt und vermehrt, indem der Graf ihnen geeignete Hengste zum Bedecken ihrer Stuten zur Verfügung stellte, ihnen auch passende Stuten überließ und sie in der Pflege und Behandlung von Pferden unterwies. Weiter sorgte er für einen vorteilhaften Absatz der Pferde, indem er durch Geschenke schöner Pferde an „Fürsten und hohe Herren" den Ruf der oldenburgischen Pferde verbreitete und durch die Einrichtung von Pferdemärkten dafür Sorge trug, daß die oldenburgischen Pferde in Europa sehr bald für eine der wertvollsten Rassen gehalten wurden. So wird berichtet, daß nach Flandern, Frankreich, Italien und anderen Staaten jährlich 5.000 Pferde verkauft wurden, welche vorzugsweise auf den Märkten im Juni und Juli in Oldenburg gekauft wurden.

Mit dem Tode Anton Günthers (1667) kamen die Gestüte in Verfall, und mit dem Tode seines Nachfolgers, des Grafen Anton I. von Aldenburg, 1760, gingen sie gänzlich ein, während die Pferdezucht im Lande zunächst erhalten blieb. Durch verschiedene Katastrophen, namentlich durch den Krieg Dänemarks mit Frankreich sowie den Einfall und die Brandstiftung der französischen Truppen 1679, wurde die Pferdezucht im Lande Oldenburg erheblich verringert. König Christian V. von Dänemark, soll 1672 bei Esserum mit dem Oldenburger Schimmelhengst „Jungfrau" eine Pferdezucht in Dänemark aufgebaut haben. Während der dänischen Regierung in den oldenburgischen Grafschaften von 1681 - 1773 finden wir nur wenige Nachrichten über die Pferdezucht. Die schrecklichen Sturmfluten von 1717 und 1721 haben wohl einen starken Verfall des Wohlstandes in den Marschen der Grafschaften und des Jeverlandes bewirkt. Die Pferdemärkte in Oldenburg sind aber weiter recht bedeutend geblieben und ausländische Käufer haben dort sehr viele Pferde gekauft.

2.2 Die Zeit von 1820 bis 1920

Die Zeit von 1820 bis 1920 ist gekennzeichnet durch drei wichtige Ereignisse:

- die erste staatlich verordnete Hengstkörung im Jahre 1820,
- die Einführung eines Stammregisters im Jahre 1861 und
- die Gründung und Einrichtung von zwei Pferdezucht-Verbänden durch das Pferdezuchtgesetz von 9. April 1897.

Charakteristisch für diese Epoche ist, daß die züchterischen Überlegungen der bäuerlich-privaten Züchter gegen Ende dieser Zeit immer stärkeren Einfluß und damit Beachtung und Berücksichtigung bei den staatlichen Gesetzen finden. Erst im Jahre 1819 wurden von der Regierung die im Jahre 1785 ins Stocken geratenen Verhandlungen bezüglich einer allgemeinen Verordnung zur Verbesserung der Pferdezucht wieder aufgenommen. Die Einführung der staatlichen Hengstkörung durch die Regierungsbekanntmachung vom 20. Dezember 1819 ist ohne Zweifel als einer der bedeutsamsten und erfolgreichsten Wendepunkte in der Entwicklungsgeschichte der oldenburgischen Pferdezucht zu bezeichnen. Zum ersten Male fand hier eine eingehende sachverständige Musterung und Qualitätsbewertung der im Lande vorhandenen Zuchthengste statt.

Der Erlaß, aufgrund dessen am 30. Juni 1820 die erste Körung vorgenommen wurde, hatte u. a. folgenden Wortlaut: „Alle Hengste, welche in dem Herzogtum Oldenburg und in der Erbschaft Jever vorhanden sind und zum Beschälen der Stuten dienen, sollen von einer Körungskommission besichtigt und geprüft werden.

Die Besitzer der nach dem gemeinschaftlichen Ermessen der Körungskommission vorzüglichsten drei Hengste sollen der gnädigsten Absicht seiner Herzoglichen Durchlaucht zufolge eine Prämie aus der herrschaftlichen Kasse erhalten, und zwar ein jeder im Werte von 100 Reichstaler Gold, entweder in Silberzeug oder in barem Gelde, nach dem Wunsche des Besitzers. Das Pferd erhält einen Brand O mit Krone und einen Namen. Die Bedingung der Prämie ist, daß der Hengst wenigstens ein Jahr im Lande bedecke.

Kein Hengst wird jünger oder älter zur Körung zugelassen als nach beendigtem 3. und bis zum 15. oder 16. Jahre, je nachdem er sich gehalten hat. Erb- und andere Fehler machen nach dem Ermessen der Körungskommission den Hengst verwerflich."

Die Hengstkörungen fanden bis 1932 dezentral in Rodenkirchen, Varel, Jever, Oldenburg, Cloppenburg, Vechta und Delmenhorst statt. Der nach Zahl und Qualität der vorgeführten Hengste weitaus bedeutendste Körungsplatz war Rodenkirchen.

Neben der staatlichen Körung erwies sich die Verteilung von Geldprämien für Hengste seit 1820 und für Stuten seit 1840 als wesentliches Mittel zur Verbesserung der Pferdezucht. Im Laufe der Zeit sind die Prämien, weil der Wert der Pferde erheblich gestiegen und das beste Material trotz der dann an die Staatskasse zurückfallenden Prämie nicht selten in das Ausland verkauft wurde, ganz bedeutend erhöht worden. Sehr typisch für das immer aktuelle Thema einer hochstehenden Zucht bezüglich des drohenden Ausverkaufes von guten Hengsten und die Sorge der Fesselung von bestem Zuchtmaterial ist die von mehreren Züchtern unterschriebene Eingabe an das Staatsministerium aus dem Jahre 1875: „Das Oldenburger Kutsch- und Arbeitspferd ist seit undenklicher Zeit mit ein Hauptausfuhr-Artikel des Landes. Seit etwa 10 Jahren leidet die Zucht aber sehr, weil viele von den besten Hengsten ins Ausland gehen. Namentlich sind es die jüngeren 3jährigen Hengste. Diese gehen für unglaublich hohe Preise nicht nur in alle deutschen Lande; auch nach der Schweiz, Italien, Türkei und an die Gestade des Schwarzen Meeres werden unsere Pferde ausgeführt. Dieser an sich ohne Zweifel erfreuliche Zustand hat gute, aber auch schlimme Folgen. Die gute ist die vermehrte Aufzucht junger Hengste. Die schlimme Folge besteht darin, daß durch die sehr hohen Preise unsere besten jungen und auch die älteren bewährten Hengste außer Landes gehen. Diesem massenhaften Export der besten Hengste muß schleunigste entgegengewirkt werden."

Im Gesetz vom 18. August 1861, das einen neuen Entwicklungsabschnitt einleitete, wurden die bestehenden Aufgaben der Körkommission im wesentlichen um folgende erweitert:
1. Durchführung von Revisionskörungen für abgekörte Hengste.
2. Entscheidendes Mitspracherecht bei der Vergabe der Geldprämienmittel für Hengste und Stuten, um besonders wertvolle Zuchttiere gezielt an das Zuchtgebiet fesseln zu können.
3. Erstattung von angeforderten Gutachten und Einbringung selbständiger Anträge bei der Regierung zum Zwecke der Förderung der Pferdezucht.
4. Einführung eines Stammregisters.
Letzterer Punkt ist wesentlichster Bestandteil des neuen Gesetzes und enthält folgende Einzelbestimmungen „für die Einführung eines Stammregisters für den starken, eleganten Schlag von Kutschpferden":
1. Nur solche Pferde, die frei von Erbfehlern sind, dürfen aufgenommen werden;
2. die Hengste müssen wenigstens 4 Jahre, die Stuten 3 Jahre alt sein;
3. die aufzunehmenden Pferde müssen väterlicher- und mütterlicherseits von passender Abstammung sein;
4. dieselben müssen auch geeignet sein, den Stamm von starken, eleganten Wagenpferden zu erhalten;
5. Pferde, welche von schwachen Leistungen und von schlechter innerer Organisation zu sein scheinen, dürfen nicht aufgenommen werden, bis das Gegenteil nachgewiesen ist;

Enno, Db. H., geb. 1885 in Frieschenmoor. V.: Eggi v. Emigrant a.e. hannoverschen St., M.: v. Agamemnon a.e. Stute v. Cleveland.

Db.St., geb. 1888 in Ohmstedt v. Matador a.d. Goldperle. 1. Preis Berlin 1890 1. Allgem. Dt. Pferdeausstellung. Aussteller: A. Hanken, Ohmstedt.

6. eingeführte Pferde können nur dann aufgenommen werden, wenn sie besonders zur Verbesserung des Stammes geeignet sind und dadurch die Sicherung für eine geeignete Abstammung gegeben haben;
7. alle aufgenommenen Pferde erhalten einen Brand.

Da im Stammregister nur vereinzelt Pferde bis zur 3. Generation eingetragen waren, übernahm aus eigener Initiative der Landwirt Eduard Lübben, Sürwürden, die Aufgabe, das seit Jahrzehnten Versäumte nachzuholen. Gestützt auf die seit 1820 amtlich geführten Akten der Großherzoglichen Körungskommission konnte er die Abstammung vieler Pferde nachvollziehen und mit Namen und Nummern versehen. Sie bildeten den Inhalt des ersten Oldenburger Gestütsbuches im Jahre 1891.
Die Regierung in Washington erkannte die nach dem Gestütsbuch ausgestellten Zertifikate an, und die Oldenburger Pferde gelangten zollfrei über den „Großen Teich". Der bislang um den Einfuhrpreis erhöhte Zoll kam nunmehr den oldenburgischen Züchtern zugute, und dieser klingende Erfolg führte innerhalb einer Jahresfrist unter Lübbens Leitung zur Gründung der „Ge-

sellschaft Züchter Oldenburger Kutschpferde"; ihre Mitgliederzahl wuchs schnell auf über 350 an. Das Bestehen zweier Register - einmal von privater Seite das Gestütsbuch und zum anderen von staatlicher Seite das Stammregister - hatte zur Folge, daß viele Pferde unter verschiedenen Namen und Nummern in beiden Büchern eingetragen waren. Die verständliche Verwirrung veranlaßte die „Gesellschaft Züchter Oldenburger Kutschpferde", an die Staatsregierung 1892 den Antrag zu stellen, die beiden Stutbücher zu vereinen. Dieser Wunsch, getragen von einer breiten Mehrheit der Züchterschaft, veranlaßte die Regierung, die Pferdezucht im Lande, weitgehendst auch in anderen Punkten, neu zu überdenken, und fand im Pferdezuchtgesetz vom 9. April 1897 seinen Niederschlag.

Dieses Gesetz, dem entwicklungsgeschichtlich eine große Bedeutung beizumessen ist, brachte folgende hauptsächliche Veränderungen:
1. die Einteilung des Herzogtums in zwei Zuchtgebiete;
2. eine anderweitige Zusammensetzung der Körkommission;

3. Einrichtung von zwei selbständigen Zuchtverbänden;
4. Einrichtung von zwei Stutbüchern;
5. Einführung zweier Brandzeichen für sämtliche eingetragene oder vorgemerkte Pferde und Füllen (Fohlen);
6. Einführung von Prämien für Hengst- und Stutfüllen.

Die frühere Einteilung nach Bodenverhältnissen umfaßte 3 Bezirke, den Marsch-, den gemischten und den Geestbezirk. Durch das neue Gesetz wurde eine Zweiteilung vorgenommen:
Der Marsch- und gemischte Bezirk wurde zum nördlichen Zuchtgebiet zusammengefaßt und für dieses Gebiet der „Verband der Züchter des Oldenburger eleganten, schweren Kutschpferdes" mit Sitz in Rodenkirchen geschaffen. Zuchtziel des Verbandes war - wie der Name sagt - „ein starkes, elegantes Kutschpferd mit hohen räumenden Gängen". Im Jahre 1922 waren mehr als 3.000 Zuchthengste und 27.000 Stuten eingetragen.

Das südliche Zuchtgebiet umfaßte den verbleibenden Geestbezirk (die südlichen Teile der Ämter Delmenhorst und Oldenburg und die Ämter Cloppenburg, Friesoythe,

Vechta und Wildeshausen), und die Züchter dieses Gebietes wurden in dem „Südoldenburger Pferdezüchterverband" mit Sitz in Vechta vereinigt. Zuchtziel war hier bedingt durch den leichten Boden ein „mittelschweres landwirtschaftliches Gebrauchs- und Wagenpferd", seit 1907 „ein mittelschweres, elegantes Wagenpferd". Im Stutbuch waren 1922 über 7.000 Stuten und 250 Deckhengste verzeichnet.

Die letzte Phase dieser Epoche von 1900 bis 1920 führte zu einer endgültigen Festigung des Oldenburger Typs als Wagenpferd ohne weitere Fremdblutzufuhr. In dieser Blütezeit beeinflußten nicht nur Oldenburger Hengste viele deutsche Landeszuchten wie beispielsweise Bayern, Schlesien, Sachsen, auch Überseeländer wie USA, Kanada, Australien und Brasilien sowie Holland, Dänemark, Italien und Schweden führten ebenfalls zahlreiche Oldenburger Hengste ein.

Lübben, der als Exporteur dem Oldenburger Pferde den Weltmarkt eröffnete, war der geistige Urheber des Oldenburger Pferdezuchtgesetzes von 1897 und der Gesamtregistrierung des Oldenburger Pferdes. Freiherr von Frydag führte die Südoldenburger Pferdezucht der Schwesternzucht des Nordens näher und gab den Anstoß zur Verschmelzung beider Zuchtgebiete im Jahre 1923.

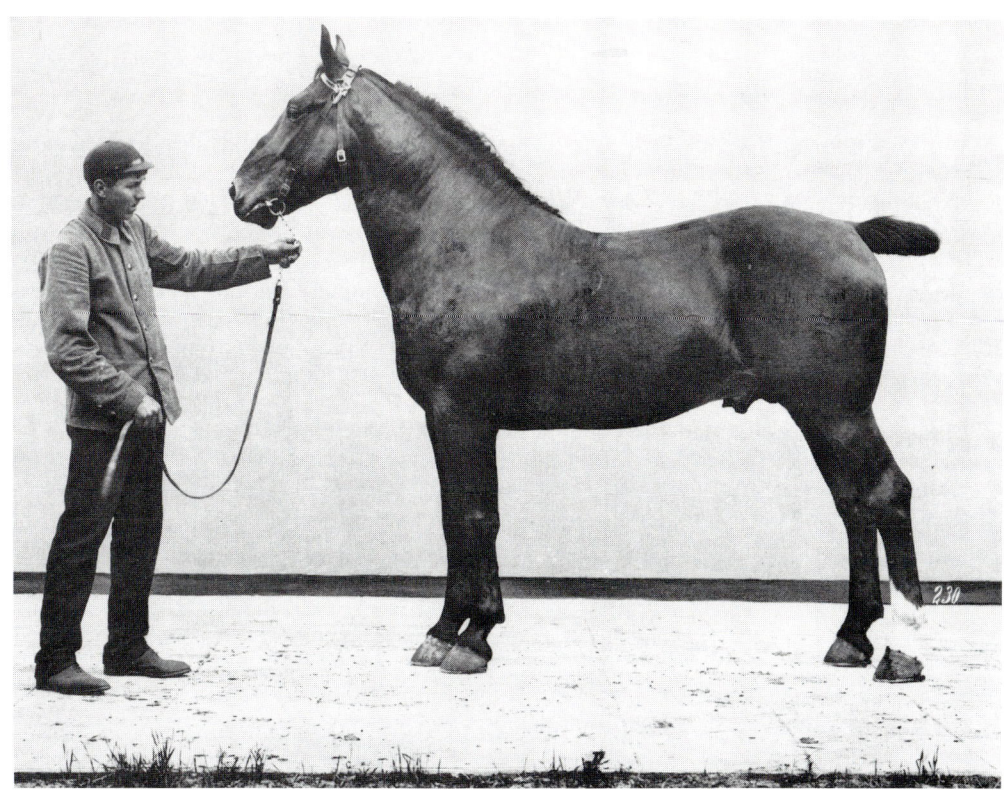

Roland, H., geb. 1910. V.: Rudolf 1531 v. Ruthard 1255 a. Arlene 8819. M.: Frieda III 13502 v. Fritz Reuter 1391 a. Theda 1239. Oldenburger eleganter, schwerer Kutschschlag.

2.3 Die Zeit von 1920 bis 1959

In diese Epoche fallen zwei Ereignisse:
- der Zusammenschluß der beiden Zuchtgebiete zum heutigen Verband der Züchter des Oldenburger Pferdes durch das Pferdezuchtgesetz von 1923 und
- die ersten züchterischen Veredlungsmaßnahmen seit der Jahrhundertwende durch die Einkreuzung der Hengste Lupus xx (1935) und Condor (1950).

Das Pferdezuchtgesetz vom 29. Mai 1923, welches noch bis 1991 seine Gültigkeit besaß, ging von folgenden Grundgedanken aus:

Einmal war die Zucht des Oldenburger Pferdes längst über die Grenzen des eigentlichen Zuchtgebietes hinausgewachsen und auf dem besten Wege, der Idealtyp des Wirtschaftspferdes zu werden, und zum anderen sollte den privaten Initiativen der Oldenburger Pferdezüchter ein noch größerer Freiraum überlassen werden.

Gegenüber dem Gesetz von 1897 sieht das neue Gesetz folgende wesentlichen Änderungen vor:

1. den Zusammenschluß des nördlichen und südlichen Zuchtgebiets zu einem Zuchtgebiet,

2. die Angliederung des Landesteils Lübeck an dieses Zuchtgebiet und die Möglichkeit, noch andere außeroldenburgische Gebietsteile dem Zuchtgebiet anzugliedern,

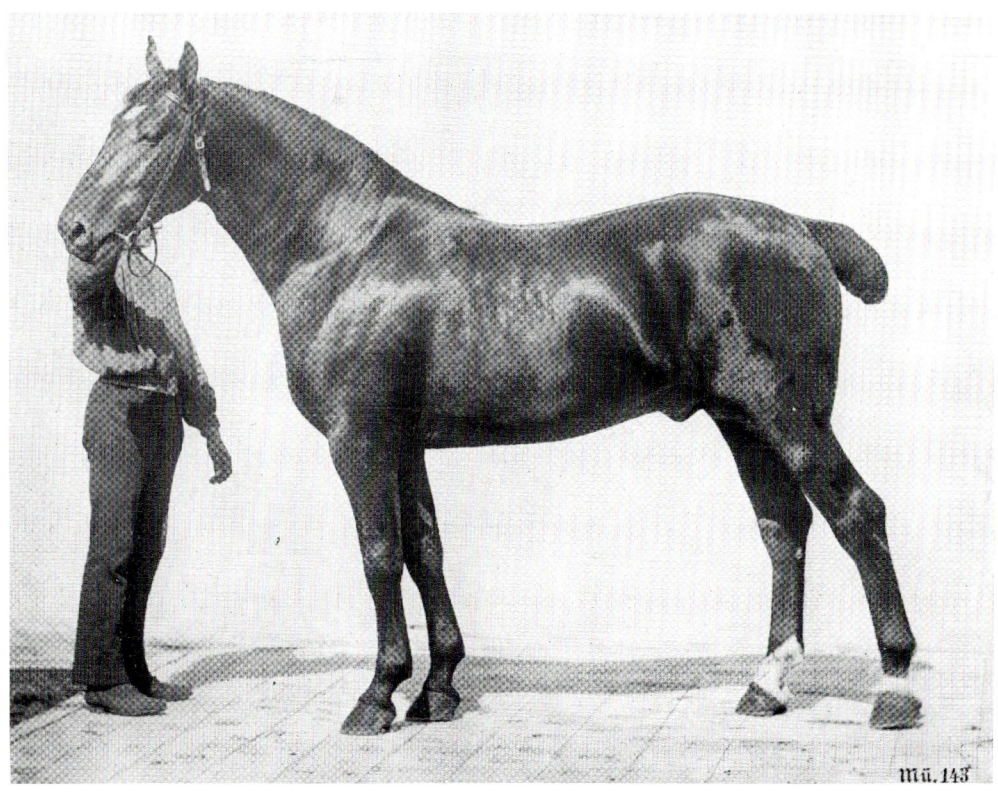

Kuno 1537 H., geb. 1902. V.: Kurfürst 1443 v. Enno 1135 a. Ella 1063. M.: Tasmania II 7927 v. Asmer 1177 a. Tasmania 1255. Oldenburger eleganter, schwerer Kutschschlag. 1. Preis DLG-Ausstellung München 1905.

3. die Möglichkeit für den Züchterverband, auswärtige Züchter des Oldenburger Pferdes als freiwillige Mitglieder aufzunehmen,

4. die Erweiterung der Zuständigkeit des Züchterverbandes auf die gesamten Angelegenheiten der Zucht des Oldenburger Pferdes in wirtschaftlicher und züchterischer Beziehung,

5. die Beschränkung der Zuständigkeit der Körungskommission auf die Vornahme der Körungen und Prämiierungen,

6. die Schließung des Stutbuchs,

7. eine andere Regelung der Prämiierung.

Die Trennung in zwei Zuchtgebiete war nicht mehr sinnvoll, da durch intensivere Nutzung und Düngung die Nachteile der leichteren Böden in Südoldenburg fast ausgewogen wurde. Außerdem hatten sich die Typen beider Zuchtgebiete durch Zuchtverbesserung und ständigen Austausch von Zuchttieren angeglichen. Vielmehr wurde durch diesen Zusammenschluß eine bessere und größere Ausgangsbasis hinsichtlich der Stutenanzahl geschaffen, um das Reinzuchtprinzip zu verfolgen und das Stutbuch zu schließen, d. h. keine fremdblütigen Tiere mehr in das Stutbuch aufzunehmen und einzutragen. So konnte der neugegründete „Verband der Züchter des Oldenburger Pferdes" am 1. Januar 1924 mit einem einheitlichen Zuchtziel und einem geschlossenen Stutbuch seine Arbeit aufnehmen. Ökonomierat D. Wilken, Borgstede, wurde Vorsitzender des neuen Verbandes, Ökonomierat Averdam, Stukenborg, stellvertretender Vorsitzender, Stutbuchführer J. Schüßler und Vorsitzender der Körkommission Landes-Ökonomierat G. Mennen, Bübbens b. Hohenkirchen.

Die Prämiengelder für Hengste und Stuten, früher vom Staat übernommen, mußten jetzt bei der Eigenständigkeit des Verbandes in voller Höhe selbst aufgebracht werden.

Am 1. Januar 1923 hatte der Verband einen eingetragenen Bestand von 117 Hengsten und 10.386 Stuten, die sich auf 5.807 Mitglieder verteilten. Der Wille zur Zentralisierung, um einen besseren Überblick über die Qualität des Zuchtmaterials zu haben, führte dazu, daß ab 1932 die Hengstkörung und ab 1936 die Stutenschau zentral in Oldenburg durchgeführt wurden.

Auch in der Zuchtzielsetzung war in dieser Periode eine Änderung erforderlich. Durch die aufkommende Automobilflut war der Kutschpferdebedarf stark zurückgegangen, dafür setzte aber gleichzeitig durch die zunehmende Intensivierung der Landwirtschaft ein steigender Bedarf an einem schweren Wirtschaftspferd ein. Die veränderten Verhältnisse führten zum damaligen Zuchtziel:

„Ein schweres, starkknochiges, vollrumpfiges, leistungsfähiges Wirtschaftspferd gut mittleren Rahmenausmaßes, welches durch Leichtfuttrigkeit, Fruchtbarkeit, Langlebigkeit, Gängigkeit und Verwendungsvielseitigkeit ein ideales Bauernpferd garantiert."

Fragen der Blutzufuhr und Blutauffrischung durch fremdblütige Rassen waren die dringlichsten züchterischen Probleme Mitte und gegen Ende dieser Epoche, und die Benutzung des Vollblüters Lupus xx und des Anglo-Normannen Condor wurde

5jähriger Oldenb. Hengst Edelknabe v. Edelgraf-Edelmann-Ehrenberg a. e. Gilbert-Stute.
Züchter: J. Eilers-Cleverns.
Bes.: G. Backhaus-Schweiburg.
Erhielt auf der Landestierschau Oldenburg 1936 den Siegerpreis als bester Hengst der Schau. (oben)

Condor, Anglo-Normanne, geb. 1946, deckte in Oldenburg von 1950 bis 1963 und lieferte 12 Söhne und 28 Enkel. (unten)

in allen deutschen Zuchtgebieten mit großem Interesse verfolgt.

Die Gründe der Zuchtleitung unter dem damaligen Präsidenten und Körkommissionsvorsitzenden B. Meyer, Krögerdorf, für die Veredlungsmaßnahme durch Lupus xx könnten folgende gewesen sein:

Von den ehemals zehn Hengstlinien gab es 1935 nur noch zwei, und von diesen beiden stand die Emigrantenlinie auch nur noch auf einer schwachen Basis. Vornehmlich die Hengste dieser Linie waren nach dem 1. Weltkrieg schwer und massig geworden. Weit über 90 % aller Hengste gingen auf Norman zurück, dessen Linie allerdings durch seine Enkel Ruthard und Wittelsbacher in zwei große Zweige geteilt war. Daher ist es nicht verwunderlich, daß etliche Tiere ingezüchtet waren und die Zucht dieses schweren Wirtschaftspferdes Gefahr lief, ausdruckslos zu werden.

Die Zuchtleitung versicherte zwar, daß die Oldenburger Pferde keine Fremdblutzufuhr brauchten, dies mußte aber als Vorsichtsmaßnahme für den Fall gesehen werden, daß dies Unternehmen fehlschlagen würde. Dies war jedoch überflüssig, da die durchgezüchteten Stutenstämme diese Blutzufuhr rasch eliminierten. Als mit zunehmender Motorisierung in der Landwirtschaft die große Krise für das schwere Wirtschaftspferd kam, wurde die Umstellung zum leichteren, vielseitig verwendbaren Wirtschaftspferd unumgänglich. Dieses Pferd sollte sich durch Schönheit, Eleganz, gute Gänge, Futterdankbarkeit und gutes Temperament auszeichnen.

Dieses Ziel sollte mit Hilfe des 1950 eingeführten Hengstes Condor erreicht werden, der 62,5 % Vollblut führte. Er hat die Oldenburger Zucht zwar positiv im Sinne eines modernen, leichteren und gängigeren Warmblutpferdes beeinflußt, aber für die immer stärker in den Vordergrund rückende Reiterei konnte Condor allein den erhofften großen Durchbruch nicht schaffen.

2.4 Die Zeit von 1960 bis heute

Die jüngste Epoche ist in züchterischer und entwicklungsgeschichtlicher Hinsicht als bedeutendster Wendepunkt in der Geschichte der Oldenburger Pferdezucht anzusehen. Mit der Aufstellung des ersten Vollblüters Adonis xx im Zuchtgebiet nach 115 Jahren wurde die Züchtung des modernen Oldenburger Sportpferdes eingeleitet.

Die Oldenburger Pferdezüchter standen in dieser Zeit vor der Existenzfrage. Man muß dieser Zucht bescheinigen, daß sie Großes erreicht hatte. Vor allen Dingen waren Außenstehende immer wieder überrascht über die Einheitlichkeit des Rassetyps des Oldenburger Pferdes. Gustav Rau sagte über die Oldenburger Zucht: „Ein Zuchtbild von unerhörter Geschlossenheit und Wucht". Aber was nutzte der ausgegliche-

4jähr. Oldenburger Präm.-Stute Blankenese III 78473 v. Flügelmann a. e. Gratus-Stute. - 1956 DLG Hannover Ia-Preis und Ehrenpreis. Siegerstute

ne Typ der 50er Jahre, wenn infolge der steigenden Technisierung der Landwirtschaft die Nachfrage nach Pferden im Wirtschaftstyp abnahm, bis sie schließlich völlig zum Erliegen kam und damit auch der „Verband der Züchter des Oldenburger Pferdes" in die Zwangslage geriet, das Zuchtziel wie alle übrigen deutschen Pferdezuchten allein auf die Erzeugung von vielseitigen Reitpferden umzustellen.

Der Vollblüter Adonis xx leitete die neue bahnbrechende Epoche in Oldenburg ein und deckte bereits im ersten Jahr doppelt soviel Stuten wie der begehrteste Oldenburger Hengst. Die günstigen Zuchtergebnisse, die man mit ihm erzielte, wirkten ermutigend. Der Bann war gebrochen, in rascher Folge wurden Manolete xx, Miracolo xx, Guter Gast xx, More Magic xx, Vollkorn xx, Makuba xx, Kronprinz xx u. a. nach Oldenburg eingeführt. Zu den züchterischen Problemen kam in den 60er Jahren der rapide Rückgang der Pferdebestände in ganz Deutschland, der zur großen Krise führte und unter dem Motto „Das Pferd muß bleiben" alle Verantwortlichen um das Überleben der gesamten Pferdezucht zu kämpfen veranlaßte. In diese Zeit fallen auch erste Gespräche mit dem ostfriesischen Nachbarzuchtgebiet, die 10 Jahre eher mit der Einkreuzung von Vollblutaraber-Hengsten die Veredlungsphase begonnen hatten. 1963 führten die Verhandlungen der beiden Nachbarzuchtgebiete zu ersten positiven Ergebnissen, indem die in den beiden Stutbüchern eingetragenen Hengste und Stuten gegenseitig voll anerkannt wurden. Die Bemühungen für einen Zusammenschluß dieser beiden

sich stark gleichenden Zuchtgebiete - beide hatten ausschließlich private Hengsthaltung und mußten ihren bisherigen Typ durch geeignete Veredlungsmaßnahmen modernisieren - waren umsonst, denn kurz vor dem unterschriftsreifen Vertrag wandte sich Ostfriesland 1964 dem hannoverschen Verband zu.

Der Aufschwung der Reitpferdezucht in Deutschland Anfang der 70er Jahre begünstigte auch die Umzüchtungsmaßnahmen der Oldenburger Pferdezüchter; ihre neuen Produkte konnten zu guten Preisen abgesetzt werden.

Im Jahre 1975 beschlossen alle deutschen Zuchtverbände ein gemeinsames Zuchtziel: Deutsches Reitpferd.

Damit wurde der Rassebegriff „Deutsches Reitpferd" für alle Warmblutgebiete geschaffen, und auch das Oldenburger Pferd als Rassebegriff gehörte der Vergangenheit an.

Das „Deutsche Reitpferd aus Oldenburg" oder „Moderne Oldenburger Sportpferde" ist daher eine geographische Herkunftsbezeichnung geworden und soll in Zukunft als Qualitätsbegriff für vielseitige Leistungspferde aus dem Oldenburger Zuchtgebiet dienen.

In den zwanzig Jahren seit 1970 konnte die moderne Oldenburger Sportpferdezucht - nach schweren Jahren des rapiden Niederganges - dank des großen Einsatzes einiger heute fast legendärer Zuchtfiguren unter den Hengsthaltern, von denen Georg Vorwerk als Entdecker gleich mehrerer außerordentlich einflußreicher Stempelhengste, wie Furioso II, Inschallah, Zeus oder Weltmeister,

Adonis xx geb. 1952 Gestüt Schlenderhahn. v. Magnat xx a.d. Aster xx v. Oleander xx - Wallenstein xx. Deckte von 1959 bis 1963 in Oldenburg.

unbedingt genannt werden muß, zunehmend wieder an Profil gewinnen.

Um 1980 hatten die Oldenburger im Konzert der Deutschen Reitpferdezuchten mit fast 3.500 eingetragenen Zuchtstuten noch an sechster Stelle rangiert, 1993 wurde diese Zahl mit 7.700 Zuchtstuten (s. Tabelle) um mehr als das Doppelte übertroffen, und Oldenburg rückte hinter dem großen Bruder Hannover sowie Westfalen auf die dritte Position.

Entwicklung des Zuchtstuten- und Hengstbestandes in Oldenburg

Jahr	Stuten	Hengste
1945	14.533	186
1950	18.557	205
1955	10.175	79
1960	5.761	56
1965	2.768	46
1970	1.843	37
1975	3.572	84
1980	3.326	94
1985	3.634	114
1990	5.487	174
1993	7.700	204

Als Ausdruck eines neugestärkten Selbstbewußtseins, nicht zuletzt auch durch die großartigen Erfolge der letzten Jahre, die Oldenburger auf Schauen und im Leistungssport erringen konnten, beschloß die Vertreterversammlung des Verbandes 1992 die satzungsmäßige Ausdehnung des Zuchtgebietes der Oldenburger über die Grenzen des alten Großherzogtums Oldenburgs hinaus auf ganz Niedersachsen. Damit konnten die zahlreichen Oldenburger Züchter in den angrenzenden Gebieten als ordentliche Mitglieder integriert werden, und dem Wunsch einer großen Züchtergemeinschaft in Ostfriesland konnte stattgegeben werden, als achter Kreisverband mit Sitz und Stimme in die Vertreterversammlung des Verbandes einzuziehen. - Eine Entscheidung, die im Hinblick auf die Ereignisse von 1964 eine gewisse historische Dimension hatte.

Aber auch das züchterische Erscheinungsbild des Oldenburger Sportpferdes, das durch die Championatstitel für Donnerhall 1986 in Hannover auf der DLG, für Ausnahme 1986 in Aachen auf der Bundesstutenschau und für Glorieux 1988 in Sche-

nefeld beim Bundeschampionat des Deutschen Reitpferdes ihre nachhaltige Bestätigung erfuhr, hat an Profil und Selbstverständnis gewonnen.

Neben dem großen Einfluß von Hengsten aus Frankreich und aus Hannover konnten in den 80er Jahren die Holsteiner, getragen von den großen internationalen Erfolgen dieser Zucht im Leistungssport, zunehmend an Bedeutung gewinnen; den Anfang machte der zu Beginn leider noch unterschätzte Tin Rocco von Tin Rod xx (seit 1980). Ab 1985 ist es aber vor allem der Landgraf I-Sohn Landadel gewesen, der sich in Oldenburg nachhaltig hat durchsetzen können; als weitere bedeutende Vererber aus Holstein sind auch Carprilli, Lord Liberty und Sandro zu nennen.

Furioso II geb. 1965 v. Furioso xx a.d. Dame de Ranville v. Talismann - Lord Orange. Deckeinsatz 1968 bis 1986 in Cappeln. Mit einer Lebensgewinnsumme seiner Nachkommen von über 3 Mio. DM gehört er zu den einflußreichsten Sportpferdevererbern aller Zeiten.(Oben mit seinem Z. u. B. G. Vorwerk)

Donnerhall, geb. 1981 v. Donnerwetter-Markus, DLG-Champion und Spitzenvererber: Prototyp des modernen Oldenburger Sportpferdes. 1994 unter Karin Rehbein Deutscher Meister, Mannschaftsweltmeister und WM Einzelbronzemedaille in der Kür.

Die Vorsitzenden des Zuchtverbandes

A. Nördlicher Pferdezüchterverband bis 1923

Ökonomierat Ed. Lübben, Sürwürden	1897 - 1916
Ökonomierat D. Wilken, Borgstede	1916 - 1923

B. Südlicher Pferdezüchterverband bis 1923

Oberhofmeister Frhr. v. Frydag, Daren, Vechta	1887 - 1922
Ökonomierat H. Averdam, Stukenborg	1922 - 1923

Verband der Züchter des Oldenburger Pferdes ab 1923

Ökonomierat D. Wilken, Borgstede	1923 - 1931
Präsident G. Hullmann, Etzhorn	1931 - 1934
Landes-Ökonomierat B. Meyer, Krögerdorf	1934 - 1946
Präsident H. Kückens, Hiddigwarden	1946 - 1969
Präsident H. Stelloh, Oldenburg	1969 - 1972
Präsident M. Graf v. Merveldt, Vechta	1972 - 1991
Präsident Dr. H. Meinardus, Stadland	seit 1991

Die Vorsitzenden der Körkommission

Rittmeister a.D. Lehmann, Oldenburg	1820 - 1826
Hofbereiter Mohrhagen, Oldenburg	1826 - 1833
Generalleutnant Graf Wilhelm v. Wedel, Oldenb.	1833 - 1872
Oberstallmeister Graf Clemens v. Wedel, Oldenb.	1872 - 1884
Oberstallmeister v. Schnehen, Oldenburg	1884 - 1895
Geh. Landes-Ökonomierat Heumann, Oldenb.	1895 - 1900
Oberstallmeister v. Wenckstern, Oldenburg	1900 - 1920
Landes-Ökonomierat G. Mennen, Bübbens b. Hohenkirchen, später Oldenburg	1920 - 1929
Landes-Ökonomierat B. Meyer, Krögerdorf	1929 - 1946
Präsident H. Kückens, Hiddigwarden	1946 - 1969
Landwirt F. Folkers, Nordergarms	1969 - 1973
R. Ramsauer, Zuchtleiter	1973 - 1988
Dr. W. Schulze-Schleppinghoff, Zuchtleiter	1988 - 1991
Dr. K. Kühl, Zuchtleiter, Deutsch-Nienhof	1991 - 1992
Dr. W. Schulze-Schleppinghoff, Zuchtleiter	seit 1992

3. Die Organisation des Verbandes

Der Verband der Züchter des Oldenburger Pferdes wurde durch das Oldenburger Pferdezuchtgesetz von 1923 als Zusammenschluß der beiden nördlichen und südlichen Zuchtverbände gegründet. Bis 1990 war der Verband als Körperschaft des öffentlichen Rechts der Aufsicht der Bezirksregierung Weser Ems unterstellt; 1991 erfolgte infolge der Aufhebung des Pferdezuchtgesetzes durch das Land Niedersachsen die Überführung in einen eingetragenen Verein. Es bestehen nach der Satzung folgende Organe:
- Vorstand mit Präsident (4 Mitglieder)
- Vertreterversammlung (19 Mitglieder)
- die acht Kreisversammlungen der Mitglieder
- die Bewertungskommission (Zuchtleiter und drei ehrenamtliche Mitglieder).
Obenstehend ein Überblick über die Vorsitzenden des Verbandes und die Leiter der Körkommissionen seit Bestehen des Verbandes:

4. Zuchtziel und Zuchtprogramm

Im Jahre 1975 hatten alle Reitpferdezuchten unter dem Dach der Deutschen Reiterlichen Vereinigung (FN) unter dem Eindruck schwieriger Rahmenbedingungen für die damalige Pferdezucht ein einheitliches Zuchtziel „Deutsches Reitpferd" definiert. Die nächsten 15 Jahre machten jedoch deutlich, daß die Eigenständigkeit der regional arbeitenden Zuchtverbände zugunsten eines bundesweiten „Deutschen Reitpferdes" nicht aufgegeben wurde, sondern trotz des gleichgelagerten Zuchtzieles regionale Schwerpunkte nach wie vor bestehenblieben. Während einige Zuchtgebiete großen Wert auf die Erhaltung eines gewissen Reinzuchtstatus legen - besonders die Trakehner, aber auch Holstein und heute wieder verstärkt Hannover -, ist Oldenburg konsequent den Weg einer Kombinationskreuzung gegangen; dafür waren folgende Gründe ausschlaggebend:
1. Als Grundlage stand mit dem schweren Oldenburger eine hervorragend konsoli-

dierte Ausgangsrasse zur Verfügung, die züchterisch im Hinblick auf Korrektheit, Bewegungsdynamik und Leistungsbereitschaft ungemein gefestigt war. Noch heute bieten die alten durchgezüchteten Oldenburger Stutenstämme die größte Gewähr für Vererbungssicherheit.
2. Wegen des langen Generationsintervalles mußte das angestrebte Ziel der Umzüchtung möglichst schnell erreicht werden.
3. Die Zuchtmaßnahmen mußten gewährleisten, daß aus jeder Stufe des Zuchtprogrammes vermarktungsfähige Zucht- und Sportpferde hervorgingen.

In der ersten Stufe Ende der 60er Jahre wurden deshalb massiv Vollbluthengste eingesetzt, um das vordringliche Ziel einer Veredlung zu erreichen. In den folgenden zehn Jahren kamen dann vermehrt französische, hannoversche und Hengste der eigenen veredelten Oldenburger Zucht zum Einsatz, um die Reitpferdeeigenschaften zu festigen. Aus der untenstehenden Tabelle ist ersichtlich, daß in den letzten Jahren auch verstärkt Hengste aus anderen Leistungszuchten (Holland und vor allem Holstein) eingesetzt wurden. Die Möglich-

Entwicklung des Deckhengstbestandes in Oldenburg (altes Zuchtgebiet)

	1974 absolut (in %)		1984 absolut (in %)		1994 absolut (in %)	
Vollblut	21	(31,3)	6	(6,0)	7	(5,3)
Trakehner	5	(7,5)	3	(3,0)	2	(1,5)
Anglo-Norman.	3	(4,5)	4	(4,0)	4	(3,0)
Anglo-Araber	3	(4,5)	2	(2,0)	-	(-)
Hannoveraner	18	(26,8)	39	(39,0)	35	(26,3)
Westfalen	-	(-)	4	(4,0)	8	(6,0)
Holsteiner	-	(-)	1	(1,0)	14	(10,5)
Holländer	-	(-)	-	(-)	5	(3,8)
Oldenburger	17	(25,4)	41	(41,0)	58	(43,6)
Gesamt	67		100		133	

keiten einer kostendeckenden Vermarktung orientieren sich in der Reitpferdezucht stark an den Sporterfolgen ihrer Repräsentanten, so daß die züchterische Priorität zunehmend auf Leistungsveranlagung und Leistungsvermögen gelegt wurde.

Wichtig für die Erreichung dieses Zieles ist eine konsequente Eigenleistungsprüfung der zur Zucht benutzten Hengste und Stuten: Der Verband der Züchter des Oldenburger Pferdes verlangte schon seit 1964 (lange vor einer gesetzlichen Regelung durch das Tierzuchtgesetz von 1974) eine erfolgreiche Absolvierung der Hengstleistungsprüfung (zunächst in Westercelle, später in Adelheidsdorf und in anderen Stationen) von allen Hengsten, die zum Zuchteinsatz kommen sollten. Anfang der 80er Jahre wurden auch für die jungen Stuten Stations- und Feldprüfungen eingerichtet, mit dem Ziel, die Reitpferdeeigenschaften - hier die Grundgangarten, Rittigkeit, Springveranlagung - besser zu erfassen, als dies mit der Mindestleistungsprüfung gegen die Stoppuhr früher möglich war.

Folgerichtig beschloß die Vertreterversammlung des Zuchtverbandes 1992 ein gegenüber 1975 stärker turniersportlich betontes Zuchtziel:

„Gezüchtet wird ein edles, großliniges, korrektes und leistungsstarkes Sportpferd, mit schwungvollen, raumgreifenden, elastischen Bewegungen, das aufgrund seiner Veranlagung für Sportzwecke jeder Art geeignet ist."

5. Die private Hengsthaltung

Im Oldenburger Kernzuchtgebiet gibt es zur Zeit 24 Deckstationen, davon 11 Stationen mit mehr als drei Hengsten, die sich ausschließlich im Privatbesitz befinden. Damit nimmt der Oldenburger Pferdezuchtverband eine Sonderstellung innerhalb der regionalen Warmblutzuchtverbände in der Bundesrepublik ein, da in den übrigen Zuchtgebieten mehr oder weniger stark die staatliche bzw. Verbandshengsthaltung im Vordergrund steht.

Gerade in der Umzüchtungsphase auf das moderne Oldenburger Sportpferd gingen die entscheidenden Impulse von den Oldenburger Privathengsthaltern aus. Durch sie konnte eine schnellere Umstellung auf edle Hengste - bedingt durch die veränderte Marktlage - vorgenommen werden. Gerade die Beschaffung bester Vatertiere erfordert neben erheblichen Geldsummen oft schnelle Entschlußkraft und große Beweglichkeit, was immer privates Engagement voraussetzt. - Die Konkurrenz untereinander und gegenüber der staatlichen Hengsthaltung förderte die Qualität der Hengste und sicherte so den Zuchtfortschritt.

Als eine gewisse Schwierigkeit muß die Erhaltung bewährter Vererber angesehen

werden. Spät erkannte Vererber scheiden bei Privathengsthaltung häufig zu früh aus der Zucht aus, weil Rentabilitätsgesichtspunkte im Vordergrund stehen. Hier kann aber durch die künstliche Besamung, wenn Samen von solchen Hengsten gewonnen und gelagert wird, Abhilfe geschaffen werden.

Dieser wichtige Gesichtspunkt der Erhaltung von wertvollen Vatertieren führte im Januar 1978 zur Gründung der Pferdebesamung Oldenburg. In ihr waren bis 1994 als gleichberechtigte Partner der Verband der Züchter des Oldenburger Pferdes und der Verein der Oldenburger Hengsthalter vereint. Damit wollte man von vornherein vermeiden, daß Besamung und Zucht verschiedene Wege gehen, wie es bei anderen Tierarten in der Vergangenheit der Fall gewesen ist.

Mit wachsender Bedeutung der Frischsamenübertragung seit Mitte der 80er Jahre kam es zunehmend zu Interessenkonflikten zwischen Hengsthaltung und deren berechtigten wirtschaftlichen Interessen einerseits sowie der Züchterschaft, die durch den Zuchtverband vertreten wird, andererseits. Dies bewog den Zuchtverband, die in der Anfangsphase durchaus erfolgreiche Partnerschaft in der Pferdebesamung Oldenburg zu verlassen und damit die unabhängige Kontrolle des Besamungswesens im Sinne des Tierzuchtgesetzes und der Zuchtbuchordnung gewährleisten zu können.

Während die Besamung mit TG-Sperma aufgrund unbefriedigender Befruchtungsresultate nie nennenswerte Bedeutung erlangen konnte, hat die Frischsamenübertragung wegen sehr guter Fruchtbarkeitsergebnisse das züchterische Geschehen revolutioniert. Rund 80 % aller Oldenburger Zuchtstuten werden heute mit Sperma von züchterisch besonders interessanten oder bewährten Vererbern besamt, der Natursprung ist mittlerweile schon eher die Ausnahme. Die Besamung bietet die einmalige Möglichkeit, in der Hauptsaison die Spitzenhengste zu entlasten sowie Hengste

gleichzeitig im Turniersport einsetzen zu können.

Natürlich bringt die Privathengsthaltung große finanzielle Risiken mit sich, wenn vielversprechende Junghengste die Eigenleistungsprüfung nicht bestehen oder ihre Nachzucht nicht den hochgesteckten Erwartungen entspricht. Die Oldenburger Sportpferdezucht hat daher der großen Fachkenntnis und Risikobereitschaft seiner Privathengsthalter sehr vieles zu verdanken.

6. Hengste und Hengstlinien

Ohne die Bedeutung herausragender Zuchtstuten und bewährter Stutenstämme schmälern zu wollen, ist es nun einmal unbestritten, daß den Vatertieren in einer organisierten Zucht wegen ihrer quantitativ weitaus größeren Einflußnahme - durch die Besamung kann heute ein einziger Hengst mehrere hundert Fohlen in einem Jahr erzeugen - stets besonderes Augenmerk gilt. Während Körung und Hengstleistungsprüfung nur die Grundvoraussetzungen für den Zuchteinsatz darstellen, zeigt sich in der Vererbung erst der wahre Wert eines Hengstes für die Zucht - und das manchmal auch erst nach vielen Jahren; denn die endgültige Bewährung der Nachkommen im Sport, ihrer eigentlichen Bestimmung, kann erst nach frühestens zehn Jahren halbwegs sicher eingeschätzt werden. Dennoch versucht jeder Zuchtverband anhand erster Leistungs- und Vererbungsinformationen besonders wertvolle Vererber frühzeitig zu erkennen und züchterisch zu fördern.

In Oldenburg wird traditionell auf der jährlichen Junghengstkörung im November in der Weser-Ems-Halle zu Oldenburg an die 4 1/2jährigen Hengste die sogenannte „Hauptprämie" vergeben. Es fließen in die Bewertung das eigene Exterieur des Hengstes, das Ergebnis seiner Hengstleistungsprüfung und die Qualität seiner ersten Fohlen ein; sehr oft gelang es in der Vergangenheit, hierbei Hengste herauszustellen, die auch in der weiteren Vererbung von sich reden machen konnten. Die folgende Tabelle gibt einen Überblick über die Hauptprämiensiegerhengste der letzten 25 Jahre - zugleich ein interessanter Einblick in das vielfältige Blutbild der modernen Oldenburger Sportpferdezucht:

Siegerhengste der Hauptprämiierung seit 1969

1969	Furioso II (AN)	v. Furioso xx
1970	Futuro (AN)	v. Furioso xx
1971	Waidmannsheil (Hann.)	v. Waidmannsdank xx
1972	Volturno	v. Vollkorn xx
1973	Waldschütz (Hann.)	v. Waidmannsdank xx
1974	Admiral I (Hann.)	v. Absatz
1975	Luciano (Hann.)	v. Lukas
1976	Zeus (AN)	v. Arlequin
1977	Tiro (AN)	v. Tremolo xx
1978	Admirand (Hann.)	v. Admiral I
1979	Ultraschall (AN)	v. Ultra Son
1980	Freiherr	v. Furioso II
1981	Welt As	v. Weltmeister
1982	Titus	v. Tiro
1983	Manstein (Hann.)	v. Matrose
1984	Argentinus (Hann.)	v. Argentan
1985	Almeo	v. Alme
1986	Zymbal	v. Zeus
1987	Feiner Stern (Hann.)	v. Freiherr
1988	Quo Vadis (AN)	v. Gratichou x
1989	Prinz Oldenburg	v. Picasso
1990	Rubinstein (Westf.)	v. Rosenkavalier
1991	Feinbrand	v. Feiner Stern
1992	Sandro Song	v. Sandro
1993	Liberty M	v. Lord Liberty

Die Oldenburger Philosophie, immer den Hengst selber bzw. seine Erscheinung als Individuum in den Mittelpunkt zu stellen und seine Herkunft zweitrangig zu betrachten, hat dazu geführt, daß die engagierten Oldenburger Privathengsthalter überall im In- und Ausland nach interessanten Vererbern Ausschau gehalten haben und so immer wieder hervorragende Hengste ins Zuchtgebiet holen konnten. Dem Zuchtfortschritt in Oldenburg sind so durch Spitzenvererber wie Furioso II, Inschallah und Zeus aus Frankreich; Argentinus, Weltmeister und Grannus aus Hannover; Contender und Landadel aus Holstein oder Rubinstein aus Westfalen entscheidende Impulse gegeben worden.

Die „Gewächse" der eigenen Zucht haben es demgegenüber immer schwer gehabt, sich gegen die vermeintlich interessanteren „Importhengste" zu behaupten. Es spricht für die Durchschlagskraft der alten Oldenburger Stämme, daß es trotzdem immer wieder Oldenburger Vererber gibt, die es ungeachtet schlechter Startbedingungen dennoch geschafft haben, wie z. B. der Olympiapferdemacher Welt As, der zunächst nach Holland verkauft war; der internationale Dressur-Heros Donnerhall, der erst DLG-Siegerhengst werden mußte, um züchterisch in den Blickpunkt zu rücken; der Sportpferdevererber Figaro, der lange im verborgenen wirkte, bis seine rittigen Nachkommen für ihren Vater warben; oder jüngst der Siegerhengstvater Landfriese, der durch sensationelle Runden beim Bundesspringpferdechampionat zum Tagesgespräch wurde.
Unter diesen Voraussetzungen ist es fast unmöglich, bedeutende Hengstlinien zu entwickeln, wie sie in einer mehr oder weniger geschlossenen Zucht immer zu wichtigen Trägern des Zuchtfortschrittes gehören.
Der berühmte Stempelhengst Furioso II, den einst der legendäre Georg Vorwerk aus der Normandie holte, ist einer der wenigen, dem es gelungen ist, in Oldenburg eine nach wie vor aktuelle Hengstlinie zu etablieren: (siehe rechts)

In Oldenburg aufgestellte Vererber haben im internationalen Vergleich immer wieder Spitzenpositionen einnehmen können. Dokumentiert wird dies alljährlich im Jahrbuch Zucht der FN auf Bundesebene. Unter den deutschen Spitzenvererbern, die in Oldenburg stationiert sind oder waren, sind unter anderem zu nennen: Natürlich Furioso II und Futuro, Grannus, Zeus, Welt As, Grundstein, Goldstern, Landadel und viele andere mehr.

Welt As, geb. 1977, v. Weltmeister-Furioso II, Siegerhengst 1981, u. a. Vater der Olympiapferde Olympic Bonfire (Dressur) und Leroy Brown (Springen).

Hengstlinie des Furioso II
(Nachkommen, die 1994 noch im Deckeinsatz standen)

```
                    ┌─ Fingal
                    │  F *78 (-Magister)
                    │
                    │  Feingau        ┌─ Freisturm
                    │  F *80 (-Weingau) │  F *82 (-Duden I)
Furioso II (SF) ────┤  Freiherr ──────┤
F*65                │  F * 76 (-Agram) │  Feiner Stern ──────── Feinbrand
Deckeinsatz 1968    │                  │  Db. *83 (-Goldstern)   B*87 (-Admiral)
                    │  Fürstenstolz   │
                    │  B *85 (-Gotthard) └─ Full Speed
                    │                     B * 88 (-Welt As)
                    │
                    └─ Freedom
                       B *87 (-Ramiro)
```

7. Zuchtveranstaltungen und Ausstellungserfolge

Zu den jährlich wiederkehrenden züchterischen Veranstaltungen, die für den Oldenburger Züchter von wesentlicher Bedeutung sind, gehören die im Sommer stattfindenden Stuten- und Füllenschauen. Auf diesen ca. 70 bis 75 örtlichen Terminen im Zuchtgebiet werden alle Fohlen vom Zuchtverband zentral gebrannt. Außerdem haben die Züchter die Möglichkeit, ihre Fohlen einer Prämiierungskommission vorzuführen.

Es besteht die Pflicht, von denjenigen Hengsten, die ihren ersten Jahrgang haben, alle Fohlen der Zuchtleitung vorzustellen. Die Zuchtleitung hat deshalb den unschätzbaren Vorteil, daß sie auf diesen Terminen alle Fohlen eines jeden Jahrganges sieht und somit sich fortlaufend über die Vererbung einmal der Debütanten-Hengste, aber auch der anderen Hengste ein umfassendes Bild verschaffen kann und bei negativer Vererbung sofort züchterische Maßnahmen ergreifen kann, um diese Hengste aus dem Zuchteinsatz zu nehmen. Auf diesen Stuten- und Füllenschauen werden gleichzeitig auch die besten überwiegend dreijährigen Stuten der Prämiierungskommission vorgestellt, um zu entscheiden, ob die Stuten mit zur Elite-Stutenschau nach Oldenburg kommen, die jeweils Anfang August im Rasteder Schloßpark mit der Vergabe der Staatsprämien und Verbandsprämien an die besten Stuten des Jahrganges stattfindet. Diese Stutenprämiierung wird seit 1936 zentral durchgeführt. Es kommen ca. 100 Stuten zu dieser Elite-Schau. Alle vier Jahre führt der Verband im Rahmen der regionalen Landwirtschaftsausstellung in Oldenburg eine „Schau der Besten" durch. Zu dieser Schau werden auf den örtlichen Terminen die ca. 100 bis 120 besten Stuten des Zuchtgebietes ausgesucht, um in Familien, Einzelzüchtersammlungen und Stutenklassen um die Siegespalme zu ringen.

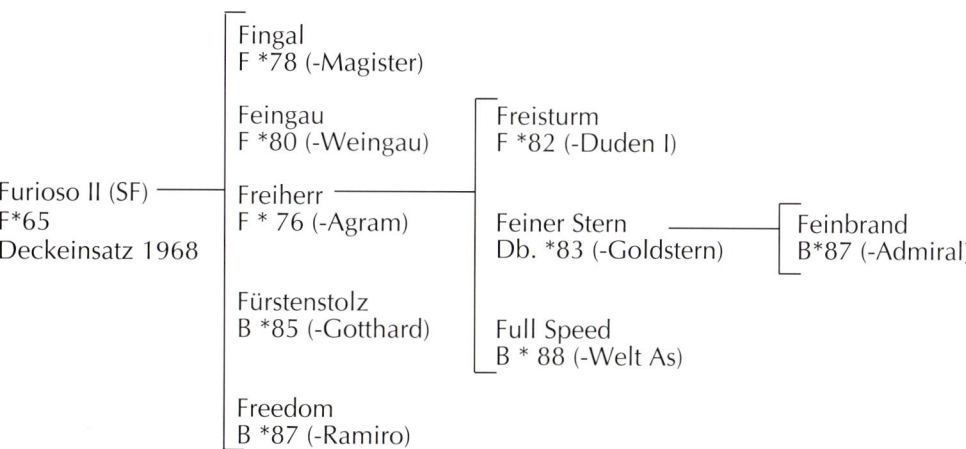

Landfriese, geb. 1987, v. Landadel-Manstein, Prämienhengst 1989, zweimaliger Finalteilnehmer beim Bundeschampionat der Springpferde und Vater des Siegerhengstes von 1993 Landsieger. (oben)

Figaro, geb. 1972 v. Futuro-Görtz, DLG-Hengst 1980, Lieferant zahlreicher qualitätsvoller Mutterstuten, hochbezahlter Auktionspferde und leistungsbereiter Sportpferde in Dressur wie Springen. (unten)

Love Story II, geb. 1988 v. Akzent II-Freiherr, Siegerstute der Staatsprämienschau 1991.

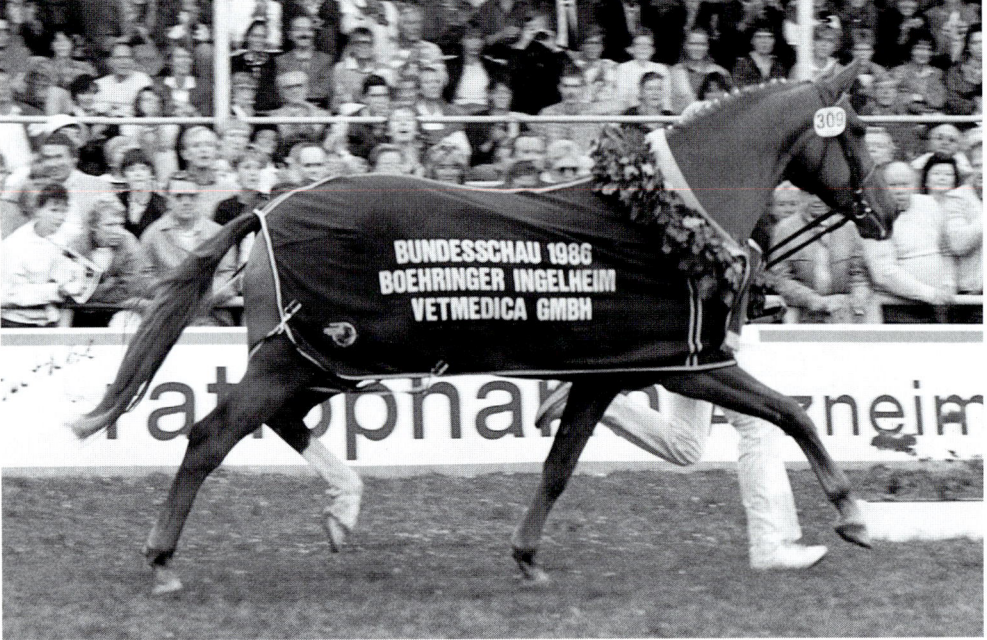

Ausnahme, geb. 1980 v. Furioso II-Admiral I, Siegerstute der Staatsprämienschau 1983 und Bundessiegerstute 1986 in Aachen

Ein züchterisches Ereignis von besonderer Publikumswirksamkeit ist die jährlich im Herbst stattfindende Hengstkörung und -Schau, die seit 1932 zentral in Oldenburg durchgeführt wird. Auf dieser Körung werden ca. 70 Junghengste vorgestellt, von denen 25 - 30 gekört werden. Es erfolgt eine Vorauswahl im Zuchtgebiet, bei der einen Monat vorher ca. 300 Hengste vorgestellt werden. Auf dieser Hengstschau bietet sich die einmalige Gelegenheit für den Besucher, alle Hengste des Oldenburger Zuchtgebietes zu sehen, da auch die Althengste dort vorgeführt werden. Die traditionsbewußten Züchter im Oldenburger Land haben an der jährlichen Vorführpflicht auch ihrer Althengste festgehalten, dementsprechend groß ist auch das Publikumsinteresse, so daß sich ca. 10.000 Besucher aus dem In- und Ausland in der Weser-Ems-Halle einfinden.

Die Ausstellungserfolge des Oldenburger Pferdes haben zu allen Zeiten eine bedeutende Rolle gespielt. Bis zum 2. Weltkrieg wurde eine intensive Ausstellungspolitik betrieben, die das Oldenburger Pferd von Moskau bis Buenos Aires, Chicago und Australien führte. Der erste internationale Erfolg datiert aus dem Jahre 1863. Von 1950 bis 1964 konnten auf den DLG-Ausstellungen der Deutschen Landwirtschaftsgesellschaft zahlreiche Siegerpreise in den schweren Warmblutklassen erzielt werden. Bedingt durch den Umzüchtungsprozeß trat der Verband erst 1974 wieder auf den DLG-Ausstellungen an die Öffentlichkeit. Die Erfolge und Prämiierungen seit dieser Zeit haben bewiesen, daß die Oldenburger Züchter mit der Umzüchtung ihres Pferdes den Anschluß an die deutsche Spitzenklasse gefunden haben.

Einen großartigen Höhepunkt erlebte die Oldenburger Pferdezucht im Jahre 1986, als auf der DLG-Ausstellung in Hannover (die letzte, bei der Oldenburg vertreten war, und die vorletzte überhaupt) mit dem Oldenburger Donnerhall erstmals ein Privatbeschäler vor allen Gestütshengsten aus Celle und Warendorf DLG-Siegerhengst wurde. Und um dem Oldenburger Triumph noch die Krone aufzusetzen, errang die Oldenburger Siegerstute von 1983 Ausnahme bei der Bundesstutenschau 1986 in Aachen den Titel der Bundessiegerstute - ein Jahr der Ernte für die engagierten Oldenburger Züchter und eine deutliche Bestätigung der Oldenburger Zuchtpolitik.

8. Die Auktionen in Vechta

Die Absatzorganisation des Verbandes ist der „Verein zur Absatzförderung des Oldenburger Pferdes" mit Sitz in Oldenburg. Vorstand und Geschäftsführung sind personalgleich mit dem des Zuchtverbandes. Er wurde im Jahr 1974 gegründet und führt seit dieser Zeit jährlich zwei Auktionen in Vechta im Frühjahr und im Herbst durch, jeweils am letzten Wochenende im März und am ersten Wochenende im Oktober. Seit 1986 werden im Mai und Dezember zwei zusätzliche Auktionen veranstaltet. Die erste Auktion fand im Herbst 1974 statt. Im Herbst 1979 konnte die Auktion in einer neuerbauten Halle stattfinden. Gleichzeitig wurden mit dieser Auktion ein Galaabend und eine Elite-Fohlen-Versteigerung eingeführt.

Vorgänger dieser Absatzorganisation war seit 1966 die Vereinigung für Pferdeleistungswesen im Kreise Vechta, die unter der Leitung von Ludwig Kathmann, Holtrup, bereits zwölf Auktionen veranstaltet hatte.

Der Auktionsplatz Vechta hat sich in letzter Zeit unter der Leitung von Uwe Heckmann zu einem der führenden Auktionsplätze in Deutschland entwickelt. Dies resultiert auch aus der Tatsache, daß sich zahlreiche Spitzenreiter in Vechta einfinden, um ihre Nachwuchspferde zu ersteigern.

Mit der Einführung der jährlich stattfindenden Fohlen-Elite-Auktion im Herbst, verbunden mit der Reitpferdeauktion, konnte seit Bestehen dieser Auktion jeweils der höchste Durchschnittspreis aller Fohlenauktionen erreicht werden.

Das Oldenburger Verbandsgebiet mit seiner starken Pferdebesatzdichte ist ein typisches Absatzgebiet, und gerade der private Verkauf in viele Länder der Welt ist ein Beweis für den guten Ruf des Oldenburger Pferdes zu allen Zeiten.

In den letzten 10 Jahren konnten geradezu spektakuläre Spitzenpreise erzielt werden, die Oldenburg und den Auktionsplatz Vechta in aller Welt bekannt machten: Fiorella Queen wurde im Herbst 1983 für den damaligen Bundesrekord von 200.000,— DM an Otto Schulte-Frohlinde (Grönwohldhof) zugeschlagen. Bei Durchschnittspreisen von um und über 20.000,— DM wurde dieser Preis im Frühjahr 1985 mit Pik Primaire erneut erreicht. Anfang der 90er Jahre kletterten die Durchschnittspreise auf über 30.000,— DM, und im Frühjahr 1992 wurde mit 220.000,— DM für den Dressurhengst Donnerschwee (von Donnerhall) erstmals wieder eine neue Rekordmarke erreicht, die dann im Herbst schon wieder von dessen Halbschwester Deutsche Einheit mit unvorstellbaren 420.000,— DM überboten wurde.

Die derzeitig gültige Rekordmarke für Elitefohlen liegt bei 100.000,— DM für den Grannus-Sohn Gran Corrado aus dem Herbst 1993.

Donnerschwee, geb. 1988 v. Donnerhall-Freiherr, Prämienhengst 1990, Auktionsspitzenpferd im Frühjahr 1992 in Vechta (220.000,- DM) und erfolgreiches Dressurpferd.

Deutsche Einheit, geb. 1988 v. Donnerhall-Pik Bube I, stellte am 3. Oktober 1992 in Vechta am Jahrestag der Deutschen Wiedervereinigung mit 420.000,- DM einen neuen Rekordpreis für deutsche Verbandsauktionen auf.

Blueberry Hill, geb. 1983 v. Barley Hill xx -Weltmeister; mit Bettina Overesch deutscher Gländepferde- Champion von 1993.

Weihaiwej, geb. 1984 v. Westminster-Grannus, Ausnahmetalent im Springsport, Doppelweltmeister mit Franke Sloothaak 1994 in Den Haag.

Rohdiamant, geb. 1990 v. Rubinstein-Inschallah x, Siegerhengst 1992 in Oldenburg, Bundeschampion der dreijährigen Reitpferde 1993 in Mannheim mit Martina Hannöver.

9. Die Erfolge im Leistungssport

Bei der Vielzahl sportlicher Spitzenveranstaltungen Jahr für Jahr ist es müßig, alle bedeutenden Erfolge der Oldenburger Turniercracks aufzählen zu wollen - die Liste wäre schon morgen überholt.

Ein Blick in die aktuellen Publikationen der Deutschen Reiterlichen Vereinigung, die Jahrbücher Zucht und Sport, belegt Jahr für Jahr den hohen Standard der Oldenburger Sportpferdezucht.

1993 war Oldenburg bei den Bundeschampionaten in Mannheim mit 4 Titeln - Reitpferdechampionat der 3jährigen (Rohdiamant), Fahrpferdechampionat (Marc), Geländepferdechampionat (Blueberry Hill) und Springpferdechampionat der 6jährigen (Zerberus) - der erfolgreichste Reitpferdezuchtverband bundesweit!

Auf internationalem Dressurparkett dominierten Olympic Bonfire (A. van Grunsven/NL - 4. bei den Olympischen Spielen 1992; Mannschaftssilber und Einzelgold-Kür bei der WM 1994 in Den Haag), Dondolo (R. Zeisinger, Teilnahme Olympische Spiele 1992; Mannschaftssilber und Einzelbronze bei der WM 1994 in Den Haag unter Sven Rothenberger/NL) und DLG-Sieger Donnerhall mit K. Rehbein; Mannschaftsgold und Einzelbronze-Kür bei den Weltreiterspielen 1994 in Den Haag.

Im großen Springsport gehörten in den letzten Jahren die Olympiateilnehmer Leroy Brown (Tjark Nagel) und Lets Go (Roeloff Briel/NL) sowie der „Altinternationale" Everest Gammon (John Whitaker/GB) zu den Erfolgreichsten der Welt.

Eine der spektakulärsten Zukunftshoffnungen des Springzirkus überhaupt ist aber die auffällig gezeichnete Fuchsstute Weihaiwej (von Westminster-Grannus), mit Franke Sloothaak Doppelweltmeister bei den Weltreiterspielen in Den Haag 1994.

Nach schweren Zeiten der Depression in den 60er Jahren meldet sich das Oldenburger Pferd also unübersehbar in den Kreis der führenden Pferdezuchtverbände der Welt zurück.

Literatur

Dr. Roland Ramsauer und Werner Ernst:
„Das Oldenburger Sportpferd"
L.B. Ahnert-Verlag

Sechsmal war L. Kathmann, Holtrup, Deutscher Champion der Fahrer, dazu kamen kaum noch zu zählende Erfolge auf nationalen und internationalen Turnieren.

NORDSEE

OSTFRIESLAND

○ Neuseriem

● Wittmun

○ Friedeburg

○ Moordorf
● Aurich

Bangstede
○

● Emden
○ Uphusen

○ Bagband

HOLLAND

● Leer
○ Filsum

Nieder-sachsen

Ostfriesisches Warmblut

Dr. Christian Frhr. v. Stenglin

ergänzt von
Jan Groenewold

OLDENBURG

Die ostfriesische Warmblutzucht

1. Natürliche Gegebenheiten

Im äußersten Nordwesten Deutschlands gelegen, besteht Ostfriesland aus den Landkreisen Leer, Aurich und Wittmund mit den Städten Leer, Emden, Norden und Aurich. Begrenzt wird es, grob gesehen, im Osten vom Jadebusen, im Norden von der Nordsee und im Westen vom Dollart.

Die der Nordküste vorgelagerten Inseln Borkum, Juist, Norderney, Baltrum, Langeoog und Spiekeroog werden zu Ostfriesland gerechnet.

Das ganze Gebiet ist eine flache Tiefebene von rund 312.000 ha, die im Norden und Westen hauptsächlich aus Marschen zu etwa 40% der Gesamtfläche bestehen. Angrenzend folgen sandige Geest mit etwa 32% sowie vor allem im Südosten Niederungs- und Hochmoor, das zusammen mit den Wasserflächen ca. 28% ausmacht.

Bei der geschilderten Lage nimmt es nicht wunder, daß ein extremes Seeklima mit vielen Niederschlägen, wenigen Sonnentagen, relativ geringen Temperaturschwankungen und reichlich West- und Nordwestwinden vorherrscht.

Von der Gesamtfläche werden ca. 250.000 ha landwirtschaftlich genutzt, davon mehr als 60% in Form von Grünland. Vornehmlich in den Poldern oder Groden der nährstoffreichen jüngeren Marsch wird intensiver Ackerbau betrieben, während die älteren Marschen und die diluvialen Böden der Geest sowohl zum Ackerbau als auch als Weide genutzt werden.

Die Flußniederungen und die meliorierten Niederungsmoore sind fast gänzlich in Wiesen und Weiden angelegt. Die abgetorften Hochmoore, vorwiegend in Sandmischkultur, zeigen heute teils Äcker, teils Grünland.

Ostfriesland ist Bauernland. Bis auf die Ackerbaubetriebe in den Poldern wird in Ostfriesland eine sehr starke Viehzucht betrieben. In der Blütezeit des schweren ostfriesischen Warmbluts war dessen Zucht in allen Landesteilen und in allen Betriebsgrößen zu Hause, auf der Geest nicht minder als in der Marsch.

Kaum eine Region in Deutschland konnte eine ähnliche Dichte des Pferdebestandes aufweisen.

2. Politische Geschichte

Aus dem Altertum ist durch den römischen Geschichtsschreiber Tacitus überliefert, daß in Friesland der Stamm der Chauken saß, der als recht wehrhaft galt und dieses nicht zuletzt durch die bemerkenswerte Anzahl und Qualität seiner Pferde. Im Mittelalter traten politisch einzelne Häuptlingsfamilien hervor, von denen das Haus der Cirksena seit 1441 die Grafenwürde über Ostfriesland erhielt. Das Ge-

schlecht starb 1744 aus und das Land fiel durch Erbschaft an Preußen.

Der Wiener Kongreß teilte es 1815 dem Königreich Hannover zu, durch dessen Annexion Ostfriesland 1866 wieder zu Preußen kam. Als Landdrostei zu hannoverscher, als Regierungsbezirk Aurich zu preußischer Zeit bildete Ostfriesland dann im größeren Verbande eine Verwaltungseinheit. Diese blieb noch bestehen, nachdem Preußen 1946 aufgelöst worden war und die Provinz in das Bundesland Niedersachsen umgewandelt wurde. Erst 1978 ging der Regierungsbezirk Aurich, der die Landsschaft Ostfriesland umfaßte, in dem größeren Regierungsbezirk Weser-Ems auf.

3. Zuchtgeschichte bis zur Gründung des Stutbuchs

Für die Zeit des späteren Mittelalters und den Übergang zur Neuzeit wird das ostfriesische Pferd von Chronisten (Fugger, Gnaphäus) dargestellt als im Typ des schweren Ritterpferdes stehend: breitbrüstig, mäßig tief, hochaufgerichtet im Hals, mit gespaltener, muskulöser Kruppe und dickem eingeklemmten Schweif, ausdauernd und rauh von Schenkeln, d. h. langebehaarten Beinen. Im frühen 16. Jahrhundert hat es nach diesen Quellen sieben Märkte in Ostfriesland gegeben, auf denen vornehmlich westfälische und niederländische Interessenten als Käufer auftraten.

Im Jahre 1608 schickte der regierende Graf vier ausgesuchte Pferde an den englischen König. Dem Geschmack der Zeit folgend, versuchte man, nachdem die Nachfrage an schweren Kriegspferden verebbt war, mit Hengsten fremden, meist orientalischen Blutes für den Absatzmarkt zu züchten.

Die Hengsthaltung lag bis 1715 in Händen der Landesherren, die ihre Beschäler den bäuerlichen Züchtern zur Verfügung stellten.

Es gab gegen Ende des 17. Jahrhunderts bereits Ordnungen für die expandierenden Pferdemärkte, die der Souverän in Form von Ge- und Verboten erließ.

In die letzten Jahrzehnte des selbständigen Ostfriesland fällt eine landesherrliche Verordnung für die Ämter Esens und Wittmund. Diese besagt, daß fürstlicherseits keine Beschäler mehr zur Verfügung gestellt werden könnten und daß es jedem einzelnen gestattet sei, unter besonderen Bedingungen selbst Hengste zu halten (1715). Diese privaten Hengste mußten jährlich im Januar einer Regierungskommission vorgestellt werden. Die Beschäler erhielten gegen Gebühr einen Deckerlaubnisschein, wenn festgestellt war, daß sie mindestens drei und nicht älter als fünfzehn Jahre, ohne Erbfehler, nicht kollerig, dämpfig oder mondblind, auch nicht spatig oder mit übermäßigen weißen Abzeichen versehen waren. Hiermit war, soweit heute bekannt, die älteste öffentliche Körung von Hengsten in Europa ins Leben gerufen.

Im Jahre 1755, zu preußischer Zeit, wurde der Körzwang auf ganz Ostfriesland ausgedehnt und die Durchführung mit sehr exakten Bestimmungen und empfindlichen Strafandrohungen je einem Körmeister in Aurich, Leer und Norden übertragen. Von einer ausgeglichenen Pferdezucht konnte trotz der Körordnung keine Rede sein. Die größeren Grundbesitzer versuchten, durch Veredlung mit Hengsten der verschiedensten Herkünfte, Pferde für den Kutsch- und Reitdienst zum eigenen Gebrauch und zum Verkauf zu züchten. Die Masse der Bauern bevorzugte ein plattes, gedrungenes, derbes Wirtschaftspferd, das noch während des ganzen 18. Jahrhunderts zahlenmäßig weit überwog.

Erst nach den politisch turbulenten Jahren der napoleonischen Kriege, als Ostfriesland 1815 hannoversche Provinz geworden war, machte sich eine beginnende Konsolidierung der Zucht bemerkbar. Das hannoversche Landgestüt Celle entsandte ab 1816 Hengste nach Ostfriesland. Bis zur Jahrhundertmitte waren es jährlich 4-6 Celler Landbeschäler, deren züchterische Wirkung nicht unerheblich war, obwohl sie nur etwa 10% des gesamten Vatertierbestandes ausmachten. Der Wunsch der Regierung, auch in Ostfriesland Militärremonten zu erhalten, spielte bei der Aufstellung der Landbeschäler sowohl zur hannoverschen, als auch später zur preußischen Zeit eine gewichtige Rolle. Bei der Mehrzahl der Züchter erfreuten sich die zum Teil leichten Hengste aus Celle - es waren auch einige englische Vollblüter darunter - nur geringer Beliebtheit.

Man hielt sich mehr an die privat eingeführten, kalibrigen, aus England stammenden Wagenpferdschläge von Cleveland-Bays und Yorkshires oder an Hengste aus der Normandie.

Im benachbarten Land Oldenburg herrschten etwa die gleichen Klima-, Boden- und Strukturverhältnisse. Auch hier hatte es Zeiten intensiver Förderung der Pferdezucht durch die Landesherren gegeben, auch hier gab es seit altersher eine unabhängige bäuerliche Züchterschaft.

Im Oldenburger Gebiet hatten sich im Verlauf des 19. Jahrhunderts wesentlich mehr als in Ostfriesland Hengstlinien herausgebildet, die, ausgehend von hannoverschen, englischen und normannischen Stammhengsten (Emigrant, Graf Wedel Lucks All, Stäwescher Hengst, Normann u. a.) Vatertiere hervorbrachten, die dem Geschmack und den Wünschen der ostfriesischen Bauern nach einem soliden wirtschaftlichen und gutmütigen Warmblutpferd, das mehr für den Zugdienst als für den Reitgebrauch geeignet war, sehr entgegen kamen. Durch

Darstellung eines friesischen Pferdes aus dem 17. Jahrhundert.

Aufstellung von Hengsten der genannten, meist in Oldenburg entstandenen Blutlinien, entwickelten sich, vor allem ab Mitte des Jahrhunderts, nachdem ab 1814 die zentrale Hengstkörung in Aurich eingeführt worden waren, mehr und mehr konsolidierte Stutenstämme im Lande.

4. Organisierte Zucht des ostfriesischen Warmbluts

Der landwirtschaftliche Hauptverein Ostfriesland in Norden begründete im Jahr 1850 das Ostfriesische Stutbuch für Hengste, im Jahre 1863 das für Stuten. Mit der Registrierung der Stuten begann eine Periode, die im heutigen Sinne als diejenige der organisierten Zucht zu bezeichnen ist.

4.1 Der ostfriesische Karossier (1880 - 1920)

Zentrale Hengstkörungen, eine von der Regierung durch Verordnung erlassene Körung der Stuten mit genau umschriebenen Eintragungsbestimmungen waren Maßnahmen, die stark auf die Konsolidierung der Zucht wirkten. Hinzu kamen Schauen und Prämiierungen von Hengsten (Vorangelder, Angelder, Prämien) und Stuten (Angelder und Hauptprämien), die etwa zu einem Drittel mit öffentlichen Gel-

dern bezuschußt wurden, als höchst wirksame Förderungsbemühungen. Im Jahre 1897 konnte der erste Band des Ostfriesischen Stutbuchs erscheinen mit den Abteilungen A für die staatlichen und privaten Hengste, B für die aufgenommenen Stuten mit Nachzucht, C für alle weiteren in Ostfriesland zur Zucht benutzten Stuten mit Nachzucht. Für die gekörten Privathengste und die eingetragenen Stuten wurde von dieser Zeit an das Brandzeichen O mit Krone auf die linke Halsseite gegeben, als Fohlenbrand (Kontrollbrand) ein OF mit Krone auf den linken Hinterschenkel für Nachkommen eingetragener Eltern. Es wurden Vertrauensleute in den einzelnen Gemeinden von der Regierung in Aurich bestimmt, die an Ort und Stelle für den landwirtschaftlichen Hauptverein, Sektion Ostfriesisches Stutbuch, die zur Führung eines Stutbuchs notwendigen Arbeiten erledigten.

Es hatte sich ergeben, daß die hinsichtlich der Konsolidierung auf den Karossiertyp weiter fortgeschrittene Oldenburger Zucht jährlich eine beträchtliche Anzahl Fohlen als spätere Zucht- oder Gebrauchspferde nach Ostfriesland lieferte. Maßgebend für die ostfriesische Karossierperiode wurden vor allem die beiden Hengste Bernhard (Norman-Linie) und Warner (Norfolk-Linie), beide in Oldenburg gezogen. Es entstand in dieser Zeit ein Pferdeschlag, den der Generalsekretär des Landwirtschaftli-

Ostfriesen-Gespann vor dem 1. Weltkrieg.

Gespann ostfriesischer Wallache des Herrn Kommerzienrat Doornkaat, Norden, um 1900.

ostfriesische Zucht zunehmend mit repräsentativen Sammlungen. Mit dem Jahre 1903 waren fast neun Jahrzehnte der Entsendung Celler Landbeschäler in Ostfriesland zu Ende gegangen.

4.2 Das schwere Wirtschaftswarmblut (1920 - 1950)

Nach dem Ersten Weltkrieg ergab es sich, daß die Nachfrage nach Luxuskutschpferden, wegen des ständigen Vordringens des Automobils rasch abnahm. Zudem waren aber auch die Handelsverbindungen ins Ausland durch Krieg und die nachfolgende politische Isolierung Deutschlands verkümmert.

Die starke Zunahme des Kaltbluts als Arbeitspferd in der Landwirtschaft auf der einen Seite, auf der anderen die abrupte Reduzierung des Bedarfs an Militärremonten zwangen allenthalben die Warmblutzuchten in Deutschland zur Verstärkung ihrer Produkte.

Es sei hier vermerkt, daß sich der Pferdezuchtverband für schweres Warmblut im Freistaat Danzig dem ostfriesischen Hochzuchtgebiet im Jahre 1924 kooperativ angeschlossen hatte. Laut Beschluß des Ostfriesischen Stutbuchs von 1925 wurde der genannte Verband als gleichberechtigtes Teilzuchtgebiet ohne wechselseitige geldliche Verpflichtung zwecks gegenseitiger Förderung der Zuchtbelange anerkannt.

In Ostfriesland hatte es schon vor dem Krieg einzelne Zuchtexemplare gegeben, die in puncto Schwere und Kaliber an der Grenze zwischen Warm- und Kaltblut standen.

Der ostfriesische Züchter stand ebenso wie der Oldenburger vor der Entscheidung, entweder Kaltblut ins eigene Zuchtgebiet zu holen oder nach mehr Kaliber zu selektieren. Man votierte für den zweiten Weg in beiden züchterisch eng verbundenen Gebieten. Hierbei fiel ins Gewicht, daß die deutschen Abnehmer- bzw. Nachzuchtgebiete in Thüringen, Sachsen, Schlesien und Hessen mehr und mehr einen möglichst schweren-kalibrigen Ostfriesen verlangten. Bei der Umstellung, die in den 20er Jahren erfolgte, erreichte man mehr Rumpftiefe, Breite und Kurzbeinigkeit, verlor jedoch an Trockenheit, Nerv, Schnittigkeit, Ausdruck und auch Gangvermögen.

Masse und Kaliber waren die Forderungen dieser Zeit. Der Unterschied der in den 20er und 30er Jahren im Vordergrund stehenden Beschäler zu den gefälligen Karossierhengsten vor 1918 fällt auf den Bildern aus diesen beiden Epochen frappierend ins Auge.

Der starke Einfluß der aus Oldenburg hereingeholten Zuchthengste sei durch die Tatsache beleuchtet, daß von den zwischen 1904 und 1927 im Durchschnitt jährlich aufgestellten 59 Hengsten 43% in Oldenburg, der Rest in Ostfriesland gezogen waren.

chen Hauptvereins H. Gross in den Jahren vor dem ersten Weltkrieg „à deux mains" nannte, weil es sowohl als Arbeits- als auch als Luxuspferd nutzbar war. Diesen Typ beschreibt er folgendermaßen: „Eine schnittige Figur, ein kräftiges tiefes Gebäude mit aufgerichteter schöner Halsung und freundlichem Kopf bei einer gewissen Eleganz in der ganzen Erscheinung und solidem Fundament neben räumenden, hohen Gängen mit stechender Vorderaktion und kraftvollem Versammeln auf der Hinterhand."

Die Formulierung des Zuchtziels für eine Zeit der höchsten Blüte der ostfriesischen Pferdezucht!

Gustav Rau sagt zur gleichen Zeit von den Ostfriesen, sie seien den Oldenburgern im allgemeinen sehr ähnlich, aber etwas leichter, trockener und auch gängiger.

Der Hochstand der ostfriesischen Karossierzucht wurde getragen von einem lebhaften Absatz der Produkte. Es entstanden Exportbeziehungen nach fast allen Ländern Europas und nach Nord- und Südamerika. Ostfriesische Beschäler gingen in viele deutsche Gebiete zur Verstärkung von zu leicht gewordenen Zuchten. Ostfriesische Kutschpferde waren in der ganzen zivilisierten Welt zu finden.

Es wurden mit gutem Erfolg die Weltausstellungen 1893 in Chicago und 1903 in St. Louis beschickt. Auch auf den seit den 80er Jahren jährlich im Deutschen Reich abgehaltenen Schauen der Deutschen Landwirtschaftsgesellschaft erschien die

Zahlenmäßig im Übergewicht war die Norman-Linie mit ihrem Rubico-Wittelsbacher-Girello-Gewin-Grumbach-Zweig vor der Norfolk-Emigrant-Linie mit dem Eichendorff-Eekboom-Eckstein-Zweig. Die übrigen männlichen Blutlinien (Jellachich-Agememnon, Duke of Cleveland, Lucks All u. a.) spielten zahlenmäßig nur eine geringe Rolle oder liefen ganz aus.

Die Körkommission in Ostfriesland hatte unter anderem auch Richtlinien betreffs der Farben der zu körenden Hengste zu beachten. Danach sollte Braun und Schwarz mit etwa 5/6 vorherrschen, Füchse sollten den Rest der offenen Plätze einnehmen, an Schimmeln wurde ca. alle drei Jahre einer gekört. In den Jahren zwischen 1913 und 1927 sind demzufolge 196 Braune und Rappen, 42 Füchse und 5 Schimmel als für das eigene Zuchtgebiet gekörte Junghengste neu eingesetzt worden.

Die Durchschnittsmaße von 22 im Jahre 1906 für Ostfriesland gekörten Junghengsten lagen für den Röhrbeinumfang bei 22,9 cm, für die Widerristhöhe bei 159 cm Stockmaß. Im Jahre 1925 wurden bei 13 Junghengsten durchschnittlich 23,6 cm im Röhrbein und 158,5 cm Widerristhöhe gemessen.

Das Durchschnittsgewicht von 11 Hengsten im Alter von 4 Jahren und mehr lag im Jahre 1906 bei 681 kg, dasjenige von 36 Hengsten der gleichen Altersgruppe lag im Jahre 1926 bei 763 kg.

In den beiden Blüteperioden der ostfriesischen Warmblutzucht stieg die Bedeckungszahl von 4.457 im Jahre 1904 bis auf 9.527 im Jahre 1923, fiel dann jedoch bis 1934 wieder auf ca. 4.000 zurück. Danach stiegen sie wieder, vor allem in den Jahren nach dem Zweiten Weltkrieg, auf über 10.000, um ab 1948 rapide abzunehmen. Wie in allen deutschen Zuchten spiegeln sich darin die Turbulenzen in den politischen und wirtschaftlichen Verhältnissen.

Auffallend sind die hohen Bedeckungszahlen, die auf Einzelhengste fallen, insbesondere in den Jahren des starken Exports in das Deutsche Reich und in das Ausland. Für sehr gefragte Hengste werden bis zu 350 gedeckte Stuten in einer Saison nachgewiesen. Von 55 in Ostfriesland aufgestellten Hengsten wurden im Jahre 1908 im Durchschnitt 103 Stuten gedeckt bei 64% Befruchtung. Im Jahre 1919 waren es sogar 135 für 66 Hengste bei allerdings nur 56% Befruchtung. Diese starke Ausnutzung der Beschäler war nur möglich bei sorgsamster Pflege und intensiver Fütterung, deren Zusammensetzung sehr individuell und vielfach Geheimrezept des Hengsthalters war.

Organisatorisch ist zu dieser Periode zu bemerken: Der höchst verdienstvolle Landwirtschaftliche Hauptverein Ostfriesland wurde in den ersten Jahren der natio-

Martin 1711 Db. H., geb. 12. Mai 1932. 1935 Ia Angeld, 1935 III. Leistungspreis, 1936 Ib. Nachzuchtprämie. B.: H. Sc.heepfer, Hage. Z.: Eduard Hinrichs, Borgholt.

Ansporn F.H., geb. 1947 v. Astor-Hiddo-Egon. Z.: E. Eschen, Aurich-Ostendorf

Jason ox. v. Jasir ox. geb. 1933 im Württ. Haupt-Landgestüt Marbach.

nalsozialistischen Herrschaft aufgelöst und das Ostfriesische Stutbuch, umgewandelt in einen eingetragenen Verein, dem Reichsnährstand unterstellt. In den Jahren 1942 - 1945 wurde auf Anordnung das Ostfriesische Stutbuch mit dem Verband der Züchter des Oldenburger Pferdes zusammengelegt. Diese Fusion wurde nach dem Zusammenbruch 1945 schnellstens wieder gelöst.

Auch wurden 1945 die vier Emslandkreise Aschendorf, Meppen, Lingen und Bentheim dem Ostfriesischen Stutbuch angegliedert, da sich hier im Laufe der Zeit ostfriesische Zuchtinseln gebildet hatten, deren Züchter den direkten Anschluß wünschten.

Der Vollständigkeit halber sei auch vermerkt, daß im Jahre 1935 das Kupierverbot eingeführt wurde, das dem ostfriesischen Pferde die seit vielen Jahrzehnten gewohnte Kurzschwänzigkeit nahm.

4.3 Veredlungsversuch mit Arabern

Nachdem insbesondere auf der Vatertierseite die Blutführung reichlich eng geworden war und in den 30er Jahren der Import eines Anglonormannen nicht zum erwünschten Erfolg geführt hatte, entschloß sich die Zuchtleitung nach dem zweiten Weltkrieg zur Aufstellung von Vollblut-Araberhengsten. Von 1945 bis 1950 deckten die beiden Hengste Wind ox von Ofir ox aus dem polnischen Arabergestüt Janow-Podlaski und Jason ox von Jasir ox aus dem württembergischen Hauptgestüt Marbach 500 Stuten. Desweiteren

wurden nach 1960 zur Zucht verwandt die Babolna-Araber Gazahl 2261 von Gazal VII und Mersuch von Mersuch sowie der Hengst Haladin ox von Halef ox.

Die Produkte der ersten Generation waren zum Teil hübsche, trockene, gängige und handliche Pferde, denen letzten Endes jedoch die mehr und mehr verlangte Wüchsigkeit und Großlinigkeit fehlte. Dieses galt entsprechend auch für die zweite und dritte Generation nach Wiederanpaarung mit rein ostfriesischen Hengsten.

Beginnend mit den 50er Jahren nahmen wie allerorts die Bedeckungszahlen auch in Ostfriesland zunehmend ab. Motorisierung und steigende Löhne erwiesen sich stärker als das zäheste Festhalten an althergebrachten Wirtschaftsformen. Die Stutenbedeckungen fielen von etwa 12.000 im Jahre 1947 auf rund 2.000 für das Jahr 1960. Der unaufhaltsame Schwund an Stuten und Mitgliedern sowie der Fortfall der Absatzgebiete in Mittel-, Ost- und Süddeutschland wurden für das flächenmäßig kleine Zuchtgebiet so bedrohlich, daß Behörde und Landwirtschaftskammer den Zusammenschluß mit dem zuchtverwandten Oldenburg dringend anrieten. Züchterschaft und Zuchtleitung entschieden sich für einen anderen Weg.

4.4 Anschluß an die Hannoversche Zucht

Mit dem Beginn der 60er Jahre fing in Deutschland der Reitsport an, aus kleinen Anfängen heraus mit dem wachsenden

Lebensstandard der städtischen Bevölkerung, zukunftsreiche Ausdehnung anzunehmen. Nationale und vor allem internationale Erfolge deutscher Dressur-, Spring- und Vielseitigkeitsreiter, insbesondere auf hannoverschen Pferden, brachten diese Rasse wiederum in den Blick der deutschen Pferdezüchter und -sportler. Dies war eine der Ursachen, weshalb sich das Ostfriesische Stutbuch entschloß, sich erst einmal züchterisch auf den Hannoveraner zu stützen. Einzelne Züchter erwarben hannoversche Stuten und Fohlen. 1965 - 1968 wurden die Landbeschäler Landherr v. Lasur, Endflug v. Endspurt xx, Gospodin v. Gouverneur und Ester I. v. Astflug vom Landgestüt Celle angeliehen. Gleichzeitig ging man daran, hannoversche Junghengste auf dem Verdener Hengstmarkt anzukaufen und Hengstfohlen aus Hannover für die Körung in Aurich aufzuziehen.

Der letzte Band des gedruckten Ostfriesischen Stutbuchs erschien im Jahre 1960. Die rein ostfriesisch-oldenburgisch gezogenen Hengste wurden von den Deckstationen abgezogen und durch hannoversche bzw. Vollblut- und arabische Beschäler ersetzt.

1967 deckten 22 Hengste insgesamt 932 Stuten, 71% davon hatten als Partner 9 hannoversche, einen Trakehner und einen Araberhengst. Nach einer 1965 getroffenen Absprache zwischen der ostfriesischen Zuchtleitung und dem Verband hannoverscher Warmblutzüchter wurden alle ostfriesischen Stuten, die ein Fohlen von einem Hengst der edlen Rassen hatten, im hannoverschen Vorbuch aufgenommen und die Nachzucht erhielt den hannoverschen Vorbuchbrand.

Ab 1972 standen auf den 9 verbliebenen Deckstellen nur noch Hengste, die vom hannoverschen Verband anerkannt waren.

Die Geschäftsstelle des Ostfriesischen Stutbuchs war 1967 von Norden nach Hannover verlegt worden. Namhafte ostfriesische Züchter schafften sich zunehmend reingezogene hannoversche Stuten an.

Im Herbst 1974 verkauften nach eingehenden Verhandlungen die ostfriesischen Hengsthalter ihre 16 vom hannoverschen Zuchtverband anerkannten Hengste an das Landgestüt Celle mit der Maßgabe, daß ab Deckzeit 1975 die vertragschließenden Hengsthalter gegen Beteiligung an den Deckgeldern die Hengste auf ihre Deckstationen nahmen und die Geschäfte führten.

Die letzte Hengstkörung in Aurich fand 1973 statt, 258 Jahre nach der ersten Körung in Ostfriesland bzw. 158 Jahre nach der ersten Zentralkörung in Aurich.

Im Jahre 1975 löste sich das Ostfriesische Stutbuch als selbständiger Zuchtverband auf und gliederte sich als Bezirksverband Ostfriesland dem Verband hannoverscher Warmblutzüchter an.

Nach der Veredelungszucht wird eine Verdrängungszucht durchgeführt.

Zentrale Hengstkörung auf dem Marktplatz in Aurich im Jahre 1955.

5. Schauen, Leistungsprüfungen, Turnierwesen

Schon in der ersten Hälfte des 19. Jahrhunderts wurde mit Hilfe von lokalen Vereinen zur Hebung der Pferde- und Rinderzucht das Schauwesen mit Vergabe von Prämien ins Leben gerufen. Im Laufe von hundert Jahren vervollkommnete sich das Prämiierungsvorgehen für Hengste, Stuten, Jährlinge und Fohlen auf beispielhafte Weise mit dem Zweck, möglichst frühzeitig die Besten an das Zuchtgebiet zu fesseln. In den Jahren ab 1920 bis fast zum Ende der selbständigen ostfriesischen Zucht gab es für Hengste: Füllenprämie (1/2jährig), Enterfüllenprämie (1 1/2jährig), Vorangeld (2 1/2jährig), Angeld (3jährig), Nachzuchtprämie (4jährig) und Zuchterhaltungsprämie (frühestens 10jährig) und für Stuten: Enterfüllenprämie (1 1/2jährig), Angeld und Sternvergabe (3jährig), Nachzuchtprämie (frühestens 5jährig) und Zuchterhaltungsprämie (frühestens 9jährig). Seit 1975 gelten die Schau- und Prämiierungsregeln des Verbandes hannoverscher Warmblutzüchter.

Wie an anderer Stelle erwähnt, nahm die ostfriesische Zucht im letzten Jahrzehnt des 19. Jahrhunderts mit Erfolg an Welt- und DLG-Ausstellungen teil. Herausragende Erfolge brachte in den letzten vier Jahrzehnten die DLG-Ausstellung 1939 in Leipzig, wo Ostfriesland den Sieger in der alten Hengstklasse stellte und den Großen Sammlungspreis gewann. Die DLG-Ausstellung 1960 in Köln brachte in der Abteilung schweres Warmblut für Ostfriesland den Siegerhengst (Alexander v. Alex-Gelimar, geb. 1955). Letztmalig nahmen ostfriesische Zuchtpferde an der DLG-Ausstellung 1964 in Hannover teil.

Leistungsprüfungen für Zuchttiere hatten in Ostfriesland ihren Beginn im Jahre 1935 mit der Einführung einer vorgeschriebenen Zugprüfung für Hengste: 1.000 m Schritt vor dem Schlitten und 2.000 m Trab im Wagen wurden verlangt. Stuten konnten sich einer freiwilligen Dauerprüfung unterziehen: Zweispännig im Wagen mit 50 Zentner Last über 25 km in beliebiger Gangart, km-Zeit zwischen 6 und 8 Minuten. Es schloß sich eine 5 km-Schrittstrecke an, der nach zweistündiger Pause wieder die beiden erstgenannten Teilprüfungen folgten. Von 1940 - 49 ruhte das ganze Leistungswesen.

Seit 1950 galt gleichermaßen für gekörte Hengste und Angeld- sowie Sternstuten: 1.000 m Schritt einspännig vor dem Schlitten mit Zugwiderstand von rund 50 Zentnern auf 1.500 m, Mindestzeit 14, Höchstzeit 17 Minuten. Trabprüfung unter dem Reiter über 2.000 m zwischen 6 und 8 Minuten. Bewertung des Arbeitsstils.
Diese Prüfungsart wurde bis 1968 beibehalten. Für die von da an eingesetzten han-noverschen Hengste wurde eine erfolgreiche Teilnahme an einem Hundert-Tage-Test in der Hengstprüfungsanstalt Westercelle-Adelheidsdorf verlangt. Stuten konnten alternativ zur Zugleistungsprüfung die Reitprüfung mit Mindestleistung ablegen.

Im Turnierwesen glänzten Ostfriesen vornehmlich in Wagenpferdeprüfungen durch hohe Aufrichtung und auffallende Aktion. Es war hier besonders der Fahrstall Klopp in Leer, der in der Zeit zwischen den Kriegen auf großen nationalen und internationalen Turnierveranstaltungen mit seinen ostfriesischen Mehrspännern auffiel. Die Gleichmäßigkeit seiner gut ausgebildeten Pferde und deren imposante, jedoch immer sachgerechte Aufmachung stellten eine Visitenkarte für die Zucht des ostfriesischen Wagenpferdes dar.
Auf ländlichen Turnieren Ostfrieslands waren in den Jahrzehnten des Karossiers und des schweren Warmbluts eine Attraktion die Trabrennen vor dem Sulky. Aufgrund der besonderen Veranlagung des ostfriesischen Pferdes wurden erstaunlich gute Zeiten durch die relativ schweren Tabrennpferde erzielt.
Mit dem Aufblühen der ländlichen Reiterei nach dem ersten Weltkrieg wurden auch rein ostfriesisch gezogene Pferde auf Reit- und Springkonkurrenzen gezeigt. Naturgemäß hatte ihr Einsatz nur lokale Bedeu-

Greifswald, Db. H., geb. 1945 v. Greif-Echo-Grünbach III. Z.: M. Smidt, Uphausen

tung. Erst mit den Nachkommen der nach dem Zweiten Weltkrieg benutzten Araber traten Pferde im Turnierwesen auf, die mit den Vertretern edler Rassen überregional in Konkurrenz treten konnten. In jüngster Zeit erst gibt es ostfriesische Produkte, abstammend von hannoverschen Vätern, die zum Teil über die Verdener Reitpferde-Auktionen ihren Weg in bekannte deutsche Reitställe finden und nationale sowie internationale Erfolge für sich buchen können. Stellvertretend für einige andere sei hier genannt der 1970 geborene Wallach Madras von dem Hannoveraner Monaco aus einer rein ostfriesischen Stute, der auf deutschen und anderen europäischen S-Dressurkonkurrenzen Lorbeeren gesammelt hat.

6. Ausblick

Ein sehr kleines und daher übersichtliches Zuchtgebiet hat es durch sehr frühzeitige und effiziente Förderung aus eigener berufsständischer Initiative heraus trotz zeitweiligen staatlichen Gegensteuerns fertig gebracht, fast hundert Jahre lang aus seiner Zucht des schweren Warmbluts eine weltweit beachtete Quelle florierenden Absatzes zu machen. Erst mit der radikalen Umstellung des Marktes vom Wirtschaftspferd auf das Nur-Reitpferd sah es sich vornehmlich aus wirtschaftlichen Gründen zum Anschluß an den großen Nachbarn Hannover gezwungen.

Damit existierte das ostfriesische Stutbuch seit 1975 nicht mehr und die schon seit Mitte der 60er Jahre konsequent verfolgte Verdrängungszucht führte zum fast vollständigen Verschwinden der ursprünglichen Ostfriesen. Innerhalb von 20 Jahren war der reinblütige Stutenbestand auf nur eine Handvoll zuchtfähige Tiere geschrumpft (1985) und auch Stuten der F-1/F-2-Generation bilden heute nur noch eine Minderheit in der hannoverschen Stutenpopulation der ostfriesischen Züchter.

Die Rasse „Schweres Warmblut" war somit als eine vom Aussterben bedrohte Haustierrasse einzustufen. 1983 fanden sich einige Liebhaber dieser Pferde, zu denen auch die Oldenburger des alten Schlags gehören, zusammen, um wenigstens einen Teil des Restbestandes an Original-Stuten in ein Rückzüchtungsprojekt einzubringen. Vom Pferdestammbuch Weser-Ems wurde ein Hengst mit 50% Ostfriesenblut gekört, der pro Jahr etwa 20 Bedeckungen hatte. Die zur Rückzüchtung zur Verfügung stehenden Stuten hatten aber ihrerseits überwiegend nur noch 50% Genanteile des alten Ostfriesen/Oldenburgers, so daß die geborenen Fohlen nur zum Teil die rassetypischen Merkmale zeigten. Vor allem war der Bestand an Original-Stuten viel zu klein, um die gewünschten Eigenschaften sicher in der neu aufzubauenden Population zu verankern.

Zwingend notwendig wurde der Einsatz von reinblütigen Hengsten, so wie sie in der DDR im Hengstdepot Moritzburg noch gehalten wurden. 1987 wurde der auf den

Ostfriesenhengst Lord zurückgehende Junghengst Lord II in Sachsen gekauft, was für die Züchter des Ostfriesen einen entscheidenden Schritt nach vorne bedeutete. Weitere Hengste aus den Beständen des Schweren Warmbluts in Polen (Slaski), Dänemark (Dänische Oldenburger) und den Niederlanden (Groninger) folgten. Seit 1991 entsendet das Sächsische Landesgestüt Moritzburg jedes Jahr einen Schweren Warmblüter auf eine ostfriesische Station, der zusammen mit den Privathengsten die Erhaltung der alten Kulturrasse in ihrem Ursprungsgebiet sichern soll. In Anpaarung mit den verbliebenen Stuten aus der ostfriesischen und oldenburgischen Zucht, die überwiegend Fremdblutanteile aufweisen, werden die rassetypischen Eigenschaften wieder eingekreuzt. Daneben wird durch den Import von reinblütigen Stuten aus den Schweren Warmblutzuchtgebieten der Stutenbestand ergänzt und weiter verbessert. Der heutige Bestand umfaßt 100 Stuten.

Die Züchter gründeten 1986 den „Zuchtverband für das Ostfriesische und Alt-Oldenburger Pferd e.V.", der 1988 vom Land Niedersachsen als selbständige Zuchtorganisation anerkannt wurde. Das Zuchtziel ist ein schweres, kalibriges Pferd mit gutem Gangvermögen und einem außerordentlich ausgeglichenem Temperament. Gerade dem einmalig guten Charakter des ehemaligen Bauernpferdes wird ein besonderer Stellenwert gegeben. Der Ursprung aus bäuerlichen Zuchten hat zu einer festen Ausprägung der guten inneren Anlagen geführt. Die Anforderungen an Typausprägung und Exterieur der heutigen Ostfriesen orientieren sich an den geschichtlich überlieferten Kriterien, die für das schwere, aber elegante Wagenpferd maßgebend waren. Das Rückzüchtungsprojekt soll den speziellen Ostfriesentyp wieder entstehen lassen, indem aus den verschiedenen Schweren Warmblutbeständen Zuchttiere zum Einsatz kommen, die der historischen Beschreibung eines Ostfriesen entsprechen. Aber auch die zweite Variante des Schweren Warmbluts, der an einigen Exterieurunterschieden erkennbare Alt-Oldenburger, soll in seiner einmaligen Typausprägung weitergezüchtet werden. Die Erzeugung von Wirtschafts- oder Arbeitspferden wird nicht angestrebt.

Literatur

Cremer, Eckhard, Die ostfriesischen Hengststämme und Hengste. M. u. H. Schaper, Hannover 1929

Gross, H., Das ostfriesische Pferd, M. u. H. Schaper, Hannover 1908

Schepp, Wolfgang, Die Zuchtrichtung und Leistungsvererbung in der ostfriesischen Warmblutzucht, Diss. Bonn 1958

Ostfriesisches Stutbuch Norden-Hannover Protokolle, Geschäftsberichte, Stutbücher

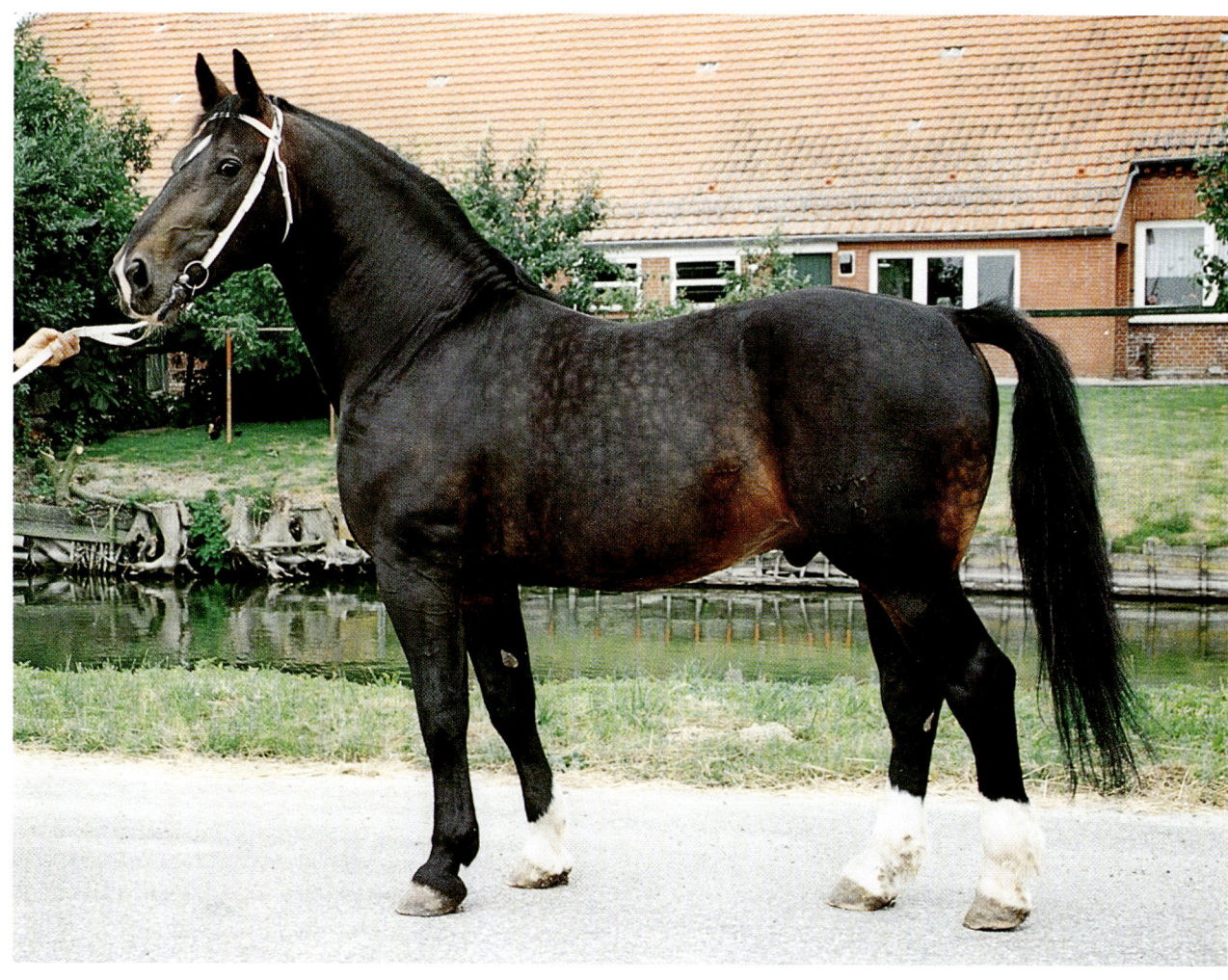

Hengst Lord II, geb. 1984 v. Lockvogel u. Erika von Eros. Z.: LPG Aue, B.: Hengsthaltungsverein Ostfriesland.

Stute geb. 1983 von Wrangel in Polen. Slaski-Gestüt Oppeln.

Westfalen

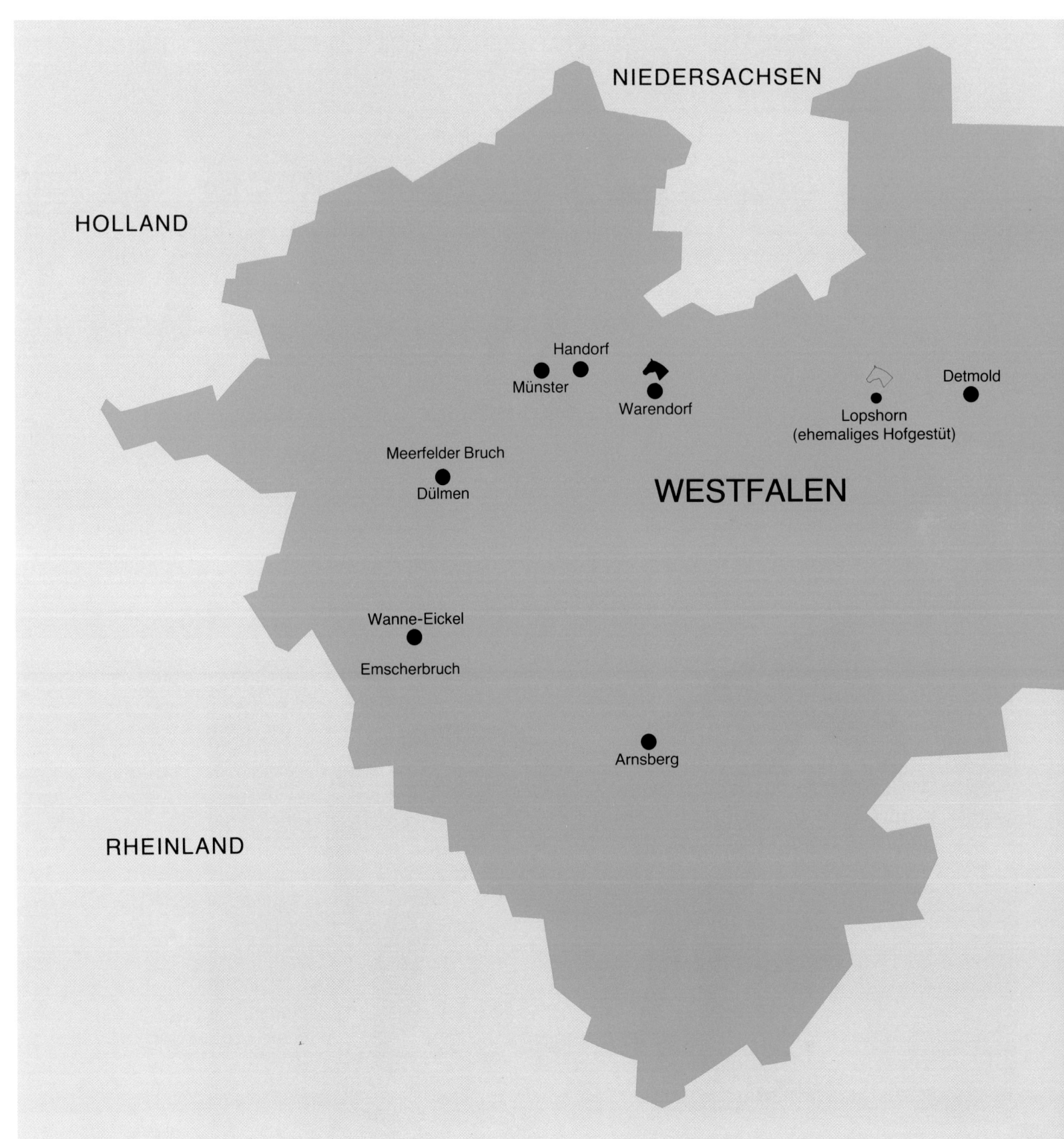

NIEDERSACHSEN

HOLLAND

Handorf

Münster

Warendorf

Lopshorn
(ehemaliges Hofgestüt)

Detmold

Meerfelder Bruch

Dülmen

WESTFALEN

Wanne-Eickel

Emscherbruch

Arnsberg

RHEINLAND

Hans-Peter Lampe

überarbeitet von Peter Krautwig

19.12.1921 geboren in Wattenscheid/Westf.
1928-1931 Volksschule Wattenscheid.
1931-1932 Volksschule Mülheim-Ruhr.
1932-1940 Hum. Gymnasium Mülheim-Ruhr mit Abitur.
1940-1945 Soldat (Oberleutnant).
1945 Kriegsgefangenschaft.
1946-1950 Apotheker-Ausbildung.
Ab 1950 Pharmazeutische Industrie.
Hippologisch-schriftstellerische Tätigkeit seit 1954 für Die Peitsche, St. Georg, Reiter Revue international, Reiter und Pferde in Westfalen, Münstersche Zeitung, Neue Westfälische Bielefeld, Mitautor: Lexikon für Pferdefreunde, Handbuch Pferde 2, Buchautor: Wildpferde in Westfalen, Westfalens Pferde.

20.2.1943 geboren in Köln.
Volksschule, Gymnasium (Abitur), Höhere Handelsschule, Banklehre in Köln, BWL-Studium in Münster und Paderborn (Dipl. Betriebswirt).
Mehrjährige Tätigkeit als Bankkaufmann.
1977-1979: Freier Mitarbeiter beim Westfälischen Pferdestammbuch e.V.
ab 1979: Angestellter des Westfälischen Pferdestammbuches e.V. (Öffentlichkeitsarbeit).
Turnierleiter der Weltcup-Turniere in Berlin (seit 1979) und Dortmund (seit 1987).
Turnierleiter der Deutschen Meisterschaften in Berlin (1979, 1981, 1983, 1986, 1989) und Münster (1985 und 1991).
Turnierleiter des "Turnier der Sieger" in Münster (seit 1974).
Vorstandsmitglied des Westfälischen Reitervereins von 1835 e.V. (seit 1980).
Mitarbeit im Organisationsteam der Olympischen Reiterspiele (1972).
Mitarbeit im Organisationsteam des CHI Köln (1967-1977).
Journalistische und PR-Arbeit für "Reiter und Pferde in Westfalen" und "Landw. Wochenblatt".

Geschichte der westfälischen Pferdezucht

1. Natürliche Gegebenheiten

Das Zuchtgebiet des westfälischen Warmblutpferdes deckt sich weitgehend mit dem Bereich der Landwirtschaftskammer Westfalen-Lippe und der Provinz Westfalen, heute Landesteil des Landes Nordrhein-Westfalen. Der Schwerpunkt der Warmblutzucht liegt im klimatisch stark begünstigten Münsterland, wo die Jahresdurchschnittstemperatur von 9,1° bis 9,6° Celsius für die geografische Lage außergewöhnlich hoch sind. Außerdem lassen die über das ganze Jahr verhältnismäßig gleichmäßig verteilt fallenden Niederschläge von im Durchschnitt 750-850 mm der Grünlandwirtschaft erhöhte Bedeutung zukommen.

Die Oberflächengestaltung des Pferdezuchtgebietes Westfalen weist große Verschiedenheiten auf. Die nach Nordwesten geöffnete, dem ozeanischen Klima zugängliche münsterische Tiefebene wird im Osten vom Teutoburger Wald, Wiehengebirge, Weserbergland und Eggegebirge gegen kalte Ostwinde gut geschützt. Das gebirgige Sauerland bildet den Süden. So haben sich auch bedeutende Vollblut- und Trabergestüte - die schon Galopper und Traber des Jahres zogen - in Westfalen ansässig gemacht.
Unterschiede weist Westfalen auch in nutzungstechnischer Hinsicht auf. Das Ackerland macht ca. 62 % aus; rund 5 % entfallen auf Flüsse und Gewässer, was für die Pferdezucht von eminenter Bedeutung ist; und ca. 33 % der Bodenfläche sind Dauergrünland. Der Grünlandreichtum Westfalens und vor allem der hohe Anteil ertragreicher Dauerweiden sind hervorragende Grundlagen für die hochentwickelte, leistungsfähige Viehzucht, innerhalb der die Pferdezucht eine Spitzenposition einnimmt. Denn außer der hier zu behandelnden Warm- und Kaltblutzucht ist Westfalen des größte, bedeutendste und erfolgreichste Haflinger-Zuchtgebiet außerhalb der Alpen sowie das größte, bedeutendste und erfolgreichste Reitpony-Kleinpferde-Zuchtgebiet Deutschlands.

2. Wildpferde und Wildgestüte

In Westfalen haben Wildpferde gelebt, und zwar über einen langen Zeitraum hinweg. Über mehr als 10.000 Jahre hindurch ist bis zum Ende der Jungsteinzeit um 2000 v. Chr. das Wildpferd durch Funde nachzuweisen. Gleichzeitig beweisen diese Funde, daß bis in diese Zeit das Wildpferd Jagdbeute war. Spätestens um 1800 v. Chr. ist das Pferd in Westfalen domestiziert. Als dann endlich die Römer ihr Wissen über die Pferde der Germanen niederschrieben, hatten diese Hauspferde etwa folgendes Aussehen: 1,20 m groß mit langen Mähnen und Schweifen, mit meist dunklen Fellfarben von Grau bis Braun; sie liefen mit kurzen schnellen Tritten, waren zäh und ausdauernd.

Aus letzten Resten der Wildpferde, die sich in die Brüche Westfalens zurückgezogen hatten bzw. dorthin verdrängt worden waren, aus entlaufenen Bauern- und Kriegspferden entstanden bunte Mischungen, die die Grundstöcke westfälischer Wildgestüte wurden. „Wildgestüt" - „wilde Stuterei" - „wilder Stutengarten", so bezeichnete man in jenen frühen Zeiten Zuchtstätten, in denen die Pferde frei (= „wild") lebten. Die Stuten blieben das ganze Jahr über draußen. Nur die kräftigsten Pferde kamen durch die oft schneereichen Winter, in denen sie sich ihr Futter unter dem Schnee hervorkratzen mußten oder von Baumrinden lebten. Mit der Auswahl der zu der Herde gelassenen Hengste griff der Mensch züchterisch ein. Später nannte man diese Wildgestüte auch Wildbahnen.
In Westfalen gab eine Reihe solcher Wildbahnen. Sie müssen erwähnt werden, da sie für die spätere Pferdezucht in Westfalen-Lippe von großer Bedeutung waren. Das Sennergestüt ist das älteste, soweit es schriftliche Nachrichten darüber gibt. Eine Volkssage berichtet, daß diese Sennerzucht mit den von den Römern erbeuteten Pferden aus der Schlacht im Teutoburger Wald im Jahre 9 n. Chr. aufgebaut worden sei. 1160 erfolgt die erste schriftliche Nachricht, denn Bischof Bernhard von Paderborn erwähnt in einer Urkunde seine „ungezähmten Stuten" (equae indomitae) dieses Gebietes. Dieses am Südhang des Teutoburger Waldes gelegene Heideland blieb für lange Zeit ein ideales Revier für die freilebenden Senner. Die pferdefreundlichen Herren von Lippe erhielten die Herde, die 1493 aus 60 Tieren bestand. Nach 1500 ließ man die Stutenherde nur noch im Sommer frei. Nach Ende des 30-jährigen Krieges war das Gestüt dem Ende nahe, doch waren 1675 wieder 50 Senner vorhanden. 1720 umfaßte das Gestüt 110 Stuten und 8 Hengste. Die Kronen-Senner - so nach ihrem Brandzeichen genannt - erfreuten sich als Reitpferde eines guten Rufes. Sie waren etwas über mittelgroß mit feinem Kopf, oft mit leicher Ramsnase; wohlgeformter Hals, Kruppe und Brust ohne Tadel, leicht bewegliche Schulter, starke und trockene Beine, Mähnen und Schweife waren lang und voll. Durch Vollbluteinkreuzung verschwand der echte Senner mehr und mehr; die letzte Eintragung im Gestütbuch erfolgte am 20.7.1993. Eine erhebliche Anzahl bester Senner-Stuten waren am Aufbau von Beberbeck beteiligt.
Die Pferde des Wildgestüts im Arnsberger Walde und die des am Rande Westfalens gelegenen Gestüts im Duisburg-Mülheimer Wald brauchen hier nur erwähnt zu werden. Erste schriftliche Erwähnung beider Gestüte erfolgte 1454 bzw. 1431. Eine be-

Warmblutstuten vor dem Pflug.

achtliche Bedeutung erlangten die Pferde der Wildbahn Davert und des Steverbruches. Die hier lebenden „Davertnikkels" waren bis 150 cm groß, stark behaarte, kräftige Pferde mit kräftigen Beinen und starken Hufen. 1339 erstmals erwähnt, lebten sie hier bis zur Teilung der Gemeindemarken 1812. Die letzten wilden „Davertnickels" verschwanden 1824. Um 1900 gab es immer noch wenige Exemplare, da sie Freunde unter den Züchtern hatten und diese sie rein weitergezüchtet hatten.

Große Bedeutung für den westfälischen Raum hatten die Pferde aus der Wildbahn des Emscherbruches, die sich in einer Breite von 6 km etwa 20 km beiderseits der Emscher hinzog. Schon 1369 wird die Wildbahn erwähnt.

Von allen westfälischen Wildgestüten und Wildbahnen ist der Merfelder Bruch bei Dülmen am bekanntesten geworden, denn diese Wildbahn existiert heute noch. 1316 werden die Pferde des Merfelder Bruches erstmals schriftlich erwähnt - und zehntausende Besucher erleben heute alljährlich am letzten Maiwochenende das Zusammentreiben der Herde und das Herausfangen der Jährlingshengste. Die heute ca. 200 Köpfe starke Herde lebt ständig draußen und bekommt nur in besonders strengen und schneereichen Wintern Zusatzfutter.

3. Nach der Gründung des Landgestüts

1826 ist das Gründungsjahr des Warendorfer Landgestüts. Den Beginn einer qualifizierten Warmblutzucht in Westfalen kann man kaum durch eine Jahreszahl festlegen; es sei denn, man entscheide sich für das Landgestüt-Gründungsjahr. Bis dann lieferten die genannten Wildbahnen Pferde. Hinzu kam noch das Münsterländer Kleipferd, kurz Münsterländer genannt, von dem bisher noch nicht gesprochen wurde. Im inneren Münsterland erzeugt der Kleiboden, der das Regenwasser nur sehr schwer durchsickern läßt, durch Stau große Feuchtigkeit; der Boden war kaum

zu bearbeiten. Hier lebte das Münsterländer Kleipferd. Diese Münsterländer waren eine alte Rasse, die von jeder Veredelung zunächst ferngehalten wurde; man betrieb rassereine Zucht. Die Pferde blieben vom frühen Frühjahr bis zum späten Herbst draußen. Sie waren mittelgroß, starkknochig und kräftig, hatten eine breite Brust, runde Rippen und einen niedrigen Widerrist; sie hatten biegsame Fesseln, aber bei steiler Schulter machten sie kurze Tritte. Sie hatten ein ruhiges Temperament und meist dunkelbraunes bis schwarzbraunes Fell. Sie wurden bei der Post, beim Heerestrain und in der Landwirtschaft eingesetzt. 1838 wurden im Reg.-Bez. Münster 46 955 Pferde gezählt, darunter 5 000 mit einer Größe von 142 - 146 cm. Waren es die letzten Münsterländer?

Das waren die Rassen und Typen, als das „Königlich-Preussisch Rheinisch Westfälische Landgestüt" gegründet wurde. 1816 gab es in Westfalen 125 848 Pferde der verschiedensten Rassen und Schläge. Die rheinischen und westfälischen Pferdezüchter hatten aufgrund der guten Ergebnisse in

Ostpreußen ein Landgestüt zwischen Rhein und Weser verlangt; schon 1816 kam die Zusage - 10 Jahre später erst das Landgestüt. Und die ersten 13 nach Warendorf gestellten, meist ostpreußischen Hengste und deren Nachkommen fanden nicht den Beifall der westfälischen Züchter; in Coesfeld beschloß man gar, auf die Königlichen Landbeschäler ganz zu verzichten - mit dem Oberstallmeister Freiherrn von Knobelsdorf gab es Ärger.

In Preußen war es wichtigster Zweck der Landgestüte, in allen Landesteilen Kavallerie- bzw. mindestens Heerespferde züchten zu helfen. Folgerichtig wurden auch in Westfalen Remontemärkte - erstmals 1837 - abgehalten. Doch in Westfalen kam man damit nicht weit, zumal die uneinheitliche Stutengrundlage kein anderes als ein negatives Ergebnis zustande kommen ließ. Folge: die Remontemärkte wurden eingestellt, die Armee deckte ihren Bedarf mehr und mehr im Osten. Ein Beispiel verdeutlicht die Situation: 1840 gab es in Westfalen 128 395 Pferde, von denen ca. 25 000 3- bis 5jährig und sicher 10 000 verkäuflich waren.

Auf den 23 Remontemärkten dieses Jahres wurden der Kommission aber nur 810 angeboten, von denen ganze 131 angekauft wurden. Der Versuch, Westfalen zu einer Remonteprovinz zu machen, war gescheitert.

Über einen Zeitraum von 25 Jahren herrschte nun ein ziemliches Zuchtdurcheinander in Westfalen; jeder tat das, was er für richtig hielt - und der Einfluß des Landgestüts war noch nicht groß genug, wenn auch bereits 1869 75 Landbeschäler aufgestellt waren und 1878 die Zahl 100 erreicht wurde.

Doch die Züchter griffen zur Selbsthilfe, hatten dies auch schon früher getan, und gründeten Pferde-Zuchtvereine und steckten sich selbst die Ziele ab. Aber auch da gab es unterschiedliche Meinungen und dementsprechend unterschiedliche Ziele. So züchtete man hier auf Oldenburger Blutbasis ein schweres Warmblutpferd, dort bevorzugte man ostfriesische Hengste, andere wiederum bevorzugten Vollblüter oder Traberhengste. Hinzu kam dann noch ab Mitte des 19. Jahrhunderts die Kaltblutzucht. Was gut gemeint war, geriet wiederum zum Durcheinander. Den ersten Ausweg wies der „westfälische Bauernkönig", so nannte man ihn, Freiherr von Schorlemer-Alst. Er gründete den schnell großen Einfluß gewinnenden Pferdezuchtverein des nördlichen Münsterlandes (1888) und richtete ein Zuchtbuch ein. Das Beispiel wirkte positiv - ansteckend.

Um nun das Durcheinander endgültig zu beenden, trat eine vom Landwirtschaftlichen Provinzialverein gebildete Kommission zusammen, um Beschlüsse zur Hebung der Pferdezucht zu fassen. Die Kommission bestimmte, daß in den nördlichen Kreisen Warmblut, in den südlichen Kreisen Westfalens Kalblut gezüchtet werden sollte. Das Landgestüt hielt sich strikt an diesen Beschluß und stellte seine Hengste auf die entsprechenden Stationen. Dieser Beschluß von 1894 sah also für den Norden Warmblutzucht auf Oldenburger Grundlage vor, für den Süden Kaltblutzucht belgischer Rasse.

Doch das war keineswegs ein 100%ig richtiger Beschluß. So liefen die Züchter mehr und mehr Sturm dagegen und erreichten eine Änderung, die lautete: „Westfalen züchtet Pferde nach Oldenburger und Belgier Art". So kam die Pferdezucht in geordnetere Bahnen, dennoch fehlte immer noch die ordnende Führung. Aber man wollte auf dem nun eingeschlagenen Wege vorwärts. Aus der oben genannten Kommission entstand am 12.11.1896 die Sektion Pferdezucht. Alle im Lande bestehenden Pferdezuchtvereine mit insgesamt 7 211 Mitgliedern schlossen sich ihr an, womit der erste große Schritt zur Gemeinsamkeit getan war. Gemeinsam wurden Vorschriften erarbeitet und am 16.9.1897 ein Tierzuchtinspektor angestellt. Als dann am 27.4.1889 (mit Ergänzung von 1893) eine neue Körordnung erlassen wurde, war alles (fast) im Lot. Denn die oft recht dickschädeligen westfälischen Bauern benötigten doch noch einige Zeit, bis Deckregister, Ausstellen von Deckscheinen und Fohlenscheinen, Prämierungen usw. völlig aufgenommen worden waren.

Um 1900 gab es 14 Hengsthalter-Genossenschaften, die sich zunächst noch gegen die gemeinsamen Bestrebungen sträubten. Nur 2 ihrer 18 Hengste, die 1899 817 Stuten deckten, waren gekört. Insgesamt waren zu dieser Zeit 550 Warmblutstuten in den Kreisstutbüchern registriert.

In Westfalen gab es 1883 insgesamt 120 646 Pferde; 1892 betrug die Zahl 133 171. Davon waren 5 754 unter einem Jahr, 5 884 waren im zweiten Jahr, im dritten 5 074, im vierten 6 557 und 109 902 waren älter als vier Jahre. Von der Gesamtzahl her gesehen, stand Westfalen damit in Preußen an vorletzter Stelle der Provinzen. 1898 standen 103 Warmbluthengste in Westfalen; die Königlichen Landbeschäler deckten 5 054 Stuten; die Privathengste deckten 3 150 Stuten.

Diese um die Jahrhundertwende endende Epoche der westfälischen Warmblutzucht ist charakterisiert als ein Zeitraum, in dem alle Beteiligten sich bemühten, das Durcheinander zu beenden. Dies gelang, Ausgangslage und Basis für planvolle Zucht waren geschaffen worden.

4. Gründung des Westfälischen Pferdestammbuches

1901 verlangte die Landwirtschaftskammer, daß für jede Zuchtrichtung - Oldenburger und Belgier - ein Stutbuch anzulegen sei; das Provinzialstutbuch brachte damit die Zusammenfassung und Ausrichtung aller Züchterverbände. Das am 5. März 1904 gegründete Westf. Pferdestammbuch e.V. übernahm die Aufgaben des Provinzialstutbuchs. Die Zucht hatte bisher ein Pferd zu liefern, das ruhig war, sich leicht anspannen ließ und vielseitig verwendbar war.

1903 wurden auf Anregung des Leiters des Landgestüts - nunmehr Freiherr von Schorlemer - die ersten Stutenschauen abgehalten und die Eintragungen der wertvollen Zuchtstuten hatten begonnen. Da die Ergebnisse sehr günstig waren, beantragte man, den Pferdezuchtverband in eine Stutbuchgesellschaft umzuwandeln. Dies wurde am 5.3.1904 von der Landwirtschaftskammer genehmigt und damit war das Westf. Pferdestammbuch existent. Man gab sich eine Satzung. Der §3 lautet: „Zuchtrichtung ist ein warmblütiger und ein kaltblütiger Pferdeschlag. Zuchtziel ist im Warmblut ein kräftiges, gut gebautes, gängiges Reit-, Wagen- und Arbeitspferd; im Kaltblut ein kräftiges, breites, gut gebautes und gängiges Arbeitspferd. Zulässig sind für Warmblut: englisches Vollblut, Hannoveraner, Oldenburger und diesen nahe verwandte gleichartige Rassen; für Kaltblut: Ardenner, Belgier und diesen nahe verwandte gleichartige Rassen".

Es war endlich so weit: das allgemein gültige Zuchtziel war definiert. Dieses ziemlich weitgesteckte Ziel, so glaubte man, könne nur unter Einbeziehung und mit Hilfe oben genannter, also mehrerer Rassen erreicht werden. Doch das erwies sich als falsch, denn z.B. den Oldenburgern sagten die westfälischen Umweltbedingungen gar nicht zu. Es traten Pferde in Erscheinung, deren Nerv und Konstitution nicht den Erwartungen entsprachen. Die Gelenke wurden vielfach schwammig und die Hufe zu flach. Nur im Kreise Steinfurt hat sich das Oldenburger Blut längere Zeit behaupten können. Um nun Ausdauer, Härte und Gangvermögen der Pferde zu verbessern, wurden besonders 1909/1910 Anglo-Normannen importiert. Doch dies blieb ein Zwischenspiel, denn obwohl sie ihren Nachkommen die gewünschten Eigenschaften mitgaben, konnten diese hinsichtlich des Kalibers nicht befriedigen.

Doch noch einmal zurück ins Jahr 1904. Bei der Gründung des Westf. Pferdestammbuches hatte man nicht nur das Zuchtziel festgelegt und definiert, es wurden Rechte und Pflichten der Mitglieder bestimmt, Zuchtbuchführung geregelt,

Brandzeichen festgelegt, regelmäßige Stuten- und Fohlenschauen anberaumt, die Durchführung von Leistungsprüfungen für Hengste und Stuten angeregt und sofort durchgeführt: 1904 und 1905 in Burgsteinfurt, dann alljährlich im September in Warendorf. Das waren die in ganz Deutschland bekannten „Warendorfer Tage". Diese Leistungsprüfungen bedeuteten etwas völlig Neues in Deutschland; sie erwiesen sich für die weitere Verbesserung der Zucht als ungeheuer wichtig.

Westfalen führte als erster Pferdezuchtverband diese Prüfungen durch, und zwar ohne jeden Kompromiß, und wurde so zum Wegbegleiter der Leistungsprüfungen für alle Landespferdezuchten. Das Prüfungssystem war für die damalige Zeit hervorragend. Prüfungen im schweren Zuge, Trabfahren im Traberkarren, Dauerfahrten über 7,5 km, Trabreiten über 4 km, Galopp über 1 200 m, Jagdspringen und Dressurreiten gehörten dazu. Alle Prüfungen fanden auf einer Sandbahn statt, die infolge tiefen Bodens ihrem Namen wirklich alle Ehre machte. Die Landgestütshengste traten auch gegen die Privathengste an - und gewannen nicht immer. Und was am allerwichtigsten war: die westfälischen Züchter erkannten die Notwendigkeit der Züchtung auf Leistung und stellten sich voll hinter diese neuen Leistungsprüfungen.

Übrigens übernahm das Landgestüt Dillenburg als erstes diese westfälischen Neuerungen.

Von den verschiedenen Rassen, zu denen noch einige Traberhengste hinzukamen, setzten sich die Hannoveraner auf Dauer am besten durch, weil die Lebensbedingungen in Westfalen denen ihrer Heimat weitgehend entsprachen. Die Hannoveraner gewannen ständig an Bedeutung - die Generalversammlung des Westf. Pferdestammbuches beschloss folgerichtig am 19. November 1920, künftig nur noch auf hannoverscher Grundlage zu züchten. Zwar konnte man natürlich nicht sofort alle Pferde mit Blutanteilen anderer Zuchtgebiete ausschalten, aber bei der Neueinstellung von Hengsten wurde dem Beschluß Rechnung getragen.

Eine Statistik, die die Jahre 1871-1925 umfaßt, zeigt, wie verworren die Blutbasis und wie vielgestaltig das Bild bezüglich der Blutströme zu jener Zeit war. Von den 763 Landbeschälern und Privathengsten, die in dem angegebenen Zeitraum in Westfalen gedeckt haben, waren 14 Vollblüter, 203 Hannoveraner, 170 Westfalen, 124 Oldenburger, 52 Ostfriesen, 42 Mecklenburger, 34 Graditzer, 33 Beberbecker, 25 Ostpreußen und 22 kamen aus Frankreich. Außerdem sollen noch Hengste aus anderen deutschen Zuchtgebieten sowie aus England, Ungarn und den Vereinigten Staaten in der westfälischen Warmblutzucht gewirkt haben, die man zu jener Zeit - vor dem ersten Weltkrieg - als „Edelzucht" bezeichnete. Dieses Dilemma beendete die Ausrichtung auf hannoversches Blut und damit wurde gleichzeitig die Basis geschaffen für einen planmäßigen und erfolgreichen Aufbau der Warmblutzucht.

5. Der große Aufschwung nach dem 2. Weltkrieg

Auch heute noch ist die Landwirtschaft, ist der westfälische Bauer, Träger der Pferdezucht. Eine Vielzahl von Klein- und Mittelbetrieben hält zwischen drei und fünf Stuten. Diese kleineren Züchter haben „solange man denken kann" auf ihren Höfen Pferde gezüchtet. Zur Zucht wurden immer wieder die eigenen Stuten verwendet, so daß bodenständige durchgezüchtete Stutenstämme entstanden.

Und das ist für eine Pferdezucht mindestens genauso wichtig, wie gute Hengste zur Verfügung zu haben. Oft lassen sich die Stutenstämme über 100 Jahre und mehr auf dem gleichen Hofe nachweisen. Es gibt Stutenstämme, die so alt sind wie die Bauernfamilien, denen sie gehören. Der westfälische Bauer konnte es sich nie leisten, Pferde nur für die Zucht zu halten. Seine Stuten mußten sich ihr Futter durch tägliche Arbeit im Geschirr verdienen; sie mußten auch unter dem Reiter gehen. So unterlagen sie einer ständigen Zuverlässigkeitsprüfung. Diese durch eine natürliche Zuchtauslese charakterlich und temperamentsmäßig ausgezeichneten Stuten standen beim Wiederbeginn der westfälischen Warmblutzucht zur Verfügung; eine gute Ausgangsposition.

Schon 1946 führte das Westf. Pferdestammbuch wieder Eintragungstermine durch, die Stutenschauen lebten wieder auf. Bei neuer Festlegung des Zuchtziels hatte man die vielseitige Verwendungsmöglichkeit im Auge, denn noch wußte niemand, wie es mit der Pferdezucht weitergehen würde. Man steckte sich ein hohes Ziel!

Die schon im Kriege begonnene Flucht in die Sachwerte hatte hohe Bedeckungszahlen gebracht, die nach dem Kriege nochmals in die Höhe gingen. Bis 1954 betrug die Gesamtzahl der eingetragenen Warmblutstufen 11 771 Hauptstutbuchstuten, 20 022 Stutbuchstuten und 3 404 Vorbuchstuten. Demgegenüber eine Aufstellung über die Bedeckungszahlen:

Bedeckungszahlen in der westfälischen Warmblutzucht

Jahr	alle Warmbluthengste	gedeckte Stuten	Stuten pro Hengst
1947	201	12 147	60
1948	239	14 261	62
1949	261	10 071	37
1951	176	4 515	26
1953	127	2 510	20
1954	123	2 968	24

Herrscher v. Hercules III. Er gründete die erste Hengstlinie in Westfalen. Der 1900 im hannoverschen Emsland geborene lieferte 40 gekörte Söhne (Foto nach einem Gemälde).

Diese Zahlen signalisieren, daß nach der Währungsreform zunächst bares Geld die Hauptrolle wieder übernahm, und daß die Motorisierung in der Landwirtschaft ihren Siegeszug begann. Folgerichtig wanderten ungezählte Pferde zum Schlachthof. Die Zahl der Pferde nahm kontinuierlich ab - bis 1970. Einige Zahlen verdeutlichen dies. Es gab in Westfalen Pferde insgesamt

1955 - 124 181
1960 - 85 762
1965 - 53 743
1970 - 39 429.

Dann, als wieder mehr Geld für Freizeit und Pferdesport vorhanden war, als die großen Erfolge der deutschen Reiter bei Olympischen Spielen, Europa- und Weltmeisterschaften Sogwirkung zeigten, stiegen die Pferdezahlen im Lande wieder an und haben heute 49 985 erreicht. Aber Zahlen sagen hier nur bedingt etwas aus. Denn der wichtigste Punkt war, ein neues Zuchtziel zu definieren, denn künftig würden nur noch vielseitig verwendbare Reitpferde für die Freizeitreiterei und den Reitsport mit allen seinen Disziplinen gebraucht werden und abzusetzen sein.

Dies bedeutete nicht nur Typveränderung, im besonderen Verbesserung, Verschönerung, Veredelung. Dazu hatte die schlechte Zeit ab 1950 auch etwas Gutes beigetragen. Wer die Zahl seiner Pferde verringerte, der behielt natürlich die besten für sich; auch die besten Zuchtstuten. Und die standen zur Verfügung als es an die Veredelung ging!

Von dem in den 50er Jahren entstandenen Wort, daß man Pferde bald nur noch in den westfälischen Zoologischen Gärten werde sehen können, wurde nun nicht mehr gesprochen.

Das Zuchtziel heute ist ein edles, großliniges, korrektes Reitpferd mit schwungvollen, raumgreifenden, elastischen Bewegungen, das aufgrund seines Temperaments, seines Charakters und seiner Rittigkeit für Reitzwecke jeder Art geeignet ist. Züchten, das ist Formen am lebenden Modell.

Der Veredelungsprozeß wurde in Westfalen auf zwei Wegen gleichzeitig beschritten. Zum einen wurden Hengste sogenannter Veredelungsrassen eingesetzt; zum anderen betrieb man konsequent Selektion innerhalb des bodenständigen Zuchtmaterials. Die erste Methode ist in Westfalen vornehmlich mit Vollblut-Hengsten betrieben worden. Härte und Leistungsfähigkeit konnten dadurch noch gesteigert werden.

Zahl der Hengste

	Ldb.	PrH	Insges.
1970	85	46	131
1975	98	58	156
1980	99	80	179
1985	94	102	196
1990	93	101	194
1993	96	132	228

Bedeckungsziffern

	Ldb.	PrH	Insges.
1970	3610	1432	5042
1975	5283	2153	7436
1980	5657	1857	7514
1985	4213	1504	5717
1990	4979	1793	6772
1993	5015	3013	8028

Durchschnittliche Bedeckungszahlen je Hengst

	Ldb.	PrH	Insges.
1970	42,5	31,1	38,4
1975	53,9	37,1	47,7
1980	57,1	23,2	42,0
1985	44,8	14,8	29,2
1990	53,5	17,8	34,9
1993	52,5	22,8	35,2

6. Hengstlinien - Blutlinien - Stempelhengste

6.1. Herrscher - Collino

Der erste Hengst in Westfalen, der seinem Namen entsprechend herrschte und erster Liniengründer war, war der Fuchshengst Herrscher. Zwar waren schon vor ihm eine ganze Anzahl von Hengsten mit besten Blutführungen nach Westfalen gekommen, doch keiner hatte sich durchsetzen können. Dies gelang jedoch überzeugend dem 1900 geborenen Herrscher, der von 1903 bis 1928 in Westfalen wirkte. Er deckte 1667 Stuten, von denen 976 Fohlen stammten, 98 Fohlen wurden prämiert, 53 Hauptstutbuchstuten haben ihn zum Vater, 21 seiner Söhne wurden Landbeschäler.

Die Tatsache, daß bis in die 40-Jahre hinein Hengste der Herrscher-Linie in der westfälischen Warmblutzucht tätig waren, läßt den gewaltigen Einfluß erkennen, den ein einzelner Hengst auf eine Landespferdezucht ausüben kann.

Von Herrscher wurden 40 Söhne, 45 Enkel, 27 Urenkel und 3 Ururenkel als Vatertiere verwendet. Der besondere Verdienst dieser Hengste liegt darin, so gute Stuten geliefert zu haben, daß den Nachfolgern die eigene Vererbung wesentlich erleichtert wurde.

Herrscher von Hercules III (C) - Jongleur (C) und Collino von Colorist (C) - Nordländer (C) ergänzten sich mit ihren Blutlinien gut. Als Hengste waren sie Rivalen. Collino deckte von 1905 bis 1927 1 200 Stuten, 47 seiner Fohlen wurden prämiert, er hatte 28 Hauptstutbuchstuten unter seinen Töchtern, 12 seiner Söhne kamen in die Zucht.

Nur sein Sohn Constantin von Collino-Falke (Graditz) konnte sich durchsetzen, doch mit dessen Enkeln verschwand diese Linie im männlichen Stamm.

Aus der Verbindung dieser beiden Blutlinien des Herrscher und des Collino sind viele wertvolle Pferde hervorgegangen.

6.2. Sonnenschein - Schwan I

Die berühmte Schlüter-Linie war zeitweilig die zweitstärkste Blutgruppe in Westfalen. Sie stellte im Jahre 1940 15,7 % des gesamten Hengstbestandes. Heute ist dieses Blut weit zurückgedrängt - möge es wieder an Bedeutung gewinnen. Zwei Hengste sollen vorgestellt werden. Da ist zunächst Sonnenschein von Schütze - Amandus - Herrscher - Veritable; ein Hengst mit beachtenswerter Blutführung. Sonnenschein übertraf seinen bedeutenden Vater Schütze an Bedeutung, da er sich durchschlagend vererbte.

Sonnenschein deckte 1344 Stuten, er lieferte 159 Hauptstutbuchstuten, von denen 36 eine Staatsprämie erhielten; 10 seiner Söhne wurden gekört.

Er deckte von 1931 bis 1950. Übrigens war er der Urgroßvater der Weltklasse-Springstute Amsella, die von Peter Schmitz geritten wurde.

Aus dem Schwabenstreich-Zweig der Schlüter-Linie stammt Schwan I von Schwank-Adrett. Schwan I war der bedeutendste Schwank-Sohn; der 1937 geborene Dunkelbraune führte über seine Mutter zweimal Normannenblut.

Sein Sohn Schwark kam in die USA, erhielt dort den Namen Nobel, hatte große Erfolge und war Reservepferd der USA-Mannschaft bei den Olympischen Spielen Helsinki 1952. Schwan I wurde zu einem führenden Leistungsvererber in Westfalen. Seine Nachkommen waren hoch placiert auf DLG-Ausstellungen. Seine Tochter Schwalbe kann man als Inbegriff der Treue des westfälischen Pferdes bezeichnen. Die 1944 geborene Stute wurde vom heutigen Präsidenten des Provinzialverbandes westf. Reit- und Fahrvereine, August Lütke-Westhues, Medaillengewinner bei Olympischen Spielen, geritten und war Deutschlands Military-Pferd Nr. 1 in den 50er Jahren. Und der erfolgreichste deutsche Reiterverein der Nachkriegszeit, der RV Gustav Rau Westbevern, war in dieser Zeit stets mit Schwan I-Nachkommen beritten. Und um die Bedeutung dieses Hengstes noch herauszustreichen: bei der DLG-Ausstellung 1951 in Hamburg war die Westfalenmannschaft im Wettkampf um die Bundesstandarte ausschließlich mit Schwan I-Nachkommen beritten - und siegte.

An Schwan I erinnern in den heute aktuellen Pedigrees der Paradox I u. II-Halbbruder Schwangau, dessen Sohn Schwanstein, sowie der HLP-Sieger Schöning v. Schwanstein.

6.3 Der Stempelhengst Frühling und sein großer Einfluß

Die F-Linie geht zurück auf den 1861 im Hofgestüt Herrenhausen geborenen dunkelbraunen Flick. Über seinen Enkel Flingarth und dessen Söhne Fling, Flint und

Der Stempelhengst Frühling hat zum Wiederaufblühen der F-Linie in Westfalen entscheidend beigetragen. Seine Nachkommen sind gesucht. Inzwischen haben sich alle seine Söhne und Enkel einen Namen in der Zucht gemacht.

Zunächst sag es so aus, als ob Frühlingstraum II, Siegerhengst 1970 und Fire-Vater, die Nr. 1 der Söhne wurde. Aber trotz seiner unbestrittenen Klasse überholte ihn Frühlingsball, der nun schon über Jahre in der top ten der „Hengste-Bundesliga" auftaucht. Für die „Marke Frühling" stehen aber auch Frühlingsrausch, Foxtrott, Feuerschein I, Fabelhaft, Freudentänzer, Falconett, Francisco I, Federball, Fernblick u. a. Die Bedeutung der Frühling-Linie im Sport wird am besten in der Liste der 130 Top-Turniersportpferde-Westfalen sichtbar (siehe S.282).

6.4 D-Linie aktueller denn je

Zwar war das hannoversche D-Blut schon 1904 erstmals nach Westfalen gekommen; doch dann war eine Pause bis 1940. Duellant-Nachkommen gewannen dann in den 50er Jahren größeren Einfluß, vor allem Ducker. Erfreulich ist, daß dieses D-Leistungsblut in den letzten 40 Jahren an Einfluß gewonnen hat. Nicht nur durch die Hengste, sondern vor allem auch durch eine Reihe von Stuten, die Hengstmütter wurden. Rittigkeit ist eines der besonderen positiven Merkmale von Pferden dieser Linie.

In der Erstauflage dieses Buches wurden die Warendorfer Landbeschäler Donnersberg, Debütant und Disco-Star als Repräsentanten der D-Linie besonders herausgestellt. Das D-Bild hat sich verändert; vor allem in der jüngeren Generation sind bedeutende Beschäler sowohl in der staatlichen als auch in der privaten Hengsthaltung hinzugekommen. Der Damhirsch-Sohn Damenstolz Ldb. begründete eine noch verhältnismäßig junge Siegerhengstlinie. Sein Sohn Diamantino Ldb. war als Körungs- und HLP-Sieger ebenso Doppelchampion wie dessen Sohn Dunhill H. Der Pr.H. Damokles hinterließ nicht nur den 80er DLG-Siegerhengst Debütant, der mit Dylano (Thomas Fuchs) und Dönhöff (Lesley McNaught-Mändli) zwei hochkarätige Nachkommen im internationalen Sport hat. In der westfälischen Privathengsthaltung wäre dann der Handorfer Prüfungssieger Danaos und der 1993 und 1994 für das Bundeschampionat des Deutschen Springpferdes qualifizierte Dinard L. zu nennen. Im Nordrhein-Westfälischen Landgestüt wirkt der Damokles-Sohn Dänenkönig mit Erfolg.

Mit dem Diadem-Sohn Der Clou erwarb das Nordrhein-Westfälische Landgestüt Warendorf auf dem Verdener Hengstmarkt einen Volltreffer. Der imposante Fuchs, Tetenhengst der großen Warendorfer Quadrille hat inzwischen Nachkommen im Großen Sport. Gäbe es wie bei den Vollblütern eine Statistik für Mutter-Väter, stände der Dirigent-Sohn Direx ganz weit vorne. Vor allem in der Verbindung mit Pilot und Weinberg brachten Direx-Töchter

Flirt hat diese Linie eine weite Verbreitung gefunden. Zeitweise bildete die F-Linie die stärkste Blutgruppe, denn 1946 führten 69 Beschäler - das sind 37 % des Gesamtbestandes gewesen - ihre Abstammung in direkter Linie auf Flingarth zurück.

Nur einige Namen, die westfälische Zuchtgeschichte bedeuten: Fesch von Feiner Kerl (C) - Schwabenstreich; Firn von Fesch-Friedland; Friedländer von Flimmer I (C) - Flandern (C); Flamingo von Flavius (C) - Alderman I (C); Frühschein von Frühsport (C) - Feiner Kerl (C).

Diese und noch manch anderer Hengst der F-Linie haben besonders durch ihre guten Stuten die Zucht nachhaltig positiv beeinflußt.

Jeder Züchter freut sich, wenn auf der Mutterseite Fesch, Firn u. a. in der Ahnentafel vorkommen.

In dem Stempelhengst Frühling tritt das F-Blut konzentriert und gehäuft auf. Auf der Vaterseite sind es Frühschein und die Celler Frühsport, Fiat I und Feiner Kerl; auf der Mutterseite sind es Fesch, Feiner Kerl und Flamingo - eine Bilderbuchabstammung also; und ein Bilderbuchhengst ist Frühling auch geworden. Der 1960 geborene Dunkelbraune maß bei der Körung 163 cm. Alle Frühlingskinder sind besonders wertvoll, da sie die Leistungsbereitschaft vom Vater haben. Seine Rittigkeit - er ging alle Lektionen der S-Dressur - war stets eine Attraktion der Hengstparaden.

1981, also im Alter von 21 Jahren und immer noch munter und frisch, verabschiedete

er sich aus dem Paradeprogramm - beifallumrauscht. Seine Rittigkeit vererbt er dominierend; darin gleichen auch seine Enkel ihm. Seine Nachkommen sind keine Drückeberger und haben den notwendigen, passenden Vorwärtsdrang. Es sind allgemein großrahmige starke mit dem notwendigen Adel ausgestattete Pferde. Sie imponieren besonders durch ihre raumgreifenden Bewegungen, die sehr elastisch sind. Drei Vollbrüder, von Frühling stammend, bewiesen Leistung in Zucht und Sport: es sind die beiden Ldb. Frühlingstraum I und II sowie das international bekannte Springpferd Minister, von Norbert Koof geritten.

Durch Frühling und seine Nachkommen hat das im Rückgang begriffene F-Blut in Westfalen einen neuen großen Aufschwung genommen und ist mitbestimmend geworden für das national und international hohe Ansehen der westfälischen Pferde.

Frühling hatte 16 gekörte Söhne und in direkter männlicher Linie 52 Enkel und 21 Urenkel; Frühling lieferte 202 Hauptstutbuchstuten, 31 Stuten erhielten die Staatsprämie. Frühling-Blut fließt inzwischen in fast allen deutschen Zuchten.

Frühling war sicherlich der erste Beschäler, der das Prädikat „Stempelhengst" für sich beanspruchen konnte. Seine Söhne, Enkel und Urenkel, selbstverständlich auch die vielen Stuten der Frühling-Linie werden noch jahrzehntelang für Pedigree-Bestand sorgen.

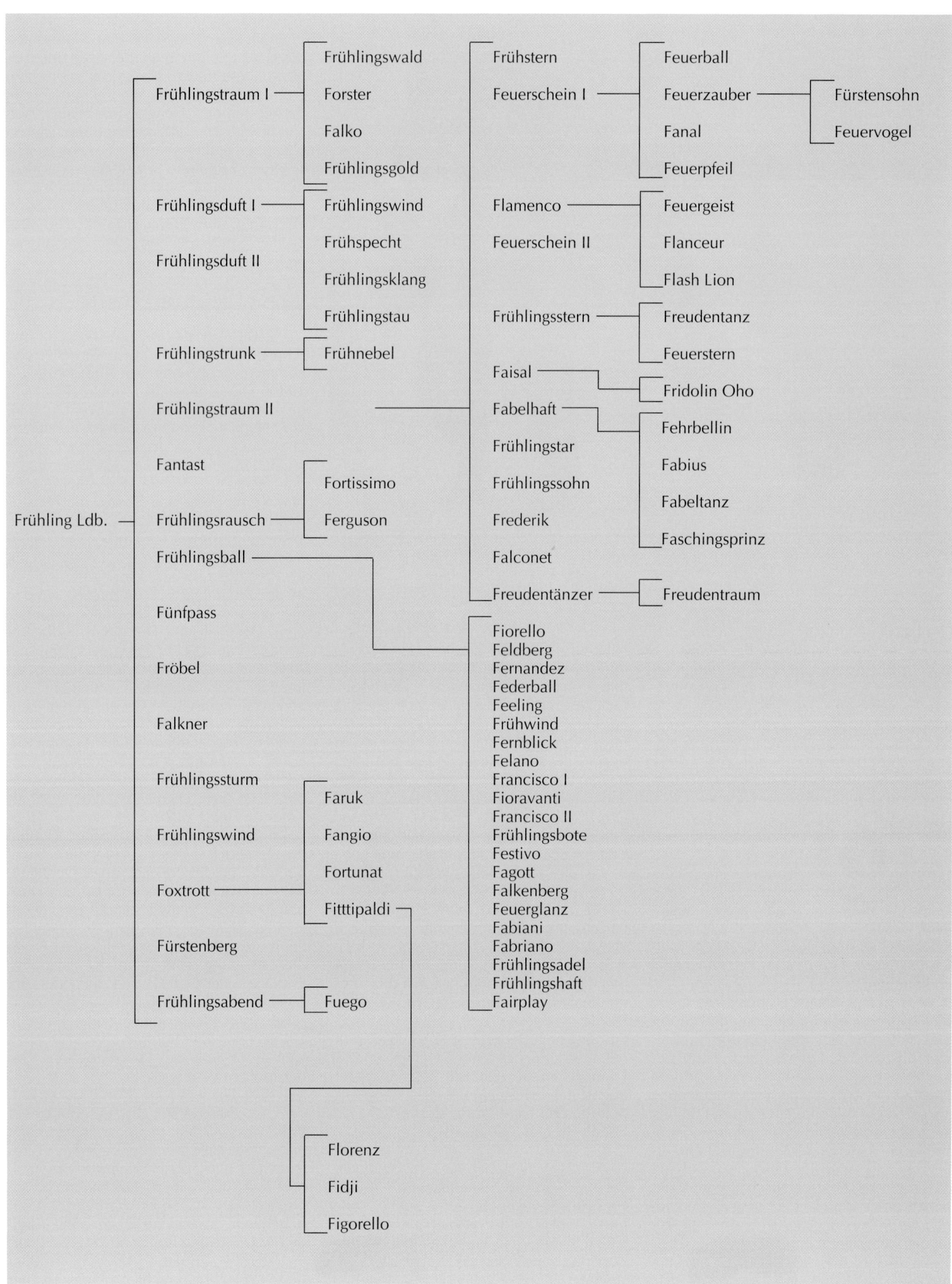

Frühling Ldb.

Frühlingstraum I — Frühlingswald / Forster / Falko / Frühlingsgold

Frühlingsduft I — Frühlingswind

Frühlingsduft II — Frühspecht / Frühlingsklang / Frühlingstau

Frühlingstrunk — Frühnebel

Frühlingstraum II

Fantast

Frühlingsrausch — Fortissimo / Ferguson

Frühlingsball

Fünfpass

Fröbel

Falkner

Frühlingssturm

Frühlingswind — Faruk / Fangio

Foxtrott — Fortunat / Fitttipaldi

Fürstenberg

Frühlingsabend — Fuego

Florenz / Fidji / Figorello

Frühstern

Feuerschein I — Feuerball / Feuerzauber — Fürstensohn / Feuervogel / Fanal / Feuerpfeil

Flamenco — Feuergeist / Flanceur / Flash Lion

Feuerschein II

Frühlingsstern — Freudentanz / Feuerstern

Faisal — Fridolin Oho

Fabelhaft — Fehrbellin / Fabius / Fabeltanz / Faschingsprinz

Frühlingstar

Frühlingssohn

Frederik

Falconet

Freudentänzer — Freudentraum

Fiorello
Feldberg
Fernandez
Federball
Feeling
Frühwind
Fernblick
Felano
Francisco I
Fioravanti
Francisco II
Frühlingsbote
Festivo
Fagott
Falkenberg
Feuerglanz
Fabiani
Fabriano
Frühlingsadel
Frühlingshaft
Fairplay

Spitzenpferde in Serie, u. a. Dirk Hafemeisters P.S. Priamos, Klaus Balkenhols Goldstern, Thomas Scheper's Pierrot u.a.

Der vor gut 10 Jahren noch besonders herausgestellte Donnersberg, einer der Tetenhengst-Vorgänger von Der Clou, hat vor allem in mütterlichen Pedigrees nach wie vor seine Bedeutung. So hat Otto Beckers 1994 aktuelles Meisterpferd Ascalon eine Donnersberg-Tochter zur Mutter. Für Disco-Star, den Siegerhengst der Westfalen-Körung 1979, wurde bereits vor dem ersten geborenen Nachkommen zu viel Propaganda gemacht. Hätte man ihn sich „normal" entwickeln lassen - so etwas ist auch mit sparsamerer PR-Arbeit möglich - stände der Dunkelbraune, seine gekörten Söhne und die „Discos" im Sport ganz anders dar. Etliche Pferde, auch mit S-Erfolgen wie Susanne Behrings Auktionsstute Disco Queen v. Disco Boy entstammten dieser Linie.

6.5 Die G - Linie

Gründer I war der erste Großinquisitor-Enkel aus dieser Linie in Westfalen.
Der 1937 geborene und 165 cm große Fuchs, der von 1940 - 1952 deckte, war ein eleganter Bursche, der von den Züchtern aber unterschiedlich eingeschätzt und dementsprechend benutzt wurde.
Seine Töchter bewährten sich als Mutterstuten bestens; allgemein gab er seinen Nachkommen Härte, Nerv und Schönheit mit. Dies insbesondere dem Grünspecht von Gründer I - Abendsport (C).
Er vererbte sich gut und gab seinen Nachkommen viel Ausdruck und gefällige Formen mit. 1944 war Grünspecht geboren worden und maß bei der Körung 162 cm; er deckte von 1947 bis 1962, lieferte sechs Landbeschäler und verbreitete sein Blut weit durch seine Stuten. Grünspecht-Töchter paßten gut zu Radetzky, denn aus dieser Anpaarung stammten einige gute Hengste. So auch der DLG-Siegerhengst Realist. Aus dieser westfälischen G-Linie stammen eine ganze Reihe hervorragender Reitpferde, die sich auch im Leistungssport durchsetzen konnten.

G steht für Grünspecht aber auch für Ganimedes und Grand Gilbert

In den 80er- und 90er-Jahren war die Grünspecht-Linie - rein statistisch gesehen - rückläufig. Für ein Jahrzehnt G-Aktualität sorgte der Grünhorn III-Sohn Ganimedes unter Monica Theodorescu sicherlich eines der besten Dressurpferde aller Zeiten. Als Materialpferd bereits ein Championatstyp, beendete er die „Kleine Tour" des internationalen Dressurgeschäfts auf St. Georgs und Intermédiaire-Basis dank seiner

DLG-Siegerhengst 1980; Debütant von Damokles - Alderorden. Der 1976 geborene Braune strotzt vor Kraft und Gesundheit; er steht im modernen Reitpferdetyp.-

überragenden Grundgangarten fast ungeschlagen. Mit Monica Theodorescu gehörte er u.a. zur olympischen Goldequipe von Seoul 1988; 1993 und 1994 gewannen die beiden das Weltcup-Finale. Von Grünhorn III stammt auch der Warendorfer Ldb. Glücksklee, der mit Nicole Uphoff-Beckers Grand Gilbert einen Volltreffer landete. Die Duisburgerin und der rheinische Fuchs gewannen 1993 bei den Europameisterschaften in Lipica den Mannschaftstitel und Mannschaftsgold im Kür-Wettbewerb.

6.6 Zu Lebzeiten ein Denkmal Die Hengstlinie des Paradox I

Anläßlich der Warendorfer Hengstparade '93 wurde auf dem berühmtem Rondell vor dem Landstallmeister-Haus im Nordrhein-Westfälischen Landgestüt Warendorf ein sehenswertes Paradox I-Denkmal enthüllt, und am 18. Mai 1993 vollendete der Senior der Warendorfer Landbeschäler sein 30. Lebensjahr. Nach wie vor steht der Papayer xx-Sohn im aktiven Zuchteinsatz bei bester Gesundheit.

Dr. Gerd Lehmann, 1966 erstmals als Landstallmeister für den Ankauf der jungen Landbeschäler verantwortlich, erwarb den Fuchs 1966 auf dem Hengstmarkt in Münster. Die vorhandene Stutenpopulation war auf Halbblut-Beschäler dieser Art angewiesen. Die jüngste Zuchtgeschichte Nordrhein-Westfalens zeigt, daß Paradox I auch in den 90er-Jahren hochmodern ist.

Der Paradox I-Vater Papayer xx, väterlicherseits aus der Familie des ungeschla-

genen Triple-Crown-Siegers Bahran xx, stand bei Heinrich Sandhowe in Ascheberg auf Station und brachte trotz limitierter Chancen weit überdurchschnittlich viele Klassepferde, u.a. Privatier, Paquito und Puschkin, die unter Peter Schmitz unvergessene Gaylord- und Golden Gate-Mutter Panama.
Die Paradox I-Mutter Arnika v. Almfreund brachte in der Verbindung mit Papayer xx den auf der väterlichen Station postierten Paradox II sowie den DLG-prämierten Schwangau Ldb. v. Schwarzkittel. Bis 1994 führt Paradox 26 gekörte Söhne, 43 Staatsprämienstuten und insgesamt 205 Hauptstutbuch-Stuten in seinem Rekordbuch. Zu den gekörten Söhnen gehören u.a. Pakt, Palast, Palisander, Parademarsch I und II, Pacco I und II, Parcours, Pardon, Parnass, Partner, Parvenü, Pascal, Patriot und Portofino.

Die erfolgreichsten Paradox I-Nachkommen im Sport: Hendrik Snoeks Palma Nova und Pardon, der unter Ulrich Kirchhoff und dem Belgier Jean Claude Vangeenberghe erfolgreiche Piquet, Payot/Wolfgang Brinkman, Prinzess/Gunnar Schlosser, Pascal/Peter Jostes, das von Heinrich-Wilhelm Johannsmann gerittene Paradox I-Trio Primeur, Parbleu und Persico, Playboy/Bernhard Kamps, Summertime/Dieter Schulze, Philco/Iris Bayer, Palm Springs/Thomas Frühmann und Paloma/Franke Sloothaak. Die Paradox I-Söhne Pascal, Paramuschir, und Piccobello schrieben als Sieger bzw. Reserve-Sieger Bundeschampionats-Geschichte. Pascal ging später unter Gabriele Diesterer erfolgreich im Grand Prix. Paradox I war Nord-

Nachfahre Roman wurde im Springsport Deutscher-, Europa- und Weltmeister.

Ohne ihn gäbe es nicht Nicole Uphoff-Beckers Rembrandt, das erfolgreichste Dressurpferd der Welt. Mit seinem Urenkel und Rembrandt-Vater Romadour II Ldb. folgte ihm ein ebenbürtiger Linienbegründer, der auch als „Hengstmacher" internationale Bedeutung erwarb (s. graphische Darstellung der Radetzky-Linie). Rosenkavalier, Renoir I und Rubinstein sind nur einige Hengste, die für den Fortbestand der Radetzky-Romadour II-Linie sorgen werden.

6.8 Der Eurohengst Ramiro Die Westfälische Hengstlinie

Noch vor der endgültigen Beseitigung aller Grenzen in der europäischen Gemeinschaft verdiente sich einer längst das Etikett „Eurohengst", der Raimund-Sohn Ramiro, in Westfalen unverwechselbar verbunden mit dem Namen Fritz Ligges. Dieser ritt den seit 1969 in Westfalen anerkannten Hengst im internationalen Sport. Der dreifache Olympionike, der als Bundestrainer seine Erfolgskarriere nahtlos fortführt, setzte und setzt auch bei seinen weiteren Aktivitäten als Züchter, Hengsthalter und Reiter auf Ramiro-Nachkommen. Erinnert sei hier an Fatiniza, eine Tochter aus dem ersten Ramiro-Jahrgang. Später firmierte die Stute als „Donau" und machte unter dem Österreicher Thomas Frühmann Furore. Seinen dritten und letzten Olympiaeinsatz hatte Fritz Ligges im Sattel des westfälischen Ramiro-Sohnes Ramzes, mit dem er zur Bronze-Equipe bei den Olympischen Spielen in Los Angeles 1984 gehörte. Ramiro hat lt. FN-Jahrbuch „Zucht '93" 1.800.921,— DM Lebensgewinnsumme. Am siebenstelligen Konto sind auch etliche Westfalen beteiligt, z. B. Almox Rosella, die unter ihrem Züchter Lutz Gössing zweifache und bisher einzige Siegerin in beiden Springchampionaten war. Die Ausnahmestute war unter den Gebrüdern Ludger und Markus Beerbaum später Seriensiegerin in schweren internationalen Konkurrenzen.

Westfalen stellt auch etliche der weit über 20 gekörten Ramiro-Söhne, teilweise im eigenen Zuchgebiet. Bei Betrachtung des westfälischen Hengstverteilungsplanes wird auch hier gerade die Verbindung von Ramiro und der Station Ligges in Ascheberg-Herbern sichtbar. Rodney, der letzte internationale Crack in der sportlichen Karriere von Fritz Ligges, hat trotz späten und dann noch begrenzten Einsatzes bereits Nachkommen im Großen Sport. Ramiro-Söhne wie Ribot und Ramiro's Son haben sich längst mit gekörten Söhnen und erfolgreichen Sportlern einen Namen gemacht. Im Nordrhein-Westfälischen Landgestüt Warendorf war Report I der erste Ra-

Ganimedes v. Grünhorn III unter Monica Theodorescu. Mannschaftsgold Olympische Spiele 1988, Sieger des Weltcupfinales 1993 und 1994.

rhein-Westfalens erster Gewinnsummen-Millionär; nach der Saison 1993 hatte er 1.944.973,— DM auf seinem Konto.

6.7 Radetzky - ein Hengst gibt der Zucht ein neues Gesicht

Es gibt seltenste Einmaligkeiten. Wer bei der Feststellung an die beiden Hengste Ramzes von Ritterspron xx - Shagya und Radetzky von Ramzes - Oxyd denkt, hat den Nagel auf den Kopf getroffen. Der Angloaraber Ramzes stand im westfälischen Gestüt des Barons von Nagel in Vornholz - er war für einige Zeit nach Holstein ausgeliehen und zeugte dort internationale Spitzenspringpferde -; er wurde unzweifelhaft zum besten Turnierpferdemacher nach dem Kriege in Deutschland und lieferte gleichzeitig beste Zuchtpferde. Für

Westfalen sollen nur drei seiner Nachkommen genannt werden; die drei Schimmel Remus, Mariano und Radetzky. Remus - Harry Boldt - u. a. Silbermedaille Olympische Spiele in Tokio 1964; Mariano - Dr. Josef Neckermann - u. a. 1. Weltmeister der Dressurreiter; Radetzky - Begründer einer neuen überaus erfolgreichen Blutlinie in Westfalen. Wobei zu betonen ist, daß Mariano und Radetzky Vollbrüder waren.

Radetzky, Schimmel, Landbeschäler in Warendorf, geboren am 31.1.1951 und am 22.2.1974 eingegangen, war nicht nur ein Liniengründer, sondern ein noch heute hell strahlender Stern 1. Größe. Allein in Westfalen wurden 20 seiner Söhne gekört und 224 Stuten in die Register eingetragen. Viele seiner Nachkommen wurden auf Ausstellungen hochprämiert. Seine Tochter Raimonda wurde DLG-Siegerstute; sein Sohn Realist wurde DLG-Siegerhengst; sein

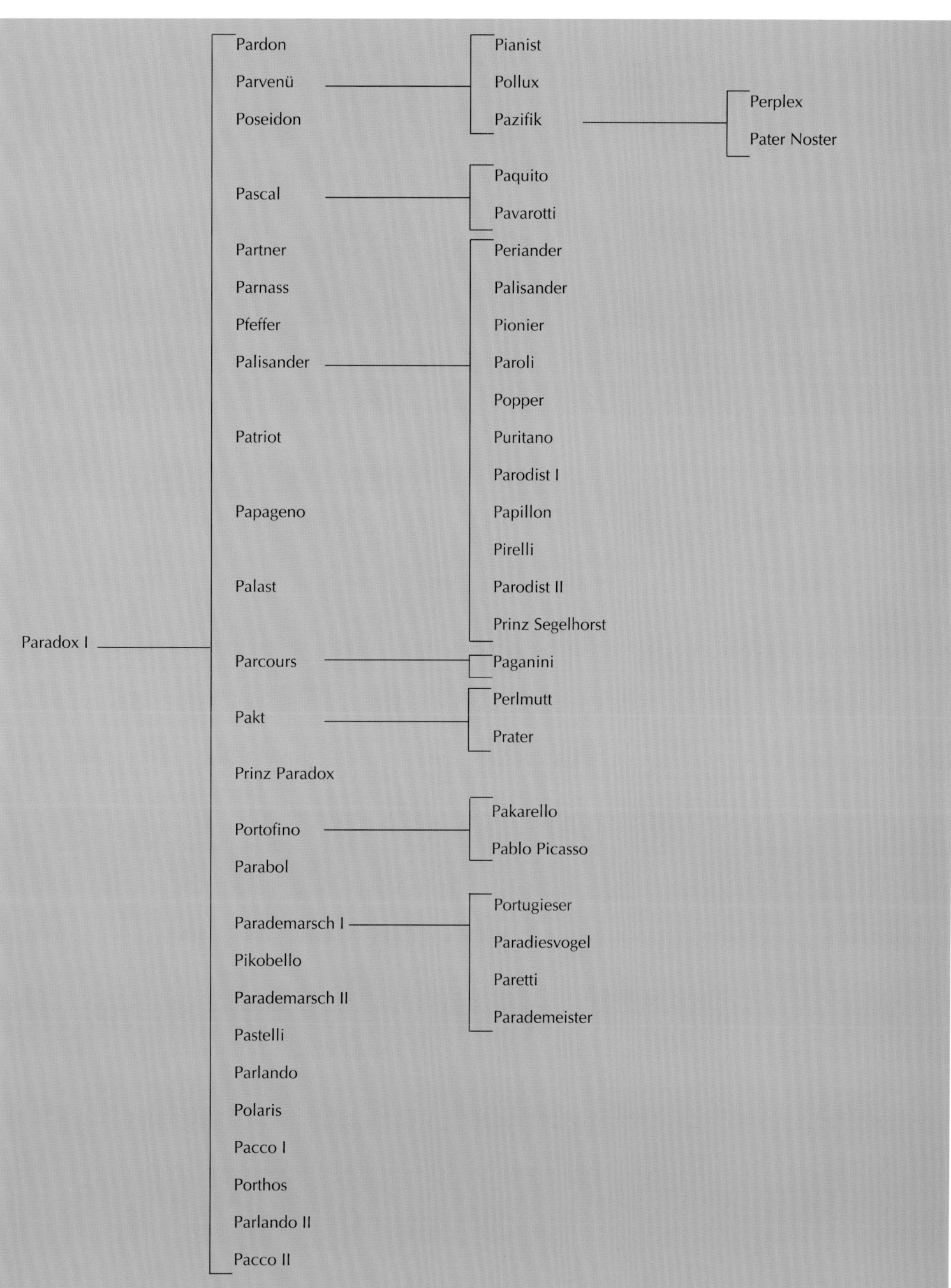

Paradox I
- Pardon
- Parvenü
  - Pianist
  - Pollux
  - Pazifik
    - Perplex
    - Pater Noster
- Poseidon
- Pascal
  - Paquito
  - Pavarotti
- Partner
- Parnass
- Pfeffer
- Palisander
  - Periander
  - Palisander
  - Pionier
  - Paroli
- Patriot
  - Popper
  - Puritano
  - Parodist I
- Papageno
  - Papillon
  - Pirelli
- Palast
  - Parodist II
  - Prinz Segelhorst
- Parcours
  - Paganini
- Pakt
  - Perlmutt
  - Prater
- Prinz Paradox
- Portofino
  - Pakarello
  - Pablo Picasso
- Parabol
- Parademarsch I
  - Portugieser
  - Paradiesvogel
  - Paretti
  - Parademeister
- Pikobello
- Parademarsch II
- Pastelli
- Parlando
- Polaris
- Pacco I
- Porthos
- Parlando II
- Pacco II

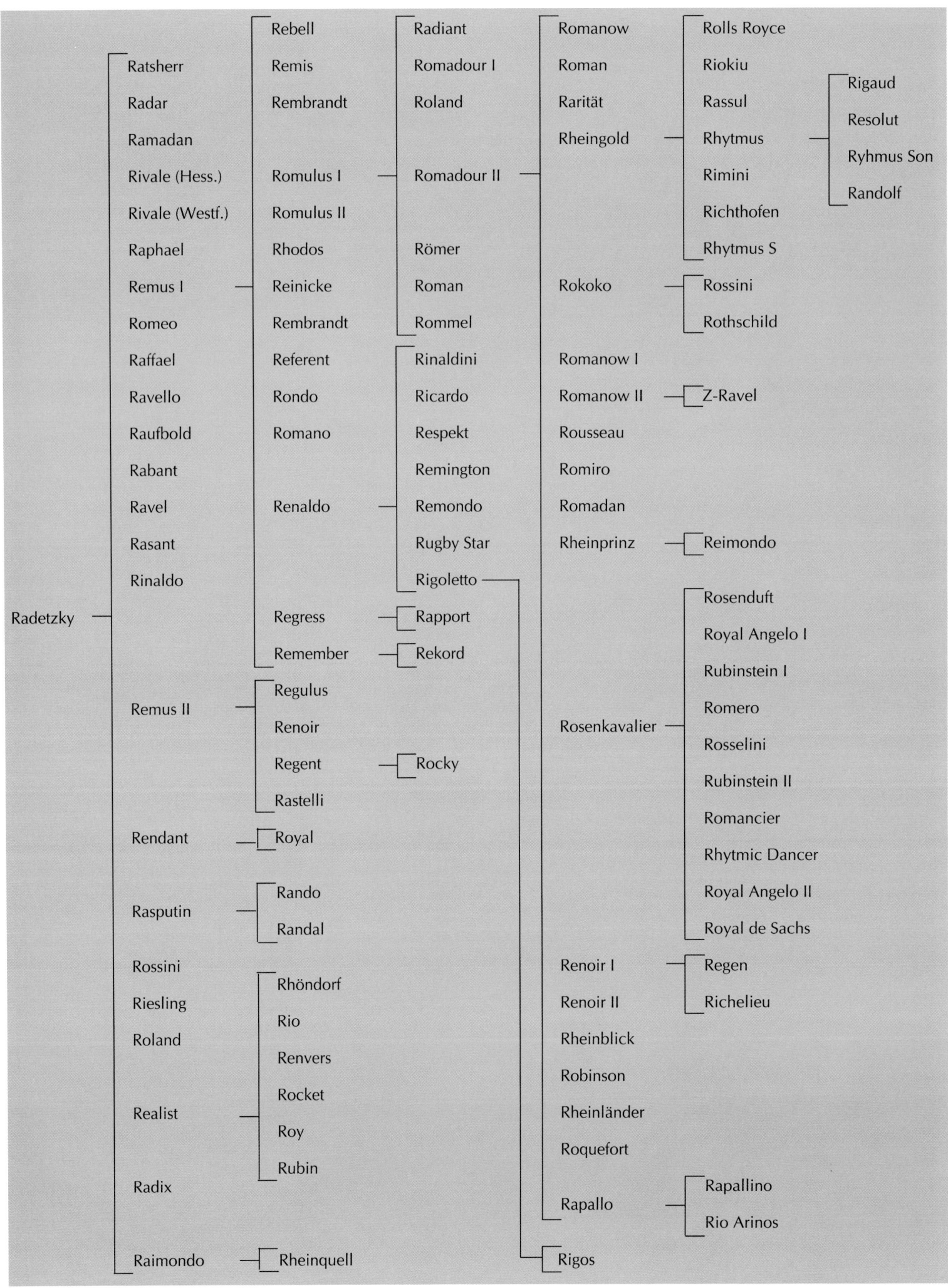

Radetzky

Ratsherr
Radar
Ramadan
Rivale (Hess.)
Rivale (Westf.)
Raphael
Remus I
Romeo
Raffael
Ravello
Raufbold
Rabant
Ravel
Rasant
Rinaldo

Rebell
Remis
Rembrandt

Romulus I
Romulus II
Rhodos
Reinicke
Rembrandt
Referent
Rondo
Romano

Renaldo

Regress
Remember

Remus II

Regulus
Renoir
Regent
Rastelli

Rendant — Royal

Rasputin

Rando
Randal

Rossini
Riesling
Roland

Realist

Rhöndorf
Rio
Renvers
Rocket
Roy
Rubin

Radix

Raimondo — Rheinquell

Radiant
Romadour I
Roland

Romadour II

Römer
Roman
Rommel

Rinaldini
Ricardo
Respekt
Remington
Remondo
Rugby Star
Rigoletto

Rapport
Rekord

Rocky

Romanow
Roman
Rarität
Rheingold

Rokoko

Romanow I
Romanow II — Z-Ravel
Rousseau
Romiro
Romadan
Rheinprinz — Reimondo

Rosenkavalier

Renoir I
Renoir II
Rheinblick
Robinson
Rheinländer
Roquefort

Rapallo

Rigos

Rolls Royce
Riokiu
Rassul
Rhytmus
Rimini
Richthofen
Rhytmus S

Rigaud
Resolut
Ryhmus Son
Randolf

Rossini
Rothschild

Rosenduft
Royal Angelo I
Rubinstein I
Romero
Rosselini
Rubinstein II
Romancier
Rhytmic Dancer
Royal Angelo II
Royal de Sachs

Regen
Richelieu

Rapallino
Rio Arinos

Der Landbeschäler Radetzky ist Begründer einer der erfolgreichsten Hengstlinien. Seine Linie ist in Westfalen ein Wertbegriff besonderer Art. Inzwischen fließt R-Blut in vielen deutschen Zuchtgebieten und auch in ausländischen Zuchten.

DLG-Siegerhengst Romadour II von Romulus I - Grünfink; 1976 ragte er weit heraus, so daß die Presse von einem Hengst sprach, der eine seltene Ausnahmeerscheinung sei. Sein berühmtester Nachkomme ist Rembrandt – erfolgreichstes Dressurpferd aller Zeiten.

Der Stempelhengst Pilot v. Pilatus hat über 20 gekörte Söhne und ist Vater zahlreicher erfolgreicher Springpferde im internationalen Spitzensport.

lieferte u.a. die gekörten Söhne Perseus und Plutos. Mit der Duellant-Tochter Duela brachte Perseus bereits im ersten Jahrgang seinen bis heute hochaktuellen Sohn Pilatus, 1967 Reservesieger der Körung. Als Vater von hochkarätigen Sportpferden hatte Pilatus wenig Fortune. Ihm fehlten die ganz großen „Kracher".

Dafür entschädigte er den Sport überproportional mit einem hochwertigen Enkelsegen. Die beiden Söhne, die ihrem Vater das Etikett „Stempelhengst" besorgten, sind die Warendorfer Landbeschäler Polydor und Pilot. Beide gehören über Jahre zu dem erlauchten Kreis der „top ten" in der Gewinnsummen-Statistik. Sie stehen im internationalen Vergleich in einer Reihe mit Grannus-Granit, Landgraf I, Ramiro oder Almé.

Polydor verdankt seine Position vielen internationalen Springpferden. Seit Jahren gehört Pamina, 1990 unter Otto Becker das erfolgreichste deutsche Springpferd, zu den Werbeträgern.

Der unter Thomas Frühmann und sowie mehreren Schweizer Spitzenreitern erfolgreiche Porter, der von Franke Sloothaak gerittene Pegass, der für Spanien olympisch eingesetzte Tyrol, der ebenfalls unter Otto Becker vielfach siegreiche P.S. Poly Royal, gehören zur erfolgreichen Polydor-Riege. Seit 1992 ist Michael Whitakers Two Step (früher: Polydektes) international die absolute Nr. 1 aller „Polydors". Als Hengstvater ließ sich Polydor zunächst Zeit, landete dann aber mit den beiden HLP-Siegern Polany und Potsdam zwei Volltreffer.

Einen noch steileren Karriereverlauf hatte der 1974 geborene Pilot, der 1976 die Körung als Reserve-Champion beendete. Von 1977 bis 1988 war er als Warendorfer Landbeschäler auf der Station Paderborn-Sande aktiv, ehe er ins Heimatgestüt nach Warendorf zurückkehrte.

Seitdem Pilot Nachkommen im großen Springsport hat, das ist seit 1985, beherrscht der Hengst von der Gewinnsumme her seinen bundesdeutschen Jahrgang ununterbrochen als die Nr. 1. Mit weit über 20 gekörten Söhnen, auch außerhalb des eigenen Zuchtgebietes von Bayern bis Brasilien stationiert, ist Pilot seinem Landbeschäler-Kollegen Polydor im Wettbewerb als „Hengstmacher" bisher überlegen. Allerdings haben zunächst spektakuläre Erfolge im Sport dafür gesorgt, daß die Körungen 1988 bis 1983 ganz im Zeichen des Gewinnsummen-Millionärs standen. Bugatti Pedro, mit dem Wolfgang Brinkmann zur deutschen Olympiasieger-Mannschaft in Seoul 1988 gehörte, war Pilots erster Volltreffer im internationalen Springsport. Norbert Koof saß im Sattel der Pilot-Söhne Prinzregent und Perlitt. Internationale „Piloten" ritten der Schweizer Walter Gabathuler mit Pilatus C und der Kanadier Hugh Graham mit Pedro. Für den ganz großen Durchbruch im internationa-

Polydor v. Pilatus gehört genau wie Pilot über Jahre zu den „top-ten" in der Gewinnsummen-Statistik.

miro-Ldb. Er ist Vater von Ludger Beerbaums Almox Rush On, 1992 und 1993 das gewinnreichste deutsche Turnierpferd. Als Züchter bzw. Aufzüchter ist Fritz Ligges für die beiden Warendorfer Landbeschäler Rex Fritz und Rotarier verantwortlich. Die Hengste Ramiroff, Renard und Romanow vervollständigen das in Westfalen aufgestellte Ramiro-Kontingent.

6.9 Die Hengstlinie des Pilatus Volltreffer Polydor und Pilot

Zu den bedeutenden Vollblütern, die man als Linienbegründer bezeichnen kann, gehört auch der 1958 in Irland angekaufte Pluchino xx. Der Sohn des italienischen Derbysiegers Niccolo del l'Arca xx wirkte im Soester Gestüt Werthmann und

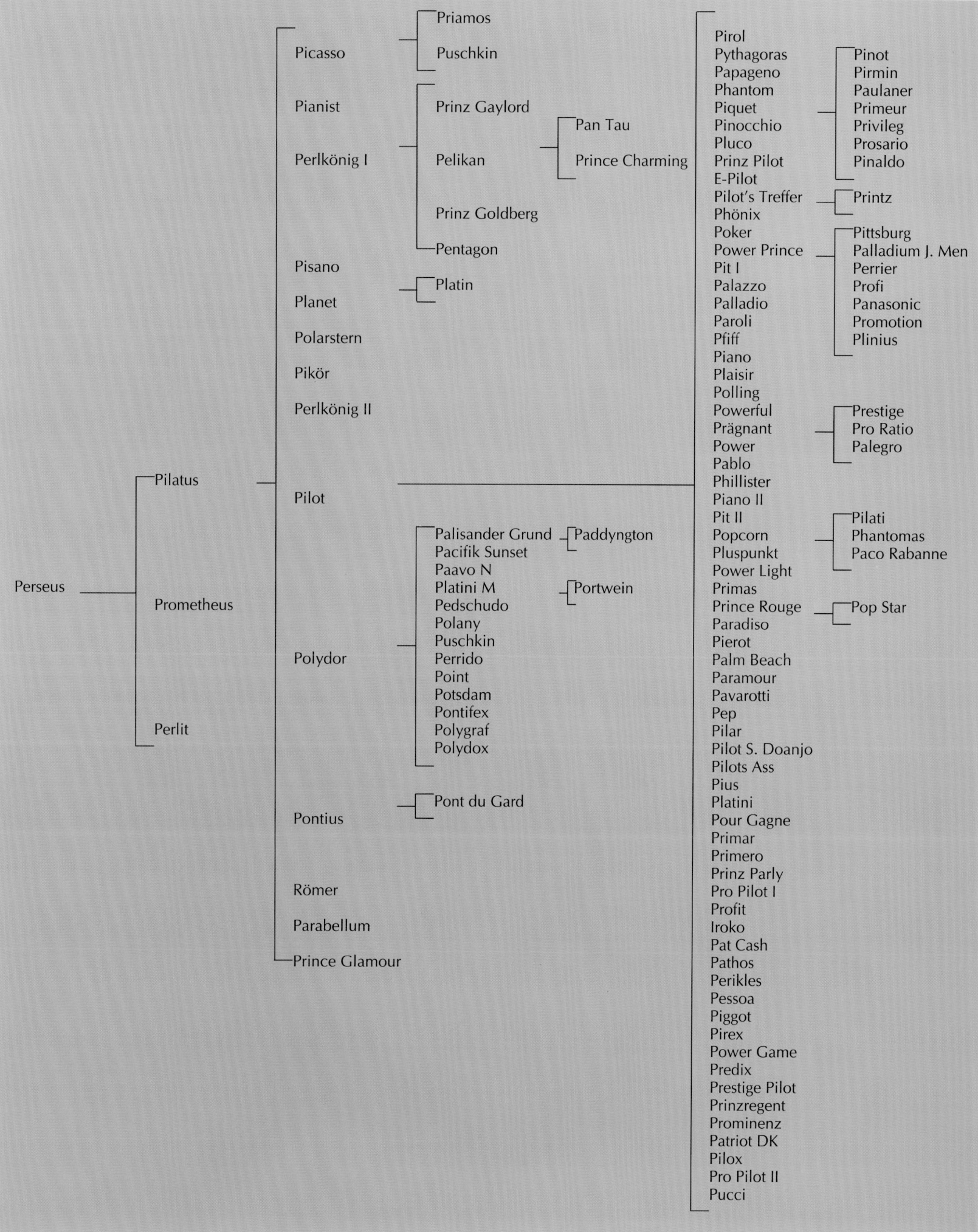

Perseus
- Pilatus
  - Picasso
    - Priamos
    - Puschkin
  - Pianist
  - Perlkönig I
    - Prinz Gaylord
    - Pelikan
      - Pan Tau
      - Prince Charming
    - Prinz Goldberg
    - Pentagon
  - Pisano
  - Planet
    - Platin
  - Polarstern
  - Pikör
  - Perlkönig II
  - Pilot
    - Pirol
    - Pythagoras
    - Papageno
    - Phantom
    - Piquet
    - Pinocchio
    - Pluco
    - Prinz Pilot
    - E-Pilot
    - Pilot's Treffer
    - Phönix
    - Poker
    - Power Prince
    - Pit I
    - Palazzo
    - Palladio
    - Paroli
    - Pfiff
    - Piano
    - Plaisir
    - Polling
    - Powerful
    - Prägnant
    - Power
    - Pablo
    - Phillister
    - Piano II
    - Pit II
    - Popcorn
    - Pluspunkt
    - Power Light
    - Primas
    - Prince Rouge
    - Paradiso
    - Pierot
    - Palm Beach
    - Paramour
    - Pavarotti
    - Pep
    - Pilar
    - Pilot S. Doanjo
    - Pilots Ass
    - Pius
    - Platini
    - Pour Gagne
    - Primar
    - Primero
    - Prinz Parly
    - Pro Pilot I
    - Profit
    - Iroko
    - Pat Cash
    - Pathos
    - Perikles
    - Pessoa
    - Piggot
    - Pirex
    - Power Game
    - Predix
    - Prestige Pilot
    - Prinzregent
    - Prominenz
    - Patriot DK
    - Pilox
    - Pro Pilot II
    - Pucci
      - Pinot
      - Pirmin
      - Paulaner
      - Primeur
      - Privileg
      - Prosario
      - Pinaldo
      - Printz
      - Pittsburg
      - Palladium J. Men
      - Perrier
      - Profi
      - Panasonic
      - Promotion
      - Plinius
      - Prestige
      - Pro Ratio
      - Palegro
      - Pilati
      - Phantomas
      - Paco Rabanne
      - Pop Star
- Prometheus
  - Polydor
    - Palisander Grund
      - Paddyngton
    - Pacifik Sunset
    - Paavo N
    - Platini M
      - Portwein
    - Pedschudo
    - Polany
    - Puschkin
    - Perrido
    - Point
    - Potsdam
    - Pontifex
    - Polygraf
    - Polydox
  - Pontius
    - Pont du Gard
  - Römer
  - Parabellum
  - Prince Glamour
- Perlit

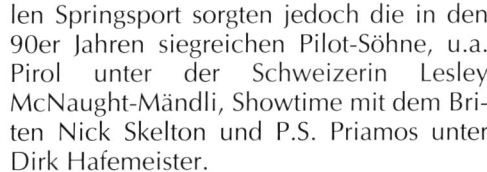

len Springsport sorgten jedoch die in den 90er Jahren siegreichen Pilot-Söhne, u.a. Pirol unter der Schweizerin Lesley McNaught-Mändli, Showtime mit dem Briten Nick Skelton und P.S. Priamos unter Dirk Hafemeister.

Die Verbindung zum Sport wird auch bei den gekörten Pilot-Söhnen sichtbar. Im Nordrhein-Westfälischen Landgestüt Warendorf wirken allein drei Vollbrüder internationaler Springpferde: der Bugatti Pedro-Bruder Pageno, der Prinzregent-Bruder Pit I und der P.S. Priamos-Bruder Pluspunkt. Pit II wurde über das Westfälische Pferdezentrum nach Brasilien exportiert. Mit Eigenleistung im Sport bzw. auffallenden Premierenjahrgängen bei Fohlen, Junghengsten, Elitestuten und Nachwuchssportlern machten sich auch u. a. Phantom, Phönix, Pinocchio, Piquet, Power und Prinz Pilot bemerkbar. Inzwischen steht auch hochwertiges Hengstmaterial aus Pilot-Müttern zur Verfügung, u. a. die Damokles-Söhne Dinard L und Dänenkönig.

6.10 Vollblüter

In der Entwicklung der westfälischen Reitpferdezucht sind die im Zuchtgebiet eingesetzten Vollblüter maßgeblich beteiligt. Dies gilt gleichermaßen für die staatliche Hengsthaltung im Nordrhein-Westfälischen Landgestüt Warendorf wie für die Privathengsthaltung. Mehrere Vollbluthengste können für sich in Anspruch nehmen, als Linienbegründer etikettiert zu werden. Da ist der Ahlerich-Vater Angelo xx, der für eine eigene Hengstlinie (u.a. Anmarsch, Angriff, Apart u.a.) verantwortlich zeichnet und internationale Sieger in allen drei Disziplinen des Spitzensports stellte.

Pluchino xx ist für die Linie zuständig, die vor allem seine Urenkel Pilot und Polydor populär machen. Papayer xx lieferte den großen Paradox I und etliche Top-Pferde im Sport. Ben Shirin xx, Lucius xx, Octavo xx, Bumerang xx, Antar xx, Fontanus xx sind weitere bedeutende Vollblut-Repräsentanten der 60er- bis 80er Jahre. Aktuelle, in den 90er-Jahren eingesetzte Vollblüter sind u. a. Bandoliero xx, Feuerfunke xx,

Der auf der Aufnahme 5jährige Angelo xx von Oliveri xx - Neckar ist der Vollbluttyp, wie jede Landespferdezucht ihn sucht. Er ist mit einer Lebensgewinnsumme von DM 1,3 Mio DM einer der erfolgreichsten Vollbluthengste in der deutschen Warmblutzucht. (oben)

Ahlerich von Angelo xx, Spitzenpferd der Westfalen-Auktion, war unter Dr. Reiner Klimke Olympiasieger, Weltmeister, Europameister und Deutscher Meister. (unten)

Northern Sound xx, Playmate xx, Nouveau Roi xx, Rivellino xx, Vif Argent xx, Game Fox xx, Akitos xx, Bormio xx, Diego xx, Foxiland xx.

Bei einem Blick auf die Veredlerhengste darf die Information nicht fehlen, daß seit den späten 80er-Jahren auch bedeutende Anglo-Araber der westfälischen Zucht zur Verfügung stehen, z. B. Cacir AA, Monsieur AA, Charmant AA u. a.

7. Das Landgestüt Warendorf heute

Die Geschichte und die Entwicklung des Landgestüts Warendorf war wechselvoll. 1826 gegründet, nahm das Landgestüt mehr und mehr Einfluß auf die Pferdezucht in Westfalen. Wurden anfangs die „Königlichen Landbeschäler" nicht überall und immer mit offenen Armen empfangen, so ist heute das Landgestüt Mittel-, Dreh- und Angelpunkt des Zuchtgeschehens. Über 155 Jahre hinweg wurde von hier die Zuchtrichtung bestimmt, hatte man sich hier auch den Wünschen der Züchter zu beugen - aber immer bestand und besteht vom Leiter des Landgestüts zu den Züchtern und umgekehrt ein gutes Verhältnis. Deckten im Gründungsjahr die 13 Warendorfer „beamteten" Hengste 943 Stuten (pro Hengst 72 Stuten), so war daraus schon die Notwendigkeit zur Vergrößerung des Hengstbestandes abzulesen. 1830 waren es 50, 1839 schon 70 Hengste. 1878 erreichte der Hengstbestand dann 100 - man mußte an den heutigen Standort umziehen. Die Zahl der Hengste nahm - vor allem der aufblühenden Kaltblutzucht wegen - weiter zu: 1897 = 108; 1902 = 130; 1904 = 140; 1906 = 170; 1908 = 182; 1920 = 212; 1921 = 230 und 1922 = 240. Zeitweise waren 2/3 der Hengste Kaltblüter.

Die schlimmsten Tage erlebte das Landgestüt bei Ende des 2. Weltkrieges, denn das eingezäunte Areal diente zunächst als Russen-, dann als Polen-, schließlich als Italienerlager, zuletzt als Durchgangslager für Ostvertriebene. Die Schäden an allen Gebäuden waren riesengroß, die hölzernen Schuppen und Magazine waren verfeuert worden, die Wasserleitungen zerstört; wer heute das blitzsaubere Landgestüt sieht, kann sich kaum vorstellen, wie es damals hier zugegangen ist.

Im Jubiläumsjahr 1976, als das Landgestüt auf 150 Jahre Zuchtgeschichte zurückblicken konnte, standen an Hengsten in den Stallungen 2 Araber, 12 Vollblüter, 102 Warmblüter, 10 Kaltblüter. 1981 waren es 2 Araber, 9 Vollblüter, 119 Warmblüter, 7 Kaltblüter, 2 Reitponys.

Die jungen Remonten werden zum größten Teil bei der Hengstkörung in Münster gekauft und einige im hannoverschen Zuchtgebiet. Bei der Auswahl spielen das Exterieur, die Bewegung und die zu erwar-

tende Reitleistung eine Rolle. Von ebenso großer Bedeutung ist die Abstammung. Einer besonders sorgsamen Analyse wird der Stutenstamm, dem der Kandidat entstammt, unterzogen.

Alle Hengste haben sich der Hengstleistungsprüfung zu unterziehen.

Viermal im Jahr, immer Ende September und Anfang Oktober, steht die Warendorfer Hengstparade auf dem Programm.

Das Nordrhein-Westfälische Landgestüt Warendorf ist 1994 mit 35 Stationen aktiv. Dabei bezogen die Hengste auf 28 westfälischen und 7 rheinischen Außenstellen (incl. Warendorf) Station.

Im Einsatz waren 125 Reitpferde-Hengste, 10 Kaltbluthengste sowie je 4 Haflinger- und Reitponyhengste.

8. Die Privathengsthaltung

Vor der Gründung des Landgestüts Warendorf hat es - bis auf ganz seltene bischöfliche Ausnahmen - nur die Privathengsthaltung gegeben. Der Landesteil Lippe hat da seine eigene, vom Fürstenhaus gelenkte Entwicklung gehabt. Wenn auch der Staat nach 1826 den größten Teil der Zuchthengste stellte, so hat es doch daneben immer und bis heute Privathengste gegeben, die zu allen Zeiten einen wesentlichen Einfluß auf die Zucht ausübten und noch ausüben. Der Staat begünstigte, wohl ungewollt, die Privathengsthalter, denn 1840 gab es 128 395 Pferde in Westfalen - aber nur 80 Hengste im Landgestüt Warendorf. Die am 24.4.1827 für Westfalen erlassene Körordnung änderte am herrschenden Zustand nichts. Leider existieren keine Aufzeichnungen über Zahl und Bedeutung der Privathengste im 19. Jahrhundert und früher. Erst 1908, im ersten Band des Westfälischen Pferdestammbuches sind 8 gekörte Privathengste genannt; es waren Oldenburger und Ostfriesen. 1911 sind es schon 44 genannte Privathengste, 1913 werden 95 aufgeführt; bis heute sind rund 1.000 Privathengste nachzuweisen, die in der Zucht Verwendung fanden und noch finden.

In der westfälischen Nachkriegsgeschichte spielt natürlich Ramzes AA eine ganz besondere Rolle. Das gleiche gilt für Ramiro, einen inzwischen etablierten „Eurohengst", der seit seiner aktiven Zeit im internationalen Springsport unter Fritz Ligges seine Aktualität und Popularität über Jahrzehnte nicht verloren hat.

Der Name Sandhowe steht für Hengste wie Papayer xx, Goldberg und auch für die Premierenjahrgänge von Grannus/Granit.

Die Privathengsthaltung ist in den 80er- und 90er-Jahren aktiver geworden; sie hat sich mit dem Sport ein PR-Medium gesucht und ist auch für ihre Aktivitäten belohnt worden. Für diese Entwicklung stehen renommierte Privathengsthalter-Na-

men wie Rohmann, Ligges, Vornholt, Platte, Rüscher-Konermann, Münch, Kühlmann, Reimann, Vornholt, Holkenbrink u.a. Vor allem der Einsatz in den diversen Bundeschampionaten hat vielen privaten Stationen und dort postierten Hengsten Zulauf gebracht

9. Sport - das ideale Prüfungssystem für die Zucht

Es mag viele Gründe für die Erfolgsbilanz westfälischer Pferde, vor allem ab Mitte der 70er-Jahre, geben; zweifellos ist der Sport im eigenen Lande, von den hunderten ländlicher Turniere bishin zum Welt-Cup in der Dortmunder Westfalenhalle, das optimale Medium, entweder züchterische Entscheidungen umsetzen zu lassen, bzw. Rückschlüsse für die Zuchtpolitik zu treffen.

Frühe Dressur-Highlights

Die ersten großen Aushängeschilder im internationalen Dressursport hießen Mariano und Remus, beides Ramzes AA-Söhne, die unter Dr. Josef Neckermann und Harry Boldt Championatsmedaillen sammelten. Mariano war ein Vollbruder des Warendorfer Linienbegründers Radetzky. Erinnert sei ebenso an McBeth v. und Walter Günther sowie Harry Boldts Derbysieger und WM-Vierten Golo v. Grünschnabel. Heinz Lammers und die brilliante Tiga erinnern noch einmal an Ramzes, und Ruth und Dr. Reiner Klimke feierten mit Privatier v. Papayer xx Seriensiege. Der Auktionswestfale Feudal v. Fröhlich, der unter Dr. Josef Neckermann in Intermédiaire-Prüfungen fast unschlagbare Duero v. Ducker, Don Benito v. Dompfaff zweifaches Siegerpferd der Junioren-Europameisterin Inge Schule Wilbrenning waren nur einige Dressurspitzen, die Ehrenrunden nach internationalen Championaten westfälisch anführten. Es folgte die Ahlerich-Ära. Der Angelo xx-Sohn war 1975 Spitzenpferd der Westfalen-Auktion. Er war maßgeblich an dem Rekord seines Reiters Dr. Reiner Klimke beteiligt, der erfolgreichster Olympionike aller Zeiten wurde. Dr. Reiner Klimke und Ahlerich wurden 1978 erstmals Deutscher Meister; ihren letzten Olympiasieg feierten sie mit Teamgold in Seoul, wo drei deutsche Olympiasieger westfälisch beritten waren. Neben Dr. Reiner Klimke und Ahlerich waren es die Einzel-Olympiasiegerin Nicole Uphoff-Becker und Rembrandt von Romadour II sowie Monica Theodorescu auf Ganimedes v. Grünhorn III. Es war der erste Höhepunkt in der gemeinsamen Karriere von Nicole Uphoff-Becker und Rembrandt, die dann 1990 Doppel-Weltmeister und 1992 noch einmal Doppel-Olympiasieger wurden. Mit Klaus Balkenhols Weinberg-Sohn Goldstern kam 1992 ein weiterer westfälisch gezogener Olympiasieger hinzu.

Military-Westfalen

Hier in einem Rückblick über gut vier Jahrzehnte deutsche Military-Geschichte eine Auflistung der erfolgreichsten Military-Westfalen. In den 50er-Jahren war die Schwan I-Tochter Schwalbe unter August Lütke-Westhues das erfolgreichste Pferd in diesem Metier; sie war Ersatzpferd bei den Olympischen Spielen 1956 in Stockholm. Mit Winzerin, einer Tochter des Vollblüters Wehr Dich xx war Dr. Reiner Klimke bei seinem ersten Olympiaeinsatz 1960 in Rom einer der wenigen Teilnehmer, der die Geländestrecke ohne Fehler absolvierte. Der 1963 geborene Schimmel Sioux v. Sinus xx-Radetzky war eines der besten deutschen Militarypferde der 70er-Jahre. Horst Karsten verhalf er 1977 zur Deutschen Meisterschaft; die beiden gehörten 1972 zum Bronzeteam bei den Olympischen Spielen in München. Mannschaftsgold und Einzelbronze gab es bei den Europameisterschaften in Kiew. Sioux-Nachfolger wurde der über das Westfälische Pferdezentrum verkaufte Alabaster v. Aar xx, mit dem Dr. Matthias Baumann Medaillen bei Olympischen Spielen, Weltmeisterschaften und Deutschen Meisterschaften sammelte. Als eines der international talentiertesten Nachwuchspferde zu Beginn der 90er-Jahre präsentierte sich der Bream xx-Sohn Baccadi unter Jochen Lehmkuhl.

Internationale Springcracks über vier Jahrzehnte

Das Springpferd der 50er-Jahre war Ala v. Allerletzter, die mit Alfons Lütke-Westhues 1956 in Stockholm olympisches Mannschaftsgold gewann. Raphaela v. Flottweg gewann unter Kurt Jerasinski das Deutsche Springderby für Westfalen. Hans Günter Winkler ritt Feuerdorn v. Krol Walca und Seila v. Falk III, Peter Schmitz war mit Amsella v. Abdul und Panama v. Papayer xx erfolgreich. Erster westfälischer „Kracher" im Stall von Hendrik Snoek war Dorina v. Domherr, mit der der Münsteraner u.a.

Hart, ausdauernd, nie aufgebend, ständig leistungsbereit: Sioux von Sinus xx. Sioux war in den 70er Jahren das beste deutsche Vielseitigkeitspferd mit vielen internationalen und nationalen Meisterschaften. (oben)

Zum Sinnbild für Sprungvermögen, Sicherheit und Schnelligkeit wurde auf den nationalen und internationalen Turnierplätzen die westfälische Schimmelstute Goldika von Goldlack - Rasputin. Die Zahl ihrer Siege ist sehr groß. (unten)

Rembrandt v. Romadour II, unter Nicole Uphoff-Becker erfolgreichstes Dressurpferd aller Zeiten. Doppelolympiasieger 1988 und 1992. Doppelweltmeister 1990. Mannschaftsweltmeister und Einzelsilbermedaillengewinner 1994. (rechts)

Goldstern von Weinberg unter Klaus Balkenhol. Mannschaftsolympiasieger 1992. Mannschaftsweltmeister 1994 und Silbermedaille bei der WM-Kür 1994. (oben)

Pamina v. Polydor unter Otto Becker. 1990 erfolgreichstes Deutsches Springpferd. Bei der WM in Den Haag 1994 für Italien am Start.

den „Großen Preis von Aachen" gewann. Der unvergessene Hermann Schridde war u.a. im Sattel der Frühlicht I-Tochter Ferrara international erfolgreich. Mit dem Ramzes-Schimmel Robin war Fritz Ligges bester deutscher Teilnehmer in der Münchener Olympia-Gold-Mannschaft 1972. Hendrik Snoek setzte weiter auf Westfalen und war u.a. mit Rasputin v. Radetzky, Gaylord v. Goldberg, Asterix v. Aarstein, Palma Nova v. Paradox I und Anatol v. Anmarsch international beritten. Über lange Jahre gehörte Norbert Koof mit Minister, einem Vollbruder der Warendorfer Landbeschäler Frühlingstraum I und II, zu den besten deutschen Nachwuchsreitern. Der Rheinländer blieb der Frühling-Linie treu

und feierte 1982 in Dublin seinen größten Erfolg. Mit Fire v. Frühlingstraum II wurde er Weltmeister der Springreiter. Sein Vorgänger war Gerd Wiltfang, der 1978 mit Roman v. Romadour I das Weltchampionat gewann. Auf den beiden Goldlack-Nachkommen Goldika und Gordon gehörte der Weltmeister zu den ständigen „PR-Reitern" für Westfalen. In die Reihe der Erfolgswestfalen gehören auch die beiden Milan-Söhne Magister und Merano, auf denen Ulrich Meyer zu Bexten Riesenerfolge feiern konnte. Leslie Lenehan-Bur gewan mit McLain v. Bariton den Weltcup der Springreiter. Wolfgang Brinkmann war der nächste in der Reihe der westfälisch berittenen Championatssieger. Auf Bugatti Pe-

dro v. Pilot gehört er zur olympischen Goldmedaillen-Mannschaft von Seoul `88. Bei den 1. World Equestrian Games in Stockholm 1990 wurden die deutschen Springreiter Vize-Weltmeister, u.a. mit Otto Becker auf der Polydor-Tochter Pamina. Zum Schweizer Europameister-Team `93 gehörten Lesley McNaught-Mändli mit Pirol v. Pilot und Thomas Fuchs auf Dylano v. Debütant.

Die Menge der international erfolgreichen Westfalen in vielen Metiers würde den zur Verfügung stehenden Raum sprengen. Die erfolgreichsten Westfalen über 13 Jahre (1982 bis 1994) sind in nachfolgender Aufstellung aufgelistet.

Westfalen im internationalen Sport 1982 bis 1994
130 Top-Westfalen in 13 Saisons auf einen Blick

Achilles v. Antar xx	Franz-Josef Dahlmann
Adrett v. Adlerfels	Pia Laus
Ahlerich v. Angelo xx	Dr. Reiner Klimke
Ahoi v. Anmarsch	Detlef Brüggemann, Kurt Gravemeier
Alex v. Aarstein	Hubert Vornholt, Ludger Beerbaum, Markus Beerbaum
Amon v. Angelo xx	Annemarie Sanders-Keyzer
Anatol v. Anmarsch	Hendrik Snoek, Kurt Gravemeier
Angelino v. Angelo xx	Achim Tilger
Apartos v. Apart	Klaus Reinacher
Aramis v. Argwohn	Kurt Gravemeier, Franke Sloothaak
Argonaut v. Aarstein	Johan Heins, Franke Sloothaak
Argonaut v. Adlerorden	Bernhard Kamps, Franke Sloothaak
Argot v. Argwohn	Elmar Gundel
Ascalon v. Angriff	Otto Becker
Asco II v. Aarstein	Bruno Candrian, Thomas Fuchs
Armani v. Angelo xx	Peter Nagel-Tornau, Uwe Deyle
Attaché v. Aarstein	Jürgen Kenn
Bandit v. Bariton	Thomas Frühmann
Baroness v. Bariton	Frank Müller
Benjamin II v. Bengale	Warren Clarke
Borodin v. Bariton	Dirk Hafemeister
Boyfriend v. Bariton	Gerd Wiltfang
Bugatti Pedro v. Pilot	Wolfgang Brinkmann
Chef v. Cyrian	Michael Matz/Joe Fargis
Damokles v. Damokles	Hansueli Sprunger
Dana la Bonita v. Damokles	Gerd Wiltfang
Desiree v. Damokles	Klaus Reinacher
Disco Star v. Damokles	Gerd Wiltfang
Disco Queen v. Disco Boy	Susanne Behring
Donau/Fatinitza v. Ramiro	Thomas Frühmann, Fritz Ligges
Don Benito v. Dompfaff	Inge Schulze-Wilbrenning
Dorado v. Damokles	Ludger Beerbaum
Duero v. Ducker	Dr. Josef Neckermann
Durgo v. Degen	Martin Schaudt
Dylano v. Debütant	Thomas Fuchs, Renata Fuchs
Elastique v. Ehrensold	Ludger Beerbaum, Franke Sloothaak, Willi Melliger
Entertainer v. Ehrensold	George Theodorescu, Michael Klimke
Fabienne v. Feuerschein I	Isabell Werth
Faible v. Frühlingsrausch	Arlette Holsters
Falkland v. Frühlingsball	Thomas Schepers
Fandango v. Frühlingsrausch	Fritz Ligges
Farley v. Feuerschein I	Uwe Deyle, Franke Sloothaak
Fatinitza v. Frühlingsball	Dietmar Gugler
Felix v. Fröhlich	Alfons Klöpper
Ferano v. Frühlingsrausch	Holger Münstermann
Feuerball v. Frühlingstraum II	Jürgen Kenn, Willi Melliger
Feuergeist v. Frühlingsball	Jürgen Kenn
Feuerzauber v. Feuerschein I	Manfred Bröker
Fiorello v. Frühling	Gabriele Wilcken
Fire v. Frühlingstraum II	Norbert Koof
Flair v. Frühlingstraum I	Holger Münstermann
Fleetwood v. Frühlingsball	Wolfgang Brinkmann
Fleur v. Frühlingsball	Franke Sloothaak
Franklin v. Frühlingsball	Markus Tecklenburg
Freudentänzer v. Frühlingstraum II	Nicole Uphoff-Becker
Fritz Eto v. Frühling	Heike Ingebrand
Future Vision v. General I	Ian Millar
P.S. Fortun v. Frühlingsball	Franke Sloothaak
Gambe v. Grundstein	Lutz Gripshöver
Ganimedes v. Grünhorn III	Monica Theodorescu
Gaylord v. Goldberg	Hendrik Snoek
Gazelle v. Goldrausch II	Ludger Beerbaum
Genius v. Günstling	Johann Hinnemann
Gigolo v. Goldlack	Kurt Gravemeier
Gigolo/Imperial v. Grannus-Granit	Dirk Kalender, Rodrigo Pessoa
Gitano v. General I	René Tebbel
Giulietta v. Goldlack	Alois Pollmann-Schweckhorst
Goby v. Grannus-Granit	Eberhard Saul, John Anderson
Golden Gate v. Goldberg	Wolfgang Brinkmann, Lutz Merkel
Goldlights v. Goldlack	Markus Fuchs
Goldika v. Goldlack	Gerd Wiltfang
Goldrausch v. Goldlack	Lesley McNaught-Mändli
Goldstern v. Goldlack	Andreas Weychert
Goldstern v. Weinberg	Klaus Balkenhol
Gordon v. Goldlack	Gerd Wiltfang
Gyssmo v. Goldrausch I	Jürg Friedli
P.S. Gazpacho v. Geronimo	Terry Rudd
Jessica v. Weißgold	Klaus Reinacher
Lamborghini v. Löwenstein	Helena Weinberg
Magister v. Milan	Ulrich Meyer zu Bexten
Malte v. Milan	Johann Hinnemann, Gina Smith
McLain v. Bariton	Leslie Lenehan-Burr
McMato v. Mato Grosso xx	Julius Schulze Hesselmann
Merano v. Milan	Ulrich Meyer zu Bexten
Mikado v. Milan	Nancy Polozker
Page Seven v. Palisander	Debby Malloy
Palma Nova v. Paradox I	Hendrik Snoek, Rainer Supan
Pamina v. Polydor	Otto Becker, Valerio Sozzi
Panama v. Pilot	Christian Ahlmann
Paquito v. Papayer xx	Gabriele Diesterer
Pater v. Parcours	Franke Sloothaak
Percy Flade v. Pilot	Hirokazu Higashira

Perikles v. Pakt	Bohdan Sas-Jaworsky	Ribot v. Ribot	Johann Hinnemann
Perlitt v. Pilot	Norbert Koof	Robin Fly v. Renaldo	Jean Bemelmans, Heidi Bemelmans
Petit Croix v. Pakt	Otto Becker, Evelyne Blaton	Rocco Granata v: Rokoko	Dr. Reiner Klimke
Phantom v. Pilot	Heiner Rohmann	Rodney v. Ramiro	Fritz Ligges
Philco v. Paradox I	Iris Bayer	Rolex v. Ramiro	Jürgen Weiß
Pierrot v. Pilot	Thomas Schepers	Roman v. Romadour I	Gerd Wiltfang
Pilatus C v. Pilot	Walter Gabathuler, Gerardus Krijnen	Rosella G v. Ramiro	Lutz Gössing, Ludger Beerbaum, Markus Beerbaum
Piquet v. Paradox I	Ulrich Kirchhoff, Jean Claude Vangeenberghe	Rush On v. Report I	Ludger Beerbaum, Peter Schumacher
Pirol v. Pilot	Lesley McNaught-Mändli	Showtime v. Pilot	Nick Skelton
Platon v. Plutos	Peter Nagel-Tornau, Kurt Gravemeier	Starman/Calypso v. Carrera	Anne Kursinski, Dietmar Gugler, Hubert Vornholt
Prinzregent v. Pilot	Norbert Koof	Taifun v. Tamus xx	Madeleine Winter
P.S. Poly Royal v. Polydor	Otto Becker	Two Step v. Polydor	Michael Whitaker
P.S. Priamos v. Pilot	Dirk Hafemeister	Welfenkrone v. Waldersee	Eddie Macken
Puschkin v. Roderich	Markus Fuchs, Albrecht Stuft	Wempe Juwel v. Weinberg	Udo Lange, Leida Strijk
Ramzes v. Ramiro	Fritz Ligges	Winnetou v. Waldmann	Hans Dieter Hoster
Rangpur v. Rasputin	Sönke Sönksen	Wisby D v. Weinberg	Ulrich Meyer zu Bexten
Rapier v. Rigoletto	Liz Edgar, Marie Edgar	Woodstock v. Weinhang	Susan Hutchinson
Rapier v. Rotarier	Barnie Ward	Wum v. Weinberg	Kurt Gravemeier
Rembrandt v. Romadour II	Nicole Uphoff-Becker	Wunderknabe v. Wunderlich	Thomas von Metzger, Rob Ehrens
Rhodomo v. Remus I	Klaus Balkenhol		

10. Zuchtfördernde Maßnahmen

Den westfälischen Warmblutzüchtern ist es durch konsequente Zucht in engster Zusammenarbeit mit den Leitern des Landgestüts und der Zuchtkommission des Westf. Pferdestammbuches gelungen, in Zucht und Sport mit an der Spitze zu stehen. Um diese Position zu halten und zu verbessern gibt es ein Bündel gut aufeinander abgestimmter Maßnahmen zu feststehenden Terminen.

1. Stutenschauen

An ca. 100 Terminen finden zwischen Mai und Juli die Stutenschauen statt. Es werden alle Fohlen des entsprechenden Jahres und die 3jährigen Stuten vorgestellt. (siehe nebenstehende Tabelle)

Es wurden Fohlen vorgestellt:

1960	645
1965	1145
1970	1898
1975	3324
1980	3686
1985	3244
1990	3510
1993	4882

Rheinland + Westfalen = NRW
Kooperation der Rheinländer und Westfalen seit 1987

Seit 1987 arbeiten die beiden Zuchtverbände Nordrhein-Westfalens, das Rheinische Pferdestammbuch e.V. in Bonn und das Westfälische Pferdestammbuch e.V. in Münster, auf mehreren Gebieten zusammen. Die erste Gemeinschaftsveranstaltung waren die CHIO SALES '87. Seitdem nutzen die rheinischen und westfälischen

Eingetragene 3-jährige Stuten nach dem Kriege

Jahr	Hauptstutbuch	Stutbuch	Vorbuch	Insgesamt
1950	559	298	72	929
1955	277	53	17	347
1960	286	96	28	410
1965	411	112	147	670
1970	467	152	280	899
1975	925	156	279	1360
1980	1179	178	171	1528
1985	1140	82	44	1266
1990	1296	26	41	1363
1993	1542	54	91	1687

In westfälischer Parklandschaft: Stutenschauen. Sie finden an ca. 100 Terminen von Mai bis Juli statt.

Pferdezüchter des CHIO Bad Aachen, das größte und schönste Turnier der Welt, als gemeinsames Schaufenster. In den acht Veranstaltungsjahren 1987 bis 1994 wurden für über 3 Mio DM hochkarätige Nachwuchspferde aus Nordrhein-Westfalen verkauft.

Seit März 1991 ist das Westfälische Pferdezentrum in Münster-Handorf Schau- und Auktionsplatz der nordrhein-westfälischen Reitpferde-Auktion. Fohlen aus beiden Zuchtgebieten werden seit 1990 in Münster-Handorf versteigert. Den aus verbandspolitischer Sicht größten Schritt in ei-

Körungssieger seit 1966
Westfalen-Körung bis 1990 - NRW Hauptkörung ab 1991

1966 Schwarzkünstler I v. Schwarzseher-Abendtrunk
1967 Realist v. Radetzky-Grünspecht
1968 Duckstein I v. Ducker-Wöhler
1969 Schwangau v. Scharzkittel-Almfreund
1970 Frühlingstraum II v. Frühling-Altist
1971 Hirschberg v. Hirschfänger-Sperber
1972 Perlkönig I v. Pilatus-Lavendel
1973 Planet v. Pilatus-Günstling
1974 Regress v. Remus I-Flügel
1975 Feuerschein I v. Frühlingstraum II-Sinus xx
1976 Ricardo v. Renaldo-Filter
1977 Palisander v. Paradox I-Fittich
1978 Reinecke v. Remus I-Wulf
1979 Disco-Star v. Discont-Grünberg
1980 Fortissimo v. Frühlingsrausch-Fernzauber
1981 Großadmiral v. Goldlack-Waidmannsdank xx
1982 Federball v. Frühlingsball-Steinadler
1983 Fernblick v. Frühlingsball-Fidalgo xx
1984 Disco-Prince v. Disco-Star-Parvenü
1985 Disco-Look v. Disco-Star-Octavo xx
1986 Damenheld I v. Damenstolz-Romadour II
1987 Diamantino v. Damenstolz-Lucifer
1988 Gracioso v. Graciano-Pilot
1989 Ritterorden v. Rex Fritz-Bengale
1990 Richthofen v. Rheingold-Pasternak
1991 Funkenspiel v. Funke-Fläming xx
1992 Dunhill H v. Diamantino-Renard
1993 Wyoming v. Weinberg-Paradox I

Westfälische Siegerstuten
Die Eliteschauen für 3j. Reitpferde-Stuten 1966 bis 1993

1966 Wiener Charme v. Wiegand-Schwalm
1967 Almfee v. Aar-Astrachan
1968 Finesse v. Frühmarsch-Schwan I
1969 Dorette v. Damhirsch-Astrachten
1970 Fidele v. Ehrenschild-Flieghin
1971 Synphonie v. Sioux-Frühling
1972 Ranke v. Realist-Sinus xx
1973 Matilla v. Milan-Fabriano
1974 Sonnenlicht v. Sioux-Altist
1975 Molina v. Milan-Goldfeind
1976 Renata v. Radetzky-Dirigent
1977 Fürstin v. Frühlingstraum II-Frühmarsch
1978 Merci v. Milan-Hirschfänger
1979 Sabrina v. Sinatra-Frühling
1980 Feuertaufe v. Frühlingsball-Dirigent
1981 Wunderbare v. Wunderlich-Frühling
1982 Palisandra v. Palisander-Sioux
1983 Pik Dame v. Paradox I-Firnus
1984 Parodie v. Palisander-Dirigent
1985 Danina v. Dialekt-Damhirsch
1986 Fotura v. Fortissimo-Doktor
1987 Residenz v. Renaldo-Lemon Heart xx
1988 Dramatik II v. Debütant-Sioux
1989 Prinzess v. Pazifik-Rex Fritz
1990 Freude v. Franzisco I-Perlkönig I
1991 Windspiel v. Weinberg-Sacramento xx
1992 Diandra v. Diamantino-Werbefunk
1993 Charisma v. Charmant AA-Dior

ne gemeinsame Zukunft taten die beiden NRW-Pferdestammbücher im Oktober 1991, als sie die 1. NRW-Hauptkörung in Münster-Handorf etablierten.

Das internationale Aachener Turniergelände, auch Standort der rheinischen Absatzzentrale, ist Schauplatz einer alljährlichen Verkaufswoche, die im April stattfindet.

Dieses Verkaufsmedium, vor Jahren an Stelle der rheinischen Frühjahrsauktion getreten, bewährt sich auch in nordrhein-westfälischer Kooperation. Das gleiche gilt für den Aachener NRW-Fohlen-Markt, der seit einigen Jahren im September stattfindet.

Hengstprüfungsanstalt Münster-Handorf
100-Tage-Test seit 1982 im Westf. Pferdezentrum

Seit 1982 ist das Westfälische Pferdezentrum in Münster-Handorf Hengstprüfungsanstalt. Nachdem im Premierejahr 1982 noch zwei 100-Tage-Tests durchgeführt wurden, steht die HLP in der westfälischen Zucht-, Absatz- und Prüfungszentrale jährlich einmal - von Anfang Mai bis Mitte Oktober - ganz im Zeichen junger Prüfungshengste. War man Anfang der 80er Jahre noch sehr bemüht, ein Prüfungslot von 15 bis 20 Kandidaten zusammenstellen zu können, steigerte sich die Zahl der Prüflinge im Verlauf eines Jahrzehnts auf rund 60 bis 70 Hengste. Von 1982 bis 1989 zeichnete Major a.D. Paul Stecken, früher Leiter der Westf. Reit- und Fahrschule in Münster, für die HLP als Prüfungsleiter verantwortlich; 1990 wurde Dr. Antonius Bornemann, seit 1977 Leiter des Westf. Pferdezentrums, sein Nachfolger.

Paradox I v. Papayer xx. Nordrhein-Westfalens erster Gewinnsummenmillionär.

Die Liste der Prüfungssieger 1982 bis 1993

1982 (Frühjahr)
Frühlingsstern v. Frühlingstraum II
1982 (Herbst)
Walldorf v. Watzmann
1983 Wunderbar v. Wunderlich
1984 Ganymed v. Leonardo
1985 Urofino v. Usus
1986 Denberg v. Donnersberg

1987 Gameton v. Gonfaron
1988 Aldebaran v. Schöngeist
1989 Rolls Royce v. Rheingold
1990 Danaos v. Damokles
1991 Acord II v. Ahorn
1992 Lanthano v. Lanthan
1993 Dunhill H v. Diamantino

Die Spitzenreiter der Westfalen-Tabelle
Die Hengste mit höchstem Gewinnsummen-Konto 1973 bis 1993

1973	Radetzky v. Ramzes AA	DM	50.338,—
1974	Radetzky v. Ramzes AA	DM	56.135,—
1975	Goldberg v. Gotthard	DM	39.311,—
1976	Goldberg v. Gotthard	DM	59.938,—
1977	Goldberg v. Gotthard	DM	91.117,—
1978	Angelo xx v. Oliveri xx	DM	69.710,—
1979	Goldlack v. Goldfalk	DM	92.601,—
1980	Paradox I v. Papayer xx	DM	110.577,—
1981	Aarstein v. Aar	DM	146.180,—
1982	Frühlingstraum II v. Frühling	DM	198.801,—
1983	Paradox I v. Papayer xx	DM	162.632,—
1984	Paradox I v. Papayer xx	DM	206.025,—
1985	Paradox I v. Papayer xx	DM	180.589,—
1986	Frühlingsball v. Frühling	DM	218.715,—
1987	Frühlingsball v. Frühling	DM	222.066,—
1988	Frühlingsball v. Frühling	DM	258.530,—
1989	Pilot v. Pilatus	DM	255.841,—
1990	Polydor v. Pilatus	DM	525.916,—
1991	Polydor v. Pilatus	DM	518.943,—
1992	Pilot v. Pilatus	DM	400.693,—
1993	Pilot v. Pilatus	DM	575.146,—

Hengstprüfungsanstalt Warendorf
Die Prüfungssieger des Nordrhein-Westfälischen Landgestüts von 1971 bis 1993

1971 Bariton v. Blauspecht xx-Abendwind
1972 Frühlingstraum II v. Frühling-Altist
1973 Romadour II v. Romulus I-Grünfink
1974 Perlkönig I v. Pilatus-Lavendel
1975 Lustig II v. Lucius xx-Flietner
1976 Schwanstein v. Schwangau-Doktor
1977 Argwohn v. Argus-Grande und
      Feuerschein I v. Frühlingstraum II-Sinus xx
1978 Rheingold v. Romadour II-Abendregen
1979 Pelikan v. Perlkönig I-Lucifer
1980 Debütant v. Damokles-Adlerorden
1981 Partner v. Paradox I-Fernzauber
1982 Canaris v. Cyrian-Grünberg und
      Schöning v. Schwanstein-Remus I
1983 Rosenkavalier v. Romadour II-Dilettant
1984 Der Clou v. Diadem-Sesam I
1985 Disco-Traum v. Disco-Star-Frühlingstraum II
1986 Greifswald v. Großadmiral-Lustig I
1987 Ehrentusch v. Ehrensold-Rheingold
1988 Diamantino v. Damenstolz-Lucifer
1989 Florestan I v. Fidelio-Rheingold
1990 Rimini v. Rheingold-Frühlingstraum II
1991 Polany v. Polydor-Foxtrott
1992 Potsdam v. Polydor-Goldstern
1993 Gralshüter v. Gralsritter-Akzent II

Pirol v. Pilot unter der Schweizerin Lesley McNaught-Mändli. Mannschaftsbronze bei der WM 1994 in Den Haag.

Priamos v. Pilot unter Dirk Hafemeister. Mannschaftsgold bei der WM 1994 in Den Haag.

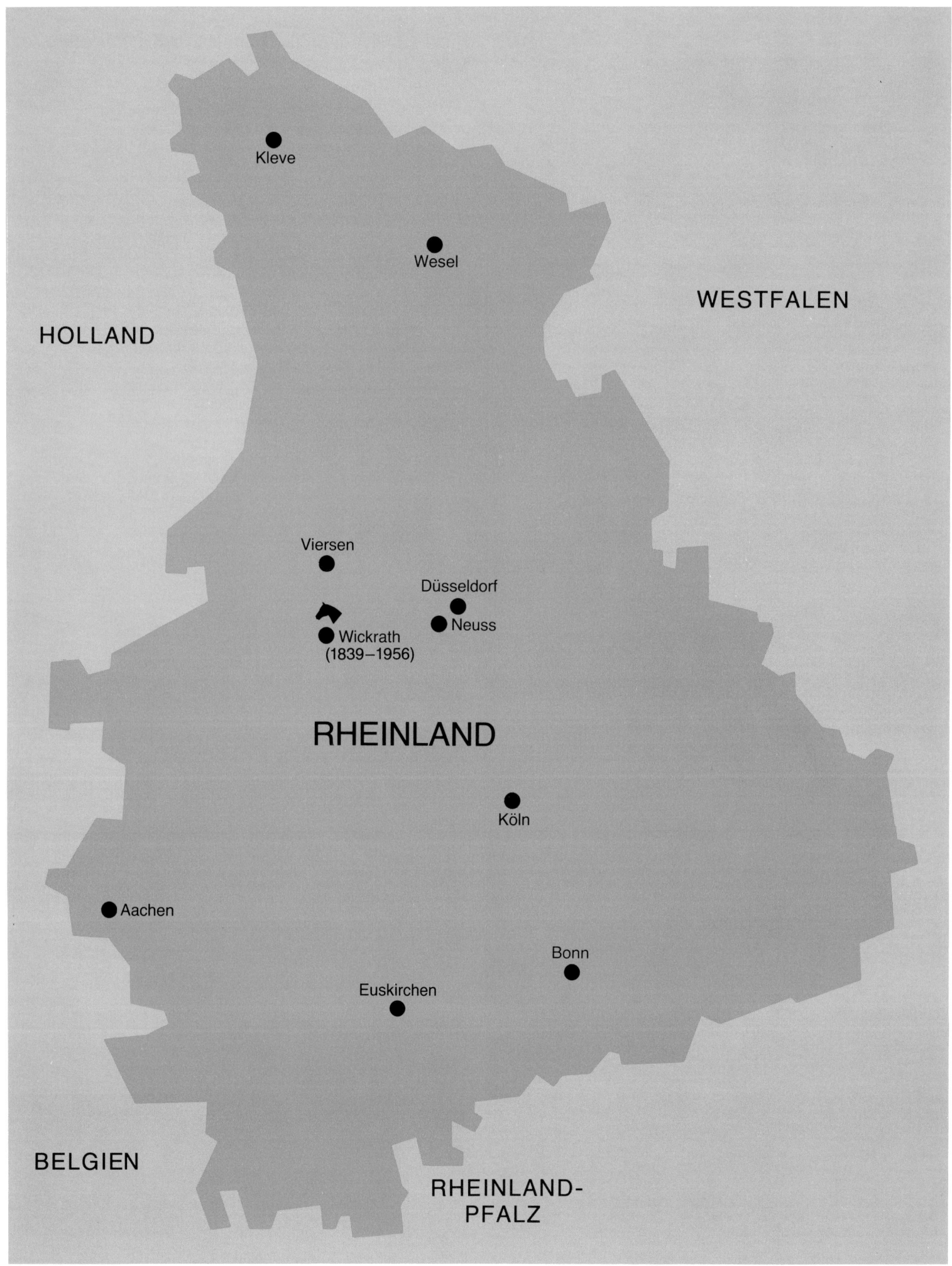

HOLLAND

WESTFALEN

Kleve

Wesel

Viersen

Düsseldorf

Neuss

Wickrath
(1839–1956)

RHEINLAND

Köln

Aachen

Bonn

Euskirchen

BELGIEN

RHEINLAND-
PFALZ

Rheinland

Am 9. September 1910 in Dortmund-Wambel geboren (Vater Landwirt). Nach der Volksschule in Wambel und der Oberrealschule in Dortmund Abitur am 22. Februar 1932.
1. April 1932 bis 30. September 1934 landw. Lehre auf 3 Betrieben in Westfalen. Dazwischen von November 1933 bis März 1934 freiwilliger Arbeitsdienst.
28. September 1934 landw. Gehilfenprüfung in Westfalen. 1934 - 1937 Studium der Landwirtschaft an den Universitäten Gießen und Königsberg/Pr.
Juni 1973 landw. Diplom-Examen, Universität Gießen.
1. September 1937 bis 10. September 1939 Assistent und stellvertr. Geschäftsführer Reichsverband für Zucht und Prüfung deutschen Kaltbluts e. V., Berlin.
8. November 1939 Prüfung für anerkannte Tierzuchleiter, Berlin.
10. November 1939 bis 7. Februar 1940 Kriegswehrdienst.
8. Februar 1940 bis 14. April 1942 Referent für Pferdezucht bei der LB Wartheland, Po-

sen, und Geschäftsführer des Landesverbandes der Pferdezüchter Wartheland, Posen.
14. April 1942 bis 20. März 1945 Soldat (50% schwerbeschädigt).
Oktober 1945 bis Juni 1948 selbständiger praktischer Landwirt in Westfalen.
21. Juni 1948 bis 30. Juni 1973 Landwirtschaftskammer Rheinland, Referent und Geschäftsführer der Kommission für Pferdeleistungsprüfungen Rheinland.
Dazu ab Januar 1949 bis 1973 Geschäftsführer des Verbandes der Reit- und Fahrvereine Rheinland und ab 1959 bis 1973 Referent für Pferdezucht bei der LK Rheinland und Geschäftsführer des Rheinischen Pferdestammbuches.
30. Juni 1973 Ruhestand.
1973-1976 Vorstandsmitglied DOKR und der FN-Abt. Sport.
Seit 1960 offizieller internationaler Springrichter der FEI.
Verantwortlicher Beauftragter bei den Olympischen Spielen München 1972 für die Gesamtorganisation aller Reitwettkämpfe.
† 25. Februar 1992.

Ernst Gössing †

überarbeitet von Dr. Hanno Dohn
15.12.1938 geb. in Breslau.
1959 Abitur in Coesfeld/Westfalen.
1960/61 Landwirtschaftliches Pratikum in Billerbeck/Westfalen und in der Nähe von Hildesheim.
1962 bis 1966 Studium Landwirtschaft der mit Schwerpunkt Tierzucht in Bonn.
1967 bis 1968 Referendarausbildung.
1969 bis 1970 Promotion.
Ab 1964 freier Mirarbeiter bei Verband der Reit- und Fahrvereine Rheinland, Rheinisches Pferdestammbuch, Landwirtschaftskammer Rheinland.

1971 Beamter der Landwirtschaftskammer Rheinland, Referat Pferdezucht und Haltung, Reiten und Fahren, stellvertretender Geschäftsführer der Verbände.
1973 Leiter des Referates Pferde der Landwirtschaftskammer, Geschäftsführer der Verbände.
1992 Hauptgeschäftsführer beider Verbände, Geschäftsführer des Reiterverbandes.
Offizieller internationaler Springrichter, internationaler Vielseitigkeitsrichter.

Dr. Hanno Dohn

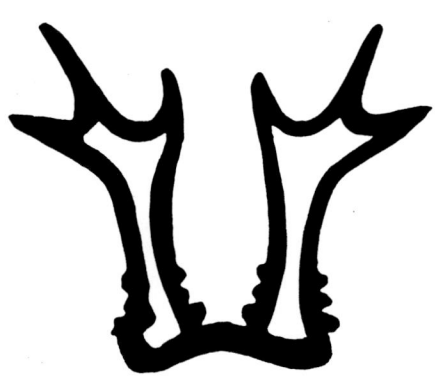

Geschichte der Pferdezucht im Gebiet des Rheinischen Pferdestammbuches

1. Natürliche Gegebenheiten

Die ehemalige Rheinprovinz vereinte in sich die verschiedenartigsten Landschaften in einer Variationsbreite, wie sie kaum ein anderes Gebiet auch nur annähernd aufzuweisen hat.

Von Emmerich bis Koblenz und von Essen bis Trier reichend, gehören dazu: der Niederrhein mit seinen üppigen grasbewachsenen Flußmarschen; das Industriegebiet mit den Ballungsräumen der dicht besiedelten Großstädte; das reizvolle, begrünte Bergische Land und der karge, bewaldete Westerwald; die fruchtbaren Ackerbaugebiete des Jülicher Landes und der Kölner Bucht; das Vorgebirge zwischen Köln und Bonn; die vulkanische Eifel und der waldreiche Hunsrückhöhenzug.

Die in die bergreiche Landschaft tief eingeschnittenen Flußtäler von Rhein, Mosel, Nahe und Ahr prägen die Schönheit der Landschaft und bieten zusammen mit den mineralhaltigen Schieferböden und der intensiven Sonneneinstrahlung gleichzeitig die idealen Vorbedingungen für den qualitätsvollen und seit Jahrhunderten dort wachsenden berühmten Wein.

Das von Westen kommende Seeklima mit seiner hohen Durchschnittsluftfeuchtigkeit sorgt für verhältnismäßig milde Winter und weder zu heiße noch zu trockene Sommer. Trotzdem gibt es entsprechend der Verschiedenartigkeit der Landschaft recht erhebliche Klimaunterschiede, sowohl die Niederschlagsmenge als auch die Jahresdurchschnittstemperatur betreffend.

Neben der Masse von landwirtschaftlichen Zwerg- und Kleinbetrieben ist die Zahl der Mittelbetriebe - und damit die der wesentlichen Träger der Pferdezucht - klein und die der Großbetriebe minimal. Die geschichtliche Entwicklung der rheinischen Pferdezucht stellt sich außerordentlich abwechslungsreich dar.

2. Frühe Zuchtgeschichte

Aus der Zeit der römischen Besetzung Germaniens datieren die ersten Nachrichten über das Pferd und die Pferdehaltung. Mehrfach erwähnt Cäsar, daß es einen großen Pferdereichtum in diesem Lande gegeben hat. Tacitus berichtet, daß die Treverer an der Mosel, dem Rhein und in der Eifel bei weitem die beste Reiterei des Landes besaßen und ihre Reitfertigkeit bis nach Gallien berühmt war.

Cäsar erwähnt, daß im Gebiet des heutigen Rheinland nur selbstgezogene Pferde benutzt wurden. Er machte seine Leibwache auf diesen Pferden beritten. Aus den Aufzeichnungen geht weiter hervor, daß für den Heeresdienst „ein

höchstens mittelgroßes, von genügend Blut beseeltes, hart aufgezogenes Pferd", das zu den Warmblütern zu rechnen war, benutzt wurde.

Zur Zeit Karls des Großen gab es bereits ausführliche Vorschriften über Pferdezucht, die auch für den rheinischen Raum beeinflussend gewesen sein dürften. Über den Stand der Zucht in der Rheinprovinz im Mittelalter ist aus dem im Jahre 1584 in Frankfurt am Main erschienenen Werk von Fugger zu entnehmen, daß es die drei Zuchtrichtungen:

a) Bergisches, b) Gelderländer, c) Eifeler Pferd gab.

Einzelheiten über das Bergische Pferd fehlen.

Das Gelderländer Pferd wird von Fugger als das beste in Deutschland vorhandene Ritterpferd geschildert.

Auch das Eifeler Pferd hat als Streitroß eine große Bedeutung. Zur Förderung dieser Zucht bewilligte Erzbischof Clemens Wenzel aus Prüm 1772 die Konzession zur Anlage eines Landgestüts in Prüm, das ab 1776 durch seine eigenen Beamten geführt wurde. Bestimmungen wurden erlassen über die Vorführung der einjährigen Füllen, deren Kennzeichnung mit dem Gestütsbrand und über die Prämiierung der besten Tiere. Für die Privat-Beschälstationen in der Eifel bestand die Verpflichtung der jährlichen Vorführung der Hengste und die Mindestforderung von 25 zu deckenden Stuten pro Hengst. Ähnliche Gestüte bestanden auch in Trier und Montabaur, die ihre Hengste zu den Stationen in ihren Bezirk entsandten. Die Gestüte hatten einen hervorragenden Einfluß auf die Eifeler Pferdezucht.

3. Das 19. Jahrhundert

Nach der französischen Revolution und den Napoleonischen Kriegen, insbesondere dem Rußland-Feldzug mit seinen starken Aushebungen, verlor die bis dahin so hochstehende rheinische Pferdezucht erheblich an Bedeutung.

Entscheidend dafür waren aber auch die vielen Experimente, die zur „Hebung der Zucht" unternommen wurden. Nach den mehrmaligen Einkreuzungen von Araber- und Berberblut benutzte man alsdann aus England „Clydesdale" und „Shire", sowie aus Frankreich „Percheron".

Auch Hengste verschiedenster Warmblutrassen wurden benutzt.

So bestanden zu Beginn des 19. Jahrhunderts in der rheinischen Pferdezucht gänzlich ungeordnete Verhältnisse.

Durchgreifende Maßnahmen zur Hebung der Zucht waren dringend erforderlich. Der Landwirtschaftliche Verein für Rheinpreußen hat sich ein bleibendes Verdienst dadurch erworben, daß er um das Jahr

1835 die Errichtung eines staatlichen Hengst-Depots in die Wege leitete.

Die ersten Anfänge eines solchen Landgestüts in Wickrath gehen auf Napoleon I. zurück. 1808 wurden die dortigen Gebäude zu einem „Kaiserlich-Französischen Hengst-Depot und Gestüt" eingerichtet. Doch schon 1814 endete dieses Vorhaben. 1839 wurde dann endlich das Landgestüt Wickrath gegründet. Es enthielt zunächst einen Stamm von 31 Hengsten vorwiegend warmblütigen Schlages (Trakehner, Hannoveraner, Oldenburger und Ostfriesen). Daneben wurden in geringer Zahl französische und englische Kaltblüter (Percherons, Ardenner, Clydesdales und Suffolks) eingestellt.

Mit dieser Zusammensetzung des Hengstbestandes war der Nutzen des Gestüts für die Anforderungen der Provinz nur beschränkt. Die rheinische Landwirtschaft verlangte nach einem dem Landschlag ähnlichen Pferd und bemühte sich intensiv, bei der Staatsregierung und dem Landgestüt zu erwirken, daß das von ihr benötigte starke Arbeitspferd im Vordergrund der Zuchtförderung stehen sollte und nicht die Zucht eines leichteren Heerespferdes. Eingaben um Eingaben wurden gemacht; stets mit dem Ziel, schwere Pferde zu bekommen. Obwohl noch keine Festlegung der Zuchtrichtung und keine Formulierung eines Zuchtzieles bestanden, wünschte man z. B. in einer Eingabe von 1849 „dem einheimischen Schlage homogene Hengste" oder 1853 die Einstellung von Beschälern zur Erzielung von „schweren Wagenpferden".

Der besonders tatkräftige Vorsitzende der Sektion für Pferdezucht, J. Wolters, Düsseldorf, wies 1870 darauf hin, „daß für die Bedürfnisse der immer mehr aufblühenden Industrie sowohl wie der durch Ausdehnung des Zuckerrübenanbaues immer eingehender zu gestaltenden Bodenkultur nur ein kräftiges, kaltblütiges Arbeitspferd nach Art des belgischen von Nutzen sein könnte".

Schon der zweite Leiter des Landgestüts anerkannte die fundierten Argumente der Züchterschaft und „sah in der regellosen Aufstellung von Hengsten verschiedenster Rassentypen ein Hemmnis für die Zucht und bezeichnete den Wickrather Hengstbestand als eine „Ablagerungsstätte für züchterischen Bauschutt."

Wie bunt der Bestand von 44 Hengsten noch 1871 war, zeigt die folgende Aufstellung:

10 Graditzer, 2 Posener, 2 Hannoveraner, 3 Sachsen, 1 Mecklenburger, 3 Ostfriesen, 1 Holsteiner, 3 Rheinländer, 1 Neustädter, 2 Franzosen, 2 Pinzgauer, 10 Suffolks, 4 Clydesdale.

Unter den Kaltblütern war kein Belgier.

Daß das Bild bei den Vereins- und Privathengsten im rheinischen Raum um die Zeit ähnlich war, stellte K. Simon in seiner

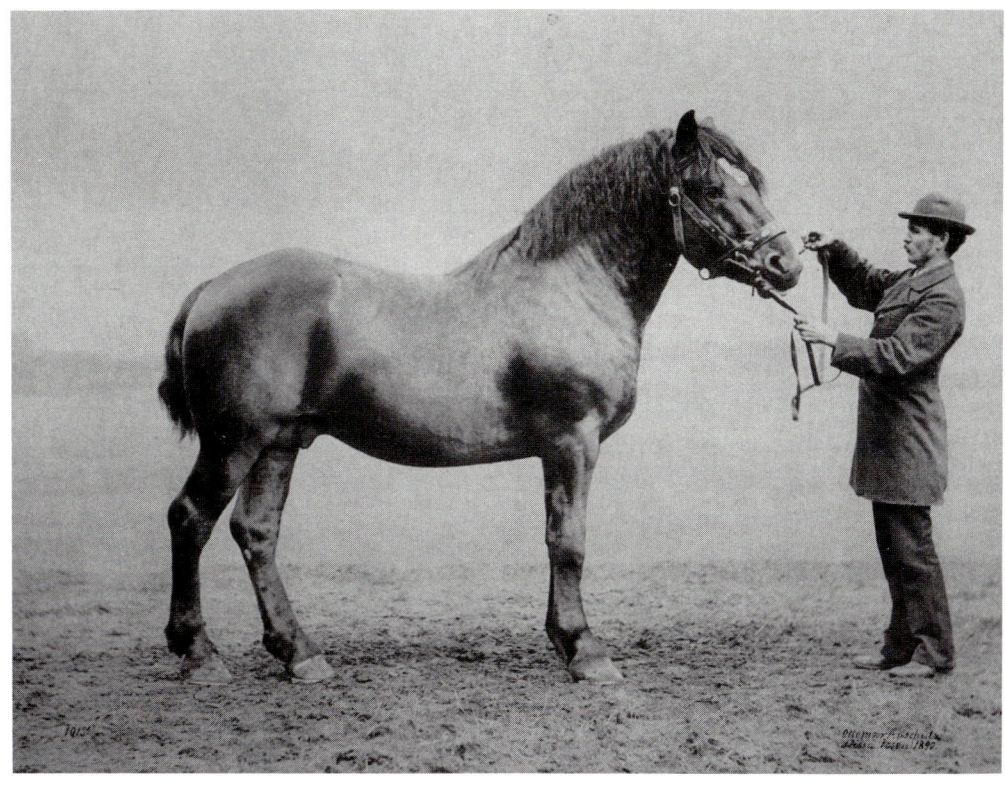

Sch. Hengst, geb. 1888 v. Conradin a.e. belgischen Stute. 1. Preis Berlin 1890 1. Allgem. Dt. Pferdeausstellung.

Arbeit „Entwicklung der rheinischen Pferdezucht" 1912 ebenfalls fest mit der folgenden Bestandszusammenstellung:

Es gab 1865 im rheinischen Raum 22 Vereins- und 101 Privathengste. Sie verteilten sich auf folgende Rassen:

40 Eifeler, 16 Ardenner, 29 Oldenburger, 21 Percheron, 8 Belgier, 2 Normannen, 1 Däne, 1 Engländer, 5 Kreuzungshengste. Interessant ist in diesem Zusammenhang die Feststellung, daß zu diesem Zeitpunkt 50% des männlichen Zuchtmaterials (40 Eifeler und 60 Ardenner) für die Pferdezucht am Niederrhein aus Höhengebieten kam. Eine Tatsache, die mit der Festlegung eines einheitlichen Zuchtziels für das Kaltblut eine völlige Umkehrung erfuhr.

Endlich, nach fast 40jährigem Bemühen, gelang es wiederum dem Landwirtschaftlichen Verein für Rheinpreußen, den damaligen Oberlandstallmeister von Lüderitz und damit die Landesregierung von der Notwendigkeit zu überzeugen, „daß für die Rheinprovinz das Zuchtziel zu einem kaltblütigen Arbeitspferd gegeben und auf die Zucht einer Warmblutremonte endgültig zu verzichten sei".

Die Zustimmung wurde 1876 erteilt und mit Schwung begann man, den „Bauschutt" in Wickrath durch kaltblütige Hengste - jetzt bevorzugt aus Belgien - zu ersetzen. Trotzdem dauerte es noch Jahre, bis die Einfuhr englischer und französischer Hengste zur Zucht ins Rheinland zurückging und schließlich ganz zugunsten der Belgier aufhörte.

In diesen ersten Jahren kam mancher Kaltblüter nach Deutschland und ins Rhein-

land über Belgien, der in Wirklichkeit in England oder sogar in den USA geboren war und den Rassen Shire bzw. Clydesdale angehörte. Sowohl die belgische Kaltblutzucht als auch die Zucht im Rheinland wurden in dieser Zeit des ersten Beginns ohne Zweifel durch diese Pferdeimporte beeinflußt. Innerhalb von nur fünf Jahren kamen 67 Belgierhengste neu ins Wickrather Gestüt. Trotzdem zeigte sich bereits 1880, daß im Landgestüt 50 Hengste zu wenig standen, obwohl die Bedeckungsziffern von 1334 auf 2526 Stuten angestiegen waren.

Die Gründung des „Belgischen Stutbuchs" in Brüssel im Jahre 1885 wirkte sich im Rheinland zu Gunsten des belgischen Pferdes ganz besonders positiv aus.

4. Die Kaltblutzucht

4.1 Begründung und Entwicklung der organisierten Zucht

Einen Meilenstein in dieser Aufwärtsentwicklung der rheinischen Pferdezucht (Kaltblut) stellt die im Jahre 1892 - wieder einmal auf Initiative des Landwirtschaftlichen Vereins für Rheinpreußen - erfolgte Gründung der Züchtervereinigung

Rheinisches Pferdestammbuch

dar. Sie brachte die Festlegung eines einheitlichen Zuchtziels für die ganze Provinz Rheinland. Es lautet:

Ein kräftiges, gut gebautes, tiefes Pferd kaltblütigen Schlages mit starken Knochen und freien Bewegungen. Das Rheinische Pferd!

Und dieses Pferd entschloß man sich, auf der Basis des belgischen Kaltblutpferdes zu züchten. Für diese Entscheidung war die Erkenntnis wichtig, daß weite rheinische Gebiete ähnliche Aufzuchtbedingungen aufwiesen wie das belgische Stammland. Die Verpflanzung der belgischen Pferde auf die rheinische Scholle, seine Futtergrundlage und sein Klima, erwiesen sich ohne große Rückschläge und allzu große Schwierigkeiten möglich. Dr. Deselaers kommt in seiner Dissertation: „Stutenstämme des Rheinischen Kaltblutpferdes" zu dem Schluß:
„Das belgische Kaltblutpferd fand im rheinischen Zuchtgebiet seine zweite Heimat".
So schufen die rheinischen Züchter die Kaltblutpferderasse, die unter der Namensbezeichnung:

Rheinisch-Deutsches Kaltblutpferd

ein Begriff wurde und viele deutsche und ausländische Zuchten - einschließlich solcher in Übersee - entscheidend beeinflußte; ja ihnen das Gepräge gab.
Dieser Siegeszug liegt begründet in den Rasseeigenschaften dieses kaltblütigen Pferdes. Das gute und ruhige Temperament gestattete es, daß auch ungelerntes Personal mit ihm arbeiten konnte. Seine Frühreife, seine gute Futterverwertung, vor allem mit voluminösen landwirtschaftlichen Erzeugnissen, der ständige, nie erlahmende Arbeitswille, Zugfestigkeit und Ausdauer bei jeder Arbeit und auf jedem Boden, sorgten für volle Anerkennung und seine ständige Qualitätsbewertung. Berühmt ist sein Einsatz im zweiräderigen Karren; hier war und ist das Rheinisch-Deutsche Kaltblutpferd unübertroffen. Doch bei Beschlußfassung des Zuchtziels im Jahre 1876 war es mit der angestrebten Qualität noch nicht so weit. Vielmehr mußte geklärt werden, auf welchem Wege das sich selbst vorgegebene Zuchtziel zu erreichen sei.

Ausgehend von den vorherrschenden drei Hauptschlägen, des Bergischen, des Gelderländer und des Eifeler Pferdes, sollte so schnell und wirkungsvoll wie nur möglich, das angestrebte Zuchtziel durch Anpaarung des vorhandenen Stutenmaterials mit eingeführten belgischen Hengsten und Ankauf von Fohlen sowie der Einfuhr von Mutterstuten erreicht werden.

Aufgrund der konsequenten Einhaltung dieses Weges und der damit verbundenen strengen Zuchtselektion, entwickelte sich schon in kürzester Zeit die Produktion des Rheinisch-Deutschen Kaltblutpferdes im schweren, mittelschweren und leichten Typ.

In den ersten Jahrzehnten dieser einheitlichen Kaltblutzucht traten die private und genossenschaftliche Hengsthaltung hinter der zu jener Zeit mit sehr erheblichen öffentlichen Mitteln arbeitenden staatlichen Hengsthaltung zurück.
Der Hengstbestand Wickraths belief sich damals auf etwa 100 Hengste. Eine ungefähr gleich große Zahl war im Privatbesitz. Diese private Hengsthaltung war in Pferdezuchtvereinen organisiert, von denen etwa zehn eigene Hengsthaltungen unterhielten. Sechs weitere Pferdezuchtvereine beschäftigen sich allgemein mit der Förderung der Pferdezucht.
In der Zeit dieser ersten Entwicklung griff man gleichzeitig auf das System von sog. Vertrauensmännern in den einzelnen Bezirken zurück. Später wurden sie ersetzt durch die Tierzuchtinspektionen mit den Zuchtwarten, von denen je einer in den einzelnen Kreisen hauptamtlich für die Zucht zuständig wurde und bis heute noch ist.
Aus diesem Unterbau entwickelten sich die Kreisabteilungen des Rheinischen Pferdestammbuches und die Hengsthaltungsgenossenschaften.
Die Kreise Moers, Krefeld, Grevenbroich-Neuß und Köln bildeten den Schwerpunkt der Zucht, obwohl sie die am dichtesten bevölkerten und die industriereichsten des Rheinlandes waren. Entscheidend war, daß hier die Umweltbedingungen für eine erfolgreiche Zucht besonders günstig lagen und für belgische Beschäler denen ihrer Heimat gleich kamen.
Landläufig bestand die Meinung, daß das schwere Kaltblutpferd ein Erzeugnis der fruchtbaren Tiefebene sei. Trotzdem dürfte stimmen, daß das Rheinisch-Deutsche Kaltblutpferd in seiner Vollendung erst mit Hilfe einer industriellen oder künstlichen Aufzucht und Fütterung erreicht wurde. Diese künstliche Fütterung mit ihrer erheblichen Produktionsverteuerung konnte nur von kapitalkräftigen Betrieben geleistet werden. Nicht nur natürliche Gegebenheiten, sondern der fruchtbare Boden und die industrielle „Aufzucht" mit ihrem hohen zusätzlichen Aufwand waren wesentlich für eine erfolgreiche, rentable Aufzucht.

4.2 Das Landgestüt Wickrath

In der Frage, ob Privathengsthaltung oder staatliche Hengsthaltung gab es während der Gesamtzeit der Existenz der Kaltblutzucht Diskussionen, mit dem Ziel, das Landgestüt aufzulösen und statt dessen die Privathengsthaltung intensiver zu unterstützen.
Die Stutenbesitzer begrüßten durchweg das Bestehen des Staatsgestüts, da sie dadurch die Möglichkeit hatten, unter der großen Kollektion qualitätsvoller Hengste sich die ihnen zusagenden zu günstigen Deckgeldsätzen auszusuchen.

Die Privathengsthalter - vielfach hatten sie einflußreiche Positionen in landwirtschaftlichen Organisationen inne - betrachteten dagegen den Staat mit seinem Landgestüt und der Kaltblut-Hengsthaltung als lästigen Konkurrenten.
Leiter des Landgestüts Wickrath waren in der Folge:
1839-1871
Gestütstierarzt Schale (der zunächst noch Landstallmeister von der Brinken, Neustadt/Dosse unterstellt war)
1871-1881
Landstallmeister Schwartznecker
1881-1892
Landstallmeister Dr. Grabensee
1892-1897
Landstallmeister Kressmann
1897-1907
Landstallmeister von Engel
1907-1916
Landstallmeister Freiherr von Nagel
1916-1934
Landstallmeister Freiherr von Stenglin
1934-1945
Landstallmeister Kuhse
1945-1948
kommissarischer Leiter Dr. Kern
1948-1957
Landstallmeister Kuhse.

Während der Zeit der sprunghaften Wandlung des Hengstbestandes bis zur Vereinheitlichung auf belgischer Grundlage war es ein außerordentlich glücklicher Umstand, daß Dr. Grabensee die Gestütsleitung übertragen wurde. Er, der die Landespferdezuchten von Hannover und Rheinland zu hoher Bedeutung entwickelte, war mit seiner umfassenden Sachkenntnis, festem Zielbewußtsein und einer eisernen Willenskraft vielen rheinischen Züchtern ein hervorragender Lehrmeister.
Ihm gelang es, den Übergang von den vorhandenen Landschlägen zu dem erstrebten schweren Kaltblutpferd zu schaffen. Er versorgte das Landgestüt Wickrath mit nahezu 100 belgischen Hengsten.
Auch war er es, der schon frühzeitig die Ergänzung des Beschälerbestandes auf heimischer Grundlage versuchte und rheinisch gezogene Hengste für andere Zuchtgebiete zur Verfügung stellte.
Schon bald wurde der Standpunkt vertreten, daß die rheinische Zucht soweit konsolidiert sei, daß große Importe aus Belgien nicht mehr erforderlich seien. Trotzdem behielten auch später immer noch die aus Belgien eingeführten Hengste eine überragende Resonanz bei den Züchtern und damit einen entscheidenden Einfluß auf die Zucht.

Trotz dieses eindeutig positiven Einflusses des Landgestüts Wickrath auf die Zucht ist immer wieder in Zeitungsberichten, Vorträgen und Stellungnahmen die Rede davon, „daß das Ideal wäre, durch Förderung der Privathengsthaltung das Landgestüt allmählich überflüssig zu machen". Dieser Standpunkt wurde auch nach Beendigung des Zweiten Weltkrieges, insbesondere von Seiten der privaten Kaltbluthengsthalter, laut und deutlich geäußert. Daß diese stetige und mit Energie vorgetragene Meinung schließlich zum Erfolg führte, ist nicht verwunderlich; zumal der Niedergang der Kaltblutzucht offensichtlich war.

In einer Niederschrift des Kuratoriums für das Landgestüt Wickrath vom 18. 10. 1956 ist festgehalten, daß das Rheinische Pferdestammbuch beim Landwirtschaftsministerium Nordrhein-Westfalen beantragte, das Landgestüt aufzulösen. Ähnliche Anträge wurden noch am 29. 3. 1957 und am 6. 7. 1957 gestellt.

Diesem ständigen und immer intensiver vorgetragenen Drängen auf Auflösung des Landgestüts Wickrath stimmte das Kuratorium für das Landgestüt Wickrath schließlich am 6. 7. 1957 zu mit der Maßgabe, daß das Gestüt mit dem Westfälischen Landgestüt Warendorf zum Nordrhein-Westfälischen Landgestüt zusammengefaßt würde.

Antragsgemäß wurde verfahren, die letzten 29 Kaltblut-, 12 Warmblut- und 2 Vollblut-Hengste nach Warendorf verbracht und der Gestütsbetrieb in Wickrath 1957 eingestellt.

Landstallmeister Kuhse betreute die Hengste noch in der Saison 1958. Ab 1. 1. 1959 - 1. 1. 1966 war Landstallmeister Bresges, Warendorf, neben Westfalen jetzt auch für den Landesteil Nordrhein zuständig. Ihm folgte ab 1. 1. 1966 bis heute Landstallmeister Dr. Lehmann, Warendorf. In Wickrath, wie bei einigen anderen Landgestüten, war nach dem Kriege neben der Hengsthaltung ein Reitbetrieb als Schul- und Ausbildungsstätte geschaffen, wobei die Gestütsbeamten als Lehrer und Ausbilder fungierten.

Die mit der Auflösung des Gestüts eingetretene neue Situation zwang leider schon bald auch zur Verlagerung des Reitschulbetriebes und zur Schaffung der Landes-Reit- und Fahrschule Wülfrath.

Mit der Gründung des Landgestüts Wickrath 1839 hatten die ersten geregelten Förderungsmaßnahmen der rheinischen Pferdezucht ihren Anfang genommen.

4.3 Das Rheinische Pferdestammbuch

Der Gestütsleiter war der erste Repräsentant der heimischen Pferdezucht. Aus dieser Tatsache heraus erscheint es auch folgerichtig, daß der Gestütsleiter bei Gründung des Rheinischen Pferdestammbuches 1892 den Vorsitz dieser Züchtervereinigung übernahm und die Stutbuchführung durch den Gestütsrendanten ausgeübt wurde.

Auf diese Weise war gerade während der Zeit des Neuaufbaues die so wichtige einheitliche Zuchtleitung gesichert. Das war vermutlich auch der entscheidende Grund für die schnelle und erfolgreiche Aufwärts-

Das Rheinische Landgestüt war höchst repräsentativ in den Schloßanlagen der ehemals reichsunmittelbaren Herrschaft Wickrath untergebracht.

entwicklung der Zucht. Bei dieser bewährten Regelung blieb es auch etwa zwei Jahrzehnte. Der jeweilige Landstallmeister war gleichzeitig Vorsitzender des Rheinischen Pferdestammbuches.

Im Laufe der Jahre entwickelten sich Meinungsverschiedenheiten innerhalb der Züchterschaft über die Frage, ob aus dem Ausland eingeführte Pferde zu den züchterischen Veranstaltungen genau so wie die im Rheinland gezogenen Pferde zuzulassen seien oder nicht. Ursache der Verärgerung waren Probleme mit dem Verkauf von Pferden. Stets hieß es, daß aus Belgien importierte Pferde bei Ausstellungen die ersten Preise erzielten und deshalb zu hohen Preisen verkauft worden seien, während die rheinischen Pferde an zweiter Stelle, auf jeden Fall hinter den belgischen, prämiiert wurden und nicht oder nur zu kleinen Preisen verkauft werden konnten. Diese Differenzen erwiesen sich als unüberbrückbar, so daß es tatsächlich am 13. 2. 1909 zur Abtrennung eines Teiles der Züchter und Gründung des „Rheinischen Zuchtbuch für kaltblütige Pferde" unter dem Vorsitz von Herrn Zillikens, Asperschlag, kam.

Damit bestanden im rheinischen Raum nun zwei Pferdezuchtverbände: das „Rheinische Pferdestammbuch", Wickrath, und das „Rheinische Zuchtbuch für kaltblütige Pferde".

Den Verfechtern der neuen Vereinigung wurde nachgesagt, daß ihre Mitglieder weniger Interesse an der Entwicklung der

rheinischen Pferdezucht als an dem Handel mit belgischen Pferden hätten und die Vereinigung sich richtiger als „Handelsbuch für belgische Pferde" bezeichnen sollte.

Trotz allen Bemühens von verschiedenen Seiten dauerte es acht Jahre, bis sich die Splittergruppe 1917 wieder im „Rheinischen Pferdestammbuch" vereinte.

Landstallmeister Frhr. von Nagel, der zur Zeit der Spaltung der rheinischen Pferdezüchter den Vorsitz des Rheinischen Pferdestammbuches hatte, legte dieses Amt mit der Begründung nieder, er könne nicht durch die zwei jetzt bestehenden Organisationen als Vorsitzender des Rheinischen Pferdestammbuches die Interessen der gesamten Züchterschaft vertreten. Von da an bis heute ging der Vorsitz des Rheinischen Pferdestammbuches stets auf Züchter über.

Mit Schaffung des Landes Nordrhein-Westfalen nach 1945 wurden die Bezirke Koblenz, Trier und Montabaur (bisher zur Rheinprovinz gehörend) abgetrennt und dem Land Rheinland-Pfalz zugeschlagen. Trotzdem blieb die Gemeinsamkeit der Pferdezüchter bis 1956 erhalten. Aus Zweckmäßigkeitsgründen kam es dann zur offiziellen Trennung und Schaffung eines eigenen Pferdezucht-Verbandes in Rheinland-Pfalz. 251 Mitglieder mit 472 Pferden schieden dadurch aus dem Rheinischen Pferdestammbuch aus.

In der langen Entwicklung des Rheinischen Pferdestammbuches gab es in den Jahren 1958-1960 eine schwere Krise, die die Existenz der Züchtervereinigung an den Rand der Existenz brachte.

Die eklatanten Rückgänge des Pferdebestandes ließen befürchten, daß die weiteren Tage des Pferdes gezählt seien. Dies betraf in besonderem Maße die Kaltblutzucht. Unter diesem Aspekt kam es zu offiziellen Kontaktaufnahmen mit dem Westfälischen Pferdestammbuch, um die Frage einer Fusionierung zu prüfen. Die Verhandlungen verliefen positiv, so daß der Vorstand des Rheinischen Pferdestammbuches mit 6 zu 1 Stimmen der Fusionierung mit Westfalen zustimmte. Das Ministerium nahm dieses Ergebnis positiv zur Kenntnis. So kam am 28. 6. 1960 die Mitgliederversammlung in Krefeld zusammen, um über die Fusionierung endgültig zu entscheiden. Am gleichen Tage hatten Vorstand und Großer Ausschuß des Pferdestammbuches erneut die Zusammenführung beschlossen. Doch die Mitgliederversammlung entschied sich mit Stimmenmehrheit gegen die Fusionierung.

Alle beteiligten Organisationen einschließlich Ministerium, Westf. Pferdestammbuch, Landwirtschaftskammer, Hauptverband (FN) waren überrascht. Später stellte sich heraus, daß niederrheinische Zuchtwarte, die seit Jahrzehnten stets für die Sache des rheinischen Pferdes gestritten hatten, Mitglieder ihres Kreises aktiviert hatten, um das Pferdestammbuch dem Rheinland zu erhalten. So wurde auch diese Gefahr abgewendet und die Züchtervereinigung bis heute an der Erfüllung ihrer zeitgebundenen Aufgabenstellung nicht gehindert.

Die bisherigen Vorsitzenden des Rheinischen Pferdestammbuches:
1872-1897
Landstallmeister B. Kressmann, Wickrath
1897-1907
Landstallmeister Karl Eduard von Engel, Wickrath
1907-1910
Landstallmeister Paul Freiherr von Nagel, Wickrath
1910-1920
Paul Pönsgen, Hahmerhof
1920-1933
Heinrich Bommers, Honneckeshof
1933-1945
Theodor Huttrop, Marienvorst
1945-1961
August Berg, Gehrhof-Unterweiden
1961-1965
Adam Hammers, Vaalserquartier/Aachen
1965-1977
Ernst Herzogenrath, Ingendorf/Köln
1977-1985
Hermann Wibbeling, Gut Dünglers/Mettmann
ab 1986
Horst Ense, Wirtgeshof, Niederbolheim.

Die Geschäftsführer des Rheinischen Pferdestammbuches waren:
1892-1911
Gestütsrendant Zemla, mit dem Sitz in Wickrath
1911-1920
Dr. Fritzen, mit dem Sitz der Geschäftsstelle in Düsseldorf
1920-1933
Major a. D. Hans Munckel, Sitz der Geschäftsstelle in Bonn
1933-1934
Dr. Paul Meyer
1934-1946
Dr. Paul Kern
1939-1945
Vertreter Erwin Baldauf
1945-1959
Dr. Josef Pulte
1959-1973
Ernst Gössing
1973-1992
Dr. Hanno Dohn
ab 1992
Hauptgeschäftsführer Dr. Hanno Dohn
Geschäftsführer und Zuchtleiter Martin Spoo

Mit der Gründung des Rheinischen Pferdestammbuches wurde der Grundstein zu einer geordneten und für jede Landeszucht unbedingt notwendigen Zuchtbuchführung gelegt.
Selbstverständlich stand die alljährliche Eintragung, d. h. Erfassung des Zuchtmaterials, aller Pferde im Vordergrund. Für diese wichtigste Aufgabe wurde ein ständiger Ausschuß eingesetzt, durch den gewährleistet war, daß die Zucht im ganzen Zuchtgebiet eine einheitliche Ausrichtung erfuhr.
In den Monaten Mai bis Juni fanden und finden bis heute, seitdem der Zuchtverband besteht, in allen Kreisen je nach Bedarf Eintragungs- und Fohlenanerkennungstermine statt, zu denen die Stuten mit Nachzucht vorgestellt, erfaßt werden, den Eintragungs- bzw. Fohlenbrand erhalten und eine Prämiierung erfolgt.
Der Brand ist das Züchterzeichen des Stutbuchs, mit dem nur Pferde gekennzeichnet werden, die in diesem Stutbuch erfaßt sind.
Das Brandzeichen des Rheinischen Pferdestammbuches war von 1892 bis 1917 ein stilisierter Pflug.
Das „Rheinische Zuchtbuch", existent von 1909 bis 1917, benutzt das R mit Krone. Ab 1917 werden bis heute alle im „Rheinischen Pferdestammbuch" erfaßten Kaltblutpferde mit dem „R mit Krone" gebrannt.
Die Eintragungsergebnisse wurden fortlaufend in Buchform - den Stammbuchbänden - herausgegeben. Darin sind alle eingetragenen Kaltblutpferde (Stuten und Hengste) mit Nachzucht erfaßt.
In den insgesamt 49 Bänden, deren letzter 1949 erschien, sind erfaßt:
74.989 Kaltblutpferde.

Hinzuzurechnen sind weiter die im „Rheinischen Zuchtbuch" 1909-1917 erfaßten 4.074 Kaltblutpferde.
In der Zeit von 1950-1980 wurden bei Eintragungen in die Zuchtbücher des „Rheinischen Pferdestammbuches" aufgenommen 4.586 Kaltblutpferde.
Das ergibt eine Gesamtzahl von 83.649 Kaltblutpferden, die als Zuchtpferde beim „Rheinischen Pferdestammbuch" von 1892-1980 eingetragen wurden.
Diese Eintragungen nutzte das Rheinische Pferdestammbuch, um seinen Züchtern besondere Auszeichnungen zukommen zu lassen. Es stiftete alljährlich für die beste selbstgezogene dreijährige Stute in allen Kreisen die „Silberne Aschenschale". Diese Auszeichnung war sehr begehrt und beliebt. Ihr Besitzer erfreute sich in Züchterkreisen besonderer Hochachtung.

4.4 Hengstkörung

Neben den Stuteneintragungen ist seit eh und je die Körung der Privathengste - eine staatliche Maßnahme - das wichtigste Ereignis im Laufe eines Zuchtjahres. Allerdings war das Interesse der Züchter dafür in den Anfangsjahren nur gering. Man bediente sich gern der Gestütshengste und war damit jeder weiteren Entscheidung enthoben.

Doch mit der Entwicklung und Ausdehnung der Zucht entfielen nach und nach die örtlichen Körtermine zugunsten der zentralen Körung an nur einem Ort in Köln oder Krefeld.
Eine solche Veranstaltung in der Blütezeit der Kaltblutzucht mitzumachen war ein Erlebnis. 300, 500, ja bis zu 700 2 1/2jährige im Rheinland gezogene Kaltbluthengste kamen hier zusammen, um gekört und prämiiert zu werden und anschließend potente Käufer aus allen deutschen und vielen ausländischen (einschließlich solchen aus Übersee) Zuchtgebieten zu finden.
Hier trafen sich alle Anhänger des „Rheinisch-Deutschen-Kaltblutpferdes" aus nah und fern, um von dem hohen Stand der Zucht einen Eindruck zu bekommen, die glänzende Organisation und die allgemeine Hochstimmung zu erleben, wenn diese Pferdemassen sich nach Körung und Prämierung in mannigfachen Schaubildern präsentieren.
Höhepunkt der alljährlichen Körung war die Ermittlung des besten 2jährigen Hengstes. Sein Züchter wurde mit der „Goldenen Nadel des Rheinischen Pferdestammbuches" ausgezeichnet.
Gern sahen die rheinischen Züchter es, daß alljährlich viele Junghengste als Beschäler in die verschiedensten Nachzuchtgebiete gingen. Deshalb litt das eigene Zuchtgebiet aber keinen Schaden. Landbeschäler, Privat-, Vereins- und Genossenschaftshengste wurden dem eigenen Bedarf entsprechend, stets in ausreichender Zahl und bester Qualität gehalten.

Einen Überblick über die Entwicklung der rheinischen Kaltblutzucht läßt die nachstehende Zusammenstellung deutlich werden:

Mitglieder und Pferdebestand des Rheinischen Pferdestammbuches
K a l t b l u t

Jahr	Mitglieder Anzahl	Stuten Anzahl	Hengstbestand insges.	Privat	Ldb.	Eintragungen	Bedeckungen
1892	107	148	99	9	90	148	
1895	324	477	126	26	100		
1900	789	1.132	197	67	131		
1910	2.078	2.907	348	142	206	586	
1921	5.184	7.409	640	509	131	774	
1930	3.303	5.620	441	341	100	885	12.567
1934	4.139	6.192	407	297	110	1.532	22.040
1939	9.809	15.269	460	324	136	2.121	27.207
1942	13.543	23.097	669	521	148	3.507	34.980
1946	14.654	26.990	735	625	110	2.892	30.227
1949	12.798	22.345	498	402	96	1.726	23.454
1954	3.918	5.156	141	95	46	343	3.353
1960	482	741	29	22	7	18	210
1965	75	100	2	2	-	4	11
1970	16	14	2	2	-	-	4
1975	13	11	2	2	-	5	3
1980	17	33	6	5	1	14	34
1985	28	81	9	8	1	15	81
1990	32	118	12	10	2	15	81
1993	43	183	15	13	2	37	91

16. Provinzial-Pferde-Ausstellung der Landesbauernschaft Rheinland am 8. und 9. Juli 1933 in Köln. Hengst Uranus von Neulohoff (H) 937 im Trab.

4.5 Schauen und Ausstellungen

Besonders große Impulse gaben die Pferdeschauen. Bei diesen war die Provinzial-Pferdeausstellung der Landwirtschaftskammer für den rheinischen Raum und die Anhänger des Rheinisch-Deutschen Kaltblutpferdes schlechthin die bei weitem attraktivste. Sie wurde 1899 zum ersten Male und danach alljährlich durchgeführt. Leider brachten die negativen Auswirkungen des Ersten Weltkrieges es mit sich, daß diese jährliche Folge unterbrochen werden mußte und erst 1924 wieder fortgesetzt werden konnte. Ein ähnliches Schicksal ereilten auch die sogenannten Gauschauen in den einzelnen Regierungsbezirken.

Insgesamt fanden 24 Provinzial-Pferdeausstellungen statt, davon in den Nachkriegsjahren des Zweiten Weltkrieges die beiden letzten -1950 in Krefeld und 1951 in Köln- im Rahmen der Rheinischen Landwirtschaftsschau.

Stets lag die Beschickung zwischen 220 und 500 Pferden, die sich in den veschiedensten Klassen nach z.B. Alter, Herkommen und Abstammung, in Einzel- oder Familien-Zuchtstätten und vielen anderen Unterscheidungen um eine günstige Plazierung bemühten.

Imponierend und begeisternd waren die verschiedenartigen Schaubilder, in denen sich diese Schwergewichte vorstellten.

So dröhnte der Boden, wenn die Koppeln von Stuten oder Hengsten mit manchmal 10 Pferden und mehr nebeneinander in voller Trabaktion durch die Arena eilten.

Von der Ausstellung im Jahr 1912 heißt es: „Den Glanzpunkt für die Mehrzahl der Besucher bildeten die Vorführungen der prämiierten Pferde der Wickrather Gestütshengste, Vorfahren der Pferde in Anspannung, Vorreiten von Remonten und das Vorfahren des Viererzuges des Wickrather Gestüts. All diese Dinge erregten den ungeteilten Beifall der Zuschauer, wobei sich sicher mancher wunderte, daß die schweren Kaltblüter einen so leichten Trab und auch einen ordentlichen Galopp gehen konnten."

Selbstverständlich war es, daß sämtliche DLG-Ausstellungen beschickt wurden.

1895 waren erstmalig rheinische Pferde auf der DLG-Ausstellung.

Beeindruckende Erfolge erzielten die 16 zur Pariser Weltausstellung im Jahre 1900 geschickten rheinischen kaltblütigen Pferde.

Auch die Entsendung von 6 Hengsten zur Internationalen Landwirtschaftlichen Ausstellung in Madrid im Jahre 1926 hatte eine eindeutig positive Wirkung für die Werbung und den Absatz von Produkten dieses qualitätvollen, wirtschaftlich und leistungsstarken Rheinischen Kaltblutpferdes.

Wie sehr die Beschickung der verschiedenen Ausstellungen schon in den Anfangsjahren der Zucht betont unter dem Aspekt der Förderung des Absatzes stand, zeigt die der Leitung der DLG-Ausstellung München 1905 von rheinischer Seite vorgetragene offizielle Forderung, in einer gesonderten Sparte „Gebrauchsabteilung" auch Wallache ausstellen zu dürfen.

4.6 Absatz

Mit Gründung des Rheinischen Pferdestammbuches bemühte man sich auch den Absatz zu fördern. Von der Landwirtschaftskammer Rheinland und dem Landwirtschaftlichen Verein für Rheinpreußen wurde zu diesem Zwecke bereits 1902 die „Pferdezentrale Ein- und Verkaufsgenossenschaft" in Köln gegründet. Daneben besaß jeder größere Verein eine eigene Verkaufsvermittlung. Diese Instanzen arbeiteten Hand in Hand, wobei die Pferdezentrale den auswärtigen Interessenten mittels geeigneter Führung durch die Zucht- und Aufzuchtställe weitgehend entgegenkam. Eine große Zahl von Aufzuchtställen und privaten Verkaufsgesellschaften sorgte darüberhinaus für eine genügende Zahl verkäuflichen guten Zuchtmaterials.

Zur Veranschaulichung, wie dieser mustergültigen und über viele Jahrzehnte glänzend bewährten Organisation in den Anfangsjahren ihrer Betätigung auch einmal ein Fehlschlag passierte, möge das folgende authentische Erlebnis dienen.

Der Verband der Pommerschen Kaltblutzüchter bezog bis 1910 seinen Bedarf an Kaltblutabsatzfohlen durch eine rheinische Firma. Im Jahre 1910 waren dafür je Stück 629 Mark franco bar zu zahlen. Auf Initiative der Pferdezentrale veranlaßte die Landwirtschaftskammer Rheinland im Jahre 1911 den pommerschen Verband, seinen Bedarf an Absatzfohlen durch die Pferdezentrale zu decken. Dadurch stieg im Jahre 1911 der Durchschnittspreis je Fohlen auf 834 Mark. Diese Tatsache soll den pommerschen Verband veranlaßt haben, in den folgenden Jahren seinen Bedarf in Belgien zu decken.

Im Jahre 1933 wurde die Pferdezentrale Ein- und Verkaufsgenossenschaft, die bis dahin als Absatzorganisation der Landwirtschaftskammer firmierte, unter dem Namen „Rheinische Pferdezentrale" dem Rheinischen Pferdestammbuch angegliedert. Durch diese Vereinigung der Zucht mit dem Absatz ergaben sich für letzteres völlig neue Aspekte für bis dahin nicht realisierbar gewesene wirkungsvolle Verkaufsmöglichkeiten.

Ab 1934 konnten junge Hengste nur noch während oder in Zusammenhang mit dem Hengstmarkt anläßlich der Hengstkörung verkauft werden und nicht, wie bisher, ganzjährig ab Stall.

Auch der Fohlenabsatz wurde neu geregelt. 1895 wurde unter Landstallmeister Kressmann der erste Fohlenmarkt in Wickrath durchgeführt. Er brachte genau wie der mit großem Propagandaaufwand im Folgejahr wieder abgehaltene Markt „eine völlige Pleite". Nach diesen ersten Mißerfolgen spielte sich der Verkauf hauptsächlich auf dem Hof des Züchters ab.

Stute Onditta (H) 36 489, geb. 27.3.1944, v. Donnerwetter (H) 1267 a.d. Debora (H) 23 799.
Z.: Matth. Terbrüggen, Winnekendonk, Krs. Geldern.
B.: Paul Schomakers, Winnekendonk, Tojahof, Krs. Geldern. Leistung: 450 Ztr. über eine Strecke von 20 m. I b Preis (oben)

Kaltblutsammlung der Wwe. Michael Herzogenrath, Gut Iveshof über Stommeln, Kreis Köln.
Erhielt anläßlich der Provinzial-Pferdeausstellung Köln 1939 den Staatswanderehrenpreis. (unten)

Junghengste auf der Weide bei Wilh. u. Ernst Schriever, Gut Oetzbach.

Nach dem Ersten Weltkrieg kam es dann zu den ersten Versteigerungen; doch effektive Erfolge brachten diese nicht. Bis 1934 wurden von der Pferdezentrale insgesamt 17 Versteigerungen mit durchweg sehr mäßigem Erfolg abgehalten. Dann wurde das Versteigerungswesen neu organisiert, und gleich ging es mit Riesenschritten aufwärts. Bereits 1942 fand die 109. Versteigerung statt, wobei an zwei Tagen 800 Fohlen zum Verkauf kamen.

Insgesamt wurden durch die Rheinische Pferdezentrale 214 Versteigerungen - die letzte im Jahre 1958 - durchgeführt. Darunter waren auch einige, die außerhalb des Verbandsgebietes, wie z. B. in Breslau, stattfanden.

Die Nachfrage nach kaltblütigen Fohlen war während des Krieges so groß, daß sich das Pferdestammbuch zu Preisregulierungen entschloß, um überhöhte Preise zu verhindern. Damit war es nicht mehr möglich, eine reguläre Versteigerung durchzuführen. Vielmehr teilte die Rheinische Pferdezentrale den interessierten Abnehmern von zur Auktion kommenden Pferden (Fohlen, Stuten, Gebrauchspferde) eine bestimmte Anzahl zu einem von ihr festgesetzten Kaufpreis zu. Ein Pferd auszusuchen oder über den Preis zu handeln, war

nicht möglich. Jeder Käufer war froh, wenn er bei der Zuteilung berücksichtigt wurde. Daß die Pferdezentrale eine wirklich leistungsstarke Absatzorganisation war, beweist, daß z. B. allein im Jahre 1941 4.635 Pferde durch sie umgesetzt wurden. Davon entfielen 4.228 Pferde auf Absatzveranstaltungen, 316 Hengste auf den Hengstmarkt und 91 Pferde auf den Verkauf ab Stall.

Leiter der Rheinischen Pferdezentrale waren
1902 bis 1923
Adolf Schumacher, Köln
1923 bis 1960
Erwin Baldauf, Bonn.

4.7 Zuchtstätten, Hengstlinien, Rückblick

Rückblickend machten sich viele Persönlichkeiten um die Zucht und das Zuchtgeschehen verdient, von denen nur einige stellvertretend genannt seien:
Von Ökonomierat Meulenbergh wird gesagt, daß kaum ein namhaftes Zuchttier, sei es Hengst oder Stute, im Rheinland vorkam, dessen Ahnen nicht von ihm eingeführt wurden.

Dr. Pulte sagte 1968 in seiner Festrede zum 75. Jubiläum des Rheinischen Pferdestammbuches: „Ökonomierat Meulenbergh. - Er war fast die Verkörperung der rheinischen Kaltblutzucht. - Unendlich seine Verdienste um diese Zucht, der eine sehr große Anzahl rheinischer Züchter und Bauern ihren Wohlstand verdanken."
Neben ihm sind viele weitere rheinische Züchter, Aufzüchter und Zuchtstätten mit dem Rheinisch-Deutschen Kaltblutpferd eng verbunden. Erwähnt seien nur z. B. Contzen, Gerretzhoven; Herzogenrath, Iveshof; Küppers, Katzem; Schmitz, Holtumerhof; Schriever, Neu-Lohoff; Schulte-Böcker, Muthagen; Zillikes, Golzheim.

Selbstverständlich verdienen auch einige bedeutende Pferde der rheinischen Kaltblutzucht genannt zu werden.
Für die junge rheinische Zucht war es ein großer Glückstreffer, den Remontehengst von 1894, Prince de Condé als Vererber allerersten Ranges in Wickrath als Beschäler gehabt zu haben. Dank seiner Nachzucht konnte die Weltausstellung 1900 in Paris erfolgreich beschickt und hohe Preise erzielt werden. Welchen wirklichen Einfluß auf die Zucht dieser Hengst hatte, besagt die Tatsache, daß Wickrath

Zugleistungsprüfung der Landwirtschaftskammer für die Rheinprovinz am 28. Mai 1928 im Kreise Düsseldorf. Gespann Nr. 1 am Start 1. Pferd: Stute Regina von Rosenthal 19246, Stm. 1,65 m. 2. Pferd: Wallach Max geb. 21. April 1923, Rappe, Stm. 1,65 m. Bruttolast = 200 Ztr. Erhielt in Klasse a (Gespanne aus landwirtschaftlichen Betrieben) den 2a Preis.

1909 31 direkte und indirekte Nachkommen hatte; 1911 waren es 44 und 1913 sogar 50.

Anfang der Zwanziger Jahre trat dann Lothar III ins Rampenlicht als großer Vererber. Er brachte es sogar auf 57 Nachkommen, die eine Beschälerbox des Gestüts Wickrath bezogen.

Dem Albion-Typ hat der aus Belgien eingeführte Espoir de Quaregnon - Sohn des Gamin du Onze - nachhaltige Geltung verschafft.

Weitere berühmte Linien waren die Indien-, Protektor-, Nervus-Linie. Von allen diesen Pferden stellte Dr. Pulte fest: „Unvergleichlich waren die Bewegungen dieser gewaltigen Hengste, achtungsgebietend ihre Energie - so errangen sie sich Zuneigung und Bewunderung bei Tausenden, die sie sahen."

Von Anbeginn der züchterischen Arbeit des Pferdestammbuches war es Tradition, daß sämtlichen Kaltblutfohlen während der ersten Lebenswochen der Schweif kupiert wurde. Die Breite, Masse und imponierende Bemuskelung der Hinterhand sollten dadurch betont werden. Dieses Kupieren fand lange Jahre das Mißfallen der Tierschützer und veranlaßte sie immer wieder, ihre Kritik beim Staat vorzutragen mit dem Ziel, kraft Gesetz das Kupieren zu verbieten.

1935 war es so weit. Das Kupieren wurde generell für alle Pferde - so auch z. B. für Ostfriesen und Oldenburger, die bis dahin ebenfalls kupiert hatten - verboten.

Zwar meinten die Anhänger des Kupierens, ihre Kaltblüter würden jetzt unansehnlich, änderten ihren Habitus und die ganze Zucht würde Schaden erleiden; doch solche Gedanken kamen nur in einer kurzen Übergangszeit auf. Heute spricht niemand mehr von diesem Problem, das seinerzeit Welten zu verändern schien.

Seit 1937 müssen alle Hengste die sogenannte Hengstleistungsprüfung mit Mindestanforderungen erfolgreich ablegen, um gekört werden zu können.

Als der Reichsverband der Kaltblutzüchter Deutschlands darüberhinaus die Leistungsprüfungen der Kaltblüter als genau so zwingend herausstellte wie die anderen Pferdezüchter dies für ihre Pferde betrieben, war das Rheinische Pferdestammbuch einer der ersten Verbände, der diese Prüfungen bei sich veranstaltete.

Zunächst gab es die Zugleistungsprüfungen in der rheinischen Karre; später im Zwei- oder Vierspänner mit schwerer Last vor dem Ackerwagen, über bis zu 30 km auf Feld- oder unbefestigten Wegen, einschließlich Kurzphasen durch tiefen Acker. Hier bei diesen Prüfungen bewiesen die schweren Pferde ihre Härte und Zugwilligkeit bei gewaltigem Leistungsvermögen und mit bewundernswerter nie ermüdender Arbeitstreue.

Diese Eigenschaften machten sie unentbehrlich, berühmt und beliebt. Wenn auch die Industrialisierung und Mechanisierung den Kaltblütern die ihnen seit Jahrzehnten angestammten Aufgabengebiete entriß, ist doch die Sympathie für diese „Dicken" in der breiten Bevölkerung geblieben. Bewiesen wird dies täglich, wenn diese treuen Helfer sich beispielsweise präsentieren vor

Brauereiwagen . Dank dieser Welle der Sympathie aus allen Kreisen hat nach dem totalen Niedergang inzwischen wieder die Zahl der aktiven Kaltblutzüchter und deren Zuchtbestand zugenommen. So ist zu erwarten, daß es auch in Zukunft das Rheinisch-Deutsche Kaltblutpferd modernen Typs geben wird.

5. Die Warmblutzucht

Während der letzten Monate des Zweiten Weltkrieges war das Rheinland Kriegsgebiet. Die Bevölkerung mußte fliehen. Schwere Kriegsschäden entstanden. Nach diesem Inferno fehlte es an allem. Besonders gefragt waren Pferde, um das Land bestellen zu können und beim Wiederaufbau eingesetzt zu werden.

Der „Pferdeausgleich", wie die offizielle Bezeichnung lautete, wurde ins Leben gerufen. Neben den geretteten Kaltblutpferden kamen dadurch Pferde verschiedenster Rassen und Schläge in den rheinischen Raum. Sie stammten aus Wehrmachtsbeständen, von Flüchtlingen aus den Ostgebieten oder waren Beutepferde unbekannter Herkunft.

Auch beim Landgestüt Wickrath fand eine größere Zahl Warmbluthengste Unterkunft, die aus Landgestüten der Ostprovinzen stammten und vor dem Zugriff hatten evakuiert werden können.

Unmittelbar nach Ende des Zweiten Weltkrieges bildeten all diese Pferde die Grundlage des rheinischen Pferdebestandes.

Neben dem naheliegenden Wiederaufbau der Kaltblutzucht gaben die vielen jetzt vorhandenen warmblütigen Pferde den Anstoß, mit ihnen eine rheinische Warmblutzucht zu beginnen. Dies umsomehr, als der rheinische Turniersport und die Reiterei schnell wieder auflebten und einen erheblichen Bedarf an geeigneten Pferden erkennen ließen.

5.1 Verbandsgründung

Bereits im Oktober 1948 bildete sich unter der Führung von Heinz Ostrop, Keppeln, ein vorläufiger Zusammenschluß unter dem Namen „Rheinischer Verband der Warmblutzüchter", um die ersten Erfassungen und Eintragungen von Zuchtpferden vorzunehmen.

In dem sich abzeichnenden berechtigten Gefühl der Notwendigkeit einer rheinischen Warmblutzucht richtete Herr Ostrop am 1. 3. 1949 ein Informations-Rundschreiben an die Vorstandsmitglieder des Rheinischen Pferdestammbuches und die Kreispferdezuchtvereine. Große Aufregung und heftige Proteste unter den Kaltblutzüchtern wurden damit ausgelöst. Der große Ausschuß des Rheinischen Pferdestammbuches beriet sich in mehreren Sitzungen und kam einhellig

Lothar III geb. 1916 v. Titan du Fosteau Bs 85262 a.d. Blondine de Berghom BS 88023. Z.: Vanderschueren, Vollezeele (Belgien). B.: Hengsthaltungsgenossenschaft Rees-Land. Der Hengst Lothar III war wohl der bedeutenste Vererber aller Zeiten in der deutschen Kaltblutzucht. Kein Hengst vor oder nach ihm gründete je wieder eine so weit verzweigte Blutlinie.

zu dem Ergebnis, daß „die Zucht eines Warmblutpferdes in der Rheinprovinz abzulehnen sei und er darauf bestehen müsse, daß die Warmbluthengste des Landgestüts Wickrath möglichst bald verschwinden".

Ohne Rücksicht auf diese Beschlüsse fand am 23. Mai 1949 in Krefeld die offizielle Gründungsversammlung des „Rheinischen Verbandes der Warmblutzücheter" statt, an der ca. 100-120 interessierte Personen teilnahmen. Die Konstituierung wurde beschlossen und Herr von Groote zum Vorsitzenden gewählt. Der Verband nahm seine Arbeit sofort auf.

Diese Tatsache veranlaßte den Vorstand des Rheinischen Pferdestammbuches, nun schweren Herzens dem folgenden Kompromißvorschlag der Landwirtschaftskammer Rheinland zuzustimmen: „Die Registrierung der Warmblutstuten und die Beglaubigung der Fohlenscheine erfolgt bei der Landwirtschaftskammer Rheinland. Die Deckerlaub-

nis A für Warmbluthengste kann so lange ausgesprochen werden, wie Warmblut-Landbeschäler in Wickrath aufgestellt werden."

Trotz dieses Zugeständnisses ist es bezeichnend für die weitere kompromißlose Härte des Rheinischen Pferdestammbuches, daß noch am 1. Oktober 1949 gegenüber dem Zentralverband für Zucht und Prüfung deutscher Pferde (damaliger Vorläufer der heutigen FN) „mit Nachdruck darauf hingewiesen wird, daß das Rheinische Pferdestammbuch nie eine Abteilung Warmblut einrichten werde, da dies mit der jahrzehntelangen Tradition des Rheinischen Pferdestammbuches nicht zu vereinbaren sei."

Diese Haltung des Pferdestammbuches bewirkte es, daß zunächst von 1949-1952 der „Rheinische Verband der Warmblutzüchter" alle Warmblutstuten und -hengste im Rheinland erfaßte, die für eine Zucht in Frage kamen bzw. deren Besitzer interes-

siert waren. Das günstige Ergebnis dieser Erfassung bewirkte dann entscheidend, daß die Landwirtschaftskammer Rheinland, bei der ein Unterausschuß für Warmblutzucht unter dem Vorsitz von Arnold Zillikens, Worringen, gebildet worden war, sich 1953 an alle Besitzer und Freunde der Warmblutzucht wandte, um auf die Eintragungsmöglichkeit in das bei ihr geschaffene Stutbuch (Stammbuch und Hauptstammbuch) für Warmblutpferde hinzuweisen. Entsprechende Abstammungsnachweise unter dem Namen der „Landwirtschaftskammer Rheinland" wurden geschaffen. In Verfolg dieser Ankündigung wurden an vier Tagen 41 Eintragungstermine wahrgenommen und dabei die Erfassung der Warmblutpferde durchgeführt. Das Ergebnis war ein Bestand von 165 Mitgliedern mit 35 Hauptstammbuch- und 220 Stammbuchstuten. Als Brandzeichen wurde wie beim Kaltblut das R mit Krone benutzt.

In der gleichen Zeit war der Rückgang der Kaltblutzucht außerordentlich und erschien unaufhaltsam.

Schon seit langen Jahren gab es im Rheinland begeisterte Ponyzüchter. Auch diese hatten sich im Dezember 1952 zum Verband der Pony- und Kleinpferdezüchter zusammengeschlossen.

Jetzt kam von Seiten des Landwirtschaftsministeriums Düsseldorf die Anregung zum Zusammenschluß aller Pferdezuchtverbände im Rheinland zu einer Organisation, nämlich dem Rheinischen Pferdestammbuch. Dieser Anregung folgend, faßte am 17. November 1953 die Mitgliederversammlung des Rheinischen Pferdestammbuches den Beschluß, die rheinischen Warmblut- und Kleinpferdezüchter in das Rheinische Pferdestammbuch aufzunehmen und dafür gesonderte Abteilungen zu bilden. Im Februar 1954 wurden alle Besitzer von Warmblutpferden, die in der Kartei der Landwirtschaftskammer Rheinland eingetragen waren, durch Rundschreiben informiert, daß die Übernahme ihrer Warmblutpferde in die neu geschaffene Abteilung Warmblut beim Rheinischen Pferdestammbuch erfolgen würde.

Damit waren die unruhigen Jahre des Neubeginns abgeschlossen. Der eigentliche Aufbau einer rheinischen Warmblutzucht konnte beginnen.

5.2 Entwicklungsphasen der Warmblutzucht

Bevor auf diese eingegangen wird, ist es notwendig, auf eine andere, als Kriegsfolge im Rheinland entstandene Warmblutzucht hinzuweisen. Einige rheinische Kaltblutzüchter mit großem Zuchtbestand empfanden bereits unmittelbar nach Kriegsende, daß der Kaltblutzucht wahrscheinlich keine günstigen Jahre bevorstehen würden. Da sie durchweg begeisterte Reiter und Pferdeliebhaber waren, ergriffen sie entschlossen die günstige Gelegenheit. Sie schafften kurzfristig ihren Kaltblutbestand ab und ersetzten ihn durch ostpreußische Warmblutstuten, die in verhältnismäßig großer Zahl und bewährter Leistungsqualität ihre bisherigen Besitzer auf Flüchtlingstrecks in den Westen gebracht hatten.

So entstanden schon frühzeitig Trakehner Zuchtinseln im Rheinland, wie z. B. in Euskirchen, der Eifel, am Niederrhein, in Düsseldorf-Mettmann und im Bergischen Land, die durch ihren qualitätvollen Bestand schnell neue Freunde fanden, an Ausdehnung zunahmen und die selbständige Aufbauarbeit der jungen rheinischen Warmblutzucht wesentlich beeinflußten. Dies galt umso mehr, als der vom Trakehner Verband erfaßte und betreute Bestand lange Zeit zahlenmäßig größer und vor allen Dingen qualitätsmäßig besser war als der der Abteilung Warmblut des Rheinischen Pferdestammbuches.

Die üblichen Anfangsschwierigkeiten bei der Abgrenzung der Zuständigkeiten der beiden Organisationen im gleichen Zuchtgebiet konnten, dank des guten Willens auf beiden Seiten, stets schnell bereinigt werden, so daß sich ein fruchtbares Nebeneinander der beiden Warmblutzuchten im Rheinland entwickeln konnte.

Zwar war ab 1954 die Warmblutzucht als selbständige Abteilung in das „Rheinische Pferdestammbuch" aufgenommen, doch mit ihren noch nicht 100 Mitgliedern lief sie in den ersten Jahren als kleines Anhängsel nur am Rande mit.

Eine Wandlung trat erst 1961 ein, als mit dem weiteren Niedergang der Kaltblutzucht eine völlige Umgestaltung des Pferdestammbuches dahingehend erfolgte, daß in den drei Abteilungen a) Kaltblut, b) Warmblut, c) Pony- und Kleinpferde jeweils gleichberechtigt vier Züchter die Interessen ihrer Abteilung zu vertreten hatten. Doch auch damit war der Entwicklungsabschluß noch nicht erreicht. Die Warmblutzucht wuchs ständig weiter, während das Kaltblut sich dem Nullstand näherte. Deshalb kam es 1965 zur erneuten Satzungsänderung zum Zwecke der Reduzierung der bisherigen drei Abteilungen auf die zwei Abteilungen a) Warmblut/Kaltblutzucht und b) Pony- und Kleinpferdezucht. Diese Gliederung erfuhr noch einmal eine Änderung, indem die Abteilung A nur der Warmblutzucht vorbehalten war und in Abteilung B alle übri-gen Rassen einschließlich Kaltblut erfaßt wurden.

Mit dieser Wandlung ging gleichzeitig die traditionelle, jahrzehntelange, unumstrittene, alleinige Führungsposition des Kaltbluts im Pferdestammbuch zu Ende. Die tragende Säule ist seitdem die Warmblutzucht.

In keinem anderen deutschen Zuchtgebiet hat es jemals einen solch radikalen Wechsel von einer Rasse zur anderen gegeben, wie es im Rheinland der Fall war. Daß sich dieser Übergang so schnell und erfolgreich vollzog, unterstreicht das Gespür der rheinischen Züchter für die kommende Entwicklung. Schweren Herzens mußten sie ihr Kaltblutpferd aufgeben; doch auch in Zukunft wollen sie nicht ohne Pferd sein. Dieser Wechsel zeugt gleichzeitig von ihrer schnellen Entschlußkraft, sich ohne Zögern voll dem Neuen zuzuwenden, um baldmöglichst mit dabei zu sein, allgemein gesuchte, elegante Qualitätspferde für den aufblühenden Reitsport zu züchten.

Ab 1954 war das Zuchtziel „ein warmblütiges Pferd auf hannoverscher und ostpreußischer Grundlage" festgelegt. Als Brandzeichen wurde ein R und W benutzt.

Während dieser Anfangsjahre zeichnete sich der Einfluß der Pferde mit Trakehner Abstammung besonders deutlich ab.

Dies erfolgte vor allem durch die Hengste, die in vielen Bezirken zur Bedeckung der Stuten Aufstellung gefunden hatten.

Um dadurch häufig auftretende Kompetenzfragen zu vermeiden und eine Arbeitserleichterung zu schaffen, schlossen 1964 das Rheinische Pferdestammbuch und der Trakehner Verband einen Arbeitsvertrag. Von entscheidender Bedeutung war , daß dem Rheinischen Pferdestammbuch vom Trakehner Verband das Recht zugesprochen wurde, den „Rehkronenbrand" für die Kennzeichnung seiner eingetragenen Warmblutpferde zu benutzen. Mit diesem „Rehkronenbrand" hatte zwischen den Weltkriegen der in Insterburg ansässige „Ostpreußische Warmblutverband" - vor seiner Fusionierung mit der „Ostpreußischen Stutbuchgesellschaft"

Warmblut-Hengstbestand und Bedeckungszahlen
im Gebiet des Rheinischen Pferdestammbuches

Jahr	Rheinl.-Westf. Hannover		Trakehner		Vollblüter		Hengste			Stuten-bedeckungen insgesamt
	Hengste	Stbed.	Hengste	Stbed.	Hengste	Stbed.	insg.	Ldb.	Priv. B.	
1965	14	249	13	414	1	25	28	6	22	688
1970	24	664	27	963	8	121	59	10	49	1.748
1975	65	2.039	40	1.304	14	228	119	20	99	3.571
1980	80	2.411	43	427	15	150	138	21	15	2.988
1985	101	2.147	32	355	13	170	146	20	126	1.875
1990	98	2.636	21	109	14	181	133	20	113	2.636
1993	114	3.390	22	93	18	133	154	21	133	3.390

Königsberg - seine Pferde gebrannt; so daß davon der Trakehnerverband seine Anspruchsrechte ableitete.

Der Arbeitsvertrag hat sich in den Jahren der dringend notwendigen Konsolidierung der Zucht segensreich ausgewirkt.

Mit der Ausweitung der Zucht nahm jedoch der Einfluß von Hengsten aus Hannover und Westfalen zu und drängte die Bedeckungen durch Hengste Trakehner Abstammung zurück. Ein besonderer Verdienst für die rasche und erfolgreiche Entwicklung der rheinischen Reitpferdezucht erwarb sich das Nordrhein-Westfälische Landgestüt in Warendorf unter der Leitung von Dr. Gerd Lehmann.

Der Tradition rheinischer Pferdezucht entsprechend erhielt aber auch die Privathengsthaltung eine zunehmende Bedeutung. Die ersten Pioniere mit nachhaltiger Einflußnahme waren Gottfried Hoogen, Kervenheim, und Otto Nagel, Düren. Heute verfügt das Rheinland über eine stattliche Zahl renommierter Privathengsthaltungen, die mittels Versand von Sperma auch über die Grenzen des Rheinlandes hinaus sich großer Anerkennung und reger Nachfrage erfreuen.

5.3 Herausragende Aktivitäten und Ereignisse

Die bei den Kreisschauen besten dreijährigen Stuten sind berechtigt, an der alljährlichen Elitestutenschau teilzunehmen, die seit 1969 zunächst in Krefeld, dann in Langenfeld und jetzt in Aachen stattfindet. Hier wird die Rheinische Siegerstute ermittelt - ihr Züchter erhält seit 1971 wieder die vom Rheinischen Pferdestammbuch gestiftete „Goldene Nadel" - und werden die Staatsprämienstuten bestimmt.

Die Zuchtbuchordnung paßte sich im Laufe der Jahre der Entwicklung der Zucht an. In den ersten Jahren gab es nur das Hauptbuch und das Stutbuch.

1964 kam das Vorbuch und 1975 das Vorbuch 2 hinzu. Mit dieser Angleichung an die großen Warmblutzuchtgebiete wurde ein deutlicher Fortschritt der Zuchtbuchführung erzielt. Der technischen Entwicklung folgend, erfolgte 1977 die Umstellung des Zuchtbuchs auf Datenverarbeitung. So wie die Zuchtbuchordnung der der anderen Warmblutgebiete angeglichen wurde, geschah dies auch mit dem angestrebten Zuchtziel für „das Deutsche Reitpferd aus dem Rheinland".

Es lautet:

Ein edles, großrahmiges, korrektes, leistungsstarkes Warmblutpferd mit schwungvollen, raumgreifenden, elastischen Bewegungen, das auf Grund seines Temperaments, seines Charakters und seiner Rittigkeit vornehmlich für Reitzwecke jeder Art (Leistungs- und Freizeitsport) geeignet ist."

Als Brandzeichen werden in der Rheinischen Warmblutzucht verwendet:

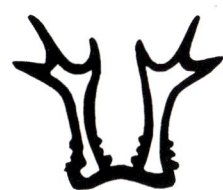

Rehkrone für Hengste, Hauptstutbuch-, Stutbuch-, Vorbuchstuten und deren Fohlen.

V für Vorbuch 2 - Stuten und deren Fohlen.

Einen Überblick über den Mitglieder- und Pferdebestand während der ersten 40 Jahre Rheinischer Warmblutzucht gibt die untenstehende Tabelle.

Zu den wichtigsten Ereignissen eines jeden Züchterjahres zählt die Hengstkörung. Zunächst wurden örtliche Termine abgehalten, wobei bereits 1955 ein im Rheinland gezogener 2 1/2jähriger Hengst vorgestellt, jedoch nicht gekört werden konnte.

Ab 1963 ging man wieder zur zentralen Körung zunächst in Krefeld, dann in Langenfeld und in Aachen über.

Die Zahl der dabei vorgestellten rheinisch gezogenen Junghengste stieg stetig an und die Qualität wurde erkennbar besser, so daß ab 1966 alljährlich ein ausgewähltes kleines Lot gekörter Hengste heimischer Zucht herausgestellt werden konnte.

Ab 1971 erhält der Züchter des besten rheinisch gezogenen Hengstes, der alten Tradition des Pferdestammbuches folgend, die „Goldene Nadel".

Einen besonderen Meilenstein brachte die Körung 1973, nach der mit Pasternak v. Patron der erste rheinisch-gezogene Warmblut-Hengst als Landbeschäler eine Box im Nordrhein-Westfälischen Landgestüt, Warendorf, bezog.

Hengste wie Rheingold, Ehrentusch, Fittipaldi, Florestan, Festivo und viele andere mehr, die die Rehkrone als Schenkelbrand tragen, erfreuen sich als Landbeschäler großer Nachfragen in Nordrhein-Westfalen.

Mit dem Jahr 1991 findet im Rahmen der Zusammenarbeit der Zuchtverbände Rheinland und Westfalen die jährliche Herbstkörung der zweieinhalbjährigen Hengste in Münster-Handorf, im Westfälischen Vermarktungszentrum statt.

Schon in frühen Jahren der jungen Zucht beteiligte sich das Pferdestammbuch an übergebietlichen Schauen. 1965 bei der Rheinischen Landwirtschaftsschau trat man erstmalig mit drei Stuten an die Öffentlichkeit. Das Jahr 1970 machte mit der ersten Beteiligung an der DLG-Ausstellung in Köln den Anfang der danach ständigen Beschickung dieser Schauen. Erfreuliche Erfolge wurden dabei erzielt.

Mitglieder- und Pferdebestand des Rheinischen Pferdestammbuches
Abteilung Warmblut

Jahr	Mitgl. Anzahl	Pferde insges.	Hengste	insges.	Stuten H	S	V	V2	Eintragungen
1954	63	85	-	85	12	73	-	-	-
1957	89	129	23	106	45	61	-	-	22
1960	152	181	24	157	93	64	-	-	39
1965	485	664	28	636	244	98	294	-	237
1970	1.143	1.681	59	1.622	777	280	565	-	428
1975	2.115	3.596	119	3.477	1.760	595	1.002	120	626
1980	1.981	3.339	138	3.201	1.975	456	525	245	507
1985	1.512	2.580	146	2.434	1.803	277	218	136	410
1990	1.650	2.876	156	2.750	2.254	212	139	115	586
1993	2.306	3.537	156	3.381	3.003	187	88	103	698

Rheinische Siegerfamilie 1979 beim Bundeschampionat für Stuten in Münster-Handorf. Züchter und Besitzer: Leo Ophey, Goch.

Rheingold H, geb. 1974 von Romadour II a.d. Piroschka v. Abendregen (Trak.), HLP-Sieger Warendorf/Landbeschäler 1976. Z.: J. Hax, Geldern, B.: NRW Landgestüt Warendorf.

Den ganz großen Durchbruch für rheinische Pferde brachte 1979 die erste Bundesschau in Münster-Handorf. Die Familie der Fanfare von Cyrus wurde mit den Töchtern Abendglocke von Abendregen, Rapunzel und Ramona, beide von Romadour II, Bundessieger, Züchter: Leo Ophey, Goch.

Den gleichen Erfolg konnte diese Familie - anstelle von Abendglocke trat die dreijährige Rosante von Romadour II an - bei der DLG-Ausstellung in Hannover 1980 wiederholen.

Die DLG-Ausstellung 1982 bescherte der rheinischen Zucht mit der Stute Enterprise von Ehrensold, Aussteller Horst Ense, Niederbolheim, den ersten Bundessieger-Einzel-Preis. Bei der Ausstellung in Frankfurt 1986 wurde dieser Erfolg mit der Stute Rheinkind von Romadour II - Markes Letzter, Züchter Heinrich Fell, Xanten, wiederholt.

Welchen hohen Stellenwert die Leistungen der jungen rheinischen Warmblutzucht im Rahmen der gesamten rheinischen Tierzucht bereits in der kurzen Zeit ihrer Entwicklung erreicht haben, bezeugt die Verleihung der höchsten züchterischen Auszeichnung der Landwirtschaftskammer Rheinland an besonders erfolgreiche rheinische Pferdezüchter.

Der „Hans von Bemberg-Preis" wird seit langen Jahren von der Landwirtschaftskammer Rheinland gestiftet. Alljährlich wird er nur einmal vergeben und zwar an den rheinischen Tierzüchter - gleich welcher Tierart -, der die anerkannt besten züchterischen Leistungen erzielte.

1974 wurde Gottfried Hoogen, Kervenheim, der jetzige Ehrenpräsident des Verbandes der Züchter und Freunde des Warmblutpferdes Trakehner Abstammung e. V. (Trakehner Verband) für seine hervorragende und mustergültig betriebene Trakehner- und Rheinische Warmblutzucht mit selbigem ausgezeichnet.

Bereits 5 Jahre später fand die Vergabekommission der Landwirtschaftskammer schon wieder einen rheinischen Warmblutzüchter würdig, mit dieser höchsten rheinischen tierzüchterischen Auszeichnung geehrt zu werden.

Den „Hans von Bemberg-Preis 1979" erhielt Leo Ophey, Goch. Seine Zucht nahm in wenigen Jahren eine kometenhafte Aufwärtsentwicklung. Ihm war es gelungen, insbesondere gestützt auf die vorzügliche und in der gesamten Zucht des deutschen Reitpferdes anerkannte und berühmte Stute Fanfare, in Anpaarung mit den Warendorfer Landbeschälern Abendregen und Romandour II in den Jahren 1975, 1977 und 1978, aus dieser Nachzucht jeweils die Siegerstute der Rheinischen Elite-Stutenschau und 1978 auch den Siegerhengst zu stellen.

Weitere Träger dieser hochbegehrten Auszeichnung sind: Eberhard Schulte-Böcker,

Rittergut Muthagen, Geilenkirchen, 1975, Hans-Georg Bönninger, Tönisforst, 1980, Peter Bolten, Rittergut Schick, Enzen, 1990.

5.4 Absatz

Der für jede Zucht lebenswichtige Absatz wurde vom Pferdestammbuch schon früh gefördert. Zunächst bemühte man sich, die Vermittlung ab Stall zu beleben. Diese blieb jedoch ohne nenneswerten Erfolg.

1963 entschloß sich das Pferdestammbuch, in Anlehnung an die vom Trakehner Verband seit mehreren Jahren in Krefeld betriebene Zuchtstuten-Auktion, erstmalig eingetragene rheinische Pferde zu versteigern. Das positive Ergebnis veranlaßte eine Wiederholung in den folgenden Jahren.

Ab 1966 veranstaltete der Trakehner Verband in Wülfrath seine Reitpferde-Auktion. Auch hierbei stellte das Rheinische Pferdestammbuch rheinische Pferde zum Verkauf.

Für jedes junge Zuchtgebiet ist es schwer, sich einen festen Käuferstamm zu schaffen. Auch das Vertrauen der verbandseigenen Züchter zur Auktion ist nicht selbstverständlich. Die rheinische Zucht ist mitten in einem großen Verbrauchergebiet beheimatet. An Absatz mangelt es daher nicht. Zahlreiche gute Pferde sind schnell beim Züchter entdeckt und finden bald ihren Käufer.

Amant von Amazonas-Lotze, HLP-Sieger-Warendorf Privathengste 1984, hier unter Christilot Boylin, im Sport erfolgreich bis Grand Prix.

Ehrentusch von Ehrensold-Bernstein, HLP-Warendorf-Landbeschäler 1987, Vollbruder zu Ehrengold, dem erfolgreichen Nachwuchspferd von Klaus Balkenhol

Potsdam von Polydor-Goldstern, HLP-Warendorf-Landbeschäler 1992

Rangoon von Radja - Disco King, HLP-Warendorf, Privathengste 1992

Florestan von Fidelio-Rheingold, HLP-Warendorf-Landbeschäler 1989

Rembrandt v. Rubin-Burnus, HLP-Adelheidsdorf 1979, hier fünfzehnjährig

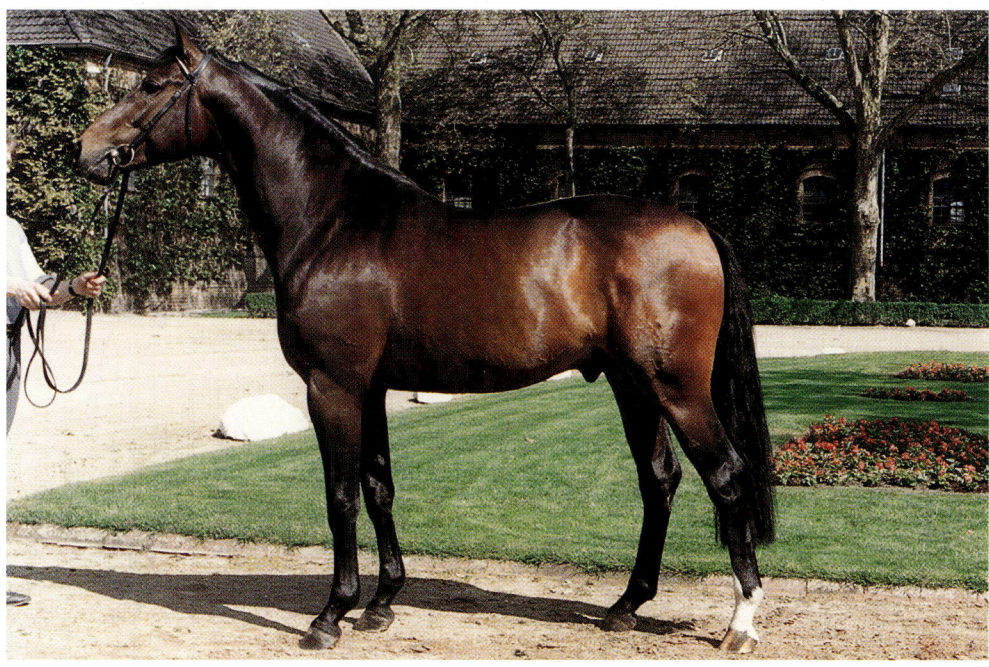

Polany von Polydor-Foxtrott, HLP-Warendorf-Land-beschäler 1991

Aber alle Züchter wollen verkaufen und erwarten dabei Hilfe des Pferdestammbuches. So war es selbstverständlich, daß man der Abhaltung eigener Auktionen mit Skepsis gegenüber stand. Die zu erwartende Beschickungszahl und Qualität der Pferde war begrenzt, auf große Erfolge rheinisch gezogener Turnierpferde konnte bei der Werbung zu Anfang kaum hingewiesen werden.

Trotz dieser Meinungsverschiedenheiten war es 1969 soweit: das Rheinische Pferdestammbuch startete seine erste Rheinische Reitpferde-Auktion in Wülfrath. Ihr sind seitdem bis 1986 weitere 17 Rheinische Reitpferde-Auktionen gefolgt, zunächst in Wülfrath, dann in Langenfeld und in Aachen.

Ergänzt wurde das Absatzangebot ab 1972 durch Veranstaltungen im Herbst, die zunächst als Zuchtstuten-, Fohlen- und Gebrauchspferde-Auktionen in Angriff genommen wurden. Schon bald wurde die Fohlenauktion als selbständige Veranstaltung abgekoppelt und die Reitpferdeauktion, die Zuchtstuten waren aus dem Angebot herausgenommen worden, entwickelte sich ebenfalls zu einer eigenen Veranstaltung, bei der zusätzlich nicht gekörte zweieinhalbjährige Hengste das Angebot komplettierten. Um individueller auf die Käuferwünsche eingehen zu können, wurde 1987 die Frühjahrsauktion durch eine Verkaufswoche abgelöst. 1986 wurde erstmals die Chance genutzt, die internationale Reiterwelt beim CHIO Aachen auf die Pferde Nordrhein-Westfalens aufmerksam zu machen. Im Rahmen des Turniers fand für eine kleine Kollektion ausgewählter Pferde aus dem Rheinland und Westfalen eine Versteigerung statt. Damit waren gleich zwei Meilensteine für die weitere Entwicklung gesetzt. Von nun an wird jedes Jahr im Rahmen dieses größten Turnieres der Welt eine Absatzveranstaltung durchgeführt. Auf Grund der guten Erfahrung mit der Verkaufswoche wird diese ab 1987 als CHIO-Sales mit individueller Beratung und auf einem beachtlichen Preisniveau geführt. Der zweite Meilenstein war damit insofern gelegt, indem die Zusammenarbeit der beiden nordrhein-westfälischen Pferdezuchtverbände in den Stiel gestoßen worden war.

Es folgten die gemeinsame Fohlenauktion in Münster und 1991 die erste Elite-Auktion, ebenfalls im westfälischen Vermarktungszentrum. Alle Absatzveranstaltungen in Aachen wurden gleichfalls für westfälische Pferde geöffnet. Das bisher teuerste Pferd mit DM 200.000,- war der im Frühjahr 1992 verkaufte rheinische Falco von Fidelio. Die Zusammenarbeit mit den westfälischen Züchtern wurde ab 1991 auf die Hengstkörung ausgeweitet. In gleicher Weise werden große nationale wie internationale Veranstaltungen gemeinsam beschickt.

Erfolge im Sport

Nachdem bereits bei dem ersten Bundeschampionat des Deutschen Springpferdes 1980 in Münster die rheinische Weiolet von Wächter als Siegerin auf sich aufmerksam machte, waren es 1984 die Sieger in beiden Altersgruppen, Pirol und Pirat von Polydor, die die sportlichen Qualitäten rheinischer Pferde unterstrichen. Namen wie Salut, Porter, Hopskotch und Romantiko ließen die internationale Reiterwelt aufhorchen. Die brillanten Sportpferde-Vererber von Hartung über Romadour und Polydor prägten den Namen des internationalen Leistungspferdes mit der Rehkrone. Heute sind auf allen Turnierplätzen der Welt die Pferde aus dem Rheinland nicht mehr einzelne unter vielen, sondern von der Welt der Spitzenreiter anerkannte Partner im Wettstreit um Titel und Preisgelder.

1992 konnte das Rheinische Pferdestammbuch auf sein hundertjähriges Bestehen zurückblicken. Mit einer großen Landesschau und einer Ausstellung, die das ganze Jahr im Deutschen Pferdemuseum in Verden zu besichtigen war, wurde dieses Jubiläum würdig begangen. Die glanzvolle Zeit der Kaltblutzucht hat jedoch nicht nur ihre Fortsetzung mit den Züchtern eines modernen Reitpferdes gefunden. Auch bei vielen Rassen der Spezial- und der Kleinpferdezuchten, die im Rahmen dieser Ausführungen nicht berücksichtigt werden konnten, kann der rheinischen Züchterschaft ein hoher Standard bescheinigt werden.

Dieses hohe Niveau in der Zukunft zu halten und dem Markt im gemeinsamen Europa anzupassen, ist die Aufgabe des zweiten Jahrhunderts organisierter rheinischer Pferdezucht.

Grand Gilbert von Glücksklee, Europameister 1993 mit Nicole Uphoff.

Literatur

Tacitus

Fugger (Frankfurt a.M. 1584)

K. Simon; Entwicklung der rheinischen Pferdezucht; Berlin, 1912

Deselaers; Stutenstämme des Rheinischen Kaltblutpferdes, Diss.

Alassio von April unter Sabine Rueben. Dreimaliger Gewinner der Europameisterschaften der Junioren bzw. Jungen Reiter (oben)

Padua von Polydor mit Ralph Schneider im Sattel; ein Paar, mit dem immer zu rechnen ist (Mitte)

Belle Nuit von Polydor, ein Crack der internationalen Springszene unter Otto Becker und Markus Fuchs (unten)

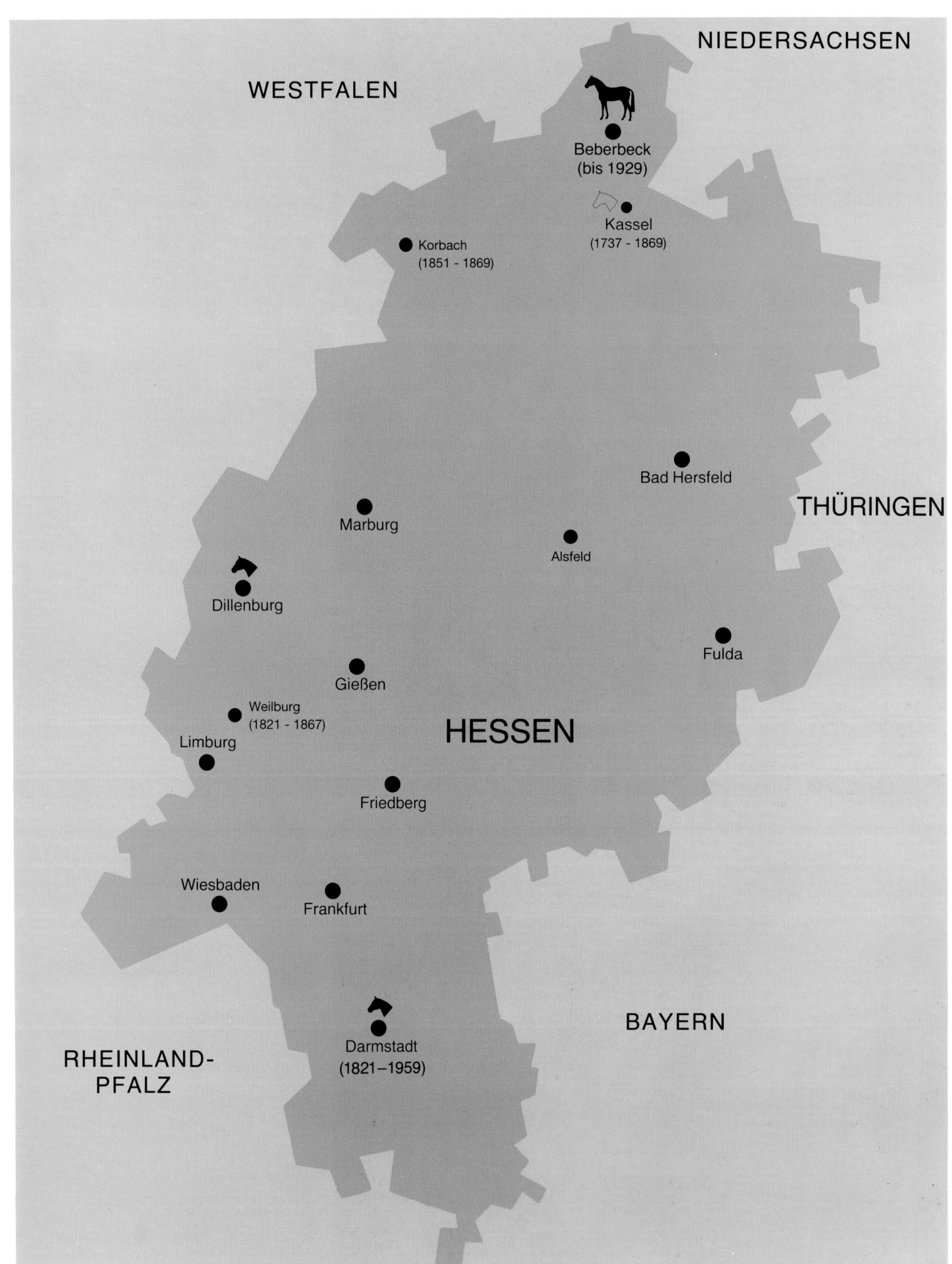

WESTFALEN

NIEDERSACHSEN

Beberbeck
(bis 1929)

Kassel
(1737 - 1869)

Korbach
(1851 - 1869)

Bad Hersfeld

THÜRINGEN

Marburg

Alsfeld

Dillenburg

Fulda

Gießen

Weilburg
(1821 - 1867)

HESSEN

Limburg

Friedberg

Wiesbaden

Frankfurt

Darmstadt
(1821–1959)

BAYERN

RHEINLAND-
PFALZ

Hessen

1. 4. 1911 geboren in Wanfried/Werra.
(Vater Dr. Fritz Hangen: Gründer und langjähriger Vorsitzender des Kurhessischen Pferde- und Schafzuchtverbandes).
1917-1923 Volks- und Aufbauschule Wanfried.
1923-1929 Landschulheim Schloß Bischofstein/Eichsfeld, Abitur.
1929-1931 landwirtschaftliche Lehre in Thüringen und Anhalt.
1931-1936 Studium der Rechte und Landwirtschaft in Bonn, Frankfurt/Main und Göttingen.
1936 Diplomlandwirt, 1938 Promotion.
1936-1945 selbständiger Landwirt in Glietzig/Pommern, Pferde- und Rinderzüchter, Saatkartoffeln-Elite-Vermehrung.

1939/40 und 1943/45 Soldat.
1945-1951 Mitarbeiter im landwirtschaftlichen Betrieb der Schwiegereltern in Rauda/Thüringen.
1951-1954 landwirtschaftlicher Berater LFK, Kassel.
1954/55 Leiter des Tierzuchtamtes Korbach.
1955 Referent für Rinderzucht und 1962 auch für Pferdezucht.
1967 Abteilungsleiter Tierzucht der Land- und Forstwirtschaftskammer Kassel.
1970 Dezernatsgruppenleiter Tierzucht des Hessischen Landesamtes für Landwirtschaft in Kassel.
1. 5. 1976 Ruhestand.

Dr. Günther Hangen

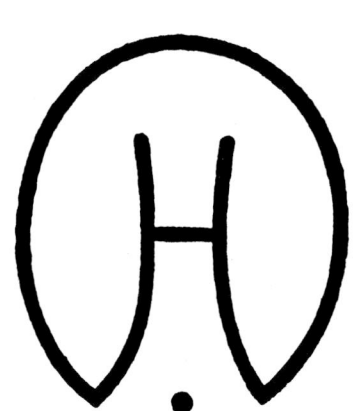

Geschichte der hessischen Pferdezucht

1. Natürliche Gegebenheiten

Das Bundesland Hessen stellt als Bindeglied zwischen Nord- und Süddeutschland, dem rheinisch-westfälischen Raum und Thüringen ein Berg- und Hügelland von eigenartigem Reiz dar. In die mächtigen Bergrücken dieses mit 40% waldreichsten Gebietes der Bundesrepublik sind tiefe Täler eingekerbt, durch die die Flußläufe nach Norden und Westen ziehen, vorbei an bunten Ackerbreiten, grünen Wiesengründen, fachwerkgeschmückten Dörfern und romantischen Kleinstädten, die vielfach von Burgen gekrönten Bergkegeln überragt werden.

Die nördliche Hälfte zwischen Weser und Lahn, die heute von einem Viertel der Bevölkerung bewohnt wird, ist „Kurhessen", das alte Stammland der Chatten, die als einziger germanischer Stamm neben den Friesen seßhaft blieben. Im Gegensatz zu diesem, auch in unseren Tagen noch stark agrarisch bestimmten Raum ist die südliche Landeshälfte von fränkischen Zuwanderern bestimmt, die im Rhein-Main Gebiet einen Ballungsraum von höchster industrieller Produktivität entwickelten.

Die Landwirtschaft ist gekennzeichnet durch das Überwiegen flachgründiger Buntsandstein- und Muschelkalkböden in Hanglage und eine kleinflächige Betriebsstruktur. Bei einer heutigen Durchschnittsgröße von 18.1 ha (Vollerwerbsbetriebe 36 ha) waren die hessischen Bauern schon immer zu einer auf hoher Stufe stehenden tierischen Veredelungserzeugung gezwungen. Als Pferde-, Rinder-, Schaf- und Schweinezüchter haben sie Erstaunliches geleistet.

2. Landesgeschichte

Die Geschichte Hessens war immer geprägt durch sein gut ausgebautes Wegenetz, das dem Land einen hohen strategischen Wert zumaß. Die Großen der alten Welt sorgten immer dafür, daß sich in diesem Raum keine mächtigen Staatsgebilde entwickelten. Nach Auflösung des fränkischen Herzogtums zerfiel das Land in ein Mosaik von weltlichen und geistlichen Herrschaftsgebieten. Dem von Heinrich I. 1247 begründeten Landgrafenhaus gelang es zwar in 300jährigen Kämpfen, den größten Teil des heutigen Landes unter seiner Führung zu vereinen. Der Tod Philipps des Großmütigen 1567 beendete jedoch diese Einheit. Entsprechend seines Testamentes wurde das Land unter seinen vier Söhnen geteilt. Von den neuen Landgrafschaften überdauerten aber nur Hessen-Kassel und Hessen-Darmstadt. Während erstere in Anlehnung an Preußen und England größeres politisches Gewicht erlangte, schloß sich Hessen-Darmstadt eng an die süddeutschen Staaten an.

Im deutschen Krieg 1866 standen beide hessischen Staaten erstmals auf der glei-chen, der unterlegenen Seite. Das siegreiche Preußen schob seinen Einfluß bis an den Main vor und bildete aus dem Kurfürstentum Hessen, dem Herzogtum Nassau und der Freien Stadt Frankfurt die Provinz Hessen-Nassau. Hessen-Darmstadt verlor dank der Intervention der russischen Verwandten nur kleinere Randbezirke. Das Fürstentum Waldeck schloß sich 1929 der preußischen Provinz an.

1945 wurde durch Entscheidung der amerikanischen Besatzungsmacht aus dem Freistaat Hessen und der Provinz Hessen-Nassau das heutige Bundesland Hessen zusammengeschlossen. Rheinhessen und der Regierungsbezirk Montabaur kamen zum Land Rheinland-Pfalz.

3. Frühe Zuchtgeschichte

Von den Chatten berichtet Tacitus, daß sie kleine unschöne Pferde besaßen, verglichen mit denen der Römer und Gallier. Diese seien aber schnell, wendig und ausdauernd gewesen. „Die Reiterei pflegt den Sieg durch rasche Vorstöße einzuleiten und sich ebenso schnell wieder zurückzuziehen. Ihre Schnelligkeit ist schreckenerregend, ihr Verharren nicht Zögern sondern Standhaftigkeit."

Die bäuerliche Pferdezucht erzeugte in den folgenden Jahrhunderten knapprahmige, leichtfuttrige Tiere, die neben Ochsen und Kühen die Feldarbeit verrichteten. Daneben züchteten die Ritter auf ihren Gütern mächtige Rosse, die in der Lage waren, die schwer gepanzerten Reiter und das Gewicht der eigenen Rüstung zu tragen und dabei noch schnelle Wendungen auszuführen.

Nach dem Untergang des Rittertums und der Erfindung des Schießpulvers kamen die großen Reiterheere auf, deren Kampfzüge das politische Bild des alten Europa neu prägten. Es entstand ein großer Bedarf an schnellen, ausdauernden und weniger anspruchsvollen Reitpferden.

In Hessen wurden in verschiedenen Gebieten Gestüte gegründet, von den urkundlich zuerst das des Deutschen Ordens in Seibelsdorf am Nordrand des Vogelsberges (1474) und das der Landgrafen zu Zapfenburg im Reinhardswald (1490) belegt sind. Letzteres übte jahrhundertelang einen bestimmenden züchterischen Einfluß auf die Pferdezucht in Hessen und weit darüberhinaus aus.

Die „Wilden von der stut Zapfenburg" lebten im Wald in Herden von je 25 Stuten und einem Hengst, bewacht von Wildenhirten (mareschalk). Im Winter wurden sie in landgräflichen Scheunen in Grebenstein und Trendelburg zugefüttert. Die jungen Hengste wurden in Ödelsheim auf der rechten Weserseite aufgezogen. Da es Verluste durch Raubwild und Pferdediebe gab, ließ Landgraf Wilhelm II. von 1589-1591 ein 150 ha großes Gelände neben der jetzt „Sababurg" genannten Burg roden und mit einer drei Meter hohen Mauer umgeben. Außerdem wurden Stallungen gebaut und eine Wasserleitung herangeführt. Die „Stut Sababurg" ermöglichte nun eine systematische Zuchtauslese.

Die „Sababurger" wurden zum besten Exportartikel des Kasseler Hofes. Die im Staatsarchiv in Marburg vorliegende Korrespondenz aus drei Jahrhunderten ist angefüllt mit Nachfragen fürstlicher Interessenten aus ganz Europa. Die hohe Wertschätzung des Sababurger Pferdes ist auch auf die stetige züchterische Linie zurückzuführen. Unbeeinflußt von Modeströmungen wurde der bewährte Typ beibehalten. Die Sababurger werden als „mittelgroß, stark und zäh, mit langem dünnen Reithals, kräftigem Rücken, abschüssiger Kruppe und kräftigen Beinen" gekennzeichnet. Besonders werden die soliden Fundamente hervorgehoben, gestählt auf den Weiden um den Basaltkegel der Burg. Man kannte keine Gallen und brauchte fast keinen Beschlag („Knochen wie Eisen und Sehnen wie Draht"). Diese Pferde waren spätreif, aber außerordentlich langlebig und leistungsfähig.

In Südhessen richtete Landgraf Ludwig VI. von Hessen-Darmstadt 1669 in Wembach ein kleines Gestüt ein, das aber bereits 1699 wieder aufgelöst wurde. Stattdessen wurde im gleichen Jahr in Ulrichstein ein Hauptgestüt errichtet. Die basalt- und kalkreichen Weiden im Vogelsberg boten eine bessere Futterqualität; das rauhe Klima und die Bewegung auf hängigem Gelände lieferte robuste Pferde mit trockenen Gelenken.

Leider fehlte den Verantwortlichen die züchterische Beständigkeit. Mehrfach aufgelöst und dann mit Zuchtmaterial unterschiedlicher Herkunft wieder neu errichtet, konnte das Gestüt nicht ähnliche Erfolge für die Landeszucht verzeichnen wie Sababurg.

Erfolgreicher war die von den Grafen von Nassau-Dillenburg begründete Zucht der „Dillenburger Ramsnasen". Schon zur Regierungszeit von Wilhelm dem Reichen (1516-1559) hatten diese mittelgroßen, muskelbepackten Pferde mit dem kleinen, im Nasenteil vorgewölbten Kopf, mit Schwanenhals, Senkrücken, gespaltener Kruppe und hoher Gangaktion eine große Nachfrage als Paradereitpferd und Wagenpferd für Staatskarossen. Auf den Roßmärkten von Siegen und Herborn fanden diese aus der Anpaarung von spanischen und neapolitanischen Hengsten an holsteinische und dänische Stuten entstandenen Pferde reißenden Absatz. Während des niederländischen Befreiungskrieges, an dem sich alle Söhne Wilhelms des Reichen, angeführt von Wilhelm von Oranien beteiligten, erlitt das kleine Land schwerste Verluste, auch an Pferden. Zum Wiederaufbau richtete der Statthalter von Den Haag aus 1615 ein kleines Landgestüt in

Schloß Sababurg im Reinhardswald mit dem „Mauerpark", die Geburtsstätte der hessischen Reitpferdezucht.

Liebenscheid auf dem Westerwald ein und erließ 1656 eine erste Gestütsordnung.

Hessen-Kassel stieg anfangs des 18. Jahrhunderts zur ersten Militärmacht Nordwestdeutschlands auf. Seine kampfkräftigen Truppen und besonders die Reiterei entschieden viele Kämpfe. Der Ergänzungsbedarf an Truppenpferden war so groß, daß die Landesherren den Ausbau der Zucht anstreben mußten.

Landgraf Karl (1677-1730), der glanzvolle Barock-Regent, vereinigte 1724 das benachbarte *Hofgut Beberbeck* mit dem Gestüt Sababurg zum „Hofgestüt Beberbeck". Die bessere Futterbasis des großen Betriebes ermöglichte eine Aufstockung der Stutenherde sowie eine intensivere Jugendernährung und damit größere Frühreife, ohne dabei die Härte der Aufzucht auf den Bergweiden der Sababurg einzubüßen.

Aber der Bedarf der 20.000 Soldaten umfassenden Truppe an leistungsfähigen Pferden konnte auf die Dauer nur durch eine Aktivierung der bäuerlichen Zucht gedeckt werden.

Nach Karls Plänen gründeten seine Söhne Friedrich I. und Wilhelm VIII. im Jahr 1737 das *Landgestüt Kassel* nach dem Vorbild des zwei Jahre zuvor errichteten hannoverschen Landgestüts Celle. Bestimmt durch die entsprechende Verordnung vom 28. 6. 1737, hatten die Landbeschäler im Bereich staatlicher Deckstellen ein Monopol und der Staat ein Vorkaufsrecht für die nicht

Das Landgestüt Kassel, 1737 als eines der ersten in Deutschland gegründet, war zunächst im Marstall von Wilhelmshöhe (damals Weißenstein genannt) untergebracht.

Jagdschloß Beberbeck, die Wohnung des Gestütsleiters.

vom Züchter benötigten Hengstfohlen. Anfangs wurden bäuerlichen Betrieben auch Stuten aus Heeresbeständen überlassen mit der Verpflichtung, das erste Hengstfohlen zurückzugeben.

Durch Bereitstellung bester Hengste aus dem Beberbecker Gestüt gelang es bald, die Landeszucht an den hohen Stand der landgräflichen heranzuführen. Hessen nahm lange Zeit eine züchterische Spitzenstellung im westlichen Deutschland ein. Der gute Ruf der hessischen Pferde geht aus einer Feststellung im 30bändigen Standardwerk „Zedlers Großes Universallexikon", Leipzig und Halle (1741) hervor: „Die deutschen Pferde sind mehrenteils besser im Ziehen als zum Reiten zu gebrauchen, außer in Österreich, Sachsen, Hessen, Braunschweig, Mecklenburg, Mark Brandenburg und Pommern, da es auch gute Reitpferde gibt."

Der erfolgreiche Aufbau der Zucht wurde durch den Siebenjährigen Krieg unterbrochen. Ein Teil der Zuchtbestände in Beber-

beck sowie die meisten Hengste auf den Stationen wurden von den Truppen weggeführt. In Dillenburg wurden bei der Beschießung des Schlosses auch die Gestütsanlagen zerstört und die Hengste nach Frankreich mitgenommen. Kaum waren die Verluste wieder ergänzt, wurden 1806, bei der Besetzung des nicht dem Rheinbund beigetretenen Kurhessen durch die Franzosen, die Bestände des Hofgestütes Beberbeck und des Landgestütes Kassel als Kriegsbeute nach Frankreich weggeführt. In Kassel residierte Napoleons jüngster Bruder Jérome als „König von Westphalen". Für seine glanzvolle Hofhaltung unterhielt er einen Marstall von zeitweise 500 Pferden.

Es dauerte Jahre bis die Schäden nach dem Ende der napoleonischen Kriegen wieder behoben waren. Von den inzwischen zu Kurfürsten aufgestiegenen Regenten Nordhessens war besonders Wilhelm II. ein erfahrener Pferdefachmann. Er ließ 1826 das „Wilhelmsgestüt Beberbeck" zum modernsten Europas ausbauen. Sein Oberstallmeister Wilhelm Otto v. d. Malsburg suchte die Restbestände der alten Herde wieder zusammen und ergänzte den Stutenbestand durch Einkäufe in Mecklenburg und Pommern. Dort erwarb er auch allein 1826 44 neue Landbeschäler sowie 1827 weitere 14 aus England, die neben Beberbecker Remonten die 24 Deckstellen des Landgestüts Kassel mit 104 Hengsten bezogen.

Die Erfolge des Kasseler Landgestütes veranlaßten auch die anderen hessischen Staaten zur Gründung von Hengstdepots. 1811 wurde im Fürstentum Waldeck ein acht Hengste umfassendes Landgestüt in *Arolsen* errichtet, das 1851 nach Korbach verlegt wurde. Das im walramschen Teil von Nassau 1811 gegründete Landgestüt *Weilburg* wurde 1821 für das ganze Herzogtum auf 18 Hengste erweitert.

1821 errichtete auch Hessen-*Darmstadt* in den Gebäuden des Darmstädter Marstalls ein Landgestüt, das zeitweise auf 27 Deckstellen 105 Hengste bereitstellte. Anfangs kamen die Hengste vom Hofgestüt Ulrichstein. Als dessen Hengste aber durch übermäßig starkem Einsatz orientalischen Blutes zu klein wurden und an einer nicht zu bekämpfenden Augenkrankheit litten, wurden ab 1836 nur Hengste aus Mecklenburg remontiert. Auf Empfehlung der militärischen Stellen wurden aber seit 1857 fast ausschließlich Anglonormannen eingeführt. Man wählte zum Zweck der Rahmenverbesserung übergroße noble Hengste, die anders als im Nachbarland Württemberg den Typ in der Nachzucht nicht hielten und nicht selten Fundamentschäden mitgaben. Seit 1879 wurden dann im Landgestüt Darmstadt neben Kaltblütern nur noch Oldenburger Beschäler eingesetzt.

4. Zuchtgeschichte nach 1866

Die preußische Verwaltung der neuen Provinz Hessen-Nassau förderte nach 1866 die Landespferdezucht wie bisher. Der Geschichte des alten Gestüts Beberbeck fügte sie ein besonders glanzvolles Kapitel an.

Zuletzt vom kurhessischen Hausfideikommiß nur noch auf Sparflamme bewirtschaftet, übernahm der preußische Staat nach Ableben des letzten Kurfürsten 1876 das hoch gelegene Berggestüt. Das bisherige Hauptgestüt Neustadt/Dosse, dessen Zuchtprodukte zuletzt zu weich und empfindlich geworden waren, wurde geschlossen und ein Teil seines Zuchtbestandes nach Beberbeck überführt. Unter den harten Bedingungen im Mittelgebirgsraum aufgewachsen, sollten hier Warmblutbeschäler für die 13 preußischen Landgestüte gezogen werden. Der aus Ostpreußen stammende, geniale Landstallmeister Conrad v. Jachmann übernahm die 50 Jahre zuvor erbaute große Gestütsanlage inmitten eines 1282 ha großen Gutsbetriebes und führte das „Königliche Preußische *Hauptgestüt Beberbeck*" bis zu seinem Tod zu einer Spitzenstellung in der deutschen Reitpferdezucht.

Das Stutenmaterial bestand je zur Hälfte aus Altbeberbecker Beständen und aus dem aufgelösten Gestüt Neustadt/Dosse sowie einigen zugekauften Stuten aus dem gleichfalls aufgelösten Sennergestüt Lopshorn. In dem in England zu einem Rekordpreis erworbenen französischen Vollbluthengst „Chamant xx" und dem in Beberbeck gezogenen Halbblüter „Optimus" fand v. Jachmann zwei Beschäler, die den heterogenen Stutenbestand zu einem einheitlichen, großrahmigen Leistungsmodell umgestalteten. Optimus war anschließend in Trakehnen erfolgreich; Chamant wurde nach 13 Jahren in Beberbeck noch bis zu seinem Tod in Graditz Erneuerer der deutschen Vollblutzucht.

Von 1876 bis 1929 lieferte das Hauptgestüt mehr als 500 Landbeschäler, von denen einige Blutlinienbegründer deutscher Zuchtgebiete wurden. Die hoch im Blut stehenden Pferde mit dem Beberbecker Brand (senkrechter Pfeil mit umwundener Schlange) entsprachen in idealer Weise den Ansprüchen an ein Geländepferd. Großrahmig, zäh und ausdauernd, mit klaren Gelenken und robusten Fundamenten, siegten sie bei vielen Zuchtprüfungsrennen und Parforcejagden.

Nach dem ersten Weltkrieg zur Hälfte auf Kaltblut umgestellt, wurde das alte Gestüt 1929 Opfer eines Auflösungsbeschlusses des preußischen Landtages. Während der Zuchtbestand an Kaltblütern in alle Winde verstreut wurde, gelangte die wertvolle Warmblutzucht fast geschlossen an die polnische Gestütsverwaltung, die im Hauptgestüt Razot mit diesen Pferden sowie aus ostpreußischen

Auf diese Stammhengste gingen 85 % der Beberbecker Stutenherde zurück: Chamant xx, Hb., geb. Frankreich 1874 v. Mortemer a. d. Araucaria v. Ambrose. Hauptbeschäler in Beberbeck 1879-1892 und Graditz 1893-1898.

Optimus, Schb., geb. Beberbeck 1880 v. Odoardo a. d. Optima v The Colonel xx. Hauptbeschäler in Beberbeck 1883-1894 und in Trakehnen 1895-1901.

Hengsten die Rasse Wielkopolska weiterentwickelte. Der Sohn des letzten Landstallmeisters von Beberbeck, Clemens Freiherr v. Nagel, begründete auf der Basis von Abkömmlingen des alten Gestüts (z. B. Oxyd) den Ruf seines Gestüts Vornholz.

Das Landgestüt Kassel wurde 1870 nach Dillenburg verlegt und seine 103 Hengste mit den 12 aus Korbach und den 17 Yorkshire-Hengsten aus Weilburg vereinigt. Der Beschälerbestand wuchs 1900 auf 150 und 1920 auf 180.

„Das hessische Landgestüt Dillenburg wurde 1870 durch die Zusammenführung der Landgestüte Kassel (gegr. 1737), Korbach (gegt.1811) und Weilburg (gegr. 1821) gegründet. 1957 wurde ihm das Langestüt Darmstadt (gegr.1821) angegliedert.“

Typische korrekte Stute im Wirtschaftswarmblut-Typ:
Helga geb. 1954 v. Reichenhall Ldb. Di. a. d. Herzdame v. Graditz Ldb. Di. Züchter und Bes.: Gebr. Meyer, Sachsenhausen/Waldeck.

Die Preußische Gestütsverwaltung kam sogleich den Wünschen der Landwirtschaft und des Fuhrgewerbes auf eine Umstellung der Zucht in Richtung auf ein kaltblütiges Arbeitspferd nach. Der Bestand an rheinisch-deutschen Kaltbluthengsten erreichte schließlich 1920 in Dillenburg 85% und im Landgestüt Darmstadt 77%.

Der verbleibende Bestand an schweren Warmbluthengsten wurde aus Oldenburg und vereinzelt aus Ostfriesland beschafft. Im Gegensatz zum Kaltblut wurden diese Rassen aber nie so recht bodenständig. Der Leiter des Landgestütes Darmstadt, Oberlandstallmeister v. Willich, stellte nach 45jähriger Dienstzeit resignierend fest, daß die Oldenburger unter der weniger intensiven Jugendernährung in Hessen den Typ des kalibrigen Karossiers verloren und leichter, hochbeiniger und muskelärmer wurden. Als nach 1920 der Reitsport, besonders im südhessischen Raum eine erste Blütezeit erlebte, wurden die Mängel dieser Pferde offenbar. Es ist erstaunlich, was ländliche Reiter dennoch mit diesen Pferden leisteten; mit den Vertretern ausgesprochener Reitpferderassen konnten sie aber nicht mithalten. Immer drängender kamen aus den Kreisen der Warmblutzüchter die Rufe nach einer Umstellung der Zuchtrichtung.

1941 beschlossen die Warmblutzüchter im „Kurhessischen Pferdestammbuch“, Hengsthaltungsgenossenschaften zu gründen und diese mit Hosteiner Hengsten zu besetzen. Die Züchter in Südhessen blieben dagegen beim Oldenburger Pferd.

Aber auch die ersten Ansätze einer Veredelung in den nördlichen Kreisen kamen zum Erliegen, als nach der Währungsreform 1948 die private sowie die genossenschaftliche Hengsthaltung - wie in der Zeit niedriger Pferdepreise in den 20er Jahren - eingestellt wurden. Das Landgestüt Dillenburg, dem auch die Hengste des 1958 aufgelösten Landgestüts Darmstadt zugewiesen worden waren, verfügte 1960 über einen 76köpfigen, typmäßig sehr einheitlichen Bestand von Warmblutbeschälern Oldenburger Blutführung, dem nur die Trakehnerhengste „Kosmos" und „Lohgerber" und der Vollblüter „Admiral" nicht angehörten.

5. Umstellung der Zucht

Der Pferdebestand ging in Hessen von 1950 bis 1970 um 80% zurück. Die Motorisierung der Land- und Forstwirtschaft wurde ausgelöst durch die Abwanderung der Menschen, die in der aufblühenden gewerblichen Wirtschaft ihren Arbeitsplatz fanden. Von vier früher in der Landwirtschaft tätigen Personen blieb nur eine zurück und diese war gezwungen, mit großer technischer Schlagkraft die noch umfangreicher gewordene Arbeit zu verrichten. Am Ende wurde jedes ausscheidende Pferd durch 50 Schlepper-PS ersetzt! Von dieser Entwicklung wurden Kaltblut und schweres Wirtschaftswarmblut in gleichem Maß betroffen. Es gab in Hessen nicht wenige Dörfer, in denen das letzte Pferd nach dem Hinscheiden des Altbauern abgegeben wurde.
Sicherlich wäre das Pferd, in dessen klassischen Nutzungssektoren Landwirtschaft, Fuhrgewerbe und Wehrmacht kein Bedarf mehr bestand, zum Zootier geworden, hätte nicht Mitte der 50er Jahre der Reitsport einen so unerwarteten Aufschwung genommen und Kreise in seinen Bann gezogen, die bisher kein Verhältnis zum Pferd hatten. Deren Bedarf aber konnten die meisten hessischen Züchter mit ihren Erzeugnissen nicht befriedigen.
Damals gab es nicht wenige Stimmen, die forderten, die Reitpferdezucht in Hessen aufzugeben und den norddeutschen Gebieten zu überlassen. Es gehörte für die Verantwortlichen schon viel Optimismus und das Wissen um das in Jahrhunderten bewährte Können der hessischen Züchter dazu, in dieser fast hoffnungslosen Lage nicht zu resignieren und das Rad in letzter Stunde herumzudrehen.
Der einzuschlagende Weg war anfangs umstritten. Die im Kurhessischen Pferdestammbuch zusammengeschlossenen nordhessischen Züchter entschieden sich für eine enge Anlehnung an die benachbarten erfolgreichen Zuchtgebiete Hannover und Westfalen. Durch Ankauf von Stuten und Fohlen sowie Verdrängungskreu-

Lotse Ldb. Di., geb. 1960 v. Lugano I/Dwinger. Züchter: W. Wichert, Nesse/Han.
Spitzenvererber typschöner Mutterstuten und leistungsstarker Sportpferde.

Kalinka, Beb. 1970 v. Lotse/Makler. Züchter: Arnold Wetekam Diemelstadt - Wrexen
DLG Frankfurt 1974: Id Preis.

zung mit Hengsten aus diesen Zuchtgebieten, die im Pedigree spätestens in zweiter Ahnenreihe Vollblut aufwiesen, hoffte man voranzukommen, ohne die wenig kapitalkräftigen, aber sehr erfahrenen bäuerlichen

Züchter zu verlieren. Die im Landesverband der Pferdezüchter Hessen-Nassau zusammengeschlossenen südhessischen Züchter verlangten dagegen zur schnelleren Veredelung Trakehnerhengste. Das

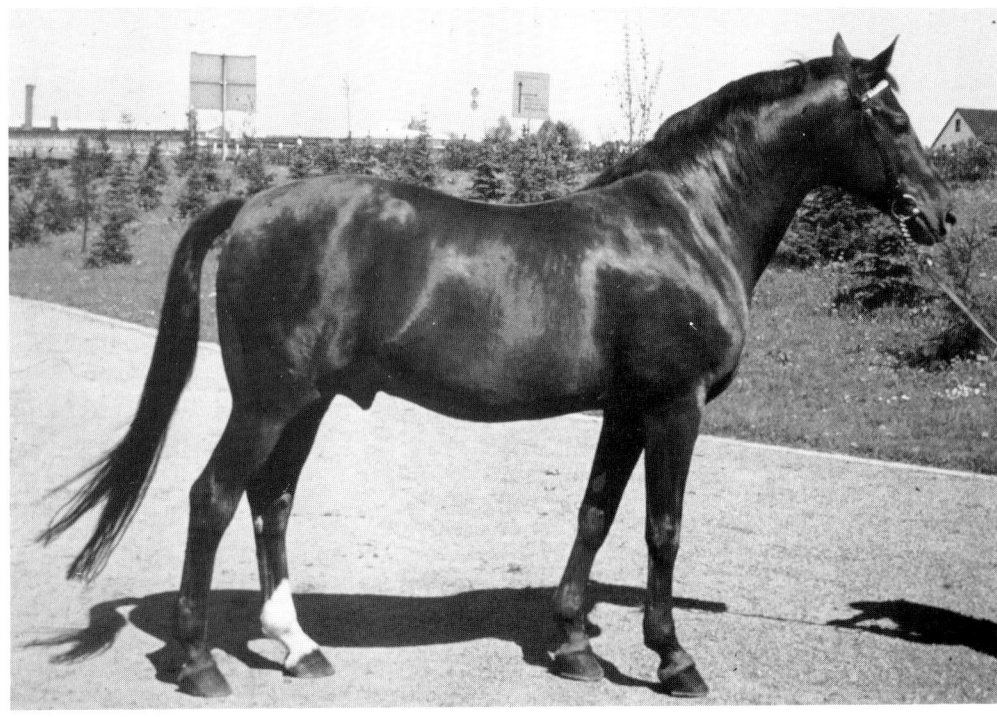

Mandant Ldb. Di,. geb. 1964 v.Thor Ldb. Di a. d. Maya III v. Reinald xx. Züchter. Otto Schlösser, Seidenroth-Wächtersbach. Wie sein erfolgreicher Vater veredelt der Trakehner ohne Substanzverlust.

Landgestüt Dillenburg, in dieser schwierigen Zeit fast alleiniger Hengsthalter, hatte es sehr schwer, bei begrenzten Mitteln beiden Anforderungen gerecht zu werden. Es war der besondere Verdienst von Landstallmeister Holzrichter, der 1962 die Leitung des Landgestüts übernommen hatte, in wenigen Jahren den gesamten Beschälerbestand ausgetauscht zu haben. Bereits 1967 stammten 87% der Fohlen von Veredlerhengsten ab.

Eine einheitliche Zuchtrichtung setzte sich jedoch bald durch. Die besseren Marktchancen großrahmiger Pferde mit viel Substanz ließen auch die südhessischen Deckstellen nach Beschälern mit hannoverscher Blutführung rufen.

Die hessischen Züchter hatten in dieser ersten Phase der Umzüchtung das Glück, eine Reihe von Beschälern einsetzen zu können, die ihnen beim Aufbau eines guten Stutenstammes einen hoffnungsvollen Start ermöglichten, allen voran die Hannoveraner „Lotse", „Lützow" und „Senior", der Westfale „Ratsherr", die Trakehner „Thor" und „Mandant" sowie die Vollblüter „Adonis" und „Usurpator". Der nur mittelrahmige, elegante, ganz im Typ seines Großvaters „Der Löwe" stehende „Lotse" (v. Lugano I/Dwinger) lieferte eine große

Hessische Schimmelkollektion DLG Frankfurt 1978.
v. l.: Prinzeß v Thor, Pirouett v. Dozent, Leika v. Lotse und Artus Ldb. Di. v. Angelo xx.

Zahl schöner, harmonischer, leichtfüßiger Töchter sowie Sportpferde von bester Rittigkeit mit besonderer Dressurveranlagung. Sein Vollbruder „Lützow", mehr im Typ des Mutterstammes, hinterließ qualitätsvolle, unkomplizierte Stuten und gute Springpferde. Der großrahmige „Senior", (v. Senator/Abendsport), der 25 Jahre im Zuchteinsatz stand, trat als Vater robuster großkalibriger Stuten und Springpferde hervor. Im hessischen Stutbuch wurden 188 Lotse-, 163 Lützow- und 141 Seniortöchter eingetragen. „Ratsherr" (v. Radetzky/Fechtmeister), ein grundsolider, robuster Brauner mit auffallenden Trabaktionen, hat viele leistungsstarke Vielseitigkeitspferde geliefert. „Thor" (v. Humboldt/Totilas), ein muskulärer, leichttrittiger Dunkelbrauner hinterließ 116 eingetragene harmonische Töchter, 5 gekörte Söhne sowie viele leistungsfähige Sportpferde. Sein Sohn „Mandant" aus einer Reinald xx-Mutter, ein typschöner, eleganter Dunkelfuchs, der noch mit 30 Jahren seine Deckstelle bezog und von allen deutschen Trakehnerhengsten (in Anpaarung an hessische Stuten) die höchste Nachkommen-Gewinnsumme im Sport erzielte, hat hervorragende hochprämierte Stuten hinterlassen. Die beiden Vollbluthengste kamen erst in ihren letzten Lebensjahren nach Hessen: „Adonis" (v. Magnat/Oleander), der vorher in Oldenburg bei der Umzüchtung erfolgreich war, mit 12 Jahren, „Usurpator" (v. Orator/Wahnfried), vorher Vornholz, sogar 20jährig. Ersterer lieferte, an großrahmige, knochenstarke Stuten angepaart, noble,

leichtrittige Nachkommen, letzterer auch noch 63 eingetragene Stuten sowie erstklassige Sportpferde.

6. Gemeinsamer Neubeginn

Die Erneuerung der hessischen Pferdezucht bekam entscheidende Impulse durch die am 4. März 1972 erfolgte Gründung des „Verbandes Hessischer Pferdezüchter". An diesem Tag fanden sich in Lich die Züchter aus Nord (Kurhessisches Pferdestammbuch) und Süd (Landesverband der Pferdezüchter Hessen-Nassau) zusammen, um die 400 Jahre getrennt gegangenen Wege wieder gemeinsam zu beschreiten. Wichtige Vorarbeit hatte die seit 1964 bestehende „Arbeitsgemeinschaft hessischer Pferdezuchtverbände" geleistet, die in Dillenburg Reitpferdeauktionen durchführte und seit 1968 den gleichen Fohlenbrand (H im Hufeisen) einführte.
Die Gründung des neuen Verbandes fiel in die Zeit des Tiefstandes der Pferdehaltung. Der Pferdebestand in Hessen, der nach dem Zusammenbruch in den 50er und 60er Jahren 1970 mit 22.116 Pferden seinen Tiefstand erreichte, ist bis 1992 wieder auf 39.680 angestiegen (+79,4%). 74% gehören den Großpferderassen an, von diesen wieder um 90% der Rasse „Deutsches Reitpferd".
Der größte Teil dieser Pferde wird zum Freizeitsport genutzt, der auch in Hessen einen starken Aufschwung genommen hat. Die Zahl der in den 501 (1993) hessischen

Reit- und Fahrvereinen organisierten Pferdesportler, die 1958 nur 8.000 und 1970 22.000 betragen hatte, hat sich bis 1993 mit 66.167 verachtfacht. Gemeinsam mit den vielen nicht organisierten Freizeitreitern hatten diese begeisterten Sportler einen steigenden Bedarf an Pferden aller Nutzungsrichtungen.

Die Züchterorganisation „Verband Hessischer Pferdezüchter e. V." betreut neben der mit 2.886 Mitgliedern (1994) größten Abteilung der Rasse „Deutsches Reitpferd" auch die Gruppe „Sonstige Reitpferde" (25 Züchter), in der z. Zt. die Rassen Friesen, Lipizzaner, Achal Tekkiner, Appaloosa, Paint, Pinto, Quarter Horse, Peruanische Paso und Lusitano mit 71 Stuten vertreten sind. Ferner werden betreut die 79 im „Verein Hessischer Kaltblutzüchter" organisierten Züchter mit 98 Stuten sowie die 351 Mitglieder des „Haflingerzuchtvereins" mit 439 Stuten. Die besonders aktiven Haflingerzüchter haben seit den ersten Einfuhren durch frühere Kaltblutzüchter in den 50er Jahren inzwischen einen beachtlichen züchterischen Hochstand erreicht. Die schönen Hellfüchse mit dem weißen Langhaar entwickelten sich vom Kleinkaltblüter der Alpenregion zum allseits beliebten Freizeitpartner mit ausgeglichenem Temperament und sportlicher Einsatzbereitschaft. Sie halten auch in Hessen mit Abstand die Spitze unter den Kleinpferderassen. Ein Zusammengehen mit den in Südhessen im Ponyverband organisierten Haflingerzüchtern wird angestrebt.

Brände in Hessen

 Beberbeck
1826 - 1875

 Haflinger im Verband
Hess. Pferdezüchter

 Nassau
bis 1933

 Kurhessen
1824 - 1967

 Beberbeck
1876 - 1930

 Kleinpferde im Verband
der Ponyzüchter Hessen

 Hessen-Nassau
1933 - 1967

 Waldeck
bis 1920

 Verband hessischer Pferdezüchter seit 1968

Die Mehrzahl der hessischen Reitpferde-
züchter verfügt über eine bis zwei Stuten.
Die Neueintragungen, die in den Jahren
des Neuaufbaus sehr hoch waren, haben
sich in den letzten Jahren auf einen Nach-
schub von 14% meist junger Stuten nor-
malisiert. 82% davon kommen aus dem eigenen Zuchtgebiet. Eindeutig ist die Qualitätsverbesserung bezüglich Rahmen,
Reitpferdepoints und Rittigkeit.
Für die züchterische Entwicklung richtungsweisend wurden die seit 1969 im
Wechsel in Kirchhain und Friedberg
durchgeführten Elite-Stutenschauen der
Zwei- bis Sechsjährigen. Diese Veranstaltungen, kommentiert von auswärtigen
Zuchtleitern wurden als Schaufenster
züchterischer Selektion zum Höhepunkt
des Züchterjahres. Als besondere Auszeichnung erhält der Züchter der besten
Dreijährigen den August-Lauer-Gedächt-
nispreis, gestiftet von der Witwe dies als
Züchter und Reiter besonders hervorgetre-
tenen, früheren Gestütsbeamten.
Die in Stationen durchgeführten Leistungsprüfungen der Stuten werden von den hessischen Züchtern in zunehmendem Umfang wahrgenommen. Die Ergebnisse sind
neben züchterischen Anforderungen auch
Grundlage für die Vergabe der Staatsprämien.
Die Bereitstellung von Beschälern lag bis
1970 fast ausschließlich beim Hessischen
Landgestüt Dillenburg, das 1987 das
250jährige Jubiläum der staatlichen
Hengsthaltung im Rahmen einer glanzvollen Hengstparade feiern konnte. Diese alle
zwei Jahre Ende September/Anfang Oktober durchgeführten Veranstaltungen werden jeweils von 30.000 begeisterten Zuschauern besucht. Mit dem Landgestüt verbunden ist die Landesreit- und -fahrschule,
die das ganze Jahr über ausgebucht ist.
Die Remontierung der Beschäler erfolgt in
enger Verbindung mit der Zuchtleitung.
Das Schwergewicht lag von Anfang an bei
der Ergänzung vorwiegend aus dem hannoverschen Zuchtgebiet. Von den 48
Landbeschälern, die 1993 auf die Stationen hinausgingen, waren 26 in Hannover,
10 in Hessen, 3 in Holstein und je einer in
Westfalen und Oldenburg geboren. Als
Veredler wurden drei englische Vollblüter,
zwei Trakehner und zwei Angloaraber eingesetzt.
Die Zahl der in Privatbesitz befindlichen
anerkannten Reitpferdehengste stieg von
13 (1972) auf 106 (1993). Lag das Schwergewicht anfangs bei Beschälern der Spezialrassen, so ging deren Anteil 1993 auf 6
Vollblüter, 13 Trakehner, 4 französische
Warmblüter und einen Araber zurück. Aus
deutschen Zuchtgebieten stammten 25
Hannoveraner, 24 Hessen, 22 Holsteiner,
7 Westfalen, 6 Oldenburger sowie ein
Hengst aus Rheinland-Pfalz. Vertreter der
„Vereinigung Hessischer Hengsthalter"
nehmen deren Interessen in Verbandsgre-
mien und Körkommissionen wahr.

*Anis Ldb. Di., geb 1988 v. Augustinus xx/Adlerhorst. Züchter: Jacob Schwarzentraub, Bubenrod.
Sieger der Hengstleistungsprüfung 1991 in Adelheidsdorf (146 Punkte), Reservesieger des Süddeutschen
Hengst-Championats 1992.*

Entsprechend den tierzuchtrechtlichen Bestimmungen werden die Remontehengste
an zentralen Stellen einem 100-Tage Test
auf Rittigkeit und Leistungsfähigkeit unterzogen. Die aus Hessen entsandten Junghengste haben diese Prüfungen nach entsprechender Vorbereitung meist gut bestanden, am besten der Landbeschäler
„Anis" (v. Augustinus xx/Adlerhorst), der in
Adelheidsdorf 1991 Sieger unter 72 deutschen Hengsten mit 146.78 Punkten wurde.

Die Vermittlung der besten jungen Reitpferde sowie Fohlen, die vorher von einer
Auswahlkommission vorbesichtigt wurden, erfolgt auf Elite-Auktionen. Nach einer vierwöchigen Trainingszeit, in der
auch alle Veterinär-Untersuchungen erfolgen, werden die Reitpferde den Interessenten angeboten.
Die Auktionen der letzten Jahre haben sich
zu Schaufenstern der heimischen Zucht
entwickelt. Die Verkäufe gingen in alle
deutschen Bundesländer sowie die meisten westeuropäischen Länder und nach
USA, Kanada, Mexiko, Japan, Südkorea
und Taiwan. Der Durchschnittserlös für
ein Reitpferd ermittelt aus den 15 Auktionen der Jahre 1987 bis 1994, betrug
22.303,- DM (max. 150.000,- DM, min.
9.000,- DM).

20 Jahre lang wurden diese Veranstaltungen in den Anlagen des Reitervereins in
Darmstadt-Kranichstein durchgeführt. Seit
Herbst 1992 konnten sie in das verbands-
eigene Gebäude in Alsfeld übersiedeln.
Die fachwerkbunte Stadt in der Mitte des
Hessenlandes, die 1975 vom Europarat zur
Europäischen Modellstadt gewählt wurde,
bot den Pferdezüchtern eine neue Heimat.
Durch großzügige Unterstützung des Landes Hessen und der Stadt Alsfeld entstand
an der Zufahrt der Autobahn Kassel-Frank-
furt eine der schönsten Vermarktungsanla-
gen der Bundesrepublik. In direkter Nachbarschaft zum Gebäudekomplex der 3.000
Besucher fassenden „Hessenhalle", in der
nicht nur regelmäßige Auktionen der Rin-
der-, Schaf- und Schweinezüchter, sondern auch Messen und Konzerte abgehalten werden, erbaute der Verband Hessischer Pferdezüchter ein Pferdezentrum,
bestehend aus einer Reithalle (20 x 60 m
Reitfläche), Büro- und Personalräumen, einem Stall mit 42 Boxen, einer Abreithalle
und einem großen Außenplatz. Diese ar-
chitektonisch mustergültig gestaltete und
gut in die Landschaft eingepaßte Anlage,
mit 1.000 Parkplätzen bietet genügend
Raum für größere Zucht- und Sportveran-
staltungen. Im ganzen Bundesgebiet bekannt wurde die vorbildliche Einrichtung
bei den von der „Arbeitsgemeinschaft Süd-

deutscher Pferdezuchtverbände" seit 1992 im Dezember durchgeführten Hengsttagen mit 250 Hengsten am Start, sowie bei der Gesamtdeutschen Haflinger-Hengstschau am 22./23.08.1993, die 87 der besten Beschäler dieser Rasse aus allen deutschen Zuchtgebieten im Wettstreit sah.

In den letzten zwei Jahrzehnten kam die hessische Reitpferdezucht gut voran. Auf der Basis eines konsolidierten Stutenbestandes haben sich einige Hengste als Vererber typschöner, leistungsstarker Nachkommen besonders ausgezeichnet, darunter u. a.:

-Imperial (Impuls/Frustra II) Db., geb. Hannover 1967, lieferte erstklassige Springpferde mit eiserner Konstitution. Er wurde noch 19jährig an das Landgestüt Marbach zur Zucht abgegeben. Lebensgewinnsumme der Nachkommen (LGS) 529.045,- DM.

-Donar (Davos/Abendruf xx) B., geb. Hannover 1968, heute noch 26jährig im Zuchteinsatz, ist Vater robuster, leichttrittiger Nachkommen mit besonderem Springtalent. LGS 352.422,- DM.

-Ampère (Adlerflügel/Wedekind), F., geb. Hannover 1978, hinterläßt qualitätsvolle Nachzucht, die im Dressur- und Springsport gleichermaßen erfolgreich ist. (Dressurindex 124)

-Calderon (Cardinal xx/Argentan), Sch., geb. Hannover 1982, aufgezogen in Hessen. Der großrahmige, sehr leichttrittige, elegante Schimmel zeichnet sich besonders durch hochbegabte Dressurpferde aus. (Dressurindex 130)

-Furioso's Sohn (Furioso II/Dulder) DF., geb. Oldenburg 1970 aus einer gelungenen Paarung anglonormannischer und hannoverscher Linien, lieferte eine große Anzahl typischer Mutterstuten und leistungsbereiter Springpferde (u. a. Ferdinand 59 von Helena Weinberg). LGS. 420.795,- DM.

-Fürstengold (Furioso II/Gotthard) F., geb. Hessen 1980 aus gleicher Kombination, liefert zuverlässige, großrahmige, springgewaltige Nachkommen. (Springindex 142).

-Luxus (Landgraf I/Nautilus xx) DB., geb. Holstein 1976, als Vererber von Dressur- und Springpferden sehr erfolgreich (Gesamtindex 137).

-April Scherz (Fürst Agram/Adlerschild xx) F., geb. Hessen 1976, lieferte im Besitz seiner Züchter W. und G. Stumpf, Roßdorf, solide, nervenstarke Springpferde. (Springindex 132)

-Coriolan (Calypso II/Capitano) B., geb. Holstein 1978, gelangte nach Einsatz in Holstein siebenjährig in den Besitz des Gestüts Tannenhof. Der große Braune fiel durch eine größere Zahl harmonischer Nachkommen auf, die für den Dressur- wie Springsport gleichermaßen talentiert sind. (Gesamtindex 142)

Nektar, geb. 1976 v. Nelson/Radetzky. Züchter: Karl Willer, Rommershausen. Der ehemalige Dillenburger Landbeschäler erlebte unter Karin Rehbein eine beispiellose Dressurkarriere. Er gewann allein 1988 45 000.- DM

-Tremezzoxx (Madruzzo/Bacchus) Sb., geb. im Gestüt Isarland 1978, hat in Anpaarung an kräftige, substanzvolle Stuten hervorragende Stutenmodelle und springstarke Sportpferde geliefert. (Springindex 128)

-Zamiro (Ramiro Z/Apalatin) Db., geb. Niederlande 1981, vererbte großrahmige Sportpferde mit hoher Springveranlagung (Springindex 140).

Leider sind aus der kleinen Population der hessischen Reitpferdezucht nur wenige Pferde in den „großen Sport" gelangt und haben sich dort auszeichnen können. Die meisten Zuchtprodukte dienten aus-

schließlich dem Freizeitsport ihrer Besitzer oder wurden ausschließlich auf kleinen Turnieren eingesetzt. Dennoch haben einige über das eigene Zuchtgebiet hinaus höchste Anerkennung gefunden.

Erwähnt seien im Dressursport besonders Floriano und Nektar:

-Floriano (Fiothor/Halali) R., geb. 1976, Züchter: Günter Diels, Wiesbaden, gelangte erst 10jährig in den Besitz von Herbert Krug, Hochheim, der ihn bis zur Spitzenklasse ausbildete. 1987 wurde der elastische Rappe nach Siegen in allen Grand Prix-Wettbewerben zum gewinnreichsten Dressurpferd der Welt und zugleich Mannschafts-Europameister. Unter der Engländerin Anni Mac Donald-Hall gewann er später Weltcup-Prüfungen, errang die englische Meisterschaft und placierte sich als sechster bei der Welt-meisterschaft 1990.

-Nektar (Nelson/Radetzky), B., geb. 1976 aus der Zucht von Karl Willer, Rommershausen, gelangte als Remonte in den Bestand des Landgestüts Dillenburg. Nach guten Erfolgen bei der Hengstleistungsprüfung sowie der DLG-Ausstellung mußte der hoffnungsvolle Junghengst wegen ungenügender Befruchtung abgegeben werden. Herbert und Karin Rehbein bildeten den eleganten Wallach zum gewinnreichsten Dressurpferd der Welt 1988 aus. Er gewann in diesem Jahr auch das Deutsche Dressur-Derby mit Pferdewechsel und wurde 1990 und 1991 Deutscher Meister der Berufsreiter. Nach vielen Erfolgen im internationalen Sport wurde er 1993 in die USA verkauft.

Aus der großen Zahl der im Spitzensport erfolgreichen, in Hessen gezogenen Springpferde ragt die „Wunderstute" Halla heraus. 1945 bei Gustav Vierling in Darmstadt vom Darmstädter Landbeschäler Oberst und der französischen Beutestute Helene gezogen, wurde die intelligente, aber schwierige Stute in der Meisterhand Hans Günter Winklers zum Spitzenpferd des deutschen Springsports. In 12 Turnierjahren errang sie 125 Goldene Schleifen,

drei Goldmedaillen bei Olympischen Spielen, wurde zweimal Weltmeister und gewann acht Nationenpreise. Welch Wunder, daß Halla nach Abschluß ihrer Turnierlaufbahn noch acht Fohlen das Leben schenkte, ehe sie mit 34 Jahren an der Stätte ihrer Jugend in Darmstadt verstarb.

Auch der 1965 im Stall von Heinrich Meister in Waldkappel vom gleichnamigen, edlen Trakehner und einer Stute ohne nachgewiesene Abstammung gezogene Kosmos, der nach Erfolgen unter den Brüdern Abhau 1971 in den Besitz von Hartwig Steenken gelangte, wurde ein Spitzenpferd des deutschen Springsports. Die Karriere des großen, doch elegant wirkenden Dunkelbraunen hatte mit dem überlegenen Sieg im Deutschen Spring-Derby 1974 ihren Höhepunkt.

Zu den erfolgreichsten Springpferden aus hessischer Zucht gehören auch:

-Marco (Marschall/Gotthard), geb. 1970. Der sehr großrahmige (1.74 m Stockmaß), etwas derbe Braune stammt aus einem alten, langlebigen und fruchtbaren Stutenstamm des Züchters Heinrich Löwer, Herbelhausen. Seine Mutter Mächtige brachte 14 Fohlen, davon 8 überdurchschnittliche Sportpferde sowie die Elite-Stute Minerva, die im Stall von Walter Wadenspanner im niederbayerischen Pattendorf 15 Fohlen, darunter den bayerischen Spitzenvererber Piaster und mehrere S-Dressur und S-Spring-

pferde lieferte. Marco wurde unter Ulrich Meyer zu Bexten ein unkompliziertes, absolut zuverlässiges Springpferd, Sieger u. a. im Nationenpreis in Lüttich 1981 und sechster im Deutschen Spring-Derby.

-Intermezzo (Imperial/Lotse), geb. 1975 bei Kurt Eckhardt, Butzbach war ein typschöner, talentierter, aber etwas eigenwilliger Rappe, der unter dem belgischen Reiter Stany van Paaschen größere internationale Erfolge u. a. den Sieg im Großen Preis von Deutschland in Berlin sowie den 9. Platz im Weltcup 1986 errang. 1986 und 1987 war er „Pferd des Jahres" in Belgien. LGS 150.000,- DM.

-Domlerche (Imperial/Domspatz), geb. 1974 aus der Zucht von Friedrich Weber, Frankfurt, war unter Norbert Koof, Willich, auf internationalen Turnierplätzen erfolgreich. Auch sie siegte beim Großen Preis von Deutschland in Berlin.

-Alexa (April Scherz/Wallenstein), geb. 1981 bei Willi Büttner, Erzhausen, die sprunggewaltige Stute gewann unter Achaz v. Buchwaldt u. a. den Großen Preis von Mexiko und die Deutsche Vizemeisterschaft. LGS 200.000,- DM.

Auch auf Bundes-Championaten waren hessische Zuchtprodukte wiederholt erfolgreich:

-Antaris aus der Zucht von G. Bierschenk, Herleshausen,gewann 1988 un-

Halla, geb. 1945 v. Oberst Ldb. Da. a. d. Helene. Züchter: Gustav Vierling, Darmstadt. Unter Hans Günter Winkler siegreich bei Olympischen Spielen und Weltmeisterschaften.

Floriano, geb. 1976 v. Fiothor/Halali
Züchter: Günther Diels, Wiesbaden
unter Herbert Krug, Hochheim, wurde er Mann-
schafts-Europameister, später unter Annie McDonald-
Hall, englischer Dressurmeister und 5. der Weltmei-
sterschaft in Stockholm.

Marco, geb. 1970 v. Marshall/Gotthard
Züchter: Heinrich Löwer, Gemünden-Herbelhausen
errang unter Ulrich Meyer zu Bexten viele Siege im
In- und Ausland u.a. Nationenpreise, 6. im deut-
schen Springderby (links unten)

Alexa, geb. 1981, v. April Scherz/Wallenstein
Züchter: Willi Büttner, Erzhausen
1991 Deutscher Vize-Meister unter Achaz v. Buch-
waldt, siegreich im großen Preis von Mexiko.
(rechts unten)

ter Franke Sloothaak das Bundeschampionat der Springpferde.

-Freigraf aus der Zucht von Arnold Reutzel, Nidderau, wurde 1992 unter Hermann-Josef Klöpper Reserve-Champion beim Deutschen Springpferd.

1991 wurde Hans Lüke, Lohfelden, mit dem selbstgezogenen Calderon-Sohn Conversano Bundes-Champion der Deutschen Fahrpferde. Diesen Erfolg wiederholte er 1992 mit dessen Vollbruder Colino in überlegener Manier. Frank Kunz aus Elbtal errang mit seinen selbstgezogenen Imperi-

al-Nachkommen Intendant und Istella die Deutsche Vizemeisterschaft der Zweispänner.

Auch für die Zukunft kann man der Pferdezucht im Land Hessen günstige Prognosen stellen. Das Können der heimischen Züchter, von ihrem Verband auf ein klares Ziel ausgerichtet und unterstützt von staatlichen Stellen, ist der Garant dafür, daß das in Hessen gezogene Reitpferd wie seit Jahrhunderten seinen Weg geht als treuer Weggefährte naturverbundener Menschen.

Intermezzo, geb. 1974 v.Imperial/Lotse. Züchter: Kurt Eckhardt, Butzbach. War unter dem Belgier Stany van Paesschen bei vielen internationalen Turnieren erfolgreich, u.a. Sieger im großen Preis von Deutschland in Berlin.

7. Kaltblutzucht

Um 1860 erschienen in landwirtschaftlichen Fachblättern im hessischen Raum wiederholt Artikel von Praktikern, die eine Umstellung der Landespferdezucht verlangten. Die Autoren hatten im Rheinland und den europäischen Nachbarländern moderne Formen der Landwirtschaft mit dem Einsatz der dortigen Arbeitspferde kennengelernt und forderten deren Einsatz auch in Hessen. Die neue Preußische Gestütsverwaltung kam den Wünschen der Landwirtschaft nach und stellte 1871 die ersten vier Kaltbluthengste im Landgestüt Dillenburg auf. Das Landgestüt Darmstadt versuchte diese Entwicklung zunächst durch den Einsatz schwerer Wirtschaftswarmblüter zu verhindern, mußte aber auch 1887 die ersten vier Kaltbluthengste aufstellen.

Die nun folgende schnelle Umstellung hatte gewichtige Gründe: Die Intensivierung der Landwirtschaft mit der Erschließung tieferer Bodenschichten und der Ausdehnung des Hackfruchtbaus verlangte nach einer Zugkraft, die ein höheres Eigengewicht einzusetzen hatte. Der Transport von Massengütern und der Einsatz im Baugewerbe benötigte ruhige zugkräftige Pferde, die auch von weniger geschulten Hilfskräften gelenkt werden konnten. Für die bäuerlichen Züchter kam hinzu, daß diese Tiere geringere Ansprüche an Stallqualität und größere Weideflächen stellten, auch mit wirtschaftseigenen Futtermitteln zu ernähren waren und ein Jahr früher einzuspannen sowie zu besseren Erlösen zu verkaufen waren.

Umstritten war anfangs, welche Kaltblutrasse für die hessischen Betriebe am besten geeignet sei. Für die Züchter der Grafschaft Schaumburg an der Mittelweser beschaffte das Landgestüt Dillenburg versuchsweise 12 Shire- bzw. Clydesdalehengste. Aber man einigte sich bald allgemein auf belgische Kaltblüter, die damals in fast allen deutschen Landen ihren Siegeszug antraten. Sie wurden absolut bodenständig und nahmen 1936 unter dem Namen „Rheinisch-Deutsches Kaltblut" 80% aller Kaltblutpferde im Deutschen Reich ein.

Der Bestand an Kaltbluthengsten stieg in den hessischen Landgestüten laufend an. Er betrug in Dillenburg 1871: 5%, 1900: 50%, 1920: 85% und in Darmstadt 1887: 7%, 1900: 45%, 1920: 77%.

Durch geschickte Hengstwahl und Selektion des Stutenmaterials gelang es den hessischen Züchtern, gut unterstützt durch die beiden Landgestüte, ein knapp mittelrahmiges, abgedrehtes, leichtfuttriges Pferd von einmalig wirtschaftlicher Typprägung zu erzeugen. Man vermied von Anfang an den Einsatz überschwerer Hengste, wie sie in Zuchtgebieten mit starkem Rübenanbau anzutreffen waren. Die in Hessen bevorzugten Modelle waren im Rahmen noch kleiner als die in Südbelgien und Frankreich gezogenen „Ardenner". Auffallend waren ihre hervorragenden Schritt- und Trabaktionen.

Die züchterische Entwicklung wurde auf breiter Basis gefördert durch die nach dem 1. Weltkrieg gegründeten Zuchtverbände: den „Verband Kurhessischer Kaltblutzüchter" gegründet 1921, dem sich 1929 der „Verband der Kaltblutzüchter in Waldeck" anschloß, der seit 1934 umfirmierte in „Kurhessisches Pferdestammbuch", sowie das „Pferdestammbuch Hessen" und den „Nassauischen Pferdezuchtverband", die sich 1934 zum „Verband der Pferdezüchter in Hessen-Nassau" zusammenschlossen. Schwerpunkte der Kaltblutzucht waren das nördliche Hessen, Waldeck, das Werratal, Oberhessen und das westliche Nassau.

Auf vielen großen Schauen konnten die hessischen Kaltblutzüchter hervorragend abschneiden und im Wettbewerb der „jüngeren Zuchtgebiete" Siegerpreise erringen. Auch bei Distanzfahrten standen ihre harten, gängigen Gespanne an der Spitze.Die leichtfuttrigen, leistungsstarken Kaltblüter aus Hessen fanden bald Liebhaber auch in anderen deutschen Bezirken wie in Bayern, Südwestdeutschland und sogar in Mecklenburg und Pommern. Die Bestände an eingetragenen Stuten, die überwiegend auch im Zuchteinsatz standen, erreichten 1948 Rekordzahlen. In diesem Jahr wurden in Hessen 21.171 Stuten den Hengsten zugeführt. Allein beim Kurhessischen Pferdestammbuch waren 10.271 Stuten registriert, davon 8.399 Kaltblutstuten (81%). Umso größer waren in den folgenden Jahren die Verluste, als die Übererzeugung mit der Motorisierung der Land- und Forstwirtschaft zusammentrafen. Während es für das Warmblutpferd durch die Umzüchtung einen Neuanfang gab, mußte die Kaltblutzucht zumeist aufgegeben werden.

In den letzten 10 Jahren erlebten die „Dicken" in Hessen eine kleine Renaissance. Die gutmütigen, schönen Tiere erfreuen sich vor dem Kutsch- und Planwagen sowie auch unter dem Sattel zunehmender Beliebtheit als Freizeitpartner. Bei den vielen Volksfesten in Hessen ziehen sie nicht nur schwerbepackte Brauereiwagen und schön geschmückte Motivkarossen voll fröhlicher Menschen, sondern tragen auch schwergewichtige Männer in Ritterrüstungen durch die von jubelnden Menschen eingerahmten Straßen. In einigen Orten finden alljährlich im Sommer Zugpferdetreffen statt, die 3.000 bis 5.000 Menschen anziehen. Diese gehen begeistert mit, wenn die gepflegten Kaltblüter die bis zum Doppelten ihres Eigengewichtes beladenen Zugschlitten über die Kampfbahn ziehen. Leider ging der Einsatz der Pferde beim boden- und pflanzenschonenden Holzrücken im Wald erheblich

Ziethen Ldb. Di., geb. 1961 v. Zigeunerbaron Ldb. Di. a. d. Beate StPrSt. v. Pan. Züchter: O. Brandt-Weltecke, Strothe/Waldeck. Vererber typischer leistungsstarker Stuten mit bestem Temperament.

zurück, seitdem viele Forstverwaltungen diese Arbeit an die Besitzer motorisierter Vollerntemaschinen vergaben.

Das Interesse an der Kaltblutzucht ist in den letzten Jahren wieder gestiegen. Die Zahl der eingetragenen Stuten, die 1980 nur noch 8 betragen hatte, stieg bis 1993 auf 98. Dem „Verein hessischer Kaltblutzüchter" im Verband Hessischer Pferdezüchter gehören 79 sehr passionierte Mitglieder an, deren Veranstaltungen immer zu kleinen Volksfesten werden. Der Stutenbestand zählt mehrere westeuropäische Rassen, das Schwergewicht bei den Hengsten liegt bei „Süddeutschen- und Rheinisch-Westfälischen Kaltblütern".

Literatur

Berthold, E.: Das königliche Hauptgestüt Beberbeck. Deutsche Landwirtschaftliche Presse, 1898.

Denker, C.: Das hessische Landgestüt Dillenburg. St. Georg-Almanach 1858.

Frielinghaus, E.: Das hessische Landgestüt Darmstadt. St. Georg-Almanach 1958.

Gerland, W.: Das althessische Gestüt Zapfenburg, später Beberbeck. In: Sporn. xxx.Jg. 1892.

Groscurth, u.a.: Die Preußische Gestütsverwaltung. Schaper-Verlag, 1927.

Hangen,G.: Geschichte der hessischen Pferdezucht. DLG-Verlag, 1981.

Hangen, G.: Sportpferde aus Hessen. BLV-Verlag, 1989.

Mieckley, E.: Geschichte des königlichen Hauptgestüts Beberbeck. R. Scholz-Verlag, Berlin, 1905.

Müller, L.: Die Pferdezucht im Großherzogtum Hessen. Landwirtschaftliche Tierzucht 1911.

Paul, W. und Hangen, G.: Kaltblüter. Beate Dunker-Verlag, 1989.

Pletz-Krehan, H.J.: Geschichte des Landgestüts Dillenburg. Dillenburger Schriften 1977.

Willich, gen. v. Pöllnitz, F.: Das Großherzogliche Hessische Landgestüt Darmstadt, 1914.

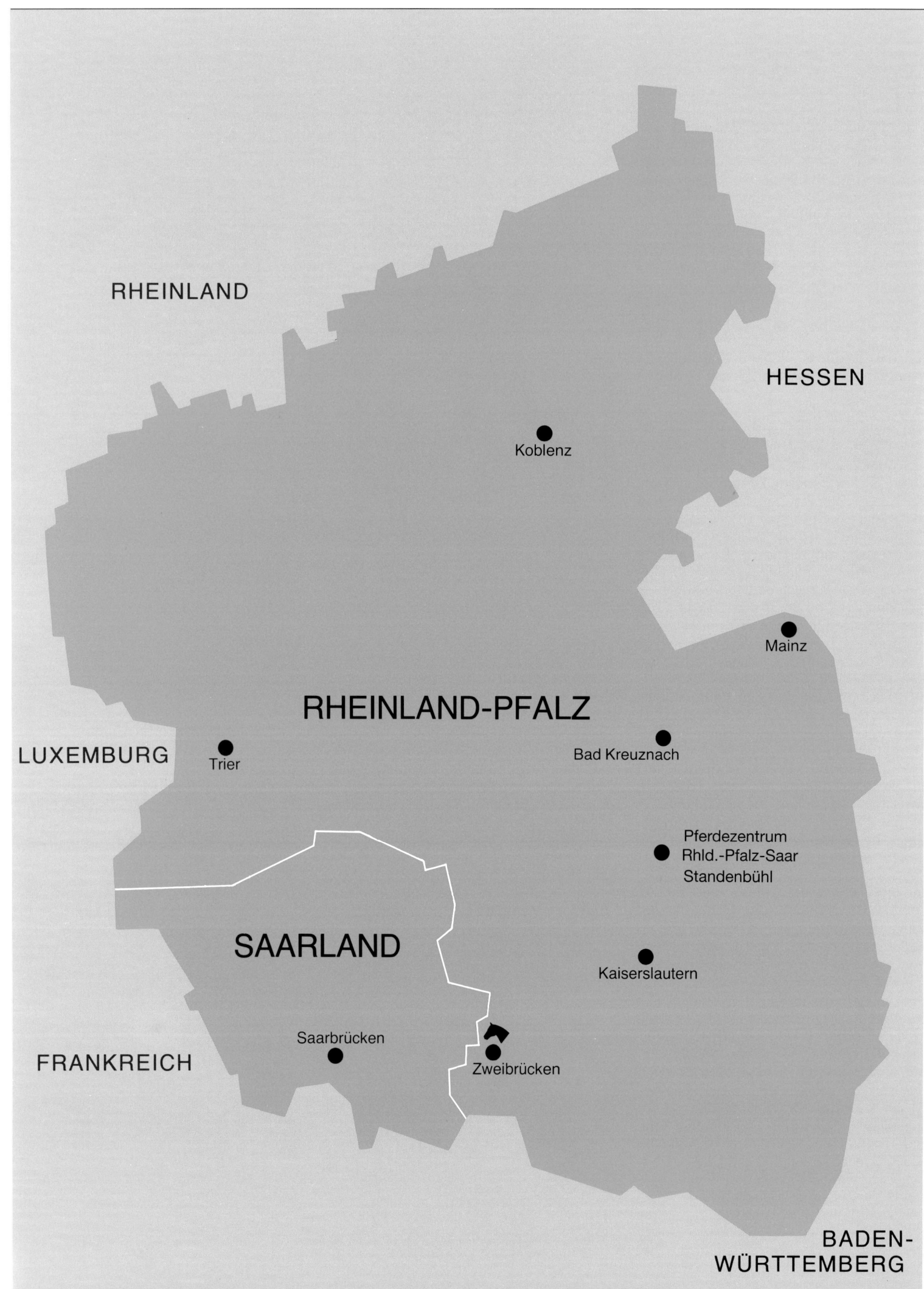

RHEINLAND

HESSEN

Koblenz

Mainz

RHEINLAND-PFALZ

LUXEMBURG

Bad Kreuznach

Trier

Pferdezentrum
Rhld.-Pfalz-Saar
Standenbühl

SAARLAND

Kaiserslautern

FRANKREICH

Saarbrücken

Zweibrücken

BADEN-
WÜRTTEMBERG

Rheinland-Pfalz und Saarland

Johannes Grelle
1925 geboren in Rotenburg (Hann.)
1932-1943 Volksschule und humanistisches Ratsgymnasium Hannover.
1943-1945 Reichsarbeitsdienst und Wehrmacht.
1945-1946 landw. Studium Universität Göttingen.
1946-1948 Landw.-Lehre in Westfalen und Niedersachsen.
1948-1950 landw. Studium Universität Göttingen.

1950-1962 Landw.-Referendar und Tierzuchtbeamter bei der Landwirtschaftskammer Pfalz.
Seit 1962 Landwirtschaftsministerium Rheinland-Pfalz, Mainz (ab 1966 Tierzuchtreferent, fachliche Leitung des rheinland-pfälzischen Landgestütes Zweibrücken). Ministerialrat a. D.

Johannes Grelle

Überarbeitet von Dr. Siegfried Breidbach Landw. Dir. a. D.
1927 geb. in Gruiten, Krs. Mettmann
1934-1943 Volksschule Gruiten und Real-Gymnasium Mettmann

1943-1945 Luftwaffenhelfer - Reichsarbeitsdienst - Wehrmacht - Kriegsgefangenschaft
1945-1946 Sonderlehrgang und Abitur
1946-1950 Landw. Lehre und Praxis in Hubbelrath
1950-1957 Landw. Studium Universität Bonn, Forschungsauftrag und Dissertation „Zucht, Haltung, Leistung u. Arbeitsverwendung des Kleinpferdes in der BRD" (Prof. Rothes)
1958-1960 Landw. Referendar;
1960- Verband Rheinischer Rotbuntzüchter, Koblenz
1961 bis 1990 Tierzuchtbeamter der Landwirtschaftskammer Rheinland-Nassau in Neuwied und Koblenz
Geschäftsführung Pferdezuchtverband Rhld.-Nassau
Landwirtschaftskammer Rhld.-Pfalz - Leiter der Außenstelle im Reg.-Bez. Koblenz

Dr. Siegfried Breidbach

Die Pferdezucht in den Bundesländern Rheinland-Pfalz und Saarland

1. Geschichte und Struktur der Länder

Die Entwicklung in der Pferdezucht

Das Bundesland Rheinland-Pfalz verdankt seine Entstehung und Abgrenzung der politischen Situation nach 1945. Innerhalb der Grenzen des neuen Landes gibt es Anhaltspunkte für eine gemeinsame historische und kulturelle Vergangenheit der mittelrheinischen Länder, die in fast jeder Generation der Ort weltgeschichtlicher Auseinandersetzungen waren.

Das früher zu Bayern gehörende Gebiet der Pfalz und die vormalig hessische Provinz Rheinhessen bilden heute den Regierungsbezirk Rheinhessen-Pfalz.

Die Regierungsbezirke Koblenz (einschließlich des rechtsrheinischen, früher nassauischen Bezirkes Montabaur) und Trier waren ehemals preußisch.

Mit den Landschaften Eifel, Hunsrück, Westerwald, Taunus, Rheinhessen und Pfalz umfaßt Rheinland-Pfalz rund 19.849 km² und hat 3,7 Millionen Einwohner.

Die Landwirtschaftsfläche beträgt ca. 44%; davon entfallen ca. 58% auf Ackerland, 30% auf Grünland, 10% auf Rebland.

Die Waldflächen belaufen sich auf mehr als 40%.

Übersicht: Pferde in Rheinland-Pfalz

Jahr	Pferde	Pferdehalter
1945	89.180	k.a.
1950	87.785	48.913
1960	50.570	37.781
1970	16.642	10.679
1980	21.290	6.852
1990	21.264	5.198
1992	24.247	5.301

Der Anteil der Kleinpferde beträgt ca. 25-30%.

Das Saarland gehörte in seiner wechselvollen Geschichte von 1801 - 1815 zu Frankreich, dann zu Preußen. 1919 wurde es der Verwaltung des Völkerbundes unterstellt und kam 1935 wieder an das Deutsche Reich.

Nach dem Zweiten Weltkrieg wurde das Saarland innerhalb des französischen Zollgebietes für autonom erklärt und gehört seit 1957 zur Bundesrepublik.

Von der Gesamtfläche des Saarlandes (27.000 ha) sind ca. 50% als landwirtschaftlich genutzte Fläche (davon 36% Grünland) und 33% als Wald ausgewiesen.

Die Zahl der im Saarland gehaltenen Pferde ging von
1948 mit 12.300 Pferden auf
1980 mit 4.300 Pferden zurück, und wird
1990 mit 4.484 Pferden und
1992 mit 4.794 Pferden ausgewiesen.
Der Anteil der Kleinpferde ist mit ca. 25% des Gesamtbestandes angegeben.

2. Geschichte des Landgestütes Zweibrücken

In seiner fast 240jährigen Geschichte hatte das Landgestüt Zweibrücken neben einer großen Blütezeit immer wieder herbe Rückschläge zu verkraften.

Die Gründung
des Gestütes und die Zucht des „Zweibrückers" geht auf die Regierungszeit Christians IV. (1740 - 1775) zurück. Der Herzog, selbst ein guter und begeisterter Reiter und Jäger, hatte bei einer Reise nach England dort die Pferdezucht, vor allem die englischen Vollblüter kennengelernt. Die gewonnenen Erkenntnisse sollten zum Aufbau einer eigenen Pferdezucht dienen. So entstanden 1752 bis 1755 in Birkhausen im nahen Hornbachtal, auf dem Eichelscheiderhof bei Waldmohr, bei Kirkel und auf dem Holzhauserhof bei Nohfelden an der Nahe, Einrichtungen des herzoglichen Gestütes. Als Gründungsjahr gilt das Jahr 1755. In diesem Jahr erließ Herzog Christian IV. eine Verordnung, in welcher er die Aufstellung herzoglicher Hengste auf auswärtigen Beschälstationen des Herzogtums Zweibrücken regelte.

Zur Veredelung des bestehenden Landschlages setzte der Herzog englische Vollblüter und Normänner ein. Von seinem Bruder, dem kaiserlichen Feldmarschall Friedrich Michael, hatte Christian IV. den Araberhengst Vezir zum Geschenk erhalten. Die mittelgroßen, harten Pferde, die sich in Parforcejagden bewähren mußten, eigneten sich gut für die Kurierdienste sowie für die Kavallerie.

Herzog Karl II. August (1755 - 1795), der Neffe und Nachfolger Christians, führte die Zucht im Sinne seines Vorgängers weiter und prägte in der Präambel seiner neuen Gestütsordnung den richtungsweisenden Leitsatz: „Um unseren getreuen Unterthanen mehrern Verdienst und Nahrung zu verschaffen, auch das Geld im Lande zu behalten, sollen nach unseren gnädigsten Gesinnungen in unserem gesamten herzoglichen Landen, soviel immer thunlich schöne - brauchbare und gute Pferde gezogen werden."

Welche Bedeutung die Zweibrücker Zucht in diesen Jahren hatte, zeigt der Kauf von 150 Hengsten und einer größeren Anzahl von Zuchtstuten, welche der König von Preussen, „der alte Fritz" im Jahr 1783 zum Ausbau seines Gestütes nach Trakehnen holte. Von den Hengsten, die dem gesamten Trakehnergestüt von 1768 bis 1808 am meisten genützt haben, nennt Landstallmeister von Burgsdorff u. a. Zweibrücker Hengste, den „anglo-arabisierten" Culblanc (geb. 1784) sowie den Schimmelhengst Empereur (geb. 1787).

Die französische Zeit
sollte ca. 20 Jahre dauern. Im Jahr 1793 besetzten die französischen Revolutionstrup-

pen die Besitztümer des ausschweifend wirtschaftenden Herzoghauses. Der Hengstbestand sowie die Stuten und Fohlen wurden nach Rosières aux Salines bei Nancy verbracht. Erst 1802 kehrten sechs Hengste nach Zweibrücken zurück. Inzwischen war Napoleon zum Kaiser der Franzosen aufgestiegen.

Bei seinen Feldzügen hatten ihn die mit Pferden aus der in Rosières weiterbetriebenen Zweibrücker Zucht ausgestatteten Reiterregimente wohl derart beeindruckt, daß er am 4. Juli 1806 die Wiedereinrichtung des Zweibrücker Gestütes verfügte. Der ehemalige Gestütsbesitz, der als einziger nicht verkauft, sondern nur verstaatlicht worden war, wurde dem Gestüt wieder zugewiesen. Aus Rosières, aus verschiedenen Teilen Deutschlands sowie aus Spanien und Ungarn kamen Hengste nach Zweibrücken. Der Bestand belief sich schließlich auf 260 Hengste und 112 Stuten. Nur 50 bis 60 Hengste verblieben ständig in Zweibrücken. Die anderen kamen auf die dem Zweibrücker Hauptgestüt unterstehenden Depots in den Departements Ardennen, Dyle, Lys, Meurthe (Rosières) und Bas-Rhine (Straßburg).

Ein besonderes Zeichen kaiserlicher Wertschätzung war, daß Napoleon seinen türkisch-arabischen Schimmelhengst „Fayoum", den er in den Schlachten von Wagram und Eylau ritt, dem Landgestüt Zweibrücken zum Geschenk machte, wo er ins Hengstverzeichnis eingetragen wurde und einige Jahre wirkte.

Im Jahr 1814 flüchtete Gestütsdirektor Strubberg in Folge der Befreiungskriege mit 78 Hengsten, 29 Stuten und 24 Hengstfohlen nach Fontainebleau. Einige Hengste landeten daraufhin im preußischen Gestüt Neustadt a. d. Dosse, einige kamen nach Rosières, andere nach Ungarn, wie der Anglo-Normänner-Hengst Nonius.

Vom *Pfälzischen Kreisgestüt zum Königlich-Bayerischen Land- und Stammgestüt* führte dann der weitere Weg Zweibrückens, als 1816 die Pfalz zum Königreich Bayern kam. Es gelang, 13 Hengste und 2 Stuten aus der alten Zweibrücker Zucht anzukaufen. Im Jahr 1817 kamen von München 9 Hengste. 1818 wurden mit den vom Landrate der Pfalz genehmigten Mitteln Normänner-Hengste, 1821 englische Vollblutstuten in England erworben. 1828 wurden 5 Araber-Hengste in Damaskus angekauft, die nach einem dreimonatigen Marsch über die Alpen am 9. März 1828 gesund in Zweibrücken ankamen. Der bekannteste von ihnen ist der Hengst Choueiman. Hauptabnehmer der zum Teil stark arabisierten Pferde waren die Militärverwaltungen; waren doch in Zweibrücken seit 1816 immer wieder berittene Einheiten stationiert, nämlich die Chevaux Legères. Auch in den erstmals 1821 durchgeführten und seit 1872 zu einer ständigen Einrichtung gewordenen

Napoleons Schimmelhengst Fayoum, später Beschäler im Gestüt Zweibrücken.

Pferderennen bewies die „Zweibrücker Race" ihre arabische Abstammung, ihr Feuer und ihre Ausdauer.

Am 1. Juli 1890 übernahm der bayrische Staat das bisherige Kreis- und Landgestüt der Pfalz als *Königliches Land- und Stammgestüt*. Als Zuchtziel strebte man ein „edles, leistungsfähiges Halbblutpferd an, das genügend stark ist, um als Reit- und Wagenpferd wie zu Militärzwecken verwendet zu werden; es soll tief und breit sein, mit edlen, schönen Formen und mit tragfähigem Rücken, mit möglichst korrekt gestellten trockenen, dabei starken Beinen und flottem räumigen Gang."

Dabei bewährten sich besonders die Beschäler Ferrzig-Beg (aus Babolna), Gidran III (aus Radautz), Miller (aus Hannover) und Resolute xx.

Bis zur gleichen Zeit (1899) ist u. a. die Abstammung des bis heute erfolgreichen Stutenstammes der Pranke 86, geb. 1893, von Eugen Schmidt - gewiß auch noch in anderen Stutenstämmen der Pfalz - nachzuweisen.

Haupt- und Landgestüt Zweibrücken
Im Jahre 1898 zählte der königliche Gestütsdirektor Bauwerker den Bestand des Gestütes mit 74 Hengsten, 60 Stuten, 107 Fohlen und 20 „Ökonomie"-Pferden. Durch den seinerzeitigen obersten Leiter des gesamten bayerischen Staatsgestütswesens (1900-1918) kamen Hengste anglo-normannischer Abstammung ins Gestüt.

Der Erste Weltkrieg brachte einen erneuten Einschnitt in die Weiterentwicklung der Zucht. Der Wegfall des Remonteverkaufs führte zu einem Umzüchtungsziel, das nur noch die Belange der Landwirtschaft berücksichtigte. 1920 hatte Zweibrücken 51 Hengste, von denen 21 selbst gezogen

und 17 Oldenburger Abstammung waren. Kein Hengst gehörte dem leichten „Reitschlag" an. Im bayerischen Landtag wurde 1921 verlangt, das Staatsgestütswesen einzuschränken; 1922 wurde eine neue Gestütsordnung und ein neues Hengstkörgesetz genehmigt. Zweibrücken blieb Land- und Stammgestüt.

Im Zweiten Weltkrieg wurde Zweibrücken, in der sogenannten „roten Zone" gelegen, geräumt. Das Gestüt wurde zweimal (1939/40 und 1944/45) nach Bayern (Schwaiganger und Achselschwang) evakuiert. Mit der Stadt Zweibrücken wurden auch die Gestütsanlagen in den letzten Kriegstagen zerstört. Erst 1946 konnten die Hengste wieder dorthin zurückkehren. Der gesamte Wiederaufbau des Gestütes dauerte bis in die 2. Hälfte der 50er Jahre.

Mit dem Ende des Zweiten Weltkrieges war die Rhein-Pfalz aus der Verwaltung des bayerischen Staates ausgeschieden; Zweibrücken unterstand von nun an dem *Landwirtschaftsministerium von Rheinland-Pfalz.*

Die Nachkriegszeit brachte zunächst eine Hochkonjunktur für die Pferdezucht. 58 Landbeschäler deckten 1946 4.349 Stuten, davon entfiel ein Viertel auf 18 Kaltbluthengste.

Nach der Währungsreform (1948) ging die Pferdezucht auch in Rheinland-Pfalz durch die zunehmende Technisierung stark zurück. Die beginnende Umzüchtung zum modernen Reitpferd erfolgte zunächst durch den verstärkten Einsatz von Hengsten Trakehner Abstammung. Vor allem für die Gestütsstuten wurden die Hengste Apfelkern, Fantast, Herodes, Reichsfürst und Waldfeuer eingesetzt. Zwischen 1966 und 1976 stieg der Anteil Trakehner Hengste am Gesamtbestand bis zur Hälfte und dar-

Linie der „Pranke" – „Goldranke"

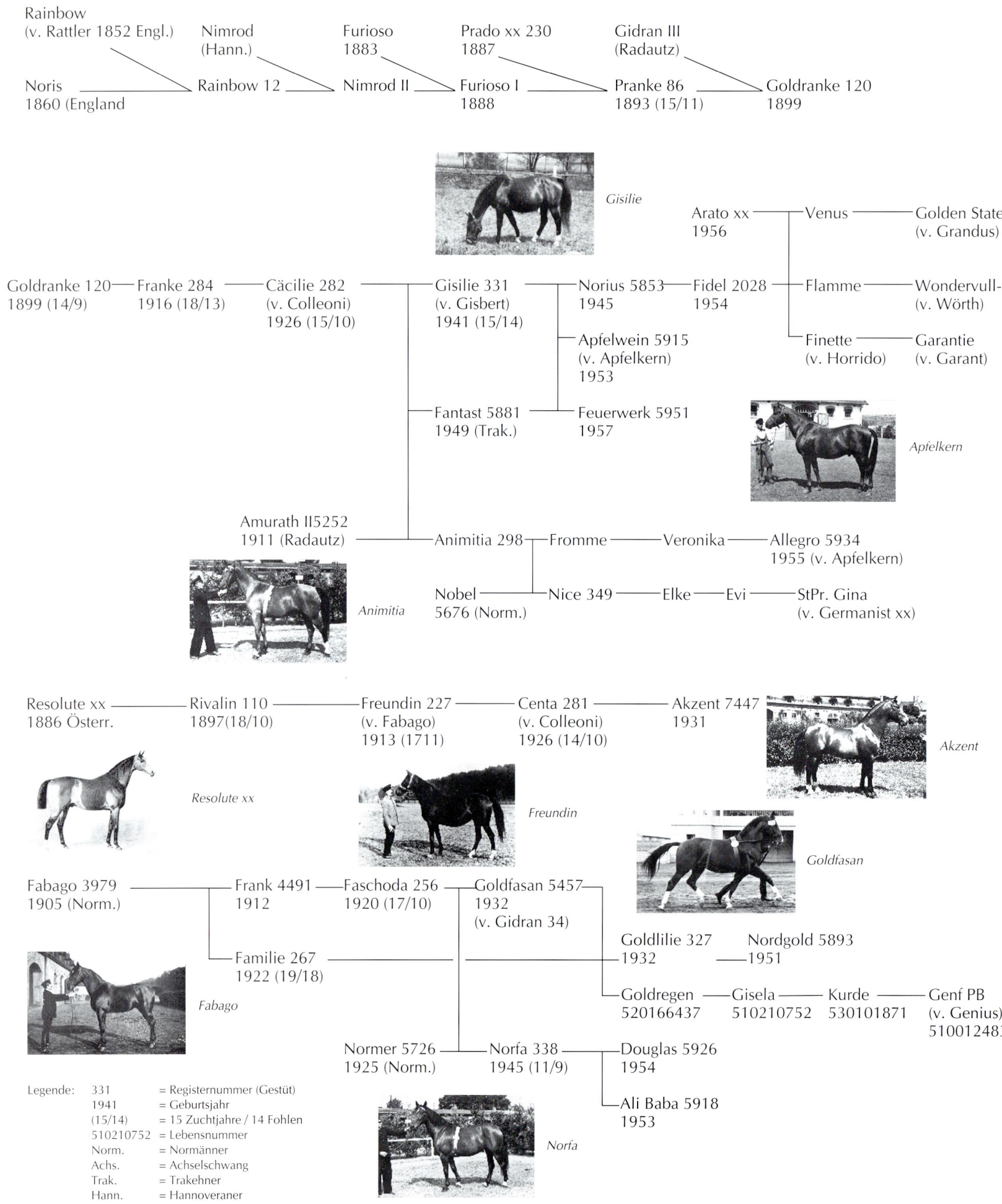

Rainbow
(v. Rattler 1852 Engl.)

Nimrod
(Hann.)

Furioso
1883

Prado xx 230
1887

Gidran III
(Radautz)

Noris
1860 (England

Rainbow 12

Nimrod II

Furioso I
1888

Pranke 86
1893 (15/11)

Goldranke 120
1899

Gisilie

Arato xx
1956

Venus

Golden State
(v. Grandus)

Goldranke 120
1899 (14/9)

Franke 284
1916 (18/13)

Cäcilie 282
(v. Colleoni)
1926 (15/10)

Gisilie 331
(v. Gisbert)
1941 (15/14)

Norius 5853
1945

Fidel 2028
1954

Flamme

Wondervull-C
(v. Wörth)

Apfelwein 5915
(v. Apfelkern)
1953

Finette
(v. Horrido)

Garantie
(v. Garant)

Fantast 5881
1949 (Trak.)

Feuerwerk 5951
1957

Apfelkern

Amurath II 5252
1911 (Radautz)

Animitia 298

Fromme

Veronika

Allegro 5934
1955 (v. Apfelkern)

Nobel
5676 (Norm.)

Nice 349

Elke

Evi

StPr. Gina
(v. Germanist xx)

Animitia

Resolute xx
1886 Österr.

Rivalin 110
1897(18/10)

Freundin 227
(v. Fabago)
1913 (1711)

Centa 281
(v. Colleoni)
1926 (14/10)

Akzent 7447
1931

Akzent

Resolute xx

Freundin

Goldfasan

Fabago 3979
1905 (Norm.)

Frank 4491
1912

Faschoda 256
1920 (17/10)

Goldfasan 5457
1932
(v. Gidran 34)

Goldlilie 327
1932

Nordgold 5893
1951

Familie 267
1922 (19/18)

Goldregen
520166437

Gisela
510210752

Kurde
530101871

Genf PB
(v. Genius)
510012483

Fabago

Normer 5726
1925 (Norm.)

Norfa 338
1945 (11/9)

Douglas 5926
1954

Ali Baba 5918
1953

Legende: 331   = Registernummer (Gestüt)
          1941   = Geburtsjahr
          (15/14) = 15 Zuchtjahre / 14 Fohlen
          510210752 = Lebensnummer
          Norm.   = Normänner
          Achs.   = Achselschwang
          Trak.   = Trakehner
          Hann.   = Hannoveraner

Norfa

über an. Zu nennen sind insbesondere Intermezzo, Schöner Abend, Fedor, Halali, Liguster, Hortus, Marlo und Rossini.

Landgestüt Zweibrücken
Der Rückgang der Pferdezucht hatte 1960 einen Tiefstand mit nur 235 belegten Stuten, bei 23 Landbeschälern. So beschloß der Ministerrat des Landes Rheinland-Pfalz, das Haupt- und Landgestüt Zweibrücken ab 1960 nur noch als Landgestüt weiterzuführen. Die Stutenherde wurde aufgelöst, der Personalbestand verringert, die Nebenbetriebe Birkhausen und Eichelscheiderhof abgetrennt. Der letzte Zweibrücker Hengst, der den Zweibrücker Gestütsbrand trug, der Fantast-Sohn Feuerwerk, war 1969 aus dem Hengstbestand ausgeschieden.

An Stelle der abgehenden Trakehner Hengste wurden zunehmend Junghengste aus Hannover, bzw. mit hannoverscher Abstammung in den Beschälerbestand Zweibrückens eingereiht. Bis 1963 waren die beiden Duellant-Söhne Diskus und Dörfler die einzigen hannoverschen Hengste in Zweibrücken. Danach kamen Dewet, Latour und Oculi, später Cerberus und Mars sowie Kurpfalz hinzu. Stark benutzt wurden vor allem Mars v. Marconi - Marcio xx, Dukat v. Duft II - Duellant, Duellfürst v. Duellant - Dollmann, Einstein v. Einglas - Athos und Waldjäger v. Waldfrieden - Waldspecht xx. Von 1978 bis 1988 gehörte der Weingau-Enkel Weinberg, von 1982 bis 1989 der Gotthart-Sohn Genius zu den gefragtesten Hengsten des Landgestütes. Von den in der Warmblutzucht eingesetzten Vollbluthengsten haben die Schlenderhaner Arato xx v. Madjar xx, Don Giovanni xx v. Ticino xx und Schiwago xx v. Masetto xx sowie der Zank xx-Sohn Germanist xx die größte Zahl moderner Reitpferde und Zuchtstuten hinterlassen. Die größte Bedeutung in den 80er Jahren kommt wohl den beiden Verbandsprämienhengsten Grandus v. Graphit-Gotthard und Wörth von Woermann-Efendi zu. Sie haben nicht nur eine Vielzahl wertvoller Zuchtstuten, sondern auch überregional erfolgreiche Sportpferde hervorgebracht. Auf dem besten Weg, in deren Fußstapfen zu treten, ist der Garibaldi II-Sohn Garant, der seine Springveranlagung bereits an zahlreiche Nachkommen weitergegeben hat. Das Landgestüt Zweibrücken wird mit einer Hengstzahl von 20 bis 25 Hengsten auch weiterhin das Fundament einer kontinuierlichen Pferdezucht in Rheinland-Pfalz-Saar sein. Leiter des Landgestüts Zweibrücken ist Dr. H. D. Nebe.

Zweibrücker Landbeschäler Don Giovanni xx, geb. 1966. Sieger im Deutschen Derby 1969. Vater/Orsini xx; Vater d. Mutter: Neckar xx.

Verbandsprämienhengst Grandus, geb. 1973, Ldb. Zweibrücken, v. Graphit - Gotthard - Frustra II

3. Die organisierte Pferdezucht

in Rheinland-Pfalz stand 1945 nahezu mittellos und nach erheblichen Kriegsschäden vor einem völligen Neuanfang. Im Einvernehmen mit der französischen Militärverwaltung und dem Tierzuchtgesetz übernahmen zunächst die Tierzuchtbeamten der Landwirtschaftskammern
Pfalz in Kaiserslautern,
Rheinland-Nassau in Koblenz und
Rheinhessen in Alzey

die Geschäftsführung der drei neuen Zuchtverbände.
Im Saarland nahm der Wiederaufbau der Pferdezucht einen ähnlichen Verlauf.
Endlich nach zahlreichen Zwischenstationen konnte am 14. 12. 1977 der neue *Pferdezuchtverband Rheinland-Pfalz-Saar (PR-PS)* - nunmehr ein Verband in zwei Bundesländern - seine Arbeit beginnen.
Nachstehend ein Rückblick auf die Geschichte und Entwicklung der Zucht in den einzelnen Bezirken:

1960 wechselte er vom Amt des Vorsitzenden zum Ehrenvorsitzenden des Verbandes und übergab den Vorsitz bis 1975 an Peter Eymann, Alsenbrück.
Geschäftsführer waren die Beamten der Landwirtschaftskammer W. Frölich und danach Dr. Gustav Ahlvers, der 1975 verstarb.

In den Jahren 1950 - 1960 begann die „Technisierungsphase in der Landwirtschaft" und in der Zeit eines wachsenden Wohlstandes und einer aufstrebenden Wirtschaft erfolgte dann nach einem züchterischen Tiefstand dieser Jahre die Züchtung von Reitpferden für Sport und Freizeit. Der Landesverband Pfalz spürte zunächst noch deutlich die rückläufigen Umsätze im Vergleich mit früheren Absatzveranstaltungen, jedoch wurde vom Verband und mit Hilfe eines Darlehens von Stadt und Kreis Zweibrücken ein Stallgebäude im Landgestüt errichtet, und aus dem dort aufgestellten Verkaufsangebot für Reitpferde - und auch für Arbeitspferde - entwickelten sich schon vor 40 Jahren die bis zum heutigen Tage bestehenden guten Beziehungen zu den Handelspartnern in der Schweiz.
Ein erster Schritt zur Erweiterung der immer noch kleinen Zuchtpopulation in der Pfalz erfolgte dann 1960 in der „Arbeitsgemeinschaft Zweibrücker Pferde der Landesverbände Pfalz und Saarland" mit dem Ergebnis, daß fortan auch die Warmblutfohlen im Saarland mit dem Zweibrücker Brand gekennzeichnet wurden, allerdings nur unter ausdrücklicher Regie und Kartei-Erfassung durch den Pfälzer Verband. - Die Ponys waren in diesem Verbund noch nicht einbegriffen.

Bei den Wahlen 1972 war Oekonomierat Peter Eymann († 1983) weiterhin Vorsitzender; 1. und 2. Stellvertreter wurden Otto Sandmeier und Jakob Merk.
Zu diesem Zeitpunkt erfolgte auch die Namensänderung im Vereinsregister auf den „Landesverband der Pferdezüchter Pfalz-Saar e. V.".

1975 übernahm ein neuer Vorstand den Verband. Jakob Merk, Fußgönheim, wurde Vorsitzender; 1. und 2. Stellvertreter waren Oskar Riedinger und Eugen Schmidt.
In diese Zeit fiel auch der Auf- und Ausbau des Leistungszentrums im Landgestüt Zweibrücken, das seine Entstehung vornehmlich Jakob Merk und der Finanzierung durch den Bezirksverband zu verdanken hat.
Nur durch den Erweiterungsbau der Reithalle und der Stallungen im Landgestüt war es möglich, den Absatzmarkt für Zweibrücker Reitpferde in Verbindung mit der jährlichen Elite-Auktion und dem dazugehörigen Gala-Abend sowie mit der neuen Veranstaltung des Pony-Forums auszubauen bzw. neu zu entwickeln.

Mitglieder und eingetragene Pferde in den Verbänden von Rhld.-Pfalz und Saarland

Jahr	Mitglieder insges.	eingetr. Stuten einschl. Pony-Stuten	davon Kaltblut-, Warmblut-Stuten	
Landesverband der Pferdezüchter Pfalz, Kaiserslautern e. V.				
1968	412	429 [1]	119	310
1971	376	445	55	390
Landesverband der Pferdezüchter Pfalz-, Saar, Kaiserslautern e. V. (1972)				
1973	877	1.164 [2]	30	858
1977	986	1.445	14	1.058
Pferdezuchtverband Rheinland-Nassau, Koblenz				
1956	351	472	249	-
1977	1.079	1.238	-	720
Pferdezuchtverband Rheinland-Pfalz-Saar, e. V.				
Bad Kreuznach				
1978	1.838	2.545	14	1.672
1981	2.316	3.066	-	2.085
1987	2.803	3.232	56	2.152
Standenbühl				
1992	2.376	3.492	74	2.141
1993	2.528	3.518	70	2.182

1) Die Pony-Stuten gehörten zum Verband Rhld.-Nassau (1963-1977)
2) Die Isländer-Stuten des Saarlandes gehörten zum Verb. Pfalz-Saar (1972-1977)
- Seit 1990 ist die Zahl der anerkannten Hengste im Mitgliederbestand angestiegen. Die Zahl der anerkannten Hengste im Verband beläuft sich 1992 einschließlich der Landbeschäler Zweibrücken und anerkannter Hengste außerhalb des Verbandsgebietes

auf insgesamt 153 Warmbluthengste und
200 Pony-Hengste (einschl. Kaltbl. u. andere)
1993 auf 154 Warmbluthengste und
238 Pony-Hengste (einschl. Kaltbl. u. andere)

3.1 Landesverband der Pferdezüchter Pfalz, Kaiserslautern

Tradition und züchterische Bedeutung des Pfälzer Verbandes hatten in der Nachkriegszeit bereits seit Jahrzehnten, insbesondere durch die enge Verbindung zum Landgestüt Zweibrücken in der Warmblutzucht, in der Kaltblut-Ardenner-Zucht und dem Halbblut in den Rennvereinen eine bemerkenswerte Stellung. So übertrug im September 1945 das Oberregierungspräsidium Pfalz den Vorsitz des Verbandes und gleichzeitig die kommissarische Leitung des Haupt- und Landgestüts Zweibrücken an Oskar Stübinger, Dreihof, der in der Folgezeit als Staatsminister für Landwirtschaft in Rheinland-Pfalz u. a. maßgeblichen Anteil an der möglichen Erhaltung der Zuchtbestände nehmen konnte, nicht zuletzt auch durch die von ihm satzungsgemäß erlangte Gemeinnützigkeit der Zuchtverbände.

3.2 Züchtervereinigung Rheinhessen in Alzey

Im ehemaligen Regierungsbezirk Rheinhessen gründete sich nach 1945 die *„Züchtervereinigung Rheinhessen"*, die in der Abteilung Pferdezucht zu dieser Zeit
175 Mitglieder mit
48 Warmblut- und
69 Kaltblutstuten
führte.
Bei den Viehzählungsergebnissen waren über 10.000 Pferde nachzuweisen.

Vorsitzender der Züchtervereinigung war Fritz Dettweiler, Wintersheim († 1985); die Geschäftsführung wurde bis 1963 von W. Schreiber und anschließend von Dr. Joachim Otto, Alzey, wahrgenommen. Die rheinhessischen Warmblut-Züchter verblieben zunächst mit ihren Stuten - vorwiegend auf Oldenburger Grundlage - beim Stutbuch des Verbandes der Pferdezüchter Hessen-Nassau in Frankfurt.
1972 erfolgte mit ca. 50 Stuten die Mitgliedschaft im Verband Pfalz, Kaiserslautern, während die meisten Kleinpferdezüchter - vorwiegend Fjordpferdezüchter mit beachtlichen Zuchtqualitäten - weiterhin vom hessischen Verband in Frankfurt betreut wurden.

3.3 Die Pferdezucht im Saarland

wurde in der Nachkriegszeit unter dem Vorsitz von Otto Sandmeier, Kahlenbornerhof, - später von Oskar Riedinger, Homburg-Einöd - und den Geschäftsführern Dr. Mayer, sen. und jun. im Hause der Landwirtschaftskammer in Saarbrücken geführt und verwaltet. Eine verhältnismäßig schmale Basis in Zucht (Warmblut und Kaltblut) und Sport war mitentscheidend für die Übernahme der Abteilung Zucht im Jahre 1972 durch den Pfälzer Verband, insbesondere auch für die züchterischen und sportlichen Aktivitäten der in der Bundesrepublik nach Zahl und Leistung immerhin bedeutenden Isländerzucht im Vergleich mit anderen Landesverbänden.

3.4 Die Halbblutzucht

im Gebiet von Zweibrücken - Pirmasens für den Einsatz in Flach- und Hindernisrennen mit den Eigenschaften des modernen Reitpferdes hatte bereits seit der Jahrhundertwende auch für die Landespferdezucht und schließlich ebenso für die leichte Kavallerie ihre Bedeutung.
Auf den südwestdeutschen Warm- und Halbblut-Rennen erwarben sich die Nachkommen des Trakehner-Hengstes Herold, auch von Chronist xx und Algol xx v. Orgelton xx, allgemeine Bedeutung, bevor Importe aus Niedersachsen in den Vordergrund rückten.
Züchterische Bedeutung erlangte auch der im Landgestüt aufgestellte Vollblüter Der Unhold xx.

3.5 Pferdezuchtverband Rheinland-Nassau, Koblenz

Im Herbst 1945 gab die französische Militärverwaltung bei der Neugliederung der Länder ihre Zustimmung, daß die Pferdezüchter in den von der alten Rheinprovinz abgetrennten Regierungsbezirken Koblenz und Trier auch weiterhin vom Rheinischen Pferdestammbuch in Bonn seit der Gründung 1892 betreut werden sollten; die vier nassauischen Kreise Ober- und Unterwesterwald sowie Ober- und Unterlahn kamen ebenfalls dazu.

Die neue Landwirtschaftskammer Rheinland-Nassau stellte im Einvernehmen mit dem Tierzuchtgesetz den Leiter der Tierzuchtabteilung Dr. van de Sand als Geschäftsführer zur Verfügung.

Nach weiteren zehn Jahren - am 18. 2. 1956 - kam es endlich zur Gründung des neuen selbständigen *„Pferdezuchtverbandes Rheinland-Nassau, Koblenz"*.
Nur so war es möglich, einen Verband ohne jeglichen finanziellen Rückhalt überhaupt aufzubauen. Von den mehr als 2.000 Mitgliedern in der Nachkriegszeit mit über 5.000 Kaltblutstuten unterzeichneten lediglich 350 Mitglieder mit 350 Kaltblut- und 150 Kleinpferdestuten ihre Mitgliedschaft im neuen Verband.
Karl Altbrod, Hof Langwiesen b. Montabaur, war Vorsitzender bis 1965.
Dr. Breidbach übernahm als Beamter der Landwirtschaftskammer 1963 die Geschäftsführung und Wilhelm Gerhard Peters, Fressenhof b. Ochtendung, wurde 1965 neuer Vorsitzender.

Die Kaltblutzucht verlor mit der zunehmenden Motorisierung völlig an Zahl und Bedeutung.
Fjordpferde aus Norwegen und Dänemark mit sehr guter Nachzucht und bedeutenden Ausstellungserfolgen auf den DLG-Schauen bildeten eine sinnvolle Ergänzung der Motorisierung. Auktionen für Fohlen und Stuten in Koblenz, Simmern und Bitburg belebten das züchterische Interesse.
Zur gleichen Zeit kamen in Rheinland-Nassau die ersten Warmblutstuten unterschiedlicher Herkunft zur Eintragung und bildeten bald mit dem zunehmenden Interesse für den Reitsport den Schwerpunkt der Zucht.

Im Jahre 1970 erfolgte auch in Rheinland-Nassau die Aufstellung einiger Zweibrücker Landbeschäler - vorzugsweise mit Trakehner Abstammung. Die Bedeckungszahlen im Lande stiegen an. (1973: 1.752 gedeckte Stuten)

Im Verband Rheinland-Nassau mit ca. 700 Mitgliedern und über 1.000 eingetragenen Pferden zeigte sich bei ca. 200 Neueintragungen je Jahr ein Anstieg der Warmblut-

Garant, geb. 1981, Ldb. Zweibrücken, v. Garibaldi II - Wolfsburg - Ferdinand

stuten auf ca. 50% des Bestandes bei gleichzeitigem Rückgang der Fjordpferdezucht und deutlichem Anstieg der Welshpony-Züchter.

Die Pony-Züchter in Rheinland-Pfalz waren die ersten, die sich bereits 1963 als Mitglieder des Verbandes Rheinland-Nassau auf Landesebene zusammenschlossen und 1975 die erste gemeinsame Landesschau der Welshponies in Thaleischweiler erfolgreich veranstalteten.

In der Warmblutzucht erwies sich die Zentralisierung der Termine für Stuteneintragung und Fohlenbrennen jeweils mit Prämiierung und Kommentierung bei der Vorführung im großen Ring als eine wirksame züchterische Maßnahme. Die dabei gleichzeitig vorgenommene Nachzuchtbewertung der Hengste mit der jährlich einmaligen Staatsehrenpreis-Vergabe in der Konkurrenz der Stutenfamilien wurde von den Mitgliedern mit viel Interesse aufgenommen. Dies hatte deutliche Auswirkungen auf die beständig verbesserte Qualität der Hengste im Besitz der Züchter und auch des Landgestüts - nunmehr mit deutlicher Entscheidung für die Leistungsabstammung aus den Zuchtverbänden von Hannover, Oldenburg und Schleswig-Holstein.

Der züchterische Fortschritt, insbesondere in der Warmblutzucht, kam auf den Verbandsschauen in Rheinland-Nassau zunächst 1974 im Rückblick auf die 20jährige Verbandsarbeit und „30 Jahre Pferdezucht in Rheinland-Pfalz", sowie auch auf den Schauen 1976 und 1977 in Emmelshausen jeweils mit dem deutlichen Hinweis auf den Leistungsstand bei der Stutenprämiierung, den Material- und Zuchtstutenprüfungen, sowie dem Beginn der Hengstleistungsprüfungen mit lebhafter Beteiligung der Züchter zum Ausdruck.

Im Bezirksverband Rheinland-Nassau übernahm 1990/91 Otto Bantes, Sevenich/Münstermaifeld, den Vorsitz und OLR Reimund Möcklinghoff wurde Geschäftsführer.

3.6 Arbeitsgemeinschaft Pferdezucht Rheinland-Pfalz-Saar

Seit 1966 bildeten die Vorstände der Pferdezuchtorganisationen die Arbeitsgemeinschaft Pferdezucht Rheinland-Pfalz-Saar zur gemeinsamen Erörterung und Koordinierung aller Fragen im Hinblick auf eine zukünftige gemeinsame Interessenvertretung in einer neuen Verbandsorganisation.

3.7 Die Zucht von Kaltblutpferden in der Pfalz und in Rheinland-Nassau

In der Pfalz waren bereits vor 1900 Privat-Hengsthaltungen mit Ardennern, Percherons, Belgiern und Luxemburgern besetzt. 1896 gründete sich die erste Kaltblutgenossenschaft in der Südpfalz mit belgischer und rheinischer Abstammung der Hengste. 1906 entstand beim Pferdezuchtverein der Pfalz ein Stutbuch für den rheinisch-deutschen Kaltblüter; der Erste Weltkrieg brachte erhebliche Verluste. 1918 wurden 1.306 gedeckte Stuten registriert.
Der bayerische Staat stellte dann im Landgestüt Zweibrücken sogenannte Oberländer aus der Noriker-Zucht zur Verfügung. 1936 standen 350 Stuten bei 300 Mitgliedern.
Im 2. Weltkrieg (die Saarpfalz war mit Lothringen zum Gau Westmark vereinigt) kamen Ardennerstuten in die Zucht der Pfalz. Im Landgestüt standen 12 - 15 Kaltbluthengste, deren Nachzucht u. a. auf den DLG-Ausstellungen 1955 und 1962 erfolgreich war.

Für die Kaltblutzüchter in den Regierungsbezirken Koblenz und Trier, die seit 1892 Mitglied des Rheinischen Pferdestammbuches in Bonn waren, heißt es im Jahresbericht der Landwirtschaftskammer für die Rheinprovinz (1901 - 1905):
Am 1. April 1905 erfolgte der Erlaß der „Körordnung für Privathengste", jeweils für

die Körbezirke Düsseldorf, Cöln - Aachen und Koblenz - Trier. Als Mitglied der Körkommission für Koblenz - Trier war Gutsbesitzer Wilhelm Peters, sen. zu Emmingerhof bei Ochtendung benannt.
Auf den Märkten Saarburg, Bitburg und Trier - heißt es weiter - fanden Ankäufe von 51 rheinischen Kaltblütern für die Artillerie - Bespannungsabteilungen statt. Gau-Ausstellungen, u. a. in Saarburg, haben dargetan, „daß überall von den Züchtern mit großem Fleiß und züchterischem Verständnis an der Vervollkommnung des rheinisch-belgischen Pferdes gearbeitet wird".

Erfolge wurden aufgezeigt von dem erstmaligen Auftreten der rheinisch-belgischen Pferde auf der DLG-Ausstellung 1895, auf der Pariser Weltausstellung und der Provinzialschau 1902 in Düsseldorf, wie auch auf den mit Staatsmitteln geförderten Versteigerungen in Coblenz und Trier.
Schließlich lautet 1947 das Protokoll im 46. Band des Rheinischen Pferdestammbuches: „Die Zusammenarbeit mit der Außenstelle Koblenz gestaltete sich reibungslos.
In der Zucht des Landes Rheinland-Pfalz sind die Verhältnisse im Pferdebestand bedeutend ungünstiger, und zwar infolge der Aushebungen durch die Besatzungsmacht. In diesen Gebieten, die in der Französischen Zone liegen, sind tatsächlich Fehlbestände an Pferden in bedeutendem Umfange vorhanden."

Pferdebestand des Rheinischen Pferdestammbuches in Rheinland-Nassau:

Jahr	Mitglieder	Hengste und Stuten insgesamt
1945	1.632	2.387
1946	1.606	2.207
1947	1.574	2.007*

*davon 165 Hengste, vorwiegend aus Ankäufen im Rheinland

Zur Stuteneintragung 1947 waren 326 Stuten gemeldet; davon kamen jedoch nur noch 198 zur Neueintragung.

4. Seit 1977: Pferdezuchtverband Rheinland-Pfalz-Saar e. V.

Bad Kreuznach - Standenbühl

Am 14. Dezember 1977 fand in Bad Münster unter Leitung des Präsidenten der seit 1975 für das Land Rheinland-Pfalz zuständigen neuen Landwirtschaftskammer Oekonomierat Edwin Steinhauer die Grün-

dung des Pferdezuchtverbandes Rheinland-Pfalz-Saar e. V. statt. Satzungsgemäß bildeten beide Bezirksverbände,
Rheinhessen-Pfalz-Saar
mit 1.068 Mitgliedern, 1.388 Pferden und 24 Delegierten und
Rheinland-Nassau
mit 975 Mitgliedern, 1.289 Pferden und 22 Delegierten
den Rahmen des neuen Verbandes und wählten einstimmig
Eugen Schmidt, Kaiserslautern, als Vorsitzenden und
Wilh. Gerhard Peters, Ochtendung, als stellvertr. Vorsitzenden.
Neuer Geschäftsführer wurde zunächst OLR Helmut Oßmann (1977 - 1984) und seit 1985 OLR Diether von Kleist mit dem Dienstsitz im Hause der Landwirtschaftskammer in Bad Kreuznach. Die Geschäftsführung der Landeskommission für Pferdeleistungsprüfungen obliegt seit 1982 Dipl.-Ing. agr. (FH) Klaus Blässing.
Bei den Wahlen 1991 rückte Karl Heinz Bange, Ellern, Gut Marienborn, auf den Platz des ausscheidenden W. G. Peters und dann 1993 in der Nachfolge von Eugen Schmidt einstimmig auf dessen Stelle als neuer 1. Vorsitzender im Verband.
Aufbau und Organisation des Verbandes berücksichtigen die paritätische Interessenverteilung nach den Bestimmungen der Satzung in der Delegiertenversammlung und im Vorstand
- für Warmblutzüchter und Ponyzüchter mit entsprechender Beteiligung der Kaltblutzucht und der Abteilung Besondere Rassen;
- für die Abteilung Private Hengsthalter im weitgehenden Einvernehmen mit dem Landgestüt Zweibrücken;
- für die Durchführung von Leistungsprüfungen der Hengste und Stuten in Zusammenarbeit mit der Landeskommission;
- für die Abstimmung der Termine und Kostenverteilung zur Ausrichtung von Zucht- und Absatzveranstaltungen;
- für die optimale Ausstattung und Nutzung verbandseigener Anlagen in Zucht und Sport, dies umso mehr, als auch im neuen Verband der Pferdebestand, die Mitgliederzahl und auch der Reitsport überschaubare Grenzen aufzeigt.

In Rheinland-Pfalz verwendete Brandzeichen (außer Ponies u. Kleinpferde):
Haupt- u. Landgestüt Zweibrücken (bis 1960)

Pferdezuchtverband der Pfalz, Saarland, Rheinhessen (Kaiserslautern), Warmblut (bis 1977)
Pferdezuchtverband Rheinland-Pfalz-Saar (Bad Kreuznach), Warmblut (seit 1978). Fohlenbrand linker Schenkel, Stutenbrand linke Halsseite

Kaltblut (seit 1990)

Pferdezuchtverband Rheinland-Nassau (Koblenz), Warmblut (bis 1977)

Pferdezuchtverband der Pfalz (Kaiserslautern), Kaltblut-Pfälzer Ardenner (bis 1977)

Pferdezuchtverband Rheinland-Nassau (Koblenz), Kaltblut (bis 1970)

Pferdezentrum Rheinland-Pfalz-Saar und Geschäftsstelle des Verbandes in Standenbühl

4.1 Pferdezentrum Rheinland-Pfalz-Saar in Standenbühl

Seit 1986 nutzte der Verband für die Vorbereitung und Ausbildung der Auktionspferde und sonstigen Verkaufspferde und Ponys - auch für den züchtereigenen Bedarf - die Anlage des Trakehnergestüts Hohenrade in der Schloßmühle in Monsheim/Rheinhessen. Nach gründlichen Aufräumarbeiten und einem entsprechenden Mietvertrag standen 24 Boxen und die Reithalle zur Verfügung. Sehr bald zeigte sich eine zunehmende Nachfrage für die Ausbildung von Reitpferden und Ponys, insbesondere auch für die weitere Ausbildung von Auktionspferden.

Nicht nur die Boxenkapazitäten, sondern auch die technischen Einrichtungen, mangelnde Büroräume und fehlende Parkplätze oder gar Zuschauerplätze entsprachen nach kurzer Zeit und bei ständig steigender Nachfrage für Ausbildungsplätze nicht den Ansprüchen an ein brauchbares Vermarktungszentrum.

So war es verständlich, daß die Delegiertenversammlung schon 1988 beschloß, baldmöglich eine eigene Anlage zu erwerben.

Ein Bau-Ausschuß besichtigte verschiedene Angebote im Lande - zunächst ohne deutlichen Erfolg - bis sich in Standenbühl kurzfristig eine neue Alternative ergab.

Standenbühl ist ein arrondiertes Gelände, ca. 20 km östlich von Kaiserslautern gelegen, das der Bezirksverband Pfalz seit nahezu 100 Jahren nach dem Tausch und Kauf vieler kleiner Einzelparzellen als sogenannten Fohlenhof erworben hatte.

Der langjährige Pächter des Fohlenhofes trat von seinem Vertrag vorzeitig zurück, und der Zellertal-Donnersberger Reitverein, der Pächter von Reithalle und Stallungen war, ließ mit sich reden.

Vorzüge und Bedenken für die Nutzung dieser - auch von Kriegsschäden schwer betroffenen - Anlage wurden von den Bezirksverbänden, von der Landesregierung, von den Saarländer Züchtern und dem Landgestüt unter maßgeblichem persönlichem Einsatz des Vorsitzenden Eugen Schmidt heftig - aber letztendlich erfolgreich - diskutiert.

Und 1989 nach dem Abschluß eines Erbbauvertrages begannen schon nach Jahresfrist die regulären Bauarbeiten für das neue Pferdezentrum u. a. mit der direkten Anbindung an die B40, und - auch das muß erwähnt werden - die amerikanischen Pioniereinheiten lieferten vor ihrem endgültigen Abzug aus Kaislautern einen freundschaftlichen Akt vorzüglicher Planierungsarbeiten für die Anlage!

Die ersten Pferde kamen schon bald, und - ein völliges Novum - die Geschäftsstelle des Pferdezuchtverbandes und des Ausbildungszentrums konnte 1992 in ihre neuen Verwaltungsräume an der Ostseite der Halle einziehen.

4.2 Züchterische Maßnahmen und Leistungen im neuen Verband

Seit 1977 sind für die Gründung und Organisation des Verbandes einige Daten zu nennen:

1978: Es gibt gemeinsame Verbandsmitteilungen
- für den Zuchtverband
- für den Landesverband der Reit- und Fahrvereine
- für die Landeskommission und
- für die Organisationen im Saarland.
- Die Zeitschrift „Reiter-Prisma" wird 1979 gemeinschaftliches Organ

1979: Die erste Verbandsstutenschau für Warmblut-, Pony-Stuten und Halbblut-Stuten findet in Bad Kreuznach statt mit einem Championat der Reitpferde und einer Materialprüfung für Reitponies.
1983 ist Verbandsstutenschau in Trier.

1981: Das Pferdeleistungszentrum im Landgestüt Zweibrücken wird ausgebaut.
Die Rheinland-Pfälzischen Ponyzüchter sind erfolgreich:
1981 auf der Bundesschau in Bad Segeberg,
1983 in Bad Zwischenahn,
1985 auf der Bundes-Ponyschau in Münster-Handorf.

Weitere regelmäßige Veranstaltungen werden organisiert:
- Reitpferde-Auktion Zweibrücken mit der
- Schauveranstaltung „Zweibrücker Weekend"
- zentrale Körtermine und Hengstschau
- zentrale Stutbuch-Eintragungstermine mit
- Staatsprämienvergabe und Zuchtstutenprüfung
- Pony-Forum als Schauveranstaltung
- überregionale Termine (Bundes-Championat, Süddeutsches Reitpferde-Championat, Mannheimer Maimarkt und Equitana

Die zentralen Hengstkörungen in Rheinland-Pfalz-Saar verzeichneten erfreulicherweise zahlreiche Anmeldungen und ordnungsgemäße Vorstellung zum jeweiligen Termin im Landgestüt Zweibrücken.

Eine verhältnismäßig strenge Auswahl der Hengste unter Betonung von Typ und Bewegungsablauf und weitmöglicher Berück-

sichtigung bewährter Stutenstämme im Abstammungsnachweis haben zunehmend Verständnis und Anerkennung gefunden.

Siegerhengste der Körung
1991 Lambourghini v. Lago Maggiore - Flaneur I - Goldmann
Z.: Gestüt am Glan, Rehweiler
1992 Le Havre v. Lago Maggiore - Bariton - Dietward II
Z.: Peter Linn, Homburg-Einöd

1993 Caciro S v. Cacir AA - Ramiro Z - Ben Shirin xx
Z.: Armin Schäfer, Bürstadt

Die vom Verband durchgeführten Zuchtstutenprüfungen auf Station haben an Bedeutung und Interesse ebenfalls gewonnen, weil die Erhaltung und Förderung vererbungssicherer Stutenstämme zunehmend erkannt wird.

Stutenbedeckungen

Jahr	insgesamt	davon: Warmblut	Kaltblut	Ponys u. andere
1985	2.061	1.387	56	618
1987	2.059	1.268	77	714
1990	2.577	1.485	77	1.015
1991	2.729	1.683	58	988
1992	2.888	1.733	50	1.105
1993	2.995	1.847	31	1.117

Verbandsprämienhengst Wörth, geb. 1976, Ldb. Zweibrücken

Reitpferde-Auktion in Zweibrücken und Verkaufsangebote in Standenbühl

In der Vermarktung von Reitpferden ist in den letzten 10 Jahren ein deutlicher Trend zur Verbesserung der Qualitäts- und Absatzverhältnisse zu erkennen; der Grund dazu liegt
- in beständig verbesserten Ausbildungsverhältnissen, zunächst im AAZ Monsheim und nunmehr im neuen „Pferdezentrum Standenbühl"
- mit dem Ausbildungsleiter Fritz Müller (seit 1982) und mit einer guten Mannschaft
- bei einer käuferorientierten Auswahl der Auktionspferde
- und einem positiven Image des Zweibrücker Pferdes - nicht zuletzt durch internationale Turniererfolge
- schließlich auch bei einer gezielten Käuferwerbung und Kunden-Information
- in Verbindung mit der wesentlich strengeren Selektion der Pferde durch Röntgen-Untersuchung
- und einem ständig höheren Maßstab für die sportlichen Perspektiven der Pferde.

Die nachstehende Übersicht bestätigt die aufgezeigten Tendenzen.

Gekörte Hengste in Rheinland-Pfalz-Saar

Jahr	gekörte Warmbluthengste	Kaltblut-, Pony u.a. Hengste
1985	7	32
1987	9	27
1990	21	31
1991	7	25
1992	13	45
1993	11	44

Reitpferde des Auktionsplatzes Zweibrücken

Jahr	Verkaufs- angebot	Durchschnitts- preis	Höchst- preis
1984	31	11.241	20.000
1985	31	12.267	22.500
1986	35	14.485	30.000
1987	34	14.786	36.000
1988	33	15.396	42.000
1989	27	16.700	40.000
1990	32	16.360	31.500
1991	26	18.500	63.000
1992	27	18.400	50.000
1993	25	20.560	70.000

Caciro S, geb. 1991, v. Cacir AA - Ramiro - Ben Shirin xx. Siegerhengst der Körung Zweibrücken 1993. Z.: A. Schäfer, Bürstadt.

Le Havre, geb. 1990, v. Lago Maggiore - Bariton - Dietward II. Siegerhengst der Körung Zweibrücken 1992. Erfolgreich in Materialprüfungen. Z.: Peter Linn, Homburg-Einöd.

VPrH. Alexis Z, geb. 1977 v. Almé Z-Weingau-Dolus. B.: J. Rombelsheim, Gestüt Drachenof, 56295 Lonnig/Kr. Mayen-Kobl., Sieger internationaler Springen, 1993 mit 188 Indexpunkten an 2. Stelle des Jahrgangs placiert, 12 seiner Söhne sind gekört, darunter Apricot D mit Olympia-Silber-Medaille in Barcelona (mit H. Simon), 1993 auf Platz 1 der Weltrangliste der Springpferde, erfolgreiche Nachkommen in Zucht und Sport sind u. a. Amaretto I, Alpha D und Allez France D.

Lucky Luke, geb. 1986, v. Lacapo - Latino - Flamberg. B.: A. Runge, Gestüt Roßbbornerhof, 56414 Hundsangen. 1992 in Alsfeld Süddeutscher Hengst-Champion; gute Nachzuchtbewertung der Fohlenjahrgänge; Siege und Plazierungen in den Klassen M und S.

Der Auktionsauftrieb ist seit 1986 zwar leicht rückläufig, jedoch hat die von den Züchtern selbst gewünschte weitere Ausbildung eigener Pferde im Pferdezentrum sowie ein ständiges Verkaufsangebot des Verbandes dort ein lebhaftes zusätzliches Käufer-Interesse entstehen lassen.

Väter der Auktionspferde (1986 - 1993)
(mehr als 5 Nachkommen)

Hengste	Anzahl der Auktionspferde
Grandus v. Graphit	20
Genius v. Gotthard	16
Woerth v. Woermamn	16
Alexis v. Almé	7
Alpha v. Alexis	7
Intervall v. Inschallah	7
Garant v. Garibaldi II	6
Woernitz v. Woermann	6
Graz v. Garibaldi I	5
Landherr v. Landgraf I	5
Leubus v. Lombard	5

4.3 Zweibrücker Pferde im Reitsport

Die nach den Krisenjahren der Pferdezucht eingeleitete Phase der Umzüchtung vom Wirtschaftspferd zum Reitpferd hat im letzten Jahrzehnt in Rheinland-Pfalz-Saar deutliche Fortschritte nach zuweisen. Die zunächst vorrangig mit Trakehner- und Vollbluthengsten eingesetzte Veredlung mit nachfolgender Konsolidierung, insbesondere die Beachtung vererbungssicherer und in ihrer Leistungsfähigkeit bekannten Stutenstämme, hat dazu geführt, daß von den insgesamt eingetragenen Stuten etwa zwei Drittel jährlich zur Zucht eingesetzt werden. Die Zahl der Hengste ist verhälnismäßig groß; deshalb bedarf die züchterische Selektion insgesamt einer besonderen Aufmerksamkeit, die einerseits durch Leistungsprüfungen für Hengste und Stuten sowie gleichermaßen auch durch Leistungen der Nachkommen im Sport bestätigt wird.

In Rheinland-Pfalz sind 1993 insgesamt 249 Reiter-Vereine mit 30.750 Mitgliedern ausgewiesen, davon 3.060 Reisausweis-Inhaber. 212 Turnierveranstaltungen fanden statt. Entsprechende Zahlenangaben für das Saarland sind hinzu zu rechnen.

Aus dieser Aufstellung ist zu erkennen, daß die Züchter in Rheinland-Pfalz-Saar nicht ganz in der Lage sind., die Nachfrage für gute Reitpferde voll zu decken. Andererseits sind die Reiterinnen und Reiter aus dem A- und B-Kader anderer Bundesländer gerne auf den angebotenen Turnierterminen zu Gast, sowohl die Springreiter als auch die Dressur-Reiter.

Aus der guten Verbindung von Zucht und Sport sind zusätzlich zahlreiche Initiativen für den Kauf und Verkauf hochqualifizierter Reitpferde aus Rheinland-Pfalz-Saar entstanden, die inzwischen auch auf internationalen Turnierplätzen (in der Schweiz, in Österreich, in Frankreich, Italien, Spanien und Amerika u.a. selbst in Ungarn) Pferde mit „Zweibrücker Brand" und den Auktionsplatz Zweibrücken sowie seit Jahresfrist das neue Pferdezentrum Standenbühl bekannt gemacht haben.

Ohne besondere Bewertungspoints sind beispielsweise einige Namen nennenswert, die auch im Auktions-Katalog Zweibrücken u.a. ihren Platz haben:

Parodie	(1976)	v. Passat, Ldb. Zw.	(Z.: Maxein/Ochtendung)
Appaletin	(1972)	v. Auerbach xx	(Z.: Woter/ Zweibrücken mit R. Brumme)
Madras	(1974)	v. Mars, Ldb. Zw.	(Z.: Rohrbacher/Schwedelbach mit Frank Natus)
Wisby	(1978)	v. Winzer, Ldb. Zw.	(Z.: Waßner/Winnweiler)
Granat	(1981)	v. Grandus, Ldb. Zw.	(Z.: Linn/Homburg)
Imparo	(1983)	v. Intervall	(Z.: Herbst/Breitenau)
Wonderful One	(1984)	v. Woerth, Ldb. Zw.	(Z.:E. Schmidt/Kaiserslautern)
Walesco	(1990)	v. Wasgau, Ldb. Zw.	(Z.: Müller/Nußbaum)

(Süddeutscher Champion 1993 in Wiesbaden und Reitpferde-Champion Rheinland-Pfalz-Saar mit Ralf Geisert)

Zu nennen ist auch
Guderian v. Grandus Ldb. ZW., der sich 1986 bei den kanadischen Meisterschaften in Ontario mit R. Seegert für den World-Cup klassifizierte. (Z.: D. Franke, Brebach-Fechingen).

Literatur

Über die Zweibrücker Pferdezucht und das Zweibrücker Gestüt wurden nach der grundlegenden Arbeit aus dem Jahre 1922 von Dr. Emil Ehrensberger („Pfälzische Pferdezucht, Beiträge zur Geschichte derselben und der Gestütsanstalt Zweibrücken") einige Dissertationen und Diplomarbeiten geschrieben, so z. B.:

Dr. A. Unckrich (Diss. München 1925):
Das Zweibrücker Pferd, seine Zucht im Stammgestüt und auf dem Land.

Dr. Hugo Loth (Diss. München 1937):
Der Einfluß des arabischen Blutes auf die pfälzische Warmblutzucht.

Dr. Oscar Riel (Diss. München 1938):
Untersuchungen über Leistungsvererbung und Blutlinien in der saarpfälzischen Pferdezucht.

Dr. Walter Dexheimer (Diss. Gießen 1950):
Trächtigkeitsdauer und Zwischenträchtigkeitszeit beim Zweibrücker Pferd.

Dr. Walter Rothaar (Diss. Hohenheim 1951):
Der gegenwärtige Stand der pfälzischen Pferdezucht und die Bedeutung des normännischen Bluteinschlages unter besonderer Berücksichtigung des Blutaufbaues, der Fruchtbarkeit sowie der Blutlinien des Zweibrücker Pferdes.

1955 erschien anläßlich der 200-Jahr-Feier des Gestütsamtes Zweibrücken eine Broschüre, 1980 wurde aus Anlaß des 225jährigen Bestehens eine Festschrift herausgegeben.

Offizielles Organ des Pferdezuchtverbandes Rheinland-Pfalz-Saar ist die Fachzeitschrift für Pferdezucht und Pferdesport „Reiter-Prisma" im Fachverlag Dr. Fraund GmbH, 55120 Mainz-Mombach, An der Brunnenstube 33-35.

- Jahresbericht der Landwirtschaftskammer für die Rheinprovinz (1901 - 1905).

- Rheinisches Pferdestammbuch, 46. Band, 1947

- Gustav Rau, 1911: Die deutschen Pferdezuchten.

- Gerhard Kapitzke, 1979: Die Staatsgestüte in Deutschland.

- Friedrich Traut, 1971: Gestüte Europas.

- Pferdezuchtverband Rheinland-Pfalz-Saar, 1992: Einweihung des Pferdezentrums Standenbühl.

Weitere Informationen von
Diether von Kleist, Pferdezuchtverband 67816 Standenbühl
Dr. Hans-Dieter Nebe, Landgestüt, 66482 Zweibrücken
Klaus Blässing, Landeskommission Rhld.-Pfalz
Johannes Grelle in „Deutsche Pferdezucht", Ausgabe 1983

Baden-Württe

HESSEN

RHEINLAND-PFALZ

Heidelberg

Karlsruhe

FRANKREICH

Stuttgart

BADEN-WÜRTTEMBERG

Tübingen

BAYERN

Marbach

Freiburg

Titisee-Neustadt

SCHWEIZ

mberg

Leit. Reg. Landw.-Direktor a. D.
28. Juli 1911 geboren in Deizisau bei Eßlingen/Neckar.
März 1930 Abitur, anschließend bis April 1933 landwirtschaftliche Praxis und Besuch der Reit- und Fahrschule des Haupt- und Landgestütes Marbach.
SS 1933-WS 1935/36 Studium an der Landwirtschaftlichen Hochschule Hohenheim. Februar 1936 landw. Diplom-Examen.
März 1936 bis Januar 1939 Referendar bei der Tierzuchtabteilung der Landesbauernschaft Württemberg, dazwischen von März bis Juli 1938 zur Ausbildung am Hauptgestüt Trakehnen.
Januar 1939 Staatl. Tierzuchtleiter - Examen.
1939-1944 Tierzucht-Assessor und Sachbearbeiter für Pferdezucht bei den Landesbauernschaften Stuttgart und Bayreuth.

April 1941 Kriegsdienst bei der Reiterschwadron.
November 1943 vom Militärdienst entlassen, da schwerkriegsversehrt.
August 1944 Landw.-Rat und Geschäftsführer der Württembergischen Pferdezuchtverbände.
April 1948 Reg.- und Landw.-Rat beim Landwirtschafts-Ministerium Württemberg-Baden.
1969-1975 Leiter der Staatl. Tierzuchtstelle Stuttgart.
1944-1975 Zuchtleiter der Württembergischen Pferdezuchtverbände.
1950-1968 Vorsitzender der Landeskommission für Pferdeleistungsprüfungen.
Aufbau des Reit- und Fahrwesens in Württemberg. Überregionale Tätigkeit in den Gremien der DLG, FN, Deutschen Gesellschaft für Züchtungskunde. Richter auf DLG-Schauen und Turnieren.

Helmut Reiff

überarbeitet von Dr. Otto Frey
9. Januar 1927 geboren in Eislingen/Fils
1943 bis 1945 Luftwaffenhelfer und Kriegsdienst.
August 1948 Abitur, anschließend landwirtschaftliche Praxis in Schleswig-Holstein bis Oktober 1950.
WS 1950/51 bis WS 1953/54 Landw. Hochschule Hohenheim.
August 1953 Diplom-Examen.
Dezember 1955 Dissertation am Institut für Tierzuchtlehre der landw. Hochschule Hohenheim.
Mai bis September 1955 Bayrische Landesanstalt für Tierzucht in Grub.
Oktober 1955 bis November 1957 Vorbereitungsdienst für den höheren Dienst.
Dezember 1957 bis Oktober 1960 Landes-

verband der Schafzüchter in Württemberg-Hohenzollern.
November 1960 bis Oktober 1965 Gestütsassistent am Haupt- und Landgestüt in Marbach.
November 1965 bis Oktober 1975 stellvertretender Leiter am Tierzuchtamt Schwäbisch Hall bzw. Herrenberg.
Mai 1975 bis März 1976 Ministerium für Ernährung, Landwirtschaft u. Forsten, Stuttgart.
Januar 1976 bis Dezember 1989 Zuchtleiter beim Pferdezuchtverband Baden Württemberg.
1978 bis 1989 Leiter der staatlichen Tierzuchtstelle am Tierzuchtamt Stuttgart.
31. Dezember 1989 Ruhestand.

Dr. Otto Frey

Zur Geschichte der Baden-Württembergischen Warm- und Kaltblutzucht

1. Baden-Württemberg und seine Pferde

In Baden-Württemberg wurde früher ein Pferd für den Eigenbedarf in der Land- und Forstwirtschaft gezüchtet. Die Warmblutzucht hatte zusätzlich die Aufgabe, ein für militärische Zwecke brauchbares Zugpferd mit Reiteignung im Typ des Artilleriestangenpferdes zu liefern.

In weiten Teilen des Landes waren die Voraussetzungen für eine gedeihliche Pferdezucht keineswegs günstig. Trotzdem wurde eine heimische Pferdezucht zu allen Zeiten bejaht. Auf den Höhen des Schwarzwaldes und in Württemberg sind eigenständige Rassen entstanden: das „Schwarzwälder Kaltblut" und das „Württemberger Warmblut".

Schon aus wirtschaftlichen Gründen wollte man nicht auf eine eigene Landespferdezucht verzichten, zumal aus anderen Zuchtgebieten kaum Pferde beschafft werden konnten, die so hervorragend auf die Bedürfnisse der Landwirtschaft zugeschnitten waren wie diese bodenständigen Rassen.

Seit Mitte des vorigen Jahrhunderts bis zur Umstellung auf Sportpferde wurde die Pferdezucht von den Forderungen der Landwirtschaft bestimmt. Die Verhältnisse waren zu verschieden, um ein einheitliches Zuchtziel verfolgen zu können. Neben den beiden bodenständigen Rassen züchtete man in der Rheinebene und im badischen Bodenseekreis den schweren Oldenburger und in den Ackerbaugebieten im nördlichen Landesteil ein Kaltblut auf rheinisch-belgischer Grundlage.

1.1 Natürliche Gegebenheiten

Baden-Württemberg ist ein Mittelgebirgsland. So verschieden das Land im geologischen Aufbau, in der Gestaltung des Geländes, den Höhenlagen, den Boden- und Anbauverhältnissen, der Grundbesitzverteilung und den Siedlungsformen ist, so unterschiedlich waren die Ansichten der Landwirte über das zu züchtende Pferd. Dies wird durchaus verständlich, wenn man die einzelnen Landesteile näher betrachtet.

Der Oberrheingraben, klimatisch begünstigt, hat vielfach ziemlich leichte Sandböden. Die Rheinebene und die fruchtbare, lößlehmbedeckte Wärmeinsel des weintragenden Kaiserstuhls werden von dem bis zu 1500 m hohen Südschwarzwald überragt. Granit und Gneis stehen hier an, während der mächtige Buntsandstein mit seinen mageren, kalkarmen Böden den Charakter des mittleren und nördlichen Schwarzwaldes und des angrenzenden Odenwaldes prägt.

Das schwäbisch-fränkische Schichtstufenland schließt sich an, gebildet von Muschelkalk, teilweise von Keuper überdeckt, größtenteils aber mit den Ackerbau begünstigenden Lettenkohle- und Lößlehmböden im Oberen Gäu, im Kraichgau, Neckar- und Tauberland und in der Hohenloher Ebene. Die landwirtschaftliche Nutzung bestimmen Zuckerrübenbau, in Tal- und Hanglagen der Weinbau. Diese Gegenden waren das Hauptverbreitungsgebiet der Kaltblutzucht, nicht weniger das Keuperbergland mit seinen ausgedehnten Waldgebieten mit schweren Ton- und Mergelböden in allen Farben.

Schwarz- und Braunjura bilden das fruchtbare Albvorland, über das sich unvermittelt der Albtrauf und die Hochfläche der Schwäbischen Alb (650-1000 m) erhebt, eine Hochfläche mit flachgründigen, sehr wasserdurchlässigen Weißjuraverwitterungsböden, spärlicher Humusschicht und Äckern, auf denen oft der blanke Fels hervortritt. Hier liegt die Wiege der Württembergischen Warmblutzucht: das Haupt- und Landgestüt Marbach.

Die Hochfläche der Schwäbischen Alb senkt sich fast unmerklich nach Südosten zur Donau. In dem weiten Hügelland, einer Moränenlandschaft zwischen Donau, Bodensee und dem Allgäu, dem württembergischen Oberschwaben (400-1000 m), liefern grob und feinsandige Böden, meist mit Kiesunterlage, aber genügend lehmiger Feinerde, befriedigende Erträge.

1.2 Genügsame Pferde

Dauergrünland überwiegt nur in wenigen Gebieten des Landes; Weiden waren vor wenigen Jahrzehnten Mangelware.

Nur ein mittelschweres Pferd konnte sich auf die Dauer halten. Pferde waren immer teuer in der Anschaffung und nicht weniger kostspielig in der Unterhaltung. Mit der Haltung einer Zuchtstute versuchte man deshalb, das „Pferdekonto" günstiger zu gestalten. Die Aufzucht eines Fohlens war leichter zu finanzieren als der Zukauf eines Arbeitspferdes.

Es ist heute schwer vorstellbar, wie arm die damaligen Verhältnisse auf dem Lande waren. Weidehaltung wurde als Vergeudung des kostbaren Bodens angesehen, kein Grashalm blieb ungenützt. Der Bauer konnte sich nur ein Pferd leisten, das billig zu halten und dabei doch leistungsfähig, ausdauernd und zäh war. Die wenigsten Züchter hatten genügend Weiden.

Liebhaber, deren Haupterwerb außerhalb der Landwirtschaft liegt, deren Wurzeln aber im bäuerlichen Lebenskreis fußen, befassen sich heute neben Landwirten mit der Pferdezucht. Dies gilt gleichermaßen für den „Feierabendlandwirt" wie auch für den erfolgreichen Industriellen, der Entspannung und Ausgleich bei dieser Tätigkeit sucht.

Pferdezucht als tragenden Betriebszweig hat es zu Zeiten eines landwirtschaftlichen Arbeitspferdes nie gegeben. Man züchtete Pferde für den eigenen Bedarf. Überzählige Fohlen oder Pferde brachten eine willkommene zusätzliche Einnahme.

Die landwirtschaftlichen Bezirksvereine, Pferdezuchtgenossenschaften und Zuchtverbände kamen sehr bald zu der Erkenntnis, daß ohne die Einrichtung von Weiden keine gedeihliche Pferdezucht möglich war. Am württembergischen Landgestüt war schon 1897 eine sogenannte Fohlenaufzuchtanstalt eingerichtet worden. Alljährlich wurden ca. 90 Züchterfohlen aufgekauft, nach dreijähriger Aufzucht die tauglichen Jungstuten an die Züchter zurückgegeben und die übrigen als Remonten verkauft. Auch zur Zucht geeignet erscheinende Hengstfohlen kaufte das Gestüt schon damals auf. Mit staatlicher Unterstützung wurden zahlreiche Fohlenweiden geschaffen; erst sie ermöglichten dem Züchter eine gesunde Aufzucht seiner Fohlen. Ein Teil dieser Fohlenweiden besteht heute noch. Bis zu 500 Fohlen wurden jährlich aufgetrieben. Vornehmlich dienten diese Weiden der Aufzucht künftiger Mutterstuten.

Zu einer der wirkungsvollsten Einrichtungen für die Landeszucht wurde die zentrale Aufzucht aller Hengstanwärter auf dem Landgestüt. Mit den gestütseigenen Fohlen werden die Hengstanwärter der Landeszucht unter den klimatisch harten Bedingungen der weiträumigen Albweiden aufgezogen. Die Fütterung ist optimal, aber keineswegs auf übertriebene Frühreife ausgerichtet. Der Vorteil einer zentralen Aufzucht eines ganzen Fohlenjahrganges unter völlig gleichen Bedingungen kann nicht hoch genug bewertet werden. Ohne diese Einrichtung hätte es in der württembergischen Warmblutzucht nie einen eigenständigen Hengstbestand gegeben. Seit der Umstellung auf die reine Reitpferdezucht widmen sich passionierte Pferdezüchter ebenfalls dieser schwierigen Aufgabe.

1.3 Das Pferd muß bleiben

In den sechziger Jahren war die Pferdezucht auf ein Minimum abgesunken. Nur der Passion der bäuerlichen Züchter, unterstützt durch eine großzügige staatliche Hilfsaktion, war es zu verdanken, daß wenigstens die besten Stutenstämme erhalten blieben. Man befürchtete das Schlimmste, doch der aufkommende Reitsport ließ bald die Sorgen vergessen. In den letzten Jahrzehnten hat sich die betriebswirtschaftliche Struktur im Bauernbetrieb zugunsten der Pferdezucht gewandelt. Die Betriebe wurden größer, Weiden standen den Tieren zur Verfügung. Der Züchter moderner Reitpferde weiß, daß er ohne optimale Aufzucht keine Marktchance hat. Die heutige Zeit kann mit den einstigen Verhältnissen nicht verglichen werden.

Das Reitpferd ist ein Produkt züchterischen Könnens und das Ergebnis intensiver Aufzucht. Moderne Haltungs- und Fütterungsmethoden sind Bedingung, und sie sind

Das Württ. Kaltblut der schwäbischen Alb - knapp mittelschwer, gängig u. wendig mußte das Kaltblutpferd dieser wenig fruchtbaren Gegend sein.

Höchstleistungen im Zuge wurden von den Zuchthengsten gefordert - Kaltbluthengst Marmor 183 geb. 1945 ist Noriker, die Mutter eine Albstute ursprünglich rhein.-belg. Herkunft. Züchter: J. Schmid, Sinabronn/Ulm

vertretbar, solange der Markt diese Aufwendungen zu bezahlen bereit ist.

1.4 Neues Zuchtziel

Die bodenständige Zucht des Württemberger Warmblutpferdes wurde mit Hengsten Trakehner Abstammung auf das „Deutsche Reitpferd" ausgerichtet und durch Hengste der Vollblutzucht und der norddeutschen Reitpferderassen ergänzt.

Reiten und Fahren sind zum Volkssport geworden. Die Mitgliederzahl der baden-württembergischen Reit- und Fahrvereine hat sich in den letzten zwei Jahrzehnten

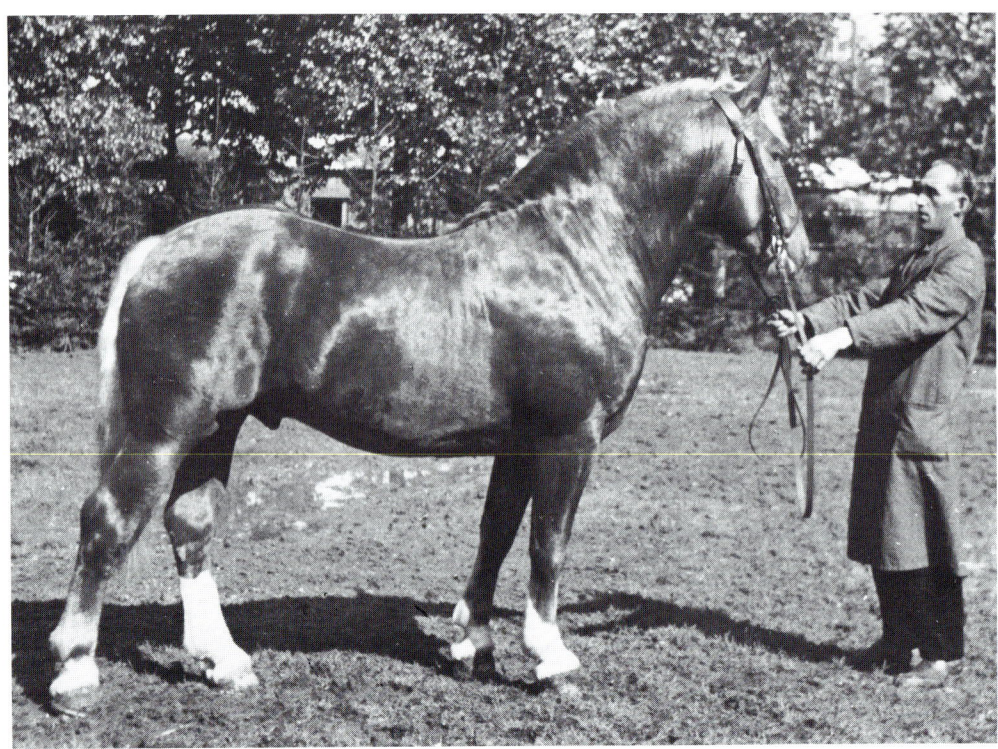

Süddeutsches Kaltblut - Groll Ldb. 163 geb. 1958, v. Grübler Vulkan. Ldb. 12 a.d. Sargotta H824 v. Saroc 17
Züchter: P. Kienle, Bihlafingen. Bes.: Haupt- u. Landgestüt Marbach

Nordbadisches Kaltblut - Edelinde H7861 geb.1952 v. Nelson 505 K a. d. Edelreis S5021
Züchter: K. Röcker, Adelshofen

fast verdreifacht. Sie betrug 1993 über 90.000 Mitglieder, Tendenz weiter steigend. Reitsport und Freizeitreiterei haben der Zucht entscheidenden Auftrieb gegeben. Mit über 8.500 eingetragenen lebenden Stuten aller Rassen steht Baden-Württemberg an dritter Stelle im Bundesgebiet. In der Kaltblutzucht spielt die Lokalrasse, der „Schwarzwälder", mit ca. 450 eingetragenen Stuten eine Rolle. Die Kleinpferde- und Ponyzucht mit ca. 1.900 eingetragenen Stuten, allein mit über 900 Haflingern, hat wesentliche Bedeutung; ca. 6.000 eingetragene Stuten gehören der Warmblutzucht an.

1.5 Gestüt und Zuchtverband

Im Jahr 1973 feierte das Haupt- und Landgestüt sein 400jähriges Bestehen. 1687 bereits wurde die erste württembergische, 1753 die erste badische Gestüts- und Beschälordnung erlassen. Gegen Ende des vorigen Jahrhunderts begannen sich die Züchter in Vereinen und Genossenschaften, später in Verbänden zu organisieren. Im Jahre 1945 wurde das Badische Pferdestammbuch infolge der Aufteilung in eine französische und amerikanische Besatzungszone wieder auseinander gerissen. Die württembergische Zucht blieb davon, dank der einigenden Kraft des gemeinsamen Landgestütes, verschont. Mit der Bildung des Südweststaates Baden-Württemberg im Jahre 1952 wurde das Haupt- und Landgestüt für das ganze Bundesland zuständig. Seit dem Jahre 1978 sind die Züchter im Pferdezuchtverband Baden-Württemberg e. V., Stuttgart, Heinrich-Baumann-Str. 1-3, zusammengeschlossen. Das Brandzeichen hat die Form eines vereinfachten Hirschhorns, das der Schwarzwälderpferde einer Tanne; den Haflinger zeichnet ein Edelweiß, Kleinpferde und Ponies ein Kleeblatt.

In dem Verband sind die Züchter aller Rassen zusammengeschlossen. Der Rasseanteil beträgt z. Zt.: 71% Warmblut, 7% Kaltblut, 22% Kleinpferde und Ponystuten. Regelmäßige Auktionen runden das Zuchtgeschehen ab; der Fohlenmarkt Riedlingen/Donau, die größte Veranstaltung dieser Art im Bundesgebiet, lockt seit über 35 Jahren Aufzüchter und Liebhaber an, welche die Besonderheit des in Baden-Württemberg gezüchteten Pferdes schätzen gelernt haben. Über Auktionen des Verbandes und des Gestütes werden jährlich Reitpferde mit gutem Erfolg zum Verkauf gestellt und an die Interessenten vermarktet.

Der Gesamtpferdebestand in Baden-Württemberg beträgt ca. 70.000 Tiere. Aus ei-

Schwarzwälder Kaltblut - in der typischen Landschaft des bis zu 1.500 m hohen Hochschwarzwaldes. Nelke H 4096 mit Hengstfohlen von Müller. Züchter: Eug. Gfell, Kaiserhof

Schwarzwälder Kaltblut - Müller Ldb. 116 geb. 1953 v. Mittler B65 a. d. Oreia S2442 v. Bunker B296. Züchter: A. Fehrenbach, Hilpertenhof, Bes.: Haupt- und Landgestüt Marbach

gener Zucht können z. Zt. wieder fast 50% der Remonten gestellt werden. Mit dem Rückgang der Pferdehaltung im Bauernbetrieb nahm die Kleinpferde- und Ponyhaltung im Lande zu. So schlossen sich schon 1955 die Züchter dieser Pferde im Kleinpferde- und Ponystammbuch zusammen, sie werden vom Pferdezuchtverband Baden-Württemberg betreut.

Heute stellen die Haflinger fast die Hälfte der Kleinpferdezucht im Lande, über 20% gehören der Rasse der Islandponys an, auch Reitponys und Fjordpferde haben eine gewisse Bedeutung.

Die Population der Haflinger ist sehr ausgeglichen. Durch ihre Anpaarung mit Araberhengsten bester Klasse, wurden Adel und Rittigkeit weiter verbessert. Damit fand der Haflinger als Freizeitpferd weitere Ver-

breitung. Die Züchter sind über das ganze Land gleichmäßig verteilt.

In nationaler und internationaler Konkurrenz haben sich die Haflinger aus Baden-Württemberg einen Namen gemacht.

Auch hat sich eine hervorragende Islandpferdezucht im Lande etabliert, erwünscht ist der leichtrittige Naturtölter. Sein Temperament und Charakter machen ihn zum idealen Familienpony, der Fünfgänger gewinnt immer mehr Freunde.

Vom Reitpony bis zum Mini-Shetlandpony werden so gut wie alle Rassen im Stutbuch geführt.

2. Die Zucht des schweren Zugpferdes

Die Anfänge dieser Zucht reichen weit in das vorige Jahrhundert zurück. Hauptsächlich in den Ackerbaugebieten erforderte die Intensivierung des Landbaus mehr Zugkraft; der vorhandene Landschlag war zu leicht und zu temperamentvoll. Schwere Arbeitspferde wurden aus Frankreich, Belgien und dem Rheinland eingeführt. Die imposanten, in ihren üppigen Formen sehr gefälligen Pferde der Niederungsgebiete fanden viele Bewunderer. Die Bauern versuchten diese Pferde nachzuzüchten.

Bald wurde beobachtet, daß die Nachzucht leichter wurde, deshalb wurden immer möglichst schwere Hengste eingeführt. Man wollte nicht wahr haben, daß fette und schwere Böden, feuchtes Klima und die Nahrung, entscheidend für die Zucht von schweren Pferden sind.

Hauptzuchtgebiete des Kaltbluts waren die nordbadischen Landesteile und das fruchtbare württembergische Unterland, die Hohenloher Ebene, Teile des Schwäbischen Waldes mit dem Limpurgerland und nicht zuletzt die Ulmer Alb und der angrenzende Donaubezirk.

2.1 Das Rheinisch-Belgische Pferd

war das Zuchtziel, und an dieser Zuchtrichtung hielten die Züchter Nordbadens bis zum allgemeinen Niedergang der Zucht des Arbeitspferdes infolge der Motorisierung fest.

Die ersten Zuchtvereine waren ums Jahr 1875 entstanden; ihr Zweck war der gemeinsame Einkauf von Zuchtpferden in Belgien. Aufgrund des günstigen Klimas, der fruchtbaren Böden und der vorwiegend auf Ackerbau ausgerichteten Haltungs- und Fütterungsbedingungen kam die Kaltblutzucht zu bemerkenswerten Erfolgen.

Im Jahre 1896 stellte die unterbadische Kaltblutzucht auf der DLG-Schau in Stuttgart-Cannstatt 66 Pferde aus. Wie anhand der Schauergebnisse zu ersehen ist, ohne großen Erfolg. Prof. Kronacher stellte nach beinahe 40 Jahren anläßlich der Schau in Mannheim 1932 fest, daß die unterbadische Pferdezucht mit den viel schwereren Pferden anderer Zuchtgebiete nicht konkurrieren konnte. Seine gleichzeitige Empfehlung, trotzdem an dem besonderen, knapp mittelschweren Typ dieses Kaltbluts festzuhalten, war sicher richtig und begründet, beleuchtet aber die Problematik solcher Schauen, wenn die dabei gestellten Anforderungen nicht mit den züchterisch möglichen und wirtschaftlich durchführbaren Gegebenheiten in Einklang zu bringen sind. „Es kann nicht in unserem Interesse liegen, anspruchsvollere Zuchttiere zu importieren, als die verschiedenen Landesteile selbst zu produzieren und zu halten vermögen. Wir müssen darum in jedem Lan-

desteil das Kaltblutpferd ziehen, welches dort am Platze ist," sagte schon Altmeister Prof. A. de Chapeaurouge.

Den größten Erfolg hatte die badische Kaltblutzucht bei der Reichsnährstandschau in Frankfurt im Jahre 1936. Der damals schon 18jährige Hengst Loth 202 erhielt mit einer Stutensammlung den Ia Preis. Mit 93 eingetragenen Töchtern und einem gekörten Sohn wurde er zum erfolgreichsten Hengst der unterbadischen Kaltblutzucht. Alle seine Nachkommen hatten sein lebhaftes Temperament, viel Nerv, Energie und schwungvolle Bewegungen. Dank der günstigen Bedingungen konnte die Zucht auf rheinisch-belgischer Basis in den nördlichen Landesteilen bodenständig werden und unter steigender Verwendung von im Lande gezogenen Hengsten einen beachtlichen Stand erreichen. Auf der Verbandsweide Sinsheim wurden seit dem Jahre 1914 nicht nur die besten Stutfohlen, sondern auch Hengste aufgezogen. Unterbaden war zu einem geschlossenen Kaltblutzuchtgebiet geworden. Von 1931 an wurden Zugleistungsprüfungen nach den Bestimmungen der Leistungsprüfungsordnung durchgeführt.

Schon um das Jahr 1940 war nahezu die Hälfte der Deckhengste im Lande gezüchtet worden, und die bodenständigen Hengste befruchteten meist überdurchschnittlich gut. Man mußte allerdings eine Typveränderung in Kauf nehmen. Die Pferde wurden kleiner und blieben wesentlich leichter als die Ausgangsrasse. Ganz bewußt wurde ein mittelschwerer Kaltblüter angestrebt. Der Pferdehaltung sollte nur eine möglichst geringe Fläche eingeräumt werden, das beste Futter im Kuhstall verwendet werden.

Um die Jahrhundertwende waren 936 Stuten im Stutbuch eingetragen. Den Höhepunkt erreichte die Zucht im Jahre 1950 mit 2.122 Stuten. Mit 14 im Jahre 1980 eingetragenen Stuten war die einst blühende badische Kaltblutzucht am Ende ihrer nahezu hundertjährigen Geschichte.

2.2 Kaltblutzucht in Württemberg

Einen ganz anderen Verlauf nahm die Kaltblutzucht in Württemberg. Erstaunlich ist, daß sie auf der Ulmer Alb ihren Anfang nahm. Der Grund dürfte vor allem darin zu suchen sein, daß die bedeutenden Ulmer Pferdemärkte mit Kaltblutpferden überschwemmt wurden, die teilweise aus dem bayrischen Oberland stammten, also Norikerkreuzungen waren, vielfach aber aus Frankreich und Belgien kamen (Zipperlen). Im Jahre 1877 war der erste Kaltblutpferdezuchtverein in Langenau bei Ulm gegründet worden, weitere folgten. Meist waren diese Vereine Abteilungen der landwirtschaftlichen Bezirksvereine in Form von Hengsthaltungsgenossenschaften.

„Für Züchtungszwecke sollen fremdländische Hengste erworben werden", ist in den Gründungsakten zu lesen.

Die Bezirksvereine konnten sich nicht auf eine einheitliche Zuchtrichtung einigen. Belgier und Ardenner wurden eingeführt. Erst nach dem Zusammenschluß im „Verband der württembergischen Pferdezuchtvereine für den Kaltblütigen Schlag" einigte man sich auf ein einheitliches Zuchtziel: ein mittelschweres Pferd auf belgischer Grundlage.

Bei der Gründung des Verbandes standen in den Vereinsgebieten insgesamt 21 Hengste; Besitzer waren die Vereine. Diese Art der Haltung scheint sich nicht bewährt zu haben. Die Hengste wurden an private Halter abgegeben, allerdings unter tatkräftiger Unterstützung von Verein, Verband und Staat.

Eine Zuchtbuchführung wurde eingerichtet und der „Verband Württembergischer Kaltblutzuchtvereine" im Jahre 1908 von der Deutschen Landwirtschaftsgesellschaft als Züchtervereinigung anerkannt. Da die Zuchtbasis klein war, mußten Stuten und Fohlen eingeführt werden. Der damalige Zuchtinspektor war bestrebt, möglichst Pferde im Typ des, wie er es nannte, „Höhenbelgiers" einzuführen: mittelschwer, beweglich und gängig, mit klaren und trockenen Beinen, Pferde im sogenannten Ardennertyp. Manche Stutenstämme wurden bodenständig. Es waren dies meist Pferde im leichten, alten Ardennertyp.

2.3 Umstellung auf den Noriker

Schon immer war der „Bayerschlag" in Württemberg als Gebrauchspferd beliebt und weitgehend verbreitet. Von den Zuchtgebieten des Pinzgaues und den Aufzuchtgebieten Österreichs, teilweise auch von Tirol, Kärnten und der Steiermark fanden diese Pferde Absatz in den süddeutschen Randgebieten. Den passionierten Züchtern gefielen diese Pferde nicht; sie hatten weder die Schwere noch die harmonischen Formen ihres Zuchtideals. Doch „die bayerischen, gemeinen Pferde" waren wirtschaftlicher. Die glänzende Bewährung der genügsamen Pferde norischer Herkunft im Ersten Weltkrieg gab den Ausschlag, mit dieser Pferderasse einen Zuchtversuch zu wagen. Gestütsleiter und Gestütsobertierarzt hatten schon im Jahre 1919 der Zentralstelle für die Landwirtschaft die Aufstellung von Pinzgauerhengsten empfohlen. Der Kaltblutzuchtverband befaßte sich auf seiner Jahresversammlung 1919 mit Fragen der Noriker Zucht.

Zunächst stellte das Württembergische Landgestüt einige Hengste norischer Herkunft auf den staatlichen Beschälplatten entlang der bayerischen Grenze auf. Der Pferdezuchtverein Ellwangen/Leutkirch ging als erster auf den Noriker über. Nur zögernd, aber durch die bisherigen Mißerfolge veranlaßt, folgten weitere Pferdezuchtvereine. Gewiß, dem Noriker hafteten noch störende Gebäudemängel an: die

Formen waren eckig, die Mittelhand meist zu lang, die Kruppe abgeschlagen, das Hinterbein oft kuhhessig - aber, und das war ausschlaggebend, diese Pferde fanden sich mit den württembergischen Verhältnissen glänzend zurecht.

Im Jahre 1922 deckten Noriker auf acht staatlichen Stationen. Der Noriker als Pferd der österreichischen Alpenländer verdankt seine Genügsamkeit den harten Bedingungen seiner Heimat. Die Erkenntnis, daß Zuchttiere nicht aus guten in schlechtere Verhältnisse versetzt werden sollten, setzte sich durch. Gute Hengstfohlen wurden vom Gestüt zur Aufzucht übernommen. Immer schon hatte das Landgestüt die Kaltblutzucht in dem Bestreben nach im Lande gezüchteten Hengsten unterstützt.

Schon nach wenigen Jahren wurde festgestellt, daß die Tiere sich harmonisch entwickeln. „Die Produkte der norischen Hengste werden überall gelobt, weil ihre Nachzucht anspruchsloser und futterdankbarer als diejenige des Belgiers ist". Die norische Zuchtrichtung erfreute sich immer größerer Beliebtheit.

Auf den Bauernhöfen mit ausschließlich wirtschaftseigenem und dazu in der Qualität meist mäßigem Futter konnte sich nur das tonnige, leichtfüttrige Modell durchsetzen. Auch das Pferd norischer Herkunft erfuhr eine gewisse Umwandlung. Die Formen wurden gefälliger, Tiefe und Breite des Körpers nahmen zu.

2.4 Das Süddeutsche Kaltblut

Die letzte, aber als einzige erfolgreiche Epoche der württembergischen Kaltblutzucht wurde eingeleitet.

Neben der Reinzucht des Norikers, seit 1935 erklärtes Zuchtziel, wurde das züchterische Potential aller seit Generationen im Lande gezüchteten Stutenstämme planmäßig ausgeschöpft. Dem schon in seinem Heimatland bewährten Pinzgauerhengst Karner Vulkan 63 wurden diese Stuten zugeführt. Der Hengst verkörperte den bewährten Typ: stämmig, muskulös, mit bestens geschlossenem Körper und hervorragender Verbindung zur wohlgeformten Kruppe. Mit ihm und seinen bodenständigen Söhnen wurden bisher nie gekannte Erfolge erzielt. In einem Bericht des Verbandes ist festgehalten: „In den letzten 15 Jahren ist es nunmehr gelungen, den Bedarf an kaltblütigen Junghengsten weitgehend aus der eigenen Nachzucht heranzuziehen. Bei der Zentralkörung im November 1952 in Ulm konnte den Züchtern ein Hengstbestand, der mit ganz wenigen Ausnahmen aus der eigenen Zucht stammt, vorgestellt werden. Diese Tatsache verdient festgehalten zu werden, denn sie ist erstmalig in der Geschichte der württembergischen Kaltblutzucht. Der Anfang für eine ganz auf unsere Verhältnisse eingestellte Kaltblutzucht ist gemacht, bedauerlich ist nur, daß die heutige Krise einen

großen Teil der Züchter veranlaßt, ihre Stuten nicht mehr decken zu lassen."
Anzeichen eines Rückganges der Zucht waren bereits deutlich erkennbar. Im Jahre 1953 waren von 3.410 eingetragenen Kaltblutstuten nur noch 679 Stuten gedeckt worden. Der Zusammenbruch der Zucht des kaltblütigen Arbeitspferdes war nicht aufzuhalten.

Es entbehrt nicht einer gewissen Tragik, daß, als es endlich der heimischen Zucht gelungen war, der Landwirtschaft ein bodenständiges Arbeitspferd zur Verfügung zu stellen, die Motorisierung dem kaltblütigen Zugpferd den Todesstoß versetzte.

So war der Bestand des Süddeutschen Kaltblutes in den 70er Jahren bis auf zwei Dutzend eingetragener Stuten zurückgegangen. Erst langsam fand das Kaltblut als Freizeitpferd mehr und mehr, aber auch für die Waldarbeit, seinen Platz.

Der Stutenbestand ist wieder auf über 100 angestiegen, die meisten sind aus dem bayerischen Zuchtgebiet angekauft, auch wird mit Hengsten aus dem dortigen Gebiet gezüchtet.

2.5 Die Schwarzwälder Füchse

Die Eigenart des Zuchtgebietes und die Liebe der Züchter zu ihren weißmähnigen Wälderfüchsen haben dieses Pferd bis heute erhalten. Die Tierzucht des Hochschwarzwaldes hat ihre eigenen Gesetze, bedingt durch die schwierigen Standortbedingungen, die extremen Gelände- und Vegetationsformen, das harte Klima und die mineralstoffarmen Verwitterungsböden. Nicht nur der leichte Schwarzwälder Kaltblüter, auch das kleine Hinterwälderrind sind hier zu eigenständigen Rassen geworden.

Der „Schwarzwälder" ist ein leichtes bis mittelschweres Zugpferd mit edlem, ausdrucksvollem Kopf, trockenen, harten Beinen und den gedrungenen Formen des leichtfüttrigen Wirtschaftspferdes.

Als Durchschnittsmaße werden angegeben: Stuten 148-152 cm Stockmaß, Hengste ca. 5 cm mehr, und ein Gewicht von ca. 650 kg. Dunkle Füchse mit hellem Langhaar werden bevorzugt, Hengste ohne diese Farbmerkmale von den Züchtern abgelehnt.

2.5.1 Die Herkunft

Über die Entstehung dieses Kleinodes der baden-württembergischen Pferdezucht lassen sich nur Vermutungen anstellen.
Die Anfänge der Zucht gehen weit in die vergangenen Jahrhunderte zurück. Die

Umwelt hat den Schwarzwälder geprägt, wie den Ardenner, Comtois, Freiberger, in den Gebirgslagen um den Oberrheingraben.

Das Zuchtgebiet dieser Lokalrasse ist der südliche Schwarzwald und die angrenzenden Bezirke. Höhenlagen um die 1.000 m und darüber sind keine Seltenheit. Auf den abgelegenen Waldbauernhöfen spielt die Forstwirtschaft eine wichtige Rolle. Der Bauer ist auf ein leistungsfähiges, zugsicheres und zugleich äußerst anspruchsloses Pferd angewiesen. Es ist deshalb verständlich, wenn bei der Zucht des Wälderpferdes weniger auf äußere Merkmale und die Schönheit üppiger Formen als auf Ausdauer, Härte, Langlebigkeit und Fruchtbarkeit gesehen wurde - Eigenschaften, die dieses Pferd bis heute auszeichnen.

Im Jahre 1896 schlossen sich die Züchter im „Verband der Schwarzwälder Pferdezuchtgenossenschaften" zusammen. Im ersten Stutbuch sind viele Stuten unbekannter Abstammung als „Ardenner" oder „Elsässer" beschrieben. Den Grundstock bildeten zweifelsfrei die vorhandenen Stutenstämme, von denen der frühere Vorsitzende des Verbandes meinte: „Sie sind so alt wie die Höfe der Schwarzwaldbauern." Wie alle Zuchtgebiete Baden-Württembergs blieb auch die Schwarzwälder Zucht nicht von der Sucht nach schweren Pferden verschont. Mit dem Körgesetz vom 9. April 1880 und der sich anschließenden Aufstellung von Hengsten aus Belgien wollte man die Zucht fördern.

Glücklicherweise setzten sich die durch Inzucht stark in sich gefestigten alten Stutenstämme durch. Ihre Nachzucht hatte die Eigenschaften, welche das Wälderpferd von jeher auszeichneten, zumal die erfahrenen Züchter die bodenständigen Hengste bevorzugten.

Glaubhaft wird über die oft eigenwilligen schwarzwälder Einödbauern erzählt, daß diese mit Hengsten, die wegen zu geringem Kaliber nicht oder nicht mehr anerkannt waren, heimlich weiterzüchteten. Als Beispiel gilt der sog. Brosi-Hengst. Dieser Dunkelfuchs mit herrlich weißem Langhaar ist, weil klein und leicht, nie gekört gewesen, über seine „illegalen Töchter" jedoch in der Abstammung zahlreicher gekörter Hengste zu finden. Seine Nachkommen männlichen Geschlechts waren natürlich tabu. Auf den einsamen, abgelegenen Waldbauernhöfen hatte man schon immer gelernt, sich selbst zu helfen.

2.5.2 Das Zuchtgebiet

Der Verband hatte erkannt, daß nur durch Zucht und Aufzucht von Hengsten aus den eigenen Reihen das gesteckte Ziel zu erreichen war. Dieser Plan konnte in den Jahren nach 1920 verwirklicht werden. Doch das kleine Zuchtgebiet und die geringe Zuchtbasis machten die Suche nach Hengsten frischen Blutes zu einem

Ein Marbacher Schwarzwälder Fuchs in voller Pracht

immer wiederkehrenden Problem. Man hatte das große Glück in den Hengsten Milan und Deutschritter zwei Hengste zu finden, die neue Blutlinien in die Zucht brachten. Milan kam aus Osttirol, ein Noriker leichteren Kalibers, Deutschritter war 1929 in Aachen gekauft worden.

Deutobert B 60, geb. 1930 und Deutmar B 40, geb. 1930, waren die ersten bedeutenden Söhne nach Deutschritter. Beide Hengste gingen mütterlicherseits auf Stutenstämme der alten Wälderzucht zurück, und ihr Erfolg in der Zucht wird dieser Tatsache zugeschrieben.

Viele Jahre beherrschten die Hengste der D-Linie eindeutig das Zuchtgeschehen, sie stellten in der 9. Generation gekörte Hengste. Etwa seit 1960 wurde die M-Linie systematisch aufgebaut.

Mittler B 65, geb. 1936, mütterlicherseits ebenfalls aus einem alten Wälderstamm kommend, war „weil zu leicht", aus der Zucht genommen, später aber bereits 15jährig, aufgrund seiner von den Züchtern sehr geschätzten Nachkommen wieder aufgestellt worden. Von seinen sieben Söhnen wurden Militär 162, geb. 1958, und Müller 116, geb. 1953, die erfolgreichsten Vererber; auch Mister B 67 und Milford 138 setzen über ihre Söhne diese Hengstlinie fort. Bald gab es kein Pferd mehr in der Zucht, das nicht mehrmals Hengste dieser beiden Linien in der Abstammung aufzuweisen hatte. Die starke Inzucht hat den Schwarzwälder geprägt und ihn zu einer einheitlichen Rasse geformt.

Seit 40 Jahren stellt das Haupt- und Landgestüt Marbach die Deckhengste, und vom Gestüt werden seither die als Hengstanwärter geeigneten Fohlen aufgezogen. Damit ist eine früher nie gekannte Kontinuität erreicht worden.

Wieder zwang die geringe Populationsbreite dieser Lokalrasse und die dadurch bedingte Inzucht zum Einsatz anderer Linien. Mit dem Noriker Reith-Nero, nach Typ und Farbe passend, sowie mit Wirts-Diamant, ebenfalls Noriker, versuchte man, das Problem zu lösen. Seit der DLG-Schau in München 1906 sind die Schwarzwälder eine besondere Attraktion auf diesen großen Schauen. Tausende von Besuchern lockt das Pferdefest in St. Märgen auf die Höhen des südlichen Schwarzwaldes. Die Besucher der Marbacher Hengstschauen sind begeistert, wenn die kraftstrotzenden Wälderfüchse mit ihren fliegenden weißen Mähnen und ihren buschigen, beinahe bis auf den Boden reichenden Schweifen am römischen Kampfwagen, als ungarische Post oder in der geballten Kraft einer Hengstkoppel durch die Arena brausen.

Die Heimat des Schwarzwälders ist ein beliebtes Fremdenverkehrsgebiet geworden. Kutsch- und Schlittenfahrten helfen mancherorts die Haltung der Pferde rentabler zu gestalten. Auch sonst wird dieses hübsche, flotte Pferd für Erholungsuchende

zum Mittel aktiver Freizeitgestaltung und ist geeignet, den Erlebniswert dieser schönen Landschaft zu steigern.

Die Zucht hat einen hohen Stand erreicht. Leider hat auch sie durch die technische Entwicklung eingebüßt, wenn auch nicht in dem Maße wie die übrige Kaltblutzucht. Erhalten hat den Schwarzwälder das exakt durchgeführte Zuchtprogramm, seine Langlebigkeit und Härte, besonders auch die Treue der Schwarzwälder Bauern zu ihren Pferden.

Neben der M-Linie hat sich die D-Linie gehalten. Um die relativ starke Inzucht zu brechen, auch um etwas mehr Kaliber zu bekommen, wurden die trockenen edlen Noriker Hengste Wirts-Diamant und Reith-Nero eingesetzt. Nur im mittleren Rahmen stehend, haben sie über ihre Söhne Wirt und Remig - beide stammen von Müttern aus der M-Linie - zwei Hengstlinien gebracht und damit eine gelungene Erweiterung des Erbgefüges. Die R-Linie hat inzwischen vier Generationen gekörter Hengste, die W-Linie schon drei Generationen. Die M-Linie hat den heutigen Schwarzwälder geprägt.

Ende 1993 sind im Zuchtbuch 450 Stuten eingetragen. Reingezogene Hengste sichern den Fortbestand und die Sonderstellung des Schwarzwälders unter den Kaltblutrassen.

Der Fuchs mit der hellen Mähne ist wieder gefragt. Die Zuchtprodukte sind gesucht. Die Population des Wälderpferdes ist abgesichert. Der edle Fuchs ist ein einmaliges züchterisches Kleinod, ein kulturelles Erbe, das es zu bewahren und zu erhalten gilt.

3. Die Zucht des warmblütigen Arbeitspferdes

Härte und Ausdauer hatten die Vollbutaraberhengste des königlichen Gestütes Weil in die Landeszucht gebracht. Bis Mitte des vorigen Jahrhunderts war dadurch ein leichter Landschlag entstanden. Orientalische und englische Hengste brachten die Zucht vorübergehend zu hoher Blüte. Auf den sandigen Böden der Rheinebene züchtete man mit gutem Erfolg das „Hardtpferd", einen kleinen, leichten Pferdeschlag meist orientalischer Abstammung.

Aber die Landwirtschaft verlangte nach schwereren Pferden. Das Landgestüt Marbach baute die württembergische Warmblutzucht im wesentlichen auf den in den Jahren 1872 bis 1888 eingeführten Anglo-Normännerhengsten auf. Baden wurde Oldenburger Nachzuchtgebiet und ist dies bis zur Umstellung auf die Reitpferdezucht geblieben.

Die Bildung des Südweststaates „Baden-Württemberg" blieb nicht ohne Einfluß auf die Pferdezucht. Die staatlich subventionierte Privathengsthaltung Badens wurde

in den Jahren 1953 bis 1955 durch Hengste des nun auch für Baden zuständigen Württembergischen Landgestüts abgelöst. Es zeigte sich sehr bald, daß diese Hengste den neuen, harten Bedingungen der damals noch üblichen täglichen Arbeit in der umfangreichen Landwirtschaft des Gestütes nicht gewachsen waren. Die Oldenburger wurden durch gestütseigene Landbeschäler ersetzt. Die badische und die württembergische Zucht verfolgten von nun an ein gemeinsames Zuchtziel.

Bestimmend für die Zucht waren immer die harten Bedingungen der Schwäbischen Alb und die Zucht des dort beheimateten Gestütes Marbach. Die Geschichte dieses vor über 400 Jahren gegründeten heutigen Haupt- und Landgestütes, ist zugleich die Geschichte der württembergischen Pferdezucht - bereits 1491 also vor über 500 Jahren wurde ein einfaches Gestüt im Oberfeld bei Marbach gegründet.

3.1 Das Württemberger Warmblut

Mit Pferden aller bekannten Rassen waren in vergangenen Zeiten Zuchtversuche gemacht worden. Blütezeiten und Tiefpunkte wechselten in rascher Folge. Erst in der zweiten Hälfte des vorigen Jahrhunderts einigte man sich. Die Pferdezuchtkonferenz, vom Volk „Roßparlament" genannt, beschloß die Zucht eines für die Landwirtschaft genügend schweren, warmblütigen Pferdes, das auch als „Artilleriestangenpferd" von den Militärs für brauchbar befunden wurde. Der Marbacher Gestütsleiter sollte den gefaßten Plan umsetzen.

Damals, wie auch heute teilweise wieder, galt das Interesse der Pferdewelt der anglo-normannischen Pferdezucht. Auf der Suche nach einem kurzbeinigen, praktischen, gutgerippten und muskulösen Pferd, das auch im Typ zu den württembergischen Verhältnissen passen könnte, wurden von 1867 bis 1888 rund 40 anglo-normannische Hengste und ca. 30 Stuten eingeführt. Die Hengste wurden als Landbeschäler in der Landeszucht eingesetzt. Der Versuch einer anglo-normannischen Reinzucht in Marbach mißlang. Wieder einmal mußte man die Erfahrung machen, daß Pferde aus maritimem Klima und aus guten Verhältnissen sich nicht mit den Bedingungen der Schwäbischen Alb abfinden konnten. Diese Erkenntnis wurde zur Richtschnur aller weiteren Überlegungen.

Mit Nachdruck wurde versucht, Hengste aus eigener Zucht zu bekommen. Das Landgestüt kaufte aussichtsreiche Hengstfohlen bei den Züchtern und zog diese im Gestüt auf. Ermutigend waren nur die Produkte der alten Marbacher Rasse und die Paarungen der Anglo-Normänner-Hengste mit den bäuerlichen Albstuten, die sehr häufig Blut des Arabers Young Zarif führten, also leicht, hart und genügsam waren.

Lech, Db. H. geb. 1884 in Würtingen. V.: Legitimist (Anglo-Normanne, M.: v. Milo (Ldb.) v. Sovereign xx.

Comet, R.H. geb. 1883. V.: Communist (Anglo-Normanne). M.: v. Schah (Ldb., Anglo-Normanne).

Aufgrund der Überlegung, daß das rauhe Klima und die harten ostpreußischen Winter mit den Bedingungen der Schwäbischen Alb weitgehend übereinstimmen, wurden zur Ergänzung des Hengst- und Stutenbestandes des Gestütes in den Jahren 1877 bis 1888 sechs Hengste und neunundzwanzig Stuten in Ostpreußen angekauft. Die ostpreußischen Stuten, untersetzt, breit und genügend tief, wurden den kräftigen anglo-normännischen Hengsten zugeteilt, die ostpreußischen Hengste deckten die Normänner Stuten. Unter Verzicht auf weitere Zufuhr fremden Blutes war es gegen Ende des vorigen Jahrhunderts gelungen, einen einheitlichen Stutenstamm zu schaffen. Der Landeszucht standen Hengste zur Verfügung, wie nie zuvor. Geprägt vom Anglo-Normannen war das „Württemberger Warmblut" um die Jahrhundertwende als eigenständige Rasse zu einem Begriff geworden. „Die württembergische Zucht wurde zum Beispiel, wie ein Land, das keine angestammte Pferderasse besitzt, aus verschiedenen Rassen einen neuen, zweckentsprechenden Typ geformt hat" (Rau). „Herr und Bauer" nannten die Züchter stolz ihr Pferd, und sie wollten damit seine vielseitige Verwendungsmöglichkeit zum Ausdruck bringen.

Die Warmblutzüchter Württembergs hatten sich im Jahre 1895 im „Württembergischen Pferdezuchtverein e. V." zusammengeschlossen. Die Vermittlung von Stutfohlen und Jungstuten aus der eigenen Zucht, die Verbesserung der Aufzucht durch Schaffung von Weiden werden als wichtigste Aufgaben genannt.

Die Hengste für die Warmblutzucht stellte ausschließlich das Gestüt Marbach, und diese Hengste gingen fast alle auf anglonormannische Hengstlinien zurück.

Alle diese Hengste haben den Grund gelegt, auf dem der Hengst Faust seine überragenden Erfolge erringen konnte. Beim letzten Ankauf in der Normandie im Jahre 1888 wurden zwei Hengste ausgesucht. Faust mußte, so ist überliefert, mitgekauft werden, um die beiden anderen zu bekommen. Und gerade er sollte der Stammvater des Württemberger Warmbluts werden.

Faust traf vielfach auf verwandtes Blut und konnte so, dank seiner ungewöhnlichen Vererbungskraft, eine Einheitlichkeit des Typs erreichen. Die systematische Inzucht mit ihrer homogenisierenden Wirkung hat in dieser Zuchtepoche das Württemberger Warmblut als eigenständige Rasse geschaffen.

Es lohnt sich auch heute noch, auf das Phänomen Faust etwas näher einzugehen. Faust ist das Produkt der besten Blutströme der anglo-normännischen Zucht und einer systematischen Inzucht auf diese.

In seiner Abstammung, seinem geschlossenen und stämmigen Modell, seiner sprühenden Energie und einer Stammstutenherde, in der über die vor ihm eingesetzten Anglo-Normännerhengste Blutanschluß vorhanden war: darin dürfte das Geheimnis seiner ehemaligen Bedeutung liegen.

In seinen hippologischen Wanderungen (Deutsche Sportwelt, Jahrgang 1906) schreibt Gustav Rau: „... Faust hat sich mit einer Gleichmäßigkeit ohnegleichen vererbt, er prägte seinen Stempel auf. Er ist einer von den alten Anglo-Normänner Typen, die bei starkem Kaliber ein auffallendes Feuer und eine hohe Energie der Bewegung zeigen. Das, was das Vaterpferd von Klasse, den bedeutenden Hengst unter vielen anderen erkennen läßt, das undefinierbare Etwas liegt über ihm..."

Primrose, F. St. geb. 1887 in Marbach.
V.: Prinz (H) v. Brealdobane xx a. e. Vogel-Stute. M.: Muhme v. Mac Mahon (Anglo-Normanne) a. d. Borussia

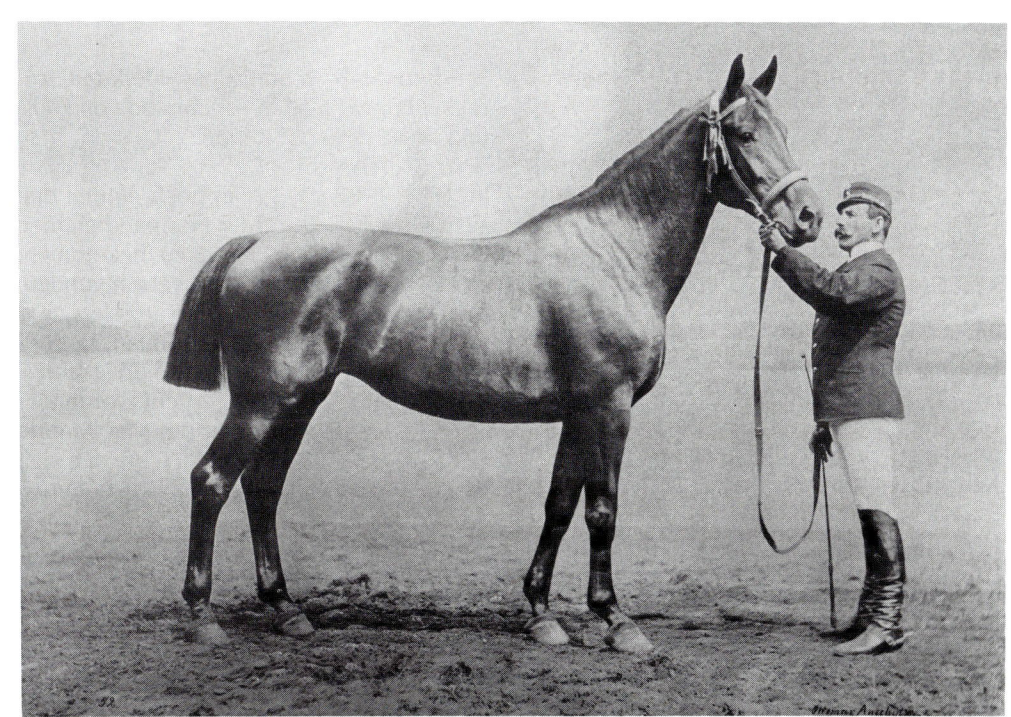

Corona, Hb. St. geb. 1883 in Marbach.
V.: Communist (Anglo-Normanne). M.: Gunhilde (Ostpreußen) v. Non plus ultra a. e. Jasaias-Stute.

Walther, Hb. H., geb. 1887 in Marbach, V.: Frevler (Trakehner). M.: Wanda (Ostpreußen) v. Dreyer

3.2 Das Stutbuch - Württemberger Warmblut

Im Jahre 1908 wurde das Stutbuch angelegt. Anlaß war die DLG-Schau in Stuttgart, auf der die Pferde unter dem Namen „Veredelter Württemberger Landschlag" einer interessierten Pferdewelt erstmals vorgestellt wurden. Schon wegen der anglo-normannischen Abstammung nahm dieses Pferd eine Sonderstellung innerhalb der deutschen Pferdezuchten ein.

Prof. von Nathusius, Jena, schreibt: „Das Faustblut und der Fausttyp haben sich in Württemberg so ausgezeichnet bewährt, daß man wünschen möchte, die so erfolgreich eingeleitete Anglo-Normänner-Zucht möge in Württemberg ihren ruhigen, ungestörten Fortgang nehmen."

Die Anlage eines Stutbuches war Voraussetzung für eine Anerkennung als Züchterverband. Mit 406 eingetragenen Stuten wurde das Stutbuch eröffnet.
Von den 406 im Jahre 1908 eingetragenen Stuten waren 296 Stuten (73%) im Lande gezogen. Die Abstammung dieser Stuten war durch die vom Landgestüt ausgestellten Deckscheine mit dem vom Bürgermeister beglaubigten Geburtsanzeigen ausgewiesen. Ihre Abstammung vermittelt ein Bild über Stand und Entwicklung der allgemeinen Landeszucht in der Zeit um die Jahrhundertwende.
Fast alle der 296 bei der Eröffnung des Stutbuches eingetragenen Stuten aus der Landeszucht gingen auf Mütter überwiegend anglo-normannischer Herkunft zurück; allein 114 Stuten stammten von Faust und dessen Nachkommen.

Im Jahre 1908 hatte man noch einmal den Versuch gemacht, in der Normandie einen Hengst im Typ des Faust zu bekommen. Doch der Faust-Typ war verschwunden; man züchtete hochelegante Karossiers, auffallende Pferde mit hohen Gängen. Verführer, Floral und Zentaur wurden angekauft. Floral war sorgfältig ausgesucht worden. Er war auf Kapirat, den Vater des Mac Mahon ingezogen, ferner auf Seducteur, der sich zweimal im Pedigree von Faust befindet, ebenso Phaeton und dessen Sohn James Watt, der mit seinen Nachkommen auf der Traberbahn Triumphe feierte. Floral, von 1909-1915 Hauptbeschäler, war ein hervorragender Stutenmacher. Die Floralstuten waren bald im ganzen Land ob ihrer Härte und Ausdauer, ihrer schwungvollen Gänge und ihres fast unbegrenzten Trabvermögens geschätzt und bewundert; doch ihre Energie mußte erst sachkundig in die richtige Bahn gelenkt werden.

Ende des Jahres 1918 waren 1.285 Stuten im Stutbuch erfaßt. Der Stutenbestand war ausgeglichen und eng auf die wenigen Hengstlinien gezogen; es gab kaum eine Stute im Lande, die nicht mehrmals Faustblut führte. Kernzuchtgebiet war das württembergische Oberland, wo die Hälfte aller eingetragenen Stuten stand und, noch entscheidender, 82% der Stuten der Wertklasse I.

3.3 Verstärkung mit Oldenburgern

Der Wunsch der Landwirtschaft nach Verstärkung wurde immer dringender. Über den schweren, dabei formschönen Oldenburger sollte das Ziel erreicht werden. In den Jahren 1906 bis 1923 wurden insgesamt 23 Oldenburger aufgestellt. Bereits im Jahre 1903 war im Gestüt Elegant von Elegant 1387 (Oldb) kurze Zeit als Hauptbeschäler aufgestellt gewesen. Elegant kam aus der Ruthardt-Linie und hatte Anschluß an das normannische Blut. Er hat nur einen Sohn hinterlassen; dieser wurde aber zu einem der bedeutendsten Linienbegründer der Zucht: Flieder 156, geb. 1904. Der starke Hengst Flieder (164/210/25 cm) hatte vom Vater das Kaliber; sein Zuchtwert dürfte in der Mutterlinie begründet sein. Flieders Mutter ist die Fausttochter Fliege.

3.4 Der Württemberger - ein schwerer Warmblüter

Der Flieder-Sohn Gamander 303/1913 a. d. Gamma v. Gambrinus (AN), mit den Maßen 164/209/24,5 cm, ebenfalls ein ausgesprochener Verstärkerhengst, gründete über Glimmer-Geiger eine erfolgreiche Hengstlinie, die erst mit Gero 984/1957 der Umstellung zum Opfer fiel. Flitter 260/1910, v. Flieder a. d. Flora 43 v. Colonel (v. Faust) mit 166/223/25 cm, ein außerordentlich massiger, tiefer Hengst, sollte überragende Bedeutung in dieser Phase der Verstärkung bekommen, 32 Söhne wurden in der Landeszucht eingesetzt.

In der Stutenherde des Gestüts wurde die Verstärkung durch den Hengst Elegant über dessen Töchter Elegantia, Elektra und Egeria ausgeschöpft. Alle drei Stuten kamen aus der Faust-Linie, Elegantia und Elektra hatten außerdem hartes ostpreußisches Blut. Florentia v. Floral a. d. Elegantia ist die Mutter der guten Hengste Flenner v. Flitter und Soranus v. Sonnenwirt. Elektra brachte den auf Faust ingezogenen Eli, der über seine Söhne Fex 312/1914 und Eylau 347/1916 in der Zeit ab 1920 die Zucht bestimmte. Egeria ist Mutter des edlen Feger 576/1936 v. Fantuk, dessen Mutter wiederum eine Elektra-Enkelin war. Ihre Tochter Sigeria v. Soranus ist die Mutter des guten Landbeschälers Erguß 594/1932. Die Egeriatochter Sophie v. Sonnenwirt ist die Mutter der Beschäler Efendi, Epilog, Eichrodt und Erpinus, die ihrerseits wieder den Eli-Sohn Eylau bzw. Eli-Enkel Einhard zum Vater hatten.

Durch konsequente Rückpaarung auf das anglo-normannische Erbe wurde die angestrebte Verstärkung erreicht, ohne den bewährten Typ zu gefährden.

3.5 Faust und seine männlichen Nachkommen

Die Halbbrüder Fex 312/1914 v. Eli a. d. Fee v. Faust und Eylau 347/1916 v. Eli a. d. Faustenkelin Fauna wurden zu Begründern der wichtigsten Seitenzweige der Faustlinie. Beide Hengste waren über Vater und Mutter auf Faust ingezogen. Die Pferde des Fex-Zweiges waren hart und energisch und wegen ihrer Leistungsbereitschaft berühmt. In der Landeszucht hat sich besonders Falko 600/1932 hervorgetan. Siebzehn Falko-Söhne standen ab 1940 auf Station, die Hengste Flotter 979/1949 und Flügel 1010/1960 bis zur Ablösung durch Hengste der reinen Reitpferdezucht.

Im ländlichen Reit- und Fahrsport waren diese Pferde sehr beliebt, die Falkonese- und nochmehr die Falkenbergnachkommen durch gute Springbegabung schon immer aufgefallen.

Eylau 347/1916 war ein Verstärkerhengst. Als Maße sind angegeben: 163/199/24,5 cm. Er hat der Landeszucht eine große Anzahl solider, kräftiger Landbeschäler gestellt. Der Eylau-Sohn Einhard 448/1922 wurde, der damaligen Richtung entsprechend, als Hauptbeschäler in Marbach aufgestellt. Wie immer in Zeiten einer Veränderung hatte die Stammherde des Gestütes Marbach das Risiko zu tragen und die Aufgabe zu übernehmen, möglichst rasch Landbeschäler der nunmehr geforderten Art bereitzustellen.

Einhards Mutter Zofe stammte von dem aus der Normandie 1908 eingeführten Zentaur, einem schweren, derben, reichlich ordinären Hengst. Mit einem Gewicht von 750 kg und einer Röhrbeinstärke von 24 cm war Einhard, wie G. Rau beschreibt: „ein allerschwerster Warmbluthengst mit

Das Faust-Modell nach 70 Jahren anglo-normannischer Zucht - Der typische Alt-Württemberger Ferwal Ldb. 814 geb. 1944 v. Feger a.d. Falle H4145 Falko Ldb. 600. Z.: J. Weiß, Miterkingen, B.: Haupt- u. Landgestüt Marbach. Ferwal hatte 14 gekörte Söhne. (oben)

Der leistungsstarke Verstärkerhengst - Schlosser 1100/1966. Maße (3 jährig): 167, 199, 23,5 cm. v. Schabernack (Trak) a. d. Goldblume v. Golddollar, v. Ferwal, v. Optiker, v. Major, v. Soranus, v. Flitter, v. Floral, v. Chlotar a. d. Irene, geb. 1894. Leistungsprüfung 1969: Note 8,1 Platz 1 von 9. (Mitte)

Moderner Veredlertyp-Kalman 1213, geb. 1974 v. Kastor (Trak.) a. d. Lady v. Lothar, v. Halef ox. v. Optiker, v. Feodor, v. Soranus, v. Eli, v. Rosen, v. Reginald a.d. Coquette, geb. 1879 v. Lahire xx. Beispiel einer Kombination von anglo-normannischem Blut mit hannoverschen, arabischen und Trakehnerhengsten. Leistungsprüfung 1977: Note 7,96, Platz 2 von 17 (unten) viel Widerrist, außerordentlich langer, schräger Schulter, günstiger Mechanik, mit einem Maximum an Rippenwölbung und Rippentiefe." 18 Einhard-Söhne kamen in den Landbeschälerstall.

Die Hengste dieser E-Linie waren bei den Züchtern außerordentlich beliebt. Ihre Nachkommen waren robust und schwer, beste Futterverwerter, richtige Bauernpferde für den landwirtschaftlichen Betrieb mit ruhigem, zuverlässigem Temperament. Sie haben die Zucht in der Zeit schwerer Wirtschaftspferde weitgehend beherrscht.

3.6 Die Anglo-Normannen Mac Mahon und Communist

Auf Mac Mahon geht Feger 576/1931 zurück; Feger lieferte edle, drahtige Pferde. Seine Nachkommen waren von großer Schönheit und hatten bestechende Bewegungen. Sein Sohn Fechter 646/1935, ein bei aller Schwere bildschöner, tiefer, breiter Hengst, brachte 800 kg auf die Waage; dabei geht Fechter auf einen seit dem Jahre 1892 nachweisbaren württembergischen Stutenstamm zurück. Auch der gewaltig tretende Finkler 691/1938 war ein bei Züchtern beliebter Feger-Sohn. Überragende Bedeutung sollte sein Sohn Ferwal 814/1944 bekommen. Ferwals Mutter „Falle" war eine bekannte Ausstellungsstute, ganz auf Faust gezogen. Zeitweilig noch größere Verbreitung hatte der M-Zweig des Stammhengstes Mac Mahon über Mai 259/1910 und dessen Söhne Maitrank 365/1917 und Major 509/1927. Die männlichen, herrischen Vererber Mitesser 542/1929 und Mitwisser 690/1938 lieferten mit Stuten der Landeszucht 18 gekörte, kräftige, robuste, etwas derbe Pferde.

Mit dem Hengst Sonnenwirt 274/1911 v. Sonnenfels I a. d. Gisela 680 v. Grimaldi kam die Linie des Anglo-Normannen Communist zu neuen Ehren. Communist ist väterlicherseits sehr stark auf Young Rattler, Voltaire und Silvio xx gezogen, aber seine Mutter war unbekannter Herkunft. „Der Sprößling einer argen Mesalliance, ein grober, unflätiger Geselle..." (v. Hofacker). Sein Sohn Comet wurde zum Begründer der Stammstutenherde. Nach Prof. Sohnle wurden Comet vornehmlich die ostpreußischen Stuten zugeführt, und er hinterließ einen schönen Stamm von 50 Stuten. Die Mutter von Comet war eine sehr edle Landstute nach Schah AN.

In die männliche Linie kam erst durch Sonnenwirt neuer Auftrieb. 17 Söhne von ihm standen Ende der zwanziger Jahre auf den Beschälstationen des Landes. Soranus, Sonnenfels II und Soldat bewährten sich. Besonders der Soranus-Zweig war weit verbreitet: Simson, Satanas, Sorvus, Samos, Silcher sind hier zu nennen. Es waren schmucke, sehr gut geschlossene, rumpfige Typen, in der Größe oft an der unteren Grenze. Nur Silcher 801/1944 und Sonn-

abend 695/1938 und deren Nachkommen machten eine Ausnahme. Silberstrich 936/1954, ein imponierender Hengst mit gewaltigem Gehvermögen, stark und ausdrucksvoll, wußte auch auf DLG-Schauen zu glänzen. In Anpaarung mit Hengsten der Veredlungsepoche haben sich die Nachkommen Sonnabends durch reiterliche Eignung und im Springsport einen Namen gemacht.

3.7 Starke Inzucht

Die württembergische Warmblutzucht war als einzige der deutschen Rassen auf anglo-normannischer Grundlage aufgebaut und nahm schon deshalb eine gewisse Sonderstellung ein. Die Zucht hatte einen hohen Grad an Ausgeglichenheit erreicht. Die immer stärker werdende Inzucht auf die wenigen Blutlinien brachte jedoch auch Nachteile. Hengste fremden Blutes mußten eingesetzt werden, zunächst in der Stammherde des Gestütes, um die bäuerlichen Züchter nicht mit dem damit verbundenen Risiko zu belasten. Der Landbeschälerstall, also die Landeszucht, war vorerst von diesem Zuchtversuch nicht betroffen. Natürlich ging der Gestütsleiter kein volles Risiko ein und setzte in der Stutenherde auch noch Hengste Württemberger Zucht ein. Man entschied sich schließlich für den Ankauf hannoverscher Hengste. Im Jahr 1931 wurden die Hengste Alarm und Schweiger angekauft. Alarm 534/1929 v. Alkoven, ein herrlicher Goldfuchs aus der hannoverschen Adeptus-Linie, wurde sehr stark als Hauptbeschäler eingesetzt. Seine 12 Söhne mußten als Landbeschäler bald abgelöst werden, nachdem sich herausgestellt hatte, daß die Alarm-Nachkommen zu Dämpfigkeit neigten und „die Berge nicht liebten, also nicht zugfest waren."

Im Jahre 1938 wurde der Brandenburger Optiker 651/1931 angekauft, nachdem die Notwendigkeit eines Hauptbeschälers für das Gestüt immer zwingender geworden war. Optiker ist ein Sohn des bekannten hannoverschen Vererbers Feiner Kerl. Seine Mutter Opalanda kommt aus der Graditzer Verstärkerlinie Mailand-Maikäfer, und die Mutter der Opalanda war eine Tochter des wuchtigen Trakehner Hauptbeschälers Polarsturm aus einer Stute von Hoffnungsstrahl- also beste Trakehner Abstammung. Optiker, vielversprechend schon durch seine Abstammung, paßte im Modell. Er war rumpfig, tief und breit, in ausgesprochenem Rechteckformat. Sein hervorragendes Temperament hat er allen seinen Nachkommen mitgegeben. Ein Mangel war seine wenig ausgeprägte Männlichkeit. Zwölf Optiker-Söhne wurden in den Landbeschälerstall übernommen. Es waren gute Pferde und sie haben mit bodenständigen Stuten der Landeszucht brauchbare Nachzucht gebracht. Aber die Hengste waren ohne Ausnahme launische Decker; die männliche Linie starb bald aus.

In der Gestütsherde standen viele gute Optikerstuten, und gerade diese Stuten eigneten sich für die spätere Umzüchtung hervorragend. An Versuchen, der Zucht neue Impulse zu geben, hat es nie gefehlt. Mit Ausnahme des Hengstes Optiker waren alle im Ergebnis unbefriedigend.

Im Jahr 1949 stand das Haupt- und Landgestüt vor einer schwierigen Aufgabe. In dem Bestand an Landbeschälern waren Lücken entstanden, da die Söhne der Hengste Alarm und Optiker sich nicht halten konnten. Hinzu kam, daß die 1953 übernommenen badischen Oldenburgerhengste so bald als möglich ersetzt werden mußten, da die Arbeit im landwirtschaftlichen Gutsbetrieb diesen an ein Schlaraffenleben gewöhnten Hengsten wenig zusagte.

Der Gestütsleiter betrachtete es als seine vordringlichste Aufgabe, den Bestand an Landbeschälern wieder auf Hengste herkömmlicher Württemberger Zucht auszurichten. In der Stutenherde des Gestüts wurden die Hengste Falko, Satanas, Eidgenosse und Ferwal eingesetzt, alles Hengste, die als Landbeschäler ihre Qualität schon bewiesen hatten. Besonders Ferwal hat die Hoffnung auf drahtigere, edlere Nachkommen erfüllt und den Übergang zu der nachfolgenden Veredlung geebnet.

3.8 Der Araber in der Landeszucht

Es war naheliegend, die in Württemberg beheimatete Araberzucht der Landeszucht dienstbar zu machen. Die vorsichtige Beimischung arabischen Blutes hatte sich schon im vorigen Jahrhundert als wertvoll erwiesen. Der Anglo-Araber Sanspareil war einer der herausragenden Hengste früherer Zeit. Der aus Weil stammende Young Zarif ox wurde, weil zu leicht, abgelehnt. Nur die Bauern der Alb ließen nicht vom edlen Blute (Wörz).

Dem Vollblutaraber Jason ox wurden Anfang der dreißiger Jahre einige rumpfige, schwere Marbacher Stuten zugeteilt. Jack 716/1939 v. Jason a. d. Esther hat in der Zucht beste Stuten hinterlassen, die sich später hervorragend in die Veredlungszucht eingeführt haben, nicht weniger sein Sohn Jasmin 910/1951.

Im allgemeinen war man bestrebt, das arabische Blut über das Filter der Stutenherde in die Landeszucht einfließen zu lassen. Bestes Beispiel ist der Julmond-Sohn Jod 1053/1963. Seine Mutter Iduna ist eine Enkelin des Jasir O. A. und schon die 1894 geborene Stammutter Roma führte Zarif ox-Blut. Jods Nachkommen sind äußerst angenehm zu reiten und zeichnen sich durch wundervollen Charakter aus.

In der Marbacher Herde hat sich der Stutenstamm der Halali v. Halef ox a. d. Oberste v. Optiker (Stamm Coquette, geb. 1879 v. Lahire xx) als besonders wertvoll erwiesen. Zahlreiche weit überdurchschnittliche Landbeschäler gehen auf Ha-

Marbacher Landbeschäler bei der Heuernte - im Hintergrund der Gestütshof Marbach.

Marbacher Hengste beim Pflügen - die tägl. Arbeit im 1000 ha großen Gutsbetrieb war die beste Dauerleistungsprüfung. Das Handpferd ist Jack, ein Sohn des Jason ox. a.d. Esther v. Einhard.

Ein Beispiel Marbacher Zuchtplanung - Landbeschäler Jod 1053/1963. Vater ist der Ostpreuße Julmond. Die Mutter Iduna ist eine Enkelin des Vollblutarabers Jasir O. A. Der Mutterstamm ist anglo-normannisch gezogen u. geht auf die Marbacher Stute Roma, geb. 1894, zurück. Roma führt noch Zarif ox Blut.
Die Maße von Jod: 167, 191, 22 cm.

Hauptstammbuchstute „Airline" geb. 1970 v. Airfunk Ldb. 1105 a. d. Herzl. v. Faust II.
Züchter: E. Huober, Erdmannhausen.
11 Siege in Dressur-M, im Zweispänner 3 mal Landesmeister, im Viererzug Siege bis zur Klasse S.
4 Fohlen, im Deutschen Leistungsstutbuch eingetragen

lali zurück; weitere werden noch folgen. Mit drei Töchtern hat Halali bei der DLG-München 1968 einen ersten Familienpreis erhalten und damals schon ihre Qualität und Durchschlagskraft bewiesen. Die Aufzählung ist unvollständig, nur einige Beispiele sollen die Bedeutung des Arabers für die württembergische Warmblutzucht aufzeigen.

Ganz bewußt wurde die Geschichte des „Württemberger Warmbluts" als züchterische Besonderheit der deutschen Pferdezuchten etwas ausführlicher dargestellt. Man ist bemüht, die wertvollen Eigenschaften dieses Pferdes über die alten Stutenstämme zu erhalten. Die letzten Reste der Population wurden erfaßt, die Mitglieder des Vereins zur Erhaltung des Altwürttemberger Pferdes züchten diesen warmblütigen Wagenschlag weiter.

3.9 Die Veredlung mit Ostpreußen

Schon 1952 hatte das Haupt- und Landgestüt den Ostpreußen Rivalko eingesetzt - allerdings ohne Erfolg. Suomar v. Pythagoras a. d. Suleika v. Pilger folgte. Er war schon 14jährig und erwies sich, nach Marbach überstellt, als unfruchtbar. Mit Golddollar v. Hansakapitän a. d. Goldelse v. Polarstern hatte Marbach den ersten Trakehnerhengst, der über seine Söhne neues Blut in die Landeszucht brachte. Auch in der Stutenherde des Gestüts haben die Golddollar-Töchter die neue Ära eingeleitet. Härte und gute Reitpferdeeigenschaften sind die Vorzüge dieser Linie. Zur großen Entdeckung wurde Julmond, ein Hengst, der in seiner Bedeutung und Ausstrahlung dem einstigen Stammvater Faust gleichzusetzen ist.

Im Frühjahr 1956 deckte Julmond erstmals in Breithülen, dem früheren württembergischen Remontedepot. Von dem Fohlenjahrgang 1957 wurden drei Hengstfohlen vom Gestüt übernommen; es waren die späteren Hengste Ajax, Taifun und Crispin. Bereits im Frühjahr 1961 standen weitere sieben Julmond- und Golddollar-Söhne im Landbeschälerstall. Schon über 20jährig wurde Julmond als Hauptbeschäler von 1960 bis 1965 eingesetzt und hat jedes Jahr einen großen Teil der Stammtstutenherde gedeckt. Über die Julmond-Söhne ist im Protokoll des Zuchtverbandes 1961 vermerkt: „...alle diese Hengste sind von bestem Charakter. Hervorgehoben wird von den Züchtern das freundliche, gutartige Wesen ihrer Fohlen." In der Deckperiode 1964 kam der erste Jahrgang der in Marbach gezüchteten F1-Hengste zum Einsatz. Die ursprüngliche Absicht einer einmaligen Veredlung und anschließenden Rückpaarung mit konsolidierten Hengsten Württemberger Zucht konnte nicht verwirklicht werden. Die edlen und eleganten Fohlen kamen mit zunehmendem Alter

Typ der Württ. Warmblutstute vor der Umstellung auf die reine Reitpferdezucht. Praktisches Modell, leichtfüttrig, gut geschlossen, knapp mittelgroß, immer „in Form".
Fedina H6671, geb. 1953 v. Ferge Ldb. 730 a. d. Friedensfreundin H4878. Züchter: Domänendirektion Donzdorf

immer mehr auf den alten Württemberger Typ zurück; zu stark war die Durchschlagskraft der bodenständigen Stutenstämme.

Zur Beschleunigung der Umzüchtung brauchte man Landbeschäler durchgezüchteter Reitpferderassen. Weitere ostpreußische Hengste kamen auf Station.

Im Jahre 1964 standen 25 Landbeschäler nach Julmond auf den Deckstationen, ein seit der Glanzzeit des Faust kaum erreichter Erfolg eines Hengstes. Und - züchterisch von großer Bedeutung - die Julmond-Söhne wiesen eine weit über dem Durchschnitt liegende Befruchtungsziffer auf.

Julmond war 27 Jahre alt, als er im März 1965 starb. Von den vielen guten Hengsten können nur einige genannt werden: Achill, Apart, Arzt, Hatto, Ikarus, Jod, Jonas, Jugol, Lothar, Lotos, Taifun und Talisman. Nimmt man noch die aus Julmond-Stuten stammenden Hengste hinzu, wird die ganze Bedeutung dieses legendären Hengstes deutlich.

Seine überragende Vererbungskraft hat Julmond auch bei der Paarung mit Stuten hannoverscher Herkunft bewiesen. Die Vollbrüder Ajax und Armin a. e. St. v. Fernando, sowie die Vollbrüder Airfunk und Anselm v. Ajax a. d. Funkensage v. Frustra II hatten im Sport einen guten Ruf. Julmond-Nachkommen verdankt die württembergische Pferdezucht auch ihren größten Schau-Erfolg seit Bestehen der Zucht. Auf der DLG-Frankfurt 1966 wurde der Max-Eyth-Preis, die höchste Auszeichnung der deutschen Tierzucht, den von Württemberg ausgestellten Pferden zuerkannt.

Hengste altwürttembergischer Zucht wurden kaum noch benützt, die Veredlung verlief geradezu stürmisch. Schon in der zweiten Generation hatte der Bestand an eingetragenen Stuten fast durchweg 75% ostpreußisches Blut, und die Veredlung war noch keineswegs abgeschlossen. Die Vollmotorisierung der Landwirtschaft und ein von niemandem geahnter Aufschwung der Reiterei erzwangen die totale Umstellung auf das Reitpferd. Man mußte den zunächst keineswegs beabsichtigten Weg einer Verdrängungskreuzung gehen, um den angestrebten Typ zu erreichen und erblich zu verankern.

In den Jahren 1967/68 wurden Herzbube v. Gunnar und der Herbstgold v. Totilas in Marbach als Hauptbeschäler eingesetzt. Besonders bewährt hat sich der Schimmelhengst Pregel v. Tropenwald a. d. Perea v. Hirtensang in der baden-württembergischen Reitpferdezucht. Er hat seinen herrlichen Typ und seine eleganten Bewegungen, verbunden mit guter Rittigkeit, mitgegeben. Seine Söhne lassen in der Zucht einiges erwarten.

Mit Pregel wurde Kastor v. Pergamos als Hauptbeschäler eingestellt, ein wuchtiger Hengst mit 168 cm Stockmaß und 23 cm Röhre. Seine Mutter geht auf die berühmte Trakehner Kasette-Familie zurück. Kastor hat gute Landbeschäler geliefert, meistens mit Stuten der Halali/Halef ox-Familie. Leider hat ein relativ großer Teil der Nachkommen von Kastor Atemprobleme, so daß sich seine Söhne in der Zucht nicht durchsetzen konnten. Die Veredelung des alten Württembergischen Warmbluts war Ende der 70er Jahre abgeschlossen. Durch massiven Einsatz von Trakehner Hengsten wurde eine weitgehende Konsolidierung erreicht.

4. Das deutsche Reitpferd aus Baden-Württemberg

Wie knapp 100 Jahre zuvor war mit Hilfe der Pferde ostpreußischer Abstammung eine neue Rasse entstanden: edel, im mittleren Rahmen und mit guten Gängen. Der Hengst- und Stutenbestand hatte sich in den 70er Jahren verdoppelt. Die 1970 noch kaum vorhandene Privathengsthaltung hat festen Fuß gefaßt und zahlenmäßig mit den Hengsten des Gestüts gleichgezogen. In dem breiten Angebot an Privathengsten, meist aus den norddeutschen Zuchtgebieten angekauft, sind alle bedeutenden Hengstlinien vertreten. Da die Reiter in den letzten 20 Jahren an Größe und Gewicht zugenommen haben, mußten die Pferde verstärkt werden.

In der Reitpferdezucht eingesetzte Hengste in Baden-Württemberg:

Die Tabelle zeigt sehr deutlich den starken Rückgang der in der Warmblutpopulation eingesetzten Hengste Trakehner Abstammung.

Umgekehrt nahmen in den letzten 15 Jahren die Hengste aus norddeutschen Zuchtgebieten zu. In gut einem Jahrzehnt hat sich der stark veredelte Hengstbestand im Typ in Richtung Verstärkerhengste entwickelt. Die Veredlungsphase ging in die Verstärkungsphase bzw. Phase der weiteren Leistungssteigerung über.

Wurde in der Umzüchtungsphase der Trakehner-Hengst benutzt, da er in der vorhandenen Population Blutanschluß fand und Adel und Linie als Veredler mitbrachte, so zeigt sich in der Zusammensetzung des Beschälerbestandes in den 80er Jahren sehr deutlich, daß die Verstärkung der Modelle besonders mit Hengsten der hannoverschen Zuchtrichtung vorgenommen wurde.

Einschließlich der vom Haupt- und Landgestüt selbstgezüchteten Hengste Trakehner Abstammung sind ca. 50% der Beschäler in Baden-Württemberg gezogen; in zunehmendem Maße kommen die Beschäler wieder aus der Landeszucht. Die züchterische Entwicklung geht, nach der reinen Veredlungsphase, mit der Verstärkungsphase in Richtung Leistung.

Der Stutenbestand im Land war mit Hilfe der aufgestellten Hengste veredelt worden. Durch Zukäufe, besonders in den 80er Jahren, von Stuten aus Hannover/Westfalen und Holstein wurde weiteres Reitpferdeblut in die Population gebracht; ca. 20% der jährlichen Neueintragungen in das Stutbuch stammten in dieser Zeit aus norddeutschen Zuchtgebieten. Das Leistungsblut dieser Zuchtgebiete verbreitete sich von Jahr zu Jahr. Die Stuten waren häufig vor der Eintragung erfolgreich im Turniersport vorgestellt worden. Bei den im Lande gezogenen Stuten sank in den letzten Jahren der Trakehner-Blutanteil zugunsten des Erbes aus norddeutschen Zuchtgebieten.

In der Reitpferdezucht eingesetzte Hengste in Baden-Württemberg

	Württ.	Trak.	aus norddtsch. Zuchtgebieten	AN u. Söhne	xx
	abs. %	abs. %	abs. %	abs. %	abs. = %
1978	33=29,2%	50=44,2%	19=16,8%	1=1,0%	10=8,8%
1983	46=34,6%	31=23,3%	47=35,3%	3=2,3%	6=4,5%
1988	41=33,3%	18=14,6%	48=39,0%	10=8,2%	6=4,9%
1993	41=35,0%	8=6,9%	47=40,2%	15=12,8%	6=5,1%

Im Sinne des Zuchtzieles des Deutschen Reitpferdes, ist in den vergangenen 30 Jahren aus dem auf anglo-normännischer Basis im Cob-Typ gezüchteten Württemberger ein Reitpferd geworden, das die Konkurrenz mit anderen Zuchtgebieten nicht zu scheuen braucht.

4.1 Die Zucht auf Leistung

Im bäuerlichen Betrieb war die Zuchtstute die einzige Zugkraft. Selbst die wenigen größeren Gutsbesitzer befaßten sich mit der Pferdezucht nur im Zusammenhang mit dem landwirtschaftlichen Betrieb. Auf dem 1.000 ha großen Gutsbetrieb des Haupt- und Landgestütes Marbach, davon 400 ha unter dem Pflug, wurden Krümperpferde, also Arbeitspferde für den landwirtschaftlichen Betrieb gehalten. Die tägliche Arbeit war für die Landbeschäler und während der Deckzeit auch für die Stuten der Stammherde, eine in dieser Art einzigartige Dauerleistungsprüfung. Schwerstarbeiten an Pflug und Wagen, besonders im Herbst bei der Rüben- und Kartoffelernte, waren oft wahre Zerreißproben und stellten Anforderungen an die Pferde, von denen die heutige Generation keine Vorstellung mehr hat.

Die bedingungslose Einsatzbereitschaft des Württembergers wird auch heute noch von dem Liebhaber dieses Pferdes geschätzt. Jeder Züchter weiß um die Vererbungstreue solcher im ererbten Verhaltensmuster verankerten Charaktereigenschaften. Die allgemein verbreitete Meinung, jedes Pferd sei von Natur aus gut und nur durch schlechte Behandlung verdorben, ist zwar unausrottbar, wird aber dadurch nicht zutreffender.

Bei den staatlichen Schauen werden die Stuten nach Form und Leistung beurteilt. Einem Bericht über die Prämiierungen 1959 ist zu entnehmen: „Der zwischen Form und Leistung bestehende und erkennbare Zusammenhang wurde besonders auf der Schau in Saulgau deutlich. Von den 18 Stuten mit ersten Staatspreisen hatten 15 (!) die Zugleistungsprüfung mit der Wertnote 1 abgelegt."

Heute werden die Stutenleistungsprüfungen als Materialprüfung durchgeführt, einerseits im Feld seit 1977, seit 1988 auch auf Station. Über ein Viertel der jährlich neu eingetragenen Stuten haben die Eigenleistungsprüfung mit Erfolg abgelegt. Das Haupt- und Landgestüt Marbach ist anerkannte Hengstprüfungsanstalt. Die Geländestrecke weist erhebliche Höhenunterschiede auf, der felsige Boden ist hart. Diese Besonderheiten machen die Marbacher Prüfungen zu einem echten Härtetest.

Hengstleistungsprüfungen haben zweifellos einen Aussagewert; nur überdurchschnittliche Hengste werden in der Zucht eingesetzt. Die Ausrichtung auf die neue Zuchtrichtung ist abgeschlossen. Das wertvolle Erbe einer achtzigjährigen Landeszucht ist in den Stutenstämmen noch verankert.

Das Exterieur hat sich verändert. Die Pferde sind größer geworden, sie haben mehr Kaliber. Die Hengste haben ein durchschnittliches Stockmaß von ca. 168 bis 170 cm. Das Stockmaß der jungen dreijährigen, also noch nicht ausgewachsenen Stuten, ermittelt bei der Stutbucheintragung 1986, beträgt über 165 cm.

Der „alte Württemberger" war den bei den ländlichen Reiterfesten gestellten Anforderungen voll gewachsen. Geländeritte waren bei den ländlichen Reitern besonders beliebt. Die Fahrprüfungen nahmen einen breiten Raum ein. Die Umzüchtung änderte die Lage von Grund auf. Im Jahresbericht des Zuchtverbandes 1974 wird erstmals über eine Gewinnsumme von 20.610 DM berichtet. 1976 waren es bereits 117.569 DM, 1978 wird die 300.000 DM-Grenze beträchtlich überschritten. Nach 20 Jahren stieg die Gewinnsumme 1993 in Richtung 2 Millionen DM. Seit 1975 hat sich der Anteil der in Baden-Württemberg gezüchteten bei Turnieren placierten Pferde vervierfacht.

Von Bedeutung ist, daß die Erfolge sich auf viele Nachkommen verteilen und nicht von wenigen „Großverdienern" erzielt wurden.

4.2 Wieder Anglo-Normänner

In der Veredlungsphase mit den Trakehnern Julmond, Schabernack, Kastor, Armor II usw. wurde besonderer Wert auf Adel und Rittigkeit gelegt. Im Sport konnten die Nachkommen dieser Hengste bzw.

ihrer Söhne mit den Turnierpferden aus anderen Zuchtgebieten im Durchschnitt nicht gleichziehen, erst Herzbube und der Pregel-Sohn Pluto schafften den Durchbruch.

Die Verstärkerhengste Gabriel, Pikfein u.a. konnten die Leistung der Population weiter verbessern. Der Württemberger zog, in Bezug auf die Plazierungen in Kategorie A u. B, mit den Pferden der anderen Zuchtgebiete im Lande gleich. Ab 1985 waren die Württemberger im Lande auf den Turnieren in Bezug auf die Zahl der Plazierungen die erfolgreichste Rasse.

Interessant ist, daß der Anglo-Normänner im Selle-Typ wieder mehr und mehr Einfluß gewinnt. So hatte Adriano v. Alme AN anhand seiner im Lande gezogenen Nachkommen einen Zuchtwert-Dressur von 110, im Springen von 115 Indexpunkten; sein Bruder Angelo v. Alme AN in Dressur 96, im Springen 140 Indexpunkte, Flirt v. Futuro AN in Dressur 148, im Springen 94 Indexpunkte. Schon sind Hengste dieser Zuchtrichtung, Anglo-Normänner und Söhne, aber auch bereits 15 Enkel, in der Zucht eingesetzt. Wieder bewähren sich die Halbblüter aus der Normandie: Adriano konnte schon sechs gekörte Hengste stellen, Angelo zwei und Flirt einen Hengst.

Mit den Halbblütern aus Holstein, Ladykiller xx - und Cor de la Bryère AN-Nachkommen, aber auch Ricardo mit seinen Söhnen Rico und Ratsherr und den Nachkommen der Anglo-Normänner Alme, und Futuro gelang ein weiterer Aufschwung. Zu den erfolgreichen Vererbern hat sich aber auch der Kornett-Sohn Korporal eingereiht, er hat über seine Nachkommen einen Dressur-Index von 132 Punkten.

Durch die Einführung der Frischspermaübertragung im Jahre 1986 als Hygienemaßnahme, wurden nicht nur die Spitzenhengste geschont, sondern auch die Trächtigkeitsquote der Stuten erhöht. In der Zwischenzeit erzielen Spitzenhengste über die mechanische Frischspermaübertragung bis zu 200 Anpaarungen. Der Junghengst wird in den ersten Deckjahren getestet, wobei die Fohlenjahrgänge schon zu einer gewissen Vererbungsaussage berechtigen.

Mehr und mehr gehen die Hengste nach zwei bis drei Deckperioden in den Sport, um sich weiter zu bewähren. Sobald der Zuchtwert bekannt ist, darüber sind die Hengste zehn Jahre und älter geworden, gehen die positiv geprüften wieder in die Zucht, die besten sollen Väter der nächsten Hengstgeneration werden.

4.3 Im großen Sport

In allen Sparten ist das in Baden-Württemberg gezüchtete Leistungspferd auf dem Vormarsch. Viele Freunde hat es im Ausland gefunden, besonders in der

Württ. Wallach Helios, geb. 1974 v. Helikon a. d. Arena v. Astor, v. Risotto. Züchter: R. Pfeiffer, Unterburkardtshofen. Aufzüchter.: Haupt- und Landgestüt Marbach. Silbermedaille b. d. Deutschen Meisterschaften der Jugendlichen in München 1979 unter der Reiterin Gudrun Ehret.

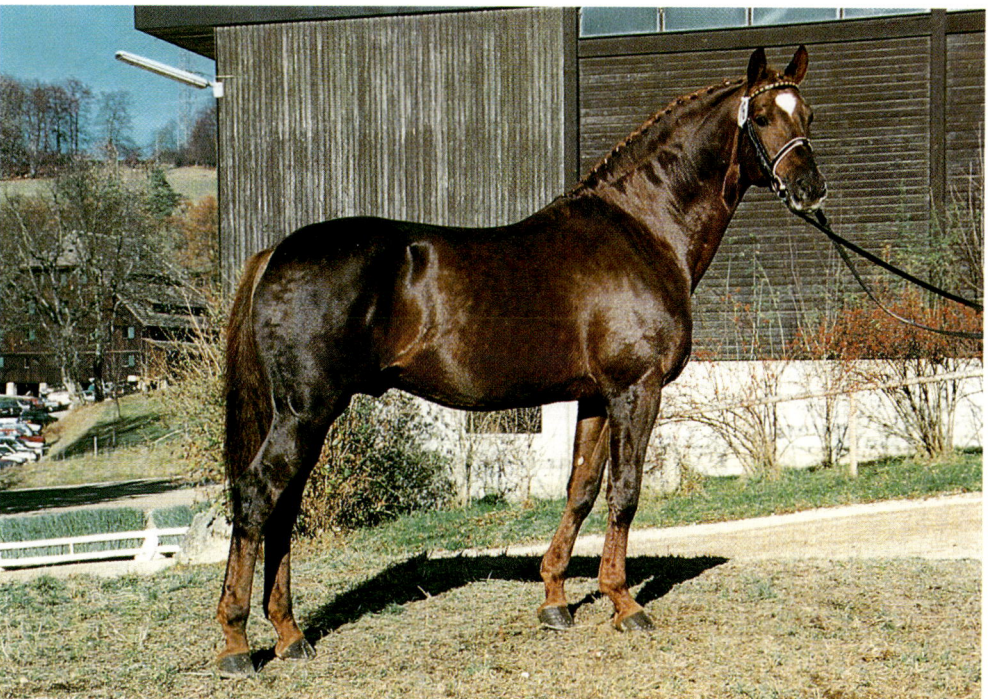

Beschäler Korporal geb. 1978 v. Kornett, Index-Dressur 1993 = 132 Punkte Z.: Fr. Hagmann, Lichtenfeld, Bes.: Haupt- u. Landgestüt Marbach

Horst Scheper, Mannschafts-Vizeweltmeister 1993 und Bronzemedaille in der Einzelwertung mit seinen selbstgezogenen Württembergern.

Schweiz: Afghadie geb. 1976 v. Airfunk/Adjutant unter Ruth Hunkeler, war nicht nur bei der Europameisterschaft in Donaueschingen, sondern auch bei der Olympiade 1992 in der Schweizer Dressurmannschaft überzeugend. Im Bundesgebiet ist King v. Kiel/Astor, unter Claudia Haller, Düsseldorf, gewinnreichstes in Baden-Württemberg gezogenes Dressurpferd. Erfreulich der Hengst Ratsherr geb. 1982, v. Ricardo/Labrador, er begeistert als zugleich aktiver Beschäler das Fachpublikum im S-Springen. Seine Halbschwester Roana, geb. 1979, v. Ricardo/Jugol hat schon 25 S-Siege zu verbuchen. Der Zuchthengst Wettruf, geb. 1982, v. Wettstreit/Kornett hat seine Leistungsfähigkeit im großen Sport bewiesen. Am bedeutendsten ist Hanauer, geb. 1980, v. Helikon/Achill; unter Michael Whiteaker hat er international

schon zahlreiche Siege in Großen Preisen gewonnen.

Schon drängen im Springsport die Nachkommen der Alme-Söhne Adriano und Angelo nach vorn, in der Dressur Nachkommen des Futoro-Sohnes Flirt.

Die Zucht mit Halbblütern zeigt Erfolge.

Durchgesetzt hat sich der Württemberger im Fahrsport. Mannschafts-Vizeweltmeister 1991 und 1993 Horst Schepper hat bei der Weltmeisterschaft 1993 mit den selbstgezogenen Württembergern, erst sieben- und achtjährig, auch die Bronzemedaille in der Einzelwertung gewonnen. Schon 1987 konnte Friedrich Eppinger mit der deutschen Mannschaft in Riesenbeck die Goldmedaille holen und gewann damit die Weltmeisterschaft. Er erreichte im Einzel, mit den Württembergern Sirius und Lohengrin, den vierten Platz. Mit beiden Gespan-

nen konnten diese Fahrer auch Deutscher Meister im Zweispännerfahren werden. Württemberger Pferde sind im Fahrsport in der Weltspitze.

Grundlage der Landeszucht ist die solide, vertraute, nach Exterieur und Leistung geprüfte Mutterstute. Angepaart an den leistungsgeprüften Hengst, oder auch an den Nachkommen geprüften positiven Vererber, wird der Züchter seine Nachzucht in dem so pferdefreundlichem Land, gut vermarkten können.

Das Württemberger Warmblut ist ein Deutsches Reitpferd!

Baden-Württembergs Spitzenreiter erzielen ihre Erfolge mehr und mehr mit Baden-Württemberger Leistungspferden.

Hanauer geb. 1980 v. Helikon unter Robert Smith GBR, Z.: W. Erhardt, Kehl

Beschäler Ratsherr geb. 1982 v. Ricardo unter P. Wetzel, mit zahlreichen Siegen und Placierungen bis Klasse S. Z. u. B.: G. Kraut, Balingen.

King geb. 1978 v. Kiel unter Claudia Haller, Z.: Rudolf Pfeiffer, Leukirch, B.: A. u. Chr. Haller, Düsseldorf.

Literatur

W. Zipperlen: Die Landespferdezucht in Württemberg, Ebner-Ulm 1872

H. Sohnle: Festschrift zur 88. Jahrfeier der Landwirtschaftlichen Hochschule Hohenheim

H. Sohnle: Württemberg unter der Regierung König Wilhelms II, Deutsche Verlagsanstalt Stuttgart 1925

E. A. v. Pentz: Württembergische Warmblutzucht, Schickardt u. Ebner Stuttgart 1925

F. Saur: Die Kaltblutzucht in Württemberg mit besonderer Berücksichtigung des Norikers, Inaugural-Dissertation Hohenheim 1930

Schuemacher: Schwarzwälder Pferdezucht, Zucht und Sport 1931

E. Dietrich: Entwicklung und Stand der badischen Warmblutzucht, Inaugural-Dissertation München 1939

R. Hofmann: Die nordbadische Kaltblutzucht in ihrem Aufbau und ihrer züchterischen Entwicklung, Diplom-Arbeit 1946/47

W. Boxheimer: Typfrage in der nordbadischen Pferdezucht, Diplom-Arbeit 1950

G. Wenzler: Das Haupt- und Landgestüt Marbach/Zum 400jährigen Bestehen, Franz KG, Metzingen 1973

W. Gmelin: Pferdezucht in Baden, Franz KG, Metzingen 1973

Akten: Badisches Pferdestammbuch e. V. Titisee-Neustadt

Akten: Badisches Pferdestammbuch e. V. Heidelberg

Akten: Verband Württembergischer Pferdezüchter e. V. Stuttgart

Akten: Haupt- und Landgestüt Marbach/Lauter

Ministerium f. Ernährung, Landwirtschaft, Umwelt und Forsten Baden-Württemberg, Stuttgart. Betriebsverhältnisse und Betriebsergebnisse von Buchführungsbetrieben 1979/80

O. Frey: Baden-Württembergs Pferde 1984, Franck'sche Verlagshandlung, Stuttgart 1984

WoA

G. Rau, Deutsche Sportwelt 1906

Bayern

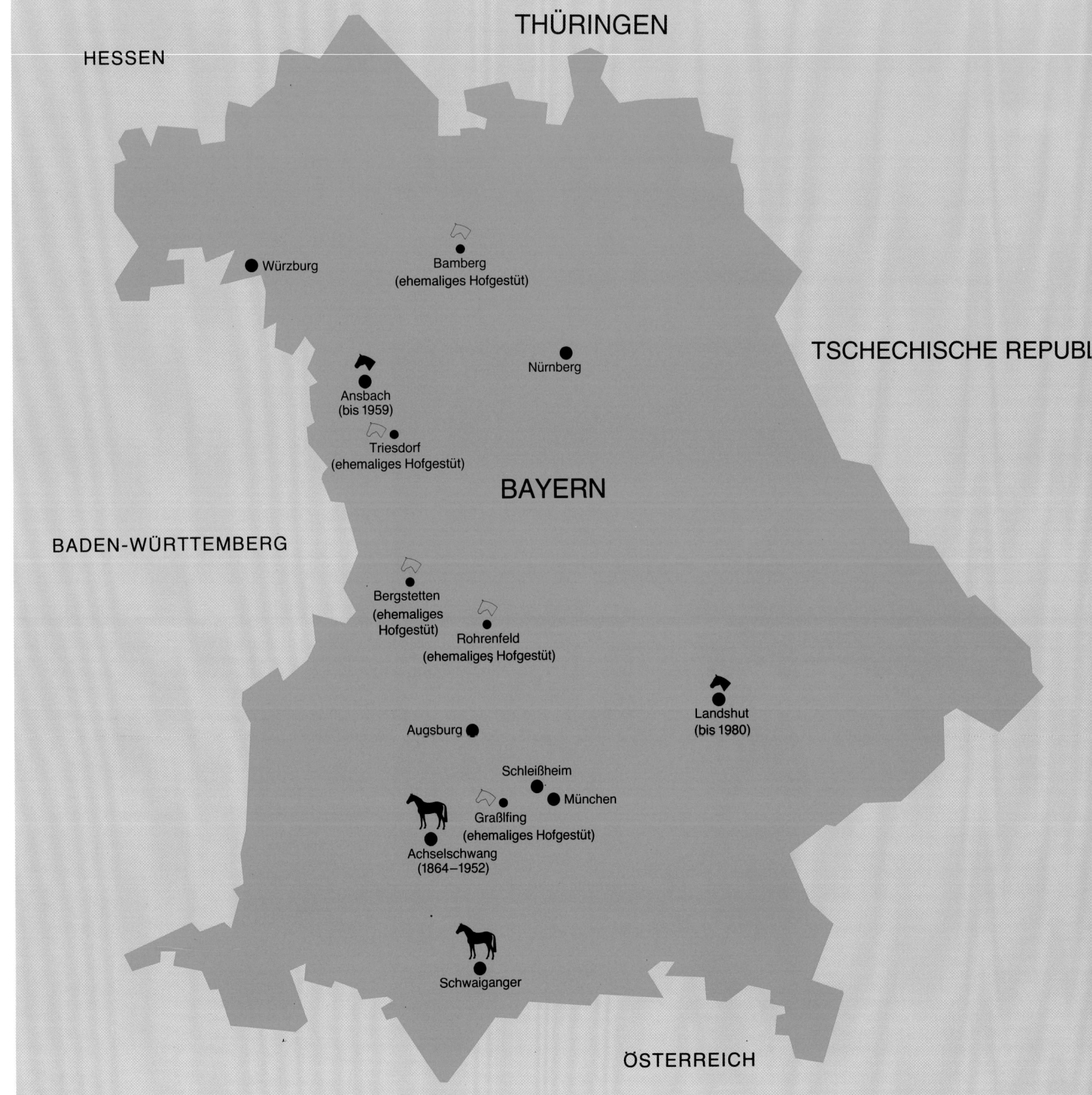

THÜRINGEN

HESSEN

Würzburg

Bamberg
(ehemaliges Hofgestüt)

Nürnberg

TSCHECHISCHE REPUBL

Ansbach
(bis 1959)

Triesdorf
(ehemaliges Hofgestüt)

BAYERN

BADEN-WÜRTTEMBERG

Bergstetten
(ehemaliges
Hofgestüt)

Rohrenfeld
(ehemaliges Hofgestüt)

Landshut
(bis 1980)

Augsburg

Schleißheim

Graßlfing
(ehemaliges Hofgestüt)

München

Achselschwang
(1864–1952)

Schwaiganger

ÖSTERREICH

Hartmut Erbe

Dr. rer. nat. Oscar Riel

Überarbeitet v. Hartmut Erbe
Geb. 30.12.1929 in Schmalkalden/Thr., Volksschule in Hilpolststein/Mfr., Oberrealschule in Schwabach und Weißenburg/Bay., Abitur 1948 in Weißenburg.
Landwirtschaftliche Praxis in mehreren pfedezüchtenden Betrieben in Mittelfranken und dem Allgäu, Landw. Gehilfenprüfung 1950;
weitere Praxistätigkeiten in der Schweiz und dem Rheinland;
Studium der Landwirtschaft an der Techn. Hochschule München-Weihenstephan, Diplomprüfung 1954.
Ab 1955 im staatlichen landwirtschaftlichen Beratungsdienst in Bayern, 1957/58 Staatsexamen und Tierzuchtleiterprüfung; Diensttätigkeiten im Tierzuchtdienst in Coburg und Rotthalmünster, ab 1961 Leiter der Pferdezuchtinspektion Augsburg und Zuchtleiter des Pferdezuchtverbandes Schwaben e.V., des Verbandes der Ponyzüchter Schwaben e.V. sowie techn. Leiter des Verbandes der RuFV Schwaben e.V. bis 1986;
ab 1966 Techn. Leiter der Landeskommission für Pferdeleistungsprüfungen in Bayern bis 1992;
seit 1986 Leiter des Landesamtes für Pferdezucht und Pferdesport in München-Riem.
Seit 1.8.1994 im Ruhestand.

13. November 1912 in Bad Dürkheim/Rheinpfalz geboren.
Nach vier Jahren Volksschule, neun Klassen Oberrealschule, abgeschlossen mit Reifeprüfung in Heidelberg März 1932.
Landwirtschaftliche Praxis auf Rittergut Haus Reck bei Kamen/Westf., Kgl. Privatgut Leutstetten/Oberbayern und v. Maffeische Güterverwaltung Freiham bei München, insgesamt 26 Monate. Landwirtschaftliche Werkprüfung (landwirtschaftlicher Gehilfe). Studium der Landwirtschaft an der Technischen Hochschule München und Universität Bonn. 1937 Diplomprüfung (Diplomlandwirt). 1938 zum Doktor der Naturwissenschaften in München mit einer Dissertation über Leistungsvererbung in der Pferdezucht promoviert. Anschließend wissenschaftlicher Assistent am Institut für Tierzucht und Züchtungsbiologie der Technischen Hochschule München.
Einrücken als Kriegsfreiwilliger im Dezember 1939 (berittene Truppe).
1943 Prüfung für staatlich anerkannte Tierzuchtleiter (Landwirtschaftsassessor) in Berlin.
Nach Rückkehr aus Kriegsgefangenschaft (September 1947) wieder im staatlichen Tierzuchtdienst in Bayern.
Dort ab 1951 Leiter der Pferdezuchtinspektionen Landshut und Ansbach mit Wahrnehmung der Zuchtleitung des Pferdezuchtverbandes Niederbayern-Oberpfalz und des Pferdezuchtverbandes Franken in Ansbach, zugleich Ausbildungsleiter der Fachschule für Reit- und Fahrausbildung und technischer Leiter der Landeskommission für Pferdeleitungsprüfungen in Bayern.
Seit 1967 Landstallmeister am Bayerischen Landgestüt Landshut, gleichzeitig Leiter der Pferdezuchtinspektion Landshut und Zuchtleiter des Pferdezuchtverbandes und des Ponyverbandes Niederbayern-Oberpfalz.
Seit 1. September 1976 im Ruhestand.

Pferdezucht in Bayern - Geschichte und Entwicklung

Vorbemerkung

Bayern besteht in seiner räumlichen heutigen Gestalt seit dem Beginn des 19. Jahrhunderts, während vorher mehrere Herrscherhäuser, geistliche Territorien, fürstliche und andere Adelsstände, Klöster, reichsfreie Städte das Land zu einem bunten Teppich der Herrschaftsverhältnisse machten.

Die Pferdezucht bis zum Beginn des 20. Jahrhunderts war in erster Linie von diesen Grundbesitzern aus militärischer Sicht beeinflußt, die in der Abhängigkeit der Grundbewirtschafter von den Herrschenden ihre Vorstellungen durch verschiedene Maßnahmen förderten.

So ist die Geschichte der bayerischen Pferdezucht auch eine Geschichte des Landes und umgekehrt. Die Entwicklung Bayerns von der römischen Kolonie zum heutigen Freistaat spiegelt sich auch in Pferdehaltung und Pferdezucht wider.

1. Frühzeit bis zur Gründung des ersten Landgestüts

Bayern ist ein altes Bauernland. Forst- und Landwirtschaft bildeten jahrhundertelang den Mittelpunkt der wirtschaftlichen Bestrebungen und damit spielten wohl Viehzucht und auch die Pferdezucht mit der fortschreitenden Kultur des Bodens eine wichtige Rolle. Archäologische Funde beweisen, daß bereits in der Kelten- und Römerzeit Pferdezucht betrieben wurde und die Göttin Epona als Pferdeheilige verehrt wurde. Darstellungen dieser Pferdegottheit (Epona = Born des Pferdes) sind u. a. bei Augsburg, Bregenz und Lorch gefunden worden.

Dr. Weitnauer, früherer Bezirksheimatpfleger von Schwaben, berichtet in einer Veröffentlichung „Keltisches Erbe in Schwaben und Bayern": Diese Göttin ist eine Muttergottheit und überall dort verehrt, wo Pferdezucht betrieben wurde, wie in der Provinz Vindelicia, im Altertum das Land der keltischen Vindeliker im heutigen Raum zwischen Bodensee, Donau und Lech. Im keltischen Tempelbezirk von Kempten soll nach Dr. Weitnauer ein Altar mit einer Epona-Inschrift gefunden worden sein.

Der römische Geschichtsschreiber Tacitus berichtet weiter, daß die Pferde unserer Vorfahren klein und unansehnlich, aber außerordentlich zäh und ausdauernd waren und als Zugtiere Verwendung fanden. Zur Römerzeit sollen schwerere Pferde in die besetzten Gebiete Germaniens, die Provinzen Noricum und Rätien, gekommen sein und es darf angenommen werden, daß durch Einkreuzung eine Verstärkung des einheimischen Pferdes erfolgte, woraus nach Meinung verschiedener Hippologen das norische Pferd entstanden sein soll.

Hoheitliche Anordnungen aus der Zeit Karls des Großen (768 - 814) legten bereits Regeln für Bedeckung, Aufzucht und Stutenbehandlung fest, wie auch die Lehnspflicht von größeren Grundbesitzern im Kriegsfalle das Erscheinen in berittener Form verlangte. Eine wirkliche Reitertruppe entstand aber erst unter Heinrich I., wobei das Pferdematerial sich nach der damaligen Waffentechnik richtete. Je schwerer die Panzerung, desto schwerer die Pferde. Während der Kreuzzüge sah man ein, daß mit schweren Pferden gegen die Sarazenen auf ihren flüchtigen Arabern nichts auszurichten war, so daß notgedrungen eine Umstellung erfolgen mußte. In dieser Zeit kamen viele edle orientalische Pferde nach Deutschland. Neben der ostfriesischen Pferdezucht soll die Rottalerzucht eine der ältesten sein. Bereits zur Zeit der Kreuzzüge im 11. Jahrhundert findet der „Rottalerfuchs" rühmende Erwähnung besonders für Reiter schwereren Gewichtes; er galt als das gesuchte Reitpferd für Fürsten und Adelige. Im Verlaufe der Jahrhunderte wechselten wohl die Anschauungen hinsichtlich der Rassen, Zuchtziel- und Kaliberfragen je nach den Bedürfnissen der Zeit, wobei persönliche Liebhabereien der Herrschenden eine nicht unbedeutende Rolle spielten. Daß sich die Wünsche der Bauern nicht immer mit denen ihrer Herren deckten, ist daraus ersichtlich, daß neben den edleren Hofhengsten auch viele unedle Bauernhengste mäßiger Qualität gehalten wurden, was den Landesherrn veranlaßte, seinen Adel, die Kirchenfürsten und Klosterherren zu tadeln, wiederum mehr „hübsche und gewachsene Pferde" zu züchten.

An der Entwicklung der Pferdezucht nahmen die Klöster besonders im südlichen Bayern und Voralpenbereich regen Anteil, ging doch die geistige Bewegung und Bildung, die Entwicklung der Landbewirtschaftung und Besiedlung von ihnen aus.

Seit etwa 1400 entwickelte sich mit der Einführung der Kutsche die Zucht des Kutsch- und Wagenpferdes. Mit der Abschaffung der Lehnspflicht in bestimmten Bereichen Bayerns und der Einführung von Söldnerheeren entfiel die Gestellung von Pferden durch begüterte Untertanen, so daß die Regierungen selbst für die Pferdebeschaffung sorgen mußten und die Anlegung von Gestüten und Hengstdepots sich als notwendig erwies.

Die ersten staatlichen Maßnahmen zur Förderung der Pferdezucht in Bayern wurden bereits im Jahr 1478 unter Herzog Albrecht IV. (1460 - 1508) getroffen, der zu Gunsten einer besseren Aufzucht und Haltung die Verringerung der Zahl der Pferde anordnete, und je nach Größe des Hofes die Zahl der zu haltenden Pferde vorschrieb, nämlich „5 Ros für einen Hof", „3 Ros für einen halben Hof" und „2 Ros für ein Lehen".

Im Jahre 1516 erließen Herzog Wilhelm IV. und sein mitregierender Bruder Ludwig

X. eine landesfürstliche Verordnung, die sich an die Klöster im Alpenvorland richtete mit der Aufforderung, „wieder viel hübsche und gewachsene Rosse zu zügeln (= züchten), um das Gestütswesen nach altem Herkommen zu erhalten". Zu diesem Zwecke wurden den Klöstern entsprechende Beschälhengste überlassen. Im Jahre 1553 ließ Herzog Albrecht V. weitere Hengste an die Klosterhöfe im Herzogtum Bayern verteilen, die auch den Bauern zur Zuchtverwendung zugänglich sein sollten, aber nur, wenn sie sich von ihren geringwertigen und zu kleinen Stuten trennten. Es waren vornehmlich Hengste des leichten Schlages, die zur Umbildung des norischen Pferdes eingekreuzt werden sollten, damit ein verbesserter Mittelschlag entstehe. Im Chiemgau, wo die Pferdezucht auf Norikerbasis in „Reinzucht" betrieben wurde, wollten die Bauern überhaupt keine fremdblütigen Hengste haben; sie verwendeten lieber eigengezogene Hengste, was unvermeidlich zu Inzuchtschäden führte.

Gegen Ende des 16. Jahrhunderts wurden die ersten bedeutenden Gestüte errichtet. Es war ein Wittelsbacher der Pfälzer-Linie, Herzog Philipp Ludwig von Pfalz-Neuburg, der als erster deutscher Fürst im Jahre 1571 ein Gestüt in Rohrenfeld bei Neuburg a. d. Donau einrichtete, das später als Hofgestüt durch Stellung von Deckhengsten eine große Rolle für die Landgestüte spielte. Zur damaligen Zeit standen die Neapolitaner-Pferde und Ostfriesen in besonderem Ansehen, weshalb auf dieser Basis auch die Grundlage des Gestüts gelegt wurde.

Erste Veröffentlichungen über Pferdezucht entstanden Ende des 16. Jahrhunderts auch in Deutschland, so 1584 durch Marx Fugger v. Kirchberg und Weißenhorn mit seinem Buch „Von der Gestüterey". Dieses Buch dürfte eines der ersten klassischen Lehrbücher über Pferdezucht sein. Er lehnt sich gegen eine Überflutung des oberdeutschen Marktes mit „Friesen, Holländern, Flemmingern, Westphalen und Gelderischen" und möchte die Zucht als einheimische Pferdezucht sehen, was aber keinen nachhaltigen Erfolg zeitigte.

Im Herzogtum Bayern entstand 1590 in der Domänenschwaige Graßlfing bei Olching, westlich von München, ein weiteres Gestüt mit etwa 200 Pferden, das später nach Schleißheim und Schwaiganger verlegt wurde. In Schwaiganger standen bereits im Jahre 1613 88 Stuten und 108 Fohlen, wobei es sich um Pferde arabischer Abstammung gehandelt haben soll.
Herzog Maximilian I. (1597 - 1651), der Große Kurfürst, widmete seine besondere Fürsorge der Hebung der Landwirtschaft, richtete herzogliche Mustergüter in Schwaiganger und Schleißheim ein und erließ in dem 1616 veröffentlichten „Codex

Maximilianeus" Richtlinien für eine „gebührende und rationale Fütterei der Pferde". Weiter wurde das bereits 1516 erlassene Ausfuhrverbot für Pferde erneuert.
Im Dreißigjährigen Krieg erlebte die bayerische Pferdezucht einen gewaltigen Niedergang. Das Land, die Städte und Dörfer waren verwüstet, entvölkert und verarmt, die Zuchtanstalten des Adels und der Landesherren geplündert und vernichtet. Die im Lande noch vorhandenen Pferde, die meistens durch eigene und durchziehende Heere requiriert wurden, waren zur Zugarbeit wenig brauchbar und für eine Zucht kaum geeignet. Die Pferdeverknappung verschärfte sich um die Wende des 17. zum 18. Jahrhundert so stark, daß 1704 während des spanischen Erbfolgekrieges eine totale Pferdeausfuhrsperre verhängt wurde, um die eigenen Truppen wieder ausreichend auszustatten und fremden Reitereien keine Remontierungsgelegenheiten zu geben.
Im Jahre 1760 sollte die Landespferdezucht dadurch gehoben werden, daß „wohlgeartete Füllen" angekauft und im Lande selbstgezogene Fohlen auch zum Verkauf freigegeben wurden. Hiervon profitierte in erster Linie der Handel, die Qualität der Pferde stieg jedoch nicht im erwünschten Maße.

2. Die Errichtung eines allgemeinen Landgestüts

Kurfürst Maximilian III. Joseph (1745 - 1777) konnte die starke Verschuldung Bayerns nach den Kriegen und prunkvoller Hofhaltung seiner Vorgänger durch sparsame und umsichtige Regierung allmählich abbauen und war besonders darauf bedacht, die Landwirtschaft zu verbessern, wobei ein besonderes Augenmerk auf der Pferdezucht lag. Ein kurfürstliches Mandat bestimmte 1754, daß die Verwaltung und Oberaufsicht über das gesamte Gestütswesen einschließlich Hofgestüt von der kurfürstlichen Hofkammer auf den Oberstallmeisterstab übertragen wird. Dieses neu geschaffene Amt versuchte durch Errichtung von Beschälanstalten, die unseren heutigen Landgestüten entsprechen, die stark in Mitleidenschaft gezogene Pferdezucht wieder zu heben. Es erfolgte die Trennung des Gestüts Schleißheim und des Gestüts „bey der Schwaig Anger" von der bisherigen Schleißheim'schen Hofverwaltung.
Im Jahre 1754 kauften Oberstallmeister Graf Daun und Graf Seinsheim neapolitanische und Mecklenburger Hengste und Stuten. Im folgenden Jahre wurden weitere Hengste in Italien angekauft wie auch in Dänemark und Österreich. Der Zeitgeschmack bevorzugte mittelschwere Pferde, auf Rasse oder Abstammung wurde nur bedingt wert gelegt.

1761 wurden 23 Hofhengste auf 6 Beschälstationen geschickt, bis 1769 erhöhte sich die Zahl der Beschälstationen auf ca. 15, die Hengstzahl sollte 40 erreichen. 1767 lag der fertige Entwurf zu einem Landgestüt vor, das dann 1769 durch ein Generalmandat des Kurfürsten als Allgemeines Landgestüt eingerichtet wurde. Die Unterbringung der Hengste erfolgte in Schleißheim und im Hofmarstall in München.

Mit der Einrichtung dieser Gestüte sollte die Mitarbeit der Bauern gewonnen und eine Besserung der Lage in der Landwirtschaft erreicht werden. Hierzu wurde Sprunggeld nicht erhoben, bedeckt werden durften aber nur Stuten, die von einer Kommission für tauglich befunden wurden. Über diese Stuten wurde ein genaues Verzeichnis angelegt mit genauer Angabe von Besitzer, Alter, Farbe und Abzeichen sowie Abstammung der Stute.
1770 wurde sodann die sogenannte „cumulative" Gestütskommission ins Leben gerufen, die teils dem Hof und teils der „Landschaft" (Ständen) angehörte und alle Fragen wie Ankauf, Ausmusterung, Festlegung der Stationsbeschickungen, Musterung der für die Hofhengste vorgesehenen Stuten zu bestimmen hatte.
Die aufwärtsstrebende Entwicklung brach in Bayern mit der Regentschaft von Kurfürst Carl Theodor (1777 - 1799) leider ab, doch schon sein Nachfolger, der spätere König Maximilian I., sorgte für eine Neubelebung der Förderung der Pferdezucht.

3. Pferdezucht in Franken und Schwaben

Neben dem Kurfürstentum Bayern wurde auch in anderen Herrschaftsgebieten des heutigen Bayern seit Jahrhunderten Pferdezucht unter der Anleitung und Förderung der Regierenden betrieben.
Soweit wir unterrichtet sind, beschränkte sich die Pferdezucht in den damaligen Markgrafentümern und geistlichen Territorien Frankens auf die von den Landesherren bzw. Fürstbischöfen eingerichteten Gestüte und Stutereien. Dort wurde vor allem auf Pferde für den Hof gezüchtet, edlere Typen als im südlichen Bayern.
Bereits 1730 war durch die Hohenzollern das Ansbacher Haupt- und Landgestüt Triesdorf eingerichtet worden, eines der ersten Gestüte überhaupt. Es wurden einerseits Pferde für die Hofhaltung im nahen Ansbach gezüchtet, andererseits wurden alljährlich im Frühjahr an 13 Deckorten Zuchthengste aufgestellt, deren Zahl bis zur Auflösung des Gestütes auf 19 anstieg. Im Jahre 1798 wurde das Hauptgestüt, 1802 auch das Landgestüt aufgelöst. Der größte Teil der Stuten kam in das Friedrich-Wilhelm-Gestüt Neustadt a. d. Dosse, sowie in das Hauptgestüt Trakehnen, wohin bereits 1791 Zuchtpferde überstellt wurden.

Bereits im Jahre 1740 war die Haltung privater Hengste verboten und die Anlage von Sprung- und Fohlenregistern befohlen worden, ein Pferdemarkt eingeführt und dem Hofe dabei ein Vorkaufsrecht eingeräumt worden.

Im Gebiet des Fürstbischofs von Würzburg herrschte von der Struktur kleinbäuerlicher Besitz vor, in dem Kuhanspannung vorherrschte und Pferdezucht kaum betrieben wurde. Die Einrichtung einer Gestütsanstalt im Spessart nahe Rothenfels brachte nur kurze Zeit Erfolg, da bald vom Forstpersonal Klagen über Pferdeverbiß der in der Nähe der Gestütshöfe liegenden Waldungen eingingen, so daß zunächst das Gestüt nach Waldaschach verlegt wurde, dann wegen der schlechten Weidemöglichkeiten aufgelassen wurde. Eine dann noch betriebene Maultierzucht wurde nach der Säkularisation an das kurfürstliche Gestüt nach Bayern abgegeben.

Im Fürstentum Bamberg wurde im Jahre 1749 ein Landgestüt errichtet, das die Gebiete Oberfrankens bis ca. 1806 mit ca. 25 Hengste versorgte. Die Qualität der Hengste soll mäßig gewesen sein, von vorherigen Unterstützungen sind keine Unterlagen auffindbar.

In Schwaben mit seinen 5 weltlichen und 5 geistlichen Fürstentümern, 89 Grafen, Freiherren und Adeligen, mit 8 Reichsstädten sowie 39 Stiften und Klöstern gab es zwar viele Pferde, meist auf der Basis der im Voralpengebiet gezüchteten Art des Norikers, doch Regeln zur Pferdezucht existierten nicht, was die Qualität negativ beeinflußte. Ein Bericht einer Pferdekommission bei der Einbeziehung der Gebiete in das Kurfürstentum Bayern bezeichnete die Pferde als mittelschwer bis schwer, unrein in den Gelenken, mit schlechtem Rücken und „in keinem Teil der Provinz zeige sich der Charakter einer Rasse". Eine Ausdehnung des Landgestüts in diesen Bereich wurde empfohlen.

Anders lagen die Verhältnisse im Gebiet von Pfalz-Neuburg-Sulzbach, wo bereits 1571 das Hofgestüt Rohrenfeld gegründet worden war. Zunächst diente es dem Hofstall des Herzogs für die Zucht von Reit- und Kutschpferden, es verfiel während des Dreißigjährigen Krieges, wurde danach wieder eingerichtet und später zu einer tragenden Säule des Hofmarstalles und der Landgestüte. Die Glanzzeit des Gestütes lag Mitte des 19. Jahrhunderts, als sowohl der eigene Bestand hoch gelobt wurde als auch die Nachkommen der Hofgestütshengste in der Beurteilung bei Preisverteilungen besondere Anerkennung fanden. Von dort beeinflußt, fanden sich Abkömmlinge von Neapolitanern, Orientalen, später auch arabisch-ungarischer Abstammung auch in den dazugehörigen Landesteilen. Die endgültige Auflösung des Gestütes erfolgte mit Ende der Monarchie in Bayern im Jahre 1919.

4. Gestütswesen und Landespferdezucht im Königreich Bayern in militärischer Hand

Dem im Jahre 1799 verstorbenen Kurfürsten Karl Theodor folgte Maximilian IV. Joseph, der bisher als Kavallerieoffizier in französischen Diensten stand und neben Graf von Montgelas auch Freiherrn von Kesling mit nach Bayern brachte, der als Oberststallmeister mit einigen Pferdefachleuten Vorschläge zur besseren Ausstattung des Landgestüts erarbeitete. Dieser Entwurf wies auf die Notwendigkeit einer guten Pferdezucht im Interesse der Wehrfähigkeit des Landes hin, geißelte die Unterlassungssünden der letzten 25 Jahre und zeichnete die Verhältnisse in den neuen Landesteilen auf. Eine strenge Landgestütsordnung in Verbindung mit einer gebietlichen Aufteilung, eine Musterung aller vorhandenen Pferde mit Registrierung der zuchttauglichen Stuten und Kennzeichnung mit Brand, Musterung und Registrierung der anfallenden Fohlen, Körung der Gaureiterhengste, Berufung von Inspektoren für die einzelnen Provinzen sind die wesentlichen Vorschläge, die 1806 eine Genehmigung erhielten, jedoch nicht zur vollen Umsetzung kamen.

Endlich wurde 1818 eine Neuorganisation durchgezogen, bei der jährliche Zuwendungen sichergestellt wurden, die Leitung des Landgestüts neu geregelt wurde und genügend Hengste für die Versorgung der über 25 Beschälstationen in ganz Bayern eingestellt wurden. Auch die Einrichtung von Leihhengsthaltungen wurde ermöglicht.

Bis zum Jahre 1826 bestand neben dem Landgestüt noch ein besonderes Militärgestüt in Schwaiganger, zu dessen Grundlage 1803/1804 Remonteankäufe von Moldaustuten aus Polen dienten, die, da billiger als Stuten aus Norddeutschland, in den Jahren 1810 - 1812 wiederholt wurden. Diese als leichte Kavalleriepferde besonders geeigneten Pferde bildeten dann auch die Grundlage weiterer neu eingerichteter Militärgestüte bzw. Remontedepots in Achselschwang und übernommener Klostergüter, die jährlich 600 Remonten an die Armee zu liefern hatten.

Für das Landgestüt standen außer Hengsten aus dem Hofgestüt Rohrenfeld auch Zukäufe von Normännern und Norfolkhengsten zur Verfügung, im wesentlichen also im Hinblick auf die Remontierung der Armee, während private Gaureiterhengste vor allem im Voralpengebiet die Bauernstuten versorgten. Ab 1818 bestand für diese Hengste ein gesetzlicher Körzwang. Die Hengste erhielten ein Brandzeichen, ein „Approbationszeugnis" und somit die Erlaubnis zum Gauritt. Zusätzlich wurden aus dem Bestand des Landgestüts „Ärarhengte" als Leihhengste vergeben, die nach

mehrjähriger guter Haltung in den Besitz der Hengsthalter übergingen. Durch diese Maßnahmen wurde die Pferdezucht sehr gefördert, die Zahl der gedeckten Stuten stieg beständig an und erreichte 1842 auf 60 Beschälstationen bei 293 Hengsten nahezu 20.000 Stuten.

Durch die veränderten Wirtschafts- und Besitzverhältnisse stieg der Bedarf an schwereren Arbeitspferden, während die Remontierungskommission über die verringerte Zahl der leichten, zum Kavalleriedienst geeigneten Pferde klagten. Hierzu wurde 1840 Schwaiganger zum Militärstammgestüt ausgebaut und 1844 die gesamte Landgestütsverwaltung unter militärische Leitung gestellt.

In diesem Jahre werden auch entsprechend der Regionalisierung die Inspektoren für Pferdezucht als Berater an den neu eingerichteten Landgestüten in Ansbach, als Ersatz für das aufgelassene Gestüt Triesdorf, in Landshut, an der bereits seit 1749 bestehenden Außenstelle des Hofmarstalles, in Augsburg, am neu eingerichteten Landgestüt und in München berufen.

Die militärisch organisierte Landgestütsverwaltung machte es sich zur Aufgabe, die Pferdezucht in den dafür besonders geeigneten Landesteilen zu verbessern und zu veredeln, um die Remontierungsquote zu verbessern. Der Gedanke, die Zahl der notwendigen Remonten für ein geeignetes Kavalleriepferd im eigenen Lande zu erzeugen, war jedoch eine Fehleinschätzung, denn die Landwirtschaft verlangte angesichts der Intensivierung der Bodenbewirtschaftung ein eher schwereres Pferd. Die Bauern vernachlässigten so die vom Landgestüt aufgestellten meist edlen Landgestütshengste und wandten sich den Privatbeschälern zu, deren Bedeckungsziffern sprunghaft anstiegen.

Interessant ist ein Bericht aus der Mitte des vorigen Jahrhunderts über den Stand der Pferdezucht, in dem es heißt: „In Oberbayern wird hauptsächlich die Zucht eines veredelten starken Wagenschlages und des mittelschweren Oberländerpferdes betrieben. Im östlichen Teil des Landes, angrenzend an Salzburg, werden schwere, breitgebaute Pferde gezogen, während das östliche Niederbayern in seinen fruchtbaren Tälern (Rott- und Vilstal) und auf den getreidereichen Ebenen an den Ufern der Donau (Passau bis Straubing) Pferde von edlerer Beschaffenheit züchtet, die seit langem besten Ruf genießen und nicht nur für die Landwirtschaft, sondern auch als Kutsch- und schwere Reit- und Artilleriepferde Verwendung finden. Im westlich gelegenen, viehreichen Schwaben, besonders dem Allgäu, werden kräftige Zugpferde seit langer Zeit gezüchtet, die auch gute Abnahme in die Schweiz und nach Italien finden. Im Herzen von Schwaben finden sich kleinere, gutgebaute Pferde, an deren

B. St. geb. 1883 in Riedorn. V.: Noriker, M.: Bayr. Landstute.

Blutaufbau die edlen Hengste des Hofgestütes Rohrenfeld und Bergstetten beteiligt waren. Der nördliche Teil des Landes besitzt in den Ansbacher-Pferden vortreffliche und edle Tiere, die ihr Bild den Markgrafen von Ansbach verdanken. Im weinreichen Würzburger-Land kommen gute und ziemlich edle Pferde vor, die für alle Dienste geeignet sind."

Zur Koordinierung der Wünsche der Landwirtschaft und des Militärs wurde 1851 das landwirtschaftliche Kreis- und Zentralberatungskomitee ins Leben gerufen. Um möglichst Gleiches mit Gleichem zu paaren, werden die Pferde in vier Schläge eingeteilt, da festgefügte Rassen noch nicht in dieser Form bezeichnet sind:

I = leichter Reitanschlag

II = starker Reitschlag und leichter Wagenschlag

III = starker Wagenschlag

IV = schwerer Arbeitsschlag (sog. Fuhrmannsschlag)

Diese Einteilung blieb bis zum 1. Weltkrieg.

Die Hengste der Schläge I und II, Warmbluthengste aus Hannover und Oldenburg sowie Hofgestütshengste, sollten weiterhin durch das Landgestüt, besonders über das Hofgestüt Rohrenfeld, gestellt werden, das Stammgestüt Schwaiganger sollte sich auf die Züchtung von Schlag II und III, bei denen bereits auch in unserem Sinne leichte Kaltbluthengste zu verstehen sind, einstellen, während die Zucht des Schlages IV den Privatzüchtern anheimgestellt wurde.

Das Stammgestüt konnte die verlangte Zahl von ca. 20 Hengsten jährlich nicht liefern, so daß nach ständigen Reibereien zwischen Landgestütsverwaltung und Fohlenhofinspektion das Militärstammgestüt nach Achselschwang verlegt wurde, während in Schwaiganger ein Remontedepot verblieb. Durch den Einsatz von ausgesuchten Oldenburger Hengsten und die Zusammenarbeit mit dem Stammgestüt Zweibrücken konnte die verlangte Qualität der Pferde im Gestüt Achselschwang erzeugt werden.

5. Die Pferdezucht ab 1870 und die Gründung der Verbände

1873 wurde die militärische Leitung des Landgestütwesens wieder abgeschafft und die Leitung dem Ministerium des Inneren, Abt. Landwirtschaft übertragen. Der Vorstand der Landgestütsverwaltung führt nun den Titel „Kgl. Oberlandstallmeister", die Leiter der Gestütsanstalten „Kgl. Landstallmeister". 1874 wird der gesetzliche Körzwang aufgehoben, jedoch nach schlechten Erfahrungen bereits 1881 wieder eingeführt. Mit Unterstützung der Pferdezuchtinspektionen haben sich Mitte des Jahrhunderts die Pferdezüchter zu Pferdezuchtvereinen zusammengeschlossen, insbesondere auf dem Gebiete der Zucht der Schläge I und II zu Remontezuchtvereinen. So wird 1846 der erste Verein in Schwaben gegründet. Ein „Verein zur Förderung der Pferdezucht in Bayern" mit Sitz in München folgte dann 1882 als Zusammenschluß aller Bezirksvereine.

Stuten wurden vom Staat 3 1/2- und 4 1/2-jährig angekauft und zu ermäßigten Prei-

Wedern, F.H., geb. 1884 in Lenggries. V.: Graf Wedel v. Graf Wedel a.e. Oldenburger St. M.: Oberbayr. Landstute v. Brilland (H).

B.H., geb. 1884 in Tölz. V.: Bayr. Landschlag. M.: Bayr. Landstute

der heutigen Pferdezuchtverbände gegründet:

Landesverband zur Förderung der Pferdezucht in Bayern,
Pferdezuchtverband für das bayerische Oberland,
Pferdezuchtverband für das oberbayerische Flachland,
Verband für die Zucht des Pinzgauer Pferdes in Oberbayern,
Zuchtverband für Kaltblut in Mittelfranken,
Zuchtverband für das veredelte Arbeitspferd in Mittelfranken,
Pferdezuchtverband für Unterfranken,
Pferdezuchtverband Oberfranken,
Verband für die Zucht des kaltblütigen Pferdes in Nordschwaben,
Verband für die Zucht des norischen Pferdes in Südschwaben,
Zuchtverband für das veredelte Arbeitspferd in Mittelschwaben,
Verein zur Hebung der Pferdezucht in Niederbayern.
Verband der Oberpfälzer Pferdezuchtvereine für das Warmblut,
Verband bay. Züchter des kaltblütigen Wirtschaftspferdes auf rheinisch-belgischer Grundlage.

6. Die Pferdezucht zwischen den Weltkriegen

Der Ausgang des 1. Weltkrieges und die Zerschlagung der deutschen Wehrmacht brachten für die Pferdezucht eine schwere Umwälzung. Sie stand vor einem Umbau im Staats- und im Privatbereich. Man versuchte, dem Standort gemäße Pferde zu züchten, und kam zum Begriff der Bodenständigkeit. Heimisch gewordene Zuchten bildeten die Oberländer und Pinzgauer als Spielarten des Norikers im Voralpengebiet, die Rottaler in Niederbayern und die Zweibrücker in der Westpfalz, die ja noch zu Bayern gehörte. In Franken und Nordwestschwaben war das Kaltblut auf rheinisch-deutscher Basis auch als einheitliche Rasse vertreten. Darüber hinaus wurden besonders für die Warmblutzucht von der Landgestütsverwaltung und auch schon von Privathengsthaltern Hengste auf Oldenburger Blutführung eingesetzt.

Für die Vereinheitlichung der Noriker Rasse wurde 1920 das Stammgestüt Schwaiganger eingerichtet, das maßgeblich zur Hengstaufzucht und Herausbildung des heutigen Typs beitragen sollte, während bei den Landgestüten ein Abbau erfolgte. So wurden nach heftigen Debatten im Landtag 1923 die Landgestüte Augsburg und München, das 1903 nach Erding verlegt war, aufgelöst. Es verblieben die Landgestüte Landshut und Ansbach, ein Teil der Hengste des Gestütsamtes München verblieb noch in Schwaiganger und Achselschwang, die bei verringerter Stationszahl die übrigen Gebiete übernahmen. Es arbei-

sen an die Mitglieder dieser Vereine abgegeben. Auch die Verbesserung der Aufzuchtverhältnisse stand im gemeinschaftlichen Interesse. Es wurden Aufzuchthöfe eingerichtet, so mehrere in Oberbayern, in Niederbayern, in Franken und in Schwaben. Einige davon sind heute noch im Besitz der Nachfolgeorganisationen auf Kreisebene. Zu dieser Zeit scheiterte zunächst noch die Gründung von echten Züchtervereinigungen an dem Wi-

derstand der Privatzüchter der Schläge III und IV, doch schon kurz nach der Jahrhundertwende erkennen auch diese die Vorteile des Zusammenschlusses und es erfolgen bei den Pferdezuchtvereinen Abstammungsregistrierungen, so ab 1905 in Nordschwaben für das schwere Arbeitspferd auf rheinischer Grundlage, ab 1909 im oberbayerischen Oberland für den Noriker und nach dem 1. Weltkrieg, in den Jahren 1919 und 1920, werden die Vorläuferverbände

teten weiterhin die Stammgestüte Schwaiganger, Achselschwang und das pfälzische Eichelscheid. Der Staat stellte den neu gegründeten Pferdezuchtverbänden als maßgebliche Förderung technische Leiter zur Verfügung.

Nach dem Jahre 1933 erfolgte durch staatliche Einwirkung 1934 die Zusammenlegung der mehreren Verbände in einem Regierungsbezirk zu einem Verband und durch das Gesetz zur Förderung der Tierzucht 1936 eine „Rassenbereinigung" mit dem Ziele zur Bildung von Reinzuchtgebieten für bestimmte Rassen und Schläge.

Daraus entstanden die heute noch arbeitenden Verbände:

Pferdezuchtverband Franken e. V. für die Reg. Bezirke Ober-, Mittel- und Unterfranken,

Pferdezuchtverband Niederbayern/ Oberpfalz e. V. für die Reg. Bezirke Niederbayern und Oberpfalz,

Pferdezuchtverband Oberbayern e. V. für den Reg. Bezirk Oberbayern,

Pferdezuchtverband Schwaben e. V. für den Reg. Bezirk Schwaben.

Als Dachorganisation wird der Landesverband Bayerischer Pferdezüchter e. V. gegründet.

Bei der Rassenbereinigung wird das Norikerpferd als einzige Kaltblutrasse weiter gefördert und für ganz Bayern zugelassen. Die Zucht von Warmblutpferden gab es außerhalb Niederbayerns nur in einzelnen kleineren Bezirken, so daß 1934 nur Niederbayern, das Gebiet um Ingolstadt/Neuburg in Oberbayern und eine Insel in Oberfranken erhalten bleiben.
Dafür begründet 1934/1935 die Einführung der Haflingerzucht in Bayern einen seinerzeit nicht absehbaren Aufschwung dieser Rasse.
Auf Wunsch der Wehrmacht wurden mit Haflingern zur Versorgung der Gebirgsjägertruppe Versuche unternommen, um von der alleinigen Verwendung von Maultieren als Tragtiere unabhängiger zu werden. Die Bauern im Chiemgau, dem Inntal und dem Oberallgäu nahmen diese Pferde schnell und gerne in die züchterische Verwendung.
Die eingesetzten Hengste der verschiedenen Rassen betrugen 1920 541 Staatshengste und 339 Privathengste, während zu Beginn des zweiten Weltkrieges 2/3 der Hengste Privathengste waren. Die Unterbringung der Staatshengste war 1937 endgültig auf Landshut und Ansbach reduziert worden.
Während des 2. Weltkrieges ging der Deckbetrieb im allgemeinen regelmäßig

Der Typwandel in der Rottaler Zucht. Zuchtstute im Karossiertyp.

Zuchtstute im Typ des vielseitig verwendbaren Wirtschaftspferdes.

weiter. Es deckten ca. 280 Staatshengste und ca. 500 Privathengste insgesamt über 40.000 Stuten. Die starke Nachfrage nach Arbeitspferden und die gute Preisbildung für fertige Pferde sowie Fohlen verzeichnete eine Blütezeit für die Pferdezucht, die bis zur Währungsreform anhielt. So verzeichnet das Jahr 1948 die Rekordzahl von 63.368 Bedeckungen.

7. Die Pferdezucht in Bayern seit 1950

Nach dem Zusammenbruch 1948 und den nachfolgenden Jahren, die für die Pferdezucht noch ertragreiche Jahre brachten, erfolgte die Technisierung der Landwirtschaft, der Wegfall jeglicher Verwendung im militärischen Bereich und der Personalabbau in allen Bereichen des Gewerbes und der Landwirtschaft. Dies führte zu einem Preisverfall der Pferde und zwangsläufig zu einem Rückgang der Pferdezahlen. Im Laufe von 20 Jahren (1949 bis 1969) hat sich der Pferdebestand in Bayern von über 300.000 Pferden auf 35.000 verringert, von denen die Kaltblutpferde am stärksten betroffen waren. Die 1934 durchgeführte Rassenbereinigung und Ausrottung der Warmblutzucht in vielen kleinen Inseln konnte hier auch nicht zur Fortsetzung einer einst vorhandenen Zuchtrichtung führen, allein die Haflinger erhöhten kontinuierlich ihre Bestandszahlen. Dem Rückgang der Pferdezahlen mußten auch die Landgestüte Tribut zollen, im Jahre 1959 wird das Landgestüt Ansbach aufgelöst und 1980 das Landgestüt Landshut nach Schwaiganger verlegt.

Doch das Aufblühen des Reitsports und das Festhalten der Kaltblutzüchter am Pferd ließ das Motto „Das Pferd muß bleiben" zu einer Tatsache werden, die ab 1960 zu einer Ausdehnung der Warmblutzucht führte, die zunächst langsam, dann stürmisch verlief, wie auch in den Pony- und Spezialrassen erhebliche Ausweitungen der Bestände festzustellen sind.

Nicht unwesentlichen Anteil an der Erstarkung der Kaltblutzucht und der der Haflinger trägt das Brauchtum, das mit vielfältigen Gelöbnis-, Bitt- oder Dankritten zu Ehren von Heiligen der katholischen Kirche wie Sankt Leonhard, Martin, Stephan, Georg, Koloman oder Ulrich an die Öffentlichkeit tritt. An diesen Fest- und Feiertagen ist es den Bauern echte innere Verpflichtung zur Kirche des Haus- oder Viehpatrons mit prächtig herausgebrachten Pferden zu reiten oder zu fahren.

Tausende und Zehntausende besuchen als Zuschauer diese Ritte und Fahrten, ob in Kötzting oder Bad Tölz, am Auerberg oder an welchem Ort auch immer.

Am verbreitetsten sind die Ritte und Fahrten zu St. Leonhard, in mehr als 80 Gemeinden wird so der Schutzheilige verehrt. So konnten die Bestandszahlen bis 1992 wieder auf über 80.000 Pferde ansteigen und die Zahl der eingetragenen Stuten auf über 12.000.

Eine erhebliche Zahl von Pferden sind heute auch bei den Pony- und Spezialrassen eingetragen, so 1992 bei den Ponys 200 Hengste und 67 bei Spezialrassen, 1.499 Pony- und 743 Spezialpferdestuten während die Bedeckungsziffern bei diesen Rassen 832 und 266 betragen.

Georgiritt in Traunstein.

Jahr	Entwicklung des Zuchtgeschehens in Bayern in den letzten 30 Jahren								
	eingetragene Stuten			aufgestellte Hengste			Stutenbedeckungen		
	Kalt-blut	Warm-blut	Hafl.	Kalt-blut	Warm-blut	Hafl.	Kalt-blut	Warm-blut	Hafl.
1960	4627	258	635	159	22	32	2268	228	482
1965	1987	659	767	73	46	36	1437	769	613
1970	958	1256	773	40	74	47	782	1898	870
1975	666	2251	1344	27	108	52	657	2751	1410
1980	739	3427	2071	36	147	75	690	2902	1644
1985	969	3798	2666	55	146	98	1021	3343	2209
1990	1525	4537	3580	67	154	89	1379	4159	2702
1992	1569	5398	4004	73	193	91	1518	5211	2864

Süddeutsche Kaltblüter beim Holzrücken.

8. Pferdezucht heute - die Rassen in Bayern

Mit einem Pferdebestand von über 90.000 Pferden und einem Zuchtstutenbestand von über 12.000 Stuten liegt Bayern innerhalb der Bundesrepublik Deutschland bei anhaltend steigender Tendenz an dritter Stelle der Bundesländer bei Pferden und Zuchtgeschehen.

Vier anerkannte Zuchtverbände im Landesverband bayerischer Pferdezüchter, ein Verband für ca. 10 Pony- und ca. 25 Spezialrassen betreuen diese Züchter und ihre Pferde. Darüberhinaus dürfen die besonderen Rassen wie Traber, Vollblüter, die Trakehner und einige neue Verbände auf Bundesebene nicht vergessen werden. Sie entwickeln vielfältige Aktivitäten von Schauen über Absatzveranstaltungen bis zu Leistungsprüfungen, sie nehmen die Verpflichtungen nach den staatlichen Regeln wahr und beraten Pferdeliebhaber und Züchter.

Nach dem Tierzuchtgesetz des Bundes von 1989, dem bayerischen Landwirtschaftsförderungsgesetz und den geltenden Bestimmungen der EU fördert der Freistaat Bayern die Pferdezucht durch Unterhaltung eines Haupt- und Landgestütes in Schwaiganger,

mit Hengstbestand in den Rassen Warmblut, Süddeutschem Kaltblut und Haflingern,

mit Stutenherden und Hengstaufzucht in den drei Rassen,

Besamungsstation mit über 1.500 Besamungen in ganz Bayern,

mit Unterhalt der einzigen Hufbeschlagsschule in Bayern;

sowie durch den Unterhalt eines Landesamtes für Pferdezucht und Pferdesport

mit Beratung aller Pferdeinteressierten durch Zuchtleiter für die verschiedenen Rassen und Zuchtberater sowie Reitsportberater,

mit Hengstleistungsprüfungsanstalt für Warmblut, Kaltblut, Haflinger, Ponys und andere Rassen,

mit einer Landes-, Reit- und Fahrschule für die Ausbildung der Pferdewirte in den verschiedenen Schwerpunkten,

mit Vollzug der Bestimmungen nach dem Tierzuchtgesetz und den Förderungsrichtlinien.

Die Kaltblutzucht in Bayern

Die Zucht des Norikers gründet sich auf Pferde, die zur Zeit der Römer eingeführt sein sollen. Aus altem Schrifttum ist zu entnehmen, daß die römischen Legionen in den Bergprovinzen nur wenige landeseigene geeignete Pferde vorfanden, um daraus ihre Versorgung sicherstellen zu können. Deshalb dehnten sie die Zucht ihrer Legionspferde bis in die eroberten Provinzen aus. Auch nach dem Rückzug der Römer blieben die Besiedler der Bergtäler bei diesen Pferden und führten die Zucht fort. Landschaft, Klima und Boden, sowie die Verwendung als Bauernpferd, gaben den Pferden mit der Zeit Form und Beschaffenheit eines vielseitig verwendbaren Kaltblüters. So entstand der „Noriker", das Gebirgskaltblut, das den Rittern, Bauern und Handelsleuten des Mittelalters als Streit-, Wagen- und Arbeitspferd diente.

Das Erzbistum Salzburg, das in seinem Einflußbereich bis in den Chiemgau und das östliche Bayern hinausreichte, beeinflußte diese Rasse in den folgenden Jahrhunderten, so durch eine Anordnung von 1688, nach der die Reinzucht zum herrschenden Prinzip der Zucht der Pferde

Ramsach, B.H., geb. 1977 v. Roghurta a. Nerdo v. Nervus. Süddeutsches Kaltblut. Z. u. B.: Haupt- und Landgestüt Schwaiganger

erhoben wurde. Zweifelsohne ist es der konservativen Einstellung der bäuerlichen Bevölkerung im Alpenvorland und im Gebirge zu verdanken, daß sich ihre norische Zucht trotz aller Versuche der Veredelung so rein und unverfälscht erhalten hat. Dem Großteil der Bauern waren die aufgestellten Hofgestüts- und Landgestütshengste zu edel; sie züchteten lieber mit Beschälhengsten eigener Zucht im Gauritt weiter. Die Veredelung hat deshalb nur im Bereich einiger Beschälställe und Klöster gewirkt. Aber hier vermochte der Noriker diese Blutströme ohne große Veränderungen des Typs zu assimilieren. Spuren von Einkreuzungen lassen sich in einigen Zuchten wahrnehmen, so Ramsköpfe von den Neapolitanern, der Cob-Typ des Normänners oder auch da und dort die Trabaktion des Norfolk-Trotters.

Für die inzwischen auf das ganze bayerische Oberland von Berchtesgaden bis Kempten ausgedehnte Norikerzucht wurde erstmals im Jahr 1906 ein Stutbuch errichtet, im Jahre 1920 führten dann die Zuchtverbände das „Edelweiß" als Brandzeichen ein, der nun bodenständige Kaltblutschlag

erhält den Namen „Oberländer Pferd" als Noriker der leichteren Form im Gegensatz zum „Pinzgauer" als den mehr auf Masse gezüchteten schweren Noriker aus Österreich.

Um die Oberländer Zucht auch innerlich zu festigen, wird von da an kein fremdes Blut mehr zugeführt, sondern rein auf norischer Grundlage gearbeitet, jedoch in wechselseitigem Austausch mit dem Hochzuchtgebiet des Pinzgauers. Erst in neuester Zeit werden Einkreuzungen mit Fremdrassen als Zuchtversuch durchgeführt, so mit Bretonen und Suffolkhengsten.

Der Oberländer, dem edles Blut gefälligere Formen verliehen hat, zeigt bei mittlerer Größe guten Körperschluß, lange Hinterrippe, muskulöse Gliedmaßen bei weniger Knochenstärke, kaum Beinbehang und ist trabtüchtig. Der umgängliche Charakter und die leichte Führbarkeit des Oberländers zeigen seine auch für weniger geübte Fahrer gute Eignung.

Der Oberländer bewährte sich nicht nur beim Bauern hervorragend, sondern auch als außerordentlich leistungsfähiges Pferd

in den Weltkriegen, als Artillerie- und Trainpferd. Besonders hervorgehoben wurde seine große Genügsamkeit und Anpassungsfähigkeit, sowie die Stahlhärte seines Hufes. Die Zuchtarbeit in der Anpassung an veränderte Nutzungsformen nach dem ersten Weltkrieg wurde staatlicherseits unterstützt durch das im Jahre 1920 im ehemaligen Remontedepot Schwaiganger eingerichtete Stammgestüt. Hier wurden mit einer aus bewährten Stutenstämmen der Oberländer- und Pinzgauerzucht aufgebauten Stutenherde in relativ kurzer Zeit die zur Verstärkung des Oberländers geeigneten Zuchthengste heran- und aufgezüchtet. Daneben sorgen private Hengstzuchtstätten für eine Vergrößerung des Hengstangebotes. 1934 wurde der Oberländer zum bodenständigen Kaltblutpferd in Bayern erklärt. Die Bezeichnung „Oberländer" für das bayerische Kaltblutpferd mußte im Jahre 1939 unter Einschluß des österreichischen Pinzgauers zu Gunsten der einheitlichen Benennung „Noriker" fallengelassen werden, die dann 1948 in Absprache aller süddeutschen Verbände in die Bezeichnung „Süddeutsches Kaltblut" umgewandelt wurde.

Nektor, LN 82331396 90 geb. 15.05.90, v. Nebel a.d. Natascha SP v. Maltum. Z.: Anton Mair, Polling, B.: Josef Weinberger, Reischenhart.

Heika, LN 8226086 90 geb. 21.04.90, v. Nebelhorn a.d. Hera SP v. Verenus. Z. u. B.: Georg Sappl, Beuerberg.

Am Kaltblutpferd in seiner Ausprägung haben diese Namenswechsel nichts verändert, es blieb und bleibt das handliche Bauernpferd im heimischen Bereich und über die Grenzen hinweg, das besonders in der Fuchsfarbe mit hellem Langhaar beliebt ist, aber auch in der braunen Farbe seinen Charme hat. Die Kaltblutzucht beschränkt sich gegenwärtig auf die alten Zuchtstätten im Oberland und auf die Gebiete, in denen es die besonderen betriebswirtschaftlichen Verhältnisse mit bergigen und hängigen Lagen und Holzbewirtschaftung nicht erlauben, ganz auf tierische Anspannung zu verzichten. Die Zuchtbasis ist klein geworden, in den letzten Jahren jedoch sichtlich erstarkt.

Die Warmblutzucht in Bayern

Pferde von edler Beschaffenheit zu produzieren, war jahrhundertelang das Privileg und Anliegen der Landesherren. Hierfür wurden besonders die Hofgestüte und Landgestüte eingesetzt, um im Kriegsfall auf geeignetes und ausreichendes Pferdematerial zurückgreifen zu können. In Niederbayern, in den fruchtbaren Tälern der Rott und Vils, in den Ebenen der Donau war von jeher ein leichterer Pferdeschlag zu Hause. Diesen Zuchten galt das besondere Augenmerk und die Förderung der Landesherren. So wurden frühzeitig dort Beschälerstationen mit Hofmarstallsheng-

sten eingerichtet und entsprechende Hengste aufgestellt. Ob dies anfangs Hengste aus dem Hofgestüt Rohrenfeld waren, dann Holsteiner oder auch Normännerhengste, dann Zweibrückerhengste oder Halbblüter, immer waren sie besonders ausgesucht. Die Produkte aus diesen Anpaarungen eigneten sich vortrefflich für den Militärdienst sowohl als Reit- als auch als Fahrpferde.

Durch die Verwendung auch in den bäuerlichen Betrieben wächst in den 80er Jahren des letzten Jahrhunderts der Wunsch auf eine Verstärkung der Typen. Diese Verstärkung wird mit Oldenburger Hengsten der schweren Sorte erreicht. Sie haben den durch das vorhandene Clevelandblut vorgeprägten Karossiertyp des Rottalers noch gefestigt. Das nun gezüchtete Kutschpferd stellt einen kräftigen, sehr gängigen Karossier dar, der unter dem starken Einfluß des Oldenburgers diesem im Typ ähnlich ist, ihn in Schwere und Stärke nicht ganz erreicht, da die Boden- und Klimaverhältnisse eine gewisse Austrocknung bewirken.

Die Zucht von Warmblutpferden gab es vor 1850 außerhalb Niederbayerns nur in kleineren Bezirken über ganz Bayern verstreut, so im Bereich der dann im 19. Jahrhundert gegründeten Remontezuchtvereine. Insbesondere nach 1936 mit der Rassenbereinigung blieb das Rottal das einzige zusammenhängende Warmblut-

zuchtgebiet Bayerns. Auch dann blieb die Blutzufuhr auf Oldenburger Hengste und gelegentlich Zweibrücker Hengste beschränkt. Sowohl im Acker, im Geschirr der Kutsche als unter dem Reiter bewährten sich diese Pferde.

Den bereits geschilderten Zeitumständen zufolge gingen in den 50er Jahren auch in der einst so blühenden Rottaler Warmblutzucht die Anzahl der eingetragenen Stuten und die Bedeckungsziffern rapide zurück. In dieser für das Fortbestehen der Zucht schweren Zeit war die steigende Popularität des Pferdes als Freizeitgefährte und im Turniersport ein Lichtblick. Zunächst wurde versucht, durch Hengste der Oldenburger Veredlungslinien wie Lupus und Condor die Reiteignung zu verbessern, doch Anfang der 60er Jahre wurden, da die Umzüchtung mit den Oldenburger Hengsten nicht schnell genug ging, Trakehner und Vollblüter eingesetzt. Da waren die Stutenbestände schon soweit abgesunken, daß ohne Zufuhr von Stuten ein Aufbau einer eigenständigen Zucht nicht mehr möglich war.

Mit dem weiteren Interesse, nun auch in ganz Bayern, kamen in erster Linie Stuten auf hannoverscher Basis zur Verwendung, auch Hengste aus Hannover, Westfalen und anderen Zuchtgebieten bezogen Beschälerboxen im seit 1980 zusammengefaßten Haupt- und Landgestüt Schwaiganger und den vielen neuen privaten Hengsthaltungen.

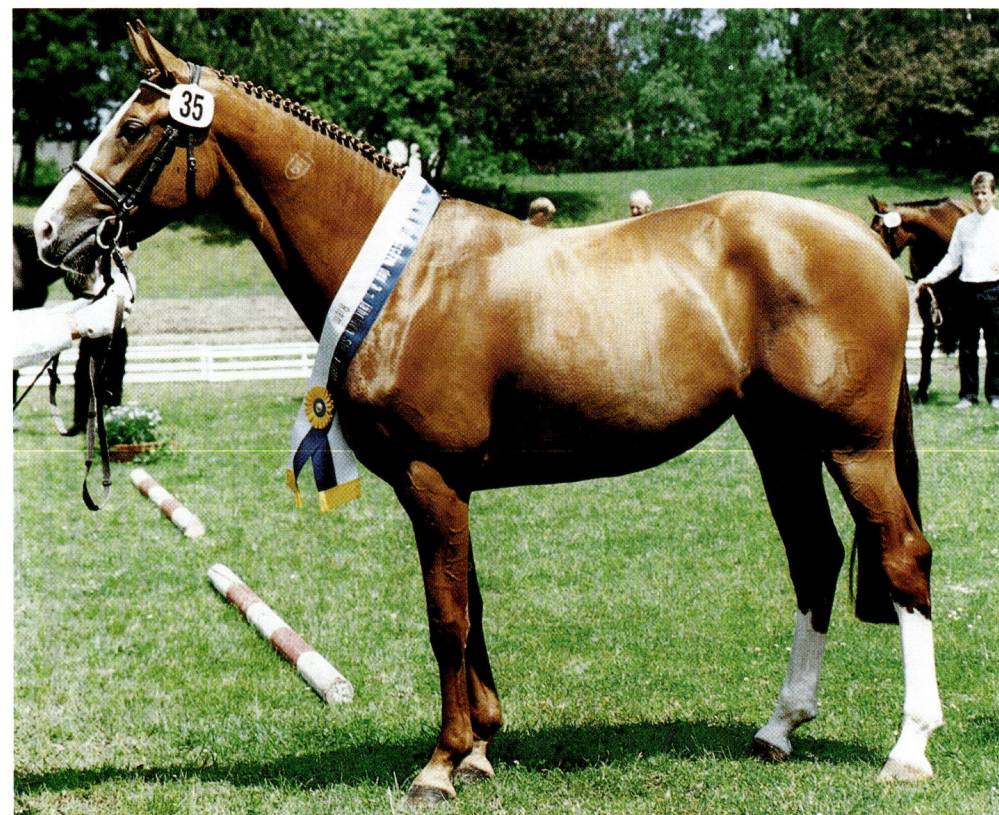

Prima Vera, LN 81 17622 88, geb. 03.04.44 v.
Poseidon a.d. Forina H. v. Nordfalk.
Z.: Hermann Maier,Ruhstorf. B.: Hans Holzeder,
Malching. (links)

Polling, LN 81 40031 87, geb. 15.05.87 v.Pilot a.d.
Mutige v. Mahdi. Z. u. B.: Haupt- und Landgestüt
Schwaiganger, Ohlstadt. (unten)

Im Jahre 1975 schloß sich der Landesverband Bayerischer Pferdezüchter dem Zuchtziel des Deutschen Reitpferdes an und hat nun eine weltoffene Leistungszucht, bei der alle Blutströme der geprüften positiven Linien Europas Eingang finden. Eine moderne Zuchtbuchordnung sorgt für klare Verhältnisse in den betreuten Rassen.

Moderne Zuchtmethoden wie die künstliche Besamung, Embryotransfer, die Zuchtwertschätzungen auf Eigenleistungsbasis und mittels Nachkommenvergleich sichern einen Standard, der den Vergleich mit anderen Zuchtgebieten durchaus zuläßt.
Die Pferdezuchtverbände und die staatliche Beratung arbeiten hierzu Hand in Hand.

Literatur

Nöhbauer: „Die Chronik Bayerns"; Chronk-Verlag, 1987

Karnbaum/Czerny: „Schwaiganger"; Limpert-Verlag, 1984

Kollmann: „Bayerisches Gestütsrecht"; Verlag C. H. Beck, München

Weitnauer: "Keltisches Erbe in Schwaben"; 1922

Fugger/Weißenhorn: „Von der Gestuterey"; 1584

Archive der regionalen Pferdezuchtverbände in Bayern

Rajasan, LN 81 80738 83, v. Report II a.d. Fanny v. Lupus. Z.: Franz Hartmann, Marktoberdorf. B.: Ursula Salzgeber, Bad Wörishofen.

Romanoff J, LN 81 80007 87, geb. 04.05.87 v. Ramin a.d. Portugal xx H v. Yoggi xx. Z. u. B.: Franz Peter Jennissen, Friedberg-Stätzling.

Pony- und Kle

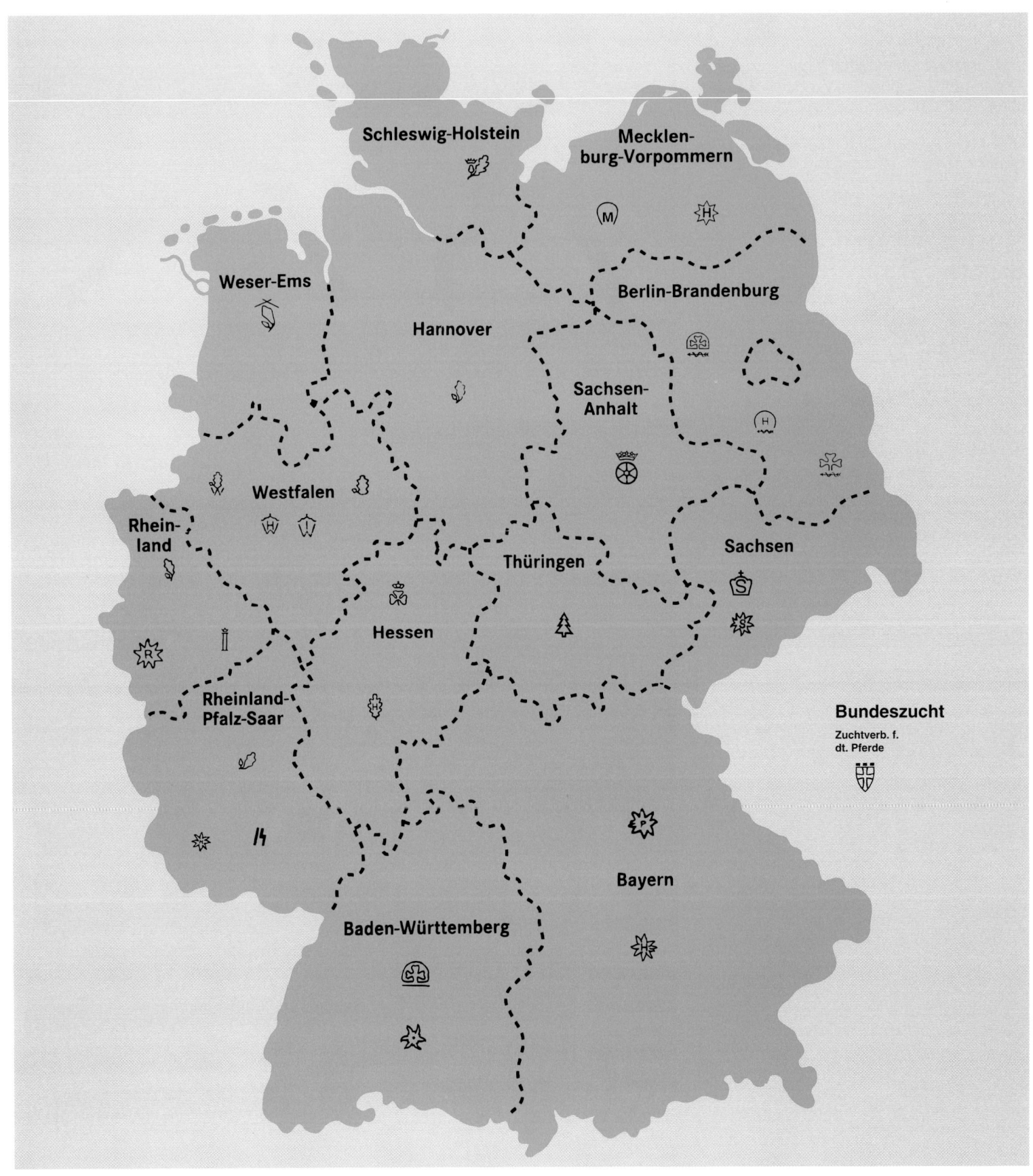

Schleswig-Holstein

Mecklen-
burg-Vorpommern

Weser-Ems

Berlin-Brandenburg

Hannover

Sachsen-
Anhalt

Westfalen

Rhein-
land

Sachsen

Thüringen

Hessen

Rheinland-
Pfalz-Saar

Bundeszucht

Zuchtverb. f.
dt. Pferde

Bayern

Baden-Württemberg

npferdezucht

Dr. Wilhelm Uppenborn †

15. Oktober 1904 geb. in Berlin-Schöneberg.
1910 - 1921 Schulbesuch, Vorschule und Realgymnasium in Berlin-Wilmersdorf, Mainz am Rhein, Berlin-Steglitz.
1921/1922 landw. Lehre in Niederschlesien und Hannover. 1922/1925 Studium der Landwirtschaft, gleichzeitig Scholare bei der Vereinigung Ostpr. Pferdezüchter, Insterburger Tattersall AG, Insterburg (Direktor Hugo Steinberg), Volontär bei der Ostpr. Stutbuchgesellschaft, Königsberg, Beamter im Trabergestüt Polkitten (Ostpr.). Abschlußprüfungen zum „akad. gepr. Landwirt" und „Diplomlandwirt".
1925 -1928 Volontär und Gestütleiter in Irland, Frankreich und Ungarn.
1929 - 1934 Gestütsassistent am Haupt- und Landgestüt Neustadt/Dosse, Leiter der Hengstprüfungsanstalt Zwion-Trakehnen, daneben Prüfungen zum staatl. gepr. Reitlehrer, zum staatl. geprüften Fahrlehrer, zum staatl. geprüften Tierzuchtbeamten, zum Begabtenabitur, Promotion zum Doktor der Landwirtschaft.
1934 - 1937 Preuß. Landstallmeister und Leiter des Landgestüts Osnabrück-Eversburg.
1937 - 1945 Leiter des Landgestüts Rastenburg/Ostpr., davon 1939 bis 1945 als Rittmeister d. Res. Schwadronsführer.
1945 - 1947 Kriegsgefangenschaft.
1947 - 1949 Mitarbeiter der DLG.
1950 - 1962 als Oberlandw.-Rat Geschäftsführer der Pferdezuchtabteilung der Landw.-Kammer Hessen-Nassau in Frankfurt/Main, gleichzeitig Geschäftsführer des Verbandes der Pferdezüchter Hessen-Naussau, des Verbandes der Pony- und Kleinpferdezüchter Hessen, 1954 bis 1967 der Arbeitsgemeinschaft der Ponyzuchtverbände, 1958 - 1962 des Verbandes der Reit- und Fahrvereine Hessen-Nassau.
1964 - 1974 Leiter des Vollblutgestüts Harzburg in Bad Harzburg.
31.12.1974 Ruhestand, ehrenamtlich tätig in der Vollblutzucht.

Gerhard Gramann

Überarbeitet von Gerhard Gramann
1. September 1928 geb. in Erndtebrück/Westfalen.
1935-1948 Schulausbildung in Erndtebrück, Arnsberg, Münster, Bad Gandersheim, 1948 Abitur.
1944-1945 Luftwaffenhelfer und Soldat.
1948-1950 Landwirtschaftliche Lehrzeit mit Gehilfenprüfung.
1950-1953 Landwirtschaftsstudium in Göttingen mit Diplom-Abschluß.
1953-1955 Tätigkeit beim Rotbuntverband Münster, beim Milchkontrollverband und auf dem Versuchsgut Friedland.
1955-1957 Referendarausbildung in Niedersachsen, Abschluß Assessor der Landwirtschaft.

1958-1960 Mitarbeiter in der Futtermittelindustrie.
1960-1964 Tierzuchtleiter beim Verband Schwarzbunte Schleswig-Holsteiner, Lübeck.
1964-1973 Pferdezuchtreferent der Landwirtschaftskammer Schleswig-Holstein, Kiel.
1973-1990 Abteilungsleiter im Landesamt für Tierzucht Schleswig-Holstein, Kiel, und Dezernent für Pferdezucht.
1991-1993 Referent für Pferdezucht der Landwirtschaftskammer Schleswig-Holstein, Kiel, nach Auflösung des Landesamtes für Tierzucht.
Okt. 1993 Versetzung in den Ruhestand
Verbandstätigkeiten:
1965-1993 Geschäftsführer des Landesverbandes schleswig-holsteinischer Pferdezuchtverbände (Holsteiner, Schleswiger, Ponies, Kleinpferde, Trakehner, Traber), gleichzeitig Geschäftsführer der staatlichen Körkommissinon dieser Verbände.
1965-1990 Geschäftsführer des Landesverbandes der Pony- und Kleinpferdezüchter Schleswig-Holstein/Hamburg, des Verbandes Schleswiger Pferdezuchtvereine, 1977 fusioniert zum Pferdestammbuch Schleswig-Holstein/Hamburg.
1967-1989 Geschäftsführer der Arbeitsgemeinschaft Deutscher Ponyzuchtverbände.
1970-1989 Geschäftsführer der Abteilung Zucht des Verbandes der Züchter des Holsteiner Pferdes.
1968-1993 Mitglied des Pferdezuchtausschusses der DLG und verschiedener Ausschüsse der FN.
1982-1993 Geschäftsführer der Arbeitsgemeinschaft schleswig-holsteinischer Tierzüchter und Organisator der Landestierschauen in Rendsburg.
ab 1993 Journalistische Tätigkeit für das „Bauernblatt", Fachbeirat der Messe„Hansepferd", Hamburg, Turnieransagen, Kommentierungen von Pferdeschauen.

Die Entwicklung der Pony- und Kleinpferdezucht in der Bundesrepublik Deutschland

1. Einführung

Ein kurzer Einblick in die Stammesgeschichte unserer Ponyrassen soll als Einleitung das Verständnis für die züchterischen Probleme und die Entwicklung der deutschen Ponyzucht fördern.

Die Stammesgeschichte der Ponys ist älter als die der Pferde; Erstere stehen der Natur näher und sind ursprünglicher. Ganz allgemein könnte man sagen, die verschiedenen Pferderassen seien vorwiegend die Produkte einer künstlichen Zuchtwahl, die Ponys seien vorwiegend die Ergebnisse der natürlichen Auslese (struggle for life). Über die Entwicklungsgeschichte unserer Ponyrassen gibt es mehrere Theorien: Die einen glauben, daß die Ponyrassen sich parallel zu den Großpferderassen weiterentwickelt hätten, die anderen, daß einzelne Rassen - die Ponyrassen - auf einem frühen Stand der Entwicklungsgeschichte stehengeblieben seien.

Die ältesten von den Berglöwen und Hyänen vor über 100.000 Jahren in Höhlen zusammengetragenen Pferdeknochen stimmen in ihren Maßen weitgehend nicht nur mit denen des Przewalskipferdes, sondern auch mit denen des in England lebenden Exmoorponys überein.

Das Przewalskipferd erinnert übrigens in seinem Exterieur weitgehend an unser Fjordpony, das sein reinster Nachkomme sein dürfte. Die Ponys haben einen hohen Anteil an der Gestaltung unserer heutigen Pferderassen. Das eindrucksvollste Beispiel dürfte die englische Vollblutzucht sein.

Ihre Stammütter waren in der Mehrzahl einheimische englische Stuten, überwiegend keltische Ponys, insbesondere Galloways.

Die von jeher im internationalen Sprachgebrauch verwendete Bezeichnung „Pony" für Pferde mit einer Widerristhöhe bis 147,3 cm Stm. (engl. 14,2 hands) glaubte man im nationalsozialistischen Staat durch die deutschen Worte „Zwergpferd" und „Kleinpferd" ersetzen zu müssen. Nach dem Kriege wurde die alte Bezeichnung „Pony" wieder für Pferde mit einem Stockmaß bis 120 cm eingeführt, wogegen leider der Begriff „Kleinpferde" für Pferde mit einem Stockmaß über 120 bis 148 cm beibehalten wurde, obwohl schon damals berechtigte Bedenken dagegen vorgebracht wurden. Ein „Kleinpferd" wäre z. B. ins Englische übersetzt - „a small horse" - ein kleines Pferd, was nach unserer Auffassung keine zutreffende Bezeichnung für ein Pony ist, das alle typischen Eigenschaften besitzt, die ein Pony ausmachen.

Da wir nicht nur an internationalen Veranstaltungen teilnehmen, sondern auch exportieren wollen, brauchen wir das Wort „Pony" als eine Markenbezeichnung, die überall verstanden wird.

2. Die Anfänge der Ponyzucht in Deutschland

Deutschland gehörte in den Jahren vor dem 2. Weltkrieg -im Gegensatz zu vielen anderen Ländern, z. B. England- zu den an Kleinpferden und Ponys eigener Zucht ärmsten Ländern Europas, obwohl die Verwendung von Kleinpferden schon damals in Deutschland für viele Betriebe in Heide- und Moorgebieten eine wirtschaftliche Notwendigkeit war, wie uns die Einfuhrziffern vor dem Ersten Weltkrieg beweisen.

In den Jahren 1911 - 1913 wurden 51.194 Kleinpferde unter 140 cm Stockmaß und 163.733 leichte Arbeitspferde - von denen ein großer Teil Kleinpferde unter 145 cm Stm. waren - nach Deutschland eingeführt. Diese osteuropäischen Kleinpferde, vor allem Panje-Pferde (Westrußland), kamen in großen Mengen zu Preisen über die Grenze, zu denen wir sie nicht produzieren konnten. Es bestand daher in Deutschland kein Bedürfnis für eine eigene Zucht. Wir hatten deshalb bis zum Ende des 2. Weltkrieges nur einige Lokalschläge vereinzelter Privatzüchter. Zu nennen sind diejenigen des Herzogs von Arenberg in Nordkirchen, oder die Dülmener Wildpferde des Herzogs von Croy im Merfelder Bruch; daneben gab es eine begrenzte Zahl von Shetlandponys in Deutschland. Wer die ersten Shetlandponys nach Deutschland brachte und wann dieses geschah, darüber liegen recht verschiedene Nachrichten vor. Es ist als Tatsache erwiesen (Gramann 1975), daß um die Jahrhundertwende die ersten Shetlandponys von den Britischen Inseln nach Deutschland gelangten und hier im Zirkus und Tiergarten Hagenbeck in Hamburg-Stellingen bestaunt und bewundert wurden. Eine Interimsblütezeit gab es dann in den 20er und 30er Jahren dieses Jahrhunderts, als die „Shettys" über ganz Deutschland verstreut mehr und mehr Liebhaber fanden und in bestimmten Zuchtstätten von besonders passionierten Tier- und Ponyliebhabern gehalten wurden. In den großen Parks vermögender Leute, z. B. dem Rothschildpark wie anderen in Frankfurt/Main an der Bockenheimer Landstraße gelegenen großen Parks, konnte man sich noch bis zum Anfang des 2. Weltkrieges an dem Anblick von Shettys erfreuen. Der Gedanke, die Ponys und kleinen Pferde als Sport- und Freizeitpferde einzusetzen, wurde schon damals häufig verwirklicht.

Aus Mangel an Großpferden im letzten Krieg und in Zeiten der Erzeugungsschlachten und Gleichschaltungen wurden damit auch die Ponys als bewährte Helfer im Gartenbau, in Siedlerbetrieben und als Botenjungen in größeren Betrieben in das Wirtschaftsleben einbezogen. Die damit verbundene stärkere Verbreitung der Kleinpferde und Ponys, die in immer stärkerer Anzahl aus den besetzten Gebieten nach Deutschland kamen, sowie die Liebe und Passion der Besitzer schon bestehender Shetlandzuchten führte bereits 1942 zur Gründung der ersten Organisation der deutschen Zwergpferde- und Kleinpferdezüchter. Am 18. März 1942 kamen auf Einladung von Kurt Wege - Gestüt Priort bei Spandau - und des nachmaligen Zuchtleiters Ulrich Scholz zehn Züchter zusammen. Sie beschlossen, zur Wahrung der Belange der Kleinpferdezucht einen eigenen Verband zu gründen. Dieser Plan wurde am 11. Februar 1943 verwirklichte. Es wurde ebenfalls in Berlin der „Verband der Kleinpferdezüchter Deutschlands e.V." gegründet. Sein Ziel war die Förderung der Kleinpferdezucht in Großdeutschland sowie der Dienst an der allgemeinen Landeskleinpferdezucht. Ausgenommen war die Haflingerzucht, die es ihrem Ursprung gemäß ablehnte, zu den Kleinpferden gerechnet zu werden. Schon damals wurde das norwegische Fjordpferd als Standardtyp für das erstrebte Zuchtziel in der deutschen Kleinpferdezucht bestimmt.

Im Gegensatz zu der nach Kriegsende gegründeten Arbeitsgemeinschaft deutscher Ponyzüchter war das „Deutsche Kleinpferdestammbuch" (1945) ein regelrechter Zuchtverband. Seine Mitglieder waren die Einzelzüchter als Besitzer der eingetragenen Kleinpferde und die örtlichen Kleinpferdezuchtvereine. Zu seinen wichtigsten Aufgaben sollten gehören: Stutbuchaufnahmen und Stutbuchführung, Stutbuchanerkennung angekörter Hengste, Durchführung von Leistungsprüfungen, Schauen und Absatzveranstaltungen.

3. Der Neubeginn nach dem 2. Weltkrieg, die Gründung von bodenständigen planmäßigen Landespony- und Kleinpferdezuchten

Mit dem Ende des 2. Weltkrieges hörte die Einfuhr von Kleinpferden aus dem Osten und Südosten Europas auf. Damals gab es in Deutschland ein Sammelsurium aller möglichen Kleinpferderassen, die die demobilisierten Truppenteile aus allen Teilen Europas mitgebracht hatten. Leider kam ein großer Teil der unter ihnen befindlichen wertvollen Zuchtstuten, z. B. die Huzulen aus dem aufgelösten Hauptgestüt Turga Remete, teils in Seruminstitute, teils in die Hände von kleinen Landwirten, die keine Möglichkeit zur Zucht hatten, aber die hohen Qualitäten dieser Ponys (Kleinpferde) so sehr schätzten, daß sie sich für kein Geld der Welt von ihnen trennen wollten. Alle Bemühungen des Verfassers, sie - nachdem er 1950 die Zuchtleitung des hessischen Verbandes der Pony- und Kleinpferdezüchter übernommen hatte - in privaten Züchterbesitz zu überführen, kamen zu spät, die Uhr war nicht mehr zurückzudrehen.

Haflinger Stute Nicole v. Nibelung, geb. 1973, Stm. 143 cm.

Diese Tatsachen überzeugten deshalb schon bald nach dem Kriege vorausschauende Landwirte und Hippologen von der Notwendigkeit, eine bodenständige Kleinpferdezucht in Deutschland aufzubauen.

4. Das Zeitalter der Kleinpferde und Ponys im Wirtschaftstyp

Die Verhältnisse erforderten einen völlig neuen Anfang, angepaßt der veränderten Situation und dem sich daraus ergebenden Bedarf, der die züchterischen Aufgaben und Zuchtziele der Verbände und Züchter bestimmen mußte. Man war sich einig, daß man der Landwirtschaft einen Ersatz für die früher eingeführten Kleinpferde bieten mußte, deren Fleiß, Ausdauer und Genügsamkeit zur Rentabilität vieler kleiner Betriebe beigetragen hatten, die ein Großpferdegespann nicht ernähren konnten.

Die Gerechtigkeit gebietet festzustellen, daß wir an erster Stelle die Gründung und den Neuaufbau unserer Pony- und Kleinpferdeorganisationen den altbewährten Shetlandponyzüchtern verdanken, die in ihren Reihen nicht nur Männer und Frauen mit einer einzigartigen Liebe und Opferbereitschaft für ihre Ponys besaßen, sondern auch kluge und weit vorausschauende Züchter, um die sie jede andere Tierzucht beneiden konnte.

Deutschland war damals - nach 1945 - in vier Besatzungszonen aufgeteilt, was die weitere Entwicklung zunächst sehr erschwerte. Nachdem man drei Landesverbände in der britischen Zone gegründet hatte - Schleswig-Holstein/Hamburg (ge-

gründet Nov. 1946), Nordrheinprovinz (gegründet Januar 1947) und Provinz Hannover (gegründet Februar 1947) - fand am 15. April 1947 in Hamburg-Stellingen die Gründungsversammlung des „Zentralverbandes der Pony- und Kleinpferdezüchter (britische Zone)" statt. 1948 bestanden in Deutschland:

Zentralverband der Pony- und Kleinpferdezüchter (britische Zone),
Süddeutscher Pony- und Kleinpferdezüchterverband e.V.,
Deutsches Kleinpferdestammbuch (Riesa/Elbe, Sa.).

Die weitere Entwicklung nach der Gründung der Bundesrepublik führte zwangsläufig zu einem Dualismus zwischen Nord und Süd, da auch in der damaligen amerikanischen und französischen Zone Ponyzuchtverbände entstanden waren. Weitsichtige Züchter und Zuchtleiter gründeten deshalb am 2. März 1949 in Göttingen die „Arbeitsgemeinschaft der Pony- und Kleinpferdezüchter in Westdeutschland".

Folgende Vertreter der einzelnen Verbände nahmen an dieser für die Zukunft der deutschen Pony- und Kleinpferdezucht so wichtigen Versammlung teil:
Schleswig-Holstein/Hamburg:
Dr. Rodewald, Elmshorn
Emil Köhrmann, Hamburg-Stellingen
Hannover:
Prof. Dr. Löwe, Hannover
Gerda Schmelzeisen, Rimmerode
Erich Gober, Domäne Clus
Weser-Ems:
Otto Rohlfes, Oldenburg
Franz Heege, Flechum
Westfalen:
Alfons Schulze-Dieckhoff, Münster

Islandwallach Silfri im Tölt.

Rheinland:
Hans Langenfels, Willich
Hgo von Kinzel, Burg Miel
Hessen:
S. D. Prinz Reuß, Büdingen
Dr. Denker, Frankfurt/Main
Baden-Württemberg:
Fr. Thies, Hammereisenbach
Bayern:
Dr. Sonnleitner, München
W. Focking, Herrnberg.
Zum Vorsitzenden wurde einer der führenden deutschen Shetlandzüchter, einer der besten deutschen Turnier- und Leistungsfahrer, Hans Langenfels, Haus Hülsdonk bei Willich, Bez. Krefeld, zum stellvertretenden Vorsitzenden Friedrich Körner, Hanau/Main, gleichzeitig als Vertreter der Kleinpferdezucht (Bosniaken) gewählt. Als Geschäftsführer wurde Prof. Hans Löwe, Hannover bestimmt.

Für die zukünftige Entwicklung der Ponyzucht in Deutschland hatte grundlegende Bedeutung der bei der Gründerversammlung einstimmig gefaßte Beschluß, daß alle Arbeiten der Führungskräfte der Arbeitsgemeinschaft nur rein ehrenamtlich und niemals aufgrund persönlicher oder finanzieller Vorteile geleistet werden dürften. Damit war sichergestellt, daß gerade bei den schwerwiegenden Beratungen über die Rassenfragen selbst der oft völlig unbegründete Anschein jeder persönlichen Beeinflussung, z. B. durch Annahme von Einladungen zu Besichtigungsreisen u. a., bei den Verantwortlichen peinlichst genau ausgeschaltet wurde. Damit wurde der großen Gefahr vorgebeugt, daß die Bundesrepublik durch eine oft unbewußte Meinungslenkung ein Zoologischer Garten

für europäische Pony- und Kleinpferderassen wurde, wovon sie nach der Beendigung des Krieges nicht mehr allzuweit entfernt war. Die von allen Landesverbänden durchgeführten Bestandsaufnahmen zeigten, daß man mit dem vorhandenen Material eine Landeskleinpferdezucht - die eine Ergänzung, aber keineswegs ein Ersatz der bestehenden Großpferdezucht sein sollte - nicht aufbauen konnte.
Diese Erkenntnis verpflichtete , völlig neue Wege in den Ländern zu gehen, in denen man von der Bedeutung des Kleinpferdes überzeugt war. Es ist daher verständlich, daß bei den ersten Tagungen der Arbeitsgemeinschaft immer wieder die Rassen- und Typfrage sowie die Abgrenzung der Größen zur Diskussion standen. Damals wurde die Obergrenze der Ponys bei 120 cm Stm. festgelegt. Pferde über 120 - 150 cm Stm. wurden als „Kleinpferde" bezeichnet. Dieses Höchstmaß für die deutsche Pony- und Kleinpferdezucht wurde 1951 dem englischen Höchstmaß von 14,2 hands (147,32 cm Stm.) angeglichen, es beträgt heute in Anlehnung an die LPO 148 cm Stm.

Maßgebend für den zu wählenden Typ waren in erster Linie:
a) der Nutzungszweck. Da der Großteil der Kleinpferde im bäuerlichen landwirtschaftlichen Betrieb eingesetzt werden sollte, mußte es ein derbes, robustes Kleinpferd von ausreichender Stärke sein, um alle dort anfallenden Arbeiten mit den vorhandenen Maschinen und Geräten leisten zu können.
b) Es mußte bei bester Gesundheit und schneller Regenerationsfähigkeit geringste Futteransprüche stellen, um die Betriebs-

kosten für die Zug- und Pflegekosten so gering wie möglich zu halten und damit die Wirtschaftlichkeit der landwirtschaftlichen Betriebe zu erhöhen.
c) Es mußte eine Rasse von besonders einheitlich durchschlagender Vererbung sein, um aus dem vorhandenen Rassengemisch einen bestimmten - nämlich den gewünschten - Typ zu züchten.
Man war sich darüber einig, daß in vielen Gebieten neben der Reinzucht zunächst als Übergang das vorhandene Kleinpferdestutenmaterial durch Verdrängungskreuzung in den gewünschten Typ überführt werden mußte. Dabei mußte möglichst vermieden werden, Pferde, die zwar unter 147,3 cm Stm. groß waren, denen aber der Kleinpferdecharakter fehlte, als Kleinpferde zu betrachten und sie zur Bedeckung durch Kleinpferdehengste zuzulassen.
d) Die in der Zucht und Arbeit eingesetzten Kleinpferde mußten nicht nur klug und gelehrig sein, sondern als wichtigste Eigenschaft ein allerbestes Temperament besitzen. Auch die Großmutter und das Enkelkind sollten ohne Sorgen mit diesem Kleinpferd umgehen, arbeiten und auch auf Verkehrsstraßen fahren können.

Diese grundsätzlichen Gedanken der in der Arbeitsgemeinschaft der Pony- und Kleinpferdezüchter zusammengeschlossenen Verbände wurden von einem Teil bedeutender Persönlichkeiten der Pferdezucht und Landwirtschaft unterstützt. Die Mehrzahl aber beurteilte - von falschen Voraussetzungen ausgehend - jede Mitarbeit in der Pony- und Kleinpferdezucht in den ersten Jahren und bis fast zur Mitte der 50er Jahre als eine „ehrenrührige" Tätigkeit für einen echten Pferdemann , mit der man seinen guten Namen verspielte.
Zur fördernden Diskussion über die Verwendung von Kleinpferden als tierische Zugkraft für landwirtschaftliche Klein- und Siedlungsbetriebe trug auch ein im Jahre 1950 anläßlich der Hochschultagung in Bonn gehaltener Vortrag des bekannten Hippologen und früheren preußischen Oberlandstallmeisters Dr. h. c. Gustav Rau bei, der auf die Anspruchslosigkeit bei gleichzeitiger großer Leistungsfähigkeit der Ponys und Kleinpferde hinwies und Empfehlungen für ihren Einsatz gab.

Erstrebt wurde damals in der Pony- und Kleinpferdezucht, das planlose Durcheinander in der bis dahin bedeutungslosen Ponyzucht durch das Prinzip geschlossener Zuchtgebiete zu ersetzen. Voraussetzung war die Aufstellung wertvoller Vatertiere. Ohne diese wäre der im letzten Jahrhundert erzielte züchterische Fortschritt in der deutschen Tierzucht undenkbar gewesen.
Der einzelne Züchter wird sich für die wenigen eigenen Stuten selten einen so wert-

vollen Hengst leisten können, wie ein Hengsthalter für die zahlreichen Stuten nahegelegener Züchter von Ponys der gleichen Rasse.

Neben der Festlegung der Zuchtziele und der Anschaffung von reinblütigem Zuchtmaterial sahen unsere Zuchtverbände eine ihrer wichtigsten Aufgaben darin, den Ponys - ganz gleich ob Shetlands, Fjordponys, Haflingern oder Isländern - durch richtige Zuchtwahl und Haltung ihre Härte und Primitivität zu bewahren. Es sollte nach dem damaligen Zuchtziel verhindert werden, daß zur Zucht Typen ausgewählt wurden, die dem Geschmack der Großpferdezüchter als hübsche kleine Pferde entsprachen.

Die Zeiten von 1950 bis zur Mitte der 60er Jahre waren für die deutschen Pony- und Kleinpferdezüchter Jahre intensiver und erfolgreicher züchterischer und organisatorischer Arbeit. Anlage und Führung der Stutbücher, die Anerkennung der Zuchtverbände durch die Länder nach Überprüfung durch die DLG, einheitliche, auf der Grundregel der DLG aufgebaute Verfahren bei Fohlenregistrierungen, Stuteneintragungen und Hengstkörungen sowie die Einigung auf die Brandzeichen - im Norden Eichenblatt, im Süden Kleeblatt - wurden von den Verbänden gemeinsam mit der Arbeitsgemeinschaft erstellt.

1958 wurde die Arbeitsgemeinschaft korporatives Mitglied des Hauptverbandes für Zucht und Prüfung deutscher Pferde e. V. (HDP) mit der Maßgabe, daß die Arbeitsgemeinschaft allein für die Regelung aller organisatorischen Fragen, die die Pony- und Kleinpferdezucht in der Bundesrepublik betreffen, zuständig sei. Gerade in der Ponyzucht mußte die Leistung im Zuchtziel in vorderster Linie stehen. Zur Erkennung und Steigerung der Leistungsfähigkeit dienten vom Beginn der Ponyzucht an die von den Zuchtverbänden durchgeführten Leistungsprüfungen. Den Gestüten Bongard, Alpen und Langenfels, Willich, letzterer Sieger der Aachener Marathonfahrt, gebührt besondere Anerkennung, da sie bereits vor dem 2. Weltkrieg als Teilnehmer an Fernfahrten in Konkurrenz mit Warmblutpferden den Beweis der großen Leistungsfähigkeit und Härte der Shetlandponys erbracht haben. Diese Leistungen blieben keinesfalls Ausnahmefälle. In Hessen ging z. B. bei einer Fernfahrt über 110 km im Jahre 1952 ein Shetlandponygespann des Prinzen Reuß, Weiherhof, in starker Konkurrenz mit Groß- und Kleinpferden als einziges Gespann mit der Wertnote 0,0 durchs Ziel. Bei der Rekordzugleistung in Friedberg (Hessen) zog eine 106 cm große Shetlandstute desselben Gestüts das 24,4fache ihres Eigengewichts.

Auch die Kleinpferde bewiesen in zahlreichen vergleichbaren Prüfungen eine Lei-

stungsbereitschaft und -fähigkeit, die alle noch so hoch gespannten Erwartungen übertraf. Beispielhaft seien genannt die Fjordstute Viktoria J(Ha)H 129 F, Züchter Wilh. Barke-Hattdorf, Krs. Osterode a. H., sie brach einen Zugwiderstand von 400 kg gleich einer rollenden Last von 160 Ztr., ferner die Stute Elli K (Rh.) 230F, Bes. A. Schmidt, Gonserath, sie überwand einen Zugwiderstand entsprechend einer rollenden Last von 130 Ztr. über 23 m.

Gerade die Pony- und Kleinpferdezüchter zeigten von Anfang an ein vorbildliches Interesse für die Notwendigkeit dieser von den Zuchtverbänden durchgeführten bzw. geförderten vielseitigen Leistungsprüfungen. Es war deshalb zu begrüßen, daß diese eine einheitliche Regelung und gesetzliche Grundlage durch die Veröffentlichung einer LPO für Ponys und Kleinpferde schon im Jahre 1950 erhalten hatten, für die der hessische Landstallmeister Dr. Dencker wertvolle Vorarbeiten geleistet hatte.

So werden die 50er und 60er Jahre in Erinnerung bleiben als die Jahre einer großen züchterischen Leistung mit dem Aufbau und Ausbau der Zuchten des Fjordponys, des Haflingers, der Shetlandponys und der Isländer, den Wettkämpfen auf den großen und kleinen Zuchtschauen, den Zugleistungsprüfungen sowie den ersten mit viel Begeisterung durchgeführten Ponyturnieren (Gramann). Die Züchter und Halter von Kleinpferden und Ponys erhielten nicht nur durch eine besonders intensive Betreuung durch ihre Fachverbände, sondern wurden auch durch das nur wenige Pfennige kostende Nachrichtenblatt der Arbeitsgemeinschaft „Kleinpferdezucht", verfaßt durch erfahrene Praktiker und Wis-

senschaftler, über die beste und wirtschaftlichste Art der Haltung und Zucht von Ponys und Kleinpferden unterrichtet. Das Blatt berichtete in sachlich und fachlich fundierter Form für alle Züchter beratend und aufklärend.

5. Die Entwicklung in neuester Zeit

5.1 Vom Wirtschaftspony zum Reitpony

Allmählich sah man um die Mitte der 60er Jahre erste Anzeichen für eine neue Ausrichtung der Ponyzucht nach englischem Vorbild, wie sie sich bereits 1965 in unserem Nachbarland Holland bemerkbar machte. Das vom Verfasser zu einem Vortrag bei der Jahrestagung 1965 der Arbeitsgemeinschaft nach Bad Harzburg eingeladene Vorstandsmitglied des niederländischen New Forest Zuchtverbandes, Herr J. de Groot, berichtete, wie schnell sich die Zucht eines Kinder- und Jugendreitpferdes mit einem Stockmaß von ca. 140 cm in Holland entwickelt habe. Die damals mit wachsendem Wohlstand schnell zurückgehende Verwendung der in der Landwirtschaft eingesetzten tierischen Zugkraft und der gleichzeitig einsetzende große Aufschwung der Freizeit-, Pony- und Jugenddreiterei veränderte in wenigen Jahren auch in Deutschland die Verwendung und damit das Zuchtziel unserer Ponys. Der zu Beginn der planmäßigen Ponyzucht in Deutschland erstrebte Typ des Ponys, das in erster Linie als Wirtschaftspferd der Landwirtschaft diente, mußte dem Typ eines Freizeit- und Sportponys weichen. Sei-

Fjord-Siegerstute Havanna II.

ne große Bedeutung behielt das bisherige Pony nur dort, wo man schon immer den leichteren, trockeneren, gängigen Typ bevorzugt hatte, wie z. B. das Fjordpony in Hessen. Dort machte die Umstellung auf den modernen Typ des Cob keine Schwierigkeiten. Die einzige innerdeutsche Reitponyzucht von größerer Bedeutung wurde damals in Westfalen gepflegt mit der Weiterführung und Veredlung der heimischen Wildbahnponys aus Dülmen und Nordkirchen. Diese und die zahlreichen aus England und Holland eingeführten Reitponys sowie die im Typ zusagenden Ponys ohne Abstammungsnachweise bildeten im Jahre 1969 auf Beschluß der Arbeitsgemeinschaft eine neue Rassegruppe, das „Deutsche Reitpony". Diese Gruppe bot besonders in den ersten Jahren trotz zahlreicher Spitzentiere ein recht uneinheitliches Bild, obwohl man beste Einzeltiere des gewünschten Typs in ihren Reihen fand.

Der Käufer verlangte immer mehr ein für sportliche Zwecke geeignetes Reitpony in der Größe um 140 cm Stm., das schon vom Züchter oder Aufzüchter reiterlich gut vorbereitet war. Deshalb wurde nur noch den Stutenbesitzern zur Zucht geraten, die ihre Fohlen selber aufziehen und sie für das weite Feld der sportlichen Betätigung

Tabelle 1:

Zahl der eingetragenen Zuchtponys in der Bundesrepublik Deutschland (bis 1990 alte Bundesländer)

1954	1960	1970	1990	1993
1501	3689	12124	23736	39702

selber vorbereiten konnten. Die Zahl der Reitponys hatte sich allein in den Jahren von 1968 - 1974 verfünffacht. Die Ursache für diese starke Nachfrage nach Reitponys in der obengenannten Größe um 140 cm Stm. lag in der mit steigendem Wohlstand weiter Bevölkerungskreise verbundenen Ausweitung des Reitsports der Jugendlichen und Kinder und der Veranstaltung zahlreicher Turniere. Diese Entwicklung ist seit einigen Jahren zum Stillstand gekommen. In den letzten Jahren wurden immer weniger Ponys und Kleinpferde importiert. Im Jahre 1971 wurden noch 8.197 Tiere importiert, 1979 waren es nur noch 409 Tiere, diese Zahl sinkt langsam noch weiter. Die wichtigsten Herkunftsländer sind heute Island, gefolgt von Großbritannien. Dagegen sind die Importe aus den Niederlanden, die früher einmal dominierten, völlig bedeutungslos geworden.

Die größten Verbände sind nach wie vor Westfalen, Hannover, Schleswig-Holstein/Hamburg, Rheinland und Weser-Ems. Ihre Mitglieder und Bestandszahlen sind in den letzten Jahren nahezu unverändert geblieben. Jedoch ist die den Forderungen des Marktes entsprechende Verlagerung vom Arbeitspony und den kleinen Ponys auch bei den Zuchtpferden zu dem ca. 140 cm Stm. großen Typ des Reitponys fast überall festzustellen. Ihre Nachzucht - gut ausgebildet - hat nach wie vor keine Absatzsorgen. Unbefriedigende Aussichten bietet zur Zeit der Markt für die zu den kleinen Rassen gehörenden Ponys sowie für junge, noch nicht ausgebildete Pferde.

Der Ponysport wurde besonders intensiv gefördert von H.C. Först, S.D.H. I Prinz Reuß und G. Gramann gemeinsam mit den Experten der in der Arbeitsgemeinschaft zusammengeschlossenen Ponyverbände. Die von ihnen geknüpften engen Verbindungen zwischen Zucht und Sport haben

Deutsches Reitpony Navajo II. DLG-Siegerhengst 1980

Welsh-Siegerhengst in Neuberg. Wern-Warrior.

entscheidend dazu beigetragen, die züchterische Umstellung vom Wirtschafts- zum Sportpony reibungslos zu vollziehen. Hierzu gehört auch der mit großer Passion betriebene Reitsport Erwachsener - vornehmlich mit Isländern - sowie das Freizeitreiten, z. B. mit Fjordpferden und Haflingern, das zu den schönsten Erlebnissen der vielen heute mit der Natur besonders verbundenen Menschen gehört.

Die in der Gruppe Freizeitpferde zusammengefaßten Rassen gehören überwiegend zu den Fjordpferden, Haflingern und Islandpferden. Einzubeziehen sind hier auch die Welsh Cobs, Highlands und Fellponys. Die Gruppe der Reitponys rekrutiert sich aus den britischen Ursprungsrassen, wie Dartmoor, Welsh der Sektionen A, B, C, New Forest und Connemara. Einen breiten Raum nehmen inzwischen die für den Kinder- und Jugendreitsport aus Kreuzungen entwickelten Deutschen Reitponys ein, die im Laufe der Jahre trotz verschiedener Herkünfte und Kreuzungsprogramme immer homogener geworden sind.

Tabelle 2:

Verteilung der eingetragenen Zuchtponys auf die Rassegruppen 31.12.1993

Rassegruppe	Zuchtponys	%
1. Shetland	5170	13,02
2. Fjord, Haflinger, Isländer	20568	51,81
3. Reitponys	13964	35,17
	39702	100

5.2 Die Pony- und Kleinpferdezucht in den ostdeutschen Bundesländern nach 1945

Im Gebiet der Neuen Bundesländer gab es seit 1945 bei der „Deutschen Verwaltung für Land- und Forstwirtschaft in der sowjetischen Besatzungszone" einen Fachausschuß für Zwerg- und Kleinpferde. Durch diesen erfolgte eine Unterteilung des Stutbuches in das Übergangsregister, das Vorbuch, das Stammbuch und das Hauptstammbuch. Das Übergangsregister wurde 1954 geschlossen.

Die bereits vor dem zweiten Weltkrieg vorhandenen osteuropäischen Kleinpferde und die durch die Kriegsgeschehnisse eingetretene Zuführung verschiedener Ponys bildeten hier die Zuchtgrundlage. Im Jahre 1952 wurde das Kleinpferdestammbuch in die Landesverbände der VdgB (Vereinigung der gegenseitigen Bauernhilfe), Zuchtgemeinschaft Pferd, eingegliedert. Eine Zuordnung des Bestandes zu bestimmten Rassen war aufgrund fehlender Abstammungsnachweise und einer großen typbezogenen Differenziertheit nicht möglich. Es handelte sich vornehmlich um Pferde, die unter dem Begriff „Panje" zusammengefaßt werden können.

Es gab aber auch die verschiedensten Kreuzungsprodukte aus Huzulen (kleines Gebrauchspferd im Waldgebirge der Karpaten), Fjordpferden, Gotlandponys, Isländern u. a. Rassen.

Der wirtschaftlichen und gesellschaftlichen Entwicklung folgend, bildete sich auch in Ostdeutschland eine progressive Phase der Entwicklung der Ponyzucht heraus. Der Basispopulation entsprechend widmete man sich vordergründig der Weiterzüchtung der osteuropäischen Herkünfte.

Erst mit der Einführung einer getrennten Zuchtbuchführung im Jahre 1976 begann für die Ponys eine zielgerichtete züchterische Bearbeitung und ein kontinuierlicher Aufbau. So existieren separate Zuchtbücher für Haflinger, Shetlandponys und Kleinpferde. Zu dieser Zeit nahm die Bedeutung der Kleinpferde als Reitpony zu wohingegen die wirtschaftliche sank.

Für die Zuchtbuchaufnahme bildete die Widerristhöhe von 109 bis 147 cm das wesentlichste Kriterium. Nach der Schließung des Vorbuches 1978 wurden bis zum Jahr 1990 Stuten in das Stamm- und Hauptstammbuch eingetragen. Die Abstammung spielte eine untergeordnete Rolle. Bedeutung hatten in erster Linie gute exterieure und interieure Eigenschaften. Daraus entwickelte sich eine Kleinpferdepopulation, die aus genealogischer Sicht bis zur Gegenwart sehr heterogen ist. Als Paarungspartner kamen zum Einsatz:
- zu große Shetlandponys und deren Nachkommen
- Haflinger
- Arabische und Englische Vollblüter
- Warmblüter sowie
- Traber.

Damit verband sich eine sehr hohe Variabilität in der Typ- und Exterieurausprägung. Um eine Konsolidierung in der Qualität der Ponyzucht zu erreichen, wurden 1985 von der Zentralstelle für Pferdezucht (beim Ministerium für Land-, Forst- und Nahrungsgüterwirtschaft) neue Eintragungsbestimmungen festgelegt.

Zuchtprogramm

Zuchtziele

Seit Beginn der planmäßigen Zuchtbuchführung in der Ponyzucht haben sich die Zuchtziele mehrmals geändert. Da die Ponyrassen in einem Zuchtbuch zusammengefaßt waren, erfolgte keine separate Zuchtzielformulierung für die einzelnen Rassenvertreter. Sie wurden lediglich in Sport- und Wirtschaftsponys unterteilt. Aufbauend auf diese Gliederung, sind Zuchtzielformulierungen letztmalig 1985 festgelegt worden. Während die Shetlandponys alle in der Kategorie A erfaßt wurden, erfolgte die Zuordnung der zur Dikussion stehenden Rassegruppe zur

Kategorie B. Unter Berücksichtigung des Typs, der Widerristhöhe, der Genealogie und des Verwendungszwecks wurden vier Untergruppen (B1, B2, B3, B4) geschaffen.

Zuchtziele der Rassegruppen der Kategorie B

	B1	B2
Exterieur	WH: 115 - 132 cm Rö: 14 - 17 cm	133 - 147 cm 17 - 20 cm
Genealogie	zu große Shetlandponys und deren Nachkommen	Kleinpferde verschiedener Rassen (mit oder ohne Abstammung; auch Fjord, Isländer u. a. eingeordnet)
Verwendung	Kinder- und Hobbypferd	vielseitiges Kleinpferd

	B3	B4
Exterieur	WH: 138 - 147 cm Rö: 16 - 18 cm Reitponytyp	136 - 147 cm 18 - 20 cm Wirtschaftsponytyp
Genealogie	Kleinpferde mit Genanteilen der Veredlerrassen	Kleinpferde mit mehr als 75 % Genanteilen des Haflingers
Verwendung	reit- und fahrsportliche Disziplinen im Kinder- und Jugendsport	vielseitiges Wirtschaftsschaftskleinpferd

Leistungsprüfungen

Die Leistungsprüfung der Ponys ist im Vergleich zu den anderen Rassen, wie Warmblut, Kaltblut oder Haflinger, wesentlich jünger. Die Bestandsentwicklung und der große Umfang machten es notwendig, das Leistungspotential im Hengstbestand der Kleinpferdepopulation zu erfassen. In den Jahren von 1984 bis 1986 wurden etwa 50 % der in der Zucht befindlichen Ponyhengste in der Lehr- und Versuchsstation Börnchen der Universität Leipzig einem 60-Tage-Test unterworfen. Dabei hatten die Prüflinge ein umfassendes Programm zu absolvieren, in dem sie sowohl in den Grundgangarten, in der Dressur, im Gelände, im Frei- und Parcoursspringen als auch in der Schleppe getestet wurden.

Seit 1988 ist eine Feldprüfung in Form eines dezentralen Trainings und einer Prüfung am neutralen Ort in Anwendung, die vornehmlich die Kriterien der Reiteignung beinhaltet.

Für die Stuten sind bisher keine Leistungsprüfungen im Zuchtprogramm vorgesehen, jedoch sollen sie perspektivisch ab 1993 aufgenommen werden. Dennoch ist die Leistungsveranlagung der Kleinpferdepopulation so einzuschätzen, daß sie über gute Voraussetzungen zur reiterlichen und fahrsportlichen Nutzung verfügen.

Die Zuchtziele werden in komprimierter Form in nachfolgender Übersicht aufgezeigt:

Stand der Ponyzucht

Bestandsumfang (ehemalige DDR)

Bestand am 1.1.1991
(lt. FN-Jahresbericht 1992)
497 Hengste
7020 Stuten
davon 32% Haflinger
31% Shetland-Ponys
37% Kleinpferde

Rassenspektrum

Das Rassenspektrum der Ponys hat sich nach der Herstellung der staatlichen Einheit Deutschlands breit gefächert. Gleichzeitig finden Veredlerhengste aus der Zucht des Englischen und Arabischen Vollblutes, Araber, Anglo-Araber und Traber züchterische Verwendung.

Die Zahl der Veredlerhengste ist mit 20 angemessen hoch und trägt dem Bemühen Rechnung, insbesondere die Reiteigenschaften der Ponys zu verbessern.

Die Gruppe der Deutschen Reitponys läßt sich zum einen in den Genotyp 1 (GT), das sind Kleinpferde ohne Genanteil der Veredlerrassen bzw. Ponys mit unvollständiger Abstammung, sowie in den Genotyp 2, welcher die Ponyhengste mit Edelblutführung enthält, gliedern.

Die Rassen Welsh, New Forest, Isländer und Fjord stellen gewissermaßen Neuheiten dar und können als Neubeginn von Zuchtrichtungen gewertet werden. Dabei kommt bei diesen Rassen ein beträchtlicher Anteil der Hengste aus den Alten Bundesländern.

Die Verwendung von Hengsten aus genealogisch abgegrenzten Rassezuchten läßt in Verbindung mit den getätigten und laufenden Zukäufen entsprechender Stuten das Entstehen von Rassezuchten erwarten. In gleicher Weise ist damit zu rechnen, daß über den Weg der Verdrängungskreuzung eine Ausweitung der Rassezuchten erfolgt. Für die Welsh-Population ist unter diesem Aspekt ein bedeutender Zugang bei den Welsh Partbred die logische Folge der Zuchtpraxis.

Die Situation im Hengstbestand ist bezüglich der Rassenzugehörigkeit nur bedingt auf die der Stuten übertragbar. Hier hat die Gliederung nach der Übersicht (B1 bis B4) inhaltlich genealogisch noch weitgehende Gültigkeit. Zunehmend werden sie der Gruppe Deutsches Reitpony zugeordnet. Es erfolgt eine Gliederung nach dem genetischen Ursprung. So sind 6 Gruppen existent mit der Herkunft von:

51,8 % Haflinger
20,4 % Shetlandpony
8,5 % Kleinpferd
5,6 % Araber
1,7 % Fjord.
12,0 % Sonstige und ohne Abstammung.
Dabei ist der Genanteil der genannten Rassen sehr unterschiedlich und reicht von 25 % bis 100 %, letztere sind vornehmlich Reinzuchtprodukte aus den Zuchten der Fjords und der Shetlandponys.

Seit der Vereinigung sind darüber hinaus Stuten anderer Ponyrassen nach Ostdeutschland gelangt. Hierbei handelt es sich um Stuten der Welshponys der unterschiedlichen Sektionen sowie solche der New Forest- und Islandponys.

Besitzerstruktur

Hinsichtlich der Stationierung ist festzustellen, daß sich das Gros der Ponyhengste mit 86,7 % in Privatbesitz befindet. Lediglich 13,5 % (55 Tiere) sind den Landgestüten zuzuordnen. Der Ponystutenbestand wird ausnahmslos privat gehalten.

Verwendung

Aufgrund der wertvollen Robustpferdemerkmale, der Vielseitigkeit in der Verwendung, der Anpassungsfähigkeit und der Umgänglichkeit sind die Einsatzmöglichkeiten der Ponys sehr vielschichtig. Ponys waren von jeher in der ehem. DDR Familienpferde. Sie dienten und dienen der Freizeitbeschäftigung und der Zielstellung, insbesondere Kinder an das Pferd heranzuführen. In gleicher Weise schaffen

Die Haflinger-Zucht wurde in der ehemaligen DDR besonders gefördert.

sie Berufstätigen und älteren Menschen Entspannung und Ausgleich.

In der Vergangenheit fanden Ponyturniere im Fahren und Reiten vor allem im sächsischen und thüringischen Zuchtgebiet statt. Bei Pferdezucht und -leistungsschauen fehlen die Ponys niemals. Sie sind auch auf Großpferdeturnieren immer eine willkommene Abwechslung im Schauprogramm.

Ausblick

Die große Palette der Verwendungsmöglichkeiten und die Beliebtheit der Ponys lassen für die folgenden Jahre eine weitere Bestandserhöhung in Deutschland, speziell in den Neuen Bundesländern, erwarten:
1. Die Ponyzucht in den Neuen Bundesländern kann auf eine stabile Züchterschaft verweisen, die auch in der Vergangenheit zu den Ponys gestanden hat.
2. Aus der Sicht der Rassemerkmale sind die Shetlandponys und die Haflinger dem westdeutschen Zuchtbestand gleichzustellen bzw. wettbewerbsfähig.
3. Ein relativ breites Feld in der Weiterentwicklung der Ponyzucht nimmt die Ponypopulation auf der Basis der östlichen Herkünfte ein. Hier werden sich über den Weg der Verdrängungskreuzug Bestände entwickeln, die den westdeutschen Rassen entsprechen. Dabei wird sich für die Welsh-Partbred-Zucht ein bedeutsames Zuchtpotential herausbilden.

4. In der Tendenz driftet der größte Teil der Kleinpferde- und Ponypopulation in die Gruppe des Deutschen Reitponys.

5.3 Die Ponyzucht der 90er Jahre

Zwei besondere politische Ereignisse wirkten auf die Ponyzucht ab 1990 ein. Zum einen war es die Öffnung der innerdeutschen Grenze mit dem Beitritt der östlichen Länder zum Bundesgebiet, zum anderen die Novellierung des Tierzuchtgesetzes zum 1. 1. 1990 mit dem Wegfall der staatlichen Körung der Hengste und damit der Stärkung der Eigenverantwortlichkeit der Züchtervereinigungen. Die Öffnung nach Osten bewirkte eine Verbesserung der Marktchancen insbesondere für Zuchthengste, aber auch für Stuten und Reitponys zum Aufbau einer modernen Ponyzucht in den Ländern Mecklenburg-Vorpommern, Brandenburg, Sachsen-Anhalt, Thüringen und Sachsen.

Die Änderungen der tierzuchtrechtlichen Vorschriften des Bundes und der Länder forcierte die Arbeit der Zuchtverbände und ihrer Dachorganisation „Deutsche Reiterliche Vereinigung". Die Geschäftsordnung der Arbeitsgemeinschaft Deutscher Ponyzuchtverbände wechselte ab 1989 in die Hände des Geschäftsführers der Abteilung Zucht der FN. Nach einer präzisen Vorarbeit durch die Abteilung Zucht der FN wurde im Dezember 1989

Carlo v. Vict. Colano. Edler und ausdrucksvoller Siegerhengst der Deutschen Reitponys bei der Hengstkörung des Pferdestammbuchs Schleswig-Holstein/Hamburg im Februar 1993 in Neumünster. Z. u. B.: Günther Fock, Melsdorf (Wittschap)

die „Zuchtverbandsordnung" beschlossen, die für alle anerkannten deutschen Pferdezüchtervereinigungen verbindlich wurde. Die Festlegung der Zuchtziele und der Selektionsmaßnahmen sind Schwerpunkte dieser Z.V.O. Sie ist damit eine bundeseinheitliche Richtlinie für die tägliche Arbeit der Zuchtverbände.

Für die Pony- und Kleinpferdezucht bedeuteten die Veränderungen ein Umdenken in der Züchterschaft. Die bisher auf Körungen, Schauen und Eintragungsveranstaltungen gewonnenen Erkenntnisse über die Beurteilung der Körperform und des Bewegungsablaufs wichen dem Informationsbedürfnis der Züchter über die Leistungsfähigkeit der Zuchtpferde und ihrer Nachkommen. So war es nur folgerichtig, wenn die Leistungsprüfungen immer größere Beachtung fanden.

Die zunächst im Jahre 1977 etablierte Feldprüfung für Hengste in der Mindestleistung wurde Mitte der 80er Jahre ausgehend von den Verbänden in Westfalen und Weser-Ems in einer 30tägigen Stationsprüfung in Anlehnung an die Leistungsprüfung der Großpferdehengste geprobt und wurde bald zu einem festen Bestandteil der Prüfung von Reitponyhengsten und später auch für Fjordpferde und Haflinger. Auch für die Zuchtstuten wurden Prüfungen angeboten, die zunächst in einer eintägigen Feldprüfung und später auch in einer Stationsprüfung durchgeführt wurden.

Die verschiedenen Rassen in den Ponyzuchtverbänden spezialisierten sich in den 80er Jahren immer deutlicher. Interessengemeinschaften für die einzelnen Rassen wurden gegründet. Sie entwickelten sich im Laufe der Jahre zu beratenden Institutionen der staatlich anerkannten Züchtervereinigungen. So wurden in der Weiterentwicklung der „Europäischen Union" auch die rassespezifischen Eigenarten der Ursprungsländer berücksichtigt, ohne das deutsche Schema der Beurteilung und Prüfung der Zuchtpferde verlassen zu müssen. Die in der Bundesverordnung über die Leistungsprüfungen und die Zuchtwertschätzung genannten Zuchtrichtungen für „Reiten, Rennen, Fahren, Ziehen" eröffnen unterschiedliche Möglichkeiten der Leistungsprüfungen. Für Hengste aller Rassen ist die Stationsprüfung Mittel der Wahl, ergänzt durch eine Turniersportprüfung; für Stuten sind sowohl Stations- als auch Feld- und Turniersportprüfungen vorgesehen.

Die Einbettung aller Pony- und Kleinpferderassen in die anerkannten Zuchtverbände hat sich als stabil und kostengünstig erwiesen. Die Flexibilität der Verbandsleitungen ist beachtlich, da auf spezielle Anforderungen für die einzelnen Rassen eingegangen werden muß, bei vielfach kleinen und kleinsten Populationen. Vergleiche auf Landes-, Bundes- und europäischen Schauen tragen dazu bei, den Rassestandard zu erkennen und für die

Züchter sichtbar zu machen. Eine wechselseitige Anerkennung der Zuchttiere wird hierdurch immer wahrscheinlicher und trägt dazu bei, die Gesamtqualität der Zuchtprodukte zu heben. Die Fortschritte, die in den großen Rassegruppen wie Deutsche Reitponys, Haflinger, Islandpferde und Shetlandponys in den letzten Jahrzehnten gemacht wurden, sind in der aktiven Arbeit der Zuchtverbände zu suchen, die konsequent Selektionsmaßnahmen und Leistungsprüfungen durchführten.

6. Die wichtigsten in der Bundesrepublik gezogenen Ponyrassen

6.1 Haflinger

Die Urheimat des Haflingers ist die Südtiroler Bergwelt, im engeren Sinne das Hochland des Etschtales. Er gehört genetisch nicht zu den reingezogenen Ponyrassen, daher war die alte Bezeichnung „Bergpferd" richtiger, obwohl er größenmäßig zu der Gruppe der Ponys (Kleinpferde) gehört und einen Großteil seiner Härte und Gutmütigkeit den Ponyvorfahren verdankt. Der wichtigste Linienbegründer der Haflinger Zucht war der im österreichischen Staatsgestüt Radautz 1868 geborene Halbblutaraber El'Bedavi XXII bzw. sein Sohn 249 Folie 1874, der Vater der beiden Linienbegründer 14 Folie I 1887 und 252/233 Hafling 1897, auf sie gehen sämtliche in den Hauptzuchtgebieten Südtirol, Österreich und Bayern verwendeten Haflinger Hengste zurück. Die Tatsache eines einzigen Stammvaters hat wesentlich dazu beigetragen, daß der Haflinger - trotz der Variationsbreite seiner Vererbung - eine so große Einheitlichkeit aufweist, und zwar im Exterieur hinsichtlich Größe, Farbe, des hellen Mähnen- und Schweifbehanges, aber auch im Interieur hinsichtlich Charakter, Klugheit, Lebenskraft, Ausdauer, Genügsamkeit, d. h. seiner Fütterung und Haltung.

Nach dem Zerfall der Donaumonarchie Österreich-Ungarn, der durch den Friedensvertrag von St. Germain im Jahre 1919/20 besiegelt wurde, war das Haflinger Zuchtgebiet Südtirol von seinem Mutterland Österreich abgetrennt. Zu diesem Zeitpunkt standen fast alle Haflinger Deckhengste der früheren österreichischen Krone in dem Hengstdepot Lambach OÖ., während das Stutenmaterial in dem abgetrennten Südtirol verblieben war. Österreich entschloß sich damals, die Haflinger Zucht neu aufzubauen, da dort die gleichen Voraussetzungen hinsichtlich Scholle und Klima wie im Ursprungsland gegeben waren. Der Ausgangspunkt der österreichischen Haflingerzucht lag im Oberen Inntal in der Gegend um Zams. Schon bald fand die Zucht auch in den übrigen öster-

reichischen Bundesländern Eingang. (Auszüge aus Berichten von Ministerialdirektor Dr. Gründel, Dr. Heupel und Dr. Hangen.) Heute liegt das älteste und größte Zuchtgebiet des Haflingers in Tirol, aber auch in allen anderen Berggebieten Österreichs wird seine Zucht betrieben.

In Deutschland begann der Aufbau der Haflingerzucht in Bayern in den Jahren 1935/36 auf Anregung der Wehrmacht zuerst im Inntal, dann im Chiemgau und Oberallgäu. Die Wehrmacht (s. Uppenborn - Pferdezucht und Pferdehaltung -) förderte die Zucht unter der planmäßigen Leitung des Remontepräses Oberst von Jena durch finanzielle Beihilfen zum Ankauf von Zuchtstuten aus Südtirol sowie die Einrichtung der Heeresfohlenhöfe Wiesen, Boschhof und Gschwend, dazu traten staatliche Förderungsmaßnahmen in Form von Erhaltungs- und Aufzuchtprämien sowie Beihilfen für die Alpung. Der Staat wollte damit den bayrischen Berg- und Almbauern ein vielfach verwendbares, anspruchsloses und zähes kleines Bergpferd geben, wie es die Berg- und Almbauernwirtschaft sowie die Wehrmacht als Tragtier für die Gebirgstruppen benötigte.

Das Zuchtziel erforderte damals ein tiefes, gutgeripptes, formhübsches Pferd - ein praktisches Tragtier - mit trockenen Gelenken und gutem Gangvermögen. Die typische Farbe des Haflingers ist die Fuchsfarbe in allen Schattierungen von Hellfuchs bis zum Kohlfuchs, wobei auf hellen Behang besonderer Wert gelegt wird. Nicht selten war der Aalstrich deutlich markiert. Hell- und Goldfüchse zählen seit längerer Zeit zu den Modefarben. Die Größe schwankte zwischen 134 und 140 cm Stm., heute teilweise noch etwas größer erwünscht, Röhrbeinumfang 18 - 20 cm, das Gewicht liegt zwischen 7 1/2 und 9 Zentnern. Heute wird in vielen Zuchtgebieten des Haflingers, z. B. Nordbayern, zur Eintragung in das Hauptstammbuch ein Mindestmaß von 137 cm Stm. verlangt, das hierfür erstrebte Idealmaß beträgt 142 - 144 cm Stm.

Während in den beiden letzten Jahrzehnten fast alle vorwiegend für Arbeitszwecke gezüchteten Pferderassen mehr und mehr der Motorisierung der Land- und Forstwirtschaft zum Opfer fielen, haben die Haflinger dank ihrer Schönheit und liebenswerten Eigenschaften immer weitere Verbreitung gefunden. Neben den altbewährten Zuchten des Haflingers in Österreich, speziell Tirol, Bayern und Württemberg finden wir heute gute Haflinger Zuchtgebiete bzw. Einzelzüchter in allen deutschen Bundesländern.

Gleichzeitig hat sich sein Aufgabengebiet und damit der Interessentenkreis für den Haflinger grundlegend geändert. Der moderne Haflinger soll nicht mehr der treue und genügsame Helfer in den Klein- und

Bergbauernbetrieben sein, er soll ein gängiges, rittiges Freizeitpferd und ruhiges Familienpferd sein. An Stelle des kurzbeinigen und gutgerippten „Kleinkaltblüters" soll der moderne Haflinger im Typ des kleinen Reitpferdes stehen, mit längerer Halsung, ausgeprägtem Widerrist, weniger vertieftem Rücken - die beiden letzteren waren beim Tragtier erwünscht - und vor allem flüssigen mit Bewegungen.

Die Länge und Stellung der oft zehenengen Vorderfesseln und der starke Winkel der Sprunggelenke sollen zugunsten schwungvoller Trabaktionen verbessert werden. Diese Umstellung im Typ - Veredlung, Vergrößerung des Rahmens und der Betonung der Reitpferdepoints - darf aber keinesfalls aus dem genügsamen Primitivpferd ein Pferd mit höheren Lebensansprüchen - ein Intensivpferd - machen.

Die wichtigsten Impulse für die Modernisierung des Haflingers gingen von Tirol aus. Hier wurde unter der Leitung von Otto Schweisgut ein Reinzuchtprogramm entwickelt, das dazu führte, den Tiroler Haflinger weltweit bekannt zu machen. Auch die deutschen Zuchtverbände, speziell im norddeutschen Raum, die zunächst der Haflinger Zucht sehr skeptisch gegenüber

standen, erweiterten ab 1975 ihre Stutbücher um die Abteilung Haflinger und konnten bald bei der großen Beliebtheit dieser Pferde und bei einer ständig steigenden Züchterzahl mit Qualitätsprodukten eigener Zucht aufwarten.

Die in Süddeutschland, vor allem in Bayern durchgeführten Einkreuzungen mit Araberhengsten führten in letzter Konsequenz nicht zum Erfolg, zumal eine Aufsplitterung der Züchterschaft in Kreuzungsfreunde und Reinzuchtspezialisten die Einigkeit zur Findung eines gemeinsamen Zuchtziels behinderten.

Inzwischen hat sich der Gedanke durchgesetzt, daß eine Selektion unter Reinzuchtbedingungen erfolgversprechender ist, so daß die Zufuhr von Fremdblut der Vergangenheit angehören dürfte. Die heutige Haflinger Zucht, die über das gesamte Bundesgebiet verbreitet ist, versucht durch Selektion die Größe, das Exterieur und das Gangvermögen zu verbessern, unterstützt durch eine Leistungsprüfung der Hengste und Stuten, um Aussagen über das Leistungsvermögen unter dem Reiter und im Gespann zu bekommen.

Populationsgröße 1993: 589 Hengste, 13.549 Stuten.

6.2 Fjordpferd

Das Fjordpferd oder Westlandpferd gehört zu den ältesten Pferderassen Europas, seine Heimat ist die Westküste Norwegens. Es wird züchterisch mit staatlicher Unterstützung seit 1864 durch eine sorgfältige Zuchtwahl, ein ausgedehntes Prämiierungssystem und die Einführung der Zuchtbuchführung planmäßig gefördert.

Alle heute in der Fjordpferdezucht verwendeten Hengste beruhen auf den drei Nachkommen des Hengstes Njal 166, der 17 Jahre in der Zucht verwendet wurde. Diese drei Nachkommen sind die Linienbegründer Bergfast 635, geb. 1912, Hakon Yarl 645, geb. 1913, und Oyarblakken 819, geb. 1923.

Das Fjordpferd ist und soll ein echtes Pony bleiben, deshalb sollte man es nach Leistungsmerkmalen und nicht nach Schönheitsbegriffen im Sinne der herkömmlichen Exterieurbeurteilung der Großpferde beurteilen, wie es leider auch in Deutschland bei Schauen und Ausstellungen früher zu oft beliebt war. Die ersten Fjordfohlen kamen im Jahre 1938 nach Deutschland, sie begründeten die Fjordpferdezuchten, die heute noch im Münchener Tierpark Hellabrunn und im Duisburger Tierpark

Fjordhengst Hallodri v. Hybmar.

betrieben werden. Im 2. Weltkrieg kamen nicht nur viele Fjordpferde nach Deutschland, sondern auch zahlreiche deutsche Soldaten lernten in Norwegen das leistungsfähige und genügsame Fjordpferd kennen und schätzen. Hierzu kam die Beobachtung der seit vielen Jahren bewiesenen glänzenden Bewährung des Fjordpferdes in der hochstehenden dänischen Landwirtschaft, in der es seit 1927 eingesetzt war.

Anfang der 50er Jahre hielt das Fjordpferd seinen Einzug in der Bundesrepublik. Damals wurde die für die Landwirtschaft, den Weinbau und viele andere Betriebszweige unentbehrliche Zucht von Ponys (Kleinpferde) in Nord- und Westdeutschland auf der Basis der Fjordpferde in Süddeutschland auf der dort schon vorhandenen Grundlage des Haflingers aufgebaut. Es wurden damals allein von den Zuchtverbänden über 750 Zuchttiere - Hengste und Stuten - guter Qualität aus Dänemark und Norwegen eingeführt. Wegen der hohen Transportkosten kamen nur einige wenige Zuchthengste und Stuten aus Norwegen, während insgesamt ca. 1.000 Fjordstuten und mehr als 20 Zuchthengste in Dänemark angekauft wurden. Die Zuchtverbände und Züchter haben in diesen Gründungsjahren in vorbildlicher, zielbewußter, disziplinierter Zusammenarbeit in vielen Gebieten West- und Norddeutschlands hochstehende Zuchten des Fjordpferdes gegründet. Sie lieferten Ponys, die sich durch ihre guten Eigenschaften, d. h. ihre Leistungsfähigkeit, ihre Genügsamkeit, ihr gutes Temperament und ihre zeitsparenden Bewegungen in der Landwirtschaft, im Weinbau und in der Forstwirtschaft bewährten.

Das Fjordpferd hat sich damit in den 50er Jahren als die Wirtschaftsponyrasse in Schleswig-Holstein, Niedersachsen, Rheinland-Pfalz und Hessen- das fast von Beginn an nur Reinzucht betrieb - erfolgreich durchgesetzt. Die Fjordpferdezucht hat in kurzer Zeit in diesen Gebieten nicht nur zahlenmäßig - fast 2.700 eingetragene Zuchtstuten -, sondern auch hinsichtlich ihrer Qualität einen hohen züchterischen Stand erreicht. In der Mitte der 60er Jahre hat die fast völlige Motorisierung der Landwirtschaft einschließlich der Kleinbetriebe auch das Zuchtziel des Fjordpferdes von einem kombinierten Arbeits- und Freizeitpferd zu dem fast ausschließlichen Nutzungszweck des Freizeitpferdes für Erwachsene und Jugendliche geändert. Damit trat an Stelle des bisher in vielen deutschen Ländern bevorzugten breiten, tiefen Wirtschaftstyps des Fjordpferdes ein edler, trockener Typ mit ausreichendem Widerrist und viel Gangvermögen. Das heutige Fjordpferd sollte ein Mehrzweckpferd für Reiten und Fahren sein, das ein ausgeglichenes Temperament mit Energie und Ausdauer verbindet.
Populationsgröße 1993: 119 Hengste, 1.420 Stuten.

6.3 Islandpferde

Die ersten Siedler sollen um das Jahr 1000 Ponys aus den skandinavischen Ländern und aus Großbritannien nach Island gebracht haben. Seit 800 Jahren sind keine fremden Pferde oder Ponys nach Island eingeführt worden, so daß der Isländer zu den erbmäßig reinsten Ponyrassen gehört. Andererseits haben Kälte, Futtermangel und die giftige vulkanische Asche eine unerbittliche natürliche Zuchtwahl betrieben. Versuche, um 1900, den Isländer schwerer und in größerem Rahmen zu züchten, um ihn marktgängiger zu machen, wurden zeitig genug abgebrochen, bevor man dafür die wertvollen Eigenschaften des Isländers, insbesondere seine Härte und Ausdauer, opferte.
Die Isländer hatten früher in ihrer Heimat drei Verwendungszwecke:
1. als Trag- und Zugpony
2. als Reitpony
3. als Schlachtpony.
Zugpferde werden heute durch die auch in Island schnell fortgeschrittene Motorisierung kaum mehr benötigt. Versuche, die Isländer nach dem Zweiten Weltkrieg als Wirtschaftsponys in großem Umfang in die deutsche Landwirtschaft einzuführen, konnten sich nicht durchsetzen. Ihr Format und Gewicht hätten nicht ausgereicht, um die in unserer Landwirtschaft vorhandenen Maschinen und Geräte weiter zu benutzen, zudem sie bei zwar gutem Temperament - wie alle wild aufgewachsenen Ponys - recht selbstbewußt und eigenwillig sind. Sie sind deshalb keine ausgesprochenen Kinderreitpferde, aber hervorragende Freizeit- und Reitponys für Erholung und Sport, zumal sie zwei zusätzliche Gangarten - Paß und Tölt - beherrschen, wobei dem Tölt eindeutig der Vorzug zu geben ist. Beide sind für Reiter und Pony auch auf langen Distanzen schnelle, aber nicht ermüdende, angenehme Gangarten. Islandpferde werden deshalb seit Anfang der 50er Jahre als reines Reitpony bei Erhaltung des primitiven Ponytyps gezüchtet. Zu diesen rassetypischen Exterieurmerkmalen gehören u. a. ein verhältnismäßig schwerer Kopf, ein kurzer Hals und eine abfallende, oft spitze, jedoch muskulöse kräftige Kruppe. Die Sprunggelenke sind kräftig, jedoch oft kuhhessig. Die Hufe sind im allgemeinen gut geformt und hart. Die durchschnittliche Größe beträgt 128 - 140 cm Stm., der Röhrbeinumfang ca. 16 - 17 cm, das Gewicht 300 - 350 kg. Es gibt Isländer in allen Farben.

Eine der ältesten Isländerzuchten in Deutschland besteht seit 1914 auf dem Heidhof der Wahrendorffschen Erben bei Hänigsen/Han. Seit nahezu 40 Jahren werden ständig zahlreiche Isländer als Reitponys in die Bundesrepublik eingeführt. Um die zweckmäßige Haltung und Ausbil-

dung dieser Ponys haben sich die „Island-Pferde-Züchter- und Besitzervereinigung e.V. (I.P.Z.V.)", vormals „Deutscher Ponyclub e.V.", ferner die Schriftstellerin Ursula Bruns, Bonn, und Vater und Sohn Feldmann, Ägidienberg, der ein hervorragender Ausbilder der Islandponys ist, große Verdienste erworben. Sie haben damit laufend viele neue Freunde für den Isländer gewonnen. Der I.P.Z.V. will das Reiten auf Islandpferden mit den diesen Ponys eigenen Gängen und die Reinzucht unter Erhaltung des Wildpferdecharakters fördern sowie die zur Erhaltung dieser Ziele geeigneten Wege herausstellen.

Die Isländerzuchtstuten werden in den in der „Arbeitsgemeinschaft Deutscher Ponyzuchtverbände" zusammengeschlossenen Landesverbänden der Ponyzüchter züchterisch betreut.
Populationsgröße 1993: 529 Hengste, 4.362 Stuten.

6.4 Das deutsche Reitpony (DR)

Zu Beginn der 70er Jahre dehnte sich der Reit- und Fahrsport weiter aus. Eingeschlossen in diesen Boom war auch der Turniersport für Kinder und Jugendliche auf Ponys. Die von den Reiter- und Züchterverbänden veranstalteten Turniere lösten den Wunsch junger Turnierreiter aus, ein größengerechtes, leistungsfähiges und charakterlich einwandfreies Pony für den Sport zu züchten. Kontakte zu englischen Sportlern und der „Europa-Cup" der Ponyreiter forcierten die Bemühungen der Züchter, ein elegantes und in der Größe möglichst im Endmaß von 148 cm stehendes Pony zu produzieren.

Das britische „Riding Pony" wurde zum Muster für die in den kommenden Jahren bis heute entwickelten Reitponys, die sich zunächst im norddeutschen Raum schnell ausdehnten. Die in den ersten Jahren vielfach anzutreffende planlose Kreuzung wurde im Laufe der Zeit reduziert und von den Zuchtverbänden auf eine bestimmte Richtung festgelegt. Ursprung der Reitponyzucht sind die britischen Ponyrassen, insbesondere Welsh Ponys, die sich als Basiszucht besonders bewährt haben.
Sein Zuchtziel orientiert sich an seinem Verwendungszweck, dem eines Reitponys, insbesondere für die Jugend. Es sind daher alle Exterieur- und Interieureigenschaften zu fordern, die auch für das ideale Reitpferd gelten, wobei ein grundanständiges Temperament - wie bei allen Kinderreitpferden - die wichtigste, durch keine anderen Vorzüge auszugleichende Eigenschaft ist.

Die Teilnahme an den Bundeschampionaten für Springponys zählt zu den wertvollsten Prüfungen in der Ponyzucht.

Um dieses Ziel bei einer so unterschiedlichen Population und so starker Veredlung zu erreichen, muß eine zielbewußte scharfe Selektion, insbesondere hinsichtlich Charakter und Temperament, bei der Auswahl des deutschen Reitponys stattfinden. Das Höchstmaß beträgt 148 cm Stm. Populationsgröße 1993: 696 Hengste, 8.206 Stuten.

6.5 Die Wildbahnponys - Dülmen und Nordkirchen - das Westfalenpony

Die bekannteste Wildbahnherde in Deutschland gehört dem Herzog von Croy. Sie steht im Merfelder Bruch - westlich der Stadt Dülmen i. Westf. - in einem eingefriedeten Gelände von 200 ha. Die Ponys wurden bereits 1316 urkundlich erwähnt. Sie sind keine Wildpferde im zoologischen Sinne, sondern Primitivponys oder Wildbahnponys, die wie das Wild völlig natürlich, sich nahezu selbst überlassen aufwachsen und leben. Die Stutenherde beträgt ca. 100 Köpfe.

Die Hengste stammen vorwiegend aus England, einige auch aus Polen. Die einjährigen Junghengste der Herde werden alljährlich am letzten Sonnabend im Mai im Rahmen eines großen Volksfestes eingefangen und versteigert. Mit Liebe und Geduld an den Menschen gewöhnt und verständnisvoll eingeritten, sind sie ansprechende, edle Kinderreitpferde in einer Größe von 120 - 135 cm Stm., mit viel Nerv und Gang, mit geringen Ansprüchen und hoher Leistungsfähigkeit.

Eine weitere Zucht von Wildbahnponys betrieb seit 1930 mehrere Jahrzehnte der Herzog von Arenberg in Nordkirchen bei Münster. Sie beruhte auf einer Paarung von Dülmener Hengsten mit Panjestuten und wurde später mit Welsh Ponyhengsten der Sektion B mit dem Zuchtziel des modernen Reitponys veredelt.

Diese Wildbahnponys aus Dülmen und Nordkirchen bilden, veredelt mit arabischem Blut, eine wertvolle Grundlage für die Zucht einer unserer besten und schönsten Ponyrassen - dem aus Westfalen stammenden Anteil des Deutschen Reitponys, das als Jugend-Sportpony hinsichtlich Schönheit und Leistung die Konkurrenz mit anderen in- und ausländischen Ponys jederzeit aufnehmen kann.

6.6 Connemara Pony

Das Connemara Pony kommt aus der irischen Landschaft Connaught an der Atlantikküste. Es wurde geprägt durch die harten Lebensbedingungen seiner Heimat. Die Ponys wurden früher häufig mit andalusischen, spanischen und arabischen Hengsten gepaart. Es folgte eine Periode planloser, erfolgloser Kreuzungen mit anderen Rassen, während einige damals eingesetzte Welsh Hengste befriedigende Nachzucht brachten.

Die schon anfangs dieses Jahrhunderts einsetzenden Bemühungen zur Verbesserung der Rasse führten 1923 zur Gründung der „Connemara Pony Breeders Society", die durch zielbewußte Paarungen der besten ursprünglichen Blutlinien und strenge Zuchtwahl die wertvollen Eigenschaften der Connemaras - Gesundheit, Härte, Trittsicherheit, Klugheit, Gelehrigkeit und Gutmütigkeit - erhalten möchte.

In seiner Heimat und in einigen unserer Nachbarländer finden wir Connemaras in allen Größenklassen zu den verschiedensten Nutzungszwecken einsetzbar - vom leichten Kinderreitpony, dem eleganten Reitpferd bis zum kräftigen, großen Trag- und Fahrpony.

Unter den Connemaraponys gibt es Schimmel, Rappen, Braune, Falben. Füchse werden als typfremd angesehen. Ein gewisses Problem sind die öfter auftretenden blauäugigen, cremefarbenen Ponys, die schwieriger zu verkaufen sind, obwohl sie keine verminderte Leistungsfähigkeit zeigen. Man vermeidet deshalb, die Träger dieses doppelten Aufhellungseffektes mit solchen Tieren zu paaren, die diese Anlage besitzen, um das Auftreten dieser schmutzig-weißen bis blaßgelblich gefärbten Tiere zu verhüten. Populationsgröße 1993: 58 Hengste, 411 Stuten.

6.7 Welsh Pony

Das Welsh Mountain Pony (das Walisische Gebirgspferd) lebt seit mehr als 1.000 Jahren in den Bergen und Hochmooren von Wales im Westen von England. Es war eine der wenigen Ponyrassen, die der Ausrottung aller Ponys unter 14 hands (142,24 cm), die Heinrich VIII. angeordnet hatte, entgingen.

Die Welsh Mountain Ponys - Nachkommen der keltischen Ponys - wurden seit jeher mit Arabern gekreuzt, darunter befanden sich hervorragende Vererber wie der reinweiße 11,2 hands große Champion Dyoll Starlight, geb. 1894. Die Nachkommen dieser Linie sind noch heute wegen ihrer Schönheit und Leistungsfähigkeit bei den Freunden des Welsh Mountain Ponys besonders beliebt. Die Zucht wird betreut und gefördert durch die im Jahre 1901 gegründete „Welsh Pony- und Cob Society". Sie unterscheidet folgende vier Klassen, die unterschiedlich auf bestimmte Eigenschaften gezüchtet sind:
1. das Welsh Mountain Pony, Sektion A. Stm. bis 12 hands (122 cm). Diese Ponys des Berglandes sind die Erhalter des Typs und Charakters, der Härte und Gesundheit. Es ist eines der edelsten und schönsten Ponys. Es gibt neben reinrassigen Exemplaren zahlreiche Ponys, die durch Einkreuzung von Hackneys, Vollblütern - insbesondere Arabern - und arabischem Halbblut veredelt worden sind;

2. das Welsh Pony, Sektion B. Stm. bis 13,2 hands (137 cm). Diese Ponys hat es zu allen Zeiten in Wales gegeben. Sie sind teils reinrassige Mountain Ponys, teils Kreuzungen mit größeren Typen. Sie sind gesucht als Gebrauchs- und Jagdpony für Kinder, da sie schön, kräftig und ausdauernd sind;

3. das Welsh Pony Cob-Typ, Sektion C. Stm. bis 13,2 hands (137 cm). Der Welsh Pony Cob ist ein schwererer Typ des Welsh Pony der Sektion B, oft entstanden durch Einkreuzung von Cob-Blut. Er ist ein für Erwachsene und Kinder geeignetes Jagd- und Wagenpferd mit hervorragenden Springanlagen;

4. der Welsh Cob, Sektion D. Stm. über 13,2 hands (über 137 cm). Es ist eine alte Rasse, deren Ursprung nicht genau bekannt ist. Er ist ein ausgezeichnetes, geländesicheres Jagdpferd, dazu billig im Unterhalt, genügsam und hart;

5. Part bred Welsh Register - Zuchtbuch für Welsh -Kreuzungen.

Die Ahnen der Angehörigen dieser Sektion müssen mindestens zu 25 % in irgendeiner Sektion des Welsh Stammbuches eingetragen sein.

Die zahlreichen Erfolge auf Schauen und Leistungsprüfungen beweisen den Wert des Welshblutes zur Verbesserung und Veredlung anderer Rassen. Da sie sich außerdem gut akklimatisieren, ist es kein Wunder, daß Welsh Ponys - reinrassig oder gekreuzt - in großer Zahl in viele Länder, darunter auch in die Bundesrepublik, Holland und Dänemark, exportiert wurden.

Die Welsh-Pony-Zucht wird in Deutschland in fast allen Ländern seit ca. 1965 in größerem Umfang betrieben. Es wurden in den ersten Jahren fast nur Welsh Mountain Ponys, Sektion A, seit 1970 vermehrt auch die größeren Typen eingeführt.

Die deutschen Zuchtverbände faßten anfangs alle Welsh Ponys in einer Rassenbeschreibung zusammen, wobei die Welsh Cobs eine besondere Rassegruppe bildeten. Im Jahre 1975 empfahl die Arbeitsgemeinschaft die von der Interessengemeinschaft der Welsh-Pony- und Cob-Züchter aufgestellte Rasseneinteilung und Rassenbeschreibung als Grundlage der züchterischen Bearbeitung der Welsh-Pony- und Cob-Zucht. Populationsgröße 1993: 383 Hengste, 1.967 Stuten.

6.8 New Forest Pony

Das New Forest Pony ist benannt nach dem New Forest, dem königl. englischen Wald- und Jagdgebiet, gelegen zwischen Southampton und dem Fluß Avon. Hier befindet sich, neben einigen guten Zuchtgestüten, eine im Freien unter halbwilden Bedingungen lebende Herde von 1.500 bis 2.000 Ponys. Die Bestrebungen zur Förderung der New Forest-Zucht begannen schon in der Mitte des vorigen Jahrhunderts, sie wurden im Jahre 1938 von der damals aus zwei zusammengelegten Organisationen neugebildeten „New Forest Pony Breeding and Cattle Society" übernommen.

Die Rasse bot bis dahin durch die Verwendung sehr unterschiedlicher Hengste ein recht uneinheitliches Bild, das in den letzten Jahrzehnten durch Festlegung einheitlicher Zuchtziele sehr verbessert wurde. Es sind edle, trockene Reitpferde, trittsicher, mit guter Aktion, die sich ohne Schwierigkeiten einreiten lassen. Sie sind ein für Erwachsene und Kinder geeignetes Reitpony. Der oft etwas kurze Hals wird in den meisten Fällen durch die gute Lage des Wider-

New Forest-Hengst Park's Taron von Tajo

ristes und der Schultern ausgeglichen. Die kleineren New Forest Ponys vom Typ B unter 120 cm Stm. (in England unter 12 hands = 121,92 cm Stm.) sind ein erstklassiges Reitpony für Kinder. Sie tragen zwar nicht so viel Gewicht wie die größeren Typen (120 bis 144 cm Stm. vom Typ A (in England 12 - 14 hands = 121,92 bis 142,24 cm Stm.), die übertreffen letzteren aber meistens an Qualität. Trotzdem werden die größeren New Forest Ponys nicht nur in Deutschland, sondern auch in England und unseren Nachbarländern Holland und Dänemark bevorzugt gekauft. Die in Deutschland gezüchteten New Forest Ponys wurden in den letzten Jahren speziell auf Größe und Gangvermögen selektiert. Das Pony eignet sich wegen seiner Gutartigkeit, Leistungsbereitschaft und Trittsicherheit besonders gut als Anfangspony für Kinder, die auf einem Pony in der Größe von 145 cm mit dem Reitsport beginnen wollen. Die Leistungsfähigkeit der New Forest Ponys wurde in den letzten Jahren bei den Leistungsprüfungen der Hengste und Stuten und im Turniersport bewiesen.
Populationsgröße 1993: 77 Hengste, 586 Stuten.

6.9 Dartmoorpony

Zu der in der Bundesrepublik gezogenen Gruppe der Kinderreitpferde gehört das Dartmoorpony. Seine Heimat sind die ca. 300 m über dem Meeresspiegel gelegenen Moorgebiete von Dartmoor, ungeschützt gegen die gesamten Atlantikstürme. Die hier aufgewachsenen, allen Witterungsunbilden ausgesetzten kleinen, mutigen Ponys sind eisenhart. Die Kleinbauern und Farmer des Dartmoorgebietes haben seit Generationen ihre Ponys benutzt, um über das Land ins Moor oder zu den lokalen Märkten zu reiten. Selbst die kleinsten sind zäh und stark genug, die schwersten Männer sicher zu der Arbeit ins Moor zu bringen. Das Dartmoorpony soll ein verhältnismäßig stämmiges Reitpony - ein Hunter in Miniaturausgabe - sein, breit, rumpfig, mit flüssigen Bewegungen und bestem Temperament, ruhig, kinderfromm und ausdauernd im Gelände. Der Dartmoor ist ein ausgezeichnetes Trekkingpferd für lange Tagesritte unter leichteren Reitern von ca. 50 kg. Es ist ein für Kinder ideales Jagd- und Geländepferd, das sich aber auch bei zahlreichen Dressur-, Spring- und Fahrkonkurrenzen erfolgreich bewährt hat. In seiner Heimat haben die besten Dartmoors eine Größe von 11,2 hands (116,84 cm Stm.) bis 11,3 hands (119,38 cm Stm.). Das Höchstmaß für eine Eintragung in England ist 12,2 hands (127 cm Stm.). In der Bundesrepublik gibt es eine bisher noch geringe Zahl qualitätvoller Dartmoors. Eine für die deutschen Züchter gültige, klar und kurz gefaßte Rassenbeschreibung wurde von dem erfolgreichen Dartmoorzüchter Dr. E. Schultz und dem sich um diese Rasse in Deutschland besonders verdienten Tierzuchtdirektor Gramann erstellt.

Die wichtigsten Forderungen, die - wie auch die Engländer - die deutschen Dartmoorzüchter an ihre Ponys stellen, sind ein guter Charakter und ein einwandfreies Temperament. Sie bilden die Grundlage für die Sicherheit, mit der wir den Dartmoors Kindern anvertrauen können, und die Voraussetzung für das unersetzliche wortlose Verstehen zwischen den Kindern und den Dartmoorponys, das für einen bleibenden Fortbestand und die Ausweitung dieser Zucht in Deutschland unentbehrlich ist. Dabei ist genügend Bewegung, verbunden mit einer nahezu haferlosen Fütterung in homöopathischen Gaben, wie bei allen Kinderreitpferden von größtem Einfluß auf die Eignung des Dartmoorponys als zuverlässiges Kinderreitpony.
Populationsgröße 1993: 21 Hengste, 105 Stuten.

6.10 Shetlandpony

Das Shetlandpony war ursprünglich die in Deutschland bekannteste britische Ponyrasse, die - wie Knochenfunde zeigen - seit über 2.000 Jahren die Shetlandinseln bevölkern, die etwa 170 km nordöstlich des Schottischen Festlandes liegen. Das Klima der Shetlandinseln wird bestimmt durch den Golfstrom und ihre nördliche Lage und ist ausgesprochen maritim. In ihrer Heimat werden die Shetlandponys im Freien geboren; sie leben und sterben im Freien.

Das Shetlandpony ist eine Zwergform, in der große Kraft mit Ausdauer gepaart ist. Ursprünglich wurden sie nur von den Bauern ihrer Heimat benutzt. Sie erhielten jedoch in den 50er Jahren des vorigen Jahrhunderts eine größere wirtschaftliche Bedeutung wegen ihrer hervorragenden Eignung zur Arbeit in den Bergwerken. Um einen daraus sich möglicherweise ergebenden Ausverkauf der besten Hengste und Stuten und die damit verbundenen Gefahren für den Bestand der Shetlandponyzucht zu vermeiden, gründete im Jahre 1870 Lord Londonderry ein Gestüt auf den Shetlandinseln Bressay und Noss, in dem er die wertvollsten Hengste und Stuten vereinigte. Die besten Shetlandponys der Welt lassen sich heute fast alle auf diese Zucht und ihre berühmten Hengste zurückführen. Dies gilt neben vielen anderen guten Hengsten in Deutschland für den Rapphengst Tambour, ein Sohn des bekannten typvollen Schimmelhengstes Tabu, den die erfolgreiche Züchterin Frau Jutta Düring bei der Übernahme ihres Gestütes Travenort dort aufstellte. Die „Shetland Pony Stud Society" wurde im Jahre 1890 gegründet. Sie hat in sorgfältiger Arbeit die stutbuchmäßige Erfassung der reinrassigen Shetlandponys seit 1891 durchgeführt und wahrt ihre Belange.
Das reingezogene Shetlandpony verkörperte in Deutschland bis zum Ende der 50er Jahre den Verdauungstyp, im Gegensatz dazu bevorzugte man in den USA den edleren, oft etwas größeren sogenannten orientalischen Typ, der angeblich durch Reinzucht aufgrund dementsprechender Zuchtwahl entstanden sein soll.

Die Shetlandponyzucht begann in Deutschland um das Jahr 1900 mit Einfuhren der auf den Shetlandinseln von Hagenbeck, Bongard u. a. gekauften Ponys. H. Bongard errichtete um das Jahr 1920 ein Gestüt in Alpen am Niederrhein, das großen Einfluß auf die Entwicklung der Shetlandzucht in Deutschland nahm. Seinem Beispiel folgten in der Mitte der 20er Jahre eine Reihe von Züchtern im Rheinland und anderen Gegenden. Zu den in Deutschland führenden Ponyzüchtern gehörten u. a. Hans Langenfels/Willich, S.D. Heinrich Prinz Reuß/Büdingen, Hugo von Kinzel/Burg Miel, Dieter Grober/Clus (Han), Stefanie Lampe/Söder (Han), K. H. Bumann/Gettorf. Die Shetlandponys hatten in Deutschland während des Zweiten Weltkrieges und in den folgenden Jahren eine nicht zu übersehende wirtschaftliche Bedeutung; sie waren die billigste Zugkraft für Gärtnereien, Baumschulen und viele andere leichtere Aufgaben. Inzwischen hat der Motor den Großteil dieser Aufgaben übernommen, dem mußten sich Umfang, Verwendungszweck und Zuchtziel der Shetlandponyzucht anpassen. Die Nachfrage nach Shetlands ging daher in den letzten Jahren stark zurück und dementsprechend blieben viele Stuten ungedeckt. Die zu kleinen Ponys mit oft trippelnden Bewegungen, die früher trotz ständiger Warnungen zu niedrigen Preisen in großer Zahl aus Holland eingeführt wurden, finden heute keine Käufer mehr. Miniponys finden nur noch für Attraktionen wie Reklamewagen in beschränkter Zahl, soweit sie guter Qualität sind, ihre Käufer. Der Prozentsatz der eingetragenen Shetlandponys ging mit der Vergrößerung der Zahl der Reitponys laufend zurück.
Das Shetlandpony wurde vom Verdauungstyp - dem kurzbeinigen, rundlichen Tönnchen - auf einen leichteren Typ mit besten Bewegungen erfolgreich selektiert. Das gleiche Ziel, aber auf einem anderen Weg, strebt der bekannte Shetlandzüchter Dieter Grober/Clus durch die Einführung der, unserem modernen Zuchtziel entsprechenden amerikanischen, Shetlandponys an.
Die Typfrage ist seit der Einfuhr amerikanischer Shetlandponys und deren Einkreuzung in die vorhandene Population ein vieldiskutiertes Problem. In Zusammenarbeit der Zuchtverbände mit der 1987 gegründeten Interessengemeinschaft der Shetland-Züchter wurden inzwischen für die deutschen Schauen drei Zuchtrichtungen festgelegt:

Shetlandpony Rappo. Siegerhengst DLG 1980.

1. Shetlandponys im Originaltyp
2. Shetlandponys im sportlichen Typ
3. Shetlandponys im Minityp unter 87 cm.
Populationsgröße 1993: 704 Hengste, 4.466 Stuten.

Vorsitzende und Geschäftsführer der „Arbeitsgemeinschaft für Pony- und Kleinpferdezüchter (AGP)", (ab 1994), vormals Arb.-Gem. Deutscher Ponyzuchtverbände, gegr. 2. 3. 1949 in Göttingen.
Vorsitzende:
H.Langenfels - Willich (Rheinland)
1949 - 1967
S.D.H.I. Prinz Reuß - Büdingen (Hessen)
1967 - 1977
H. Chr. Först - Sören (Schleswig-Holstein)
ab 1977
Geschäftsführer:
Prof. Dr. H. Löwe (Hannover
1949 - 1954
Preuß. Landstallmeister a.D. Dr. W. Uppenborn (Frankfurt/Main)
1954 - 1967
Ltd. Landw.Direktor G. Gramann
1967 - 1989
Dr. Hanfried Haring, Warendorf
1989 - 1992
Klaus Miesner, Warendorf
ab 1992

Literatur

Grundlage bildete der Inhalt des offiziellen Nachrichtenblattes der Arbeitsgemeinschaft der Pony- und Kleinpferdezüchter: 3 Ausgaben von 1949 bis 1951, anschließend abgelöst durch die „Kleinpferdezucht" 1953 bis 1975, seit 1975 das „Ponymagazin für Zucht, Sport und Haltung mit 'Das Islandpferd'" mit den für diese Arbeit maßgeblichen Berichten der Arbeitsgemeinschaft, der ihr angeschlossenen Verbände und ihrer Zuchtleiter, daneben wurden zur Ergänzung nachstehende Bücher herangezogen:

Brauchle, A. und L.: „Große Liebe zu kleinen Pferden". Karl F. Haug Verlag Saalgau/Württbg. 1949

Breidbach, S.: „Zucht, Haltung, Leistung und Arbeitsverwendung des Kleinpferdes in der Bundesrepublik". Arbeiten aus der deutschen Tierzucht, Heft 39. Landw. Verlag GmbH, Hiltrup (Westf.) 1957

Bruns, U.: „Heißgeliebte Islandpferde". Albert Müller Verlag, Rüschlikon - Zürich 1962

Cox, M.C.: „The Shetland Pony". A. u. C. Black, London 1965

Gold, M.: „Kleinpferde und Ponys". Verlag Welsermühl, Wels 1975

Gramann, G. u.a.: „Berichte der Arbeitsgemeinschaft und der ihr angeschlossenen Ponyzuchtverbände"

Hesse, H. J.: „Vergleichende Untersuchungen über Arbeitsleistungen und Futteraufwand bei Kleinpferden im Verhältnis zu Großpferden und Kuhanspannung". Dissertation Göttingen 1956

Heupel, H.: „20 Jahre Haflingerzucht in Westfalen".

Westf. Pferdestammbuch Münster

Kays, J. M.: „Handbook for Shetland Breeders". The American Shetland Pony Club

Nissen, J. und Gorbrecht, W.: „Ponybuch". W. Limpert Verlag, Frankfurt/M. 1974

Schäfer, M.: „Großponys und Kleinpferde". Verlagshandlung Nymphenburg, München 1972

Schäfer, M.: „Das Pferd, mein Hobby". Verlagshandlung Nymphenburg, München 1970

Schweisgut, O.: „Haflinger - Ein Pferd erobert die Herzen der Völker". Universitätsverlag Wagner, Innsbruck 1965

Petzold, P.: „Entwicklung und Stand der Ponyzucht in den Neuen Bundesländern", Radegast

Uppenborn, W.: „Pferdezucht und Pferdehaltung", 1. bis 7. Auflage. Bintz Verlag GmbH, Offenbach/M. 1981

Uppenborn, W.: „Ponys, Umgang und Haltung". Verlag Eugen Ulmer, Stuttgart 1981

Zeeb, K. und Guttmann, U.: „Wildpferde in Dülmen". Verlag Hallwag, Bern und Stuttgart 1964

Marbach

Zucht Arabischer Pferde

Dr. med. vet. Ekkehard Frielinghaus
- Autor der 1. Auflage -
Geboren am 14. September 1914 in Jena.
1933 Abitur in Böblingen/Württemberg.
1933 Fahnenjunker im Veterinäroffiziers-korps Reiter-Rgt. 13 Hannover.
1937 tierärztliche Staatsprüfung Heeresve-terinärakademie Hannover.
1938 - 1940 Veterinäroffizier im Truppen-dienst. 1940 Sachbearbeiter für die franzö-sische Vollblut- und Landespferdezucht beim Oberquatiermeister West in Paris.
1941 - 1943 Mitarbeiter von Oberland-stallmeister a.D., Dr. h.c. Gustav Rau, dem Beauftragten der Pferdezucht und Gestüts-wesen im besetzten Polen.
1944 - 1945 Chef einer Veterinärkompanie und eines Armeepferdeparks an der Ost-front.
1945 ab Mai bis August englische Kriegs-gefangenschaft.
Oktober 1945 bis 1958 Landstallmeister des Hessischen Landgestüts Darmstadt. Gleichzeitig bis 1948 Geschäftsführer des Verbandes der Pferdezüchter Hessen-Nas-sau und von 1957 bis 1958 Geschäftsführer des Verbandes der Reit- und Fahrvereine Hessen-Nassau. 1949 bis 1967 ehrenamtli-cher Generalsekretär der neugegründeten Gesellschaft der Züchter und Freunde des Arabischen Pferdes. Seit 1974 Mitglied der Zuchtkommision, seit 1978 Mitglied des Vorstandes des Verbandes der Züchter des Arabischen Pferdes.
1958 Auflösung des Hessischen Landge-stüts Darmstadt.
1960 - 1973 Oberregierungsveterinärrat des Landkreises Hünfeld.
1973 - 1979 Leiter des Staatlichen Vete-rinäramtes des Landkreises Fulda, Vete-rinärdirektor.
14. 9. 1979 Ruhestand.

Dr. med. vet. Ekkehard Frielinghaus

neubearbeitet von Dr. Otto Saenger
Geboren am 2. Januar 1925, Rittergut Wengelsdorf, Kreis Weißenfels, Sachsen-Anhalt.
1943 Abitur in Merseburg.
Bis 10.8.1945 Wehrdienst und Kriegsge-fangenschaft.
1946 - 1947 Landwirtschaftslehre bei Gün-ter Schernbeck in Fischbeck/Elbe.
1950 Abschlußprüfung Diplom-Landwirt in Halle/Saale.
1952 Promotion am Tierzuchtinstitut Gießen.
1954 2. Staatsexamen, Tierzuchtleiterprü-fung in Hannover.
1954 - 1964 Geschäftsführer beim Stamm-buch für Kaltblutpferde in Niedersachsen und beim Verband der Pony- und Klein-pferdezüchter Hannover.
1965 - 1967 Geschäftsführer und Zuchtlei-ter des Trakehnerverbandes.
1967 - 1988 Staatsdienst Niedersachsen;
Ab 1.1.1973 Dezernatsleiter Landwirt-schaft und Domänenverwaltung Bezirksre-gierung Hannover.
Ab 1969 in Nebentätigkeit zunächst als Ge-schäftsführer, dann als Vorstandsmitglied und 3 Jahre als Vorsitzender sowie langjährig als internationaler Richter für Araberpferde in der Deutschen Araberzucht tätig.
1988 Pensionierung.
Ab 1992 Pächter in Wengelsdorf, Treu-handbetrieb, aktiver Landwirt.

Dr. Otto Saenger

Die Zucht arabischer Pferde in Deutschland

1. Natürliche Gegebenheiten

Die Literatur über Zucht und Typ des arabischen Pferdes ist sehr umfangreich, woraus sich für den um Orientierung bemühten Leser durchaus ein deutliches Bild dieser Rasse ergibt. Unsicher werden aber die Aussagen, wenn der einzelne Züchter fragt: Kann ich unter den Haltungsbedingungen, über die ich selbst nun mal in Europa oder z. B. in den USA verfüge, bei Berücksichtigung von Klima und Boden einen qualitätsvollen und typgetreuen Araber züchten?

Dieser Züchter wird verunsichert, wenn er z. B. im Stutbuch, Band 1, der Egyptian-Agricultur-Organization liest: „Die Aufzucht unter Wüstenbedingungen, das freie, ungebundene Leben ließen es (das arabische Pferd) Eigenschaften entwickeln, die unter keinen anderen Bedingungen entstehen." - Ist die Umwelt allein ausschlaggebend und prägend für das Heranwachsen eines guten arabischen Pferdes?

Vorsichtiger drückt sich zu dieser Problematik Th. Brown aus, wenn er schreibt: „Die Trockenheit der Luft und des Bodens in Arabien scheinen sowohl bei den Menschen als auch bei den Tieren auf Härtung der Muskelfasern hinzuwirken." Man muß hier ergänzend fragen: Ist dabei nicht auch zu berücksichtigen, daß knappe Ernährung und ständiges Training eine entscheidende Rolle bei der Ausprägung des Erscheinungsbildes (Phäno-Typ) der Wüstenaraber gespielt haben?

Allgemeingültig ist dagegen die Aussage von Prinz Mohamed Ali: „Hunger und Durst kann das arabische Pferd daher gut ertragen, aber durch die spärliche Nahrung bleibt es klein, so daß der Wüstenaraber in der Regel kleiner ist als ein Pferd, das in der Stadt oder selbst auf dem Dorf gezogen wurde." - Wie sind also die Aussichten zu beurteilen, auch unter Haltungsbedingungen, die nicht denen der Wüste entsprechen, züchterisch erfolgreich in der Vollblutaraberzucht wirken zu können?

Vielfach wird die Meinung vertreten, der edle, trockene Wüstenaraber könne nur unter südlicher Sonne und Haltungsbedingungen gedeihen, die dem Ursprungsgebiet ähnlich sind. Die praktische Erfahrung in der weltweiten Vollblutaraberzucht hat gezeigt, daß diese Auffassung unrichtig ist. Dies wird dokumentiert durch zahlreiche Vollblutaraber in Europa und USA, die hier bei behutsamer und vernünftiger Haltung bereits in mehreren Generationen gezüchtet sind und somit bodenständig wurden, ohne den Adel, den guten Typ und die Trockenheit ihrer Vorfahren zu verlieren. Judith Forbis drückt ihre Erfahrungen hierzu wie folgt aus: „Klassische Araber sind weder auf ein bestimmtes Land noch auf eine bestimmte Gruppe von Blutlinien beschränkt." Dagegen wird von ihr betont, daß es entscheidend auf die qualitätsvolle und lückenlos edle Abstammung ankommt. Hier ist der entscheidende Hebel in der Zucht anzusetzen.

Die Erfahrungen der Vollblutaraberzucht in den letzten 100 Jahren zeigen, daß die Erhaltung des edlen, trockenen Rassetyps überall dort am besten möglich war, wo man gute typvolle Hengste aus den Zuchten einsetzte, die dem Ursprungsgebiet möglichst nahe stehen.

Bei Betrachtung dieser Zusammenhänge ist es natürlich von ausschlaggebender Bedeutung, daß der Züchter sich darüber im klaren sein muß, daß er Erfolge bei der Erhaltung des edlen Typs nur erzielen kann, wenn er entsprechend selektiert, d. h. wenn er wirklich die edelsten Hengstfohlen für die Zucht aufzieht und später auch einsetzt. Scheidet man dagegen die besten und edelsten Hengstfohlen aus der Zucht aus und zieht nur die grobknochigen und stärksten als Hengstanwärter auf, so braucht man sich nicht zu wundern, wenn die züchterische Entwicklung in die verkehrte Richtung geht. Bei solcher Selektion entstehen auch innerhalb der Araberrasse schwammige, grobknochige Pferde. Hier muß man diese Entwicklung dann nicht auf die Einwirkung der Umwelt schieben. Vielmehr ist hier die Ursache in der verkehrten Zuchtwahl durch den Menschen zu sehen. Derartige Fehlentwicklungen kann man durchaus auch unter Klimabedingungen, wie z. B. in Kalifornien oder in Südspanien, beobachten, wo man doch annehmen sollte, daß hier die idealen Voraussetzungen von der Umwelt gegeben sind für die Entwicklung eines trockenen und edlen Vollblutarabers.

Solche Züchter, die in Europa vor allem in der Vergangenheit im Hinblick auf das Zuchtziel eines kräftigen Kavalleriepferdes immer wieder die stärksten Hengstfohlen selektiert haben, vertraten früher vielfach die Meinung, man müßte immer wieder edle Hengste aus dem Orient importieren, um den Adel in der europäischen Vollblutaraberzucht zu erhalten. Edelste Wüstenaraber begründeten die königlichen Zuchten in Weil, in den polnischen Gestüten und in den österreichisch-ungarischen Gestüten. Nach diesen Importen hat man - soweit sich das übersehen läßt (in einzelnen Zeitabschnitten unterschiedlich) - aber doch in der großen Linie in Richtung Kavalleriepferd selektiert. Man hat immer wieder die stärksten Hengstfohlen mit dem kräftigsten Fundament und dem ausgeprägtesten Größenwachstum in die Zucht eingestellt und dadurch - bewußt oder unbewußt - vom Wüstentyp weggezüchtet. Weil die Beduinen nicht auf einen bestimmten Typ selektiert haben, ist die ursprüngliche Rasse des Arabers so außerordentlich modulations- und anpassungsfähig. So ist es zu erklären, daß die europäischen Vollblutaraber allmählich hier und dort größer geworden sind, langliniger und mit stärkerem Fundament. Durch eine solche Entwicklung entsteht dann im Laufe der Zeit wieder der dringende Bedarf nach einem Veredlerhengst. Ein klassisches Beispiel hierfür ist die Entwicklung der russischen Vollblutaraberzucht in Tersk, wo der ägyptische Hengst Aswan als Typvererber eine weltweite Bedeutung erlangt hat.

Eine andere Möglichkeit, die nicht zum züchterischen Erfolg führen kann, ist die Selektion auf der Basis von Show-Effekten. Hier wird zunehmend das Augenmerk auf Effekthascherei und auffallende Erscheinung gerichtet, aber auch ganz bewußt auf Veränderung des äußeren Erscheinungsbildes in Richtung eines imaginären Schönheitsideals. Das kann dann soweit gehen, daß nicht mehr das qualitativ beste Pferd in der Prämierung nach vorn kommt, sondern das am raffiniertesten präparierte, das - objektiv gesehen - unter Umständen durchaus mittelmäßig sein kann. Bei einer solchen Aufmachung der Pferde ist es selbst guten Kennern dann kaum noch möglich, das genetische Potential des einzelnen Pferdes richtig einzuschätzen.

Eine weitere Gefahr, daß die züchterische Selektion in die verkehrte Richtung gehen kann, ist gegeben, wenn zu frühreife Pferde bevorzugt in der Zucht verwendet werden. Die Entwicklung des derzeitigen Schauwesens in der Araberzucht birgt hier erhebliche Risiken. Diese ergeben sich daraus, daß die Unsitte immer mehr um sich greift, junge Pferde im Alter vom Absatzfohlen bis zu vier Jahren ständig in übertrieben üppiger Fütterungskondition zu halten, um sie auf Schauen eindrucksvoll herauszubringen. Dieses hat zur Folge, daß junge Vollblutaraber, die zu stark mit intensiver Fütterung getrieben - um nicht zu sagen gemästet - werden, in der Regel (nicht nur im Ausnahmefall) bleibende Schäden im Körperbau und an den Beinen bekommen, die das betreffende Pferd für sein ganzes Leben schädigen bezüglich seines eigentlichen Zwecks: nämlich der Leistungsfähigkeit als Reitpferd. Solche Schäden sind: schwammige, unklare, zum Teil degenerierte Gelenke, Senkrücken, mangelnde Härte des Sehnen- und Bänderapparates, Überbeine unter der Vorderfußwurzel, empfindliche, schwammige Haut an den Beinen, rückbiegiges Vorderbein, Gallen am Sprunggelenk, Deformationen des Sprunggelenkes, Stellungsfehler. Es muß nachdrücklich betont werden, daß diese Fütterungsschäden beim Araber besonders leicht auftreten, weil diese Rasse ja vom Ursprung her anspruchslos und insofern leichtfuttrig - sprich empfindlich gegen zu starke Fütterung - ist. Eine in diesem Sinne zu üppige, mastige Aufzucht der jungen Pferde kann verheerende Folgen für das spätere Leben des Einzelpferdes haben insofern, als seine Leistungsfähigkeit negativ beeinflußt wird.

Wenn man die vorstehend dargestellten Gefahren und Schwierigkeiten bedenkt, ergibt sich die Frage: Was ist also vernünftigerweise zu machen, damit die Lebensbedingungen für die Erhaltung eines guten Vollblutarabers zweckmäßig gestaltet werden?

Dabei ist zunächst von der Zielsetzung auszugehen, daß die Vollblutaraberzucht überall in der Welt sich als oberste Aufgabe vornehmen sollte, den ursprünglichen und guten Typ des Vollblutarabers mit allen seinen vielbeschriebenen Qualitätsmerkmalen zu erhalten, zu fördern und weiter zu vervollkommnen. Dazu muß man natürlich zunächst gewillt und in der Lage sein, die Veranlagung der Pferde in ihren typischen Rasseeigenschaften richtig zu sehen.

Das Grundkonzept der Vollblutaraberzucht ist gekennzeichnet durch das Bewahren der wertvollen Eigenschaften des originären Arabertyps. Daher kommt es für

Vollblutaraberstuten des Gestütes Ostenfelde, W. u. I. Thörner, Melle

den heutigen Züchter darauf an, sich von Illusionen frei zu machen. Man soll nicht glauben, daß bei den Beduinen in den reinen ursprünglichen Zuchten nur solche Pferde vorkamen, die unserem heutigen Idealtyp mehr oder weniger entsprachen. Reiseschilderungen aus alter Zeit und Fotos aus früherer Zeit zeigen, daß zwar unser heutiges Ideal auch früher schon vorgekommen ist, aber doch als relativ seltene Ausnahme, als Spitzenexemplar unter Tausenden von durchaus gewöhnlichen Pferden in Arabien, deren übereinstimmende Merkmale nur diejenigen waren, daß sie Hunger und Durst, Kälte und Hitze, Staub, Sandstürme und langanhaltende Trockenheit ertragen konnten und dennoch nicht nur überlebten, sondern auch noch so fruchtbar waren, daß der Fortbestand dieser Rasse unter so ungünstigen Haltungsbedingungen gesichert war. Die außergewöhnliche Schönheit des arabischen Pferdes ist sicher in alter Zeit kein allgemeines Merkmal gewesen, sondern durch Auslese des Menschen geprägt und vervollkommnet.

In der Araberzucht geht es nicht nur darum, die bekannten wertvollen Eigenschaften der Rasse wie Vitalität, Härte, Ausdauer, Langlebigkeit, Fruchtbarkeit, Futterdankbarkeit und Schönheit zu erhalten. Die züchterische Aufgabe besteht auch darin, daß daran gedacht werden muß, in welcher räumlich eingeengten und von fortschreitender Technisierung gekennzeichneten Welt zukünftig Menschen mit ihren Pferden leben werden. Deshalb ist es auch wichtig, daß die Pferde gute Nerven haben und die ihnen aus der Entwicklungsgeschichte als Steppentier noch immer tief einwurzelnde Schreckhaftigkeit sowie der Fluchttrieb des Steppentieres

weiter züchterisch abgebaut werden. Demgegenüber ist es notwendig, die Dienstbereitschaft und Gelehrigkeit, die im arabischen Pferd bereits besonders ausgeprägt sind, weiter zu fördern. In dem Zusammenhang hat die ständige Verbesserung und Vervollkommnung der Reiteigenschaften besondere Bedeutung für die Zucht. Es muß ein Genuß sein, arabische Pferde zu reiten, sie zu haben, mit ihnen zu leben, sie zu hegen und zu pflegen sowie zu betreuen.

Auf eine Besonderheit des arabischen Pferdes ist noch hinzuweisen. Auf der arabischen Halbinsel konnte sich diese Rasse nur entwickeln unter Betreuung des Menschen. Das gesamte Gebiet hat im eigentlichen Sinne keine natürliche Voraussetzung für die Entstehung einer Pferderasse wie beispielsweise die Ursprungssteppengebiete in Innerasien. Das enge Zusammenleben mit dem Menschen hat den Charakter des arabischen Pferdes in besonderer Weise geprägt. Es ist zutraulich, gutmütig, einsatzbereit und leistungswillig sowie ausbalanciert im Wesen. Dadurch, daß die arabische Halbinsel an drei Seiten vom Meer umgeben ist, und im Norden große Wüstenräume den Zugang beschwerlich machen, hat neben Mutation und Selektion der Faktor Isolation hier wesentlich zur Rassebildung beigetragen. Die Beduinen benutzten den Araber nur als Reitpferd. Diese Nomaden brauchten ein leistungsstarkes, ausdauerndes und genügsames Kriegspferd. Diese Gegebenheiten haben die Rasse geprägt, die Araber gehören somit zu den ursprünglichsten aller Reitpferderassen.

Die Aufgabe des Züchters ist es nun, die vorstehend genannten allgemeinen Eigen-

schaften der Rasse zu erhalten und - wenn möglich - züchterisch weiter zu fördern. Es sind diese Eigenschaften, die den Vollblutaraber besonders wertvoll machen. Bezüglich der zukünftigen Absatz- und Einsatzmöglichkeiten für arabische Vollblutpferde wird besonders darauf hingewiesen, daß über 90 Prozent der Reiter in der Bundesrepublik Deutschland Freizeitreiter sind, die schöne, angenehm zu reitende Pferde mit geschmeidigen Bewegungen haben wollen. Für diese Reiter ist es keineswegs erforderlich, daß die Pferde besonders groß sind. Der Freizeitreiter wird darauf bedacht sein müssen, ein Pferd zu haben, das anspruchslos bezüglich der Kraftfutterration ist und weitgehend durch Weidehaltung ernährt werden kann, so wie dies beim arabischen Vollblüter gegeben ist. Für die zukünftige Nachfrage nach Reitpferden wird auch die Schönheit eine entscheidende Rolle spielen. Sehr viele Menschen halten heute schon arabische Vollblutpferde nur deswegen, weil sie Freude an ihrer Schönheit haben. Auch der normale Freizeitreiter wird zukünftig kein häßliches Pferd im Stall haben wollen. Auf dieser Basis erscheint eine sichere Zukunftsentwicklung für die Vollblutaraberzucht gewährleistet, unabhängig von der Entwicklung bei anderen Rassen.

Daraus ergibt sich die Konsequenz, daß diese Rasse in ihrer Gesamtheit auf keinen Fall vergrößert und vergröbert werden darf. Die Anforderungen des Hochleistungsspringsports dürfen für die Zielsetzung in der Vollblutaraberzucht keine Beachtung verdienen. Schönheit, Harmonie und Formvollendung sollten dagegen weiterhin gefördert werden, ebenso wie die bereits erwähnten allgemeinen Eigenschaften.

Zeittafel zur Entwicklung der Vollblutaraberzucht in Deutschland

1817 Gründung des Gestüts Weil durch König Wilhelm I. von Württemberg. Seit 1814 Import von Vollblutaraberstuten und Vollblutaraberhengsten aus dem Orient, darunter auch die Stammstute der heute noch weitverbreiteten Stutenfamilie Murana I und der berühmte Gründerhengst Bairactar.

1836-
1890 Blütezeit der Weiler Vollblutaraberzucht - bekannt durch die Hengste Amurath 1829 und Amurath 1881.

1930 Import des Hengstes Jasir aus dem Gestüt des Prinzen Mohamed Ali - Ägypten durch C. R. Raswan.

1932 Übernahme der Weiler Zucht durch das Haupt- und Landgestüt Marbach

1938 Gründung der heute noch aktiven Privatzucht von Dr. Kurt Entress, Nürtingen, auf Marbacher Grundlage.

1943 Erste Planung eines Stutbuches für Vollblutaraber in Deutschland.

1949 Gründung der Züchterorganisation „Gesellschaft der Züchter und Freunde des Arabischen Pferdes e.V."- Anfangsbestand: 32 Vollblutaraberpferde.

1954 Landoberstallmeister Dr. Wenzler, Marbach, importiert aus dem ägyptischen Staatsgestüt El Zahraa den Hengst Hadban Enzahi

1955 Import aus Ägypten: der Hengst Ghazal und die Stuten Moheba, Malacha und Nadja.

1967 Anläßlich des 150jährigen Bestehens des Gestüts Weil-Marbach: Veröffentlichung des ersten Stuten- und Hengstregisters für arabisches Vollblut.

1969 Gründung des Zuchtverbandes „Araber-Stutbuch von Deutschland e.V."

1970 Frau Erika Schiele veröffentlicht das Buch „Araber in Europa" mit Darstellung auch der deutschen Zucht. Ihre schriftstellerische Arbeit beeinflußt maßgebend die Gesamtentwicklung.
Import von Aswan-Nachkommen aus dem russischen Staatsgestüt Tersk, darunter der Hengst Kilimandscharo, durch Silvia Garde und Prof. Koenig. Import des Hengstes Shaker El Masri aus dem Gestüt El Zahraa/Ägypten und von etwa 15 Stuten, darunter die Gründerstute Estopa aus Spanien.
Import des Rapphengstes Gharib aus El Zahraa für Marbach.

1972 Gründung der „World Arabian Horse Organization" (WAHO) in Sevilla, Spanien.

1973 Am 01. 09. wird anläßlich der ersten Internationalen Vollblutaraberschau in Verden das erste Vollblutaraberrennen über 2.400 m mit internationaler Besetzung gelaufen. Sieger ist der Hengst El Beshir.
Einführung der Hengstleistungsprüfungen im 100-Tage-Test auf freiwilliger Basis, auf dem Klosterhof Medingen für Vollblutaraber-, Araber- und Angloaraberhengste.

1974 Innerhalb der Vollblutaraberzüchter bildet sich ein Zusammenschluß derjenigen Züchter, die das besondere Anliegen haben, solche Blutlinien durch Zusammenführung rein zu erhalten, die ausschließlich und direkt auf die Ursprungszucht in Arabien und Ägypten zurückgehen: Asil Club.

Veröffentlichung des Araber-Stutbuchs von Deutschland, Band I - Vollblutaraber. Zusammenschluß der beiden bisher bestehenden Zuchtorganisationen durch Neugründung eines Zuchtverbandes für die ganze Bundesrepublik: „Verband der Züchter des Arabischen Pferdes e.V.".

1976 Gründung der „Deutschen Renngesellschaft für Arabische Vollblüter". - Seither werden regelmäßig Rennen in Deutschland durchgeführt.

1978 Vorlegung des neuen Stutbuches für die gesamte Vollblutaraberzucht, in der Bundesrepublik Deutschland anläßlich der 4. Konferenz der „World Arabian Horse Organization" in Hamburg.

Bestand der beim Verband der Züchter des Arabischen Pferdes e.V. eingetragenen anerkannten Vollblutaraberzuchthengste und dreijährigen und älteren Zuchtstuten im Mai 1978: 189 Vollblutaraberhengste, 432 Vollblutaraberstuten. Dazu kommt etwa die gleiche Anzahl an Nachwuchspferden im Alter von ein bis drei Jahren.

1979 Die Geschäftsstelle des Verbandes wird von Frankfurt nach Hamburg verlegt, wo Dr. Gramatzki die Geschäftsführung übernimmt. Dr. Hans Nagel wird erstmalig zum Verbandsvorsitzenden gewählt und bleibt Vorsitzender bis 1986 und dann wieder ab 1989. Die Zeitschrift „Arabische Pferde" wird offizielles Mitteilungsblatt des Verbandes und erscheint viermal jährlich. In Aachen wird die erste Internationale Schau Arabischer Pferde durchgeführt. Seitdem finden hier Jahr für Jahr die großen Verbandsschauen statt.

1980 Neben dem Hundert-Tage-Test in den Hengstleistungsprüfungsanstalten werden nunmehr auch die Zuchtrennen für arabische Vollblüter offiziell als Hengstleistungsprüfung anerkannt.

1982 Die Deutsche Renngesellschaft für Arabische Vollblüter wird als gemeinnützig anerkannt.

1983 Verdiente und bewährte Züchter werden als Ehrenmitglieder des Verbandes geehrt: W.C. Hansen, Frau Gertrude Grießbach, Dr. Kurt Entress, Anton ter Hazeborg. In Lebach im Saarland wird der erste regionale Araberzüchterverein für das Saarland gegründet zum Zwecke der örtlichen Intensivierung der Verbandsarbeit.

1984 Klaus Beste wird Geschäftsführer, ihm wird 1986 auch die Zuchtleitung übertragen. Die Kennzeichnung in allen Abteilungen des Zuchtbuches, beim Vollblutaraber mit Kaltbrand, wird durch Änderung der Zuchtbuchordnung obligatorisch. Später wird die Kennzeichnung durch Brand für Vollblutaraber freigestellt.

Am 25.2.1984 faßt das 1983 gegründete European-Arab-Horse-Show-Committee (EAHSC) in Hamburg grundlegende Beschlüsse für die Durchführung von Vollblutaraberschauen in Europa. Eine internationale Richterliste wird eingeführt, außerdem eine Schaupyramide (A-, B-, C-Schauen). Die bedeutendsten Schauen sind die A-Schauen: der im Wechsel in verschiedenen europäischen Ländern durchzuführende Europa-Cup, der Nations-Cup und der Welt-Cup, der jährlich in Paris stattfindet.

Das „Araber-Journal" erscheint als zweite spezielle Zeitschrift für das arabische Pferd in Deutschland.

1986 Dr. Otto Saenger wird für drei Jahre zum Vorsitzenden des Verbandes gewählt. Im Dezember 1986 wird der Förderkreis für western-gerittene Araber gegründet.

1987 Der Bund erfahrener Distanz-Araber-Reiter und interessierter Newcomer (BEDUIN) wird gegründet und führt seitdem eine Liste der in offiziellen Distanzritten erfolgreichsten Vollblutaraberpferde.

1988 Erster Großexport von zwei Hengsten und zwölf Stuten ägyptischer Blutführung nach Kuwait, also Rückkehr von Pferden asiler Blutführung ins Ursprungsgebiet.

1989 Letzte zentrale staatliche Körung für Vollblutaraber-, Araber- und Angloaraber-Hengste in Darmstadt-Kranichstein, wo zehn Jahre lang diese zentralen Körungen durchgeführt wurden.

Noch vor der Wiederherstellung der deutschen Einheit ab November des Jahres erste Kontakte zwischen Peter Renner, Dresden, und Dr. Otto Saenger, dem stellvertretenden Verbandsvorsitzenden, zur Vorbereitung der Gründung eines Araberzuchtverbandes in der zu diesem Zeitpunkt noch bestehenden DDR.

Der Rapphengst Hamasa Gharbi v. Gharib gewinnt das Bundeschampionat im Einspänner-Distanzfahren mit der außergewöhnlichen Zeit von 4 Stunden 26 Min. über eine Strecke von 90 km.

1990 Am 31. 03. wird in Luckenwalde bei Berlin der Verband der Freunde der Züchter des Arabischen Pferdes in der damals noch bestehenden Deutschen Demokratischen Republik gegründet. Vorsitzender wurde Dr. Sommerfeld.

In der Mitgliederversammlung des Verbandes der Züchter des Arabischen Pferdes in der Bundesrepublik wird beschlossen, daß für Vollblutaraberhengste keine Verbandskörung, sondern nur noch eine Hengstschau durchgeführt wird. In den anderen Abteilungen wird - wie auch bei anderen Verbänden - die Verbandskörung eingeführt.

1991 Ab 1. Januar schließt sich der in den östlichen Bundesländern bestehende Verband der Züchter und Freunde Arabischer Pferde mit 130 Mitgliedern dem großen Verband der Züchter des Arabischen Pferdes an, so daß nunmehr ein gesamtdeutscher Zuchtverband   besteht.

Im Juli wird der erste Distanzritt für Vollblutaraberpferde über die ehemalige deutsch-deutsche Grenze hinweg von Hamburg nach Berlin durchgeführt.

1992 wird der Araberzuchtpferdebestand der neuen Bundesländer, der nunmehr im gesamtdeutschen Stutbuch eingetragen ist, von der WAHO anerkannt. Der deutsche Vollblutaraberhengst Minos von Santhos gewinnt das Vollblutaraber-Derby in Warschau, das bedeutendste Rennen für Vollblutaraber in Europa. Der Verband der Züchter des Arabischen Pferdes ist mittlerweile, in bezug auf die Zahlen des aktiven Zuchtpferdebestandes, zur größten Zuchtorganisation für arabische Pferde in Europa und weltweit der viertgrößte Verband innerhalb der WAHO geworden.

1993 Zuchtpferdebestand: 838 Vollblutaraberhengste, 2.197 Vollblutaraberstuten.

Zeittafel zur Entwicklung der Shagya-Araber-, Angloaraber- und Halbblutaraberzucht in Deutschland

Die Daten über die Verbandsentwicklung und Hengstleistungsprüfungen sind bei allen vom Verband betreuten Zuchtrichtungen die gleichen wie in der Zeittafel über die Vollblutaraberzucht, weshalb sie hier nicht noch einmal wiederholt werden.

1947 Ankauf des Anglo-Araber-Hengstes Ramzes, geb. 1937 von Rittersporn xx aus der Jordi durch Klemens Freiherr von Nagel-Doornick, Vornholz.

1966 Import des Shagya-Araberhengstes Gazal VII durch Dr. Schmidt-Ankum

1983 Erste Schau für Shagya-Araber und Anglo-Araber in Verden. Anläßlich dieser Schau am 6. bis 8. August wurde die internationale Shagya-Araber-Gesellschaft e.V. gegründet. Vorsitzender Dr. Fritz Gramatzki.

1984 Herausgabe des ersten gedruckten Stutbuchs der Deutschen Shagya-Araberzucht. Eingetragen sind am 31.12.1984 70 Shagya-Hengste und 349 Stuten.

1990 Fortfall der sstaatl. Körung. Einführung der Verbandskörung für Shagya-Araber-, Angloaraber- und Araber-Hengste.

1991 Der Shagya-Araberhengst Balaton von Gazal VII und der Babolna aus der Zucht von Dr. Gramatzki wird als Hauptbeschäler im Ungarischen Gestüt Babolna aufgestellt. Die Züchter aus den östlichen Bundesländern erhalten bei Zusammenschluß der Verbände die Gelegenheit, ihre Pferde in einem Anhang zum Shagya-Stutbuch eintragen zu lassen.

1992 hat sich bedauerlicherweise trotz gegenteiligen Beschlusses der Mitgliederversammlung vom 27. Juni eine Gruppe von Shagya-Araber-, Araber- und Anglo-Araber-Züchtern vom VZAP getrennt und einen eigenen Verband, den Zuchtverband für Shagya-Araber, Anglo-Araber und Araber gegründet. Es besteht die Hoffnung, daß ein Zusammenschluß nach Ausräumung der Differenzen erfolgt.

1993 Dr. Frielinghaus, der nach Dr. Gramatzki langjährig die Internationale Shagya-Gesellschaft geführt hat, gibt den Vorsitz ab an Siegfried Frei. Zuchtpferdebestände: Shagya-Araber 101 Hengste, 396 Stuten; Anglo-Araber 39 Hengste, 147 Stuten; Araber-Halbblut 12 Hengste; 464 Stuten.

2. Das Zuchtziel in der Voll-blutaraberzucht

In der im Jahre 1994 gültigen Zucht-buchordnung des Deutschen Zuchtverban-des ist das Zuchtziel für die Vollblutaraber-zucht wie folgt definiert:

„Zuchtziel ist die Erhaltung des arabischen Vollblutpferdes im ausgeprägten, klassi-schen, arabischen Vollbluttyp mit den ent-sprechenden Exterieurmerkmalen. Heraus-ragende Merkmale sind:
- sehr trockener, harmonischer Kopf mit hoher Stirn und großen, dunklen, weit auseinander stehenden Augen, die nicht hoch liegen;
- das Profil ist konkav oder gerade, die Ganaschen breit und weit auseinander-liegend;
- die Nüstern sind elastisch, groß und sehr erweiterungsfähig;
- der Hals ist gebogen, die Kruppenober-linie leicht geneigt bis ziemlich horizontal, der Schweif hoch angesetzt und hoch ge-tragen.

Die Zuchtmethode in der Vollblutaraber-zucht ist die Reinzucht. Die Zufuhr von Genen außerhalb von der WAHO aner-kannten Populationen findet nicht statt."

Die vorstehende kurze Definition der Zuchtbuchordnung soll nun im nachste-henden erläutert und verdeutlicht werden:

Aus dem Vorstehenden wird bereits deut-lich, daß die Vollblutaraber einen be-stimmten Rassetyp darstellen, der sich von anderen Rassen vor allen Dingen dadurch unterscheidet, daß er eine besonders starke Ausstrahlung der Pferdepersönlichkeit und der mit dem besonders schönen Ausdruck des Kopfes verbundenen Gesamterschei-nung hat. Die Entstehung der Rasse in den arabischen Ländern und damit in Zusam-menhang auch in Ägypten reicht weit in die Geschichte zurück, wie die Darstellun-gen in den ägyptischen Tempeln vor drei-einviertel tausend Jahren bereits beweisen. Die Rasse war also seit Jahrtausenden da und diente immer und ausschließlich der Reitpferdeverwendung. Sie wurde nicht zusammengesetzt, und wir sind deshalb der Aufgabe enthoben, nach einem etwa für die Jetztzeit gültigen Zuchtziel zu su-chen. Die Araberzucht hat keine Neuori-entierung nötig, wie das bei anderen vom Menschen zusammengesetzten Nutzrassen der Fall ist. Das Erbgut dieser Rasse hatte die Entwicklung und Entstehung fast aller Pferderassen, die es heute weltweit gibt, mehr oder weniger mit beeinflußt. Deshalb ist es von solcher Bedeutung, den ori-ginären Typ der Rasse, der diese Leistung vollbracht hat, zu erhalten. Dazu Voraus-setzung wiederum ist es, ihn richtig zu er-kennen und einzuschätzen.

Zunächst muß klargestellt werden, daß der Vollblutaraber ein relativ kleines Pferd ist. Unter normalen heutigen Haltungsbedin-gungen haben Hengste eine Widerristhöhe von ca. 151 bis 155 cm Stockmaß und 18 cm Röhrbeinumfang. Stuten haben eine Widerristhöhe von ca. 148 bis 152 cm Stockmaß und einen Röhrbeinumfang von 17 bis 18 cm. Die in der Rasse vorkom-mende Variationsbreite bezüglich dieser Maße ist jedoch sehr viel stärker vari-ierend, im Stockmaß z. B. zwischen 145 und 160 cm. Eine extreme Größe oder ei-ne extreme Kleinheit ist aber nicht rassety-pisch. Es gibt nun innerhalb der Rasse eine gewisse Typvariationsbreite, die man etwa wie folgt beschreiben kann:

Der klassische Typ, unter Züchtern auch als Koheilantyp bezeichnet, hat einen be-sonders kurzen keilförmigen Kopf mit ver-hältnismäßig breiter Stirn, großen Augen, breiten Ganaschen. Er ist kräftig bemus-kelt, leichtfuttrig, geschlossen im Körper, hat eine leicht abfallende, gelegentlich et-was gerade Kruppe und ein kräftiges, sehr starkes Fundament. Es ist anzunehmen, daß dieser Typ durch die Haltungsform in Arabien weithin geprägt wurde, wo die höchste Futterdankbarkeit und größte Lei-stungsfähigkeit in optimaler Weise zu kombinieren waren.

Etwas länger in der Linie, mit ausgeprägte-rem Widerrist und in der Gesamterschei-nung etwas trockener und in der Brust et-was schmaler ist der edle klassische Typ, auch Saklawityp genannt. Sein Kopf ist zwar auch keilförmig mit sehr ausgepräg-ten Nüstern, dreieckig geformter Maulspit-ze und kräftigen Ganaschen. Der Kopf ist jedoch in den Proportionen nicht ganz so breit im Augenabstand und etwas länger in der Stirnlinie als beim Koheilan. Die Haut ist am ganzen Körper etwas feiner und ed-ler, die Knochen des Schädels treten daher wie gemeißelt und ziseliert hervor. Am ganzen Körper läßt die feinere Haut eine stärkere Beaderung und klares Muskelspiel erkennen. Die Brust ist etwas schmaler als beim Koheilan, etwas länger, der Rücken ist länger, der Knochenbau leichter, die Kruppe vielfach etwas mehr geneigt. Im Ganzen verkörpert dieser Typ Trockenheit und Adel.

Werden die Linien noch länger, das ganze Pferd noch etwas schmaler, so wird dieser Typ als der Renntyp oder auch Muniqi-Typ bezeichnet. Die lange Brust mit den schrä-gen Rippen verbirgt eine optimale At-mungskapazität als Voraussetzung für äußerste Schnelligkeit. Es ist anzunehmen und auch aus alten Darstellungen ersicht-lich, daß Pferde dieses Typs die Vorfahren des englischen Vollbluts waren.

Natürlich soll der Rassetyp des Arabers deckungsgleich sein mit dem Leistungstyp wie ihn Heling definiert hat. Danach soll aus dem Gesamtausdruck des Pferdes sich der Rückschluß ergeben auf Leistungsbe-reitschaft und Leistungsfähigkeit als Aus-druck der inneren Eigenschaften. Selbst-verständlich ist, daß der Geschlechtstyp

bei Hengst und Stute ebenfalls ausgeprägt sein soll, wobei Hengstausdruck nicht mit Derbheit verwechselt werden darf. Zusammenfassend ist über den Typ zu sa-gen, daß das arabische Pferd in jedem Fall eine stolze Haltung in der Bewegung zei-gen soll. Es soll immer hohen Adel und En-ergie ausstrahlen, sobald es sich bewegt. Charakteristisch für das arabische Pferd ist, daß es, wenn es ruhig im Stall steht, oft un-scheinbar und teilnahmslos wirkt. Es ent-faltet seine volle Ausstrahlung in der frei-en, ungehinderten Bewegung und trägt da-bei den Kopf hoch erhoben. Ein elegant getragener Schweif vollendet dabei den Gesamteindruck. Die typisch arabischen Bewegungsmanieren sind weiterhin ge-kennzeichnet durch graziöses, tänzeri-sches, elegantes Auftreten.

Hinsichtlich des Exterieurs ist der Voll-blutaraber ein ausgewogen gut proportio-niertes Pferd, das in der Gesamterschei-nung harmonisch ist, aber nirgendwo - vielleicht mit Ausnahme des Typs - ein Ex-trem sein soll. Kein Extrem in irgendeinem Merkmal der äußeren Erscheinung kann beim Vollblutaraber züchterisch er-wünscht sein: nicht maximale Größe, nicht starkes Kaliber, nicht besondere Knochen-stärke, nicht zu langer Hals, nicht zuviel Brusttiefe, nicht zuviel Rundrippigkeit, nicht zu schmaler Windhundtyp, auch nicht die ganz maximalen Gänge (denn sie sind häufig für den Reiter nicht ange-nehm), nicht die gerade, horizontale Krup-pe, denn dies ist negativ für die Kraftent-wicklungsmöglichkeit der Hinterhandmus-kulatur, nicht extreme Rundlichkeit (keine Eleganz), nicht zu breite, große Hufe. So-gar der ganz extreme, überedle Kopf kann eine Überschreitung der äußersten Grenze der Schönheit in Richtung Degeneration bedeuten. Besonders wichtig ist, daß kein extremes Temperament wünschenswert ist. Der Vollblutaraber soll lebhaft und auch feurig sein, aber doch nicht heftig und schwer regulierbar. Er soll gutmütig und vertrauensvoll sein, aber auch nicht schlaf-mützig. Die Haut darf nicht schwammig sein. Sie soll fein und trocken sein, verbun-den mit seidigem, edlem Haarkleid, so daß der Gesamteindruck von Trockenheit und Adel vermittelt wird, ohne Überfeinerung. Auch die Schweifhaare sollen einen seidi-gen und glatten Glanz vermitteln.

Beim Fundament kommt es nicht so sehr auf die Knochenstärke als vielmehr auf den skelettmechanisch richtigen Aufbau der Gelenke und Sehnen an. Lange, elastische Fesseln sind meistens ein Vorzug im Hin-blick auf geschmeidige Gänge, während kurze, steile Fesseln immer ein Fehler sind. Das arabische Vollblutpferd soll im kurzen Rechteckformat stehen. Die Körperpropor-tionen sind dadurch gekennzeichnet, daß man den Vollblutaraber auch als Gleichge-wichtspferd bezeichnet. Dies bedeutet, daß sich der Rumpf in etwa drei gleichlange Teile gliedert. Das erste Drittel ist in waagerechter Richtung zu denken von der Bugspitze bis etwa in Höhe des Endes des Schulterblattes, das zweite Drittel von hier bis zum Hüfthöcker und das dritte Drittel vom Hüfthöcker bis zum Sitzbeinhöcker. Der Huf des Vollblutarabers ist verhältnismäßig klein, keinesfalls breit und flach, sondern sehr klar und hart, die Eckstreben sind gut ausgeprägt. Die Hufkonsistenz soll widerstandsfähig sein, so daß die Pferde weitgehend ohne Beschlag auskommen. Der rassetypische Huf des Vollblutarabers ist ein verhältnismäßig enger Huf. Dieser ermöglicht große Haltbarkeit und Härte.

Bezüglich der inneren Eigenschaften des arabischen Pferdes entsprechen dem Zuchtziel Eigenschaften, wie Mut, feuriges Auftreten, Vitalität, aber ebenso Sanftmut, Klugheit, Lernbereitschaft. Die Rasse hat sich von jeher ausgezeichnet durch ihre besonderen Leistungseigenschaften: Ausdauer, Härte, Regenerationsvermögen. Gerade diese Eigenschaften müssen bei der Selektion auf Leistungsfähigkeit immer wieder besondere Beachtung verdienen. Von Bedeutung bezüglich der Reitpferdeeigenschaften ist die außerordentliche Geschmeidigkeit und Elastizität im Bewegungsablauf, so daß Vollblutaraberpferde angenehm für den Reiter zu sitzen sind. Intelligenz und Lernfähigkeit sind Voraussetzung für ein hohes Dressurtalent. Bezüglich der Springpferdeeigenschaften sind Intelligenz und Geschicklichkeit in schwieriger Situation besonders hervorzuheben. - Aufgrund der geschilderten Wesensmerkmale dieser Rasse kann man allerdings nicht erwarten, daß ein feuriges und lebhaftes arabisches Pferd in Dressurprüfungen oder Springprüfungen maschinenmäßig wie ein Uhrwerk geht.

Abschließend soll hier hervorgehoben werden, daß die optimale Typausstrahlung und die stärkste Persönlichkeitsentfaltung sowie Charme und Schönheit des arabischen Pferdes in der freien Bewegung voll zur Entfaltung kommen.

3. Die deutsche Vollblutaraberzucht bis 1949

Auf deutschem Boden entwickelte sich eine der ältesten Reinzuchten des arabischen Pferdes außerhalb der Wüsten. Das Königlich-Württembergische Gestüt Weil, im Neckartal bei Stuttgart gelegen, hat in der hippologischen Welt einen klangvollen Namen errungen. Die Vollblutaraberzucht wurde dort bereits im Jahre 1817 als Privatgestüt der Württembergischen Könige gegründet. Weiler Pferde haben das Gesicht der europäischen Pferdezucht mitgeprägt. Sein Gründer, der damalige Kronprinz Wilhelm, später König

König Wilhelm I von Wüttemberg gründete 1817 das Arabergestüt Weil. Auf dem Gemälde von Albrecht Adam reitet der König den Originalaraber Bairactar, Stammvater der Weiler Zucht.

Wilhelm I von Württemberg, war mit einer tiefen Liebe zu den Pferden beseelt, und die Gestütsgründung in Weil ist daher sein ureigenstes Werk. In den ersten Notjahren nach den napoleonischen Kriegen war es das persönliche Anliegen des Monarchen, die eben aufstrebende schwäbische Wirtschaft zu fördern. Dabei spielte das Pferd damals für das Transportgewerbe eine entscheidende Rolle. Zur damaligen Zeit hielt man in ganz Europa die arabischen Pferde für die besten Pferde der Welt und für am meisten geeignet, alle anderen Pferderassen und besonders unsere in Deutschland zu verbessern und zu veredeln. Durch „allerhöchstes Dekret" vom 30.9.1817 wurden die Domänen Weil, Scharnhausen und Kleinhohenheim zum Königlichen Privatgestüt erklärt. Bereits in den Gründungsjahren wurde Baron von Fechtig, ein Araberkenner von Format, beauftragt, Zuchtmaterial aus dem Orient zu kaufen. Das Leibreitpferd und die heute noch in

den Weiler Pedigrees zu findende Stute Murana I kamen 1814 bzw. 1816 mit anderen Stuten nach Weil. Im Jahre 1817 brachte Baron v. Fechtig weitere sieben Stuten sowie die Hengste Bairactar und Tajar aus dem Orient. Bairactar wurde dann der Hengst, dessen Blut die Weiler Zucht bis in die Gegenwart hinein nachhaltig beeinflussen sollte. Im Jahre 1819 kamen dann weitere acht Originalhengste und zwölf Stuten ausgezeichneter Qualität, die auch aus dem Orient importiert wurden, hinzu.

Im Jahr 1822 umfaßte der Gestütsbestand bereits 18 original-arabische Mutterstuten und 24 in Weil gezüchtete Nachkommen. Durch die besseren Haltungsbedingungen wurden die Vollblutaraber in Weil schon in der ersten Generation stärker und größer als die importierten Eltern, ohne jedoch von dem hochedlen Typus sowohl in den Umrissen als auch in dem feinen Haar zu verlieren. Als Vererber setzte sich schon frühzeitig Bairactar durch. Er ist der Araberhengst, auf dem das Gestüt aufbaute und auf dessen Blut jene Erfolge gründeten, die den Ruf der Weiler Zucht in ganz Europa ausmachten. Er hat die Zucht für mehr als ein Jahrhundert bestimmt.

Das Gestüt wuchs durch die immer aufs neue getätigten Einfuhren über den geplanten Umfang weit hinaus, wodurch die Weiler Araber bald in ganz Europa bekannt und begehrt waren. Bereits 1834 wurden erste Araberrennen durchgeführt. Zu dieser Zeit erlangten Vollblutaraber aus Weil bereits größte Bedeutung bei der Entwicklung des ungarischen Gestüts Babolna.

Der Auswahl beim Ankauf der auch später noch aus dem Orient eingeführten Araber und bei der Zuchtauswahl scheint ein absolut festgefügtes Ideal vom arabischen Pferd zugrunde gelegen zu haben. Dies zeigen auch die von namhaften Künstlern der damaligen Zeit erhaltenen Gemälde der arabischen Pferde. Neben scharfer Auslese entwickelte Weil geradezu klassische Zuchtmethoden. Die wiederholte Anpaarung oft nahverwandter, importierter oder selbstgezogener, bewährter Hengste schuf eine Gleichheit und Qualität der Nachkommen, die den Ruf und den Typ des Weiler Arabers begründeten. Es muß besonders hervorgehoben werden, daß gerade diese Inzucht eine Kumulierung bester Rasseanlagen bewirkt hat, ebenso wie sie andererseits schlechte Anlagen ohne Umwege offenbar machte. Diese Zuchtmethode und die dadurch entstandene genetische Homogenisierung dürfen als die Ursache für die zuchtfestigende und zuchtfördernde Wirkung des Weiler Blutes angesehen werden.

Ein Beispiel für die meisterlich angewandte Inzucht ist später das Pedigree des berühmten Amurath 1881, der weite Teile der europäischen Warmblutzucht maßgebend beeinflußt hat. In der vierten Ahnenreihe ist Amurath 1829 zweimal, in der fünften Ahnenreihe dreimal vertreten. Dessen Vater Bairactar erscheint in der fünften bis siebten Ahnenreihe nicht weniger als zwölfmal. Insgesamt ist Amurath von den beiden Hengsten Bairactar und Bourmou geprägt.

Beim Tode Wilhelm I im Jahre 1864 galten die Weiler Araber als die besten des Kontinents. Dem schwäbischen Gestüt ging der Ruf der größten und edelsten Araberzucht des mitteleuropäischen Raumes voraus.

Die Nachfolger von Wilhelm I bekundeten weniger Interesse für die Vollblutaraberzucht. Dadurch war der Stutenbestand um die Jahrhundertwende auf etwa zehn Stuten eingeschränkt worden. Der Glanz der alten Weiler Zucht begann zu verblassen.
Neue Impulse erlebte die Zucht mit Übernahme des Gestüts durch die züchterisch hochbegabte Fürstin Pauline zu Wied, ei-

ner Tochter Wilhelms III, im Jahre 1921. Der 21jährige Hengst Koheilan IV wurde aus Babolna angekauft. Er war endlich wieder ein würdiger Hengst für diese Zucht. Aus einem Gestütsbestand von 14 Stuten konnten in den Jahren 1928 und 1929 noch einmal Zuchtpferde an die polnische Gestütsverwaltung verkauft werden. C.R. Raswan, einer der besten und bekanntesten Araber- und Pferdekenner der damaligen Zeit, erwarb 1930 den Hengst Jasir aus dem Gestüt des Prinzen Mohamed Ali aus Ägypten. Jasir war dann auch der letzte Hauptbeschäler in Weil und berufen, die Tradition des Gestüts fortzusetzen. Er hat einen Stamm bester Stuten mit hervorragendem Charakter hinterlassen.

Aus wirtschaftlichen Gründen entschloß sich die Fürstin 1932, die nun 115jährige Königliche Araberzucht dem Württembergischen Staat zu übereignen, weil ein testamentarischer Beschluß König Wilhelms I verbot, die Zucht aufzulösen. Vier Hengste, zwölf Stuten und Nachzucht wurden 1932 in das Württembergische Haupt- und Landgestüt Marbach übernommen. Seitdem wird die Araberzucht, die bis dahin ausschließlich mit Originalblut aus den Ursprungsgebieten aufgebaut und weitergeführt worden war, in Marbach fortgesetzt. Es muß festgehalten werden, daß von den ursprünglich in den Gründungsjahren entwickelten Stutenstämmen nur der Stamm der Murana I nach Marbach mit den übernommenen Stuten verpflanzt wurde. Somit war eine verhältnismäßig enge Blutbasis bei Beginn der Zucht in Marbach vorhanden.

Da der wertvolle Vererber Jasir der Zucht zur Verfügung stand, konnte sich diese trotzdem gut entwickeln. Bis 1944 wurden jährlich bei einem 85 %igen Abfohl-Ergebnis im Durchschnitt 7,3 Fohlen geboren. In der turbulenten Zeit des Zweiten Weltkrieges hing dann der Fortbestand des Gestüts an einem seidenen Faden. Kritisch wurde es, als im Jahre 1948 der Hengst Jasir aus der Zucht ausschied. Nun fehlte zunächst der geeignete Hauptbeschäler. Es war dann ein Glücksfall, daß der in Janow-Podlaski in Polen gezüchtete Hengst Wind von Ofir durch die Kriegsereignisse zunächst nach Ostfriesland verschlagen worden war. Durch die Bemühungen des Araberfachmannes E. Bilke wurde es in letzter Minute möglich, diesen Hengst für Marbach zu sichern. Wind bezog von 1948 bis 1950 die Hauptbeschälerbox in Marbach zur Zeit des absoluten Tiefstandes. In drei Deckjahren hat er in Marbach noch acht Hengstfohlen und vier Stutfohlen hinterlassen. Seine bedeutendste Tochter war die Stute Winarsad, die später auch DLG-Siegerstute wurde. Mit Winds Vorfahren Koheilan IV und Amurath 1881 traf Weiler Bluterbe auf großen Umwegen wieder zum alten Stamm.

Das Weiler Blut erlangte für die hannoversche Warmblutzucht erhebliche Bedeutung über die Nachkommen des Weiler Hengstes Amurath 1881. Außerdem hatte der Jasir-Sohn Jason Bedeutung erlangt für die hannoversche Pferdezucht.
In den 30er Jahren hatte das Ostpreußische Hauptgestüt Trakehnen Vollblutaraberstuten zur Veredlung der Zucht angekauft, darunter auch die Stute Dongola von Jasir. Bei den Olympischen Spielen 1984 wurden eine Gold- und eine Silbermedaille im Springreiten von den USA mit dem Trakehnerhengst Abdullah von Donauwind errungen. In seiner Abstammung findet sich neben anderen Arabern, die in der Trakehnerzucht wirkten, auch das Blut dieser Stute Dongola.
Private Zuchten von Vollblutarabern gab es vor dem Zweiten Weltkrieg in Deutschland kaum. Nur eine von ihnen ist bis in die heutige Zeit erhalten: Dr. Kurt Entress-Nürtingen begründete im Jahre 1938 seine Vollblutaraberzucht auf Marbacher Grundlage. Diese Zucht ist mit beispielhafter Auswirkung bis in die Gegenwart hinein aktiv geblieben.

Ein großer Kenner, Publizist und Propagandist des arabischen Pferdes war in der ersten Hälfte des 20. Jahrhunderts Gustav Rau. Er erfaßte wie kaum ein anderer die veredelnde und aktivierende Kraft des arabischen Blutes in den Landespferdezuchten und propagierte sie erstmalig 1907 in seinem großen Bucherfolg: „Die Not der Deutschen Pferdezucht". Raus überzeugendes Eintreten für das arabische Blut hatte auch Signalwirkung für andere deutsche Hippologen. Ernst Bilke, im Kriege Landstallmeister in Moritzburg und später von Freiburg-Littenweiler, wurde schon in den 20er Jahren ein leidenschaftlicher Vorkämpfer für das edle, insbesondere das arabische Pferd und nach dem Zweiten Weltkrieg die treibende Kraft für die Entstehung der ersten deutschen Züchterorganisation für arabische Pferde. Dr. Seyffert, als preußischer Oberlandstallmeister, beschaffte für die Gestütsverwaltung vor dem Kriege die Araber Harun al Raschid, Mandub ox, Kohinoor ox, Adamas ox, Labyrinth x und Ibn Nedjari ox. Dr. Ehlert, der letzte Leiter Trakehnens und einer der erfolgreichsten, schuf dort eine Vollblutaraberherde, zu welcher auch vier Weiler Stuten gehörten sowie die Janower Hengste Fetysz ox und Lowelas ox, die bis in die heutige Trakehnerzucht prägend gewirkt haben.
Ernst Bilke unternahm den ersten Anlauf zur Gründung eines deutschen Gestütbuches für arabisches Vollblut mit Unterstützung von Dr. Seyffert und Beteiligung von Dr. h.c. Gustav Rau, Dr. Ehlert, dem Marbacher Landoberstallmeister Storz und Dr. Bruhnke schon 1943 und wurde selbst zu dessen Vorsitzenden berufen. Man errechnete sich damals 40 - 60 Vollblutaraber in

Deutschland mit wenigen Ausnahmen in staatlichem Besitz. Zu einer Registrierung kam es nicht mehr, das Kriegsende machte alle Voraussetzungen zunichte.

Zusammenfassend ist also festzustellen, daß bis zum Jahre 1949 nur die Weil-Marbacher Gestützzucht in Deutschland als Vollblutaraberzucht von Bedeutung war.

4. Die deutsche Vollblutaraber-zucht ab 1949

Nach dem Zusammenbruch Deutschlands 1945 und in der durch Zerstörung und Not gekennzeichneten Nachkriegszeit konnte sich wohl niemand vorstellen, daß eine vorwiegend auf privater Initiative und Züchterleistung gegründete deutsche Vollblutaraberzucht in den kommenden 45 Jahren eine weltweite Bedeutung erlangen sollte. Dennoch gab es eine ganze Anzahl von Pferdeleuten, die zutiefst von den Werten des arabischen Pferdes überzeugt waren. Sie machten sich daran, das an arabischen Pferden, was den Krieg überstanden hatte oder durch die Ereignisse der Kriegswirren nach Deutschland verschlagen war, zu sammeln, Kontakte zu knüpfen und auf diese Weise die Gründung eines Zuchtverbandes vorzubereiten. So wurde am 15.2.1949 in Frankfurt am Main die „Gesellschaft der Züchter und Freunde des Arabischen Pferdes e.V." von 38 passionierten Araberfreunden, davon elf Besitzer von 13 stutbuchgerechten Pferden, gegründet. Die maßgebenden Initiatoren waren Landstallmeister Ernst Bilke, bis Kriegsende Leiter des Landgestüts Moritzburg, und Landstallmeister Dr. Ekkehard Frielinghaus, Landgestüt Darmstadt. Erster Präsident wurde Dr. h.c. Gustav Rau, seit Jahrzehnten Kenner und leidenschaftlicher Vorkämpfer für das arabische Pferd. Von ihm stammen die richtungsweisenden Worte: „Keine Edelrasse der Welt kann auf die Dauer ohne arabisches Blut bestehen." Sein Stellvertreter wurde Ernst Bilke, Generalsekretär Dr. Frielinghaus, der diese Tätigkeit bis 1967 ausübte. Weitere Vorstandsmitglieder wurden Landstallmeister Hans Fellgiebel und Hubert Rudofski. Vorsitzender der Zuchtkommission wurde Dr. Kurt Entress, Vollblutaraberzüchter der ersten Stunde und langjähriger Senior der deutschen Vollblutaraberzüchter.

Zum Wappen der deutschen Araberzucht wurde das Bild der Janower Mutterstute Koalicja ausgewählt, das auch heute noch Verbandsemblem ist. Name und Abstammung dieser Stute, deren Bild Typ, Adel und Schönheit des arabischen Pferdes ausgeprägt zeigt, sind Sinnbild für die internationale Verflechtung der Vollblutaraberzucht. Koalicja bedeutet Zusammenschluß, Gemeinschaft, das Ziel der deutschen Araberzüchter - national und in-

Die Janower Mutterstute Koalicja ox - Ihr Bild dient seit 1949 bis heute als Wappen der deutschen Araberzucht. In ihr vereinigten sich die arabischen Blutlinien von Babolna, Radautz und Weil und nahmen von ihr ihren Ausgang in die Zuchten Polens, Rußlands, Deutschlands, der USA und der übrigen Welt. Koalicja ist das polnische Wort für Zusammenschluß-Gemeinschaft, das Ziel der deutschen Araberzüchter - national und international - als sie 1949 ihren ersten Zuchtverband gründeten.

ternational - bei der Gründung ihres ersten Zuchtverbandes. Im Verband wurden alle arabisch geprägten Zuchtrichtungen erfaßt mit Abteilungen für arabisches Vollblut, angloarabisches Vollblut, Angloaraberhalbblut, Araberrasse und arabisches Halbblut. Die Weil-Marbacher Zucht wurde als Staatliches Gestüt mit eigenem Stutbuch daneben weitergeführt. Zukünftig wird nun aber die Veröffentlichung des Marbacher Stutbuchs zusammen mit dem Vollblutaraberstutbuch des Araberverbandes in einem gemeinsamen Band folgen.

Unter schwierigsten Bedingungen, ohne Startkapital und - bis heute - ohne staatliche Förderung hatte der neugegründete Zuchtverband das in der Bundesrepublik verstreute arabische Zuchtmaterial gesammelt, neue Züchter von Rang, allen voran Frau Gertraude Griesbach, Achental, Fürst zu Inn- und Knyphausen, Lütetsburg, und zahlreiche fördernde Mitglieder gewonnen. Noch im Jahre 1949 wurde zusammen mit Marbach anläßlich der DLG-Ausstellung in Frankfurt die erste Schau arabischer Pferde in Deutschland veranstaltet. Hier wurde die 14jährige Marbacherin Isabella von Jasir und aus der Caesarea Siegerstute. Nach der Eintragungsreise 1950 wurde ein Anfangsbestand von über 30 im Stut- bzw. Hengstbuch eingetragenen Araberpferden festgestellt. Der kleine Bestand umschloß jedoch große Namen und Zuchtwerte, die seltsamsten Pferdeschicksale und ein entscheidendes Kapitel europäischer Pferdezucht.

Nach dem Tode von Gustav Rau 1954 folgten als Präsidenten der Gesellschaft 1955 Ernst Bilke, 1961 Hubert Rudofski,

1969 Herbert Kossack. Ab 1953 waren auf allen DLG-Ausstellungen arabische Pferde vertreten.

Entscheidend für die spätere weltweite Bedeutung der deutschen Vollblutaraberzucht wurden die Jahre 1954 und 1955 mit der Einfuhr der nachfolgenden Pferde aus dem ägyptischen Staatsgestüt El Zahraa: Hadban Enzahi v. Nazeer sowie das Stut-Absatzfohlen Nadja, ebenfalls von Nazeer, wurden durch Dr. Wenzler für Marbach importiert. Ghazal v. Nazeer und Moheba v. Sid Abouhom, tragend mit der späteren Malacha von El Sareei, wurden durch den Fürst zu Inn- und Knyphausen nach Lütetsburg/Ostfriesland angekauft.

Nachdem die Gesellschaft der Züchter und Freunde des Arabischen Pferdes e.V. als Zuchtverband in Deutschland anerkannt war, konnte zum zehnjährigen Bestehen 1959 bereits ein Bestand von 108 Mitgliedern und 150 Pferden, davon 75 Vollblutarabern, festgestellt werden.

Ab 1967 begannen die Initiativen zur Gründung einer weltweiten Dachorganisation aller Vollblutaraberzüchter, woran die deutschen Züchter maßgeblichen Anteil hatten. Als Generalsekretär fungierte ab 1967 Dr. Horst Franke. Nachdem zwischenzeitlich der 1958 in El Zahraa/Ägypten geborene Nazeer-Sohn Kaisoon als Geschenk des Staatspräsidenten Nasser an die Bundesrepublik nach Deutschland gekommen war und im Duisburger Zoo stationiert wurde, verfügte die deutsche Vollblutaraberzucht über drei der bedeutendsten Nazeer-Söhne der Welt. Nazeer wurde in der zweite Hälfte des 20. Jahrhunderts der weltweit bedeutendste Verer-

Ein Spitzenvererber der europäischen Vollblutaraberzucht ist Madkour I geb. 1971 v. Hadban Enzahi u. d. Moheba II v Ghazal. Züchter Lütetsburg, im Besitz von Ismer-Ströhen. Er war Nationaler Champion in Aachen und Dillenburg, Gewinner des Vererber-Championats, Vater des US-National-Top-Ten-Stallion 1983 Jamil; die Erfolge seiner Nachkommen und Enkel auf Schauen und Körungen sind kaum noch zu zählen. Besonders bemerkenswert seine ausgewogenen Körperproportionen bei höchstem Adel.

ber in der Vollblutaraberzucht. Sein Blut prägte in allen Vollblutaraber-züchtenden Ländern der Welt die züchterische Entwicklung maßgebend. Er war ein Erhalter des originären Rassetyps wie kein anderer Hengst auf der Welt. So waren es vor allen Dingen diese drei Nazeer-Söhne, die die Entwicklung der deutschen Vollblutaraberzucht von Anfang an maßgebend mitprägten. Sie wurden zwar erst zögernd, dann aber intensiv in der Zucht eingesetzt. Kaisoon war derjenige Hengst, der über Jahre hinaus die höchsten Bedeckungsziffern hatte. Später wurde dieses Blut noch vermehrt unterstützt durch die Nachkommen des Nazeer-Sohnes Aswan, die aus dem russischen Staatsgestüt Tersk importiert wurden.

Im Jahre 1967 ergab sich ein publikumswirksamer Höhepunkt für die deutsche Vollblutaraberzucht dadurch, daß Marbach das 150jährige Jubiläum der Weil-Marbacher Araberzucht feierte und die „Gesellschaft" einlud, sich mit den Pferden ihrer Mitglieder an der Eliteschau am 10.9.1967 zu beteiligen. Außer 26 Marbacher Vollblutarabern erschienen 67 Pferde aus privatem Besitz, darunter 43 Vollblutaraber, 19 Araber und Angloaraber. Das erste Stuten- und Hengstregister für arabisches Vollblut wurde veröffentlicht.
Im Hinblick auf die internationale züchterische Zusammenarbeit und Anerkennung der deutschen Vollblutaraberzucht erschienen diese Veröffentlichung jedoch vielen engagierten Züchtern nicht ausreichend. Es wurde eine sorgfältige Dokumentation über den Nachweis der deut-

schen Vollblutaraber gefordert. So kam es zu einer Spaltung innerhalb der deutschen Vollblutaraberzüchter.

Aktive und um die internationale Anerkennung der sich qualitätsvoll entfaltenden deutschen Vollblutaraberzucht bemühte Züchter gründeten im Oktober 1969 als zweiten Zuchtverband das „Araber-Stutbuch von Deutschland e.V." mit Dobimar v. Kameke-Strekkenthin als Präsidenten und Dr. Otto Saenger als Geschäftsführer. Sorgfältig wurden nun alle Abstammungen der vom Verband erfaßten Vollblutaraber über fünf Generationen aufgearbeitet mit Nachweis der Ursprungsstutenstämme. Diese Arbeit führte dann zur ersten und grundlegenden Veröffentlichung des Araber-Stutbuchs von Deutschland Band I - Vollblutaraber. Der Druck erfolgte 1974. Es erwies sich, auch im Hinblick auf die internationale Anerkennung durch die mittlerweile 1972 gegründete World Arabian Horse Organization, als notwendig, die beiden Zuchtorganisationen in einem Verband zusammenzuführen. In einer gemeinsamen Mitgliederversammlung am 30. März 1974 konnten die Schwierigkeiten behoben werden durch Gründung eines neuen und einheitlichen Verbandes. Der Zusammenschluß erfolgte unter dem Namen „Verband der Züchter des Arabischen Pferdes e.V.". Zum Vorsitzenden für die erste Zeit wurde der Präsident der Deutschen Landwirtschaftsgesellschaft Dr. Conrad Jakob gewählt. Dieser Verband wurde dann auch kurzfristig vom zuständigen Ministerium in Hannover anerkannt und ist seitdem auch ordentliches Mitglied

der Deutschen Reiterlichen Vereinigung, Abteilung Zucht.

Von 1976 bis 1989 wurden dann alljährlich am 3. Wochenende im Oktober in Darmstadt-Kranichstein die zentralen Hengstkörungen für Vollblutaraber, Araber und Angloaraber durchgeführt für das Gesamtgebiet der Bundesrepublik Deutschland. In diesen Jahren entfaltete die deutsche Vollblutaraberzucht ein ungewöhnlich hohes Qualitätsniveau. Die Hengstkörungen erwiesen sich als das bedeutendste Instrument der Selektion. Aus der Spitzengruppe der in Darmstadt-Kranichstein prämierten Hengste kamen in all diesen Jahren immer wieder Elitehengste, die schließlich weltweiten Einfluß in der Zucht aller Kontinente erreichten, wie nachfolgend noch dargestellt werden soll. Ohne Ausnahme wurden die späteren großen Vererberhengste bei den Veranstaltungen in Darmstadt-Kranichstein schon als zweieinhalbjährige und dreieinhalbjährige erkannt und entsprechend herausgestellt.
Ein herausragendes Ereignis für die deutsche Vollblutaraberzucht war dann die 4. Konferenz der World Arabian Horse Organization vom 4. bis 8. September 1978 in Hamburg. Hier wurde das für die gesamte deutsche Vollblutaraberzucht ausgearbeitete, gedruckte Stutbuch vorgelegt als Voraussetzung für die endgültige Anerkennung der deutschen Vollblutaraberzucht in der Weltorganisation. Während der Konferenz führte der Verband vor großem internationalen Publikum unter Mitwirkung der Medien eine bedeutende Vollblutaraberzuchtschau durch. Die Deutsche Renngesellschaft für Arabische Vollblüter, heute Deutscher Rennverein für Arabische Vollblüter, veranstaltete ihren ersten internationalen Galopp-Renntag auf der Rennbahn in Hamburg-Horn, wo auch das deutsche Galopp-Derby durchgeführt wird.

Die weitere Entwicklung ist in der Zeittafel (s. 394, 395) mit den wichtigsten Daten dargestellt. Deshalb soll nun noch näher auf die große Linie der züchterischen Entwicklung eingegangen werden.

Züchterische Entwicklung

Bei dem großen Umfang, den die deutsche Vollblutaraberzucht bis zum Jahre 1994 erreicht hat, ist es nicht möglich, hier auch nur annähernd alle wichtigen Zuchtstätten namhaft zu machen und darzustellen. Der Bericht muß sich auf diejenigen Zuchten beschränken, die herausragenden Einfluß auf die nationale und internationale Vollblutaraberzucht bekommen haben. Auf diese Weise erscheint es möglich, die wesentlichsten Aussagen über die deutsche Vollblutaraberzucht zu machen.
Wenn man bedenkt, daß mehr als 90 % aller Vollblutaraber der Welt sich in den

USA befinden, so ist es eine erstaunliche und bedeutende züchterische Leistung der deutschen Vollblutaraberzucht, wenn mittlerweile in den vergangenen 20 Jahren Vollblutaraber-Zuchthengste und -Zuchtstuten aus Deutschland züchterische Spitzenpositionen erreichen konnten in fast allen Vollblutaraber-züchtenden Ländern der Welt.

Auch in diesem so bedeutenden Zeitabschnitt der züchterischen Entwicklung hat die Vollblutaraberzucht in Marbach weiterhin herausragende Bedeutung behalten. Der 1954 aus Ägypten importierte Hadban-Enzahi v. Nazeer wurde zu dem großen Vererber, dessen Nachkommen sich über die Vollblutaraberzucht der ganzen Welt verbreitet haben, vornehmlich natürlich in westlichen Ländern. An herausragenden Schauerfolgen für Marbach ist der Ghazal-Sohn Saher zu nennen, der auf der ersten in Deutschland 1974 in Verden durchgeführten internationalen Araber-Schau Siegerhengst wurde. Sein Sohn Dschunaid war später Siegerhengst auf der Körung in Kranichstein. Der bedeutendste Sohn von Hadban-Enzahi aus der Stute Moheba II von Ghazal, der Hengst Madkour I, wurde vom Gestüt Ismer in Ströhen als Fohlen angekauft und hat sich als der größte Vererber unter den Hadban-Söhnen erwiesen. Er ist zwar in Marbach geboren, stammt jedoch aus der Zucht des Fürsten zu Inn- und Knyphausen, die damals in Marbach in Pension gehalten wurde. Die Kombination von Hadban- und Ghazalblut hat sich immer wieder in der Zucht bewährt. Madkour I war selbst in vielen Schauen siegreich. Im Gestüt Ismer brachte er eine ganze Reihe von Championatsgewinnern, Hengsten und Stuten, in Anpaarung mit der Ghazal-Tochter Shiwa, die ihrerseits wieder aus einer Hadban-Tochter stammt. Es kommt in der Zucht nur selten vor, daß Vollgeschwister-Paarungen so gleichmäßig Spitzenqualität erbringen, wie in diesem Fall. Herausragendster Vertreter dieser Vollgeschwister ist der Hengst Mashour, im Besitz des Gestütes Patt-Eitorf, der sowohl bereits als Jährling und Zweijähriger in Aachen das Junior-Championat gewann als auch später als Volljähriger zahlreiche Championatsehren errang. Unter anderem gewann er das Internationale Championat in Paris und das Weltreservechampionat in Paris 1991. In Kranichstein war er 1983 Körungssieger. Immer wieder erzielte er höchste Noten für den Typ. Sein Vollbruder Madour war züchterisch erfolgreich in Österreich und im Heimatgestüt. Seine herausragendste Vollschwester ist Mashoura, die ebenfalls immer wieder vorzügliche Schauerfolge erzielte. Im Jahre 1986 wurde die Marbacher Hadban-Tochter Dschadaah Gewinnerin des Weltchampionats auf dem Salon du Cheval in Paris. In langen Jahren wurde die Marbacher Nach-

Der auf Ghazal und Handban Enzahi ingezüchtete Mashour aus der Zucht von Ismer-Ströhen und im Besitz von Gestüt Patt, Eitorf-Büsch, gewann zwischen 1980 und 1991 nicht weniger als acht Championate und Reservechampionate, darunter Senior-Weltreserve-Champion in Paris 1991, und wurde als Araberpferd des Jahres 1991 gewählt.

Dreimal auf den Weltspitzenvererber der Vollblutaraberzucht Nazeer ingezogen ist Maymoon v. Kaisoon a. d. Maymoonah v. Hadban Enzahi aus der Zucht von Filsinger, Gestüt Roter Busch, ein Spitzenvererber aus der deutschen Vollblutaraberzucht. Trotz seines frühen Unfalltodes erzielten seine Nachkommen mehr als 30 Championats- und 70 Klassensiege auf Schauen und Körungen.

zucht vorwiegend exportiert, so daß sich dieses Blut in zahlreichen Ländern, vornehmlich auch in USA, verbreitet hat. In Deutschland wurde vor allen Dingen die Zucht von Kameke in Grabau ausschließlich auf Marbacher Blutbasis aufgebaut,

ebenso wie die bereits seit 1938 bestehende Zucht von Dr. Kurt Entress.
Herrn Dr. Filsinger, Gestüt Roter Busch, gelang als Grundlage für den Aufbau seiner Zucht der Ankauf der Stute Malikah von Ghazal a.d. Moheba, die über ihre

Weltweiten Einfluß auf die Vollblutaraberzucht in allen Erdteilen hat der Züchter und Verbandsvorsitzende Dr. Hans Nagel. - Hier der von ihm gezüchtete Jamil v. Madkour I a. d. Hanan v. Alaa El Din, Top-Ten-Hengst in den USA und herausragender Vererber aus dieser Zucht.

umfangreiche Nachzucht weltweiten Einfluß gewann. Ihr herausragender Sohn Manal von Anchor Hil Halim wurde Gewinner des Asil-Cups 1988 in Ludwigsburg. Allein auf dieser Schau waren drei Nachkommen dieser Stute siegreich. Aber auch auf Schauen aller Art und auf den Körungen in Kranichstein standen immer wieder bedeutende Nachkommen dieser Stute an Spitzenpositionen. Sie ist eine herausragende Vererberin in der deutschen Vollblutaraberzucht geblieben. Ihr als Vererber wohl erfolgreichster Sohn war Mahomed v. Hadban-Enzahi, den K.-H. Dömken als Fohlen ankaufte und der in dieser Zucht als bedeutendsten Sohn den Asil-Cup-Gewinner Muquatam hervorbrachte. Eine in der Zucht besonders erfolgreiche und in der Vererbung durchschlagende Blutkombination erzielte die Zucht von Dr. Filsinger mit dem Hengst Maymoon v. Kaisoon aus einer Vollschwester von Mahomed. Hier waren also die drei großen Vererberhengste der deutschen Zucht Kaisoon, Hadban-Enzahi und Ghazal in direkter Generationsfolge vereinigt. Dieser Hengst bewährte sich als überragender Vererber mit zahlreichen Schauerfolgen seiner Nachkommen.

Der eben erwähnte Karl-Heinz Dömken, Pressezeichner, Maler, Journalist und ein Vorkämpfer für die Reinerhaltung des orientalischen Blutes aus dem Ursprungsland, entwickelte seine heute bestehende Zucht zusammen mit seiner Frau Constanze auf ägyptischer Blutgrundlage. Ihnen gelang es, bei Auflösung der Gründerzucht des Fürsten zu Inn- und Knyphausen - Lütetsburg - den legendären Nazeer-Sohn Ghazal zu erwerben. Ghazal war sicherlich ein Hengst nicht ohne Exterieurfehler, aber von allerstärkster Typausstrahlung in Verbindung mit ausgeprägtem Hengstcharakter. Viele Besucher, die diesen Hengst gesehen haben, waren von ihm so fasziniert, daß sie der Vollblutaraberzucht sich zugewendet haben. Der langjährige Verbandsvorsitzende Dr. Nagel, Katharinenhof, schickte seine aus Ägypten - El Zahraa - angekauften Spitzenqualitätsstuten zu Ghazal und Mahomed und legte so den Grundstock für eine Zucht, die weltweite Bedeutung in besonderem Maße erlangte. Der bedeutendste Hengst dieser Zucht war der Madkour I-Sohn Jamil a.d. Hanan v. Alaa El Din. Jamil lebte einige Jahre auch im Gestüt von Frau Judith Forbis in USA und wurde auf der großen Nationalschau der Vereinigten Staaten ausgezeichnet. Jamils Nachkommen waren außer in Deutschland besonders erfolgreich in USA, Argentinien und Österreich. Ein weiterer Sohn der Hanan v. Malik (Vollbruder von Mahomed), der den Namen Asfour erhielt, ist ein Spitzenvererber in der australischen Vollblutaraberzucht geworden und hatte dort auch herausragende Schauerfolge nicht nur selbst, sondern vor allen Din-

gen auch seine Nachzucht. Eine herausragende Vererberstute im Gestüt Nagel wurde aber besonders Maheeba v. Alaa El Din aus dem Stamm der Moniet El Nefous. Auch dieses Blut erlangte weltweite Bedeutung. Einen Sohn dieser Stute von Mahomed kaufte C. W. Hansen für das Gestüt El Shams in Delingsdorf. Es war der Hengst Ibrahim, der Körungssieger in Kranichstein wurde und dessen Nachzucht vor allen Dingen auch über die Zuchten in Lütetsburg und von Peter Groß in Diekhorst sowie über das El-Thay-Gestüt von Dr. Tauschke besondere Bedeutung erlangte. Dr. Nagel hatte aus der Zucht von Frau Judith Forbis, USA, den ägyptisch gezogenen Ansata Halim Shah importiert, dessen Großmutter die Vollschwester von Ghazal ist. Dieser Hengst wurde in nur zwei Deckjahren ein überragender Vererber für die deutsche Zucht. Sein Sohn Maysoun aus dem Stamm der Maheeba, gezüchtet im Vollblutarabergestüt Maiworm, erwarb für diese Zucht Ruhm. Er selbst war Körungssieger, vielfacher Champion und auch Reservechampion auf der großen Schau in Aachen. Sein Sohn Orashaan steht seinem Vater bezüglich der Erfolge in nichts nach. Ein Halbbruder zu Orashaan wurde in den USA Top-Ten-Hengst.

Wenn aus der Zucht von Dr. Nagel Pferde in zahlreichen Ländern der Welt Erfolge erzielten, so soll doch ein Sohn von Jamil hier noch besonders hervorgehoben werden, der im Jahre 1993 nicht nur das Nationale Championat Deutschlands in Aachen und das Europachampionat in Aa-

chen gewann, sondern auch Weltchampion in Paris, Salon du Cheval in diesem Jahre wurde: Es ist der Hengst Nabay, der von Professor Koenig, Gestüt Ganslberg bei Landshut, gezüchtet wurde, aus der im russischen Gestüt Tersk gezüchteten Aswan-Tochter Nika. Aswan ist der in Ägypten gezogene Nazeer-Sohn, der der russischen Zucht in Tersk seinen Typstempel aufdrückte. Interessant an Nabay ist also die Blutkombination Hadban-Enzahi, Ghazal, Alaa El Din und Aswan - vier Nazeer-Söhne von Spitzenqualität in diesem Pedigree.

Bereits im Jahre 1970 hatte Prof. Koenig zusammen mit dem Ehepaar Garde das Gestüt Tersk am Kaukasus besucht. Dort wurden damals - lange bevor die nun so bekannten internationalen Erfolge der Tersker Zucht eintraten - mehrere Nachkommen des Hengstes Aswan angekauft, die die internationale Zucht des Vollblutarabers in ganz bedeutender Weise beeinflußt haben. Später hat Penalba, eine Nuri-Schalan-Tochter, aus einer Aswan-Mutter der Zucht von Prof. Koenig, die nach USA verkauft worden war, das Weltchampionat in Paris gewonnen, eine bildschöne, harmonische Stute, die in sich das Blut der ägyptischen Nazeer-Söhne Ghazal und Aswan vereinigt mit englischen Blutlinien auf der Vaterseite und polnisch-russischen Linien auf der Mutterseite. Professor Koenig, ein international berühmter Bildhauer und Hochschullehrer in München, dokumentiert so in besonderer Weise, daß zahlreiche Künstler immer wieder wegen der großen Ausstrahlungskraft des arabischen

Der große Sieger nationaler und internationaler Araber-Schauen des Jahres 1993 in Aachen und Paris (Weltchampionat) war Nahbay v. Jamil a.d. Nika v. Aswan aus der Zucht von Prof. Koenig, Ganslberg - hier nach seinem Sieg in Paris 1993. - Araber des Jahres in Deutschland -

In der heutigen Vollblutaraberzucht spielen die aegyptisch-polnisch gezogenen russischen Araber aus Tersk eine bedeutende Rolle. Zwei Champions dieser Zucht, Neschi ox und Kilimandscharo ox stellte auf der WAHO-Schau 1978 in Hamburg Silvia Garde-Ehlert. Hier mit Kilimandscharo von Aswan (El Zahraa)/Arax (Janower Amurath 1881-Enkel).

Pferdes zu dieser Rasse auch als Züchter finden.

Auf der Grundlage der in Tersk angekauften Aswan-Nachkommen - des Hengstes Kilimandscharo und mehrerer Stuten - entwickelte sich das Gestüt von Frau Garde-Ehlert ebenfalls zu einer international überragend einflußreichen Zucht. Kilimandscharo war nicht nur selbst auf mehreren Schauen - u. a. 1978 bei der WAHO-Schau in Hamburg - erfolgreich. Die in diesem Gestüt gezüchteten Pferde auf russisch-ägyptischer Grundlage erzielten vor allen Dingen auch in Aachen, aber auch auf zahlreichen anderen großen europäischen Schauen ungezählte Championatsehren, so daß sich auch hier Zuchtpferdekäufer aus zahlreichen europäischen Ländern und aus aller Welt einfanden und erfolgreich mit den Pferden dieser Zucht weiterarbeiteten. In neuerer Zeit hat sich das Gestüt Sax mit ähnlichem Blutaufbau einen Namen gemacht.

Von der Zucht des Verbandsvorsitzenden Dr. Nagel wurden zahlreiche weitere Zuchten in Deutschland, die dort Zuchtpferde ankauften, zu Spitzenerfolgen geführt. Zu nennen sind die Zuchten von Dr. Tauschke-El Thay, Eberhard, Poth, wo der Hengst Sherif Pascha Weltchampion in Paris wurde, Klaus Beste und Professor Paufler, dessen Pferde nicht nur in Deutschland, sondern auch in den USA sehr erfolgreich waren.

Das auf rein ägyptischer Grundlage züchtende Gestüt von Peter Groß, Gut Diekhorst, setzte in besonders starkem Maße den oben erwähnten erfolgreichen Vererber Madkour I in der Zucht ein und kombinierte dieses Blut mit Ibrahim-Nachkommen, die im Gestüt Lütetsburg angekauft waren. Zweimalige Gewinnerin des Asil-Cups war die Madkour-I-Tochter Saemah aus dieser Zucht. Überragende Vererberstute ist die Ibrahim-Tochter Mahameh, deren Sohn Ibn Halim Shah des Gestüts El Thay ebenfalls den Asil-Cup in Mannheim gewann. Auch zahlreiche andere Hengste und Stuten aus diesen beiden Zuchten waren in den letzten Jahren sehr erfolgreich.

Dr. h.c. Walter Olms, Hamasa-Gestüt in Treis, gründete 1971 innerhalb der deutschen Vollblutaraberzüchter den Asil-Club, in dem sich vor allem Züchter zusammenschlossen, deren besonderes Anliegen es ist, solche Blutlinien durch Zusammenführung rein zu erhalten, die ausschließlich und direkt auf das Ursprungsgebiet in Arabien und Ägypten zurückgehen. Diese Zucht wurde vor allen Dingen geprägt durch Ankäufe aus USA, Ägypten und aus der Zucht von Thierer sowie durch den Hengst Farag von Morafic, gezüchtet in El Zahraa/Ägypten, mehrere Jahre Hauptbeschäler in Babolna. Sein bedeutendster Sohn Hamasa El Fagr war dreimal hintereinander nationaler Champion in Südafrika und gewann in einem Jahr gleichzeitig das Reitpferdechampionat. Dieser Hengst aus deutscher Zucht gewinnt zunehmend dominierenden Einfluß auf die südafrikanische Vollblutaraberzucht neben dem Ghazal-Sohn Darius, den Heinz Rüdiger Merz, Gestüt Om El Arab, schon zu Beginn der Gestütsentwicklung nach Südafrika verkaufte. Aus dem Olmsschen Hamasa-Gestüt stammt auch der Rapphengst Hamasa Gharbi v. Gharib, der 1989 das Bundeschampionat im Einspännerdistanzfahren mit der außergewöhnlichen Zeit von 4 Stunden und 26 Minuten über eine Strecke von 90 km gewann.

Die Nuri Schalan-Tochter Mangani aus der Metelika v. Aswan, gezüchtet von Prof. Koenig und im Besitz von Dr. Hans Wettke, zweimal Championatsgewinnerin auf nationaler Schau und Nations Cup 1987, zeigte immer wieder die vollendete Ausstrahlung der edlen arabischen Mutterstute in bodenverachtendem Bewegungsablauf.

Der hochedle Wisznu ox, gezüchtet 1943 in Polen von dem Ofir-Sohn und Koalicja-Enkel Witez II. In den Arabergestüten Achental, Lütetsburg und Tierpark Ströhen hinterließ er zahlreiche wertvolle Nachkommen.

Aus der bereits erwähnten Zucht von Prof. Koenig, Ganslberg, ist noch hervorzuheben die Stute Mangani v. Nuri Schalan a.d. Metelica v. Aswan, die 1987 nicht nur in Aachen das nationale Championat gewann, sondern auch das Gesamtchampionat im Nations Cup, im Besitz von Dr. Wettke, der aus dieser Stute auch den Hengst Mangan züchtete, der Körungssieger in Kranichstein wurde. Mit Pferden aus der Zucht von Prof. Koenig und aus Tersk baute auch Vorstandsmitglied Fath seine Zucht auf. Er konnte vor allen Dingen in Distanzritten mit dem Hengst Mashab international beachtliche Erfolge erzielen.

Aus der Zucht von Dr. Filsinger und mit Hilfe anderer Ankäufe ägyptischen Blutes baute Günther Seydlitz sein Gestüt auf, dessen herausragende Stute die Malikah-Tochter Maymoonah von Hadban-Enzahi ist. Aus dieser Stute züchtete er den Hengst Messaoud, der ebenfalls zahlreiche Championate gewann und Körungssieger wurde. Seine Nachkommen waren züchterisch außerordentlich erfolgreich. Er war auch in den USA zum Decken eingesetzt. Dieser Hengst befindet sich im Besitz der Eheleute Rudolph im Gestüt Chrymont.

Eine Zuchtstätte mit internationalen Erfolgen z. B. in Israel und USA und mit besonderer Ausrichtung auf edelsten Typ ist das Gestüt von Heiner Buschfort, Kauber Platte am Rhein. Die Stammstuten wurden ausschließlich - wie auch im Gestüt Dr. Nagel - in El Zahraa/Ägypten angekauft. Hier befindet sich nicht nur unter idealen Voraussetzungen eine hervorragende Zuchtstätte. Die Ausbildung unter Leitung von Herrn Baumann, der aus Marbach hierher kam, spielt eine bedeutende Rolle, so daß hier auch eine Stätte des Reitsports auf arabischen Pferden entwickelt wurde, außerdem ein beliebter Schauplatz.

Eine Zucht der ersten Stunde nach 1945 war das Gestüt Achental von Frau Gertrude Griesbach. Hier wurden Vollblutaraberstuten gerettet, die der alten Vollblutaraberzucht aus Babolna entstammten. Der Gründerhengst in dieser Zucht war der aus Polen, Gestüt Janow Podlaska, stammende Wisznu. Aus dieser Zucht sind zahlreiche Vollblutaraber Gründerpferde in vielen deutschen Zuchten geworden. Die Hengstlinie wird fortgeführt vor allen Dingen im Gestüt Koch, Saalegrund, durch den Hengst Mansul, der ein sehr interessantes Pedigree führt und mehrfach internationaler und nationaler Champion war, u. a. in Aachen. Dort waren auch seine Nachkommen in Verbindung mit Kaisoon-Blut sehr erfolgreich. Die Bedeutung des Hengstes Kaisoon, des dritten großen Nazeer-Sohnes, der die deutsche Zucht mitgeprägt hat, wird dadurch gekennzeichnet, daß zahlreiche Nachkommen von ihm von höchster Typqualität in vielen deutschen

Zuchten zu finden sind. Das Gestüt Koch zeichnet sich aus durch eine durchgehend vorhandene, ausgeprägte Goldfuchsfarbe von hohem Adel und Glanz und züchterisch geschickte Kombination allerbester Blutlinien verschiedener Herkunft in der deutschen Vollblutaraberzucht.

Auf der Basis von polnischen Blutlinien hat sich besonders das große Gestüt Thörner in Ostenfelde einen Namen gemacht neben dem Gestüt Ismer in Ströhen. Hier wurde einmal die Idee der deutschen Vollblutaraber-Renngesellschaft geboren, deren Vorsitzender Gerd Husmann in Alpen ist. Dessen Gestüt, das ebenfalls ausschließlich auf polnischen Blutlinien aufgebaut ist, wurde in überzeugender Weise dadurch weiterentwickelt, daß alle Pferde, die in die Zucht gehen, auch im Rennen erprobt werden. Auf der Rennbahn und auch in internationalen Rennen erfolgreiche Pferde sind hier ebenso hervorzuheben wie Erfolge auf Zuchtschauen.

Züchterisch ganz besonders weitreichenden internationalen Einfluß hat jedoch vor allen Dingen innerhalb der deutschen Vollblutaraberzucht das Gestüt Om El Arab bei Lauterbach im Schwarzwald erzielt, das von Heinz Rüdiger Merz aufgebaut wurde. Ihm gelang eine züchterische Kombination, die ganz besonders erfolgreich war und die er mit der Bezeichnung „Golden Cross" bekannt machte. Er importierte bereits 1970 aus Ägypten den Hengst

Shaker El Masri von Morafic und aus Spanien eine größere Anzahl von Stuten, von denen die herausragende Tabal-Tochter Estopa in Anpaarung mit dem Ägypter Shaker El Masri besonders erfolgreich war. Zwei herausragende Söhne und mehrere Stuten dieser Paarung wurden alles Pferde von Ausnahmequalität. Am weitesten ging der züchterische Einfluß des Hengstes El Shaklan, den Pat Maxwell bereits als Anderthalbjährigen nach England anpachtete und der bereits als Zweijähriger in England Junioren-Champion und nationaler Reservechampion wurde auf der Schau in Ascot 1977. Seitdem sind die Erfolgsserien dieses Hengstes nicht mehr abgerissen. Er war Spitzenhengst auf der Körung in Kranichstein, siegte auf der Nationalen Schau in Hamburg 1978, war Europa-Champion und Reserveweltchampion in Paris, Top-Ten in USA, wo er lange Zeit in der Zucht eingesetzt war. Er wurde später nach Brasilien verkauft und hat so weltweiten Einfluß gewonnen. In allen Ländern, besonders auch in Australien, wo seine Nachkommen züchterischen Einsatz fanden, waren sie erfolgreich auf Schauen und in der Vererbung. Ungezählt sind die Championatssiege und Schauerfolge seiner Vollschwestern und deren Nachkommen. Der Vollbruder Ibn Estopa wurde Weltchampion 1988 in Paris. In zahlreichen Ländern Europas, besonders auch in England, war und ist dieses Blut von großen züchterischen Erfolgen gekennzeichnet. Im Gestüt Om El Arab selbst wird durch geschickte Erhal-

Nach zahlreichen Schau- und Vererbungserfolgen wurde der Hengst Ibn Estopa v. Shaker El Masri a . d. Estopa aus der Zucht von Merz, Gestüt Om El Arab, Weltchampion in Paris 1988. Er ist der Vollbruder des schon legendären El Shaklan, der als ein Spitzenvererber der weltweiten Araberzucht anzusehen ist.

tung der Estopa-Töchter und der weiteren Nachzucht und durch bewußte Linienzucht dieses Blut konzentriert und zu immer neuen züchterischen Erfolgen gebracht. Zahlreiche Gestüte auch in Deutschland entwickeln sich mit diesem Blut. In der Nähe von Lauterbach befindet sich auch das Gestüt Schwarwald-Baar der Familie Christoph. Hier wird sowohl mit Pferden des „Golden Cross" als auch mit ägyptischen Linien gezüchtet. Einen bemerkenswerten Leistungshengst hat diese Zucht hervorgebracht mit Munim Ibn Saddam v. Saddam a. d. Makarie v. Ibrahim. Er war 1989 Siegerhengst der Hengstleistungsprüfung in Marbach (100-Tage-Test), an der insgesamt 10 Vollblutaraber und 22 Warmbluthengste teilnahmen. Er erzielte von all diesen Hengsten die höchste Punktzahl mit 130,04 Punkten.

Während im Gestüt Om El Arab die Kombination spanischer Vollblutaraberlinien mit ägyptischem Blut erfolgreich war, hat das Gestüt Karolinenhof von Dr. Jung weitreichende nationale und internationale Erfolge und viele Championatsgewinne erzielt mit Pferden rein spanischer Blutlinien. Auch dieses Gestüt konnte in über 15jähriger Entwicklungszeit auf großen Schauen - besonders in Aachen - immer wieder Spitzenpositionen erzielen. Bedeutendster Vererberhengst ist der hochedle und großlinige El Tabal. Der reiterlichen Ausbildung wird auf dem Karolinenhof zunehmend Bedeutung beigemessen und auch dem Fahrsport.

Diese Darstellung von Einzelzuchten ist keineswegs vollständig. Sie soll lediglich anhand besonders bemerkenswerter züchterischer und Leistungserfolge das hohe züchterische Niveau der deutschen Vollblutaraberzucht verdeutlichen. Es hat sich erwiesen, daß die züchterische Konzeption in der deutschen Vollblutaraberzucht zweckmäßig war: Erhaltung und Zusammenführung von bestimmten Linien, insbesondere der Linien des ägyptischen Staatsgestüts und Kombination mit anderen bewährten Linien, wobei gelegentlich ein gewisser Heterosis-Effekt zu bemerken ist.

Abschließend soll nicht unerwähnt bleiben, daß die Kennzeichnung durch Kaltbrand, wie er international in der Vollblutaraberzucht eingeführt wurde, an derjenigen Halsseite erfolgt, über die die Mähne fällt. Die Kennzeichnung durch Brand ist allerdings nicht obligatorisch, sondern freiwillig. Am 1. April 1991 wurde die Geschäftsstelle des Verbandes von Hamburg nach Hannover verlegt.

In den östlichen Bundesländern hat die seit langem bestehende Vollblutaraberzucht auf polnischer Blutgrundlage im Zoologischen Garten Rostock besondere Bedeutung. Von hier aus wurden die Privatzuchten dieses Gebietes bis 1990 maßgeben beeinflußt.

Brennordnung Vollblutaraber

Zeichen für Vollblutaraber
Geburtsjahr (von oben nach unten -1989)
Brenn-Nummer (-Lebensnummer)

Symbolzeichen für den registrierenden nationalen Araberzuchtverband

Brennordnung Shagya-Araber, Angloaraber, Araber

Shagya-Araber

Anglo-Araber

Pferde mit Geburtsbescheinigungen

Araber

Arabisch Halbblut

5. Das Zuchtziel in der Shagya-Araber-Zucht

Nachdem die Bezeichnung „Shagya-Araber" anläßlich der Konferenz der World Arabian Horse Organization im September 1978 in Hamburg offiziell festgelegt wurde, ist für die Deutsche Stutbuchführung und auch später bei der internationalen Shagya-Araber-Gesellschaft die Bezeichnung „Reinzucht-Shagya-Araber" eingeführt worden. Dieses soll besagen, daß es sich hier um eine in sich abstammungsmäßig begrenzte Zucht handelt, deren Entstehung auf das Jahr 1789 zurückgeht, als das Österreichisch-Ungarische Staatsgestüt Babolna gegründet wurde. Die Abstammung spielt also im Hinblick auch auf das Zuchtziel eine entscheidende Rolle. Es können nur solche Hengste und Stuten als Reinzucht-Shagya-Araber eingetragen werden, die in Typ und Exterieur dem Zuchtziel entsprechen und sich väterlicher- wie mütterlicherseits auf die Stutbücher von Babolna (Radautz) und die Gestüte Topolcianky, Mangalia, Kabijuk (Kolarovgrad), Janow-Podlaski, Gorike, Karadjordjevo und auf arabisches Vollblut zurückführen lassen und nach dem Zuchtsystem von Babolna gezogen sind.

In der Zuchtbuchordnung des Verbandes der Züchter des Arabischen Pferdes e.V. wird das Zuchtziel wie folgt bloß kurz definiert:
„Der Shagya-Araber ist die auf internationaler Basis in Reinzucht gepflegte Weiterentwicklung der 'Araber-Rasse' der Gestüte der Österreichisch-Ungarischen Monarchie. Sein Zuchtziel ist ein großrahmiges arabisches Pferd, das als edles Reit- und Fahrpferd geeignet ist."
Im Rahmen der internationalen Shagya-Araber-Gesellschaft wurde das Zuchtziel etwas ausführlicher wie folgt definiert:
„Der Shagya-Araber stellt die auf internationaler Basis in Reinzucht, das heißt bei geschlossenen Zuchtbüchern der nationalen Zuchtverbände betriebene Weiterentwicklung der 'Araberrasse' der ungarischen und österreichischen Gestüte Babolna und Radautz dar. Trotz eines relativ hohen Anteils an Arabischem Vollblut soll er sich im Typ und durch mehr Größe, Rahmen und Knochenstärke deutlich von dieser Rasse unterscheiden. Daher sind in der vierten Vorfahrengeneration von insgesamt 16 Ahnen nicht mehr als neun Arabische Vollblüter erwünscht. Sein Zuchtziel ist ein großrahmiger Araber, der gleichermaßen als edles Reit- und Wagenpferd für jedermann geeignet ist.
Der Shagya-Araber soll schön und ausgewogen sein, mit ausdrucksvollem Gesicht, wohlgeformtem Reitpferdehals, markanter Oberlinie, langer Kruppe und getragenem Schweif, bei kräftigem, trockenem und

korrektem Fundament. Von großer Bedeutung ist ein ergiebiger, elastischer, korrekter Bewegungsablauf in allen drei Gangarten.

Es wird eine Größe von mindestens 1,50 m bis etwa 1,60 m und ein Röhrbeinumfang nicht unter 18 cm angestrebt.

Sowohl in seiner äußeren Erscheinung als auch in seinem Temperament soll der Shagya-Araber alle Anforderungen an ein edles und leistungsfähiges Familien- und Freizeitpferd, als Turnier- und Jagdpferd und als Distanzpferd erfüllen.

Dreijährig sollen Shagya-Araber-Hengste, die in das deutsche Stutbuch eingetragen werden, mindestens eine Widerristhöhe von 154 cm Stockmaß aufweisen, Stuten mindestens 150 cm."

Zur Selbstverständlichkeit der Shagya-Rasse gehören neben orientalischer Schönheit sehr gute Rittigkeit, Gelehrigkeit und ein unkomplizierter Charakter. Im Hinblick darauf, daß die Rasse in einer 200jährigen Zuchtgeschichte ganz konsequent auf die Eignung als Kavalleriepferd selektiert wurde, ist es kein Zufall, daß auf den Staatlichen Hengstleistungsprüfungen für Hengste aller arabischen Zuchtrichtungen die Shagya-Araber-Hengste häufig an der Spitze gestanden haben. Bei der Verwendung von Vollblutaraberhengsten in der Shagya-Araber-Zucht wird darauf geachtet, daß diese genügend Rahmen und Kaliber haben, um dem Zuchtziel dieser speziellen Rasse zu dienen.

Der Unterschied zwischen der Shagya-Araber-Zucht und der Vollblutaraberzucht ist u. a. auch dadurch gegeben, daß bei einigen Shagyas ein Tropfen Fremdblut zielgerichtet zur Erlangung von mehr Kaliber und höheren Reiteigenschaften eingekreuzt wurde. Dieser Vorgang ist in den Zuchtbüchern präzise und ohne Retouche protokolliert. Eine weitere Zufuhr von Fremdblut ist nicht vorgesehen und unerwünscht. Zur Blutauffrischung können also ausschließlich Vollblutaraber-Hengste oder -Stuten in der Shagya-Araber-Zucht eingesetzt werden.

6. Die Shagya-Araber-Zucht

In fast allen Araber-züchtenden Ländern der Welt ist es in der Regel gebräuchlich, alle Araber, die nicht Vollblutaraber sind, als Halbblutaraber (part bred) zu bezeichnen. Diejenigen Pferde, die über mehr als fünf Generationen arabische Abstammung nachweisen können, aber keine Vollblutaraber sind, werden auch als Araber-Rasse bezeichnet. Diese Definitionen erschienen nicht angemessen für eine spezielle Zuchtrichtung, über die Dr. Gramatzki im Vorwort zum Deutschen Stutbuch für Reinzucht-Shagya-Araber das folgende schreibt:

„Die Geschichte der Reinzucht-Shagya-Araber geht auf das Jahr 1789 zurück, in dem das österreichisch-ungarische Staatsgestüt Babolna gegründet wurde.

Babolna ist als die Wiege dieser stolzen Spezialrasse der Reinzucht-Shagya-Araber anzusehen. Seit diesem Gründungsjahr werden dort die Stutbücher mit Sorgfalt geführt und verzeichnen als Stammütter eine Reihe von Mutterstuten, die sich zum Teil bis auf den heutigen Tag in lebenden Populationen erhalten haben. Es ist ein besonderes Erlebnis, im Hauptgestüt Babolna diese ehrfurchtgebietenden Dokumente durchzuarbeiten, in denen Generation auf Generation zum Teil in über 20 Folgen gewissenhaft verzeichnet sind und deren lebende Zeugen noch heute die Ställe von Babolna und vielen Gestüten in der Bundesrepublik und anderen Ländern zieren. Die folgenden Namen der Stammstuten stehen so am Beginn großer Blutlinien wie Cserkeß = Tscherkesse, Erdelyi = Siebenbürger Rasse, Moldvai = Moldauer Rasse, Magyar = ungarische Rasse und Radautzi = Radautzer Rasse. Diese Bezeichnungen gaben die Herkunft dieser hoch im Araberblut stehenden Stammstuten an, die insgesamt den damals in Europa als Kavalleriepferde so beliebten transsylvanischen Reitrassen angehören, harte, edle, sehr trockene Pferde mit klarer Textur und schönen, kleinen Köpfen.

Den Stutennamen wurde jeweils die Stutbuchnummer vorangesetzt, und so existieren z. B. in Babolna heute noch sechs verschiedene Moldvai-Stutenlinien in der Reihenfolge 215, 253, 449, 638, 794 und 885, die alle auch bei uns vertreten sind und jeweils völlig verschiedene Ahnenreihen aufweisen. Aus diesen Moldvai-Stämmen führen sich in der 17. bis 18. Generation eine ganze Reihe von heute in der Bundesrepublik in der Zucht stehenden Hengste und Stuten her, wie z. B. die Schimmel-Stute Julia, geboren 1968, die von Gazal VII drei vorzügliche Mutterstuten hervorbrachte. Aus dem Moldvai-Stamm führte sich auch die Schimmel-Stute Czarda her, die Mutter von Czardas, des Vaters des mit Recht berühmten Schimmel-Hengstes Amor. Diese Beispiele der heute noch lebenden Nachzuchten aus den ursprünglichen Stammstuten lassen sich beliebig vermehren. Erwähnt sei noch die 265 Erdelyi, die mit ihrer heute verzweigten Nachkommenschaft den längsten Stutenstamm unserer Zucht mit 21 bis 23 Generationen aufweist.

Die Erbkraft dieser und vieler anderer Gründerstuten bis auf unsere Zeit kann nur mit Bewunderung festgestellt werden.

Neben diesen Gründerstuten wurden im Laufe der Jahrzehnte aus den Expeditionen in die arabische Welt Original-Araber-Hengste und -Stuten importiert, unter denen zu den bedeutendsten Stammüttern - sowohl in der Vollblut-Araberzucht als auch für die Shagya-Araber - die Original-

Araber-Stute 74 Tifle zählt, geboren 1810, die aus Arabien nach Babolna importiert wurde und eine überragende Zuchtleistung bis auf den heutigen Tag aufweisen kann. Von ähnlichen Expeditionen wurden Original-Araber-Hengste importiert, die in großem Umfange neben der Vollblut-Araberzucht auch die Reinzucht-Shagya-Linien in Babolna beeinflußten. Hervorzuheben ist hier der im Jahre 1836 aus Arabien importierte Hengst Shagya, der eine Größe von etwa 160 cm Stockmaß verzeichnete und nachhaltigen Einfluß auf die Gestaltung dieser Araberlinien nahm. Der Name dieses Beschälers ist jetzt für wert befunden, diese ganze große Zuchtrichtung, die Reinzucht-Shagya-Araber, umfassend zu kennzeichnen. Gleiche Bedeutung kommt den beiden später importierten Vollblut-Araber-Hengsten Gazlan-Gazal und dem Rappen O'Bajan zu.

Neben der bodenständigen Erbsubstanz der Stutenlinien, der Einkreuzung von Arabischem Vollblut aus dem Orient und gelegentlicher Zufuhr von Tropfen Fremdblut, wie z. B. Englischem Vollblut und auch Lipizzanern, wurde durch permanente Selektion innerhalb der Rasse auf Größe, Rahmen und Knochenstärke sowie hohe Reiteigenschaften dieser Shagya-Araber gezüchtet, der den Anforderungen in den Kavallerieregimentern und der Landwirtschaft entsprach.

Shagyas waren die Offiziersreitpferde in der K. u. K.-Kavallerie und am österreichischen Kaiserhof hoch geschätzt.

Die Zucht dieser Spezialrasse in der Donaumonarchie wurde so berühmt, daß auch andere Staatsgestüte dieses Riesenreiches aus Babolna Zuchtmaterial bezogen und zur höchsten Blüte brachten. Diese waren vor allem das in den Karpaten gelegene Radautz, bekannt durch die Züchtung eines besonders kalibrigen Shagya-Araber-Typs, dann das tschechische Topolcianky, aufgebaut aus Blutlinien der alten Radautzer und Babolnaer Stämme, sowie das polnische Janow Podlaski, welches im Friedensvertrag ebenfalls wertvolle Shagyas an Hengsten und Stuten erhielt, rein weiterzüchtete und diese stark in seiner Landespferdezucht einsetzte. In Jugoslawien züchtete auf der gleichen Blutbasis das Staatsgestüt Borike ein hartes, nicht so großes Pferd, und im bulgarischen Kabijuk (Kolarovgrad) sowie im rumänischen Mangalia faßte diese Zuchtrichtung gleichfalls Fuß und wird bis auf den heutigen Tag in reiner Form weitergezüchtet.

In all diesen Gestüten wurde nach dem Muster von Babolna die Zucht des arabischen Pferdes betrieben, wobei der Schwerpunkt sich immer mehr die Erzeugung von Gebrauchspferden der Araberrasse (heute Shagyas) konzentrierte; der Vollblut-Araber machte etwa nur ein Viertel der Pferdebestände aus."

Bereits bei der Gründung des deutschen Zuchtverbandes im Jahre 1949 wurden einige Pferde der Araberrasse miterfaßt, die die Qualität eines Shagya-Arabers hatten. Aber erst anläßlich der WAHO-Tagung in Hamburg im Jahre 1978 wurde der Name der Shagya-Araber offiziell festgelegt mit der Abgrenzung, wie sie vorstehend dargestellt ist. Die Gruppe der Reinzucht-Shagya-Araber wurde als Associated Member in die Weltorganisation aufgenommen. Bereits in den ersten zehn Jahren der Verbandsentwicklung hatte sich die Zahl dieser Pferde in deutschen Zuchten durch Ankäufe und züchterische Weiterentwicklung vermehrt, so daß 1959 insgesamt 52 eingetragene Pferde der Shagya-Qualität im Stutbuch verzeichnet wurden, davon 21 Hengste und 31 Stuten.

Der erste reine Shagya-Züchter von Format war Georg Baron Freyberg in Haldenwang. Des weiteren gehören zu den Züchtern der ersten Stunde Anton ter Hazeborg, Dr. O. Hitzeroth, Eberhard Kramer, Elisabeth v. Kleist und Karl Harster. Anton ter Hazeborg züchtete später den Hengst Bajar, der einer der bedeutenden Vererber in der Shagya-Araber-Zucht wurde und sich besonders auszeichnete durch Vererbung von Reitpferdequalität mit hervorragenden Springanlagen. Seine Nachkommen sind auch in der Schleswig-Holsteinischen Landeszucht als Sportpferde sehr beliebt und weitverbreitet mit großen Erfolgen auf Turnieren so z. B. Bachus unter Bo Kristoffersen der White Girl unter Peter Thomsen. Bajar befand sich im Eigentum von Manfred Hansen, Gestüt Nordland, der durch seinen großen Einsatz in der Zucht und im Sport maßgebenden Einfluß hatte auf die züchterischen Erfolge dieses Hengstes. So standen z. B. im Jahre 1990 drei Söhne von Bajar an der Spitze der Hengstleistungsprüfung für Araber in Medingen.

Überall in Deutschland gründeten sich Zuchtstätten für Shagya-Araber, von denen hier nur die bedeutendsten und umfangreichsten genannt seien: Das sind die Gestüte Seehof, im Besitz von Baronin Wrangel, Gestüt auf der Pfürch von Claudio Conradty, das große Shagya-Araber-Gestüt

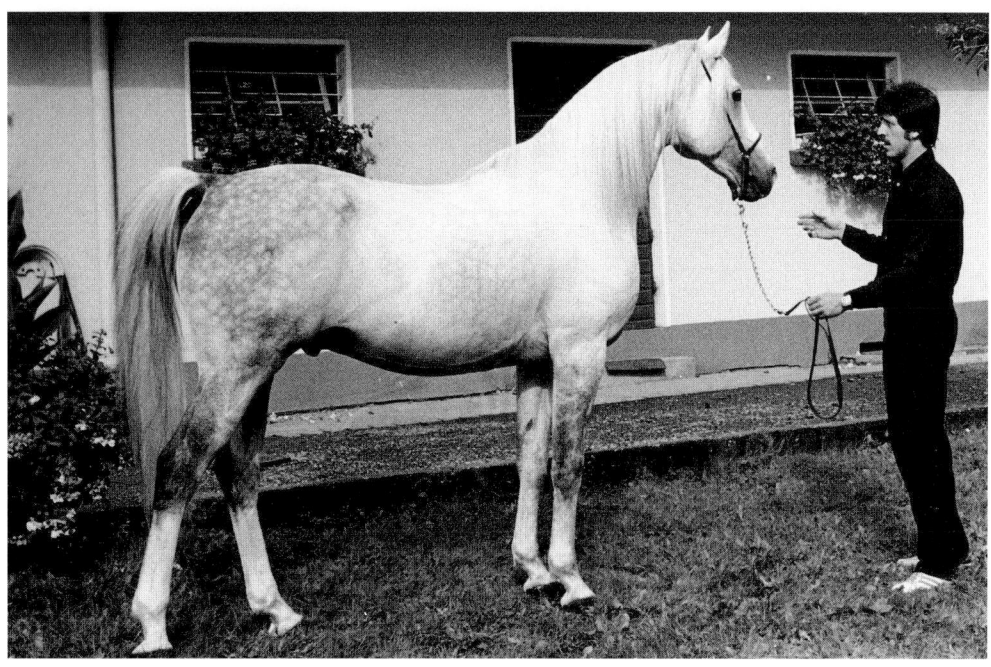

Der Spitzenvererber der Shagya-Araber-Zucht „Bajar" v. Suakim wird hier von seinem Besitzer Manfred Hansen, Gestüt Nordland, Großenwiehe, auf der WAHO-Schau 1978 in Hamburg als Aktionstraber vorgeführt. (oben)

Amor geb. 1971 v. Czardas a. d. Anke v. Shagya. (Mitte)

Der Shagya-Araber-Hengst Balaton v. Gazal VII a. d. Babolna aus der Zucht von Dr. Gramatzki - selbst vielfach Spitzenhengst auf Schauen und Prämierungen - wurde 1991, nachdem er sich in Deutschland als Vererber hervorragend bewährt hatte, als Hauptbeschäler im ungarischen Gestüt Babolna aufgestellt. (unten)

des Dr. Albert Schmidt in Ankum sowie das jetzt führende Gestüt Reichshof von Frau Ruth Pack. Außerdem müssen hervorgehoben werden die Gestüte Landskrone von Rainer und Iris Sachadae, Klaus-Dieter Gotzner und Dr. Gramatzki. Eine zentrale Bedeutung für die deutsche Shagya-Araber-Zucht erhielt aber in den 60iger Jahren das Gestüt von Dr. Schmidt-Ankum, der neben zahlreichen sehr guten Stuten aus Babolna den Hauptvererberhengst Gazal VII im Jahre 1966 importierte. Auf diesen Hengst gründete sich die Haupthengstlinie in der Shagya-Araber-Zucht Deutschlands in den folgenden Jahren bis in die 90iger Jahre hinein. Im September 1979 auf der Verbandsschau in Aachen wurde der Schimmelhengst Amor, ein Enkelsohn von Gazal VII Siegerhengst. Dieser Czardas-Sohn mit 161 cm Stockmaß wurde einer derjenigen Hengste, die diese Linie erfolgreich weiterführten. Siegerstute auf dieser Schau wurde eine Tochter von Gazal I, deren Vater auch in der ostfriesischen Warmblutzucht und in der Trakehnerzucht sich als Vererber bewährte. Während diese Schau noch mit den Vollblutaraber-Züchtern gemeinsam durchgeführt wurde, entwickelten sich beide Zuchtrichtungen so stark, daß im Jahre 1983 am 6. und 7. August erstmalig eine große Schau für das Bundesgebiet in Verden an der Aller durchgeführt wurde, ausschließlich für Shagya-Araber und Anglo-Araber. Siegerstute wurde hier die bedeutende Pamina v. Amor des Gestütes Reichshof in der Klasse der 6- bis 8jährigen. Das Championat der älteren Stuten gewann hier die bildschöne Aphrodite v. Amor des Gestüts Schmidt-Ankum, das Seniorenchampionat der Hengste wurde dem Schimmel Shagya XXXIX-11 aus der Zucht von Frau v. Kleist zugesprochen. Diese Schau zeigte bereits, daß die deutsche Shagya-Araber-Zucht sich im internatio-nalen Rahmen eine Spitzenposition erarbeitet hatte. Hier wurde die internationale Shagya-Araber-Gesellschaft gegründet - zur Förderung der Reinblut-Shagya-Araberzucht auf internationaler Ebene - und Dr. Fritz Gramatzki zum Vorsitzenden gewählt. Dieser hatte auch mit Hilfe von Frau Tarakus das erste Stutbuch erarbeitet für Shagya-Araber, das dann 1984 herausgegeben wurde.

Ein herausragendes Ereignis für die Shagya-Araber-Zucht und Anglo-Araber-Zucht war dann die Schau in Verden 1987, wo die Stute Pamina v. Amor des Gestüts Reichshof das Seniorenchampionat der Stuten gewann und ihr Sohn Pamino v. Bajar das Seniorenchampionat der Hengste. Im Jahre 1990 anläßlich der zentralen Schau in Hamburg zeigten die Shagya-Araber in besonderem Maße auch ihre reiterliche Qualität. Die erfolgreichsten Hengste in der Vielseitigkeit waren Gadar v. Diem unter Charlott Ismer und Ghazzir v. Bajar unter Adam Liedermann. Ghazzir hatte in

diesem Jahr in Vielseitigkeitsprüfungen bei 16 Starts 16 Plazierungen erreicht und nahm am Bundeschampionat 1989 der Vielseitigkeitspferde teil, wo er einen beachtlichen 11. Platz erreichte.

Von Deutschland aus entwickelte sich die Shagya-Araber-Zucht auch in anderen Ländern. Anläßlich des Europa-Championats für Shagya-Araber folgte am 2. September des Jahres 1989 die Delegiertenkonferenz der LSG in Reichshof-Oberagger. Die Anwesenheitsliste wies die bisher größte Teilnehmerzahl aus: Delegierte aus acht Mitgliedsverbänden und 61 persönliche Mitglieder aus insgesamt neun Nationen einschließlich Venezuela und Amerika waren vertreten. Hier wurde auch bekanntgemacht, daß Frau Ingrid Zeunert, Shagya-Reiterin und -Züchterin das zweimal jährlich erscheinende Informationsheft „Shagya-Araber" herausgibt, dessen erste Ausgabe dieser Versammlung bereits vorlag.

Nach Wegfall der staatlichen Körung entschlossen sich die deutschen Shagya-Araber- und Anglo-Araber-Züchter, wie in anderen Zuchtverbänden auch, die obligatorische Verbandskörung mit Durchführung der Hengstleistungsprüfungen im 100-Tage-Test beizuhalten.

Im Jahre 1993 stellt sich die deutsche Shagya-Araber-Zucht als die bedeutendste im internationalen Vergleich dar, deren Zuchtpferdebestand in der Zeittafel dargestellt ist.

Die allgemeine Verbandsentwicklung ist im Rahmen der Darstellung der Vollbut-Araber-Zucht erwähnt und soll hier nicht wiederholt werden.

7. Zuchtziel der Anglo-Araber-Zucht

Ein Anglo-Araber ist ein Pferd, dessen Abstammung grundsätzlich eine Kombination von englischem Vollblut und arabischem Vollblut aufweist. Die Zuchtbuchordnung des Verbandes definiert dementsprechend das Zuchtziel wie folgt: „Zuchtziel ist ein edles, harmonisches und leistungsfähiges Reitpferd, das die positiven Eigenschaften des Arabers und des englischen Vollblüters in sich vereinigt." Im Zuchtbuch ergeben sich dann jedoch für die Gruppe der Anglo-Araber zwei Abteilungen. In der einen Abteilung sind diejenigen Pferde eingetragen, die ausschließlich in ihren Vorfahren auf englisches Vollblut und arabisches Vollblut zurückgehen. Diese Abteilung wird als
Anglo-Arabisches Vollblut (AAV)
bezeichnet.
Anglo-Araber, die ausschließlich von arabischem Vollblut und englischen Vollblütern abstammen, werden entsprechend mit einem „X" hinter dem Namen in der Zuchtbescheinigung gekennzeichnet. In der anderen Abteilung
Anglo-Araber (AA)
werden Hengste und Stuten eingetragen, sofern sie
- in der 3. Generation mindestens sieben Arabische Vollblut-, Araber, Anglo-Arabische-Vollblut-, Anglo-Araber oder englische Vollblutvorfahren aufweisen; davon müssen entweder
- mindestens zwei Anglo-Arabische Vollblüter oder Anglo-Araber oder

Ramzes, geb. 1937 v. Rittersporn xx a. d. Jordi v. Shagya x 3. Gab der westfälischen und holsteiner Warmblutzucht wichtige Impulse.

- mindestens ein arabischer Vollblüter oder Araber und ein englischer Vollblüter sein.
- Der arabische und englische Blutanteil muß jeweils 12,5% betragen.
- Hengste sollen bei der Eintragung ein Stockmaß von 160 cm aufweisen, bei Stuten sollte das Stockmaß bei der Eintragung 158 cm betragen.

Das züchterische Bemühen der Anglo-Araber-Züchter ist also ganz klar ausgerichtet auf den Sportpferdemarkt, wobei die französische Anglo-Araber-Zucht eine Vorbildwirkung hat, die eine sich konsolidierte Zucht von über 150jähriger Zuchtgeschichte ist, während eine Anglo-Araber-Zucht in Deutschland in nennenswertem Umfang erst nach 1945 entstanden ist.

8. Die Anglo-Araber-Vollblut- und Anglo-Araber-Zucht

Die Aufmerksamkeit deutscher Züchter für den Anglo-Araber wurde in der Nachkriegszeit geweckt durch die überragende Vererbung des aus dem polnischen Staatsgestüt Janow Podlaski stammenden Anglo-Araber-Hengstes Ramzes, geb. 1937, v. Rittersporn, der in dem v. Nagelschen Privatgestüt Vornholz zu züchterischen Ehren kam und dessen Nachkommen vor allem aus der westfälischen Warmblutzucht und aus der Holsteiner Warmblutzucht großen Ruhm erwarben als Spitzenpferde sowohl in Dressurprüfungen der Klasse S als auch in S-Springen. Ramzes-Nachkommen vertraten den deutschen Reitsport über Jahrzehnte hinweg bis zum heutigen Tag im Spitzensport sowohl in der Dressur als auch im Springen. Leider wurde mit diesem Hengst nicht anglo-arabisch weitergezüchtet, so daß in der deutschen Anglo-Araber-Zucht selbst keine Nachkommen von ihm mehr zu finden sind.

In den letzten 20 Jahren hat sich in der Bundesrepublik Deutschland jedoch eine begrenzte Anglo-Araber-Zucht etabliert. Dabei sind nur wenige Züchter, die Anglo-Arabisches-Vollblut züchten, während die Mehrzahl vor allem durch Verwendung von Shagya-Araber-Hengsten in dieser Zucht als Anglo-Araber-Züchter zu bezeichnen sind.

Da wegen der sportlichen Erfolge die Anglo-Araber-Hengste, vor allem auch aus der französischen Zucht, sich in der allgemeinen Warmblutzucht großer Beliebtheit erfreuen, ist der Bestand an eingetragenen Anglo-Arabern und Anglo-Araber-Vollblütern zusammengenommen 1993 dadurch gekennzeichnet, daß der Hengstbestand mit 39 Hengsten im Verhältnis zu 147 Stuten sehr groß ist. Wiederholt haben deutsche Züchter sehr gute Anglo-Araber-Hengste in Frankreich gekauft, wie z.B. In-

schallah xx (Gestüt Vorwerk), Cacir AA (Landgestüt Warendorf), Kalistos AA (Borgholzhausen) u.a.. Beispielhaft wirkte hier auch das Landgestüt Celle, das den Rapphengst Matcho AA aus Frankreich importierte, der in der Zucht und in den Leistungsprüfungen hervorragende Erfolge erzielte.

In Süddeutschland ist die Entwicklung des Gestütes Galveigen von Fred Maurus besonders hervorzuheben, der ganz gezielt Anglo-Araber-Vollblüter züchtet und auf den Körungen und Veranstaltungen des Verbandes immer wieder Spitzenstuten und Spitzenhengste stellte. Einen herausragenden Erfolg erzielte diese Zucht mit der Stute Tropika v. Akbar ox und der Thalia xx, die in München auf der DLG-Ausstellung 1982 Bundessiegerin wurde. Diese Stute hat sich als eine hervorragende Vererberin in der Anglo-Araber-Zucht bewährt. Der Hengst Le Tigre x aus der Zucht von Maurus wurde Sieger der Anglo-Araber auf der Körung in Kranichstein 1984.

Ganz im Norden von Schleswig-Holtein hat Manfred Hansen, Gestüt Nordland, mit seinem intensiven, auf Leistungssport ausgerichteten züchterischen Bemühen nicht nur die Shagya-Araber-Zucht maßgeblich beeinflußt, sondern auch die Anglo-Araber-Zucht, indem er für die Anglo-Araber-Zucht seine guten Shagya-Araber-Hengste einsetzte, von denen hier stellvertretend Bajar, dessen Sohn Bouquet (AA) und Radautz genannt werden sollen. Von dort her beeinflußt ist die Zucht von Chr. Thoroe, aus dessen Zucht auf der Anglo-Araber-Schau 1990 in Hamburg alle vier Championatsgewinner der Anglo-Araber-Zucht kamen.

Einen beachtlichen positiven Einfluß auf die deutsche Anglo-Araber-Zucht hatte der Anglo-Araber-Vollblüter Sektor x, der im polnischen Gestüt Janow Podlaski gezogen und im Gestüt Ismer in Ströhen eingesetzt ist. Sektor war wiederholt Spitzenhengst der Anglo-Araberzucht auf Schauen.

Die insgesamt zahlenmäßig geringe Anglo-Araber-Zucht in Deutschland hat ein sehr großes Spektrum der Möglichkeiten von Blutkombinationen insofern, als es hier möglich ist, sowohl englisches Vollblut als auch arabisches Vollblut und in der Anglo-Araber-Zucht auch Shagya-Araber-Blut einzusetzen und entsprechend zu kombinieren. Dabei sollte es Grundsatz bleiben, daß in der Abstammung jedes einzelnen Pferdes mindestens 25% der Vorfahren Araber sein sollten und 25% der Vorfahren englisches Vollblut haben sollten. Dieses Prinzip hat sich in der französischen Anglo-Araber-Zucht bewährt. Wenn es im Zuchtziel heißt, daß die positiven Eigenschaften des englischen Vollblutes und des arabischen Vollblutes zu kombinieren sind, so bedeutet dieses, daß man in erster Linie das günstige Temperament, die Intelligenz, Leichtfuttrigkeit und Gelehrigkeit des Arabers kombinieren sollte mit dem

Rahmen und der großen Linie des englischen Vollblutes, um auf diese Weise ein für jegliche reiterliche Verwendung hochqualifiziertes Pferd zu züchten. Bemerkenswert ist, daß die geringe Zahl der in Deutschland verfügbaren Anglo-Araber-Hengste in den Hengstleistungsprüfungen des 100-Tage-Testes in der Regel recht gut abgeschnitten hat.

Nicht selten waren Anglo-Araber in der absoluten Spitze zu finden.

Literatur

Asil-Club, Asil Araber - Dokumentation, Verlag Georg Olms, Hildesheim (1993).

Bilke, E.,Pferdepassion, Olms-Presse, Hildesheim (1976).

Brown, W.R., The Horse of the Desert, Olms-Presse, Hildesheim (1977).

Forbis, J., Authentic Arabian Bloodstock, Verlag Judith Forbis, USA, (.1990).

Gramatzki, F. u. Tarakus, L., Deutsches Stutbuch für Reinzucht Shagya-Araber. Verband der Züchter des Arabischen Pferdes, Hannover (1984).

Heling, Das vollendete Pferd, DLG-Verlag Frankfurt (1956).

Saenger, O., Araber-Stutbuch von Deutschland, Olms-Presse, Hildesheim (1974).

Saenger, O.; Vollblut-Araber in Deutschland, Ahnert-Verlag, Friedberg (1978).

Saenger, O., Arabischer Adel. Die Beurteilung des Vollblutarabers, Olms-Presse, Hildesheim (1990).

Schiele, E., Araber in Europa, Bayrischer Landwirtschaftsverlag München (1967).

Verband der Züchter des Arabischen Pferdes e.V. ab 1978 fortlaufend: Deutsches Stutbuch für Arabische Vollblüter.

Wenzler, G., Stutbuch Weil-Marbach, Meisenbach, Bamberg (1972).

BAD DOBERAN

HAMBURG

BREMEN

HOPPEGARTEN bei BERLIN

HANOVER

BAD HARZBURG

MAGDEBURG

GELSENKIRCHEN

HALLE

MÜLHEIM

DORTMUND

KREFELD

DÜSSELDORF

LEIPZIG

DRESDEN

NEUSS

GOTHA

KÖLN

FRANKFURT

MANNHEIM

SAARBRÜCKEN

HASSLOCH

BADEN-BADEN

MÜNCHEN

Vollblutzucht und Rennen

7.12.1921 geboren in Berlin
1927-1931 Privatschule, 1931-1940 Hum. Gymnasium in Berlin-Friedenau (Abitur).
1940-1945 Soldat, zuletzt Oberleutnant, in Tunesien schwer verwundet (1943).
1945-1947 Bauarbeiter.
1947-1948 Volontariat bei der „Welt".
Vom 15.9.1948 bis zum 5.1.1984 Redakteur beim „Hamburger Abendblatt"; 1948-1968 Sportredakteur, 1961-1968 Sportchef; von 1968-1984 Lokalredakteur.
Verfolgt seit seinem 10. Lebensjahr den Galopprennsport (Hoppegarten, Grunewald, Karlshorst). Nach dem Krieg als Fachjournalist im Rennsport und Turniersport tätig; zahlreiche Auslandsreisen; Verfasser mehrerer Bücher, u.a. der FN-Dokumentation „Kavallerieschule Hannover", und freier Mitarbeiter bei Fachzeitschriften.

Carl Friedrich Mossdorf

Die deutsche Vollblutzucht

1. Die Anfänge von Vollblutzucht und Rennen in England, auf dem Kontinent und in Deutschland

Wer sich mit der Geschichte des deutschen Vollblüters und seiner Zucht beschäftigt, der kommt nicht umhin, sich mit dem Quell dieser künstlichen, vom menschlichen Genius geschaffenen Pferderasse zu beschäftigen. Und dieser Quell begann um die Wende vom 17. zum 18. Jahrhundert in England zu sprudeln, auch wenn wir heute wissen, daß dort bereits um 1200 „schnelle Pferde" aus Kreuzungen von Stuten der Landrasse (Galloway) mit edlen orientalischen Hengsten (Berber, Araber, Türken) gezüchtet wurden. Es ist müßig darüber zu streiten, welches Ereignis man als die Geburtsstunde des Vollblüters bezeichnet: Die Importation der drei sogenannten Stammväter Byerley Turk (um 1684), Darley Arabian (1704) und Godolphin Arabian (1729), auf die 80 Prozent aller heute in der Welt gezüchteten Vollblüter zurückgehen. Oder ob man das Jahr 1793 als offizielle Geburtsstunde der Vollblutzucht nimmt, weil in diesem Jahr das erste englische Gestütbuch (General Stud Book) erschienen ist. Oder man registriert das Jahr 1709, in dem man begann, alle Ergebnisse der Galopprennen in Rennkalendern aufzuzeichnen und festzuhalten. In der Erwähnung dieser historischen Daten liegt jedoch bereits der Schlüssel zum Erfolg der „Krone der Tierzucht" - das Zusammenwirken von Zucht und Rennen. Nur die Pferde, welche die harten Ausleseprüfungen auf den Rennbahnen bestanden und in Exterieur und Charakter höchsten Anforderungen gewachsen waren, fanden und finden ihre weitere Verwendung in der Zucht.

Aber zunächst noch einmal ein Blick zurück. Was tat sich in Europa zu der Zeit, als in England das Vollblutpferd seinen Siegeszug in alle Welt begann? In England regiert König Charles II. (1660-1685); der holländische Maler Rembrandt (1606-1669) schafft seine überzeitlichen Werke; der italienische Bildhauer und Architekt Lorenzo Bernini vollendet den Hochaltar in St. Peter in Rom; der englische Baumeister Christopher Wren (1632-1723) baut nach dem römischen Vorbild die Kathedrale von St. Paul; in Rußland regiert Zar Peter I., der „Große"; Andreas Schlüter (1664-1714) vollendet in Berlin das Denkmal des Großen Kurfürsten und leitet den Bau des Berliner Stadtschlosses; Kurfürst Friedrich III. von Brandenburg krönt sich als „Friedrich I." zum König von Preußen (1701); Prinz Eugen besiegt die Türken bei Peterwardein in Kroatien (1716), ein Jahr später wird in Wien Maria Theresia, die spätere Kaiserin, geboren; Georg Friedrich Händel wird 1719 Leiter der neuen Oper in London.

In dieser Zeitenfolge erläßt in Preußen am 3. April 1713 der König ein Edikt zur Verbesserung der Pferdezucht. 19 Jahre später erfolgt die Gründung des Hauptgestüts Trakehnen. Als in England 1793 das erste Vollblut-Gestütbuch herauskommt, wird das mecklenburgische Heiligendamm/Doberan erstes deutsches Ostseebad. Dasselbe Bad Doberan, in dem 29 Jahre später die ersten deutschen Galopprennen stattfinden (22. August 1822)! Der erste deutsche Rennkalender erscheint 1836, die Reihe der Allgemeinen Deutschen Gestütbücher beginnt 1847 (1982 kam der 30. Band heraus).

Die deutsche Warmblutzucht hatte sich in mehreren Gestüten etabliert (Marbach/Württemberg 1573, Redefin/Mecklenburg 1715, Beberbeck/Hessen 1724, Moritzburg/Sachsen 1733, Celle/Niedersachsen 1735, Dillenburg/Hessen 1768, Marienwerder/Westpreußen 1777, Neustadt a.d. Dosse 1788), als deutsche adlige Großgrundbesitzer in Mecklenburg und Schlesien, nicht zuletzt aufgrund verwandtschaftlicher, geschäftlicher oder freundschaftlicher Beziehungen zu England und ihren eigenen pferdesportlichen Interessen folgend, damit begannen, mit Importationen aus dem Mutterland des Turfs sich mit der Vollblutzucht zu beschäftigen. So nimmt es nicht wunder, daß in den Rennberichten aus den ersten Jahren des deutschen Rennsportgeschehens fast ausschließlich englische Namen bei den Rennpferden zu finden sind.

Man muß sich in die allgemeine und politische Lage des vorigen Jahrhunderts versetzen, will man die ursprüngliche Basis zum Gedeihen einer deutschen Vollblutzucht verstehen. Neben dem erstarkten Preußen gab es noch viele deutsche Kleinstaaten, und jedwede Initiative, auf welchem Gebiet auch immer, war zunächst nur auf regionaler Ebene möglich und von Erfolg begleitet. So gesehen war es nur zu verständlich, daß die Vollblutzucht unterschiedlich in verschiedenen Regionen ihre ersten Früchte zu tragen begann. Selbst in der Zeit, als sich das züchterische und rennsportliche Geschehen mit der Ausrichtung auf Berlin als Zentrale (Union-Klub) formiert hatte, startete der Hamburger Renn-Club das heutige „Deutsche Derby", 1869 als „Norddeutsches Derby", das erst seit 1889 seinen endgültigen Namen trägt. Auf der anderen Seite war das Bestreben nach einem deutschen Renngeschehen unverkennbar, wie z.B. der Name des bedeutenden Dreijährigen-Rennens, des Union-Rennens, aussagt, das bereits 1834 in Berlin-Tempelhof zum ersten Male gelaufen wurde. Das Wort „Union" betonte das „Gemeinsame" und hat nichts mit dem erst 1867 gegründeten Union-Klub (15. Dezember) zu tun, wenngleich auch die Gründer des Union-Klubs den gleichen Grundgedanken bei seiner Konstituierung gehabt haben mögen.

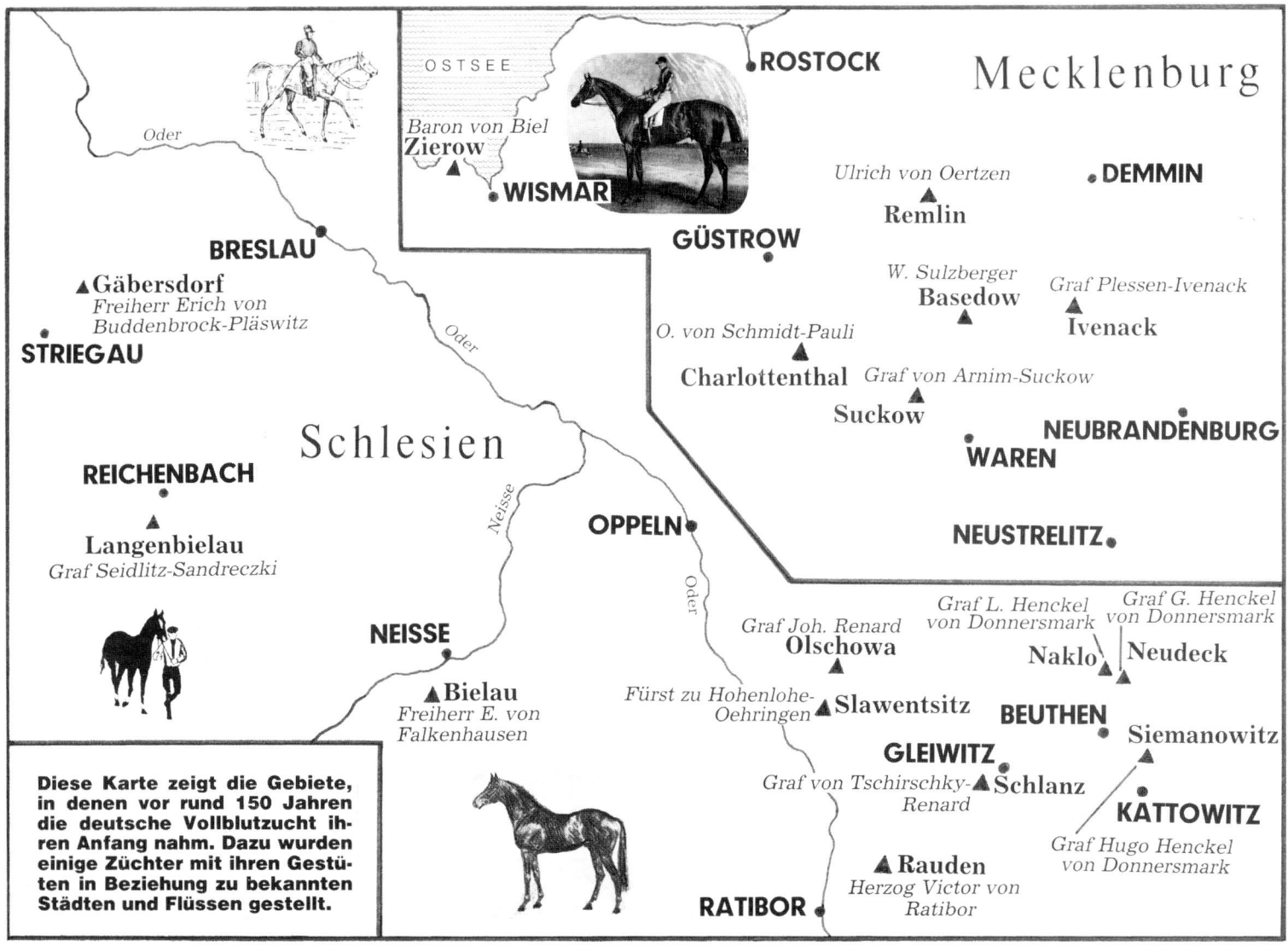

OSTSEE

Mecklenburg

ROSTOCK

Oder

Baron von Biel
Zierow ▲

● **WISMAR**

GÜSTROW
●

Ulrich von Oertzen
Remlin ▲

● **DEMMIN**

BRESLAU

▲**Gäbersdorf**
Freiherr Erich von
Buddenbrock-Pläswitz

W. Sulzberger
Basedow
▲

Graf Plessen-Ivenack
Ivenack ▲

● **STRIEGAU**

Oder

O. von Schmidt-Pauli
Charlottenthal
Graf von Arnim-Suckow
Suckow ●

NEUBRANDENBURG

Schlesien

WAREN
●

REICHENBACH
●

Neisse

▲
Langenbielau
Graf Seidlitz-Sandreczki

NEUSTRELITZ ●

OPPELN ●

Oder

Graf L. Henckel
von Donnersmark

Graf G. Henckel
von Donnersmark

Graf Joh. Renard
Olschowa
▲

NEISSE
●

Naklo ▲ **Neudeck**

▲**Bielau**
Freiherr E. von
Falkenhausen

Fürst zu Hohenlohe-
Oehringen ▲**Slawentsitz**

BEUTHEN
●

Siemanowitz
▲

GLEIWITZ ●

Diese Karte zeigt die Gebiete, in denen vor rund 150 Jahren die deutsche Vollblutzucht ihren Anfang nahm. Dazu wurden einige Züchter mit ihren Gestüten in Beziehung zu bekannten Städten und Flüssen gestellt.

Graf von Tschirschky-▲**Schlanz**
Renard

KATTOWITZ

Graf Hugo Henckel
von Donnersmark

▲**Rauden**
Herzog Victor von
Ratibor

RATIBOR ●

Mit großer Passion und viel materiellen Opfern gingen die ersten deutschen Vollblutzüchter ans Werk. Beispielhaft seien nur einige Namen genannt: Ulrich von Oertzen, Graf Plessen, Baron von Biel, Freiherr von Falkenhausen, Graf Johann Renard, Graf Hugo Henckel von Donnersmarck, Herzog Victor von Ratibor, Fürst Hohenlohe Oehringen, Graf Tschirschky-Renard, Graf Seidlitz-Sandreczki, Freiherr von Buddenbrock-Pläswitz, W. Sulzberger, Graf von Arnim und von Schmidt-Pauli. Sie importierten Vollblüter aus England, wobei es schon damals genauso war wie heute: Gute Ware kostete ihren Preis, der aber nicht immer zu bezahlen war. So taten sich die Züchter anfangs sehr schwer, und wo man nicht unter sich blieb, sondern den internationalen Vergleich suchte, da gab es manche Ernüchterung, vor allem durch großartige Pferde aus der österreich-ungarischen Donau-Monarchie und aus Frankreich.

In diese Zeit fällt auch der Sieg von Kisbér im englischen Derby! Eine zeitgenössische Meldung lautet: „Hurrah Baltazzi! Hurrah Kisbér! Hurrah Buccaneer! Und Hurrah Oesterreich-Ungarn's Sport, der mit seiner Vollblutzucht den größten Erfolg feiert, der Streitern auf dem hippologischen Blachfelde des Planeten zu Theil werden kann."

Im Zusammenhang mit diesem großartigen Erfolg eines österreich-ungarischen Pferdes

im englischen Derby 1876 in Epsom feiert der Kommentator des „Sporn" auch die Verdienste der englischen Sportsmen um die Vollblutzucht. Weil seine Worte so Grundsätzliches aussagen, seien sie hier auszugsweise angeführt:

„Englands unvergängliches Verdienst um die Pferdezucht des Universums bleibt es, mit seinem Vollblut alle Länder der Erde bevölkert zu haben, mit einem Blute, das die ihm angezüchteten und unvergänglich innewohnenden Eigenschaften unter dem Aequator, wie in rauhen Breitengraden erb- und eigenthümlich sich erhält. Es existirt außer dem Pferde kein anderes Thier der Schöpfung, das gleich dem Vollblutpferde unter den abweichendsten Verhältnissen leistungsfähig bleibt und zur Verbesserung und zur Veredlung seines übrigen Geschlechts mit derselben Gewähr sich weiter fortpflanzt. Das Thier allein aber ist es nicht, das durch sich im Vollbesitz der von Generationen her rein auf ihn übergegangenen Eigenschaften verbleibt. Es trägt dazu ebenso die von der Erfahrung festgestellte Erziehungs- und Abrichtungsmethode bei und die von den Engländern nach den entferntesten Winkeln getragene Renntechnik mit ihren vorbereitenden Stadien der forzirten Ernährung und dem Training, die dann nicht weniger ihr Recht behaupten,

als das Zuchtmaterial seinem Ursprunge und seinem Grundstoffe nach. Die Begründer der englischen Vollblutzucht, die das Fazit der Rennprüfung als die einzige Richtschnur für sich adoptirten, die für die weitere Züchtung nach den Leistungen maßgebend sein sollte, waren Männer mit einem klaren Blick in die Zukunft. Nichts vermochte sie abzubringen von dem einmal eingeschlagenen Wege, kein Vorurtheil in die Form des Thieres, kein Mißtrauen gegen die Lehre der Praxis. Sie erkannten ihr Vollblutpferd von Anbeginn an als ein jedem anderen europäischen Pferdeschlage überlegenes und vereinigten die siegende Familie immer nur mit der siegenden Familie, durchdrungen, daß bei diesem Verfahren die im Zuchtthiere liegende plastische Elastizität sich ganz von selbst verbessernd nach Außen äußern würde. Dieser Moment hat während der zwei Jahrhunderte, da englisches Vollblut gezüchtet wird, sich allerwegen sattsam bestätigt. Die britischen Züchter sind nach dem Werthe der Leistungen vorgegangen, ohne mit ihren Podukten zu degeneriren, die übrigen Erdenbewohner haben, um fortzuschreiten, diesem Beispiel folgen müssen. Die höchste Sorge der Väter der Vollblutzucht in England richtete sich auf die Einrichtung universeller Leistungsproben und auch bei Institution dieser Prüfungen, der vor nahezu hundert Jahren begründeten Derby-, Oaks- und St. Leger-Stakes für dreijährige Pferde jeglichen Ursprungs, haben jene weitsichtigen Sportsmen sich nicht getäuscht, diese Rennen sind der Gipfel des Ruhmes für das zu prüfende Thier, wie für dessen Besitzer geworden."

Diesen Worten ist kaum etwas hinzuzufügen, es sei denn, daß tatsächlich in allen Rennsport treibenden Ländern der Welt das englische Vorbild des Züchtens und der Auslese durch die Rennen Schule gemacht hat. Und solange keinem Fachmann eine bessere Lösung einfällt, so lange wird dieses System auch Bestand haben. Auch das deutsche Rennsystem zur Auslese des besten Materials entspricht in seinen Grundzügen dem englischen Vorbild, wie z.B. die klassischen Prüfungen: 1000 Guineas (1609 m) = Schwarzgold-Rennen (1600 m); 2000 Guineas (1609 m) = Henckel-Rennen (1600 m); Oaks (2413 m) = Preis der Diana (2200 m); Derby-Stakes (2413 m) = Deutsches Derby (2400 m); St. Leger-Stakes (2938 m) = Deutsches St. Leger (2800m).

2. Die erste Hälfte des 19. Jahrhunderts in Deutschland

Einen wesentlichen Faktor in der Entstehungsgeschichte des deutschen Rennsports stellte in der Mitte des 19. Jahrhunderts die Existenz von zahlreichen Kavallerie-Regimentern dar, deren Offiziere bis zur späteren Verpflichtung von englischen Jockeys die Startfelder beherrschten. In allen Teilen Preußens und der Fürstentümer waren Garnisonen der Husaren, Ulanen, Kürassiere, Dragoner und Jäger zu Pferde etabliert und aus ihren Reihen wetteiferten die Söhne alter Offiziers- und Landadels-Familien im Rennsattel. So finden wir in den Siegerlisten der zahlreichen Traditionsrennen, besonders auf dem Sektor der Hindernisrennen, Namen wie v. Rosenberg, v. Alvensleben, v. Cramm, Graf Dohna, v. Maltzahn, Baron Wilamowitz-Möllendorf, v. Göllnitz, Graf Hahn-Basedow, v. Bülow, Graf Lehndorff, v. Oertzen, v. Romberg, v. Rauch, v. Dewitz, v. Treskow und andere. Der heutige Verband Deutscher Amateur-Rennreiter, Köln, verfügt über eine Championatsliste, in der viele dieser Namen stehen, und der mecklenburgische Graf F.F. Hahn-Basedow ist im Jahr 1827 der erste Meister (2 Siege) im Rennsattel.
Das Interesse am englischen Vollblut und das Engagement am Rennsport ließen in allen Teilen der deutschen Lande Rennvereine entstehen, deren Comitees zum Teil unter recht primitiven Voraussetzungen den Rennbetrieb aufnahmen. Aber das Turfgeschehen in Deutschland war nicht mehr aufzuhalten, und nach Bad Doberan (1822) und Güstrow (1827) folgten die

größeren Rennplätze in Berlin-Lichterfelde (1829), das aber ein Jahr später von der Rennbahn in Berlin-Tempelhof abgelöst wurde, in Breslau (1. Renntag am 31. Mai 1833), in Königsberg (1. Renntag am 2. Juli 1835) und in Hamburg-Wandsbek (1. Renntag am 18. Juli 1835) sowie in Düsseldorf (1836). Insterburg in Ostpreußen nahm am 19. August 1839 die Rennen auf. Und immer weiter dehnte sich der Rennsport aus. 1837 gibt es bereits 20 kleine, mittlere und größere Rennplätze, zehn Jahre später über 30 und im Jahr 1867 bereits an die 50 Plätze, weit mehr als in Frankreich, das in vielen Belangen des Vollblut-Rennsports und vor allem der Zucht allerdings schon weit voraus lag.
Bei einer Gesamtbetrachtung der Entwicklung in Deutschland sind drei Etappen der den Vereinen übergeordneten Zusammenschlüsse erwähnenswert. Bereits 1828 etabliert sich in Berlin der „Verein für Pferdezucht und Pferdedressur", den man als den Vorläufer des 1867 ins Leben gerufenen Union-Klubs bezeichnen kann. Von den gleichen Zielen, der Vereinheitlichung und sich einander deckenden Turfausschreibungen, waren auch die Gründer des „Norddeutschen Jockey-Club" beseelt, der 1840 seine Arbeit aufnahm.
Die eigentlichen Initiativen lagen aber bei den jeweiligen Rennvereinen. Wie also spielte sich Mitte des 19. Jahrhunderts der Anlauf zu einem Rennverein ab? Im Rahmen einer Gesamtschau über den deutschen Galopprennsport darf ein kurzer Abriß über eine solche Initiative nicht fehlen. An dieser Stelle und als Beispiel für alle anderen Rennvereine seien die „Jugendjahre" des Hamburger Renn-Clubs dargestellt, der über eine sehr gründliche Darstellung durch sein damaliges Mitglied Hermann Goos verfügt.

Aus der Liebe zum edlen Pferd, dem Sinn für den frischen und fröhlichen Reiter- und Rennsport heraus wurde im Sommer 1851 von dem Gastwirth Kölln und mehreren Freunden des Sports ein Feld in der Nähe des Dorfes Lockstedt zur Anlage einer Privat-Rennbahn gepachtet. Bei dem regen Interesse für die Sache wurde der Entschluß gefaßt, einen dauernden Rennklub zu begründen. Am 29. November 1851 kam dieser Entschluß zur Ausführung und in einer Versammlung konstituierte sich in Anwesenheit von 42 Herren der „Hamburg-Lockstedter Renn-Club". Am 23. Februar 1852 wurden die in der Zwischenzeit ausgearbeiteten Statuten angenommen... §1 lautet: „Der Zweck des Clubs ist Beförderung jeglicher Art Reitübungen im Freien auf möglichst wohlfeile Weise." Auf dem Felde bei Lockstedt, einem Dorf in der Nähe Hamburgs, wurde nun eine Rennbahn von 2000 Ellen hergerichtet, eine „provisorische Tribüne, ein Schuppen zum Wiegen und Abreiben, ei-

ne Bedachung für die Musik und ein Richterstand" erbaut... Am Sonntag, 8. August 1852, war der erste Renntag, das Programm umfaßte folgende 6 Nummern: Herren-Reiten (Heats), Trabrennen, Abonnenten-Rennen, Hürden-Rennen (Herrenreiten in Jagdkleidung), Rennen für Reitpferde aus Hamburg-Altona und Bauern-Rennen... Das Trab-Rennen fiel aus... Der Besuch soll ein „fast übermäßig zahlreicher" gewesen sein und die Sache fand soviel Anklang, daß für den 26. September ein zweiter Renntag ausgeschrieben wurde... Auch diese Rennen waren sehr zahlreich besucht. Am Montag den 18. October wurde dann noch ein Jagdrennen bei Eimsbüttel über 2 1/2 englische Meilen mit 18 Hindernissen geritten. Preis: ein silberner Pokal von Damen Hamburgs gegeben...
Drei Jahre später stellt das Comité des Hamburg-Lockstedter Renn-Clubs fest: „Es wird allen Freunden des Sports nicht unbekannt geblieben sein, wie eifrig sich seit der bedauerlichen Endschaft der Rennen in Wandsbeck die hiesigen Liebhaber dieses edlen Vergnügens um dessen Wiederbelebung bemüht haben. Das erste Resultat dieser Bestrebungen waren die Rennen in Lockstedt, und solange dieselben ausschließlich den Charakter von Privat-Rennen trugen, genügte auch die dortige Bahn allen billigen Anforderungen. Seitdem aber das unterzeichnete Comité, namentlich durch die Munificenz Sr. Hochfürstlichen Durchlaucht des Herzogs von Augustenburg in den Stand gesetzt worden ist, schon seinen diesjährigen Sport wieder in die Reihe der öffentlichen Rennen zu erheben, so mußte ernstlich darauf bedacht genommen werden, eine den Verhältnissen entsprechende Rennbahn herzustellen. Es gereicht nun dem unterzeichneten Comité zur besonderen Befriedigung, den Herren Sportsmen die Anzeige machen zu können, daß eine neue Bahn von 3000 Ellen Umfang (ca. 2200 m) und 150 Fuß Breite (ca. 45 m) gewonnen worden ist, wie sie nicht besser gewünscht werden kann. Dieselbe liegt bei dem hamburgischen Dorfe Horn, eine halbe Meile von der Stadt, und zwar auf demselben Felde, welches früher vom Comité der Wandsbecker Rennen besonders geeignet befunden, aber damals vergeblich in Pacht gesucht wurde. Der Boden ist vortrefflich, die Aussicht von allen Punkten des Feldes fast ungehindert, der Bau der Tribünen wird unverzüglich begonnen und alles der Art betrieben, daß bereits die für dies Jahr auf den 27. und 29. Juli angesetzten Rennen auf der neuen Bahn stattfinden können..."
Wer die wolkenbruchartigen Regenfälle 1980 in Horn miterlebt hat, die den Hamburger Renn-Club zur Absage eines Renntages zwangen, um das Derby zu retten, den mag die Wetterlage vor 125 Jahren im nachhinein „trösten", von der kurz vor den ersten Horner Renntagen berichtet wird:

Wäre die Witterung in der letzten Zeit vor den Rennen nur ein wenig trockener gewesen, so würde die Bahn auch schon in diesem Jahre allen billigen Anforderungen genügt haben; es regnete aber am Donnerstag so stark, daß ein großer Theil der Rennbahn unter Wasser gesetzt und das Comité dadurch genöthigt wurde, die für Freitag bestimmten Rennen auf Sonnabend zu verlegen... Trotz aller Widerwärtigkeiten durch die ungünstige Witterung verliefen die Rennen übrigens in schönster Weise und in mustergültiger Ordnung, kein Unglücksfall kam vor, kein Streit oder Zweifel war zu entscheiden... Das Hauptrennen, bei dem es um 100 Louis d'or, gegeben vom Herzog von Schleswig-Holstein-Augustenburg, ging, wurde von Baron Biel's Koh-i-noor (4jähriger brauner Hengst v. The Provost a.d. Maid of Honour) gewonnen, der im Jahr zuvor schon die „Union" zu Berlin als Sieger beendet hatte. Er war also das erste wirkliche Rennpferd, welches auf der Horner Bahn gestartet wurde... Ein Jahr später wurde der Hamburg-Lockstedter Renn-Club in „Hamburger Renn-Club" umgetauft (1856).

Soviel über ein Beispiel aus dem organisatorischen Bereich des deutschen Vollblut-Rennsports, dessen Sachwalter Männer mit viel Passion, Verantwortungsbewußtsein und Opferbereitschaft waren. Unvermeidbare und damit unberechenbare Rückschläge wurden mit Geldern aus der eigenen Schatulle wettgemacht. Zudem muß bedacht werden, daß es zu jener Zeit außer den Disziplinen Turnen, Rudern und Schießen noch keine Sportbewegung und keine Vereine heutiger Prägung, es somit kaum Vorbilder sportlicher Selbstverwaltung gab. Außerdem basiert der Rennsport auf zwei Fundamenten, der Zucht und dem Sport, eine Tatsache, die dem Pferdesport (Reiter und Pferd) für alle Zeiten eine schwierige, aber auch schöne Aufgabe stellt und ihm eine besondere Position unter rund 40 Sportarten einräumt.

3. Die Zeit nach 1850 bis zum 1. Weltkrieg

3.1 Das preußische Hauptgestüt Graditz. Gründung des Union-Klubs

In dieser Entwicklungsphase der deutschen Vollblutzucht und des Galopprennsports spielen die letzten 60er Jahre des 19. Jahrhunderts eine große Rolle. 1866 vereinigt die Preußische Gestütsverwaltung ihre Vollblutzucht im Hauptgestüt Graditz bei Torgau (bisher in Trakehnen und Neustadt a.d. Dosse). Fünf Hengste und 56 Stuten sind der Erstbestand in Graditz. Am 15. Dezember 1867 fand im „Hotel de Rome"

in Berlin die Gründung des Union-Klubs statt, nachdem der schlesische Züchter und Präsident des Breslauer Rennvereins, Graf Johann Renard (Groß-Strehlitz), die Vorstände der Rennvereine und herausragende Persönlichkeiten dieses Sports zu dieser „Vereinigungs-Zusammenkunft" gebeten hatte. Der §1 der Satzung lautet: „Der Union-Klub ist eine Vereinigung von Männern, welche die Förderung der Pferderennen und der Pferdezucht in Deutschland zum Zwecke hat." Und das Jahr 1869, in dem in Hamburg-Horn das erste deutsche Derby entschieden wurde, gilt als das Gründungsjahr des ältesten, heute noch bestehenden Gestüts Schlenderhan der Bankiersfamilie Baron von Oppenheim, das über alle Jahrzehnte, über alle Höhen und Tiefen des deutschen Galopprennsports und seiner Zucht so einmalig erfolgreich war und heute noch ist.

Werfen wir einen Blick zurück in die Geschichte und stellen wir diese drei bedeutenden Turfereignisse in den Rahmen der öffentlichen Geschehnisse dieser Jahre. Der Prager Frieden am 23. August 1866 beendet den deutschen Krieg zwischen Preußen und Österreich; Schleswig-Holstein, Hannover, Kurhessen und Nassau kommen zu Preußen, Österreich trennt sich von Deutschland. Ein Jahr später wird Otto von Bismarck erster Kanzler im Norddeutschen Bund mit 22 Staaten nördlich des Mains.
Eine staatliche Förderung der Vollblutzucht durch eigene Zucht und eigenen Rennstall, wie durch das preußische Hauptgestüt Graditz, dessen Jockeys im Rennen den schwarz-weiß gestreiften Dress mit der schwarzen Kappe trugen, ist für heutige Zeiten (leider) undenkbar geworden. Doch bleibt für alle Zeiten dieser „staatliche Eingriff" ein historisches Moment für die Entwicklung der Vollblutzucht. Dabei erging es der Graditzer Zucht kaum sehr viel anders als den damaligen privaten Züchtern: Gutes Material aus dem Ausland war auch für ein staatliches Unternehmen teuer, und eine erfolgreiche Zucht mit entsprechenden Erfolgen auf den Rennbahnen läßt sich nicht aus dem Boden stampfen. Graf Siegfried von Lehndorff schreibt in seinem Buch „Ein Leben mit Pferden" u.a. über diese Anfangsphase:
„Seit dem Verkauf von Savernake (1869 - 1872. Zweiter im Englischen Derby und St. Leger) bis zur Einstellung von Charmant (gez. in Frankreich, 1879 - 1897, Sieger in den beiden größten englischen Zweijährigen-Rennen und in den 2000 Guineas) waren die besseren Graditzer Pferde fast alles Produkte von Rustic (in Trakehnen) und Buccaneer (in Kisber/Ungarn), zu denen mehrere Jahre hintereinander Stuten geschickt wurden. Mit welchen Schwierigkeiten man aber hierbei zu kämpfen hatte, geht aus einer Denkschrift meines Vaters hervor. 'Diese Resultate wurden erzielt,

obgleich erst vom Jahre 1871 ab meinen wiederholten Anträgen entsprechend, die notwendigen Mittel zur Benutzung der hervorragendsten Hengste Buccaneer und Blue Gown mir durch Ministerialreskript ausdrücklich untersagt wurden.' Die in Graditz gezogenen, im Vollblut benutzten Hengste haben im allgemeinen nicht ganz das geleistet, was man von ihnen erwarten konnte. Die geringen Erfolge dürften darauf zurückzuführen sein, daß gleichzeitig mit den in Graditz gezogenen Hengsten auch eine größere Anzahl von ausländischen benutzt wurde und daß man damals diese, die zweifellos einer besseren Rennklasse angehörten, höher einschätzte, wodurch die inländischen vernachlässigt wurden."

Trotz der sehr kritischen Einstellung des Grafen blieben doch recht gute Erfolge nicht aus, von denen züchterisch gesehen einige genannt seien. Savernake lieferte u.a. den sechsten Derby-Sieger Paul /v.B Flat; im Besitz von Dr. O. Marckwald) und die beiden Sieger im Großen Preis von Baden, Brocken (a.d. Chambermaid; im Besitz von Lt. Frerichs) und Nickel (a.d. Gold Dust; im Besitz des Freiherrn von Fürstenberg). Der Engländer The Palmer zeichnete sich vor allem durch die beiden Stuten Glocke (a.d. Goura) und Maria (a.d. Kisas-szony) aus, wobei die letztere eine bedeutende Rolle für die Schlenderhaner Zucht spielen sollte. Chamant (v. Mortimer; in Frankreich gezogen) lieferte für Graditz drei Derby-Sieger: Potrimpos (1886), Peter (1891) und Habenichts (1898) und für das Gestüt Schlenderhan den österreichischen Derby-Sieger Saphir, der in diesem Rennen kurz vor dem Ziel auf beiden Vorderbeinen schwer niederbrach, aber dennoch selbiges Rennen mit einer Länge gewinnen konnte. Flageolet, ein erstklassiges französisches Rennpferd, kam erst 15jährig nach Graditz. Er wurde Vater des Union- und Derby-Siegers Geier (a.d. Geheimnis v. Chamant), der sich allerdings diesen Triumpf mit Hauptmann R. Spiekermann's Hardenberg (v. Kisbér a.d. Blue Mountain) teilen mußte. Potrimpos, der erste Graditzer Derby-Sieger, brachte als bestes Produkt seiner nur dreijährigen Beschäler-Tätigkeit in Graditz den Hengst Birkhahn (a.d. Brunhild), der 1892 das Ratibor-Rennen gewann. Dieser stand aber deutlich unter dem Schlenderhaner Dorn (v. Chamant a.d. Miss Gorse), der u. a. das Union-Rennen 1892 gewann. Es gab also schon einmal einen Birkhahn, einen Graditzer; denn 1948 gewann das erste Derby nach dem Zweiten Weltkrieg in Hamburg auch ein Birkhahn, der von dem Graditzer Alchimist stammte und später fünf Jahre in Schlenderhan mit durchschlagendem Erfolg wirkte.

Vier Derby-Sieger lieferte der Trachenberg-Sohn Hannibal, selbst Sieger im

Deutschen St. Leger, gezogen 1891 von Ulrich von Oertzen/Remlin in Mecklenburg. Trachenberg wirkte von 1902 bis 1914 in Graditz und brachte für dieses Gestüt die Derby-Sieger von 1909 Arnfried (v. Abendglocke) und 1912 Gulliver II (v. Gnädigste I), für Schlenderhan dessen ersten Derby-Sieger Sieger (a.d. Semiramis), 1908, und für Waldfried 1906 den großartigen Fels (a.d. Festa). Eine Stute aus den Anfängen der Graditzer Vollblutzucht muß hier noch erwähnt werden, die 1868 von Cavendish a.d. Vanessa gezogene Das Veilchen, nicht nur weil sie in acht Rennen ungeschlagen blieb, darunter auch ein Start in England, sondern weil der Stute auf ihrer Rückreise von England ein besonderes Mißgeschick unterlief, das sie beinahe das Leben gekostet hätte. Graf Siegfried Lehndorff schildert diesen Zwischenfall wie folgt:

„Am Freitag, den 27. Oktober 1871, nachts gegen 12 Uhr (24 Uhr) sollte Veilchen zu Harwich auf das nach Rotterdam gehende Schiff verladen werden. Die Stute stand unter Decken, von M. Fisk (Bruder des damaligen Graditzer Jockeys E. Fisk) geführt, bereits dicht am Landungsplatz des Hafens, als sie plötzlich, durch das Pfeifen einer Dampfmaschine erschreckt, mit einem gewaltigen Satz Fisk über den Haufen warf und mit dem zweiten über das Bollwerk circa 20 Fuß (ca. 6 m) tief ins Meer sprang. Erst nach zweieinhalb Stunden gelang es nach vielen Schwierigkeiten, einen Strick am Kopf der Stute zu befestigen, und sie wurde nun hinter einem Kahn her schwimmend etwa eine englische Meile (1600 m) weit bis zu einer Stelle seitwärts des Hafens transportiert, wo die Beschaffenheit des Ufers das Landen möglich machte. Ein Pferd, dessen Lungen und Muskeln nicht durch ein langes Training gestählt waren, würde sicher eine Beute des Todes gewesen sein!“

Das „Eingreifen“ des Staates durch ein eigenes Gestüt mit Zucht- und Rennstall war zu Ende des vorigen Jahrhunderts nicht unumstritten. Es gab auch wiederholte Vorstellungen privater Züchter, die sich gegen das ständig anwachsende Übergewicht des staatlichen Unternehmens zur Wehr setzten. So kam es dazu, daß bestimmte Rennen, die mit Staatsprämien und Staatsgeldern ausgeschrieben waren, für den Start Graditzer Pferde verschlossen blieben. Dennoch muß rückblickend festgestellt werden, daß das Wirken von Graditz durchaus ein Segen für die gesamte Vollblutzucht gewesen ist; denn von Graditz gingen sehr viele positive Einflüsse aus,

Fels, gezogen 1903 im Gestüt Waldfried, bestritt 20 Rennen, gewann davon 18 und war nur zweimal Zweiter (zu Morpeth im Österreichischen Derby)! Diese großartige Bilanz brachte ihm während der drei Jahre, die er auf der Rennbahn war, dreimal den Titel des erfolgreichsten Rennpferdes ein. Nach dem ein Jahr älteren Festino war er das zweite herausragende Produkt der 1901 von einer deutschen Zuchtkommission in Newmarket erworbenen Festa, deren Blut heuten noch in Produkten der deutschen Vollblutzucht zu finden ist.

nicht zuletzt auch für manche andere Zuchtstätte und viele kleinere Züchter. Abgesehen von der Anerkennung und Würdigung des Staates durch die von ihm selbst ebenfalls betriebene Vollblutzucht und von der Notwendigkeit früher für die Remontierung des Heeres ein hartes und gängiges Pferd mit dem erforderlichen Vollbluteinschlag zu züchten, förderte Graditz später die allgemeine Landespferdezucht und den Reitsport.

Bevor die Situation der deutschen Vollblutzucht am Ende des 19. Jahrhunderts geschildert werden soll, muß aber noch erwähnt werden, daß auch einige Versuche deutscher Besitzer, in England zum Erfolg zu kommen, in wunderbarer Weise gerechtfertigt wurden. Bereits 1850 gewann der Hengst Turnus, Besitzer Graf Hahn-Basedow, in Goodwood. Das Cambridgeshire-Handicap, eines der traditionsreichsten Rennen Englands, holte sich 1854 Graf Wilamowitz-Möllendorffs dreijähriger Hengst Scherz, ein Erfolg, den 1870 der deutsche Derby-Sieger Adonis (v. Grimston a.d. Legerdemain), im Besitz des Grafen Renard, wiederholte (gegen 41 Gegner!). Von den Graditzer Expeditionen kehrten zurück: Das Veilchen mit einem Sieg im Suffolk Handicap (1871), Botschafter 1885 mit drei Erfolgen (Epsom Stakes, Doncaster Spring Handicap, Newton Chesterfield Handicap), Ilsenstein mit zwei Siegen 1888 (Bristol Plate, Lewes Autumn Plate), Hortari 1889 (Babraham Plate, Newmarket) und 1892 Geheimrat (Esher Stakes, Sandown Park). Wenn dies auch keine epochalen Erfolge waren, die junge deutsche Vollblutzucht hatte Flagge gezeigt.

Auf der anderen Seite griffen immer wieder Spitzenpferde aus Österreich-Ungarn in das deutsche Renngeschehen mit großem Erfolg ein, was sich allein an der Siegerliste des Deutschen Derbys ablesen läßt. Palmyra 1875 (Baron G. Springer), Gamiani 1880 (Johann Graf Sztaray), Stronzian 1884 (Nicolaus Graf Esterhazy), Budagyöngye 1885 (E. v. Blaskovits), Tegetthoff 1888 (Graf Apponyi), Uram-batyam (E. v. Blaskovits) und später noch einmal nacheinander Macdonald 1902 (A. v. Pechy), Bono modo 1903 (Baron G. Springer), Con amore 1904 (Graf Trauttmannsdorff) und Patience 1905 (Graf Festetics) - sie alle entführten das „Blaue Band" von der Alster an die Donau.

3.2 Entstehung deutscher Rennvereine und Trainingszentralen

Die Idee, Rennen zur Auslese der Pferde und zur Freude der Bevölkerung (heute sagt man Freizeitgestaltung) zu veranstalten, griff indes in Deutschland immer mehr um sich. Rennvereine, und mit ihnen neue Rennbahnen, schossen wie Pilze aus der Erde. Ein knapper Überblick, der keineswegs Anspruch auf Vollständigkeit besitzt, mag diese Tatsache unterstreichen. 1858 erster Renntag in Baden-Baden/Iffezheim; 1868 erster Renntag in Frankfurt-Niederrad; 1865 Gründung des Münchener Renn-Vereins; 1867 Badischer Renn-Verein in Mannheim; 1868 Nürnberger Rennverein; 1869 Kurhessischer Renn-Verein in Kassel; 1870 Frankfurt-Cottbus-Lausitzer Renn-Verein; 1872 Gründung des Internationalen Clubs in Baden-Baden; 1875 Neusser Reiter- und Rennverein; 1876 Pyr-

monter Renn-Verein und Rennverein Gotha; 1880 Harzburger Renn-Verein; 1881 Verein für Hindernis-Rennen in Berlin; 1882 Karlsruher Renn-Verein und Westpreussischer Rennverein in Danzig/Zoppot; 1885 Mülheim-Duisburger Renn-Verein und Rennverein Bad Kreuznach; 1886 Pfälzer Renn-Verein in Hassloch und Dortmunder Renn-Verein; 1890 Dresdener Renn-Verein; 1897 Kölner Renn-Verein; 1899 Pfälzischer Renn-Verein in Zweibrücken.

Ein großer Teil dieser Rennvereine besteht heute nicht mehr, aber sie alle waren wichtige Bausteine in dem aufstrebenden deutschen Galopprennsport, dessen stolzeste Anlage aber ohne Zweifel 1867 vom Union-Klub in Hoppegarten bei Berlin errichtet wurde. In dem märkischen Dorf Hoppegarten hatte sich - noch vor der Gründung des Union-Klubs - die Union-Gestüts-Gesellschaft etabliert, die bereits in großen Umrissen die neue Bahn abgesteckt hatte. Am 9. Oktober 1867 fand dort ein Proberenntag statt, bei dem drei Jagdrennen abgehalten wurden. Am 17. Mai 1868 gelangte der erste Renntag zur Durchführung, bei dem - was rückschauend überraschen muß - vier Hindernis-Rennen auf dem Programm standen. Einen Monat später hielt der Flachrennsport in Hoppegarten seinen Einzug, der bis zum Ende des II. Weltkrieges alle Größen des Vollbluts auf seinem grünen Rasen sah, nationale und z.T. auch internationale. „Hoppegarten besitzt eine Rennbahn, die sich in ihrer technischen Beschaffenheit den besten der Welt wird würdig an die Seite stellen können", urteilte ein Zeitgenosse.

Eine ähnliche „Perle des Rennsports" entstand in Berlin bei dem Dorf Carlshorst, wo nach der Übersiedlung von Charlottenburg (4. November 1893 letzter Renntag) am 9. Mai 1894 das „Deutsche Auteuil" eröffnet worden war, eine Bahn in der Hauptsache für den Hürden- und Jagdrennsport. Hier residierte der „Verein für Hindernis-Rennen", der heute noch in der Bundesrepublik besteht und 1981 auf sein einhundertjähriges Bestehen zurückblicken konnte. Wie stark und nachhaltig sich der Galopprennsport um die Jahrhundertwende in Szene gesetzt hatte, geht auch daraus hervor, daß Berlin trotz Hoppegarten und Carlshorst 1909 in Grunewald noch eine Rennbahn für Flach- und Hindernisrennen erhielt, die, unmittelbar am Stadtrand gelegen, zu einem weiteren Glanzpunkt des Rennsports werden sollte. Ihre Finanzierung erfolgte weitgehendst ebenfalls durch den Union-Klub, der zudem die von der Regierung erteilte Auflage erfüllte, im Innenraum das Grunewald-Stadion für viele andere Sportarten (z.B. Leichtathletik und Fußball) zu errichten. Ein Tunnel führte unter der Galopprennbahn hindurch zum Stadion. Diese Kombination, die auch nach heutigen Begriffen

sehr modern erscheint, wurde der Grunewald-Rennbahn jedoch 1934 zum Verhängnis, als das gesamte Terrain für die Olympischen Spiele 1936 benötigt wurde und dort das Reichssportfeld mit dem Olympiastadion entstand. Das ehemalige Waagegebäude und einige Kassenhäuschen an der Einfriedung des ehemaligen Reiterstadions erinnern noch heute an die Berliner „Familien-Rennbahn", die diesen Beinamen nicht zuletzt deswegen im Berliner Volksmund hatte, weil sie eben für „Kind und Kegel" für wenige Groschen mit der Straßenbahn oder dem Autobus zu erreichen war.

Nun aber zurück zu den Akteuren auf dem grünen Rasen. Das königliche Hauptgestüt Graditz verzeichnete in den siebziger Jahren bereits seine ersten größeren Triumphe in bedeutenden Prüfungen. Die Dreijährigen Johannes (v. Emilius a.d. Pope Joan) und Reform (v. Fazzoletto a.d. Regina) machten 1868 und 1869 mit ihren Erfolgen in der Goldenen Peitsche (seit 1868) den Anfang. 1872 ist Sonntag (v. Rustic a.d. Selima) der erste Graditzer Union-Sieger, ein Jahr zuvor hatte Das Veilchen (v. Cavendish a.d. Vanessa) bereits den Preis der Diana (seit 1857) gewonnen, ein Erfolg, den 1876 Vergissmeinnicht (v. Savernake), ihre Tochter, wiederholte. Die Zweijährigen Berggeist, F.F., Walpurgis, Weltmann, Potrimpos, Pumpernickel und Hortari siegten im Ratibor-Rennen (seit 1876), Dorothee und Vordermann trugen sich 1873 bzw. 1875 in die Siegerliste des Zukunfts-Rennens (seit 1859) ein, und im Henckel-Rennen (seit 1871) setzten sich Templer (1876), Goldfisch (1879) und Andernach (1885) durch, bevor Potrimpos (v. Chamant a.d. Pulcherrima) die schwarzweißen Farben zum ersten Derby-Sieg führte.

3.3 Privatgestüte im Westen: Schlenderhan, Waldfried, Walburg/Elsaß

In diesen Jahren sind auch die anderen deutschen Privatzüchter wie Johann Graf Renard, Ulrich von Oertzen, Fürst Hohenlohe-Oehringen, W. v. Treskow, Hugo Graf Henckel sen. und Prinz von Hatzfeld mit ihren Vollblütern erfolgreich, vor allem in den Auseinandersetzungen mit den Spitzenpferden aus Österreich/Ungarn. Zu dieser Zeit erscheint aber aus dem Rheinland ein neuer Dress, der des Kölner Bankiers Eduard Freiherr von Oppenheim, auf den Rennbahnen, der seit 1869 mit Importationen aus England in das Zucht- und Renngeschehen eingreift. Dabei unternimmt er den damals sehr eigenwilligen Versuch, mit seinen Rennpferden den langen kontinentalen Winter durch Ausweichen auf die englische Insel zu umgehen, aber der andauernde Wechsel bringt nicht den erwarteten Erfolg, so daß dieser Versuch bald eingestellt wurde. Der erste bedeutende Sieger aus dem Gestüt Schlenderhan ist 1875 der Gaspard-Sohn Gastgeber (a.d. Dame Quickly) im Großen Preis von Baden. Höher einzustufen war wohl der ein Jahr jüngere Good Hope (v. Buccaneer a.d. Gorse), der 1876 das Union-Rennen gewann, aber leider bald darauf niederbrach, so daß er sein Können niemals voll beweisen konnte. Einen guten Griff tat Freiherr von Oppenheim 1874 mit dem Ankauf der fünfjährigen Stute Kisasszony (geb. 1869, v. Lord Clifton a.d. Little Woman), die während ihrer 19jährigen Tätigkeit in Schlenderhan zehn lebende Fohlen brachte und über ihre Tochter Maria (geb. 1880, v. The Palmer) die Begründerin einer bis heute aktuellen Familie wurde, die später auch im Gestüt Ebbesloh ansässig wurde (Agalire, Adlerfee) und auf die der Derby-Sieger von 1934 Athanasius (v. Ferro) zurückgeht. Maria war selbst ein sehr gutes Rennpferd, sie gewann das Fürstenberg-Rennen 1883 und lief im Deutschen St. Leger mit dem Graditzer Botschafter ein totes Rennen.

Der erste und besonders erfolgreiche Hengst aus Schlenderhan war Dorn (brauner Hengst v. Chamant a.d. Miss Gorse, geb. 1889), der das Henckel-Rennen, die „Union", den Großen Preis von Berlin, den Großen Preis von Hannover, den Hoppegartener Ehrenpreis und das Hertefeld-Rennen gewinnen konnte und im Derby nur durch die falsche Taktik seines Jockeys unterlag. Dem Triumpf im St. Leger ließ er im folgenden Jahr noch vier bedeutende Siege folgen, bis er auf den Beinen nachgab. Ein Rennen als Fünfjähriger steht noch auf seinem Konto, aber dann trat er endgültig von der Rennbahn ab. Insgesamt gewann Dorn 176.000 (Gold-Mark. In der Zucht wirkte Dorn nur drei Jahre, wobei allein seine Tochter Semiramis (a.d. Sappho) von Bedeutung ist, die schließlich den ersten Derby-Sieger aus Schlenderhan Sieger (v. Hannibal), 1908, stellte.

In den letzten Jahren des vergangenen Jahrhunderts treten zwei weitere Zuchten in Deutschland auf den Plan, die des Industriellen Richard Haniel (Walburg im Elsaß) und die der Gebrüder Arthur und Carl von Weinberg, die in Frankfurt-Niederrad das Gestüt Waldfried gründen. Die Hanielschen Farben - weiße Jacke und Ärmel, schwarze Schärpe und grüne Kappe - waren von 1892 bis kurz nach dem Zweiten Weltkrieg immer mit in der Spitzengruppe der erfolgreichen Rennställe zu finden; heute erinnern die Hanielschen Lastzüge und Tankfahrzeuge in diesen Farben an die Firma und dabei an den ehemaligen Gründer und Besitzer des Vollblutgestüts. Der Erfolg ist Richard Haniel aber nicht in den Schoß gefallen, denn es hat Jahre gedauert, bis sich größere Erfolge einstellten. Noch um 1910 etwa gilt der Stall Haniel als ein Anhängsel des Stalles Oppenheim, dessen Trainer nebenbei auch die Haniel-

schen Pferde betreute. Dann aber setzt ein Aufstieg ein, so jäh und unvermittelt, wie ihn die Geschichte der deutschen Vollblutzucht kaum je erlebt hat (begründet u.a. durch die Stuten Franche Comté und deren Tochter Farandole, die Urgroßmutter von Derby-Sieger Ferro). Von 1913 bis 1920 haben der Stall Haniel und die Walburger Zucht Erfolge aufzuweisen, gegen die selbst Graditz, Oppenheim und Weinberg, trotz unverminderter eigener Leistungen, kaum anzukommen vermögen.

Es sind die Jahre, in denen der Stall von Chr. Planner als Trainer betreut wird: die Jahre von Turmfalke (v. Caius a.d. Tootie), der 1913 das erste von vier Derbys für Haniel gewinnt; von Terminus (v. Ard Patrick a.d. Tay), der das Henckel-Rennen als Sieger beendet und in der „Union" und im Derby nur an dem Schlenderhaner Ariel scheitert; von Pontresina (v. Biniou a.d. Princess Margaret), die 1915 das Derby gewinnt und zu deren Jahrgang noch die Stallgefährten Languard, „Union"-Sieger (v. Your Majestic a.d. Ladora) und Tamina (v. Lorlot a.d. Taormina), Gewinnerin des Hertefeld-Rennens, gehörten; von Landgraf (v. Louviers a.d. Ladora), der in fünf Rennen ungeschlagen blieb, darunter Henckel-Rennen, Union-Rennen, Derby und Großer Preis von Berlin. Dieser ziemlich kleine, etwas unscheinbare, aber sehr korrekte und sympathische Braune war 1917 der große Gegenspieler eines Pergolese aus Waldfried. Für beide wurde extra das Gladiatoren-Rennen geschaffen, um festzustellen, wer der bessere sei: Doch dazu kam es nicht, weil Landgraf nach seinem letzten Erfolg im Großen Preis von Berlin nicht gesund geblieben war. Bei Landgraf muß erwähnt werden, daß er der Ausgangspunkt einer Kette von Derby-Siegern ist, denn in direkter Erbfolge gewannen nach ihm das Blaue Band: Ferro, Athanasius, Ticino, Niederländer und Neckar, (Lustige), Wilderer, Waidwerk und Zank! Das sind fast 50 Jahre Derby-Sieger in unmittelbarer Folge „Vater-Sohn"! Soviel zunächst von den Hanielschen Erfolgen bis zum Ende des Ersten Weltkrieges.

Die aus den Anfängen des Rennsports und der Vollblutzucht bewährte Verbindung zwischen Militär und Pferderennen stand auch bei der Gründung des Gestüts Waldfried Pate. Als Offizier des königlich bayerischen 4. Chevaux-Légeres-Regiments „König" kam Arthur von Weinberg mit dem Rennsport in Berührung, hielt sich in den 80er Jahren eigene Rennpferde, z.T. ritt er sie mit schönem Erfolg selbst. 1895 entschloß er sich, eine seiner Stuten, die von Graf Hahn-Basedow gezogene Digitalis von Aspirant (von Stronzian a.d.Sorcery), decken zu lassen. Am 21. März 1896 brachte Digitalis ein braunes Stutfohlen, das den Namen Diligenz erhielt. Dieser Tag wird als der Gründungstag von

Waldfried angesehen. Digitalis brachte noch weitere sieben Fohlen, die aber für die Zukunft ohne Bedeutung blieben, und ging 1905 ein. Bis 1898 waren nur zwei Stuten vorhanden, aber dann wurden aus dem Ausland, vor allem aus England und Frankreich, Stuten importiert, so daß 1902 bereits 15 Stuten in den Waldfrieder Boxen standen. Unter diesen Stuten befanden sich u.a. die „Engländerinnen" Festa, eine dunkelbraune Stute, die 1893 von Lord Dunraven von St. Simon a.d. L' Abbesse de Jouarre gezogen war; Angelure, eine braune Stute, die 1897 von Captain Greville v. Saint Angelo a.d. Patineuse gezogen war; Ladyland, eine Fuchsstute v. Kendal a.d. Glare (1898), Züchter Daniel Cooper; Lovely Morn, eine braune Stute von St. Simon a.d. Bonnie Morn (1900), Züchter Sir T. Sykes; Perfect Love, eine braune Stute v. Persimmon a.d. Perfect Dream, Züchter Lord Wolverton (1901); Ormelva, eine braune Stute von Orme a.d. Huelva (1902), Züchter W.R. Marshall und die über England hereingekommene „Amerikanerin" Grave and Gay, von Henry of Navarre a.d. Mount Vernon (1899), Züchter A. Belmont (USA).

Wer sich jemals mit den züchterischen Belangen der deutschen Vollblutzucht beschäftigt hat, auf den wirkt allein der Name „Festa" wie ein hochkarätiger Brillant! Sie wurde 1901 erworben, nachdem sie in England schon zweimal gefohlt hatte. In Waldfried brachte sie von 1902 bis 1906 nacheinander Festino (v. Ayrshire), Fels (v. Hannibal), Fabula (v. Hannibal), Faust (v. Saraband) und Fervor (v. Galtee More) - alle erstklassige Rennpferde, von denen leider Faust sehr früh einging, und Fabula, die 1914 zur Bedeckung in England stand, bei Kriegsausbruch beschlagnahmt wurde.

Die Erkenntnis der Gründer von Waldfried, daß es sinnlos sei, immer neues Zuchtmaterial ins Land zu holen, wenn es nicht gelänge, mit der Nachzucht dieser Importationen eine qualitätsvolle deutsche Vollblutzucht bodenständig zu machen, führte dazu, daß in Waldfried mit dieser Nachzucht eine Inzucht betrieben wurde, die von manchen zeitgenössischen Züchtern kritisiert, aber am Ende durch die Erfolge bestätigt wurde. Natürlich unter der klaren Prämisse: Nur wer in der harten Zerreißprobe auf der Rennbahn bestanden hatte, wurde in die Zucht übernommen. Und für die Waldfrieder begann die Zerreißprobe gleich mit den Zweijährigen-Prüfungen, in denen die blau-weißen Farben sehr oft tonangebend gewesen sind.

Das Jahr 1905 bedeutet den großen „Einstieg" für Waldfried in die deutsche Spitze. Das Henckel-Rennen gewinnt Inverno, den Hoppegartener Jubiläumspreis Slaby, das Union-Rennen Festino, den Großen Hansa-Preis Inverno, den Großen Preis von Berlin Slaby, den Preis von Donaueschingen Festino und das Deutsche St.

Leger Zenith - alle in den Waldfrieder Farben, doch waren Slaby, von H. Manske gezogen, und Zenith (Züchter F. Benary) von Waldfried gekauft worden, während Festino im Mutterleib von England herüberkam und in Waldfried geboren ist und Inverno mit seiner Mutter in Newmarket erworben wurde. Im Derby bot Waldfried Festino und Slaby auf, die zusammen mit dem vierten Starter im Feld, Michelangelo, der Wiener Derby-Siegerin Patience Paroli bieten sollten. Aber nur Festino gelang es, die Stute zum Kampf zu stellen, jedoch vergebens, Patience gewann mit zweieinhalb Längen, als klare Favoritin, der Sieg-Toto lautete: 10:10!

Aber ein Jahr später ist Weinbergs erster Derby-Sieger fällig. In dem Jahr 1906, in dem Waldfried in fast allen größeren Rennen triumphiert, stellt das Frankfurter Gestüt mit dem Hannibal-Sohn Fels (a.d. Festa) einen überlegenen Derby-Sieger, der sich insgesamt als der wohl bis dahin beste in Deutschland gezogene Hengst entwickelt. Bei 20 Starts war er 18mal Sieger und zweimal Zweiter und hat runde 400.000 Mark auf das Konto seiner Besitzer galoppiert. Da außer ihm noch Ignis, Parmenio und Festino in größeren Prüfungen erfolgreich waren, stand Waldfried schließlich am Ende einer überragenden Saison. Im folgenden Jahr kommt Fels noch zu weiteren Erfolgen, und in der Festa-Stute Famula erlebt die deutsche Turfgemeinde ein Meilen-Pferd von weit überdurchschnittlichem Können. Ihre Leistungen (u.a. Henckel-Rennen) krönt sie mit einem Erfolg im Austria-Preis in Wien in Rekordzeit. Auch als Vierjährige gab sie noch erfolgreich einige Proben ihrer ungeheuren Antrittsschnelligkeit. Der Derby-Sieger von 1907 kommt ebenfalls aus dem Weinbergschen Stall, Désir (v. Saphir a.d. Gold Dream). Er gewann Start-Ziel, eine Taktik, die bei den Waldfrieder Erfolgen oft angewandt wurde, später vor allem durch den langjährigen Stalljockey Otto Schmidt, der es meisterhaft verstand, seine Rennen an der Spitze klug einzuteilen.

Bis zum Ausbruch des Ersten Weltkrieges besaß die deutsche Vollblutzucht also in den Gestüten Graditz, Schlenderhan, Waldfried und Haniel vier Bastionen, die in den Blutlinien, in der Aufzucht und in den Erkenntnissen der Trainingsarbeiten so stark fundiert waren, daß ihre Spitzenkräfte vermochten den ausländischen „Invasionen" standzuhalten, jedenfalls was die Entscheidungen des Derbys in Hamburg betraf. Im Großen Preis von Baden waren dagegen die französischen Gäste noch weiterhin erfolgreich, deren Vorsprung noch nicht wettzumachen war. Und doch sorgten in Iffezheim zwei Pferde in den Jahren 1907 und 1908 für Lichtblicke: Der Jubel auf der Bahn kannte keine Grenzen, als 1907 der vierjährige Graditzer Hammurabi (v. Gallinule a.d. Helm) seine vier

französischen Gegner deklassierte, und ein Jahr später triumphierte Weinbergs dreijähriger Faust (v. Saraband a.d. Festa) nach dem Sieg im Fürstenberg-Memorial (das heutige Fürstenberg-Rennen) auch im Großen Preis von Baden.

3.4 Eröffnung neuer Rennbahnen in den letzten Jahren vor dem 1. Weltkrieg

Ein Rennen aus der Zeit der Jahrhundertwende sollte hier aber noch Erwähnung finden, das Deutsche Derby von 1901. Weniger, weil sein Sieger Tuki (v. Gouverneur a.d. Räuberbraut, gez. im Gestüt Bielau) züchterisch besonders interessant ist, sondern aus folgenden Gründen: Zum ersten Male (und bis 1961 einmalig) fanden sich im Derby 20 Pferde am Start ein! Dieser dauerte dann eine halbe Stunde, weil in diesem großen Feld unbeschreibliche Nervosität herrschte. In diesem Durcheinander trifft der ungebärdige Slanderer das Pferd Pförtner so unglücklich, daß dieses zusammenbricht! Eine Rippe drang in seine Lunge, die Gnadenkugel erlöst den Hengst von seinen Qualen. Tuki erhält von dem ebenfalls auskeilenden Feldjäger einen Schlag, eine Schramme hinter dem Sattel. Nach dreißig Minuten schnellen die Bänder der zum ersten Male eingesetzten neuen Startmaschine zur Seite, 19 Pferde stürmen - ein faszinierendes Bild - an den Tribünen vorbei. Mit einem Rennen ganz nach der Order des Trainers bringt der englische Jockey Bowman Tuki auf den letzten 200 Metern und erringt einen leichten Sieg mit zwei Längen Vorsprung gegen die Ungarin Magnes und Regenwolke. Der glückliche Besitzer ist Major von Gossler, der am 15. Oktober 1899 auf der Breslauer Jährlingsauktion Tuki für 1000 Mark gekauft hatte und nun 84.500 Mark im Derby kassierte. Ein Beispiel dafür, daß auch kleinere Rennställe erfolgreich neben den großen Gestüten operieren können.

Noch bevor am 28. Juni 1914 das Derby-Feld die Horner Rennbahn betritt, legt sich lähmend eine Nachricht über das fröhlich gestimmte und erwartungsvolle Publikum: Der österreich-ungarische Thronfolger Franz Ferdinand und seine Gattin Sophie sind in Sarajewo von dem serbischen Nationalisten Princip ermordet worden! Aber noch ahnt niemand, daß diese ruchlose Tat fünf Wochen später den Ersten Weltkrieg auslöst. Und doch ist der Beifall für den Schlenderhaner Derby-Sieger Ariel (v. Ard Patrick a.d. Ibidem) - von dumpfer Ahnung gezeichnet - zurückhaltender als sonst. Und früher als sonst eilen die Menschen von Horn in die Hansestadt zurück.

Aus den letzten Jahren vor diesem unheilvollen Datum müssen noch einige Zahlen genannt werden, die für die weitere Ent-

wicklung des Rennsports im Deutschen Reich wesentlich waren, weil sie z.T. bis in unsere Tage hineinreichen. 1902 werden die ersten Rennen auf der neuen Bremer Rennbahn in der Vahr gelaufen; 1903 wird die Königsberger Rennbahn in Carolinenhof eröffnet; 1904 erfolgt die Gründung der Reiter- bzw. Renn-Vereine in Bielefeld-Brackwede, in Graudenz und Osnabrück; das Jahr 1906 bringt die Gründung des Heringsdorfer Rennvereins, des Magdeburger RV, des Tilsiter RV, in Breslau siedelt der Rennsport von der Scheitniger zur Hartlieber Rennbahn über, und auf der Bult findet am 30. Juni der erste Renntag in Hannover statt; in Gnesen, Hersfeld, Militsch und Schwelm entstehen 1907 Renn-Vereine; am 23. Mai 1909 wird die Grunewald-Rennbahn in Berlin eröffnet, gleich nebenan hat neun Tage zuvor die neue Trabrennbahn Ruhleben, lange Zeit der Austragungsort des Deutschen Traber-Derbys, ihre Pforten zum ersten Male geöffnet; am 15. Mai findet der erste Renntag auf dem Düsseldorfer Grafenberg statt und am 11. Juli 1909 greift Bad Harzburg mit seinem ersten Renntag in das pferdesportliche Geschehen ein; 1910 nehmen folgende Rennbahnen ihren Betrieb auf: 22. Mai am Gelsenkirchen-Horster Schloß, 23. Juli Wiesbaden-Erbenheim, 25. Juli Erbach im Odenwald, 29. September Mülheim-Raffelberg und am 23. Juli erfolgt der Aufruf zur Gründung des Krefelder Rennvereins, die am 5. Mai 1911 vollzogen wird.

Am 16. Juli wird in Dortmund der Große Preis von Dortmund als Jubiläums-Jagdrennen (25 Jahre Dortmund) gelaufen. Und während im Herbst in Trakehnen das erste Große Trakehner Jagdrennen (das spätere v.d. Goltz-Querfeldein-Rennen, 6200 m) entschieden wird, gewinnt am 22. Oktober der Leibhusaren-Leutnant Jenö von Egan-Krieger mit Glemorgan die Pardubitzer Steeple-Chase (6900 m). Unter den Pferden, die 1912 an den ersten Reiterwettkämpfen der modernen Olympischen Spiele in Stockholm (Eröffnung 6. Juli) teilnehmen, sind neben einigen Hunter-Typen und Warmblut-Kavallerie-Pferden auch einige sehr hoch im Blut stehende Akteure, die sich gut zu behaupten wissen. 1913 weiht der Dortmunder Rennverein seine neue Bahn in Wambel ein (10. Juli), vier Wochen zuvor findet im Krefelder Stadtwald der erste Renntag statt (11. Juni). In diesem Jahr entsteht auf dem welligen Gelände bei Mettmann das Gestüt Mydlinghoven, gegründet von Ernst Bischoff, der sich zusammen mit seinem Bruder Wilhelm schon einige Jahre dem Vollblut verschrieben hatte und unter dem Namen Gestüt Gürzenich 1910 mit Cola Rienzi (v. Saint Maclou a.d. Congratulation) sogar schon einen klassischen Sieger (St. Leger) besaß. In vielen Siegerlisten finden wir die Namen der Bergischen Zuchtstätte, deren

Jockeys den gelb-weiß-orange-farbenen Dress trugen (bis 1970, ab 1971 unter dem Namen von Ludwig Grauert, dem Schwiegersohn von Ernst Bischoff).

3.5 Rückblick auf die ersten 90 Jahre

Wenn man die rund 90 Jahre der deutschen Vollblutzucht und des Rennsports bis zum Ersten Weltkrieg überblickt, dann kommt man zu dem Ergebnis, daß aus der zunächst weit verstreuten Entwicklungsphase die Grundlagen für ein festes Gebäude entstanden, die in den Spitzenprodukten der großen Gestüte und in der straffen Organisation (von Berlin aus) ihren Ausdruck fanden. Aus der Abhängigkeit von Importen unternahmen die Züchter die ersten Schritte zu eigenen, bodenständigen Zuchten. Der Inländer, soweit er erfolgreich aus dem Ausleseprozeß auf der Rennbahn hervorgegangen war, wurde von nun an zum zuchtbestimmenden Faktor. Natürlich auf englischen Ursprung zurückgehend, nun aber schon in den ersten Generationen inländisch gezogen, entstanden die ersten „Familien"; man verzeichnete die ersten Stammütter, die in direkter Linie bis heute verfolgbar sind. Überragende Deckhengste wie Hannibal, Saphir, Festino, Fels und Fervor lieferten mit ihren Söhnen eine Basis, deren Spuren noch heute in den Pedigrees zu finden sind. Und noch ein Wandel von „Importen" zu „Inländern" begann sich in den Jahren vor dem Ersten Weltkrieg zu vollziehen. Die ersten deutschen Berufstrainer und Jockeys griffen in das Geschehen ein, das bislang vornehmlich von Engländern bestimmt worden war.

4. Die Zeit von 1914 bis 1945

4.1 Der Erste Weltkrieg und die 20er Jahre - Neue Gestütsgründungen. Der Ausnahmehengst Oleander.

Der Erste Weltkrieg brachte zwangsläufig einschneidende Maßnahmen für die Zucht und den Rennsport mit sich. Importe aus dem Ausland waren nicht mehr möglich, die Baden-Badener Rennen fielen ebenso aus wie einige große Prüfungen in Berlin und Hamburg. Trotzdem - der Rennbetrieb wurde während aller Kriegsjahre aufrechterhalten und die Züchter konnten in weitestem Umfang ihren Auslesevorstellungen nachgehen. Noch 1916 deckten schließlich neben den ersten, schon genannten inländischen Deckhengsten auch noch die ausländischen Spitzenhengste wie Ard Patrick, Biniou, Caius, Dark Ronald, Galtee More, Lycaon, Nuage und St. Maclou. Auffallend sind vor allem die Namen der Spitzenpferde aus den beiden letzten Kriegsjahren: 1917 Landgraf, der in insgesamt fünf Rennen ungeschla-

gene Derby-Sieger, Pergolese, der für die klassischen Rennen keine Nennung besaß, aber seine große Klasse im Jubiläums-Preis, Großen Hansa-Preis, Preis von Donaueschingen, Gladiatoren- und Hohenlohe-Oehringen-Rennen bewies, und Aversion, die Graditzerin, die sich das Deutsche St. Leger holte; 1918 Prunus, Sieger im Henckel- und Gladiatoren-Rennen, Marmor, Gewinner des Deutschen Derbys, und Traum, der im Großen Preis von Berlin triumphierte. Der Schlenderhaner Prunus weist auf einen Deckhengst hin, der wohl das Beste darstellte, was bisher nach Deutschland eingeführt wurde: Dark Ronald! Sein bester Sohn und einziger Derby-Sieger war der Graditzer Herold. Ferner berufen sich Aditi, Famulus, Nubier, Wallenstein, Eckstein und eben jener Prunus auf seine Vaterschaft. Neben ihm muß aber auch der Franzose Nuage erwähnt werden, der Vater der beiden Derby-Sieger Gibraltar und Omen, ferner von Anschluß, Adresse, Aversion, Leda und Ordensjäger. Bei jedem einzelnen dieser Vollblüter könnte man vor allem auf ihre Zuchterfolge hinweisen, die noch bis in die heutige Zeit hineinwirken. Doch würde das hier zu weit führen.

Wegen der politischen Unruhen fiel das Derby in Hamburg aus. Es wurde in Berlin-Grunewald gelaufen und von dem Graditzer Gibraltar gewonnen, auf den 1920 - wieder in Hamburg-Horn - sein Zuchtgefährte Herold folgte. In einer Veröffentlichung der Fachzeitung „Sport-Welt" ist über Herold nachzulesen: „Die hohe Klasse von Herold ist unverkennbar. Der bildschöne Graditzer, ein ziemlich großer, sehr edler Schwarzbrauner, mehr an Hornisses Vater Ard Patrick als an Dark Ronald erinnernd, gehört trotz der Kürze seiner Laufbahn zu den bedeutendsten Erscheinungen in der Geschichte des deutschen Rennsports. Seine Hauptstärke war ein großartiger Speed, und gleichzeitig war ihm kein Weg zu weit." Mit Herold auf einer Stufe kann man den Schlenderhaner Wallenstein, ebenfalls von Dark Ronald (a.d. Wiener Mädel) stellen. Er lief 1921/22 zwanzigmal, war 15mal Sieger; ihm war jede Distanz recht, von den 1200 m der Goldenen Peitsche bis zu den 2800 m des Gladiatoren-Rennens.

Züchterisch interessant und für Waldfried ein durchschlagender Erfolg war das Deutsche Derby 1922. Mit Omen (Nuage a.d. Orkade), Ossian (v. Fels a.d. Osella) und Perikles (v. Fervor a.d. Grave and Gay) endeten vier Waldfrieder Produkte, von denen nur Perikles nicht den blau-weißen Dress trug, auf den ersten vier Plätzen! Das hat es im Derby niemals mehr gegeben. Daß Waldfrieds Stalljockey Otto Schmidt mit Graf Ferry auf dem „falschen Pferd" gesessen hat, das war sein persönliches Mißgeschick, das aber seinen Berufskollegen schon wiederholt passiert ist. Dafür hatte er

bereits zwei Derby-Sieger geritten, als Lehrling den Waldfrieder Amorino (1916) und den Schlenderhaner Marmor (1918), denen später noch fünf weitere Träger des „Blauen Bandes" unter seinem Sattel folgen sollten. 1923 steht Waldfried wieder mit zwei Produkten (beide von Pergolese) im Mittelpunkt des Geschehens: mit dem Henckel-Sieger, Gewinner der „Union", des Jubiläums-Preises, des Derbys und des Großen Preises von Berlin Augias (a.d. Augusta Charlotte) und mit Ganelon, der in den Iffezheimer Prüfungen, Fürstenberg-Rennen und Großer Preis von Baden sowie im St. Leger erfolgreich war. Schließlich gewann die dreijährige Farnesina (v. Pergolese a.d. Favilla) auch noch den Deutschen Stuten-Preis!

Das allgemeine politische und wirtschaftliche Geschehen der ersten zwanzig Jahre ließ keinen Vergleich der deutschen Spitzenpferde wie Herold, Wallenstein, Omen, Ossian, Graf Ferry, Ganelon oder Augias mit dem Ausland zu. 1922/23 rutschte die deutsche Wirtschaft in die Inflation. Für den Rennsport bedeutete dies, daß die Rennpreise, die sich eigentlich ganz normal ausnahmen, bei der Auszahlung aber mit „Teuerungsfaktoren" multipliziert wurden. Am Anfang des Rennjahres 1923 wurde der Rennpreis noch mit dem „Teuerungsfaktor" 200 malgenommen und am Ende der Saison mit 15 Millionen, wozu dann noch ein „Bonus" von 6,985 Milliarden kam! Schließlich war der Wert z.B. eines Gladiatoren-Rennens allenfalls so hoch wie zu normalen Zeiten der eines Ausgleichs IV!

Und wie sieht es sonst im Lande aus? Die Franzosen besetzen das Ruhrgebiet, in einer großen Koalition von SPD bis zur Volkspartei wird Gustav Stresemann Reichskanzler, Hamburg wird von einem Kommunisten-Aufstand erschüttert, Hjalmar Schacht wird Reichsbankpräsident (bis 1930), zwei Menschen sterben an Pocken, und das Tempelhofer Feld wird zum Berliner Flugplatz ausgebaut. Und „draußen"? In Italien ist seit 1922 Mussolini an der Macht, Litauer besetzen das Memelgebiet, Kemal Pascha (Atatürk) ist erster Präsident der türkischen Republik, Ankara wird Hauptstadt (bislang Konstantinopel), und Miguel Primo de Rivera errichtet durch einen Staatsstreich die Diktatur in Spanien. Trotz all diesem Durcheinander und der Unruhe, die als Nachwehen des Krieges das Leben der Menschen ständig erschwert und teils lähmt, bringt das Jahr 1924 wieder den Anschluß des deutschen Rennsports an den internationalen Markt. Kein geringerer als Federico Tesio, dieser geniale Züchter, Besitzer und Hippologe aus Italien, erscheint mit seinen Rennpferden bei der „Großen Woche" in Iffezheim - und schon gehen die beiden Hauptereignisse von Baden-Baden ins Ausland. Das Fürstenberg-Rennen gewinnt Tesio mit der

Stute Rosalba Carriera und den „Grand Prix" mit dem fünfjährigen Hengst Scopas.

Man mag den Zustand der Iffezheimer Bahn, die fast „Land unter" beim Großen Preis meldete, als Entschuldigung für das Abschneiden der deutschen Pferde ansehen (Augias fiel unter diesen Bedingungen ganz aus), aber mancher zur Schau getragenen Euphorie über die Güte der deutschen Pferde wurden plötzlich Grenzen gesetzt! Doch man schüttete zu dieser Zeit auch gleich das „Kind mit dem Bade aus", der Ruf nach neuen Importationen wurde wieder laut, was auch vielfach in die Tat umgesetzt wurde. Aber bevor diese durchschlagend zur Geltung hätten kommen können, bewiesen die deutschen Vollblüter, daß sie und ihre Produkte so schlecht gar nicht waren. In Iffezheim, das bis auf den heutigen Tag die größte Bedeutung im Ausland hat, gewannen der Graditzer Aditi den Großen Preis von Baden, der Schlenderhaner Weißdorn, frischer Sieger in England, das Fürstenberg-Rennen und die Weinbergsche Faustina das Zukunfts-Rennen gegen österreichische und italienische Gegner.

Graditz, Schlenderhan und Waldfried waren die tragenden Säulen, aber inzwischen waren neben rund 100 kleineren Zuchten weitere Gestüte und Rennställe von Industriellen und Kaufleuten gegründet worden, die heute bereits zu den altrenommierten Vollblutzuchten gezählt werden. Bereits aus dieser Zeit vor dem Ersten Weltkrieg stammt das westfälische Gestüt Ravensberg, dessen Gründungsjahr mit 1907 angegeben wird, wenn auch die ersten eingestellten Stuten im Gestütbuch unter dem Jahr 1912 rangieren. Der Rennstall von Paul Niemöller hatte schon einige Erfolge mit Rennpferden, vor allem auf der Hindernisbahn, verzeichnen können, als er mit Caneton und Zero zwei Schlenderhaner Stuten 1912 in die Zucht einstellte. Es folgte auch bald ein eigener Deckhengst, der Little Duck-Sohn Kriegsbruder, der aber schon nach dreijähriger Tätigkeit einging. Erst acht Jahre später erwarb Ravensberg den Waldfrieder Georgios (v. Fervor a.d. Gäa), mit dem ein erster spürbarer Wandel zum Aufstieg eintrat. Aus der Mutterstutenherde in den Anfängen von Ravensberg sei die Engländerin Glatz (gez. 1898) erwähnt, die schon 23 Jahre alt war, als Paul Niemöller sie erwarb. Sie brachte von Malua nur noch ein Fohlen zur Welt, nämlich am 17. Mai 1921 die braune Stute Grund, das erste Fohlen, das der spätere langjährige Gestütsleiter Johannes Kuhr mit zur Welt bringen half. Sie wurde die erste Stammutter von Ravensberg, in dessen Farben später so gute Hengste wie Geweihter, Grind und Grenzbock schöne Siege errangen. Allerdings wurde sie später von der ungeprüft eingestellten Stute Waldrun weit übertroffen!

Dark Ronald,
gezogen 1905 von E. Kennedy (Irland), ist wohl der bedeutendste Import-Hengst der deutschen Vollblutzucht. Er wurde von Oberlandstallmeister Burchard von Oettingen für das preußische Hauptgestüt Graditz gekauft, wurde fünfmal in Deutschland Champion der Vaterpferde und kann sich auf so hervorragende Söhne wie Prunus (Vater von Oleander), Herold (Vater von Alchimist) und Wallenstein (Vater von Alba) berufen. Es gibt kaum eine erfolgreiche deutsche Zuchtlinie, die nicht „irgendwo" Dark-Ronald-Blut aufweist.

Herold,
gezogen 1917 im Hauptgestüt Graditz, war ein hervorragendes Rennpferd, das bei insgesamt neun Starts acht Siege (u. a. Deutsches Derby, Großer Preis von Berlin, Deutsches St. Leger und Gladiatoren-Rennen) errang und nur im Henckel-Rennen um einen kurzen Kopf von dem Fels-Sohn Pallenberg geschlagen wurde. Der schöne Schwarzbraune imponierte durch seinen Speed und sein Stehvermögen gleichermaßen. In der Zucht leistete er Großartiges; er ist u. a. Vater der drei Derby-Sieger Lupus, Dionys und Alchimist.

Im Jahr 1922 fanden zwei Gestütsneugründungen statt. Bei Rheydt baute der Industrielle Walther Bresges auf altem Familiengrund das Gestüt Zoppenbroich auf, und am Südrand des Taunus legte der Frankfurter M.J. Oppenheimer den Grundstock zum Gestüt Erlenhof. Die alte Verbindung zwischen Kavallerie und dem Rennsport wird in der Person des Begründers von Zoppenbroich wieder einmal sichtbar. Walther Bresges war zuletzt (1918) Rittmeister bei den 13. Husaren (Köln/Deutz). Von diesem Regiment leitete er auch seine Stallfarben ab: Hellblaue Jacke mit weißen Schnüren (heute drei weiße Balken auf der Brust) und weiße Kappe, die allerdings von 1920 bis 1922 rot war.

Die erste Stute in der Zoppenbroicher Zucht war die Österreicherin Hanna H (v. Adam a.d. Hableany), die 1922 noch mehrere Rennen gewann und auch eine gute Hürdlerin gewesen ist. 1924 freute sich Walther Bresges über das erste selbstgezogene Fohlen Hoffnung II (v. Lycaon a.d. Hanna H). 1927 erwarb Bresges ebenfalls aus Österreich die Stute Sachertorte, deren Tochter Osterfreude hervorragend einschlug (Organdy, Olymp u.a.) und die Stammutter einer Zoppenbroicher Familie wurde. Einen ähnlichen Erfolg verzeichnete Zoppenbroich mit der vom Gestüt Mydlinghoven erworbenen Aldford-Tochter Numa, von der so gute Stuten wie Norne, Nanette, Newa (die 1940 im Henckel-Rennen eine Stute vom Format einer Schwarzgold schlug) und Niederung stammten. Als ein guter Griff erwies sich später vor allem die vom Heeresgestüt Altefeld erworbene Kaiserwürde, die in Zoppenbroich von 1950 bis 1965 u. a. Kaiserkrone, Kaiserjäger, Kaiseradler, Kaiserstuhl und Kaiserpfalz brachte, also jene Linie begründete, aus der Königstuhl, der erste Gewinner der dreifachen Krone (1979), stammt!

An den Südhängen des Taunus schuf M. J. Oppenheimer, unterstützt von so bedeutenden Fachleuten wie Gustav Rau und Dr. Richard Sternberg, das Gestüt Erlenhof (1922), das schon nach fünf Jahren seinen ersten Derby-Sieger im Stall hatte: Graf Isolani, der außer dem „Blauen Band" auch die „Union", den Großen Hansa-Preis und das Deutsche St. Leger gewann! Bis 1933, als Oppenheimer in wirtschaftlichen Schwierigkeiten Erlenhof verkaufen mußte, waren bereits die ersten Grundstöcke für Erlenhofer Familien gesetzt worden. Die ehemalige Schlenderhanerin Athene, die u.a. Athanasie (die Mutter von Athanasius) brachte, die Graditzerin Formosa (Mutter der schnellen Florida), Galleria Borghese, Iniga Jones, Margaritona d'Adrezzo und Nella da Gubbio (Mutter der ungeschlagenen Nereide) waren durchschlagende Erfolge. Auch die bis 1933 in Erlenhof wirkenden Hengste tragen Namen, die in der deutschen Vollblutzucht einen sehr guten Klang haben: La-

land, Aditi, Ferro, Wallenstein, Anakreon und Graf Isolani! Gezogen von Oppenheimer war auch noch Athanasius, Winterfavorit 1933, der ein Jahr darauf das Derby gewann. Käufer von Erlenhof war 1933 Baron H. Thyssen-Bornemisza, dessen Zucht überaus erfolgreich operierte und der blau/rote Dress war schließlich in allen größeren Prüfungen an erster Stelle zu finden.

Der nachbarschaftliche Aspekt und die Verwandtschaft zu Paul Niemöller, dem Besitzer von Ravensberg, ließen den Bielefelder Fabrikanten Dr. Richard Kaselowsky 1926 den Heyforthschen Hof bei Gütersloh erwerben (Niemöller war sein Onkel), auf dem er sich ebenfalls der Vollblutzucht zuwandte, nachdem sein Bruder bereits mit einigen Rennpferden am Renngeschehen teilnahm. Der Name Kaselowsky war auf den deutschen Rennbahnen durch den silbergrauen Dress mit der schwarz-weiß-grünen Schärpe und der schwarzen Kappe schon bekannt, bevor die systematische Zucht einsetzte. Lütkeschwienstärt (v. Letzte Rettung), diesen lustigen Namen trug das erste in Ebbesloh geborene Fohlen. Eine Reihe ganz nützlicher Stuten wirkte in Ebbesloh, aber der große Durchbruch gelang erst durch einen „Notkauf". Kaselowsky war in höchstem Maße an der Derby-Zweiten aus Erlenhof, Libertas (1927 hinter Mah Jong), interessiert, die aber nur zusammen mit ihrer Zuchtgefährtin Atalante (Derby-Zweite zu ihrem Stallgefährten Graf Isolani 1929) zu erwerben war. Ebbesloh kaufte beide Stuten. Aber während die „gemeinte" Libertas keineswegs die Erwartungen erfüllte, entwickelte sich Atalante zu dem „großen Wurf". Gleich ihr Erstling Agalire (v. Laland) gewann u.a. den Großen Preis von Baden, und fünf Jahre später brachte sie nach dem Derby-Sieger Ferro mit Adlerfee eine hervorragende Stute, die im Zukunfts-Rennen den erstklassigen Franzosen Castel Fusano bezwang und außerdem Oppenheim- und Ratibor-Rennen sowie den Preis der Diana gewann. Mit Agalire, Adlerfee, Antje und Aktinie begründete Atalante eine der herausragenden Ebbesloher Familien (Akari, „Union"-Sieger 1969). Weitere sehr gute Stuten in Ebbesloh waren Fathia (v. Sisyphus a.d. Fraueninsel), Erika (v. Scarsellino a.d. Else II), Ritterkrone (v. Herold a.d. Ritterakademie), Portia (v. Alcantara II a.d. Polloia), Crescendo (v. Malua a.d. Casablanca), Feurige (v. Graf Isolani a.d. Feuer) und Athenais (v. Flamboyant a.d. Athanasie).

Zwei Gestüte, die bald nach dem Ersten Weltkrieg in die deutsche Vollblutzucht eingriffen, müssen hier noch erwähnt werden: das Gestüt Röttgen, gegründet von dem rheinischen Industriellen Peter Mülhens und das Gestüt Westerberg, eine Schöpfung des Automobil-Herstellers

Heinrich von Opel. Die 1910 im Hauptgestüt Graditz von Hammurabi a.d. Eccola gezogene Eidechse wurde 1912 von Heinrich von Opel erworben und im Hofgut Pertersau bei Frankenthal untergebracht, wo auch das weitere junge Vollblutmaterial zunächst seine Boxen besaß, bis die Stallungen beim Weingut, Gestüt und Landwirtschaftsbetrieb Westerberg fertig waren. Diese Stute Eidechse ist zugleich die erste Stammutter in Westerberg, deren Linie, die sich bis heute fortgesetzt hat. Weitere Stuten wurden aus Altefeld, Harzburg und Napajedl angekauft und der erste Deckhengst war Le Meteore aus Frankreich, der eine gewisse Berühmtheit erlangte, weil er der einzige homozygote Schimmel in der Vollblutzucht war dessen sämtliche Nachkommen also Schimmel waren. Von großer Bedeutung war er jedoch nicht, die fiel dem auf ihn folgenden Schlenderhaner Derby-Sieger Marmor zu, der von 1919 bis 1927 in Westerberg wirkte. Ihm folgte der selbstgezogene Kairos (1927 - 1935), der u. a. dreimal das Wäldchens-Rennen gewinnen konnte. Zwischenzeitlich tat auch der Waldfrieder Ganelon im Opel-Gestüt seinen Dienst, doch von 1937 bis 1951 war der selbstgezogene Ehrenpreis, Sieger im Fürstenberg-Rennen, Pascha in Westerberg. Dieser Ehrenpreis stand hinter Athanasius, Blinzen und Travertin in der Wertschätzung dieses Jahrgangs, so wie sie auch im Derby 1934 am Zielpfosten eintrafen.

Damals gab es in Hamburg noch das große pferdesportliche Wochenende, Sonnabend Deutsches Spring-Derby in Klein-Flottbek und Sonntag Derby in Horn. Ehrenpreis sollte damals für die rotblauen Farben von Westerberg das Derby gewinnen, wurde aber nur Vierter; dafür gewann seine Besitzerin, Irmgard von Opel, die 1928 das Erbe ihres Vaters angetreten hatte, mit dem Schimmel Nanuk als erste Frau das Deutsche Spring-Derby gegen die ganze Garde der Kavallerie-Schule Hannover! 1936 gab Irmgard von Opel den Rennstall in Hoppegarten auf, züchtete aber weiter, vornehmlich für Auktionen. Weitere Mutterlinien gingen in der Folgezeit von den ehemaligen Rösler'schen Stuten Alex und Liebesgöttin aus. Auf Schloß Westerhaus wurde nach dem Zweiten Weltkrieg die Idee geboren, in Baden-Baden Jährlingsauktionen durchzuführen, die von einem bestimmten Kreis großer Gestüte beschickt wurden.

In der Silvesternacht 1918/19 ging das Schloß Röttgen in der Nähe von Köln in den Besitz des Industriellen Peter Mülhens über, auf dessen Gelände ein für deutsche Verhältnisse einmaliges Vollblutparadies entstand. Hinter der acht Kilometer langen Mauer und auf flachem Gelände lagen auf etwa 1000 Morgen die Ställe, Weiden und Trainierbahnen, von kleinen Wäldchen und Baumgruppen getrennt. Der Eindruck einer Prachtanlage verlor dadurch zugunsten einer perfekten Zweckmäßigkeit und Gediegenheit. Röttgens Zucht baute sich zunächst durch Importe auf. So entstand ein sehr buntes Stutenmaterial, aus dem sich im Laufe der Jahre jedoch Familien gebildet haben, die bis heute Bestand haben. Stammesfahne, Unverzagt, Lehnherrin, Königswiese, Hannenalt, Diasprina, Adria und Winnica - das sind die klangvollen Namen ausgeprägter Röttgener Stammstuten. 1925 zog mit dem Engländer Flamboyant (v. Tracery a.d. Simonath) der erste eigene Deckhengst in Röttgen ein, der von 1938 bis 1954 in Röttgen wirkte und vor allem durch sehr gute Stuten auffiel. Seit 1944 fand auch der selbstgezogene Orator (v. Athanasius, a. d. Osmunda) Verwendung, es folgten Agamemnon und Volturno sowie der Italiener Caran d'Ache, ein mächtiger, bunter Fuchs (v. Zliten a.d. Circignana) aus der Zucht des Federico Tesio. Peter Mülhens mußte lange auf den ersten Erfolg im Deutschen Derby warten, den 1932 Palastpage für die türkisblau-goldgelb-roten Farben erkämpfte. Was heißt aber lange? Nur ein gutes Dutzend Jahre, was bedeutet das schon in der Vollblutzucht! Länger war die Durststrecke bis zum zweiten Sieg, den überraschend der Orator-Sohn Uomo (a.d. Ungewitter) 1959 errang. Aber es sind ja nicht nur die Derby-Siege - wenn auch immer noch der

höchste Lohn eines jeden Züchters (und Besitzers) -, die zählen. Röttgen war 1948, 1959, 1960, 1962 und 1980 erfolgreichster Rennstall. Bei den Züchtern stand es 1936, 1948, 1959, 1960, 1962 und 1980 an der Spitze!

Auch wenn das Übergewicht bei den großen Gestüten lag, so gab es doch noch viele weitere Züchter und Besitzer, die auf stolze Erfolge verweisen konnten. Um nur einige von ihnen als Beispiele zu erwähnen: Stall Halma/Sisyphus; Stall Hönwalt/Abgott, Mellitus, Eisenkanzler, Heluan; L. Lewin/Roland, Serenata,König Midas, Tibia; M. Friedheim/Melanie, Freda, Note, Edderitz, Gondel, Harfe; O. Blumenfeld und R. Samson/Osmunda, Torero, Piemont, Ricardo; A. Sulzberger/Marcellus; L. u. W. Sklarek/Lupus, Wilfried, Eigilolf, Sigtuna; F. Dillmann/Missouri; Leutstetten/Eiffilo; Gebrüder Rösler/Curator, Volumnius, Freizeit, Edelbitter, Panheros, Palander, Fortissimo, Freigeist; und das württembergische Gestüt Weil mit Leben und leben lassen, Oberwinter, Tantris, Bafur, Hornbori, Sardanapel, Romanze und Hermoder.

In der Entwicklung der deutschen Vollblutzucht und des Rennsports bedeuten die Mitte-Zwanziger-Jahre einen sehr großen

Schritt nach vorn. Das Jahr 1926 bescherte mit dem Waldfrieder Aurelius (v. Pergolese a.d. Augusta Charlotte), dem Hanielschen Derby-Sieger Ferro (v. Landgraf a.d. Frauenlob), und einem weiteren Waldfrieder, nämlich Lampos (v. Graf Ferry a.d. Ladylove), drei sehr gute Dreijährige, neben denen mit Weißdorn und Aditi zwei Vierjährige erfolgreich bestanden. Aber im Sommer jenes Jahres gewann ein Zweijähriger seine beiden ersten Rennen (Adresse- und Sierstorpff-Rennen), der durch seine späteren Leistungen in der

Oleander,
gezogen 1924 vom Gestüt Schlenderhan, gehört zu den besten Rennpferden, die bislang die deutsche Vollblutzucht hervorgebracht hat. Von insgesamt 23 Starts gestaltete er 19 zu Siegen und war dreimal plaziert. Außer seinen stolzen Erfolgen in Deutschland und in Wien startete er zweimal im Prix de l'Arc de Triomphe, wo er einmal Fünfter und einmal unglücklicher Dritter wurde. Neunmal war er Champion der Vaterpferde, seine Nachkommen standen auch in England, Frankreich, Italien, Irland, Rußland, Schweden und Nord- und Südamerika in hohem Ansehen.

Welt des Vollbluts für die deutsche Zucht einen Wertbegriff darstellen sollte: Oleander! Dieser von Prunus a.d. Orchidee II gezogene Hengst geht in direkter Linie auf den großartigen Eclipse zurück, der, als das beste Rennpferd seiner Zeit, niemals geschlagen worden ist. Und dabei wäre Oleander schon als Zweijähriger fast verloren gegangen. Bei der Morgenarbeit im August in Neuenhagen bei Hoppegarten zog er sich eine Verletzung zu, bei der man zunächst sogar einen Beckenbruch vermutete. Sein Ende durch eine Gnadenkugel war schon vorgezeichnet, doch blieb es dem langjährigen Trainer von Schlenderhan, Georg Arnull, vorbehalten, dieses zu verhindern. Als Dreijähriger begann er mit zwei Erfolgen, verlor ein Rennen, lahmte dann aber wieder, so daß er aus dem Derby gestrichen wurde, das sein Stallgefährte Mah Jong für Schlenderhan gewann.

Aber dann entwickelte sich Oleander zu dem ersten deutschen Rennpferd internationaler Klasse. Er gewann in Wien, schlug in Baden-Baden den Franzosen Sac-à-Papier und setzte sich durch den Sieg im Gladiatoren-Rennen an die Spitze des Jahrgangs. Als Vierjähriger gewann Oleander zum ersten Male den Großen Preis von Berlin, zum zweiten Male den Großen Preis von Baden und belegte im Prix de l'Arc de Triomphe in Paris den fünften Platz, eine durchaus beachtenswerte Leistung. Der fünfjährige Oleander holt sich wieder den Berliner „Grand Prix", ließ den dritten Sieg im Iffezheimer „Großen Preis" folgen und scheiterte bei seinem zweiten Versuch in Paris nur an der falschen Taktik seines Jockeys Joe Childs, der seinen Vorstoß zu früh einsetzte, so daß Oleander am Ende hinter dem Italiener Ortello und Kantar Dritter wurde, nur um zweimal eine halbe Länge geschlagen. 1929 riefen die Franzosen, als Oleander in der Zielgeraden noch an der Spitze lag, „Le cheval allemand!", aber es langte nicht. 1980 flog ein Nebos im „Arc de Triomphe" als schnellstes Pferd heran, aber auch für ihn reichte es nicht zum Sieg (Fünfter). Zwei unglückliche Niederlagen, die aber durch die Art, wie sie zustande kamen, von den Sportsmen in Paris als höchst ehrenvoll bezeichnet wurden.
Über seine hervorragenden Rennleistungen hinaus wurde Oleander auch in der Zucht ein Volltreffer, z.B. neunmaliger Champion der Vaterpferde! Man könnte über ihn ein ganzes Buch schreiben! Unverständlich, daß es nie geschehen ist. Aus seiner Zeit müssen ebenso der Derby-Sieger Graf Isolani genannt werden sowie Contessa Maddalena, die Hanielsche Stute, die über eine ungeheure Antrittsschnelligkeit verfügte und als eines der bedeutendsten Fliegerpferde des deutschen Rennsports bezeichnet werden muß.

4.2 Die 30er Jahre und der 2. Weltkrieg
Herausragende Pferde: Alchimist, Alba, Nereide, Ticino, Schwarzgold

Während Oleander in seinem Heimatgestüt seine Tätigkeit als Deckhengst aufnahm, wuchs in Schlenderhan wieder ein Rennpferd heran, das den Derby-Jahrgang 1930 völlig beherrschte: Alba von Wallenstein a.d. Arabis. Henckel-Rennen, „Union-Derby", Großer Preis von Berlin, Fürstenberg-Rennen, Großer Preis von Baden - das waren die Stationen seines Triumpfzuges, wobei in Iffezheim die beiden Franzosen Bara und Diadème klar das Nachsehen hatten. Aber wenige Tage vor dem Deutschen St. Leger verunglückte dieser wunderbare Hengst bei der Morgenarbeit, zersplittertes Hinterbein, Gnadenkugel. Seine Gegner, die Waldfrieder Ladro und Gregor und auch Graf Isolani, sie waren keine schlechten Pferde, aber Alba stand turmhoch über ihnen und sein früher Verlust bedeutete einen schweren Schlag für die deutsche Vollblutzucht.
Bereits nach drei Jahren ragte wieder ein Hengst eindeutig aus seinem Jahrgang heraus, der aber später das Glück hatte, auch noch in der Zucht Hervorragendes zu leisten - der Graditzer Alchimist (v. Herold a.d. Aversion). Über Erfolge in der „Union", im Derby und Großen Preis von Berlin ging sein Weg auch nach Baden-Baden, wo er unter Höchstgewicht gegen Stall Boussacs Negundo und La Circé und den Italiener Sans souci (Gestüt del-Soldo) anzutreten hatte. Der Einlauf war: Alchimist, Negundo, Janitor, Sans souci, Arjaman und La Circé. Zwar behinderte Arjaman, der für Alchimist die Pace gemacht hatte, im Einlauf nach außen drängend Janitor und Sans souci etwas, aber entscheidend kann das nicht gewesen sein.
Einen recht guten Jahrgang weisen die Dreijährigen 1934 auf, denn Travertin, Blinzen, Ehrenpreis, Agalire und vor allem der Derby-Sieger Athanasius waren reell gute Pferde, unter denen Ebro, Airolo und Lehnsherrin standen, die ebenfalls mit mehreren Erfolgen ihren Besitzern viel Freude bereiteten. Ein Teil der genannten Pferde zeigte auch 1935 noch gute Leistungen, doch stand dieses Jahr eindeutig im Zeichen des ersten herausragenden Produktes von Oleander, des Schlenderhaners Sturmvogel (a.d. Schwarzen Kutte, deren Tochter Schwarzliesel Mutter von Schwarzgold wurde!). Wie sein Zuchtgefährte Alba marschierte Sturmvogel über Siege im Henckel-Rennen, in der „Union" zum Derby-Sieg, um dann im Großen Preis von Berlin eine international herausragende Leistung zu vollbringen. Aus Paris trat der Sieger im Grand Prix de Paris, Admiral Drake, gegen die deutsche Elite an, zog aber um eine dreiviertel Länge gegen Sturmvogel den kürzeren. Dieses Jahr wur-

de zum Durchbruch für Oleander als Vaterpferd. Die Sieger Sturmvogel, Dornrose, Ebro und Contessina waren seine besten Produkte.

Das Jahr 1936 bringt nicht nur die ersten Olympischen Spiele nach Deutschland, sondern einen neuen Höhepunkt für die deutsche Vollblutzucht und den Rennsport. Gestüt Erlenhofs Nereide (v. Graf Isolani od. Laland a.d. Nella da Gubbio) krönt ihre einmalige Laufbahn mit einem Sieg (eine Länge Vorsprung) gegen das beste Pferd des Kontinents, die Französin Corrida, im Braunen Band von Deutschland in München-Riem! Ungeschlagen in zehn Rennen tritt die Stute ab, bei deren zweifelhafter Vaterschaft die Fachwelt eher dazu neigt, Laland als Vater anzuerkennen als Graf Isolani. Schon als Zweijährige zeigte Nereide ihr großes Rennvermögen: Versuchsrennen der Stuten als erstes Auftreten - 5 Längen; Sierstorpff-Rennen - 6 Längen vor Alexandra; Zukunfts-Rennen - 3 1/2 Längen vor Alexandra; Oppenheim-Rennen - 8 Längen vor Wahnfried; Ratibor-Rennen - leicht 3/4 Länge vor Wahnfried. Dann als Dreijährige: Kisasszony-Rennen - sicher Hals vor Unverzagt; Preis der Diana - sicher 1 1/4 Länge vor Alexandra; Nickel-Eintracht-Rennen - sicher Kopf vor Reichsfürst; Derby - 4 Längen vor Alexandra (in Rekordzeit 2:28,8); und schließlich der Triumph in München!
Nicht jedes Jahr steht in jedem Land ein Pferd wie Nereide zur Verfügung und so gab es 1937 und 1938 mit dem letzten Graditzer Derby-Sieger Abendfrieden (v. Ferro a.d. Antonia), dem Waldfrieder Blasius (v. Aurelius a.d. Blaue Blume), Iniga Isolani (v. Graf Isolani a.d. Iniga Jones) und Orgelton (v. Prunus a.d. Odaliske), Sieger im Derby 1938, zwar sehr gute Rennpferde auf den deutschen Bahnen, aber in den großen internationalen Begegnungen trumpfte das Ausland wieder auf (Italiens Gaio im Fürstenberg-Rennen, Dadji aus Frankreich im Großen Preis von Baden, Corrida im Großen Preis der Reichshauptstadt; Antonym im Braunen Band und im Berliner „Grand Prix" und der Italiener Procle im Fürstenberg-Rennen und im Großen Preis von Baden 1938).

Nachdem das Jahr 1939 mit dem unseligen Beginn des II. Weltkrieges eine recht bunte Gesellschaft an der Spitze des Dreijährigen-Jahrganges sah (Octavianus, Wehr Dich, den Derby-Sieger, Organdy, Sonnenorden, Kumbuke und Tatjana), schenkte, fünf Jahre nach Nereide, diesmal die Schlenderhaner Zucht dem Rennsport eine Stute, deren wahre Grenzen nie aufgezeigt wurden, Schwarzgold v. Alchimist a.d. Schwarzliesel! Sie war nicht - wie Nereide - ungeschlagen; bei ihren zwölf Starts war sie dreimal Zweite und im Henckel-Rennen lautete der Richterspruch „nur" sicher dreiviertel Länge vor Newa. Bei allen-

anderen Rennen jedoch galoppierte sie an der Spitze ihr Pensum herunter, ehrgeizig und mit gewaltigen Galoppsprüngen, um mit gespitzten Ohren weit vor den Gegnern das Ziel zu passieren. Die Stute mußte auch immer zum Start geführt werden, denn sobald sie eine Rennbahn betrat, wußte sie sofort, um was es gleich gehen würde. Sie war durch und durch ein Rennpferd. Ihre letzten vier Prüfungen (Preis der Diana, Derby, Oleander-Rennen, Großer Preis der Reichshauptstadt) nötigten dem Zielrichter Paul Bartels den Spruch „Weile" ab. Es war eine Schande, ja sogar ein Verbrechen gegenüber der deutschen Vollblutzucht, daß die SS einen Start von Schwarzgold im Braunen Band von Deutschland verhinderte.

Wer hätte gedacht, daß Schlenderhannach Orgelton, Wehr Dich und Schwarzgold- 1941 wieder einen Crack zur Hand haben würde, der mit seinem Derby-Sieg eine vierfache Serie für ein und denselben Stall aufstellte, die bis heute einmalig im Rennsport ist und sicher noch lange Zeit bleiben wird. Absoluter Spitzenhengst wurde der Astérus-Sohn Magnat, ein sehr schwieriges Pferd, das sich am Start oft sehr ungebärdig zeigte, aber über großes Können und ein treues Kämpferherz verfügte, das sein ständiger Reiter Gerhard Streit glänzend zu entwickeln verstand. Henckel-Rennen, Union-Rennen, Derby und der Große Preis von Baden stehen auf seinem Konto. Erwähnenswert bei seinem Jahrgang ist das Produkt einer Traumpaarung: Nuvolari v. Oleander a. d. Nereide! Sein Können reichte nicht an das von Magnat heran, aber immerhin gewann er den Großen Hansa-Preis und das Iffezheimer Fürstenberg-Rennen. Die ständige Zweite zu Nereide, die Waldfriederin Alexandra, brachte nach Janus die schnelle Alejana, die die beste Stute in diesem Jahrgang wurde.

Der Hengst wurde vor dem Krieg in Erlenhof geboren und als der Krieg mit hohen Verlusten an den Fronten und in der Heimat seinen traurigen Höhepunkt erreichte, wurde er auf den Rennbahnen zu einem der besten Pferde, die die deutsche Vollblutzucht je hervorgebracht hat: Ticino v. Athanasius a.d. Terra! Dabei hatte seine Karriere gar nicht verheißungsvoll begonnen. Nach seinem Sieg in einem Zweijährigen-Rennen bekam er eine Entzündung am Vorderfußwurzelgelenk, die eine langwierige Behandlung erforderte. Als Dreijähriger dienten Starts im Preis von Dahlwitz, Henckel-Rennen und auch in der „Union" eigentlich nur der Frage nach seiner Belastbarkeit. Als er das Nickel-Eintracht-Rennen acht Tage vor dem Derby leicht gewonnen hatte, sah Trainer Adian von Borcke bereits zuversichtlicher dem Derby-Start entgegen. Leichter schien die Aufgabe im Derby zu werden, als der bis dahin beste Dreijährige, der Ebbesloher Effendi, wegen einer Vergiftungserkrankung

Nereide,
gezogen 1933 im Gestüt Erlenhof, wird für alle Zeiten als die „ungeschlagene Königin der deutschen Vollblutzucht und des deutschen Rennsports" gelten. Zehn Rennen bestritt sie, nicht einmal passierte ein Gegner vor ihr das Ziel. Die Stute konnte im Rennen jedes Tempo mitgehen und im entscheidenden Moment neue Kräfte entfalten. Nach ihrem Derby-Sieg in Rekordzeit (2 : 28,8 Minuten) in Hamborg-Horn schlug sie im „Braunen Band von Deutschland" in München-Riem Europas bestes Pferd, die Boussac'sche Stute Corrida. (Im Sattel Ernst Grabsch).

Schwarzgold,
gezogen 1937 vom Gestüt Schlenderhan, zog die Zuschauer auf die Rennbahnen wie wohl selten ein anderes Rennpferd. Bewundernswert war das Galoppiervermögen dieser Alchimist-Tochter (a.d. Schwarzliesel), die sich vom Start weg weit vom Feld absetzte und ihren Gegnern überhaupt keine Chance ließ. 12mal kam Schwarzgold an den Start, neunmal blieb sie Siegerin, in den restlichen drei Rennen war sie plaziert. In neun Jahren brachte sie nur zwei Stutfohlen und mußte 1950 wegen einer unheilbaren Krankheit getötet werden. (Im Sattel Gerhard Streit).

Ticino,
gezogen 1939 im Gestüt Erlenhof, imponierte nicht nur durch sein Äußeres. Obgleich er schon Derby-Sieger war und den Großen Preis der Reichshauptstadt gewonnen hatte, wurde er mit zunehmendem Alter immer besser. Als Fünfjähriger blieb er in sieben Rennen ungeschlagen, auf Distanzen zwischen 1200 m (Goldene Peitsche) und 2400 m (Großer Preis von Baden, in Hoppegarten). Die Kriegszeit verwehrte diesem absoluten Spitzenhengst die internationale Bewährung. In der Zucht leistete er Hervorragendes, war neunmal Vaterpferde-Champion. (Im Sattel Otto Schmidt).

dem Start fernbleiben mußte, wodurch Otto Schmidt der Ritt auf Ticino anvertraut wurde. Ticino siegte sicher mit einer Länge gegen Gradivo, Troll, Ortwin und Silberfasan. Auch das Wiener Derby und den Großen Preis der Reichshauptstadt konnte der Erlenhofer für sich buchen. Dreimal gewann er das letztere Rennen, das dritte Mal, als er schon fünfjährig war und in die-

sem Alter bei sieben Starts ungeschlagen blieb, darunter auch in Deutschlands renommiertester Fliegerprüfung, der Goldenen Peitsche.
Ticino war ein Allround-Pferd von überragender Klasse. Was er für die deutsche Vollblutzucht schlechthin wert war, das besagen seine Leistungen in der Zucht. Neunmal wurde er Champion der Vaterpferde (wie Oleander), obwohl er schon mit 17 Jahren unfruchtbar wurde und mit 18 Jahren wegen einer völligen Verformung des linken Vorderfußes getötet werden mußte. Dabei mußte man dankbar sein, daß er überhaupt noch für die deutsche Zucht wirksam werden konnte, denn bei Kriegsende, als die Amerikaner nach Erlenhof kamen und auch Vollblut requirierten, da griffen sie nach Athanasius und Nordlicht, vergaßen aber Ticino.
Allgäu, Schlenderhaner Derby-Sieger (v. Ortello a.d. Arabella), Panzerturm und Stolzenfels sowie die Stute Contessa Pilade (v. Pilade a.d. Contessa Maddalena) waren die Spitzenpferde 1943. Und im letzten Jahr, in dem in Deutschland noch Rennen gelaufen wurden (1944), steht der eben erwähnte Nordlicht, das zweite Produkt aus der „Traumpaarung" Oleander-Nereide, als Derby-Sieger an der Spitze, während sein Stallgefährte Ticino seine großartige, bereits genannte Siegesserie feierte.

5. 1945 und die Jahrzehnte bis zur Gegenwart

5.1 Zusammenbruch und Wiederaufbau

Auch die Vollblutzucht und der Rennsport in Deutschland erlebten einen schweren Einschnitt, der mit dem Ende des Krieges eintrat. Durch die vier Zonen, in die das Restgebilde des Deutschen Reiches geteilt wurde, verschwand die zentrale Stelle, die bis zuletzt in der Tat durch den Union-Klub ausgeübt wurde (trotz der Obersten Behörde für Vollblutzucht und Rennen, OBV). Requirierung der Beute - so jedenfalls ereilte viele Pferde das Schicksal. Der Derby-Sieger Alchimist endete in Graditz in der Feldküche der sowjetischen Soldaten, nachdem der Hengst sich geweigert hatte, sich vor einen Wagen spannen zu lassen. In einem großen Treck war unter der Leitung des Generalsekretärs des Union-Klubs, Franz Cháles de Beaulieu, eine große Anzahl von Rennpferden aus Hoppegarten nach dem Westen geführt worden. Die Rennbahnen waren fast durchweg von Bombenkratern übersät, Tribünen lagen in Schutt und Asche. Leitende Funktionäre waren an der Front gefallen, wobei der Amateurreiter-Verband besondere Ver-

luste durch den Tod vieler Offiziere zu beklagen hatte. Hunger, Wohnungsnot, Trümmer, auseinandergerissene Familien, Flüchtlinge, Vertriebene, heimkehrende Kriegsgefangene und politisch Verfolgte, Entnazifizierungsverfahren, Prozesse, Schwarzer Markt, Grenzgänger, Schmuggeln und Kohlenklau - das war die Lage in jenen Tagen. Am 1. Dezember 1944 war in Dresden der letzte Renntag abgewickelt worden. Am Ostermontag, dem 22. April 1946, stieg bereits in München-Riem der erste Renntag nach dem Zusammenbruch des Dritten Reiches. Der erste Jahres-Rennkalender, der 1946 wieder erscheint, herausgegeben vom Zentralverband für Vollblutzucht und Rennen in der britischen Zone in Verbindung mit der CVB (Bayern), CVH (Hessen) und OBV (Mitteldeutschland), nennt bereits Baden-Baden (nur Rennen der Besatzungsmacht), Berlin-Hoppegarten, Dresden, Düsseldorf, Frankfurt/Main, Gotha, Halle, Hannover, Haßloch, Köln, Leipzig, Mülheim-Duisburg und München-Riem als Veranstalter. Dabei mußten manche Rennvereine jedoch als Gastvereine auf halbwegs intakten Rennbahnen veranstalten bzw. viele Renntage noch unter dem Patronat der Besatzungsmächte stehen. In diesem Chaos der Nachkriegszeit den Gedanken an den Rennsport und die Vollblutzucht nicht aufgegeben zu haben, ist das Verdienst der Männer, die dieser erste Jahres-Rennkalender 1946 verzeichnet und die auch hier genannt werden sollen:
Britische Zone: Landstallmeister Dr. Heling, Erich von Chlebowski, I. Hansen, Hans Melchior Freiherr von Schlotheim, Waldemar Freiherr von Oppenheim, C. A. Schaumann, H. Willink, Bruno Behr, Walther Bresges, Ferdinand Leisten, H. Müller-Wendt, A. Oehlschläger, K. Steuber, B. Saria, A. Voigt, A. Lommatzsch und der Generalsekretär F. Ch. de Beaulieu. - Bayern: Rudolf Graf Spreti, E. Hörrmann, W. Pöbel, W. Held, J. Göbl und Generalsekretär C. H. Nette. - Hessen: K. Lorberg, G. v. Metzsch, C. Neumann, A. Plagge, P. Lewicki, H. Edler und Geschäftsführer Dr. E. Teuscher. - Funktionäre des deutschen Rennbetriebs 1946: Ausgleicher - Frhr. v. Berchem, F. Metzler, Dr. A. Rauch, E. Weinschenk und H. Wienrich; Richter - J. Becker, U. Blanck, H. v. Gustedt, F. Metzler, C. Neumann, Ed. Sechser, Dr. Sonnenbrodt, Suden, F.B. Walter, H. Wienrich; Starter - H. Ackermann, M. v. Baumbach, H. Heck, v. Holtey, A. v. Knoblauch, H. Ludwig, Alex. Nette, C.H. Nette, F.L. Nette, Dr. E. Rothhaar, R. Frhr. v. Tautphöus und Br. Wurst.

Während man die Zuchten im Osten (Ostpreußen, Westpreußen, Pommern, Schlesien) abschreiben mußte, versuchten die Züchter in den drei Westzonen unter zum Teil abenteuerlichsten Bedingungen ihre Zuchten wieder zusammenzustellen und

Waldrun,
gezogen 1943 von Max Herding, eine Alchimist-Stute, war Erstling ihrer Mutter Walburga; sie hat nie ein Rennen bestritten, kam 1949 mit ihrem Fohlen Windstille in den Besitz des Gestütes Ravensberg und begründete dort die „W"-Familie, die zu außerordentlichen Erfolgen kam. Waldrun bescherte mit Wilderer (v. Neckar) dem Gestüt Ravensberg den ersten Derby-Sieg, dem Waidwerk (v. Neckar a. d. Windstille) 1965 als zweiter Träger des „Blauen Bandes" folgte. Der letzte bedeutende Vertreter der Waldrun-Familie war Windwurf.

Birkhahn,
gezogen 1945 von Margarete von Heynitz, blieb im ersten Nachkriegs-Derby, das wieder in Hamburg stattfand, zugleich in seinem zehnten Rennen ungeschlagen, verlor allerdings später diesen Nimbus durch schlechtes Management. Der wohl beste Alchimist-Sohn startete 22mal, gewann 16 Prüfungen und war zweimal plaziert. Es war ein Glück, daß dieser beste Hengst aus der mitteldeutschen Zucht 1960 vom Gestüt Schlenderhan erworben wurde, wo er mit den sehr viel besseren Stuten Hervorragendes leistete, bis er 1965 in Schlenderhan einging.

durchzubringen, was bei der Futterlage oft nicht einfach war. Es stellt ein wahres Ruhmesblatt in der Geschichte der deutschen Vollblutzucht dar, was in dieser Zeit seitens der Züchter, Besitzer und ihrer Mitarbeiter geleistet worden ist. So überlebte auch der deutsche Vollblüter dieses Inferno und seine Nachwirkungen, gestützt auf das Potential, das eben noch übriggeblieben war. Zum Glück waren noch etwa 300 Stuten meist alter, erfolgreicher Linien vorhanden und auch einige bewährte Deckhengste standen für einen neuen Anfang zur Verfügung. Wie schon nach 1918, so ging es auch nach 1945 weiter, wenn auch noch sehr viele Narben verheilen mußten. Das in Jahrzehnten bewährte Rennsystem wurde im Westen wieder zur Basis; viele der Hoppegartener Titel übernahmen die Bahnen im Westen, vor allem im Rheinland. Das Derby fand seine Wiederauferstehung in München 1946 (Solo), 1947 übernahm Köln die Austragung (Singlespieler), bis das traditionelle Geläuf in Hamburg-Horn wieder soweit hergerichtet war. Dort ist das Derby seit 1948 wieder zu Hause.

Drei Frühjahrs-Renntage hatten nachgewiesen, daß Horn wieder bereit war, aber dann kam am 20. Juni 1948 die Währungsreform, bei der jeder nur Geld für neue 40 D-Mark eintauschen konnte! So wurden nur zwei Renntage des Derby-Meetings ausgetragen, an den Sonntagen 25. Juli und 1. August. Bei hochsommerlicher Temperatur erlebte die Horner Bahn einen Massenbesuch wie noch nie und wie wohl auch seit dem nicht mehr. An die 50.000 Menschen drängten sich entlang der Zielgeraden und im Innenraum. 600.000 D-Mark wurden umgesetzt - sechs Wochen nach der Währungsreform! Das ungeschlagene Spitzenpferd aus Mitteldeutschland, der dem Leipziger Kunsthändler K. H. Wieland gehörende Birkhahn (v. Alchimist a. d. Bramouse), gewann unter Erich Böhlke sicher mit einer Länge gegen Angeber, Salvator und Aralia. Dieser Birkhahn deckte von 1951 bis 1959 im volkseigenen Hauptgestüt Graditz und wurde 1960 vom Gestüt Schlenderhan im Tausch gegen Asterios erworben. Während seiner nur fünf Jahre währenden Tätigkeit in Schlenderhan hat er sich durchschlagend vererbt.

5.2 Renngeschehen nach 1950. Aktivitäten im Ausland. Neue Zuchtstätten

Die letzten vier Jahrzehnte dürften noch weitgehendst im Bewußtsein der Pferdesportfreunde eingeprägt sein, so daß die Zeitspanne der jüngsten Entwicklung nur mit Schlaglichtern beleuchtet zu werden braucht. So z.B. die Tatsache, daß es 1949 Schlenderhan gelang, mit den beiden exzellenten Stuten Asterblüte (Derby) und Aubergine (St. Leger) alle klassischen Prüfungen zu gewinnen. Das Jahr 1950 stand im Zeichen von Niederländer (v. Ticino a.d. Najade), der das Derby gegen seinen Widersacher Asterios gewann. Eine Sensation stellte am 10. Juni 1951 das „Treffen der Vier" dar: ein Match, zu dem der Besitzer der sehr guten Stute Erlenkind die Besitzer von Niederländer, Asterios und Waldspecht herausgefordert hatte. Auf weichem Boden mußten sowohl Niederländer wie auch Asterios dem Riesenaußenseiter Waldspecht den Vortritt lassen, Erlenkind endete abgeschlagen. Ein völlig paradoxes Ergebnis und als Lehre daraus hat man auch nie wieder auf eine solche Form des Kräftevergleichs zurückgegriffen.

In diesem Jahr 1951 steht noch ein Ticino-Sohn an der Spitze des Jahrganges, Neckar (a.d. Nixe) aus dem Gestüt Erlenhof, auf dem der 55jährige Otto Schmidt seinen siebten Derby-Sieger steuerte. Fünf Erlenhofer starteten, drei kamen zu Geldpreisen: 1. Neckar, 2. Wacholdis (Röttgen), 3. Burgeff, 4. Imperator! Im Herbst gewann Neckar in Paris noch den Prix de Chantilly, für die damalige Zeit ein bemerkenswerter Erfolg. Durch den hervorragenden Gundomar-Sohn Mangon (a.d. Mainkur) steht das Jahr 1952 im Zeichen von Blau-Weiß (Waldfried). Derby, Großer Preis von Nordrhein-Westfalen und Großer Preis von Baden (gegen den Franzosen Faubourg) stehen auf seinem Konto, auf dem der vierjährige Mangon auch einen dritten Platz im Gran Premio di Milano (Sieger Botticelli) verzeichnet! Die deutschen Besitzer und Züchter haben also schon damals das Ausland zu Vergleichsproben „entdeckt" und nicht erst in jüngster Zeit, wie oft behauptet wird. In diesem Jahrgang befinden sich auch einige sehr gute Stuten wie Königswiese, Jana, Leidenschaft und Windstille! Auch im folgenden Jahrgang (Derby-Sieger Allasch) finden wir mit Naxos, Liebesmahl und Gisa Namen von Stuten, die in der Zucht einen guten Klang haben.

Was manchem Züchter und Besitzer erst nach einem oder zwei Jahrzehnten glückt, nämlich ein Derby zu gewinnen, das bescherte Kaliber (v. Wirbelwind a.d. Kirschfliege) seinem Besitzer Senator Adolf Schindling schon nach wenigen Jahren der Beschäftigung mit dem Vollblut (Gestüt Asta). Es schmälert diesen Erfolg in keiner Weise, wenn man diesen Jahrgang nicht als sonderlich stark bezeichnet, was man mit einer Ausnahme auch von den Dreijährigen 1955 sagen kann. Lustige (v. Ticino a.d. Lapis) gewann zwar das „verkorkste" Derby, aber das herausragende Pferd war Waldfrieds Masetto (v. Olymp a.d. Mimosa), der den Großen Preis von Nordrhein-Westfalen, das Fürstenberg-Rennen und den „Grand Prix" in Iffezheim als Sieger beendete.

Während noch Masetto, Nizam, Witterung und Giovanni erfolgreich auf der Bahn waren, konnte das Gestüt Asta nach Kaliber schon zwei Jahre später einen weiteren Derby-Sieger stellen, Kilometer (v. Alizier), der wie sein Vorgänger ebenfalls Kirschfliege zur Mutter hat. Das ist für eine Mutterstute bis heute im „Blauen Band" einmalig, zwei Derby-Sieger! Mindestens auf eine Stufe mit dem Derby-Sieger sind aber Gebrüder Röslers Liebeslied (v. Ticino a.d. Liebesgöttin) und Bernardus (v. Allgäu a.d. Blumenmädel) zu stellen. Doch hält dieser Jahrgang wohl gar keinen Vergleich mit dem aus, was der Dreijährigen-Jahrgang 1957 zu bieten hatte! Da wimmelte es nur von Klassepferden und ihren stolzen Erfolgen! Der Derby-Ausgang war sensationell: Mit dem Richterspruch „Hals-Hals-Hals" stürmten Orsini, Windfang, Utrillo und Mogul über die Ziellinie. Den Sieger ritt der englische Meister-Jockey Lester Piggott; seit diesem Tag greifen deutsche Besitzer immer wieder auf erstklassige ausländische Jockeys zurück.

Es war Erlenhofs letzter Derby-Sieger, denn bald darauf übernahm Gräfin Margit Batthyany das Gestüt und ließ unter eigenem Namen und eigenem Dress ihre Vollblüter laufen. Und es war das letzte Mal, daß mit Tannenhäher und Cattleya zwei Pferde aus der DDR in Hamburg starteten. In diesem Jahr gab es aber auch einen Obermaat, eine Thila, die in Paris den Prix du Conseil Municipal leicht mit drei Längen gewann, einen Nisos und einen Adios. Ein ausgesprochener Klasse-Jahrgang, dem der nachfolgende Jahrgang trotz guter Pferde wie Ivresse, Grind, Pfalzteufel, Agio, Andrea, Aletsch und Wilderer (erster Derby-Sieg für Ravensberg!) nicht das Wasser reichen konnte.

Röttgen, Ravensberg und Zoppenbroich bestimmten das Jahr 1959. Röttgen mit seinem ersten Derby-Sieger seit 1932 (Palastpage) Uomo, mit Wettcoup und dem Jahrgangsbesten Waldcanter (von dem aus Italien eingeführten Caran d'Ache a.d. Wappenau); Ravensberg mit Waidmann, Wiesenblick und Vierzehnender und Zoppenbroich mit den beiden Stuten Ordinate und Sommerblume. Hatte Röttgen mit seinem vierfachen Aufgebot 1959 Glück und belegte im Derby Platz eins und zwei, so endeten die vier Röttgener Wicht, Oculi, Westorkan und Santa Cruz 1960 in Horn unter „Ferner liefen". Dafür trug sich das

Priamos,
gezogen 1964 vom Gestüt Schlenderhan, erwarb sich als Sechsjähriger durch zwei Erfolge in Longchamp (Prix Dollar, 1950 m) und in Deauville (Prix Jacques le Marois, 1600 m) gegen erstklassige internationale Gegner den Titel eines europäischen „Meilen-Champions 1970". Er ist der beste Birkhahn-Nachkomme aus Schlenderhaner Zucht, in der er noch heute als Deckhengst wirkt und zu den Spitzenhengsten der deutschen Vollblutzucht zählte. (Bild rechts)

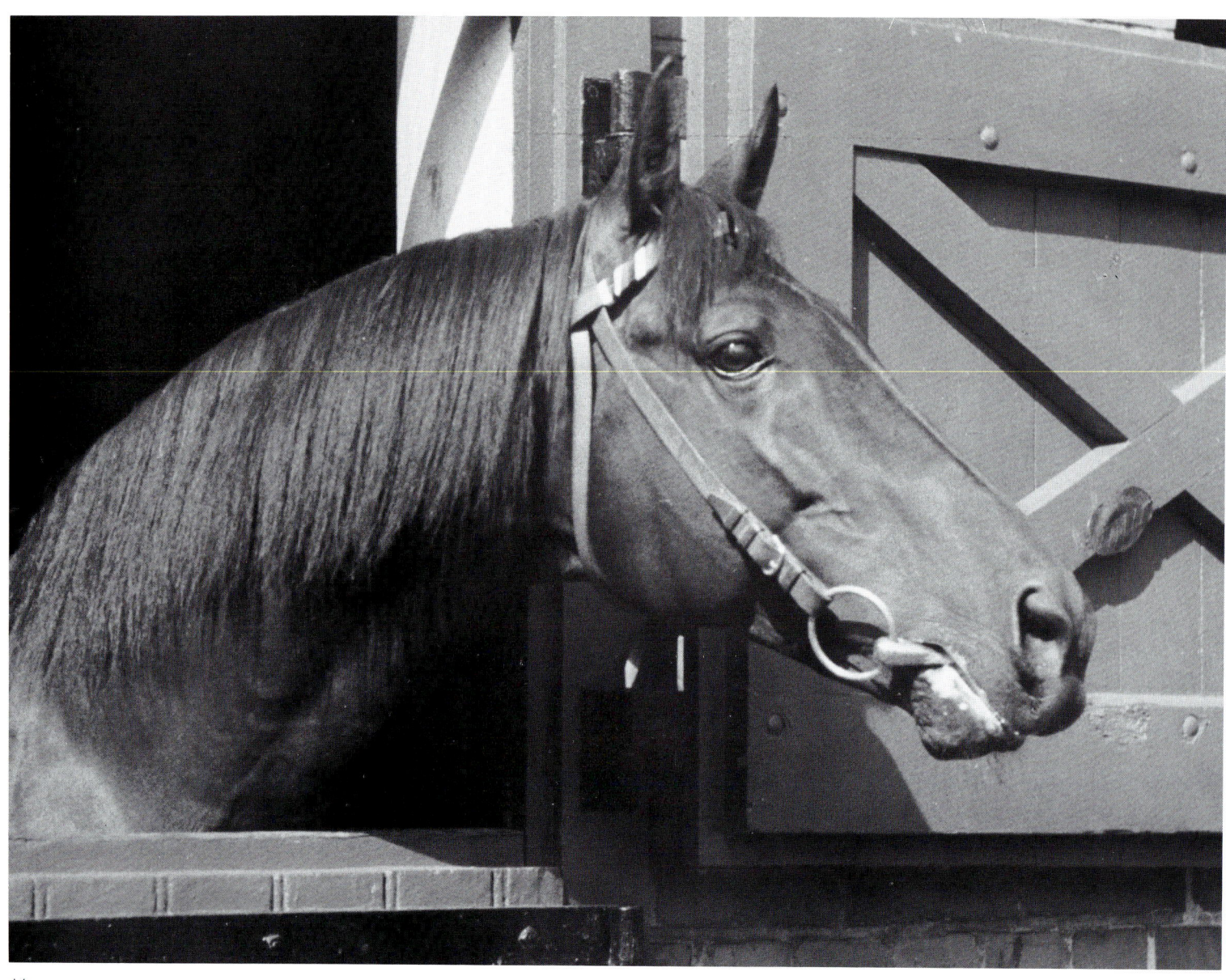

Mangon,
gezogen 1949 im Gestüt Waldfried, gehört mit zu den besten Hengsten, die die deutsche Vollblutzucht hervorgebracht hat, - und zu den unglücklichsten. Deutsches Derby, Henckel-Rennen, zweimal Großer Preis von Nordrhein-Westfalen, Großer Preis von Baden (gegen den Franzosen Faubourg) stehen auf seinem Konto, das noch größer wäre, hätte er als Vierjähriger gestartet werden können. In der Zucht waren ihm (wie seinem Vater Gundomar) auch nur drei Jahre gegönnt, aus denen sofort zwei Derby-Sieger (Alarich und Baalim) stammten.

Gestüt Rösler mit Alarich (v. Mangon a.d. Alma mater) zum ersten Male in die Siegerliste ein, der den später so erfolgreichen Deckhengst Kaiseradler leicht schlug.

In diesen Jahren erhalten die deutschen Spitzenpferde aber im Großen Preis von Baden, dem bedeutendsten internationalen Vergleich mit dem Ausland auf deutschem Boden, einen Dämpfer nach dem anderen. 1958 siegte Dushka, 1959 Malefaim, 1960 Sheshoon, 1961 Rio Marin, 1963 und 1964 Espresso, 1965 Demi Deuil, 1966 Attila, 1967 Salvo, 1968 der zwar in Deutschland von Sven von Mitzlaff trainierte aber rein ausländisch gezogene und in belgischem Besitz befindliche Lusiano und 1969 Stradford. Dabei sind Baalim, Alisma, Meraviglia und Opponent 1961 gar nicht so schlechte Pferde, von denen mit Baalim Gerhard Streit in Hamburg seinen 8. Derby-Sieger reitet und damit erfolgreichster Derby-Jockey in Deutschland

wird; Herero, Kaiserstuhl, Sudan und Ghana gehören zu den besten des Derby-Jahrgangs 1962; im nächsten Jahr sind es Fanfar, Cher, Gladstone und Lis; besser sieht es schon 1964 mit Zank, Kronzeuge, Wiesenklee, Marinus und Dschinghis Khan aus; doch reißen Waidwerk, Fioravanti, Goldbube und Sturmwoge 1965 sowie Ilix, Bandit, Arjon und Birgitz 1966 die Fachleute auch nicht aus einer kritischen Reserve. ′

Der schon erwähnte Luciano, der vom Direktorium als Absetzer eingeführt, als Inländer gilt, ist ein Klassepferd, auch wenn er sich im Großen Preis von Baden hinter Salvo und im Preis von Europa hinter dem Russen Anilin mit zweiten Plätzen begnügen muß (1967). Den achten Derby-Sieg beschert der Orsini-Sohn Elviro (a. d. Egina) dem Gestüt Waldfried. Doch war hier der Jahrgangsbeste mit Sicherheit Literat, der

verletzt aus dem Derby zurückkehrte. Jubiläums-Maßarbeit und natürlich auch Turfglück hatte 1969 das Gestüt Schlenderhan, das 14 Tage vor den Feierlichkeiten zu seinem 100jährigen Bestehen durch Don Giovanni den 14. Derby-Sieger aus seinem Rennstall hervorzauberte, was vornehmlich das Verdienst des sehr guten englischen Jockeys Brian Taylor war. Zu den besseren Pferden dieses Jahrgangs gehörten Hitchcock und Akari. Im nächsten Jahr folgen zwei Schlenderhaner, die in ihrem Jahrgang klar dominierend sind: Alpenkönig (Derby, Großer Preis von Nordrhein-Westfalen, Aral-Pokal und Großer Preis von Baden) und Lombard (Henckel-Rennen, Fürstenberg-Rennen und Deutsches St. Leger), der in den darauffolgenden Jahren dreimal den großen Preis von Düsseldorf gewinnt und als Vierjähriger in Saint Cloud einen guten zweiten Platz im Prix Exbury hinter Yaxilio belegt.

Auf Gestüt Röslers zweiten Derby-Sieger Lauscher 1971 sowie Madruzzo, Florino und Widschi erntet ein noch verhältnismäßig junger Züchter, Fredi Ostermann, bereits die Frucht seines passionierten Engagements in der Vollblutzucht. Mit Tarim gewinnt er das Derby und in diesem Jahrgang befinden sich so gute Pferde wie Experte, Prince Ippi, Arratos, Schiwago, Rubens und Garzer. Dann schlägt endlich für das Gestüt Zoppenbroich die große Stunde: Athenagoras (v. Nasram a. d. Avenida) gewinnt leicht das erste Derby für diese alte Zuchtstätte, wobei er die bisherige Rekordzeit für die 2400-m-Distanz in Horn von Nereide (1936 - 2:28,8 Minuten) einstellt. Athenagoras ließ dann noch die Siege im Aral-Pokal und im Großen Preis von Baden folgen. Einen der härtesten Endkämpfe, die das Derby je erlebt hat, lieferten sich 1974 Gräfin Batthyanys Marduk und Lord Udo, der schon einen ausreichenden Vorsprung zu haben schien. Man möchte fast sagen, um einen „noch kürzeren aller Köpfe" rang Marduk (v. Orsini a. d. Marlia) seinen Gegner schließlich nieder. Diese beiden Hengste waren in ihrem Jahrgang einsame Klasse. Das Derby 1975 schenkte dem norddeutschen Gestüt Hohe Weide durch den Erfolg von Königssee (v. Soderini a. d. Königsbirke) den Eichenkranz mit der blauen Schleife, doch erlebte sein passionierter Züchter, Werner Zindler, diesen Triumph nicht mehr. Acht Monate zuvor war er gestorben. Daß das Publikum mit dem Sieg von Königssee kaum gerechnet hatte, geht aus der neuen Rekord-Siegquote im Derby hervor - 280:10 (bislang Hagen 1900 mit 277:10).

Am 4. Juli 1976 feierte Amerika seinen 200. Geburtstag. So konnte der Derby-Sieger an jenem Sonntag eigentlich auch nur Stuyvesant heißen, denn jener Peter Stuyvesant, ein holländischer Kaufmann, gehörte zu den Mitbegründern der USA. Und tatsächlich feierte der Priamos-Sohn Stuyvesant (a. d. Sabera) einen überlegenen Sechs-Längen/Start-Ziel-Sieg in einem Jahrgang, der mit Gimont, Tuttlinger, Andrang und Oriani noch einige nützliche Pferde enthielt, aber wohl nicht als einer der Stärksten zu gelten hat. Wenn man einen strengen Maßstab anlegt, dann waren die beiden nächsten Jahrgänge auch nicht von übermäßiger Qualität, trotz eines Derby-Siegers Surumu (v. Literal a. d. Surama) 1977, eines La Tour, Cagliostro, Saros und Prairie Snoopy, und 1978 trotz eines Derby-Siegers Zauberer (v. Soderini a. d. Zauberfee), Limbo, Aschanti, Lorimer und Rodaun.
Und trotzdem waren diese beiden Derby-Sieger von besonderer Bedeutung. Sowohl Surumu als auch Zauberer bescherten ihren Zuchtstätten den jeweils ersten Derby-Sieg. Erst Anfang der sechziger Jahre nahm der Bremer Kaffee-Großkaufmann Walther J. Jakobs die Vollblutzucht im Gestüt Fährhof auf (Surumu), das er im Laufe

Surumu,
1974 geborener Fuchshengst des Gestüts Fährhof; von Literat a.d. Surama v. Reliance II a.d. Suncourt v. Hyperion. Sieger u.a. im Union-Rennen und Deutschen Derby mit einer Gesamtgewinnsumme von 376.510 ,- DM; Surumu wurde 1979 im Gestüt Fährhof als Deckhengst aufgestellt. Beschälerchampion der Jahre 1985, 1986 und 1989 bis 1992.

der Jahre zu einem mustergültigen Gestüt unweit der Autobahn Bremen-Hamburg ausgebaut hat. Schon nach zwölf Jahren einen Derby-Sieger zu stellen, das ist nicht jedem Züchter vergönnt.
So wie die Gestüte Graditz, Schlenderhan, Waldfried oder Erlenhof in weiter zurückliegenden Jahrzehnten mit ihren überragenden Erfolgen der Vollblutzucht und dem Rennsport ihren Stempel aufdrückten, so standen seit dem Derby-Sieg von Surumu (1977) die Vollblüter des Gestüts Fährhof fast ununterbrochen an der Spitze der Besitzer- und Züchter-Championate. Neben Surumu sind die weiteren Derby-Sieger Lagunas (1984) und Acatenango (1985) als bewährte Deckhengste weitere Asse aus der Fährhofer Zucht.
Drei Derby-Ergebnisse seien hier erwähnt, auch wenn sie vom züchterischen Blickpunkt vielleicht nur eine untergeordnete Rolle spielen. 1982 gewann mit Ako der größte Außenseiter das Derby - 608:10 Siegquote - für seine erst 17jährige Besitzerin Steffi Seiler. 1989 mußten die Zielrichter den als Erster einkommenden Taishan zugunsten von Mondiran, den er im Endkampf entscheidend behinderte, disqualifizieren. Das hat es noch nie im „Blauen Band" gegeben. Und 1993 stellt der Ittlinger Lando (v. Acatenango) mit 2:26,8 Minuten einen neuen Rekord im Derby auf.

Etwa um die gleiche Zeit wie Fährhof entstand das Gestüt Bona (Zauberer), dessen Rennpferde schon länger unter dem Namen ihres Besitzers Jean Harzheim liefen.

Die erste Stute, die die Harzheim'sche Zucht begründete, hieß Bona, die dem Gestüt später den Namen gab, das linksrheinisch im Erft-Tal liegt. Viermal waren Pferde unter dem grün-gelben Dress schon dicht am „Blauen Band": 1947 Amarant, 1968 Bacchus, 1969 Ovid, 1972 Experte - alle Zweite. Auf morastigem Boden gelang dann Jockey Bernd Selle mit Zauberer der große Wurf. Leider erlebte Jean Harzheim diesen schönen Tag nicht mehr. Er starb am 29. 2. 1976.
Das Derby 1979 wurde bei seinem Finish von Publikums-Emotionen begleitet, wie man es sonst nur vom Fußball her kennt. Über 200 Meter währte ein begeisternder Endkampf zwischen zwei klar den Jahrgang beherrschenden Hengsten: Königsstuhl (v. Dschingis Khan a. d. Königskrönung), Gestüt Zoppenbroich, und Nebos (v. Caro a. d. Nostrana), Gräfin Batthyany. Um eine Kopflänge behielt schließlich Königsstuhl die Oberhand, der durch die Siege im Henckel-Rennen, Derby und später im St. Leger Deutschlands erster Träger der „Dreifachen Krone" wurde.
Gab diesem unvergeßlichen Ereignis ein strahlender Sonnenschein den entsprechenden Rahmen, so drohte das Derby 1980 im Schlamm zu versinken, wenn sich nicht Petrus in letzter Stunde noch eines Besseren besonnen hätte. Um das Derby zu retten, ließ der Hamburger Renn-Club sogar einen Renntag ausfallen, weil die Rennen drei Tage zuvor effektiv nicht durchführbar waren und um das Geläuf für das Derby zu schonen.

Nach der Serie von Erfolgen großer Gestü-te stand diesmal ein kleinerer Züchter, der Frankfurter Hugo Einschütz, im Rampen-licht, nachdem sein Navarino (v. Madruz-zo a. d. Nachtviole) den Außenseiter Arco-santi nach hartem Kampf bezwungen hat-te.

Aber schon zwölf Monate später schlug das rheinische Gestüt Zoppenbroich wie-der zu. Im Doppelschlag sozusagen. Nach-dem der fünfjährige Königsstuhl mit einem leichten Sieg im Großen Hansa-Preis die Hamburger an seinen Triumph vor zwei Jahren erinnert hatte, marschierte sein Stallgefährte Orofino (v. Dschinghis Khan a. d. Ordinale) mit einer im Derby noch niemals gemessenen Überlegenheit von 12 3/4 Längen Vorsprung vor seinen Gegnern zum „Blauen Band" durchs Ziel. Ein Su-perhengst, der noch nach fünf Rennen un-geschlagen war, oder ein „Einäugiger unter Blinden"? Da Wauthi Orofino im Aral-Po-kal bezwingen konnte, verlor der Zoppen-broicher sicher das Prädikat „Super". Auch ein vierter Platz im Großen Preis von Ba-den löste noch nicht das Rätsel, was denn dieser sensationelle Derby-Sieg wirklich wert gewesen sei. Sein später imponieren-der Jahresdebüt-Erfolg als Vierjähriger im Gerling-Preis gegen Wauthi und Index

weist ihn auf jeden Fall als sehr gutes Pferd aus, das nicht nur eindeutig an der Spitze seines Jahrganges stand.

Soweit der deutsche Vollblüter mit seinen Leistungen - vornehmlich an seinem Der-by-Jahrgang orientiert. Das Bild wäre aber unvollständig, wenn man nicht auch einen Blick auf seine außergewöhnlichen Lei-stungen bei Auslandsstarts werfen würde, deren es mehr gab, als oftmals in der Erin-nerung haftengeblieben sind. Nennenswert sind z.B. die zahlreichen Siege des Gestüts Mydlinghoven in Belgien (Salut, Giovanni, Promotion, Feuerball, Tanzhusar, Globus, Modekünstler, Primose Schirokko und Golfstrom). Ebenso Orsinis (Gestüt Erlen-hof) Triumphe anläßlich der Brüsseler Weltausstellung und im Oslo- sowie Stock-holm-Cup. Der Ticino-Sohn war auch gut-er Fünfter in den King George VI. and Queen Elizabeth Stakes in Ascot 1959. Schlenderhaner gewannen in Belgien, Frankreich und Italien, eine kleine Filiale in England kam zu Erfolgen. Hier ragten die Leistungen von Priamos (Prix Dollar und Prix Jaques le Marois) heraus, der 1970 zu Europas „Meilenpferd" gekürt wurde. Noch in frischer Erinnerung ist Derby-Sieger Stuyvesant's Sieg im Gran Premio di Milano. Auch Agio, Pallasch, Pantheon, Don Giovanni, Arcaro, Schiwa-

Königsstuhl,
gezogen 1976 im Gestüt Zoppenbroich, und Nebos, gezogen 1976 im Gestüt Erlenhof, die beiden Klasse-hengste eines Jahrgangs, hier im Finish des Union-Rennens, das Nebos nach hartem Kampf gewann. Drei Wochen später drehte der Dschinghis-Khan-Sohn Königsstuhl im Deutschen Derby den Spieß um und rang den Caro-Sohn um eine Kopflänge nieder. Königsstuhl wurde 1979 „Pferd des Jahres", Nebos 1980.

go und Jakamar waren für Schlenderhan „draußen" erfolgreich.

Aus dem Röttgener Rennstall sind Adleror-den, Westorkan, Weltwunder, Sturmwoge, Wacusta, Königsulan, Strawinska, Königs-wache, Liebeschor und natürlich Prince Ip-pi zu nennen, der 1973 den Gran Premio d'Italia in Mailand gewann! Die Farben von Zoppenbroich wurden im Ausland z. B. von Avocato, Kaiserstuhl, Cortez, Frie-densbotschaft (in Belgien und Frankreich), Carlos Primero und Kurpfalz zu zahlrei-chen Erfolgen getragen.

Dschinghis Khan (zweimal) und Hitchcock (einmal) liefen in Saint Cloud Geld für Karl Heinz Münchow ein. Zwischen 1965 und 1972 startete das Gestüt Asta mehrfach erfolgreich im Ausland (Oberbootsmann, Gegenwind, Ankermast, Golfstrom). Kurt Stoof's Erdball (aus Mydlinghovener Zucht) siegte in Belgien; der fünfjährige Adlon gewann für den Stall Waldlust in Frankreich; Ostermann's Pentathlon siegte zweimal in Longchamp; Babant und Abajo brachten für das Gestüt Harzburg Lorbeer aus Belgien heim; Hugo Einschütz' Madruzzo war 1972 in Frankreich Sieger, während Stall Gamshof's Loisach und Tamerlo in Belgien erfolgreich waren. Fährhof's Europa-Preis-Sieger Ebano holte sich 1977 den Grote Prijs der Nederlande (2. Waldfrieds Felsennelke).

Ab 1974 tritt für den deutschen Rennsport der grün/goldgelbe Dress vom Stall Moritzberg des Nürnberger Stahlkaufmanns Waldemar Zeitelhack auf internationalem Terrain auf. Die Stute Girandole siegte in Belgien, Fair Player in Frankreich, und schon 1975 schenkten das Rennglück und die großartige Jockeyship eines Greville Starkey Zeitelhack den größten Triumph, den es für einen Rennstallbesitzer überhaupt geben kann: Sein aus der irischen Filiale des Gestüts Röttgen stammender Hengst Star Appeal (v. Appiani II a. d. Sterna) gewinnt nach den Benson and Hedges Eclipse Stakes in England den Prix de l'Arc de Triomphe in Paris-Longchamp.

Während das Pariser Publikum für Minuten konsterniert ist, kann es der deutsche Fernseh-Kommentator Adolf Furler buchstäblich nicht fassen „Es ist nicht zu fassen, Star Appeal gewinnt den l'Arc de Triomphe - es ist nicht zu fassen!" Waldemar Zeitelhack wird die Ehre zuteil, aus den Händen des französischen Staatspräsidenten Giscard d'Estaing den Siegerpokal in Empfang zu nehmen. Mit Ziethen und Kronenkranich ist Zeitelhack weiterhin im Ausland erfolgreich und nicht unerwähnt bleiben darf, daß sein aus Polen geliehener Pawiment als letzter Außenseiter in Köln den Preis von Europa 1980 gewann.

Hin und wieder wurden hier erfolgreiche kleinere Züchter genannt, aber es darf nicht übersehen werden, daß in den letzten Jahrzehnten durch Gestüt-Neugründungen die Basis wesentlich verbreitert wurde. Typische Beispiele sind: Schloß Frens bei Bergheim, Evershorst bei Langenhagen/Hannover, Fohlenhof bei Hassloch, Isarland bei Percha/Bayern, Wiesengrund bei Erkrath, Charlottenhof bei Bergheim, Quenhorn bei Ascheberg, das Union-Gestüt bei Merten/Sieg, Wehldorfer Holz bei Rotenburg/Wümme, Birkenmoor bei Visselhövede/Niedersachsen, Falkenstein bei Hamburg, Quellenhof bei Radevormwald, Rosenau bei Sassendorf, Etzean im Odenwald, Wiedingen bei Soltau, Weyershof bei Alpen, Auenquelle bei Rödinghausen, Pliesmühle bei Bergheim, Hoffmannsmühle bei St. Wendel, Pfauenhof bei Daun, Wittekindshof bei Rüthen-Kneblinghausen, Schafhof bei Hollerbach, Brümmerhof bei

Star Appeal,
gezogen 1970 vom Gestüt Röttgen in Irland, lohnte den Unternehmungsgeist seines Besitzers Waldemar Zeitelhack mit einigen hervorragenden Leistungen in Irland, England, Italien und vor allem in Frankreich, wo der fünfjährige Appiani-II-Sohn (a. d. Sterna) zum ersten Male den Prix de l'Arc de Triomphe in Paris-Longchamp für deutsche Farben gewann! Außerdem stehen der große Preis der Badischen Wirtschaft (zweimal), der Gran Premio di Milano und die Eclipse-Stakes in Sandown auf seiner Erfolgsliste (im Sattel Greville Starkey).

Windwurf,
gezogen 1972 im Gestüt Ravensberg, ist in vier Rennjahren hart geprüft worden und stellt das beste Produkt der von Waldrun in Ravensberg gegründeten Familie dar. Auch wenn mancher Start nicht ganz zur Zufriedenheit ausfiel (z. B. im Derby nur Zwölfter), so stehen in seiner Bilanz doch so eindrucksvolle Erfolge wie Union-Rennen, St. Leger, Großer Preis von Nordrhein-Westfalen, Gerling-Preis, Großer Preis von Düsseldorf, Großer Preis von Baden und zweimal Preis von Europa (im Sattel J. Jednaszewski).

Soltau, Karlshof bei Gernsheim, Neffetal bei Zülpich, Simmenach bei Traben-Trarbach, Ritzenhof bei Elsdorf/Bergheim, Hof Ittlingen bei Werne, Olympia bei Alpen, Rietberg bei Rietberg und das wieder stärker in Erscheinung tretende Gestüt Harzburg, das bereits seit 1666 der Pferdezucht, seit 1831 der Vollblutzucht dient und nach dem 2. Weltkrieg wieder neue Impulse setzt.

5.3 Mit den neuen Bundesländern - eine deutsche Vollblutzucht

Die Wiedervereinigung 1989/1990 stellte das Direktorium für Vollblutzucht und Rennen (Köln) vor eine ganze Reihe von organisatorischen Aufgaben, um die Eingliederung der Zuchten, Rennvereine und Besitzer aus den neuen Bundesländern in den Gesamtverband so schnell wie möglich zu verwirklichen. Bis 1949 gab das Direktorium z. B. einen gemeinsamen Jahresrennkalender heraus. Ab 1950 hörte diese Gemeinsamkeit auf. Etwas länger hielt die züchterische Dokumentation mit dem „Allgemeinen Gestütbuch". Aber 1959 brachen auch hier die Kontakte ab, wie es im Vorwort zum 25. Gestütbuch niedergeschrieben ist:

„Das Direktorium für Vollblutzucht und Rennen hat am 13. April 1947 das Gestütbuch vom Generalsekretariat der früheren Obersten Behörde für Vollblutzucht und Rennen mit Genehmigung der damaligen Verwaltung für Ernährung, Landwirtschaft und Forsten des Vereinigten Wirtschaftsgebietes übernommen. Der Präsident der Deutschen Verwaltung für Ernährung, Landwirtschaft und Forsten in der sowjetischen Besatzungszone hat sich durch ein Schreiben vom 24. Juni 1947 damit einverstanden erklärt, daß das Direktorium für die gesamtdeutsche Vollblutzucht das Gestütbuch herausgibt. Bedauerlicherweise ist dieser Zustand mit Wirkung vom 1. Januar 1959 seitens der Zentralstelle für Zucht und Leistungsprüfungen der Vollblut- und Traberpferde in Ostberlin weisungsgemäß beendet worden."

Damit war bis auf ein Prozent persönlicher Beziehungen von „hier nach drüben" oder von „drüben nach hier" der letzte offizielle Kontakt abgebrochen. Rund 30 Jahre verliefen die deutsche Vollblutzucht und ihr Rennsport zweigleisig. Auf den Rennbahnen in Hoppegarten, Dresden, Leipzig, Magdeburg, Halle/Saale und Gotha lief der „volkseigene" Rennsport weiter, wenngleich die Zahl der Zuchtstuten und aktiven Rennpferde z.T. stagnierte oder gar abnahm und notwendige Investitionen in den Ställen und Rennbahnen (Tribünen) immer dünner ausfielen. Bei dem geringen Interesse der damaligen DDR-Führung am Vollblut und den damit verbundenen äußerst mageren Zuwendungen seitens des Staates bleibt es das große

Platini,
1989 geborener Fuchshengst, Z. u. B. Evelyn und Albert Steigenberger; von Surumu a.d. Prairie Darling v. Stanford a.d. Prairie Belle v. Northfields. Sieger u.a. als Dreijähriger im Dr. Busch-Memorial, im Mehl-Mühlens-Rennen, im Deutschland-Preis in Düsseldorf, im Hoppegartener BMW-Europachampionat; als Vierjähriger im Großen Preis der Badischen Wirtschaft, im Gran Premio di Milano, im Großen Preis von Baden und als bester Europäer Vierter im Japan Cup in Tokio. Gewinnsumme in drei Rennjahren 2.307.187,- DM. 1992 „Pferd des Jahres", deckt im Gestüt Römerhof.

Mondrian,
1986 geborener Fuchshengst, Z.: M. Becher u. J.Th. Pavenstedt, B.: Stall Hanse; von Surumu a.d. Mole v. Espresso a.d. Maas v. Darius. Sieger u.a. im Deutschen Derby 1989, im Großen Preis v. Berlin, Aral-Pokal, Großen Preis von Baden, 1990 Sieger im Gerling-Preis, Aral-Pokal, Großen Preis von Baden und Europa-Preis. Gewinnsumme in vier Rennzeiten 1.888.225,- DM

Verdienst der Männer und Frauen in den Rennvereinen, den Besitzer- und Trainer-Reihen sowie den Züchterkreisen, daß - ob mit oder ohne SED-Parteiabzeichen - der Vollblutsport in der ehemaligen DDR überhaupt bestehen konnte. Nicht selten war „drüben" zu hören: „Wenn wir unseren Pferden nur etwas mehr und besseres Futter geben könnten, dann würden unsere Pferde auch schneller laufen... Aber der gute Hafer wird ja exportiert - zu Euch rüber."

An dieser Stelle muß ein Mann erwähnt werden, der in den fünfziger/sechziger Jahren als Präsident der Zentralstelle für Zucht- und Leistungsprüfungen in Ost-Berlin maßgebliche Arbeit in der ostdeutschen Vollblutzucht leistete und somit für einen relativ hohen Leistungsstandard im Wettbewerb der Ostblockstaaten sorgte: Dr. Dr. Gereke, der 1953 in die DDR ging und entscheidenden Anteil an dem Weiterbestand der Vollblutzucht und des Rennsports hatte. Er kaufte aus westdeutschen Zuchten die Hengste Angeber v. Elritzling (geb. 1945), Atatürk v. Ticino (1951), Bernardus v. Allgäu (1953), Grande v. Ticino (1948), Maranon v. Gundomar (1950), Mio v. Orator (1951), Niederländer v. Ticino (1947), Steinadler v. Ticino (1952) und bekam in Pacht Asterios v. Oleander (1947). Im Gegenzug wechselte für Asterios der 1948-Derby-Sieger Birkhahn nach Schlenderhan, wo er fünf Jahre bedeutende Erfolge als Deckhengst erzielte. Wohl eines der besten Pferde der ostdeutschen Vollblutzucht war der Graditzer Harlekin-Sohn Faktotum (1952), dessen großartige Erfolge bei den Ostblock-Meetings dazu führten, daß er 1957 in die Sowjetunion verkauft wurde, wo er im Gestüt Woschod aufgestellt wurde. Den Verlust konnte Dr. Gereke nicht verhindern. Im Mai 1970 verstarb dieser leidenschaftliche und mit großen Wissen um das Vollblut ausgestattete Mann.

Im Jahresbericht des Direktoriums von 1990 heißt es: „Juli 90: Im Osten Deutschlands geht die Privatisierung des Rennsports mit großen Schritten voran. - September 90: Die Privatisierung der DDR-Rennställe ist abgeschlossen. Mit Ausnahme einer Anzahl von Pferden, die für die vier Gestüte Graditz, Görlsdorf, Boxberg und Lehn reserviert sind, wurden alle Rennpferde verkauft...

Der Bestand der Vollblutzucht und des Galopprennsports in den neuen Bundesländern belief sich 1990 auf 6 Rennbahnen, 4 Vollblutgestüte, 8 Deckhengste, 324 Mutterstuten, 199 Fohlen, 175 Jährlinge und 420 Rennpferde."

Gesamtdeutsch lauten die Zahlen: 123 Deckhengste, 3.145 Stuten, 1.500 Fohlen, 4.485 Pferde im Training, die 2.298 verschiedenen Besitzern oder Besitzergemeinschaften gehören (Stand v. 1993).

Zwei Dinge sollen abschließend die Betrachtungen über die wieder aufstrebende

Monsun,
1990 im Gestüt Isarland gezogener dunkelbrauner Hengst; Besitzer Georg Baron von Ullmann, der Monsun auf der Baden-Badener Jährlingsauktion für 90.000,-DM kaufte; v. Königstuhl a.d. Mosella v. Surumu a.d. Monasia v. Authi. Sieger u.a. im Aral-Pokal und Europa-Preis, Zweiter im Deutschen Derby 1993. Galopper des Jahres 1993, von dem sein Trainer Heinz Jentzsch (30 Trainer-Championate!) sagt: „Ein Gemütsmensch, dieses Pferd!" Gesamtgewinnsumme 1992/93 1.488.300,- DM

deutsche Vollblutzucht abrunden. Mit den Hengsten Kornado v. Superlative a.d. Sera (in England gezogen), Lando v. Acatenango a.d. Laurea (Züchter Gestüt Hof Ittlingen), Monsun v. Königstuhl a.d. Mosella (Züchter Gestüt Isarland) und Platini v. Surumu a.d. Prairie Darling (Züchter A. Steigenberger) erzielte die deutsche Vollblutzucht in vielen internationalen Begegnungen höchst beachtliche Erfolge, die manchmal sogar ausländische Besitzer davon abhielten, ihre Spitzenpferde zu internationalen Prüfungen nach Deutschland zu schicken. Und mit dem 1987 im ostdeutschen Gestüt Görlsdorf gezogenen Tauchsport-Sohn Registano (a.d. Reklame) aus dem Gestüt Sybille beherrschte ein Pferd ungewöhnlicher Klasse das Geschehen auf den Hinderniskursen.

Der andere Blickpunkt zielt auf den 7. August 1993, als auf dem alten Terrain der Rennbahn von Bad Doberan, der Wiege des deutschen Rennsports (erste Rennen 1822), wieder ein Renntag stattfand. Es mögen etwa 12.000 Menschen gewesen sein, die an den Rails des hervorragenden Geläufs das Programm verfolgten. Meck-

lenburg-Vorpommerns Ministerpräsident Bernd Seite wohnte mit den Spitzen des deutschen Rennsports dem Geschehen auf der Traditionsbahn bei.

Literatur

Franz Cháles de Beaulieu: „Vollblut", „Der klassische Sport"

Siegfried Graf Lehndorff: „Ein Leben mit Pferden" Vereinsgeschichte des Hamburger Renn-Club (HRC)

Dr. Anton Rauch: „Waldfried" Fachzeitung „Sport-Welt"

„Alben des deutschen Rennsports", Kurt-Stoff- bzw. Deutscher Sportverlag

„Sport-Welt": „Von Patience bis Nereide", „Von Abendfrieden bis Baalim"

F. André: „Der Sporn" Eberhard Hagemann: „Gestüt Schlenderhan"

Direktorium für Vollblutzucht: „Jahresbericht" 1990, 1993

● Karlshorst

● Berlin-Mariendorf

● Recklinghausen

● Dinslaken ● Gelsenkirchen

● Mönchengladbach

● Straubing

● Pfarrkirchen

● Pfaffenhofen

● München ● Mühldorf

Traber

Dr. Franz Schulze Temming-Hanhoff

Geb. am 15.Februar 1927 in Greven/Westf. Februar 1943 Einberufung als Luftwaffenhelfer. Ab Dezember 1944 Soldat.

Juli 1945 Entlassung aus Kriegsgefangenschaft, anschließend in der Landwirtschaft tätig.

Abitur.

Oktober 1946 bis Mai 1949 Landwirtschaftslehre einschließlich Gehilfenprüfung und Tätigkeit als Landwirtschaftsgehilfe.

1949 bis 1952 Studium der Landwirtschaft an der Friedrich-Wilhelms-Universität in Bonn mit Prüfung zum Diplom-Landwirt.

April 1952 bis November 1954 Anfertigung der Dissertation „Blutaufbau, Bedeutung und Leistung der westfälischen Warmblutzucht".

Dezember 1954 bis Juni 1955 Versuchs- und Lehranstalt für Viehhaltung der Landwirtschaftskammer Westfalen-Lippe, Haus Düsse.

April 1955 bis März 1957 Landwirtschaftsreferendar an der Landwirtschaftskammer Westfalen-Lippe.

März 1957 Prüfung zum Landwirtschafts-Assessor (Tierzuchtleiter).

1957 sechs Monate beim Provinzialverband Westfälischer Reitervereine und 3 Monate an der Landwirtschaftsschule Ibbenbüren (Westf.).

1985 Assistent bei der Arbeitsgemeinschaft Schleswig-Holsteinischer Rinderbesamungsvereinigungen am Tierzuchtamt Schleswig.

Ab 1. Januar 1959 Tätigkeit in verschiedenen Funktionen im deutschen Trabrennwesen.

1959 bis 1964 Tierzuchtleiter beim Direktorium für Traber-Zucht und -Rennen e.V. in Bonn.

1965 bis 1972 Geschäftsführer des Zentralverband für Traber-Zucht und -Rennen e.V. und des Hauptverband für Traber-Zucht und - Rennen e.V.; seit 1972, nach Trennung der Bürogemeinschaft dieser beiden Vereinigungen, Geschäftsführer des Zentralverband für Traber-Zucht und -Rennen e.V. in Münster.

Neubearbeitet von Dr. Örs Katona

Ab 1969 Studium der Tiermedizin.

1976 Promotion mit der Dissertationsschrift „Genetisch statistische Auswertung von Leistungsmerkmalen in der deutschen Traberpopulation".

Ab 1976 wissenschaftlicher Mitarbeiter am Lehrstuhl für Tierzucht der Universität München, Betreuung des Forschungsprojekts „Zuchtwertschätzung beim Traber" im Auftrag des Hauptverbands für Traber-Zucht und Rennen e.V.

Ab 1989 Zuchtleiter beim Hauptverband für Traber-Zucht und -Rennen e.V.

Die Entwicklung der Traberzucht und des Trabrennsports in Deutschland

1. Traberzucht

1.1 Grundlagen

Die deutsche Traberzucht basiert im wesentlichen nicht auf der Selektion einheimischer Rassen, sondern auf dem Import amerikanischer, französischer und russischer Traber und auf Kreuzungen dieser Importe mit einheimischen Pferden unterschiedlicher Rassen und Schläge. Die drei Original-Traberzuchten Rußlands, Frankreichs und Nordamerikas stellten auch die züchterische Grundlage aller anderen Nachzuchtgebiete. Einzige Ausnahme sind die Zuchten des Kaltbluttrabers, die in Finnland, Norwegen und Schweden entstanden sind und eine eigene Rasse darstellen.

Der russische Traber ist ein Kreuzungsprodukt aus Arabischen Vollblut-Hengsten und dänischen sowie holländischen Harddraver-Stuten. Er wird seit ca. 1780 gezüchtet, und zwar anfänglich unter enger Inzucht und systematischer Selektion auf Trableistung; er wurde als „Orlow-Traber" bezeichnet. Um 1900 erfolgten gezielte Einkreuzungen mit den mittlerweile wesentlich schnelleren amerikanischen Trabern, um die Schnelligkeit zu erhöhen. Seitdem unterscheidet man zwischen den original „Orlow-Trabern" und den schnelleren russischen Trabern, die auch als „Metis-Traber" bezeichnet werden. Besondere Eigenschaften sind Ausdauer („Stehvermögen") und Steppgang; die Schimmelfarbe ist im Vergleich zu den anderen Traberzuchten häufig. Gegenwärtig ist die russische Traberzucht nur noch in der ehemaligen Sowjetunion von Bedeutung.

Der französische Traber stellt im wesentlichen ein Kreuzungsprodukt aus Englischem Vollblut und Norfolkern dar, das seit ca. 1820 in enger Verbindung mit der anglo-normännischen Landespferdezucht gezüchtet wurde. Um 1900 wurden vereinzelt die schnelleren amerikanischen und auch Orlow-Traber eingekreuzt. Seit 1937 ist das französische Gestütsbuch für ausländische Traber bis auf ganz wenige Ausnahmen geschlossen. Besondere Eigenschaften des französischen Trabers sind großes Kaliber, Ramskopf, Spätreife und Ausdauer („Stehvermögen"). Er wird nicht nur im Rennwagen („Sulky"), sondern auch unter dem Sattel in sog. „Trabreiten" eingesetzt. Ab ca. 1950 hat der französische Traber in ganz Europa stärkere Verbreitung gefunden. Seit ca. 1970 nimmt seine internationale Bedeutung und Verbreitung aber stetig ab.

Der amerikanische Traber stellt ein Kreuzungsprodukt aus Englischem Vollblut, Norfolkern und kanadischen Pacern dar; er wird seit ca. 1830 gezüchtet. Im Gegensatz zur russischen und französischen Traberzucht stand von Anbeginn die Eignung als Rennpferd im Vordergrund, so daß die Rennschnelligkeit das entscheidende Selektionskriterium war. Dadurch wurde der amerikanische Traber zum schnellsten Trabrennpferd der Welt; diese Vormachtstellung hat er wohl wegen der konsequenten Zucht auf Frühreife bis heute nicht nur behalten, sondern noch weiter ausgebaut. Besondere Eigenschaften des amerikanischen Trabers sind Frühreife, Härte und Schnelligkeit. Er wird nicht nur als im Trab, sondern auch im Paßgang („Pacer") im Rennbetrieb eingesetzt. Gegenwärtig werden rd. 90% aller Rennen von Pacern bestritten, die mittlerweile eine eigene Zuchtrichtung darstellen. Der amerikanische Traber ist seit der Jahrhundertwende - mit Ausnahme Frankreichs - weltweit verbreitet, wobei die Verbreitung und züchterische Bedeutung immer noch im Zunehmen begriffen sind.

1.2 Entwicklung

Zu Beginn der deutschen Traberzucht, also in den frühen achtziger Jahren des letzten Jahrhunderts, suchte man nach Pferden, die für den Aufbau einer leistungsfähigen Zucht geeignet waren. Da ein eklatanter Mangel an geeigneten inländischen Hengste herrschte, war man auf den Import reinrassiger amerikanischer, französischer und russischer Hengste angewiesen. Diese Hengste kreuzte man dann mit einheimischen Warmblut-, Halbblut- sowie Englischen und Arabischen Vollblut-Stuten. In der Gründungsphase der Traberzucht wurde somit Kreuzungszucht betrieben. In der nächsten Generation konnte dann auf der weiblichen Seite bereits auf diese Kreuzungsprodukte zurückgegriffen werden. Mit diesen Stuten und zahlreichen reinrassigen Importstuten wurde dann unter Einsatz ausschließlich reinrassiger Hengste weitergezüchtet, so daß in dieser zweiten Phase bereits eine Verdrängungskreuzung zum Tragen kommen konnte.

Mit der Herausgabe des „Deutschen Traber-Gestüt-Buches" (DTGB) im Jahre 1896 wurde die Traberzucht auf eine systematische züchterische Grundlage gestellt. Es wurden nur Pferde aufgenommen, die selbst oder deren Vater bzw. Mutter einen Mindestrekord von 1:50.0 besaßen, was einer Geschwindigkeit von 32.7 km/h entspricht. Es sind insgesamt 174 Zuchtstuten verzeichnet, die 148 verschiedenen Mutterlinien zuzuordnen sind. Hiervon besaßen bereits 108 Stuten ein Traberpedigree, 47 Stuten waren Halbblüter und 19 Stuten Englische Vollblüter. Innerhalb der Stuten mit Traberpedigree stellten die amerikanischen Traber mit 52 Stuten den Hauptanteil, gefolgt von den russischen

Trabern mit 22 Stuten und den bereits als deutsche Traber bezeichneten 17 Stuten. In das Hengstregister wurden alle Hengste aufgenommen, die in Deutschland in der Traberzucht eingesetzt wurden bzw. als Väter von im DTGB eingetragenen Mutterstuten verzeichnet waren und zusätzlich ein Traberpedigree besaßen. Es handelte sich um insgesamt 134 Hengste. Den Hauptanteil stellten die amerikanischen Traber mit 107 Hengsten, gefolgt von den russischen Trabern mit 15, den französischen Trabern mit fünf und den deutschen Trabern mit vier Hengsten.

In der folgenden, relativ kurzen Konsolidierungsphase wurde dann insbesondere auf der weiblichen Seite sehr stark selektiert. Dieser Selektion fiel die Mehrzahl der Halbblutstuten, deren Nachzucht den leistungsmäßigen Anschluß an die Traberzucht nie so recht finden konnte, zum Opfer. Von den in Band I verzeichneten 148 Mutterlinien waren in Band VIII (1913) nur mehr 61 Mutterlinien vertreten, wobei die Halbblut-Linien mit einem Verlust von 89.2% extrem stark betroffen waren. Der

Versuch, die deutsche Traberzucht auf einheimischen Rassen aufzubauen, war somit gescheitert.

Nach dieser Konsolidierungsphase wurden dann auch auf der weiblichen Seite fast ausschließlich reinrassige oder zumindest in den ersten zwei Generationen nach Traberprinzip gezogene Stuten eingesetzt. So erfolgte eine schrittweise Umstellung von der Kreuzungs- über die Verdrängungs- zur Reinzucht.

In Zusammenhang mit dem ersten Weltkrieg wurden umfangreiche Aufkäufe von Traberstuten durch die Heeresverwaltung getätigt. Sie führten in Verbindung mit den Verlusten durch die Kriegswirren zu empfindlichen Bestandslücken, deren Auffüllung nur durch Gebrauchskreuzungen möglich war. Darüberhinaus wurden wegen der Vielseitigkeit und Charakterstärke des Trabers - er wurde nicht nur als Rennpferd, sondern auch als schnelles Wagenpferd und Zugtier in der Landwirtschaft eingesetzt - vor allem in der Landespferdezucht Bayerns amerikanische

Traber-Deckhengste in großem Umfang eingesetzt. Die Produkte dieser Paarungen wurden dann in ihrer Mehrzahl als Traber in das Zuchtbuch eingetragen. So schnellte die Zahl der in das DTGB eingetragenen Mutterstuten bis zum Band VIII (1918) auf 1541 Stuten hoch, von denen 617 Stuten keine reinrassigen Traber waren.

Diese Kreuzungsvielfalt erforderte eine züchterische Systematisierung, so daß mit dem Erscheinen des ersten Bands des DTGB nach dem Ersten Weltkrieg (Band IX, 1927) eine Gliederung des Zuchtbuchs anhand des Anteils an „Traberblut" in drei Register vorgenommen wurde: Es wurden das Register I für Traber-Vollblut, Register II für Traber-Halbblut und das Register III für Traber-Kreuzungsprodukte eingeführt. Umfangreiche und in der Regel auch sehr hochwertige Importe von Renn- und Zuchtpferden aus den USA glichen die Kriegsverluste nun auch qualitativ aus. Dementsprechend wurden die nicht reinrassigen Mutterstuten mit ihrer Nachzucht, die im Renn- bzw. Zuchtbetrieb kaum

Permit: Fuchs-Hengst, gez. 1945 von Epilog a.d. Maienpracht, mit einem Rekord von 1:17.3 und 458.620,- DM Gewinnsumme deutscher Rekordhalter bis 1962, einer der bedeutendsten Deckhengste Deutschlands, Vater mehrerer Derbysieger.

konkurrenzfähig waren, bis zum Zweiten Weltkrieg auf einen verschwindend kleinen Anteil von 2.8% aller eingetragenen Mutterstuten zurückgedrängt. Die Gesamtanzahl der eingetragenen Mutterstuten lag 1942 bei 2214 Stuten.

Auch während des Zweiten Weltkriegs ging viel Zuchtmaterial durch Heeresaufkäufe und unmittelbare Kriegseinwirkungen verloren. Die Teilung Deutschlands führte darüberhinaus zu einer Teilung des Zuchtbuchs. All dies schlug sich in einer deutlichen Verminderung der Zuchtpopulation nieder. In der Bundesrepublik wurden diese Verluste zumindest zahlenmäßig innerhalb weniger Jahre kompensiert, während in der DDR im Zug der Verstaatlichung der Zuchtstutenbestand weiter auf eine Größe von ca. 150 Stuten reduziert wurde.

Mit dem Erscheinen des zweiten Nachkriegsbands des DTGB (Band XIV, 1959) wurde die Registereinteilung neu definiert. Register II - Pferde wurden in das Register I übernommen, sofern sie einen Mindestrekord von 1:26.0 besaßen (entspricht einer Geschwindigkeit von 41.8 km/h). Im Vergleich zur Leistungsanforderung für die Eintragung in den Band I des DTGB bedeutet dies eine Verbesserung von absolut 9.1 km/h und, bezogen auf ein Mitteldistanz-Rennen von 2000m, einen Vorsprung von 400m. Pferde, die diese Anforderung nicht erfüllten, verblieben im Register II. Diesem Register wurden auch die ehemaligen Register III - Pferde zugeordnet. Neuaufnahmen in das Register II erfolgten nur bei Pferden, die mindestens bei einem Elternteil ausschließlich Traber in ihrem Pedigree aufwiesen. Das Register III wurde ersatzlos gestrichen. Das Register II enthielt 1959 nur noch 32 Mutterstuten, wobei die Tendenz im Laufe der Jahre weiterhin fallend war. Mit dem Erscheinen von Band XVIII (1974) wurde das Register II geschlossen.

Die Zuchtauswahl gründete sich von Anbeginn der Zucht in erster Linie auf die Leistungsmerkmale Rekord und Gewinnsumme, wobei Rassezugehörigkeit, Abstammung sowie Eigen- und Nachkommenleistung im Vordergrund standen. Wegen der großen Leistungsunterschiede innerhalb der Population und der - im Vergleich zu anderen Pferdezuchten - genauen und züchterisch aussagefähigen Leistungsdaten war die Zuchtauswahl anfänglich verhältnismäßig einfach. Dies schlug sich in einem sehr großen und raschen Zuchtfortschritt nieder. Ein anschauliches Beispiel für diesen Zuchtfortschritt bietet die Entwicklung des Rekords im Deutschen Traber-Derby, das seit 1895 in Berlin durchgeführt wird: In den ersten 40 Jahren wurde der Derbyrekord von 1:46.1 (entspricht einer Geschwindigkeit von

33.9 km/h) auf 1:25.1 (entspricht einer Geschwindigkeit von 42.3 km/h) und in den darauffolgenden 41 Jahren auf lediglich 1:23.1 (entspricht einer Geschwindigkeit von 43.3 km/h) verbessert. Der aktuelle Derbyrekord - über die seit 1986 auf 1900m verkürzte Distanz - liegt bei 1:14.9, was einer Geschwindigkeit von 48.1 km/h entspricht.

Die offizielle Hengstauswahl erfolgte im Rahmen der staatlichen Körung; als Parameter für die Rennleistung dienten drei Rekorde, die nach Kurz-, Mittel- oder Langstrecken unterschieden wurden. In der DDR wurde neben einer offiziellen Hengstauswahl auch eine von den staatlichen Stellen durchgeführte Stutenselektion betrieben, wobei das Exterieur eine wichtige Rolle spielte.

1.3 Aktueller Stand

Die Wiedervereinigung Deutschlands führte auch zur Zusammenfassung der nach dem Zweiten Weltkrieg getrennten Zuchtbücher der Bundesrepublik und der DDR. So enthält der aktuelle Band XXIII des DTGB (1992) auch die Mutterstuten und Deckhengste der ehemaligen DDR. Es sind insgesamt 7186 Mutterstuten und 723 Deckhengste mit ihrer Nachzucht verzeichnet. Auffallend ist die Diskrepanz bei der Herkunft der Mutterstuten und der Deckhengste: Knapp 90% der Mutterstuten sind deutsche Traber, während bei den Deckhengsten lediglich ein knappes Viertel von deutscher Herkunft sind. Abbildung 1 zeigt die aktuelle Populationsstruktur im einzelnen.

Von den 148 in Band I des DTGB verzeichneten Mutterlinien sind noch 13 Mut-

terlinien erhalten geblieben: Acht amerikanische, zwei Englische Vollblut- und jeweils eine deutsche, russische und englische Mutterlinie; bemerkenswert ist, daß keine einzige der zahlreichen Halbblutlinien überleben konnte.

Die Bestimmungen, in deren Rahmen die Zuchtarbeit erfolgt, sind in der Zuchtbuchordnung (ZBO) paraphiert, die vom Hauptverband für Traber-Zucht und -Rennen e.V. (HVT) erlassen und von den zuständigen staatlichen Stellen anerkannt ist. Im HVT haben sich die Vereinigungen, die der Traberzucht und dem Trabrennsport in der Bundesrepublik Deutschland dienen, zusammengeschlossen. Es handelt sich um die Rennvereine, Züchter- und Besitzervereine sowie die Vereine der Trabertrainer und Amateurfahrer. Der HVT ist die nach dem Tierzuchtgesetz von den zuständigen Landesbehörden anerkannte, alleinige Züchtervereinigung auf dem Gebiet der Traberzucht in der Bundesrepublik Deutschland; dies gilt auch nach der Wiedervereinigung der beiden deutschen Staaten.

Das Zuchtprogramm als wesentlichster Bestandteil der ZBO gibt folgendes Zuchtziel an: „Das Zuchtziel ist der leistungsfähige Traber mit Frühreife und korrektem Exterieur, der auch für die Verwendung in der Landespferdezucht geeignet ist." Die Verwirklichung dieses Zuchtziels wird mit der Methode der Reinzucht angestrebt: Es werden nur Pferde in das Zuchtbuch eingetragen, deren beide Elternteile in einem vom HVT anerkannten Traber-Zuchtbuch eingetragen sind.

Nach Wegfall der staatlichen Körung erfolgt die Zuchtauswahl durch den Verband, und zwar zweistufig. Die erste Stufe

Abb. 1   Populationsstruktur beim Deutschen Traber

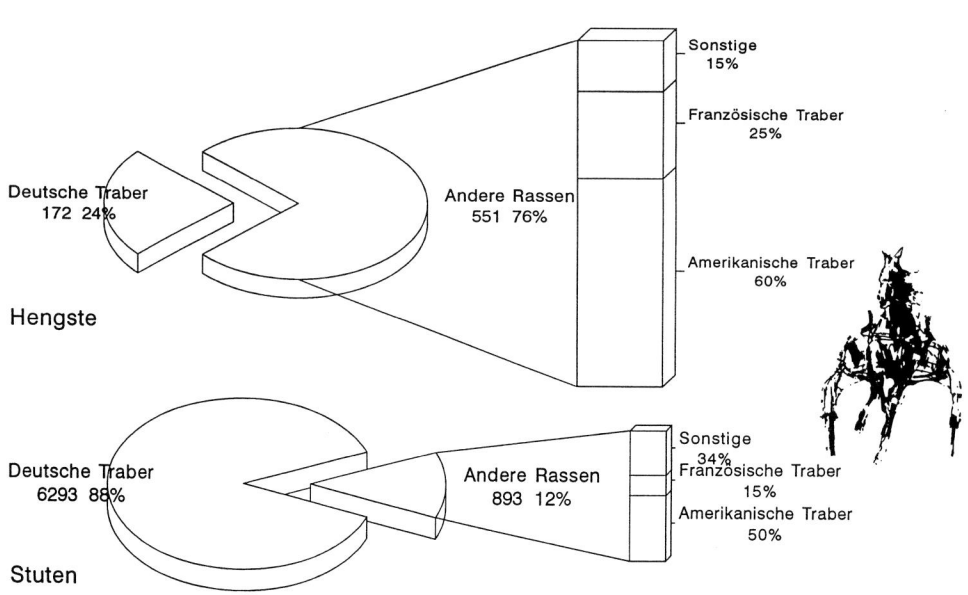

Deutsche Traber 172 24%

Andere Rassen 551 76%

Hengste

Sonstige 15%

Französische Traber 25%

Amerikanische Traber 60%

Deutsche Traber 6293 88%

Andere Rassen 893 12%

Stuten

Sonstige 34%

Französische Traber 15%

Amerikanische Traber 50%

wird im Rahmen der Verbandskörung, die zweite Stufe im Rahmen der Hengstselektion durchgeführt. Der Verbandskörung liegen die Beurteilungskriterien Abstammung, Eigenleistung, Exterieur und Gesundheitszustand incl. Erbgesundheit zugrunde. Die zweite Stufe der Hengstauswahl wird im Rahmen des Selektionsverfahrens anhand der Nachkommenleistung durchgeführt. Dem Selektionsverfahren unterliegen alle Hengste, die einerseits mindestens einen inländischen Jahrgang besitzen, der mindestens vierjährig ist, und andererseits mindestens 20 Nachkommen in rennfähigem Alter haben. Die Beurteilung der Eigen- und Nachkommenleistung efolgt - entsprechend dem Zuchtziel der Frühreife - schwerpunktmäßig anhand der Rennleistungen im Alter von zwei bis vier Jahren.

Angesichts der immer geringer werdenden Leistungsunterschiede zwischen den Pferden ist das Erkennen der Erbanlagen immer schwieriger geworden. Somit können die traditionellen Beurteilungsmethoden den Anforderungen einer modernen Leistungszucht nicht mehr genügen. Die Beurteilung der Rennleistung erfolgt daher im wesentlichen nicht mehr nach Rekorden, sondern nach allen jemals erzielten Rennzeiten, der Gewinnsumme, der erfolgreichen Teilnahme an züchterisch besonders aussagekräftigen Rennen (Klassische Zuchtrennen usw., siehe Abschnitt 2.2), sowie nach dem Verhältnis von Siegen und Plätzen zu Starts. Zentrale Bedeutung für die Beurteilung der Eigenleistung im Hinblick auf den Zuchteinsatz besitzt der Zuchtwert, der mittels populationsgenetischer Methoden alljährlich am Lehrstuhl für Tierzucht der Universität München anhand der Leistungsmerkmale Rennzeit und Gewinnsumme geschätzt wird. In diesen Zuchtwert-Index gehen alle inländischen Starts im Alter von zwei bis vier Jahren ein. Die Beurteilung der Nachkommenleistung im Hinblick auf das Selektionsverfahren erfolgt in analoger Weise zur Eigenleistung anhand nicht nur der gestarteten, sondern aller in das Zuchtbuch eingetragenen Nachkommen auf populationsgenetischer Basis.

Aufgrund der neuen Bestimmungen des Tierzuchtgesetzes von 1989 ist der HVT verpflichtet, Nachkommen auch von Hengsten, die den Anforderungen des Zuchtprogramms nicht entsprechen, in das Zuchtbuch einzutragen. Zur Unterscheidung werden die Nachkommen dieser nicht gekörten oder nicht selektierten Hengste lediglich in die „Abteilung B" des Geburtenregisters eingetragen, während die Nachkommen der gekörten oder selektierten Hengste in die „Abteilung A" eingetragen werden. Die praktische Auswirkung der unterschiedlichen Eintragungen besteht in der unterschiedlichen Teilnahmeberechtigung am Rennbetrieb: Pferde aus der Abteilung B des Geburtenregisters sind von der Teilnahme an Klassischen Zuchtrennen und Zuchtrennen ausgeschlossen. Ein Aufsteigen aus Abteilung B in Abteilung A ist allerdings möglich, sofern der Zuchtwert-Index für die Eigenleistung eine Standardabweichung über dem Durchschnitt des Jahrgangs liegt.

Für Hengste, die nicht im HVT-Bereich stehen und hier auch nicht gekört sind, wird an Stelle der Verbandskörung ein Anerkennungsverfahren durchgeführt, sofern ihre Nachkommen in das Geburtenregister eingetragen werden sollen. Dem Anerkennungsverfahren liegen mit Ausnahme des Exterieurs und des Gesundheitszustandes die gleichen Beurteilungskriterien und Anforderungen zugrunde wie bei der Körung und Selektion.

Die ZBO macht keinen prinzipiellen Unterschied zwischen Belegungen im Natursprung und technischer Besamung mit Frisch- oder Gefriersamen. Die züchterische Eignung für die Erteilung der Besamungserlaubnis durch die zuständigen staatlichen Stellen gilt laut ZBO als gegeben, sofern der betreffende Hengst gekört oder selektiert bzw. anerkannt ist. Die technische Besamung hat stark steigende Tendenz; derzeit werden rd. 40% aller Belegungen mit dieser Methode durchgeführt. Der Embryotransfer ist ebenfalls anerkannt, wurde aber bislang nur in einigen wenigen Fällen und ohne Erfolg durchgeführt.

Zur Gewährleistung von Identität und Abstammung aller am Zucht- und Rennbetrieb teilnehmenden Traber, es sind das Tierzucht- sowie das Rennwett- und Lotteriegesetz tangiert, betreibt der HVT ein aufwendiges Registrierungsverfahren: Alle Fohlen ab dem Geburtsjahrgang 1992, die als Inländer in das Geburtenregister eingetragen werden sollen, müssen von einem Vertragstierarzt des HVT, vor Ort und bei Fuß ihrer Mutter, aufgenommen werden. Dieser stellt Geschlecht, Zahnalter, Farbe und Abzeichen fest, implantiert einen elektronischen Transponder zur lebenslangen, unverwechselbaren Kennzeichnung und Identifizierungsmöglichkeit und entnimmt eine Blutprobe für die blutgruppenserologische Abstammungsüberprüfung. Das Fohlen wird nur dann eingetragen, wenn das Ergebnis dieser Abstammungsüberprüfung, die bei einem etwaigen Ausfall des Transponders auch zur Identitätsüberprüfung genutzt werden kann, mit positivem Ergebnis abgeschlossen ist. Die obligatorischen Identitätskontrollen anläßlich der Rennteilnahme werden durch Ablesen des Transponder-Codes einer zehnstelligen Ziffern/Buchstabenkombination - durchgeführt. Eingeführte Traber mit ausländischer Nationalität werden in das Einfuhrregister nur dann eingetragen, wenn eine blutgruppenserologische Identitäts- bzw. Abstammungskontrolle mit positivem Ergebnis vorliegt.

Insgesamt werden im HVT-Bereich jährlich rd. 2500 Fohlen geboren und in das Geburtenregister des Zuchtbuchs als Inländer eingetragen. Sie stammen aus Paarungen von rd. 340 Deckhengsten mit rd. 3600 Zuchtstuten. Zu diesen Zahlen steuert die Zucht der ehemaligen DDR lediglich ca. 5 Deckhengste und ca. 70 Zuchtstuten bei. Die Bedeckungszahlen der Hengste sind sehr ungleich verteilt: Einigen wenigen Spitzen-Deckhengsten werden 200 und mehr Zuchtstuten zugeführt, während rd. die Hälfte der Deckhengste nur eine bis fünf Zuchtstuten deckt. Die rd. 3600 Zuchtstuten verteilen sich auf rd. 1600 Züchter, wobei die Bestandsgrößen sehr ungleich verteilt sind. Bemerkenswert ist, daß die beiden ehemaligen VEB-Gestüte der ehemaligen DDR - nach Reduzierung des Bestands von jeweils ca. 50 auf ca. 15 Zuchtstuten - die Zucht aufrecht erhalten konnten; mit diesen Bestandszahlen gehören sie nach wie vor zu den großen Züchtern. Die Abbildungen 2 und 3 zeigen Bedeckungs- und Züchterstruktur am Beispiel des Jahres 1993.

Der Leistungsstand der deutschen Traberzucht hat sich seit der Umstellung auf Frühreife fast sprunghaft verbessert. Die deutschen Traber nehmen bei den Zwei- bis Vierjährigen international einen Spitzenplatz ein. So werden die Europarekorde sowohl bei den zweijährigen Hengsten mit 1:14.1 als auch bei den Stuten mit 1.14.0 von deutschen Inländern gestellt; diese Rekorde entsprechen einer Geschwindigkeit von 48.6 km/h. Mittlerweile sind aber auch die älteren deutschen Traber international konkurrenzfähig. Der absolute deutsche Rekord von 1:11.7 (entspricht 50.2 km/h) wird von einem zwölfjährigen Hengst gehalten. Dies unterstreicht die bemerkenswerte Leistungsbereitschaft und Härte des deutschen Trabers.

Der Leistungsstand der Traberzucht der ehemaligen DDR konnte den Leistungsanforderungen in der Bundesrepublik nur bedingt genügen: Etwa ein Drittel ihrer Rennpferde erwiesen sich als konkurrenzfähig, wobei einige wenige Pferde „Zuchtrenn-Niveau" (siehe Abschnitt 2.2) erreichen konnten.

Abb. 2

Deckeinsatz der Hengste
gemeldete Bedeckungen
Stichtag 31.12.93

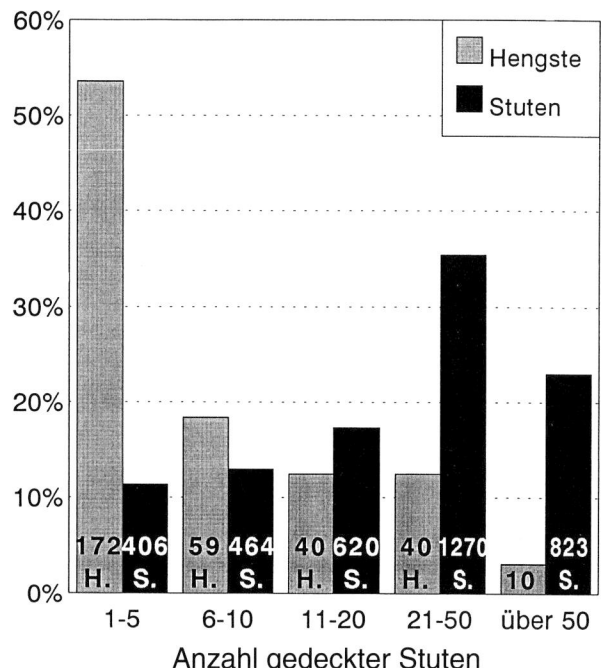

Anzahl und Anteil der Hengste und Stuten

Gesamt: 321 Hengste; 3.583 Stuten
11 Stuten pro Hengst
(Mehrfachbedeckungen sind eingerechnet)

Abb. 3

Bestandsgrößen
gemeldete Bedeckungen
Stichtag 31.12.93

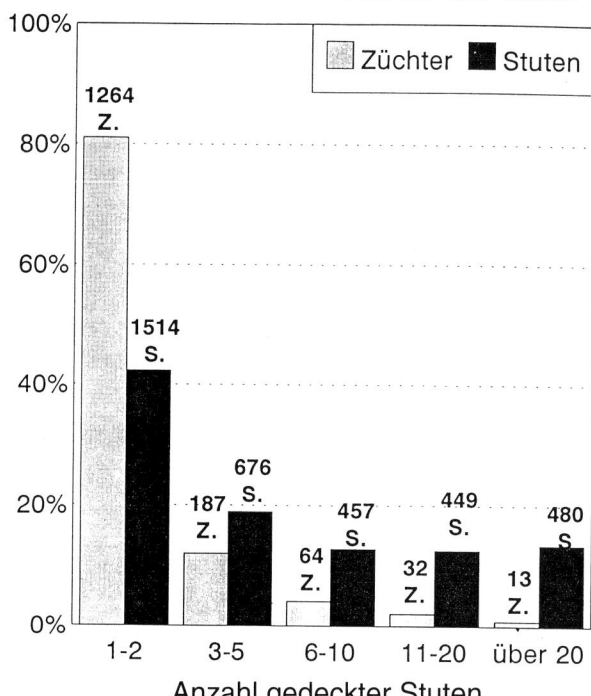

Anzahl und Anteil der Züchter und Stuten

Gesamt: 1.560 Züchter; 3.576 Stuten
2,3 Stuten pro Züchter

2. Trabrennsport

2.1 Entwicklung

Als Vorläufer des deutschen Trabrennsports gelten die seit 1847 beim Münchner Oktoberfest durchgeführten Trabreiten. Diese Rennen wurden unter dem Sattel von einheimischen Pferden unterschiedlicher Rassen und Schläge bestritten; gemeinsam war diesen Pferden ein besonderes Trabvermögen. Rund 30 Jahre nach dem ersten Oktoberfest-Trabreiten wurde 1874 das erste offizielle Trabrennen in Groß-Jüthorn vom Hamburger-Traber-Club veranstaltet. Die ersten, vielversprechenden Anfänge des Trabrennsports erhielten durch das Totalisator-Verbot von 1881 einen existenzbedrohenden Rückschlag. Nach der behördlich angeordneten Vereinheitlichung der Rennbestimmungen und deren Anerkennung durch die Rennvereine wurde das Totalisatorverbot 1886 wieder aufgehoben. Die entsprechenden Bestimmungen wurden im „Trabrenn-Reglement für das Königreich Preußen" im Jahr 1892 paraphiert. Bereits drei Jahre später wurde 1895 das „Deutsche Traber-Derby" erstmalig veranstaltet - es ist bis

heute das wichtigste deutsche Trabrennen geblieben.

Die Trabrennen wurden ursprünglich nicht nur einspännig im Rennwagen („Sulky"), sondern in vergleichbarem Umfang sowohl als Zweispännerfahren als auch unter dem Sattel als Trabreiten durchgeführt. Mit der zunehmenden Spezialisierung verloren diese Austragungsarten immer mehr an Bedeutung: Trabreiten werden heute nur mehr ganz vereinzelt durchgeführt, während Zweispännerfahren wegen der verschwindend geringen züchterischen Aussagekraft als Leistungsprüfungen nicht mehr veranstaltet werden.

Die Rennen führten hauptsächlich über - nach heutigen Maßstäben - extrem lange Distanzen: Strecken über fünf und mehr Kilometer waren nichts ungewöhnliches. Mit der zunehmenden Spezialisierung zum Rennpferd und der Verlagerung des Zuchtziels auf mehr Schnelligkeit wurden die Distanzen stetig verkürzt. Heute werden rd. 85% aller Rennen im Rennstreckenbereich 1900m bis 2100m ausgetragen; der Rest verteilt sich auf Kurzstrecken-Rennen bei einer Mindestrennstrecke von 1600m und einen geringen Anteil von Rennen über die

Langstrecke, d.h. im Bereich zwischen 2500m und 4200m.

Die Teilnahmeberechtigung der Pferde in den Rennen und die Zusammenstellung der Startfelder („Ausschreibung" der Rennen) erfolgte ab 1892 auf der Grundlage der besten Rennzeit. Ab 1912 wurde dieses Ausschreibungssystem zugunsten der Gewinnsumme als Basis geändert. Bei diesem sog. „Geldpönalitätensystem" haben Pferde unterschiedlicher Gewinnsummenkategorien im gleichen Rennen unterschiedliche Strecken zurückzulegen: Pferde mit höheren Gewinnsummen und damit besserer Leistungsfähigkeit müssen Pferden mit niedrigerer Gewinnsumme Vorgaben leisten. Mit Hilfe dieses Systems soll der Ausgang der Rennen offen gehalten und damit für den Wetter möglichst interessant gestaltet werden. Wegen der großen Leistungsunterschiede zwischen den Pferden und der langen Rennstrecken waren Vorgaben von 100 und mehr Metern möglich und weit verbreitet. Das heutige Ausschreibungssystem ermöglicht sowohl die Gewinnsumme als auch den Rekord als Basis. Die meisten Rennen werden für Pferde bestimmter Gewinnsummenkategorie, aber ohne Zulagen ausgeschrieben.

2.2 Aktueller Stand

Trabrennen sind die alleinigen Leistungsprüfungen auf dem Gebiet der Traberzucht im Sinn des Tierzuchtgesetzes. Das Rennsystem ist somit in das Zuchtprogramm eingebettet und damit auf die Erzeugung und Lieferung von Leistungsdaten mit möglichst großer züchterischer Aussagekraft ausgerichtet. Die Bestimmungen für das Rennsystem werden in der Trabrennordnung (TRO) geregelt, die vom HVT erlassen wird. Die Aufsicht über den Rennbetrieb führt der HVT über die von ihm beauftragten „regionalen Aufsichtsorganisationen" durch. Es gelten folgende Leistungsmerkmale:

Rennzeit
Die Rennzeit stellt die aus der für die gesamte Rennstrecke benötigten Zeit auf 1000m umgerechnete Durchschnittszeit dar; sie wird in Minuten, Sekunden und Zehntelsekunden angegeben. Die beste Rennzeit eines Pferdes wird als „Rekord" bezeichnet.

Beispiel:Benötigte Zeit bei einer Rennstrecke von 2100m: 2 Min. 42.8 Sek. Rennzeit: 162,8 Sek.: 2.100 = 77,52 Sek.: 1000m = 1 Min. 17.5 Sek. = „1:17.5"

Gewinnsumme
Die Gewinnsumme stellt die Summe der erzielten Rennpreise, bezogen auf ein bestimmtes Jahr („Jahresgewinnsumme") oder auf die gesamte Rennlaufbahn („Lebensgewinnsumme") dar.

Plazierung
Die Plazierung stellt den in einem bestimmten Rennen erreichten Rang („Platz") dar.

Trabsicherheit
Trabrennen sind in taktreinem Trab zu absolvieren. Galopp, Dreischlag und Pass führen, sofern sie zu einem Vorteil gegenüber den Konkurrenten führen oder zu lange bzw. wiederholt gezeigt werden, zur Disqualifikation: Das Pferd wird dann aus der Wertung genommen, auch wenn es auf einem mit einem Rennpreis dotierten Platz liegt.

Die Rennen werden anhand folgender Eigenschaften der Pferde differenziert und angeboten („ausgeschrieben"): Nationalität, Alter (das Mindestalter beträgt zwei Jahre, das Höchstalter bei Stuten zehn bzw. bei Hengsten und Wallachen vierzehn Jahre), Geschlecht (Hengste, Wallache, Stuten), Gewinnsumme und Rekord.

Neben der Erfüllung züchterischer Aufgaben muß des Rennsystem auch für den Wetter möglichst attraktiv gestaltet sein, damit die wirtschaftliche Grundlage von Traberzucht und Trabrennsport - der Wettumsatz - in bestmöglichem Umfang gewährleistet wird. Dies wird durch die Kombination der o.g. Kriterien bei der Ausschreibung der Rennen erreicht, da dadurch immer wieder andere Pferde mit unterschiedlicher absoluter und aktueller Leistungsfähigkeit zusammentreffen.

Die TRO kennt folgende besondere und wichtigere Arten der Rennen:

Diamond Way, brauner Hengst, gez. 1982 von Super Way (US) a.d. Königskrone, mit einem Rekord von 1:14.5 und 1.426.191,- DM Gewinnsumme sowie 18 Zuchtrennsiegen einer der bedeutendsten deutschen Rennpferde aller Zeiten, aktuell erfolgreichster Deckhengst Deutschlands, seit Jahren Rang 1 in der Zuchwertschätzung.

Qualifikationsrennen

Die Teilnahme an Leistungsprüfungen ist nur möglich, sofern sich das Pferd hierfür qualifiziert hat. Die Qualifikation wird in sogenannten Qualifikationsrennen erworben; es handelt sich um Feststellungsprüfungen ohne Dotation und Wettbetrieb.

Klassische Zuchtrennen und Zuchtrennen

In diesen Rennen sollen die besten Pferde innerhalb eines Jahrgangs ermittelt werden. Sie dienen im Hinblick auf das Zuchtziel der Frühreife in besonderem Maß der Leistungsprüfung der Zuchtpopulation. Es sind somit nur zwei-, drei- und vierjährige Inländer teilnahmeberechtigt, die in Abteilung A des Geburtenregisters (siehe Abschnitt 1.3) eingetragen sind. Im Jahr 1994 wurden insgesamt 37 Rennen ausgeschrieben. Hierher gehören z. B. der „Gold-Pokal" in Gelsenkirchen für Zweijährige (Dotation ca. 600.000 DM), das Deutsche Traber-Derby für Dreijährige in Berlin (Dotation ca. 1 Mio. DM) und der „Große Preis von Deutschland" mit wechselnden Austragungsorten für Vierjährige (Dotation ca. 700.000 DM).

Gruppenrennen

In diesen Rennen sollen die besten Pferde innerhalb oder zwischen Jahrgängen ermittelt werden; sie dienen einerseits der Überprüfung, inwieweit das Zuchtziel der Frühreife erreicht worden ist, und andererseits der Standortfeststellung im internationalen Bereich. Es handelt sich somit um Vergleichsrennen für inländische Pferde meist unterschiedlichen Alters untereinander oder für inländische und ausländische Pferde gleichen oder unterschiedlichen Alters, das zwischen zwei- und vierzehn Jahren liegen kann. Im Jahr 1994 wurden insgesamt 48 Rennen ausgeschrieben. Hierher gehören z. B. das „Elite-Rennen" in Gelsenkirchen (Dotation ca. 200.000 DM), der „Große Preis von Bayern" in München-Daglfing (Dotation ca. 200.000 DM), der „Große Preis von Bild" in Hamburg-Bahrenfeld (Dotation ca. 150.000 DM) und der „Preis der Besten" in München-Daglfing (Dotation ca. 200.000 DM).

Standardrennen

Es handelt sich um gehobenere Rennen mit regionaler Bedeutung, deren Mindestdotierung 30.000 DM und Höchstdotierung 50.000 DM beträgt. Weitere, besondere Ausschreibungsanforderungen bestehen nicht. Im Jahr 1994 wurden insgesamt 56 Standardrennen ausgeschrieben.

Zur Gewährleistung der Sauberkeit des Rennbetriebs - es sind das Tierschutz-, das Tierzucht- sowie Rennwett- und Lotteriegesetz tangiert - betreibt der gegenüber den zuständigen staatlichen Stellen verantwortliche HVT eine aufwendige und kostenintensive Dopingbekämpfung. Pro Renntag werden routinemäßig ein bis zwei Blut- oder wahlweise Harnproben entnommen und untersucht. Darüberhinaus werden in Verdachtsfällen weitere Dopingproben auf Anordnung der Rennleitung sowie bei allen Rennen mit einer Dotation ab 50.000 DM, obligatorisch bei den drei Erstplazierten entnommen und untersucht. Die Anzahl der positiven Dopingproben liegt im Promille-Bereich, was die präventive Wirkung der Dopingbekämpfung unterstreicht.

Der Rennbetrieb läuft auf elf Trabrennbahnen rund um das ganze Jahr: In Nordrhein-Westfalen, wo die Rennbahnen Gelsenkirchen, Dinslaken, Recklinghausen und Mönchengladbach ganzjährig veranstalten, finden an sechs Tagen der Woche Trabrennen statt. Ein weiterer Schwerpunkt des Rennbetriebs ist Bayern mit den ganzjährigen Veranstaltern München-Daglfing und Straubing; weitere Rennbahnen sind Pfaffenhofen a.d. Ilm, das lediglich eine kurze Winterpause einlegt, sowie Mühldorf und Pfarrkirchen. In Norddeutschland veranstaltet die Rennbahn Hamburg-Bahrenfeld ganzjährig und die Rennbahn Elmshorn mit einer kurzen Winterpause. Berlin verfügt über zwei ganzjährig veranstaltenden Rennbahnen Mariendorf und Karlshorst, der einzigen Trabrennbahn der ehemaligen DDR. Daneben gibt es noch rd. 40 weitere Rennvereine, die fallweise einige Renntage mit Trabrennen veranstalten, die den Status von Leistungsprüfungen im Sinn des Tierzuchtgesetzes und der TRO allerdings nicht besitzen. Sie erfreuen sich aber trotzdem großer Beliebtheit. Die bekannteste derartige Veranstaltung sind die „Duhner Wattrennen" vor Travemünde, die alljährlich von 20.000 und mehr Zuschauern besucht werden.

Insgesamt werden im HVT-Bereich jährlich rd. 10.000 Trabrennen veranstaltet, deren Ergebnisse im wöchentlich vom HVT herausgegeben „Trabrennkalender für die Bundesrepublik Deutschland" zentral veröffentlicht werden. Bei diesen Rennen werden pro Jahr rd. 400 Mio. DM an Wettgeldern umgesetzt und rd. 70 Mio. DM an Rennpreisen und Züchterprämien ausbezahlt. An diesen Rennen nehmen rd. 8000 Pferde teil, die rd. 90.000 Starts absolvieren. Die durchschnittliche Starthäufigkeit liegt somit pro Pferd und Jahr bei rd. 11 Starts, die durchschnittliche Jahresgewinnsumme pro Pferd und Jahr beträgt rd. 8.000 DM.

Die Abbildungen 4 bis 6 zeigen die Entwicklung des Rennbetriebs ab 1958 anhand der wichtigsten Kenndaten. Sie ist durch einen deutlichen Aufwärtstrend gekennzeichnet, wobei die Kürzung der Rennwettsteuer-Rückerstattung 1982 bei den Wettumsätzen und Rennpreisen zu einem Rückgang führten, der erst nach zehn Jahren wieder ausgeglichen werden konnte. Insgesamt dokumentieren diese Kenndaten die bemerkenswerte wirtschaftliche Bedeutung des Trabrennsports.

Literatur

Friede, E. (1937): Der Trabersport, Berlin: Der Reher.

Horn, K.J. (1924): Die Entwicklung der Traberzucht in Deutschland, Berlin: Der Reher.

Katona, Ö. (1976): Genetisch statistische Auswertung von Leistungsmerkmalen in der deutschen Traberpopulation, Diss. med. vet., München.

Schachtner, A. (1991): Mutterlinien in der deutschen Traberzucht und deren Effekte auf die Rennleistung, Diss. med. vet. München.

Tschoepe, Th. (1905): Der Trabersport, Leipzig : Gretelein.

Deutsches Traber-Gestüt-Buch, Bände I bis XXIII.

Hengste- und Stutenbeurteilung, Ausgaben 1991 bis 1993.

Jahresbericht, Ausgaben 1958 bis 1993. Jahres-Statistik der Trabrennen und der Traberzucht in Deutschland, Bände 1958 bis 1993.

Trabrennkalender für die Bundesrepublik Deutschland, Jhrg. 1994 .

Satzungen und Ordnungen, Stand 1994. Hrsg. Hauptverband für Traber-Zucht und -Rennen e.V., Kaarst.

Abb.: 4   **Entwicklung des Rennbetriebs 1958 – 1993**

a) Anzahl der Renntage

b) Anzahl der Rennen

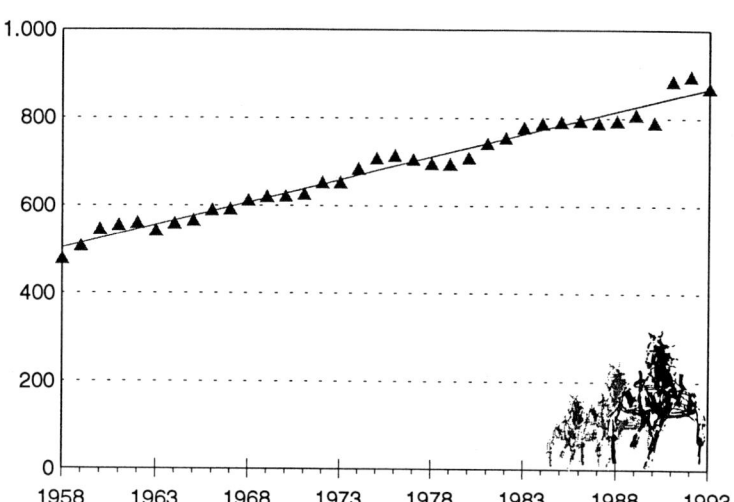
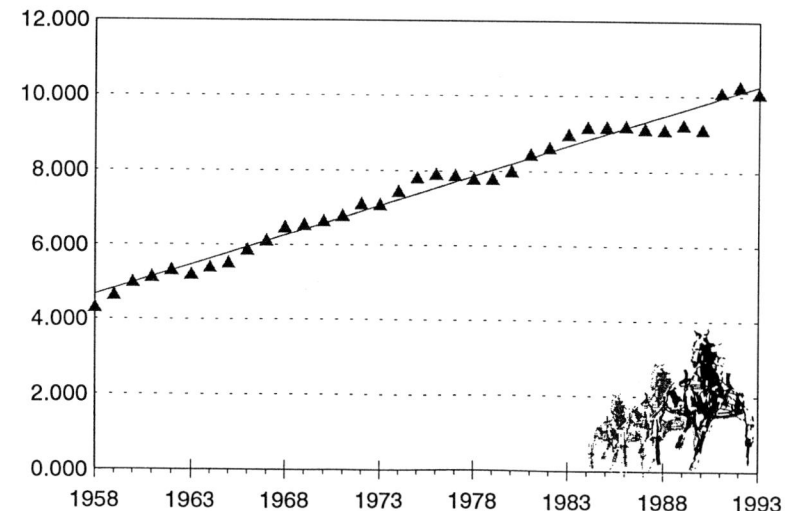

Abb.: 5   **Entwicklung der Totalisatorumsätze 1958 – 1993**

a) Totalisatorumsätze (Mio. DM)

b) Totalisatorumsatz je Rennen (DM)

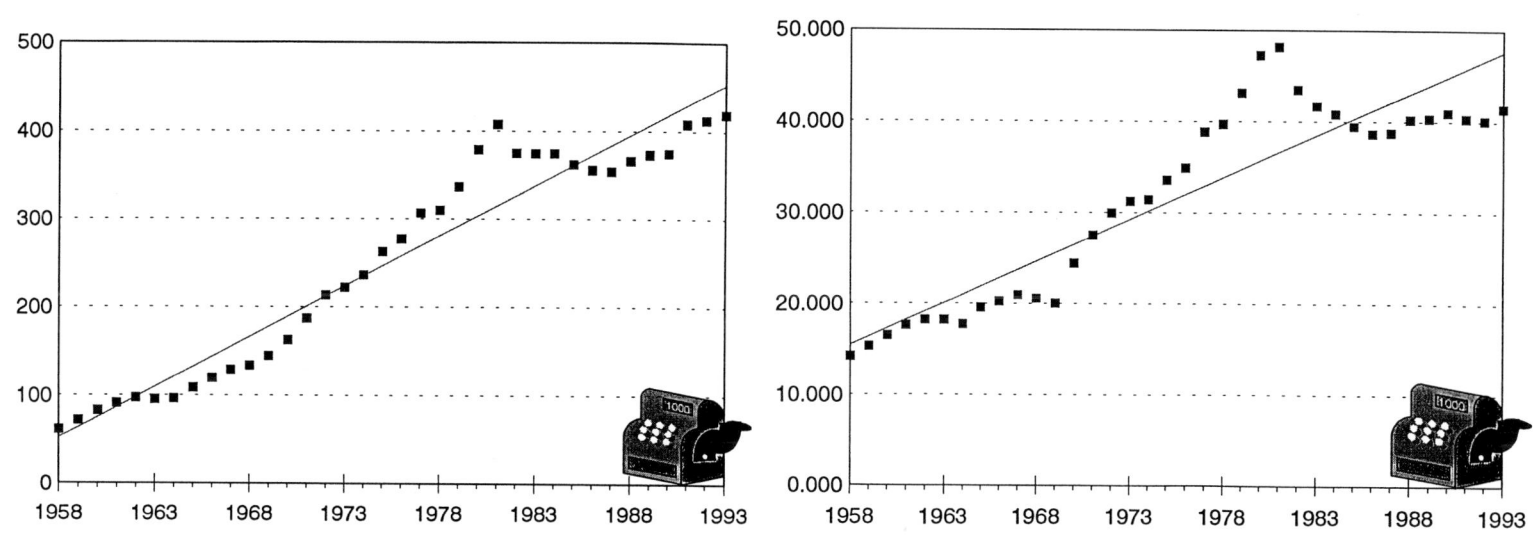

Abb.: 6   **Entwicklung der Rennpreise und Züchterprämien 1958 – 1993**

a) Rennpreise und Züchterprämien (Mio. DM)

b) Rennpreise und Züchterprämien je Rennen (DM)

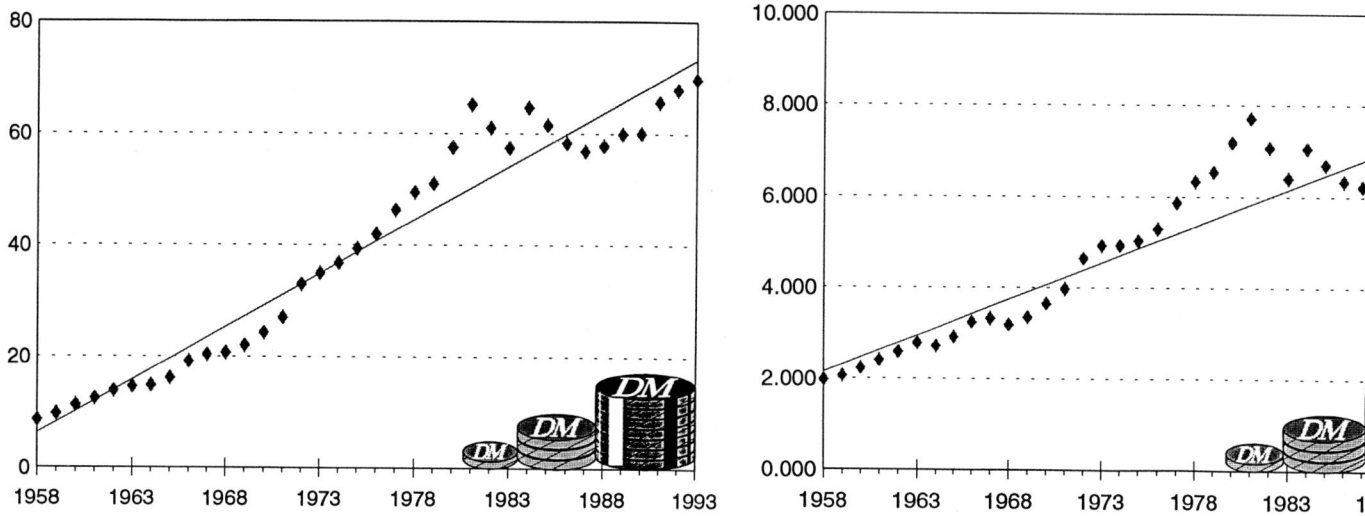

10.098 Trabrennen wurden im Jahr 1993 in Deutschland gelaufen.

Sunset Lane, braune Stute, gez. 1991 von Diamond Way a.d. Superior's Spell (US), mit einem Rekord von 1:14.0 schnellste zweijährige Stute Europas aller Zeiten, mit 503.000,- DM Gewinnsumme gewinnreichste Zweijährige 1993 in Europa.